PAULO NO MUNDO GRECO-ROMANO
Um compêndio

Coleção **BÍBLIA E SOCIOLOGIA**

- *As tribos de Iahweh — uma sociologia da religião de Israel liberto*, N. K. Gottwald
- *Religião e formação de classes na antiga Judéia*, H. G. Kippenberg
- *Introdução socioliterária à Bíblia hebraica*, N. K. Gottwald
- *Os primeiros cristãos urbanos — o mundo social do apóstolo Paulo*, W. A. Meeks
- *O mundo do antigo Israel*, R. E. Clements (org.)
- *A economia do Reino*, Halvor Moxnes
- *Bandidos, profetas e messias*, R. A. Horsley e J. S. Hanson
- *O mundo moral dos primeiros cristãos*, W. A. Meeks
- *O Novo Testamento em seu ambiente social*, J. E. Stambaugh e David L. Balch
- *Introdução ao Antigo Testamento numa perspectiva libertadora*, A. R. Ceresko
- *As origens da moralidade cristã*, W. A. Meeks
- *Arqueologia, história e sociedade na Galiléia — o contexto social de Jesus e dos rabis*, R. A. Horsley
- *O Império desvendado*, W. H.-Brook e A. Gwythe Gwyther
- *A sabedoria no Antigo Testamento*, A. R. Ceresko, O.S.F.S.
- *Jesus e o Império: o Reino de Deus e a nova desordem mundial*, Richard A. Horsley
- *O evangelho social de Jesus*, B. J. Malina
- *Paulo e o Império: Religião e poder na sociedade imperial romana*, R. A. Horsley (org.)
- *Introdução ao Novo Testamento – vol. 1: história, cultura e religião do período helenístico*, H. Koester
- *Introdução ao Novo Testamento – vol. 2: história e literatura do cristianismo primitivo*, H. Koester
- *Cristo é a questão, Wayne*, Wayne A. Meeks
- *Cristianismo e paganismo, Wayne*, C. Prieto
- *Jesus, um judeu da Galiléia*, S. Freyne
- *Paulo: um homem de dois mundos*, C. J. Den Heyer
- *Paulo no mundo greco-romano – um compêndio*, J. Paulo Sampley (org.)

ORGANIZADO POR
J. PAUL SAMPLEY

Paulo
no mundo greco-romano
Um compêndio

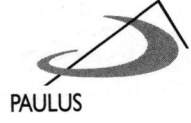

Dados Internacionais de Catalogação na Publicação (CIP)
(Câmara Brasileira do Livro, Brasil)

Paulo no mundo greco-romano: um compêndio
/ organizado por J. Paul Sampley:
[tradução José Raimundo Vidigal]. — São Paulo: Paulus, 2008.

Título original: Paul in the Greco-Roman world: a handbook
Bibliografia.
ISBN 978-85-349-2931-8

1. Bíblia. N. T. Epístolas – Crítica e Interpretação
2. Civilização greco-romana 3. Paulo, Apóstolo, Santo
I. Sampley, J. Paul.

08-11834   CDD-225-92

Índices para catálogo sistemático:
1. Paulo, Apóstolo: Biografia e obra 225.92

Título original
Paul in the Greco-Roman World
© Continuum International Publishing Group, 2003
ISBN 1-56338-266-0

Esta obra é publicada de acordo com a Continuum International Publishing Group

As citações são da *Bíblia de Jerusalém*,
tradução brasileira, Paulus, 2003.

Direção editorial
Claudiano Avelino dos Santos

Tradução
Pe. José Raimundo Vidigal, C.Ss.R.

Editoração
PAULUS

Impressão e acabamento
PAULUS

© PAULUS – 2008
Rua Francisco Cruz, 229 • 04117-091 São Paulo (Brasil)
Fax (11) 5579-3627 • Tel. (11) 5087-3700
www.paulus.com.br • editorial@paulus.com.br

ISBN 978-85-349-2931-8

Para Sally, minha encantadora companheira, nesses quarenta e sete anos, no amor, no trabalho e no lazer.

Aos meus alunos, com os quais me deleito.

AGRADECIMENTOS

Este volume é o resultado de vários anos de aulas, nas quais meus alunos demonstravam interesse por algum tema referente a Paulo no mundo greco-romano e recorriam a mim para ajuda bibliográfica. No decorrer do trabalho, veio-me o desejo de que houvesse uma fonte para a qual eu pudesse encaminhar o estudante para uma boa iniciação no tema escolhido. Ao mesmo tempo, porém, fiquei conhecendo os que haviam feito estudos significativos sobre determinado ponto, de modo que, quando este livro foi pensado, eu conhecia a pessoa que poderia contribuir com o artigo desejado. Assim, ao ver terminado este livro, agradeço aos meus alunos.

Quando decidi levar adiante o projeto do livro, dirigi-me a alguns editores e recebi a costumeira garantia cortês do interesse, com a promessa de uma previsível decisão dentro de um prazo razoável. Mas foi Hal Rast, diretor da Trinity Press International, que, quando viu os esboços e conversou comigo por alguns momentos, disse: "Nós queremos este livro". Não obstante ele se ter aposentado, quero agradecer a ele e à sua colegialidade ao longo da minha própria carreira.

Henry Carrigan, sucessor de Hal Rast, deu-me grande apoio para a realização deste livro. Por todo o itinerário, desde a aceitação por parte da Trinity Press International até a publicação deste volume, deu uma assistência contínua, com bons conselhos, paciência e encorajamento.

Devo muito aos colegas que se associaram a mim para tornar possível este livro. Não apenas concordaram em elaborar os ensaios, mas também conformaram seus trabalhos com a estrutura proposta e aceitaram com grande cortesia minhas sugestões e comentários editoriais. Li cada ensaio com prazer, devido ao quanto meus colegas sabem, quanto aprendi com eles e devido à grande e nova luz que foram capazes de lançar sobre nossa compreensão de Paulo.

Finalmente, gostaria de agradecer à Universidade de Boston pelo apoio que deu a mim e à minha pesquisa, concedendo-me uma licença sabática durante a qual pude fazer grande parte do trabalho editorial deste volume.

Charlemont, Massachusetts
Julho de 2002

ABREVIATURAS

AB	Anchor Bible
ABD	Anchor Bible Dictionary. Editado por D. N. Freedman. 6 vols. Nova Iorque, 1992
ABR	Australian Biblical Review
AJP	American Journal of Philology
AnBib	Analecta Biblica
ANRW	Aufstieg und Niedergang der römischen Welt: Geschichte und Kultur Roms im Spiegel der neueren Forschung. Editado por H. Temporini e W. Haase. Berlim, 1972
ANTC	Abingdon New Testament Commentaries
ATJ	Ashland Theological Journal
AUSS	Andrews University Seminary Studies
BAGD	Bauer, W., W. F. Arndt, F. W. Gingrich, e F. W. Danker. *Greek-English Lexicon of the New Testament and Other Early Christian Literature*. 2ª ed. Chicago, 1979
BBB	Bonner biblische Beiträge
BCH	Bulletin de correspondence hellénique
BDAG	Bauer, W., F. W. Danker, W. F. Arndt e F. W. Gingrich. *Greek-English Lexicon of the New Testament and Other Early Christian Literature*. 3ª ed. Chicago, 1999
BDF	Blass, F., A. Debrunner e R. W. Funk. *A Greek Grammar of the New Testament and Other Early Christian Literature*. Chicago, 1961
BETL	Bibliotheca ephemeridum theologicarum lovaniensium
BFCT	Beiträge zur Förderung christlicher Theologie
BGU	*Aegyptische Urkunden aus den Königlichen Staatlichen Museen zu Berlin, Griechische Urkunden*. 15 vols. Berlim, 1895-1983
BHT	Beiträge zur historischen Theologie
Bib	Biblica
BibInt	Biblical Interpretation
BJS	Brown Judaic Studies
BNTC	Black's New Testament Commentaries

BR	Biblical Research
BTB	Biblical Theology Bulletin
BZNW	Beihefte zur Zeitschrift für die neutestamentliche Wissenschaft
CBQ	Catholic Biblical Quarterly
CIL	Corpus inscriptionum latinarum
CJ	Classical Journal
ConBNT	Coniectanea biblica: New Testament Series
CP	Classical Philology
CQ	Classical Quarterly
CurTM	Currents in Theology and Mission
EDNT	*Exegetical Dictionary of the New Testament*. Editado por H. Balz a G. Schneider. ET. Grand Rapids, 1990-93
EKKNT	Evangelisch-katholischer Kommentar zum Neuen Testament
EPRO	Études préliminaires aux religions orientales dans l'empire romain
EvQ	Evangelical Quarterly
EvT	Evangelische Theologie
FB	Forschung zur Bibel
FRLANT	Forschungen zur Religion und Literatur des Alten und Neuen Testaments
GCS	Die griechische chrisliche Schriftsteller der ersten [drei] Jahrhunderte
GNS	Good News Studies
GR	Greece and Rome
HDR	Harvard Dissertations in Religion
HR	History of Religions
HSCP	Harvard Studies in Classical Philology
HTR	Harvard Theological Review
HTS	Harvard Theological Studies
HUT	Hermeneutische Untersuchungen zur Theologie
ICC	International Critical Commentary
IG	Inscriptiones graecae. Editio minor. Berlim, 1924-
IKZ	Internationale kirchliche Zeitschrift
Int	Interpretation
JAAR	Journal of the American Academy of Religion
JAC	Jahrbuch für Antike und Christentum
JBL	Journal of Biblical Literature
JECS	Journal of Early Christian Studies
JES	*Journal of Ecumenical Studies*
JESHO	*Journal of the Economic and Social History of the Orient*
JFSR	Journal of Feminist Studies in Religion
JHS	Journal of Hellenic Studies
JJS	Journal of Jewish Studies
JRH	Journal of Religious History
JRS	Journal of Roman Studies
JSJ	Journal for the Study of Judaism in the Persian, Hellenistic, and Roman Periods
JSNT	Journal for the Study of the New Testament
JSNTSup	Journal for the Study of the New Testament: Supplement Series

JTS	Journal of Theological Studies
LCL	Loeb Classical Library
LEC	Library of Early Christianity
LSJ	Liddell, H. G., R. Scott, e H. S. Jones. *A Greek-English Lexicon*. 9ª ed. com suplemento revisto. Oxford, 1996
MEFR	Mélanges d'archéologie et d'histoire de l'école française de Rome
MTZ	Münchener theologische Zeitschrift
NA[27]	Novum Testamentum Graece, Nestle-Aland, 27ª ed.
NEAEHL	*The New Encyclopedia of Archaeological Excavations in the Holy Land*. Editado por E. Stern. 4 vols. Jerusalém, 1993
Neot	Neotestamentica
NICNT	New International Commentary on the New Testament
NIDNTT	*New International Dictionary of New Testament Theology*. Editado por C. Brown, 4 vols. Grand Rapids, 1975-85
NIGTC	New International Greek Testament Commentary
Njahrb	*Neue Jahrbücher für das klassische Altertum (1898-1925)*
NovT	Novum Testamentum
NovTSup	Novum Testamentum Supplements
NRTh	La nouvelle revue théologique
NTAbh	Neutestamentliche Abhandlungen
NTD	Das Neue Testament Deutsch
NTOA	Novum Testamentum et Orbis Antiquus
NTS	New Testament Studies
OCD	*Oxford Classical Dictionary*. Editado por S. Hornblower e A. Spawforth. 3ª ed. Oxford, 1996
OEANE	*The Oxford Encyclopedia of Archaeology in the Near East*. Editado por E. M. Meyers. Nova Iorque, 1997
OGIS	*Orientis graeci inscriptiones selectae*. Editado por W. Dittenberger. 2 vols. Leipzig, 1903-1905
PG	Patrologia graeca [=Patrologiae Cursus Completus: Series graeca]. Editado por J.-P. Migne. 162 vols. Paris, 1857-86
PRSt	Perspectives in Religious Studies
RAC	*Reallexikon für Antike und Christentum*. Editado por T. Kluser e outros. Stuttgart, 1950-
RE	Realencyklopädie für protestantische Theologie und Kirche
REA	Revue des études anciennes
REG	*Revue des études grecques*
ResQ	Restoration Quarterly
RevExp	Review and Expositor
RevPhil	Revue de philologie
SB	*Sammelbuch griechischer Urkunden aus Aegypten*. Editado por F. Preisigke e outros. Vols. 1-, 1915-

SBLDS	Society of Biblical Literature Dissertation Series
SBLMS	Society of Biblical Literature Monograph Series
SBLRBS	Society of Biblical Literature Resources for Biblical Study
SBLSBS	Society of Biblical Literature Sources for Biblical Study
SBLTT	Society of Biblical Literature Texts and Translations
SBS	Stuttgarter Bibelstudien
SCHNT	Studia ad corpus hellenisticum Novi Testamenti
SE	*Studia evangelica I, II, III* (= TU 73 [1959], 87 [1964], 88 [1964] etc.)
SNTSMS	Society for New Testament Studies Monograph Series
SP	Sacra Pagina
StPatr	Studia patristica
SVF	*Stoicorum veterum fragmenta*. H. von Arnim. 4 vols. Leipzig, 1903-24
TAPA	Transactions of the American Philological Association
TBT	The Bible Today
TDNT	*Theological Dictionary of the New Testament*. Editado por G. Kittel e G. Friedrich. Traduzido por G. W. Bromiley. 10 vols. Grand Rapids, 1964-76
TLNT	*Theological Lexicon of the New Testament*, C. Spicq. Traduzido e editado por J. D. Ernest. 3 vols. Peabody, Mass., 1994
TU	Texte und Untersuchungen
TynBul	Tyndale Bulletin
USQR	Union Seminary Quarterly Review
WBC	Word Biblical Commentary
WMANT	Wissenschaftliche Monographien zum Alten und Neuen Testament
WUNT	Wissenschaftliche Untersuchungen zum Neuen Testament
ZAC	Zeitschrift für antikes Christentum
ZNW	Zeitschrift für die neutestamentliche Wissenschaft und die Kunde der älteren Kirche
ZPE	Zeitschrift für Papyrologie und Epigraphik

INTRODUÇÃO

Os estudos paulinos têm sido uma florescente disciplina nestas últimas décadas. Uma seqüência de eventos ajuda a explicar essa vitalidade. Em primeiro lugar, Paulo libertou-se da hegemonia dos Atos, de modo que pela primeira vez pôde ser lido dentro do seu próprio mundo e não por meio das lentes de Lucas. Em segundo lugar, os estudos paulinos se beneficiaram de *insights* e métodos que tomamos emprestado de nossos colegas das ciências sociais – particularmente da Antropologia e da Sociologia. Em terceiro lugar, sempre conhecemos e estudamos o Paulo judeu, mas foi apenas nas últimas décadas que houve um renovado interesse em situar as cartas de Paulo no ambiente greco-romano, e esse esforço obteve uma clara prioridade entre os modernos estudiosos de Paulo. Agora, os usos e costumes sociais, econômicos, políticos, as convenções e os valores sociais são um dado comum dos estudos paulinos. Também os modelos greco-romanos de retórica têm sobressaído como uma área importante de pesquisa.

Isso não nos deve surpreender. Paulo considera-se evidentemente como apóstolo dos não judeus e, embora utilize uma expressão judaica para designá-los (nós a traduzimos por "gentios"), ele dedica-se a tornar o evangelho acessível aos que estão fora do judaísmo. Não temos motivo algum para negar que possa ter havido judeus em qualquer comunidade paulina, mas provavelmente fomos inclinados demais a superestimar o seu número. E podemos demonstrar que toda carta paulina inconteste (exceto Filêmon) supõe explicitamente que os gentios estão presentes entre os destinatários (afirmação que não podemos fazer igualmente a respeito dos judeus). Quando Paulo descreve "suas" igrejas naquela que considero sua última carta autêntica, Romanos, diz que Priscila e Áquila trabalharam tanto que "todas as igrejas dos gentios" são devedoras a esse casal. "Todas as igrejas dos gentios" é a caracterização delas feita pelo próprio *Paulo*. Então, como pode ser surpreendente que ele, nos seus esforços missionários para "ganhar alguns" dentre "aqueles que vivem sem a Lei" (1Cor 9,21), não tivesse outra escolha senão empregar categorias, concepções, percepções e inclinações que fossem familiares a seus auditórios não judeus? Sem dúvida, isto fazia parte do que queria dizer ao declarar que havia se tornado "sem Lei" (1Cor 9,21; cf. Gl 4,12) como meio para atingir os que estão, eles próprios, fora da Lei.

Em sua missão aos não judeus, não teria nenhum sentido apresentar o evangelho em categorias judaicas que primeiro teriam de ser explicadas e elucidadas antes que ele pudesse pregar e levar seu auditório à conversão. A comunicação começa abordando os ouvintes precisamente em seu próprio contexto. Uma persuasão efetiva pode mover as pessoas do lugar onde estão, mas sempre deve começar com elas onde estão e como são. Desta forma, a fala de Paulo aos não judeus tinha de ser embutida, ao menos no começo, em categorias não judaicas.

Realmente, depois de Paulo conquistar a atenção dos gentios, ele pode familiarizá-los com a história de Israel, e é o que faz. Então pode recordar a história do êxodo de tal modo que inclua seus ouvintes gentios como pessoas que, junto com Paulo, podem identificar os personagens do êxodo original como "nossos pais" (1Cor 10,1); eles podem chegar a entender que Cristo é "nosso cordeiro pascal" (1Cor 5,7), e eles podem começar a se considerar como parte do "Israel de Deus" (Gl 6,16).

IDÉIA QUE COMANDA O LIVRO

Esta coleção de ensaios supõe com extrema seriedade que Paulo, sempre o judeu (cf. Fl 3,5; 1Cor 9,19-20; Gl 1,13-14), acreditou ser o apóstolo segregado para evangelizar os não judeus (=gentios) e que ele entendeu profundamente o ambiente social e cultural em que viviam.

Os tópicos e os colaboradores

Os temas aos quais são dedicados os capítulos individuais foram escolhidos entre aqueles que estão em voga nos modernos estudos paulinos. Os colaboradores estão entre os principais estudiosos de Paulo em todo o mundo. Cada um dos ensaios é novo, original, e escrito para este volume; cada um oferece uma abordagem atualizada de seu tema.

A organização de cada ensaio

Cada estudo deste volume está estruturado em quatro partes. A parte I, cerca de dois terços do ensaio, explica como a respectiva instituição ou convenção ou prática funcionava no mundo greco-romano do tempo de Paulo. Aí são mínimas as referências a Paulo. A parte II, aproximadamente um terço do capítulo, assume a primeira parte como contexto e examina as cartas paulinas em busca de exemplos nos quais a respectiva instituição, convenção ou prática parece encontrar-se. Depois as passagens paulinas são interpretadas à luz do que foi percebido a respeito do mundo greco-romano. A parte III enumera passagens em que o leitor interessado pode constatar o que aprendeu e ver outros exemplos disso nas cartas paulinas e paulinistas. A parte IV é uma bibliografia atualizada que indica obras sobre o tema abordado, obras escritas por pesquisadores que são classicistas em treinamento ou por especialistas no Novo Testamento. Sendo cada capítulo uma pesquisa recente, cada ensaio promete ser o melhor e o mais autorizado estudo sobre o assunto, e sua bibliografia vai permitir ao leitor curioso ver o que outros disseram sobre a questão.

As sete cartas incontestes e as cartas paulinistas

Cada um dos estudos assume que Paulo certamente tenha escrito sete cartas: Romanos, 1 e 2 Coríntios, Gálatas, Filipenses, 1 Tessalonicenses e Filêmon. Quase ninguém discorda de que essas cartas sejam autênticas. Sendo assim, os retratos de Paulo e as passagens analisadas provêm primariamente dessas cartas. A expressão "cartas paulinistas" refere-se àqueles textos nos quais têm-se levantado dúvidas, em variados graus, quanto à real autoria de Paulo. São elas: 2 Tessalonicenses, Efésios, Colossenses e as Epístolas Pastorais (1 e 2 Timóteo e Tito); são freqüentemente mencionadas na parte III dos ensaios, onde são indicadas outras passagens para ulterior consideração.

Modos de usar este volume

1. As pessoas que desejam aprender mais sobre Paulo e o mundo do qual fazia parte serão iniciadas na leitura daquilo que alguns dos maiores especialistas do mundo entendem a respeito de Paulo e seu contexto.

2. Os que quiserem aprofundar mais por conta própria devem olhar a parte III de cada ensaio e estudar as passagens paulinas e paulinistas aí citadas, para mais referências que ilustram determinado tema ou tópico.

3. Pode-se também estudar uma carta paulina particular à luz dos ensaios deste volume que tratam da determinada epístola. Por exemplo, vários capítulos falam bastante detalhadamente sobre Gálatas, sem dúvida com diferentes perguntas na mente, mas juntos eles produzem uma boa apresentação sobre como ler Gálatas (comparar os ensaios de Engberg-Pedersen, Walters, Ramsaran, Sampley). O mesmo pode ser feito quanto a outras cartas, mesmo Filêmon (Hock, Harrill).

4. O livro pode ser lido também com o propósito de ver os pontos nos quais o mundo moderno é ao mesmo tempo semelhante ao mundo do tempo de Paulo e bem diferente dele.

5. Ocasionalmente, os diferentes ensaios tratam de tópicos comuns; raras vezes isto produz redundância. Antes, na maioria das vezes os vários ensaios destacam nuanças particulares que pedem uma solução. Como uma clara ilustração, notem-se os diferentes capítulos que necessariamente tratam do tópico, fundamental, da educação (Hock e Ramsaran) ou o impacto das estruturas da casa sobre a família e o compromisso social (White e Balch).

6. Às vezes diferentes ensaios examinam as mesmas passagens, de distintos pontos de vista e com diferentes perguntas na mente.

7. O próprio livro pode também servir para se articular um estudo da Bíblia ou um curso.

Em cada um dos casos acima, deve-se questionar se há algum padrão na admissão, destituição ou rejeição das convenções e práticas sociais por parte de Paulo – um tópico ao qual essa introdução se dirigirá em sua parte final.

Pressupostos e advertências

O mundo mediterrâneo no tempo de Paulo foi primeiro helenizado e depois romanizado. A política romana sabiamente permitia que continuasse a prática das religiões autóctones, especialmente se eram antigas e estabelecidas; as autoridades romanas consideram suspeitas as religiões novas, da mesma forma como hoje muita gente olha os cultos com preconceito. A prática cultual das religiões autóctones pode não ter sido sistematicamente afetada pela romanização do mundo, mas ninguém que vivia na bacia do Mediterrâneo escapava da influência constante de Roma. Ela marcava as transações econômicas e sociais de todos. Por exemplo, o ensaio de David Balch mostra como até mesmo as plantas de casas foram influenciadas nessa área. O ensaio de Peter Lampe mostra que todos, judeus ou não, sentiram-se dentro da estrutura vertical do sistema patronal. E todos os ensaios podem servir de exemplos nessa mesma linha.

Em alguns autores, há um tácito pressuposto de que a dependência de Paulo em relação ao Judaísmo é sadia e pura, ao passo que a opinião de que ele realmente utilizou categorias helenísticas ou romanas é algo de maculado e perigoso teologicamente. Em outras palavras, alguns estudiosos de Paulo têm um preconceito teológico em favor de ver as raízes de Paulo no judaísmo e ressaltar essas raízes. Eu afirmo com toda certeza o fato de Paulo ser judeu e aprecio sua atitude de abraçar livremente as tradições judaicas como meio e até como base de seu anúncio, e portanto como modo de se expressar em suas cartas. Mas por que a interpretação deve ser ou isso/ou aquilo? Por que deve ser qualificada como melhor ou pior? A suposição por detrás deste livro é aceitar as duas coisas. A decisão de afirmar o *ethos* judaico de Paulo e ao mesmo tempo seu *ethos* greco-romano não é uma opção teológica apresentada em oposição àquilo que chamei de preconceito teológico em favor do Judaísmo. Ao contrário, a afirmação de que afinal ambas devem ser consideradas não é uma opção, mas antes uma necessidade, já que todos os judaísmos na época do início do Cristianismo já estão helenizados; já estão marcados até certo ponto pelo onipresente influxo do mundo greco-romano e por seu *ethos*. Mesmo Qumrã, claramente o Judaísmo que mais que todos estava destinado a escapar do que considerava a contaminação do mundo exterior, descreve a encenação do exército apocalíptico dos fiéis no final dos tempos conforme o modelo do exército romano, com seus centuriões, seus estandartes e sua organização das tropas (ver o Pergaminho da Guerra). Assim sendo, *entre as muitas fontes que temos para estudar o mundo greco-romano*, nos tempos de Paulo e em torno de sua época, estão os próprios escritos judeus do período. Por esse motivo, foi pedido aos colaboradores que considerassem as tradições, documentos e outros testemunhos *como parte do* mundo greco-romano (o ensaio de Watson é ilustrativo nesse ponto).

O mundo greco-romano era o mundo de Paulo. Por isso, não podemos dizer que Paulo "tomou emprestado" esta ou aquela tradição, convenção ou prática romana. Tampouco podemos usar expressões que sugiram que Paulo esteja "adotando" as maneiras de um romano; a mensagem subentendida em tais afirmações é que Paulo felizmente é de fato um judeu, afinal de contas. Paulo era um judeu romano, as duas coisas juntas. Considerá-lo de outra maneira é distorcer as realidades de suas cartas. O destaque dado neste volume às francas e vivas aptidões de Paulo para exortar seus ouvintes predominantemente gentios com seus próprios termos e em seu próprio mundo não é uma rejeição do caráter judeu de Paulo; antes, é uma tentativa de desenvolver cuidadosamente um quadro maior.

Uma outra consideração merece atenção. No século XIX, usava-se a metáfora do grão e se falava a respeito da separação entre núcleo – o conteúdo essencial e positivo – e palha – o exterior e supérfluo invólucro no qual a parte mais importante estava embutida. Um pressuposto subjacente era que a palha era um revestimento sem valor e desnecessário, que poderia ser absolutamente distinguido do cerne do assunto e jogado fora, como refugo. Uma outra suposição era que o cerne realmente não era afetado pela palha, que era tida simplesmente como um invólucro neutro e muitas vezes contingente culturalmente.

Um semelhante conjunto de suposições tem sido utilizado às vezes ao interpretar Paulo. Nesse modo de pensar, a "cooptação" ou "empréstimo" que Paulo faz de concepções, convenções ou práticas helenísticas ou romanas era simplesmente sua maneira criativa de embalar o evangelho: usou as palhas gregas e romanas como modo de embalar o que era o cerne, o evangelho real que queria pregar. Longe de mim dizer que Paulo não era oportunista! Servia-se de qualquer abertura, oportunidade ou situação que se apresentava como ocasião de pregar. Por exemplo, a sua pregação aos gálatas, justamente porque ficou doente enquanto atravessava a terra deles (Gl 4,13), ou sua pregação aos guardas pretorianos, porque aconteceu que eram eles que o vigiavam no cativeiro (Fl 1,13).

Todavia, o evangelho jamais foi apresentado sem alguma encarnação em convenções e pressupostos socialmente viáveis. Não existe uma versão do evangelho sem suposições e convenções culturalmente situadas. Portanto, a metáfora do grão e da palha é totalmente enganadora e é uma representação errônea do que encontramos nas cartas de Paulo. As únicas expressões válidas do evangelho são necessariamente as que são pertinentes e viáveis para quem prega e para quem ouve. Por sua própria natureza, a comunicação sempre funciona dentro dos limites dos comunicadores e emprega as riquezas de seus pressupostos socioculturais. Do mesmo modo, não existe evangelho que não tenha sido embutido em convenções e pressupostos dos tempos.

Por conseguinte, os ensaios apresentados não oferecem uma chance de separar o que poderia ser tido como escória cultural para se poder ver o evangelho "real". Em vez disso, cada capítulo é, na sua segunda parte, um estudo da criativa expressão paulina de um aspecto de sua boa-nova, no único meio que Paulo tinha a seu alcance, a saber, as convenções sociais e culturais de seu tempo.

O grau de filiação de Paulo às convenções e práticas greco-romanas

Se tivéssemos de imaginar uma escala que fosse desde a quase completa identificação de Paulo com as práticas e convenções greco-romanas até a mínima conexão, acharíamos os ensaios apresentados ocupando posições diferentes na escala. Sem dúvida, o de Engberg-Pedersen estaria bem próximo da completa identificação paulina. Outros encontram diferentes graus de adaptação e identificação.

Possíveis modelos no modo como Paulo se relaciona com as convenções sociais de seu tempo

Não podemos duvidar de que Paulo tenha conhecido e assumido convenções sociais – porque, como foi dito acima, isto é necessário para se viver, falar e escrever. A questão crucial, porém, e a visão inspiradora sobre Paulo acontece quando ele toma a estrutura oferecida pela sociedade e a altera ou inverte. Por exemplo, Paulo assume a configuração patrono-cliente e coloca Cristo ou Deus no ápice, lugar normalmente ocupado pelo imperador. As modificações e transposições que Paulo faz com as convenções e práticas culturais e sociais de seu tempo são as mais eficazes articulações para se identificar o que ele julga mais importante. Assim, é bom que o leitor ou o estudioso de Paulo observe quando ele abandona, transforma, opõe ou oferece uma alternativa ao que se poderia esperar naquele tempo e naquela cultura. Precisamente nas aberrações, nos pontos de dissonância, pode-se esperar tomar o pulso de Paulo.

A seguir espero dar os primeiros passos para identificar alguns dos modelos das relações de Paulo com as convenções e práticas culturais e sociais dentro das quais ele e seus ouvintes viviam. Convido outros a construir por cima ou a corrigir, se necessário, o que apresento.

O PROBLEMA – A RELAÇÃO DE PAULO COM A CULTURA – E UMA DIGRESSÃO INICIAL

Paulo conhece perfeitamente as convenções e as práticas de seu tempo. A questão que interessa é até que ponto ele as adapta e onde, quando e por que modifica, diverge e se afasta das práticas (e naturalmente a pergunta "por que", mesmo quando não pode ser respondida de modo claro e óbvio, é a mais interessante).

Sem dúvida, é cedo demais para chegar ao quadro completo com todas as suas nuanças, mas a própria soma desses vários ensaios, cada qual mostrando Paulo em vários graus de consonância e de dissonância em relação aos valores e práticas culturais de seu tempo, levanta a questão se podemos ou não discernir algum padrão nas vezes em que Paulo parece assumir noções culturais e as vezes em que ele parece distanciar-se delas. Com outras palavras: podemos decifrar por que Paulo acha algumas convenções e práticas totalmente aceitáveis e modifica ou mesmo rejeita outras? E para explicitar a mesma pergunta de um modo importante, podemos discernir por que Paulo utiliza algumas convenções e práticas em algumas situações e não as emprega em outras?

A palavra "cultura" no título desta seção é usada não como um termo técnico mas como um termo genérico, visando incluir tópicos como os indicados acima: convenções, práticas e valores sociais. Em minha pesquisa sobre a relação de Paulo com a cultura, pretendo conferir como e por quais vias ele emprega práticas e valores amplamente aceitos e como e por que vias ele procura distanciar-se deles.

A peculiaridade da visão apocalíptica de Paulo é que todos os fiéis vivem inevitavelmente em dois éons, duas idades, ao mesmo tempo. Devido à graça de Deus, aos fiéis já é concedido ser parte da nova criação. Assim também, no entanto, vivem agora sem dúvida a nova vida em Cristo no meio do velho éon, no mundo marcado pelo poder corruptor do pecado. Existem as normas da fé (Paulo as identifica com suas próprias normas; 1Cor 4,17) e as normas do mundo. Da mesma forma, Paulo exorta os romanos a "não se conformarem com este mundo", considerado mau, mas a "se transformarem, renovando a sua mente" (12,2; Gl 1,4). Da mesma forma, tenta aconselhar os coríntios a viver a uma distância escatológica do mundo quando escreve: "Eis o que vos digo, irmãos: o tempo se fez curto. Resta, pois, que aqueles que têm esposa, sejam como se não a tivessem; aqueles que choram, como se não chorassem; aqueles que se regozijam, como se não se regozijassem; aqueles que compram, como se não possuíssem; aqueles que usam deste mundo, como se de fato não usassem" (1Cor 7,29-31). Diz a mesma coisa aos gálatas quando os informa de seu singular gloriar-se "na cruz de nosso Senhor Jesus Cristo", que lhe fornece uma espécie de duplo isolamento do mundo, da seguinte forma: "a cruz crucificou o mundo para mim e a cruz me crucificou para o mundo" (Gl 6,14).

Paulo nota o que poderíamos chamar de uma desconexão entre o que o mundo vê e sabe, e a realidade de sua vida. O julgamento do mundo sobre ele e os outros apóstolos é de que são impostores que ninguém conhece, que parecem pobres, castigados, sofredores e moribundos. Como se enganam! Na verdade, Paulo e os outros apóstolos são verdadeiros, estão vivos e alegres; são gente que nada tem, mas tudo possui. Um olhar superficial que se contenta com basear-se em exterioridades e aparências inevitavelmente errará (cf. 2Cor 4,16-18; 5,12). As pessoas que não entendem podem ficar em suas trevas. As opiniões e visões dos de fora jamais são indicadores do verdadeiro valor de alguém.

Para Paulo, não existe apenas um desapego apocalíptico; existe também um compromisso apocalíptico. Os estóicos adquiriam a liberdade enumerando o que estava sob seu controle e cuidando de distinguir todas aquelas coisas que não estavam sob seu controle. Com outras palavras, os estóicos enalteciam sua liberdade por meio de uma estratégia de abandono de todos os embaraços que podiam prendê-los numa espécie de dependência, ou que por suas paixões os prendiam aos outros. A liberdade estóica empregava a tática de retirar-se do risco, minimizando o risco e a exposição a ele. Para os estóicos, a maior liberdade era alcançada arriscando o menos possível, expondo-se o mínimo possível aos outros. Alguns dos seguidores de Paulo, na sua ânsia, semelhante à de Qumrã, de assegurar sua santidade pela fuga da sociedade e de seus obstáculos, aumentariam as apostas na mentalidade estóica.

A chave: uma vez que Paulo entendeu que o evangelho não apenas não exigia o pleno afastamento do mundo e de suas práticas mas até permitia, e mesmo encorajava, o compromisso no mundo, a porta estava aberta para a sua criativa, embora ambígua, relação com a cultura e suas categorias.

Dois modelos da relação ambígua de Paulo com tradições e convenções

Um modelo: Mudar de padrões sociais quando necessário. Paulo às vezes lida com ambigüidades culturais adotando lugares comuns culturais distintivos que podem estar em tensão uns com os outros, usando um para certos fins e usando um outro lugar comum distintivo para expressar um outro aspecto de suas convicções. Por exemplo, emprega as noções verticalmente ordenadas de patronato e *pater familias*, o chefe da casa, para finalidades limitadas quando lhe convém, mas ele claramente passa para convenções sociais diferentes quando pretende promover uma estrutura social radicalmente diferente – uma de igualdade – entre os fiéis. Em vez de criticar uma ou outra dessas duas convenções sociais, ele simplesmente passa de uma para outra quando a primeira não atende às suas necessidades nem combina com suas convicções.

Consideremos brevemente o patronato e o *pater familias*, dois temas de ensaios deste livro. Como veremos, o patronato faz o mundo romano se mover e produz um tecido de reciprocidade, dependência e obrigação. Como diz Sêneca, moralista e retórico romano mais ou menos contemporâneo de Paulo, "a doação de um benefício é um ato social, conquista a boa vontade de alguém, e coloca esse alguém sob obrigação" (*Ben.* 5.11.1). Ele considerava a gratidão simplesmente como "a primeira instalação em sua dívida" (*Ben.* 2.22.1). O dar e receber presentes e a honra associada constroem vínculos sociais e criam o contexto para ações futuras de beneficência e patronato. A recusa de presentes patronais é impensável porque constitui uma repreensão social; da mesma forma o não retribuir é inconcebível.

Paulo assume a hierarquia patronal e patriarcal com referência a Deus. A eminência e o poder de Deus são assumidos e afirmados em todo o epistolário (ver 1Cor 8,6; 10,26; 11,3; 15,24-28). Ligando todas as suas afirmações cósmicas sobre a preeminência de Deus à noção de Deus como Pai (ver todas as saudações nas cartas e 1Cor 15,24), noção não particularmente bem representada nas tradições de Israel (cf. Sl 2), Paulo personaliza eficazmente a compreensão de Deus, que de outra forma poderia ser imaginado distante e desligado (cf. 2Cor 1,3, onde a piedade/misericórdia/compaixão de Deus está ligada à sua condição de Pai). Cristo é o filho de Deus (Rm 1,9; 5,10; 8,3.29.32; 1Cor 1,9; Gl 1,16; 4,4; 1Ts 1,10), e os fiéis, pela ação do Espírito Santo, são filhos de Deus que se tornam herdeiros de Deus (Rm 8,15; Gl 4,6). Deus, patrono supremo e Pai supremo, cuida de seus dependentes e merece justamente honra e gratidão. Os fiéis possuem tudo porque pertencem a Cristo, o qual pertence a Deus (1Cor 3,21-23); os fiéis herdam todas as coisas porque têm Deus como seu Pai.

O mundo greco-romano é estruturado antes de tudo verticalmente. Por contraste, a visão paulina da comunidade dos fiéis, das relações entre os fiéis, é decididamente não vertical. Antes, para Paulo, os fiéis situam-se no patamar comum proporcionado pela graça de Deus, dada igualmente a cada um e a todos.

O pronto uso que Paulo faz da nomenclatura "pai" para Deus (e até para si próprio ocasionalmente, cf. 1Cor 4,15; 2Cor 11,2; Fm 10) inevitavelmente possui uma carga hierárquica. Na medida em que o faz, facilita para os seus seguidores pensar que sua relação com Deus (e com ele próprio) tem grandes semelhanças com o resto da sua vida verticalmente estruturada que tão bem conhecem no mundo. Mais ainda – e isto é crucial – em lugar nenhum Paulo tenta negar ou mesmo modificar o peso hierárquico da linguagem patriarcal. Os objetivos para os quais ele orienta as afirmações sobre o patronato são caracteristicamente seus e exprimem sua fé pessoal. Paulo trata a imagem do pai como se não lhe causasse problema; livremente a assume com relação a Deus (e em algumas circunstâncias com relação a si mesmo), e parece encontrar nela um valioso modo de dizer coisas sobre Deus (e sobre si mesmo) e por extensão a respeito de seus seguidores dependentes. Assim, Paulo e seu evangelho não manifestam uma crítica das referências paternas.

A comunidade dos fiéis, como Paulo a percebe, não é hierárquica, idealmente. Todos os fiéis têm uma definição comum, como sendo aqueles pelos quais Cristo morreu ou, mais especificamente, aqueles que morreram com Cristo. Na visão de Paulo, os fiéis são *todos igualmente* dependentes da graça de Deus; são todos justificados e reconciliados por Deus e não por alguma ação ou condição deles mesmos. Quaisquer diferenças entre eles não são sinais de distinções de *status*, mas da diversidade que enriquece sua unidade em Cristo e intensifica seu serviço ao bem comum.

Para expressar essa profunda e permanente convicção de que os fiéis são aqueles que choram quando alguém chora, que ficam febris quando um deles cai e que comemoram todos juntos quando alguém está alegre, Paulo deve recorrer a uma metáfora ou imagem diferente de uma imagem hierárquica culturalmente definida. Sua resposta é usar termos familiares e expressões de amizade.

Na família de Deus, ninguém tem um *status* especial superior a outrem. Nenhum carisma causa elevação de *status*; ao contrário, o carisma obriga ao serviço pelo bem comum (1Cor 12). Sabedoria e riqueza, e o *status* que o mundo lhes associa, não exaltam ninguém na comunidade de fé. Para exprimir essa reciprocidade e igualdade entre os fiéis, Paulo recorre aos modelos, socialmente e culturalmente disponíveis, da família e da amizade. Em vez de construir aqui um fundamento comprobatório para essas minhas afirmações, remeto você aos ensaios deste volume que tratam dos tópicos da família e da amizade (também, compare com Filêmon, onde cada personagem desta pequena carta é irmão ou irmã de alguém).

Neste primeiro modelo, Paulo toma as convenções e os valores culturais, usa-os quando o ajudam e passa para outra convenção ou valor quando sua precisão muda. As estruturas hierárquicas funcionam bem em relação a Deus e até mesmo funcionam em importantes vezes, quando Paulo precisa assumir a responsabilidade pelo bem-estar das comunidades de fé. Quando, porém, quer falar sobre as relações entre os fiéis, prontamente retorna à imagem deles como irmãos e irmãs – com Deus como Pai. E ele conserva a terminologia familiar mesmo quando a confronta com as convenções da amizade e também quando quer fazer certas distinções entre os fiéis com respeito aos carismas deles (ou com respeito à sua medida da fé; cf. Rm 12,3). Admito que seu uso ocasional de categorias hierárquicas provavelmente encorajou alguns de seus ouvintes a introduzir distinções hierárquicas dentro da comunidade (ver 1Cor 11,21-22).

Nesse primeiro modelo, Paulo toma certas convenções e as utiliza para fins particulares, mas limitados. E em vez de criticar esses valores ou práticas culturais quando não servem mais para o seu objetivo, ele simplesmente passa para uma convenção cultural diferente.

Outro modelo: Mudança de instituições sociais quando necessário. Nesse modelo, Paulo assume as categorias de valores que todos os seus leitores ou ouvintes devem conhecer e usa a terminologia dos valores, mas sua relação com eles pode realmente ser bastante complexa. Um binômio ilustrativo é vergonha e honra, o paradigma que governa o mundo greco-romano. Basicamente, a maioria das pessoas naquele mundo, em qualquer nível de *status* social que se encontrassem, desejava fazer quanto pudesse para obter para si mesmas louvor e honra. Essas mesmas pessoas estavam igualmente decididas a evitar ou ao menos minimizar a repreensão e a vergonha. Todas as ações da vida, as decisões que tomavam, os objetivos a que aspiravam, tudo isso passava pelo filtro da honra-vergonha e do louvor-repreensão. E universalmente esse filtro era instalado assiduamente para aumentar a honra e diminuir a vergonha. Honra e vergonha estavam à disposição em todo encontro humano, desde o mais público até o mais íntimo e privado.

A relação de Paulo com esse binômio social dominante é extremamente complexa. Para entender o que Paulo faz com ele, temos de fazer o que os políticos chamam de distinguir a questão. Primeiro, temos de considerar os assuntos vergonha/repreensão e honra/louvor separadamente, porque Paulo se relaciona com eles distintamente. Além disso, às vezes ele toma os dados culturais de vergonha/honra e os utiliza na mesma linha que os padrões em voga; outras vezes, porém, conserva a terminologia mas altera basicamente os significados originais. Falemos então primeiro de vergonha/repreensão.

Em vários lugares do seu epistolário, Paulo usa o termo "vergonha" tal como era usado no mundo em geral. Nestas passagens, espera que a vergonha provoque o mesmo opróbrio social e assume seu valor negativo culturalmente aceito por sua utilidade para evocar uma mudança de comportamento. Em suma, Paulo usa vergonha e censura como uma *sanção social* para desencorajar determinado comportamento (p. ex., 1Cor 4,14; 5,11; 11,4-6.17; 15,34; cf. 2Ts 3,14). Em todos esses casos, vergonha e desonra significam nas cartas de Paulo o mesmo que no mundo em geral. Nos exemplos citados, ele simplesmente toma o valor cultural "vergonha" e usa-o onde o julga útil.

É diferente o modo de Paulo usar o termo "honra". Ainda assim se serve da mesma terminologia que seus contemporâneos usavam. Escreve sobre honra e glória. Sabe que *epainos*, que podemos traduzir por uma série de termos como "louvor", "aprovação", "reconhecimento" é coisa boa e, quando corretamente entendida, desejável. Nisto compartilha as convicções de sua cultura. Mas o que distingue a visão de Paulo neste ponto é o que poderíamos chamar de compreensão adequada da honra, de sua fonte e de seu significado.

Para manter as coisas na perspectiva certa, devemos notar que a crítica de Paulo à vergonha e à honra culturais não é a única voz discordante no seu tempo. Desde os cínicos, passando pelos estóicos como Sêneca (*De Const.* 13.2, 5) e Epicteto (*Disc.* 2.9.15) até Dion Crisóstomo, podemos encontrar essas críticas. Mas entre eles, a apreciação de Paulo é característica.

Alguma coisa de radical aconteceu com a categoria "vergonha" para Paulo quando ele percebeu que a afirmação central do seu evangelho devia fundar-se na cruz na qual Jesus foi crucificado. A crucifixão era a extrema sanção romana; nada era mais vergonhoso. Em comparação, o exílio era menos gravoso; também o era ser renegado por sua família ou *polis* (cidade). A aceitação entusiasta da cruz por parte de Paulo (com sua infalível conexão com a ressurreição) precisava de uma crítica fundamental da vergonha culturalmente associada a ela. Naquilo que quase pode ser considerado uma provocação, Paulo declara que não se envergonha do evangelho centrado na cruz, aquele objeto extremo de desgraça social. Está certo de que não se envergonhará de pregar o evangelho da cruz (2Cor 10,8; Fl 1,20).

Se vergonha alguma pode ser lançada sobre os fiéis por parte dos de fora porque Deus está com eles e é por eles, então os fiéis têm uns para com os outros o dever de se amar mutuamente (Rm 13,8) e de garantir que nada do que dizem ou fazem causará vergonha ou desonra aos outros, pelos quais Cristo morreu. É por isso que Paulo repreende (o que já era uma vergonha pública nesse caso, porque supõe-se que a carta era lida em voz alta à comunidade) os coríntios ricos por envergonharem os que "nada têm" e que chegam mais tarde à ceia do Senhor (1Cor 11,22).

A cruz, o sinal extremo de vergonha social no mundo greco-romano, torna-se o símbolo central dos que crêem. Isto é virar o mundo de cabeça para baixo. E porque honra é o contrário de vergonha, a mesma transposição de valores deve ser afirmada em relação à honra no mundo paulino. De fato a mudança em ambas as frentes, honra e vergonha, é tão profunda, que os termos podem ter se mostrado inutilizáveis para Paulo. Vamos considerar algumas das numerosas referências de Paulo à honra, que são refratadas na luz da cruz.

A visão paulina da honra, revisionista e totalmente estranha, pode ser exposta desta forma contracultural: a honra que conta vem de Deus, não dos outros nem de nós mesmos. Para Paulo, o cristão ideal, descrito para seus próprios fins em Romanos como alguém cuja circuncisão é interior e uma coisa do coração, recebe seu louvor "não dos homens, mas de Deus" (Rm 2,29). Do mesmo modo, aos coríntios declara que a única recomendação que conta é a que vem de Deus (1Cor 4,5).

Paulo desmascara a comparação com os outros, expediente pelo qual o sistema vergonha/honra operava no mundo greco-romano (2Cor 10,12). Também desacredita a auto-recomendação, reafirmando que a única recomendação que conta vem de Deus (2Cor 10,18). A irônica visão paulina da honra, do louvor e da recomendação mundanos é facilmente perceptível quando ele se recomenda a si mesmo com referência a suas tribulações e dificuldades, que servem para mostrar, como diz em 2Cor, que o poder do Senhor é perfeito na fraqueza (2Cor 12,9).

Entre os fiéis de Paulo, a honra é obtida trabalhando com afinco para propagar e inculcar o evangelho (leia-se mais a respeito disso no ensaio de Agosto sobre a recomendação). O normal impulso cultural para alcançar a honra é perdoado por Paulo desde que se realizem duas condições: que se busque a verdadeira honra e que se busque de modo apropriado.

No início de Romanos, Paulo aborda ambas essas questões juntas em 2,7-11. Deixe-me primeiro traduzir o texto, depois podemos analisá-lo.

> Para aqueles que pela constância no bem visam à glória, à honra e à incorruptibilidade, a vida eterna. Para os egoístas, rebeldes à verdade e submissos à injustiça, a ira e a indignação. Tribulação e angústia para toda pessoa que pratica o mal, para o judeu em primeiro lugar, mas também para o grego. Glória, honra e paz para todo aquele que pratica o bem, para o judeu em primeiro lugar, e também para o grego. Porque Deus não faz acepção de pessoas.

Os paralelos dentro dessa passagem são extraordinariamente estruturados do começo ao fim. Numa *inclusio*, o texto começa e termina com afirmações de boas obras e com recompensas para os que as praticam. Em contraste, note o paralelo referente aos que fazem o mal: sua paga é ira, indignação, tribulação e angústia. As recompensas que esperam pelos que fazem o bem são descritas de várias e ricas maneiras: vida eterna, glória, honra e paz. Aos que persistem pacientemente em fazer boas obras e que buscam a honra que conta, é garantido que a receberão. Mas esta não é a honra que o mundo pode dar; ao invés, é uma honra que só se pode ganhar de Deus. É uma honra que é adequadamente associada com a glória e a paz que só Deus pode conceder. O único caminho apropriado para procurar essa honra que Deus dá é fazer o bem, é operar o bem, persistindo na boa obra. Não admira que Paulo anuncie um julgamento divino baseado nas obras que o amor gerou (cf. Gl 5,6; 2Cor 5,10).

A idéia de fiéis buscando recompensa pode parecer estranha nesse mundo pós-luterano, no qual todo senso de esforço pode parecer fora de lugar, mas não é estranha para Paulo e suas comunidades. Paulo sabe que (mesmo) ele ainda não recebeu o dom supremo, a ressurreição dos mortos; sabe que (mesmo) ele ainda não atingiu a plena maturidade, mas – são estas suas próprias palavras – "prossigo para ver se o alcanço, pois que também já fui alcançado por Cristo Jesus. Irmãos, não julgo que eu mesmo o tenha alcançado, mas uma coisa faço... prossigo para o alvo, para o prêmio da vocação do alto" (Fl 3,12-14). Note-se que a busca e o esforço de Paulo deriva do fato de ele *já ter sido alcançado* por Cristo Jesus. Essa mesma ligação está por detrás de seu apelo aos filipenses para "operar a sua salvação com temor e tremor" – o que soa totalmente não paulino, a não ser que se leia o resto da frase: "pois é Deus quem opera em vós o querer e o operar, segundo a sua vontade" (2,13). Buscar recompensas, em particular buscar honra, não pareceria estranho para os auditórios de Paulo. Mas quando ele funda toda a busca e alcance no fato de que os fiéis foram alcançados por Cristo Jesus, soaria estranho para eles a princípio.

Numa seção de Romanos (14,18-19), Paulo diz aos romanos que eles devem cessar de julgar uns aos outros (ressonância de 2,1-5), que devem decidir-se a não colocar pedras de tropeço ou obstáculos no caminho de outros irmãos ou irmãs, em suma, que devem "caminhar no amor" (14,15). Nesse contexto, ele fala da questão da honra em duas direções, perante Deus e em relação aos seres humanos, próximos de nós. "Quem desta maneira serve a Cristo [isto é, que caminha no amor] torna-se agradável a Deus e aprovado pelos homens" (Rm 14,18). Este é o puro modo de falar sobre honra, mas embutido em categorias paulinas. A primeira expressão, o que é agradável a Deus, ecoa Rm 12,1-2, onde Paulo exorta os fiéis romanos a "oferecer seus corpos como sacrifício vivo" e associa isto ao seu apelo para que "entendam e façam" (*dokimazein*) o que é agradável a Deus (12,2). Em 14,13-19, Paulo especifica o que agrada a Deus: cessar de julgar uns aos outros (expresso de modo negativo) mas agora caminhar no amor (apresentado positivamente). Caminhar no amor é agradar a Deus e por isso coloca quem caminha no amor numa posição de honra perante Deus. Coincidentemente, não apenas o amor é a ocasião para a agradável honra de Deus, mas também alcança a aprovação dos homens, diz Paulo (Rm 14,18). Nesse texto, Paulo usa o adjetivo *dokimos* (traduzido aqui por "aprovado"), que em outro lugar eu traduzi por "provado e verdadeiro", para descrever o adequado reconhecimento e honra atribuídos pelos outros fiéis.

Paulo encerra o assunto com este apelo: "Procuremos [de novo, aquele mesmo verbo], pois, o que favorece a paz e a mútua edificação" (Rm 14,19). Muita coisa está contida nesse pequeno versículo. Primeiro, Paulo supõe que a humana procura que ele enfatiza esteja fundada numa adequada servidão a Cristo. Segundo, porque os fiéis têm paz com Deus, como ele mostrou antes em Rm 5,1, devem tornar-se construtores da paz; devem procurar as coisas que favorecem a paz. E quando chama a atenção para o que "contribui para a mútua edificação", está usando sua própria linguagem codificada para falar de amor. Amor e edificação vão sempre juntos no mundo das idéias de Paulo, como ele o exprime diretamente escrevendo aos coríntios: "A ciência incha, o amor edifica" (1Cor 8,1). Mais adiante na mesma carta, ele encoraja explicitamente os coríntios: "Procurai o amor" (14,1). Não apenas é correto procurar a honra que vem com a expressão de amor; a procura do amor é uma obrigação, é a adequada expressão da fé, da relação da pessoa com Deus. Como Paulo escreve aos gálatas, nem a circuncisão nem a incircuncisão tem valor, mas o que tem valor é a fé agindo pelo amor (Gl 5,6). Assim, resulta que, na mente de Paulo, *a honra adequada e duradoura é fruto de um apropriado exercício do amor.*

Com respeito à vergonha e honra, Paulo inverte os valores; distorce a linguagem. Vergonha e honra já não são avaliadas segundo o *status* alcançado ou herdado por alguém; honra não é o resultado de esforços incessantes e custosos para melhorar a própria posição através da manipulação do sistema. Honra é algo que Deus concede de maneira simples e profunda. É calculada segundo os critérios divinos. É repartida conforme Deus quer. E nenhum fiel fica sem honra. Assim sendo, os fiéis já não calculam as relações humanas de acordo com o que o podem lucrar com um compromisso; ao invés, perguntam o que o amor exige nesta ou naquela circunstância. De um modo radical e até subversivo, procuram a vantagem do outro; procuram o que edifica ou faz crescer o próximo. E o mais surpreendente, e que exige uma incrível soma de confiança em Deus: reconhecem afinal que seus próprios interesses são atendidos *não* por eles cuidarem primeiro de si mesmos mas por honrarem o próximo no amor.

◈◈

Vimos assim dois modelos que Paulo usa na sua ambígua relação com a cultura circunstante. Existem outros, sem dúvida, mas esses dois são os modelos predominantes e podem ser comprovados repetidas vezes no epistolário.

Mas em cada ponto, são as convicções de Paulo que comandam e dominam as convenções culturais e os valores sociais de seu mundo; jamais o outro sistema ao seu redor. O evangelho é seu filtro, sua lente através da qual avalia tudo. Está convencido de que os fiéis já vivem na nova criação, embora caminhem por este mundo mau. Eles têm um novo senhor; precisam viver de um modo que agrade a seu novo senhor. Paulo tem confiança que cada fiel, como um servo correto, estará preparado para comparecer diante desse Senhor e de seu tribunal (2Cor 5,10).

1

PAULO E A ADAPTABILIDADE

Clarence E. Glad

O propósito deste capítulo é chamar a atenção para alguns modos pelos quais a idéia de *adaptabilidade* era entendida na antiguidade greco-romana e em Paulo. O estudo da adaptabilidade em Paulo é uma tarefa complicada por vários motivos. Um deles é que o termo "adaptabilidade" não se presta a uma definição precisa. Essa dificuldade não é excepcional; faz parte de qualquer análise temática. Um segundo motivo é mais equívoco, e está relacionado com as convenções estabelecidas nos estudos paulinos. É em vão que se busca o verbete "adaptabilidade" em índices de publicações dos estudiosos de Paulo; simplesmente não é uma palavra familiar nos estudos paulinos, como o são os conceitos de *lei, justiça de Deus, fé em/de Jesus, aliança, salvação, escatologia* e *apocalipticismo*.

"Teologia" é também um termo que a maioria dos autores não tem escrúpulo algum de usar quando explicam o pensamento paulino. Uns poucos usam o termo "religião" para a mesma finalidade. Nem sempre foi assim. Por volta do século XIX, por exemplo, os autores alemães estavam mais propensos a usar o termo "religião" do que "teologia"; houve até mesmo um aceso debate sobre qual termo conviria melhor a Paulo. Um tal debate mantém viva uma importante questão, a saber, até que ponto os termos não usados por pessoas no passado devem ser empregados quando tentamos explicar o que aquelas pessoas pretenderam dizer? Essa questão se aplica aos termos "teologia" e "religião", bem como ao termo "adaptabilidade". O tópico da adaptabilidade não está necessariamente ausente, embora o termo esteja ausente.[1] De fato, o conceito de adaptabilidade exprime uma convenção social que fazia parte do contexto greco-romano familiar para Paulo e seu auditório, convenção esta que ainda não recebeu a devida atenção na literatura paulina.

PARTE I. A ADAPTABILIDADE NO MUNDO GRECO-ROMANO

A idéia de adaptabilidade era comum no mundo greco-romano no tempo de Paulo entre diferentes segmentos da sociedade por toda a bacia do Mediterrâneo.

---

[1] Um grupo de termos gregos expressava o conceito de "adaptabilidade" e "acomodação", entre eles os termos ἁρμόζω, ἐφαρμόζω, προσαρμόζω, ἐξομοιόω, συνεξομοιόω, συναφομοιόω, συμπεριφέρω, συμπεριφορά, συνκαταβαίνειν, συνκατάβασις, οἰκονομία.

Embora seja impossível medir com precisão a presença de costumes culturais na consciência comum do público em geral, os diversos contextos nos quais o ideal e a exigência da adaptabilidade se manifestavam mostram como era difuso o conceito, pelo menos entre a elite cultural. Era uma preocupação dos políticos, oradores públicos, filósofos, líderes religiosos e também atores de teatro. A presença de discussões sobre a variabilidade através de diferentes períodos, gêneros, estilos e escolas é inquestionável, refletindo uma preocupação cultural geral do Helenismo greco-romano. Como tal, podemos falar dela como sendo uma convenção social. As muitas ramificações possíveis dessa difusa tradição por diferentes segmentos da população, ou o como, por exemplo, ela pode estar relacionada com as posições éticas das escolas filosóficas do período helenista ainda precisam ser estudados.[2]

Hoje em dia a adaptabilidade é estudada, por exemplo, dentro da antropologia ecológica, enfocando a adaptabilidade humana ao ambiente à luz dos fatores culturais e biológicos. A adaptabilidade é discutida também na literatura teórica educacional e entre os psicólogos com respeito ao desenvolvimento humano e à importância de métodos pedagógicos apropriados nos diferentes estágios da vida. Para sobreviver, a pessoa precisa desenvolver capacidades a fim de maximizar a possibilidade de ajuste bem-sucedido, fazendo uso de aptidões naturais ou adquiridas e de treinamento adequado. O mesmo vale da influência sobre os outros no seu desenvolvimento; é preciso saber quando e como adequar-se corretamente às respectivas disposições dos destinatários.

"Adaptação" é um termo relacional; fala-se de adaptar ou ajustar alguma coisa a uma outra, por exemplo, seu comportamento ou sua fala aos outros em circunstâncias específicas. Como conceito relacional, o termo se refere ao que precisa ser adaptado e àquilo a que precisa se adaptar. Relaciona-se com o caráter, a obra e os objetivos de alguém, e com as várias circunstâncias e tipos de pessoas que se encontram. Essas reflexões chamam a atenção, por um lado, para a pessoa adaptável e para os requisitos necessários para uma adaptação bem-sucedida, inclusive para as aptidões naturais ou adquiridas e para o treinamento retórico, filosófico ou religioso; por outro lado, tudo quanto precisa ser adaptado deve ser ajustado adequadamente àquilo a que deve ser acomodado. Esse segundo enfoque centra-se nos diferentes caracteres e em suas disposições.

Nas discussões greco-romanas sobre esses temas, diferentes tipos de caráter emergem em vista das características idealizadas. Antes de abordar esses tipos de caráter idealizados, falo primeiro rapidamente de um aspecto da adaptabilidade. A importância da adaptabilidade como *topos* literário e retórico pode ser vista nos manuais de retórica. A linguagem era um instrumento de persuasão.

---

[2] A documentação em Clarence E. GLAD, *Paul and Philodemus: Adaptability in Epicurean and Early Christian Psychagogy* (Leiden: E. J. Brill, 1995) nos possibilita afirmar que o tópico da adaptabilidade reflete uma vasta tradição durante os tempos helenísticos.

Com efeito, o primeiro dever de um orador era falar convenientemente a fim de persuadir.³ Três tipos de provas contribuíam para uma persuasão bem-sucedida: o caráter moral do orador (*ethos*), o próprio discurso (*logos*) com seus argumentos, e o incitamento dos ouvintes à emoção (*pathos*). Os manuais de retórica continham extensas descrições dos modos de levar os ouvintes a uma emoção específica à luz das suas disposições e estados psicológicos, aos quais o retórico devia se adaptar.⁴

A adaptação no discurso, muitas vezes tratada sob os títulos de propriedade do discurso e descrição de caráter, tinha de atuar nas várias condições dos destinatários numa tentativa de ser perspicaz. Os retóricos sabiam muito até que ponto sua apresentação podia afetar a recepção de seus discursos. Os oradores tinham de saber como falar adequadamente no "momento oportuno" para obter o desejado impacto nos ouvintes. Uma certa coordenação do orador, o assunto e a audiência estavam necessariamente de acordo com o tempo, a ocasião, o lugar e as circunstâncias da apresentação de um discurso. Entre outros aspectos que os oradores precisam ter em mente com relação aos ouvintes, podem-se enumerar a idade, o sexo, as relações familiares, o *status* ou posição social, a experiência ou as realizações anteriores, as aspirações, a disposição e os tipos de caráter que demonstram certas paixões, hábitos, crenças ou opiniões. Finalmente, era importante a composição do auditório; por exemplo, se consistia de uma só pessoa ou um grupo, se se tratava do senado, da população de uma cidade, de juízes ou de pessoas comuns.

A mesma preocupação é evidente entre os escritores *progimnásticos* e autores de cartas, que estudavam várias formas de exercícios elementares e de tipos epistolares. Tanto esses exercícios elementares como esses diferentes tipos epistolares foram analisados a partir da perspectiva de sua capacidade de persuasão em cenários específicos, como se pode ver, por exemplo, na descrição de tipos epistolares feita por Pseudo-Libânio e Pseudo-Demétrio.⁵ Os exercícios elementares eram tratados também com respeito à sua conveniência contextual e ao seu uso na oratória epidíctica, para treinamento na assembléia, ou para o orador da corte. O estudo de Theon sobre recursos para argumentação em personificação afirma que todos esses recursos estão centrados na capacidade de persuasão da descrição de caráter em cenários específicos. Essas técnicas de argumentação podiam maximizar o efeito persuasivo de um discurso, por exemplo, dando voz a pessoas de nacionalidade, raças ou comunidade diferentes, ou a personagens de disposições específicas.⁶

---

³ Cícero, *De Or.* 1.31.138 (LCL 348:96-97), "primum oratoris officium esse, dicere ad persuadendum accommodate".
⁴ Ver por exemplo Aristóteles, *Rhet.* 1.2.1-7 (LCL 193:14-19), e Heinrich Lausberg, *Handbook of Literary Rhetoric: A Foundation for Literary Study* (original alemão, 1973; Leiden: E. J. Brill, 1998) §§33, p. 257, 355.
⁵ Como argumenta Pseudo-Demétrio brevemente: As cartas "podem ser compostas num grande número de estilos, mas são escritas naqueles com os quais combinam as circunstâncias particulares" (*Tipos Epistolares* 30, 3-4 e 20, em A. J. Malherbe, *Ancient Epistolary Theorists* [SBLSBS 19; Atlanta: Scholars Pres, 1988]).
⁶ Teon, *Progymnasmata* 8.43-50, em James R. Butts, "The *Progymnasmata* of Theon: A New Text With Translation and Commentary" (Dissertação de Doutorado, Claremont Graduate School, 1986).

O *topos* adaptabilidade é estruturado sobre tipos de caráter e profissões diametralmente opostos, cada um dos quais veio a ter colocações precisas na sociedade greco-romana na época helenística entre os escritores pagãos, judeus e cristãos primitivos. Os exemplos positivos mais comuns eram os mestres, os pais e os doutores. Outros tipos semelhantes eram as mães, as enfermeiras, os filósofos, os generais, os pilotos, os conselheiros, os amigos e guias morais e o orador. Os exemplos negativos mais comuns eram os aduladores, os demagogos e os "amigos de muitos".

A reflexão sobre esses tipos idealizados em diferentes contextos esclarece os requisitos que tais pessoas precisavam para obter sucesso em suas empreitadas. Todas essas pessoas se ocupavam com persuadir, guiar, supervisar ou cuidar de outros. Todas tinham de descer ao nível de seus respectivos destinatários, por exemplo, o mestre que ensinava seus alunos, o pai que educava o filho e o médico que atendia seu paciente. Todos tinham de ser adequadamente preparados para suas respectivas tarefas. Os médicos precisavam conhecer os sintomas das várias doenças para poderem fazer corretamente o diagnóstico de seus pacientes. Tinham de conhecer também os diversos tipos de remédios e quando e como aplicá-los. Os pilotos precisavam conhecer os equipamentos do navio, como também as condições do tempo, para poderem levar o navio ao destino com segurança. E, finalmente, os guias morais deviam conhecer a condição humana para serem capazes de utilizar suas palavras adequadamente na empresa de reformar os outros.

Esses indivíduos tinham de ser bem preparados não apenas na sua vocação particular, mas também com respeito à sua condição moral. Tinham de passar por um período de introspecção e auto-exame para se certificarem de que sua motivação é nobre e autêntica. Seu comportamento em todas as circunstâncias tinha de ser genuinamente orientado para o bem-estar dos outros. Deviam ser fidedignos e demonstrar perfeita conformidade entre o falar e o agir. Essa harmonização do discurso e do comportamento chama a atenção para um aspecto importante do tópico da adaptabilidade, ou seja, a questão da estabilidade e da mudança na aparência, costumes, convicções, crenças e linguagem pessoais.

Idealmente, os tipos que enumeramos eram tidos como pessoas imutáveis, independentemente de seu envolvimento com pessoas em diferentes situações. Como tais, eram considerados confiáveis e fidedignos. Isto, porém, não acontecia com os personagens do pólo oposto. Os aduladores e os tipos de caráter semelhante, como as pessoas subservientes, pretensiosas, as que desaprovam a si mesmas, os charlatães e os "amigos de muitos" representam o lado negativo da variabilidade. Na sua habilidade de adaptação tanto no falar como no agir, os aduladores podem representar as pessoas multidimensionais, hipócritas e inescrupulosas, cujo proceder era censurado pelos moralistas que elogiavam a constância de caráter:

> O adulador, cujo caráter não tem lugar para se confortar, e que não leva uma vida escolhida por ele mas pelos outros, moldando-se e adaptando-se

para ajustar-se aos outros, não é simples, não é uno, mas variável e muitos num só; como a água derramada num recipiente após outro, está em constante movimento de um lugar para outro, e altera sua forma para se adaptar ao recipiente.[7]

Podem-se identificar várias outras características como feições constantes nos tratados sobre os aduladores na antiguidade greco-romana. Os aduladores só têm em mira sua vantagem pessoal. Falam com o fim de agradar, louvam indistintamente, são simpáticos, afáveis e divertidos. Ao prestar seus "serviços", acomodam-se aos que eles adulam e são astutos em sua versatilidade. Nas suas multiformes manifestações, os aduladores, a tudo adaptáveis, aprenderam a "representar o segundo papel em palavras e obras". Essa frase proverbial referia-se aos mímicos, que assumem o segundo papel, imitando o ator principal nas palavras e nos gestos. Criaturas mutáveis como o camaleão, o pólipo, o siba e o deus marítimo Proteu, eram muitas vezes citados como termo de comparação nas críticas aos aduladores. Estes eram também comparados a carrapatos, tavões, cupins, abutres, corvos, cachorros e macacos. Profissões como a prostituição e a culinária eram também usadas para ressaltar a comparação. A arte culinária era uma forma de adulação; o propósito dos cozinheiros, como o das prostitutas e aduladores, era dar prazer.

Além dessas analogias, os aduladores eram comparados com os amigos de muitos, como, por exemplo, na obra de Plutarco *Sobre o ter muitos amigos*. Os aduladores e os amigos de muitos, como também os políticos, eram confrontados com os amigos verdadeiros, estáveis e sérios. Embora ocasionalmente a conduta dos aduladores e dos genuínos amigos, pertencentes a pólos opostos, pudesse ser a mesma, havia traços distintivos, mais característicos ou permanentes que os separavam. Amigos que dizem algo positivo podiam assim dar prazer, mas isto, ao contrário do que acontecia com os aduladores, não era seu único nem primário objetivo. Os amigos tinham em vista principalmente a vantagem dos outros. Para alcançar o bem-estar dos outros, podiam até precisar causar alguma dor.[8] Às vezes, também tinham de estar dispostos a se comportar, como os aduladores, de um modo que poderia ser interpretado do exterior como uma inescrupulosa variabilidade.

A ambigüidade inerente à ética da adaptabilidade mostra-se claramente nas reações ao versátil herói de Homero, Odisseu, "o homem de muitas voltas", o

---

[7] Plutarco, *Como distinguir um adulador de um amigo* (LCL 197:280-281). Aqui Plutarco usa uma linguagem tradicionalmente associada com Odisseu, ao qual ele se refere logo depois dessa citação antes de falar de Alcebíades, o maior dos aduladores e demagogos. Ver também Ateneu, *Deipnosofistas* (LCL 224:160-161): "De fato, o adulador, numa mesma pessoa, assume todo tipo de forma e igualmente de discurso, de tão variados que são seus tons".

[8] Esse problema é sucintamente percebido por Isócrates, o qual, na sua defesa da legítima aspereza, nota: "Aqueles que admoestam e aqueles que denunciam não podem evitar de usar palavras semelhantes, embora seus propósitos sejam tão opostos quanto possível" (*Sobre a Paz* 72; LCL 229:50-51). A intenção tinha a maior importância. Ver também Clemente, *Paed.* 66.1 (GCS 128, 26-29 Stählin-Treu): "Assim como a exortação e o encorajamento são tipos de discursos afins ao discurso de conselho, assim é o elogio próximo da injúria e da repreensão. Mas esse último tipo é a arte da censura, uma forma de censura que indica boa vontade, não raiva. Pois tanto o amigo como o inimigo reprovam, este por desprezo, aquele por boa vontade".

qual foi ou criticado por mudar seu caráter, ou saudado pela sua adaptabilidade camaleônica nas relações sociais. Os detratores de Odisseu interpretam o termo πολύτροπος (*polytropos*), usado na primeira linha da *Odisséia* de Homero – "Conta-me, ó Musa, a respeito do homem politrópico" –, de modo pejorativo, no senso ético de modificar muitas vezes seu caráter, portanto, ser sem princípios ou sem escrúpulos. Outros cerram fileiras em defesa de Odisseu, interpretando o termo como expressão de sua habilidade em adaptar suas figuras de linguagem ("*tropos*") a seus ouvintes em cada ocasião particular. Globalmente falando, a interpretação ética negativa prevaleceu, comparando o mentiroso Odisseu com o tipo do *homo duplex* que oculta seus verdadeiros motivos, em contraste com o tipo do *homo simplex* como Aquiles, que fala candidamente. A mesma ambigüidade estava presente nos termos gregos usados para descrever o comportamento humano; esses termos equívocos eram usados tanto positivamente como negativamente, conforme a atividade em questão era avaliada como riqueza de recursos ou como manifestação de duplicidade de um embusteiro. A ambigüidade é compreensível, porque o limite entre adaptabilidade e hipocrisia é facilmente ultrapassado, e as intenções dos atores são inacessíveis aos observadores de fora.[9]

As respostas a Odisseu através dos séculos, antes e depois da Era Comum, tanto entre os escritores pagãos como entre os cristãos revelam que estamos perante tradições e modelos muito antigos, quer os indivíduos tenham tomado conhecimento deles mediante um contato direto com os escritos de Homero, quer não.[10] O duradouro debate sobre o personagem Odisseu representa alguns dos traços mais essenciais associados com o *topos* adaptabilidade, especialmente os centrados nos tipos de caráter idealizados. Durante o tempo de Paulo, as reflexões sobre esses tipos opostos de caráter aparecem em obras que descrevem a conduta e o modo de falar dos aduladores e dos amigos. Os principais contornos dos debates sobre como distinguir dos amigos os aduladores e os tipos relacionados já tinham sido colocados nos séculos V e IV antes da Era Comum. Mas o fato de obras independentes sobre esse tema serem compostas mostra seu renascimento no final da época da república e no começo do império. Podemos ver exemplos disso na obra de Plutarco, *Como distinguir um adulador de um amigo*, e na de Máximo de Tiro que tem o mesmo título. Os tratados de Filodemo sobre a adulação também focalizam a comparação, o mesmo acontecendo com obras de autores como Horácio, Dion Crisóstomo, Epicteto e Luciano, embora não tenham escritos tratados separados sobre o tópico.[11]

---

[9] Para os termos gregos usados para descrever o comportamento desses diferentes tipos de pessoas, ver GLAD, *Paul and Philodemus*, p. 17-23.

[10] W. B. STANFORD pesquisou as várias reflexões sobre o Odisseu de Homero desde o século VI antes da Era Comum até o século XII da Era Comum em seu *Ulysses Theme: A Study in the Adaptability of a Traditional Hero* (Nova Iorque, Barnes and Noble, 1968). Para as discussões sobre o conhecimento de Homero entre os antigos cristãos e os judeus, ver Günther GLOCKMANN, *Homer in der frühchristlichen Literatur bis Justinus* (TU 105; Berlim: Akademie-Verlag, 1968); e Dennis R. MACDONALD, *Christianizing Homer: The Odyssey, Plato, and the Acts of Andrew* (Oxford: Oxford University Press, 1994).

[11] Ver Clarence E. GLAD, "Frank Speech, Flattery, and Friendship in Philodemus", em *Friendship, Flattery, and Frankness of Speech*, ed. John T. Fitzgerald (NovTSup; Leiden: E. J. Brill, 1996), p. 21-59.

A matriz social do patronato é o contexto para se entender não só as práticas dos aduladores e dos amigos mas também para se compreender como a adaptabilidade é considerada com relação a ambos os tipos de pessoas. Seja por parte dos aduladores, seja por parte dos amigos, a associação adaptável com outros tem sérias ramificações sociais. Os aduladores pertenciam ao círculo dos ricos e poderosos; adaptavam-se submissamente aos de uma posição social superior.[12] A questão relativa ao que estava envolvido quando pessoas de diferente posição social se juntavam foi debatida antes por filósofos em relação às várias formas de amizade. Perguntavam especificamente se pessoas de diferentes condições sociais e morais podiam tornar-se amigas. E também se os seres humanos e os deuses podiam fazer amizade, dada a grande diferença entre as situações deles. As principais questões giravam em torno da igualdade e da desigualdade; da semelhança e da diferença; a ligação entre personagens diferentes segundo o nível de vida, o sexo e a idade; e as responsabilidades proporcionais decorrentes das relações entre pessoas que não eram iguais.[13]

Essas questões tinham a ver com normas culturais referentes ao comportamento aceitável, e estavam centradas em hábitos, costumes e maneiras que tanto separavam quanto uniam as pessoas. Numa sociedade patronal orientada para o estado, na qual as convenções sobre a posição social e a profissão estavam firmemente estabelecidas, as questões sobre a extensão permissível da variabilidade em ultrapassar os limites sociais eram prementes. Como deviam associar-se adequadamente com outros de posição social diferente? As barreiras criadas pela função social da pessoa não deviam ser superadas levianamente. Essas barreiras não se limitavam ao *status* social, mas se aplicavam também à estatura moral. Embora certos membros da alta sociedade possam ter pensado que seu *status* social garantia sua condição moral, havia outros que notavam logo qualquer discrepância entre os dois. Pensavam que a associação com muitos arruinava a boa conduta moral. Portanto, havia perigo em ter muitos amigos ou em associar-se indiscriminadamente com pessoas de diferente posição social.[14] O ideal da harmonização entre falar e agir acima mencionado chama a atenção para os delicados temas da coerência e da mudança na conduta quando se juntam pessoas de diferente condição social e moral. Pode-se colocar uma máscara ou precisar esconder a verdadeira identidade quando associado a pessoas em círculos diferentes daqueles em que se costuma tomar parte.

Questões tradicionais ligadas ao *topos* da adaptabilidade convergem em obras de muitos que tratam da adulação e da amizade. Pode-se ver isso no escrito de Plutarco, *Sobre o ter muitos amigos*, onde a questão da associação é também crucial:

---

[12] Ver Aristóteles, *Magna moralia* 2.3.3 (1199a14-18; LCL 287: 576-77).
[13] Ver a sucinta afirmação na *Ética a Nicômaco* de Aristóteles 1172a8-14 (LCL 73: 574-75).
[14] Ver Aristóteles, *Ética a Nicômaco*, 1157a17-24 (LCL 73:466-76), 1158a10-14 (LCL 73:472-73), 1170b23-1171a16 (LCL 73:564-69), 1172a2-14 (LCL 73:574-75); *Ética eudemiana*, 1239b10-15 (LCL 285:396-97); 1245b20-26 (LCL 285:444-45); e *Magna moralia* 1213b3-18 (LCL 287:682-85). Sobre esse ponto, ver mais a seguir.

Não é coisa certa ser (...) pródigo de nossa virtude, unindo-a e entrelaçando-a ora com um ora com outro, mas antes somente com aqueles que são qualificados para conservar a mesma participação... que são capazes, de um modo semelhante, de amar e participar. Pois certamente o maior obstáculo de todos para se ter uma multidão de amigos está no fato de que a amizade nasce por meio da semelhança (...) Como é possível surgir amizade em caracteres diferentes, sentimentos díspares e vidas que seguem outros princípios?(...) Na consonância e na harmonia de nossa amizade não deve haver nenhum elemento divergente, desigual, diferente, mas tudo deve ser semelhante para gerar consenso nas palavras, conselhos, opiniões e sentimentos, e deve ser como se uma só alma fosse distribuída entre dois ou mais corpos. Que homem há, pois, tão incansável, tão mutável, tão universalmente adaptável, que possa assimilar-se e acomodar-se a muitas pessoas, sem zombar do conselho de Teógnis, que disse: "Imita esta característica do siba, que muda de cor / de modo que ao olhar parece igual à rocha quando a ela adere"? Porém, as mudanças no siba não têm profundidade, mas ficam todas na superfície, a qual, devido à proximidade ou à frouxidão da sua tessitura, apanha as emanações de objetos que dele se aproximam; ao passo que as amizades tendem a produzir completa semelhança em caracteres, sentimentos, linguagem, ideais e disposições. Esta variada adaptação era a tarefa de um Proteu (...) o qual, por mágica, pode mudar-se muitas vezes instantaneamente de um tipo ao outro, lendo livros com os intelectuais, rolando na poeira com os lutadores, seguindo a caça com os esportistas, embriagando-se com os bêbados tomando parte nos debates dos políticos, e não possuindo caráter próprio firmemente fundado. (...) A posse de uma multidão de amigos exige necessariamente (...) uma alma que seja muito impressionável, versátil, flexível, e facilmente mutável. Mas a amizade requer um caráter fixo e estável que não se modifica, mas continua no mesmo lugar, na mesma intimidade. Por essa razão, um amigo firme é algo raro e difícil de achar.[15]

Nesse texto e em outros, Plutarco mistura tradições ligadas a Odisseu, ao deus do mar – Proteu – a demagogos e políticos. A terminologia tradicionalmente aplicada ao "homem variável e de muitos tipos", isto é, Odisseu, é agora usada para ressaltar o contraste entre, de um lado, os servis e polimorfos aduladores e amigos de muitos e, de outro, os amigos estáveis.[16]

Todos os exemplos de adaptabilidade mundana apresentados por Plutarco têm a ver com a associação com outros em certas atividades. Plutarco não é o único a fazer isso; temas semelhantes podem se encontrar na carta de Sêneca

---

[15] Plutarco, *Sobre o ter muitos amigos* (LCL 222:64-69). Para o conselho de Teógnisa Cyrnus, ver Glad, *Paul and Philodemus*, p. 27.
[16] Ver *Alcibíades* de Plutarco (LCL 80:4-7, 62-65) e os textos citados em Glad, *Paul and Philodemus*, p. 28-30.

Sobre os perigos da associação com nossos companheiros[17] e nos discursos de Epicteto *De que se deve entrar cautelosamente numa relação social* e *Da relação social*. Por exemplo, ambos os tratados de Epicteto incluem o termo *symperifora* em seus títulos, e o verbo *synkatabainein* aparece em ambos os documentos – prova concludente de que as questões relacionadas com a associação com outros faziam parte do *topos* adaptabilidade.[18] Por isso os mesmos tópicos de diversão, honestidade, estabilidade e mudança no comportamento emergem também nessas obras. Ao discutirem questões referentes à interação social das pessoas, os moralistas ressaltam que a atividade na qual alguém está empenhado tem um impacto sobre seus sentimentos, linguagem, disposição e caráter geral. Frisam também que o caráter é contagioso; boas e más maneiras se manifestam num relacionamento. Duas breves citações de Epicteto exemplificam sucintamente o problema:

> A pessoa que convive freqüentemente com uma pessoa ou com outra, quer para conversa, quer para banquetes ou para fins sociais em geral, é levada ou para tornar-se igual a elas, ou para atraí-las para seu próprio estilo de vida; pois, se colocas ao lado de um carvão aceso um que se apagou, ou este apaga o que está aceso, ou o que está aceso acende o apagado. Então, já que o risco é tão grande, devemos entrar cautelosamente numa tal relação social com os leigos, lembrando-nos de que é impossível para o homem que roça um outro coberto de fuligem evitar apanhar alguma fuligem sobre si mesmo.[19]

> A este tópico deves consagrar-te antes de qualquer outro, ou seja: como possas evitar que jamais te associes tão intimamente com um de teus conhecidos ou amigos, que desças ao mesmo nível deles; de outra forma, arruinarás a ti mesmo.[20]

À luz da percepção desses perigos, os moralistas estavam preocupados com o aspecto das pessoas e com o melhor modo de se adaptar aos outros em diferentes contextos. A pessoa ocupa, por acaso ou por treinamento, uma certa posição social que propõe modelos e expectativas fixas quanto ao papel que se deve desempenhar nas diversas circunstâncias e como interagir com as pessoas em posições diferentes. Não se deve interagir despreocupadamente com os outros, ao menos não com demasiada freqüência, para não perder a própria identidade. Tampouco se deve abraçar uma profissão sem a devida preparação, porque a função dos indivíduos era determinada conforme modelos fixos de comportamento. De preferência, a pessoa deveria ficar na posição em que se encontra e fazer sua

---

[17] Epístola 103 (LCL 77:186-89). Ver também Epístola 7, *Sobre as multidões* (LCL 75:28-37).
[18] *Discurso* 3.16 (LCL 218:104-5) e *Discurso* 4.2 (LCL 218:304-5), respectivamente. O verbo *synkatabainein* aparece em 3.16.9 (LCL 218:106-7) e 4.2.1 (LCL 218:306-7).
[19] *Discurso* 3.16.1-2 (LCL 218:104-5). Ver também 3.16.11 (LCL 218:106-9) e 3.16.16 (LCL 218: 108-9). No último texto, Epicteto aconselha seus leitores a fugir de seus antigos hábitos e também dos leigos. (Ver também 2Cor 11,6)
[20] *Discurso* 4.2.1 (LCL 218:304-7). Ver também 4.2.2 e 10 (LCL 218:306-9).

parte em palavras e obras, de acordo com as normas sociais estabelecidas, não "para se mostrar", mas "na realidade".[21]

A respeito da associação com todo mundo, os moralistas também analisavam quão próximo alguém devia estar dos outros, e se era conveniente – e até que ponto – entrar numa relação com mais alguém. Deve-se comunicar seus segredos somente àqueles em quem se pode realmente confiar. A moderação no falar era considerada uma virtude. O caráter daquele que fala muito, o tagarela, e do polipragmático, que faz muitas coisas e deseja saber das dificuldades dos outros, era depreciado. À luz da perceptível tendência da época de falar mal dos outros e de divulgar seus defeitos, essas preocupações eram compreensíveis.[22]

Os moralistas não apenas advertiam dos perigos de associar-se com gente de posição social diferente. Também falavam da importância de ser flexível quando associado com vários tipos de pessoas, por exemplo, ao ajudar os outros:

> Viver por um tempo um estilo de vida como um inválido para poder em outro tempo viver como um homem sadio: não, não é esse o nosso jeito, mas queremos viver como homens sábios desde o princípio, e ajudar a humanidade. Ajuda de fato! Que estás fazendo? Por que tens ajudado a ti mesmo? Mas tu queres ajudá-los a progredir. Por que tu mesmo fizeste progresso? Queres ajudá-los? Então mostra-lhes, por teu exemplo, o tipo de homens que a filosofia produz, e pára de dizer tolices. Quando comes, ajuda aqueles que estão comendo contigo; quando bebes, aqueles que estão bebendo contigo; dando preferência a todos, dando lugar, submetendo-se – ajuda as pessoas desse modo, e não as salpiques com teu perdigoto.[23]

Essa preocupação com os aspectos positivos e negativos da adaptabilidade numa grande variedade de situações sociais dá-nos uma idéia do mundo no qual Paulo e seus leitores viveram e agiram.

---

[21] Cf. Epicteto, *Discursos* 1.2 (LCL 131:14-15); *Quanto o homem preserva seu bom caráter em toda ocasião?* 1.19 (LCL 131:128-29); *Como devemos comportar-nos com os tiranos?* 4.8 (LCL 218:374-75); *Aos que apressadamente assumem a aparência de filósofos*, 3.19 (LCL 218:114-15); *Qual a posição do leigo e qual a do filósofo?* 3.21; *Aos que assumem levianamente a profissão do magistério* (cf. 3.21.14 e 18-20 [LCL 218:126-127, 128-129]). Ver *Discurso* 2.9, *De que embora sejamos incapazes de exercer a profissão de homem, assumimos a de filósofo*, 19-22 (LCL 131:272-75): "Por que, então, tu te chamas estóico, por que enganas a multidão, por que fazes o papel de judeu, sendo grego? Não vês em que sentido os homens são chamados judeus, sírios ou egípcios respectivamente? Por exemplo, sempre que vemos um homem hesitante entre dois credos, temos o costume de dizer: 'Ele não é judeu, está apenas fazendo de conta'. Mas quando ele adota a atitude da mente do homem que foi batizado e fez sua opção, então ele não só é chamado judeu, mas é judeu de fato. Assim nós também somos falsos 'batistas', na aparência judeus, mas na realidade outra coisa, não em sintonia com nossa própria razão, longe de aplicar os princípios que professamos, embora nos orgulhemos deles como homens que os conhecem. Assim, não obstante sermos incapazes até de exercer a profissão de homem, assumimos ainda por cima a profissão de filósofo – um fardo tão imenso!" Ver também *Discurso* 3.24.109-110 (LCL 218:218-19): "...obediente a Deus, e que estás fazendo o papel do homem bom e excelente, não aparentemente mas na realidade". Logo antes dessa citação Epicteto havia salientado a importância de adaptar-se ao "estilo de vida" na cidade na qual alguém é colocado.

[22] Filodemo, *Sobre a crítica franca*, frgs. 14, 39-42, 47-49, 53-55; Epicteto, *Discurso* 4.13 (LCL 218:428-29), *Àqueles que falam levianamente sobre seus negócios*; Dion Crisóstomo, *Discurso* 73, *Sobre a confiança* (LCL 385: 194-205), *Discurso* 74, *Sobre a desconfiança* (LCL 383:208-37); Plutarco, *Sobre a loquacidade* (LCL 337:396-467), *Sobre a pessoa Intrometida* (LCL 337:472-517).

[23] *Discurso* 3.13.21-23 (LCL 218:94-95). Cf. 1Cor 10,31-33.

PARTE II. A ADAPTABILIDADE EM PAULO

A vida de Paulo era realmente multiforme. Etnicamente judeu, Paulo escreveu em grego e era cidadão romano. Tinha um programa que incluía os não judeus. Em suas viagens como recrutador itinerante, e por meio de seus discursos e escritos a vários grupos culturalmente mistos, sem dúvida encontrou expectativas comuns em relação a oradores públicos itinerantes e alimento psicagógico. Como tal, Paulo estava provavelmente ciente do "horizonte de expectativas"[24] de seus destinatários, abstraindo de sua educação "formal" e do fato de, por exemplo, ele ter atingido ou não o terceiro nível do treinamento retórico. Deveríamos examinar as estratégias retóricas e literárias de Paulo, utilizadas em suas cartas, quanto às exigências gerais dos escritores de cartas, para levar em conta as circunstâncias de seus destinatários. Com efeito, foi amplamente demonstrado que as cartas de Paulo são produções literárias ocasionais; apresentam feições literárias e retóricas formais, muitas das quais foram desenvolvidas precisamente a fim de aumentar a capacidade de persuasão de um discurso ou de uma carta. Como tal, o valor dos modelos literários e retóricos formais foi discutido pelos próprios autores antigos à luz das exigências circunstanciais para a forma de um discurso.[25]

Os vários aspectos circunstanciais indicados pelos oradores, pelos teóricos epistolares e pelos escritores *progimnasmáticos* eram importantes para todos os que empregavam o discurso ou qualquer tipo de relação professor-aluno. As diferenças entre os estudantes exigiam a sensibilidade e a adaptabilidade para se acomodar a eles ao falar. Abstraindo-se do modo como classificamos Paulo, em toda a sua carreira ele foi um líder que precisava estar atento às diferentes aptidões entre seus convertidos, de modo a poder adaptar seus métodos de um modo adequado à condição deles. Não admira, pois, encontrar questões relativas à direção psicagógica em todo o *corpus* paulino, tais como uma classificação dos diferentes tipos de adeptos e o uso flexível de meios e técnicas exortativos. Era importante saber quando, como e com quem aplicar métodos severos e brandos de instrução, especialmente ao lidar com neófitos, para com os quais se requeria um método misto de louvor e repreensão.[26]

Podemos ser tentados a concluir que Paulo conhecia as preocupações quanto à adaptabilidade quando enfrentou a tarefa de integrar os pontos de vista ideológicos de seus convertidos. Embora essa conclusão seja possível, resisto a essa tentação porque ainda deve ser demonstrado que Paulo compartilhava dessas preocupações e portanto que algumas das questões acima mencionadas podem ser alegadas para confirmar a interpretação e a possível explicação dos textos paulinos. Minha análise vai situar-se principalmente no nível da descrição, e vou chamar a atenção para algumas das notas auto-reflexivas de Paulo. Em

---

[24] M. P. Thompson, "Reception Theory and the Interpretation of historical Meaning", *History and Theory* 32 (1993): p. 248-72.
[25] Para literatura sobre as técnicas retóricas de Paulo, ver Duane F. Watson, "Rhetorical Criticism of the Pauline Epistles since 1975", *Current Research in Biblical Studies* 3 (1995): p. 219-48.
[26] Glad, *Paul and Philodemus*, p. 53-59.

particular, analiso como a questão da associação com os outros é integrada no contexto literário mais amplo da afirmação mais explícita sobre a adaptabilidade no *corpus* paulino, ou seja, 1Cor 9,19-23.

O tópico da adaptabilidade pertence ao contexto mais vasto da variabilidade nas antigas fontes greco-romanas. É precisamente dentro do contexto do longo debate sobre os usos, os abusos e a variabilidade admissível que devemos entender a confessada adaptabilidade de Paulo, como alguém que é "tudo para todos" (9,22b). Os autores têm tentado identificar mais precisamente dentro das tradições greco-romanas a corrente que influenciou essa autocaracterização paulina. As propostas principais são: (1) os contos épicos de Odisseu; (2) as lendas de Proteu; (3) as convenções sobre amizades (especialmente a do adulador servil e a do amigo de muitos); (4) os debates dos cínicos e estóicos sobre a liberdade; (5) o *topos* da demagogia sobre o líder dominado; (6) a doutrina política sobre políticos e dissidentes; (7) as práticas psicagógicas e finalmente (8) a condescendência divina.[27]

Não pretendo analisar qual dessas fontes pode ter exercido influência sobre Paulo, mas é difícil ver como a idéia da condescendência divina pode ter sido crucial a este respeito. Em primeiro lugar, no tempo de Paulo, essas várias "fontes" de adaptabilidade não eram facilmente separáveis. Com efeito, em grande parte se sobrepunham, notavelmente no uso que faziam dos tipos de caráter tradicionais e idealizados e dos atributos morais. Essa mistura de tradições em lugar nenhum está mais bem representada do que na literatura acima analisada sobre adulação e amizade. Mesmo na análise da condescendência divina, os mesmos atributos morais eram usados como base de reflexão sobre a natureza de Deus. Embora as manifestações divinas em diferentes épocas da história revelem uma notável flexibilidade no descer ao nível dos seres humanos, devido à sua fragilidade, Deus no entanto é considerado imutável e fidedigno.[28]

Em segundo lugar, as provas de que dispomos indicam que o tópico da condescendência divina não era prevalente antes da época de Paulo. Os termos *synkatabainein* e *synkatabasis*, que foram mais tarde intimamente associados à idéia da condescendência divina, não eram comuns e foram usados as mais das vezes por autores pagãos para descrever a condescendência humana, por exemplo na discutida ultrapassagem dos limites sociais ou na acomodação de uma pessoa de uma posição social mais elevada a uma de condição inferior.[29] Foi só

---

[27] Margaret M. Mitchell identifica as sete primeiras e discute a última em "Pauline Accommodation and 'Condescension' (συνκατάβασις): 1Cor 9,19-23 and the History of Influence". *Paul beyond the Judaism/Hellenism Divide* (ed. Troels Engberg-Pedersen; Louisville: Westminster John Knox Press, 2001), p. 197-214. Cf. também Peter Richardson, "Pauline Inconsistency: 1 Corinthians 9:19-23 and Galatians 2:11-14", *NTS* 26 (1980): p. 347-62, especialmente p. 357-58.

[28] Filo, *De confusione linguarum* 134-41 (LCL 261:82-87), e *De Somniis* 1.147, 232-233 (LCL 275:374-75, 418-21).

[29] Os exemplos do uso pré-cristão dos termos *synkatabainein* e *synkatabasis* que K. Duchatelez cita ("La 'condescendance' divine et l'histoire du salut", *NRTh* 95 [1973], p. 593-621; cf. p. 594-98) indicam suas conotações predominantemente "não religiosas". O verbo *synkatabainein* era comumente usado no sentido de "descer junto (com)" ou "ao mesmo tempo", mas o substantivo *synkatabasis* aparece pela primeira vez em *Retórica* 2.25 de Filodemo no século I antes da Era Comum, com o sentido de adaptabilidade retórica (LSJ 1662). No sentido de condescendência de uma pessoa de condição mais elevada, como Deus, para com outras de condição infe-

com Clemente de Alexandria que o vocabulário associado com o *topos* adaptabilidade, e especialmente aquele associado com a acomodação divina, começa a aparecer nos autores cristãos primitivos, refletindo sobre a praxe paulina.[30] Aí, a acomodação divina se tornou uma chave hermenêutica para a cristologia cristã primitiva da encarnação e um expediente interpretativo que não apenas reduziu as interpretações negativas da autocaracterização de Paulo, mas também ajudou a promover uma visão particular do Cristianismo como uma forma superior de religião, sobretudo quando comparada ao Judaísmo.[31]

A despeito dessas aplicações negativas da condescendência divina, o próprio conceito era uma complexa mistura de idéias greco-romanas, judaicas e cristãs primitivas durante os primeiros séculos da Era Comum. Filo, por exemplo, refere-se a Homero para fundamentar suas reflexões sobre a variabilidade do Deus de Israel. Como Josefo, Filo aplica epítetos da Odisséia a antigas figuras hebréias, especialmente José. Antigos escritores cristãos como Clemente de Alexandria, Orígenes e João Crisóstomo, embora jamais mencionem Odisseu ou outras figuras helenísticas em conexão com a autocaracterização de Paulo, todos a consideram como um exemplo de condescendência, atividade esta que acreditam ser característica do Deus de Israel (e do *Logos* de Deus) e, portanto, um comportamento legítimo para o apóstolo dos gentios.[32] Autores pagãos usam igualmente o *topos* adaptabilidade para refletir sobre a natureza do comportamento acomodatício de Deus em relação aos seres humanos.[33]

---

rior, o termo é usado predominantemente pelos autores cristãos primitivos. Foi usado antes somente por Filo (com a possível exceção de Ésquilo). No sentido de "acomodação" ou "adaptação" de uma pessoa de condição mais alta ao nível de uma inferior, o verbo se encontra num fragmento de Políbio preservado em *Deipnosofistas* 5.193D de Ateneu (LCL 208:376-77) a respeito de Antíoco Epífanes, o qual "condescendia aos homens da classe comum e conversava com qualquer um, não importa quem fosse, e costumava beber em companhia de viajantes da categoria mais medíocre que vinham à cidade". Epicteto tem um uso semelhante do verbo (*Discursos* 3.16.9, LCL 218:106-7; e 4,2,1, LCL 218:304-7; ver n. 14, acima). Neste sentido os termos passaram a ser comumente aplicados pelos autores cristãos posteriores a Clemente, à encarnação de Cristo. Foi só no século IV da Era Comum que Juliano usa a palavra *synkatabasis* para a condescendência de um deus pagão, a saber Átis (*Oração* 5.171B-C; LCL 13.478-79). O uso pré-cristão de *oikonomia*, termo quase sinônimo de *synkatabasis*, no sentido de "acomodação" ou de "conveniência", encontra-se em três contextos, a saber, nas discussões sobre o governo da casa, na retórica e na moral. Ver J. REUMAN, "Oikonomia as 'Ethical Accommodation' in the Fathers, and Its Pagan Backgrounds", *StPatr* 3 (1961): p. 370-79.

[30] CLEMENTE DE ALEXANDRIA, *Strom.* 7.9 (GCS, *Clemens Alexandrinus* 3.39, ed. Otto Stählin e L. Früchtel).
[31] No primeiro estudo sistemático sobre a idéia da acomodação religiosa – *The Footprint of God: Divine Accommodation in Jewish and Christian Thought* – Stephen D. BENIN começa sua pesquisa com os autores cristãos no século II da Era Comum, mas observa as raízes do tema em Filo. Benin foi criticado por ter dado atenção apenas superficial ao fato de que a aplicação do princípio acomodatício entre os autores cristãos primitivos deu origem à tradição *adversus Judaeos*. Ver a recensão de John PAWLIKOWSKI, em *JES* 34, n. 1 (1997), p. 144-45.
[32] MITCHELL, "Pauline Accommodation".
[33] Embora não use os termos *synkatabainein* ou *synkatabasis*. Ver PLUTARCO, *Sobre as demoras da vingança divina* (LCL 405:190-91, p. 264-65). Observei o tópico da adaptabilidade divina em GLAD, *Paul and Philodemus*, p. 39, 51, 216, 254, 256-58, 294 e 333. Nas *Antiguidades*, Josefo observa: "Quão variada e multiforme é a natureza de Deus" (10.142; LCL 326:234-35). Ver também Ef 3,10 ("a multiforme sabedoria de Deus"); 4,8-10 (Deus desceu e subiu); Hb 1,1-2 ("Muitas vezes e de modos diversos falou Deus outrora aos Pais pelos profetas; agora, nestes dias que são os últimos, falou-nos por meio do Filho..."); e Mc 16,12. Uma parte da vasta questão tratada pelos filósofos pagãos era a questão da imutabilidade divina. Ver, por exemplo, PLATÃO, *República* 380D (LCL 237:380-81): "Pensas que Deus é um mago e que seja capaz de manifestar-se deliberadamente ora com um aspecto, ora com outro, uma vez modificando-se e alterando sua forma em muitas transformações e outra vez nos enganando e fazendo-nos crer tais coisas a respeito dele; ou que ele é simples e menos verossímil que qualquer outra coisa mais para abandonar sua forma?".

Assim, a acomodação divina era simplesmente uma das muitas questões levantadas dentro do *topos* adaptabilidade, recebendo sua agudeza máxima entre os escritores cristãos em sua defesa de Paulo e nos escritores judeus helenísticos contemporâneos de Paulo. É também claro que Paulo usou o tópico da acomodação divina em suas cartas, por exemplo em Fl 2,5-11; Gl 4,4-5; e 2Cor 8,9. Devemos talvez atribuir a Paulo alguma originalidade enquanto participante do conjunto geral da evolução. Na sua estratégia argumentativa em 1Cor, ele pelo menos integra mais completamente do que qualquer outro autor as perspectivas morais e divinas sobre a acomodação. Aí aparece de fato o distintivo único de Paulo nesses assuntos. Parece também ter sido essa mistura da acomodação divina e humana, somada às implicações morais do *topos* adaptabilidade, que era problemática para os escritores posteriores. Então, em vez de tentar identificar a fonte das reflexões paulinas, é mais adequado reconhecer a fusão de temas tradicionais associados com questões de versatilidade dentro do *topos* adaptabilidade[34] e depois tentar explicar a configuração de tal mistura em contextos específicos. A seguir, descrevo brevemente como Paulo edifica tal síntese em 1Cor.

As reflexões de Paulo sobre si próprio em 1Cor 9,19-23 ocorrem num contexto em que ele está empenhado numa direção psicagógica, mas está refletindo ao mesmo tempo sobre visões conflitantes a respeito da orientação dos imaturos e a respeito da questão da associação com todo mundo. Esta não é, obviamente, uma descrição completa do programa paulino de recrutamento e orientação. Todavia, no emprego da adaptabilidade nessa perícope, emerge a visão paulina da variabilidade quando ele salienta as duas questões mais comuns da adaptabilidade, a saber, a da abertura sem reservas no associar-se com todo tipo de pessoas e a flexibilidade em lidar com os neófitos (cf. Rm 1,13-15).[35] Embora o primeiro estivesse especialmente ligado a uma estratégia proselitista e o segundo ao alimento psicagógico, esses dois componentes da adaptabilidade positiva estavam intrincadamente entrelaçados em toda 1Cor, revelando a íntima conexão das perspectivas religiosas e morais no raciocínio de Paulo quando ele tenta distinguir entre os que pertencem à comunidade e os outros.

A referência aos vários "grupos" de pessoas às quais Paulo se adapta – os judeus, os sujeitos à lei, os sem lei e os fracos – e a natureza inclusiva da voluntária escravidão e adaptação de Paulo sugerem o motivo da irrestrita associação com todos. Isto é acentuado ainda pela referência aos "muitos" ou "todos" em 9,19.22 e 10,33, e pelo contraste entre vantagem pessoal e comunitária no contexto maior. Paulo distingue os "fracos", aos quais se refere no fim da perícope, dos outros grupos pela repetição de γενωμαι (*genōmai*) e pela omissão de ὡς (*hōs*) antes de "fracos" (9,20.22b). A identidade precisa dos grupos pode ser discutida, mas

---

[34] GLAD, *Paul and Philodemus*, p. 273.
[35] Minhas idéias foram mal entendidas, como se implicassem que Paulo apresenta aqui uma descrição completa do recrutamento e da direção. Nisto Mitchell distorce de certa forma meu pensamento ("Pauline Accommodation", em *Paul beyond the Judaism/Hellenism Divide*, p. 197-214). Em *Paul and Philodemus*, usei a perspectiva psicagógica de 1Cor 9,19-23 como um degrau para a análise da psicagogia paulina em geral, para a qual achei que a psicagogia epicuréia oferecia material comparativo particularmente iluminador.

o duplo enfoque na flexibilidade à luz da diversidade humana e na adaptação à luz das diferentes disposições dificilmente pode ser questionado.

Pode-se ver a mesma dupla ênfase, por exemplo, na descrição que Filo faz da carreira política de José em *Sobre a Vida de José* 32-34 e 75-79, onde compara o político com um piloto e um médico. No primeiro texto, a analogia é usada para acentuar a necessidade da habilidade e a importância para o político, como um piloto, de ser flexível e de se adaptar a diversas circunstâncias e condições. O segundo texto utiliza a analogia do médico para frisar a necessidade da adaptabilidade para o estadista, porque o tratamento usado pelo médico é aplicado em vista do doente individual e é adaptado a ele. A defesa que Máximo de Tiro apresenta da versatilidade em *Que o discurso do filósofo é adaptado a cada tema* também destaca a importância da flexibilidade no associar-se a todos sem reserva e na adaptação psicagógica (*Discurso* 1 [1,5-18,3 Hobein]). No caso de Paulo, essa dupla perspectiva é evidente em sua análise a respeito dos "fracos" (1Cor 8; 10,23-11,1) e nas suas reflexões sobre a associação de diferentes tipos de pessoas, reflexões que emergem em todo o trecho 5,1-11,1. A respeito da última questão, os coríntios não concordavam plenamente, tanto entre si como com Paulo.

Os temas relativos à associação com outros fazem claramente parte das preocupações de Paulo. A linguagem do "fazer-se" em 9,19-23 sugere uma mudança na praxe costumeira quanto à associação, no caso, por exemplo, de alguém comparecer a um banquete no qual toma parte um membro indesejado da sociedade. Esse comportamento nos recorda o comportamento dos aduladores e dos amigos de muitos, como também as analogias com animais usadas para os caracterizar. Um texto do autor da *Carta de Barnabé*, no qual ele explica uma lei judaica que proibia o consumo de lampreia, pólipo e siba, é pertinente (Lv 11,10). Essa lei, diz ele, significa não "associar-se com tais pessoas nem imitá-las, que são fundamentalmente ímpias e já condenadas à morte, assim como esses peixes são os únicos malditos".[36] Esse texto, ligando as leis alimentares com a associação, nos alerta que, embora as questões abertas que Paulo aborda (no trecho que começa em 1Cor 8,1) digam respeito ao consumo de alimentos oferecidos aos ídolos, uma leitura culturalmente sensível sugere que o que está em jogo relaciona-se tanto com o contexto social dessas práticas como com a associação com outras pessoas nesses contextos. Noções semelhantes em Gl 2,11-14 mostram que Paulo havia tratado anteriormente de temas parecidos.

Na seção 1Cor 5,1-11,1, Paulo comenta vários tipos de relações ao desenvolver os temas da liberdade e dos direitos dos indivíduos num contexto comunitário. Primeiro, Paulo fala das relações com pessoas imorais, de dentro e de fora da comunidade. Entre os exemplos específicos, cita a conduta imoral, a convivência marital de um homem com sua madrasta e pessoas imorais (οἱ ἄδικοι, *hoi adikoi*) dentro da comunidade. Paulo aconselha evitar associar-se com tais pessoas, com alguém "que tem nome de irmão ou irmã" e é impudico,

---

[36] *Barn.* 10.5.

avarento, idólatra, injurioso, beberrão ou ladrão" (5,11). O incestuoso deve ser julgado dentro da comunidade; o mesmo vale se houver demanda entre os membros. As demandas não devem ser levadas para fora da comunidade (6,1-11). Depois, Paulo comenta sobre alguém que tem uma relação com prostituta e se julga esclarecido e se arroga o direito de fazer o que quiser com seu corpo e manter qualquer tipo de relação que desejar. Paulo rejeita esse tipo de conduta como característica de gente imoral (6,12-20).

Em seguida reflete sobre as obrigações dos indivíduos no casamento (7,2-5.10), analisando se os solteiros e viúvos devem ficar sem casar ou estabelecer uma nova relação (7,8-9). Reflete também sobre as obrigações numa relação de parceiros antes e depois de um divórcio (7,10-11), e do relacionamento num matrimônio entre um que crê e um outro que não crê (7,12-16). A pergunta sobre dever ou não o cônjuge mudar e adaptar-se à condição do outro em vista da crença e das convicções do outro recebe uma resposta negativa. Depois de tratar o problema da relação no matrimônio entre um que crê e o outro que não crê, Paulo volta sua atenção para exemplos específicos de possível mudança de conduta e de condição dos indivíduos antes e depois de terem entrado na comunidade de Corinto (7,17-24).

Paulo pergunta primeiro se a pessoa deve remover ou adquirir as marcas da etnia judaica por meio da circuncisão, depois de terem sido persuadidos pela "palavra da cruz" a respeito de "Cristo crucificado" que Paulo anuncia (cf. 1,23; 2,2). A resposta é não.[37] O que importa é guardar "o mandamento de Deus" (7,18-20). Depois Paulo faz a mesma pergunta a respeito dos escravos. Devem aproveitar a oportunidade para adquirir a liberdade? A resposta neste caso é um qualificado sim. Aproveitar a chance da liberdade se ela se apresenta; se não, viver contente nesse estado e considerar-se um "liberto do Senhor", como os que estão livres são na realidade "escravos a serviço de Cristo" (7,21-24).

Em seguida Paulo fala do celibato e das várias relações do celibatário, das pessoas casadas (7,27), divorciadas ou solteiras (7,27) e daquela que deseja se casar (7,28). Reflete também sobre as virgens que se casam (7,28) e sobre o relacionamento das pessoas no casamento (7,28), agora que "a forma presente desse mundo está passando" (7,31). Esse último ponto marca o principal progresso nas diretrizes de Paulo: Porque o tempo presente se fez curto (7,29), a pessoa deve viver "como se não" estivesse no estado ou condição em que está. Enquanto dura esse tempo reduzido, os casados devem viver "como se" não tivessem esposa, os que choram "como se" nada tivessem para se entristecer (7,30), os que se alegram "como se" não se alegrassem (7,30).[38] As riquezas e as posses são também consideradas transitórias; por isso, o apego às coisas exteriores deve ser contido (7,31).

---

[37] Se não deve ser interpretado como um exemplo dos interesses apologéticos dos Atos, a circuncisão de Timóteo por Paulo (At 16,3), à luz dos argumentos que ele exprime contra ela em outros lugares (Gl 5,2-6; Fl 3,2-6), pode ser vista ou como uma espécie de variabilidade ou como um exemplo de desprezível oportunismo.
[38] Ver Epicteto, *Discurso* 3.22, *Sobre a vocação de um cínico*, 50 e 54 (LCL 218:148-49). Cf. 2Cor 11,19-20.

Paulo deseja que os coríntios sejam "isentos de preocupações" para que seja indivisa sua atenção para as coisas que importam (7,32). Assim, o solteiro pode dedicar sua atenção às "coisas do Senhor" e a "como agradar" ao Senhor, ao passo que o casado deve cuidar das "coisas do mundo" e de modo a "agradar sua esposa". Neste sentido sua mente está dividida (7,32-34). O mesmo vale da mulher solteira ou celibatária e da mulher casada (7,34). Paulo afirma que essa reflexão é para o bem dos coríntios e que seu objetivo é "promover a boa ordem e a devoção desimpedida ao Senhor" (7,35).

Paulo termina esse capítulo com uma reflexão sobre alguém que tem uma parceira numa relação celibatária e sobre as obrigações das viúvas (7,36-40). Paulo sugere que as pessoas devem permanecer na condição em que estavam quando foram "chamadas" (7,17.20.24), mas podem mudar sua condição social ou conjugal sob certas condições. As diretrizes conservadoras de Paulo são compreensíveis à luz das preocupações quanto aos riscos da ultrapassagem dos limites sociais quanto à adoção de um modo de vida diferente daquele previamente vivido. Suas diretrizes são também compreensíveis, dado seu objetivo de preservar a unidade de uma comunidade religiosa socialmente mista num culto comum. A diversidade dos "membros", entre os quais havia judeus e não judeus, homens e mulheres, possivelmente de diferentes camadas sociais, aumenta a seriedade dos temas relativos à interação das pessoas em diferentes relacionamentos.

Porque o tópico da associação com os outros fazia parte do *topos* adaptabilidade, não surpreende encontrar no contexto desse epistolário termos como *symphoros* (benefício, vantagem), *euschemon* (ordem correta e boa) e *kalos* (bom, útil; 5,12; 7,1.8.26.35.37.38; cf. 10,23; 12,7), que se referem a requisitos circunstanciais na enunciação de um discurso. Esses termos eram considerados pelos retóricos como "tópicos comuns" em relação ao propósito de um discurso, inclusive o conveniente, o honrável, o justo, o possível, a grandeza e seus contrários. Esses tópicos são situacionais e levam a sério as contingências das vidas dos destinatários. A preocupação com o que é benéfico, vantajoso, edificante, decente e bom num contexto epistolar que combina dissuasão e persuasão ressalta a preocupação de Paulo com a adaptação e as conseqüências práticas de suas diretrizes.

Na sua abordagem flexível de várias formas de relações, Paulo enfatizou diferentes aplicações a uma tradição comum, sendo sua preocupação global o bem-estar dos coríntios unidos no culto. Tendo analisado os direitos de maridos e esposas, viúvos, solteiros e escravos em várias formas de relacionamentos, Paulo focaliza a interação entre os "sábios" e os "fracos" que partilham as mesmas crenças mas tiram da mesma fé conclusões diferentes para seu comportamento. Alguns achavam que podiam comer carne sacrificada aos ídolos, outros achavam que não. A atitude dos que estavam convencidos de que podiam comer carne oferecida aos ídolos devia ser modificada somente se fosse prejudicial para outros (8,4-11).[39]

---

[39] Para uma leitura exegética detalhada em defesa dessa compreensão de 1Cor 8,4-11, ver Clarence E. GLAD, "Lestur og ritskýring 1. Korintubréfs 8: Deilur um Kennsluaðferðir í Korintuborg", *Studia theologica Islandica* 8 (1994): p. 55-106.

No capítulo 9, Paulo se apresenta como alguém que voluntariamente restringe sua liberdade para o bem dos outros. Nesse esforço, precisa-se tanto de flexibilidade como de autodisciplina (9,19-27). Depois de uma tremenda advertência e uma análise dos perigos da participação nas refeições sacrificais e na idolatria (10,1-13.14-22), Paulo afirma que a liberdade individual deve ser cerceada em prol do bem comum (10,23). A seguir, dá a seus leitores dois critérios de conduta. Primeiro, "tudo o que fizerdes, fazei-o para a glória de Deus". Segundo, "não vos torneis ocasião de escândalo, nem para os judeus, nem para os gregos, nem para a igreja de Deus, assim como eu mesmo me esforço por agradar a todos em todas as coisas, não procurando os meus interesses pessoais, mas os do maior número, a fim de que sejam salvos" (10,32-33).

Embora o duplo enfoque de Paulo na adaptação em alimento psicagógico e na associação com a "multidão" sugira uma diferenciação entre recrutamento e psicagogia, tal distinção é heurística. Os dois estão em continuidade. Tanto os noviços como os não crentes poderiam, por exemplo, ser tocados pela palavra da manifestação profética no culto, demonstrando o fluido estado de coisas no tocante aos limites comuns em Corinto (14,23-24). É claro, porém, o objetivo das orientações éticas de Paulo para um comportamento acomodatício: a saber, o recrutamento e, finalmente, a salvação. Quando Paulo falava de salvação, provavelmente tinha em mente mais do que as conseqüências morais; é, no entanto, interessante o quão preocupado ele estava com o tecido moral da comunidade e com a motivação pela qual se devia ou não continuar a associar-se com gente imoral. Realmente, a questão de com quem era lícito associar-se tornou-se um modo de demarcar o indistinto limite entre "os de dentro" e "os de fora", qualificando assim a natureza da comunidade de Corinto (cf. 1Cor 14,16).

Paulo é explícito quanto ao comportamento que se espera dos "de fora" e o que não se tolera em "irmãos", delineando assim as obrigações para com as pessoas de dentro e de fora da comunidade por referência à sua conduta moral. Então, Paulo tenta lançar luz sobre o propósito da associação e da dissociação, esclarecendo por que se deve ou não se deve associar-se com certa gente. A constante presença de pessoas imorais na comunidade reflete o sucesso do recrutamento de Paulo, que provavelmente envolvia a aceitação de uma asserção como "Cristo morreu e reviveu para ser o Senhor dos mortos e dos vivos" (Rm 14,9; cf. 1Cor 1,23; 2,2; 8,6; 12,3; Gl 4,8-10; 1Ts 1,9). Numa carta como 1Cor, Paulo trabalha as conseqüências da aceitação dessa asserção para o comportamento. Alguns tiveram vícios antes de entrar na comunidade; agora se requer uma reforma do caráter porque οἱ ἄδικοι, os iníquos, "não herdarão o reino de Deus" (1Cor 5,8; 6,9,11,19-20). As brandas exigências de Paulo quanto à conduta moral para a admissão resultaram num conflito com o ideal comunitário e exigiram que ele remediasse a situação. Em 1Cor percebemos a tensão entre o ideal paulino de associação ilimitada com todos e o seu esclarecimento de um ideal comum em formação.

Os vícios que Paulo enumera são várias formas de comportamento imoral que ele considerava grandemente perniciosas e ímpias.[40] Esses vícios não podiam ser tolerados. Os coríntios haviam interpretado mal o conselho de Paulo em sua carta anterior, como se significasse que deviam cessar de se associar com pessoas imorais tais como os avarentos, os ladrões, os idólatras "deste mundo", como ele os chama (5,9-10). Em 5,11, Paulo esclarece que queria dizer-lhes que não "se associassem com alguém que traz o nome de irmão ou irmã" e continua a agir de modo imoral; não devem "nem tomar refeição com gente assim". O que é aconselhado para o crescimento moral das pessoas viciadas é o afastamento; o objetivo daquele apartar-se era que a pessoa reformasse seu caráter envergonhando-se em vista do arrependimento.[41] Paulo tenta igualmente estabelecer limites claros para a associação dos coríntios com "os de fora". Não deviam, por exemplo, associar-se com uma prostituta ou participar de cerimônias de culto pagão (6,18; 10,7.8.14). Mas Paulo reconhece uma interação social constante e aceitável com pessoas de fora da comunidade. "Os de dentro" podem, por exemplo, continuar a tomar refeição com "os de fora", sem se importar com as qualidades morais deles (10,27), embora estejam proibidos de jantar com um fiel que continue a comportar-se de modo imoral!

A abertura de Paulo para associar-se a pessoas de diferente situação moral provavelmente encontrou fortes objeções entre os que enfatizavam a separação total dos imorais tanto dentro como fora da comunidade. Essa abertura provavelmente contribuiu para a tensão no relacionamento entre Paulo e alguns coríntios de um certo *status* social, que apreciavam as amizades entre iguais na aristocracia[42] e podiam até ter considerado legítimas algumas associações tidas como inaceitáveis. Paulo salienta, porém, que embora a associação com pessoas de diferente condição moral pudesse ser vista como ímpia (cf. Lv 11,10; *Barn.* 10.5 citado acima), é de fato correta e conforme à lei, coerente com "a Lei de Cristo" e com o comportamento acomodatício (9,21; 11,1; Gl 6,2).[43] Paulo também demonstra a necessidade de associar-se com todo tipo de pessoa para fins de recrutamento. Aproximar-se dos sem lei e dos imorais podia levá-los à salvação.[44] É essa também a razão pela qual um "de dentro" pode casar-se com um "infiel" (7,12-16). Finalmente, "os infiéis" podem presenciar as várias atividades religiosas dos coríntios e podem ser recrutados por causa delas (14,22-25).

Um critério não rígido de recrutamento era seguido, porém, de um mais severo conjunto de critérios referentes ao comportamento moral desejável dentro

---

[40] A lista dos "injustos" de 6,9-10 repete uma referência aos impudicos ou pessoas sexualmente imorais, aos avarentos, aos idólatras, aos ladrões, aos beberrões, aos injuriosos da lista de 5,9-11, acrescentando os adúlteros, os depravados, as pessoas de costumes infames e os larápios.

[41] Nesse modo de entender, o "ofensor" não é expulso imediatamente; os outros deviam primeiro tentar envergonhá-lo em vista do arrependimento por meio da dissociação e da prática do isolamento. Comparar Rm 16,17; 2Ts 3,6.14-15.

[42] Para uma tentativa de usar o modelo social do patronato para explicar uma função de 1Cor 9,19-23, ver GLAD, *Paul and Philodemus*, p. 264-72.

[43] Ver GLAD, *Paul and Philodemus*, p. 257-58. Ver também abaixo.

[44] Essa leitura enfatiza as conotações morais de οἱ ἄνομοι em 1Cor 9,21. Ver GLAD, *Paul and Philodemus*, p. 257-58.

da comunidade. Isso, no entanto, não acarretava crenças unificadas em todos os temas ou um código de conduta unificado. As diferenças eram reconhecidas, por exemplo, a respeito de crenças que tinham diferentes ramificações para o comportamento, tais como as convicções sobre o efeito mágico do alimento oferecido aos ídolos (8,4-13; 10,27-28). De fato, a ênfase de Paulo incide sobre a interação social dos diferentes tipos de pessoa quando ele tenta formar as idéias morais e religiosas de seus leitores, e essa tentativa acentua a distinção entre *os de dentro* e *os de fora*, e revela a íntima conexão entre as perspectivas religiosas e as morais no raciocínio de Paulo.

A religião e a ética estão indissoluvelmente ligadas na estratégia argumentativa de Paulo. Essa conexão é clara no uso que faz de um provérbio da tragédia grega – "As más companhias corrompem os bons costumes"[45] – imediatamente depois da sua referência ao raciocínio de alguns em Corinto – "Se os mortos não ressuscitam, 'comamos e bebamos, pois amanhã morreremos'" – e antes da sua clara tentativa de envergonhar essa gente: "Tornai-vos sóbrios, como é necessário, e não pequeis! Pois alguns dentre vós tudo ignoram a respeito de Deus. Digo-o para a vossa vergonha" (15,32-34). A repreensão de Paulo visa mudar um comportamento imoral à luz da intervenção presente e futura de Deus no destino humano. De acordo com essa fé, o desleixo moral é inadequado; os outros não devem cultivar a má companhia dessa gente porque fazer isto arruína o bom caráter moral. O provérbio citado estava intimamente ligado à questão da associação e tinha provavelmente implicações para as relações na comunidade.

Essas reflexões próximas ao final da carta, num contexto altamente religioso, mostram que as questões anteriores de Paulo, relativas ao tecido moral da comunidade religiosa, estão ainda diante de seus olhos. Abstraindo de nossa opinião sobre a composição social das comunidades paulinas, ou sobre as conseqüências sociais das preocupações de Paulo,[46] as questões da "ultrapassagem dos limites" e da adaptação por meio de associação com outros de condição diferente estavam sempre presentes. As aberturas psicológicas, morais e religiosas de tais associações são claramente visíveis no contexto de Corinto.[47]

Em 1 Coríntios, Paulo não se apresenta como um conselheiro fiel em oposição a um adulador, mas, como o pai espiritual da comunidade e seu chefe e mestre moral e religioso, assume funções que suscitam entre seus destinatários expectativas quanto ao papel e à condição dessas pessoas. Afirmações mais específicas de Paulo sobre diferentes formas de associação e sobre sua própria conduta acomodatícia e o desejo de agradar a todos, liga suas observações às

---

[45] Muitas vezes se tem afirmado que esse provérbio é da comédia perdida *Thais* de Menandro, mas Robert RENEHAN mostrou que essas palavras "originalmente apareceram numa tragédia, provavelmente de Eurípides" ("Classical Greek Quotations in the New Testament", em *The Heritage of the Early Church: Essays in Honor of Georges Vasilievich Florovsky* [ed. D. Neiman e M. Schatkin; Roma, Instituto Pontifício de Estudos Orientais, 1973], p. 17-46).

[46] Justin L. MEGITT argumentou vigorosamente contra o "Novo Consenso" que pensa que as antigas igrejas paulinas admitiam indivíduos de qualquer camada da sociedade do século I, inclusive alguns de níveis sociais mais elevados (*Paul, Poverty, and Survival* [Edimburgo: T. & T. Clark, 1998], p. 75-154).

[47] GLAD, *Paul and Philodemus*, p. 237-38, 309.

questões tradicionais da adaptabilidade e conjuga intimamente sua praxe ao comportamento dos aduladores e das pessoas subservientes. As reflexões feitas antes e depois nas cartas de Paulo mostram que ele estava bem a par do contraste entre aduladores e amigos. Em 1Ts 2,2.5 encontramos, por exemplo, a primeira ocorrência na literatura cristã primitiva dos termos "franqueza" e "adulação" usados juntos. Aí Paulo reflete sobre o seu ministério entre os tessalonicenses em termos desse contraste ao tentar dissociar-se das praxes dos aduladores. Em 2 Coríntios, encontramos repercussões dos primeiros debates de Paulo com os sábios de Corinto, nas quais são usados os mesmos conceitos que eram relacionados com a comparação de tipos de caráter e comportamentos idealizados.[48]

Ainda que o conceito de adaptabilidade no mundo paulino fosse primariamente um paradigma filosófico-moral no sentido de uma desejável maneira de comportamento em várias circunstâncias, dificilmente poderia ter excluído uma dimensão transcendente. Pelo menos, a visão paulina da adaptabilidade era integrada com sua visão da natureza e da função da conduta de Deus com os seres humanos. O incentivo para o procedimento de Paulo se encontrava na iniciativa divina e no modo de agir do fundador da mensagem da qual ele era o arauto. No hino de Filipenses, Paulo usou uma linguagem associada à adaptabilidade ao refletir sobre o auto-rebaixamento e mudança no "*status*" de Jesus Cristo, que estava "na forma de Deus" mas tomou "a forma de um escravo". Essa mudança na "aparência" de Cristo, sua voluntária escravidão e disposição para assumir diferentes "formas" (μορφή, σχῆμα, *morphē, schēma*), adaptando-se à condição dos outros, oferecia a Paulo um modelo.[49] Para ele, havia uma clara possibilidade de os deuses e os homens se tornarem amigos, não obstante a grande diferença de seus *status*.

Paulo se apresenta como um imitador de Cristo e convida os coríntios a imitar sua conduta acomodatícia e, por implicação, a de Cristo (11,1). Embora não peça a seus leitores que imitem a Deus,[50] suas observações sobre a "condescendência" humana pressupõem um modelo divino. Os escritores cristãos primitivos que usaram a idéia da condescendência divina para atenuar o lado

---

[48] Id., p. 310-26.
[49] Ver Fl 2,5-11; Gl 3,13; 4,3-5; 2Cor 5,20-21; 8,9; e Rm 8,3 (cf. 2Cor 11,13-15). Notar *De Somniis* 1.232 (LCL 275:418-21), onde Filo reflete sobre as diferentes manifestações de Deus com o termo ἑτερόμορφος (*heteromorphos*) e as passagens acima indicadas de *República* 380D, onde Platão usa ambas as palavras εἶδος e μορφή ao refletir sobre o mesmo tema. Quando as pessoas se adaptam as outras, elas passam por uma "metamorfose", mudando sua "forma", "figura", "aparência" ou "caráter" (ὁ τρόπος, τὸ ἦθος, τὸ πλάσμα, τὸ εἶδος, ἡ μορφή, τὸ σχῆμα). Entre os verbos gregos usados para designar mudança estão μετα/μορφόω e συ/μετασχηματίζω (ATENEU, *Deipnosofistas* 258A [LCL 224:160-61]; PLUTARCO, *Sobre o ter muitos amigos* [LCL 222:68-69], *Como distinguir um adulador de um amigo* [LCL 197:284-85]; e *Alcibíades* [LCL 80:4-5, 62-65]). Para uma semelhante linguagem em Paulo com conotações religiosas positivas, ver Gl 4,19; Fl 3,21; Rm 12,2; e 2Cor 3,18 (cf. 1Pd 1,14). O motivo da "mudança" para "tornar-se" alguém diferente ou permanecer como "é" aparece em 1Cor 3,18 e 14,20, como também no texto previamente estudado de 7,20-31, onde Paulo usa o tema viver como se não estivesse (...ὡς μή) na condição em que se encontra, agora que "a forma presente (σχῆμα) desse mundo está passando". Ver minha análise acima. Embora Rudolf BULTMANN não tenha ligado 9,19-23 à questão da adaptabilidade, ele observa que a visão descrita revela a atitude necessitada na situação "já/ainda não" dos cristãos ("Neues Testament und Mythologie: Das Problem der Entmythologisierung der neutestamentlichen Verkündigung" [1941], em *Kerygma und Mythos* [ed. Hans-Werner Barsch; vol. 1; Hamburgo: Herbert Reich, 1948], p. 29).
[50] Comparar com Ef 5,1.

negativo da caracterização de Paulo explicitaram o que está latente no contexto de 1Cor. Paulo combina novamente os lugares comuns moralistas greco-romanos ligados à adaptabilidade de modo a dar, por um implícito *theologoumenon*, apoio a um paradigma moral que tinha implicações comunitárias muito específicas para a igreja em Corinto. Paulo entrelaça as perspectivas divina e humana, legitimando uma conduta que era vista por muitos como socialmente repreensível, mas excluindo algum comportamento que outros tolerariam. Aprova a associação entre pessoas de condição social e moral diferente, mas tenta ao mesmo tempo ser explícito no tocante às formas de associação inaceitáveis.

A ética da adaptabilidade era uma extensão da condescendência divina e estava baseada no comportamento acomodatício de Cristo, que não "buscou sua própria satisfação" (Rm 15,1-7).[51] Essa ética serviu de paradigma para as relações sociais e éticas nas comunidades que Paulo fundou; era uma parte constitutiva do *ethos* da comunidade ao qual todos deviam conformar-se. De fato, essa ética era essencial para a auto-compreensão de Paulo como apóstolo dos gentios, refletindo uma disposição para ultrapassar os limites sociais, étnicos e morais. Em vista da idéia paulina da adaptabilidade, idéia esta baseada na moral e na religião, podemos talvez pensar que as reflexões teológicas de Paulo eram também influenciadas por sua perspectiva adaptativa e contextualizada por causa da natureza transitória das coisas e da percebida iminência do fim do mundo presente.

PARTE III. OUTRAS PASSAGENS PAULINAS E PAULINISTAS

Esse capítulo focalizou um aspecto da adaptabilidade, a saber, o da acomodação na associação com diferentes tipos de pessoas.[52] Paulo usou essa perspectiva na sua tentativa de construir uma comunidade de indivíduos moralmente comprometidos e de fazer distinção entre os que pertenciam a suas novas comunidades e os outros membros da sociedade. A ênfase recai sobre a condição passada e presente dos indivíduos e sobre a necessidade de passar por uma transformação religiosa que tem implicações para o relacionamento com os que estão fora da comunidade e com os que estão dentro. Essa é uma perspectiva comum no pensamento paulino e uma discussão constante nas tradições paulinas posteriores. Um bom exemplo dessa perspectiva pode ser examinado em Rm 12,1-15,14, onde emergem questões relativas à flexibilidade no associar-se com outros tanto dentro como fora da comunidade. Aí Paulo se põe a falar sobre a natureza do "culto racional" ou "razoável", que requer, em vez de uma adaptação de si mesmo ao modelo do mundo presente, uma transformação da própria mente que leva a uma visão espiritual e ao conhecimento do que é bom, agradável e perfeito (12,1-2). Esse culto exige um reconhecimento das apropriações indivi-

---

[51] Ver GLAD, *Paul and Philodemus*, p. 257, 216n. 97 e 256n. 64. Ver acima.
[52] Para textos referentes à adaptabilidade na direção psicagógica, ver Abraham J. MALHERBE, "'In Season and Out of Season': 2 Timothy 4:2", em *Paul and the Popular Philosophers* (Mineápolis: Fortress Press, 1989), p. 137-45, e GLAD, *Paul and Philodemus*, p. 185-332.

dualmente diferentes da mesma tradição e das diversas funções dos indivíduos numa comunidade religiosa. As pessoas são exortadas a se encontrarem no seu nível, compartilhando suas experiências emocionais (12,15). Também é tratada a questão da associação com os de fora, sejam eles os socialmente humildes, os inimigos ou as autoridades em exercício. Finalmente, Paulo discute a relação entre os maduros e os imaturos.

A imagem do corpo usada em Rm 12,4-5 e em 1Cor 12,12-27 para caracterizar diferentes funções dos indivíduos numa comunidade religiosa unida salienta a idéia da diversidade, a necessidade da acomodação e de uma elevada sensibilidade para aceitar as diferenças (cf. Ef 4,1-16). Embora se encontre, tanto em Paulo como na tradição paulina a afirmação de que não há mais distinção dentro da nova comunidade (Gl 3,27-29; Cl 3,11), a contínua menção de fatos que numa sociedade patronal eram motivos de distinção, tais como etnia, gênero, idade, função religiosa e condição social e moral, suscita a seguinte pergunta: Até que ponto o ideal da solidariedade e da acomodação comunitárias cancela as convenções sociais estabelecidas ou modifica as regras de conduta que presidem as relações na sociedade em geral?

Além das passagens referidas nesse capítulo, observe, por exemplo, 1Ts 3,12; 4,1-12; 5,13b-15,22; 2Cor 6,14-7,1. Na tradição paulinista, considerar Ef 2,1-22; 4,17-6,9; Cl 1,21-23.28; 3,5-4,6; 1Tm 2,8-3,13; 4,11-6,2; 6,17-19; 2Tm 2,20-3,5; 4,2; Tt 2,1-3,11.

PARTE IV. BIBLIOGRAFIA

BENIN, Stephen D. *The Footprint of God: Divine Accommodation in Jewish and Christian Thought*. SUNY Series in Judaica: Hermeneutics, Mysticism, and Religion. Albany: State University of New York Press, 1993.

DUCHATELEZ, K. "La 'condescendance' divine et l'histoire du salut". *NRTh* 95, 1973, p. 593-621.

GLAD, Clarence E. *Paul and Philodemus: Adaptability in Epicurean and Early Christian Psychagogy*. NovTSup 81. Leiden, Nova Iorque e Colônia: E. J. Brill, 1995.

MALHERBE, Abraham J. "'In Season and Out of Season': 2 Timothy 4:2", em *Paul and the Popular Philosophers*. Minneapolis: Fortress Press, 1989, p. 137-145.

MITCHELL, Margaret M. "Pauline Accommodation and 'Condescension' (συνκατάβασις): 1Cor 9:19-23 and the History of Influence", em *Paul beyond the Judaism/Hellenism Divide*. Editado por Troels Engberg-Pedersen. Louisville: Westminster John Knox Press, 2001, p. 197-214, 298-309.

REUMANN, J. "*Oikonomia* as 'Ethical Accommodation' in the Fathers, and Its Pagan Backgrounds". *StPatr* 3, 1961, p. 370-379.

STANFORD, W. B. *The Ulysses Theme: A Study in the Adaptability of a Traditional Hero*. 2ª edição revista. Nova Iorque: Barnes and Noble, 1968.

2
PAULO, A ADOÇÃO E A HERANÇA

James C. Walters

O uso que Paulo faz da palavra "herança" não tem paralelo no uso greco-romano fora do Judaísmo.¹ Porém, no emprego da terminologia da adoção legal e especialmente em sua associação de adoção com herança, Paulo demonstra o influxo das convenções sociais e legais greco-romanas. γιοθεσία (*huiothesia*), um dos termos gregos para adoção, aparece apenas cinco vezes em toda a Bíblia grega (LXX + NT).² Quatro delas estão em cartas paulinas incontestes (Gl 4,5; Rm 8,15.23; 9,4), ao passo que a quinta se encontra numa carta paulinista (Ef 1,5).³

A estreita ligação em Paulo entre herança e adoção configura este estudo, mas o enfoque primordial será sobre a adoção, porque este termo manifesta de modo especial que as convenções greco-romanas forjaram a argumentação de Paulo. Precisar a natureza e o propósito da adoção no mundo greco-romano é de crucial importância para que as noções modernas não afetem a interpretação.

PARTE I.
ADOÇÃO E HERANÇA NO MUNDO GRECO-ROMANO

Qual lei de adoção?

Estudiosos têm debatido durante anos se foi a lei judaica, a grega ou a romana que formou a linguagem paulina da adoção.⁴ Recentemente, J. M. Scott defendeu um pano de fundo judaico, dizendo que Paulo usa o termo em seu significado helenístico ("adoção a filhos", não "filiação"), mas com um pano de

---

[1] Assim diz Paul HAMMER, "*KLERONOMIA* in Paul and Ephesians", *JBL* 79 (1960), p. 267-68: "O termo *kleronomia* não aparece como termo teológico nem no grego clássico nem no gnosticismo helenístico; de fato aparece em sentido teológico no helenismo somente em escritos com forte orientação judaica, p. ex., Filo".

[2] O significado "adoção" enquanto oposto a "filiação" foi demonstrado de modo persuasivo por J. M. SCOTT, *Adoption as Sons of God: An Exegetical Investigation into the Backgroumd of* ΓΙΟΘΕΣΙΑ *in the Pauline Corpus*. (WUNT 2.48. Tübingen: J. C. B. Mohr, 1992), p. 13-57. γιοθεσία, termo usado por Paulo, era mais comum em inscrições do que no uso literário.

[3] As citações da Escritura são da *Bíblia de Jerusalém*, se não for indicada outra origem; as citações clássicas são da Loeb Classical Library, se não for mencionada outra fonte.

[4] Para estudos referentes aos contextos gregos e romanos, cf. SCOTT, *Adoption*, p. 176-77 n. 199.

fundo judaico baseado na "tradição de 2Sm 7,14".[5] Todavia, a separação que faz Scott do significado helenístico em relação ao pano de fundo judaico é problemática. Mesmo se Paulo procurou evocar as expectativas judaicas baseadas em 2Sm 7,14, ele não podia ter se afastado do mundo greco-romano.[6] Antes, como um judeu à vontade nos centros urbanos do Oriente grego, ele usava o termo modificado pelo seu contexto (e de seus leitores) greco-romano.[7]

O termo υἱοθεσία (*huiothesia*) não só está ausente da LXX, mas tampouco aparece em qualquer outro lugar da literatura judaica antiga, inclusive Josefo e Filo. Evidentemente, não é um termo que Paulo tomou das fontes judaicas. Sem dúvida, Josefo e Filo – e outros judeus contemporâneos da diáspora – estavam familiarizados com a prática da adoção. No entanto, Joseph Fitzmeyer tem certamente razão: "γἱοθεσία não se encontra na LXX provavelmente porque a adoção não era uma instituição normal entre os judeus... Normalmente, uma pessoa não podia ser introduzida numa família judia para continuar a linhagem do adotante".[8] Os judeus cuidavam das crianças órfãs, mas esse cuidado visava habitualmente os membros sobreviventes da família, sem qualquer procedimento formal de adoção (cf. Est 2,7.15). Os escritos judaicos anteriores a Paulo ou do seu tempo não exibem nenhum procedimento legal paralelo aos da lei greco-romana, pelo qual um filho – geralmente um adulto, não um menino – era adotado para suprir um herdeiro e preservar a linhagem familiar da extinção.[9] Tratar crianças órfãs como se fossem filhos ou filhas é bem diferente de tornar alguém de fato um filho ou filha legalmente. Esse último caso envolvia direitos filiais, não providenciar um teto para uma criança órfã.

Não se deve supor automaticamente que o uso paulino reflita a lei romana por ser Paulo cidadão romano ou porque a adoção romana era "mais rica e mais completa".[10] O mais antigo uso da linguagem de adoção em Paulo está em Gálatas, carta enviada às igrejas do oriente grego. Roma costumava permitir às cidades lá decidir seus próprios negócios legais. A lei romana constituía uma estrutura superior, mas era uma cobertura administrativa que deixava intactas as tradições legais helenísticas como também as outras.[11]

---

[5] Id., p. 186.

[6] O Cristianismo paulino – como o próprio Judaísmo – foi um fenômeno urbano greco-romano. Como diz Dale Martin, "qualquer explicação da linguagem cristã primitiva que determina conceitos para diferenciar grandemente os mundos grego e judeu é suspeita" (*Slavery as Salvation: The Metaphor of Slavery in Pauline Christianity* [New Haven, Conn.: Yale University Press, 1990], xvi).

[7] Scott discorda de Herbert Donner ("Adoption oder Legitimation? Erwägungen zur Adoption in Alten Testament auf dem Hintergrund der altorientalischen Rechte", *Oriens Antiquus* 8 [1969]: p. 87-119), que afirma que a adoção não era praticada em Israel. Scott ressalta exemplos nos quais algo semelhante à adoção pode estar contido nas Escrituras hebraicas (p. ex., Gn 48,5; Ex 2,10; Est 2,7.15). Mas as identificações de Donner requerem uma definição vaga e não legal da adoção.

[8] Joseph Fitzmyer, *Romans* (AB 33; Nova Iorque: Doubleday, 1993), p. 500.

[9] Id., p. 500.

[10] Francis Lyall, *Slaves, Citizens, Sons: Legal Metaphors in the Epistles* (Grand Rapids: Zondervan, 1984), p. 98. David Williams (*Paul's Metaphors: Their Context and Character* [Peabody, Mass.: Hendrickson, 1999], p. 64-65) também supõe a lei romana sem considerar outras opções.

[11] Parece que, sob a lei romana, as cidades da Galácia foram organizadas de um modo semelhante ao utilizado nas da Bitínia. Para detalhes das disposições administrativas e para a bibliografia, ver Stephen Mitchell, *Anatolia: Land, Men, and Gods in Asia Minor* (Oxford: Clarendon, 1993), 1:199. A respeito do governo romano das

Roma intervinha em questões judiciais, mas não normalmente, como o demonstram numerosas fontes antigas.¹² Dois exemplos podem ilustrar a questão. No começo do séc. II da Era Comum, Plínio era governador da Bitínia, quando ficou sabendo que a legislação sobre as taxas variava amplamente de uma cidade a outra. Ele escreveu ao imperador, sugerindo que as taxas fossem regularizadas. A resposta de Trajano é instrutiva:

> Não posso estabelecer nenhuma regra geral que determine se de todos que se tornam decuriões em cada cidade da Bitínia deve-se exigir ou não que paguem uma taxa de admissão para o decurionato. Penso portanto que – como é sempre a atitude mais prudente – cada cidade deve conformar-se à sua própria lei (Plínio, *Ep*. 10.112-13).

O segundo exemplo é de Plutarco (quase contemporâneo de Paulo). Mostra que os habitantes com muita freqüência pediam a intervenção de Roma. Plutarco critica os companheiros gregos por levarem toda disputa legal aos imperadores, reduzindo com isso a autoridade local: "Aqueles que pedem a decisão do imperador sobre cada decreto, reunião de um conselho, concessão de um privilégio ou medida administrativa, forçam os imperadores a serem seus senhores mais do que eles o desejam" (Plutarco, *Mor*. 8.14). O protesto de Plutarco indica, porém, que os habitantes do oriente grego empregavam os procedimentos legais quando pensavam que seria vantagem para eles.¹³

É improvável que Paulo e seus leitores gálatas tivessem um conhecimento extenso da lei grega ou romana sobre adoção e herança. Contudo, é bem provável que eles estivessem familiarizados com a relação entre adoção e herança e com os motivos que as pessoas tinham para adotar ou para dar sua prole em adoção.

Porque Paulo era nascido no oriente grego e porque usava a linguagem da adoção em cartas escritas a igrejas do Oriente grego (Gl) e também aos cristãos de Roma (Rm), este ensaio vai pesquisar tanto as convenções legais gregas como as romanas. A segunda parte do ensaio tenta esclarecer o uso paulino da linguagem da adoção e da herança à luz dessas convenções legais, concentrando-se especialmente no seu uso mais antigo da linguagem da adoção, em Gl.

Adoção e herança na lei grega

Fontes. As fontes para se entender a adoção grega no mundo antigo são problemáticas. Ela é conhecida quase inteiramente por discursos forenses sobre

---

províncias, ver Andrew LINCOTT, *Imperium Romanum: Politics and Administration* (Londres e Nova Iorque: Routledge, 1993), p. 111-67.
¹² Mesmo no Egito, onde o controle romano era mais amplo; ver Alan BOWMAN e Dominic RATHBONE, "Cities and Administration in Roman Egypt", *JRS* 82 (1992): p. 107-27.
¹³ Para o exemplo de uma mulher judia de Petra que se serviu das opções legais romanas, ver *Pyadin* 26 e Hannah COTTON, "The Guardianship of Jesus Son of Babatha: Roman and Local Law in the Province of Arabia", *JRS* 83 (1993): 96: "O documento supõe um alto grau de romanização numa cidade nativa que acabava de entrar na esfera da influência romana".

heranças em disputa¹⁴ na Atenas do séc. IV antes da Era Comum, que são preservados nas obras dos clássicos escritores de discursos, Iseu e Demóstenes.¹⁵ Esses discursos refletem casos atípicos porque certamente a maior parte das heranças não era contestada. Essas fontes, porém, contêm as práticas mais regulares de adoção e herança, ou pelo menos os valores partilhados.¹⁶

Embora esses discursos reflitam as disputas judiciais dos ricos atenienses por sua parte em imensas posses, o alcance dessas fontes pode ser exagerado porque os discursos escritos por Iseu e Demóstenes tinham de ressoar em júris atenienses que eram compostos não apenas dos cidadãos mais ricos.¹⁷ Rubinstein sustenta que não podemos "excluir nem confirmar que a adoção era praticada por atenienses de todas as camadas da sociedade".¹⁸

A mais importante peça individual que documenta a adoção e a herança na Grécia é comprovadamente a lei de Sólon do séc. VI antes da Era Comum, que se apresenta como a base para muitas convenções legais gregas. Ainda que Iseu se refira a ela, a melhor fonte para a lei é Demóstenes (46.14; séc. IV antes da Era Comum):

> Qualquer cidadão, com exceção daqueles que tinham sido adotados quando Sólon assumiu seu cargo, e que por isso tornaram-se incapazes tanto de renunciar a uma herança como de reivindicar uma, terá o direito de dispor de sua propriedade por testamento como ele achar conveniente, se ele não tiver filho homem legítimo, exceto se sua mente estiver prejudicada por uma destas coisas: demência, velhice, drogas ou doença, ou exceto se ele estiver sob a influência de uma mulher, ou sob coação ou privado de sua liberdade.

Comparando essa lei com material posterior, certos historiadores clássicos apresentaram descrições diacrônicas da herança e da adoção em Atenas que tendem a identificar uma evolução de uma abordagem mais religiosa e coletivista no período arcaico para uma abordagem mais secular e individualista no período helenístico.¹⁹ Nessa abordagem, o período clássico é considerado tipicamente como um tempo de grande mudança, no qual idéias novas e antigas se chocavam

---

¹⁴ Quatro dos discursos forenses foram escritos em defesa de adoções (Iseu 2, 3, 6, 7) ao passo que seis contestavam adoções (Iseu 1, 4, 5, 9, 10; Demóstenes 44). Demóstenes 43 inclui uma descrição de uma adoção, embora a adoção não fosse o principal enfoque do processo legal.

¹⁵ Sobre processo jurídico e oratória forense em Atenas, ver Christopher Carey, *Trials from Classical Athens*. Londres: Routledge, 1997, p. 1-25.

¹⁶ S. C. Humphreys, *The Family, Women, and Death*. Londres: Routledge, 1983, p. 9.

¹⁷ Sarah Pomeroy, *Families in Classical and Hellenistic Greece*. Oxford: Clarendon, 1997, p. 14.

¹⁸ Lene Rubinstein, *Adoption in iv. Century Athens*. Copenhague: Museum Tusculanum Press, 1993, p. 31. Rubinstein segue Humphreys (*Family, Women, and Death*, p. 79-130), o qual sustenta que a importância da adoção estava ligada à significação que os cidadãos atribuíam ao culto sepulcral privado. Humphreys acredita que o culto sepulcral privado não estava limitado aos ricos, mas passou por uma espécie de "democratização" nos séculos V e IV; segue-se que os incentivos para a adoção podem ter-se estendido a outras camadas.

¹⁹ Assim, a preocupação prematura com o culto sepulcral e questões próprias de cidade grande abriram caminho para preocupações mais individuais de acumular uma fortuna pessoal ou controlar o futuro de sua *oikos*.

quando os atenienses procuraram sempre mais controlar os destinos de seus οἶκοι (*oikoi* pode referir-se à combinação de propriedade e pessoas constituindo as propriedades gregas) fazendo testamentos.[20]

A despeito do crescente desconforto dos autores clássicos com opiniões segundo as quais a "lei grega" jamais existiu no sentido de um sistema unificado,[21] Raphael Sealey defende de forma persuasiva uma certa unidade de idéias subjacentes ao material legal grego, em especial com referência aos direitos e obrigações do indivíduo. A lei da herança figura fortemente em sua argumentação. Observando as semelhanças e as diferenças entre as leis de Atenas e as de Gortin (cidade grega na ilha de Creta) e comparando ambas com a lei romana, Sealey mostra que Atenas e Gortin têm mais coisas em comum do que muitas vezes se reconhece.[22]

Em vez de procurar descrever os procedimentos legais que estavam em vigor no séc. I da Era Comum no mundo helenístico, este ensaio tenta descobrir as idéias subjacentes que formaram as leis sobre adoção e herança. Um escritor pode usar a adoção como metáfora somente porque seus destinatários compartilham de certas idéias subjacentes.

Leis, convenções sociais e procedimento. Os oradores profissionais dos tribunais, como Iseu e Demóstenes, escreveram discursos baseados em valores partilhados referentes à família, à morte e à herança. Ao lermos os processos que eles debateram, é impossível dizer quem estava dizendo a verdade, e tampouco sabemos como a maioria dos casos era decidida. Felizmente isso importa pouco porque, mesmo quando as partes interessadas deturpavam os fatos num discurso, essas deturpações apelavam para normas que os oradores acreditavam que comandariam as decisões dos jurados. São essas normas e os valores subjacentes que nos interessam.

Quando um pai ateniense do séc. IV morria, suas posses passavam diretamente ao filho. Não era necessário nenhum testamento; era ilegal o pai transferir sua propriedade para alguém que não seu filho.[23] Por essa razão, o orador que defende a propriedade de Filoctêmon alega a existência de um testamento como prova de que o falecido não considerava que os pretensos herdeiros fossem seus filhos legítimos.

> Euctêmon não estava tratando-os como filhos legítimos, como Androcles declarou no seu depoimento; pois ninguém jamais faz por testamento um dom de alguma coisa aos filhos de seu próprio corpo, porque a própria lei

---

[20] Ver, p. ex., L. GERNET, *Droit et société dans la Grèce ancienne*. Paris: Sirey, 1955. Para outras abordagens diacrônicas, ver o utilíssimo livro de W. K. LACEY, *The Family in Classical Greece*. Ithaca, Nova Iorque: Cornell University Press, 1968, como também A. R. W. HARRISON, *The Law of Athens*, 2 vols. Oxford: Clarendon, 1968.

[21] Ver S. TODD e P. MILETT, "Law, Society, and Athens", em *Nomos: Essays in Athenian Law, Politics, and Society* (ed. P. Cartledge et al.; Cambridge: Cambridge University Press, 1990), p. 1-18.

[22] Raphael SEALEY. *The Justice of the Greeks*. Ann Arbor: University of Michigan Press, 1994, p. 81. Além disso, os dados do Egito romano podem não sugerir tanta evolução na lei grega como tem sido aceito por alguns; antes, como Sarah Pomeroy defende, pode ser que as diferenças sejam apenas um reflexo dos diferentes sistemas legais, cujo funcionamento era permitido lado a lado (POMEROY, *Families*, p. 193-229).

[23] Para uma discussão das evidentes exceções, ver LACEY, *Family in Classical Greece*, p. 132-37.

atribui a propriedade de seu pai ao filho e nem sequer permite que alguém, tendo filhos legítimos, disponha de sua propriedade (Iseu 6.28).

De um filho legítimo, nascido em casamento de cidadãos atenienses, não se requeria que fizesse qualquer espécie de petição legal para receber a propriedade do seu pai (Iseu 3.59). Ele possuía o que os gregos chamavam ἐμβατεύειν (*embateuein*), o direito de "entrar" na propriedade de seu pai sem adjudicação (ἐπιδικασία, *epidikasia*).[24] Se o falecido deixou vários filhos, a propriedade era dividida por igual entre eles (herança divisível enquanto oposta à primogenitura).[25] As filhas não herdavam do pai nem as viúvas herdavam de seus maridos.[26] A esposa do falecido e qualquer filha sobrevivente era parte da *oikos* herdada pelo(s) filho(s). O herdeiro era responsável pela continuação do sustento delas, inclusive tinha o dever de providenciar um dote para as filhas solteiras.[27] Para todos os efeitos, o filho seguia diretamente os passos do falecido pai, herdando a *oikos* e assumindo todas as responsabilidades pela sua continuação.

Assim era aceito pelos atenienses. No entanto, muitas vezes não funcionava dessa forma. Como têm demonstrado os estudos demográficos, muitas famílias oscilavam à beira da extinção.[28] As estimativas da idade com que morriam mulheres e homens no período clássico são geralmente em torno de 35 anos para as mulheres e 45 para os homens.[29] Ao se associarem as cifras da expectativa de vida com a porcentagem de falecimentos de quinhentas crianças para cada mil adultos e o planejamento familiar que exigia desejos equilibrados de preservar a linhagem familiar sem no entanto pulverizar a propriedade – perigo dos sistemas de herança divisível – não admira que muitas famílias fossem ameaçadas de extinção.

Quando por uma razão qualquer uma família não tinha filho homem para herdar a *iokos* – a incidência podia ser tão alta quanto quatro em cada dez famílias[30] – era usada a estratégia legal da adoção, e a lei ateniense tratava as pessoas adotadas como se tivessem nascido dentro da família.[31] Quando as famílias empregavam essas estratégias, podiam surgir desavenças e ações legais.[32] Dos doze mais completos discursos de Iseu que existem, onze envolvem processos legais sobre propriedades na ausência de filho natural sobrevivente.[33]

Certo número de restrições punha limites quanto a quem podia adotar. Conforme Iseu 10.10, as mulheres e os menores de idade não podiam adotar porque

---

[24] É isto que Iseu 8.34 denomina "o indiscutível título da descendência linear".
[25] Todd, *Shape of Athenian Law*, p. 219.
[26] Pomeroy, *Families*.
[27] Uma esposa não podia herdar porque não estava dentro da ἀγκιστεία (*anchisteia*) de seu falecido marido. Sobre mulheres e propriedade, ver Todd, *Shape of Athenian Law*, p. 207-10.
[28] Boa parte dessa análise demográfica eu a devo a Pomeroy, *Families*, p. 6, 7.
[29] Thomas Gallant dá como números trinta e oito anos para as mulheres e quarenta para os homens (*Risk and Survival in Ancient Greece: Reconstructing the Rural Domestic Economy*. Stanford, Calif.: Stanford University Press, 1991, p. 20).
[30] Pomeroy, *Famlies*, p. 6-7.
[31] Sealey, *Justice of the Greeks*, p. 70.
[32] Pomeroy, *Famlies*, p. 122.
[33] A única exceção é o processo sobre a propriedade de Apolodoro (Iseu 7).

a lei lhes proibia fazer certos contratos: "[Um] menor não pode fazer testamento; pois a lei proíbe expressamente que qualquer criança – ou mulher – faça contrato para dispor de propriedade maior que um alqueire de cevada". Além disso, a já citada lei de Sólon continha outras restrições: um homem ateniense não podia adotar se já tivesse um herdeiro legal, ou seja, um filho legítimo; e a adoção não podia valer se o adotante fosse considerado carente de juízo adequado ao tomar a decisão – ou por causa de alguma espécie de debilidade mental ou coerção. Não surpreende que entre as causas legais apareçam com freqüência processos que alegavam que o falecido estava "debilitado", "influenciado", ou "constrangido", procurando anular uma adoção ou um testamento. Iseu diz que o filho adotivo de Menecles começou assim seu discurso aos jurados: "Eu penso, senhores, que se alguma adoção foi alguma vez feita conforme as leis, esta foi a minha, e ninguém pode jamais ousar dizer que Menecles me adotou num momento de insanidade ou sob a influência de uma mulher" (Iseu 2.1). O adotante deve também ser "dono de sua propriedade", isto é, deve estar livre de dívida pendente (Iseu 2.46; Demóstenes 44.49). Embora não se pudesse adotar já tendo um filho legítimo, se podia adotar no caso de ter uma filha (Demóstenes 46.14).

Apenas uma limitação para os candidatos à adoção é clara: o adotado deve ter cidadania ateniense – quer dizer, ambos os pais tinham de ser cidadãos atenienses (Iseu 7.16).

Havia três arranjos distintos para dar um herdeiro a um ateniense que não o tivesse: ele próprio podia adotar um herdeiro (adoção *inter vivos*); podia nomear um herdeiro no testamento (adoção testamentária); ou ele podia deixar à sua família após sua morte a escolha de um herdeiro apropriado (adoção póstuma). Os discursos de Iseu nos tribunais se referem a duas adoções *inter vivos*, onze testamentárias e cinco póstumas.[34] Os índices baseados nesses números não devem ser tomados como se indicassem popularidade relativa. Mais provavelmente, os índices indicam que a adoção *inter vivos* tinha menor probabilidade de ser contestada – e portanto menor probabilidade de aparecer nas fontes.

As adoções *inter vivos* não eram tão facilmente contestadas porque o herdeiro era escolhido e integrado na casa do adotante antes que este morresse. A lei ateniense tratava esses adotivos exatamente como filhos naturais: tinham o direito de assumir a propriedade do pai sem adjudicação. As outras classes de herdeiros precisavam ter seus direitos adjudicados pela corte antes de reclamar a posse. A força da reclamação feita por um filho adotado *inter vivos* é manifesta: "Como poderia ele não ter filhos, se adotou [*inter vivos*] e lhe sobreviveu o próprio sobrinho, ao qual a lei dá o direito da herança exatamente como aos filhos de seu próprio corpo?" (Iseu 6.63). Um outro texto revela a diferente condição de um adotado por testamento e a maior probabilidade de que a adoção seja contestada em tribunal: "Quando os testadores deixam prole legítima, seus

---

[34] Rubinstein, *Adoption*, p. 117-25, catalogou um total de trinta e seis adoções de todas as fontes atenienses do século IV. Cinco adoções eram *inter vivos*, doze testamentárias e dez póstumas. Os dados existentes não permitem classificar os nove casos restantes.

filhos não precisam requerer a adjudicação do seu patrimônio; mas, ao contrário, quando os testadores adotam filhos por testamento [adoção testamentária], essas crianças precisam obter uma adjudicação daquilo que é deixado para eles" (Iseu 3.60-61).

Porque um filho adotado *inter vivos* conservava seu direito sobre uma parte da herança paterna mesmo se o pai tivesse herdeiros naturais após a adoção, essa forma de adoção provavelmente era impopular entre os homens até que estivessem em idade avançada (Iseu 6.63). Um homem mais jovem poderia proteger o futuro de sua *oikos* nomeando um herdeiro no seu testamento (adoção testamentária) e depois modificando o testamento se lhe nascesse um filho naturalmente. Como conseqüência, os homens que partiam em expedição militar usavam a adoção testamentária por precaução (Iseu 6.5).

Ainda que essa estratégia oferecesse flexibilidade, fomentava muitas demandas, porque esses testamentos podiam lesar os direitos de parentes mais próximos ou até ser forjados. O apelo do orador aos jurados sobre a propriedade de Cleonimo reflete isso:

> Dai vosso veredicto baseados nos dados de afinidade e nos verdadeiros fatos da causa em favor dos que reclamam por direito de parentesco, antes que em favor dos que se fundam num testamento. Pois vós todos sabeis o que é uma relação familiar, e é impossível falsificá-la para vós; por outro lado, testamentos falsos são muitas vezes produzidos – às vezes falsificações completas, às vezes elaborados por mal-entendido (Iseu 1.41).[35]

O processo concreto da adoção reflete-se talvez melhor numa passagem de Iseu que descreve como Apolodoro adotou um filho quando era idoso. O filho adotivo narra que Apolodoro chegou perto de sua mãe,

> expressou o desejo de me adotar e pediu a permissão dela, que foi dada. Estava tão determinado a agir com toda pressa possível, que levou-me imediatamente à sua própria casa e confiou-me a direção de todos os seus negócios, considerando-se não mais capaz de administrar qualquer coisa pessoalmente, e pensando que eu devia ser capaz de fazer tudo. Quando chegou a Targélia [antigo festival de verão], ele levou-me aos altares e aos membros das famílias e da guarda. Agora essas corporações têm uma regra uniforme, segundo a qual quando um homem introduz seu filho natural ou um adotivo, ele deve jurar com a mão sobre as vítimas [animais sacrificados] que a criança que ele está introduzindo, quer seja filho natural, quer adotivo, é nascida em matrimônio e de mãe ateniense; e mesmo depois de ele ter feito isso, os outros membros devem fazer uma votação

---

[35] Com base em tais argumentos legais, Rubinstein acredita que uma adoção póstuma era considerada legal "somente se o filho adotado já tinha sido reconhecido pelo Tribunal Popular como o herdeiro com o mais firme direito à herança do pai adotivo" (*Adoption*, p. 28).

e, se seu voto é favorável, então, e só então, o inscrevem no registro oficial (Iseu 7.14-16).³⁶

Um processo semelhante – uma reunião em particular e o consentimento seguido de apresentações – encontra-se no caso da propriedade de Menecles, no qual o filho adotivo de Menecles defende a legalidade da sua adoção, descrevendo o que foi feito (Iseu 2.14). A apresentação do adotivo como seu filho feita pelo pai adotante diante dos membros da família, dos membros do seu *demo* e da sua fratria parece ter sido um importante ritual do processo baseado na estratégica descrição dessas apresentações em defesa das adoções. Rubinstein sustenta que eram essas apresentações que constituíam concretamente o processo de adoção.³⁷ As apresentações podem ter sido o procedimento normal também nas adoções testamentárias. Se o pai deixasse de fazer essas manifestações antes de morrer, aumentavam em grande parte as chances de litígio.³⁸

Quem tivesse filhas e não filhos tinha outra possibilidade de constituir um herdeiro. Quando ele morresse, sua propriedade (*oikos*) passaria para o parente masculino mais próximo (conforme uma ordem fixa).³⁹ Esse parente precisava se casar com a filha órfã para herdar a *oikos*. Se ele já fosse casado, devia divorciar-se de sua esposa. Se o parente mais próximo se recusasse a se casar com ela, a *oikos* – incluindo a filha – passava para o parente seguinte conforme a ordem fixa. O parente que se casasse com ela administrava a propriedade até que um filho nascido deles atingisse a idade de dois anos acima da puberdade. Então, o filho (ou os filhos) nascido(s) da mulher herdava(m) o *oikos* de seu avô, tendo a obrigação de sustentar a mãe.⁴⁰

A mulher nesta situação era chamada de ἐπίκληρος (*epiklēros*, sobre – ou ligada a – uma propriedade). Embora esse arranjo oferecesse proteção a uma filha órfã, sua principal função era transferir a *oikos* do falecido a seus descendentes ainda não nascidos por meio de sua filha e de um parente próximo. O inconveniente óbvio desse sistema era que o pai não podia controlar pessoalmente a destinação de sua *oikos*.

Por volta do séc. IV antes da Era Comum, emergiu um arranjo mais flexível: adoção e legação. O pai que não tivesse herdeiro podia adotar um filho e passar sua propriedade para esse herdeiro escolhido. Uma restrição importante mostra que esse sistema deriva da lei da *epiklēros*: o herdeiro adotivo só podia receber a propriedade se se casasse com a filha que não tinha irmãos.

Embora a lei de Sólon, acima citada, restringisse a pais sem filhos a possibilidade de fazer testamento, uma exceção permitia ao pai fazê-lo e nomear um

---

³⁶ Cf. Demóstenes, que menciona também a obrigação do dissidente de remover do altar a vítima sacrifical se o adotado não era legítimo (43: p. 13-14).
³⁷ Rubinstein, *Adoption*, p. 35-38.
³⁸ Ver como exemplo a adoção testamentária que incluía testemunhos e apresentações em Iseu 9.7-8. Cf. Rubinstein, *Adoption*, p. 38-39.
³⁹ Esta ordem fixa corresponde à ordem da sucessão intestada e é exposta no processo de Hagnias (Iseu 11,1-3).
⁴⁰ Cf. Iseu 2.35-47. Ver também Sealey, *Justice of the Greeks*, p. 17.

tutor (ou tutores) se seu(s) filho(s) fosse(m) menor(es). Assim como a adoção protegia uma *oikos* que não tinha filho, a tutela (ἐπιτλροπή, *epitropē*) protegia uma *oikos* que não tinha pai. Devido às altas taxas de mortalidade e à baixa expectativa de vida, um número relativamente grande de filhos ficava independente em idade precoce, ao morrerem seus pais. O pai podia nomear um tutor enquanto ainda estava vivo, ou – como sem dúvida era mais comum – indicar alguém no seu testamento.[41]

A pessoa indicada era geralmente um parente próximo, mas isto não era requerido (Dem. 27.4). Se o pai não indicava nenhum tutor, o parente masculino mais próximo, conforme a ordem fixa da sucessão intestada, devia ser nomeado. Se não havia parente algum, cabia ao arconte fazer a nomeação.[42]

Os tutores deviam prover o bem-estar físico de seus pupilos, proteger seus interesses legais e cuidar de sua educação. No processo contra Diogeiton, Lísias inclui alimentação, calçado, lavanderia, corte de cabelo e até as despesas de um *paidagōgos* (alguém – muitas vezes um escravo – responsável pela supervisão diária de uma criança) entre as coisas pelas quais o tutor era responsável (32.20, 28). O tutor podia obter dinheiro da sua ativa administração da propriedade ou podia investir os bens e sustentar o(s) pupilo(s) com sua renda. Ao acusar Diogeiton de roubar de seus pupilos, Lísias diz: "Ele poderia ter arrendado a propriedade e ficar livre de um peso de cuidados, ou comprar terra e usar a renda para o sustento das crianças" (32.23). Ao tutor cabia não só o cuidado da propriedade da criança, mas também o controle da própria criança. Por exemplo, parece ter ficado à escolha do tutor se a criança vivia com a mãe ou com ele (Lísias 32.8, 16).

Não obstante as leis gregas referentes à adoção possam ter surgido para proteger a *oikos* de ser saqueada, elas também protegiam a criança. Quando os menores atingiam a idade adulta, podiam fazer processo contra seu(s) tutor(es) se julgassem que sua propriedade foi saqueada ou mal administrada – como o ilustra muito bem o famoso caso de Demóstenes (Dem. 27).

Motivos, valores e suposições subjacentes. As razões típicas pelas quais uma ateniense sem filhos podia decidir adotar um filho estão muito claras em Iseu 2.10. Aí, o filho adotivo de Menecles apresenta ao tribunal as seguintes razões pelas quais fora adotado:

> Depois disso [o divórcio de Menecles], passou-se algum tempo; então Menecles começou a pensar como evitar que ficasse sem filho, e como ter alguém que cuidasse dele na velhice enquanto vivesse e, quando morresse, quem o sepultasse e, no futuro, quem executasse os rituais por ele (em seu túmulo) (Iseu 2.10).

A preocupação de Menecles pelo cuidado dele na velhice (γηροτροφία, *gērotrophia*) é compreensível: nas antigas sociedades a responsabilidade por

---

[41] HARRISON, *Law of Athens*, p. 99. Evidentemente, podia nomear quantos tutores achasse apropriado. O pai de Demóstenes nomeou três (Dem. 27.4).
[42] HARRISON, *Law of Athens*, p. 103.

esses cuidados recaía inteiramente sobre os descendentes ou outros parentes próximos.[43] Se o ramo de alguém era o último na árvore da família, a pessoa tinha razões para se preocupar.[44]

Não surpreende, pois, que garantir que a própria *oikos* não ficasse "vazia" (ἔρημος, *erēmos*) seja o motivo mais comum para a adoção.[45] Uma *oikos* continuada, obtida pela adoção de um filho *inter vivos*, haveria de atender com a maior segurança às preocupações de Menecles. Pelo fato de entrar em vigor somente após a morte, as adoções testamentárias ou póstumas não criariam os mesmos laços ou obrigações que Menecles desejava para garantir sua velhice e seu sepultamento.

Sendo o último motivo da adoção preservar a *oikos*, a herança e a adoção estavam sempre intrincadamente inter-relacionadas na lei ateniense. Nos tempos modernos, o testamento é uma estratégia para dispor de sua propriedade, ao passo que a adoção é uma estratégia legal para oferecer um lar permanente para uma criança sem pais (ou pais adequados). Para os antigos gregos, ao contrário, os testamentos eram uma estratégia legal para nomear um herdeiro que preservasse a *oikos* que estava em risco de extinção. A preocupação com o bem-estar da criança não era o principal motivo para a maioria dos adotantes gregos.

Até aqui focalizamos as razões pelas quais os gregos praticavam a adoção e os valores subjacentes a essas razões. Devemos indagar também por que algumas pessoas desejavam entregar seus filhos para adoção. Em muitos casos os laços familiares motivavam a decisão: os parentes trabalhavam juntos – é evidente sobretudo nas adoções que envolvem um sobrinho – a fim de impedir que a *oikos* ficasse vazia.

É claro que considerações financeiras também eram fatores motivadores. O filho adotivo de Menecles, por exemplo, defendeu-se da suspeita de que ele fora adotado somente por causa do dinheiro (Iseu 2.41-43). Respondeu a seus adversários mostrando que, após ter sido adotado *inter vivos*, cuidou de Menecles durante vinte e três anos.

Há ainda um outro motivo financeiro. Se uma família estava com pesadas dívidas e tinha dois ou mais filhos, podia dar um dos filhos em adoção e ainda conservar um herdeiro, livrando uma família já sobrecarregada de dívidas das obrigações financeiras associadas com um futuro bom para ele. Além disso, o filho adotivo não herdaria os ônus financeiros de seu pai natural. No processo legal sobre a propriedade de Aristarco, escreve Iseu: "Outras pessoas, de fato, quando têm danos monetários, introduzem seus filhos em outras famílias, para que eles não participem da perda de direitos civis de seus pais" (10.17).

---

[43] Cf. M. I. FINLEY, "The Elderly in Classical Antiquity", em *Old Age in Greek and Latin Literature* (ed. Thomas M. Falkner e Judith de Luce; Nova Iorque: State University of New York Press, 1989) p. 1-20.
[44] Na Grécia, os filhos eram legalmente responsáveis pelo cuidado de seus pais de tais maneiras que os parentes colaterais não eram (RUBINSTEIN, *Adoption*, p. 64-68).
[45] TODD, *Shape of Athenian Law*, p. 221. Douglas MACDOWELL, "The *OIKOS* in Athenian Law", *CQ* 39, nº 1 (1989): p. 15.

Adoção e herança na lei romana

Fontes. Enquanto os discursos escritos por advogados e apresentados aos júris atenienses representam as fontes mais importantes para a adoção e a herança na Grécia, a maioria de nossas informações sobre a lei romana vem de uma classe profissional de juristas que forneciam opiniões aos magistrados sobre a lei. Esses juristas tratavam a lei como um sistema integrado, cujas regras existiam independentemente da praxe social. Analisando casos concretos, procuravam descobrir os princípios legais abstratos que então podiam ser aplicados a novas situações.[46] Os juristas produziram comentários sobre a lei civil e sobre os recursos que estavam contidos no edito do magistrado.

Essas fontes jurídicas oferecem ao historiador social uma quantidade de problemas formidáveis. Em primeiro lugar, determinar qual parecer legal particular estava em vigor em determinado tempo pode ser muito difícil por causa das interpolações nas fontes. O *Digesto* exemplifica esse problema porque compila excertos de juristas dos séculos anteriores e abrevia obras jurídicas precedentes.[47] O problema, porém, não se limita ao *Digesto*; os juristas pós-clássicos também estavam interpretando a tradição legal em vista de novas situações e atualizando-a para refletir as mudanças na lei – muitas vezes deixando os autores modernos adivinhar quando as mudanças realmente entraram na lei.

Um outro problema nas fontes jurídicas romanas é que os textos por natureza tratam de questões legais técnicas que geralmente não têm descrição nem contexto suficientes. A respeito da adoção, por exemplo, os textos jurídicos enfocam as conseqüências legais de casos específicos de adoção – em geral, direitos à herança – mas não dão atenção alguma aos motivos das partes envolvidas. Os materiais literários – e em menor grau as inscrições – podem esclarecer um pouco, mas o material literário relevante é majoritariamente do final da república, não do começo do império. Além do mais, as adoções mencionadas na literatura romana envolvem normalmente a elite dirigente. Assim, as fontes literárias nos dizem pouco sobre a prevalência da adoção de um modo geral.

Finalmente, em alguns materiais literário e na maioria do material epigráfico, a condição de adotado deve ser deduzida da nomenclatura. Porém, já que a nomenclatura servia a um certo número de finalidades, a forma do nome pode apenas sugerir que tal pessoa pode ter sido adotada; não pode comprovar o fato sozinha.[48] Embora sejam difíceis as fontes legais romanas para a adoção e a herança, as questões que elas apresentam não são impeditivas à luz do nosso

---

[46] David IBBETSON e Andrew LEWIS, "The Roman Law Tradition", em *The Roman Law Tradition* (ed. David Ibbetson e Andrew Lewis, Cambridge: Cambridge University Press, 1994), p. 11.

[47] Uma breve mas lúcida introdução às fontes e aos problemas metodológicos que elas apresentam, encontra-se em David JOHNSTON, *Roman Law in Context* (Cambridge: Cambridge University Press, 1999), p. 2-29. Para uma análise mais completa das fontes primárias e dos problemas interpretativos, ver Franz WIEACKER, *Römische Rechtsgeschichte: Quellenkunde, Rechtsbildung, Jurisprudenz und Rechtsliteratur* (Munique: C. H. Beck, 1988), p. 63-182.

[48] Ver uma excelente discussão desses temas, com exemplos epigráficos, em Jane F. GARDNER, *Family and Familia in Roman Law and Life* (Oxford: Clarendon, 1998), p. 134-35.

objetivo: procurar as suposições subjacentes que formaram a lei romana, mais do que procurar estabelecer práticas e procedimentos legais específicos que estavam em vigor em determinados tempos e lugares.

Leis, convenções sociais e procedimentos. Ao debaterem a adoção, os juristas romanos se preocupavam quase inteiramente com os direitos de sucessão à propriedade. Na lei romana, como na grega, adoção e herança estão intimamente ligadas porque a suposição inicial para a lei romana sobre a herança era a sucessão da *familia*. Jane Gardner apresenta uma caracterização sucinta: "Essencialmente, a adoção romana é sobre a intitulação da propriedade".[49] A lei romana preocupa-se com encontrar um herdeiro que possa substituir o falecido, assumir todos os direitos e obrigações do *pater familias* (chefe de família) morto e preservar a *familia* (a família e tudo que estava a ela ligado) com seus *sacra* (ritos sagrados). A lei romana buscava esse herdeiro primeiramente entre os filhos homens que ficaram independentes como resultado da morte do *pater familias*.[50] Em contraste com a lei grega, a lei romana permitia que as mulheres herdassem; as filhas estavam habilitadas a uma porção igual.[51]

Singularmente, a adoção romana deve ser considerada em sua relação com o *pater familias* na *familia* romana porque a adoção na lei romana era um "expediente para tirar alguém de uma *familia* e colocá-lo noutra, sob a *potestas* [potestade] de seu *pater familias*".[52] Porque o adotante tinha de possuir *potestas*, ele tinha de ser um *pater familias*, um cidadão romano que fosse *sui iuris* (legalmente independente). A *familia* romana não é o equivalente do conceito moderno de "família". Três diferenças sobressaem mais claramente: primeiro, a *familia* romana incluía não só parentes mas muitas vezes também escravos; segundo, a descendência e a condição de membro baseavam-se na relação de sangue somente do lado paterno (descendência agnática, não cognática); e terceiro, e mais importante, o controle legal da *familia* pertencia ao *pater familias*, e sua *potestas* não terminava senão com sua morte.[53] Os que estavam sob sua *potestas* não tinham propriedade própria e não podiam mover uma ação legal.[54] Com outras palavras, os adultos, homens e mulheres, com suas próprias famílias, eram incapazes de possuir qualquer propriedade se tivessem um pai ou avô vivo. Assim, a morte do *pater familias* "marcava o fim de uma espécie de escravidão. Os filhos tornavam-se adultos, e as filhas, se não fossem casadas ou tivessem divorciado, tornavam-se herdeiras, livres para se casar com quem quisessem".[55]

---

[49] Id., p. 116.
[50] John Crook, *Law and Life of Rome*. Ithaca, Nova Iorque: Cornell University Press, 1967, p. 118-22.
[51] Os sistemas divisíveis podiam levar à divisão das propriedades e à conseqüente perda da capacidade da família de manter seu *status* (Richard Saller, *Patriarchy, Property, and Death in the Roman Family*. Cambridge: Cambridge University Press, 1994, p. 161).
[52] Gardner, *Family and Familia*, p. 117.
[53] Crook, *Law and Life of Rome*, p. 98-99.
[54] Johnston, *Roman Law in Context*, p. 30.
[55] Paul Veyne, "The Roman Empire", em Paul Veyne (org.), *A History of Private Life: From Pagan Rome to Byzantium*. Cambridge: Belknap Press, Harvard University, 1987), p. 29. Por causa da expectativa de vida mais breve, apenas um entre dez quadragenários devia ainda estar sob o poder do *pater familias* (Johnston, *Roman Law in Context*, p. 31).

Os textos legais romanos refletem dois distintos procedimentos de adoção, dependendo do papel do *pater familias*.⁵⁶ Na lei romana, os cidadãos livres estavam divididos em dois grupos: os legalmente independentes (*sui iuris*) e os sob a *potestas* de um *pater familias* (*alieni iuris*). É notável que Gaio apresente a lei e o procedimento da adoção como um outro modo de "os filhos recaírem sob o nosso poder [*potestas*]":

> Acabamos de expor as regras segundo as quais nossos verdadeiros filhos recaem sob nosso poder. Isto acontece também com aqueles que adotamos. As adoções podem ser feitas de dois modos, quer por autoridade do povo [ad-rogação] ou pela jurisdição de um magistrado, por exemplo, um pretor (Gaio 1.97).

O primeiro procedimento, *adrogatio*, era usado somente para alguém que já era *sui iuris* (legalmente independente), ao passo que o segundo, *adoptio*, era para alguém que estava ainda *in potestate* (sob um *pater familias*). Provavelmente nunca foram comuns as ad-rogações. Não apenas era incômodo o processo, mas os inconvenientes associados com o fato de extinguir uma *familia* e entregar sua independência e sua propriedade ao *pater* adotivo deve ter feito delas um processo relativamente raro.

O primeiro estágio do processo de *adrogatio* envolvia uma investigação feita pelo colégio dos pontífices porque uma *familia* estava terminando junto com seus *sacra*.⁵⁷ Se os pontífices aprovavam a adoção proposta, a assembléia curial *de Roma* devia dar sua aprovação por um voto formal. Com razão Gaio chama a ad-rogação de "adoção pela autoridade do povo".⁵⁸

A *adoptio*, a adoção de alguém que estava ainda *in potestate*, porém, era relativamente simples, porque o adotando estava ainda sob a autoridade de um *pater familias* que tinha o poder de dá-lo em adoção. Esse procedimento consistia em dois passos básicos: primeiro, o adotando era libertado da *potestas* do pai natural; segundo o pai adotivo recebia *potestas* sobre o(a) filho(a) adotado(a) por declaração do magistrado. O primeiro passo requeria uma fórmula clássica de emancipação, na qual o pai natural "vendia" o(a) filho(a) a um intermediário que manumitia o adotando de volta ao pai natural até que o processo se repetisse três vezes. A *potestas* do pai era anulada após a terceira venda.⁵⁹ O segundo passo se realizava quando o pai adotivo reclamava o adotando como seu filho ou sua filha. Se o pai natural não fazia nenhuma contestação, o magistrado declarava-se de acordo com a reivindicação do adotante.

---

⁵⁶ Para os procedimentos nas antigas fontes, ver Cícero, *De domo* 34-38; Gélio, *NA* 5.19.1-14; Gaio 1.99-107; *Digesto* 1.7.

⁵⁷ Johnston, *Roman Law in Context*, p. 33.

⁵⁸ Mais tarde, um rescrito imperial substituiu o voto da assembléia (Gaio 1.100). Gardner, *Family and Familia*, p. 128.

⁵⁹ Eram necessárias três vendas por causa de uma regra das Doze Tábuas que provavelmente visava punir os pais que abusavam do poder sobre os filhos, vendendo-os repetidas vezes como escravos (Gardner, *Family and Familia*, p. 11).

Por causa do papel central do *pater familias* e suas implicações legais de longo alcance, alguns historiadores têm afirmado que o propósito da adoção romana era criar *patria potestas*.⁶⁰ Na lei romana não havia modo algum de perpetuar a *familia* sem criar *patria potestas*.

Para os romanos, um filho adotivo tinha a mesma condição de um filho natural, como observa Gaio: "Os filhos adotivos na sua família adotiva estão na mesma posição legal que os verdadeiros filhos" (2.136). Essa condição legal manifesta-se na fórmula de adoção: "Que seja tua vontade e ordem que L. Valério seja para L. Tício no direito e na lei seu filho, exatamente como se tivesse nascido dele como *pater* e de sua *mater familias*, e que ele [Tício] tenha em relação a ele [Valério] o poder de vida e de morte, como o tem um pai no caso de seu filho" (Gélio, *NA* 5.19.9).

Outras restrições diziam respeito a quem podia adotar e quem podia ser adotado. Como dissemos acima, as mulheres não podiam adotar, porque não possuíam *potestas* sobre pessoas livres. Pela mesma razão, casais não adotavam, mas só o marido, como *pater familias*, adotava, e seus filhos adotivos não eram relacionados com sua mulher nem como cognados.⁶¹ Homens que não tinham a capacidade de procriar (*spadones*) podiam adotar (Gaio 1.103). Embora exceções possam ser citadas, os romanos claramente esperavam que o adotante fosse mais velho que o adotado, e parece que uma diferença de dezoito anos tornou-se a convenção aceita (Justiniano, Inst. 1.11.4).⁶² Não havia idade mínima para adotar alguém *in potestate*. No entanto, dezoito anos parece ter sido a idade mínima para a ad-rogação, embora essa norma tivesse sido modificada no séc. II da Era Comum para permitir a adoção caso houvesse uma razão impelente (Gaio 1.102).⁶³ A restrição de idade para a ad-rogação protegia o *impubes* (menor de idade) da exploração, porque o adotante absorvia toda a propriedade do ad-rogado. Os *impubes* não estavam em condição de tomar essa decisão, tampouco seu tutor (*tutor impuberum*; Gélio, *NA* 5.19.10).

Proteger os bens dos *impubes* era a função da instituição romana da tutela (*tutela*). Esta é objeto de considerável atenção na literatura e nas fontes legais romanas. Os estudos demográficos sugerem a razão: "Mais de um terço das crianças romanas perdiam seus pais antes da puberdade, e um outro terço os perdia antes dos vinte e cinco anos".⁶⁴ Conseqüentemente, os romanos tratavam a proteção de um menor como a mais sagrada das responsabilidades sociais.⁶⁵ O tutor era responsável pela administração da propriedade do menor até que ele atingisse os quatorze anos – quando os moços se tornavam adultos. Ainda que

---

⁶⁰ Crook, *Law and Life of Rome*, p. 112. Marek Kurylowicz, *Die adoptio im klassischen römischen Recht* (Studia antiqua 6. Warsóvia: University of Warszawskiego, 1981), p. 50.
⁶¹ Gardner, *Family and Familia*, p. 155.
⁶² Id., p. 148.
⁶³ Sobre a ambigüidade dos dados para a idade legal, que seria quatorze ou dezoito anos, ver Gardner, *Family and Familia*, p. 145-48.
⁶⁴ Saller, *Patriarchy, Property, and Death*, p. 189.
⁶⁵ Sobre isto, ver Gélio, *NA* 5.13.5; para a consciência que os romanos tinham de sua mortalidade enquanto relacionada à tutela, ver Cícero, *Verr.* 2.1.153.

as moças se tornassem adultas aos doze anos, continuavam a ter um tutor em toda a sua idade adulta.⁶⁶

Motivos, valores e suposições subjacentes. O objetivo original e primário da adoção para os romanos era permitir a um pai sem herdeiro cooptar alguém para herdar seu patrimônio e impedir a extinção de sua família.⁶⁷ Como observa Gardner, "os testamentos eram um método, mas os testamentos podem falhar; os direitos de herança eram mais seguros".⁶⁸ A adoção era com tanta regularidade finalizada a perpetuar a linhagem, que existem poucos exemplos de adotantes que já tinham filhos vivos ou que adotaram meninas.⁶⁹

Por que os romanos entregavam seus filhos em adoção? Um *pater familias* com grande problema econômico podia dar um de seus filhos em adoção como meio de "manter o *status* do filho com os recursos de outrem".⁷⁰ Um exemplo: L. Emílio Paulo tinha quatro filhos e entregou dois em adoção. Esses dois mais tarde tornaram-se cônsules. Assim, Emílio garantiu o futuro deles dois e ficou em condição de melhorar o futuro dos dois restantes.⁷¹

Como na lei grega, um pai podia dar seu filho em adoção para evitar que este herdasse as dívidas da família que excediam o valor da propriedade. Todavia, um pai romano tinha outras opções para atingir esse objetivo. Podia emancipar seu filho, ou podia deixar um testamento no qual ele expressamente deserdava seu filho. O filho podia também proteger-se recusando-se a aceitar a herança.⁷²

Conclusão. As convenções gregas e romanas referentes à adoção e à herança refletem vários motivos, valores e suposições subjacentes semelhantes. A adoção e a herança estavam intimamente relacionadas, tanto na lei romana como na grega, por uma razão comum: a continuação da *familia* romana e da *oikos* grega. Havia diferenças naturalmente, mas se focalizamos os motivos, valores e suposições mais do que as questões de procedimento, podemos falar de modo geral de adoção greco-romana. Sendo que muitas das convenções legais acima citadas aparecem no uso paulino da linguagem da adoção e da herança, é importante perguntar como elas formaram o seu uso.

PARTE II. A ADOÇÃO E A HERANÇA EM PAULO

São sobretudo dois textos paulinos que dão destaque à adoção: Rm 8,12-25 e Gl 4,1-7. Em ambos, a linguagem da adoção surge somente depois que a heran-

---

⁶⁶ Os tutores de uma mulher adulta eram mais "autorizadores" que "administradores", e assim uma *actio tutelae* não podia ser movida contra o tutor de uma mulher (Johnston, *Roman Law in Context*, p. 39). Ver também o comentário de Gaio que a autorização de um tutor no caso de uma mulher era uma questão de forma (1.190).

⁶⁷ Crook, *Law and Life of Rome*, p. 111.

⁶⁸ Gardner, *Family and Familia*, p. 203.

⁶⁹ Id., p. 202-3.

⁷⁰ Keith Hopkins, Death and Renewal (Cambridge: Cambridge University Press, 1983), p. 49. Cf. Gardner, *Family and Familia*, p. 136-38, onde ele analisa se os filhos de um liberto eram dados em adoção para aumentar a chance de eles possuírem um cargo civil.

⁷¹ Ironicamente, morreram ambos os filhos que restaram, com o resultado de sua linhagem ter se extinguido. Sobre esse caso, ver Valério Máximo 5.10.2.; Cícero, *Off.* 1.121.

⁷² Johnston, *Roman Law in Context*, p. 45.

ça já foi mencionada e em contextos nos quais havia controvérsia a respeito da condição dos fiéis gentios em relação aos fiéis judeus. Assim, a adoção funciona, para Paulo, como uma metáfora que nuança o que ele deseja comunicar sobre a herança. Se essa observação é correta, vamos entender o uso paulino da adoção e da herança só quando descobrirmos como a idéia de adoção modifica a noção de herança na argumentação de Paulo – e não o contrário.

∽৫৯৯

Este ensaio enfatiza o uso paulino em Gl não só por ser a primeira vez que ele usa o termo, mas também porque em nenhum outro lugar no *corpus* paulino a linguagem da adoção e da herança tem um papel tão fundamental como em Gl. A herança une a argumentação de Gl 3,6-4,7. Desde a referência inicial aos "filhos de Abraão" em 3,6 até a climática afirmação de que os que foram batizados em Cristo são "descendência de Abraão" e "herdeiros segundo a promessa" (3,27-29), a noção de herança é central na argumentação de Paulo. As referências adicionais a "herdeiros" em 4,1-7 são refinamentos do argumento de 3,6-29. Em 4,1-7, Paulo liga a herança à adoção fazendo do herdeiro um filho adotivo. Porque o argumento de 3,6-4,7 une o Espírito à "herança", associando-o com a "bênção de Abraão" e a "promessa", é possível ver 3,1-4,7 como uma unidade temática dentro da qual a herança é o conceito central que faz a união.[73]

Donald Davidson diz que as metáforas, ao exigir de nós que vejamos uma coisa como uma outra, fazem-nos ver aspectos que de outra forma não seriam evocados.[74] Quintiliano, antigo teórico da retórica, afirmou que a função da metáfora seria "mover os sentimentos, dar atenção especial às coisas e colocá-las vivamente ante os olhos" (Inst. 8.6.19). Essas observações nos ajudam a focalizar a pergunta crucial: Quando Paulo escreve "se és filho, és também herdeiro" (4,7), o que desejava que seus leitores gálatas notassem fazendo do menino um adotivo? Que distinção especial quis ele comunicar?

Pontos de contato entre o uso paulino e as convenções greco-romanas

Gálatas mostra quatro pontos de contato entre a adoção greco-romana e as praxes de herança e o uso paulino. Salientá-los e compará-los com a argumentação de Paulo é o melhor meio de reconhecermos a especial distinção que Paulo desejava que seus leitores observassem.

A associação entre adoção e herança. A ligação feita por Paulo em Gl 4,5 entre adoção e herança reflete as convenções greco-romanas.[75] Porque o motivo

---

[73] C. H. Cosgrove, *The Cross and the Spirit*. Macon, Ga.: Mercer University Press, 1988, p. 32.
[74] Donald Davidson, "What Metaphors Mean", em *The Philosophy of Language* (ed. A. P. Martinich; Oxford: Oxford University Press, 1985), p. 448.
[75] Naturalmente, ligar adoção com herança imediatamente após duas outras analogias tiradas das práticas sociais greco-romanas – o "disciplinador" (*paidagôgos*, Gl 3,24-25) e o herdeiro menor de idade sob tutores (4,1-2) – reforça mais ainda a função das convenções greco-romanas.

fundamental para a adoção era a continuação da *oikos/familia*, um pai greco-romano pensava primeiro na sua propriedade e no que fazer com sua herança e apenas em segundo lugar na adoção. Do mesmo modo, para Paulo em Gl 4,1-7 (e Rm 8,12-25), a adoção entra no debate porque Paulo está refletindo sobre herança.

Se és filho, és também herdeiro. A frase de Paulo "se és filho, és também herdeiro" (Gl 4,7) reflete uma importante convenção legal greco-romana.[76] Esse princípio está relacionado com aquele acima: se a suposição de que o filho herda a *oikos/familia* de seu pai não fosse tão fundamental, a adoção não seria tão intimamente associada à herança.[77]

A importância da convenção legal – se filho, também herdeiro – para a argumentação paulina é ressaltada pela função estrutural que ela exerce no desenvolvimento da perícope. Na primeira seção, Paulo afirma que os fiéis é que são os descendentes (filhos) de Abraão (3,7), para concluir a argumentação afirmando que "se filho, também herdeiro" (4,7). Evidentemente Paulo constrói seu raciocínio sobre a base dessa suposição legal.

Certeza do direito do adotivo de herdar. O argumento de Paulo em Gl 3,1-4,7 depende fundamentalmente do absoluto direito do adotivo de herdar. Ao mostrar que os gálatas já são de fato "filhos", o Apóstolo estabelece a condição deles de herdeiros de pleno direito pela fé sem a circuncisão nem a Lei, condição que os adversários de Paulo manifestamente negavam.

A adoção como metáfora para a mudança de condição. Os leitores de Paulo não precisavam dominar as nuanças legais da lei da adoção para entenderem que a adoção alterava radicalmente a condição do adotivo. A mudança de condição resultava do corte de todos os laços legais com o pai natural e do estabelecimento de laços legais com o pai adotivo. Tecnicamente, o filho não era mais filho de seu pai natural, mas filho do adotante, mudança que até o seu nome – e o de sua descendência – haveria de refletir.[78]

Plutarco, escritor helenístico contemporâneo de Paulo, usa a adoção como metáfora teológica – uma raridade fora de Paulo – e compartilha a percepção de Paulo dessa mudança de condição legal.[79] No seu ensaio "A Vingança Divina", Plutarco respondeu a Bion, que havia criticado a Deus por castigar um descendente pelos crimes de um ancestral.[80] Conforme Bion, este exemplo do compor-

---

[76] Usando em 4,7 "filho" em vez de "criança" (Rm 8,17) pode ser que Paulo esteja sob o influxo das convenções legais gregas que impediam as filhas de herdar. Por outro lado, pode ser um uso genérico, não específico quanto ao gênero. Num ou noutro sentido, o uso paulino do termo mais genérico "descendência" em 3,29 – imediatamente depois de citar uma fórmula batismal que proclama a dissolução das barreiras de gênero em 3,28 – levaria os leitores a não tirar da metáfora conclusões quanto ao gênero.

[77] Como foi observado antes, um pai romano tinha autoridade como *pater familias* para deserdar seu(s) filho(s) e deixar sua propriedade para quem ele escolhesse; no entanto, conforme as expectativas sociais, ignorar um filho seria uma atitude radical.

[78] Iseu 2.36; Rubinstein, *Adoption*, p. 55; Gardner, *Family and Familia*, p. 134-35.

[79] Para um apanhado dos vários usos que os antigos escritores fizeram da linguagem da adoção, ver Scott, *Adoption*, p. 13-57.

[80] Ver o comentário em *Plutarch's Theological Writings and Early Christian Literature* (ed. Hans Dieter Betz; Leiden: E. J. Brill, 1975), p. 182-184.

tamento divino era ainda mais ridículo do que o de um médico que tratasse um descendente pela doença de um ancestral. Plutarco replicou que um tratamento preventivo pode salvar o paciente de uma desordem herdada, e depois tentou mostrar que as ações de Deus reconhecidamente curam tendências para o mal herdadas. Plutarco defendeu a aparente inconsistência de Deus a este respeito como a atividade da providência divina em providenciar "terapia para a alma" no tempo certo. Depois de afirmar que Deus nem sempre considera os filhos responsáveis pelos pecados de seus pais, Plutarco escreve:

> Mas se um homem bom nasce de um mau, como no caso de um filho sadio que nasce de um pai doente, a pena ligada à família está perdoada, e ele se torna como se fosse *adotado* do vício; ao passo que se a desordem de alguém reproduz os traços de um ancestral viciado, certamente é conveniente que ele suceda no castigo daquele vício como nas dívidas de uma propriedade (Plutarco, *Mor.* 562F; o grifo é nosso).

Se as más tendências não são herdadas pela geração seguinte, Plutarco acredita que é porque Deus interveio adotando o descendente de uma *oikos* má ἐκποίητος τῆς κακίας γενόμενος, *ekpoiētos tēs kakias genomenos*).[81] É óbvio que a adoção é o meio pelo qual o descendente é eximido da "dívida" do vício de sua família de origem.[82] Já que um filho adotado não leva dívida alguma da *oikos* de seu pai para a *oikos* do adotante, uma família podia entregar um filho para ser adotado como expediente para livrá-lo do fardo de uma dívida (Iseu 10.17). É notável que Plutarco apresente, após a passagem citada, um trecho ilustrativo que tem sido chamado de uma história de "conversão".[83]

Plutarco reflete a mesma convenção legal num outro lugar, onde fala da punição de dois traidores atenienses. A severidade da punição e suas implicações para os descendentes dos traidores se mostram na determinação de que, no caso deles, a adoção de um de seus descendentes não livrará o adotado da culpa dos ancestrais nem de suas conseqüências; em vez disso, o próprio adotado se tornará culpado (Plutarco, *Mor.* 834B).

O uso da metáfora por Plutarco fornece um paralelo importante para o uso paulino da metáfora da adoção. Em primeiro lugar, o texto de Plutarco mostra que a associação da adoção com cancelamento de débito encontrada nas fontes gregas do séc. IV antes da Era Comum era conhecida no tempo de Paulo. Em segundo lugar, Plutarco supunha que podia usar essa convenção legal como

---

[81] Para adoção, Plutarco usa um termo diferente (ἐκποίητος) do que Paulo usa, mas como observa Scott em sua análise do grupo de termos para adoção, há considerável superposição no uso grego dos vários termos para adoção. Scott afirma que o campo semântico de υἱοθεσία inclui o seguinte grupo de palavras: εἰσποιεῖν, ἐκποιεῖν, ποιεῖσθαι, υἱοποιεῖσθαι, τίθεσθαι, e υἱοθετεῖν (*Adoption*, p. 13-57). Ele mostra que esta sinonímia vale tanto para as inscrições como para as fontes literárias, notando que diferentes termos são muitas vezes usados até na mesma passagem literária (56).

[82] Plutarco provavelmente criou essa metáfora a partir da lei e da praxe grega da adoção. A única outra vez que ele usa a metáfora é especificamente no contexto da história jurídica ateniense (*Mor.* 834B).

[83] Betz, *Plutarch's Theological Writings*, p. 182.

uma metáfora que não só seria entendida pelos leitores, mas também reforçaria sua argumentação.[84] De fato, era tão bem conhecida que ele podia livremente inverter o sentido convencional.

Como libertar alguém de suas obrigações herdadas? Adotando-o! Como conseqüência, quando Paulo usava a metáfora da adoção, podia razoavelmente supor que seus leitores gálatas perceberiam que, em virtude de sua adoção a filhos, sua salvação implicava uma radical mudança de condição que os libertava das obrigações herdadas. É significativo que a metáfora da adoção em Paulo apareça num trecho que explica a situação dos herdeiros perante as obrigações legais. Com efeito, é isto que liga especialmente 4,1-7 com o tema precedente, como é claro pelo uso que Paulo faz de ὑπό (*hypo*, sob).[85] Em 3,22 declara que "a Escritura encerrou todas as coisas debaixo do pecado" (ὑπὸ ἁμαρτίαν, *hypo amartian*) e depois associa com a Lei o confinamento delas (ὑπὸ νόμον ἐφρουρούμεθα, *hypo nomon ephrouroumetha*). A seguir liga o estar ὑπὸ νόμον (*hypo nomon*, sob a Lei) com estar ὑπὸ παιδαγωγόν (*hypo paidagōgon*, sob pedagogo, 3,24.25), ὑπὸ ἐπιτρόπους καὶ οἰκονόμους (*hypo epitropous kai oikonomous*, sob tutores e curadores, 4,2) e ὑπὸ τά στοιχεῖα τοῦ κόσμου (*hypo ta stoicheia tou kosmou*, debaixo dos elementos do mundo, 4,3).

Paulo usa o verbo ἐξαγοράζω (*exagorazō*, resgatar ou comprar) antes no mesmo versículo (4,5), preparando o leitor para notar este aspecto da adoção porque ele sugere liberdade mediante um pagamento.[86] Sendo que Paulo em 4,3-4 associou a escravidão ao estar sob a Lei e em seguida apresenta o Filho de Deus como aquele que redime os que estão sob a Lei, é certo que ἐξαγοράζω (*exagorazō*) significa mais especificamente libertar um escravo mediante o pagamento de uma quantia de dinheiro.[87] A linguagem da escravidão não entrou na argumentação de Paulo porque a adoção de escravos por um deus – como meio de alforriá-los – era um tema greco-romano comum; porém, entrou como meio retórico de radicalizar a obrigação de estar sob a Lei.[88] A adoção é associada com a função de Cristo enquanto redentor em Gl 4,5 porque os futuros herdeiros tinham obrigações anteriores devido às quais precisavam ser adotados. Enfocando

---

[84] Quintiliano afirmava que as metáforas extraídas da natureza eram mais persuasivas porque "todo homem aplica a si próprio o que ele ouve dos outros, e a mente está sempre mais pronta a aceitar o que reconhece como sendo de acordo com a natureza" (*Inst.* 8.3.71). Muitos antigos, especialmente por causa da influência estóica, achavam que as próprias convenções sociais eram conformes com a natureza.

[85] Linda Belleville, "Under Law: Structural Analysis and the Pauline Concept of Law in Galatians 3,21—4,11", *JSNT* 26 (1986): p. 54.

[86] Victor Furnish, *Theology and Ethics in Paul*. Nashville: Abingdon, 1968, p. 165.

[87] J. Louis Martyn, *Romans*, AB 33A. Nova Iorque: Doubleday, 1997, p. 317. Cf. o uso paulino do termo em Gl 3,13 e sua elaboração da imagem da redenção em 1Cor 6,19-20.

[88] Sobre a improvável associação do uso paulino da adoção com a *Adoptionsfreilassung* (manumissão sagrada seguida de adoção), ver Scott, *Adoption*, p. 85-87. Ver também Derek R. Moore-Crispin, "Galatians 4,1-9: The Use and Abuse of Parallels", *Evangelical Quarterly* 60 (1989): p. 213-14. Para Paulo, estar em dívida, ou que se submetem à circuncisão estão obrigados (ὀφειλέτης) a guardar toda a Lei. Do mesmo modo, em Rm 8,12-17, o paralelo mais próximo de Gl 4,1-7, Paulo associa "ser devedor à carne" (ὀφειλέτης de novo) com a escravidão, logo antes de fazer referência à adoção em 8,15. Para um outro grupo de termos que incluem cancelamento da dívida, ordens legais e os *stoicheia tou kosmou*, ver Cl 2,8-23.

a adoção como meio de livrar o adotado de uma dívida herdada, Paulo modifica a perspectiva: de como a adoção beneficia o adotante para como ela favorece o adotado. Como foi observado acima nesse estudo, as fontes gregas e romanas não vêem a adoção primariamente como uma estratégia para proteger órfãos, mas antes como um recurso para proteger os pais que não tinham herdeiro. Para Paulo, essa visão mais típica da adoção não oferece uma analogia útil porque Deus – o pai neste caso – não está à procura de um herdeiro para preservar uma *oikos/familia* em perigo de extinção. Ao invés, focalizando o apuro dos adotandos – os necessitados de redenção da dívida que pesava sobre eles – Paulo apresenta Deus como o adotante que intervém em favor deles, libertando-os da escravidão.

Os pontos de contato entre o uso paulino da linguagem da adoção/herança e as convenções greco-romanas são patentes. Para determinar mais precisamente como essas convenções forjaram o uso paulino da adoção e da herança, precisamos examinar mais de perto Gl 4,1-7 em seu contexto histórico e literário.

Adoção e herança à luz da argumentação paulina em Gálatas 4,1-7

Contexto histórico de Gálatas. Os estudiosos de Paulo geralmente concordam quanto ao contexto geral de Gl.[89] Depois que Paulo pregou o evangelho na Galácia, outros mestres entraram nas igrejas, insistindo em que a pertença completa ao povo de Deus requeria a circuncisão e o cumprimento da lei de Moisés – ou pelo menos de algumas de suas exigências. Não obstante aceitarem que a vinda do Messias Jesus significava que os gentios podiam ser plenamente admitidos em Israel, esses mestres não acreditavam que isto tornava a Lei e a circuncisão irrelevantes para os gentios.

Os adversários de Paulo frisavam que os gentios deviam cumprir a Lei.[90] Contudo, não é tão claro se a questão principal era cumprir a Lei como meio de salvação (opinião dos autores tradicionais) ou como exigência para viver como cristãos (opinião mais recente).[91] Ressaltando 3,1-5 como texto-chave, Cosgrove defendeu de modo persuasivo a última posição, afirmando que a questão central é "se os fiéis podem promover sua contínua experiência do Espírito cumprindo a Lei".[92] Os opositores de Paulo respondem sim e aparentemente apresentam em defesa de sua tese um argumento perfeitamente razoável, baseado na descendência de Abraão. Becker comprova de modo persuasivo que os adversários construíram um "argumento em cadeia", destacando Abraão para convencer os gálatas a re-

---

[89] O nome Galácia pode referir-se à província romana da Galácia que inclui o centro-sul da Ásia Menor, ou a região "céltica" mais setentrional, da qual derivou o nome da província. O prolongado debate sobre a localização das igrejas gálatas não influi de modo algum significativo nas convenções legais que teriam sido familiares nas respectivas áreas. Ver a discussão em Kümmel, *Introduction to the New Testament*. Nashville: Abingdon, 1973, p. 296-98.
[90] Sobre os adversários de Paulo na Galácia, ver George Howard, *Crisis in Galatia*. Cambridge: Cambridge University Press, 1979.
[91] E. P. Sanders, *Paul, the Law, and the Jewish People*. Filadélfia: Fortress Press, 1983, p. 20.
[92] Cosgrove, *Cross and the Spirit*, p. 2.

avaliar o evangelho de Paulo.[93] A condição de Abraão como primeiro prosélito, sua circuncisão, e as tradições judaicas referentes ao seu fiel cumprimento da Lei (antes que fosse revelada no Sinai) mostram quão útil devia ter sido seu exemplo para os mestres rivais.[94] A argumentação estabelece uma linha de continuidade entre Abraão, a circuncisão, a Lei e o Messias, que tinha implicações óbvias para os gentios.[95] Conseqüentemente, a análise de Paulo em Gl 3 procura romper a argumentação dos oponentes metendo uma cunha entre Abraão e a Lei.

Análise literária. Paulo viu uma oportunidade de meter uma cunha entre Abraão e a Lei, focalizando os descendentes de Abraão como herdeiros. Não era a herança em si que interessava a Paulo aqui, mas sim a base sobre a qual alguém era designado herdeiro.

Em Gl 3, Paulo nunca descreve o conteúdo da própria herança. Ao associar a herança com Abraão e especialmente com a "promessa", ele mostra que pensava em herança à luz da tradição judaica.[96] No entanto, o uso paulino tem um caráter fortemente escatológico.[97] Em Gl a afirmação mais detalhada do conteúdo da herança está em 5,21, onde Paulo, após enumerar uma lista de vícios, adverte seus leitores de que "os que praticam tais coisas não *herdarão* o reino de Deus" (o grifo é nosso). Usando uma metáfora escatológica diferente em 6,7-9, diz ao leitor que "quem semear no espírito, do espírito colherá *a vida eterna*" (o grifo é nosso). De modo semelhante, associa a herança com a "redenção do nosso corpo" em Rm 8,23 e com a ressurreição do corpo em 1Cor 15,50.

Paulo mete sua cunha estabelecendo uma ordem cósmica que tem Abraão (e seus descendentes) e os que "são pelas obras da Lei" em lados opostos. A análise de Gl feita por Robert Hall à luz da argumentação retórica dos apocalipses esclarece a estratégia de Paulo.

Conforme Hall, Gl 3,1-5; 3,7-29; 4,1-11; 4,21-5,1; e 5,16-6,10 reflete uma argumentação comum encontrada nos apocalipses: a revelação da ordem cósmica baseada nos juízos de Deus.[98] a revelação que Paulo faz dessa ordem cósmica manifesta duas esferas: "a esfera do mal na qual os anjos forçam a lei a refrear o pecado e a recentemente estabelecida esfera do bem da fé em Cristo".[99] Essa abordagem oferece a Paulo a oportunidade de exortar seus leitores a unir-se à esfera do bem e a rejeitar a esfera do mal.

---

[93] J. Christiaan Beker, *Paul the Apostle*. Filadélfia: Fortress Press, 1980, p. 52.
[94] Para uma reconstrução perspicaz do que pode ter constado na apresentação dos adversários, ver Martyn, *Galatians*, p. 303.
[95] Beker, *Paul the Apostle*, p. 52.
[96] Cf. Werner Foerster, "κληρονόμος", *TDNT* 3:785 e Paul Hammer, "A Comparison of *KLERONOMIA* in Paul and Ephesians", *JBL* 79 (1960): p. 269, embora Hammer ressalte muito o contraste com Efésios.
[97] Para a associação de "herança" com "promessa" e o desenvolvimento de uma ênfase escatológica semelhante na tradição judaica pós-bíblica, ver Brendan Byrne, *"Sons of God" – "Seed of Abraham": Study of the Idea of the Sonship of God of All Christians in Paul against the Jewish Background* (Analecta biblica 83; Roma: Pontifício Instituto Bíblico, 1979), p. 157.
[98] Para Hall, Gl não é um apocalipse mas argumenta como um. Uso o termo "apocalíptico" consciente da dificuldade que existe em definir precisamente o termo. Sobre esse problema, ver Leander Keck, "Paul and Apocalyptic Theology", *Int* 38 (1984): p. 229-41.
[99] Robert Hall, "Arguing Like an Apocalypse: Galatians and an Ancient *Topos* outside the Greco-Roman Rhetorical Tradition", *NTS* 42 (1996): p. 445.

Assim, a cunha que Paulo mete entre Abraão e a Lei em 3,6-29 é a revelação da ordem cósmica. Paulo situa Abraão e os outros que são pela fé na esfera do bem (3,6-9), enquanto "os que são pelas obras da lei estão debaixo de maldição", maldição da qual os justos foram remidos pela morte de Cristo, morte sob a maldição da Lei (3,10-14). Em 3,15-18, Paulo justifica a dissociação que faz entre a Lei e a promessa de Abraão.

A argumentação de Paulo em 3,15-18, junto com a ligação feita por ele entre a Lei e a esfera do mal, exige dele uma explicação da função da Lei e da sua relação com as promessas de Deus (3,19-22). Mas em 3,23-29, reafirma a distinção entre a esfera na qual opera a Lei e a esfera na qual opera a fé, e impõe limites temporais ao período em que a Lei operava corretamente como uma restrição: "a Lei tornou-se nosso pedagogo [*paidagôgos*] até Cristo" (3,24).[100] Além disso, usando uma fórmula batismal, Paulo conjuga o cumprimento da promessa a Abraão com a união dos fiéis com Cristo realizada no batismo, união que resulta na filiação dos fiéis em virtude de sua união com a singular descendência de Abraão, Cristo (Gl 3,16). Essa união elimina as distinções anteriores entre judeu e grego, como também aquelas entre escravo e livre, entre homem e mulher. A afirmação de Paulo de que Cristo é a descendência única de Abraão, seu singular e único herdeiro, é crucial para sua reflexão sobre a herança em Gl 3.[101]

A estrutura com as duas esferas é vital para interpretar Gl. Mas devemos observar o que as distingue mais fundamentalmente. A antítese primária sobre a qual a epístola está construída não é Cristo *versus* a Lei. Antes, como afirma Gaventa "a antítese teológica predominante em Gl é entre Cristo ou a nova criação e o cosmo; a antítese entre Cristo e a Lei e entre a cruz e a circuncisão não são o equivalente dessa premissa central mas derivam dela".[102] Já na saudação, Paulo associa a cruz com a invasão cósmica: "[O Senhor Jesus Cristo] se entregou a si mesmo pelos nossos pecados a fim de nos livrar do presente mundo mau, segundo a vontade do nosso Deus e Pai" (Gl 1,4). Sua conclusão manuscrita da carta (6,11-18, esp. vv. 14-15) constitui um final apropriado quando ele identifica a cruz como o meio pelo qual "o mundo está crucificado para mim e eu para o mundo". Na verdade, a suposição do evento Cristo como uma invasão cósmica influi no desenrolar da carta inteira. Interpretando a descendência de Abraão à luz da revelação dessa ordem cósmica em 3,6-29, Paulo prepara seus leitores para entenderem a mudança de condição (e seus efeitos) que essa linguagem de adoção reclama em 4,1-7.

A maioria dos intérpretes lê Gl 4,1-7 como um sumário ou reapresentação do tema que Paulo desenvolveu no cap. 3, sobretudo em 3,23-29. Brendan Byrne tem razão, pois, ao dizer que um exame de 4,1-7 "será satisfatório somente se

---

[100] Sobre a imagem do *paidagôgos*, ver David LULL, "'The Law Was Our Pedagogue': A Study in Galatians 3:19-25", *JBL* 105 (1986): p. 481-98.

[101] Richard HAYS, *The Faith of Jesus Christ: An Investigation of the Narrative Substructure of Galatians 3:1-4:11* (SBLDS 56: Chico, Calif.: Scholars Press, 1983), p. 202.

[102] Beverly GAVENTA, "The Singularity of the Gospel: A Reading of Galatians", em *Pauline Theology* (editado por Jouette Bassler; Minneapolis: Fortress Press, 1991), vol. 1, p. 149.

conseguir explicar por que Paulo volta atrás desta forma".[103] James Dunn explicou a superposição no seguinte quadro:[104]

3,23-29	4,1-7
(23) Antes que chegasse a fé nós éramos guardados sob a tutela da Lei confinados até que chegasse a fé... (24) A Lei é nosso pedagogo até Cristo... (25) Chegada, porém, a fé não estamos mais sob pedagogo; (26) Vós todos sois filhos de Deus... (27) Todos vós, que fostes batizados em Cristo... (29) Então sois descendência de Abraão, herdeiros segundo a promessa.	(1) Enquanto o herdeiro é menor... (2) Ele fica debaixo de tutores e curadores até a data estabelecida pelo pai. (3) Quando éramos menores estávamos reduzidos à condição de escravos, debaixo dos elementos do mundo. (4) Quando, porém, chegou a plenitude do tempo... (5) para resgatar os que estavam sob a Lei. A fim de que recebêssemos a adoção filial. (6) Deus enviou o Espírito do seu Filho... (7) De modo que já não és escravo, mas filho e se és filho, és também herdeiro, graças a Deus.

É claro que a diferença entre os dois parágrafos não é o tema! As perguntas seguintes ressaltam a principal diferença: Por que caracterizar o período anterior a Cristo/fé como confinamento sob a Lei não foi suficiente para Paulo? Por que viu-se obrigado a fazer do confinamento uma "escravidão", e por que escravidão sob os "elementos do mundo" (*stoicheia tou kosmou*)? Um olhar mais detalhado sobre 4,1-7 emite luz sobre essas questões.

A estrutura de 4,1-7 é manifesta: A metáfora do "herdeiro menor de idade" é desenvolvida por Paulo nos vv. 1-2 e depois aplicada nos vv. 3-7.[105] A metáfora do *paidagôgos* (disciplinar) e a do "herdeiro menor de idade" têm três coisas em comum: são extraídas das praxes sócio-legais que eram comuns nas cidades do Oriente grego;[106] representam uma liberdade restrita; e lidam com uma situação na qual a liberdade restrita é adequada num período mas inadequada depois.

---

[103] Byrne, *Sons of God*, p. 174.
[104] Dunn, *Galatians*, p. 210.
[105] Opinião contrária à de Scott, para o qual a relação entre os vv. 1-2 e vv. 3-7 é a de tipo e antítipo. Os dois primeiros vv. apresentam o primeiro êxodo, ao passo que os vv. 3-7 descrevem a experiência dos gálatas como um no êxodo (*Adoption*, p. 149-55). Porém, o tempo presente dos verbos nos vv. 1-2 são uma prova decisiva contra essa posição.
Hafemann aceita de modo geral a análise de Scott mas divide de outra forma o tema de 4,1-11. Diz que 4,1-5 refere-se não ao Egito mas ao cativeiro continuado de Israel como resultado da maldição da Lei (Scott Hafemann, "Paul and the Exile of Israel in Galatians 3–4" em *Exile: Old Testament, Jewish, and Christian Conceptions* [editado por James Scott; Supplements to the Journal for the Study of Judaism 56; Leiden: Brill, 1997], p. 347). Para uma crítica geral do uso da tipologia do êxodo como chave-interpretativa de Paulo, ver Mark Seifrid, "Blind Alleys in the Controversy over the Paul of History", *TynBul* 45 (1994): p. 73-95.
[106] Lull, "Law Was Our Pedagogue", p. 481-98.

A introdução de um "herdeiro menor de idade" em 4,1-7 permite a Paulo usar o termo "herdeiro" no v. 1 para fazer a ligação com os "herdeiros" de 3,29 enquanto, ao mesmo tempo, purifica a idéia de herança à luz da situação na Galácia. Quando os herdeiros menores de idade eram postos sob tutores no mundo greco-romano – ou quando pais adotavam filhos – as partes envolvidas estavam manobrando através de um labirinto de complicações relativas à herança. Por causa da interferência dos adversários, Paulo vê que também os gálatas estão atolados em complicações por causa de herança. Usando a metáfora do herdeiro menor de idade, Paulo reafirma o que disse em 3,23-25 para destacar a impropriedade de usar a Lei como guardiã para supervisionar o comportamento dos fiéis. Mais ainda, descrevendo o herdeiro menor de idade como um escravo virtual, consegue colocar os judeus na mesma situação que os gentios com respeito à herança.

Vários aspectos dessa explicação têm incomodado os comentadores. Primeiro, se Paulo está construindo uma metáfora a partir das convenções legais gregas ou romanas, porque ele chama o herdeiro de νήπιος (*nēpios*, criança) em vez de usar um termo técnico legal para um menor (p. ex. ἀφῆλιξ, *aphēlix*).[107] Porém, *nēpios* é uma escolha razoável se Paulo deseja incluir na sua descrição a nota pejorativa de imaturidade, idéia já implicada pela analogia do *paidagôgos*.[108] Que Paulo tem isto em mente é sugerido pelo contraste irônico que faz em 3,3 com as conotações de maturidade/imaturidade de "começar" e "terminar", um texto intimamente ligado a 4,1-7.[109] Segundo, os comentadores sentem muitas vezes a necessidade de explicar apologeticamente a referência de Paulo ao jovem herdeiro como alguém que "em nada difere do escravo".[110] Porém, mostrar que existem diferenças entre os jovens herdeiros e os escravos é desvirtuar o uso paulino da metáfora.[111] Paulo faz o leitor notar um aspecto da comparação: tanto o herdeiro jovem como o escravo estão sujeitos ao controle de outros.

O terceiro aspecto da analogia que tem incomodado os comentadores é a associação dos termos ἐπίτροποι (*epitropoi*, tutores) e οἰκονόμοι (*oikonomoi*, curadores), para designar os responsáveis pela administração dos negócios de um menor de idade; essa combinação não é típica das classificações legais gregas ou romanas.[112] Todavia, *epitropos* é o termo habitual grego para o tutor nesta função.[113] *Oikonomos* geralmente indica um homem da condição de escravo,

---

[107] Scott, *Adoption*, p. 129.
[108] *Nēpios* é o termo que Paulo usou para repreender os coríntios pela sua imaturidade em 1Cor 3,1. Ver também 1Cor 13,11 e Ef 4,14.
[109] David J. Lull: *The Spirit in Galatia* (SBLDS 49: Chico, Calif.: Scholars Press, 1980), p. 118.
[110] Martin, *Galatians*, 386; Betz, *Galatians*, p. 20.
[111] A linguagem de Paulo em 4,7 – "já não és escravo, mas filho" – indica claramente sua percepção da diferença substantiva entre um escravo e um filho/herdeiro.
[112] Scott dá grande importância a isso porque deseja mostrar que esses termos aparecem juntos no Egito como títulos de oficiais menores e correspondem aos responsáveis pela escravidão de Israel. Ele ignora a ocorrência deles juntos na sátira de Luciano sobre os postos assalariados nas grandes casas (*Merc. Cond.* 12.23) porque não têm função alguma na tutela de menores (Scott, *Adoption*, p. 137 n. 62).
[113] Esse mesmo termo era usado para os tutores no Arquivo Babata acima mencionado. Ver também BDAG, 303.

e muitas vezes refere-se a um administrador da casa com deveres fiscais.[114] Portanto, esses termos descrevem um lugar comum da tutela romana: com freqüência múltiplos tutores eram nomeados, enquanto um exerce uma função de administrador em relação aos outros.[115] A melhor explicação para a insistência de Paulo na pluralidade de pessoas que dirigem o menor é que ele está adaptando o seu exemplo à afirmação que quer fazer, isto é, que os jovens herdeiros e os escravos são igualmente sujeitos a outros. Ele usa de considerável liberdade ao construir essa analogia porque já moldou esses termos gerais através da metáfora do *paidagôgos* em 3,23-25. Descrevendo uma pluralidade de administradores que controlam a vida do jovem herdeiro, Paulo consegue preparar os leitores para a analogia que vai traçar com o plural στοιχεια τοῦ κόσμου (*stoicheia tou kosmou*, elementos do mundo) em 4,3.

Quarto, a idéia de que o testamento do pai pudesse determinar o limite temporal da tutela (προθεσμίας τοῦ πατρός, *prothesmias tou patros*; 4,2) é desconhecida nas fontes legais romanas e rara nas fontes gregas.[116] Embora a frase não corresponda às leis romanas da tutela, ela reflete uma praxe romana comum. Os pais romanos usaram sempre mais o *fideicommissum* (uma espécie de garantia para ganhar mais flexibilidade no controle de suas propriedades após a morte. Sobre isto, escreve Saller:

> Os testadores, querendo deixar a propriedade aos filhos, sentiam algumas vezes que a idade estabelecida por lei para o fim da tutela (quatorze anos para os meninos e doze para as meninas) era insatisfatória. O testador que estivesse preocupado com o pensamento de um filho adolescente tomando decisões sobre o seu patrimônio podia usar o *fideicommissum* para elevar a idade na qual a propriedade passaria para o filho.[117]

É clara a razão pela qual Paulo construiu sua analogia dessa forma: substituindo "a chegada da idade" – o fim da tutela conforme se costumava esperar – por "até a data estabelecida pelo pai", Paulo liga o fim da tutela com a vinda de Cristo e não com a maturidade do tutelado. Essa estratégia impede que os adversários de Paulo utilizem a imaturidade dos fiéis gálatas como meio de justificar a continuação da função supervisora da Lei.[118]

Finalmente, alguns objetam que o pai dos vv. 1-2 não corresponde ao pai dos vv. 3-7.[119] No primeiro texto, supõe-se que o pai já faleceu, deixando um filho menor de idade sob os cuidados de outros, ao passo que nos vv. 3-7 o Pai,

---

[114] Martin, *Slavery and Salvation*, p. 15.
[115] Saller, *Patriarchy, Property, and Death*, p. 186.
[116] Ver as referências a pais que indicam o tempo, em Betz, *Galatians*, p. 204, e a discussão em Moore-Crispin, "Use and Abuse of Parallels", p. 208-9.
[117] Saller, *Patriarchy, Property, and Death*, p. 176.
[118] Os adotivos em Gl estão fora do controle dos pedagogos ou tutores porque a "data estabelecida pelo pai" (ou seja, a vinda de Cristo) já chegou (cf. 4,4)! Note-se que Paulo fez o mesmo raciocínio com a analogia do *paidagôgos* em 3,23-25.
[119] Scott, *Adoption*, p. 123.

Deus, está vivo e atuante enviando seu Filho para remir os que estão sob a Lei.[120] Como observamos acima falando de metáforas, quando Paulo construía analogias, muitas vezes adaptava os fenômenos sobre os quais as analogias se baseavam ao ponto que pretendia ilustrar.[121]

Muitas das "irregularidades" da analogia de 4,1-7 que têm perturbado os comentadores contribuem efetivamente para o ponto que Paulo deseja inculcar: o confinamento sob a Lei (3,23-25) era (e é) mais que a benigna supervisão dos tutores: era (e é) escravidão aos elementos do mundo.

A identificação feita por Paulo entre a Lei e esses elementos tem profundas implicações para a interpretação de Gl e para o uso paulino da adoção e da herança. A associação da Lei com a escravidão e a conexão dessa escravidão com os *stoicheia tou kosmou* faz da decisão a ser tomada pelos gálatas não só uma escolha entre escravidão e liberdade, mas também uma escolha entre *este mundo* e a *nova criação* de Deus.[122] Em conseqüência do uso negativo de escravidão em 4,1-7, predominam no resto da carta termos pejorativos para os escravos e a escravidão.[123] Além disso, as alternativas radicais aqui estabelecidas são reforçadas na alegoria Sara/Agar (4,21-5,1) e no contraste carne/Espírito (capítulos 4 e 5).

A decifração do significado específico que Paulo atribui a *stoicheia tou kosmou* tem sido problemática (4,3).[124] BDAG cita quatro significados básicos para *stoicheia*: (1) princípios fundamentais; (2) substâncias elementares; (3) espíritos elementares; (4) corpos celestes.[125] O dilema é que quando *stoicheia* aparece com *kosmos*, o significado "substâncias elementares" (ou seja, terra, ar, fogo e água) parece ser a opção sólida. No entanto, a capacidade de os *stoicheia* escravizar seres humanos e a alusão de Paulo em 4,8-9 aos *stoicheia* escravizadores como "seres que na realidade não são deuses", sugere poderes espirituais de alguma sorte.[126]

O que Paulo associa com *stoicheia* é absolutamente determinante para a sua interpretação. Em 4,3-4, ele associa a escravidão sob os *stoicheia tou kosmou* com a escravidão sob a Lei; em 4,8-9 ele associa a escravidão sob os *stoicheia* com a escravização pagã aos "seres que na realidade não são deuses". A idéia fundamental de Paulo é clara: separados de Cristo, todos os seres humanos – tanto judeus como gentios – estão escravizados aos *stoicheia tou kosmou*.[127]

---

[120] Cf. um problema semelhante na analogia paulina de Rm 7,1-6, na qual é também impossível emparelhar todas as funções na analogia em funções paralelas na aplicação. Joyce Little escreve: "Não importa como se distribuem as funções, não há como contornar o fato que essas funções não podem ser coerentemente aplicadas nos quatro primeiros versículos" ("Paul's Use of Analogy: A Structural Analysis of Romans 7:1-6", *CBQ* 46 [1984]: p. 86).

[121] Herbert Gale, *The Use of Analogy in the Letters of Paul*. Filadélfia: Westminster, 1964, p. 231.

[122] Esse propósito torna-se absolutamente claro na conclusão de Paulo em Gl 6,11-15.

[123] Δουλεία, *douleia* (4:24; 5,1); δουλεύω, *douleuō* (4,8.9.25; 5,13); δοῦλος, *doulos* (4,1.7); δουλόω, *douloō* (4,3); παιδίσκη, *paidiskē* (4,22.23.30.31). Encontram-se na carta três usos de termos referentes à escravidão sem conotações pejorativas (1,10; 3,28; e 5,13).

[124] Para uma resenha histórica da questão nos autores, ver Hans Hübner, "Paulusforschung seit 1945: Ein kritischer Literaturbericht", em *ANRW* II.25.4 (ed. Wolfgang Haase; Berlin: Walter de Gruyter, 1987), p. 2692-94.

[125] BDAG 768-69.

[126] Betz defende uma união da terceira com a quarta opção de BDAG (*Galatians*, p. 205).

[127] Ver o destaque bem fundamentado que Martyn dá a essa conclusão (*Galatians*, p. 388-89; 393-406).

A referência de Paulo aos *stoicheia tou kosmou* como forças escravizadoras e a antítese fundamental da carta (*este mundo* versus *nova criação*) são cruciais para se interpretar a função do Espírito na adoção, e em Gl de modo mais geral. Esse fato foi demonstrado de modo persuasivo por Lull:

> Em suma, na visão de Paulo, o único remédio adequado para a miséria humana... é uma "nova criação" na qual os obstáculos à liberdade humana – o pecado, a carne e a morte – são despojados de seu poder. É por essa razão que o Espírito não está na periferia, mas no centro da nova época histórica.[128]

Paulo começa Gl 3 recordando a seus leitores que a caminhada deles teve início com a recepção do Espírito (Gl 3,2-3). Em 4,1-7, sumário de Paulo, ele retorna à vinda do Espírito como poder de Deus para vencer a miséria humana. O clamor do Espírito "Abba" em 4,6 e a experiência que os gálatas têm do Espírito conforme 3,1-5 lembra aos leitores que eles já são filhos.[129] Além do mais, a descrição paulina da ruína humana e da incapacidade da Lei para remediá-la – e especialmente a associação das duas escravidões sob a Lei e sob os *stoicheia tou kosmou* – encoraja os gálatas a completar a caminhada do modo como a começaram, com o Espírito, não com as obras da Lei. Note-se, porém, que Paulo descreve os fiéis gálatas como quem está na metade da sua caminhada de fé; *já* estão fora da esfera do pedagogo ou dos tutores (cf. 1Cor 3,1-2; 4,14-21). Esse *já* afirmado por Paulo contradiz as asserções dos seus adversários de que os gálatas *ainda não* eram plenamente herdeiros de Abraão. Os gálatas não estavam se tornando herdeiros, eles foram adotados para uma herança.

Como acima observamos, a chave do uso paulino da adoção em 4,1-7 encontra-se nas diferenças entre a "reafirmação que esse parágrafo faz do tema anterior" e o próprio tema anterior.[130] Paulo fez uma longa caminhada entre 3,13-14 e 4,4-5 para apresentar os judeus na mesma situação pré-redentora que os gentios. Em conseqüência, embora as conexões étnicas dos pronomes de Paulo possam ser firmes em 3,13-14, elas são frouxas em 4,4-7.[131] Por que a diferença?

---

[128] Lull, *Spirit in Galatia*, p. 104.

[129] Tem sido muito debatido se ὅτι (*hoti*; 4,6) deve ser traduzido como causal ou declarativo; a maioria é a favor do causal. Se é traduzido por "porque", o clamor do Espírito "Abba" torna-se uma conseqüência da filiação adotiva, enfatizando a função do Espírito como o agente da adoção. Se for traduzido como declarativo, a ênfase recai mais no testemunho do Espírito sobre a filiação adotiva dos gálatas. Ambas as traduções são possíveis. A última combina mais com a temática, particularmente a conexão com 3,1-5. Porém, a primeira é a leitura mais natural gramaticalmente. Cf. Dunne em favor da tradução declarativa (*Galatians*, p. 218-19); cf. SCHLIER para a tradução causal e a bibliografia (Heinrich Schlier, *Der Brief an die Galater*. Göttingen: Vandenhoeck & Ruprecht, 1965, p. 197). Cf. Betz (*Galatians*, p. 210) para uma forte advertência quanto à função que a dogmática muitas vezes exerce nesta decisão.

[130] Embora Hays tenha menosprezado as diferenças entre as fórmulas redentoras em 3,13-14 e 4,4-5 supondo uma história subjacente comum, permanecem diferenças importantes (Hays, *Faith of Jesus Christ*, p. 116-18).

[131] A identificação dos pronomes em 4,3-7 determina quem, conforme Paulo, recebe a adoção. Os autores oferecem três opções fundamentais para a identidade dos adotados: os cristãos judeus (Hafemann); os cristãos gentios (Hays); ou todos os cristãos sem consideração de origem (Betz, Marty, Scott). Para considerar os adotados como sendo os cristãos judeus, o intérprete deve observar a mudança do "vós" no começo do v. 6 e o retorno a "nossos" no fim do v. 6. Para ver nos adotados os cristãos gentios, deve-se encontrar um modo de

A mudança resulta da iniciativa de Paulo para ligar a guia da Lei como *paidagôgos* com a escravidão sob os *stoicheia tou kosmou*, e da sua iniciativa de declarar a filiação adotiva divina mais fundamental que a descendência de Abraão. Depois de 3,29 Abraão é mencionado só uma vez (4,22), para introduzir a alegoria de Sara/Agar, ao passo que as referências pejorativas a escravos e escravidão são muito comuns, começando em 4,1 (um só uso pejorativo antes de 4,1 [2,4]; quatorze nos capítulos 4 e 5). A pergunta "quem são os descendentes de Abraão?" claramente abre caminho às perguntas contrastantes "quem é escravo?" e "quem é livre?". Gl 4,4-7 é a ponte para essa transição e a adoção sustenta o vão que liga a condição de herdeiro diretamente a Deus através da invasão cósmica de Deus por Cristo.

A argumentação de Paulo em 3,1-4,7 deve muito à afirmação de seus opositores sobre a descendência abraâmica. No cap. 3, Paulo conforma sua argumentação à deles. Porém, em 4,1-7, reafirma a argumentação de um modo que parece proceder da discussão anterior, mas aí falta Abraão e em seu lugar Paulo destaca a *descendência de Deus*.[132] Com outras palavras, Gl 4,1-7 reapresenta a prévia argumentação, mas no sistema de coordenadas que Paulo prefere!

A comparação dos romanos

As limitações de espaço obrigam a abreviar os comentários sobre Rm, que contém as únicas outras ocorrências de υἱοθεσία (*huiothesia*) nas cartas paulinas incontestes. As ocorrências em Rm demonstram a flexibilidade com que Paulo usava *huiothesia*: em Rm 8,15.23 usou o termo referindo-se a judeus e gentios cristãos sem distinções étnicas, ao passo que em Rm 9,4 ele usou-o indiscutivelmente com referência ao Israel étnico, no início de uma lista de privilégios pertencentes a Israel – aludindo às tradições do êxodo e à identidade de Israel como o povo escolhido para ser filho de Deus (cf. Dt 14,1; Is 43,6; Jr 31,9; Os

---

dissociar o "nós" do v. 5b de "os sob a Lei" do v. 5a. Hays tenta isso, afirmando que 4,4-5 partilha uma suposta seqüência da história da salvação com 3,13-14; isto é, Deus redime Israel da Lei de modo que os gentios possam receber a promessa/adoção (Hays, *Faith of Jesus Christ*, p. 116-18). Os pronomes cooperam com isto em 3,13-14 mas não em 4,4-5 (especialmente o "nós" de 5b em sua estreita relação com "os sob a Lei" em 5a). Hays é mais empenhado nessa seqüência do que Paulo. Paulo pode ter mencionado isto em 3,13-14 mas apenas a fim de passar a uma visão que situa judeus e gentios numa mesma circunstância básica: ambos estão necessitados de redenção e adoção devido à sua comum escravidão aos *stoicheia tou kosmou*. Nenhuma dessas opiniões é sustentável. É impossível ler os pronomes com referência étnica estrita sem acusar Paulo de remendar as mesmas distinções que ele supostamente pretendia fazer. A terceira (e última) opinião é soltar as amarras dos pronomes, quer admitindo que Paulo usa os vários pronomes com uma certa ambigüidade porque tinha em mente grupos étnicos mas não exclusivamente (Dunn, Cousar), ou porque está alternando intencionalmente os pronomes como meio de solapar as esperadas associações étnicas deles (Martyn, *Galatians*, p. 333-34: "É um estratagema retórico, um jogo de linguagem, pelo qual Paulo procura suprimir todas as distinções"). Embora os testemunhos possam favorecer a primeira opinião – estão em vista grupos étnicos, mas não exclusivamente – ambas as leituras produzem resultados interpretativos semelhantes.

[132] Martyn, "Events in Galatia", p. 167. James Hester observa que a metáfora herdeiro/herança funciona para enfatizar continuidade; porém, ele também reconhece que o contexto de 4,1-7 sublinha fortemente a descontinuidade ("The Heir and Heilsgeschichte: A Study of Galatians 4:1ff.", em *OIKONOMIA: Heilsgeschichte als Thema der Theologie* (Festschrift für Oscar Cullmann). [ed. Felix Christ; Hamburgo: Herbert Reich, 1967], p. 123-24.

1,10; Sb 9,7; *Jub.* 1,24-25).[133] Mesmo aqui, porém, observam-se nuanças greco-romanas na metáfora da adoção. Por exemplo, a suposição greco-romana que "se é filho, é herdeiro" sustenta a insistência de Paulo de que a eleição de Israel, vista como uma espécie de adoção divina, é irrevogável (cf. 11,29).[134]

Rm 8,12-25 oferece o paralelo mais próximo do uso paulino da linguagem da adoção/herança em Gl 4,1-7. Ambos esses textos usam o mesmo termo técnico para a adoção; ambos ligam adoção com herança;[135] ambos associam intimamente o Espírito com a adoção; ambos se referem ao clamor "Abba" como inspirado pelo Espírito; ambos contrastam os resultados da adoção com a escravidão; e ambos refletem a suposição greco-romana: "se é filho, é herdeiro" (Gl 4,7; Rm 8,17).

Conclusão

A chave para entender a incorporação por Paulo da adoção e da herança em sua expressão teológica consiste em notar onde sua linguagem ocorre em suas argumentações em Rm e Gl, não em comparar paralelos e diferenças verbais entre as duas passagens sobre adoção. Paulo introduziu a linguagem da herança em associação com Abraão em Rm 4, o único outro lugar nas cartas paulinas fora de Gl 3 onde se fala longamente de Abraão. Como em Gl 3, Paulo usa a linguagem da herança de Abraão para eliminar as distinções entre judeus e gentios: é a fé, não a circuncisão nem a observância da Lei, que torna alguém herdeiro de Abraão.[136]

É digno de nota que Paulo não usou a linguagem da adoção em conjunção com a herança e com Abraão em Rm 4; tampouco o fez ao falar de Abraão em Gl 3. Em ambas as cartas, foi somente depois de liquidar as questões sobre judeus e gentios num apocalíptico "ou isso/ou aquilo" (Rm 5-8 e Gl 4-6) que ele associou a herança com a adoção.[137] Depois que as questões sobre judeus e gentios estão eliminadas, em Rm a questão fica sendo se "a morte impera" (5,14.17) por meio de Adão ou se "a vida impera" por meio de Cristo (5,17); em Gl a questão fica sendo se o homem é escravo dos *stoicheia tou kosmou* ou se é "em Cristo".[138] Essas polaridades contrastantes cancelam a distinção entre judeus e cristãos e explicam por que, para Paulo, "nem a circuncisão é alguma coisa, nem a incircuncisão, mas a nova criatura" (Gl 6,15)! Em ambas as cartas, Gl e Rm, só depois

---

[133] Berger sustenta que era estratégico o uso que Paulo fez do termo para referir-se a todos os cristãos no cap. 9 e depois aos judeus no cap. 9 (Kl. BERGER, "Abraham in den paulinischen Hauptbriefen", *MTZ* 17 [1966]: p. 77-78).

[134] C. E. B. CRANFIELD, *The Epistole to the Romans* (ICC; Edimburgo: T. & T. Clark, 1975), 1: p. 397, escreveu com razão: "Já que a adoção como ato legal não era uma instituição judaica, pode-se razoavelmente supor que Paulo tinha em mente a adoção grega ou romana. Ao mesmo tempo, considerando Gn 15,2-4; Ex 2,10; Est 2,7; e também Ex 4,22s; 2Sm 7,14; 1Cr 28,6; Sl 2,7; 89,26s; Jr 3,19; Os 11,1, é imprudente afirmar que o pano de fundo da metáfora é exclusivamente greco-romano."

[135] A certeza do direito do adotado de herdar recebe ainda maior ênfase em Rm se comparado com Gl.

[136] Sobre os contornos dos temas judeu-gentios tratados em Rm, ver WALTERS, *Ethnic Issues*. A certeza do direito do adotado de herdar recebe ainda maior ênfase em Rm se comparado com Gl.

[137] Minha linguagem aqui reflete a caracterização de Beker de Rm5-8. Cf. BEKER, *Paul the Apostle*, p. 87. Os *stoicheia tou kosmou* em Gl 4,3.9 exercem em Gl um papel semelhante ao papel de Adão em Rm.

[138] As referências à escravidão e a ser escravo estão especialmente concentradas em Rm 5-8 e em Gl 4-6.

que Paulo liquidou e reformulou as questões sobre judeus e gentios por meio do apocalíptico ou isso/ou aquilo do apóstolo é que ele emprega a linguagem da adoção para expor como Deus nos faz herdeiros. Não é por acaso que Abraão desaparece da discussão sobre a herança quando entra a adoção. Nesse drama apocalíptico, o homem se torna herdeiro por meio de Deus, não de Abraão.

PARTE III. OUTROS TEXTOS PAULINOS E PAULINISTAS RELEVANTES

Adoção

>   Rm 9,25-26
>   2Cor 6,18
>   Rm 1,3-4?
>   Ef 1,5

Herança

>   Gl 5,21
>   1Cor 6,9.10
>   1Cor 15,50
>   Ef 1,5.11.14.18[139]
>   Ef 5,5

PARTE IV. BIBLIOGRAFIA

Estudos clássicos

CROOK, John. *Law and Life of Rome*. Ithaca, N.Y.: Cornell University Press, 1967.
GARDNER, Jane F. *Family and Familia in Roman Law and Life*. Oxford: Clarendon, 1998.
HARRISON, A. R. W. *The Law of Athens*. 2 vols. Oxford: Clarendon, 1968.
HUMPHREYS, S. C. *The Family, Women, and Death*. Londres: Routledge, 1983.
JOHNSTON, David. *Roman Law in Context*. Cambridge: Cambridge University Press, 1999.
LACEY, W. K. *The Family in Classical Greece*. Ithaca, N.Y.: Cornell University Press, 1968.
POMEROY, Sarah. *Families in Classical and Hellenistic Greece*. Oxford: Clarendon, 1997.
RUBINSTEIN, Lene. *Adoption in iv. Century Athens*. Copenhague: Museum Tusculanum Press, 1993.
SALLER, Richard P. *Patriarchy, Property, and Death in the Roman Family*. Cambridge: Cambridge University Press, 1994.
SEALEY, Raphael. *The Justice of the Greeks*. Ann Arbor: University of Michigan Press, 1994.
TODD, S. *The Shape of Athenian Law*. Oxford: Clarendon, 1993.

Estudos sobre o Novo Testamento

BEKER, J. Christiaan. *Paul the Apostle*. Filadélfia: Fortress Press, 1980.
BETZ, Hans Dieter. *Galatians: A Commentary on Paul's Letter to the Churches in Galatia*. Hermeneia. Filadélfia: Fortress Press, 1979.
BYRNE, Brendan. *"Sons of God" – "Seed of Abraham": Study of the Idea of the Sonship of God of All Christians in Paul against the Jewish Background*. Analecta biblica 83. Roma: Pontifício Instituto Bíblico, 1979.

---

[139] HAMMER, "A Comparison of KLERONOMIA", p. 267-72.

DUNN, James D. G. *A Commentary on the Epistle to the Galatians*. Black's New Testament Commentaries. Londres: A. & C. Black, 1993

GAVENTA, Beverly. "The Singularity of the Gospel: A Reading of Galatians", em *Pauline Theology*, vol. 1. Editado por Jouette Bassler. Minneapolis: Fortress, 1991, p. 147-59.

HAFEMANN, Scott. "Paul and the Exile of Israel in Galatians 3-4", em *Exile: Old Testament, Jewish, and Christian Conceptions*. Editado por James Scott. Supplements to the Journal for the Study of Judaism 56. Leiden: Brill, 1997, p. 329-71.

HALL, Robert. "Arguing Like an Apocalypse: Galatians and an Ancient *Topos* outside the Greco-Roman Rhetorical Tradition", *NTS* 42, 1996, p. 434-53.

HAYS, Richard. *The Faith of Jesus Christ: An Investigation of the Narrative Substructure of Galatians 3:1-4:11*. SBLDS 56. Chico, Calif.: Scholars Press, 1982.

HESTER, James. "The Heir and Heilsgeschichte: A Study of Galatians 4:1ff", em *OIKONOMIA: Heilsgeschichte als Thema der Theologie (Festschrift für Oscar Cullmann)*. Editado por Felix Christ. Hamburgo: Herbert Reich, 1967, p. 123-24.

MARTYN, L. Louis. "Events in Galatia", em *Pauline Theology*, vol. 1. Editado por J. Bassler. Minneapolis: Fortress Press, 1991, p. 160-79.

_____. *Galatians*. AB 33A. Nova Iorque: Doubleday, 1997.

SCOTT, J. M. *Adoption as Sons of God: An Exegetical Investigation into the Backgroumd of ΓΙΟΘΕΣΙΑ in the Pauline Corpus*. WUNT 2.48. Tübingen: J. C.B. Mohr, 1992.

3
PAULO E O GLORIAR-SE
Duane F. Watson

Neste capítulo, examino as situações e convenções que envolvem o gloriar-se conforme era entendido no mudo greco-romano do século I da Era Comum, inclusive no seio do Judaísmo. Depois, demonstro detalhadamente como Paulo usou e modificou essas convenções sobre este ao abordar a situação de Corinto. Vou enfocar sobretudo 2Cor 10-13, onde, dentre todas as cartas de Paulo, sua glória é mais acentuada. Também vou olhar brevemente para suas outras cartas, especialmente a Epístola aos Romanos. Finalmente, ofereço uma curta bibliografia de obras clássicas e atuais sobre o gloriar-se.

PARTE I. O GLORIAR-SE NO MUNDO GRECO-ROMANO

O gloriar-se nas escrituras de Israel e no Judaísmo

Paulo retira seu conceito de glória, ao menos parcialmente, de Jr 9,23-24 (9,22-23 LXX; cf. *4Esd* 7,98):

> Assim disse Iahweh: Que o sábio não se glorie de sua sabedoria, que o valente não se glorie de sua valentia, que o rico não se glorie de sua riqueza! Mas aquele que queira gloriar-se, glorie-se disto: De ter a inteligência e de me conhecer, porque eu sou Iahweh que pratico o amor, o direito e a justiça na terra. Porque, é disto que eu gosto, oráculo de Iahweh![1]

Paulo cita duas vezes Jr 9,23 no contexto da glória: "Aquele que se gloria, glorie-se no Senhor" (1Cor 1,31; 2Cor 10,17). Em Jr 9,23-24, Deus ordena que o gloriar não seja em sentido algum antropocêntrico. Este não deve basear-se na sabedoria, na força ou na riqueza, isto é, nas três maiores coisas em que a humanidade pode colocar sua confiança fora de Deus e com isso promover-se (cf. 1Cor 1,26-31). Está excluído gloriar-se das frágeis e incertas circunstâncias de sua vida nas quais Deus não é levado em conta (1Rs 20,11; Pr 25,14; 27,1). Na realidade, essa glória é louca impiedade (Sl 52,1; 94,3-4).

---
[1] Todas as citações bíblicas são da *Bíblia de Jerusalém*.

Deus prescreve, ao invés, que a glória seja teocêntrica, baseada numa íntima relação com ele e no conhecimento dele. Não há espaço para o gloriar-se diante de Deus, que é o criador, aquele que sustenta e julga: "Não há Santo como Iahweh (porque outro não há além de ti), e Rocha alguma existe como o nosso Deus. Não multipliqueis palavras altivas, nem brote dos vossos lábios a arrogância, pois Iahweh é um Deus cheio de saber e por ele as ações são pesadas" (1Sm 2,2-3; cf. Jz 7,2). Gloriar-se das obras de Deus é aceitável, particularmente das obras de Deus em sustento da comunidade de fé (1Cr 16,28-29; 29,11; Sl 5,11; 89,15-18). Como o indica a sua incorporação nos Salmos, essa glória é realmente louvor e confissão. O Judaísmo deu continuidade a essa compreensão da legítima glória enraizada só em Deus e na obra de Deus na comunidade de fé (Eclo 17,9; 50,20), acrescentando que a glória na Lei como dom de Deus era também legítima (Eclo 39,8). O verdadeiro gloriar-se é no temor do Senhor (Eclo 1,11; 9,16; 10,22).

O gloriar-se no mundo greco-romano

As convenções sobre o gloriar e a jactância existiam já por volta do ano 100 antes da Era Comum. Os filósofos populares e os sofistas eram conhecidos por seu gloriar-se. Este podia tomar a forma de comparação com as habilidades de outros filósofos e sofistas.[2] Ele era geralmente considerado repugnante. Dionísio de Halicarnasso considerava o elogio da própria obra como "a mais vulgar e mais odiosa das tarefas".[3] O gloriar-se era apropriadamente usado apenas em algumas circunstâncias bem definidas: "O mundo helenístico educado no qual Paulo vivia conhecia as convenções sobre o gloriar-se, mas acreditava que eles requeriam uma grande delicadeza para não serem mal usados".[4]

No seu *Discurso 57*, Dion Crisóstomo, filósofo e orador do séc. I da Era Comum, comenta a *Ilíada* de Homero.[5] Crisóstomo defende o gloriar-se de Nestor, utilizado para acabar com uma desavença entre Agamêmnon e Aquiles (*Ilíada* 1.260-68, 273-74). Nestor se refere à deferência que homens importantes lhe tributavam, a fim de convencer Agamêmnon e Aquiles de que seu conselho haveria de beneficiá-los e merecia sua atenção e obediência (3-5). Além disso, elogiando esses homens importantes, que eram mais importantes que Agamêmnon e Aquiles e que lhe tributavam deferência, Nestor humilha esses dois. Enfatiza a insensatez deles de não emular os homens melhores que estavam dispostos a ouvi-lo (6-9). Dessa forma, era considerado aceitável porque assegurava a atenção, a anuência e a imitação do auditório (10).

---

[2] Christopher Forbes,"Comparison, Self-Praise, and Irony: Paul's Boasting and the Conventions of Hellenistic Rhetoric", *NTS* 32 (1986): 9-10.
[3] Dionísio de Halicarnasso, *The Three Literary Letters* (ed. W. Rhys Roberts; Cambridge: Cambridge University Press, 1901), na *Letter to Pompeius*, 92, linhas 28ss.; citado por Forbes,"Comparison, Self-Praise, and Irony", p. 8.
[4] Forbes,"Comparison, Self-Praise, and Irony", p. 8.
[5] Dio Chrysostom, *The Fifty-seventh Discourse* (Crosby, LCL), p. 417-29.

Quintiliano, orador do séc. I da Era Comum, descreve-o em sua *Institutio oratoria* (11.1.15-28).⁶ Observa que, em geral, o gloriar-se desgosta e deprecia o público (11.1.15-17). Ele particularmente despreza o gloriar-se indireto pela negação do seu oposto.

> E no entanto não tenho certeza de que o gloriar-se aberto não seja mais tolerável, devido à sua transparente franqueza, do que aquela perversa forma de vanglória, que faz o milionário dizer que ele não é um pobre coitado, o homem famoso apresentar-se como um desconhecido, um poderoso fazer as vezes de fraco, e o eloqüente dizer-se incapaz ou até impedido de falar. Porém, o tipo mais ostensivo de vanglória toma a forma de um verdadeiro escárnio de si mesmo (11.1.21).

Contudo, olhando o exemplo de Cícero, Quintiliano admite os direitos de os oradores se vangloriarem em casos específicos: ao defenderem outros que os assistiram, ao falarem em autodefesa contra os que os acusam de inveja (11.1.17-18) e ao refutarem inimigos e detratores que denunciam suas ações como desabonadoras (11.1.23). O orgulhar-se de si mesmo podia ser mitigado pela apresentação desse orgulho indiretamente como a citação de outros (11.1.21), demonstrando que o elogio se tornara necessário por parte de um outro (11.1.22) e atribuindo seu próprio sucesso em parte aos outros e à providência dos deuses (11.1.23).

Uma das mais importantes obras existentes do século I da Era Comum que nos informa sobre o gloriar-se é *De Se Ipsum Citra Invidiam Laudando*, de Plutarco.⁷ Essa obra descreve para os estadistas quais situações e propósitos são apropriados para gloriar-se, e o conteúdo e os expedientes que se devem usar para tornar este aceitável ao auditório. Em geral, Plutarco afirma que ele é deplorável e impudente. O jactancioso atribui a si próprio o que os outros deveriam conceder-lhe, forçando os outros a concordar com ele num cenário público quando eles possivelmente não estiverem de acordo (539D).

Diz Plutarco que o gloriar-se não é aceitável quando usado para satisfazer a ambição e a sede da fama (540A). Isso é particularmente inadequado quando o louvor de si é feito por comparação com outros, cujo louvor alguém deseja usurpar: "Mas quando eles não buscam ser louvados simplesmente e em si mesmos, mas procuram competir com a honra que pertence a outrem e colocar diante dela seus próprios feitos e atos na esperança de ofuscar a glória de um outro, sua conduta é não apenas frívola, mas invejosa e rancorosa também" (540B). Quando as pessoas fazem para si mesmas reivindicações que são imerecidas, Plutarco aconselha que se deve refutar essas reivindicações, mostrando que elas são sem sentido. Para solapar essas reivindicações não se deveria recorrer à gloriar-se. "Se nós os julgamos indignos e de pouco valor, não os privemos de seu

---

⁶ Quintiliano, *Institutio Oratória* (Butler, LCL), p. 124-27.
⁷ Plutarco, *De Se Ipsum Citra Invidiam Laudando* (De Lacy e Einarson, LCL), p. 109-67.

louvor apresentando o nosso, mas simplesmente recusemos sua reivindicação e mostremos que sua fama é sem fundamento" (540C).

Todavia, a auto-glorificação ou vanglória é aceitável sob certas circunstâncias. Os infortunados podem servir-se dela, porque deixa de lado a compaixão e atesta sua ambição e coragem de lutar para superar suas condições e sua má sorte (541A-C). A auto-glorificação também é aceitável quando "estás defendendo teu bom nome ou respondendo a uma acusação" (540C). A gloriar-se é permitida ao pedir justiça àqueles que trataram duramente um orador (541C-F). Os exemplos que dá Plutarco são de pessoas eminentes que fizeram algum grande benefício àqueles que falam duramente contra eles ou lhes viram as costas. Na esperança de mudar as atitudes de seus detratores, esses cidadãos eminentes então apontam para os benefícios que concederam no passado a seus detratores. Estreitamente relacionado com esse pedido de justiça é o uso da auto-glorificação em contrastes para mostrar que fazer "o oposto daquilo de que alguém é acusado seria vergonhoso e vil" (541F; 541F-542A).

Quando a auto-glorificação atua para construir a reputação do orador a fim de facilitar algum bem maior, é aceitável:

> Há vezes em que o estadista pode aventurar-se na auto-glorificação, como ela é chamada, não por alguma glória ou prazer pessoal, mas quando a ocasião e o assunto tratados exigem que a verdade seja dita sobre ele mesmo, como poderia ser sobre um outro – especialmente quando, permitindo-se mencionar suas boas ações e caráter, ele é capaz de realizar algum bem semelhante (539E-F).

O gloriar-se é permitido quando o auto-elogio tem alguma vantagem e um fim adicional em vista, como inspirar ao auditório a ambição e emular o bom exemplo do orador (544D-F).

Este pode ser usado "para intimidar e reprimir os ouvintes, e humilhar e dominar os teimosos e temerários" (544F; 544F-545C). Um exemplo dado por Plutarco é Aristóteles, o qual disse a Alexandre que aqueles que têm opiniões corretas sobre os deuses têm direito de ser orgulhosos (545A). Quando uma política má ou incorreta em questões importantes está sendo elogiada, e o auditório está sendo levado pelo louvor a adotar essa política, o gloriar-se é aceitável para demonstrar a virtude de se adotar uma política alternativa. Diz Plutarco: "Onde um elogio errôneo magoa e corrompe, suscitando emulação e dano, e induzindo a adoção de uma política incorreta onde questões importantes estão em jogo, não é um desserviço contrapor-se a ela, ou antes desviar o propósito dos ouvintes para um caminho melhor mostrando a diferença (545D; 545D-546A). Mostra-se melhor o que é esse elogio quando o verdadeiro elogio é posto a seu lado" (545F).

O perigo de o auto-elogio tornar-se ofensivo e suscitar inveja está sempre presente, mas Plutarco adverte que esses perigos podem ser diminuídos por meio de várias técnicas: juntar ao auto-elogio o elogio do auditório (542B-C);

atribuir parte da honra ao mero acaso ou aos deuses (542E-543A); utilizar e corrigir o elogio dos outros no auto-elogio, de modo que o conteúdo do elogio não é atribuído a si mesmo (543A-F); mencionar algumas imperfeições pessoais, mas tomar cuidado para não serem degradantes ou ignóbeis: "...assim alguns não apresentam o próprio louvor em todo o seu fulgor e brilho, mas inserem certas imperfeições, falhas ou faltas menores, prevenindo assim qualquer efeito de desagrado ou desaprovação" (534F). Essas imperfeições podem ser enganos, ambições, falta de informação, ou menção de pobreza ou origem humilde (544A-B). Finalmente, falar das dificuldades inerentes a tudo aquilo pelo qual estão te elogiando: "Pois acontece com a reputação e o caráter como com uma casa ou uma propriedade: a multidão tem inveja daqueles que a seu ver as adquiriram sem nenhum custo ou dificuldade; não inveja os que as compraram com muito sofrimento e risco" (544C).

Em suma, embora geralmente contrárias, as convenções do tempo de Paulo permitiam o gloriar-se em certas situações determinadas. Nessas situações, havia um conteúdo e uma abordagem aceitáveis para este, que minimizavam o perigo de ofensa sempre a ele inerente. A vanglória era aceita quando os oradores mencionavam a vitória sobre circunstâncias adversas como um tributo à ambição e como um meio para deixar de lado a compaixão; defendiam seu nome contra acusações oriundas da inveja; falavam contra inimigos ou detratores que denunciavam suas ações lançando descrédito sobre elas; pleiteavam sua causa por justiça contra os que os haviam maltratado; demonstravam que fazer o oposto da conduta criticada teria sido vergonhoso; mencionavam seus feitos para obter um bem semelhante; educavam o caráter do povo convidando-o a um esforço meritório semelhante; mostravam uma vantagem ou um fim adicional como despertar a ambição e incitar o auditório à emulação; dominavam os voluntariosos; e afastavam o auditório de uma política incorreta. O gloriar-se era inaceitável quando era motivado pela ambição, fama, auto-glorificação ou se fundava em comparação a fim de usurpar o louvor legitimamente pertencente a outros. Era também inaceitável usá-lo para refutar as infundadas pretensões de outros.

PARTE II. O GLORIAR-SE DE PAULO

O gloriar-se em 2Cor 10-13

O gloriar-se de Paulo em 2Cor 10-13 tem sido por longo tempo fonte de dificuldade, tanto para o exegeta profissional como para o leitor eventual.[8] Como

---

[8] Para análises de 2Cor 10-13, ver Hans Dieter Betz, *Der Apostel Paulus und die sokratische Tradition: Eine exegetische Untersuchung zu seiner "Apologie" 2 Korinther, 10-13* (BHT 45; Tübingen: J. C. B. Mohr [Paul Siebeck], 1972); Scott Hafemann, "'Self-Commendation' and Apostolic Legitimacy in 2 Corinthians: A Pauline Dialectic?", *NTS* 36 (1990): p. 66-88; Jan Lambrecht, "Dangerous Boasting: Paul's Self-Commendation in 2Cor 10-13", em *The Corinthian Correspondence* (editado por R. Beiringer; BETL 125; Louvain: Louvain University Press, 1996), p. 325-46; Peter Marshall, *Enmity in Corinth: Social Conventions in Paul's Relations with the Corinthians* (WUNT 2.23; Tübingen: J. C. B. Mohr [Paul Siebeck], 1987), p. 341-95; J. Paul Sampley, "Paul, His Opponents in 2 Corinthians 10-13,

pode o apóstolo Paulo jactar-se de suas façanhas e considerar-se um modelo a imitar? Essa pergunta não pode ser respondida simplesmente impondo às cartas paulinas nossos conceitos modernos de gloriar-se. Podem ser respondidas, porém, situando o gloriar-se de Paulo dentro do seu contexto do século I mediterrâneo e analisando seu gloriar-se conforme os padrões da sua época. Era aceitável alguma vez gloriar-se? Se sim, em quais contextos, e qual era o conteúdo apropriado do gloriar-se em cada qual? Quando são respondidas essas perguntas, encontramos Paulo defendendo sua honra e sua autoridade contra a zombaria e o desafio dos outros. Vemos um homem que age dentro das convenções de seu tempo, mas de maneiras novas e com freqüência surpreendentes, proporcionadas pela sua perspectiva e seus valores cristãos.

A situação em Corinto: Um desafio à honra

Que situação surgiu em Corinto que levou Paulo a recorrer a gloriar-se? Paulo se sustentava em Corinto, fazendo tendas e trabalhando com couro. Este sustento era reforçado pelas contribuições das igrejas recém-fundadas da Macedônia, particularmente Filipos (2Cor 11,9; Fl 4,15-16). Durante o seu ministério, alguns coríntios ricos desejaram tornar-se benfeitores seus; quer dizer, quiseram pagar Paulo para ser seu apóstolo particular. A posição de Paulo tinha sido pregar livremente o evangelho aos gentios. Não quis gratificação pela sua pregação, para não ser um peso para suas comunidades (2Cor 11,9.20-21; 12,16; 1Cor 9,15-18). Mais importante, aceitar um dom de um benfeitor mudaria sua condição; ele passaria a ser um dependente. Seria considerado como membro da casa que oferecia o benefício. Esse estado de dependente poderia tornar-se um empecilho para pregar livremente o evangelho.[9]

Na cultura da honra greco-romana, recusar semelhante benefício era uma afronta social a quem a oferecia.[10] Isto era verdade especialmente quando a recusa vinha de alguém socialmente inferior, como era o caso aqui. Paulo era um fabricante de tendas e portanto pertencia à classe operária, próxima da escória da sociedade, ao passo que os coríntios que ofereciam o benefício provavelmente eram da elite. Paulo afastou a camada rica da igreja de Corinto, recusando seus favores. Esses frustrados patronos encontraram gente bem disposta a receber seus benefícios num grupo de pregadores itinerantes que chegou a Corinto (2Cor 11,4) afirmando ser apóstolos, operários e ministros de Cristo (11,13.23).[11]

---

and the Rhetorical Handbooks", em *The Social World of Formative Christianity and Judaism: Essays in Tribute to Howard Clark Kee* (editado por Jacob Neusner et al.; Filadélfia: Fortress Press, 1988), p. 162-77; S. H. Travis, "Paul's Boasting in 2 Corinthians 10-12", em *SE* VI (editado por Elizabeth A. Livingston. [= TU 112]; Berlim: Akademie, 1973), 527-32; e J. Zmijewski, *Der Stil der paulinischen "Narrenrede"* (BBB 52; Köln: Peter Hanstein, 1978).

[9] John H. Elliott, "Patronage and Clientage", em *The Social Sciences and New Testament Interpretation* (ed. Richard Rohrbaugh; Peabody, Mass.: Hendrickson, 1996), p. 144-56 (ver a excelente bibliografia); Ronald F. Hock, *The Social Context of Paul's Ministry* (Filadélfia: Fortress Press, 1980), p. 59-64.

[10] Peter Marshall, *Enmity in Corinth: Social Conventions in Paul's Relations with the Corinthians* (Tübingen: Mohr-Siebeck, 1987), p. 1-34.

[11] Para uma análise completa dos adversários nesses capítulos, ver, entre muitos outros, Dieter Georgi, *The Opponents of Paul in Second Corinthians* (Filadélfia: Fortress Pres, 1986).

Confirmavam seu *status* de apóstolos com recordações de visões e revelações (12,1). Trataram Paulo como mestre religioso ou filósofo rival. Como acontecia muitas vezes entre mestres e filósofos daquele tempo, comparavam-se com Paulo e acharam infundadas as suas pretensões e poucas as suas capacidades (10,12; 11,12). A comparação deles incluía gloriar-se e acusações proferidas contra Paulo, e por fim negaram sua autoridade apostólica (ver abaixo as acusações específicas).

Em 2Cor 10-13, Paulo está ocupado com uma apologia ou autodefesa, e o gloriar-se fazia parte do arsenal exortativo de um chefe naquele tempo (cf. 12,19). Quintiliano e Plutarco diriam que, como qualquer um, Paulo estava justificado por se jactar em autodefesa contra os que denunciavam suas ações como desairosas e questionavam sua honra. Paulo não apenas responde numa situação prevista para o gloriar-se, mas seu gloriar-se também tem conteúdo padronizado e usa as técnicas para mitigar o auto-elogio perante o auditório. No entanto, Paulo não segue servilmente as convenções sociais. À luz do evento Cristo, transforma seu conteúdo e modifica suas ênfases.

Os temas inter-relacionados da honra e da resposta ao desafio (réplica) são centrais em 2Cor 10-13.[12] A honra de Paulo tinha sido desafiada pelos adversários.[13] Paulo precisa responder ao desafio para restabelecer sua honra. O desafio é uma pretensão de entrar no espaço social de outrem e desalojá-lo desse espaço social. Os adversários de Paulo querem adquirir honra comparando-se uns com os outros e com Paulo e considerando-o carente (10,1.10.12.18; 11,12), e fazendo também reclamações sobre a obra de Paulo em Corinto (10,13-16). Querem ser reconhecidos pelo menos como iguais a ele (11,12).

Os adversários de Paulo desafiam sua honra e sua autoridade em várias frentes.[14] Chegaram a Corinto para ministrar naquele que Paulo considera seu campo missionário, confiado por Deus (10,13-16). Dizem que Paulo se comporta de acordo com critérios humanos, é mundano (literalmente, "caminha segundo a carne"), ou seja, não é espiritual (10,2). Dizem que ele é humilde quando presente, mas ousado quando ausente (10,1); fraco pessoalmente, mas forte nas cartas (10,10). Compararam suas habilidades retóricas e sua presença pessoal com as de Paulo e acharam-no carente (10,1.10.12.18; 11,5) – talvez a ponto de afirmar que ele não manifesta os dons de um apóstolo. Os próprios coríntios desafiaram Paulo a provar que Cristo fala através dele (13,3), porque seu discurso é inexpressivo (11,4-6; cf. 10,1.10).

[12] Para mais estudos sobre honra e vergonha, ver Halvor Moxnes,"Honor and Shame", em Rohrbaugh, *Social Sciences and New Testament Interpretation*, p. 19-40; Bruce J. Malina e Jerome H. Neyrey, "Honor and Shame in Luke-Acts: Pivotal Values of the Mediterranean World", em *The Social World of Luke-Acts: Models for Interpretation* (ed. Jerome H. Neyrey; Peabody, Mass.: Hendrickson, 1991), p. 25-65; Bruce J. Malina, *The New Testament World: Insights from Cultural Anthropology* (ed. rev.; Louisville: Westminster John Knox, 1993), p. 28-62; David A. deSilva, *The Hope of Glory: Honor Discourse and New Testament Interpretation* (Collegeville, Minn.: Michael Glazier, 1999).

[13] Sobre a função da honra em 2Cor 10-13, ver Arthur J. Dewey,"A Matter of Honor: A Social-Historical Analysis of 2 Corinthians 10", *HTR* 78 (1985): p. 209-17.

[14] Para a completa identificação dos adversários de Paulo nesta seção e uma reconstrução do desafio e das pretensões deles, ver Jerry Sumney, *Identifying Paul's Opponents: The Question of Method in 2 Corinthians* (JSNT-Sup 40; Sheffield, Inglaterra: Sheffield Academic Press, 1990), p. 149-79.

Os adversários de Paulo o acusaram de ser socialmente ignóbil por não aceitar o sustento dos coríntios e entrar numa relação de patrono/dependente. E de ser incoerente, porque não aceitava dinheiro dos coríntios, aceitando-o, porém, dos filipenses. Recusar a oferta dos coríntios é falta de amor (11,7-11; 12,14-18). O sustento é uma legitimação do apóstolo, e Paulo não é um verdadeiro apóstolo, pois recusa o sustento (12,12-13). Talvez até acusem Paulo de ser astuto, usando a coleta para Jerusalém como um ardil para ganhar o sustento enquanto nega que recebe tal sustento.

Por causa da incoerência entre as severas cartas de Paulo e sua fraca presença, e entre sua aceitação do sustento por parte de Filipos e não de Corinto, Paulo é um adulador (*kolax*) e não merece confiança. Esta acusação podia basear-se nas próprias palavras de Paulo em 1Cor 4,12-13: "Somos amaldiçoados, e bendizemos; somos perseguidos, e suportamos; somos caluniados, e consolamos".[15] O adulador é assim descrito por Plutarco em *Como distinguir um Adulador de um Amigo*:

> Já que seu caráter não tem nenhuma moradia onde ficar, e ele não leva uma vida escolhida por ele mas pelos outros, moldando-se e adaptando-se para ajustar-se aos outros, não é simples, não é uno, mas variável e muitos num só; como a água derramada num recipiente após outro, está em constante movimento de um lugar para outro, e altera sua forma para se adaptar ao recipiente. As mudanças do adulador... podem ser mais facilmente detectadas se alguém simula que ele próprio é muito mutável e desaprova o modo de vida que antes aprovava e repentinamente mostra um gosto por ações, conduta ou linguagem que costumavam ofendê-lo.[16]

Os coríntios também faziam parte do desafio à honra de Paulo. Eles não saíram em defesa da sua honra quando desafiada pelos adversários. "Procedi como insensato! Vós me constrangestes a isto! A vós é que tocava recomendar-me. Pois em nada fui inferior a esses eminentes apóstolos, se bem que nada seja" (2Cor 12,11). De fato, eles até lhe pediram uma prova de que Cristo estava falando nele (13,3).

O público investiga a reação de quem é desafiado. Dependendo da reação, o público pode retirar-lhe a honra e dá-la ao desafiante ou uma vez mais afirmar a honra do desafiado. O desafio é uma ameaça à reputação do desafiado, e ele deve replicar para manter essa reputação. Não dar resposta é a perda da honra e da reputação. Essa perspectiva de um desafio à honra explica a motivação de Paulo e a necessidade de restabelecer sua honra, sua reputação e a autoridade da sua mensagem.[17]

---

[15] Forbes,"Comparison, Self-Praise, and Irony", p. 10.
[16] Plutarco, *Quomodo adulator ab amico internoscatur* (Babbitt, LCL), 197, 52B, 52F-53A. Citado por FORBES, "Comparison, Self-Praise, and Irony", p. 10-11.
[17] Vernon K. Robbins, *Exploring the Texture of Texts: A Guide to Socio-rhetorical Criticism*. Valley Forge, Pa.: Trinity Press International, 1996, p. 81.

O gloriar-se de Paulo como componente-chave na defesa da honra

Paulo jura não ser adulador e se gloria de sua autoridade dada por Deus (2Cor 10,1-11). Paulo defende sua honra contra o desafio da acusação de que é humilde quando está diante dos coríntios, mas ousado quando distante (2Cor 10,1.10). Ele é acusado de defender-se com ousadia à distância com uma carta, mas de ser incapaz de fazer isso pessoalmente, porque nem sua presença pessoal nem seu discurso manifesta a mesma autoridade. Então é acusado de ser um adulador (*kolax*) e indigno de confiança. Paulo começa a gloriar-se da ousadia e das armas do poder divino à sua disposição, que poderiam ser utilizadas contra o desafio dos seus adversários e a desobediência dos coríntios (vv. 3-6). Baseia esse gloriar-se na autoridade que o Senhor lhe deu para edificar os coríntios (vv. 7-8). Paulo antecipa sua explicação de que esse gloriar-se é legítimo porque é o que o Senhor tem feito por meio dele (vv. 13-18). Garante aos coríntios que deseja exercer a autoridade da qual se gloria. O que ele escreve nas cartas será implementado quando estiver presente, e ele não será de modo algum um adulador (v. 11).

A base e os limites do gloriar-se (10,12-18). Paulo não exclui o gloriar-se como sendo ilegítimo mas, antes, define sua base e seus limites legítimos. Enfim, demonstra que somente ele, e não seus adversários, tem o direito de gloriar-se. Embora a princípio pareça negá-lo, Paulo está realmente comparando-se com seus adversários. Usa a ironia para fazer uma comparação negativa. Por insinuação, prova que os adversários não podem comparar-se com ele no seu esforço de pretender autoridade em Corinto, porque Corinto é o território que Deus lhe deu para evangelizar. Os adversários não possuem essa legítima base para se gloriar.

Paulo admite que não é tão ousado a ponto de se comparar com seus adversários, implicando que eles são claramente superiores quando julgados por critérios de presença pessoal e de sutileza retórica (v. 12). Porém, ele então muda habilmente a base da comparação e de qualquer modo faz uma comparação. Não deseja comparar-se com os adversários que estão recomendando-se a si mesmos pela comparação de uns com os outros sobre a habilidade retórica ou o *status*. Esse modo de agir não tem sentido porque, pelo menos em certo nível, viola a convenção social.

Paulo coloca uma base diferente e limites diferentes para o gloriar-se e deixa aos coríntios concluir que os adversários não têm essa base para se gloriar. Adaptando Jr 9,22-23, Paulo baseia o gloriar-se adequado no Senhor e no que o Senhor tem feito no seu povo e através do seu povo (v. 17; também citado em 1Cor 1,31). Embora os contemporâneos de Paulo considerem o gloriar-se como legítimo em certas circunstâncias, ele o exclui totalmente. O gloriar-se nunca é legítimo porque todo gloriar-se deve ser feito no Senhor. Paulo defende que o seu gloriar-se está dentro dos justos limites do gloriar-se no Senhor: ele acontece na sua evangelização dos coríntios como um exercício da missão apostólica (vv. 13-15; cf. v. 8). Eles são o fruto da sua vocação dada por Cristo para proclamar o evangelho aos gentios. A igreja coríntia é o que Cristo operou nele e por meio dele. Paulo planeja continuar sua obra missionária em áreas que não ouviram o evangelho, de modo que seu gloriar-se permaneça legítimo e não baseado no trabalho já feito por outros (v. 16), um ataque a seus adversários que estão reclamando a obra de Paulo em Corinto como deles próprios.

Os adversários de Paulo não podem gloriar-se dos coríntios porque não foi por meio dos adversários que Cristo agiu para evangelizá-los (2Cor 3,2-3; 1Cor 3,10). O conteúdo do gloriar-se deles limita-se às suas próprias realizações (v. 12) e à tentativa de usurpar a obra de Cristo feita por meio de Paulo como se fosse deles (vv. 15-16). Embora se recomendem a si mesmos, somente os que são recomendados pelo Senhor são realmente recomendados (vv. 12.18). Estabelecendo a base e os limites para o gloriar-se no Senhor, e demonstrando que ele tem o direito de gloriar-se na evangelização que efetuou entre os coríntios mediante sua missão, Paulo elimina efetivamente o gloriar-se dos adversários por qualquer autoridade sobre os coríntios.

O gloriar-se "insensato" (11,1-12,13). Tendo estabelecido que a base do gloriar-se deve estar no Senhor e restringir-se ao que o Senhor faz por meio da pessoa (10,12-18), Paulo passa ao que ficou conhecido como o "Discurso de um Insensato". A insensatez de Paulo não está propriamente no gloriar-se, pois ele provou que existe um legítimo gloriar-se no Senhor. Sua cultura também estabeleceu suas próprias diretrizes para o gloriar-se legítimo. Porém, a insensatez de Paulo está no conteúdo de seu gloriar-se. Aqui, em resposta ao gloriar-se de seus adversários (11,1.16-19.21; 12,6.11), Paulo se gloria na carne (11,18) e compara-se com a oposição. Já mostrou que este gloriar-se não tem bom senso e é inútil para recomendar o ministério apostólico, porque não é no Senhor (10,12-18).

No entanto, o gloriar-se de Paulo, ainda que insensato em seu conteúdo, é brilhante em sua execução. Ele apresenta uma paródia irônica do auto-elogio e da comparação dos adversários (11,1). Paulo compara-se com seus adversários num irônico contra-ataque que demonstra a insensatez do gloriar-se deles ao fazerem comparações uns com os outros. Contrariando ponto por ponto as pretensões dos adversários, Paulo mostra que o gloriar-se deles é na carne, insensato, e certamente não no Senhor. Não é o gloriar-se legítimo.

Em 11,23 (cf. 11,21), Paulo muda a base do seu gloriar-se para a fraqueza. Este é um ulterior aspecto da ironia. Em vez de orgulhar-se da origem familiar, da educação, da riqueza, do poder e dos feitos – como fazia sua cultura – Paulo baseia o legítimo gloriar-se na fraqueza, algo que o mundo greco-romano achava ridículo. Para Paulo, o único conteúdo para o orgulhar-se de si mesmo é a própria fraqueza, por meio da qual Deus pode demonstrar poder (12,9). Esse tipo de glória é no Senhor e não nos feitos pessoais. Gloriar-se do sofrimento e da fraqueza é a verdadeira base da autoridade apostólica, porque é no Senhor. Paulo solapa a pretensão à autoridade apostólica apresentada por seus opositores em cartas de recomendação (2Cor 3,1-3) e na habilidade de falar. Não só o orgulho de seus opositores era baseado em comparação e em auto-recomendação, mas também o seu conteúdo.

1. *Razão para uma comparação irônica, jactanciosa (11,1-6)*. A razão de Paulo para fazer sua comparação irônica e insensata é seu "zelo divino" pelos coríntios. Como um pai protege a pureza de sua filha durante o noivado para apresentá-la pura no seu casamento, assim Paulo protege os coríntios para apresentá-los a Cristo como uma virgem casta (v. 2). Ele está preocupado porque estão sendo enganados pelos opositores de cuja mensagem Paulo desacredita: é a proclamação de um outro Jesus, de um outro espírito, de um outro evangelho (v. 4). Seu gloriar-se é devido à preocupação com o fato de a comunidade estar sendo desencaminhada por uma política incorreta – um dos motivos que permitem o gloriar-se nessa cultura.

Paulo afirma: "Julgo não ser inferior, em coisa alguma, a esses eminentes apóstolos" (v. 5). Essa sentença fornece a base para a irônica comparação e o auto-elogio seguintes. Ele aceita a acusação dos adversários de que é imperito no falar, mas garante que compensa isto no seu conhecimento. Enquanto eles erguem altivos obstáculos ao conhecimento de Deus (10,5), Paulo torna esse conhecimento patente aos coríntios (11,6). Este é um exemplo de *asteismos* (lat. *urbanitas*), uma forma de "ironia pela qual alguém cortesmente demonstrava sua habilidade retórica fingindo a falta dela".[18] Paulo agora continua o raciocínio demonstrando sua habilidade retórica por meio da sua jactanciosa comparação e de todos os seus irônicos torneios.

2. *Removendo a base dos adversários para a comparação e o gloriar-se (11,7-15)*. No seu auto-elogio e comparação, os adversários de Paulo se gloriavam de ter patronos ricos dentro da igreja coríntia, ao passo que Paulo não os tinha (v. 12; 1Cor 9,6-18). Eles não ofenderam seus patronos ricos mas, ao contrário, aceitaram seu patrocínio e o conseqüente *status* mais elevado que ele proporcionava. Acusavam Paulo de incoerência em seu trato com os coríntios. Observaram que Paulo aceitava o sustento de outras igrejas, mas não dos coríntios. Paulo reconhece que recebe sustento das igrejas da Macedônia (Filipos e Tessalônica) e não o aceitou dos coríntios. Permitiu que as outras igrejas fossem patronas e ele seu dependente, mas não permitiu que esse sistema de patrocínio grego funcionasse em sua relação com os coríntios. Ele apela para seu amor pelos coríntios e pelo seu desejo de não ser pesado para nenhum deles (vv. 9-11; 12-15). Paulo mudou a base do gloriar-se para a recusa do sustento e do patrocínio por amor. Recusa por motivo de amor é uma base inesperada para o gloriar-se numa cultura de patrono-dependente, mas esse amor é uma base para gloriar-se no Senhor. Paulo não quer que esse gloriar-se seja silenciado na Acaia. Se aceitasse o sustento dos coríntios, não teria o seu gloriar-se nem um ponto singular de comparação com seus adversários.

Tendo eliminado esse ponto de comparação com seus adversários e tendo mostrado que ele é claramente o único que ama os coríntios, Paulo amplia seu

---

[18] E. A. Judge, "Paul's Boasting in Relation to Contemporary Professional Practice", *ABR* 16 (1968): p. 37.

ataque negando aos adversários qualquer motivo de orgulhar-se de ser iguais a ele. Não podem orgulhar-se porque "esses que se orgulham são falsos apóstolos, operários enganadores, disfarçados de apóstolos de Cristo" (v. 13). Essa atividade certamente não é no Senhor e está em contradição com o ministério de Paulo entre os coríntios que foi designado por Deus.

3. *Gloriar-se na fraqueza nas coisas terrestres (11,16-33).* Tanto Paulo como seus adversários são insensatos porque se comparam uns com os outros quando não há comparação, e o seu gloriar-se não é no Senhor (vv. 16-18). O gloriar-se e a ironia de Paulo tornam óbvia a sua insensatez. "Paulo está admitindo comparabilidade aqui somente 'como um insensato', devido ao fato de que certos 'insensatos' em Corinto cederam às comparações. Quer satirizar suas pretensões usando a mesma forma: a seu ver tal comparabilidade não existe."[19]

Até este ponto do "Discurso de um Insensato" (v. 21), Paulo tem se gloriado no Senhor, mas agora ele imita seus adversários orgulhando-se na carne, tática que ele desacreditou porque não mostra bom senso (10,12). A insensatez de Paulo está em ele ousar gloriar-se das coisas de que outros se gloriam, ou seja, não no Senhor (v. 21). Porém, já que a comparação dos adversários era também com ele, e esta comparação era fundada em acusações que desabonavam sua autoridade, o gloriar-se de Paulo era legítimo de acordo com os modelos de Plutarco e Quintiliano. Ajudava também a restabelecer sua honra.

O gloriar-se de Paulo é formulado como uma comparação. Como era típico nessa cultura, ele começa comparando-se com seus opositores sobre questões de nascença e *status* étnico. Observa que tanto ele como seus adversários estão em pé de igualdade quando se trata de sua origem judaica – eles todos são hebreus, israelitas e descendentes de Abraão (v. 22). No entanto, ao comparar o seu ministério com o dos seus adversários, Paulo se considera superior. Ele passa para um conjunto de critérios completamente diferente do que seus adversários usavam para se gloriar. Não alega o número de almas salvas, de igrejas fundadas, de cartas de recomendação apresentadas, ou de louvores pela habilidade no falar. Seus pontos de comparação haveriam de depreciar seu *status* na sociedade helenística – coisas como prisões, açoites e nudez (vv. 23-29). Paulo se gloria do contrário do conteúdo típico do gloriar-se, daquilo que Judge chama uma "paródia das normas convencionais".[20] Assim seu gloriar-se é insensato, não só porque ele se gloria de realidades humanas, mas também das coisas erradas!

Como em todos os detalhes do gloriar-se de Paulo nesta seção, há uma outra perspectiva. As dificuldades enfrentadas por um filósofo ou um mestre eram entendidas como prova da verdade da sua filosofia ou ensinamento.[21] Paulo não é tão insensato, pois, ainda que o conteúdo de sua comparação jactanciosa

---

[19] Forbes, "Comparison, Self-Praise, and Irony", p. 18.
[20] Judge, "Paul's Boasting", p. 47.
[21] John T. Fitzgerald, *Cracks in an Earthen Vessel: An Examination of the Catalogues of Hardships in the Corinthian Correspondence.* SBLDS 99. Atlanta: Scholars Press, 1988, p. 44-51.

seja insensato e inesperado, ele está também restabelecendo a autoridade da sua mensagem. Gloriar-se na carne pode ser insensato, mas Paulo demonstra que ele pode sem dúvida vencer nesse jogo e, porque seu gloriar-se tem por objeto suas adversidades, também comprova a verdade da sua mensagem.

Depois da insensata comparação com seus opositores, Paulo enuncia o princípio que guiou seu gloriar-se a respeito de seu ministério. É um princípio que mostra que em última análise o seu gloriar-se é no Senhor e explica seu conteúdo atípico: "Se é preciso gloriar-se, de minha fraqueza é que me gloriarei" (11,30). O ministério de Paulo tem acarretado uma grande quantidade de sofrimentos que seus opositores não têm experimentado. A autoridade não consiste na presença pessoal, na habilidade de falar ou no patrocínio, mas na fraqueza. Paulo está sutilmente dizendo que os opositores com certeza não acharão nenhum ponto de comparação com ele na base da fraqueza. "A tal ponto Paulo está se afastando das atitudes convencionais de seus adversários que, quando 'forçado' a gloriar-se, ele o fará apenas ironicamente, a fim de satirizar precisamente esses tipos de feitos dos quais seus adversários eram mais orgulhosos."[22]

O gloriar-se de Paulo desafia o sistema de valores dos coríntios por meio da paródia. A fraqueza em Cristo é a verdadeira força: esse é o principal ponto de comparação (cf. 1Cor 4,8-13). A fraqueza aqui é a vulnerabilidade na sociedade, falta de poder e de prestígio. Paulo compartilha da fraqueza de alguns dos coríntios: "Quem fraqueja, sem que eu também me sinta fraco?" (11,29a; cf. 1Cor 1,26-27). A fraqueza em Cristo é uma coisa na qual os coríntios podem unir-se a Paulo em gloriar-se dela.

Paulo passa a falar de exemplos específicos de seu ministério que fornecem a base para se gloriar da fraqueza e da sua autoridade apostólica. Pelo fato de estar se gloriando de sua fraqueza no Senhor, Paulo faz um juramento para ressaltar que Deus sabe que ele não está mentindo ao dizer quanto segue (vv. 30-31; cf. v.10). Juramentos como este eram tipicamente usados quando a honra de alguém era desafiada. Um exemplo de fraqueza é sua fuga do rei Aretas, governador de Damasco (vv. 32-33). Esta é uma paródia da *corona muralis*, aquele prêmio dado ao primeiro soldado romano a ultrapassar a muralha de uma cidade sitiada. Na sua fraqueza em Cristo, Paulo é perseguido por um rei por causa da sua pregação e ele é o primeiro a ultrapassar a muralha para sair da cidade![23]

4. *Gloriar-se na fraqueza celeste e conclusões (12,1-13)*. Paulo transfere sua comparação jactanciosa para a esfera espiritual. Ele admite que gloriar-se de nada adianta (v. 1), mas ele de qualquer forma prossegue com uma paródia de seus adversários e da comparação deles. Parece que estavam gloriando-se de visões e revelações do Senhor (v. 1). Paulo refere sua experiência de ter sido elevado ao paraíso e de ter ouvido coisas que a nenhum mortal é lícito repetir (vv. 2-7a). Apresenta esse exemplo na terceira pessoa como se estivesse falando de um outro,

---

[22] Forbes, "Comparison, Self-Praise, and Irony", p. 20.
[23] Judge, "Paul's Boasting", p. 47.

para tornar mais aceitável esse gloriar-se e ao mesmo tempo oferecer mais uma paródia de seus opositores (cf. Quintiliano, *Inst*. 11.1.21). Ele poderia superar seus opositores em gloriar-se de visões e revelações, mas prefere não o fazer. Quer ser julgado pelo que os outros podem ver nele ou ouvir dele (vv. 6-7a).

Paulo continua a gloriar-se na fraqueza de ter um espinho na carne. Não se gloria, senão em sua fraqueza, porque aí é que Cristo mora nele e aí é que o poder de Cristo se torna perfeito nele (v. 7b-9). Como aconselhava Plutarco (*De laude* 5441A), Paulo modera seu gloriar-se referindo-se a uma fraqueza pessoal, física. Porém, neste caso a fraqueza é interpretada como uma força. Então é usado um paradoxo – o que tipicamente atenuaria o gloriar-se na sociedade greco-romana – para reforçá-la dentro da comunidade cristã. A fraqueza de Paulo é uma demonstração paradoxal de força como parte da sua imitação apostólica dos sofrimentos do próprio Cristo.

Paulo conclui que os coríntios o forçaram a gloriar-se como um insensato (v. 11). Ele está justificando e moderando seu gloriar-se num modo aconselhado por Quintiliano: "Não pretendo negar que há ocasiões em que um orador possa falar de seus próprios feitos, como Demóstenes mesmo faz em sua defesa de Ctésifon. Mas naquela ocasião ele qualificou suas afirmações de modo a mostrar que foi impelido pela necessidade a agir assim, e a lançar o opróbrio ligado a tal procedimento sobre o homem que o tinha forçado a fazê-lo" (*Inst*. 11.1.23). Toda a iniciativa do gloriar-se teria sido evitada, mas não foi possível porque os coríntios não reconheceram os verdadeiros sinais de um apóstolo e estavam sendo enganados pelos adversários (v. 12). Paulo realizava os verdadeiros sinais de um apóstolo entre eles: "sinais, milagres e portentos". Se o seu insensato gloriar-se a propósito de sua autoridade apostólica não os convence, ele indica uma outra prova: os sinais (12.12).

O gloriar-se de Paulo em relação à praxe contemporânea

Conformidade, mas com licença teológica. As convenções justificam Paulo quando fala em autodefesa contra os que o acusam de inveja e denunciam suas ações como desabonadoras, isto é, questionavam sua honra (Quintiliano, Inst. 11.1.17-18; 23). O modo paulino de falar nesses capítulos parece, sob outros aspectos, violar as convenções sociais. Ao negar possuir força retórica (11,5-6), passa a demonstrá-la no "Discurso Insensato" (11,16-12,13). Parece estar gloriando-se indiretamente pela negação do oposto, tática esta que Quintiliano denuncia (*Inst*. 11.1.21). No entanto, porque pelo menos uma parte do seu auditório não aprecia sua oratória (10,1.10), aquilo que pode ser uma negação do oposto para ele é uma demonstração de ironia destinada a convencer seus ouvintes de sua habilidade retórica. Deste ponto de vista, Paulo não violou a convenção retórica.

Além disso, ele pode parecer a pessoa poderosa que se finge de fraca, outra coisa que particularmente aborrece Quintiliano (*Inst*. 11.1.21). Paulo assume que está exercendo um poder divino, não obstante ressalte sua fraqueza. De novo, já que seu auditório não lhe atribui força e autoridade (10,1.9-10), ele não dá a impressão de uma pessoa poderosa que se finge de fraca. Antes, Paulo inverteu isto: ele é forte porque é fraco, não um homem poderoso que se disfarça de fraco.

Como foi salientado acima, muitas acusações e denúncias foram feitas contra a honra de Paulo. Conforme Plutarco, isto confere a Paulo ampla permissão para gloriar-se a fim de salvar sua reputação (*De laude* 540C). Plutarco advertia que o gloriar-se, quando motivado por ambição e fama, e quando busca ofuscar a glória de outrem, é invejoso, malévolo e não aceitável, especialmente quando feito por comparação (*De laude* 540A-B). Essa advertência confirma a qualificação que Paulo faz das comparações de seus adversários uns com os outros e com ele próprio: "não mostram bom senso" (10,12), porque eram baseadas no trabalho em sua esfera de ação e visavam solapar sua autoridade e sua honra (10,13-16). Essa advertência também explica a dissimulada relutância de Paulo em gloriar-se em comparação com seus adversários (11,16-21), porque seu auto-elogio podia ser interpretado pelos coríntios como aprazível ambição e ânsia de fama.

Paulo usa adequadamente o gloriar-se para refrear os ouvintes e humilhar a oposição teimosa (*De laude* 544F-545C). Aos que tinham opinião correta a respeito dos deuses era reconhecido o direito a refrear a oposição (*De laude* 545A). Paulo se gloria do seu conhecimento e da sua relação com Deus. A ele foram concedidas visões e revelação (12,1-4). Forças divinas operam por meio dele (10,4; 12,9; 13,4). O Senhor lhe deu autoridade (10,8; 13,10). Paulo salienta que ele é manifestamente perito no saber (11,6) e diz "a verdade de Cristo está em mim" (11,10).

Para refutar as pretensões desautorizadas dos outros não se devia recorrer à gloriar-se, mas devia-se mostrar que suas pretensões eram sem sentido e que sua reputação era infundada (*De laude* 540C). Paulo não refuta diretamente as pretensões de seus opositores gloriando-se de si mesmo. Antes, define a base legítima e os limites do gloriar-se como fraqueza no Senhor. Usa de uma confrontação ponto por ponto com seus adversários baseada no critério da fraqueza, demonstrando que a comparação dos adversários com ele é infundada. Eles se gloriam da força, mas ele se gloria da legítima base da fraqueza. Por meio de uma comparação irônica, Paulo solapa todas as pretensões de seus adversários sem refutá-las diretamente (11,23-12,11).

O gloriar-se é também aceitável quando uma política má e incorreta está desencaminhando o auditório, especialmente se o gloriar-se contrasta a política incorreta com o que é digno de louvor verdadeiro (*De laude* 545D-546A). Paulo está se gloriando em parte para desviar os coríntios de aderir àquilo de que seus adversários se gloriam – a força segundo os padrões humanos (11,18), inclusive a confiança nas convenções sociais de beneficência, sutileza retórica e um atordoante modo de falar. Ele mostra que a glória não está na força como a sociedade a define, mas que a fraqueza é a verdadeira força e a obra do poder de Cristo (11,23-33). O verdadeiro gloriar-se é no Senhor e na fraqueza (12,9).O caminho de seus opositores é o da astúcia, que desvia a igreja de Cristo (11,3) para a escravização, a desonra (11,20-21) e o comportamento imoral (12,19-13,2).

Como as convenções aconselham, Paulo demonstra a necessidade de gloriar-se (Quintiliano, 11.1.22). O gloriar-se torna-se necessário por causa dos próprios coríntios. Ele lhes diz: "Procedi como insensato! Vós me constrangestes a isto" (12,11). Eles não estavam reconhecendo seu óbvio *status* de apóstolo – *status* demonstrado pelo conhecimento (11,5), pelos sinais, prodígios e portentos (12,12) – porque eles se sentiram ofendidos por sua recusa de receber deles o sustento (11,7-11. 20-21; 12,14-18). O gloriar-se é usado por oradores para pedir justiça aos que os tratam duramente, especialmente quando os oradores são pessoas eminentes que fizeram um grande benefício aos que os tratam mal (*De laude* 541C-F). Os coríntios estão seguindo os opositores de Paulo e se esquecem de tudo quanto ele tem feito por eles no Senhor: foi o primeiro a levar-lhes o evangelho (10,14); não lhes é pesado quando exerce o ministério no meio deles (17,7-11; 12,13-18); embora tenha sido seu benfeitor, eles não o reconhecem. Em vez disso, como Paulo o descreve, pensam que ter-lhes levado o evangelho gratuitamente foi um pecado (11,7), uma astúcia (12,16). Embora lhes tenha deixado um grande benefício, ele deve ressaltar que o fato de não lhes cobrar nada é uma expressão do seu amor (11,10-11.20-21; 12,15) e de edificação deles (12,19; cf. 10,8; 13,10). O gloriar-se de Paulo é, pois, necessário, porque seus benefícios foram mal interpretados como ações más.

O gloriar-se pode ser usado em contrastes para mostrar que fazer "o oposto daquilo de que alguém é acusado seria vil e vergonhoso" (*De laude* 541F-542A). Paulo contrasta sua opção de não aceitar sustento dos coríntios com a dos seus adversários, que não hesitavam em fazê-lo. Tenta mostrar que seu comportamento foi de amor (11,11; 12,15) e de edificação dos coríntios (12,19), e que a conduta de seus opositores, ao contrário, era de ser-lhes pesados (11,9; 12,16), de saqueá-los e de tirar vantagem deles (11,20-21).

Como devia ser segundo Plutarco (*De laude* 539E-F), o gloriar-se tem como objetivo um bem maior. Ele lida com os coríntios no poder de Deus (10,4; 12,9; 13,4). A igreja coríntia fazia parte da missão dada a ele por Deus (10,13-16). Deus deu a Paulo autoridade para edificar os coríntios (10,8; 12,9; 13,10). Paulo é responsável por apresentar os coríntios a Cristo livres de corrupção (11,3). Eles foram corrompidos por um outro evangelho (11,4), que pode impedi-los de viver na fé e de superar o teste, causando assim sua queda (13,5-7). Para resolver esse problema, Paulo deve restabelecer sua autoridade e a autoridade do seu evangelho. Pode ser que os coríntios não percebam um grande bem em seu gloriar-se, mas Paulo inseriu referências aos maus tratos dos opositores (11,20) e à associação deles com Satanás (11,3.13-15), referências que certamente os coríntios vão querer avaliar em comparação com o que Paulo diz sobre si mesmo e sobre sua relação com eles.

Ainda que Paulo pudesse enfatizar que o seu auto-elogio tinha uma vantagem ou um fim adicional em vista (*De laude* 544D-F), ele não o faz. Seu auto-elogio visa restabelecer sua honra, sua autoridade e o respeito dos coríntios. Aderir a Paulo e a seu ensinamento tem a vantagem de edificar os coríntios (10,8; 12,19; 13,10) e tem em mira a finalidade de resgatá-los da astúcia e da opressão dos adversários (11,3-4.20-21), mas Paulo não explicita isto. Tampouco pede aos coríntios que o emulem. Ele analisa o comportamento que espera ver e não ver nos coríntios (12,19-13,10), mas é em obediência ao que ele lhes ensinou mais do que por emulação.

Os infortunados podem gloriar-se para atestar sua ambição e sua coragem de lutar contra as circunstâncias e de deixar de lado a compaixão (*De laude* 541A-C); o gloriar-se de Paulo apresenta uma interessante variação. Ele certamente esclarece que esteve em luta contra o infortúnio – ver sua lista de adversidades e sofrimentos (11,23-33) e a análise sobre o espinho na carne (12,7-10), que termina com a expressão: "Por isso estou contente com as fraquezas, insultos, adversidades, perseguições e calamidades por amor de Cristo; pois quando sou fraco, é então que sou forte" (12,10). Todavia, Paulo entende sua adversidade à luz do poder de Cristo. Paulo não está sofrendo para poder superar suas circunstâncias e suas adversidades, mas está apresentando o estado em que se alegra e encontra sua força. Não está tentando vencer essas circunstâncias em busca de algo melhor, mas algo melhor, o poder de Cristo, brota desta adversidade. Paulo está também deixando de lado a compaixão, pois ele pode não ter poder e prestígio conforme a oposição estava definindo esses conceitos, mas certamente não precisava que tivessem compaixão dele se suas vicissitudes tristes operavam por amor de Cristo e do evangelho.

Estender o gloriar-se. Paulo utiliza técnicas para estender seu gloriar-se de modo que pareça menos agressivo; porém, à luz da sua agenda teológica, usa as técnicas de modos incomuns. Jamais gloria os destinatários nesses capítulos, como aconselhavam seus contemporâneos (*De laude* 542B-C). Seu enfoque é sobre restabelecer sua honra à custa da honra dos adversários. Talvez, elogiar os destinatários que lhe retiraram sua adesão, em parte porque ele é visto como adulador (10,1.10) haveria de reforçar essa impressão.

Em lugar nenhum desses capítulos Paulo atribui seu sucesso a outros, como era aconselhado nas discussões sobre o gloriar-se (Quintiliano, *Inst.* 11.1.23), mas, conforme era recomendado, atribui seu êxito completamente à providência de Deus, que atua por meio de sua fraqueza (Quintiliano, *Inst.* 11.1.23; *De laude* 542E-543A). O poder de Paulo é a autoridade divina vinda do Senhor (10,8; 11,4; 12,8.19; 13,4.10); a sua glória só pode ser no Senhor (10,17-18; 12,9), e o poder de Cristo se aperfeiçoa na fraqueza de Paulo (12,9-10; 13,4). Pode gloriar-se na sua fraqueza humana porque Deus escolheu usá-la para seu próprio poder (11,21-12,10).

Nesta situação, Paulo não recebe nenhum louvor de seus destinatários ou dos adversários para utilizar e corrigir no seu auto-elogio (*De laude* 543A-F). Porém, em ligação com o fato de que ele é a fonte do poder divino mediante sua fraqueza (10,4; 12,9; 13,4), Paulo utiliza o louvor de Deus como meio de tornar mais aceitável seu auto-elogio: "Ele [Deus] me disse: 'Basta-te a minha graça, pois é na fraqueza que a força manifesta todo o seu poder'" (12,9).

Paulo poderia atenuar seu auto-elogio mencionando algumas de suas imperfeições (*De laude* 543F-544B). À luz de seus valores contra-culturais, faz justamente o contrário. Chega a referir o que é culturalmente degradante e ignóbil no meio do seu auto-elogio – suas prisões, chicotadas, açoites, flagelos, ter sofrido fome, frio e nudez. Problemas com a lei e falta do necessário não eram virtudes em sua cultura. Paulo usa esses aviltantes e ignóbeis fatores, não para atenuar a reação de inveja ou de ultraje em seu gloriar-se, mas para surpreender os coríntios mostrando-lhes que o que eles desvalorizavam era o que Paulo e Deus valorizam: a fraqueza. Isto é a glória-fraqueza, a falta de presença pessoal e a perseguição da oposição. Assim, embora essa fraqueza diminua qualquer auto-elogio que Paulo esteja fazendo, ele de fato se torna um adequado gloriar-se no Senhor, promovendo a glória de Cristo: "Por conseguinte, com todo o ânimo prefiro gloriar-me das minhas fraquezas, para que pouse sobre mim a força de Cristo" (12,9).

Paulo poderia ter mencionado as dificuldades inerentes àquilo pelo qual as pessoas o estão elogiando (*De laude* 544C). Porém, os coríntios não estão elogiando Paulo, por isso ele não tem que obviar seu elogio usando essa técnica. Contudo, os que estavam convencidos da autoridade de Paulo e do conteúdo de seu gloriar-se menos provavelmente ficariam ofendidos ou com inveja porque Paulo obteve sua autoridade por meio de grandes dificuldades e de um espinho na carne (11,22-33; 12,6-10).

Na defesa de sua honra em 2Cor 10-13, Paulo faz um notável trabalho de utilização das convenções do seu contexto judaico e da cultura greco-romana dominante. À luz da acusação de que ele manda uma carta forte quando está a uma prudente distância e não consegue sustentar essa força pessoalmente, ele tem de responder com uma defesa da honra que não é percebida como "forte". Para fazer isto, ele utiliza uma abordagem indireta, usando o gloriar-se num modo irônico, salientando sua fraqueza. O gloriar-se irônico não é uma abordagem forte, de confronto. É para Paulo um modo não ameaçador de defender sua honra sem expô-la à crítica da discrepância entre suas cartas fortes e sua fraca presença. No entanto, esse auto-elogio ainda permite a Paulo defender-se e humilhar os coríntios para que vejam que a honra dele foi indevidamente desafiada e que seus adversários desonraram igualmente os coríntios.

Dada a situação de desafio-réplica, a defesa da honra de Paulo obedece às convenções prescritas pelos notáveis da época. Contudo, há também uma linha contra-cultural que percorre sua defesa da honra. Em sintonia com os grupos contra-culturais, Paulo rejeita os critérios da cultura dominante para a honra e oferece um grupo diferente de critérios que, segundo espera, vão substitui-los.[24] Até quando trabalha com a trama das convenções sociais, Paulo surpreende os coríntios gloriando-se de valores não convencionais. Sua ênfase na fraqueza no meio de um desafio de honra à sua força e à sua veracidade teria sido surpreendente se não "insensato". A atribuição que Paulo faz a si mesmo da honra divina e o próprio trabalho seu na fraqueza entre os coríntios, atitude que foi

---

[24] Robbins, *Exploring the Texture of Texts*, p. 87; id., *The Tapestry of Early Christian Discourse: Rhetoric, Society, and Ideology*. Nova Iorque: Routeledge, 1996, p. 169-70.

bem sucedida no fundar suas igrejas, ajuda os coríntios a ver que a fraqueza é força. A verdadeira honra é a honra obtida de Deus quando Deus atua por meio da fraqueza. Os desafios à honra baseados em questões de força "não fazem sentido" (10,12).

Conclusão. Como vimos em 2Cor 10-13 e vamos ver brevemente em outras cartas, a idéia paulina de gloriar-se é uma mistura singular do gloriar-se conforme entendido no Judaísmo e na cultura greco-romana dominante. Paulo utiliza o gloriar-se nas situações estabelecidas como apropriadas na cultura greco-romana e o usa de acordo com as convenções existentes para essas situações. No entanto, a sua idéia do conteúdo do próprio gloriar-se é tomada da sua herança judaica e da sua recente fé em Cristo. O gloriar-se permanece completamente teocêntrico e só parece ser antropocêntrico quando Paulo o utiliza ironicamente para defender sua honra e para desafiar seus adversários. O gloriar-se de Paulo reorienta o sistema de valores de suas comunidades, de tal modo que a ênfase deles no gloriar-se de coisas terrestres é considerada insensatez e é substituída pelo gloriar-se no Senhor e na sua obra neles e através deles. A noção paulina da gloriar-se é importante para ajudar as jovens igrejas a se definirem, tanto em continuidade como em descontinuidade com os contextos judaico e greco-romano. Paulo enfatiza que é na fraqueza da humanidade que o poder de Cristo se manifesta, e que o gloriar-se reside na fraqueza. Essa base para o gloriar-se fundamenta-se na idéia do Judaísmo de que o gloriar-se deve ser no Senhor porque apenas o Senhor é criador e sustentador, mas este gloriar-se está em contraste com a cultura dominante, para a qual este se baseia nas forças humanas.

O gloriar-se nas outras cartas paulinas

O gloriar-se na epístola de Paulo aos romanos. O gloriar-se em Rm é um componente importante da noção paulina de justificação. Sua noção de gloriar-se não se aventura longe das concepções judaicas tradicionais. O gloriar-se é debatido quando se trata do lugar onde é posta a fé para a salvação. A fé pode ser posta ou em si mesmo ou em Deus. Se ela é posta em si mesmo, então o gloriar-se é o resultado de um esforço para merecer a salvação pelas obras. É virtualmente sinônimo de ter confiança na carne (Fl 3,3-4). Se a fé é colocada em Deus, então o gloriar-se não provém de modo algum do esforço pessoal ou de alguma idéia de que os seres humanos podem de algum modo salvar a si próprios. Ela deriva daquilo que Deus tem feito e está fazendo para a justificação da humanidade. Ele decretou que somente a fé em Cristo é afinal eficaz para a salvação (3,27-28; cf. Ef 2,8-9). Até mesmo Abraão, pai dos judeus e dos gentios que crêem, foi justificado pela fé e não pôde gloriar-se das obras (4,1-3).

Gloriar-se das obras para a salvação é um auto-engano. Esse gloriar-se brota de uma fé mal orientada, uma fé baseada na tentativa de ser justificado pelas obras abstraindo de Deus. Ela impede a recepção da justificação por uma fé baseada na graça de Deus. Esse gloriar-se é rebelião contra Deus, e é até pecado, porque rejeita o veredicto de Deus de que todos são pecadores e recusa a oferta da salvação por meio do Filho de Deus; ele provém de uma vida que é uma declaração viva de que Deus é mentiroso.

Gloriar-se confiando em Deus é afinal confissão e louvor de Deus. É a derrota de todo louvor a si mesmo. Nasce da exultante alegria de pecadores arrependidos que aceitaram o veredicto de Deus sobre eles, e do ato de redenção de Deus em favor deles em Jesus Cristo (5,11). Esse gloriar-se confia que Deus vai enfim cumprir as promessas de que os redimidos participarão da glória divina (5,1-2). É louvor virtual, porque é tamanha a confiança de que Deus vai cumprir as promessas, que os redimidos podem ousar gloriar-se neles. O gloriar-se nesta esperança pode até enraizar-se na tribulação, porque esta é um sinal de que aquilo que Deus prometeu está perto do cumprimento (5,3; cf. 2Cor 11,23-29).

O gloriar-se confiando em si já experimentou ou atualmente desfruta seu objeto ou base, como, por exemplo, a pessoa que pode contar seus atos meritórios ou ter fé em sua posse da Lei. O gloriar-se confiando em Deus deve com freqüência aguardar seu objeto, como, por exemplo, a glória de Deus (5,2). Como tal, o adequado gloriar-se deve permanecer teocêntrico, aguardando a consumação de Deus e o cumprimento final das promessas de Deus aos redimidos.

Tanto o gloriar-se confiando em si como o gloriar-se teocêntrico podem ser dirigidos para outros. Porém, o primeiro resulta em auto-glorificação diante da humanidade e de Deus. O último é feito legitimamente porque envolve outros em benefícios deles mesmos. Porque o gloriar-se teocêntrico se baseia naquilo que Deus tem feito nos redimidos e por meio deles, seu enfoque é voltado para o céu, e é em essência louvor e reconhecimento aos outros e a Deus. Por exemplo, o gloriar-se de Paulo por sua missão aos gentios que ele endereçou a seus leitores romanos (15,17). O gloriar-se se baseia naquilo que Cristo fez por meio dele e não em seus próprios esforços. O gloriar-se de Paulo é essencialmente uma confissão do poder de Cristo e uma ação de graças por ele.

O legítimo gloriar-se teocêntrico pode ironicamente tornar-se um gloriar-se antropocêntrico impróprio quando o gloriar-se dirigido a Deus e aos outros pelos dons de Deus torna-se gloriar-se pela mera posse dos dons. O legítimo gloriar-se pode ser pervertido quando a fé não está mais centrada em Deus, mas nesses dons entendidos como uma indicação de mérito. Por exemplo, Paulo esperava que os judeus pudessem gloriar-se legitimamente por possuírem a Lei. No entanto, ele os repreende porque se gloriam contra os gentios pela posse da Lei como um mérito (2,23). O gloriar-se deles era meramente uma confiança na Lei, como o indica a sua falta de obediência. Paulo critica os judeus por se gloriarem de seu *status* de possuírem uma relação com Deus como se isto fosse um mérito (2,17). Este gloriar-se está centrado no seu *status* de povo da aliança e não no autor da aliança. Paulo acusa também os gentios de semelhante gloriar-se antropocêntrico contra os judeus. Os gentios foram enxertados no povo de Deus e tratam seu *status* com Deus como se fosse um mérito. O dom de Deus tornou-se medida de *status*. Não podem gloriar-se porquanto seu *status* é devido à bondade de Deus (11,18).

O gloriar-se em 1 e 2 Coríntios. Em 1Cor encontra-se uma mistura da noção judaica e da noção greco-romana de gloriar-se. Paulo recorda aos coríntios que Deus escolheu conceder a vida em Cristo àqueles que não eram estimados pelos valores da sociedade: os que não eram sábios, nem poderosos, nem nobres por nascimento (1Cor 1,26-27). Existem qualidades das quais os gregos se gloriavam entre si e diante dos deuses. O dom da sabedoria, da justiça, da santificação e da redenção – todos pertencem a Cristo, que os dá aos humildes coríntios. Paulo cita Jr 9,23-24: todo gloriar-se deve ser no Senhor. Afirma que, por não terem os coríntios nada daquilo de que o mundo se gloria, eles só podem gloriar-se no Senhor que lhes deu todas as coisas (1Cor 1,26-31).

O amor, a maior virtude cristã, impede o gloriar-se em si mesmo. Todavia, gloriar-se de ter dado todas as suas posses ou de se ter entregado à escravidão em lugar de outrem ou como mártir é uma base legítima para gloriar-se se isto foi feito por amor.[25] Existem demonstrações de amor altruísta que são feitas no amor *agape* de Cristo pelos outros. Isto é, essencialmente, um legítimo gloriar-se no Senhor (13,1-7). Paulo não pode gloriar-se de sua proclamação do evangelho porque foi chamado para ela, mas ele se gloria em fazer isto gratuitamente sendo habilitado a receber o sustento. Isto é uma negação de si pelo amor *agape* aos coríntios (9,15-18; cf. 2Cor 11,7-11).

Os coríntios tentavam gloriar-se da liberdade encontrada em Cristo, coisa que poderia ser um legítimo gloriar-se no Senhor. Mas era da imoralidade sexual que se gloriavam, como demonstração da sua nova liberdade e este gloriar-se não demonstrava o senhorio de Cristo e era, como Paulo afirma, "uma coisa não boa", para dizer o mínimo (5,1-8).

Baseados nas concepções greco-romanas, os coríntios se gloriavam de um ou de outro chefe como meio de adquirir *status* eles mesmos. Paulo solapa esse gloriar-se lembrando-lhes de que todos os chefes são dados por Deus e todos eles pertencem a todos os cristãos (1Cor 3,21-23). Gloriar-se contra os outros envolve um julgamento e a suposição de que o jactancioso possui alguma coisa que não foi recebida de Deus e que pode ser alegada como mérito pessoal. Paulo recorda aos coríntios que o juízo pertence ao Senhor e que tudo quanto possuem é dom de Deus (1Cor 4,1-7). À diferença de seus adversários, Paulo não comete o erro de colocar sua glória na sabedoria humana (2Cor 1,12-14) ou na aparência externa em vez do coração (2Cor 5,12).

Paulo se gloria de uma consciência limpa feita de franqueza e de piedosa sinceridade na sua obra pelo Senhor em Corinto. Os coríntios são a obra de Paulo, e cada qual pode gloriar-se no outro como obras no Senhor (2Cor 1,12-14; 5,11-13). Paulo pode gloriar-se das obras dos coríntios porque é um gloriar-se na obra do Senhor por meio deles (2Cor 7,4.14; 8,24; 9,2-3; 1Cor 15,31).

O gloriar-se em Filipenses, 1 Tessalonicenses e Gálatas. As facções judaicas na Galácia e em Filipos estavam ensinando que a circuncisão e a obediência à

---

[25] Alguns textos antigos referem-se ao ato de dar o corpo "para ser queimado" (13,3).

Lei eram necessárias à salvação. Com outras palavras, encontravam a base do gloriar-se diante de Deus no mérito pessoal. Em Fl, Paulo considera-se a si mesmo e aos filipenses como pessoas que não confiam na carne, mas se gloriam em Cristo Jesus (Fl 3,2-11). Em Gl afirma que a motivação dos judaizantes é o erro de colocar sua glória na carne dos circuncisos, ao passo que ele quer gloriar-se somente na cruz de Cristo (Gl 6,13-14).

Paulo espera compartilhar com os filipenses o gloriar-se pelo progresso deles e pela alegria na fé (Fl 1,25-26). Sustentado pela palavra da vida, Paulo espera gloriar-se no dia de Cristo de que seu esforço por Cristo não foi em vão (2,16). Este é o gloriar-se apropriado na obra do Senhor por meio dele. Os tessalonicenses, como obra de Paulo no Senhor, são a sua coroa de glória diante de Jesus na sua vinda (1Ts 2,19-20). Aos gálatas Paulo diz que a obra deles por Cristo na comunidade de fé é uma fonte legítima de glória (6,4).

PARTE III. TEXTOS PAULINOS E PAULINISTAS RELEVANTES

Ef 2,9

Em Ef 2,8-10 prossegue a compreensão paulinista do gloriar-se. A salvação é um dom de Deus e não o resultado de boas obras, de modo que ninguém pode gloriar-se. Os seres humanos não podem salvar-se a si mesmos e somente a fé é eficaz para a salvação (cf. Rm 3,27-28). O gloriar-se pode estar somente naquilo que Deus tem feito pela salvação deles. O absurdo de gloriar-se das boas obras consiste em que mesmo essas boas obras foram criadas por Deus em Cristo Jesus como o caminho cristão da vida. A noção judaica do gloriar-se reafirma que gloriar-se diante de Deus está excluído, porque tudo que eles têm é dom de Deus.

PARTE IV. BIBLIOGRAFIA

BARRETT, C. K. "Boasting (καυχᾶσθαι, κτλ) in the Pauline Epistles", em *L'Apôtre Paul: Personalité, style et conception du ministère*. Editado por A.Vanhoye. BETL 73. Louvain: Louvain University Press, 1986, p. 363-68.

BETZ, Hans Dieter. *Der Apostel Paulus und die sokratische Tradition: Eine exegetische Untersuchung zu seiner "Apologie" 2 Korinther, 10-13*, BHT 45. Tübingen: Mohr [Siebeck], 1972.

_____."De laude ipsius (Moralia 539A–547F)", em *Plutarch's Ethical Writings and Early Christian Literature*. Editado por H. D. Betz. SCHNT 4. Leiden: E. J. Brill, 1978, p. 367-93.

BOSCH, J. Sánchez. *"Gloriarse" segun San Pablo: Sentido y teología de kauchaomai*. AnBib 40; Coletanea San Paciano 16. Roma: Pontifício Instituto Bíblico; Barcelona: Facultad de Teología [SSP], 1970.

BULTMANN, Rudolf. "Καυχάομαι..." *TDNT* 3: p. 645-54.

DIO CHRYSOSTOM. *The Fifty-seventh Discourse*. Traduzido por H. Lamar Crosby. LCL 376. Cambridge: Harvard University Press, 1946, p. 417-29.

FIORE, Benjamin. "The Hortatory Function of Paul's Boasting", em *Procedings: Eastern Great Lakes and Midwest Biblical Societies*. Editado por Phillip Sigal. Vol. 5. Otterbein, Ohio: Otterbein College, 1985, p. 39-46.

FORBES, Christopher. "Comparison, Self-Praise, and Irony: Paul's Boasting and the Conventions of Hellenistic Rhetoric", *NTS* 32 (1986): p. 1-30.

HAFEMANN, Scott. "'Self-Commendation' and Apostolic Legitimacy in 2 Corinthians: A Pauline Dialectic?", *NTS* 36 (1990): p. 66-88.

HAHN, H. C. "Boast", *NIDNTT* 1: p. 227-29.

JUDGE, E. A. "Paul's Boasting in Relation to Contemporary Professional Practice", *ABR* 16 (1968): p. 37-50.

LAMBRECHT, Jan. "Dangerous Boasting: Paul's Self-Commendation in 2Cor. 10-13", em *The Corinthian Correspondence*. Editado por R. Beiringer. BETL 125. Louvain: Louvain University Press, 1996, p. 325-46.

MARSHALL, Peter. *Enmity in Corinth: Social Conventions in Paul's Relations with the Corinthians*. WUNT 2.23. Tübingen: J. C. B. Mohr [Paul Siebeck], 1987 [Ver especialmente p. 341-95].
PETERSON, Brian K. *Eloquence and Proclamation of the Gospel in Corinth*. SBLDS 163. Atlanta: Scholars Press, 198.
PLUTARCO. *On Praising Oneself Inoffensively (De se ipsum citra invidiam laudando)*. Vol. 7 de *Moralia*. Traduzido por P. H. De Lacy e B. Einarson. LCL 337. Cambridge: Harvard University Press, 1959, p. 109-67.
QUINTILIANO. *Institutio oratoria*. Traduzido por H. E. Butler. 4 vols. LCL 124-27. Cambridge: Harvard University Press, 1979 [11.1.15-28].
SAMPLEY, J. Paul. "Paul, His Opponents in 2 Corinthians 10-13, and the Rhetorical Handbooks", em *The Social World of Formative Christianity and Judaism: Essays in Tribute to Howard Clark Kee*. Editado por Jacob Neusnr et al. Philadelphia: Fortress Press, 1988, p. 162-77.
SPICQ, Ceslas. "καυχάομαι, καύχημα, καύχησις." *TLNT* 2: p. 295-302.
TRAVIS, S. H. "Paul's Boasting in 2 Corinthians 10-12", em *Studia Evangelica* VI. Editado por Elizabeth A. Livingston [=TU 112.]. Berlim: Akademie, 1973, p. 527-32.
ZMIJEWSKI, J. A. "καυχάομαι." *EDNT* 2: p. 276-79.
_____. *Der Stil der paulinischen "Narrenrede"*, BBB 52. Colônia: Peter Hanstein, 1978.

4
PAULO E A RECOMENDAÇÃO
Efrain Agosto

A recomendação era um instrumento de poder no mundo greco-romano. Por meio de cartas de recomendação, os poderosos patronos apoiavam clientes e amigos junto às pessoas de sua classe social por todo o império romano, inclusive na Ásia Menor e na Grécia, o coração das atividades missionárias de Paulo nos meados do século I da Era Comum. Também Paulo usava recomendação em suas cartas para apoiar seguidores nas suas igrejas. Este estudo compara e contrasta os textos sobre recomendação nas cartas de Paulo com os do mundo greco-romano para procurar entender como Paulo empregou a convenção da recomendação.

PARTE I. A RECOMENDAÇÃO NO MUNDO GRECO-ROMANO

As raízes da recomendação estão na prática do "encômio", o louvor de pessoas, que era ensinado nos manuais de retórica da época. Para louvar alguém, o escritor ou orador descrevia primeiro a terra natal da pessoa e suas origens familiares, para demonstrar o alcance de seus nobres inícios. Em segundo lugar, descrevia a criação da pessoa, sua formação e treinamento, inclusive a educação geral, a formação do caráter e o aprendizado das leis.

Os encômios típicos falavam também das realizações da pessoa em sua vida, o que inclui as ações nobres que um bom caráter produz. Estas podiam ser divididas em três áreas: ações da alma ou da mente, ações do corpo, e ações da fortuna ou circunstâncias externas como a riqueza. Entre as ações da alma estavam virtudes como a sabedoria, honra/vergonha, justiça e coragem. As ações do corpo se relacionavam com ações produzidas por bravura física como a boa saúde, a beleza, a velocidade e a força.

Com relação à fortuna, os encômios muitas vezes elogiavam aspectos não necessariamente submetidos ao controle da pessoa louvada, mas não obstante indicativos do favor divino (isto é, a deusa Τυχη, *Tychē*, Fortuna). Assim, possuir terras, riqueza, relações sociais e coisas semelhantes se somavam ao caráter conhecido da pessoa, mesmo se ela simplesmente as tivesse adquirido dos pais ou por "boa sorte". Finalmente, os encômios com freqüência incluíam a comparação com outros, geralmente num sentido positivo, por exemplo, "esta pessoa assemelha-se bastante a esse outro nobre indivíduo".[1]

Por isso, aprender a proferir e a escrever encômios era parte essencial de uma boa educação retórica. As cartas de recomendação usavam o encômio para enaltecer a reputação do sujeito da carta. Como veremos depois, os escritores de cartas também enalteciam sua própria reputação escrevendo cartas de recomendação para outros indivíduos dignos de louvor.

Cartas de recomendação

O volume das cartas romanas de recomendação em latim que chegaram até nós é razoavelmente grande. Os escritores romanos Cícero (106-43 antes da Era Comum), Plínio (que viveu aproximadamente de 61 a 120 da Era Comum) e Fronton (± 100 a 166 da Era Comum) deixaram um número significativo de cartas de recomendação entre seus muitos escritos. Embora não abundantes, cartas de recomendação têm sido encontradas entre a correspondência pessoal de latinos e gregos. Infelizmente, para o estudo das passagens paulinas de recomendação, muito poucas cartas de recomendação do Oriente sobreviveram, com exceção de cartas gregas do Egito em papiro.[2]

A estrutura da carta de recomendação permanece muito semelhante ao longo de uma variedade de tipos, estilos e objetivos. Depois das saudações iniciais, a maioria das cartas identifica a pessoa que está sendo recomendada, geralmente falando de sua família ou de suas ligações familiares, começando assim a citar as credenciais da pessoa. Nesta seção inicial, o escritor também muitas vezes explica por que a carta foi escrita, como, por exemplo, a pessoa recomendada "pediu-me que escrevesse esta carta".[3] O coração da carta de recomendação é a "frase do pedido". Aí "o escritor menciona o favor que ele está pedindo ao destinatário em favor do recomendado".[4] Isto geralmente consistia em algum tipo de "assistência geral" para o recomendado, algo assim como uma apresentação da pessoa em questão a amigos influentes do destinatário.[5]

---

[1] Essas características dos encômios encontram-se em vários manuais de retórica, inclusive Quintiliano, *Institutio oratoria* 3.7.10-18. Ver Bruce J. Malina e Jerome H. Neyrey, *Portraits of Paul: An Archaeology of Ancient Personality* (Louisville: Westminster John Knox Press, 1996), p. 23-33, para um útil sumário, com vários espécimes de textos dos manuais no apêndice 1 (219-24). Ver também Heinrich Lausberg, *Handbook of Literary Rhetoric: A Foundation for Literary Study* (ed. David E. Orton e R. Dean Anderson; trad. M. T. Bliss, A. Jansen, e D. E. Orton; Leiden: Brill, 1998).
[2] Ver Chan-Hie Kim, *Form and Structure of the Familiar Greek Letter of Recommendation* (SBLDS 4; Missoula, Mont.: Society of Biblical Literature, 1972), que traz um apêndice com oitenta e três cartas de recomendação gregas provenientes de papiros. Ver também Clinton Keyes, "The Greek Letter of Introduction", *AJP* 56 (1935): p. 28-44; Hannah Cotton, *Documentary Letters of Recommendation in Latin from the Roman Empire* (Beiträge zur klassischen Philologie 132. Königstein, Deutschland: Anton Hain, 1981). Peter Marshall oferece uma boa introdução à praxe da recomendação, particularmente como relacionada com a amizade, em *Enmity in Corinth: Social Conventions in Paul's Relations with the Corinthians* (Tübingen: J. C. B. Mohr, 1987), p. 91-129. Marshall apóia-se, como farei aqui, nas cartas literárias de recomendação, especialmente nas de Cícero.
[3] Kim, *Form and Structure*, p. 56; sobre os inícios e os finais, ver p. 9-34; sobre o pano de fundo e a identificação dos recomendados, p. 35-53; e sobre a razão para escrever a carta, p. 53-58.
[4] Id., p. 61.
[5] Id., p. 68.

As cartas de recomendação concluem tipicamente com uma afirmação de "apreço" e a saudação final. Em geral, este agradecimento soa mais ou menos como "fazendo isto terás minha gratidão".[6] Ordinariamente esta estrutura – identificação e credenciais, pedido e apreço – aparece nas cartas gregas em papiro e também nas cartas latinas literárias.

Cartas latinas de recomendação

Embora apresentem a estrutura básica das cartas de recomendação típicas do século I da Era Comum, as cartas particulares em papiro, tanto gregas como latinas, são com freqüência "áridas e esquemáticas" quanto à qualidade.[7] Por isso, vários exegetas têm questionado a utilidade das cartas de recomendação em papiro para a compreensão do gênero em seu todo. Stanley Stowers descreve as cartas egípcias em papiro, por exemplo, como "bastante estereotipadas e formais". Stowers explica que isso muito provavelmente "reflete a prática normal dos escritores de cartas profissionais populares, que tendiam a estabelecer os padrões locais para os escritores com pouca formação". Stowers afirma que as cartas literárias, embora manifestem estrutura semelhante à dos papiros, "naturalmente mostram maior variedade e criatividade, já que seus autores em geral tinham educação retórica".[8]

Por isso, uma análise comparativa das cartas literárias de recomendação, mais que das cartas gregas em papiro, será mais útil ao estudo das recomendações do apóstolo Paulo:

> Embora Paulo empregue uma linguagem e certos estilos formais que se assemelham às cartas em papiro bastante esquemáticas, a sua liberdade ao escrever apresentações, recomendações e intercessões faz com que ele se pareça mais com os escritores geralmente mais educados das cartas literariamente transmitidas.[9]

Com efeito, junto com os manuais de retórica da época, os escritores literários latinos de recomendação, em especial Cícero, Plínio e Fronton, tornaram-se os modelos para a composição de cartas de recomendação durante todo o período do início do império.

Elementos comuns das cartas de recomendação greco-romanas

Cícero, Plínio e Fronton tinham certos elementos em comum em suas cartas de recomendação. Em primeiro lugar, as cartas de recomendação greco-romanas tinham a mesma história e objetivo. Em *Ad Amicos* 1.1, Fronton dá

---

[6] De Stanley Stowers, *Letter Writing in Greco-Roman Antiquity* (Filadélfia: Fortress Press, 1986), p. 154. Cf. Kim, *Form and Structure*, p. 89-97.
[7] Como foi demonstrado por Cotton, "Greek and Latin Epistolary Formulae", p. 412, 424.
[8] Stowers, *Letter Writing*, p. 153.
[9] Id., p. 156.

uma noção histórica da recomendação que é geralmente plausível, ainda que não plenamente desenvolvida. A recomendação, diz Fronton, começou com a "boa vontade" (*benevolentia*) de alguém que queria "tornar conhecido seu amigo a um outro amigo, fazendo-o íntimo dele". Na época, continua ele, esta praxe tornou-se uma oferta de testemunhos para pessoas em apuros. Em suma, conclui Fronton, "essas cartas de recomendação pareciam desempenhar a função de um testemunho de caráter."[10] Assim, recomendar o caráter (ἦθος, *ēthos*) constituía um fator importante nas cartas de recomendação.

Em segundo lugar, como "testemunhos do caráter", as recomendações romanas apresentavam jovens protegidos a novos patronos. Por exemplo, Fronton escreve a um chefe militar, Naucélio, a respeito de Faustiniano, filho de um amigo amado: "Toda atenção que mostraste [*sic*] para com ele será paga com juros" (*Ad Amicos* 1.5). Fronton cumprimenta Faustiniano, desejando que tivesse um filho digno de mandar sob a supervisão de Naucélio. Por acréscimo, Naucélio vai receber benefício de uma nova aliança com esta família, como também da "natureza refinada", da "cultura" e da "habilidade militar" do jovem em questão. O caráter do jovem e também suas ligações familiares o recomendam ao destinatário da carta, Naucélio.

Deste modo, essa carta ilustra também um outro elemento comum da recomendação romana: a importância das origens familiares e de outras ligações. Fronton exalta as habilidades naturais e o caráter de Faustiniano, mas isto procede das nobres raízes de um "caro pai" (*Ad Amicos* 1.5). Mencionar os laços entre o candidato e o autor da carta a uma boa família (ou, em outros casos, a poderosos patronos e amigos) aumenta a atração da recomendação para o destinatário da carta. Este último é beneficiado por responder favoravelmente a uma recomendação para um indivíduo bem relacionado.

Todos esses elementos comuns da recomendação – caráter, apresentação e relações – ajudavam a acentuar a honra, o *status* e a oportunidade para a família, os protegidos e os amigos dos poderosos. Por isto, as partes envolvidas na recomendação – a pessoa recomendada, o autor e o destinatário da carta – poderiam esperar benefícios de uma carta de recomendação.

O maior beneficiário de uma recomendação era, naturalmente, o indivíduo recomendado. Porém, as recomendações eficientes com freqüência dependiam mais da influência do escritor do que das qualidades pessoais do recomendado. Por causa disso, as pessoas procuravam gente influente. Quando Cássio pede uma recomendação a Cícero, este escreve: "Quanto ao que escreveste, que tens certeza de que algum bem pode ser feito pela influência e pela eloqüência [*auctoritate et eloquentia*]…" (*Ad Fam.* 12.2).

Cícero afirma a importância de o escritor ter influência sobre os que têm poder, para que uma recomendação beneficie o interessado. Somente depois

---

[10] *Ad amicos* 1.1.1. As traduções de Fronto, e também as de Cícero e de Plínio adiante, são das edições Loeb Classical Library. Na edição de Fronto, encontram-se as coleções de cartas *Ad amicos, Ad M. Caesar* ("Marco Aurélio como César") e *Ad Verum Imperator* (Lucius Verus, Imperador). Para mais sobre testemunhos de recomendação na corte, ver Richard Saller, *Personal Patronage under the Early Empire* (Cambridge: Cambridge University Press, 1982), p. 152-53.

dessa afirmação é que Cícero cita as qualidades pessoais de Cássio (p. ex. "patriotismo", "falar francamente" e "ser parente" dos poderosos) em apoio de sua recomendação (*Ad Fam.* 12.2).

As recomendações de Cícero eram cobiçadas por causa do seu grande poder e influência.

> Há muitas razões para a longa duração da estreita ligação de Q. Pompeius, filho de Sextus, a mim. Como no passado foi pelas minhas recomendações que ele adquiriu o hábito de encontrar apoio para suas propriedades, sua reputação e influência, ele certamente deve agora, quando és governador da província, tirar proveito da minha carta até ter certeza de que não há ninguém junto ao qual ele jamais foi mais altamente recomendado (*Ad Fam.* 13.49).

Cícero pede a Curius, governador de província, "que mostres a meus amigos tanto respeito quanto o teu próprio" e que aceite Pompeius numa "especial amizade" com ele (Curius). Esse relacionamento deveria convencer Pompeius "de que nada talvez pudesse ter sido de maior serviço ou para maior distinção para ele do que a minha (de Cícero) recomendação". Devido à influência e às ligações de Cícero, Pompeius pode esperar que suas "posses, reputação e influência" sejam aumentadas.

Do mesmo modo, a influência de Plínio junto ao imperador Trajano beneficiava os que ele recomendava. Numa carta a Trajano, após citar as qualidades pessoais, a origem familiar e a riqueza do candidato ao posto de senador, Plínio acrescenta:

> Além disso, confio que meu pedido em favor dele será uma recomendação a mais a teu gentil interesse. Rogo-te, portanto, Senhor, permitir que eu felicite Romano, o que tanto desejo fazer, e satisfazer aquilo que, conforme espero, é uma digna afeição. Posso então gloriar-me de pensar que o teu reconhecimento a mim se estende a meu amigo (*Ep.* 10.4.6).

Para a promoção de seu amigo, Plínio tira partido do seu favor e da sua reputação junto ao imperador.

As cartas de recomendação, enquanto instrumentos de patrocínio, beneficiavam não só o indivíduo recomendado, mas também o autor da carta. Por exemplo, Cícero espera benefícios em troca do favor de ter escrito uma recomendação para P. Cuspius: "Peço-lhe veementemente providenciar que os agradecimentos que recebo de Cuspius como resultado dessa recomendação possam ser tão cordiais, diligentes e freqüentes quanto possível" (*Ad Fam.* 13.6).

Cuspius agora tem dois patronos: não apenas a pessoa à qual ele é recomendado, mas também quem o recomendou, Cícero. Cícero beneficia dessa recomendação adquirindo um novo cliente, alguém com uma dívida de gratidão para com ele.

Plínio recomenda o filho de um leal partidário e espera tirar proveito dessa recomendação: "Qualquer aumento de dignidade [*honores*] que ele [o jovem] vai receber será ocasião de particular felicitação para mim [*meam gratulationem*]" (*Ep.* 10.87.3). Assim, uma carta de recomendação se comprovava muitas vezes como algo estratégico para o *status* do autor como também para o recomendado.

Os que recebiam esse tipo de carta podiam também beneficiar-se, respondendo positivamente aos pedidos de recomendação. Em *Ad Fam.* 13.22, Cícero recomenda T. Manlius, um banqueiro, a Sulpicius. Manlius demonstrou "acentuado respeito" para com Cícero. Ele ganhou também o favor de um outro ilustre cidadão romano, Varro Murena, o qual pediu a Cícero essa recomendação de Manlius. O pedido de Cícero em favor de Manlius recorre ao senso de honra e de "posição elevada" de Sulpicius. Cícero garante a Sulpicius que "promovendo os interesses" de Manlius, ele (Sulpicius) "vai colher a recompensa... geralmente esperada por serviços prestados a homens de mérito". As ligações patronais anteriores de Manlius asseguram os benefícios do patrocínio também para Sulpicius.

Esses breves exemplos ilustram a dinâmica da recomendação eficiente. Todas as partes envolvidas tiram proveito da recomendação, inclusive a pessoa recomendada, o autor da carta, e o destinatário da carta. Todos esses procuraram recomendação, escreveram recomendações, ou receberam indivíduos recomendados para ampliar suas relações de patrono-cliente e seu *status*. Na realidade, então, as recomendações promoviam o patronato.

O caráter na recomendação

As recomendações descreviam o caráter, ou *ēthos* (ἦθος), da pessoa que estava sendo recomendada como um importante critério de apoio a ela. Os especialistas concordam: "Em todos os tempos e lugares a carta de recomendação era antes de tudo um atestado: testemunhava que a pessoa recomendada tinha bom caráter e era digna de confiança".[11] No entanto, *ēthos* incluía mais do que traços do caráter pessoal. Todos os fatores da vida daquela pessoa – características pessoais, *status* social e ligações patronais (família, amigos, companheiros) – constituíam seu *ēthos*.

Os autores de recomendações com freqüência começavam pelas qualidades pessoais. Em suas recomendações, Fronton citava traços do caráter tais como o trabalho assíduo, a energia, o patriotismo e a honestidade. Por exemplo, Fronton recomendou um amigo de longa data, Gavius, que era "consciencioso", "sensato" e "generoso" e que tinha "simplicidade, continência, fidedignidade, uma honra francamente romana, um ardor de afeição [φιλοστοργία, *philostorgia*]." Fronton considerava a *philostorgia* ("afeição ardorosa") uma virtude rara em Roma: "Pois não há nada que em toda a minha vida eu tenha visto menos em Roma do que um homem sinceramente *philostorgon* [ardoroso na afeição]" (*Ad Ver. Imp.* 2.7.6). Assim, em suas recomendações, Fronton muitas vezes enfatiza como um critério importante as virtudes da pessoa, principalmente aquelas raramente encontradas em outros.

---

[11] Cotton, *Documentary Letters*, p. 6.

Todavia, a despeito de suas preferências, mesmo Fronton não podia limitar sua descrição do caráter às qualidades pessoais. Com freqüência apresenta outras razões, mais pragmáticas, para apoiar uma recomendação, como a amizade: "Peço-lhe o favor de dar a ele tal atenção como esperarias que fosse dada por outrem a seu amigo íntimo, que partilha sua casa e seus conselhos" (*Ad Am.* 1.3).

Do mesmo modo, Cícero louvou um candidato ao cargo de cônsul como o "mais admirável e elegante dos cidadãos [*optimus et fortissimus civis*]"; "um homem de grande influência [*summa auctoritate*] e de nobilíssimos sentimentos [*optime sentiens*]" (*Ad Fam.* 12.2.3). Indivíduos como este, escreveu Cícero, são "os líderes da política pública [*auctores consilii publici*]" (12.2.3). Ele recusava-se a recomendar para cônsules romanos pessoas sem esses traços de caráter e, de fato, vituperava a escassez deles.

Entretanto Cícero terminou essa carta com uma oferta de apoio que denotava outras preocupações além das qualidades pessoais do candidato: "Quanto a mim, jamais deixo e jamais deixarei de proteger os que são caros a ti; e se recorrem a mim para um conselho ou se não recorrem, posso em ambos os casos garantir meu amor e minha lealdade [*benevolentia fidesque*] a ti" (12.2.3).

Cícero esperava que sua proteção, conselho, boa vontade e lealdade para com o destinatário da carta haveriam de assegurar a recomendação. Assim, as recomendações dependem do *ēthos* dos patronos, dos que escrevem e dos que recebem as cartas, e também das qualidades pessoais do recomendado.

As origens familiares eram outra importante "circunstância externa" observada por muitos escritores de recomendações. Plínio citou numerosos aspectos do caráter pessoal em suas cartas de recomendação. Numa carta ao comandante militar Priscus, Plínio descreveu as qualidades pessoais e profissionais do seu amigo Voconius Romanus que ele conhecia por experiência direta: "Ninguém poderia ser um amigo mais fiel ou um companheiro mais agradável. Sua conversa, sua voz e toda a sua expressão têm um charme especial, e além disso ele é dotado de um intelecto poderoso e penetrante, treinado por sua profissão no tribunal para expressar-se com facilidade e graça" (*Ep.* 2.13).

Porém, Plínio enfatizava também as origens familiares de Romanus: "Seu pai sobressaía na ordem dos cavaleiros" (2.13.4). A mãe de Voconius vinha de "uma família ilustre" (*mater e primis*). Em segundo lugar, Voconius ocupou um cargo de liderança na Espanha, a saber, o de sacerdote provincial da mais alta ordem. O caráter de sua família e os cargos anteriores enalteciam o *ēthos* de Voconius.

Plínio também citou sua longa amizade com Voconius como critério significativo para a sua recomendação: "A nossa amizade começou com nossos estudos, e cedo nós nos unimos na mais estreita intimidade. Moramos juntos na cidade e no campo; ele compartilhou comigo minhas horas mais sérias e mais alegres: e, com efeito, onde eu poderia ter encontrado um amigo mais fiel, ou um companheiro mais agradável?" (*Ep.* 2.13.5).

Na opinião de Plínio, raízes compartilhadas implicam *ēthos* semelhante e, portanto, recomendável.

Por conseguinte, nas cartas de recomendação, outros critérios importantes além dos traços do caráter, como os relacionamentos pessoais (p. ex. amizade e patrocínio) e origens familiares, inclusive a nobreza e a riqueza de tal família, tudo contribuía para estabelecer o *ēthos* de alguém em sua totalidade. De fato, a força dos relacionamentos de alguém ou o estado de suas finanças muitas vezes determinava, junto com as qualidades de sua personalidade, quais aspectos do *ēthos* deveriam ser enfatizados numa determinada recomendação.

A riqueza, em particular – sua posse ou sua falta –, afetava de modo significativo as recomendações escritas. Sempre que estava presente a riqueza, as qualidades pessoais pareciam menos importantes. Escritores e leitores acreditavam que o caráter do recomendado podia ser demonstrado pela aquisição da riqueza. Ao contrário, quando os recursos financeiros do indivíduo eram limitados, eram realçados outros traços do seu caráter. Quando Plínio apoiou Voconius Romanus, citou os "interesses refinados" do amigo, sua bondade para com os pais, mas também que Romanus tinha uma herança e tinha garantido uma adoção estratégica de um rico padrasto após a morte de seu próprio pai (*Ep.* 10.4). Plínio escreveu que essas forças financeiras mostravam o caráter de Romanus e que a riqueza e o nível da família de Romanus deviam também engrandecer seu atrativo. Romanus tinha recebido de sua mãe terra e outras propriedades avaliadas em quatro milhões de sestércios. Então Plínio tinha todos os elementos necessários para fazer uma forte recomendação ao imperador solicitando o posto de senador para seu amigo Voconius Romanus. O pedido de Plínio dependia de uma caracterização que incluía ambiente familiar, boas ligações e qualidades pessoais, mas, no caso de Voconius, especialmente a riqueza.

Se o recomendado tinha problemas financeiros, os autores das cartas recorriam a outras ênfases. Em *Ep.* 10.12, Plínio reconhece as limitações financeiras de Attius Sura que tinha "riqueza abaixo da mediocridade" (10.12.2). Ao invés, Plínio louvou as ambições modestas, a nobreza de nascimento e a grande integridade de Attius. Plínio tinha de depender também do favor do destinatário da carta, o imperador Trajano: "Embora eu esteja bem convencido, Senhor, que tu, que jamais esqueces oportunidade alguma de exercer tua generosidade, não estás esquecido do pedido que há pouco tempo lhe fiz..." (10.2.1). As melhores chances para Plínio e Attius de receberem uma resposta favorável a esta recomendação baseavam-se na "felicidade do reino [de Trajano]" e no seu "gentil interesse" (10.12.2). Assim, o fator de risco existente na recomendação – a riqueza limitada – era diminuído pela vantagem da ligação de Plínio com o imperador.

Concluindo, o acesso à riqueza, raízes familiares nobres e o caráter dos amigos e patronos, tudo isto indicava alguém digno de recomendação. A relação com e a lealdade a poderosos e bem situados escritores das cartas e destinatários delas, aqueles que tinham um caráter digno, e elevado *status*, mostravam que os recomendados mereciam consideração em vista de uma ulterior elevação de seu *status*. Pessoas como escravos, ex-escravos, todos os que não eram muito ricos e as mulheres independentes podiam esperar que pouco peso seria dado a seu caráter pessoal, a não ser que seus patronos, senhores e maridos fossem altamente considerados.

A natureza dos pedidos de recomendação

Geralmente as cartas de recomendação fazem pedidos ambíguos. Por exemplo, na seguinte carta grega em papiro, o autor pede "assistência geral": "Fazes bem, então, se cuidas dele em tudo o que te pedir. Pois este é um favor que me fazes. E escreve-me também para qualquer fim".[12]

Essas generalidades e ambigüidades podem ter sido intencionais. Pode ser que o escritor tenha querido "deixar ao destinatário larga margem para interpretar o pedido de um modo adequado a seus interesses e dignidade".[13] Então prevaleciam pedidos gerais de "ajuda" ou "apresentação", deixando ao destinatário os "meios e métodos" de dar essa ajuda como uma questão de bom "decoro" nas cartas de recomendação.[14]

As cartas de recomendação de Plínio contêm muitos pedidos genéricos. Em *Ep.* 10.87, recomenda a Trajano o filho de um amigo de longa data com um pedido genérico: "Que ele está à altura de qualquer honra que acharás adequado conferir-lhe" (10.87.3). Plínio também deixa as opções em aberto para a aquiescência do imperador.

Apesar disto, em muitos casos, os autores das cartas fazem também pedidos específicos a seus destinatários. Por exemplo, em *Ad Fam.* 13.29, Cícero pede a intervenção direta de Plancus na questão de uma herança devida a Capito:

> Agora eu te peço, meu caro Plancus, em nome de nossa ligação hereditária, de nossa mútua afeição, de nossos interesses comuns, e da estreita semelhança de nossas vidas ... que não poupes nenhum esforço, nenhum empenho, para fazer que, mediante a minha recomendação, a tua atenção e a gentileza de César, Capito seja bem sucedido em sua reivindicação da herança do seu parente (13.29.5).

Portanto, a promoção financeira, social e política constituía os tipos específicos de pedidos feitos com freqüência pelos escritores de recomendação literária; por exemplo, Fronton faz este pedido de promoção:

> A Aegrilius Plarianus, saudações. Recomendo-lhe com toda a cordialidade possível Julius Aquilinus, homem – se tens alguma fé no meu julgamento – muito instruído, muito eloqüente. (...)Um homem tão instruído e tão culto deve, naturalmente, encontrar, da parte de uma pessoa do teu caráter sério e da tua sabedoria, não apenas proteção, mas promoção e honra [*provehi et illustrari*] (*Ad Am.* 1.4).

---

[12] P. Mich. 33 (século III antes da Era Comum), reproduzido em Kim, *Form and Structure*, p. 169. Kim enumera outros textos que pedem semelhante "assistência geral" (p. 65-77).
[13] Cotton, *Documentary Letters*, p. 30.
[14] Id., 30-31: "Era considerado recomendável e delicado deixar tão vago quanto possível" (p. 31).

Assim, a promoção na carreira era um pedido essencial em muitas das cartas romanas de recomendação. Conforme exemplificado por Cícero, Plínio e Fronton, as cartas romanas tinham sua razão de ser na promoção social e política de amigos, clientes e protegidos das elites patronais no sistema hierárquico social romano. Além disso, esses amigos e protegidos que eram recomendados em geral já tinham posições em algum lugar da hierarquia. A recomendação ajudava a elevá-los mais no sistema. Isto também ajudava seus patronos a manter e aumentar suas honrosas reputações, porque podiam colocar tantos de seus pupilos em posições de poder.

Conclusão

Demonstrei que nos papiros gregos e, especialmente, nas recomendações literárias romanas, as características e as qualidades dos indivíduos recomendados são bastante semelhantes. Ademais, a maioria dos indivíduos recomendados tem alguma associação de riqueza significativa, nobres origens familiares, ou prévia experiência adequada no sistema romano que reforça suas qualidades pessoais de integridade, lealdade e patriotismo (serviço ao império).

Não obstante, o aspecto mais crucial nessas recomendações refere-se às conexões e ligações das partes envolvidas na recomendação. Quem é que as pessoas recomendadas conheciam e como elas serviam àqueles que conheciam? A pessoa que as recomendava era invariavelmente um amigo, um colega político ou alguém ao qual o destinatário da carta devia algum tipo de obrigação. Numa palavra, quem recomendava era um patrono.

Portanto, o pano de fundo das recomendações era de fato o patronato. As relações de patronos para com clientes eram o contexto social do qual emergiam as cartas de recomendação.

Nossa tarefa agora é estudar a recomendação nas cartas do apóstolo Paulo à luz desses fenômenos de patronato e *status* na sociedade greco-romana conforme exemplificada nas cartas romanas de recomendação. A estrutura da recomendação, a dinâmica social, os benefícios da recomendação e aspectos do caráter devem ser analisados em várias passagens paulinas de recomendação. Precisamos ver como a recomendação funciona como um fator para esclarecer a conjuntura global das cartas que contêm tal recomendação. Vou falar também do papel do patronato na recomendação paulina.

PARTE II. A RECOMENDAÇÃO EM PAULO

O apóstolo Paulo faz uma de suas poucas afirmações explícitas a respeito da recomendação na Segunda Carta aos Coríntios:

Começaremos de novo a nos recomendar? Ou será que, como alguns, precisamos de cartas de recomendação para vós ou da vossa parte? Nossa carta sois vós, carta escrita em vossos corações, reconhecida e lida por todos os homens. Evidentemente, sois uma carta de Cristo, entregue ao nosso ministério, escrita não com tinta, mas com o Espírito de Deus vivo, não em tábuas de pedra, mas em tábuas de carne, nos corações (2Cor 3,1-3).[15]

Assim Paulo reivindica independência da necessidade de cartas de recomendação. O fato de uma comunidade de fé ter se formado na cidade de Corinto sob sua direção deveria bastar para recomendá-lo. A igreja coríntia é a "carta de recomendação" de Paulo (ver συστατικῶν ἐπιστολῶν, *systatikōn epistolōn*, em 2Cor 3,1).

Porém, apesar de distanciar-se da convenção da recomendação, Paulo oferece uma auto-recomendação do seu ministério em 2Cor 3,4-6,13. Por causa da presença de chefes rivais em Corinto, que manifestamente possuíam cartas de recomendação, Paulo sentiu-se obrigado a defender seu ministério.[16] Além disso, Paulo também recomenda em suas cartas outros líderes de modos significativos em vários postos-chave, ainda que afirme: "não são os que se recomendam a si mesmos que são aprovados, mas quem Deus recomenda" (2Cor 10,18).

A estrutura da recomendação paulina

Em seu estudo das cartas gregas de recomendação, Chan-Hie Kim identificou sete passagens de recomendação nas cartas de Paulo: Rm 16,1-2; 1Cor 16,15-16.17-18; Fl 2,29-30; 4,2-3; 1Ts 5,12-13a; e a Carta a Filêmon, a única carta de recomendação completa no *corpus* paulino.[17]

Como as cartas greco-romanas de recomendação, as recomendações paulinas têm uma forma discernível, embora – por estarem as passagens paulinas de recomendação, exceto Filêmon, dentro de cartas maiores – sua estrutura seja simplificada em comparação com as cartas greco-romanas. As recomendações paulinas têm (1) uma introdução mencionando a(s) pessoa(s) recomendada(s); (2) as credenciais que recomendam esses indivíduos; e (3) a explicitação da ação solicitada aos leitores da recomendação.[18]

A seguir, analiso, em vários graus de detalhe, cinco exemplos de recomendação em Paulo, que a meu ver são os melhores exemplos de recomendação paulina na forma e no conteúdo: 1Ts 5,12-13; 1Cor 16,15-16.17-18; Fl 2,29-30;

---

[15] Esta e todas as referências bíblicas seguintes são da *Bíblia de Jerusalém*, a não ser que se mencione outra tradução.
[16] Ver detalhes desta auto-recomendação em Efrain Agosto,"Paul's Use of Greco-Roman Conventions of Commendation" (Dissertação de Doutorado. Boston University, 1996), p. 122-38.
[17] Kim, *Form and Structure*, p. 120.
[18] Id., p. 126. Kim também colocou as passagens sobre recomendação dentro da estrutura formal do conjunto da carta paulina. Seguindo a obra de Robert Funk a respeito das seções sobre a *"parusia* apostólica" nas cartas de Paulo, Kim mostrou que os textos paulinos de recomendação costumavam seguir as comunicações de Paulo de seus planos de viagem e/ou dos planos de viagem de seus companheiros e enviados. Na maioria das cartas de Paulo, esses planos de viagem e essas recomendações são seguidos da última exortação e dos temas finais (id., p. 120-23); cf. Robert Funk, "The Apostolic *Parousia*: Form and Significance", em *Christian History and Interpretation: Studies Presented to John Knox* (ed. W. R. Farmer, C. F. D. Moule e R. R. Niebuhr; Cambridge: Cambridge University Press, 1967), p. 249-68.

e Rm 16,1-2. Na seção final deste ensaio, indico simplesmente duas outras recomendações formais de Paulo, a Carta a Filêmon e a passagem recomendando Evódia e Síntique em Fl 4,2-3. Aí vou mencionar também certos textos paulinos nos quais, embora formalmente distintos dos textos de recomendação, contêm no entanto elementos de recomendação.[19]

O estudo das passagens paulinas de recomendação nesta seção descreve brevemente o contexto imediato de cada perícope e seu lugar no assunto da carta em questão. Indico os aspectos de recomendação nela existentes: (1) como Paulo identifica os chefes, inclusive a dinâmica entre as várias partes envolvidas (Paulo, o destinatário da carta, as pessoas recomendadas); (2) os critérios (aspectos do ēthos) que ele invoca para recomendá-las; e (3) o pedido específico de recomendação que faz a seus leitores.

1 Tessalonicenses 5,12-13. Paulo coloca o texto de 1Ts 5,12-13, que trata da recomendação, no começo da sua exortação final nesta carta a uma comunidade conflituosa. Porém, ao invés de material parenético geral, Paulo tem em mente certas necessidades específicas da situação dos tessalonicenses, inclusive a necessidade de reconhecer os chefes da comunidade. Para estes, serve-se da recomendação.

Paulo pede reconhecimento para pessoas que ele identifica, não pelo nome, mas pelas suas funções, descritas por meio de três particípios presentes ativos: κοπιῶντας, *kopiōntas*; προϊσταμένους, *proistamenous*; e νουθετοῦντας, *nouthetountas* (5,12). Paulo usa apenas um artigo (τούς, *tous*: "aqueles que") para todos os três particípios. Por isso provavelmente ele tem em vista um só grupo de pessoas que exercem essas três atividades e não três diferentes grupos de pessoas, cada um exercendo um cargo diferente.[20] Esses indivíduos desempenham atividades ou serviços em favor da comunidade eclesial em Tessalônica, como é demonstrado pelos pronomes da segunda pessoa do plural que seguem cada um dos particípios (ἐν ὑμῖν, *en hymin*; ὑμῶν, *hymōn*; e ὑμᾶς, *hymas* – "em" ou "entre vós").

A maioria das recomendações paulinas, como as recomendações greco-romanas, menciona os indivíduos que estão sendo recomendados. 1Ts 5,12 é uma exceção. Os particípios, que dão as credenciais dos recomendados, também apresentam sua identidade. Não usando nomes, Paulo provavelmente tencionava generalizar sua recomendação. Embora tenha em mente indivíduos específicos, e os outros membros da igreja saibam quem são, ele quer encorajar outros na comunidade a participar da obra da igreja.

Paulo usa com freqüência palavras afins a κοπιῶντες, *kopiōntes* ("aqueles que se afadigam"), especialmente o substantivo κόπος, *kopos*, com referência ao

---

[19] Ver Margaret M. Mitchell, "New Testament Envoys in the Context of Greco-Roman Diplomatic and Epistolary Conventions: The Example of Timothy and Titus", *JBL* 111 (1992): p. 641-62, especialmente p. 647-50 n. 32, que observa a sobreposição entre os textos sobre recomendação e os textos sobre envio. Ver também meu estudo das passagens sobre envio que recomendam os companheiros de Paulo, em "Paul's Use of Greco-Roman Conventions", p. 196-223.

[20] A maioria dos comentadores concorda neste particular, seguindo Ernest Best, *A Commentary on the First and Second Epistles to the Thessalonians* (Harper's New Testament Commentaries, reimpr. Peabody, Mass.: Hendrickson, 1988), p. 118.

ministério em geral e o pesado trabalho do ministério em particular (cf. 1Ts 1,3; 2,9; 3,5), tanto para o seu ministério como para o de seus companheiros e outros operários itinerantes e missionários (cf. 1Cor 15,10; Gl 4,11; Fl 2,16). Além disso, Paulo também emprega *kopos* quando se refere ao trabalho de membros das igrejas locais (cf. 1Cor 16,16; Rm 16,6.12). Ainda que não possamos determinar pelo próprio termo a qual aspecto específico da obra da evangelização Paulo se refere, a ênfase na tradução mais freqüente de *kopos* – "trabalho *pesado*" – está no *esforço* daqueles que trabalham pelo evangelho.[21]

Com efeito, o esforço no seu trabalho pelo evangelho ajuda a estabelecer o *ēthos* dos operários do evangelho. Por exemplo, em 1Ts 2,1-12, Paulo especifica os sofrimentos (2,2), a integridade (2,3-6), o cuidado (2,7-8.11) e o duro trabalho (2,9) que ele e seus companheiros enfrentaram por causa dos tessalonicenses. Diante da possível oposição aos missionários por causa da sua prematura partida (2,17-18), Paulo deve restabelecer o *ēthos* deles na mente dos tessalonicenses. O trabalho duro é um ingrediente essencial num caráter aceitável. Encontramos semelhante ênfase no trabalho duro em várias cartas romanas de recomendação: "O homem é um trabalhador incansável, vigoroso, de uma natureza livre e liberal, patriota..." (Fronton, *Ad Am.* 1.3). Assim, κοπιῶντας, *kopiōntas* – aqueles que se afadigam – em 1Ts 5,12 exprime o "trabalho duro" de certas pessoas dentro da comunidade eclesial. Para Paulo, o trabalho duro deles ilustra um *ēthos* recomendável.

Paulo usa o segundo particípio, προιστμένους, *proistamenous*, e termos afins, com menor freqüência em seus escritos. De fato, o termo é raro em todo o Novo Testamento. Ademais, é difícil defini-lo com precisão. *Proistamenous* é o particípio presente ativo do verbo προιστημι, *proistēmi*, que significa literalmente "locar primeiro" e, por conseguinte, com freqüência refere-se aos que "presidem" ou "chefiam."[22] Por isso, a tradução inglesa NRSV interpreta assim o termo em 1Ts 5,12: "os que estão encarregados de vós." No entanto, este verbo tem um sentido derivado – e igualmente freqüente – : "preocupar-se com" ou "cuidar de", "ajuda". Em Rm 12,8, Paulo fornece uma lista de dons, inclusive o do προιστάμενος, *proistamenos*. Este último aparece entre "os que distribuem os bens" e "os que exercem misericórdia". O contexto imediato indica, pois, que os *proistamenoi* são os que cuidam de modo especial da igreja.

O outro lugar importante onde aparece um derivado de *proistēmi* é Rm 16,2. Todavia, como veremos depois, o uso da forma substantiva προστάτις, *prostatis*, tem mais claras conotações de liderança com seu freqüente aparecimento na literatura da época, com referência a um "patrono" ou (menos freqüentemente) a uma "patrona". Por isso a tradução NRSV refere-se a Febe em Rm 16,1-2 com

---

[21] Assim I. H. MARSHALL, *1 and 2 Thessalonians* (New Century Bible Commentary; Grand Rapids: Eerdmans, 1983), p. 147.

[22] Ver "προίστημι *(proistēmi)*". BDAG 707, e Bo REICKE, "προίστημι, *(proistēmi)*". *TNDT* 6: p. 700-703. Ver também James WALTERS, "'Phoebe' and 'Junia(s)'- Rom 16:1-2,7", em *Essays on Women in Earliest Christianity* (editado por Carroll D. Osburn. Vol. 1. Joplin, Mo.: College Press, 1993), esp. p. 177-79, que mostra a conexão dos sentidos básicos (ajudar e chefiar) às tarefas do patrocínio.

o termo "benfeitora" da igreja e de Paulo, e não com o termo "auxiliar", como na tradução RSV.²³

O contexto da forma verbal em 1Ts 5,12 indica uma ênfase no serviço e na função de cuidar e de oferecer auxílio, mais do que na identificação da pessoa como alguém que tem um cargo. Paulo em 1Ts 5,12-13 recomenda esses "que cuidam" "em razão do trabalho deles". Não obstante, o serviço deles resulta em seu reconhecimento como dirigentes (5,13a): "Na maioria dos casos *proistēmi* parece ter o sentido de (a) 'dirigir', mas o contexto mostra em cada caso que se deve levar em conta também o sentido (b) 'cuidar'. Isso se explica pelo fato de que cuidar era a obrigação dos membros dirigentes da igreja nascente".²⁴

Por conseguinte, esse texto introduz uma fórmula que Paulo repetirá muitas vezes em suas recomendações: o serviço à igreja resulta em recomendação e reconhecimento.

O terceiro particípio, νουθετοῦντας, *nouthetountas*, vem do verbo νουθετέω, *noutheteō*, que significa "instruir, ensinar" ou "aconselhar".²⁵ Em 5,14, Paulo pede à comunidade toda, e não só aos chefes, que "admoestem os indisciplinados [νουθετεῖτε τοὺς ἀτάκτους, *noutheteite tous ataktous*]". Talvez Paulo recomende um grupo particular de *operários* na igreja em 5,12 porque os "que não trabalham" ou "preguiçosos" resistem à direção, à instrução e à advertência dos *nouthetountoi*. Paulo primeiro apóia a liderança destes últimos (5,12-13) e depois encoraja a comunidade toda a endireitar o caminho obstinado dos *ataktoi* ("preguiçosos"; 5,14).²⁶

Em todo caso, com esses três particípios, 1Ts 5,12 identifica um grupo no seio da igreja tessalonicense: os que trabalham pesado, os que cuidam da comunidade e os que a instruem e admoestam. Ademais, os particípios indicam as credenciais que recomendam esses indivíduos: seu trabalho, cuidado e a admoestação da comunidade os recomendam. Essas funções demonstram seu *ēthos*. Mais ainda: as pessoas que exercem essas funções provavelmente emergem como líderes por causa do seu serviço. "Todo grupo logo produz líderes naturais e não há razão para duvidar que eles tenham aparecido em Tessalônica durante o tempo de Paulo ou logo depois que ele partiu".²⁷ Para aqueles que demonstraram

---

²³ De modo semelhante, a NRSV muda o sentido de προιστάμενος ἐν τῇ παρακλήσει ἐν σπουδῇ, *proistamenos en tē paraklēsei en spoudē*, em Rm 12,8: em vez de "quem dá auxílio, com zelo" (RSV), coloca "o líder, em diligência". Porém, o contexto imediato requer "aqueles que ajudam" ou "aqueles que dão auxílio", como na RSV. Todavia, veja WALTERS, "'Phoebe' and 'Junia(s)'", p. 178, que relaciona o termo com o patrocínio: "O *proistamenos* não é aquele que 'governa', mas aquele que 'protege' os interesses dos socialmente vulneráveis, um patrono".
²⁴ REICKE, "*proistēmi*", p. 701. Para uma conclusão semelhante, ver F. F. BRUCE, *1 & 2 Thessalonians* (WBC 45; Waco, Tex.: Word, 1982), p. 119, o qual escreve: "O verbo *proistasthai* combina as idéias de liderar, proteger e cuidar". BEST, *Commentary on the First and Second Epistles*, p. 225, defende vigorosamente o sentido "cuidar de", porque contrasta bem com o próximo particípio νουθετοῦντας, *nouthetountas* – "admoestar". Na opinião de Best, o elemento liderança é um dos vários aspectos do "cuidado" que está sendo pedido, mas não o predominante.
²⁵ Ver "νουθετέω, (*noutheteō*)", BDAG 544.
²⁶ Ver Robert JEWETT, *The Thessalonian Correspondence: Pauline Rhetoric and Millenarian Piety* (Filadélfia: Fortress Press, 1986), p. 5-18, 168-78.
²⁷ BEST, *Commentary on the First and Second Epistles*, 227. Ver também BRUCE, *1 & 2 Thessalonians*, p. 120-21.

um trabalho duro, cuidado e vigilância pela jovem comunidade, Paulo dá apoio por meio da recomendação.

Paulo apresenta sua recomendação com dois verbos de petição: ειδέναι, *eidenai* ("reconhecer"), em 5,12 e ἡγεῖσθαι, *hēgeisthai* ("estimar"), em 5,13. Com *eidenai*, Paulo destaca a necessidade de *reconhecimento* do trabalho desses líderes eclesiásticos locais. Com *hēgeisthai*, não apenas cabe à igreja reconhecer o trabalho desses indivíduos, mas também tê-los em grande consideração. Paulo ainda acrescenta o advérbio ὑπερεκπερισσοῦ, *hyperekperissou* ("com toda sinceridade," "muito altamente realmente"), para destacar o respeito e a afeição a ser demonstrada a essas pessoas. Paulo exorta a comunidade a "ter na mais alta consideração" ou "respeitar sem medida" esses operários da igreja. Com outras palavras, Paulo espera honra para eles.

Ademais, a comunidade deve ter esta elevada consideração por seus chefes ἐν ἀγάπῃ, *en ágape* ("em amor"), isto é, com o tipo de amor desinteressado que Paulo espera dos fiéis. Isto combina com 5,12, que diz que os chefes trabalham na comunidade e cuidam dela "no Senhor [ἐν κυρίῳ, *en kyriō*]". Paulo esclarece que o trabalho dos chefes locais é exercido sob a autoridade do Senhor da Igreja, Jesus Cristo, e a comunidade corresponde a este trabalho com a consideração e a honra adequadas expressas no amor.

Em muitos casos, os autores das cartas romanas de recomendação buscavam promoção social ou política para seus clientes. Fronton solicitou "não só proteção mas também promoção e honra" para Julius Aquilinus (*Ad Fam.* 1.4). Paulo pede reconhecimento e honra para os chefes tessalonicenses, mas ele não indica preocupação com promoção na hierarquia.

Assim, a recomendação de Paulo tem elementos da recomendação greco-romana: os chefes são identificados (pelo menos pelo trabalho que fazem), suas credenciais (*ēthos*) são descritas, e a honra é solicitada. Além disso, um "senhor" ou "patrono" está envolvido. Contudo, Paulo distingue de certa forma suas recomendações: o Senhor é Cristo; então o amor altruísta, e não a procura individual de *status* ou honra, deve prevalecer.

Paulo conclui esse trecho de recomendação indicando a razão pela qual os tessalonicenses devem honrar seus chefes: διὰ τὸ ἔργον αὐτῶν, *dia to ergon autōn* ("por causa do seu trabalho"). O trabalho dos chefes em favor da comunidade tessalonicense motiva essa recomendação. Paulo solicita a mais elevada consideração para com eles "por causa do que fazem".[28] Nas cartas de recomendação greco-romanas, o patronato e a amizade justificavam a recomendação. Por exemplo, Cícero usa sua influência sobre o destinatário da carta para requerer benefícios patronais para si mesmo e para a pessoa recomendada:

> Por essa razão eu te peço com excepcional diligência, já que em vista de nossa estreita ligação é teu dever mostrar a meus amigos tanto respeito quando o teu próprio, admitir esse cavalheiro à tua especial amizade de tal

---

[28] Conforme a tradução de Best, *Commentary on the First and Second Epistles*, p. 228.

modo a convencê-lo de que nada poderia ter sido de maior serviço ou de maior distinção para ele do que a minha recomendação (*Ad Fam.* 13.49).

Para Paulo, é o serviço aos leitores dessa carta, e não a promoção numa rede de patronato, que constitui o *ēthos* e gera o endosso para a consideração como um líder.

Paulo emprega a convenção da recomendação em 1Ts para tratar das necessidades e problemas da igreja à qual a carta era escrita. Um certo grupo de indivíduos na igreja tem respondido às necessidades desta com significativo esforço, cuidado e instrução. Esse trabalho eficaz e cuidadoso chamou a atenção do fundador da comunidade, que estava longe mas, não obstante, ficou sabendo desses esforços por meio de seu enviado (1Ts 3,1-10). Por isso, dentro de uma carta mais ampla de encorajamento à comunidade inteira, Paulo endossa o serviço atencioso desses chefes que surgiram naturalmente, para que continuem fazendo a obra que já estão fazendo em favor da igreja.

Ao mesmo tempo, Paulo parece encorajar, com essa recomendação, uma visão particular da liderança, a saber, aqueles que trabalham, chefiam. Essa visão provavelmente animou outros a participar do trabalho da igreja, porque Paulo oferece o reconhecimento como um benefício aos que servem a igreja de modos semelhantes. Com efeito, não chamando os chefes pelo nome especificamente, Paulo abre a participação e portanto o reconhecimento para outros. Deste modo, Paulo procura solidificar e construir a jovem comunidade. A recomendação exerce um papel essencial nesse esforço. Ajuda também a restaurar a confiança dos membros da igreja no seu fundador ausente. "Existem chefes aos quais se deve confiança por causa do seu trabalho, do mesmo modo que a nós é devida confiança por causa do nosso." Assim, Paulo recebe benefícios de uma reação positiva a essa recomendação. As questões a respeito de sua própria chefia são abrandadas indicando líderes locais comparáveis.

1 Coríntios 16,15-18. Um segundo grupo de recomendações, ambos em 1Cor 16,15-18, segue um padrão semelhante ao de 1Ts 5,12-13. Embora situadas numa posição epistolar bastante tradicional no fim da carta, antes das saudações finais e da bênção (16,19-23), as recomendações de Paulo em 1Cor têm uma importância estratégica na sua resposta aos problemas de discórdia em Corinto. No começo da carta, Paulo havia mencionado as pessoas recomendadas, Estéfanas e sua família, como pessoas que foram batizadas por ele no início da história da Igreja (1,16). Em 1,12-17, procurou minimizar a importância desses batismos, ressaltando a unidade da comunidade em Cristo (1,13-15), em vez das ligações a chefes individuais (por exemplo, Paulo, Apolo ou Cefas, 1,12-13), manifestamente uma fonte de discórdia.[29] Porém, aquela primeira menção de Estéfanas prepara estrategicamente a segunda, nas recomendações de 1Cor 16,15-18. Nessa última

---

[29] Ver Stephen Pogoloff, *Logos and Sophia: The Rhetorical Situation of 1 Corinthians* (SBLDS 134: Atlanta: Scholars Press, 1992), p. 106-8, o qual afirma que a referência ao batismo (1Cor 1,13-17) funciona em 1Cor como um exemplo da retórica de Paulo contra as divisões.

passagem, Paulo agora louva Estéfanas e sua família por seu serviço à igreja. Essa recomendação de Estéfanas e companheiros ajuda também Paulo em seus esforços para dar unidade à igreja coríntia em torno das questões de liderança. Em Estéfanas, Paulo encontrou alguém digno de reconhecimento como chefe.

1Cor 16,15-18 tem uma construção incomum, que demonstra a "ênfase singular de Paulo em Estéfanas":[30] "Ainda uma recomendação, irmãos: conheceis [οἴδατε, *oidate*] a família de Estéfanas, que são [ἀπαρχή, aparchē, "as primícias"] da Acaia; e que ao serviço [εἰς διακονίαν, *eis diakonian*] dos santos se devotaram [ἔταξαν ἑαυτούς, *etaxan heautous*]" (16,15).

A passagem começa, como 1Ts 5,12-13, com um típico verbo paulino que anuncia o começo de uma parênese, neste caso, παρακάλω, *parakalō*. Todavia, não se lê o infinitivo complemento de *parakalō* até o v. 16: "Eu vos recomendo [v. 15]... tende deferência para com pessoas de tal valor (...) [v. 16]". Entre o verbo da exortação e a exortação mesma, Paulo oferece as razões para recomendar Estéfanas. A primeira é que a comunidade conhece Estéfanas e sua família. Paulo muitas vezes usou a família greco-romana (a οἶκος, *oikos*) como ponto de partida para suas igrejas.[31] Chefes de família como Estéfanas, Filêmon, Prisca e Áquila (cf. 1Cor 16,19 e Rm 16,3-5a), e Gaio (Rm 16,23) hospedam Paulo em suas casas e/ou viajam em nome dele. Por isso, junto com Febe (Rm 16,1-2; ver abaixo) eles parecem ser patronos ou patronas do trabalho de Paulo. Este depende deles para o sucesso do seu ministério.[32]

Então Paulo recomenda Estéfanas e sua família como os "primeiros frutos" (ἀπαρχή, *aparchē*) ou "primeiros convertidos" do seu trabalho em Corinto. O uso da metáfora *aparchē* provavelmente significa também que Paulo espera resultados positivos ("fruto") dos convertidos do início.

Paulo também recomenda Estéfanas e companheiros por sua διακονία, *diakonia*: "eles se devotaram ao serviço dos santos". O verbo (τάσσω, *tassō*) tem vários significados afins, todos com a idéia de estabelecer alguém "num lugar fixo" ou em determinada posição ou ofício.[33] Quando usado com uma preposição, o termo assume conotações de autoridade: "*tassein tina epi tinos* – colocar alguém sobre [ou] encarregado de alguém ou de alguma coisa".[34] Por exemplo, Paulo usa

---

[30] Gordon Fee, *The First Epistle to the Corinthians* (NICNT; Grand Rapids: Eerdmans,1987), p. 828-9.
[31] Sobre as igrejas domésticas paulinas, ver os estudos de Abraham Malherbe, *Social Aspects of Early Christianity* (2ª ed.; Filadélfia: Fortress Press, 1983), p. 60-91; e Robert Banks, *Paul's Idea of Community: The Early House Churches in their Historical Setting* (Grand Rapids: Eerdmans, 1980). A edição revisada de Banks (Peabody, Mass.: Hendrickson, 1994) amplia a reflexão sobre outras dinâmicas com relação à comunidade paulina e limita o estudo principal das igrejas domésticas às páginas p. 26-36.
[32] Sobre este ponto, ver Wayne Meeks, *The First Urban Christians: The Social World of the Apostle Paul* (New Haven e Londres: Yale University Press, 1983), p. 51-73. Entre outros que tratam da função dos chefes de família na liderança da igreja, cito Gerd Theissen, *The Social Setting of Pauline Christianity: Essays on Corinth* (ed. e trad. John H. Schütz, Filadélfia: Fortress Press, 1982), p. 83-99; e Bengt Holmberg, *Paul and Power: The Structure of Authority in the Primitive Church as Reflected in the Pauline Epistles* (Filadélfia: Fortress Press, 1980), p. 99-109. Com base nesses estudos, Charles Wanamaker, *Commentary on 1 and 2 Thessalonians* (NIGTC; Grand Rapids: Eerdmans,1990), p. 193-96, argumenta em favor da teoria de um "chefe de família como líder" com relação aos líderes recomendados em 1Ts 5,12-13. Uma argumentação mais forte pode ser feita em favor de Estéfanas em 1Cor 16.
[33] Ver BDAG 805.
[34] BDAG 806.

o particípio passivo do verbo τεταγμέναι, *tetagmenai*) com referência à indicação por Deus das autoridades do governo (Rm 13,1). Porém, a forma reflexiva tem um sentido de auto-nomeação, geralmente por meio de ativa demonstração, tal como o trabalho ou o serviço. Por exemplo, na *República* de Platão (2.371C) e na *Memorabilia* de Xenofonte (2.1.11), uma forma de τάσσω ἑαυτούς, *tassō heautous*, está relacionada com δουλεία, *douleia*, ou διακονία, *diakonia*. Então, "nomear-se a si mesmo" é "devotar-se ao serviço".

É este sentido de devotamento ao ministério ou serviço da igreja comunidade ("os santos" – v. 15) que Paulo cita como um critério para sua recomendação no v. 16. Ele não dá mais detalhes sobre a natureza desse serviço. Paulo e os coríntios sabem o que essa *diakonia* representa no caso de Estéfanas. Paulo é até mais genérico que em 1Ts 5,12-13, onde ele descreve pelo menos três aspectos de serviço (afadigar-se, cuidar da comunidade e instruir ou admoestar). No entanto, 1Cor 16,15-16 ecoa o mesmo sentido de recomendação baseado no serviço à comunidade como 1Ts 5,12-13. Um comentador sugere que "o apelo deste breve parágrafo (v. 15-18) (...) tem seu precedente em 1Ts 5,12-14".[35]

O pedido de recomendação em 1Cor 16,15-16 denota outros paralelos a 1Ts 5,12-13. Paulo emprega linguagem semelhante em ambos os pedidos: "Eu vos recomendo [do v. 15] (...) que [ἵνα, *hina*] tenhais deferência [ὑποτάσσησθε, *hypotassēsthe*] para com tais pessoas [τοιούτοις, *toioutois*] e para com todos os que colaboram [συνεργοῦντι, *synergounti*] e se afadigam [κοπιῶντι, *kopiōnti*]" (1Cor 16,16). Em 1Ts 5,12, Paulo solicitou reconhecimento para com aqueles que se afadigavam (κοπιῶντας, *kopiōntas*) na igreja, e pediu honra para eles "por causa do trabalho deles [ἔργον, *ergon*]" (5,13). Em 1Cor, Paulo usa a mesma estrutura geral e a mesma linguagem, mas com um verbo de petição mais forte, "sede submissos" (ὑποτάσσησθε, *hypotassēsthe*), e um apelo para que apóiem todos esses operários.

O verbo ὑποτάσσω, *hypotassō*, aparece freqüentemente em Paulo com relação à submissão ou sujeição a Deus, à Lei, à vontade de Deus (1Cor 15,27-28; Rm 8,7; 10,3), às autoridades do governo, ou aos profetas da igreja (Rm 13,1; 1Cor 14,32). Contudo, só em 1Cor 16,16 o termo é usado com referência à relação entre a comunidade da igreja e os que a servem.[36] O sentido de 16,16 é que, porque esses operários como Estéfanas e sua família se devotaram (ἔταξαν ἑαυτούς, *etaxan heautous*) a tal serviço pela comunidade, esta deve responder na mesma moeda (καὶ ὑμεῖς, *kai hymeis* – "vós também") e "pôr-vos a serviço [ὑποτάσσησθε, *hypotassēsthe*] destas pessoas".

Este jogo de palavras com τάσσω, *tassō*, e ὑποτάσσω, *hypotassō*, reflete reciprocidade e exemplificação.[37] Porque Estéfanas e sua família serviram à

---

[35] Fee, *First Epistle to the Corinthians*, p. 828.
[36] Cf. id., 830.
[37] Exemplificação refere-se a seguir o exemplo de outros. Na retórica antiga, os exemplos (*exempla*) ajudavam a corroborar um determinado argumento. Paulo se serve de seus colaboradores e associados como exemplos de boa liderança. Ver J. P. Sampley, *Walking between the Times: Paul's Moral Reasoning* (Minneapolis: Fortress Press, 1991), p. 88-91.

comunidade, a comunidade deve do mesmo modo servir a eles. Paulo coloca a família de Estéfanas como um exemplo a ser seguido pelos outros quando ele recomenda "todos os que colaboram e se afadigam" pela Igreja "com eles" (16,16c). Afirma que todos os que seguem o exemplo de serviço dado por Estéfanas e seus companheiros merecem o reconhecimento solicitado para eles.

Paulo repete as mesmas idéias numa segunda recomendação (1Cor 16,17-18), que tem identificações mais específicas, credenciais adicionais, e uma outra solicitação que convida à exemplificação.[38] Em 16,17-18, recomenda Estéfanas, Fortunato e Acaico, que estão junto dele: "Regozijo-me [χαίρω, chairō] pela vinda [παρουσία, parousia] de Estéfanas ..." (16,17a). Paulo usa com freqüência chairō para introduzir uma nova seção. Além disso, numa variedade de cartas do Novo Testamento e em papiros, o verbo simplesmente expressa a alegria pela chegada de visitantes.[39] Então, Paulo muda o enfoque de 1Cor 16,17-18, da recomendação de Estéfanas e de sua casa em geral, para a celebração da sua atual presença junto dele.

O objetivo principal de Paulo em 16,17-18 é mostrar apoio aos que o apóiam. A presença deles junto de Paulo e o efeito desta presença torna-se um outro motivo de recomendação. Esses representantes da igreja trazem alegria ao apóstolo (v. 17a). Eles preenchem o vazio (ἀνεπλήρωσαν, aneplērōsan) produzido pela ausência de todos os coríntios e das notícias dos coríntios (ὑμέτερον ὑστέρημα, hymeteron hysterēma) (v. 17b). Afinal, esta era uma igreja fundada por ele e um povo por ele nutrido por algum tempo ainda. Estéfanas e os outros "tranqüilizaram" ou "aliviaram" (ἀνέπαυσαν, anepausan, v. 18a) o "espírito" de Paulo como alguém que é "então visitado por amigos de longa data na fé".[40]

Ademais, Paulo indica um outro testemunho de que Estéfanas e os outros exercem esse ministério da "tranqüilização". Depois da afirmação de que eles tranqüilizaram seu espírito, Paulo acrescenta καί, kai, το ὑμῶν, hymōn – "e também o vosso" (v. 18). Portanto, mais uma vez, o serviço à comunidade como um todo recomenda Estéfanas e seus colegas. Seja em Corinto, seja com Paulo, esses indivíduos trazem alegria e tranqüilizam os espíritos.

De novo Paulo utiliza a exemplificação nesta segunda recomendação. Ele encoraja o reconhecimento do valor de Estéfanas e de seus colegas, citando-os como exemplos para os outros seguirem: "Sabei apreciar [ἐπιγινώσκετε, epiginōskete], portanto, pessoas *de tal valor* [τοὺς τοιούτους, tous toioutous]" (16,18b, o grifo é nosso). Numa igreja cheia de contendas, é importante ter modelos que possam trazer alegria e tranqüilidade. Este *ēthos* recomenda Estéfanas, Fortunato e Acaico. Então Paulo solicita reconhecimento para eles e que os outros na comunidade os tomem como modelos.[41]

---

[38] Porque a estrutura – identificação, credenciais, pedido – se repete, Kim (*Form and Structure*, p. 130) escreve: "1Cor 16,15-18 tem duas passagens de recomendação que aparecem juntas".
[39] Ver id., p. 130-31.
[40] Fee, *First Epistle to the Corinthians*, p. 832.
[41] Ver Sampley, *Walking between the Times*, p. 90. Cf. Margaret M. Mitchell, *Paul and the Rhetoric of Reconciliation: An Exegetical Investigation of the Language and Composition of 1 Corinhians* (Louisville: Westminster John

Por isso, na primeira recomendação (16,15-16), Paulo cita o serviço e o trabalho de Estéfanas e de sua família em favor da igreja coríntia. No seu serviço à igreja, eles dão exemplos do tipo de indivíduos que Paulo recomenda e que os outros deveriam emular. Na segunda recomendação (16,17-18), Paulo passa a focalizar a atual presença junto dele de Estéfanas e de dois outros indivíduos de Corinto, Fortunato e Acaico. Assim, Estéfanas e os outros são dignos de recomendação onde quer que vão. Sua presença traz alegria e tranquilidade ao apóstolo sobrecarregado. Este aspecto do seu *ēthos* deveria ter um semelhante impacto na comunidade coríntia. Paulo enfatiza o trabalho e o caráter de líderes exemplares nessas duas recomendações. Desafia os outros a seguir o mesmo modelo.

A fadiga e o caráter exemplar ressaltam os critérios de liderança citados por Paulo nessas passagens de recomendação de 1Ts e 1Cor. Ambos os grupos de chefes demonstraram à comunidade o seu valor pelo serviço a suas comunidades. Em Tessalônica, a fadiga e o cuidado pela comunidade eclesial caracterizavam esse serviço; em Corinto, era Estéfanas e os outros que ofereciam à comunidade um "devotado" serviço e uma presença solícita. Na recomendação aos coríntios, em particular, Paulo encoraja os fiéis a seguir o exemplo recomendado.

As recomendações romanas raramente encorajam a emulação. Depois de louvar as qualidades pessoais de um candidato ao cargo de cônsul, Cícero escreve que pessoas como essas deviam ser "os líderes da política pública" (*Ad Fam.* 12.3). Cícero recomenda somente pessoas com semelhantes qualidades, mas se lamenta de que existem poucos líderes como esses. Seu único encorajamento é que ele vai "proteger os que são caros" ao destinatário da carta, quer peçam quer não peçam a recomendação dele, Cícero, por causa de seu "amor e lealdade" a seu amigo (12.4).

As cartas de recomendação romanas procuravam preservar as conexões de patronato existentes na elite, e não necessariamente encorajar a emergência de liderança nova, especialmente entre as classes inferiores. Paulo não apenas recomenda Estéfanas e os outros pelo seu caráter exemplar no serviço à igreja, mas também encoraja *qualquer outro* a moldar seu caráter de modo semelhante. Paulo mostra interesse na promoção de todos, não apenas na de uns poucos escolhidos. Porém, estes devem demonstrar apoio às causas de Paulo – o evangelho, a igreja e a obra missionária de Paulo.

Filipenses 2,25-30. Formalmente, a recomendação de Epafrodito aparece em 2,29-30. No entanto, antes disso, Paulo promete enviar Timóteo (2,19-24) e enviar de volta Epafrodito (2,25-28) aos filipenses. Fl 2,19-30 se ajusta ao objetivo retórico de Paulo em toda a carta aos filipenses. Paulo endossa o ministério de Timóteo e o de Epafrodito como reflexo do ministério de Cristo servo (2,1-11) e do próprio ministério de Paulo (1,12-26; 2,17-18). Todos esses (Cristo, Paulo, Timóteo e Epafrodito) são modelos para o que Paulo espera dos filipenses nesta carta: "Sede meus imitadores, irmãos, e observai os que andam segundo o modelo

---

Knox, 1991), p. 178-79, que afirma que em 1Cor 16,15-18, Paulo segue a praxe retórica que apela para a "obediência" a líderes exemplares para encerrar uma discórdia.

[τύπον, *typon*] que tendes em nós" (Fl 3,17). Epafrodito tem sido um exemplo digno de recomendação. Como em 1Cor 16,15-18, a recomendação de Paulo vem a ser exemplificação.

Em Fl 2,25-28, Paulo descreve o serviço de Epafrodito, a ele, Paulo, e à igreja filipense, usando várias designações. Para Paulo, Epafrodito tem sido "irmão e colaborador [συνεργόν, *synergon*] e companheiro de luta [συστρατιώτην, *systratiōtēn*]". Para os filipenses, Epafrodito tem sido seu ἀπόστολος, *apostolos* ("mensageiro"), e λειτουργός, *leitourgos* ("servidor"), para as necessidades de Paulo. Paulo chama de ἀδελφός, *adelphos*, "irmão" ou "irmã" qualquer um que é seu companheiro de fé. Muitos dos que viajaram com Paulo em suas caminhadas missionárias, ou que de alguma outra forma se associaram a Paulo no ministério do evangelho, são seus "colaboradores".[42] Συστρατιώτης, *systratiōtēs*, "companheiro-soldado", era "um termo militar para designar os que lutavam lado a lado".[43] Com freqüência, Paulo se refere a seu ministério com imagens militares (1Cor 9,7; 2Cor 10,3).

Epafrodito enfrentou os conflitos e as batalhas do ministério do evangelho junto com Paulo. Este escreve da prisão a carta aos filipenses (cf. Fl 1,12-14) e descreve assim sua situação:

> Pois vos foi concedida, em relação a Cristo, a graça, não só de crer nele, mas também de por ele sofrer [τὸ ὑπὲρ αὐτοῦ πάσχειν, *to hyper autou paschein*], empenhados no mesmo combate [ἀγῶνα, *agōna*] em que me vistes empenhado (Fl 1,29-30).

Epafrodito participou pessoalmente no *agōna* de Paulo.[44] Por isso Paulo o chama de συστρατιώτης, *systratiōtēs* ("companheiro-soldado").

Duas outras designações indicam o papel de Epafrodito na igreja filipense. Os filipenses delegaram Epafrodito como seu ἀπόστολος, *apostolos*, com a missão específica de servir a Paulo em nome deles (Fl 2,25). Em outra ocasião, Paulo apresenta como ἀπόστολοι, *apostoloi*, os enviados que têm uma missão particular de um grupo de igrejas (cf. 2Cor 8,18-19.23). Então Paulo usa o termo *apostolos*, não apenas referindo-se aos doze primeiros, ou àqueles com missão especial, como ele próprio, mas também referindo-se aos delegados oficiais das igrejas.[45]

Paulo também designa Epafrodito como um λειτουργός, *leitourgos* ("servidor"), dos filipenses. Nos contextos greco-romanos, *leitourgos* e palavras afins como λειτουργία, *leitourgia* ("serviço"), muitas vezes referem-se a "todos os tipos

---

[42] Ver E. Earle ELLIS,"Paul and His Co-workers", *NTS* 17 (1971): p. 445-49, que supõe que, quando Paulo chama seus colaboradores de "irmãos" e "irmãs", está usando termos que indicam liderança.
[43] Peter O'BRIEN, *Commentary on Philippians*, NIGTC (Grand Rapids: Eerdmans,1991), p. 331.
[44] Sobre esse termo e seu significado para Paulo, ver Victor C. PFITZNER, *Paul and the Agon Motif* (Leiden: Brill, 1967).
[45] Ver O'BRIEN, *Commentary on Philippians*, p. 332. Com um tom irônico, Paulo também designa seus adversários em 2Cor 10-13 como "super-apóstolos" (2Cor 11,1-6; cf. 11,12-15; 12,11-13). Pode ser que de fato eles fossem encarregados por uma outra igreja, pois vinham com cartas de recomendação (2Cor 3,1).

de serviço público".⁴⁶ "Liturgias" no mundo greco-romano incluíam projetos de obras públicas que os romanos e os oficiais provinciais empreendiam, às suas custas, para promover seu *status* social.⁴⁷ Numa carta de recomendação, Plínio louva Voconius Romanus por ser um *flamen*, cargo oficial que envolvia o financiamento de cerimônias locais e de jogos comunitários (Plínio, *Ep.* 2.13.4).

Em Fl 2,17, Paulo adota uma noção cultual de *leitourgia*: "Mas, se o meu sangue for derramado em libação, em sacrifício e serviço [*leitourgia*] da vossa fé, alegro-me e me regozijo com todos vós". Portanto, *leitourgia* assume o sentido de "serviço sacrifical" em benefício da comunidade de fé.⁴⁸

Como enviado filipense, Epafrodito providenciou *leitourgia* para Paulo em nome dessa comunidade (2,30). Essa *leitourgia* incluía a entrega de uma oferta monetária a Paulo, para a qual Paulo usa a linguagem do sacrifício: "perfume de suave odor, sacrifício aceito e agradável a Deus" (Fl 4,18). A *leitourgia* de Epafrodito incluía também sua presença junto a Paulo como representante da igreja filipense. Os filipenses não podiam realisticamente efetuar sua parceria (κοινωνία, *koinōnia*) com Paulo sem um representante "para vos suprir [ἀναπληρώσῃ, *anaplērōsē*] no serviço [*leitourgias*] que não me podíeis prestar [τὸ ὑμῶν ὑστέρημα, *to hymōn hysterēma*]" (Fl 2,30).⁴⁹ Isto ecoa a recomendação de Estéfanas e companheiros, que "supriram [ἀνεπλήρωσαν, *aneplērōsan*] a vossa [dos coríntios] ausência [ὑμέτερον ὑστέρημα, *hymeteron hysterēma*]" quando vieram visitar Paulo (1Cor 16,17). De modo semelhante, Epafrodito permanece junto de Paulo em nome dos filipenses.⁵⁰

Finalmente, o ministério de Epafrodito tinha seus riscos: "De fato, esteve doente, às portas da morte" (2,27a). Paulo afirma que Epafrodito "quase morreu pela obra de Cristo [τὸ ἔργον Χριστοῦ, *to ergon Christou*]" (2,30a). Especificamente, este "risco de vida (παραβολευσάμενος τῇ ψυχῇ, *paraboleusamenos tē psychē*) ocorreu por causa do seu serviço a Paulo em nome dos filipenses (2.30b). Como Paulo, Epafrodito passou por dificuldades por causa do seu serviço ao evangelho.⁵¹

Epafrodito também demonstra seu *ēthos* por meio da sua preocupação com sua igreja. Está "desejoso" de ver os filipenses e "ansioso" a respeito deles

---

⁴⁶ Id., p. 322. Ver Max ZERWICK e Mary GROSVENOR, *A Grammatical Analysis of the Greek New Testament* (Roma: Pontifício Instituto Bíblico, 1981), p. 553, para a sugestão de que λειτουργία, *leitourgia*, tem nas suas raízes as palavras λαός, *laos* (povo), e ἔργον, *ergon* (trabalho). Assim, na avaliação deles, um "trabalho" ou "serviço" pelo "povo", tanto no contexto religioso como no secular, está por detrás do sentido dessa palavra.

⁴⁷ Ver Henry G. LIDDELL e Robert SCOTTO, *A Greek-English Lexicon* (Oxford: Clarendon, 1961), p. 1036-37.

⁴⁸ Ver O'BRIEN, *Commentary on Philippians*, p. 308-9, para uma análise mais completa, com referências, de *leitourgia* e a noção paulina de "serviço sacrifical".

⁴⁹ Ver J. Paul SAMPLEY, *Pauline Partnership in Christ: Christian Community and Commitment in Light of Roman Law*, (Filadélfia: Fortress Press, 1980), p. 51-72, que faz consistir as obrigações dos filipenses para com Paulo na sua mútua relação de κοινωνία, *koinōnia* (parceria).

⁵⁰ Ver O'BRIEN, *Commentary on Philippians*, p. 332-33, sobre a natureza da missão de Epafrodito quanto ao termo *leitourgia*. Ver também Gordon FEE, *Paul's Letter to the Philippians* (NICNT; Grand Rapids: Eerdmans,1995), p. 276, que descreve a necessidade de os amigos assistirem e darem alimento aos prisioneiros romanos.

⁵¹ Sobre o uso de Paulo de fazer listas de seus sofrimentos para confirmar seu ministério, ver o estudo detalhado de John T. FITZGERALD, *Cracks in an Earthen Vessel: An Examination of the Catalogues of Hardships in the Corinthian Correspondence* (SBLDS 99; Atlanta: Scholars Press, 1988).

(2,26). Esses dois particípios contêm uma forte carga emocional e ilustram os fortes laços de Epafrodito com a comunidade filipense. Na verdade, Epafrodito estava preocupado porque sabia que os filipenses tiveram conhecimento de sua doença (2,26b). Numa imagem surpreendente, Paulo ressalta o louvável caráter de Epafrodito, o qual, ainda que tivesse estado doente, está mais preocupado com a aflição dos filipenses por causa de sua doença.

Assim, Paulo espera que os filipenses vão se alegrar com o retorno do seu enviado (2,28a). Mais ainda: Paulo ficará aliviado da ansiedade pela ausência de Epafrodito de Filipos (2,28b). O alívio de Paulo pode significar que o enviado era um importante chefe da igreja filipense e portanto estava fazendo falta no tempo da sua angústia, de que Paulo volta a falar imediatamente depois da recomendação de Epafrodito: "Cuidado com os cães, cuidado com os maus operários, cuidado com os falsos circuncisos. Pois nós é que somos os circuncisos..." (Fl 3,1-3).[52] Por conseguinte, em Fl 2,25-28, Paulo descreveu o *ēthos* de Epafrodito antes de apresentar um pedido formal de recomendação em 2,29-30.

O pedido formal de Paulo é paralelo a alguns que vimos nas recomendações greco-romanas. Em primeiro lugar, Paulo recomenda uma recepção de boas-vindas para Epafrodito quando regressa a Filipos: "Recebei-o [προσδέχεσθε, *prosdechesthe*], pois, no Senhor com toda a alegria" (2,29a). O verbo *prosdechomai* ecoa um daqueles pedidos gerais feitos com freqüência nas recomendações. "Receber" alguém inclui a hospitalidade.[53] Paulo explicita também que Epafrodito deve ser recebido "no Senhor com toda a alegria" (cf. 1Ts 5,12-13).

Em segundo lugar, Paulo pede que os filipenses "tenham em grande estima [ἐντίμους ἔχετε, *entimous echete*] pessoas como ele [τοὺς τοιούτους, *tous toioutous*]" (2,29b). Com isto, Paulo indica que espera uma grande estima por Epafrodito, como os autores romanos de recomendação solicitavam honra para seus pupilos (p. ex. Plínio, *Ep.* 3.2.5; Fronton, *Ad Am.* 1.4). Paulo solicita honra para Epafrodito, como pediu "reconhecimento" e "elevada estima" para os chefes de Tessalônica (1Ts 5,12-13), e também para Estéfanas, Fortunato e Acaico (1Cor 16,18).

Porém, o pedido de honra de Paulo difere das recomendações romanas. Primeiramente, como fez no caso de Estéfanas e seus companheiros, Paulo generaliza o comportamento de Epafrodito como um exemplo para os outros seguirem: "Tende em grande estima pessoas como ele" (Fl 2,29). Qualquer pessoa que estivesse disposta a arriscar até a vida pelo evangelho e pela comunidade do evangelho merece honra, reconhecimento e recomendação. Em segundo lugar, as razões de Paulo para honrar Epafrodito são paralelas às razões de 1Ts 5,12-13 e de 1Cor 16,15-18: "Porque foi pela obra [διὰ τὸ ἔργον, *dia to ergon*] de Cristo que ele quase morreu, tendo arriscado a vida para vos suprir no serviço que não me podíeis prestar" (Fl 2,30). Paulo solicita reconhecimento e elevada

---

[52] Como é sugerido por F. W. Beare, *The Epistle to the Philippians* (São Francisco: Harper & Row, 1959), p. 99.
[53] Ver a lista de textos de recomendação com *prosdechomai* na obra de Kim, *Form and Structure*, p. 76-77, 131-32.

estima pelos chefes tessalonicenses "por causa do trabalho deles [ἔργον, *ergon*]" pela igreja (1Ts 5,13). Estéfanas e os outros "se devotaram ao serviço [διακονία, *diakonia*] dos santos" (1Cor 16,15); portanto, Paulo pede serviço e reconhecimento recíprocos (16,16.18). O trabalho (ἔργον, *ergon*), o serviço (λειτουργία, *leitourgia*) e, ainda por cima, o risco demonstram o *ēthos* de Epafrodito a ponto de ele merecer recomendação de Paulo e honra dos filipenses.

Em suma, essas três recomendações apresentam um quadro consistente da recomendação paulina. Primeiro, todas as três passagens recomendam o trabalho e o serviço exercido em favor do evangelho e da comunidade do evangelho. Os textos em 1Cor e Fl indicam também que o serviço dos chefes a Paulo merece recomendação. Portanto, o ministério desses indivíduos beneficia Paulo. Além disso, ao recomendar um *ēthos* paralelo ao seu, Paulo também recebe benefício. Por exemplo, os chefes tessalonicenses em 1Ts 5,12-13 exibem qualidades (preocupação atenciosa com a igreja) que Paulo atribuiu a si mesmo e a seus associados em 1Ts 2,1-12. Assim, os operários tessalonicenses emulam os operários da missão e, com isso, ajudam a solidificar a reputação dos missionários na comunidade eclesial de Tessalônica.

No final das recomendações em 1Cor e Fl, Paulo solicita reconhecimento e honra para os recomendados, mas também generaliza para incluir "todas as pessoas assim" que seguem os exemplos desses operários do evangelho. Todo aquele que trabalha, presta serviço e até arrisca a vida em benefício da obra do evangelho e do serviço à sua comunidade merece reconhecimento. Ademais, se bem que o texto de 1Ts se refira a um determinado grupo, o efeito de não mencionar nomes e focalizar suas funções pode ter sido encorajar outros a trabalhar, a cuidar e a admoestar a comunidade (1Ts 5,12).

Finalmente, apenas a recomendação de Epafrodito, entre essas três, cita os riscos que ele correu por causa do seu serviço a Paulo e à igreja. Contudo, esse risco se assemelha aos sofrimentos que Paulo cita a propósito de seu próprio ministério, que compõe ulteriormente um quadro coerente da recomendação paulina: Paulo recomenda aqueles, inclusive a si mesmo, que se afadigam pelo evangelho e servem à sua comunidade, sem se importar com risco ou ganho pessoais.

Uma última recomendação serve para completar esse quadro da recomendação de Paulo, antes de passarmos à comparação e ao contraste com as recomendações romanas.

A recomendação de Febe: Romanos 16,1-2

Rm 16,1-2 tem uma estrutura semelhante às outras recomendações paulinas:

(*a*) *identificação*: "Recomendo-vos Febe,

(*b*) *credenciais*: nossa irmã, diaconisa da igreja em Cencréia

(*c*) *ação desejada*: para que [ἵνα, *hina*] a recebais no Senhor de modo digno, como convém a santos, e a assistais em tudo o que [πράγματι, *pragmati*] ela de vós precisar, (b') *credenciais*: porque ela também ajudou [προστάτις, *prostatis*] a muitos, a mim inclusive".⁵⁴

Além disso, Rm 16,1-2 inclui alguns termos típicos da redação das cartas de recomendação greco-romanas: συνίστημι, *synistēmi* ("recomendo"); προσδέχεσθε, *prosdechesthe* ("recebais"); e παραστῆτε, *parastēte* ("assistais" ou "ajudeis"). Paulo apresenta claramente as credenciais para a recomendação. Ela é uma "irmã" uma διάκονος, *diakonos* ("servidora"), uma pessoa "digna [ἀξίως, *axiōs*] dos santos" e uma προστάτις, *prostatis*. Com exceção do último termo, Paulo usa uma linguagem que se encontra alhures em suas cartas, inclusive nas passagens de recomendação (cf. "serviço [διάκονια, *diakonia*] aos santos", 1Cor 16,15; "recebei-a [προσδέχεσθε, *prosdechesthe*] no Senhor", Fl 2,29). Finalmente, a ação que Paulo pede às igrejas romanas em favor de Febe é ambígua. Ela deve ser acolhida e assistida em tudo quanto precisar. Tal ambigüidade é também típica das cartas de recomendação greco-romanas.

O aspecto mais notável da recomendação de Paulo em favor de Febe é sua referência a ela como uma προστάτις, *prostatis* (16,12). Na minha análise de 1Ts 5,12-13, observei a raridade deste termo e de seus derivados em Paulo. O verbo προΐστημι, *proistēmi*, tem dois significados essenciais: (1) presidir ou liderar, e (2) ajudar ou proteger. Mostrei acima que, no contexto de 1Ts 5,12-13 e Rm 12,8 o particípio de *proistēmi* (προϊσταμένους, *proistamenous*) se traduz melhor por "aquele que cuida" da igreja. Muitos tradutores igualmente interpretam *prostatis* em Rm 16,2 como "auxiliar".⁵⁵ No entanto, o termo *prostatis*, tanto na forma masculina como na feminina, aparece na literatura greco-romana com referência a patronos e benfeitores.⁵⁶

Um exemplo de uma patrona, Júnia Teodora, contemporânea de Febe de Cencréia perto de Corinto, tem inscrições dedicadas ao seu patrocínio:

> O conselho e o povo de Telemessos decretou (...) já que Teodora, romana, benfeitora da maior lealdade à federação lícia e à nossa cidade tem realizado numerosos benefícios para a federação e para a nossa cidade (...), manifestando seu patrocínio (*prostasian*) dos que estão presentes (...) fica decretado que a nossa cidade (...) dar honra e louvor por todas as razões acima a (...) Júnia Teodora e convidá-la (...) a ser sempre a autora de alguns benefícios para nós (...) por sua vez a nossa cidade reconhece e testemunha os sinais de sua boa vontade.⁵⁷

---

⁵⁴ Formato adaptado de id., p. 132; a tradução é minha.
⁵⁵ Ver a RSV ("ajudante"), NIV ("uma grande ajuda"), GNB ("uma boa amiga"), Phillips ("de grande ajuda") e C. K. Barrett, *The Epistle to the Romans* (Nova Iorque: Harper & Row, 1957), p. 283 ("protetora"). Ver também C. E. B. Cranfield, *A Critical and Exegetical Commentary on the Epistle to the Romans* (vol. 2; Edimburgo: T. & T. Clark, 1975-79), p. 782, o qual conclui que o termo προστάτις, *prostatis*, "dificilmente pode ter aqui qualquer sentido legal tal como a forma masculina *prostates* poderia comportar". Por isso, a melhor tradução, conforme Cranfield, é algo mais geral como "auxiliar".
⁵⁶ Para exemplos desta literatura, ver Walters, "'Phoebe' and 'Junia(s)'", p. 171-72.
⁵⁷ Excertos de id., p. 173-74, que cita a inscrição completa publicada em D. Pallas e outros, "Inscriptions lyciennes trouvées à Solômos près de Corinthe", *BCH* 83 (1959): p. 505-6.

A inscrição menciona também a lista extensa de atividades patronais que Júnia Teodora realizou em benefício da sua cidade, inclusive apoio financeiro para projetos de construção, hospitalidade para viajantes, especialmente para os dignitários estrangeiros, e negociações com as autoridades romanas em favor de sua região.[58] Talvez Febe de Cencréia tenha empreendido atividades semelhantes, mas quiçá em menor escala para sua cidade, ainda que certamente de modo significativo para Paulo e para "muitos outros" na missão paulina (Rm 16,2).

Portanto, o termo *prostatis* em Rm 16,2 significa "patrono" ou "benfeitor". O patrocínio de Febe para Paulo e os outros a recomenda. Sua condição de *prostatis* pode significar que ela possuía os recursos e redes financeiros para providenciar benefícios para as igrejas cristãs, especialmente para a obra missionária do apóstolo Paulo. Nas cartas greco-romanas, as capacidades de patrocínio como as de Febe eram traços atraentes na recomendação.

O *status* de Febe como *prostatis* é o exemplo mais claro de patrocínio greco-romano em ação numa recomendação paulina. Mas há ainda dois outros fatores. Primeiro, considerando que o uso direto de títulos patronais para mulheres é raro nos contextos gregos, a referência de Paulo a Febe como *prostatis* sobressai. Como observa James Walters: "É bastante óbvio que os termos usados por Paulo para recomendar Febe não são diferentes dos que ele usaria se estivesse recomendando um homem. Ele a apresenta a seus leitores como *prostatis* digna de sua gentileza e não cita nenhuma relação familiar nem virtude doméstica quando a homenageia".[59] Febe representa uma mulher independente que atua para o bem do evangelho, e Paulo a recomenda como tal.

Quando Paulo recomenda Febe como uma διάκονος, *diakonos*, da igreja em Cencréia, ele explica um pouco mais a natureza do seu patrocínio. Em textos como 1Cor 3,5-6; 2Cor 3,6; e 6,4-5, o uso de *diakonos* por Paulo enfatiza a função de serviço mais que um *status* oficial. Paulo recomenda Febe como *diakonos* de Cencréia por causa do seu serviço funcional ou por causa da sua posição oficial? A resposta está em alguma parte no meio. "A cláusula modificativa 'da igreja em Cencréia' [sic] separa o texto sobre Febe dos usos gerais de *diakonos*."[60] Contudo, é difícil saber se Febe tinha uma nomeação oficial da igreja em Cencréia como diakonos, ou se isto é simplesmente o modo como Paulo a designa para essa recomendação.

Um caminho melhor é considerar ambas as designações juntas: o patrocínio dela e seu serviço. A reflexão de Paulo sobre os dons é instrutiva aqui:

> Tendo dons que diferem segundo a graça que nos foi dada: (...) se para o serviço [διακονίαν, *diakonian*], sirvamos [διακονία, *diakonia*], (...) se para exortar, exortemos, se para partilhar, façamos com generosidade, se para ajudar [προιστάμενος, *proistamenos*], com zelo, se para mostrar misericórdia, façamos isto com alegria (Rm 12,6-8, a paráfrase é minha).

---

[58] Id., p. 174-75.
[59] Id.
[60] Id., p. 181.

O aparecimento de ambos esses termos – *diakonia* e uma forma de *prostatis* – poucos capítulos antes da recomendação de Febe feita por Paulo confirma a descrição de uma patrona que serve à igreja ajudando, dando apoio financeiro e fazendo obras de misericórdia. Além disso, esses deveres são centrais para as funções que os chefes exercem nas igrejas. Paulo identifica Febe "como líder na igreja em Cencréia [sic] por causa do seu *status* e seu trabalho em prol da comunidade".[61] Portanto, considerados juntamente, *prostatis* e *diakonos* indicam patrocínio exercido funcionalmente por um servidor atuante da igreja. Esses termos também caracterizam Febe como uma importante figura de dirigente para Paulo e para a igreja em Cencréia.

Paulo recomenda Febe a um grupo de igrejas que não a conhecem. Muitos nas igrejas romanas não conhecem Paulo também. Por isso é importante para Paulo saudar as pessoas das igrejas romanas que não o conhecem (Rm 16,3-16). É igualmente importante que Paulo apresente de modo claro as credenciais de Febe (Rm 16,1-2) para reduzir quaisquer riscos de que seu pedido de recomendação seja rejeitado em Roma.

Os termos do pedido são genéricos:

Recomendo-vos Febe... para que [ἵνα, *hina*] a recebais [προσδέξησθε, *prosdexēsthe*] no Senhor [ἐν κυρίῳ, *en kyriō*] de modo digno [ἀξίως, *axiōs*], como convém a santos e [que] a assistais [παραστῆτε, *parastēte*] em tudo o que [πράγματι, *pragmati*] ela de vós precisar (Rm 16,1a. 2a).

Paulo solicita uma recepção calorosa para esta irmã no Senhor. As igrejas romanas devem recebê-la de um modo digno de todos os "santos" em qualquer parte do império romano. Em segundo lugar, Paulo pede uma assistência geral em favor de Febe, "em tudo o que ela de vós precisar", cláusula circunstancial que é paralela a frases semelhantes ligadas a pedidos de recomendação: "Alegra-te, pois, ao ouvi-lo e recebe-o [ὑποδείξας, *hypōdeixas*] em referência a toda necessidade que tiver [περὶ ὅν παραγέγονεν, *peri hon paragegonen*]".[62]

Por conseguinte, Paulo provavelmente não tem nenhuma πρᾶγμα, *pragma*, ação, em mente no seu pedido de recomendação para Febe. No entanto, a designação que faz de Febe como uma *prostatis* vem numa cláusula causal após este pedido de assistência geral: "ajudai-a em tudo o que ela de vós precisar, pois tem sido uma benfeitora de muitos e minha também" (16,2b).[63] Paulo pede hospitalidade e assistência para Febe, em parte porque ela tem sido uma *prostatis* das igrejas paulinas. Além do seu *ēthos* como irmã e uma dentre os santos, Paulo está sugerindo aos romanos que o patrocínio dela – serviço atencioso e apoio financeiro para ele e para muitos na igreja – pode estender-se também a eles

---
[61] Id., p. 185.
[62] P. Cairo Goodspeed 4 (meados do século II antes da Era Comum), reproduzido em Kim, *Form and Structure*, p. 193 (ver também em p. 78-80 outros exemplos).
[63] Ver Kim, *Form and Structure*, p. 86-87, para cláusulas causais em várias cartas gregas de recomendação como esta em Rm 16,2.

após a sua calorosa recepção e a assistência em toda necessidade que possa ter. Febe é uma dirigente da igreja digna de atenção, honra e apoio, porque de igual modo ela tem ajudado outros fiéis.

E. A. Judge conclui que a passagem sobre Febe "ilustra bem o modo como [Paulo] apoiava o sistema de patronato em vista da segurança que ele lhe garantia".[64] Porém, Paulo é seletivo em seu apoio ao sistema patronal. Por exemplo, ele não aceitou patrocínio da elite coríntia, ainda que seus adversários o aceitassem.[65] Então Febe, benfeitora de Paulo, merece recomendação por causa do seu serviço a Paulo, às suas igrejas, inclusive à igreja em Cencréia, e a outros, mas os "super-apóstolos" de 2Cor 10-13 não merecem. Paulo aceita hospitalidade e, portanto, patrocínio, dos chefes de igrejas domésticas como Filêmon (Fm 7.22) e Gaio (Rm 16,23). Aceita igualmente apoio financeiro e, conseqüentemente, uma forma de patrocínio dos filipenses (Fl 1,3-5; 4,10-20).[66] Contudo, recusa o apoio financeiro dos coríntios (1Cor 9,1-18; 2Cor 11,7-11), mesmo se a oferta de apoio era oferecida provavelmente com insistência por certos patronos da igreja em Corinto.[67]

Por conseguinte, Paulo utiliza o sistema do patrocínio quando necessário para apoio de sua missão, mas evita toda condição de dependente que pudesse comprometer o ministério e a mensagem do evangelho. Ademais, ao empregar este importante instrumento de patrocínio que é a convenção da recomendação, considera como a recomendação vai beneficiar sua posição entre as igrejas. Em última análise, recomenda líderes para favorecer seu ministério, suas igrejas e toda a obra do evangelho.

Conclusão: As recomendações de Paulo

Nesse estudo das recomendações paulinas, indiquei algumas conexões entre estas e as cartas de recomendação greco-romanas. Entre as semelhanças está a estrutura. Como nas recomendações greco-romanas, Paulo segue um modelo semelhante de identificação, credenciais e pedido. Utiliza também um vocabulário semelhante. Termos como "acolher", "reconhecer" e "honrar" aparecem com freqüência na recomendação paulina e na recomendação greco-romana. Tanto Paulo como os romanos salientam a importância do caráter (*ēthos*): do autor da carta, do seu destinatário e das pessoas recomendadas. Qualidades pessoais como

---

[64] E. A. Judge,"The Early Christians as a Scholastic Community: Part II", *JRH* 2 (1961): p. 125-37 (citação da 129).
[65] Ver John K. Chow, *Patronage and Power: A Study of Social Networks in Corinth* (Sheffield, Inglaterra: Sheffield Academic Press, 1992), p. 101-12, o qual supõe que os problemas citados em 1Cor se originam da procura de patrocínio por parte dos coríntios, que Paulo rejeita. Cf. Marshall, *Enmity in Corinth*, p. 165-257, que interpreta os problemas de Paulo com os coríntios como uma recusa do apoio financeiro deles e, portanto, da "amizade" deles. Esses problemas continuam a se intensificar em 2Cor 10-13 quando líderes de fora aceitam o patrocínio coríntio.
[66] Mas ver Pheme Perkins, "Philippians: Theology for the Heavenly Politeuma", em *Pauline Theology*, vol. 1: *Thessalonians, Philippians, Galatians, Philemon* (ed. Jouette M. Bassler; Minneapolis: Fortress Press, 1991), p. 100-101, que afirma que Paulo evita a condição de cliente dos filipenses invocando sua auto-suficiência em Fl 4,11-13, ainda que aceite seu presente monetário.
[67] Ver Chow, *Patronage and Power*, p. 173-75; Marshall, *Enmity in Corinth*, p. 218-58.

amor, lealdade, persistência diante do sofrimento e da dificuldade (especialmente aperto financeiro nas cartas romanas) podem-se encontrar nas recomendações paulinas e romanas. Finalmente, aspectos do patrocínio estão por detrás das recomendações romanas e paulinas igualmente. Em várias ocasiões Paulo recomenda pessoas que ofereceram patrocínio a ele e à sua causa, tais como Febe (Rm 16,1-2) e chefes de família como Estéfanas (1Cor 16,15-18).

Todavia, vários aspectos do caráter e do patrocínio em Paulo divergem um tanto dos modelos greco-romanos. Com respeito ao *ēthos*, Paulo recomenda-se a si próprio com base em sua obra e em seu serviço a Deus, a Cristo e a suas igrejas, até o extremo do sofrimento (cf. 2Cor 3,1-6,13). No caso dos chefes tessalonicenses (1Ts 5,12-13) e da casa de Estéfanas (1Cor 16,15-18), a fadiga deles e seu serviço à comunidade eclesial recomendam seu reconhecimento e honra. Paulo também reconhece o trabalho de Febe como *diakonos* ("servidora") da igreja em Cencréia. Epafrodito serve a Paulo em nome da igreja filipense. Assim, o serviço e a fadiga em prol da igreja tornam-se a qualidade fundamental que Paulo enaltece em sua recomendação. Os recomendados servem à igreja e ao apóstolo, mas em última análise servem a Deus e ao evangelho. Em sua maior parte, as cartas romanas de recomendação elogiam o serviço aos senhores, e também aos governos imperial e provincial. Embora Paulo recomende Febe pela condição de benfeitora sua (Rm 16,1-2), ele se refere a Deus como seu supremo senhor (2Cor 10,18).

Os pedidos formais de recomendação que Paulo faz são paralelos às petições greco-romanas. São geralmente vagos e, no máximo, pedem um tipo de assistência, recepção calorosa e algum reconhecimento ou honra. Porém, enquanto a honra que as cartas romanas comumente pedem para o recomendado depende do *status*, da riqueza ou das ligações patronais da família, Paulo atribui honra aos que ele recomenda por causa do trabalho deles pela igreja, inclusive seu devotamento e amor. Epafrodito "está com saudades" da igreja (Fl 2,26). A família de Estéfanas é "devotada" em seu serviço à igreja (1Cor 16,15). Os chefes tessalonicenses "são cuidadosos" com a igreja e a "admoestam" quando necessário (1Ts 5,12). Então, nos aspectos de caráter, patrocínio e pedidos de recomendação, as recomendações de Paulo diferem das romanas.

Quando Paulo recomenda outros ligados a ele, é também exaltado o *ēthos* dele. As recomendações paulinas de outros, como na literatura greco-romana, supõem a auto-recomendação. Paulo recomenda aqueles que emulam seu próprio comportamento. Tal recomendação ajuda a garantir seu *status* entre os tessalonicenses, por exemplo (cf. 1Ts 2,1-12; 5,12-13). No entanto, urgindo a imitação de si mesmo, Paulo em última análise promove uma outra: "Sede meus imitadores, como eu mesmo o sou de Cristo" (1Cor 11,1).

A recomendação paulina também promove a liderança de outros, de indivíduos ainda não determinados. A recomendação paulina identifica modelos, uma grande diferença das recomendações romanas. Paulo apresenta-se como um modelo do "verdadeiro apóstolo" (2Cor 12,12). De modo semelhante, Paulo descreve seus chefes recomendados como pessoas "dignas dos santos" (Rm 16,2).

Qualquer um com semelhante *ēthos* deve ser também recomendado: Estéfanas, Epafrodito e "pessoas como estas" merecem reconhecimento e honra (cf. 1Cor 16,16.18; Fl 2,30). Isto abre a porta para outros participarem do trabalho da igreja porque sabem que também eles podem esperar honra e reconhecimento por seu serviço às igrejas de Deus.

Portanto, Paulo elabora e estrutura suas recomendações de maneiras que são paralelas e contrastantes com as recomendações greco-romanas. A figura da recomendação paulina que emerge é a de uma recomendação que endossa a liderança da igreja local para que prossiga sua obra em favor do evangelho e de suas igrejas, e encoraja a emulação tanto de Paulo como dos personagens recomendados. Como nas recomendações greco-romanas, todas as partes envolvidas beneficiam-se das recomendações paulinas: o próprio Paulo, os destinatários da carta (as igrejas) e os recomendados. Todavia, de um modo que não encontra paralelo nas cartas romanas, a *causa* que Paulo patrocina tão vigorosamente permanece o supremo beneficiário, pelo menos na mente de Paulo, de uma bem sucedida recomendação: o evangelho de Jesus Cristo.

PARTE III. TEXTOS PAULINOS E PAULINISTAS RELEVANTES

Outras passagens paulinas, incluindo as que falam de enviados de Paulo, que recomendam líderes, confirmam e ampliam este quadro. As passagens sobre os enviados contêm o "envio" formal de alguém, como o de Timóteo, em Fl 2,19-24 e 1Cor 16,10-11, e o de Tito e dos "irmãos" em 2Cor 8,16-24.

É claro que a Carta a Filêmon representa o único exemplo de uma carta que é exclusivamente de recomendação no *corpus* paulino. Merece uma atenção que o espaço neste ensaio não permite.

A única carta paulinista que traz uma recomendação é Cl 4,7-9.

PARTE IV. BIBLIOGRAFIA

Textos antigos

CÍCERO. *Letters to His Friends* (*Epistulae Ad Familiares*). Tradução de W. Glynn Williams. 3 vols. LCL. Cambridge: Harvard University Press, 1972.
FRONTO. *Correspondence*. Tradução de C. R. Haines. 2 vols. LCL. Londres e Nova Iorque: Wm. Heinemann e G. P. Putnam's Sons, 1920.
PLÍNIO, O JOVEM. *Letters and Panegyricus*. Tradução de Bety Radice. 2 vols. LCL. Cambridge: Harvard University Press, 1969.
PLUTARCO. "On Praising Oneself Inoffensively". *Moralia*, 539-547. Tradução de Phillip H. DeLacey e Benedict Einarson. Vol. 7. LCL. Cambridge: Harvard University Press, 1959.
QUINTILIANO. *Institutio Oratoria*. Tradução de H.E. Butler. 4 vols. LCL. Cambridge: Harvard University Press, 1920-22.

Textos secundários

AGOSTO, Efrain."Paul's Use of Greco-Roman Conventions of Commendation". Dissertação de Doutorado. Boston University, 1996.

BAIRD, William R."Letters of Recommendation: A Study of 2 Cor 3.1-3",*JBL* 80 (1961): p. 166-72.
BELLEVILLE, Linda L."A Letter of Apologetic Self-Commendation: 2 Cor 1:8-7:16",*NovT* 31 (abril de 1989): p. 142-63.
CHOW, John Kingman. *Patronage and Power: A Study of Social Networks in Corinth*. Sheffield, Inglaterra: Sheffield Academic Press, 1992.
COTTON, Hannah. *Documentary Letters of Recommendation in Latin from the Roman Empire*. Beiträge zur klassischen Philologie 132. Königstein, Deutschland: Anton Hain, 1981.
_____."Letters of Recommendation: Cicero-Fronto". Dissertação de Doutorado. Oxford University, 1977.
FORBES, Christopher. "Comparison, Self-Praise, and Irony: Paul's Boasting and the Conventions of Hellenistic Rhetoric", *NTS* 32, n. 1 (1986): p. 1-30.
KEYES, Clinton W."The Greek Letter of Introduction", *AJP* 56 (1935): p. 28-48.
KIM, Chan-Hie. *Form and Structure of the Familiar Greek Letter of Recommendation*. SBLDS 4. Missoula, Mont.: Scholars Press, 1972.
MALINA, Bruce J. e Jerome H. Neyrey. *Portraits of Paul: An Archaeology of Ancient Personality*. Louisville: Westminster John Knox Press, 1996.
MARSHALL, Peter. *Enmity in Corinth: Social Conventions in Paul's Relations with the Corinthians*. Tübingen: J. C. B. Mohr, 1987.
MITCHELL, Margaret M."New Testament Envoys in the Context of Greco-Roman Diplomatic and Epistolary Conventions: The Example of Timothy and Titus", *JBL* 111 (1992): p. 641-62.
SALLER, Richard P. *Personal Patronage under the Early Empire*. Cambridge: Cambridge University Press, 1982.
STOWERS, Stanley K. *Letter Writing in Greco-Roman Antiquity*. Filadélfia: Fortress Press, 1986.
WALTER, James, "'Phoebe' and 'Junia(s)'- Rom 16:1-2,7", em *Essays on Women in Earliest Christianity*, editado por Carroll D. Osburn. Vol. 1. Joplin, Mo.: College Press Publishing, 1993, p. 167-90.

5
PAULO E A COMPARAÇÃO RETÓRICA
Christopher Forbes

PARTE I. A COMPARAÇÃO NO MUNDO GRECO-ROMANO

Quando se pedia a um estudante (ou, menos comumente, uma estudante) grego ou romano para preparar um trabalho a ser apresentado, este normalmente tomaria a forma de um discurso, e não de um ensaio escrito. E, ao passo que o estudante imaginário da metade do século XX poderia receber como tema de uma composição escrever sobre "O que fiz nas férias", os temas antigos, ainda que igualmente estereotipados, eram bastante diferentes. Além de pedir ao estudante para recontar uma conhecida fábula ou uma narrativa histórica, confirmar ou refutar a verdade de uma fábula ou de um conto, sustentar a verdade ou a falsidade de uma generalização moral e escrever o encômio de uma pessoa famosa, poderiam pedir a ele que preparasse uma σύγκρισις (*synkrisis*), um discurso de comparação.[1] Com o prosseguimento da educação, eles passariam da realização destes e de outros exercícios preliminares (προγυμνάσματα, *progymnasmata*) ao interesse deles mesmos, para começar a aplicar a tópicos mais práticos e mais difíceis as técnicas que tinham aprendido.

Primeiros casos e análises da comparação retórica

A existência de προγυμνάσματα (*progymnasmata*), currículos elementares formalizados para a educação retórica, é mencionada pela primeira vez na obra pseudo-aristotélica "Retórica para Alexandre" (1436a25; século IV antes da Era Comum). Outras referências, explícitas e implícitas, mostram que eles permaneceram o elemento principal da educação elementar por toda a antiguidade.[2] A comparação (σύγκρισις, *synkrisis*) no προγυμνάσματα (*progymnasmata*) era primeiramente um conjunto de técnicas para a "amplificação" (αὔξησις, *auxēsis*) das boas e das más qualidades em discursos que envolviam elogios e acusações.[3]

---

[1] Para essa seqüência de exercícios, ver QUINTILIANO, *Inst.* 2.4.1-21. A não ser que se diga outra coisa, todas as traduções das antigas fontes são tiradas das edições da Loeb Classical Library.

[2] Para outros testemunhos indiretos da existência dos *progymnasmata* antes da primeira obra completa existente, a de Teon, ver R. D. ANDERSON, *Ancient Rhetorical Theory and Paul* (2ª ed. Lovaina: Peeters, 1999), p. 73-75.

[3] A palavra "comparação" é suficientemente ampla para ser usada como tradução de uma notável variedade de termos antigos para figuras de oratória. Em todo este estudo, estamos considerando não simples figuras

A técnica da comparação era bastante conhecida, num nível simples, para ser ensinada no final superior da educação "secundária", sob a guia de um *grammaticus*, ou antes, na escola de retórica, ou seja, na idade de doze a quatorze anos.[4] Como grande parte do resto da teoria retórica greco-romana, ela surgiu da sistematização do "senso comum" e da prática objetiva.[5]

Os teóricos posteriores afirmaram que as comparações foram escritas a partir do século IV. Aristóteles disse que Isócrates usava mal a técnica:

> Se ele [o teu tema] não te fornece bastante material em si mesmo, deves compará-lo com outros [ἀντιπαραβάλλειν, *antiparaballein*], como Isócrates costumava fazer, por causa da sua inexperiência na linguagem forense.[6]

Para Aristóteles, portanto, a comparação retórica era mais apropriada para a oratória demonstrativa do que para a forense. Embora esta se tenha tornado a visão da maioria, os escritores não excluíam a comparação dos discursos forenses e deliberativos, mas a demonstração era considerada o estilo mais apropriado para o uso amplo da comparação. Quintiliano, porém, descobriu um exemplo particularmente vigoroso de comparação no *Pro Murena* de Cícero: isso demonstra que a comparação podia ser usada no discurso forense, e que esta comparação podia ser irônica e crítica de algum modo.[7]

> De novo, em antíteses e comparações as primeiras palavras de frases alternadas são com freqüência repetidas para produzir correspondência. (...) [Quintiliano cita aqui Cícero] "Tu passas noites insones para seres capaz de responder a teus clientes; ele, para que ele e seu exército cheguem cedo a seu destino. Tu és despertado pelo canto do galo, ele, pelo toque do clarim. Tu rediges tuas argumentações jurídicas, ele coloca a tropa em ordem de batalha. Tu ficas vigilante para que teus clientes não levem prejuízo, ele, para que cidades e campos não seja conquistados. (...) Ele sabe e entende

---

comparativas de discurso como as similitudes e metáforas, mas aquelas comparações retóricas desenvolvidas que os antigos chamavam de συγκρίσεις (*synkriseis*), e para cuja prática usavam os verbos συγκρίνω (*synkrinō*) e παραβάλλω (*paraballō*). Várias formas de similitudes, metáforas, ilustrações comparativas etc. eram conhecidas dos antigos retóricos teóricos, embora M. H. McCall, Jr. (*Ancient Rhetorical Theories of Simile and Comparison*. [Cambridge: Harvard University Press, 1969], cap. 1-2) esclareça que a relação entre a terminologia deles e a nossa não é nada simples. Mas σύγκρισις (*synkrisis*) e termos afins nunca são usados (pelo que eu saiba) para simples figuras comparativas de oratória, mas apenas para comparações retóricas desenvolvidas. Em latim a terminologia é mais ampla, e *comparatio* é usado tanto para simples figuras comparativas de oratória como para comparações retóricas ampliadas.

[4] G. A. Kennedy, "Historical Survey of Rhetoric", em *Handbook of Classical Rhetoric in the Hellenistic Period* (ed. S. E. Porter; Leiden: Brill, 1997), p. 18-19. O parecer de Kennedy nesta questão pode bem modificar minha posição anterior de que "parece extremamente improvável que alguém, educado no começo do século I, aprendesse os *progymnasmata* mais cedo do que sob um retórico" (C. Forbes, "Comparison, Self-Praise, and Irony: Paul's Boasting and the Conventions of Hellenistic Rhetoric", *NTS* 32 [1986]: p. 7).

[5] Ver a afirmação explícita neste sentido de Quintiliano, *Inst.* 5.10.120. Do mesmo modo, para Menandro e Pseudo-Dionísio em particular, ver D. A. Russell e N. G. Wilson, *Menander Rhetor* (Oxford: Clarendon, 1981), xviii. O comentário de S. K. Stowers (*Letter Writing in Greco-Roman Antiquity* [Filadélfia: Westminster, 1986], p. 51) é apropriado: "A teoria retórica era sempre uma combinação do que realmente acontecia na prática e do que os retóricos pensavam que devia ser o caso".

[6] Aristóteles, *Rhetoric* I.9.38, 1368a.

[7] Quintiliano, *Inst.* 9.3.32.

como manter à distância o inimigo, tu, como desviar a água da chuva; ele é hábil em alargar os confins, tu, em limitá-los."

Conforme Menandro Retor, Isócrates escreveu uma comparação de Teseu e Hércules.[8] Conta-se que Meleagro de Gadara, que escreveu pouco depois da virada do século I antes da Era Comum, produziu uma obra que continha "a *synkrisis* entre o mingau de ervilha e a sopa de lentilhas".[9] A questão era saber qual dos dois era pior! Dionísio de Halicarnasso identificou comparações em Isócrates e Demóstenes.[10]

Essas identificações não eram arbitrárias. Aristóteles não apenas identificou casos de comparação; ele e outros autores elaboraram métodos para usar essa técnica, que então era ensinada. Na anônima "Retórica para Alexandre" são analisados métodos de amplificação no encômio nos seguintes termos:

A espécie elogiosa da oratória [τὸ ἐγκωμιαστικόν, *to enkōmiastikon*] consiste, resumidamente, na amplificação dos objetivos, ações e palavras louváveis e na atribuição de qualidades que não existem, ao passo que a espécie injuriosa [ψεκτικόν, *psektikon*] é o contrário, a minimização das qualidades louváveis e a amplificação das desabonadoras. As coisas elogiáveis são aquelas que são justas, legítimas, convenientes, nobres, agradáveis e fáceis de se realizar (...).
Primeiro deves mostrar, como ultimamente expliquei, que as ações da pessoa em questão produziram muitos maus, ou bons, resultados. Este é um método de amplificação. Um segundo método é enunciar um juízo prévio – favorável se estás elogiando, desfavorável se estás acusando – e depois colocar tua afirmação ao lado dele e compará-los [παραβάλλειν, *paraballein*], aumentando nos pontos mais fortes do teu próprio caso e nos mais fracos do outro e fazendo assim com que pareça forte o teu caso. Um terceiro método é pôr em comparação [ἀντιπαραβάλλειν, *antiparaballein*], com aquilo que estás dizendo, as coisas menores que se incluem na mesma classe, pois assim teu caso parecerá engrandecido, como as pessoas de altura mediana parecem mais altas quando estão ao lado de outras menores que elas (...).[11] Deve-se também demonstrar a própria causa empregando comparação [συμβιβάζειν, *symbibazein*], e ampliando-a, edificando um ponto sobre o outro, como segue: "É provável que alguém que cuida de seus amigos também honre seus pais; e que quem honra seus pais vai querer também fazer bem a seu próprio país".[12]

---

[8] Menandro Retor, II.386.19.
[9] Ateneu, *Deipnosophistae* 4.159A.
[10] Dionísio de Halicarnasso, Isócrates 17, Demóstenes 17 e 21, citados por R. Dean Anderson, *Glossary of Greek Rhetorical Terms* (Lovaina: Peeters, 2000), p. 111.
[11] "Retórica para Alexandre", 1425b37-1426a24.
[12] "Retórica para Alexandre", 1426b3-7.

Ao analisar os vários métodos de αὔξησις, [auxēsis], a "amplificação" do material, Aristóteles argumentava que

> deves compará-lo [o teu indivíduo, συγκρίνειν, synkrinein], com personagens ilustres, pois isto dá condições de amplificação, e é nobre, se é possível provar que ele é melhor do que homens de valor (...) Se não podes compará-lo com personagens ilustres, deves compará-lo [παραβάλλειν, paraballein] com pessoas comuns, já que se acredita que a superioridade indica virtude.[13]

De modo semelhante, num contexto mais filosófico, Aristóteles raciocinava que

> podemos colocar também na categoria de "acidente" as comparações [συγκρίσεις, synkriseis] de coisas umas com as outras, quando são descritas em termos derivados de algum modo de acidente; por exemplo, as perguntas: "O que é preferível, o honroso ou o conveniente?" e: "É mais agradável a vida virtuosa ou a vida de prazer?".[14]

Assim podem ser feitas comparações filosóficas de valor ético relativo. Esses tópicos rapidamente se tornam "lugares comuns" (τόποι [topoi], κοινοι τόποι [koinoi topoi], στοιχεῖα [stoicheia], loci, loci communes), generalizações filosóficas populares padronizadas, que eram o "arroz com feijão" de vários tipos de exercícios retóricos.

Assim, as comparações [τὰς... συγκρίσεις, tas ... synkriseis] das coisas entre si devem ser feitas da maneira descrita. Os mesmos lugares comuns [τόποι, topoi] são úteis para mostrar que algo é simplesmente digno de ser escolhido ou evitado. (...) Pois às vezes, quando estamos de fato comparando [κατὰ τὴν πρὸς ἕτερον σύγκρισιν, kata tēn pros heteron synkrisin] duas coisas, imediatamente afirmamos que cada qual ou uma delas é digna de ser escolhida, por exemplo, quando dizemos que uma coisa é naturalmente boa e que a outra não é naturalmente boa (...).[15]

*A comparação a partir do século I da Era Comum,
os "gêneros" da retórica e a literatura mais vasta*

No período helenístico posterior e no período romano, na segunda etapa do treinamento retórico, eram realizados exercícios mais complexos, às vezes conhecidos como μελέται (meletai) ou ἀναφωνήσεις (anaphōnēseis), ou declamationes.[16] Os escritores romanos tendiam a subdividir ulterior-

---

[13] Aristóteles, Rhet. I.9.38, 1368a.
[14] Aristóteles, Top. 1.5.102b15.
[15] Aristóteles, Top. 3.4.119a1-11.
[16] Sobre a terminologia ver D. A. Russell, Greek Declamation (Cambridge: Cambridge University Press, 1983), p. 9ss.

mente as *declamationes* em: as de temas jurídicos ou forenses (*controversiae*) e as de temas políticos ou deliberativos (*suasoriae*). Dependendo do mestre, o estudante podia também começar a praticar os discursos demonstrativos, ou cerimoniais, de "exibição".[17] Porém, a divisão da retórica, proposta por Aristóteles, em três categorias – forense, deliberativa e demonstrativa[18] – era apenas uma das várias categorizações rivais: outras também eram conhecidas.[19]

Nesses exercícios retóricos mais avançados, mais uma vez, a comparação era usada. Na obra *De Inventione* 1.17 de Cícero, é dado o seguinte exemplo "deliberativo":

> Um caso complexo é feito de muitas questões, nas quais várias perguntas são feitas, tais como: "Cartago devia ser destruída, devia ser devolvida aos cartagineses, ou devia ser estabelecida lá uma colônia romana?". O caso envolve comparação [*comparatio*] quando diversas ações são contrastadas e a pergunta é: qual é mais desejável de ser realizada...[20]

Quintiliano, *Inst*. III.8.33-4, vai além:

> Nem se deve comparar [*comparantur*] meramente conveniência e inconveniência. Por vezes temos de escolher entre duas opções vantajosas após comparar suas respectivas vantagens. O problema pode ser ainda mais complicado, como por exemplo quando Pompeu deliberou se iria para a Pártia, a África ou o Egito. (...) *Normalmente, todos os raciocínios deliberativos são baseados simplesmente em comparação* [*comparatio*], e devemos considerar o que vamos ganhar e com que meios, para que seja possível fazer uma estimativa se há maior vantagem nos objetivos que visamos ou maior desvantagem nos meios que empregamos para este fim (o grifo é nosso).

Tampouco faltam aos exercícios forenses oportunidades para comparação, seja qual for o pensamento de Aristóteles sobre as experiências de Isócrates.

> Às vezes, se é difícil refutar as afirmações feitas por nossos adversários, podemos comparar [*conferemus*] nossos argumentos com os deles, pelo menos se por meio desse expediente é possível provar a superioridade dos nossos.[21]

---

[17] Russell afirma que "os encômios e outras formas 'epidícticas' não contam" como μελέται (*meletai*), citando Menandro Retor 331.16 (*Greek Declamation*, 10 e n. 34). Duas observações: primeiro, não é exatamente isto que diz Menandro. Ele diz que "as demonstrações (ἐπιδείξεις, *epideixeis*) de discursos públicos (λόγων πολιτικῶν, *logōn politikōn*) não são verdadeiras ἐπιδείξιν (*epideixin*). O fato de as demonstrações práticas não serem epidícticas não quer dizer que os exercícios epidícticos não podem ser μελέται (*meletai*, exercícios complexos). Em segundo lugar, mesmo se a observação vale para Menandro, não se concluiria que vale para todos, ou mesmo para a maioria dos outros escritores.
[18] Aristóteles, *Rhet*. 1366a29ss.
[19] Ver a análise completa abaixo, na seção sobre Paulo e a retórica.
[20] Ver *de Inventione* 2.114 para um outro exemplo.
[21] Quintiliano, *Inst*. 5.13.12, e cf. 5.13.57.

Todavia, é claro que os tópicos "demonstrativos" dão maior ensejo à comparação. Menandro Retor aconselha o seguinte: nos panegíricos reais, ao comentar as ações do imperador,

> Acrescenta também uma comparação [σύγκρισις, *synkrisis*] a cada um dos principais temas, comparando natureza com natureza, criação com criação, educação com educação, e assim por diante, escolhendo também exemplos dos imperadores ou generais romanos ou dos mais famosos dos gregos.²²

Tendo tratado todas as suas virtudes, e finalmente sua *Tychē* (Fortuna),

> Deves então proceder à comparação [σύγκρισις, *synkrisis*] mais completa, examinando seu reino em comparação com [ἀντεξετάζων, *antexetazōn*] os reinos precedentes, não os depreciando (este é um mau expediente), mas admirando-os enquanto atribui a perfeição ao presente. Não deves esquecer nossa afirmação anterior, a saber, que as comparações [συγκρίσεις, *synkriseis*] devem ser feitas quanto a cada particular; essas comparações, porém, serão parciais (...) ao passo que a completa dirá respeito ao tema inteiro, como quando comparamos [συγκρίνομεν, *synkrinomen*] o reino como um todo e em suma com um outro reino, por ex., o reino de Alexandre com o reino atual. Depois da comparação vem o epílogo.²³

Finalmente, a comparação não era meramente um exercício de treinamento, mas um traço vivo da cultura literária. Os estudantes praticavam os encômios porque na realidade deviam ser pronunciados discursos de encômio;²⁴ os estudantes estudavam a comparação porque tinham de ser escritas várias formas de comparação. Os oradores e os sofistas comparavam-se uns com os outros em

---

²² MENANDRO RETOR, trad. Russell & Wilson, II.372.20ss.
²³ MENANDRO RETOR, II.376.31-II.377.9.
²⁴ É totalmente incorreto afirmar, como faz J. SMIT ("Argument and Genre of 1 Corinthians 12-14, em *Rhetoric and the New Testament* [ed. S. E. Porter e T. H. Olbricht; Sheffield, Inglaterra: Sheffield Academic Press, 1993], p. 226), que "nos manuais de retórica o *genus demonstrativum* [γένος ἐπιδεικτικόν, *genos epideiktikon*] é apenas esquematicamente tratado. A razão disto é que os discursos públicos de louvor ou censura raramente ocorriam. A atenção que este gênero não obstante recebe está ligada com a prática de incluir excursos demonstrativos em arengas judiciais e discursos políticos". Há dois problemas importantes com essa formulação. Primeiro, simplesmente não é verdade que "nos manuais de retórica" geralmente a epidíctica é apenas esquematicamente tratada". O manual de Menandro Retor e o de Pseudo-Dionísio são quase exclusivamente dedicados à oratória epidíctica, e desenvolvem seu material muito detalhadamente. Em segundo lugar, não é verdade que "os discursos públicos de louvor ou censura raramente ocorriam". Ao contrário, o louvor público de amigos e benfeitores, e a invectiva contra os rivais eram elementos importantes da vida civil. Smit estará talvez encarecendo o comentário do *Auctor ad Herennium*, segundo o qual "se a epidíctica é usada só raramente por si mesma independentemente, todavia nas causas judiciais e deliberativas extensas seções são com freqüência dedicadas ao louvor e à censura" (3.4.8)? Muito mais acurado é o comentário de C. Basevi e J. Chapa, no mesmo volume (p. 352): "A literatura encomiástica floresceu bastante durante o Império" embora se possuam poucos testemunhos da sua localização social. Além disso, pode ser verdade que "excursos demonstrativos" eram incluídos em outros tipos de discursos, ou pode ser melhor formular a afirmação de modo diferente: vários elementos da oratória concreta cruzavam os limites entre as três maiores categorias de retórica traçados pelos principais retóricos. Ver mais sobre esse assunto abaixo.

disputas freqüentemente acrimoniosas.[25] Críticos literários como Cecílio de Calacte e Dionísio de Halicarnasso desenvolveram uma crítica comparativa sutil;[26] Cícero comparou os estilos de Isócrates, Lísias e Demóstenes, e M. Antônio, Crasso e Scaevola.[27] "Longino" elaborou comparações de Demóstenes com Hispérides, e de Paltão com Lísias.[28] Quintiliano, com alguma trepidação, chegou a ensaiar uma comparação de Demóstenes com Cícero.[29]

De modo mais notável, e obviamente mais conhecido, Plutarco construiu várias de suas obras, e toda a arquitetura de suas *Vidas*, sobre o modelo comparativo. A obra da sua juventude, "Sobre a Fortuna de Alexandre" (*Mor.* 326D-345B) aborda a questão se a sorte ou o talento foi mais responsável pela grandeza das realizações de Alexandre. Escreveu também sobre se os animais terrestres ou os marinhos são mais sagazes (*Mor.* 959A-985C), se o fogo ou a água é mais útil (*Mor.* 955D-958E) e um ensaio analisando se Atenas era mais famosa pelas guerras ou pela sabedoria (*Mor.* 345C-351B). Sua obra "Sobre a Virtude das Mulheres" é explicitamente comparativa: ele afirma que

> não é possível perceber melhor a semelhança e a diferença entre as virtudes dos homens e as das mulheres por nenhum outro meio senão colocando as vidas lado a lado e as ações lado a lado, como grandes obras de arte, e considerando se a magnificência de Semíramis tem o mesmo caráter que a de Sesóstris, ou a inteligência de Tanaquil o mesmo que a do rei Sérvio...[30]

Seu "Diálogo sobre o Amor" é uma detalhada comparação das relativas virtudes do amor heterossexual e homossexual, modelada em parte sobre o famoso "Banquete" de Platão. O discurso de Protógenes (*Mor.* 750C) é uma comparação que visa favorecer o amor pederasta, enquanto a resposta de Dafneus (*Mor.* 751B) é uma contracomparação, a princípio avaliando ambos igualmente, mas depois inclinando-se fortemente para a heterossexualidade. A comparação que faz Plutarco das várias funções humanas vigiadas por vários deuses (*Mor.* 757C-758C) é um exemplo desenvolvido mais retoricamente. *Moralia* 760D compara o poder de Eros com o de Ares entrando em alguns pormenores. Essa comparação é claramente um exemplo de αὔξησις (*auxēsis*) por σύγκρισις (*synkrisis*). Ademais, a grande maioria dos pares de vidas, uma grega e uma romana, vêm com uma detalhada σύγκρισις (*synkrisis*). Em muitos casos, é claro que as vidas em questão foram cuidadosamente escritas em preparação dos temas da comparação.[31]

---

[25] Sobre esse tema ver C. Forbes,"Comparison, Self-Praise, and Irony", *NTS* 32 (1986): p. 7-8.

[26] Ver, por exemplo, W. Rhys Roberts,"Caecilius of Calacte", *AJP* 18 (1897): p. 302-12; Plutarco,"Vida de Demóstenes" 3; Dionísio de Halicarnasso, *As três cartas literárias* (ed. W. Rhys Roberts; Cambridge: Cambridge University Press, 1901), esp. p. 90-97; Dionísio de Halicarnasso, *Sobre Isócrates* 3.17, *Sobre o estilo de Demóstenes* 2, 9-10, 17, 23, 33, e *Sobre Tucídides* 16, 35, 36, 37, 41.

[27] Cícero, *Brut.* 32-35, 138-50.

[28] Ps.-Longino, *On the Sublime*, 33-36.

[29] Quintiliano, *Inst.* 10.1.105ss.

[30] Plutarco,"Sobre a virtude das mulheres", *Mor.* 243.

[31] Sobre isso ver o estudo de H. M. Martin, Jr.,"Plutarch" em Porter, *Handbook*, p. 724-28, e D. H. J. Larmour, "Making Parallels: *Synkrisis* in Plutarch's 'Themistocles and Camillus'", em *ANRW* II33.6 (Berlim: de Gruyter, 1992), p. 4154-74.

Na seção introdutória acima observei o testemunho da obra pseudo-aristotélica "Retórica para Alexandre", e a contribuição do próprio Aristóteles para o desenvolvimento das idéias de comparação. Os verbos παραβάλλειν (*paraballein*) e συγκρίνειν (*synkrinein*) eram usados como virtuais sinônimos para o processo da comparação retórica como meio de amplificação. Mais geralmente, Aristóteles, *Rhet.* 3.12.6, ensina que "o estilo demonstrativo é especialmente adequado para a composição escrita; e depois dele vem o estilo forense". Os discursos feitos oralmente e as versões escritas desses discursos apresentam traços retóricos semelhantes. Cícero, *De Or.* 2.341, afirma que a demonstração é para ser lida e igualmente para ser ouvida. Quintiliano, contudo, faz uma afirmação relacionada a essa, quando diz (*Inst.* 12.10.51) que "não há absolutamente diferença entre escrever bem e falar bem, e que um discurso escrito é meramente um registro de um que realmente foi proferido". Nas seções 53-55 ele comenta esse ponto:

> Já que aqueles que são designados para dar sentença são freqüentemente mal-educados e às vezes simples rudes, torna-se necessário usar todos os métodos que achamos plausíveis para apoiar nossa causa, e estes artifícios não devem ser apenas proclamados no discurso, mas exibidos também na versão escrita, pelo menos se ao escrevê-la nosso propósito é mostrar como deve ser proferida. Se Demóstenes ou Cícero tivessem falado as palavras como as escreveram, teriam falado mal? (...) Ora – perguntas – o orador deve sempre falar como escreve? Se possível, sempre.

Claramente, para Cícero e Quintiliano a diferença entre uma composição oratória e uma escrita não era grande.

Em suma, pois, a comparação literária, em vários níveis, falada ou escrita, era um elemento vivo da cultura greco-romana, e um elemento que todos de uma certa educação formal queriam conhecer plenamente. Além disso, sendo as demonstrações de oratória uma forma extremamente popular de diversão pública, uma grande proporção pelo menos da população masculina teria um bom conhecimento informal de retórica. Agora é tempo de examinar mais de perto os testemunhos dessa prática. A tarefa é complicada pelo fato de que a antiga terminologia não é uniforme (ver n. 3 acima). É também importante lembrar que o quadro sintético a ser apresentado é artificial em alto grau. Alguns estudantes nos tempos antigos tinham acesso a um ou mais desses textos ou apresentações baseadas neles, mas não outros.[32] Não obstante, um apanhado cronológico dos testemunhos vai demonstrar, pelo menos, o amplo espaço de discussão do tema.

A análise aristotélica da retórica, provavelmente devido à sua clareza e acessibilidade, como também à sua natureza fundacional, tem sido muito usada

---

[32] Como excelentes exemplos, gostaríamos de notar (1) a verossimilhança, afirmada por Anderson, *Ancient Rhetorical Theory*, p. 46-49, de que a obra de Aristóteles sobre retórica, tão fundamental para a nossa compreensão do desenvolvimento da antiga retórica, quase não foi lida pelos retóricos no período helenístico e no início do período romano; e (2) que o "Sobre o sublime", de Pseudo-Longino, não é citado por nenhum antigo escritor de retórica ou de literatura até o século XI da Era Comum (id., 86).

pelos estudiosos do Novo Testamento. Não podemos supor, contudo, que ela fosse o modelo mais conhecido no ambiente cultural em que viveu Paulo.[33] Este ensaio, então, recolhe suas informações de uma ampla faixa dos antigos debates. O objetivo é mostrar que a "comparação" era universalmente aceita como um elemento da antiga retórica.

Resumo cronológico dos testemunhos

Na obra intitulada *Rhetorica ad Herennium* 1.24-25, do século I antes da Era Comum, encontram-se análises sobre a comparação. Debatendo o tema forense que poderia ser descrito como a defesa do "menor de dois males", o autor afirma que "uma causa baseia-se na Comparação com a Alternativa quando declaramos que nos era necessário fazer uma ou outra das duas coisas, e que aquela que fizemos era a melhor".

O exemplo dado é o de um general que se rende em circunstâncias humilhantes, para não ter seu exército completamente destruído. O autor encontrou o lugar para a comparação na oratória forense que Aristóteles negou a Isócrates.[34]

Em *ad Herennium* 2.6, usa-se um termo diferente para um elemento de um discurso para a acusação, no qual

> a comparação [*conlatio*] é usada quando o promotor mostra que o ato denunciado por ele contra seu adversário não favoreceu a ninguém exceto ao acusado, ou que ninguém senão seu adversário poderia tê-lo cometido, ou que seu adversário poderia não tê-lo cometido, ou pelo menos não tão facilmente por outros meios.

Com outras palavras, o advogado compara as probabilidades de o acusado, e de qualquer outro, ter cometido o ato em questão.

Ad Herennium 2.50 trata do uso mais emocional da comparação (*comparatione*) das circunstâncias adversas do acusado com sua próspera situação anterior, como meio de mover os jurados à compaixão.[35] Este parece tanto um elemento "demonstrativo" quanto um caso de discurso "forense", mas este fato simplesmente ilustra a artificialidade das categorias.[36]

O próprio Cícero, escrevendo na mesma geração do autor de *ad Herennium*, lida com ambas as formas de comparação, as mais limitadas e as mais elaboradas retoricamente. Na sua obra *De Inventione*, escrita quando jovem, cerca do ano 89 antes da Era Comum, define a *comparatio* na oratória forense (2.72), analisa as

---

[33] Ver, por exemplo, T. H. Olbricht, "An Aristotelian Rhetorical Analysis of 1 Thessalonians", em *Greeks, Romans, and Christians* (ed. D. L. Balch e outros; Minneapolis: Fortress Press, 1990), p. 216-36; e D. F. Watson, "A Rhetorical Analysis of Philippians and Its Implications for the Unity Question", *NovT* 30 (1988): p. 57-87.

[34] Comparar 2.21, em que, mais uma vez, trata-se de *comparatio* entre alternativas de rumos de ação. Cícero trata do mesmo uso de comparatio em seu *De Inventione* 1.15.

[35] Ver também Cícero, *Part. Or.* 57.

[36] *Ad Herennium* também aborda similitudes comparativas e comparações ilustrativas, que o autor chama de *comparationes*, em 4.44ss., 4.46. 4.57 e 4.59ss.

comparações ilustrativas na oratória forense (1.82,2.75ss), o uso da comparação dos dois casos na peroração de um discurso forense (1.99), e compara o crime em questão com "outros crimes que são considerados como crimes pelo consenso comum, e assim por contraste mostra que muito mais horrível e vergonhosa é a afronta agora diante do tribunal" (1.104).

No seu *Topica* 18:68-71 e 84-85, Cícero lida com ilustrações comparativas (ver especialmente o antepenúltimo parágrafo) e recorre claramente a um texto helenístico anterior que tratava da prática mais ampla da comparação.

[68]A comparação é feita [*comparantur*] entre coisas que são maiores, menores ou iguais. E nesta conexão são considerados os seguintes pontos: quantidade, qualidade, valor e também uma relação particular com certas coisas.

[69]As coisas são comparadas com respeito à quantidade do modo seguinte: mais "bens" são preferíveis a menos, menos males, a mais, bens que duram por um tempo maior, aos de curta duração, aqueles que são distribuídos por toda parte, aos que são confinados dentro de estreitos limites, aqueles dos quais provêm mais bens e aqueles que mais pessoas imitam e produzem.

Ao comparar coisas com respeito à sua qualidade [*specie autem comparantur*], preferimos aquelas que devem ser procuradas por causa delas mesmas àquelas que são desejadas porque tornam possível alguma outra coisa; também preferimos qualidades inatas e naturais às adquiridas e adventícias, o que é puro ao que é manchado, o agradável ao menos agradável, o que é honroso ao que é proveitoso, a tarefa fácil à difícil, o necessário ao desnecessário, nosso próprio bem ao dos outros, coisas que são raras às que são comuns, coisas desejáveis às que se pode facilmente dispensar, o perfeito ao incompleto, o todo às suas partes, ações razoáveis àquelas desprovidas de razão, atos voluntários aos necessários, coisas animadas a objetos inanimados, o natural ao inatural, o que é artístico ao que não o é.

[70]Com respeito ao valor, as distinções são feitas nas comparações da seguinte forma: Uma causa eficiente é mais importante do que uma que não o é; coisas que são suficientes em si mesmas são melhores que as que requerem ajuda dos outros; preferimos o que está em nosso próprio poder ao que está no poder de outros; o estável ao incerto; o que não nos pode ser tirado ao que pode.

A relação com as outras coisas é desta natureza: os interesses dos cidadãos dirigentes são de maior importância que os dos outros; um valor semelhante está associado a coisas que são mais agradáveis, que são aprovadas pela maioria, ou são elogiadas por todos os homens virtuosos. E assim como estas são as coisas que numa comparação [*in comparatione*] são consideradas melhores, assim também seus opostos são considerados piores.

[71]Quando iguais são comparados, não existe superioridade nem inferioridade; cada coisa está no mesmo plano. Mas há muitas coisas que são

comparadas por causa da sua real igualdade. O raciocínio se desenvolve mais ou menos assim: Se ajudar os cidadãos companheiros de alguém com conselho e dar-lhes eficaz assistência devem ser considerados igualmente louváveis, então os que dão conselho e os que protegem devem receber igual glória. Ora, a primeira afirmação é verdadeira; logo, a conclusão também o é...

[84]Quando a questão é sobre a natureza de alguma coisa, ela é colocada ou simplesmente ou por comparação [*aut simpliciter quaeritur aut comparate*]; simplesmente, como na pergunta: Deve-se buscar a glória? – por comparação como: A glória é preferível às riquezas?(...) [85] (...) Pode-se perguntar se é mais valiosa a eloqüência ou a jurisprudência.

Aqui, portanto, temos uma análise que pré-data os προγυμνάσματα (*progymnasmata*) existentes, mas recorre a um material muito semelhante.

Como outros escritores, Cícero recorre a discursos "clássicos" anteriores e descobre comparações neles.[37] Mas seu enfoque real está no uso contemporâneo da oratória, quer forense, quer deliberativa. Em sua obra *De Partitione Oratoria* 49, analisa a comparação da confiabilidade das testemunhas: "E elas devem ser comparadas [*comparandique*] com testemunhas de maior autoridade que todavia não receberam crédito". Na seção 66, no contexto dos discursos deliberativos, diz que "a pergunta que se faz não é apenas a simples indagação, o que é honroso, o que é útil, o que é justo, mas ela também envolve comparação [*comparatione*] – o que é *mais* honroso ou útil ou justo, e também o que é *o mais* honroso".

Examinando na seção 95 o tópico da conveniência na tomada de decisão política, ele comenta que "não devemos considerar apenas os recursos que possuímos, mas também as coisas que agem contra nós; e se na comparação [*ex contentione*] a balança se inclina para o nosso lado, devemos não apenas persuadir o nosso auditório de que a solução que aconselhamos é viável".

Compare a seção 98: num tribunal

> o tema que um discurso desse tipo aborda é a eqüidade, a qual ocasionalmente é considerada não na forma simples, porém por meio de uma comparação [*ex comparatione*] (...) Nesses casos, a pergunta feita é o que é mais eqüitativo, ou o que é o mais eqüitativo.

Finalmente, Cícero, em suas obras sobre a história da oratória, testemunha e pratica uma forma de crítica comparativa. Em *Brut*. 229, escreve: "É inevitável no caso de homens que vivem uma longa vida de atividade que eles sejam comparados [*compararentur*] com homens muito mais idosos que eles e também com homens muito mais jovens". Na seção 301, dá um exemplo desse fenômeno:

---

[37] Em *Opt. Gen.* 21, Cícero comenta que a causa entre Demóstenes e Esquines em "Sobre a coroa" "envolve uma interpretação muito sutil da lei de ambos os lados, e uma comparação [*contentionem*] dos serviços públicos dos dois oradores que é extremamente impressionante".

Embora seus [de Hortensius] começos tenham ocorrido no período de Cotta e Sulpicius, que eram dez anos mais velhos, quando Crasso e Antônio, depois Filipe e enfim Júlio, estavam ainda no auge da fama, no entanto em renome como orador ele era constantemente comparado [*comparabatur*] com esses veteranos.[38]

Voltando ao século I da Era Comum, os escritos de Filo de Alexandria mostram que a prática da comparação era não apenas objeto de teorias da parte dos retóricos, mas podia ser uma poderosa arma satírica. No seu *Legat*. 77-110, Filo menciona que Gaio atribuiu várias formas de culto a si mesmo e ridiculariza suas pretensões, comparando seus atos com as façanhas das figuras míticas em questão: os Dióscuros, Dionísio, Hércules, Hermes e Apolo.[39]

Do final do século I da Era Comum temos a obra de Aelius Theon, o primeiro dos "Progymnasmata" que restam. No contexto de um tratado geral sobre o encômio,[40] é dada aos estudantes uma ampla definição de comparação; eles são advertidos a respeito das comparações forçadas ou artificiais, e depois recebem instruções razoavelmente detalhadas sobre como elaborar suas comparações.

A comparação [σύγκρισις, *synkrisis*] é uma forma de discurso que confronta o melhor e o pior. São feitas comparações entre pessoas e entre coisas: entre pessoas, por exemplo, Ájax e Odisseu; entre coisas, por exemplo, a sabedoria e a coragem. Quando se distingue entre pessoas, levam-se em consideração seus atos, mas se há alguma outra coisa de mérito nelas, então o único método seria suficiente para ambas.
Em primeiro lugar, deve-se notar que as comparações não são feitas entre coisas que são amplamente diferentes umas das outras. Seria ridículo debater se Aquiles é mais corajoso do que Tersites. Devem ser consideradas coisas semelhantes, coisas a respeito das quais pode haver discordância sobre se uma posição deve ser ocupada, por causa da impossibilidade de distinguir qualquer preeminência de um sobre o outro.
Na comparação de pessoas, primeiro se justapõem seus *status*, educação, descendência, cargos ocupados, prestígio e físico; se há algum outro elemento físico, ou mérito externo, deve constar de antemão no material para o encômio.

---

[38] Ver, na seção 138, a comparação que Cícero faz de Demóstenes e Hispérides com Antônio e Crassus; e a seção 145, em que compara os estilos de Crassus e de Scaevola. Conferir também a seção 294, e *De Or*. 3.53.205, 40.138.

[39] Ver Anderson, *Ancient Rhetorical Theory*, p. 254n. 21. J.T. Fitzgerald, *Cracks in an Earthen Vessel* (Atlanta: Scholars Press, 1988), p. 145s. 95, sugere que Filo, *Quod deterius* 34, é uma *synkrisis* entre amantes da virtude e os egoístas.

[40] Ver os comentários de Russell e Wilson, *Menander Rhetor*, xxvi, sobre o contexto: Tendo definido o encômio, "Teon continua dando uma lista de outros tópicos nos quais pode ser baseado o louvor: admiração póstuma, imparcialidade diante da adulação e da inveja; ações desinteressadas ou altruísticas; sucesso devido ao esforço mais que à sorte; ser o primeiro no campo; receber elogios de homens notáveis; conjecturas sobre realizações que a morte impediu; comparações com outros; até jogos com os nomes. (...) Muitos desses itens podem ser encontrados em textos mais antigos; mas a ênfase na comparação é uma adição interessante. (...) Depois disto, o encomiasta passa às ações [πράξεις, *praxeis*] do seu personagem – e de tal modo as dispõe que demonstram a sua posse das virtudes cardeais."

Depois comparam-se as ações, de preferência as mais excelentes e aquelas responsáveis por mais numerosos e maiores benefícios; as que são mais estáveis e duráveis; as que foram especialmente oportunas; aquelas cuja omissão resultaria na ocorrência de grave dano; aquelas realizadas por opção e não por necessidade ou sorte; e aquelas efetuadas por poucos em vez de por muitos. Lugares comuns e coisas triviais não devem ser escolhidos para o louvor. Devem-se indicar coisas feitas com esforço mais que as fáceis, e coisas realizadas após idade e oportunidade apropriadas, mais do que aquelas efetuadas quando surgiu a possibilidade.[41]

Os escritos do grande retórico Quintiliano, também do final do século I, tratam sobretudo do treinamento na oratória forense, mas sua reflexão abrange também as etapas anteriores do currículo retórico. Por exemplo, em 2.4.20ss, ilustra o lugar da comparação no desenvolvimento inicial das habilidades do estudante.

A partir daí [narrativas e sua confirmação e refutação], nosso aluno começará a passar para temas mais importantes, tais como o louvor de homens famosos e a denúncia dos maus. (...) Daí para a prática da comparação [*comparationis*] dos respectivos méritos de dois personagens é apenas um passo(...).
Mas o método a ser seguido no panegírico e na invectiva será tratado em seu lugar próprio, porque constitui o terceiro departamento da retórica.

Então ele passa a falar dos "lugares comuns" (*communes loci*) e das teses (2.4.24) que "se relacionam com a comparação [*comparatione*] de coisas e incluem questões como 'O que é preferível, a vida na cidade ou a vida no campo?' ou 'Quem merece maior louvor, o advogado ou o soldado?'". A natureza incremental dos exercícios preliminares é particularmente visível aqui.

Também Quintiliano dá à *comparatio* um papel central na amplificação do argumento: "Considero que existem quatro métodos principais de amplificação: aumento [*incremento*], comparação [*comparatione*], raciocínio [*ratiocinatione*] e acumulação [*congerie*]" (*Inst.* 8.4.3).

No entanto, o termo pode ter múltiplos significados. Quintiliano, como os autores primitivos, usa o termo *comparatio* para uma série de figuras comparativas diferentes. Em *Inst.* 8.6.69, usa o termo indicando uma metáfora comparativa menor. Em 8.5.19, 21, usa-o no contexto de "Sententiae" com ilustrações comparativas. Em 8.6.4ss, usa-o para metáforas e alegorias, e em 9.2.2 para precedentes comparáveis. Em 5.10.125 e 5.11.7ss, lida com argumentos de paralelos

---

[41] A tradução é de R. J. Mortley, originalmente publicada em meu trabalho "Comparison, Self-Praise, and Irony" (ver n. 25 acima). Para uma análise mais ampla, ver J. R. BUTTS, *The Progymnasmata of Theon* (Tese Doutoral, Claremont Graduate School, 1987).

históricos, que segundo ele os gregos chamam de παράδειγμα (*paradeigma*), mas os romanos de *exemplum*. Em 9.2.100, ele debate a natureza precisa da comparação, entendida de modo inclusivo, tratando da questão se ela deve ser considerada uma figura oratória ou uma "figura de pensamento".[42]

Falando daquilo que chamaríamos de argumentos *a fortiori* num contexto forense, *Inst.* 8.4.9 diz:

> Assim como esta forma de amplificação [aumento] cresce até um clímax, assim também a forma que depende da comparação procura elevar-se do menor ao maior(...) (8.4.13) Quando a amplificação é nosso objetivo, comparamos não apenas o todo com o todo, mas parte com parte, como na seguinte passagem [ele cita a Primeira Catilinária de Cícero, 1.1.3]: "Este ilustre cidadão, o *pontifex maximus* Públio Cipião, agindo meramente em sua capacidade privada, matou Tibério Graco quando ele introduziu apenas ligeiras modificações para pior que não prejudicaram seriamente a constituição do estado, e nós, como cônsules, vamos permitir que continue vivendo Catilina, cujo propósito era devastar o mundo inteiro com o fogo e a espada?"
> Aqui Catilina é comparado com Graco, a constituição do estado com o mundo inteiro, uma pequena alteração para pior com o fogo, a espada e a devastação, e um cidadão privado com os cônsules, dando todas essas comparações ampla oportunidade para ulterior expansão individual, se alguém quisesse fazê-la.

Em termos mais simples, *Inst.* 4.2.99 sugere que "os argumentos serão tirados de uma comparação [*comparatione*] dos personagens das duas partes".

Em 5.10.91, refletindo sobre o tópico inteiro, Quintiliano reflete que "a comparação das coisas é infinita: as coisas podem ser mais agradáveis, mais sérias, mais necessárias, mas honrosas, mais úteis(...)". Ele prossegue analisando argumentos do maior ao menor, do geral ao específico e vice-versa. Em *Inst.* 7.2.10-11, falando da comparação como um elemento da argumentação forense nos casos em que diferentes pessoas podem ser indiciadas como culpadas de um crime, ele sugere que

> comparemos [*comparatio est*] pessoas, motivos e outras circunstâncias (...) Há também uma forma diferente de comparação [*comparationis genus*], que tem vez quando ambas as partes reivindicam o crédito de algum

---

[42] Certamente Quintiliano só pode ser impreciso no caso de figuras comparativas muito simples: comparações mais complexas dificilmente poderiam ser descritas como "figuras oratórias". Sobre a distinção entre essas categorias, ver a nota de G. L. HENDRICKSON em sua edição Loeb do *Brutus* de Cícero, 124: "Figuras de linguagem ou verbais, como a aliteração, a rima ou pares assonantes; e figuras de pensamento, nas quais se dá ênfase ou vivacidade a uma idéia pela forma em que ela é apresentada, como quando uma simples afirmação é posta na forma de uma pergunta retórica, um apelo, um desejo, uma oração, um juramento. (...)". Para a lista de "figuras oratórias" dada por Quintiliano, ver *Inst.* 9.3.1. Para "figuras de pensamento," ver Cícero, *De Or.* 3.52.201-354.208, citado em Quintiliano livro 9, que continua no livro 9.2.102 com a lista do próprio Quintiliano.

ato, e uma outra forma ainda, quando a questão é, não entre duas pessoas, mas entre dois atos.

7.2.22: Além disso, tais casos [quando duas pessoas se acusam mutuamente do mesmo crime] consistem numa comparação [*comparatione*], que pode ser efetuada de diferentes modos. Pois podemos comparar nosso caso em sua totalidade com o de nosso adversário, ou podemos comparar os argumentos individuais(...).

7.2.25: Ora, como nos casos de mútua acusação, nos quais cada parte joga a culpa no seu adversário, assim neste caso [quando duas pessoas reivindicam a recompensa pela morte de um tirano] comparamos personagens, motivos, meios, oportunidades, instrumentos e testemunhos das pessoas que reivindicam a recompensa. 26-27 [no caso em que é a ação e não o autor que está em questão]: Não consiste a causa toda numa comparação dos dois casos e dos dois conjuntos de conjecturas diferentes e opostos?

Numa causa para a defesa, pode-se argüir (7.4.12):

Na mesma categoria que o apelo ao público ou ao interesse pessoal está a argumentação de que o ato em questão impediu a ocorrência de algo pior. Pois numa comparação de males [*comparatio malorum*] o mal menor deve ser tido como um bem positivo (...) Esta forma de defesa é chamada pelos gregos de ἀντίστασις [*antistasis*], ao passo que nós a denominamos defesa por comparação [*comparativum nostri vocant*].

Em alguns casos jurídicos complexos, *Inst.* 7.6.2 sugere que

quando duas leis colidem, podem ser de natureza semelhante, como por exemplo se temos de comparar dois casos em que a um tiranicida e a um homem correto é dada a escolha da sua recompensa, dando a cada um o privilégio de escolher o que desejar. Nesse caso comparamos os méritos dos interessados, as ocasiões dos respectivos atos e a natureza das recompensas pedidas.

Em suma, portanto, Quintiliano reconhece uma ampla variedade de circunstâncias nas quais a comparação retórica é um instrumento necessário e eficaz.

Hermógenes de Tarso, escritor do século II da Era Comum, trata do tema da comparação em dois contextos: primeiro, como meio de amplificação dentro de outros tópicos; segundo, como um tópico independente. Primeiro, ao falar de "lugares comuns", diz ele:

O assim chamado lugar comum é a amplificação de uma coisa admitida, de demonstrações já feitas. Pois neste caso não estamos mais investigando se fulano é um ladrão de templos,(...) mas como vamos amplificar o fato demonstrado(...). O procedimento pode ser este: (1) análise do contrário; (2) o próprio ato; (3) comparação [*synkrisis*] – Depois passa para a comparação. "Ele é mais perigoso que os homicidas. (...) Eles agrediram a vida humana, mas ele ultrajou os deuses. Ele é como os déspotas, não como eles todos, mas como os mais perigosos. Porque neles aparece mais revoltante que eles lançam mão daquilo que tinha sido dedicado aos deuses." E tu deves introduzir na denúncia comparações com o menor, porque são destruidoras. "Não é chocante punir o ladrão, mas não o ladrão de templos?"[43]

Isto tem uma clara relação com as ilustrações comparativas do tipo apresentado nos pormenores por Cícero como particularmente apropriadas em discursos forenses. Depois, na seção sobre os encômios, após enumerar os tópicos comuns para um encômio, comenta:

Porém a maior oportunidade nos encômios [de pessoas] é através de comparações, que farás conforme a ocasião pode sugerir. (...) Usarás por toda parte essas comparações [com animais] conforme se harmonizam com esses tópicos. (...) Das comparações [com plantas] tirarás proveito em todo lugar.[44]

Sobre o próprio exercício da comparação escreve ele:

A comparação foi incluída na seção *lugar comum* como um meio de ampliarmos as más ações, e também na seção *eniômio* como um meio de ampliar as boas ações, e finalmente foi incluída como tendo a mesma força na censura. Mas já que alguns [autores] de não pequena reputação têm feito dela um exercício em si mesma, devemos falar dela brevemente. Ela procede, então, pelos tópicos encomiásticos; pois comparamos cidade com cidade quanto aos homens oriundos delas; raça com raça; criação com criação, metas, negócios, relações externas, e a maneira da morte e o que se segue. Do mesmo modo, se comparas plantas, colocarás defronte um do outro os deuses que as deram, o cultivo, o uso de seus frutos, etc. Assim também, se comparas coisas empreendidas, dirás quem primeiro as realizou e compararás uns com os outros os que as efetuaram quanto às qualidades da alma e do corpo. Que o mesmo princípio seja aceito para todos.
Ora, algumas vezes fazemos nossas comparações em termos de igualdade, mostrando que são iguais as coisas que comparamos quer sob todos os aspectos, quer sob vários; algumas vezes colocamos uma à frente, louvando também a outra à qual preferimos a primeira; às vezes censuramos uma completamente e louvamos a outra, como nas comparações entre riqueza e justiça. Há até mesmo comparação com o melhor, onde a tarefa é mostrar

---

[43] Spengel, *Rhetores Graeci*, vol. 2, p. 14-15; tradução ligeiramente adaptada da feita por C. S. Baldwin, *Medieval Rhetoric and Poetic* (Nova Iorque: Macmillan, 1928), p. 28-30.
[44] Baldwin, *Medieval Rhetoric*, p. 32.

que o menor é igual ao maior, como na comparação de Hércules com Odisseu. Mas essa comparação requer um orador vigoroso e um estilo vivaz; e a elaboração sempre exige vivacidade por causa da necessidade de fazer as transições rapidamente.[45]

Hermógenes também, no seu *Progymnasmata*, seção 2, trata brevemente do "modo comparativo" (συγκριτικόν, *synkritikon*) de escrever uma narrativa. "O comparativo é assim: 'Medéia, filha de Eetes, em vez de dominar seu espírito, enamorou-se; em vez de guardar o velocino de ouro, traiu-o; em vez de salvar seu irmão Apsirto, matou-o.'"[46]

Menandro Retor de Laodicéia escreveu dois tratados sobre a retórica antes ou em torno de 300 da Era Comum,[47] no qual o conceito de comparação e os termos são usados de modo regular. Por exemplo, na seção sobre o elogio das cidades, Menandro aconselha que "se o lugar é quente, convém enumerar os males dos lugares frios, e se ele é frio, os males dos lugares quentes" (1.337.31-32): a comparação é implícita. Na seção II.380.9ss, porém, analisando um discurso em honra da chegada de um novo governador, ele sugere:

> Não podemos citar comparações [συγκρίσεις, *synkriseis*] para as ações, porque ainda não foi vista nenhuma ação do governador; comparamos sua família com alguma linhagem de grande reputação, os Heráclidos ou os Eácidos. Na seção sobre as virtudes, porém, não fazemos comparação alguma [οὐ συγκρίνομεν, *ou synkrinomen*]: como seria possível, se ainda nada aconteceu? Vamos no entanto citar paralelos [συγκρίναιμεν, *synkrinaimen*] por meio de um expediente de técnica.

E de novo, nas seções II.380.25 e II.381.5: "A maneira de construir comparações [συγκρίσεις, *synkriseis*] relacionadas com o tema como um todo é a seguinte (...) Serás então capaz de mencionar na comparação semideuses e generais, observando que estás comparando aqui todas as virtudes juntamente".

O epílogo segue imediatamente. Se o governador tem exercido o cargo por algum tempo, então o espaço para falar é maior; de novo, as comparações são efe-

---

[45] Id., p. 33-34. Vale a pena notar de passagem que o exercício que segue a *synkrisis* na *progymnasmata* é çthopoiia (Hermógenes) ou *prosōpopoiia* (Teon), que pode ser traduzido por "caracterização": o exercício de colocar um discurso na boca de um personagem, ou de escrever uma carta em seu nome. Para mais exemplos, ver Quintiliano 3.8.49, 4.1.66-69, e 4.2.106. Para uma aplicação exegética dessa categoria retórica a uma passagem paulina muito controvertida, ver S. K. Stowers, "Romans 7.7-25 as a Speech-in-Character", em *Paul in His Hellenistic Context* (ed. T. Engberg-Pedersen; Edimburgo: T. & T. Clark, 1994) e *A Re-reading of Romans* (New Haven: Yale University Press), 1994, p. 16-21. Para uma sugestão menos detalhada que tem a ver com 1Cor 1,12, ver M. Mitchell, *Paul and the Rhetoric of Reconciliation* (Tübingen: Mohr [Siebeck], 1991), p. 86. Como escrevi em meu trabalho sobre *synkrisis* em 2Cor 11-12 (Forbes, "Comparison, Self-Praise, and Irony"), dada a natureza progressiva dos *progymnasmata*, é inteiramente provável que, depois de aprender a comparação, os estudantes praticassem o uso das comparações com discursos colocados na boca de personagens históricos ou míticos.
[46] Balwin, *Medieval Rhetoric*, p. 25.
[47] Menandro Retor, ed. Russell & Wilson. Ver também F. Gascó, "Menander Rhetor and the Works Attributed to Him", em *ANRW* II.34.4, p. 3110-46, esp. 3113-16, sobre autoria e datação.

tuadas para cada virtude separadamente e depois em geral (II.381.29-32). Quando se faz um discurso para a própria chegada a uma cidade (II.383.13ss),

> tendo descrito as belezas das planícies, rios, portos, montanhas; em relação ao mar, dizer como é conveniente para os visitantes e por quais mares é banhado – aqui deve vir uma descrição do mar; na seção sobre o clima, deves dizer que é sadio. Em cada um desses tópicos, deves fazer uma comparação. Pode ser de um país com um outro (...) Em relação ao clima, a comparação seria com Atenas ou Jônia.

Ao falar das quatro virtudes cardeais (II.386.10-22), o orador

> deve elaborar συγκρίσεις [synkriseis] individuais para cada uma das virtudes, seguidas de uma σύγκρισις [synkrisis] global de cidade com cidade, incluindo tudo, não excetuando as seções precedentes (natureza, criação, feitos, ações). Onde achas que a cidade que é teu tema está em igualdade ou superioridade, convém realçar o contraste [ἀντεξετάσεις, antexetaseis] na sua σύγκρισις [synkrisis]; naquilo que ela é inferior, porém, deves passar por cima rapidamente (...) Depois da σύγκρισις [synkrisis] vem o epílogo.

No caso de epitalâmios, discursos de casamento, Menandro nota (II.402.21) que

> depois do trecho sobre o matrimônio, no qual exaltaste o deus, chegas ao encômio dos que estão contraindo o matrimônio (...) Podes ligar família com família, sem fazer uma avaliação comparativa [ου συγκρίνων, ou synkrinōn], para não parecer que estás depreciando uma família ou supervalorizando a outra, mas procedendo com um método de comparação [ἀντεξέτασιν, antexetasin] desde que o semelhante seja ligado com o semelhante (...) Ou então, podes evitar tanto o método da ligação como o da comparação [ου συνάψεις μὲν οὐδ ἀντεξετάσεις, ou synapseis men oud' antexetaseis], mas elogiar separadamente primeiro a família do noivo, conforme possível, e depois a da noiva.

Mais adiante (II.404.2ss), falando do noivo e da noiva, ele usa o termo ἀντεξέτασις, antexetasis num sentido diferente:

> Pode-se elogiar o casal separando os louvores dos dois e conservando-os distintos, embora a beleza deva sempre ser mencionada com relação a ambos, na forma de uma comparação [κατα ἀντεξέτασιν, kata antexetasin]: "Não é ela como a oliveira, a mais bela das plantas, e ele como a palmeira?".

Mesmo em discursos de aniversário (II.412.16ss), durante o *encomium*, a comparação é apropriada: "Em cada um desses tópicos, como tenho dito com freqüência, deves incluir uma σύγκρισις [synkrisis]; e finalmente, depois das comparações individuais que acompanham os tópicos separados, convém que haja uma comparação que se aplica ao tema inteiro".

Mais uma vez, em discursos dirigidos a governadores (II.416-17),

> é um bom expediente acrescentar apropriadas συγκρίσεις [synkriseis] a cada divisão de virtude, de modo que o discurso adquira com isto um maior número de amplificações (...) Passa depois à temperança. Aqui convém falar de seu autodomínio nos prazeres e no riso. Diomedes pode ser apresentado πρὸς τήν σύγκρισιν [pros tēn synkrisin], por meio de comparação (...) A coragem deve ser admirada em razão da franqueza do governador para com os imperadores, da sua luta contra circunstâncias desagradáveis para o bem de seus súditos, e da sua firmeza em não dobrar o joelho nem ceder diante dos medos. Aqui vêm os Ájax, Péricles, Alcibíades e semelhantes. Porém, não te deves demorar neles ou entrar em detalhes ao comentá-los. Isto pertence ao encômio completo (...) depois das virtudes, passa para a σύγκρισις [synkrisis]. Comparações globais [τὸ συγκρίνειν, to synkrinein] e separadas são distintas. Exemplo de comparação separada é quando comparamos [συγκρίνωμεν, synkrinōmen] justiça com justiça, sabedoria com sabedoria. Comparação global é quando comparamos todo o tempo de um ofício com um outro (...) Depois de tudo isto, podes construir o epílogo.[48]

De modo semelhante, na obra mais ou menos contemporânea atribuída a Dionísio de Halicarnassus, "Sobre os discursos Epidícticos",[49] encontramos instruções detalhadas para escritores de discursos sobre o modo de fazer comparações. Ao falar em festivais (258), "elabora uma comparação com outros jogos" (cf. 289); "nem deixará de conferir prestígio uma comparação entre o galardão e os usados em outros lugares" (259). Na seção 260 somos advertidos de que "deve-se de fato adotar um estilo que segue a orientação do pensamento, tratando passagens narrativas ou as relacionadas a mitos com simplicidade [ἀφελῶς, aphelōs], algo concernente a imperadores ou a deuses com majestade [σεμνῶς, semnōs], e algo que envolve contrastes ou comparações [παραβολων και συγκρίσεων, parabolōn kai synkriseōn] no estilo da retórica pública [πολιτικῶς, politikōs]",[50] isto é, em estilo deliberativo. O autor dá mais instruções para o uso da comparação nos discursos de aniversário (266) e nos discursos a governadores (275).

---

[48] Material semelhante pode ser achado virtualmente em cada seção do manual de Menandro. Ver, como exemplos, em discursos fúnebres, II.421.2-10, e em discursos de convite a um governador para um festival, II.425.8, II.427.1.
[49] Trad. Russell e Wilson, *Menander Rhetor*.
[50] Dionísio de Halicarnasso, *Opuscula* (ed. Usener-Radermacher; Leipzig, Teubner, 1899). Ars Rhetorica 1.8, 260 linhas 14-15.

A comparação, em suas várias formas, era um tópico tratado em detalhe através do espectro da escrita retórica. Era discutida na teoria e também praticada com freqüência. Quanto aos teóricos, era um exercício preliminar crucial e, à medida que o estudante fazia progressos, podia ser usada para amplificar o material no encômio e na invectiva. Era relacionada a isto a função da comparação nos discursos judiciais, quer para a acusação, quer para a defesa. Finalmente, a comparação de alternativas era um aspecto importante dos discursos deliberativos, quando tinham de ser avaliados os benefícios comparativos de políticas divergentes. Alguns escritores usavam o termo grego παραβάλλω [paraballō], outros συγκρινω [synkrinō], ao passo que em latim era usada uma variedade de termos. Nos escritores gregos, o termo denotava primariamente comparações retóricas desenvolvidas. No latim, a terminologia era mais difusa, com significados que iam da simples metáfora, passando pelas ilustrações comparativas, até a comparação desenvolvida. O fenômeno da comparação retórica podia ocorrer, porém, com ou sem o uso da terminologia.

Vários autores têm levantado dúvidas sobre a validade metodológica do uso da informação obtida dos manuais retóricos técnicos, e sobre o uso dos testemunhos dos escritores latinos, que Paulo pode não ter lido, para esclarecer as cartas paulinas. Tem sido falado também que muitos dos manuais técnicos são posteriores a Paulo.[51] É claro que esta crítica tem sua razão de ser, embora o profundo conservadorismo da tradição retórica sugere fortemente que o material posterior tem raízes anteriores, como acima indiquei particularmente com referência ao estudo de Cícero em sua obra *Topica*. No entanto, tentei demonstrar aqui que a ampla convenção da comparação retórica era tão conhecida e divulgada não só na tradição retórica, mas também na cultura literária mais ampla, que seria extraordinário se Paulo *não* a conhecesse.

PARTE II. A COMPARAÇÃO RETÓRICA NAS CARTAS PAULINAS

Até que ponto devemos esperar que as cartas de Paulo utilizem formas retóricas antigas, quando as antigas categorias de retórica se desenvolveram a partir da análise da oratória, e não da composição de cartas? Essa difícil questão tem sido examinada por numerosos escritores recentes.[52] Sem dúvida qualquer número de análises razoáveis de retórica poderia ser aplicado às cartas paulinas, produzindo resultados hermenêuticos interessantes. Mas esses resultados seriam

---

[51] Ver, por exemplo, E. Krentz, "1 Thessalonians: Rhetorical Flourishes and Formal Constraints", em *The Thessalonian Debate: Methodological Discord or Methodological Synthesis?* (ed. K. P. Donfried e J. Beutler; Grand Rapids: Eerdmans, 2000), p. 287-318, esp. p. 316-17.

[52] Ver J. A. D. Weima, "The Function of 1 Thessalonians 2:1-12 and the Use of Rhetorical Criticism: A Response to Otto Merk" e os detalhados comentários de F. W. Hughes, The Rhetoric of Letters", ambos em Donfried e Beutler, *The Thessalonian Debate*, 124ss, e mais notavelmente S. E. Porter, "The Theoretical Justification for Application of Rhetorical Categories to Pauline Epistolary Literature" em Porter e Olbricht, *Rhetoric and the New Testament*, 100-122, e Anderson, *Ancient Rhetorical Theory*, p. 117-21.

parecidos com alguma coisa que o próprio Paulo, ou seu primeiro auditório, poderia reconhecer?[53]

Minha opinião é a seguinte. Paulo não é, em termos greco-romanos, um "homem de letras" (ἀνὴρ λόγιος, *anēr logios*, At 18,24). É muito improvável que sua educação formal tenha atingido os níveis superiores. Era, contudo, um orador muito experiente e, pelo que podemos dizer, no seu tempo e lugar, alguém persuasivo. Pode ser ou não que tenha tido treinamento retórico formal, mas sabia pela observação e pela experiência quais estilos e argumentos conquistariam ou não a atenção de seus ouvintes. Alegar que se deve esperar que suas cartas obedeçam mais às convenções epistolares do que às retóricas é um argumento fraco: Paulo não estava escrevendo cartas a indivíduos para serem lidas com calma.[54] Estava escrevendo cartas para assembléias cristãs, nas quais elas seriam lidas em voz alta, muitas vezes em situações polêmicas.[55] Não conheço nenhum estudo de tais cartas em qualquer teórico epistolar greco-romano.[56] Ademais, as convenções oratórias antigas eram muito mais acessíveis aos eventuais observadores do que as convenções epistolares, pelo simples fato de que a oratória era um elemento de destaque na vida pública.

---

[53] Esta não é, naturalmente, a única abordagem possível do tema. Resultados hermenêuticos interessantes podem ser uma justificação suficiente para algumas abordagens, e a literatura paulina pode ser estudada de muitos modos. No entanto o historiador normalmente vai querer conhecer o contexto histórico, e é dentro desse contexto que este estudo é formulado.

[54] A meu ver este ponto diminui a força que realmente tem o argumento de Porter, "Paul of Tarsus and His Letters", em PORTER, *Handbook*, p. 565-67. Como Porter mesmo comenta (p. 540), "é um tanto surpreendente que não tenha sido prestada maior atenção à entrega, já que estas cartas eram quase certamente destinadas a serem lidas perante uma comunidade eclesial". De modo semelhante, Anderson erra o alvo quando observa que "a situação retórica da apresentação de um discurso é totalmente um outro cenário com respeito ao da escrita de uma carta" (*Ancient Rhetorical Theory*, p. 117). A sua análise nas p. 119-120, porém, levanta a questão.

[55] Como mostra F. W. HUGHES ("Rhetoric of Letters", p. 202), esta percepção central remonta pelo menos a J. Weiss, em 1897. Ver particularmente 1Ts 5,27, embora a mesma observação geral possa ser feita a respeito de todo o *corpus*. Por isso na minha opinião C. J. CLASSEN ("St. Paul's Epistles and Ancient Greek and Roman Rhetoric", em PORTER e OLBRICHT, *Rhetoric and the New Testament*, p. 282) tem razão apenas pela metade quando comenta: "É certamente aconselhável a esta altura recordar que São Paulo não estava fazendo um discurso, e que não se pode esperar que as regras para os discursos e outros tipos de composição sejam sempre facilmente aplicáveis às cartas". É verdade; mas tampouco Paulo estava escrevendo uma "mera" carta a um leitor individual. Pode ser que tampouco as convenções epistolares da elite literária fossem facilmente aplicáveis, e podem ter sido menos acessíveis. Como observa J. T. Reid, Cícero nota a distinção entre carta privada e a pública (*pro Flacco* 37), e vários outros tipos (*ad Fam.* 2.4.1, 4.13.1, 5.5.1). Estranhamente argumenta REID: "Se a carta era lida a uma reunião de cristãos, pode ser que o orador tenha se preocupado com esses aspectos [da retórica: memória e apresentação] do discurso. Mas é duvidoso que Paulo fosse o escritor da carta" (Using Ancient Rhetorical Categories to Interpret Paul's Letters: A Question of Genre", em PORTER e OLBRICHT, *Rhetoric and the New Testament*, p. 206n. 14). Muito mais persuasivo é o parecer de P. BOTHA (no mesmo volume), "The Verbal Art of the Pauline Letters: Rhetoric, Performance, and Presence", p. 409ss, a respeito do contexto social da recepção das cartas paulinas. Ele argumenta com vigor: "Ao ditar sua carta, Paulo com toda probabilidade estava também treinando o portador e eventual leitor da carta. O portador da carta muito provavelmente se esforçava para que a carta fosse lida como Paulo queria que fosse" (p. 417). Ver de modo semelhante Ben WITHERINGTON III, *Conflict and Community in Corinth* (Grand Rapids: Eerdmans, 1994), p. 36 e 38: "Ele pode ter escolhido portadores como Timóteo e Tito que fossem capazes de ler em voz alta uma carta de um modo que fosse de acordo com sua própria estratégia e intenção retóricas". Cf. 107, p. 387nn. 6-7 e p. 417.

[56] A coisa mais próxima dessas cartas seria provavelmente a "carta aberta" ou a carta escrita a uma assembléia civil. As cartas de Isócrates a Felipe o Macedônio e a de Demóstenes aos atenienses são possíveis exemplos, mas esse tema requer um tratamento diferenciado. DEMÉTRIO, *De Elocutione* 233, observa: "Já que ocasionalmente escrevemos a estados [πόλεις, *poleis*] ou personagens régias, tais cartas devem ser compostas num tom ligeiramente elevado". Mas ele acrescenta imediatamente: "É correto ter consideração pela pessoa [τοῦ προσώπου, *tou prosōpou*] à qual a carta é dirigida" (A tradução é de A. J. MALHERBE, *Ancient Epistolary Theorists* [Atlanta: Scholars Press, 1988], p. 19). Com outras palavras, nada mais, a não ser o destinatário, é considerado em cada detalhe.

Não devemos procurar nas cartas paulinas a elegância do literato nem a retórica harmoniosamente estruturada do orador greco-romano instruído e elegante. Pelo menos na correspondência coríntia, ele afirma que evitava deliberadamente tal estilo, embora alguns de seus opositores em Corinto achassem impressionantes suas cartas (2Cor 10,10). Mas temos razão de procurar modelos retóricos que eram amplamente conhecidos e aceitos no seu ambiente cultural. Além do mais, no caso específico das comparações retóricas podemos estar certos de que Paulo conhecia plenamente a convenção.

As comparações retóricas no sentido amplo são bastante comuns em Paulo, ainda que raramente sejam desenvolvidas plenamente em termos retóricos. Nós as identificamos pelo seu contexto, suas características formais, sua função e às vezes pelo vocabulário técnico. Em Rm 2,12-3,20, ele compara as relativas posições dos judeus e dos gentios sob o juízo de Deus. Em Rm 5,12-17, compara os "dois Adãos" e os resultados muito diferentes de suas ações;[57] em Rm 8,18, nega a comparabilidade dos sofrimentos do presente com os da glória vindoura. Em 1Cor 1-2, compara a "sabedoria do mundo" (com suas "palavras persuasivas") com a "sabedoria do segredo divino"; em 1Cor 4,1-13, compara satiricamente a situação social dos apóstolos com a dos coríntios; em 1Cor 7,32-34, compara o casamento e o celibato. Em 1Cor 11,4-11, compara o estilo adequado de cabeleira para homens e mulheres, em 1Cor 13 compara os efeitos do uso de vários χαρίσματα (charismata) com e sem o amor, e em 1Cor 14,2-25 compara o discurso inspirado inteligível e o ininteligível. Em 2Cor 3,7-18, Paulo compara os dois ministérios da antiga e da nova alianças. De modo mais surpreendente e explícito, em 2Cor 11,21b-12,13 Paulo se compara, com veemente ironia, com os "super-apóstolos" coríntios. Em Gl 3,15-4,11, Paulo argumenta do menor ao maior, o que supõe certo grau de comparabilidade entre "a Lei" e "a Promessa", sem no entanto desenvolver isto como um tema.[58] Todavia, Paulo usa o termo técnico para a comparação retórica, σύγκρισις, (synkrisis), apenas duas vezes: uma vez no texto acima citado, 2Cor 10,12, e outra vez em 1Cor 2,13, onde o sentido não é totalmente claro, e provavelmente não se relaciona com questões retóricas.

Diante da relativa riqueza do material no *corpus* paulino, admira constatar quão poucos estudos sistemáticos especializados têm sido produzidos sobre esse tema.[59] Os quatro tratados mais recentes e importantes sobre a questão do uso pau-

---

[57] Que esta passagem (Rm 5,12-21) deve ser entendida como uma σύγκρισις (synkrisis) é o que sugere ANDERSON, *Ancient Rhetorical Theory*, p. 209, com análise pormenorizada em p. 225ss.

[58] De modo semelhante id., p. 163.

[59] A σύγκρισις (synkrisis) paulina é mencionada uma vez por G. A. KENNEDY, em seu *New Testament Interpretation through Rhetorical Criticism* (Chapel Hill: University of North Carolina Press, 1984). Conforme D. F. WATSON, Paulo usa "exemplo e comparação de exemplo" e "amplificação de comparação" em Fl 2-3 e 4,7-8, "A Rhetorical Analysis of Philippians and Its Implications for the Unity Question", *NovT* 30 (1988): p. 67 e 74. Contudo, a opinião de Watson é nada mais que uma breve referência dentro de sua análise mais ampla, e nenhum desses exemplos parece representar uma σύγκρισις (synkrisis)extensa. R. Jewett pensa que Rm 9-11 funciona no tema global de Paulo em Romanos como uma "comparatio", "um exemplo histórico ou um caso imaginado para demonstrar a superioridade do argumento ou exemplo já estabelecido. (...) Paulo toma o caso do Israel incrédulo para demonstrar que a justiça de Deus triunfará, que o Evangelho no final não fracassará" (R. JEWETT, "Following the Argument of Romans", em *The Romans Debate* [ed. K. P. Donfried; ed. ver.; Edimburgo: T. & T. Clark, 1991], p.

lino dos modelos retóricos, ainda que toquem brevemente em aspectos do tema da comparação, pouco contribuem para ampliar nosso conhecimento dele.[60] Então, para completar essa análise, examino certo número de passagens mais detalhadamente.

Romanos, 2,6-3,20. As complexidades exegéticas dos primeiros capítulos da Carta aos Romanos são bem conhecidas, e qualquer tentativa de estudar o debate de um modo sistemático nos levaria muito além dos limites deste estudo. Vou, portanto, adotar uma interpretação razoavelmente centrista, e focalizar as maneiras como esse reconhecimento da comparação retórica no texto pode ser frutuosa para a interpretação.[61] Em Rm 2,11-3,20, Paulo compara as posições relativas de um imaginário interlocutor judeu, e gentios de vários tipos, sob o juízo de Deus. Sua avaliação comparativa começa com a premissa retórica implícita de que os judeus têm grandes vantagens, mas na continuação subverte muito dessa premissa.

A seção prévia, vv. 6-10, apresenta um caso com o qual muitos, tanto judeus como gentios, se sentiriam compelidos a concordar: que "Deus não demonstra parcialidade alguma"[62] (v. 11). Para Paulo, contudo, era ainda verdade que as iniciativas de Deus são primeiro "com os judeus, e depois com os gentios" (vv. 9. 10). Esse duplo enfoque estrutura o restante da seção.

No v. 12, Paulo tira sua primeira dedução da premissa da imparcialidade divina: Todos os que pecam ἀνόμως (*anomōs*) também perecerão ἀνόμως, e todos os que pecam sob a lei serão julgados pela lei.[63] Começou a σύγκρισις, (*synkrisis*). A pressuposição comum dos judeus de que o seu acesso à Lei de Moisés seria uma vantagem no dia do juízo recebe uma crítica não característica mas totalmente judaica: é a obediência à Lei, não meramente o acesso a ela, que se requer.[64] Então, argumenta Paulo, a vantagem comparativa comumente entendida do "judeu" sobre o "grego" pode ser ilusória. *Pelo menos* teoricamente, os

---

271-72). Porém, "comparatio" não é o mesmo que uma σύγκρισις, *synkrisis* retórica. E o caso não é apresentado com todos os detalhes. Mais recentemente, Krentz, em seu "1 Thessalonians" 309, afirma que em 1Ts 2,5-12 "Paulo utiliza uma comparação implícita" (σύγκρισις, *synkrisis*) entre ele e os filósofos cínicos itinerantes, e diz (313-14) que 1Ts 2,14-16 é uma σύγκρισις (*synkrisis*) paulina entre os tessalonicenses convertidos e seus predecessores judeus cristãos. Mas no primeiro caso a comparação implícita é um tanto hipotética demais, e quanto ao segundo, uma simples comparação ilustrativa desta espécie não seria normalmente chamada de σύγκρισις (*synkrisis*).

[60] São eles: o *Handbook of Classical Rhetoric in the Hellenistic Period* (ed. S. E. Porter; Leiden: Brill, 1997); *Rhetoric and the New Testament: Essays from the 1992 Heidelberg Conference* (ed. S. E. Porter e T. H. Olbricht: Sheffield, Inglaterra: Sheffield Academic Press, 1993); *The Rhetorical Analysis of Scripture* (ed. S. E. Porter e T. H. Olbricht; Sheffield, Inglaterra: Sheffield Academic Press, 1997); e R. Dean Anderson, *Ancient Rhetorical Theory and Paul*.(2ª ed. Lovaina: Peeters, 1999). Um dos poucos que comentam é M. Heath, em seu tratado "Invention", em Porter, *Handbook*, p. 96n. 18, embora ele não tente localizar nenhum exemplo do Novo Testamento.

[61] Enquanto eu saiba, nenhum comentador desenvolveu uma explicação explícita dessa passagem como uma comparação retórica.

[62] Muitos testemunhos da literatura judaica deste período reconheciam que muitos judeus pecadores ou apóstatas seriam atingidos pelo julgamento de Deus e, por outro lado, que os "gentios retos" herdariam uma parte no "mundo vindouro". Ver, por exemplo, A. F. Segal, "Universalism in Judaism and Christianity", em *Paul in His Hellenistic Context*, (ed. T. Engberg-Pedersen; Edimburgo: T. & T. Clark, 1994), p. 1-29. Do lado greco-romano, a imparcialidade de Deus era uma doutrina central da opinião educada.

[63] As dificuldades da tradução convencional, "sem a Lei", foram bem salientadas por Stowers, *Re-reading*, p. 138-41. Todavia, a tradução que propõe, "todos que pecaram de uma maneira carente de lei vão perecer de uma maneira adequada à carência de lei" (139), parece-me ignorar a estrutura global da passagem.

[64] Ver, por exemplo, *m. Abot* 1:17. Para a plena aceitação de que a obediência à Lei era exigida, apesar do senso de privilégio que o acesso à Lei trazia à auto-identificação do judeu, ver *2 Bar.* 48:22-24, e a análise de J. Dunn, *Romans 1-8* (WBC; Dallas: Word Books, 1988), p. 97.

gentios podem observar aqueles aspectos da Lei que são exigidos deles.⁶⁵ Ademais, fazendo isto, estariam demonstrando que as exigências da Lei estavam "escritas em seus corações". Com essa formulação Paulo está se preparando para refutar a típica definição étnica ("exterior") da identidade judaica, embora esta seção do seu argumento tenha que esperar até os vv. 28-29. Essa seção preliminar termina com a cauta afirmação dos vv. 15-16. Não obstante a acusação de Rm 1,18-32, os judeus podem pensar que estarão em iguais condições que alguns gentios no Dia do Senhor. Ao contrário de suas expectativas, sua condição de judeus pode não ser de vantagem alguma para eles.

Paulo agora passa a falar das vantagens (visíveis) do "judeu". Elabora seu pensamento, usando convenções retóricas bem conhecidas, dirigindo-se a um hipotético adversário judeu.⁶⁶ Surge uma questão difícil: que tipo de judeu, ou judeus, Paulo está apresentando e refutando? Muitas vezes se tem dado por certo que este trecho pretende representar os judeus em geral, ou mesmo (anacronicamente) o Judaísmo tipicamente rabínico. Mas o contexto exige que Paulo apresente um tipo de judeu conhecido do seu auditório romano, e seu modo de falar nesse texto (dirige-se a *um* judeu, no singular) sugere que é um tipo particular de judeu, não todos os judeus em geral, que ele tem em mente. Pelo menos parece claro que ele está representando um tipo de judeu da diáspora, não um judeu da Judéia. Com toda probabilidade deseja retratar (ou talvez caricaturar?) um tipo de Judaísmo que seu auditório reconhecerá, e talvez terá achado atraente a ponto de se ter identificado com ele. Seu adversário retórico – afirma ele – se apóia sobre a Lei e "se gloria em Deus". A resposta de Paulo a tal pessoa tem duas partes. Primeiro, em paralelo com sua crítica à sociedade greco-romana no cap. 1, ele propõe que este tipo de judeu pode também ter faltas morais características.

> ²¹Ora tu, que ensinas aos outros, não ensinas a ti mesmo! Pregas que não se deve furtar, e furtas! ²²Proíbes o adultério e cometes adultério! Abominas os ídolos e despojas seus templos [ou: ages sacrilegamente]! ²³Tu, que te glorias na Lei, desonras a Deus pela transgressão da Lei, ²⁴pois, como está escrito: por vossa causa o nome de Deus é blasfemado entre os gentios.

Em segundo lugar, e como conseqüência, ele argumenta nos vv. 25-29 que, sendo tão comum a violação da lei de uma ou de outra forma, ela de fato solapa a simples distinção entre judeu e gentio. Um gentio pode ser, com efeito, mais "judeu", quer dizer, fiel à Lei, do que seu imaginário oponente judeu.

> ²⁷O fisicamente incircunciso, cumpridor da Lei, julgará a ti que, apesar da letra e da circuncisão, és transgressor da Lei. ²⁸Pois alguém não é judeu se

---

⁶⁵ Para um estudo da distinção entre as partes da Lei que os gentios eram ou não obrigados a cumprir, ver também Segal,"Universalism in Judaism and Christianity", p. 8-12, 21.

⁶⁶ A nossa compreensão da forma retórica desse trecho tem sido grandemente favorecida por S. K. Stowers, em *The Diatribe and Paul's Letter to the Romans* (Chico, Calif.: Scholars Press, 1981), e id,"Romans 7.7-25 as a Speech-in-Character" (προσωποποιία, *prosōpopoiia*), e a ampla aplicação deste caso em seu *A Re-reading of Romans*. Não consigo aceitar, porém, sua identificação da "persona" com a qual Paulo fala aqui.

ele o é [apenas] externamente e tampouco a circuncisão é [apenas] externa e física: ²⁹mas é judeu aquele que o é no interior e a verdadeira circuncisão é a do coração, segundo o espírito e não segundo a letra: aí está quem recebe louvor, não dos homens, mas de Deus.

Por conseguinte, os privilégios da identidade judaica podem não ser de proveito algum. Gentios e judeus parecem estar no mesmo nível perante o julgamento de Deus. Inesperadamente, a balança da σύγκρισις (synkrisis) resultou igual.

No cap. 3, o interlocutor imaginário de Paulo faz a pergunta: então a identidade judaica não tem valor algum? Ao contrário, afirma Paulo: os judeus tiveram e continuam tendo o benefício da Lei e da fidelidade de Deus às promessas. (Esse tema é retomado em Rm 9.)

³,¹Que vantagem há então em ser judeu? E qual a utilidade da circuncisão? ²Muita e de todos os pontos de vista. Em primeiro lugar, porque foi a eles que foram confiados os oráculos de Deus. ³E que acontece se alguns deles negaram a fé? A infidelidade deles não anulará a fidelidade de Deus? ⁴De modo algum! Confirma-se, pelo contrário, que Deus é veraz, enquanto todo homem é mentiroso (...)

A relação entre os vv. 1-4 e os vv. 5-8 não é clara: no raciocínio de Paulo, quem é que faz a reclamação que é rejeitada no v. 6? Pode ser que o v. 5 seja a resposta do interlocutor à afirmação de Paulo de que "o judeu" no dia do juízo não tem vantagem alguma em razão de sua herança étnica.

⁵Mas então, se a nossa injustiça realça a justiça de Deus, que diremos? Não cometeria Deus uma injustiça desencadeando sobre nós sua ira? – Falo como homem – ⁶De modo algum! Se assim fosse, como poderia Deus julgar o mundo? ⁷Mas se por minha mentira resplandece mais a verdade de Deus, para sua glória, por que devo eu ser ainda julgado pecador? ⁸E por que – como aliás alguns afirmam caluniosamente que nós ensinamos – não haveríamos nós de fazer o mal para que venha o bem? Desses tais a condenação é justa.

Mas em 3,9ss., Paulo sustenta, com citações bíblicas, que "nós" estamos tanto sob o pecado quanto os gentios: *ninguém* será declarado justo pelas *obras da Lei*. Sob esse aspecto, judeus e gentios estão em pé de igualdade, não obstante as aparências.

⁹E daí? Somos nós / são eles melhores? De modo algum.⁶⁷ Pois acabamos de provar que todos, tanto os judeus como os gregos, estão debaixo do

---

⁶⁷ Essa tradução, deliberadamente ambígua, é adotada para ressaltar a dificuldade do v. 9: o verbo está na voz média, e provavelmente toma um sentido passivo, embora a maioria das traduções empregue a voz ativa: "levamos vantagem?" em vez de "somos ultrapassados?". É também possível o sentido médio,"temos alguma coisa [isto é, uma desculpa] para apresentar?". Sobre esse texto ver S. K. Stowers,"Paul's Dialogue with a Fellow Jew in Romans 3,1-9", CBQ 46 n° 4 (1984): p. 707-22.

pecado, ¹⁰conforme está escrito: (...) ¹⁹Ora, sabemos que tudo o que a Lei diz é para os que estão sob a Lei que o diz, a fim de que toda boca se cale e o mundo inteiro se reconheça réu em face de Deus, ²⁰porque diante dele ninguém será justificado pelas obras da Lei, pois da Lei vem só o conhecimento do pecado.

Assim, o interlocutor judeu retoricamente imaginado por Paulo pretende uma posição privilegiada para os judeus perante o juízo de Deus. Paulo replica que a compartilhada premissa da imparcialidade de Deus leva a uma visão diferente. A despeito dos inegáveis grandes privilégios da sua aliança ancestral, o judeu de Paulo (e, de fato, todos os judeus, 3,19-20) ainda está incapacitado de ser justificado pelas "obras da Lei". Os privilégios dos judeus, ainda que reais, são irrelevantes, visto que (1) "todos, tanto os judeus como os gregos, estão debaixo do poder do pecado" (v. 9); "diante dele ninguém será declarado justo pelas obras da Lei" (v. 20), e (2) a verdadeira definição do judaísmo não é étnica: "não é judeu quem o é só externamente" (2,28). A σύγκρισις (*synkrisis*) de Paulo, portanto, tende à igualdade, não obstante as vantagens dos "judeus" em razão da aliança.

Romanos 5,12-21. Nesta passagem, Paulo compara os efeitos das ações dos "dois Adãos" sobre as condições da existência humana.⁶⁸ Porém, a comparação não é simplesmente entre Adão e Cristo.⁶⁹ É formulada em termos dos resultados muito diferentes de suas ações.

> ¹⁵Entretanto, não acontece com o dom o mesmo que com a falta. Se pela falta de um só a multidão morreu, com quanto maior profusão a graça de Deus e o dom gratuito de um só homem, Jesus Cristo, se derramaram sobre a multidão. ¹⁶Também não acontece com o dom como aconteceu com o pecado de um só que pecou: porque o julgamento de um resultou em condenação, ao passo que a graça, a partir de numerosas faltas, resultou em justificação. ¹⁷Se, com efeito, pela falta de um só a morte imperou através deste único homem, muito mais os que recebem a abundância da graça e do dom da justiça reinarão na vida por meio de um só, Jesus Cristo.

---

⁶⁸ Que esta passagem deva ser entendida como comparativa é um lugar comum. A idéia mais precisa de que ela constitui uma comparação retórica desenvolvida, uma σύγκρισις (*synkrisis*), é proposta por (entre outros) Jean-Noël Aletti, "The Rhetoric of Romans 5-8", em *The Rhetorical Analysis of Scripture* (ed. S. E. Porter e T. H. Olbricht; Sheffield, Inglaterra: Sheffield Academic Press, 1997), p. 294-308, esp. p. 304-6. Para Aletti, "*Synkrisis* é assim a figura dominante da seção" (Rm 5-8). De modo algum, essa percepção deve ser tomada como uma alternativa à visão que considera o argumento estruturado em torno de um rabínico *qal wahomer* ou um argumento *a fortiori*. As duas coisas vão juntas.

⁶⁹ Conferir Anderson, *Ancient Rhetorical Theory*, p. 209, com detalhada análise, em p. 225-26. Anderson com razão salienta (p. 225 n. 75) que "embora os termos precisos da σύγκρισις [*synkrisis*] variem, a comparação *não* é entre as pessoas Adão e Cristo como tais". De fato, é entre "a falta" (παράπτωμα, *paraptoma*) e "o dom" (χάρισμα, charisma; 5,15), "o julgamento" (κρῖμα, *krima*) e "o dom" (χάρισμα, charisma; 5,16), "a falta (παράπτωμα, *paraptoma*) de um único homem" e a "abundante provisão de graça e ... o dom da justificação ... por meio de um único homem, Jesus Cristo" (5,17), "uma falta" (παράπτωμα, *paraptoma*) e "um ato de justificação" (δικαίωμα, *dikaioma*; 5,18), e "a desobediência (παρακοή, *parakoē*) de um único homem e "a obediência" (ὑπακοή, *hypakoē*) de um único homem" (5,19).

A comparabilidade é encontrada nos efeitos das ações de cada "homem" sobre a humanidade inteira. Mas comparabilidade não é equivalência.[70] É claro que a comparação de Paulo tem o propósito de salientar que "o dom *não* é como a falta", ou seus resultados, de todos os modos. Seus efeitos foram muito maiores. O pecado aumentou, mas a graça aumentou ainda mais. A comparação segue de perto o modelo da "narração comparativa" de Hermógenes, estudada acima.

1 Coríntios 4,1-13. Em 1Cor 4,1-13, Paulo compara satiricamente a situação social dos apóstolos com a dos coríntios.[71] Os vv. 1-7, e particularmente 6b-7, estabelecem a comparação:

> [6]Nisso tudo, irmãos, eu me tomei como exemplo juntamente com Apolo por causa de vós, a fim de que aprendais a nosso respeito a máxima: "Não ir além do que está escrito"[72] e ninguém se ensoberbeça, tomando o partido de um contra o outro. [7]Pois quem te distingue? Que possuis que não tenhas recebido? E se recebeste, por que haverias de te ensoberbecer como se não o tivesses recebido?

Agora começa propriamente a *synkrisis*:

> [8]Vós já estais saciados! Já estais ricos! Sem nós, vós vos tornastes reis! Oxalá, de fato, vos tivésseis tornado reis, para que nós também pudéssemos reinar convosco. [9]Julgo que Deus nos expôs, a nós, apóstolos, em último lugar, como condenados à morte: fomos dados em espetáculo ao mundo, aos anjos e aos homens.

Tendo comparado os coríntios e os apóstolos em termos gerais, ele passa a uma comparação estrita, ponto por ponto:

> [10]Somos fracos por causa de Cristo, vós, porém, sois prudentes em Cristo: somos fracos, vós, porém, sois fortes; vós sois bem considerados, nós porém, somos desprezados. [11]Até o momento presente ainda sofremos fome, sede e nudez; somos maltratados, não temos morada certa [12]fatigamo-nos trabalhando com as próprias mãos. Somos amaldiçoados, e bendizemos; somos perseguidos, e suportamos; [13]somos caluniados, e consolamos. Até o presente somos considerados como o lixo do mundo, a escória do universo. [14]Não vos escrevo tais coisas para vos envergonhar, mas para vos

---

[70] Assim, corretamente, Moo, *The Epistle to the Romans* (Grand Rapids: Eerdmans, 1996), p. 315:"As ações de Adão e de Cristo são, pois, semelhantes enquanto têm significado 'memorável'. Mas não são iguais em poder". De modo semelhante, Dunn usa o termo 'memorável' (*Romans 1-8*, p. 293).

[71] Sobre esta passagem, ver primeiramente Fitzgerald, *Cracks*, p. 132-48. Ver também Mitchell, *Paul and the Rhetoric of Reconciliation*, p. 219ss, inclusive p. 220n. 181. Ela diz:"A seção final da prova epidíctica, uma parte muito importante, é a σύγκρισις [*synkrisis*] ou comparação. É uma prática retórica padronizada num encômio ou vitupério, comparar a pessoa ou cidade em questão com exemplos ilustres. Em 4,1-13 Paulo constrói e executa uma comparação entre os coríntios e os apóstolos, os exemplos cristãos mais ilustres. ... [p. 220n. 181:] A σύγκρισις retórica *depende* da estatura assumida de Paulo como uma pessoa ilustre, digna de comparação e de emulação (junto com todos os apóstolos)" (p.219).

[72] Sobre o sentido retórico de μετασχηματίζω (*metaschēmatizō*), ver o recente estudo de Witherington, *Conflict and Community*, p 136, 140.

admoestar como a filhos bem-amados. ¹⁵Com efeito, ainda que tivésseis dez mil pedagogos em Cristo, não teríeis muitos pais, pois fui eu quem pelo evangelho vos gerou em Cristo Jesus. ¹⁶Exorto-vos, portanto: sede meus imitadores.⁷³

Como observa Witherington: "Uma *synkrisis* pressupõe que uma pessoa ilustre está sendo apresentada como um exemplo. A ironia aqui é que Paulo é notável por ser um exemplo orientador sendo último ou sendo um servo".⁷⁴

Esta ironia é crucial. Paulo está usando a comparação como um meio de amplificação num elogio invertido de si próprio e de seus companheiros. Está se gloriando, com forte ironia, dos sofrimentos e humilhações de sua vida apostólica. Estas humilhações são as últimas coisas que alguém normalmente queria exibir perante um auditório cônscio de si mesmo como os coríntios. Note-se também que Paulo não está simplesmente gloriando-se de sofrimentos e lutas numa grande causa, algo que um auditório greco-romano acharia perfeitamente compreensível.⁷⁵ O assunto não é a qualidade da sua conduta no sofrimento, mas o sofrimento e a humilhação *como tais*, como um testemunho, diz Paulo, da condição de verdadeiro apóstolo.⁷⁶

A explicação de Paulo de que ele não está escrevendo para envergonhar os coríntios, mas para admoestá-los, esclarece que a humilhação e a ira eram uma provável resposta à intensidade da sua implícita crítica dos valores coríntios.

2 Coríntios 3,7-18. Nesse texto Paulo compara os dois "ministérios", o da antiga e o da nova aliança.

⁷Ora, se o ministério da morte, gravado com letras sobre a pedra, foi tão assinalado pela glória que os israelitas não podiam fixar os olhos no semblante de Moisés, por causa do fulgor que nele havia – fulgor, aliás, passageiro –, ⁸como não será ainda mais glorioso o ministério do Espírito? ⁹Na verdade, se o ministério da condenação foi glorioso, muito mais glorioso será o ministério da justiça. ¹⁰Mesmo a glória que então se verificou já não pode ser considerada glória, em comparação com a glória atual, que lhe é muito superior. ¹¹Pois, se o que é passageiro foi assinalado pela glória, com mais razão o que permanece deve ser glorioso.

G. A. Kennedy afirmou que essa passagem "poderia ser considerada como uma *synkrisis* de Moisés e Paulo,⁷⁷ mas isto é um engano: a comparação aqui

---

⁷³ Ver também id., p. 142:"Por meio de uma *synkrisis*, expediente retórico padronizado (uma comparação, usada neste caso para indicar um contraste), Paulo quer oferecer exemplo e admonição".
⁷⁴ Id., p. 142n. 20, citando Mitchell, *Paul and the Rhetoric of Reconciliation*, p. 220n. 181.
⁷⁵ Que a ufania era aceita em tais circunstâncias é evidenciado, por exemplo, por Plutarco, *Mor.*, p. 541-43. O tópico é discutido em detalhe por Fitzgerald, *Cracks*, cap. 3, The Hardships of the Sage".
⁷⁶ Como observa Fitzgerald, "ao passo que o cínico ideal de Epicteto toma parte no reino de Zeus como seu servidor (*Diss.* 3.22.95), Paulo como servo de Deus nem sequer toma parte no reino de seus convertidos (1Cor 4,1.8). A ironia é profunda, e destina-se a incitar os coríntios a reavaliar seu presente *status*" (Fitzgerald, *Cracks*, p. 148).
⁷⁷ Kennedy, *New Testament Interpretation*, p. 23.

é entre ή διακονία (*hē diakonia*), o ministério) de "Moisés", representante da "antiga aliança" como um todo, e ή διακονία (*hē diakonia*) de "todos nós" (3,18), a saber, os cristãos. Ben Witherington apropriadamente comenta que Paulo "começa a sua defesa com uma comparação. Não era incomum na retórica forense que uma comparação 'se elevasse do menor ao maior, já que elevar o que está abaixo dele deve necessariamente exaltar o que está em cima' (*Inst. Or.* 8.4.9)".[78] Witherington escreve:

> Muitas vezes se afirmou que Paulo usa aqui uma forma tradicional de argumentação judaica, o *qal wâyyomer* [sic], ou seja, do menor ao maior. Esta forma de argumento não é do mal ao bem, mas do menor bem ao maior bem. Pode ser que este contexto judaico esteja presente, mas, como vimos, Quintiliano também diz que se deve argüir do menor ao maior ao fazer uma comparação retórica quando um dos dois membros deve ser preferido ao outro.[79]

Conforme comentei (n. 13 acima), de modo algum esses dois estilos argumentativos, judeu e greco-romano, devem ser vistos como alternativas exclusivas; antes, eles vão lado a lado.

2 Coríntios 11,21b-12,13. Desde que Peter Marshall e eu identificamos 2Cor 11,21b-12,13 como uma paródia elaborada das convenções de comparação,[80] tem sido amplamente aceito que essa passagem é um caso claro de σύγκρισις (*synkrisis*).[81] Paulo se compara, com veemente ironia, com as pretensões jactanciosas dos "super-apóstolos" coríntios; não é coincidência se esta, que é sua comparação mais desenvolvida retoricamente, encontra-se numa paródia de forma e de convenções demonstrativas. Em 2Cor 10,12, ele nos diz explicitamente que seus adversários em Corinto têm feito comparações retóricas como modo de "auto-promoção" (ἑαυτοὺς συνιστάνων, *heautous synistanōn*). Ele comenta ironicamente: "Não estamos sendo tão audazes a ponto de nos exaltar, ou provocar comparação com certas pessoas que escrevem suas próprias recomendações".[82] Depois ele ironiza a prática de tais comparações porque denotam falta de entendimento, e em seguida, em 11,16ss, assume a personalidade de um louco para ironicamente se entregar ao tipo exatamente igual de jactância. Como observa Ben Witherington, esta comparação não é a única:

---

[78] Witherington, *Conflict and Community*, p. 375. A citação de Quintiliano está na primeira seção deste capítulo. Na p. 378, Witherington menciona também a "comparação com a economia mosaica"; referindo-se a 2Cor 3,7, comenta que "Paulo está comparando duas glórias diferentes, a primeira das quais foi anulada" (p. 379n. 15).

[79] Id., p. 380.

[80] P. Marshall, *Enmity in Corinth: Social Conventions in Paul's Relations with the Corinthians* (Tübingen: Mohr [Siebeck], 1987), p. 53-55. C. Forbes, "Comparison, Self-Praise, and Irony".

[81] Ver, por exemplo, J. P. Sampley, "Paul, His Opponents in 2 Corinthians 10-13, and the Rhetorical Handbooks", em *The Social World of Formative Christianity and Judaism* (ed. J. Neusner e outros; Filadélfia: Fortress Press, 1988), p. 162-77.

[82] Assim, de maneira elegante, a edição em inglês da *Bíblia de Jerusalém*, que capta perfeitamente a fineza da farpa paulina.

A seção argumentativa de 2Cor começa com uma comparação magistral dos ministérios de Paulo e de Moisés (cap. 3), e agora Paulo a encerra com uma *synkrisis* ainda mais extensa, comparando o seu ministério e o dos adversários. A primeira comparação prepara e anuncia a posterior.[83]

Mas a diferença é que essa comparação é em si mesma uma sarcástica paródia de comparação. Essa observação tende a ser contestada por aqueles que argumentam que Paulo está comparando seriamente seus sofrimentos apostólicos com os sofrimentos missionários dos quais, presume-se, os "super-apóstolos" se gloriavam.[84] Embora certamente fosse possível a um orador greco-romano gloriar-se das adversidades e sofrimentos que tinha suportado por uma grande causa, não vejo nenhuma prova clara de que os "super-apóstolos" estivessem fazendo isto. Paulo não se gloria para competir segundo termos combinados: ele se gloria "como um louco", de todas as coisas erradas, (1) para subverter e ridicularizar completamente a jactância auto-promocional, e (2) para reformar a avaliação coríntia do *status* e da humilhação. Ademais, como no caso de 1Cor 4, acima, Paulo não se gloria da sua *resistência* diante dos sofrimentos pela causa, mas dos próprios sofrimentos e humilhações, "para que pouse sobre mim a força de Cristo. Por isto, me comprazo nas fraquezas, nos opróbrios, nas necessidades, nas perseguições, nas angústias por causa de Cristo. Pois quando sou fraco, então é que sou forte" (2Cor 12,10).

Gálatas 4,21-31. O estudo da interpretação alegórica paulina de Gn 16 e 21 em Gálatas tem com razão focalizado sobretudo as questões (1) se o tema é meramente uma reflexão acrescentada ao argumento principal de Paulo, ou seu clímax (assim Betz); (2) o provável uso anterior dessa história pelos adversários de Paulo; e (3) a natureza da leitura alegórica pela qual Paulo espera inverter as posições contra eles.[85] Certos comentadores como Dunn têm descrito a passagem como "uma seqüência de correspondências antitéticas... ainda que isto se aplique primariamente à comparação das duas mulheres na primeira parte (vv. 22-27)".[86] Enquanto eu saiba, porém, nenhum comentador notou que a passagem está estruturada como uma σύγκρισις (*synkrisis*) entre as duas for-

---

[83] WITHERINGTON, *Conflict and Community*, p. 429.
[84] Assim WITHERINGTON, id., p. 450, citando J. FITZGERALD e D. GEORGI argumenta: "Paulo está comparando seus próprios sofrimentos com os que seus adversários dizem ter sofrido. A ufania dos sábios e filósofos pelos sofrimentos era extremamente comum no mundo greco-romano. (...) A diferença entre Paulo e seus adversários estava 'em sua *interpretação* de seus sofrimentos, não no fato de que sofreu e eles não. A diferença consiste em que ele considerou sua fraqueza como a esfera primária da manifestação do poder divino, e eles como "sinais, prodígios e milagres" (12,12)'." O valor da percepção na sentença final não é diminuído pela fraqueza da suposição na primeira.
[85] Ver particularmente C. K. BARRETT, "The Allegory of Abraham, Sarah, and Hagar in the Argument of Galatians", em *Essays on Paul* (Filadélfia: Westminster, 1982), p. 154-70; sobre a natureza da alegoria paulina, R. N. LONGENECKER, *Galatians* (WBC; Dallas: Word Books, 1990), p. 208-10; ou Ben WITHERINGTON, *Grace in Galatia* (Edimburgo: T. & T. Clark, 1998), p. 321-40.
[86] DUNN, *Galatians*, p. 244.

mas do Cristianismo primitivo, metaforicamente representadas como os "dois filhos de Abraão".

> ²¹Dizei-me, vós que quereis estar debaixo da Lei, não ouvis vós a Lei? ²²Pois está escrito que Abraão teve dois filhos, um da serva e outro da livre. (...) ²⁵Porque Agar representa o Sinai na Arábia, e corresponde a / está em paralelo com [συστοιχεῖ, *systoichei*] a Jerusalém de agora, que de fato é escrava com seus filhos. ²⁶Mas a Jerusalém do alto é livre e esta é a nossa mãe (...) ³¹Portanto, irmãos, não somos filhos da serva, mas da livre.

Note-se que no v. 25 Paulo diz que Agar / Monte Sinai "estão em paralelo" (συστοιχεῖ, *systoichei*) com "a Jerusalém de agora".[87] O termo é usado por Aristóteles, *Rhet*. 1.7.26-28, desta forma: em avaliações comparativas, comparando bens maiores e menores,

> as coisas que duram mais são preferíveis às de mais breve duração, e as que são mais seguras às que o são menos; pois o tempo aumenta o uso das primeiras e o desejo das outras; porque sempre que desejamos, podemos fazer maior uso das coisas que são seguras. E as coisas em todos os casos seguem as relações entre coordenadas [ἐκ τῶν συστοίχων, *ek tōn systoichōn*] e as inflexões semelhantes; por exemplo, se "corajosamente" é mais nobre que e preferível a "moderadamente", então a "coragem" é preferível à "temperança", e é melhor ser "corajoso" do que "moderado". E aquilo que é escolhido por todos é melhor do que aquilo que não o é; e o que a maioria escolhe do que aquilo que a minoria escolhe. (...)

O termo também é usado numa anônima *Arte da Retórica*, datada do século III da Era Comum. Seguindo a análise de Aristóteles, o autor lida com o paralelismo, apresentando casos de formas verbais paralelas, ou do que poderíamos chamar de "termos aparentados": "A *systoichia* [paralelismo] denota semelhança entre ações, coisas ou palavras. Por exemplo [no caso de palavras], vemos que os termos 'pensamento' e 'o homem pensativo' estão em paralelo um com o outro".[88]

No caso de Gálatas, a comparação está sendo feita entre dois grupos de conceitos paralelos. Por um lado, é feito um paralelismo entre Agar / Sinai na Arábia e "a Jerusalém de agora" enquanto "mãe" de uma forma de Cristianismo.

---

[87] H. D. Betz, *Galatians*, Hermeneia (Filadélfia: Fortress, 1979), p. 245, informa que Lietzmann notou as correspondências na alegoria, descrevendo-as como συστοιχία (*systoichia*), que Betz traduz como "colunas paralelas de conceitos" (249). Ditto J. Louis Martyn, *Galatians* (AB; Nova Iorque: Doubleday, 1997), p. 393-406, 438, 449. Ambos citam vários usos filosóficos do termo, mas nenhum uso retórico.

[88] O texto do assim chamado Anônimo Segueriano pode ser encontrado em Spengel, *Rhetores Graeci*, vol. 1; a passagem citada está na p. 449, linhas 14-16. A tradução é minha.

Por outro, é feito um paralelismo implicitamente entre Sara e "a Jerusalém do alto". Esse paralelismo retórico constitui a estrutura alegórica básica do texto. Esses dois grupos de estruturas simbólicas paralelas são então comparados. O conjunto Sara / "Jerusalém do alto" é apresentado como superior por dois motivos: está associado com a liberdade e não com a escravidão, e com "a promessa" e não com a descendência "segundo a carne" (4,23). Como resultado, os gálatas são admoestados a não recair sob "um jugo de escravidão" (5,1).

Vimos nesses exemplos que Paulo está bem cônscio do potencial da comparação retórica. Faz um uso substancioso de estruturas comparativas de argumento em vários lugares de suas cartas. Algumas dessas comparações são de caráter teológico (Romanos, Gálatas); outras são mais diretamente pastorais/pessoais (1Cor 4). Ele foi alvo de comparações retóricas hostis, e respondeu, em 2Cor 10,9ss, com mordaz ironia. Raramente usa comparações como floreios ornamentais. Antes, seu uso de σύγκρισις (*synkrisis*) está normalmente a serviço do objetivo do seu argumento. Paulo não se sente à vontade com o uso consciente da arte retórica (1Cor 2,1-5), e não deseja ser envolvido em comparações entre pessoas exceto quando fortemente provocado, e mesmo então apenas com grandes (e geralmente irônicas) reservas. Tudo isto pode ser visto como a eloqüência natural de um orador capaz mas pouco treinado. Todavia, a precisão e a habilidade retórica que Paulo demonstra, particularmente em 1Cor 4 e em sua paródia da recomendação auto-promocional em 2Cor 10-12, sugere-me que seus comentários sobre suas próprias capacidades retóricas em 2Cor 11,6 não devem ser levadas a sério. A auto-censura em tais assuntos era em si mesma uma forma retórica bem conhecida, como (por exemplo) o demonstra o Discurso 32.39 de Dion Crisóstomo.

PARTE III. OUTRAS PASSAGENS PAULINAS E PAULINISTAS

1Cor 1-2: Paulo compara a "sabedoria do mundo" (com suas "palavras persuasivas") com a "sabedoria secreta de Deus".

1Cor 7,32-34: casamento e celibato.

1Cor 11,4-11: cabeleira masculina e feminina "apropriados".

1Cor 13: os efeitos do uso de vários χαρίσματα (*charismata*) com e sem o amor.

1Cor 14,2-25 (estreitamente relacionado): discursos inspirados inteligíveis e ininteligíveis.

1Cor 15,35ss: diferentes espécies de corpos.

2Cor 5,1-4: corpos terrestres e escatológicos.

Gl 3,23-4,1-9: a era da Lei com a era da fé.

Gl 5,19ss: as obras da carne e o fruto do Espírito.

Fl 3,4: "razões para pôr a confiança na carne" e "conhecer Cristo Jesus".

Cl 2,8ss: a "filosofia vã e ilusória" e a "plenitude de Cristo".

1Ts 5,1ss: Compara os "filhos do dia" com "os que pertencem às trevas".

PARTE IV. BIBLIOGRAFIA

Estudos clássicos

ANDERSON, R. Dean. *Glossary of Greek Rhetorical Terms*. Lovaina: Peeters, 2000.
BALDWIN, C. S. *Medieval Rhetoric and Poetic*. Nova Iorque: Macmillan, 1928.
BURGESS, T. C. *Epideictic Literature*. Chicago: University of Chicago Press, 1902.
BUTTS, J. R. *The Progymnasmata of Theon*. Tese Doutoral, Claremont Graduate School, 1987.
GASCÓ, F. "Menander Rhetor and the Works Attributed to Him", em *ANRW* II.34.4. Berlin: de Gruyter, 1998, p. 2110-46.
KENNEDY, G. A. *The Art of Rhetoric in the Roman World*. Princeton, N.J.: Princeton University Press, 1972.
_____. *Greek Rhetoric under Christian Emperors*. Princeton, N.J.: Princeton University Press, 1983.
_____. "Historical Survey of Rhetoric", em *Handbook of Classical Rhetoric in the Hellenistic Period*. Editado por S. E. Porter. Leiden: Brill, 1997, p. 3-50.
_____. *New Testament Interpretation through Rhetorical Criticism*. Chapel Hill: University of North Carolina Press, 1984.
LARMOUR, D. H. J. "Making Parallels: Synkrisis in Plutarch's 'Themistocles and Camillus'", em *ANRW* II.33.6. Berlim: de Gruyter, 1992, p. 4154-74.
LAUSBERG, H. *Handbook of Literary Rhetoric*. Editado por D. E. Orton e R. D. Anderson. Leiden: Brill, 1998.
MCCALL, M. H., Jr. *Ancient Rhetorical Theories of Símile and Comparison*. Cambridge: Harvard University Press, 1969.
MALHERBE, A. J. *Ancient Epistolary Theorists*. Atlanta: Scholars Press, 1988.
MARTIN, H. M. "Plutarch", em *Handbook of Classical Rhetoric in the Hellenistic Period*. Editado por S. E. Porter. Leiden: Brill, 1997, p. 715-36.
PORTER, S. E. (ed.). *Handbook of Classical Rhetoric in the Hellenistic Period*. Leiden: Brill, 1997.
ROBERTS, W. Rhys. "Caecilius of Calacte", em *AJP* 18 (1897): p. 302-12.
_____ (ed.). *Dionysius of Halicarnassus, the Three Literary Letters*. Cambridge: Cambridge University Press, 1902.
RUSSELL, D. A. *Greek Declamation*. Cambridge: Cambridge University Press, 1983.
_____ e Wilson, N. G. *Menander Rhetor*. Oxford: Clarendon, 1981.
SPENGEL, L. *Rhetores Graeci*. 3 vols. Leipzig: Teubner, 1853-56.
USENER, H., e RADERMACHER L. (eds.). *Dionysios von Halikarnassos, Opuscula*. Leipzig: Teubner, 1899-1929.

Estudos sobre o Novo Testamento

ALETTI, Jean-Noël. "The Rhetoric of Romans 5-8", em *The Rhetorical Analysis of Scripture*, editado por S. E. Porter e T. H. Olbricht. Sheffield, Inglaterra: Sheffield Academic Press, 1997, p. 294-308.
AMADOR, J. D. H. "Revisiting 2 Corinthians: Rhetoric and the Case for Unity", em *NTS* 46 (2000): p. 92-111.
ANDERSON, R. Dean. *Ancient Rhetorical Theory and Paul*. 2ª ed. Lovaina: Peeters, 1999.
AUNE, D. E. *The New Testament in Its Literary Environment*. Filadélfia: Westminster Press, 1987.
BASEVI, C. e CHAPA, J. "Philippians 2:6-11: the Rhetorical Function of a Pauline 'Hymn'", em *Rhetoric and the New Testament*, editado por S. E. Porter e T. H. Olbricht. Sheffield, Inglaterra: Sheffield Academic Press, 1993, p. 338-56.
BETZ, H. D. *Galatians: A Commentary on Paul's Letter to the Churches in Galatia*. Hermeneia. Filadélfia: Fortress Press, 1979.
BOTHA, P. "The Verbal Art of the Pauline Letters: Rhetoric, Performance, and Presence", em *Rhetoric and the New Testament*, editado por S. E. Porter e T. H. Olbricht. Sheffield, Inglaterra: Sheffield Academic Press, 1993, p. 409-82.
CLASSEN, C. J. "St. Paul's Epistles and Ancient Greek and Roman Rhetoric", em *Rhetoric and the New Testament*, editado por S. E. Porter e T. H. Olbricht. Sheffield, Inglaterra: Sheffield Academic Press, 1993, p. 265-91.
DONFRIED, K. P. e J. BEUTLER (eds.). *The Thessalonian Debate: Methodological Discord or Methodological Synthesis?* Grand Rapids: Eerdmans, 2000.
FITZGERALD, J. T. *Cracks in an Earthen Vessel*. Atlanta: Scholars Press, 1988.
FORBES, C. B. "Comparison, Self-Praise, and Irony: Paul's Boasting and the Conventions of Hellenistic Rhetoric", em *NTS* 32 (1986): p. 1-30.
HARDING, M. *Tradition and Rhetoric in the Pastoral Epistles*. Nova Iorque: Peter Lang, 1998.
_____. *What Are They Saying about the Pastoral Epistles?* Mahwah, N.J.: Paulist Press, 2001.
HUGHES, F. W. "The Rhetoric of Letters" and "The Social Situations Implied by Rhetoric", em *The Thessalonians Debate: Methodological Discord or Methodological Synthesis?* Editado por K. P. Donfried e J. Beutler. Grand Rapids: Eerdmans, 2000, p. 194-240 e 241-54.
JEWETT, R. "Following the Argument of Romans", em *The Romans Debate*. Ed. ver. Edimburgo: T. & T. Clark, 1991, p. 265-77.
_____. "Romans as an Ambassadorial Letter", em *Int* 36 (1982): p. 5-20.
KRENTZ. E. "1 Thessalonians: Rhetorical Flourishes and Formal Constraints", em *The Thessalonians Debate: Methodological Discord or Methodological Synthesis?* Editado por K. P. Donfried e J. Beutler. Grand Rapids: Eerdmans, 2000, p. 287-318.

MARSHALL, P. *Enmity in Corinth: Social Conventions in Paul's Relations with the Corinthians*, Tübingen: Mohr [Siebeck], 1987.
MITCHELL, M. M. *Paul and the Rhetoric of Reconciliation*. Tübingen: Mohr [Siebeck], 1991.
OLBRICHT, T. H. "An Aristotelian Rhetorical Analysis of 1 Thessalonians", em *Greeks, Romans, and Christians*, editado por D. L. Balch e outros. Minneapolis: Fortress Press, 1990, p. 216-36.
S. E. PORTER. "Paul of Tarsus and His Letters", em *Handbook of Classical Rhetoric in the Hellenistic Period*. Leiden: Brill, 1997, p. 533-85.
_____. "The Theoretical Justification for Application of Rhetorical Categories to Pauline Epistolary Literature", em *Rhetoric and the New Testament*, editado por S. E. Porter e T. H. Olbricht. Sheffield, Inglaterra: Sheffield Academic Press, 1993, p. 100-122.
PORTER, S. E., e OLBRICHT, T. H. (eds.). *Rhetoric and the New Testament*. Sheffield, Inglaterra: Sheffield Academic Press, 1993.
_____. *The Rhetorical Analysis of Scripture*. Sheffield, Inglaterra: Sheffield Academic Press, 1997.
REID, J. T. "Using Ancient Rhetorical Categories to Interpret Paul's Letters: A Question of Genre", p. 292-324 em *Rhetoric and the New Testament*. Sheffield, Inglaterra: Sheffield Academic Press, 1993.
SAMPLEY, J. P. "Paul, His Opponents in 2 Corinthians 10-13, and the Rhetorical Handbooks", p.162-77 em *The Social World of Formative Christianity and Judaism*, editado por J. Neusner e outros. Filadélfia: Fortress Press, 1988.
SEGAL, A. F. "Universalism in Judaism and Christianity", em *Paul in His Hellenistic Context*, editado por T. Engberg-Pedersen. Edimburgo: T. & T. Clark, 1994, p. 1-29.
SMIT, J. "Argument and Genre of 1 Corinthians 12-14", em *Rhetoric and the New Testament*, editado por S. E. Porter e T. H. Olbricht. Sheffield, Inglaterra: Sheffield Academic Press, 1993, p. 211-30.
STOWERS, S. K. *The Diatribe and Paul's Letter to the Romans*. Chico, Calif.: Scholars Press, 1981.
_____. *Letter Writing in Greco-Roman Antiquity*. Filadélfia: Westminster, 1986.
_____. "Paul's Dialogue with a Fellow Jew in Romans 3,1-9", em *CBQ* 46 (1984): p. 707-22.
_____. *A Re-reading of Romans: Justice, Jews, and Gentiles*. New Haven: Yale University Press, 1994.
_____. "Romans 7.7-25 as a Speech-in-Character", em *Paul in His Hellenistic Context*, editado por T. Engberg-Pedersen. Edimburgo: T. & T. Clark, 1994, p. 180-22.
WATSON, D. F. "A Rhetorical Analysis of Philippians and Its Implications for the Unity Question", em *NovT* 30 (1988): p. 57-87.
WEIMA, J. A. D. "The Function of 1 Thessalonians 2:1-12 and the Use of Rhetorical Criticism: A Response to Otto Merk", em *The Thessalonian Debate*. Editado por K. P. Donfried e J. Beutler. Grand Rapids: Eerdmans, 2000, p. 114-31.
WELBORN, L. L. "Paul's Appeal to the Emotions in 2 Corinthians 1.1-2.13; 7.5-16", em *JSNT* 82 (2001): p. 31-60.
WITHERINGTON, Ben, III. *Conflict and Community in Corinth*. Grand Rapids: Eerdmans, 1994.
WUELLNER, W. "The Argumentative Structure of 1 Thessalonians as a Paradoxical Encomium", en *The Thessalonian Correspondence*, editado por R. F. Collins. Lovaina: Louvain University Press, 1990, p. 117-36.

6

PAULO, AS TRIBULAÇÕES E O SOFRIMENTO

David E. Fredrickson

Centro meu estudo do sofrimento no conceito de desgosto (λύπη, *lypē*), que no mundo greco-romano era amplamente considerado um tipo de paixão. O termo grego para paixão (πάθος, *pathos*) denota o ser que, em vez de agir sobre o mundo externo, sofre a ação deste. Sofrer (πάσχειν, *paschein*) é ser movido pelo exterior.[1] Da perspectiva filosófica, importava pouco se este movimento era ocasionado pelo desgosto ou pelos outros principais tipos de paixão (medo, prazer, luxúria e, em algumas fontes, ira). Esta associação do sofrimento com a paixão em geral, apesar de correta, indicaria uma extensão por demais vasta para a pesquisa. Por razões práticas, portanto, limito minha análise ao que, nas línguas modernas, normalmente se quer dizer com "sofrimento" – dor emocional ou desgosto.[2] Ademais, destaco alguns aspectos da literatura antiga sobre o desgosto que se relacionam diretamente com a interpretação das cartas paulinas: algumas formas pertinentes de desgosto, tribulações e listas de tribulações, o papel do desgosto na reforma moral; dois antigos tipos de carta que têm por tema o desgosto; e a noção do sofrimento partilhado na amizade.

PARTE I. TRIBULAÇÕES E SOFRIMENTO NA FILOSOFIA E NA EPISTOLOGRAFIA GRECO-ROMANAS

A psicologia do sofrimento

O desgosto como uma contração (συστολή, *systolē*) da alma ou do coração é um lugar comum da psicologia estóica (Diógenes Laércio 7.111,118; *SVF* 1.51.26-31; 3.94.14-15; 3.95.17-18, 24-25, 41-43; Epicteto, *frg*. 9; Plutarco, *Lib. aegr*. 1,7).[3] Cícero mostra que a metáfora do desgosto como aperto do coração era tão estabelecida nos escritores gregos, que ela sobreviveu à tradução de termos

---

[1] A. Glibert-Thirry, *Pseudo-Andronicus De Rhodes*: ΠΕΡΙ ΠΑΘΩΝ (Corpus latinum commentariorum in Aristotelem graecorum, Supplement 2; Leiden: Brill, 1977), p. 223.

[2] Cícero limitou o tópico do mesmo modo. Ver A. Erskine, "Cicero and the Expression of Grief", em *The Passions in Roman Thought and Literature* (ed. S. M. Braund e C. Gill; Cambridge: Cambridge University Press, 1997), p. 41-42.

[3] Ver M. Pohlenz, *Die Stoa* (2ª ed.; 2 vols.; Göttingen: Vandenhoeck & Ruprecht, 1959), 1:149; 2:77.

filosóficos para o latim: "A *dor* [*aegritudo*] é a crença recém-formada de um mal presente, cujo sujeito acha certo sentir depressão ou contração da alma [*demitti contrahique animo*]" (Cícero, *Tusc.* 4.14; cf. *Tusc.* 1.90; 3.83; 4.66-67; *Quint. Fratr.* 1.1.4; Sêneca, *Ep.* 99.15). Algumas das variedades de desgosto implicam a idéia de contração. Por exemplo, o gemer (στεναγμός, *stenagmos*) exprime a idéia de contração na raiz στεν (*sten*; ver Rm 8,23.26; 2Cor 5,2.4).[4] A contração da alma exprime nos filósofos a experiência do desgosto no seu nível mais fundamental.[5]

Mas nem todos os tipos de dor emocional exibem contração da alma. Uma tal modalidade de desgosto muitas vezes tratada pelos filósofos era o pesar (μεταμέλεια, *metameleia*), forma particularmente aguda de sofrimento. A definição corrente de pesar era "desgosto pelos pecados cometidos como se acontecessem por meio de si mesmo".[6] O que torna o pesar tão doloroso é o ódio de si mesmo e a auto-condenação: "O pesar é uma facciosa paixão da alma que traz infelicidade, pois, na medida em que alguém se deixa envolver pelo pesar e é afligido pelas coisas que aconteceram, está irado consigo mesmo, porquanto se torna a causa dessas coisas" (*SVF* 3.149.20-24; minha tradução). Conforme Plutarco, a alma que sente pesar por uma ação fica absorvida por um único pensamento: "de que modo ela pode evadir-se da memória de suas iniqüidades, expulsar de si a consciência da culpa, recuperar sua pureza e começar vida nova" (Plutarco, *Sera* 556A).Tais pessoas condenam suas vidas, alimentam remorso, odeiam a si próprias e são atormentadas pelo que fizeram (Plutarco, *Sera* 566E). A noção de que, como diz Sêneca, "quem pecou já puniu a si mesmo" ecoa por toda parte nas obras antigas (Sêneca, *Ira* 2.30.2).[7] Sêneca comenta também que "ninguém é mais pesadamente castigado do que aquele que é entregue à tortura do remorso" (Sêneca, *Ira* 3.26.2).

Os filósofos usavam a noção da auto-condenação para explicar a natureza do pesar. Aristóteles formalizou uma conexão provavelmente já encontrada no linguajar diário: "Mas um homem bom não censura a si mesmo, nem na hora, como o descontrolado, nem tampouco seu ser de antes censura o de depois, como o penitente [ὁ μεταμελητικός, *ho metamelētikos*]... porque quando o homem se culpa a si mesmo está se entregando à morte" (Aristóteles, *Eth. Eud.* 7.6.14-15; tradução modificada).

Plutarco traça a analogia entre o pesar e o castigo. Como prisioneiros condenados à morte, o malvado sofre "terrores, pressentimentos e a agonia do remorso"

---

[4] Filo (*Leg.* 3.111) cita o que parece ter sido uma definição padronizada: "o gemido é uma dor intensa e excessiva [λύπη, *lypē*]. Os textos e as traduções das obras antigas são da Loeb Classical Library, a não ser que se indique outra origem.

[5] Se associamos a contração da alma com o desgosto, é mais provável que reconheçamos alusões à dor emocional nas cartas de Paulo. Além das palavras com a raiz *sten*, a contração da alma está presente nos seguintes termos nas cartas paulinas (note-se, porém, que certas traduções apresentadas por várias bíblias modernas [a NRSV é citada aqui] não conseguem transmitir o aspecto fisiológico da emoção): "aflição (θλίψις, *thlipsis*; p. ex. Rm 5,3; 8,35; 2Cor 1,4.6.8; 2,4); "angústia do coração" (συνοχή καρδίας, *synochē kardias*; 2Cor 2,4); "coração lânguido" (ὀλιγόψυχος, *oligopsychos*; 1Ts 5,14).

[6] Glibert-Thirry, *Pseudo-Andronicus De Rhodes*, p. 227, minha tradução.

[7] Ver A. C. Van Geytenbeek, *Musonius Rufus and Greek Diatribe* (Wijsgerige Teksten en Studies 8; Assen, the Netherlands: Van Gorcum, 1963), p. 138. Ver também Platão, *Gorg.* 472D-479D; Isócrates, *Nic.* 53; Juvenal, *Sat.* 13.192-198.

(μεταμελείας, *metameleias*; Plutarco, *Sera* 554E-F). Ele também escreve que quando "os déspotas (...) desejam infernizar a vida dos que eles castigam, mantêm verdugos e torturadores, ou arranjam ferros em brasa e tronco; o vício (...) enche de pesar e lamentação, depressão e remorso" (μεταμελείας, *metameleias*; Plutarco, *An vit*. 498D; cf. *Sera* 554A-B). A consciência de um pecado "deixa atrás de si na alma o pesar [μεταμέλεια, *metameleian*] que continua sempre a feri-la e a ferroá-la. As outras angústias, a razão as elimina, mas o pesar [μετάνοιαν, *metanoian*] é causado pela própria razão, já que a alma, junto com seu sentimento de vergonha, é atormentada e castigada por ela mesma" (Plutarco, *Tranq. an*. 476E-477B; cf. *Gen. Socr*. 592A-B).

Esta noção de pesar nas metáforas forenses ocorria com freqüência em discussões de consciência e arrependimento.[8] Os escritores usavam imagens forenses para o exame da própria consciência (Sêneca, *Ira* 3.36.3; Juvenal, *Sat*. 13.2-3). A noção de uma pena de morte imposta a si mesmo figura com proeminência: "O genuíno arrependimento é erradicar totalmente da alma os pecados pelos quais alguém condenou-se à morte" (Clemente de Alexandria, *Quis div*. 39; cf. *Strom*. 4.22.143).

Tribulações e listas de tribulações

A obra de John T. Fitzgerald sobre tribulações e listas de tribulações na antiga filosofia moral tem se demonstrado uma rica fonte para os estudantes das epístolas paulinas.[9] Ele resume o que os escritores têm em mente quando falam de tribulações:

> A conexão íntima entre virtude e adversidade tem sido fartamente documentada nas páginas precedentes. Já que as *peristaseis* [dificuldades] constituem um teste do caráter humano, elas têm uma função reveladora e também demonstrativa. O homem de pouca ou nenhuma integridade sucumbe sob o peso de seus fardos. Suas *peristaseis* revelam e comprovam suas deficiências como pessoa. O *proficiens* [alguém que faz progressos], ao contrário, mostra maior força de caráter em lidar com essas tribulações, de modo que suas *peristaseis* revelam seu progresso, o que ele está se tornando. Sendo que elas ajudam a formar seu caráter, têm um papel crucial na sua *paideia* [educação]. Para o *sapiens* [sábio], porém, as *peristaseis* não têm mais esse caráter educativo. Elas fornecem a prova de

---

[8] Ver H. Deku, "Selbstbestrafung: Marginalien zu einem sehr alten, aber noch nicht ganz lexikonreifen Begriff", *Archiv für Begriffsgeschichte* 21 (1977): p. 42-58. Ver também Epicteto, *Diatr*. 2.22.35; *Ench*. 34; Clemente de Alexandria, *Strom*. 2.12.55; Marco Aurélio, 8.53; 12.16; Luciano, *Merc. cond*. 42; 1Jo 3,19-22.

[9] John T. Fitzgerald, *Cracks in an Earthen Vessel: An Examination of the Catalogues of Hardships in the Corinthian Correspondence* (SBLDS 99; Atlanta: Scholars Press, 1988). Os críticos de Fitzgerald subestimam a força da tradição filosófica grega nas fontes judaicas que – afirma-se – eram mais influentes sobre Paulo. Ademais, não conseguem entender a principal contribuição de Fitzgerald, que pode mostrar como o uso retórico das listas de tribulações emana das doutrinas centrais dos filósofos sobre a relação entre a virtude e a resistência. Ver, p. ex., N. Willert, "The Catalogues of Hardships in the Pauline Correspondence: Background and Function", em *The New Testament and Helenistic Judaism* (ed. P. Borgen e S. Giversen; Århus, 1995), p. 217-43.

que ele é educado. Conseqüentemente, elas exibem o que ele *é*, o que ele se *tornou*.[10]

Fitzgerald deu a razão de duas funções do discurso filosófico sobre as tribulações. A primeira é que os filósofos ensinaram que a razão é superior a todas as vicissitudes da vida, e porque a pessoa é identificada com a razão, nada de externo pode causar dano.[11] As tribulações oferecem uma oportunidade para que essa lição seja ilustrada na vida concreta.[12] A segunda é que, no tempo de Paulo, a maioria dos filósofos tinha abandonado a distinção absoluta entre o sábio e o insensato e tinha estabelecido uma doutrina do progresso na virtude moral.[13] A noção de que as tribulações treinam o *proficiens* (aquele que progride) na virtude e que o sofrimento molda o caráter em quem se esforça pela sabedoria tinha ampla aceitação.[14]

Vimos que as tribulações demonstram a virtude do sábio ou treinam a pessoa que aspira à serenidade do sábio. Havia ainda uma terceira função no apresentar a resistência do sábio: demonstrar sua filantropia (Epicteto, *Diatr.* 2.12.17-25; Luciano, *Peregr.* 18). Recordando a descrição dos perigos de Odisseu feita por Antístenes (Antístenes, *frg.* 15.1-3,9),[15] Dion Crisóstomo distingue-se dos filósofos que se recusavam a juntar-se à multidão e enfrentar o perigo: "Pois alguns daquele grupo jamais aparecem em público e preferem não correr o risco, possivelmente porque eles não têm esperança de serem capazes de melhorar as massas" (Dion Crisóstomo, *Alex.*8; cf. *Alex.* 24; *1 Tars.* 15).[16] O genuíno filosofo "está pronto se necessário a submeter-se ao ridículo e à desordem e ao tumulto da multidão" (Dion Crisóstomo, *Alex.* 32.11). Ele deve ser comparado a Diógenes, cujo discurso franco muitas vezes não era tolerado (Dion Crisóstomo, *Isthm.* 9.7-9).[17]

O desgosto e a reforma moral

Para os filósofos cínicos radicais a falta moral era uma justificação para causar desgosto (λύπη, *lypē*), (Ps.-Sócrates, *Ep.* 24; Luciano, *Pisc.* 20).[18] Por um texto que representa o cinismo radical, sabemos que o riso de Demócrito visava

---

[10] Fitzgerald, *Cracks in an Earthen Vessel*, p. 115.
[11] Id., p. 51-55.
[12] Ver J. Perkins, *The Suffering Self: Pain and Narrative Representation in the Early Christian Era* (Nova Iorque: Routledge, 1995), p. 77-98.
[13] Fitzgerald, *Cracks in an Earthen Vessel*, p. 55-70.
[14] Ver N. C. Croy, *Endurance in Suffering: Hebrews 12.1-13 in Its Rhetorical, Religious, and Philosophical Context* (SNTSMS 98; Cambridge: Cambridge University Press, 1999), p. 139-59.
[15] Ver Höistad, R. *Cynic Hero and Cynic King* (Lund, Suécia: Carl Blom, 1948), p. 97. Para a prontidão do sábio para sofrer injúrias pelo bem dos outros, ver Antístenes, *frgs.* 14.5-6; 15,5.9. Ver H. D. Rankin, *Antisthenes Sokratikos* (Amsterdam: Hakkert, 1986), p. 168-70.
[16] Para os perigos enfrentados pelos oradores audaciosos, ver Luciano, Pisc. 20; Peregr. 32. Ver A. Malherbe, *Paul and the Popular Philosophers* (Minneapolis: Fortress Press, 1989), p. 38.
[17] Ver Höistad, R. *Cynic Hero*, p. 195-96.
[18] Sobre a misantropia cínica, ver G. A. Gerhard, *Phoinix von Kolophon: Texte und Untersuchungen* (Leipzig: Teubner, 1909), p. 39, 165-67, 170-75.

condenar a humanidade por sua loucura.¹⁹ Porém, não julgando o riso uma medida bastante forte contra o vício humano, Demócrito desejava "descobrir algo ainda mais doloroso (λυπηρόν, *lypēron*) para usar contra eles" (Ps.-Hipócrates, *Ep.* 17.45 [Hercher, *Epistolographi Graeci* 304, tradução minha]). A reprovação moral dos cínicos era com freqüência dolorosa porquanto inoportuna (Ps.-Hipócrates, *Ep.* 17.19-20, 34). Hipócrates protesta que o riso de Demócrito dos infortúnios dos outros não pondera as circunstâncias daqueles de quem zomba (Ps.-Hipócrates, *Ep.* 17.20-21). Do mesmo modo, Plutarco denuncia os que causam sofrimento quando as circunstâncias do ouvinte requerem encorajamento e consolo (Plutarco, *Adul. Amic.* 69A).

Em resposta a essas críticas, alguns cínicos procuraram melhorar a imagem da sua linguagem franca, ressaltando os fins filantrópicos (Plutarco, *Virt. mor.* 452D; Estobeu, *Flor.* 3.13.42).²⁰ Afirmavam que, embora as palavras da verdade fossem dolorosas às vezes, no fim são benéficas, porque não são motivadas pelo ódio, mas por um desejo de curar os outros (Sêneca, *Vit. beat.* 26.5). É dever dos filósofos fazer o bem aos outros, ainda que isto exija uma dose dolorosa de franqueza (Epicteto, *Diatr.* 3.1.10-11; cf. Dion Crisóstomo, *Alex.* 5, 7, 11; Luciano, *Hermot.* 51).

Em sua introdução aos *Discursos* de Epicteto, Arriano testemunha o conceito de sofrimento apropriado na recepção da exortação moral:

> Claramente ele não se propunha outra coisa senão estimular as mentes dos ouvintes às coisas melhores. Ora, se estas palavras dele produzissem o mesmo efeito, elas teriam, a meu ver, exatamente aquele sucesso que as palavras dos filósofos devem ter; mas se não, que seus leitores tenham certeza de que, quando o próprio Epicteto as falava, o ouvinte não podia deixar de sentir [πάσχειν, *paschein*] exatamente o que Epicteto queria que ele sentisse [παθεῖν, *pathein*]. (*Arriani epistula ad Lucium Gellium* 5-7).

O próprio Epicteto comparava a sala de aula do filósofo com um hospital, do qual os alunos não deviam sair com prazer "mas com dor" (Epicteto, *Diatr.* 3.23.30; cf. 3.1.10-11; 3.23.37).²¹

O papel da dor no progresso moral era controvertido. Para os epicuristas, a dor emocional (λύπη, *lypē*) era algo a ser evitado, porque a tranqüilidade, objetivo da mútua exortação epicurista, era o contrário do desgosto.²² Na opinião deles, a dor era um sinal de um discurso franco mal aplicado e mal entendido

---

¹⁹ Ps.-Hipócrates, *Ep.* 17.40 (em R. Hercher, *Epistolographi Graeci* [Amsterdã: Hakkert, 1965], p. 303).
²⁰ Ver Gerhard, *Phoinix von Kolophon*, p. 32-45.
²¹ Ver Malherbe, *Paul and the Thessalonians: The Philosophic Tradition of Pastoral Care* (Filadélfia: Fortress Press, 1987), p. 21-28.
²² Sobre a cura de almas praticada pelos epicureus, ver C. E. Glad, *Paul and Philodemus: Adaptability in Epicurean and Early Christian Psychagogy* (NovTSup 81; Leiden: Brill, 1995), p. 101-81. Note-se a ênfase na razão, na verdade e na linguagem franca na exposição de Luciano (Alec. 47) sobre o caminho epicurista para a tranqüilidade; não se faz menção alguma de uma conversão que envolva dor, levando ao arrependimento.

(Filodemo, *Lib.* 12, 13, 31, 61-62, XVA, XVIB, XXIIB). Essa posição dos epicuristas não estava muito distante da dos primeiros estóicos, que argumentavam contra a utilidade da dor na transformação moral. Para eles o pesar por causa dos próprios erros era uma característica da pessoa má (*SVF* 3.100.33; 3.149.18-24; 3.150.24-27). Os estóicos posteriores, por outro lado, ressaltavam o progresso na vida moral e mitigavam a distinção absoluta entre o sábio e o insensato.[23] Neste contexto, o desgosto dos próprios erros era uma boa coisa: o começo da vida moral e um sinal de progresso (Cícero, *Amic.* 90; Luciano, *Nigr.* 4,35; Plutarco, *Virt. prof.* 82C).

Plutarco ilustra a função do desgosto na transformação moral quando descreve o modo como os alunos deviam escutar o discurso franco dos filósofos.[24] Embora o desgosto covarde deva ser evitado, o aluno deve sentir alguma dor (Plutarco, *Rec. rat. aud.* 46C). O aluno deve perceber que a fala do professor visa reformar o caráter. Deve-se permitir que as admoestações penetrem como um remédio cáustico e causem humilhação, transpiração e vertigem, e um ardor de vergonha na alma (Plutarco, *Rec. rat. aud.* 46D). Mas Plutarco não deseja que o estudante experimente excessivo desgosto:

> Por esta razão aquele que é acolhido para a tarefa deve sentir e sofrer alguma aguilhoada, mas não deve ser oprimido ou desencorajado, porém, como num solene rito de noviciado que o consagra para a filosofia, precisa submeter-se às purificações e comoções iniciais, na expectativa de que algo deleitável e esplêndido aconteça depois da dor e da perturbação do momento (Plutarco, *Rec. rat. aud.* 47A).

O desgosto e a teoria epistolar

No manual epistolar do Ps.-Libânio (séc. IV-VI da Era Comum) descobrimos a seguinte definição do estilo desgostoso: "O estilo desgostoso é aquele no qual nos apresentamos como magoados".[25] Mais instrutivo é este espécime de carta:

> Carta de desgosto [Λυπητική, *Lypētikē*]. Causaste-me um desgosto extremamente grande [λελύπηκας, *lelypēkas*] quando fizeste isto. Por esta razão estou muito irritado contigo e carrego um desgosto [λυποῦμαι λύπην, *lypoumai lypēn*] que é difícil aliviar. Pois o desgosto [λῦπαι, *lypai*] que os homens causam a seus amigos é extremamente difícil de curar, e injuriam mais que os insultos recebidos dos inimigos (Ps.-Libânio, *Charact. Ep.* 90, em Malherbe, *Ancient Epistolary Theorists*, 80-81).

---

[23] Ver I. Hadot, *Seneca und die griechisch-römische Tradition der Seelenleitung* (Berlim: Walter de Gruyter, 1969), p. 71-78.

[24] Ver H. G. Ingenkamp, *Plutarchs Schriften über die Heilung der Seele* (Hypomnemata 34; Göttingen, Vandenhoeck & Ruprecht, 1971), p. 74-90.

[25] Ps.-Libanius, *Charact. Ep.* 43. Texto e tradução em A. Malherbe, *Ancient Epistolary Theorists* (SBLSBS 19; Atlanta: Scholars Press, 1988), p. 72-73.

O estilo desgostoso tem elementos de censura (Gregório Nazianzeno, *Ep.* 40.1-4; Basílio, *Ep.* 44.1).²⁶ A linguagem da amizade chama a atenção para a dor inesperada que o escritor recebeu do amigo e desse modo aumenta a força da censura.

Duas cartas atribuídas a Demóstenes, ambas de autenticidade duvidosa, demonstram o estilo desgostoso. Na Epístola 2, Demóstenes se queixa ao conselho e à assembléia do tratamento injusto que recebeu. A carta é cheia de indignação e de censura (Demóstenes, *Ep.* 2.1, 3, 8, 12). Demóstenes se apresenta ferido de desgosto pelas injúrias que recebeu de seus leitores (Demóstenes, *Ep.* 2.13, 21-22). Perto da conclusão da carta, ele exprime seu sofrimento uma última vez:

> Que nenhum de vós pense, homens de Atenas, que por falta de virilidade ou por qualquer outro motivo vil dei livre curso ao meu desgosto do começo ao fim desta carta. Não é isto, mas todo homem é de bom grado indulgente com o sentimento do momento, e aqueles que agora me perseguem – se ao menos isto jamais tivesse acontecido! – são desgostos e lágrimas [λῦπαι καὶ δάκρυα, *lypai kai dakrya*], o desejo do meu país e de vós, e a consideração dos males que sofri, e tudo isto me causa desgosto (Demóstenes, *Ep.* 2.25; cf. *Ep.* 3.44).

Note-se especialmente a referência de Demóstenes a suas lágrimas e a censura que elas comunicam.²⁷

A carta conciliatória era um outro tipo epistolar que tomava por tema o sofrimento. Conforme Ps.-Libânio, o estilo conciliador era apropriado quando o escritor tinha desgostado o destinatário da carta: "O estilo conciliatório é aquele no qual nos reconciliamos com alguém a quem causamos desgosto por algum motivo. Alguns o chamam também de estilo apologético" (Ps.-Libânio, *Charact. Ep.* 19, em Malherbe, *Ancient Epistolary Theorists*, 68-69). Como será ilustrado pelo exemplo seguinte, o escritor não nega que tenha causado dor ao destinatário. Com efeito, ele reconhece a dor que suas palavras infligiram. Porém, ele afirma que não foi sua intenção magoar. Ademais, se surgiu dor, seu sentido real – assim é afirmado – é a cura que é dada no final:

> A carta conciliatória. Além de fazer as afirmações que fiz, fui adiante para pô-las em ação, pois eu quase certamente não pensei jamais que elas iriam causar-te desgosto [λυπηθήσεσθαι, *lypēthēsesthai*]. Mas se ficaste contrariado pelo que foi falado ou feito, estejas certo, excelentíssimo senhor, que eu com toda certeza não mais direi o que foi dito. Pois é meu propósito sempre curar meus amigos antes que causar-lhes desgosto [λυπεῖν,

---

²⁶ Para expressões de desgosto como condenação moral na tradição filosófica, ver a apropriação cínica de Heráclito e dos filósofos que imitaram sua melancolia: Ps.-Heráclito, *Ep.* 5.3; 7.2-10; Luciano, *Demon.* 6; *Vit. auct.* 7; *Fug.* 18.
²⁷ Para outros exemplos do estilo desgostoso, ver Juliano, *Ep.* 68. Gregório Nazianzeno, *Epp.* 7, 16; Basílio, *Epp.* 45, 156, 204, 207, 212, 223, 224, 270.

lypein]. (Ps.-Libânio, *Charact. Ep.* 66, em Malherbe, *Ancient Epistolary Theorists*, 76-77).

A carta conciliatória reflete a doutrina filosófica sobre o poder reformador do desgosto causado por palavras corajosas proferidas com amizade (Cícero, *Quint. fratr.* 1.2.12-13; Gregório Nazianzeno, *Epp.* 17.1-3; 59,1-4).

Compartilhar o sofrimento e a amizade

A idéia de os amigos partilharem o sofrimento não foi invenção dos filósofos. "Supõe que os infortúnios dos amigos sejam seus próprios", escreveu Menandro, fazendo eco ao que podemos supor que era uma opinião difusa.[28] Entretanto, os filósofos investigaram o sofrimento compartilhado e, de modo significativo, impuseram-lhe limites.

Aristóteles reconhece como amigo "aquele que compartilha as alegrias e tristezas do amigo" (Aristóteles, *Eth. nic.* 9.4.1). Além disso, ele ressalta que o sofrimento é realmente "iluminado pela empatia dos amigos" (Aristóteles, *Ética a Nic.* 9.10.2; cf. Cícero, *Amic.* 22). Aristóteles hesita em responder definitivamente se a dor é de fato *compartilhada*, ou se é simplesmente o prazer da companhia dos colegas ou "a consciência da simpatia deles" que mitiga a dor. Ele mantém, todavia, que é algo "feminino" uma pessoa permitir a outrem compartilhar a dor (Aristóteles, *Ética a Nic.* 9.11.4).

Os escritores posteriores reforçam semelhante limitação. Por um lado, é necessário correr perigo por causa da amizade (Cícero, *Amic.* 23; Plutarco, *Amic. mult.* 96A; Luciano, *Tox.* 7,9). Mas o sofrimento compartilhado não deve chegar tão no fundo que toque a alma do amigo que dá conforto (Epicteto, *Ench.* 16.1). É também problemático se um amigo deve compartilhar da desonra do outro (Cícero, *Amic.* 61), embora alguns escritores creiam que isto é o que acontece com verdadeiros amigos (Plutarco, *Amic. mult.* 96B; Luciano, *Tox.* 46; Máximo de Tiro, *Or.* 14.5). A despeito desses limites impostos por alguns filósofos, vemos que a partilha completa da adversidade, e mesmo da dor, tristeza e desgosto, é um lugar comum referente à amizade (Cícero, *Amic.* 46-48). Com efeito, conforme Luciano, esta partilha é a primeira coisa que se deve dizer sobre a amizade (Luciano, *Tox.* 6). O fundamento dessa noção é que a amizade é uma espécie de partilha e que os amigos têm tudo em comum (Sêneca, *Epp.* 6.2; 48.2-4; Temístio, *Or.* 22.269, 270, 274).

A suprema demonstração da amizade era sofrer de bom grado a morte por um outro (Diógenes Laércio, 10.120; Plutarco, *Amic. mult.* 96C-D; Luciano, *Tox.* 20,36-37; Máximo de Tiro, *Or.* 14.3).[29] Cícero informa que os freqüentadores do

---

[28] *Menandri sententiae* 370. Na mesma obra, lemos: "Supõe que todos os fardos dos amigos são em comum" (534); e: "Quando um amigo sofre com um amigo, ele sofre consigo mesmo" (803); traduções minhas; ver também 543K).

[29] Tanto PLATÃO (*Banquete* 179B-180B) como SÊNECA (*Ep.* 9.10-12) reconhecem falta de clareza na distinção entre amizade e amor erótico quando chega a morrer pelo amigo.

teatro eram incentivados a aplaudir de pé as cenas de tal devotamento (Cícero, *Amic.* 24), e sabemos por fontes literárias que o tema da morte por causa da amizade estava ganhando grande popularidade no século I antes da Era Comum.[30] De novo, porém, havia um limite. A pessoa pela qual se enfrentava sofrimento e morte devia ser boa. Esta qualificação se baseia na exigência de que a amizade seja estabelecida somente com gente boa. A amizade só é possível após comprovação de que o potencial amigo possui virtude (Cícero, *Amic.* 79, 85).

PARTE II. TRIBULAÇÕES E SOFRIMENTO NAS CARTAS DE PAULO (2 CORÍNTIOS 1-7; ROMANOS 5,1-11; E 8,18-39)

O desgosto e a ocasião de 2 Coríntios 1-7

2Cor 1-7 está cheio de referências a sofrimento e tribulações. O reconhecimento por parte de Paulo do sofrimento da comunidade coríntia abre (1,3-7) e conclui (7,8-11) essa porção da carta. As referências ao sofrimento do próprio Paulo se enquadram entre as descrições da tribulação da igreja de dois modos. Primeiro, ele narra sua viagem da Ásia Menor para a Macedônia (1,8-11; 2,12-16; 7,5-6). É uma viagem triste. Em segundo lugar, Paulo utiliza a convenção filosófica das listas de tribulações (4,7-12; 4,16-5,5; e 6,3-10). Nossa tarefa agora é dupla: reconstruir a ocasião de 2Cor 1-7 e entender sua estratégia retórica, usando o que sabemos dos modos antigos de falar sobre o sofrimento e as tribulações. Falemos primeiro da ocasião.

Em 2Cor 2,4, Paulo refere-se a uma carta que tem sido chamada adequadamente "a carta das lágrimas": "Foi no meio de uma grande tribulação [θλίψεως, *thlipseōs*] e aperto de coração [συνοχῆς καρδίας, *synochēs kardias*] que vos escrevi, entre muitas lágrimas (διὰ πολλῶν δακρύων, *dia pollōn dakryōn*, minha tradução), não para vos entristecer, mas para que conheçais a extrema afeição que vos tenho. Esta carta foi um evento crítico entre a escrita de 1 e 2 Coríntios.[31] Paulo tinha feito uma visita de emergência a Corinto, para resolver os problemas da igreja.[32] Durante esta visita intermédia, um indivíduo o injuriou ou insultou (2Cor 1,15.23; 2,1-11; 7,12; 12,21-13,2).[33] A identidade deste indivíduo é desconhecida, mas na literatura secundária ele é freqüentemente chamado ὁ ἀδικήσας (*ho adikēsas*), "aquele que causou a injúria", conforme 2Cor 7,12. Após deixar Corinto, Paulo escreveu uma carta que repreendia a igreja por não tomar uma medida disciplinar contra "aquele que causou a injúria".[34]

---

[30] S. Farron, *Vergil's Aeneid: A Poem of Love and Grief* (Leiden: Brill, 1993), p. 19n. 5.
[31] Ver C. K. Barrett, "Ο ΑΔΙΚΗΣΑΣ (2Cor 7:12)" em *Verborum Veritas: Festschrift für Gustav Stählin* (ed. O. Böcher e K. Haacker; Wuppertal, Alemanha: Theologischer Verlag Rolf Brockhaus, 1970), p. 149-57.
[32] V. Furnish, *II Corinthians* (AB 32A; Garden City, N.Y.: Doubleday, 1984), p. 54-55, 143.
[33] Barrett, "Ο ΑΔΙΚΗΣΑΣ", p. 149-52.
[34] Para argumentos contra a identificação da carta seja com 1Cor seja com 2Cor 10-13, ver Furnish, *II Corinthians*, p. 163-68.

O nosso conhecimento do estilo desgostoso na antiga epistolografia (ver acima) permite-nos ver a função censuradora desta carta e avaliar seu impacto na comunidade coríntia. Paulo se apresenta em lágrimas e faz do seu desgosto a motivação declarada da carta. Como vimos, a contração da alma é um lugar comum na psicologia estóica, na qual expressões semelhantes à "tribulação e contração do coração" de Paulo significam desgosto. Sabemos também por 2Cor 7,8 que esta carta causou pesar à comunidade de Corinto.

Há mais um testemunho de que o pesar causado por esta carta era um fator na ocasião de 2Cor 1-7. Muitos autores concordam em que 6,11-13 expressa o propósito reconciliador de Paulo ao escrever 2Cor 1-7, embora uma plena apreciação de seu uso da psicologia do sofrimento não tenha acompanhado essa percepção correta.[35] Em 6,11, Paulo refere-se ao seu linguajar franco com a frase "nossa boca mantém-se aberta para vós".[36] Depois, coloca sua linguagem franca no contexto da amizade. A amizade de Paulo pelos coríntios é indicada pela alegria que acompanha seu discurso. Alegria, entendida pelos filósofos como o oposto do desgosto, era muitas vezes descrita como um alargamento do coração (*SVF* 3.105.17-18; Sêneca, *Ep.* 59.2). Em 6,12, Paulo reitera sua alegria pelos coríntios, negando que eles sejam a causa de qualquer desgosto para ele. Ecoando a definição filosófica do desgosto como contração da alma, diz que a igreja não está na estreiteza (στενοχωρεῖσθε, *stenochōreisthe*) em seu coração, ainda que ele, como amigo, use uma linguagem franca na admoestação moral. Contudo em 6,12b Paulo alude à estreiteza nos afetos da igreja para com ele, e exorta seus ouvintes a voltarem à amizade alargando seus corações de modo que ele possa estar lá dentro. A contração da alma incluía uma série de sofrimentos, inclusive aborrecimento. De fato, os termos que Paulo emprega para descrever a atitude da igreja para com ele em 6,11-13 lembram a definição de aborrecimento (Diógenes Laércio 7.111; *SVF* 3.100.29; Plutarco, *Sera* 564B-C; Sêneca, *Dial.* 2.10.2-3: *Ira*, 2.6.1; Marco Aurélio 9.32).

Até aqui explicamos dois modos nos quais a questão do sofrimento contribuiu para a ocasião de 2Cor 1-7. Paulo sofreu desgosto pela indiferença da comunidade diante da injúria que ele recebera, e a comunidade ficou desgostosa ao ser censurada por Paulo através da carta das lágrimas. Um outro desgosto deve ser também considerado. Em 2Cor 2,5-11, Paulo habilmente minimiza o mal que "o causador da injúria" lhe havia feito e pede à comunidade que mostre amor pelo fulano. É claro que a "carta das lágrimas" surtiu demasiado efeito. A comunidade coríntia disciplinou o ofensor duramente demais, e, agora, afastado da comunidade, ele sofre excessivo desgosto, possivelmente com risco de suicídio. O pedido de Paulo em 2,5-11 para que a comunidade o exorte, o ame e o perdoe, faz eco à preocupação dos filósofos com o adequado desgosto no contexto da reforma moral.

---

[35] Id., p. 367-71.
[36] D. Fredrickson, "Παρρησία in the Pauline Epistles", em *Friendship, Flattery, and Frankness of Speech: Studies on Friendship in the New Testament World* (ed. J. Fitzgerald; NovTSup 82; Leiden: Brill, 1996), p. 180.

Para apreciar o desgosto sentido pelo "causador da injúria", precisa-se dar atenção ao termo ἐπιτιμία (epitimia) em 2,6. Aqui, ἐπιτιμία é sinônimo de ἐπιτίμησις (epitimēsis, "censura").³⁷ A censura era definida como um tipo de exortação moral (Isócrates, Demon. 1.38; Dion Crisóstomo, Alex. 33; Luciano, Demon. 55; Jupp. trag. 23; Fug. 12: Pseudol. 3; Estobeu, Flor. 3.13.42).³⁸ Filo faz uma lista das formas salutares de discurso moral:

> Se eu discurso numa assembléia geral, deixarei para outros toda fala de adulação e recorrerei somente a esta porque é salutar e benéfica, reprovando [ἐπιτιμῶν, epitimōn], admoestando, corrigindo em palavras estudadas para mostrar uma sóbria franqueza sem arrogância louca e frenética (Filo, Ios. 73; cf. Cícero, Off. 1.38.137; Sêneca, Ep. 94.39; Clemente de Alexandria, Paed. 1.9.75.1; 1.9.77.1).³⁹

É notável a inserção do encorajamento e do conforto nos contextos em que a censura é tratada como um tipo de exortação moral (Plutarco, Superst. 168C; Luciano, Demon. 7; Clemente de Alexandria, Paed. 1.9.75.1; 1.9.87.2; Sêneca, Ira 1.15.1; Ep. 99.32; Ps.-Demétrio, Form. Ep. 6; Juliano, Or. 6.201C). Sendo o progresso moral o objetivo final da censura, uma vez que a vergonha e o desgosto se apoderaram da pessoa e produziu-se o arrependimento, deviam ser expressas palavras de encorajamento para que o sofrimento excessivo não levasse à alienação e até mesmo à morte (Plutarco, [Lib. ed.] 13D-E).⁴⁰ Este é o medo declarado de Paulo, e a exortação e a afirmação da amizade é o remédio que ele pede que a igreja empregue por amor ao "causador da injúria", agora acometido pelo desgosto.

Resta um último desgosto para ser descrito. É a própria tristeza de Paulo, sofrida enquanto viajava da Ásia Menor para a Macedônia para receber de Tito notícias da reação da comunidade à severa censura na carta das lágrimas: "Não queremos, irmãos, que o ignoreis: a tribulação [θλίψεως, thlipseōs] que padecemos na Ásia acabrunhou-nos ao extremo, além das nossas forças, a ponto de perdermos a esperança de sobreviver" (2Cor 1,8). Paulo exagera seu sofrimento para fins retóricos, que vai explorar mais plenamente em seguida.⁴¹ Por enquanto basta identificar com precisão a exata natureza da tribulação.

---

³⁷ Antigos exegetas tomaram ἐπιτιμία aqui como ἐπιτίμησις e portanto como um aspecto da exortação moral. Ver, por ex., Crisóstomo, Hom. 4 in 2 Cor. 4 (PG 61.422).
³⁸ Sobre os objetivos da exortação moral e a censura em particular, ver Hadot, Seneca und die griechisch-römische Tradition der Seelenleitung, p. 168-69. Filodemo (Lib. 31, 82, XXIVA) entende ἐπιτίμησις como uma forma de linguagem franca.
³⁹ A. Malherbe, "'Pastoral Care' in the Thessalonian Church", NTS 36 (1990): p. 381-85.
⁴⁰ Sobre a censura que leva à vergonha e ao suicídio, ver Plutarco, Adul. amic. 70F-71C.
⁴¹ R. L. Fowler ("The Rhetoric of Desperation", HSCP 91 [1987]: p. 6-38) identificou uma forma retórica usada desde Homero até a época romana, que ele chamou de "discurso de desespero". Entre seus sinais identificadores estão a indicação do extremo peso de sofrimento suportado pelo locutor, a impossibilidade de uma solução (ἀπορία, aporia), a pergunta se a vida é ainda possível, não saber o que escolher entre morte e vida, e uma exclamação sobre quão infeliz a pessoa se tornou (parodiada em Epicteto, Diatr. 1.12.27). Além de 2Cor 1,8, duas outras passagens de Paulo se enquadram muito bem nesse feitio: Rm 7,24-25 e Fl 1,21-26). Fowler (p. 27-31) chama a atenção para o fato de que Eurípides introduz a simpatia dos amigos como uma solução para a aporia do locutor. De modo semelhante, Paulo introduz a noção de amizade em cada exemplo do seu uso do discurso de desespero.

Em 1,9, Paulo diz a seus ouvintes que ele sentia pesar. Havia decretado a "sentença de morte" (τὸ ἀπόκριμα τοῦ θανάτου, *to apokrima tou thanatou*) contra si mesmo. Vimos que a metáfora da auto-condenação era um modo comum de falar a respeito do pesar, uma variedade de desgosto. 2Cor 7,8 confirma que a emoção que ele descreve em 1,9 é o pesar: "Sim, se vos entristeci [ἐλύπησα, *elypēsa*] pela minha carta, não me arrependo [μεταμέλομαι, *metamelomai*] embora tenha me arrependido [μεταμελόμην, *metamelomēn*], pois vejo que esta carta vos entristeceu [ἐλύπησεν, *elypēsen*], ainda que por pouco tempo". A compreensão filosófica do pesar como uma auto-condenação nos permite ligar os capítulos 1 e 7. Algumas das referências de Paulo à sua dor nas passagens intermédias (2,13; 4,8-11; 7,4-7), que de outra forma poderiam ser entendidas como alusões aos sofrimentos genéricos de um apóstolo, podem ser vistas como o pesar que ele afirma ter sofrido após escrever a carta das lágrimas.

O sofrimento na estratégia retórica de 2 Coríntios 1-7

Tendo indicado o modo como o desgosto prepara o terreno para a carta, voltamo-nos agora para a estratégia retórica no interior da própria carta. Paulo adota e adapta convenções filosóficas e epistolográficas para reconciliar a comunidade coríntia que ficou ferida pela repreensão da carta das lágrimas. Paulo emprega quatro aspectos do antigo discurso sobre o sofrimento: a noção de que os amigos compartilham alegria e tristeza; as convenções epistolográficas da carta conciliatória; a idéia do desgosto apropriado na recepção da exortação moral; e o afrontamento das tribulações.

2Cor 1,3-7 desenvolve a noção de que os amigos compartilham a alegria e o sofrimento. O termo-chave que liga a retórica de Paulo com o discurso filosófico sobre o sofrimento é τὰ παθήματα (*ta pathēmata*):

- 1,5: os sofrimentos de Cristo (τὰ παθήματα, *ta pathēmata*) são copiosos para nós
- 1,6: os mesmos sofrimentos (παθημάτων, *pathēmatōn*) que também nós padecemos
- 1,7: parceiros nos sofrimentos (κοινωνοί ἐστε τῶν παθημάτων, *koinōnoi este tōn pathēmatōn*, minha tradução).

O sofrimento compartilhado é a condição necessária para a verdadeira amizade. Isto toca o coração da doutrina tradicional sobre a amizade. Cristo, Paulo e a igreja são um só porque compartilham as emoções. Essa identidade de emoções não apenas forneceu a base para a amizade, mas também sua tarefa (Plutarco, *Adul. amic.* 49F; *Amic. mult.* 95F-96D; Dion Crisóstomo, *3 Regn.* 3.100-103; *Gnomologium Vaticanum* 273; Cícero, *Amic.* 48, 64; Sêneca, *Ep.* 6.3). Os amigos deviam compartilhar a tristeza ou, na linguagem paulina de 2Cor 1,3-7, partilhar as tribulações (θλίψις, *thlipsis*). Não surpreende, pois, que em 1,7 Paulo use o termo-chave para essa partilha de emoção na amizade: κοινωνία (*koinōnia*) (Aristóteles, *Ética a Nic.* 8.9.1; 8.12.1; 9.12.1; *Ética eud.*

7.9.1; Plutarco, *Amic. mult.* 96D; Luciano, *Tox.* 6-7; Juliano, *Or.* 8.240A-B; 241C).⁴²

2Cor 1,3-7 ressalta a amizade que Paulo afirma existir entre a comunidade e ele próprio. Partilhar o sofrimento é prova de que são amigos. Aqui Paulo não chama a atenção para o fato de que *ele* causou à comunidade este desgosto. O vocabulário do sofrimento é vago o bastante para permitir a Paulo categorizar sob os mesmos termos a dor da censura sentida pela igreja e seu próprio desgosto. Mais adiante na carta (a partir de 2,1-4 e culminando em 7,9-10), Paulo aborda diretamente a dor que ele causou, caracterizando-a como um desgosto apropriado.

Mas antes de analisar essa estratégia detalhadamente, precisamos examinar as maneiras pelas quais 2Cor 1-7 exibe características da carta conciliatória. Em primeiro lugar, expressar seu pesar por ter agido de modo ofensivo ou ter escrito em tom severo era um elemento das cartas de reconciliação (Cícero, *Quint. fratr.* 1.2.12-13; Cariton, *Chaer.* 4.4; Filóstrato, *Vit. Soph.* 562-563; Fronton, *Ad M. Ceas.* 5.59).⁴³ Paulo faz essas afirmações em 1,8-9 e 7,8. Em segundo lugar, Paulo segue as convenções das cartas conciliatórias dizendo que a intenção da sua censura não era causar tristeza mas demonstrar sua amizade (2,4 e 7,3; ver acima). Finalmente, Paulo diz que a intenção e o efeito de suas palavras severas era promover a cura. Em 7,8-12 recorda a seus leitores os salutares efeitos da censura expressa na carta de desgosto. Por detrás desses versículos está o *topos* que um amigo não pretende com sua linguagem sincera causar dor, mas suscitar arrependimento e cura moral. A progressão em 7,9-10 do desgosto para o arrependimento e daí para a salvação situa a caracterização paulina do seu tratamento da igreja claramente na tradição psicagógica (ver acima).

Ademais, a distinção entre a tristeza segundo Deus e a tristeza segundo mundo em 7,9b-11 demonstra que Paulo usa a tradição greco-romana da cura de almas para justificar a severidade da carta de desgosto. A tristeza segundo Deus e a tristeza segundo o mundo distinguiam-se por seus efeitos: de um lado, o arrependimento que leva à salvação, do outro, a morte.⁴⁴ Plutarco contrasta o desgosto que Deus inflige com a dor causada pelos homens. Deus causa a dor a fim de provocar o arrependimento; os homens simplesmente punem sem o objetivo do progresso moral (Plutarco, *Sera* 551C-E).⁴⁵ Além disso, à diferença dos homens que ficam irados, causam dor e depois lamentam sua severidade (Plutarco, *Cohib. ira* 464C-D; *Sera* 550E-F; 551C; Sêneca, *Ira* 2.6.2), Deus não

---

⁴² Os amigos têm emoções semelhantes (ver Plutarco, *Adul. amic.* 51E; *Amic. mult.* 97A). A amizade se origina por meio da semelhança, e isto inclui a identidade de emoções (ver Aristóteles, *Ética a Nic.* 8.3.6-7; Plutarco, *Amic. mult.* 96E-F; Cícero, *Amic.* 50).

⁴³ D. Fredrickson, "Paul's Sentence of Death (2 Corinthians 1:9)", em *God, Evil, and Suffering: Essays in Honor of Paul R. Sponheim* (ed. T. Fretheim e C. Thompson; Word and World Supplement Series 4; St. Paul, Minn.: Word & World, 2000), p. 103-7.

⁴⁴ "A tristeza segundo o mundo" relembra a descrição de Paulo em 2,7 do desgosto sofrido pelo "causador da injúria".

⁴⁵ Para o papel da dor ou desgosto emocional na intenção de Deus de efetuar reforma, ver Plutarco, *Sera* 549F-550A; 550E-F; 551C-E. Cf. Filo, *Det.* 144-146; *Conf.* 180-182; *Somn.* 1.91; Hb 12,10-11; Ap 3,19.

conhece remorso e não causa dano algum (Filo, *Conf.* 171). Em 7,9 Paulo afirma que a tristeza segundo Deus não causou nenhum dano à igreja.

Passamos das convenções epistolográficas de 2Cor 1-7 para o *topos* filosófico da dor emocional apropriada no contexto da exortação moral. Isto é natural, porque a retórica da conciliação se inspira na tradição filosófica da cura de almas. Paulo já havia invocado a noção do desgosto apropriado em 2,5-11, enfatizando que o desgosto infligido pela admoestação moral devia ser associado à exortação e às afirmações de amizade. Ele repete esse tema em 7,2-4, aí apenas para mitigar o sofrimento que tinha causado à igreja. Em 7,3a, nega que suas palavras visam condenar os leitores (πρὸς, κατά κρισιν οὐ λέγω, *pros katakrisin ou legō*).[46] O uso da franqueza de linguagem para a edificação moral, de um lado, e para a condenação, de outro, era bem conhecido (Estobeu, *Flor.* 3.13.63; Isócrates, *Paneg.* 4.130; 8.72; Filodemo, *Lib.* 37-38, IB; Luciano, *Pseudol.* 3; *Deor conc.* 2; *Icar.* 30; Ps.-Diógenes, *Ep.* 29.2-3; Marco Aurélio 11.6.2.).[47] Como vimos, os cínicos radicais eram bem conhecidos por seu uso descontrolado da linguagem franca para condenar os males da humanidade. O riso de Demócrito condenava a humanidade por sua incoerência(Ps.-Hipócrates, *Ep.* 17.40). A noção da censura do pecado pelo filósofo como veredicto de culpa num processo jurídico encontra-se na auto-descrição cínica (Ps.-Heráclito, *Epp.* 7.2; 9.8; *Gnomologium Vaticanum* 116,487). Do mesmo modo, os cínicos radicais entendiam a linguagem ousada como punição do erro humano (Ps.-Diógenes, *Ep.* 29.1, 4; Ps.-Sócrates, *Ep.* 12; Ps.-Heráclito, *Epp.* 7.4; 9.3; Plutarco, [*Vit. X orat.*] 842D; Epicteto, *Diatr.* 3.22.94, 97-98; Dion Crisóstomo, *Isthm.* 8).

Paulo se distancia desses radicais praticantes da linguagem franca por ser contrário ao desgosto excessivo que as palavras deles infligem. Isto nos leva à última das suas estratégias retóricas em 2Cor 1-7. Paulo usa listas de tribulações para construir sua imagem de um amigo ousado no falar, cujas preocupações principais são a reconciliação e a salvação de seus ouvintes.

Para mostrar como as tribulações em 4,7-15 constroem a imagem de Paulo, considero primeiro sua confiança em Deus e seu abaixamento por amor à igreja. 2Cor 4,5-6 antecipa as tribulações de 4,7-15 colocando a questão da origem da autoridade de Paulo. Ele diz que não prega a si mesmo mas Jesus Cristo como Senhor, e a si mesmo servo da igreja. As tribulações de 4,7-15 amplificam essas duas afirmações. Descrevem Paulo, que fala com liberdade e audácia, e que, não obstante, confia inteiramente em Deus, não na sua própria virtude, e subordina-se à comunidade coríntia.

Uma ambigüidade em 4,7 prepara o leitor para fazer a transição do tema de Deus como origem da autoridade (4,8-9) para o tema do abaixamento de Paulo por amor à igreja (4,10-15). De um lado, o termo θησαυρός, (*thēsauros*,

---

[46] Outros exegetas (p. ex. C. K. BARRETT, *The Second Epistle to the Corinthians* [BNTC; Londres: Black, 1973], p. 203; FURNISH, *II Corinthians*, 369) consideram essa frase como uma tentativa de Paulo de mitigar a severidade das negações precedentes (7,2), que eles tomaram como acusações dele contra a igreja.

[47] Ver GERHARD, *Phoinix von Kolophon*, p. 36.

"tesouro") sugere a alma iluminada e transformada de Paulo.⁴⁸ A sentença "em vasos de argila" evoca a fragilidade do seu eu exterior em antecipação de 4,16-5,5, e o "incomparável poder" designa o poder de Deus de preservar o frágil Paulo no meio das tribulações.⁴⁹ De outro lado, "tesouro" poderia também referir-se ao ministério de Paulo. Então "vasos de argila" denota o abaixamento que ele aceita por amor à igreja,⁵⁰ e "incomparável poder" evoca o poder vivificante do ministério de Paulo.⁵¹ A ambigüidade de 4,7 reflete a correlação da salvação que Paulo recebeu de Deus e a salvação da humanidade operada por Deus por meio do ministério de Paulo (cf. 1,4; 4,1; 5,18-19).

O catálogo das tribulações em 4,8-9 ilustra os perigos do ministério de Paulo, sua resistência e, acima de tudo, sua fonte de poder: Deus.⁵² O poder de Paulo provém não dele mesmo mas de Deus: isto o distingue do sábio, cuja autoridade depende da sua habilidade para fazer todas as coisas dependerem dele. Fazendo-se dependente de Deus deste modo, Paulo prepara sua apresentação como reconciliador.

As tribulações de 4,10-15, porém, indicam não mais o poder dado por Deus a Paulo para suportar as dificuldades, mas a afrontação da ignomínia e da morte por amor à igreja. Paulo agora se torna alguém que fala com audácia e sofre, e que se preocupa com a salvação da igreja. As cláusulas de finalidade em 4,10-11 sugerem a natureza voluntária do sofrimento de Paulo. Além disso, se παραδιδόμεθα (*paradidometha*, "nos entregamos") está na voz média, a qualidade voluntária do sofrimento de Paulo recebe maior ênfase.⁵³ Os aspectos filantrópicos das tribulações de Paulo emergem claramente em 4,12: "Assim a morte trabalha em nós; a vida, porém, em vós". O tema da servidão voluntária de Paulo à igreja coríntia também aparece em 4,15, onde ele afirma que tudo quanto faz é pelo amor dela.

Em 4,16-5,5, as tribulações de Paulo já não enfatizam o tema da servidão mas ressaltam sua transformação espiritual. A renovação do eu interior de Paulo é mencionada em 4,16-17, ao passo que a renovação do seu eu exterior é expressa em 5,1-5.⁵⁴ Paulo evoca, embora também modifique, o tema filosófico

---

⁴⁸ Sobre a alma como um tesouro, ver Filo, *Leg.* 3.104-106; *Cher.* 48; *Det.* 35, 43; *Deus* 42, 91-93; *Sobr.* 41, 68; *Conf.* 69; Plutarco, *An. corp.* 500D; Sêneca, *Ep.* 92.31-32. Barrett (*Second Epistle to the Corinthians*, 137) dá boas razões para se crer que Paulo está aludindo à sua alma iluminada; no fim, porém, como outros exegetas ele não chega a esta conclusão por receio de converter a antropologia de Paulo em idéias helenísticas sobre o corpo e a alma. Sobre a habilidade de Paulo de manejar a terminologia filosófica, ver n. 54 abaixo.
⁴⁹ Assim Fitzgerald, *Cracks in an Earthen Vessel*, p. 167-69.
⁵⁰ Ver H. B. Walters, *History of Ancient Pottery: Greek, Etruscan, and Roman* (2 vols.; Londres: Murray, 1905), 1:135-36; 2:455, 479. Cf. Rm 9,21 e esp. 2Tm 2,20.
⁵¹ O poder de Deus de dar a vida através do ministério de Paulo é o tema de 5,12. Cf. 2Cor 1,6; Gl 3,5; Fl 2,13; 1Ts 2,13. Para uma noção semelhante, na tradição filosófica, do poder divino, ver Dion Crisóstomo, *Alex.* 15.
⁵² Fitzgerald, *Cracks in an Earthen Vessel*, p. 169-76. Fitzgerald acredita, porém, que o poder divino na fraqueza de Paulo em 4,8-9 é "um dos modos pelos quais os coríntios devem saber que ele foi encarregado por Deus e que a palavra que ele fala vem de Deus", p. 172. Eu diria que Paulo se distingue da concepção popular do filósofo, cuja pretensão de autoridade baseava-se no seu próprio poder.
⁵³ Assim id., p. 180.
⁵⁴ Sobre o uso e a crítica que faz Paulo em 2Cor 4,16-5,5 dos lugares comuns filosóficos como "o corpo enquanto morada temporária" e "a morte que priva a alma do corpo", ver D. Fredrickson, "Paul Playfully on Time

das tribulações como treinamento do sábio na virtude. O tema do treinamento está presente em 4,17, onde Paulo afirma que a tribulação produz glória. Contudo as tribulações preparam um *futuro* peso de glória, não um sábio treinado e perfeito na razão. Paulo modifica o *topos* filosófico ressaltando a dimensão escatológica da transformação que Deus está operando nele. Não possui ainda o eu transformado, mas aponta para a ação de Deus que renova o seu eu interior e prepara uma eterna morada (cf. Fl 3,12-14). Salientando o progresso em vez da perfeição, Paulo se distancia da noção da tradição filosófica de que a linguagem audaciosa derivava da superioridade moral do sábio.

Passemos para a última lista de tribulações em 2Cor 1-7. Em 6,3-10, Paulo usa uma lista de tribulações para recomendar-se aos coríntios.[55] De novo, vemos que ele não se contenta com repetir simplesmente um *topos* filosófico. Como acréscimo às tribulações que enumera em 6,4-5.7b-10, que o mostram corajoso e inabalável, encontramos termos em 6,6-7a que parecem anômalos: "pela pureza, pela ciência, pela paciência, pela bondade, por um espírito santo, pelo amor sem fingimento, pela palavra da verdade, pelo poder de Deus...". Esses termos têm sentido se são vistos à luz da tradição psicagógica greco-romana.[56] As expressões "palavra da verdade" e "amor sem fingimento" referem-se à franqueza de linguagem. Paulo se descreve, o servo de Deus, como orador audaz.[57] A criatividade de Paulo aqui consiste em introduzir percepções da cura filosófica de almas a respeito do modo como a crítica moral deve ser aplicada para evitar desgosto excessivo.

A noção de desgosto excessivo aparece em 6,3, se bem que as traduções e a exegese modernas o obscureçam. A NRSV traz: "Não estamos pondo nenhum obstáculo [προσκοπήν, *proskopēn*] diante de alguém, a fim de que nenhuma falta seja encontrada em nosso ministério". Erroneamente os exegetas têm considerado o termo προσκοπή como equivalente de πρόσκομμα (*proskomma*, "obstáculo").[58] Uma compreensão muito diferente emerge, porém, se προσκήοπ é visto em contextos associados à linguagem audaciosa. Nesses casos, designa o despertar do ódio por causa do desgosto provocado pela censura moral (Políbio 38.4.2-4; Sexto Empírico, *Math.* 2.54; Cícero, *Amic.* 88-89).[59] Προσκοπή é a malquerença causada pelo discurso audacioso (Isócrates, *Ep.* 9.12; Dionísio de Halicarnasso, *Ant. rom.* 11.9.1; Ps.-Sócrates, *Ep.* 1.7; Dion Crisóstomo, *Diod.*

---

and eternity", *Dialog* 39 (2000): p. 21-23. A respeito desses lugares comuns incorporados aos tratados sobre tribulações e sofrimento, ver Sêneca, *Epp.* 24.17-21; 92.30-35; 102.21-30; 120.13-19.

[55] A opinião segundo a qual 6,3-10 é apologético foi questionado com boa razão por Fitzgerald, *Cracks in an Earthen Vessel*, p. 187-88). Ele demonstrou (p. 191-201) que 6,3-10 reflete o uso filosófico das tribulações para descrever a coragem e a constância do sábio. Discordo, no entanto, da sua opinião de que a auto-recomendação de Paulo reforça a confiança de seus ouvintes nele. Algo mais específico está em jogo, a saber, a integridade da abordagem flexível da cura de almas sugerida em 6,6-7. A constância de Paulo retratada em 6,7-10 protege contra qualquer acusação de que sua gentileza é adulação. Sobre o tema da adaptabilidade na cura de almas, ver Glad, *Paul and Philodemus*, p. 15-98.

[56] Fredrickson, "Παρρησία in the Pauline Epistles", p. 179-80.
[57] Id., p. 179.
[58] Ver, por exemplo, R. Martin, *2 Corinthians* (WBC 40; Waco, Tex.: Word Books, 1986), p. 170-71.
[59] Sobre o sentido de ódio, ver *SVF* 3.102.40; Cícero, *Tusc.* 4.23-24; 4.26; Sêneca, *Ep.* 14.7.

4; Luciano, *Hermot*. 51; Aristides Retor, *Or*. 3.668). Se esta percepção léxica é posta em relação com 6,3, então o motivo pelo qual Paulo acrescenta a frase "a fim de que nenhuma falta seja encontrada em nosso ministério" torna-se claro. Conforme 5,18-19, o ministério de Paulo visa a reconciliação. Ele teria subvertido esse intento se sua fala magoasse aqueles que ele pretendia converter. Se seu discurso causasse apenas sofrimento, seria incoerente com o ministério da reconciliação. Em 6,3-10, Paulo se apresenta como alguém que combina as palavras da verdade com bondade e encorajamento para não magoar aqueles aos quais se dirigiu com um linguajar ousado. Mas bondade e paciência não devem ser confundidas com timidez, porquanto as tribulações que enfrentou demonstram sua coragem.

Reconstruir o problema do sofrimento: Romanos 5,1-11 e 8,18-39

Nenhum texto demonstra melhor a familiaridade de Paulo com o discurso filosófico referente às tribulações e sofrimentos do que Rm 5,1-1 e 8,18-39. Familiaridade é talvez um termo fraco demais. Paulo está tão acostumado com a tradição filosófica, que ele usa seus lugares comuns sem esforço. Mas Paulo maneja esses lugares comuns, provérbios e idéias para criticar a pretensão da filosofia a respeito da capacidade do sábio de enfrentar o sofrimento. Com outras palavras, Paulo utiliza mas *também subverte* o discurso padronizado com sua confiança na razão para vencer as tribulações.

Ele faz isto com uma finalidade. Em lugar da virtude ou da razão como solução para o problema do sofrimento, Paulo apresenta a noção de sofrimento compartilhado. Embora ele retire da tradição filosófica a idéia de que os amigos compartilham alegria, sofrimento e até a morte, Paulo expande radicalmente o âmbito dos amigos até incluir Deus, Cristo, o Espírito Santo e toda a criação. A imagem que comanda essas duas passagens não é o sábio, protegido das tribulações por sua razão, mas o amigo rodeado de amigos que partilham todas as coisas.

À primeira vista, Rm 5,3-4 reproduz simplesmente a idéia de que as tribulações treinam o sábio na virtude.[60] O sofrimento forma o caráter (ver acima). Paulo escreve: "E não é só. Nós nos gloriamos também nas tribulações, sabendo que a tribulação produz a perseverança, a perseverança produz a virtude comprovada, a virtude comprovada, a esperança...". Paulo insere essa noção filosófica comum numa figura retórica familiar, o clímax.[61]

No entanto alguns aspectos incomuns do argumento de Paulo haveriam de frustrar as expectativas dos antigos leitores. Note-se que Paulo completa o clímax em 5,4 dizendo que a "virtude comprovada produz a esperança". Do

---

[60] Substituindo "sábio" por "cristão", temos o pensamento de Paulo. Assim C. H. Talbert, *Learning through Suffering: The Educational Value of Suffering in the New Testament and in Its Milieu* (Collegeville, Minn.: Liturgical Press, 1991), p. 21-22.

[61] J. Wettstein, *Novum Testamentum Graecum* (2 vols.; Amsterdã: Ex officina Dommeriana, 1752; reimpr., Graz, Alemanha: Akademische Druck- und Verlagsanstalt, 1962), p. 46.

ponto de vista filosófico, esta é uma conclusão bizarra de uma explicação do modo como o sofrimento constrói o caráter.⁶² Alguns filósofos consideravam a esperança como uma doença moral, porque a esperança coloca a felicidade em coisas externas, sobre as quais ninguém tem controle. A busca de exterioridades só pode levar à vergonha (Sêneca, *Epp.* 5.7; 13.13; 23.2; 24.1; 71.14; 99.5, 13; 101.4).⁶³ Assim, introduzindo a esperança como produto do caráter, Paulo começa sua crítica da visão filosófica do sofrimento como o treinamento da razão.

Em seu lugar, Paulo investiga a relação entre amizade e sofrimento. Devo indicar os modos como Paulo enquadra o motivo da amizade no argumento como substituto da razão filosófica. Em 5,5 lemos que a esperança é segura, "porque o amor de Deus foi derramado em nossos corações pelo Espírito Santo que nos foi dado". O suposto dilema exegético que forçaria uma decisão se "o amor de Deus" é um genitivo objetivo (o amor que temos a Deus) ou um genitivo subjetivo (o amor de Deus para conosco) provavelmente é um falso problema. A metáfora central da sentença – o amor como um líquido – sugere a reciprocidade do amor. A idéia do amor como um líquido derramado no coração encontra-se na literatura romântica. Descreve a amada como fonte da afeição do amante.⁶⁴ Se Paulo está usando essa noção do amor mútuo, então a razão pela qual a esperança é segura perante as tribulações fica clara: a amizade com Deus significa uma partilha mútua de sofrimento e alegria. Paulo já havia aludido a essa partilha em 5,2 quando se gloria na esperança de compartilhar da glória de Deus.

Em 5,6-8, Paulo reitera o tema da amizade e do sofrimento de um outro ponto de vista: "Foi, com efeito, quando ainda éramos fracos, que Cristo, no tempo marcado, morreu pelos ímpios. Dificilmente alguém dá a vida por um justo; por um homem de bem talvez haja alguém que se disponha a morrer. Mas Deus demonstra seu amor para conosco pelo fato de Cristo ter morrido por nós quando éramos ainda pecadores". Esse versículo ecoa a idéia filosófica de que a prova suprema da amizade era enfrentar tribulações e até mesmo morrer pelo amigo. Paulo explica a morte de Jesus pelos outros exatamente deste modo. Note-se ainda que a morte de Jesus demonstra também o amor de Deus (5,8). Há algumas distinções importantes que situam o argumento de Paulo fora da habitual discussão desse tema. Os filósofos tinham o cuidado de pôr um limite

---

⁶² Uma surpresa semelhante aguarda o leitor em 1Ts 5,8."A armadura do sábio"feita de razão era um motivo filosófico difuso. Ver Malherbe, *Paul and the Popular Philosophers*, p. 95-103. Paulo, porém, subverte a imagem, construindo a armadura com fé, amor e esperança. Isto torna a pessoa vulnerável a realidades externas à alma. Os antigos intérpretes de Paulo não estavam tão desejosos de abandonar a razão. Note-se a construção mais convencional da armadura em Ef 6,10-17 e 1Tm 1,18.

⁶³ Não obstante, o apelo de Paulo à esperança na tribulação tem paralelos. Por exemplo, Menandro (813K) escreve: "Na adversidade o homem é salvo pela esperança". Será que Rm 8,24 faz eco a esta posição? Cícero (*Amic.* 23, 59) acredita que a amizade dá esperança para o futuro e não permite que o espírito esmoreça. Essa conexão entre amizade e esperança é crucial para Rm 5 e 8.

⁶⁴ Ver as notas de M. Davies, *Hermes* 111 (1983): p. 496-97, e O. Vox, *Hermes* 120 (1992): p. 375-76. Para mais exemplos, ver D. Sider, *The Epigrams of Philodemus: Introduction, Text, and Commentary* (Nova Iorque: Oxford University Press, 1997), p. 95-97.

à amizade. A amizade é possível somente entre virtuosos (ver acima). Jesus (e em conseqüência Deus) viola esse cânon da amizade. Jesus morre pelos fracos, pecadores e inimigos.

O último modo como Paulo enquadra o motivo da amizade no argumento é o uso repetido de καταλλάσσειν (*katallassein*) em 5,9-11. Esse termo, traduzido às vezes erroneamente por "reconciliar", não implica simplesmente a cessação da animosidade, embora seja esse o modo como os comentadores invariavelmente o vejam. O termo normalmente refere-se ao estabelecimento da amizade (Aristóteles, *Ética a Nic.* 8.6.7; Dion Crisóstomo, *Nicom.* 11.41.47-48), e com a amizade vem a noção da partilha de todas as coisas. Assim, chegamos de novo ao ponto que deu início à passagem: a confiança de Paulo reside na sua esperança de compartilhar da glória de Deus. Paulo não adota a visão filosófica que considera o sofrimento como a ocasião para demonstrar ou treinar a razão humana. Em última análise, o sofrimento humano é um teste da amizade divina. Será completa a partilha entre a humanidade sofredora e Deus? Se deve haver ufania humana pela glória de Deus, haverá também participação de Deus no sofrimento humano?

Rm 8,18-39 expõe as razões para a participação divina no sofrimento humano. Esta passagem trata do tema do sofrimento, como o versículo inicial claramente o indica: "Penso que os sofrimentos do tempo presente não têm proporção com a glória que deverá revelar-se em nós". Há numerosos paralelos entre 8,18-39 e 5,1-11. O mais óbvio é a lista de tribulações em 8,35-39 que faz o leitor lembrar-se de 5,3-4:

> Quem nos separará [χωρίσει, *chōrisei*] do amor de Cristo? A tribulação, a angústia, a perseguição, a fome, a nudez, os perigos, a espada? Segundo está escrito: "Por sua causa somos postos à morte o dia todo, somos considerados como ovelhas destinadas ao matadouro." Mas em tudo isso somos mais que vencedores [ὑπερνικῶμεν, *hypernikōmen*], graças àquele que nos amou. Pois estou convencido de que nem a morte nem a vida, nem os anjos nem os principados, nem o presente nem o futuro, nem os poderes, nem a altura, nem a profundeza, nem qualquer outra criatura poderá nos separar [χωρίσαι, *chōrisai*] do amor de Deus manifestado em Cristo Jesus, nosso Senhor.

Os itens da primeira lista são típicos dos perigos enfrentados pelo sábio. Mas o aspecto provocatório das duas listas é a sua função retórica. Nenhuma delas age em algum dos três modos segundo os quais as tribulações eram tratadas no discurso antigo sobre o sábio. Aí a virtude não é mostrada nem treinada, nem a filantropia de Paulo ou de seus leitores é exibida. Paulo está fazendo dessas listas de tribulações um novo uso, e o que ele não diz sobre o sofrimento pode ter parecido a seus ouvintes tão importante quanto o que ele disse.

A novidade do uso paulino dessas listas de tribulações é que ele as situa no contexto da amizade. Em vez de chamar a atenção para a virtude ou a filantropia de um indivíduo, as listas enumeram as coisas que não podem separar Paulo e seus leitores do amor de Deus. Paulo menciona duas vezes a separação (8,35. 39), trazendo à mente de seus leitores um problema muitas vezes tratado nas discussões sobre a amizade (Aristóteles, *Ética a Nic.* 8.5.1; Plutarco, *Amic. mult.* 95A; Sêneca, *Ep.* 55.8-11; 63,3). A separação era o maior desgosto que os amigos poderiam sofrer. Mas havia um consolo: mesmo quando fisicamente ausentes um do outro, os amigos são inseparáveis, porque são uma só alma em dois corpos. Na mente de Paulo, portanto, as tribulações servem ao objetivo retórico de descrever o problema do sofrimento. O sofrimento não é ocasião para demonstrar ou treinar a virtude, teria sido o caso para os estóicos e na verdade para grande parte do mundo greco-romano. Para Paulo, as tribulações não produzem nem exibem coisa alguma em si mesmas; antes, elas simplesmente não impedem a amizade entre Deus, Paulo e seus ouvintes.

Paulo desafia também a noção de sofrimento na tradição filosófica quando emprega a frase "somos mais que vencedores [ὑπερνικῶμεν, *hypernikōmen*] graças àquele que nos amou". Para entender por que isto é um desafio, precisamos primeiro apreciar a importância que o motivo da vitória tem para a supremacia da razão diante do infortúnio. O motivo da vitória era uma metáfora popular no retrato filosófico da superioridade do sábio sobre as tribulações. O sábio vence as tribulações (Sêneca, *Dial.* 1.2.2; 2.10.4; *Polyb.* 17.1-2; *Helv.* 2.2), enquanto ele próprio é invencível (ἀνίκητος, *anikētos*; Ps.-Diógenes, *Ep.* 33; Epicteto, *Diatr.* 1.18.21-23; *Ench.* 19.2; Sêneca, *Ep.* 85.29; *Vit. beat.* 4.2; *Helv.* 5.5). O destino vence as almas inferiores (Sêneca, *Helv.* 1.1). Tanto a vitória militar como a atlética serviam de ponto de comparação para a alma indomável do sábio.[65] A vitória podia ser ou sobre os perigos externos ou sobre as próprias paixões.[66] Sêneca, que usa a metáfora extensamente,[67] termina um discurso sobre o sofrimento como Paulo, com o floreio retórico proporcionado pelo motivo da vitória:

> E quando será nosso privilégio menosprezar ambos os tipos de infortúnio? Quando será nosso privilégio, depois que todas as paixões forem submetidas, e postas sob controle, pronunciar as palavras: "Eu venci [*vici*]!"? Tu me perguntas quem eu venci [*vicerim*]? Nem os persas, nem os distantes medos, nem a raça guerreira que habita além do Dahae; não esses, mas a cobiça, a ambição e o medo da morte que tem vencido os vencedores do mundo [*qui victores gentium vicit*] Sêneca, *Ep.* 71.37).

O motivo enfatizava a importância de colocar todas as próprias esperanças em si mesmo e não nos outros (*Ceb. Tab.* 22-24; Sêneca, *Vit. beat.* 8.3).

---

[65] Vitória no atletismo: Ps.-Diógenes, *Ep.* 31; Epicteto, *Diatr.* 1.24.1-2; 3.25.1-6; 4.4.30-32; Filo, *Agr.* 110-121; *Mut.* 82.1; *Prob.* 26-27, 110-112. Vitória militar: Ps.-Diógenes, *Ep.* 5; e a maior parte dos exemplos em Sêneca, inclusive *Polyb.* 15.3; 16.3

[66] Vitória sobre as tribulações exteriores: Sêneca, *Epp.* 98.12, 14; 104.27. Vitória sobre as paixões: *SVF* 3.129.9; Ps.-Heráclito, *Ep.* 4.3; Filo, *Abr.* 48-49; Epicteto, *Ench.* 34. As exteriores e as interiores são citadas juntas em Ps.-Diógenes, *Ep.* 12; Cícero, *Tusc.* 2.63.

[67] Para uma breve apresentação, ver C. E. Manning, *On Seneca's "Ad Marciam"* (Leiden: Brill, 1981), p. 62. Sêneca reserva o motivo da vitória para um floreio final em *Ep.* 67, discurso sobre a resistência às tribulações.

Ele também apontava para a capacidade da razão de proteger o eu contra todo infortúnio (Cícero, *Tusc.* 5.52-54; Sêneca, *Epp.* 9.18-19; 78.15-21; *Dial.* 2.5.7; 2.6.6).

Paulo parece afirmar a confiança do filósofo na razão ao introduzir o motivo da vitória dentro de uma reflexão sobre as tribulações. Não obstante, ele desmonta a visão filosófica de dois modos. Primeiro, afirma que "somos *mais* que vencedores" (o grifo é nosso), implicando que a metáfora da vitória sobre o sofrimento pode não ser adequada. Depois, a vitória sobre o sofrimento acontece não porque um indivíduo usa a razão, mas por meio da amizade com Deus: "somos mais que vencedores graças àquele que nos amou" (8,37). Se algo é claro a respeito do uso do tema da vitória feito pelos filósofos, é isto: a alma individual tem dentro de si mesma tudo o que é necessário para vencer o sofrimento. A vitória através de um outro meio pareceria ridícula e um insulto à providência de Deus, que houve por bem colocar um fragmento da razão divina em cada alma humana.

Se Rm 8,35-39 é o ponto alto da tentativa de Paulo de reconstruir o problema do sofrimento partindo da perspectiva da amizade, então Rm 8,18-34 estabelece esta conclusão defendendo o poder da simpatia (no sentido forte de sofrer junto) de um amigo para consolar o sofredor.[68] Nesses versículos, Paulo comenta a consolação da amizade como uma alternativa ao método filosófico de lidar com o sofrimento pelo controle racional.[69] Ele apresenta quatro agentes que partilham todas as coisas com os sofredores humanos: a criação (8,19-22), o Espírito (8,26), Deus (8,31-33) e Cristo (8,34). O espaço nos permite desenvolver apenas o tema do sofrimento partilhado em termos da criação e do Espírito.

Em 8,19-22, a criação é imaginada como uma pessoa com emoções que deseja partilhar da futura liberdade da humanidade e também de seu sofrimento presente. Numa palavra, a criação é uma amiga:

> Pois a criação em expectativa anseia pela revelação dos filhos de Deus. De fato, a criação foi submetida à vaidade – não por seu querer, mas por vontade daquele que a submeteu – na esperança de ela também ser libertada da escravidão da corrupção para entrar na liberdade da glória dos filhos de Deus. Pois sabemos que a criação inteira geme e sofre as

---

[68] Comparada com as outras técnicas para mitigar a dor emocional, que enfocavam a irracionalidade da tribulação, a simpatia de um amigo era um tema pouco utilizado na literatura consolatória greco-romana. Ver J. H. D. Scourfield, *Consoling Heliodorus: A Commentary on Jerome Letter 60* (Nova Iorque: Oxford University Press, 1992), p. 81. Uns poucos exemplos podem ser localizados: Plutarco, [*Cons. Apoll.*] 102A; Sêneca, *Polyb.* 12.2. Para a terapia racional da tribulação na consolação filosófica, ver H.-T. Johann, *Trauer und Trost: Eine quellen- und strukturanalytische Untersuchung der philosophischen Trostschriften über Tod* (Studia et Testimonia Antiqua 5; Munique: Wilhelm Fink, 1968) e R. C. Gregg, *Consolation Philosophy: Greek and Christian Paideia in Basil and the Two Gregories* (Patristic Monograph Series 3; Cambridge, Mass.: Philadelphia Patristic Foundation, 1975). Fora dos escritores filosóficos, no entanto, a noção de que partilhar a dor emocional tinha poder consolatório parece ter sido difusa. Ver J. H. M. Strubbe, "Epigrams and Consolation Decrees for Deceased Youth", *L'Antiquité classique* 67 (1998): p. 45-75. Estobeu, (*Flor.* 5.48.16-31) oferece uma coleção de textos em torno desse tema.

[69] Podemos estar certos de que Paulo estava a par das formas da consolação filosófica, já que adota algumas delas. Ver Malherbe, *Paul and the Thessalonians*, p. 57-58, e idem, *Paul and the Popular Philosophers*, p. 64-66.

dores de parto [συστενάζει καὶ συνωδίνει, *systenazei kai synōdinei*] até o presente.⁷⁰

Paulo se inspira em motivos encontrados na literatura e na filosofia gregas para descrever a amizade da criação com os seres humanos. Embora para alguns exegetas modernos isto possa ser uma reminiscência dos primeiros capítulos do Gênesis e um desenvolvimento de temas bíblicos do pensamento apocalíptico judaico,⁷¹ a sujeição da natureza à futilidade e sua servidão à decadência era um tema comum na filosofia do consolo (Filo, *Cher*. 77-78; Ps.-Crates, *Ep*. 35; Plutarco, [*Cons. Apoll*.] 104C-106C, 112D; Cícero, *Tusc*. 3.58-61; Sêneca, *Ep*. 71.11-16; *Polyb*. 1.1-4; Menandro Retor, Περὶ ἐπιδεικτικῶν 2.9).⁷² Julgava-se que essas aflições podiam oferecer algum encorajamento a quem pensasse que todas as coisas existentes devem necessariamente sofrer e perecer.

O segundo motivo não deriva absolutamente de fontes filosóficas. A caracterização da natureza ou de um aspecto seu como uma pessoa que tem empatia com o sofrimento humano é uma antiga figura literária, conhecida no linguajar moderno como a falácia patética.⁷³ "Gemer (στένειν, *stenein*)" e "estar angustiado (ὠδίνειν, *ōdinein*)," eram freqüentemente empregados em espécimes da falácia patética para expressar a simpatia e a tristeza da natureza pelo sofrimento humano (*Greek Anthology* 7.10, 142, 241, 268, 292, 328, 393, 468, 481, 547, 549, 599, 633; 8.3; Bion, *Epitaph. Adon*. 35).⁷⁴ A criação é uma amiga, que geme pelo sofrimento da humanidade, sujeita à mesma futilidade, mas que espera compartilhar da mesma liberdade e glória.

Em 8,26, descobrimos que o Espírito também geme. É uma afirmação extraordinária, mas se enquadra no objetivo global da passagem, de afirmar os sofrimentos partilhados dos amigos como uma alternativa à consolação pelo auto-domínio racional. Os filósofos morais condenam o gemido (στεναγμός, *stenagmos*) como sinal de fraqueza e falta de razão (Plutarco, [*Cons. Apoll*.] 113A; Epicteto, *Diatr*. 2.6.16-17). O homem bom nunca geme (Epicteto, *Diatr*. 1.1.12, 22; 1.6.29). É uma desgraça gemer (Cícero, *Tusc*. 2.30-33). Deve-se resistir ao gemido (Cícero, *Tusc*. 2.42-50). Paulo, ao invés, faz dessa forma particularmente

---

⁷⁰ A tradução da NRSV "em dores de parto" é uma tradução por demais livre de συνωδίνει (*synōdinei*). O aspecto verbal deve ser retido, e é discutível se a imagem do nascimento deve receber tanta ênfase. O termo ὠδίνω (*ōdinō*) no sentido de "estou angustiado" era empregado com "eu gemo" (στένω, *stenō*) em epitáfios sem chamar a atenção para a imagem do nascimento. A associação inicial do termo com a dor do nascimento não é indicação do uso real no período posterior.

⁷¹ O. Christoffersson, *The Earnest Expectation of the Creature: The Flood-Tradition as Matrix of Romans 8:18-27* (ConBNT 23; Estocolmo: Almqvist & Wiksell International, 1990), p. 129-32.

⁷² Ver Johann, *Trauer und Trost*, p. 63-67, 119-64.

⁷³ J. L. Buller, "The Pathetic Fallacy in Hellenistic Pastoral", *Ramus* 10 (1981): 35-52; J. M. Hurwitt, "Palm Trees and the Pathetic Fallacy in Archaic Greek Poetry and Art", *CJ* 77 (1982): 193-99; C. Segal, "Dissonant Sympathy: Song, Orpheus, and the Golden Ages in Seneca's Tragedies", *Ramus* 12 (1983): 229-51; J. D. Reed, *Bion of Smyrna: The Fragments and the Adonis* (Cambridge Classical Texts and Commentary 33; Cambridge: Cambridge University Press, 1997), p. 125, 215-16.

⁷⁴ A simpatia da natureza com o sofrimento humano não deve ser confundida com a doutrina estóica da συμπάθεια (*sympatheia*), que ensinava a interconexão impessoal e causal de todas as coisas. Ver H. R. Neuenschwander, *Mark Aurels Beziehungen zu Seneca und Posidonios* (Noctes Romanae 3; Stuttgart: Paul Haupt, 1951), p. 14-23.

aguda de desgosto uma parte da experiência do Espírito.[75] O Espírito compartilha do gemido humano e é portanto solidário com a humanidade. A amizade de Deus com a humanidade está implicada no sofrer a perda do Filho ou, mais precisamente, no entregar o Filho à morte (8,32). Finalmente, o círculo dos amigos se completa. Como no caso de 5,6-8, a amizade de Cristo é demonstrada por sua morte pelos outros (8,34; ver acima). A reconstrução paulina do problema do sofrimento está concluída. Ele empregou formas e idéias comuns da retórica associadas com a confiança filosófica de que a razão vence o sofrimento. Mas ele desarmou essa confiança. Em lugar da virtude do autodomínio, ele invocou o sofrimento compartilhado dos amigos, e o círculo paulino dos amigos abrange toda a criação e a comunidade divina.

PARTE III. OUTRAS IMPORTANTES PASSAGENS PAULINAS E PAULINISTAS

Rm 2,9.15; 7,24; 8,17; 9,1-3; 12,12.15.21; 15,1-3.30
1Cor 4,9-12.21; 5,2; 7,35; 12,25-26; 13,3; 15,30-33
2Cor 2,12-16; 5,14-21; 8,2; 11,23-33; 12,7-10; 12,21
Gl 6,2
Fl 3,18
1Ts 1,6; 2,1-2.7-8.13-16; 3,3-5; 4,13-18; 5,8.14
2Ts 1,4-10
Cl 1,24
Ef 3,13; 6,10-17
1Tm 1,18-20; 4,10
2Tm 1,8-2,13; 3,10-13; 4,6-8.

PARTE IV. BIBLIOGRAFIA

Clássicos, helenísticos e greco-romanos
BRAUND, S. M., e GILL, C., eds. *The Passions in Roman Thought and Literature*. Cambridge: Cambridge University Press, 1997.
BULLER, J. L. "The Pathetic Fallacy in Hellenistic Pastoral", *Ramus* 10 (1981): p. 35-52.
FOWLER, R. L. "The Rhetoric of Desperation", *HSCP* 91 (1987): p. 6-38.
GLIBERT-THIRRY, A. *Pseudo-Andronicus De Rhodes*: ΠΕΡΙ ΠΑΘΩΝ. Corpus latinum commentariorum in Aristotelem graecorum, Supplement 2. Leiden: Brill, 1977.
GREGG, R. C. *Consolation Philosophy: Greek and Christian Paideia in Basil and the Two Gregories*. Patristic Monograph Series 3. Cambridge, Mass.: Philadelphia Patristic Foundation, 1975.
HÖISTAD, R. *Cynic Hero and Cynic King*. Lund, Suécia: Carl Blom, 1948.
JOHANN, H.-T. *Trauer und Trost: Eine quellen- und strukturanalytische Untersuchung der philosophischen Trostschriften über Tod*. Studia et Testimonia Antiqua 5. Munique: Wilhelm Fink, 1968.
PERKINS, J. *The Suffering Self: Pain and Narrative Representation in the Early Christian Era*. Nova Iorque: Routledge, 1995.
STRUBBE, J. H. M. "Epigrams and Consolation Decrees for Deceased Youth", *L'Antiquité classique* 67 (1998): p. 45-75.

---

[75] Sobre o gemido como forma de tribulação, ver acima, n. 4.

Novo Testamento

FITZGERALD, John T. *Cracks in an Earthen Vessel: An Examination of the Catalogues of Hardships in the Corinthian Correspondence*. SBLDS 99. Atlanta: Scholars Press, 1988.
GLAD, C. E. *Paul and Philodemus: Adaptability in Epicurean and Early Christian Psychagogy*. NovTSup 81. Leiden: Brill, 1995.
MALHERBE, A. J. *Paul and the Popular Philosophers*. Minneapolis: Fortress Press, 1989.
_____. *Paul and the Thessalonians: The Philosophic Tradition of Pastoral Care*. Filadélfia: Fortress Press, 1987.
TALBERT, C. H. *Learning through Suffering: The Educational Value of Suffering in the New Testament and in Its Milieu*. Collegeville, Minn.: Liturgical Press, 1991.

PAULO E A EDUCAÇÃO GRECO-ROMANA

Ronald F. Hock

A educação inicial ou formal de Paulo é um tema difícil de se investigar. É difícil por uma série de razões. O próprio Paulo não diz nada sobre sua educação inicial, nem mesmo quando escreve a respeito de sua juventude (Fl 3,5-6). Além disso, ele conscientemente recusou-se a incorporar a sabedoria mundana na sua pregação apostólica (1Cor 2,1-4) e até se considerava um perfeito amador no campo da retórica (2Cor 11,6), conteúdo e objetivo de grande parte do currículo educacional no mundo greco-romano.

Mas Paulo também exagera. Seu *status* de aristocrata[1] faz da educação um pressuposto, e suas cartas manifestam um tal domínio da língua grega, como também uma familiaridade com as convenções literárias e retóricas da educação grega, que só uma plena e completa educação no grego por parte de Paulo consegue explicar os testemunhos. Essa conclusão concorda com as tendências recentes dos estudos paulinos, se afirmada com mais força.[2] Os especialistas,

---

[1] Sem dúvida, o *status* social de Paulo como aristocrata é problemático, em parte por causa do seu trabalho como fabricante de tendas (At 18,3) durante suas viagens missionárias (1Ts 2,9; 1Cor 4,12; 9,6), ocupação que levou alguns a sustentarem que ele veio de um contexto de classe operária (ver, mais recentemente, Calvin ROETZEL, *Paul: The Man and the Myth* [Minneapolis: Fortress Press, 1999], 23). Mas, ainda que Paulo certamente se marginalizasse ao trabalhar numa indústria durante seus anos de missionário, isso não exclui um *status* aristocrático durante seus anos pré-cristãos, precisamente quando teria recebido a formação. Particularmente notáveis são os termos de *status* que Paulo usou falando do seu trabalho de fabricar tendas – por exemplo, "servo" (1Cor 9,19) e "humilhando-me" (2Cor 11,7) – o que corresponde aos que os aristocratas usavam para o trabalho numa firma (ver mais em Ronald F. Hock, "Paul's Tentmaking and the Problem of his Social Class", *JBL* 97 [1978]: p. 555-564). Provavelmente, Paulo havia nascido em ambientes aristocráticos modestos e só depois da sua conversão e subseqüente empenho de sustentar-se como fabricante de tendas é que experimentou a perda de *status*, história muito semelhante à de Egialeu, espartano privilegiado que, devido ao seu amor por Thelxino, alegremente se tornou um pobre e marginalizado pescador para estar com ela (ver XENOFONTE DE ÉFESO, 5.1.2-11).

[2] Ver, por ex., Abraham J. MALHERBE, *Social Aspects of Early Christianity* (Baton Rouge: Louisiana State University Press, 1977), p. 33-35; Martin HENGEL, *The Pre-Christian Paul* (Filadélfia: Trinity Press International, 1991), p. 18-39; e Jerome MURPHY-O'CONNOR, *Paul: A Critical Life* (Oxford: Clarendon Press, 1996), p. 46-51. Os autores precedentes e até certo ponto os de hoje também tendem a focalizar a questão do lugar onde Paulo recebeu sua educação, em grande parte por causa da obra de Willem Cornelis VAN UNNIK *Tarsus or Jerusalem? The City of Paul's Youth* (trad. G. Ogg; Londres: Epworth, 1962), o qual afirmou, com base em At 22,3, que Paulo passou seus primeiros anos em Jerusalém ("criei-me neta cidade [Jerusalém]") e, assim, supõe que a língua nativa de Paulo tenha sido o aramaico e que toda a sua educação, judaica. Esta opinião foi questionada recentemente. MURPHY-O'CONNOR (*Paul*, p. 32-33) pensa que At 22,3 reflete a preocupação redacional de Lucas de associar Paulo sempre mais intimamente com Jerusalém em vez da cidade ser uma reminiscência histórica. HENGEL (*Pre-Christian Paul*, p. 34-39) duvida que Paulo tenha passado seus primeiros anos em Jerusalém porque seu domínio do grego e da Bíblia grega tornam provável que sua primeira língua fosse o grego, de modo que ele deve ter freqüentado

porém, não têm apresentado com suficientes pormenores o que exatamente tal educação acarreta nem têm levado em conta os questionamentos dos autores sobre a educação greco-romana nos anos recentes. Como conseqüência, pode ser útil investigar a educação greco-romana à luz da pesquisa recente para aferir mais precisamente o nível da educação de Paulo.

PARTE I. A EDUCAÇÃO GRECO-ROMANA NA PESQUISA RECENTE

O tratado clássico sobre a educação antiga – desde os tempos de Homero até o fim da antiguidade – é o de Henri Irénée Marrou, *History of Education*,[3] e, não obstante esse livro permanecer indispensável, devido ao seu objetivo, meticulosidade e uso das fontes primárias, é também verdade que o estudo da educação antiga progrediu consideravelmente além da análise de Marrou, especialmente quanto às duas primeiras etapas do currículo, a primária e a secundária.

Atualmente os estudiosos têm à sua disposição testemunhos documentários mais numerosos[4] e, além disso, essa documentação foi classificada com maior precisão e sofisticação como na tipologia do trabalho escolar feita por Raffaella Cribiore, isto é, das habilidades da escrita a mão, que distingue quatro graus: o grau zero (menos experiente), o alfabético, o evolutivo e o rápido (o mais avançado).[5] Ela e outros especialistas, particularmente Teresa Morgan, defenderam a primazia dessas provas documentárias sobre as observações dispersas e com freqüência idealizadas nas fontes literárias, particularmente quando tentam

---

uma boa escola elementar grega, que era também uma escola judaica. Que Paulo tenha ido ainda jovem para Jerusalém, "tenha sido educado aos pés de Gamaliel" (At 22,3) e de fato suplantado os da sua idade no zelo pelas antigas tradições (ver Gl 1,14; Fl 3,6) é provável, mas vai além do objetivo deste ensaio (ver mais em Murphy-O'Connor, *Paul*, p. 52-59, e Hengel, *Pre-Christian Paul*, p. 27-34).

[3] Ver Henri Irénée Marrou, *A History of Education in Antiquity* (trad. G. Lamb; Nova Iorque: Sheed & Ward, 1956; reimpr. Madison: University of Wisconsin Press, 1982; trad. port.: *História da educação na Antiguidade*, São Paulo: Herder, 1971). Ver também Stanley F. Bonner, *Education in Ancient Rome: From the Elder Cato to the Younger Pliny* (Berkeley: University of California Press, 1977). São ainda úteis dois antigos estudos, notáveis por seu uso de fontes documentárias provenientes do Egito: Erich Ziebarth, *Aus der antiken Schule: Sammlung griechischer Texte auf Papyrus, Holztafeln, Ostraka* (2ª ed.; Bonn: A. Marcus & E. Weber, 1913) e Paul Collart, "À l'école avec les petits grecs d'Égypte", *Chronique d'Égypte* 21 (1936): p. 489-507.

[4] Por muitos anos, a referência-padrão às fontes documentárias sobre educação tem sido Roger A. Pack, *The Greek and Latin Literary Texts from Greco-Roman Egypt* (2ª ed.; Ann Arbor: University of Michigan Press, 1965), p. 137-40. Para tentativas mais recentes e sofisticadas de reunir os textos educacionais conhecidos, agora totalizando mais de quatrocentos, ver Janine Debut, "Les documents scolaires", *ZPE* 63 (1986): p. 251-78; Raffaella Cribiore, *Writing, Teachers, and Students in Graeco-Roman Egypt* (American Studies in Papyrology 36; Atlanta: Scholars Press, 1996), p. 175-284; e Teresa Morgan, *Literate Education in the Hellenistic and Roman Worlds* (Nova Iorque: Cambridge University Press, 1998), p. 275-87.

[5] Ver Cribiore, *Writing, Teachers, and Students*, p. 102-18, esp. p. 112, em que ela resume cada grau. Um aluno do grau zero ainda não conhece as letras e às vezes as confunde ou as escreve de modos peculiares – por exemplo, um ẽ pode ter uma barra vertical. Um aluno do grau alfabético escreve as letras acuradamente e sem hesitação, mas ainda não desenvolveu a coordenação entre a vista e a mão, de modo que algumas letras ainda são escritas com muitos traços e o ritmo é vagaroso. O aluno do grau evolutivo demonstra muita prática para escrever, mas sua escrita ainda tem uma aparência deselegante e desigual, e ele tem dificuldade em manter o alinhamento. O estudante do grau rápido escreve fluentemente e muitas vezes não se consegue distinguir entre sua escrita e a do professor ou a do adulto que copia um texto para seu próprio uso.

estabelecer exatamente o que e até que ponto os alunos aprendiam a ler.[6] Morgan também ressaltou uma visão mais desenvolvida do currículo, notando, por exemplo, que as origens do currículo padronizado começaram pouco depois – na verdade, como uma resposta a – as conquistas de Alexandre[7] e se expandiram com o tempo – especialmente em vista do surgimento do estudo da gramática durante o começo do império romano como uma nova etapa no currículo entre o aprendizado da leitura e da escrita e o estudo da retórica ou da filosofia.[8]

Ademais, Morgan introduz a noção de centro e periferia no estudo da educação antiga, salientando que à maioria dos estudantes ensinava-se apenas um núcleo de habilidades e de autores durante a primeira etapa e, até certo ponto, durante a segunda, ao passo que somente poucos iam além desse cerne e recebiam uma espécie de educação prescrita pelas fontes literárias.[9] Finalmente, certos autores como Alan Booth têm observado na educação primária maior fluidez e diferenciação social do que se havia pensado, levando a uma revisão da nossa idéia sobre todos os alunos, dos sete aos onze anos de idade, que aprendiam a ler com um professor do nível elementar; em vez disso, alguns alunos, sobretudo da classe aristocrática, podem ter aprendido a ler até aos dois anos de idade, e podem ter feito isto com um professor da escola secundária, que aceitava essas crianças como meio de garantir que ele teria alunos para o seu curso de gramática.[10]

O nosso estudo da educação greco-romana será organizado em torno da seqüência curricular tripartida da educação primária, secundária e terciária, pois, como observa Morgan, sabemos mais a respeito do currículo do que, por exemplo, sobre os lugares das salas de aulas, o número de alunos em cada sala, as idades deles em cada etapa, os métodos usados pelos mestres e o horário escolar.[11]

A educação primária

Na primeira etapa do currículo, o professor do nível elementar ensinava os alunos, que entravam para a escola aos sete anos aproximadamente, a ler, escrever e contar.[12] Além das esparsas discussões das fontes literárias sobre o aprendizado da leitura,[13] as areias do Egito preservaram verdadeiros manuais contendo o currículo primário. Um desses manuais é o Papiro Bouriant 1, caderno de notas de um aluno que contém a maior parte do currículo,[14] e existem mais

---

[6] Ver Morgan, *Literate Education*, p. 63-73 e toda a seção.
[7] Ver id., p. 21-25.
[8] Ver id., p. 57-63.
[9] Ver id., p. 71-73.
[10] Ver Alan Booth, "Elementary and Secondary Education in the Roman Empire", *Florilegium* 1 (1979): p. 1-14. Cf. também Robert A. Kaster, "Notes on 'Primary' and 'Secondary' Schools in Late Antiquity", *TAPA* 113 (1983): p. 323-46.
[11] Ver Morgan, *Literate Education*, p. 32.
[12] Ver Marrou, *Education*, p. 150-59; Bonner, *Education*, p. 165-88; e Morgan, *Literate Education*, p. 90-151.
[13] Ver, por ex., Dionísio de Halicarnasso, *De composit. verb.* 25, e Quintiliano, *Inst. orat.* 1.1.24-29.
[14] Para esse texto, ver Pierre Jouguet e Paul Perdrizet, "Le Papyrus Bouriant no. 1: Un cahier d'écolier grec d'Égypt", *Studien zur Palaeographie und Papyruskunde* 6 (1906): p. 148-61 (texto: p. 150-56), e Paul Collart, *Les Papyrus Bouriant* (Paris: Eduard Champion, 1926), p. 17-27 (texto: p. 21-26). Esse texto foi também reimpresso em Ziebarth, *Aus der antiken Schule*, p. 21-24. As referências a linhas desse papiro serão conforme constam na edição de Collart.

de duzentos outros papiros, *ōstraca* (cacos de vasos de barro que eram usados popularmente como superfície para se escrever) e tabuletas de madeira cobertas de cera que documentam exercícios específicos dentro desse currículo.[15]

Por esses testemunhos, tanto literários como documentários, vemos que o aprendizado da leitura e da escrita progrediu do simples ao sempre mais complexo, das letras às sílabas e depois às palavras e finalmente às frases e breves passagens poéticas. Os alunos aprendiam primeiro a reconhecer, pronunciar e escrever as letras do alfabeto e, também desde os primeiros dias, a escrever seus nomes, como destacou Cribiore.[16] Reconhecer as letras era difícil para alguns,[17] e vários *ōstraca* e tabuletas ilustram as lutas que os estudantes enfrentavam ao tentar copiar as letras do alfabeto, geralmente de modelos fornecidos pelo mestre.[18] Por exemplo, um *ōstracon* mostra um aluno tentando copiar várias letras, especialmente Π, numa caligrafia de grau zero,[19] enquanto outros *ōstraca* preservam a caligrafia alfabética de um estudante que escreve todo o alfabeto do alfa ao ômega[20] e um outro que copiou o alfabeto não só do alfa ao ômega, mas também na ordem inversa do ômega ao alfa.[21] Eventualmente, porém, os estudantes se tornavam peritos em escrever as letras corretamente, mas, como Cribiore enfatizou, eles também tinham a vaidade especial de escrevê-las de modo bonito – como se fosse um calígrafo – habilidade requerida dos escribas, o que explica certo número de textos com letras e alfabetos escritos por mãos muito mais idosas e experientes.[22] Com outras palavras, os exercícios de uma etapa continuavam depois que os alunos passavam para outras etapas, mais avançadas.[23]

Em seguida os alunos prosseguiam para as sílabas e copiavam longas e sistemáticas listas de combinações de vogais com consoantes, às vezes com uma consoante na frente – como em βα, βε, βη, βο, βυ e βω – e às vezes com a conso-

---

[15] Para uma amostra acessível desses testemunhos, ver ZIEBARTH, *Aus der antiken Schule*, p. 3-9, e J. G. MILNE, "Relics of Graeco-Roman Schools", *JHS* 28 (1908): p. 121-32. Cf. também COLLART, "À l'école", p. 497-501. Para uma lista completa de letras e alfabetos, ver CRIBIORE, *Writing, Teachers, and Students*, p. 175-227, e MORGAN, *Literate Education*, p. 275-85.

[16] Ver CRIBIORE, *Writing, Teachers, and Students*, p. 40, 146-47.

[17] Ver, por exemplo, Kottalos no terceiro mimo de Herodas, que não conseguia reconhecer a letra "A" a não ser que lha gritassem cinco vezes, nem distinguir um Σ de um M (HERODAS, 3.22-26). Filóstrato fala do sofista Herodes Ático cujo filho tinha tamanha dificuldade para reconhecer as letras, que ele rodeou o menino de vinte e quatro σύντροφοι, *syntrophoi*, ou escravos que brincassem com ele, cada qual chamado com uma letra do alfabeto, como Aquiles para o A (Filóstrato, *Vit. Soph.* 588).

[18] Ver o modelo completo do alfabeto em P. Mich. VIII 1099, publicado em Herbert Chayyim YOUTIE e John Garrett WINTER, eds. *Papyri and Ostraca from Karanis* (Michigan Papyri 8; Ann Arbor: University of Michigan Press, 1951), p. 206.

[19] O. Vindob. G. 565, publicado em Hermann HARRAUER e Pieter J. SIJPESTEIJN, eds. *Neue Texte aus dem antiken Unterricht* (Mitteilungen aus der Papyrussamlung der Österreichischen Nationalbibliothek in Wien; Viena: Verlag Brüder Hollinek, 1985), p. 36-37.

[20] O. ROM inv. 906.8.522, publicado em MILNE, "Relics", p. 121.

[21] O. Vindob. G. 285, publicado em HARRAUER e SIJPESTEIJN, *Neue Texte*, p. 26-27. Para um elenco completo de textos contendo letras ou alfabetos – incluindo, afinal, setenta e sete – ver CRIBIORE, *Writing, Teachers, and Students*, p. 175-91.

[22] Ver, por exemplo, a série de treze betas de uma mão experiente em P. Vindob. G. 23624, publicado em HARRAUER e SIJPESTEIJN, *Neue Texte*, p. 31. Note-se também que a mãe de Kottalo, Metrotime, queixa-se com o mestre dele que o filho dela não escreve nada bonito em sua tabuleta muitas vezes negligenciada (HERODAS, 3.18), uma queixa que se torna mais pungente porque ela sonhava para ele a carreira de escriba (cf. 3.26-28).

[23] Ver mais em CRIBIORE, *Writing, Teachers, and Students*, p. 129-37.

ante na frente e atrás das vogais – como em βαβ, βεβ, βηβ e assim por diante.²⁴ Depois vinham igualmente longas listas de palavras, começando com aquelas de uma sílaba, depois de duas, depois de três, e às vezes com até cinco sílabas.²⁵

É nesta altura do currículo que o P. Bour. 1 começa, quando o jovem copia palavras de uma até quatro sílabas em ordem alfabética. Assim, a lista de palavras com uma sílaba começa do seguinte modo: αἴξ (bode), βοῦς (touro), γύψ (abutre), δρῦς (carvalho), εὕς (bravo), Ζεύς (Zeus) etc.²⁶ As listas de duas a quatro sílabas são igualmente em ordem alfabética – começando com Ἄμμων (Ammon) para palavras de duas sílabas, Ἀχιλλεύς (Aquiles) para três sílabas e Ἀγαμέμνων (Agamêmnon) para quatro –, mas essas listas tinham tipicamente quatro espécimes para cada letra – por exemplo, Ἀμνων (Ammon), Αἴας (Ajax), Ἄτλας (Atlas) e ἀκτίς (raio). Como é evidente por essa pequena amostra do P. Bour. 1, essas listas continham uma variedade de palavras, inclusive nomes próprios, a maioria de divindades (Zeus, Ammon, Atlas) e de heróis homéricos (Aquiles, Agamêmnon, Ajax), mas também, entre aqueles nomes ainda não citados, filósofos (Tales, Zenão, Xenofonte), escritores (Homero, Lísias, Menandro) e até alguns personagens das comédias de Menandro (Demeas, Moschion, Sikon).²⁷ Enquanto isso, além de aprender a ler palavras de até maior comprimento, os estudantes estavam também sendo introduzidos nos elementos da cultura grega.²⁸ E, como observa Morgan, a assimilação dessa cultura grega seria mais fácil para aqueles alunos que provinham de famílias helenizadas do que para os outros, embora os últimos tivessem assim acesso à cultura dominante.²⁹

Depois de lerem essas listas de palavras, os estudantes finalmente começavam, propriamente falando, a ler, isto é, a ler uma série de palavras que faziam um sentido articulado. A primeira experiência de leitura do estudante geralmente envolvia estudar cuidadosamente provérbios e breves passagens poéticas. Textos com provérbios eram particularmente numerosos – realmente mais numerosos que qualquer outra literatura preservada em textos escolares.³⁰ No P. Bour. 1, por exemplo, há um conjunto de vinte e quatro provérbios que formam um acróstico; ou seja, o conjunto começa com provérbios cuja primeira letra é alfa, depois beta, depois gama e assim por diante completando o alfabeto. Aqui estão os cinco primeiros provérbios, que no grego, começam com as letras de alfa até epsilon.

O maior começo da sabedoria é a literatura.
Uma vida sem alegria não é vida.

---

²⁴ Ver, p. ex. P. Vindob. G. 36016, 26011b, 26011e verso, 26011m e 26011c + d verso, publicado em HARRAUER e SIJPESTEIJN, *Neue Texte*, p. 27-30. Cf. também ZIEBARTH, *Aus der antiken Schule*, p. 3-5, e CRIBIORE, *Writing, Teachers, and Students*, p. 191-96.
²⁵ Ver MORGAN, *Literate Education*, p. 101-4.
²⁶ Ver P.Bour. 1, linhas 1-13 (=COLLART, *Les Papyrus Bouriant*, 21).
²⁷ Ver P.Bour. 1, linhas 1-140 (=COLLART, *Les Papyrus Bouriant*, 21-23).
²⁸ Ver mais em Janine DEBUT, "De l'usage des listes de mots comme fondement de la pédagogie dans l'antiquité", *REA* 85 (1983): p. 261-74, esp. 263-69.
²⁹ Ver MORGAN, *Literate Education*, p. 74-76.
³⁰ Id., id., p. 122 e 279-81. Cf. também Cribiore, *Writing, Teachers, and Students*, p. 204-27.

Honra um homem idoso como a imagem do deus.
É difícil transplantar uma árvore velha.
Eros é o mais velho de todos os deuses.[31]

Como é evidente por esses exemplos, o objetivo desses provérbios da escola não era simplesmente ensinar a ler mas também, como Quintiliano aconselhou,[32] inculcar algum sentimento moral. A maioria dos provérbios fazia exatamente isto, defendendo, pela maior parte, uma ética prudencial: valorizar a educação, usar a riqueza para ajudar os amigos, demonstrar hospitalidade aos estrangeiros, para mencionar só uns poucos. Mas há também outros provérbios cujo conteúdo não concorda com esses nobres sentimentos. Particularmente dignos de nota são os provérbios que difamam a mulher e o matrimônio, que se lêem no P. Bour. 1, começando com as letras teta e iota:

Depois do mar e do fogo, a mulher é o terceiro mal.
A selvageria de uma leoa e uma esposa é a mesma coisa.[33]

O etos inculcado pelos provérbios, tanto os nobres como os outros, ajudava os estudantes a começar a "identificar-se com os grupos greco-romanos poderosos e de alto nível sociocultural"[34] e, assim, distinguir-se dos outros, tais como as mulheres e os bárbaros.

A educação secundária

Quando os alunos já tinham dominado os rudimentos da leitura e da escrita, eles passavam, na idade de dez ou onze anos, e em número muito menor,[35] para o currículo secundário de gramática e literatura, ensinado por um mestre da escola secundária.[36] Em certo sentido esse currículo é semelhante ao primário, porquanto também ele procedia das letras para as sílabas, depois para as palavras e para textos literários. Mas em cada etapa o conteúdo a ser aprendido era mais complexo, vindo a complexidade, em parte, da relativamente nova disciplina da gramática, que entrou no currículo, como já foi falado, durante o início do império romano e era codificada num livro atribuído a Dionísio da Trácia.[37] Desse

---

[31] Ver P.Bour. 1, linhas 169-89 (=COLLART, *Les Papyrus Bouriant*, 24). A tradução é minha, como todas as outras neste estudo.
[32] Ver QUINTILIANO, *Inst. orat.* 1.1.35.
[33] Ver P.Bour. 1, linhas 191-95 (=COLLART, *Les Papyrus Bouriant*, 24). Ver também MORGAN, *Literate Education*, p. 135-38.
[34] MORGAN, *Literate Education*, p. 150.
[35] Sobre o drástico decréscimo no número dos estudantes que passavam para o currículo secundário, ver MORGAN, *Literate Education*, p. 163.
[36] Para uma descrição mais completa do que é possível aqui, ver MARROU, *Education*, p. 160-85; BONNER, *Education*, p. 189-249; Robert H. ROBINS, *The Byzantine Grammarians: Their Place in History* (Nova Iorque: Mouton de Gruyter, 1993); MORGAN, *Literate Education*, p. 152-89; e Katherine ATHERTON, "Children, Animals, Slaves, and Grammar" em *Pedagogy and Power: Rhetorics of Classical Learning* (ed. Y. L. Too and N. Livingston; Nova Iorque: Cambridge University Press, 1998), p. 214-44.
[37] Para o texto, ver G. UHLIG, ed., *Dionysii Thracis Ars Grammatica* (Grammatici Graeci 1.1; B. G.Teubner, 1883), p. 3-100; ET em Alan KEMP, "The TEKHNE GRAMMATICKE Translated in English", em *The History of Linguistics in the*

modo, essa análise gramatical passava do mero reconhecimento e escrita das letras do alfabeto à classificação delas como consoantes e vogais, e destas como longas e breves.[38] Do mesmo modo, os estudantes progrediam da mera leitura de listas de palavras à classificação delas de acordo com as oito categorias de palavras – nomes, verbos, particípios, artigos, pronomes, preposições, advérbios e conjunções – junto com as numerosas subdivisões de cada uma, tais como os nomes em gêneros, casos e números; os verbos em tempo, pessoa, número e voz.[39] Aprender a declinar os nomes e a conjugar os verbos era inestimável, naturalmente, porque permitia aos estudantes usá-los corretamente – habilidade que diferenciava ainda mais esses estudantes dos inferiores a eles. Finalmente, o objetivo da gramática não era só a leitura de provérbios e de breves passagens poéticas, mas a κρίσις ποιημάτων, *krisis poiēmatōn*, ou a interpretação da poesia.[40]

Por exemplo, um certo número de papiros, *ōstraca* e tabuletas preservam as tentativas dos alunos de estudar a gramática declinando nomes e conjugando verbos[41] ou aprendendo quais casos tal e tal verbo regem.[42] A real complexidade da declinação, porém, transparece de uma tabuleta de madeira na qual um aluno tentou declinar uma frase inteira em todos os casos e números,[43] declinação esta que exige mudanças em vários artigos, nomes, verbos e particípios à medida que o sujeito e o verbo da frase são manipulados por várias fórmulas para permitir essas mudanças. Para ilustrar essa complexidade cito apenas o nominativo e o genitivo singular:

ὁ Πυθαγόρας φιλόσοφος ἀποβὰς καί γράμματα διδάσκων συνεβούλεθεν τοις ἑαυτοῦ μαθηταῖς ἐναιμόνων ἀπέχεσθαι.
(O filósofo Pitágoras, uma vez que desembarcou e estava ensinando letras, aconselhou seus alunos que se abstivessem de carne vermelha.)

τοῦ Πυθαγόρου φιλόσοφου ἀποβάντος και γράμματα διδάσκοντος λόγος ἀπομνηνοεύεται συνβουλεύοντος τοῖς ἑαυτοῦ μαθηταις ἐναιμόνων ἀπέχεσθαι.
(A afirmação do filósofo Pitágoras, uma vez que desembarcou e estava ensinando letras, é lembrada para aconselhar seus alunos que se abstenham

---

Classical Period (ed. D. Taylor, Filadélfia: John Benjamins, 1987), p. 169-89. Para textos relacionados, ver Alfons Wouters, *The Grammatical Papyri from Graeco-Roman Egypt: Contributions to the Study of the "Ars Grammatica" in Antiquity* (Bruxelas: Paleis der Academiën, 1979).

[38] Para detalhes, ver Dionysius Thrax, *Ars gram.* 6-10 (p. 8, 4-22, G. Uhlig), e Robins, *Grammarians*, p. 52-57.

[39] Para detalhes, ver Dionysius Thrax, *Ars gram.* 11-22 (p. 22, 3-100, G. Uhlig), e Robins, *Grammarians*, p. 57-86.

[40] Dionísio da Trácia, *Ars gram.* 1 (6, 2 Uhlig).

[41] Ver, por ex., PSI inv. 479, publicado em Giorgio Zalateo, "Papiri Fiorentini inediti", *Aegyptus* 20 (1940): p. 3-30, esp. p. 12-14, que declina σοφός, *sophos* (sábio) com os artigos masculino e feminino em todos os casos e números. Para outros exemplos, ver Ziebarth, *Aus der antiken Schule*, p. 16-17, 32, e Collart, "À l'école", p. 501-2. Para uma listagem completa, ver Cribiore, *Writing, Teachers, and Students*, p. 263-69, e Morgan, *Literate Education*, p. 285-86.

[42] Ver uma tabuleta que contém mais de duzentos verbos e o caso do seu objeto direto, em Brit.Mus.Add. 37513, publicado em Frederic G. Kenyon, "Two Greek School-Tablets", *JHS* 29 (1909): p. 29-40, esp. p. 32-33. Cf. Ziebarth, *Aus der antiken Schule*, p. 24-27.

[43] Ver Brit.Mus.Add. 37516, publicado em Kenyon, "School-Tablets", p. 29-31. Cf. Ziebarth, *Aus der antiken Schule*, p. 16-17, e Collart, "À l'école", p. 501-2.

Além de dominar a gramática, os alunos do secundário também continuavam a aprender a ler, se bem que agora não eram simplesmente provérbios e breves passagens que eram indicadas, mas longas obras literárias, mais notavelmente Homero e, sobretudo, a *Ilíada*.[44] Os alunos liam e aprendiam de cor um certo número de linhas diariamente, ajudados, ao menos no começo, por aquilo que era chamado *scholia minora*, que comenta as muitas palavras e frases arcaicas do grego de Homero com seus equivalentes da Koine.[45] Os alunos aprendiam também a respeito da épica de Homero fazendo paráfrases de vários episódios, conforme é demonstrado por uma tabuleta que reconta a *Ilíada* 1.1-21 em prosa em quase quatro vezes a extensão do original.[46] Os estudantes também respondiam a perguntas a respeito do conteúdo da épica homérica, como nessas perguntas que Epicteto imagina um professor do nível secundário fazendo a seus alunos, que depois dão as respostas:

P: Quem era o pai de Heitor?
A: Príamo.
P: Quais eram seus irmãos?
A: Alexandre e Deifobos.
P: Quem era a mãe deles?
A: Hécuba.[47]

Enquanto os estudantes liam Homero, estudavam também questões de gramática. Por exemplo, como sugere a *Ars grammatica* de Dionísio da Trácia, os mestres provavelmente esclareciam os vários subtipos dos nomes quando eles apareciam nas suas citações de Homero. Assim, os estudantes aprendiam o que é um nome patronímico no decurso da leitura de Homero, porque Dionísio ilustra um nome patronímico com Πηλείδες (filho de Peleus), que aparece logo em *Ilíada* 1:1, e do mesmo modo um nome possessivo, ilustrado por Ἑκτόρεος χιτών (roupa de Heitor), que os estudantes encontravam em *Ilíada* 2.416.[48] Eventualmente, um comentador de Homero percebeu que uma linha de Homero (*Il.* 22.59) tinha um significado particular para o estudo da gramática. Esta linha, falada por Príamo a Heitor, tem oito palavras, cada qual representando uma das oito categorias das palavras:

---

[44] Ver mais em Raffaella Cribiore, "A Homeric Writing Exercise and Reading Homer in School", *Tyche* 9 (1994): p. 1-8.
[45] Para exemplos de *scholia minora*, ver P.Berol.inv. 5014, que se encontra em Ziebarth, *Aus der antiken Schule*, 13-14, e P.Mich.inv. 1588, publicado em Timothy Renner, "Three New Homerica on Papyrus", *HSCP* 83 (1979): p. 311-37, esp. p. 315-16. Para uma listagem completa, ver Cribiore, *Writing, Teachers, and Students*, p. 253-58. Cf. também John Lundon, "Lexeis from the Scholia Minora in Homerum", *ZPE* 124 (1999): p. 25-52.
[46] Ver T.Bodl.Gr.Inscr. 3019, publicado em Peter J. Parsons, "A School-Book from the Sayce Collection", *ZPE* 6 (1970): 133-49, esp. p. 135-38. Ver ainda Cribiore, *Writing, Teachers, and Students*, p. 259-62.
[47] Epicteto, *Diatr.* 2.19.7. Para um outro exemplo, ver P.IFAO inv. 320, publicado em Jacques Schwartz, "Un manuel scolaire de l'époque byzantine", *Études de Papyrologie* 7 (1948): p. 93-109. Sobre o último, ver também Marrou, *Education*, p. 166-69, e Bonner, *Education*, p. 240.
[48] Ver Dionísio da Trácia, *Ars gram.* 12 (p. 26, 7-27, 1 Uhlig). Que os estudantes aprendiam as subdivisões dos nomes por meio dos nomes próprios e dos nomes comuns de Homero é atestado por Brit.Mus.Add. 37533, publicado em Kenyon, "School-Tablets", p. 32-39. Cf. também Ziebarth, *Aus der antiken Schule*, p. 27-28.

πρὸς δ' ἐμὲ τὸν δύστηρον ἔτι φρονέοντ' ἐλέησον.
Tem piedade de mim, infeliz, enquanto ainda estou vivo.

O professor explicava: "A palavra πρός é uma preposição; δέ é uma conjunção; ἐμὲ, um pronome; τόν, um artigo; δύστηρον, um nome; ἔτι, um advérbio; φρονέοντα, um particípio e ἐλέησον, um verbo".[49] E para cada linha de Homero, o professor de ensino secundário se ocupava de todos os tipos de temas gramaticais, alguns tirados de Dionísio da Trácia, como pronúncia, acento e pontuação,[50] e outros tomados de tratados especializados, como aqueles sobre os tropos, nos quais os alunos eram introduzidos, entre outras coisas, na metáfora, na alegoria, na perífrase, no pleonasmo etc.[51] Assim, a leitura no nível secundário significava fazer uma investigação rigorosa, integral e complexa de obras literárias como a *Ilíada* e a *Odisséia*.

Mais ainda: mesmo depois de haver deixado o estudo formal da literatura, os estudantes eram encorajados a continuar lendo literatura pela vida afora.[52] Com efeito, como diz Dion Crisóstomo, Homero não era apenas o primeiro autor para se ler, mas também o do meio e o último, com o que desejava exprimir que Homero era de valor para uma criança, um adulto e um idoso.[53] Esta perene leitura de Homero e de outros autores como Eurípides e Menandro[54] havia de conservá-los atualizados e familiarizados de modo que o concluinte do nível secundário podia citar linhas apropriadas deles em qualquer ocasião virtualmente, destacando-se assim como uma marca social que os distinguia, como sua veste aristocrática ou seu corpo malhado na praça de esportes. Em suma, o currículo da escola secundária, que ensinava ao estudante a fala correta e muitas vezes a literatura grega, tinha uma função cosmética a longo prazo, que possibilitava ao estudante sobressair pela linguagem entre os outros que não tiveram tal treinamento.

A educação terciária

Terminado o currículo secundário, estudantes – pouquíssimos deles e praticamente todos jovens aristocratas[55] – passavam, com cerca de quinze anos, para

---

[49] Ver Alfred HILGARD, ed., *Scholia in Dionysii Tracis artem grammaticam* (Grammatici Graeci 1.3; Leipzig: B. G. Teubner, 1901), p. 56, 16-19. Cf. ROBINS, *Grammarians*, p. 59.

[50] Ver DIONÍSIO DA TRÁCIA, *Ars gram*. 2-4 (pp. 6, 5-8, 2 Uhlig). Ver ainda BONNER, *Education*, p. 220-23.

[51] Que todos esses exercícios foram ilustrados de Homero, ver o tratado atribuído a Tryphon, *Trop*. (8.728-60, Walz). Veja também BONNER, *Education*, p. 229-37.

[52] Sobre o encorajamento aos estudantes para continuarem sua leitura, junto com recomendações específicas, ver QUINTILIANO, *Inst. orat*. 1.8.1-12.

[53] Ver DION CRISÓSTOMO, *Orat*. 18.8

[54] Eurípides e Menandro eram muito provavelmente os textos que os estudantes liam em seguida; sobre isto, ver MORGAN, *Literate Education*, p. 71 e 313. Mas há exceções, como no caso do professor de nível secundário Demócrito, que dizia ter lido e extraído mais de oitocentas meias comédias (ver ATENEU, 13.610D). Uma das melhores fontes para se entender como o *ethos* gramatical prosseguia pela vida adulta é o *Deipnosophistae* de Ateneu, sobre o qual se pode ver meu "Dog in the Manger: The Cynic Cynulcus among Athenaeus' Deipnosophists", em *Greeks, Romans, and Christians: Essays in Honor of Abraham J. Malherbe* (ed. D. L. Balch, E. Ferguson e W. A. Meeks; Minneapolis: Fortress Press, 1990), p. 20-37, esp. p. 28-36.

[55] As mulheres chegavam ao estágio terciário da educação? É verdade que estóicos como Musônio Rufo, contemporâneo de Paulo, defendiam a educação filosófica para rapazes e moças igualmente (ver *Frags*. 3-4 [p.

a terceira etapa da educação,⁵⁶ que significava normalmente estudar ou com um filósofo ou com um orador; na grande maioria dos casos, com esse último.⁵⁷ Por causa disso, vamos focalizar aqui o currículo retórico.⁵⁸

O currículo retórico começava, como nos casos do primário e do secundário, com tarefas relativamente simples, passando para outras sempre mais complexas. Os estudantes não começavam imediatamente com o aprendizado dos discursos retóricos padronizados – judicial, consultivo e epidíctico – mas com formas de composição mais simples, chamadas *progymnasmata*. Essa série graduada de exercícios de composição⁵⁹ ensinava aos alunos o essencial do estilo e da argumentação, como é analisado em quatro *Progymnasmata* existentes, começando com Teon de Alexandria (final do século I), Hermógenes de Tarso (final do século II), Aftônio de Antioquia (final do século IV) e Nicolau de Mira (século V).⁶⁰

Como explica Teon, aprender retórica a partir dos discursos retóricos é muito semelhante a aprender a arte da cerâmica com um πίθος, um grande pote

---

38-49 Lutz]), e é significativo talvez que no *Symposium* de Luciano, Aristeneto tem um filho chamado Zenão e uma filha chamada Cleantis (*Symp.* 5), nomes que lembram dois dos fundadores do Estoicismo, Zenão e Cleantes; contam que Zenão estudou filosofia com o estóico Difilo (*Symp.* 6,26), e pode-se supor que Cleantis (forma feminina de Cleantes) ouviu do seu irmão e pai intelectual (*Symp.* 11) muitos debates sobre a filosofia estóica. De fato, o contexto literário de Luciano pode assemelhar-se àquilo que Musônio pretendia, pois os comentários de Musônio combinam com o fato de as mulheres aprenderem filosofia – somente as virtudes estóicas – desde a infância, presumivelmente de pais como Aristeneto. Mais geralmente, dois fatores tornavam o estudo filosófico (ou retórico) improvável para a maioria das mulheres aristocráticas: (1) a educação terciária acontecia num momento em que era mais plausível que elas estivessem casadas do que prosseguindo sua educação e (2) o estudo na etapa terciária muitas vezes significava viajar para uma cidade onde residisse um intelectual renomado, como a Nicópolis de Epicteto ou a Esmirna de Polemo. Para uma descrição dos testemunhos sobre a educação das mulheres nas etapas primária e secundária, ver Susan G. Cole, "Could Greek Women Read and Write?", em *Reflections of Women in Antiquity* (ed. H. Foley; Nova Iorque: Gordon and Breach Science Publishers, 1981), p. 219-45, esp. p. 231-38.
⁵⁶ Sobre a educação terciária, ver Marrou, *Education*, p. 186-216, e Bonner, *Education*, p. 250-308.
⁵⁷ A respeito de preferirem a retórica à filosofia, ver Marrou, *Education*, p. 194-96. Mesmo assim os estudantes que escolhiam a filosofia, muitas vezes seguiam primeiro um curso de retórica (ver, por ex., Epicteto, *Diatr.* 2.27; 24.24-26; 3.1.1, 34).
⁵⁸ Que Paulo era plenamente versado na linguagem e nas questões filosóficas tem sido enfatizado especialmente por Abraham J. Malherbe; alguns de seus ensaios estão reunidos em *Paul and the Popular Philosophers* (Minneapolis: Fortress Press, 1989). Ver também Martin Ebner, *Leidenslisten und Apostelbrief: Untersuchungen zu Form, Motivik und Funktion der Peristasenkataloge bei Paulus* (Würzburg, Alemanha: Echter Verlag, 1991); F. Gerald Downing, *Cynics, Paul, and the Pauline Churches* (Nova Iorque: Routledge, 1998); e Troels Engberg-Pedersen, *Paul and the Stoics* (Louisville: Westminster John Knox, 2000).
⁵⁹ Os exercícios são (1) fábula (μύθος), (2) narrativa (διήγημα), (3) *chreia* (χρεία), (4) máxima (γνώμη), (5) refutação (ἀνασκευή), (6) confirmação (κατασκευή), (7) lugar comum (κοινὸς τόπος), (8) encômio (ἐγκώμιον), (9) condenação (ψόγος), (10) comparação (σύγκρισις), (11) caracterização (ἠθοποιία), (12) descrição (ἔκφρασις), (13) tese (θέσις), (14) introdução de uma lei (νόμου εἰσφορά).
⁶⁰ Para a melhor introdução aos *progymnasmata*, ver Herbert Hunger, *Die hochsprachliche profane Literatur der Byzantiner* (Handbuch der Altertumswissenschaft 12.5.1-2; Munique: C. H. Beck, 1978), 1.92.120. Cf. também Otmar Schissel, "Rhetorische Progymnasmatik der Byzantiner", *Byzantinisch-neugriechische Jahrbücher* 11 (1934): p. 1-11, e George A. Kennedy, *Greek Rhetoric under Christian Emperors* (Princeton: Princeton University Press, 1983), p. 54-66. Para o texto-padrão de Teon, ver Leonard Spengel, ed., *Rhetores Graeci* (3 vols.; Leipzig: B. G. Teubner, 1853-56), 2: p. 59-130; para Hermógenes, ver Hugo Rabe, ed., *Hermogenis Opera* (Rhetores Graeci 6; Stuttgart: B. G. Teubner, 1913), p. 1-27; para Aftônio, ver Hugo Rabe, ed., *Aphthonii Progymnasmata* (Rhetores Graeci 10; Leipzig: B. G. Teubner, 1926), p. 1-51; e para Nicolau, ver Joseph Felten, ed., *Nicolai Progymnasmata* (Rhetores Graeci 11; Leipzig: B. G. Teubner, 1913), p. 1-79. Material relacionado encontra-se também nos comentários sobre Aftônio, como o de João de Sardes, para o qual pode-se ver Hugo Rabe, ed., *Ioannes Sardianus Commentarium in Aphthonium* (Rhetores Graeci 15; Leipzig: B. G. Teubner, 1928), e o de John Doxapatres, para o qual pode-se ver Walz, *Rhetores Graeci*, 2: p. 81-564. Cf. também Hugo Rabe, ed., *Prolegomenon Sylloge* (Rhetores Graeci 14; Leipzig: B. G. Teubner, 1931), p. 73-183.

para estocagem.⁶¹ Achou-se então que para os estudantes seria necessário começar com algo mais manejável, e o primeiro *progymnasma*, o μῦθος, *mythos*, ou fábula, era uma forma breve e simples que era familiar desde a infância, de tal modo que compor uma fábula – por exemplo, a fábula da cigarra e da formiga⁶² – era uma tarefa adequada para os alunos que deixavam os poetas e passavam para a retórica.⁶³ Mas embora a fábula seja simples, era considerada de valor para a eventual tarefa de compor um discurso retórico. Como diz John Doxapatres, comentador bizantino dos *Progymnasmata* de Aftônio:

> Assim como a tarefa da introdução a um discurso é conquistar a atenção do auditório para o que vai ser falado na parte narrativa do discurso, assim também a tarefa da fábula é preparar o auditório para aceitar a moral da fábula. Por conseguinte, aquele que foi treinado por meio da fábula a prender a atenção de alguém no conselho da moral da fábula evidentemente não ficará embaraçado ao compor a introdução de um discurso.⁶⁴

Quando os estudantes progrediam através da série de *progymnasmata*, aprendiam ainda mais recursos que os ajudariam mais tarde na composição de discursos retóricos. É o que explica um comentador anônimo de Aftônio:

> Os *progymnasmata* fornecem um treinamento preliminar nos tipos de discurso retórico (...) na medida em que alguns *progymnasmata* são aparentados com o discurso deliberativo (por exemplo, a fábula, a tese, a sentença, a máxima), outros com o discurso judicial (por exemplo, a confirmação, a refutação e o lugar comum), e ainda outros com o discurso epidíctico (por exemplo, o elogio, a condenação e a comparação).⁶⁵

Quando os alunos chegavam ao final da série, haviam aperfeiçoado suas habilidades de composição a tal ponto que tinham, para usar a imagem de Doxapatres, subido a escada para o limiar da retórica.⁶⁶

Mas os *progymnasmata* também inculcavam certos hábitos de pensamento que superavam a mera *preparação* para o estudo da retórica. Esses hábitos se encontram na própria estrutura dos *progymnasmata*, na qual cada um dos exercícios individuais ensinava os estudantes a prestar atenção a questões de definição, classificação, diferenciação de formas semelhantes e etimologia. Só depois de ter prestado atenção a essas questões para um *progymnasma* os estudantes tentavam aventurar-se na composição, aprendendo as regras relativas à forma e ao estilo desse *progymnasma*. Dois *progymnasmata*, de narrativa e de caracterização, ilustram esses hábitos.

---

⁶¹ Ver Teon, *Progymn*. 1 (2.59, 5-11 Spengel).
⁶² Ver Aftônio, *Progymn*. 1 (p. 2, 5-10 Rabe).
⁶³ Sobre a fábula, ver Hunger, *Literatur*, 1.94-96.
⁶⁴ Doxapatres, *Hom. in Aphth*. (2.125, 15-22 Walz).
⁶⁵ Ver Anônimo, *Prol. Syll*. 8 (p. 75, 7-13 Rabe).
⁶⁶ Doxapatres, *Hom. in Aphth*. (2.138, 16-17 Walz).

Os estudantes aprendiam a definir uma narrativa do seguinte modo: "A narrativa é a exposição de um evento que aconteceu ou poderia ter acontecido".[67] Aprendiam também a classificar vários tipos de narrativa em narrativas fictícias, históricas e políticas.[68] Ademais, a narrativa (διήγημα, diēgēma) era diferenciada de uma forma aparentada, a narração (διήγησις, diēgēsis): "A narrativa difere da narração como um poema inteiro difere de uma parte dele, pois um poema inteiro é a Ilíada, ao passo que uma parte dele é a preparação das armas de Aquiles".[69] Finalmente, a respeito da composição de uma narrativa, ensinava-se aos estudantes as suas seis partes constituintes – a pessoa que agiu, o ato que foi feito, o tempo em que foi feito, o lugar em que foi feito, o modo como foi feito e o motivo pelo qual foi feito – e também as virtudes da narrativa – clareza, brevidade, plausibilidade e pureza de linguagem.[70] Somente então os estudantes compõem uma narrativa, usando como modelo, no caso de Aftônio, a narrativa fictícia de por que as rosas são vermelhas.[71]

Do mesmo modo, quando os estudantes passavam à caracterização, aprendiam a defini-la como segue: "A caracterização [ἠθοποιία, ēthopoiia] é a imitação do caráter da pessoa em questão".[72] Os estudantes aprendiam também várias classificações, sendo a fundamental a ênfase na emoção, na disposição ou em ambas.[73] Um exemplo de uma caracterização emocional seria que palavras Hecuba poderia dizer ao ver Tróia em ruínas. Um exemplo enfatizando a disposição: que palavras uma pessoa do interior pode dizer vendo o oceano pela primeira vez.[74] Entre outras classificações está uma em que a caracterização é a de um indivíduo específico como Aquiles ou um tipo de indivíduo como um pai de família.[75]

Além disso, os estudantes diferenciavam a caracterização da ειδωλοποιία (eidōlopoiia) e da προσωποποιία (prosōpopoiia).

> A caracterização envolve uma pessoa bem conhecida e apenas o caráter precisa ser descrito [pelo escritor] – por exemplo, que palavras Hércules pode ter dito quando recebeu ordens de Euristeu. A Eidōlopoiia também envolve uma pessoa bem conhecida mas que morreu e cessou de falar – por exemplo, como Eupolis faz em "O Demos". A prosōpopoiia, ao invés, ocorre quando tanto a pessoa como o caráter precisam ser descritos, como Menandro faz em "O Expositor".[76]

---

[67] Aftônio, Progymn. 2 (p. 2, 14-15 Rabe). Para uma descrição desse progymnasma, ver Hunger, Literatur, 1:96-98.
[68] Aftônio, Progymn. 2 (p. 2, 19-22 Rabe).
[69] Ver Aftônio, Progymn. 2 (pp. 2, 16-18 Rabe).
[70] Ver Aftônio, Progymn. 2 (pp. 2, 23-3, 4 Rabe).
[71] Ver Aftônio, Progymn. 2 (pp. 3, 5-19 Rabe).
[72] Hermógenes, Progymn. 9 (pp. 20, 7-8 Rabe). Para uma descrição desse progymnasma, ver Hunger, Literatur, 1:108-16
[73] Ver Hermógenes, Progymn. 11 (p. 21, 10-18 Rabe).
[74] Ver Aftônio, Progymn. 11 (p. 35, 1-10 Rabe).
[75] Ver Hermógenes, Progymn. 9 (pp. 20, 19-21, 5 Rabe).
[76] Ver Aftônio, Progymn. 11 (p. 34, 4-18 Rabe). Parece que Eupolis fazia falar em sua peça pessoas há muito tempo falecidas como Miltíades, Temístocles e Péricles, conforme se conta em um scholion sobre Aftônio (2:646, 15-20 Walz). Menandro fez o conceito "exposição" falar em sua peça (ver João de Sardes, Comm. in Aphth.

Então os estudantes aprendiam a estrutura formal da caracterização, que é temporal. O escritor reflete primeiro sobre a atual situação da pessoa, em seguida contrasta-a com a passada e finalmente pondera as conseqüências dessa situação para o futuro.[77] Aftônio ofereceu como seu modelo esta caracterização emocional: que palavras Níobe poderia dizer quando seus filhos jaziam mortos.[78]

Agora deve estar claro que mesmo os estudantes do curso anterior ao da retórica aprendiam vários hábitos do pensamento e também muitas regras específicas e detalhadas que guiavam seu esforço na composição. Mas os *progymnasmata* eram apenas o começo! Agora os estudantes estavam preparados para estudar a retórica propriamente dita, a preeminente disciplina intelectual do mundo greco-romano. A retórica incluía aprender a compor e a proferir os três tipos de discurso – os judiciais, os deliberativos e os epidícticos. Aprendiam também como compor e proferir as quatro partes de um discurso – a introdução, a narração do caso, a prova e a conclusão.

Vários tratados retóricos longos são facilmente disponíveis,[79] mas um epítome de retórica do final do século II, atribuído a Rufo ou Perinthus, vai ilustrar o método.[80] Rufo começa, como é esperado, com uma definição de retórica: "Retórica é o conhecimento de como compor de modo artístico e persuasivo cada discurso que é designado".[81] Segue-se então, também conforme se esperava, uma classificação dos discursos nas três costumeiras categorias – judicial, deliberativa e epidíctica – junto com uma quarta, chamada histórica.[82]

Mas a parte do leão do epítome é dedicada às quatro partes do discurso, especialmente enquanto pertencem ao discurso judicial.[83] Cada uma das partes do discurso é por sua vez discutida, começando por uma definição dessa parte, depois vem uma classificação em subtipos e, finalmente, sugestões sobre como essa parte pode ser composta, sendo quase todas elas ilustradas pelos discursos de Demóstenes, o orador por excelência.

Por exemplo, Rufo define assim a segunda parte do discurso: "Narração é a apresentação dos fatos de um caso contado a partir da perspectiva do ora-

---

11 [205, 5-7 Rabe]).Os comentadores também citam um exemplo que foi conservado, a saber, que Luciano fez uma cama e uma lâmpada falar durante a perseguição de Cyniscus a Megapenthes (ver Luciano, *Cat.* 27, e Doxapatres, 2.497, 12-24 Waltz).

[77] Ver Hermógenes, *Progymn.* 9 (21, 19-22, 3 Rabe).

[78] Ver Aftônio, *Progymn.* 11 (35, 15-36, 20 Rabe).

[79] Ver Aristóteles, *Retórica*; a *Rhetorica ad Alexandrum*, a *Rhetorica ad Herennium* e a *Institutio oratoria* de Quintiliano estão disponíveis na Loeb Classical Library. Além disso, dois manuais de retórica, que antes não estavam traduzidos, um conhecido como o *Anônimo Seguieriano* e o outro atribuído a Apsines de Gadara, são agora disponíveis, com texto e tradução, em Mervin R. Dilts e George A. Kennedy, eds. *Two Greek Rhetorical Treatises from the Roman Empire* (Leiden: E. J. Brill, 1997). Ver também Heinrich Lausberg, *Handbook of Literary Rhetoric: A Foundation for Literary Study* (ed. D. E. Orton e R. D. Anderson; trad. M. T. Bliss, A. Jansen e D. E. Orton; Leiden: Brill, 1998).

[80] Para o texto desse tratado, ver Leonard Spengel e Caspar Hammer, eds. *Rhetores Graeci* (3 vols.; Leipzig: B. G. Teubner, 1884), 1.2.399-407. Sobre Rufo e seu manual, ver Otmar Schissel, "Die rhetorische Kunstlehre des Rufus von Perinthus", *Rheinisches Museum* 75 (1926): p. 369-92, e Walter Ameling, "Der sophist Rufus", *Epigraphica Anatolia* 6 (1985): p. 27-33.

[81] Rufo, *Rhet.* 1 (399, 2-3 Spengel-Hammer).

[82] Ver Rufo, *Rhet.* 2 (399, 4-13 Spengel-Hammer).

[83] Ver Rufo, *Rhet.* 3-41 (399, 14-407. 15 Spengel-Hammer).

dor".[84] Em seguida são identificadas as virtudes dessa parte, já familiares pelo *progymnasma*: clareza, brevidade, plausibilidade – completadas com a definição de cada uma.[85] A seguir, Rufo vai além do nível do *progymnasma*, classificando os vários modos pelos quais uma narração pode ser composta. Identifica quatro: (1) *narração própria*, apresentação direta do acontecido; (2) *narração digressiva*, relato externo acrescentado por sua utilidade ao assunto em discussão e usado como um aparte; (3) *narração preliminar*, sobre o motivo pelo qual alguém vai a julgamento; e (4) *narrativa implícita*, inserção das opiniões e intenções de cada pessoa envolvida no caso, junto com os eventos. Breves citações de Demóstenes ilustram cada um desses subtipos.[86]

A análise de Rufo sobre a terceira parte do discurso, a prova, é ainda mais complexa. Após uma definição de prova, Rufo identifica quatro tipos de provas – aquelas baseadas nas pessoas envolvidas (sua nacionalidade, educação, fortuna, hábitos, ações e disposição), as baseadas nas questões envolvidas (em termos de seus aspectos universais e individuais), as baseadas em comparações (exemplos do passado, analogias da vida diária e suposições quanto ao futuro), e as baseadas em testemunhos não delineados pelo orador (leis, contratos, testamentos).[87]

Uma vez que os alunos aprenderam essa série de definições, classificações e ilustrações, finalmente estava preparados para elaborar seus próprios discursos práticos, chamados declamações, que muitas vezes se fundamentavam em alguma situação típica ou um incidente da história grega.[88] E para essas declamações, os estudantes tinham mais uma vez os modelos de seus mestres. Para citar apenas um exemplo, conta-se que o sofista, do início do século II, Polemo de Esmirna[89] declamava sobre certos temas, todos históricos: Demóstenes jura que ele não aceitou um suborno de cinqüenta talentos, como alegava Demades; os gregos deviam abater seus monumentos de vitória depois da guerra do Peloponeso; Xenofonte decide morrer após a execução de Sócrates; e Demóstenes aconselha os atenienses a fugir em suas trirremes ao aproximar-se Filipe.[90] Nenhuma dessas declamações chegou até nós, mas duas outras sim. Ambas são históricas, a respeito das propostas dos pais de dois gregos, Cinégrio e Calímaco, que tombaram em Maratona, para a honra de pronunciar o discurso fúnebre por todos os que tinham morrido em Maratona.[91]

Polemo representava o mais alto nível que uma pessoa educada podia alcançar no mundo greco-romano. Seu talento, conhecimento e habilidades, tão manifestos em suas declamações sobre Cinégrio e Calímaco, o qualificaram

---

[84] Ver Rufo, *Rhet.* 17 (402, 13-14 Spengel-Hammer).
[85] Ver Rufo, *Rhet.* 17-20 (402, 14-22 Spengel-Hammer).
[86] Ver Rufo, *Rhet.* 21-25 (402, 23-404, 8 Spengel-Hammer).
[87] Ver Rufo, *Rhet.* 27-34 (404, 13-406, 9 Spengel-Hammer).
[88] Sobre a declamação e todo o *ethos* retórico, ver Donald A. Russell, *Greek Declamation* (Nova Iorque: Cambridge University Press, 1983).
[89] Sobre Polemo, ver Filóstrato, *Vit. Soph.* 530-44.
[90] Ver Filóstrato, *Vit. Soph.* 542-43.
[91] Ver o texto e a tradução dessas duas declamações em William Reader, *The Severed Hand and the Upright Corpse: The Declamations of Marcus Antonius Polemo* (SBLTT 42; Atlanta: Scholars Press, 1996), p. 100-183.

para falar como embaixador em nome de Esmirna diante do imperador Adriano; para discursar aos atenienses reunidos por ocasião do término, após mais de quinhentos anos, do templo de Zeus Olímpico; para receber numerosas honras do imperador; e, eventualmente, para ser incluído pelos sofistas posteriores entre os próprios imortais.[92]

A estatura de Polemo como primeiro sofista do seu tempo ressalta o abismo que existia entre ele e um menino anônimo que tentava "com extrema dificuldade" escrever a letra β cinco vezes sobre um "papiro barato e grosseiro" que ele tinha em sua mão de analfabeto.[93] Estes eram, naturalmente, os extremos do nível educacional, mas indicam a esfera dentro da qual situar o nível educacional do próprio Paulo.

PARTE II. PAULO E A EDUCAÇÃO GRECO-ROMANA

As cartas de Paulo, a despeito de seus desmentidores, denotam uma pessoa que havia passado pela seqüência curricular da educação greco-romana. Resta confirmar essa afirmação com testemunhos, embora apenas uma amostragem de textos possa ser analisada aqui.

O currículo primário era tão fundamental que se poderia supor que qualquer um que recebia a alfabetização grega tivesse passado por essa etapa inicial da educação. Contudo, alguns traços da educação primária de Paulo são ainda visíveis em suas cartas. Em Gl 6,11, por exemplo, ele se refere às letras grandes que ele está usando quando ele mesmo escreveu os oito versículos finais dessa carta.[94] A função desse autógrafo e de suas grandes letras tem sido explicada de vários modos,[95] mas a referência de Paulo à sua caligrafia relembra o primeiro orgulho da criança ao aprender a escrever suas letras de modo claro, correto e bonito. Conseqüentemente a escrita à mão tinha importância e a referência de Paulo à sua escrita certamente chamou a atenção dos gálatas para ela e para alguma avaliação dela.

Em 1Cor 15,33, Paulo cita um verso poético: "As más companhias corrompem os bons costumes". Ele não cita a fonte, embora autores posteriores tenham atribuído o verso seja a Eurípides, seja a Menandro.[96] Tem sido afirmado que

---

[92] Ver Filóstrato, *Vit. Soph.* 531, 532-33 e 616.
[93] Ver P. Vindob. G. 41103, publicado em Harrauer e Sijpesteijn, *Neue Texte*, 31 e Tafel 2. Citações de Cribiore, *Writing, Teachers, and Students*, p. 180.
[94] Para outros exemplos de cartas que Paulo termina escrevendo de próprio punho, ver 1Cor 16,21-34; Fm 19-25; cf. Cl 4,18; 2Ts 3,17-18. Cf. Rollin A. Ramsaran, *Liberating Words: Paul's Use of Rhetorical Maxims in 1 Cor 1-10* (Valley Forge, Pa.: Trinity Press International, 1996).
[95] Tem sido afirmado que essas letras grandes eram devidas à deformação das mãos pelo trabalho de fabricante de tendas (ver Adolf Deissmann, *Paul: A Study in Social and Religious History* [trad. W. E. Wilson; 2ª ed.; Londres: Hodder & Stoughton, 1926], p. 14) ou que o tamanho delas servia apenas para ressaltar o conteúdo desses oito últimos versículos (ver Hans Dieter Betz, *Galatians: A Commentary on Paul's Letter to the Churches in Galatia* [Hermeneia; Filadélfia: Fortress Press, 1979], p. 314).
[96] Esse verso tinha sido usado já por Diodoro de Sicília (16.54.4), mas também sem atribuição. Para detalhes sobre a atribuição a Menandro e especificamente à sua comédia intitulada *Thaís*, ver Alfred Koerte, ed., *Menandrii quae supersunt* (Leipzig: B. G. Teubner, 1959), frg. 187. Sobre Eurípides, ver Augustus Nauck, ed., *Tragicorum*

"conclusões a respeito da educação literária de Paulo não devem ser tiradas" dessa citação, presumivelmente porque o verso tornou-se independente da fonte e por isso era meramente um provérbio popular.[97]

Mas esse verso permite que tiremos algumas conclusões a respeito da educação de Paulo. Os provérbios populares eram, como vimos, as primeiras sentenças que os alunos usavam quando aprendiam a ler ao atingirem os últimos períodos do currículo primário. Dada a sua preeminência nos textos escolares, os provérbios naturalmente se tornaram também parte do primeiro repertório intelectual desses alunos, que eles podiam utilizar pela vida afora. Ademais, para usar a terminologia de Morgan, Eurípides e Menandro eram dois dos autores principais na educação grega, especialmente como fontes de provérbios na primeira etapa, mas também como autores lidos durante o currículo secundário.[98] Em suma, que Paulo cite um provérbio poético, quer de Menandro, quer de Eurípides, é precisamente o hábito que se espera de alguém que passou pelo currículo primário.[99]

A evidência da educação secundária de Paulo é também manifesta, embora mais óbvia na sua habilidade para citar e interpretar textos literários – que eram, no seu caso, as escrituras judaicas em grego, ou a Septuaginta – do que no estudo mais técnico da gramática. Porém, alguns sinais do estudo da gramática aparecem, tais como a cuidadosa distinção que faz Paulo entre o singular e o plural de um termo no seu entendimento das promessas a Abraão (Gl 3,16). É possível também que a linguagem e a sintaxe de Paulo em Gl 2,14 reflita o conhecimento de uma forma usada na escola, a saber, a forma de uma historieta, ou *chreia*, já que Paulo expressou o incidente de Antioquia com Pedro formalmente como uma *chreia*, que é reconhecível nas palavras "quando eu vi... eu disse:...". As *chreiai* eram usadas nas aulas do secundário, como vimos, e especificamente como um avançado exercício de declinação. Mas o hábito de exprimir-se na forma de *chreia* pode ter sido aprendido já no currículo primário, como é ilustrado pelo P. Bour. 1, onde todas as cinco *chreiai* têm a forma "quando Diógenes viu... ele disse:...".[100] Porém, a forma da *chreia* estava certamente arraigada nas mentes dos alunos na época em que a declinavam durante o currículo secundário.

Mas são as muitas citações que Paulo faz da Septuaginta – quase noventa citações explícitas conforme Jerome Murphy-O'Connor[101] – que o identificam como um freqüentador do currículo secundário e de fato uma pessoa educada. A familiaridade de Paulo com a Septuaginta lhe permitia, quando necessário, citar passagens apropriadas que acrescentariam persuasão e graça a seus argumentos.

Graecorum Fragmenta (2ª ed. rev. [B. Snell]; Hildesheim, Alemanha: Georg Olms Verlagsbuchhandlung, 1964), frg. 1024.

[97] Ver Hans Conzelmann, *1 Corinthians: A Commentary on the First Epistle to the Corinthians* (trad. J. Leitch; Hermeneia; Filadélfia: Fortress Press, 1975), p. 278n. 139.

[98] Ver Morgan, *Literate Education*, p. 71.

[99] Sobre o hábito de Paulo de citar provérbios, ver, p. ex., 1Cor 5,6; 2Cor 9,7; Gl 5,9; 6,7. Cf. Ramsaran, *Liberating Words*.

[100] Sobre quatro *chreiai* atribuídas a Diógenes, ver P.Bour. 1, linhas 141-67 (= Collart, *Les Papyrus Bouriant*, p. 23-24).

[101] Ver Murphy-O'Connor, *Paul*, p. 47.

É nesse contexto que a citação de Eurípides ou Menandro em 1Cor 15,33 deve ser revista, como também a cena lucana de Paulo em Atenas, na qual o apóstolo cita brevemente o filósofo Epimênides e o poeta Arato (At 17,28). Portanto, a impressão que temos de Paulo por suas cartas e também pelos Atos é a de uma pessoa que seria considerada educada pelo menos até o currículo secundário.

Que a educação de Paulo ultrapassou a etapa secundária é também claro e de novo as cartas são o testemunho. Essas cartas, por sua extensão, complexidade e vigor, claramente indicam um autor que recebeu um treinamento continuado em composição e retórica, e era somente durante o currículo terciário que tal instrução era dada. Por conseguinte, é necessário um estudo mais aprofundado sobre o conhecimento que Paulo possuía das formas dos *progymnasmata* e também das formas e regras da argumentação e do discurso retóricos.

Como vimos, o aprendizado dos recursos fundamentais da composição começou com os *progymnasmata*, e a composição de cartas é mencionada, ainda que brevemente, em um dos *progymnasmata* avançados, a saber, no undécimo exercício, a caracterização (*ēthopoiia*).[102] Esse breve tratado sugere, porém, que a redação de cartas não era o primeiro exercício para se aprender a caracterização, embora a aplicabilidade dos recursos aprendidos nesse exercício escolar à redação de cartas é todavia óbvio, enquanto aqui também o autor da carta tinha de expressar seu caráter, seu *ēthos*,[103] em resposta a uma situação específica.

O método prescrito para compor uma caracterização era estruturá-la no tempo, começando com o presente, depois indo para o passado e finalmente olhando para o futuro. A familiaridade de Paulo com esse avançado *progymnasma* é talvez mais clara na sua mais breve carta, escrita a Filêmon. Em síntese, o contexto é que Paulo deseja enviar o escravo Onésimo de volta a seu senhor Filêmon, mas também obter de Filêmon a permissão para Onésimo voltar para ajudá-lo (a Paulo). Com exceção de algumas convenções epistolares – endereço (vv. 1-3), ação de graças (vv. 4-7) e saudações finais e bênção (vv. 23-25) –, a Carta a Filêmon revela as convenções de uma *ēthopoiia*. Com efeito, poderíamos sintetizar o conteúdo do restante da carta (vv. 8-22) como se fosse uma *ēthopoiia*: que palavras Paulo poderia dizer ao tentar interceder em favor de Onésimo.

Em todo caso, a argumentação de Paulo em favor de Onésimo manifesta, por um lado, um esquema temporal e, por todo o argumento, Paulo adota, por outro lado, um caráter, um *ēthos*, que se enquadrava precisamente na situação do momento. Paulo começa sua *ēthopoiia* com a situação presente, dizendo que a carta é um apelo em favor de seu filho Onésimo (vv. 8-10a). Depois recorda o passado, mencionando a conversão de Onésimo enquanto estava com ele, Paulo (v. 10b); a inutilidade anterior de Onésimo para seu senhor (v. 11); o desejo precedente de Paulo de reter Onésimo, desejo suplantado por sua vontade de não fazer nada sem o consentimento de Filêmon (vv. 13-14); e a sugestão de Paulo quanto ao motivo pelo qual Onésimo deixou seu senhor anteriormente (v. 15).

---

[102] Ver Teon, *Progymn.* 10 (2.115, 20-22 Spengel), e Nicolau, *Progymn.* 10 (67, 2-5 Felten).
[103] Para essa definição de caráter, ver João de Sardes, *Comm. in Aphth.* 11 (200, 18 Rabe).

Finalmente, Paulo olha para o futuro no qual Filêmon pode ter Onésimo de volta para sempre, embora como mais que um escravo (v. 16), pode acolhê-lo como se fosse o próprio Paulo (v. 17), e pode confiar que qualquer prejuízo causado por Onésimo será ressarcido pelo próprio Paulo, garantia reforçada ainda mais pela repetição de Paulo com sua assinatura – "Eu pagarei" (v. 18-19). Paulo termina com um olhar para um futuro mais distante, rezando para lhe seja possível visitar Filêmon e até lhe pede que lhe prepare um quarto (vv. 21-22).

Em todo esse apelo, no qual Paulo segue a seqüência temporal prescrita, ele também toma grande cuidado para se caracterizar de um modo que sirva para favorecer seu pedido. Paulo se apresenta numa tremenda necessidade de Onésimo, ressaltando sua presente situação de prisioneiro (v. 9; cf. v. 1) e idoso (v. 9), embora não sem alusões à sua caracterização a longo prazo como apóstolo (cf. v. 8). Junto com sua autodescrição, Paulo faz a caracterização de Onésimo como seu filho (v. 10; cf. vv. 11. 17) e a caracterização de Filêmon como homem que foi generoso no passado (v. 7), e ainda tem autoridade legal sobre Onésimo (vv. 14. 16), mas também é devedor de Paulo (v. 19). Todas essas caracterizações reforçam o apelo de Paulo a tal ponto que Filêmon pouco podia fazer senão mandar de volta Onésimo para Paulo, a fim de que ele, filho de Paulo, o pudesse ajudar na sua prisão e na sua velhice.[104] As convenções *progymnásticas* da *ēthopoiia* são, pois, analiticamente úteis para a leitura da Carta a Filêmon e, por conseguinte, para avaliar o nível da educação formal de Paulo. Porque essa carta demonstra o conhecimento que Paulo tinha das convenções para se escrever uma *ēthopoiia* epistolar, ela revela uma educação que atingiu a etapa terciária.

A *ēthopoiia* tem sido proposta como uma forma também para a carta mais longa de Paulo, a Carta aos Romanos, mas aí o seu uso é diferente o bastante para merecer maior atenção. Em sua pioneira releitura de Romanos, Stanley K. Stowers afirma,[105] entre outras coisas, que Paulo usou *prosōpopoiia*, termo que Stowers tira de Teon mas que foi mais tarde suplantado por *ēthopoiia* em Hermógenes, Aftônio e Nicolau. Ambos os termos, porém, referem-se a quase o mesmo exercício. Seja como for, Stowers entende *prosōpopoiia* no sentido de invenção de um personagem por meio de discurso seja para uma pessoa conhecida, seja para uma imaginada, sendo esta última um tipo de pessoa, tal como um general ou um soldado.[106] Mas Stowers também volta à análise que Quintiliano faz da *prosōpopoiia*, que enfatiza que por esta figura de pensamento um autor pode dar variação à sua oratória, introduzindo pensamentos interiores dos adversários, conversas de outros, ou até conversas entre o autor e outros. Quintiliano acrescenta também que não é necessário identificar a mudança de oradores.[107]

---

[104] Ver ainda Ronald F. Hock, "A Support for His Old Age: Paul's Plea on Behalf of Onesimus", em *The Social World of the First Christians: Essays in Honor of Wayne A. Meeks* (ed. L. M. White e O. L. Yarborough; Minneapolis: Fortress Press, 1995), p. 67-81, esp. p. 74-80.

[105] Ver Stanley K. Stowers, *A Rereading of Romans: Justice, Jews, and Gentiles* (New Haven: Yale University Press, 1994). Quase o mesmo tema aparece em sua obra "Romans 7:7-25 as a Speech-in-Character (προσωποποιία)" em *Paul in His Hellenistic Context* (Ed. T. Engberg-Pedersen; Minneapolis: Fortress Press, 1995), p. 180-202.

[106] Ver Stowers, *Rereading of Romans*, p. 17.

[107] Ver Quintiliano, *Inst. orat.* 9.2.29-37. Cf. Stowers, *Rereading of Romans*, p. 20.

Finalmente, Stowers refere-se ao tratado de Hermógenes sobre a *ēthopoiia*, que inclui a estrutura formal da *ēthopoiia*, na qual existe a seqüência temporal de presente, passado e futuro.[108] Com essa compreensão de *prosōpopoiia*, Stowers propõe que Paulo fez uso dessa técnica em Rm 2,1-16; 2,17-29; e 7,7-25.[109] Sua análise é fascinante e profunda em muitos pontos, mas também não é sem problemas. Por um lado, as duas primeiras passagens citadas não são realmente *prosōpopoiia*. Por exemplo, em Rm 2,1-16, Paulo não pôs palavras na boca de seu imaginário *prosōpon* (literalmente, "face" e, por extensão, "pessoa"), um gentio fictício.[110] Ao invés, Paulo é virtualmente o locutor único, de modo que o termo de Quintiliano *apostrophae*, estudado imediatamente depois de *prosōpopoiia*,[111] é mais apropriado, já que Paulo está *se dirigindo* a seu imaginário *prosōpon*. *Apostrophae* é também o termo adequado para 2,17-27, porque Paulo continua dirigindo-se a um imaginário *prosōpon*, embora agora seja um judeu mestre dos gentios.

Por outro lado, a proposta de que Rm 7,7-25 é também um exemplo de *prosōpopoiia* é mais promissora. Stowers segue os autores modernos, vendo a primeira pessoa do singular desses verbos como não autobiográfica, e assume, ao invés, um fictício "eu", especificamente um gentio que não tem autodomínio se bem que esteja tentando viver conforme a Lei.[112] Além disso, Stowers analisa esses versículos segundo os termos da estrutura temporal de Hermógenes para uma *ēthopoiia*. Com certeza, todos os três tempos aparecem nesses versículos, mas sua ordem não segue a de Hermógenes porque a seqüência é passado (7,7-11), depois presente (14-24a,25), com nenhum futuro virtualmente, exceto um breve olhar para o futuro no fim da seção que trata do presente (24b).[113]

Com outras palavras, enquanto alguém diferente de Paulo está falando em Rm 7,7-25, o que faz essa passagem conformar melhor com as convenções da *prosōpopoiia*, as características formas desse discurso não se enquadram nas prescrições temporais da *ēthopoiia*, pois não só o presente e o passado estão invertidos, mas o futuro mal é incluído e depois inserido na seção sobre o presente. Assim, esse exemplo de *prosōpopoiia* é bem irregular, e resta ver quanta diversidade da forma era admissível para ainda ser reconhecida como *prosōpopoiia*.

Foi proposto o testemunho do uso paulino de um outro *progymnasma*. Bruce J. Malina e Jerome H. Neyrey afirmam que Paulo, quando escreveu sobre si mesmo, seguiu as convenções do encômio, composição que descreve as qualidades excelentes de um indivíduo.[114] Analisam especificamente Gl 1,12-2,14; Fl 3,2-11; e 2Cor 11,21-12,10 e, em cada passagem, encontram correspondência

---

[108] Ver Hermógenes, *Progymn*. 9 (21, 19-22, 3 Rabe). Cf. Stowers, *Rereading of Romans*, p. 270.
[109] Ver Stowers, *Rereading of Romans*, p. 36-37, 39, 100-104, 143-50, 264-72.
[110] Ver id., p. 100.
[111] Ver Quintiliano, *Inst. orat*. 9.2.38-39.
[112] Ver Stowers, *Rereading of Romans*, p. 264.
[113] Ver id., p. 270.
[114] Ver Bruce J. Malina e Jerome H. Neyrey, *Portraits of Paul: An Archaeology of Ancient Personality* (Louisville: Westminster John Knox, 1996), p. 19-62. Sobre esta definição de encômio, ver Hermógenes, *Progymn*. 7 (14, 17-18 Rabe); para uma descrição abrangente desse *progymnasma*, ver Hunger, *Literatur*, 1: p. 104-6.

entre o conteúdo e a seqüência da informação de Paulo sobre si e o que é prescrito para um encômio.[115]

Malina e Neyrey consultam vários *progymnasmata*, mas dependem sobretudo de Aftônio para sua compreensão do conteúdo e da seqüência de um encômio. Eles então apresentam a seguinte ordem de conteúdo junto com os respectivos termos gregos em transliteração: primeiro, contexto familiar e nascimento (*eugeneia*); depois, criação e formação (*anastrophē*); em seguida, realizações e feitos (*epitēdeumata kai praxeis*); e, finalmente, comparação (*synkrisis*).[116]

Em seguida Malina e Neyrey comparam os textos paulinos com as prescrições para um encômio, mas apenas um texto pode ser analisado aqui. Assim, em Gl 1,10-2,21, o mais longo relato autobiográfico de Paulo, eles o vêem seguindo essas prescrições e as correlacionam do seguinte modo:

I. Introdução (1,10-12) – O divino evangelho de Paulo
II. Estilo de vida (*anastrophē*) (1,13-17) – O *ēthos* de Paulo
   A. 1,13-14 – Como perseguidor da igreja
   B. 1,15-17 – Como pregador do evangelho
III. Feitos (*praxeis*) (1,18-2,10) – Conduta de Paulo
   A. 1,18-20 – Em Jerusalém
   B. 1,21-24 – Na Síria e na Cilícia
   C. 2,1-10 – Em Jerusalém
IV. Comparação (*synkrisis*) (2,11-21) – Cefas e Paulo
   A. 2.11-14 – Eventual: em Antioquia
   B. 2,15-21 – Geral: Paulo e os judeus messiânicos
V. Conclusão (2,21) – Paulo e o favor divino[117]

A análise que fazem dessa estrutura e de seu conteúdo salienta vários pontos de contato com o encômio: Paulo usa o termo técnico *anastrophē* para "estilo de vida" (1,13); faz referência a seu *ethnos*, ou grupo étnico (1,13-14), e a sua *genesis*, ou nascimento (1,15); fala da sua *paideia*, ou educação (1,18-24); de seus *epitēdeumata* e *praxeis*, ou realizações e feitos que demonstram sua virtude, tais como a coragem que ele mostrou diante das exigências que ele submete (2,5); ou da sua fortuna, por exemplo o aumento da sua reputação mediante uma reunião com os apóstolos-colunas (2,7-9); e finalmente faz uso da *synkrisis*, ou comparação, como é evidente no seu confronto com Pedro em Antioquia (2,11-14).[118] Como conseqüência, Malina e Neyrey concluem que "o encômio aparece amplamente como o modelo para os comentários de Paulo a seu respeito nesse texto de Gálatas".[119]

---

[115] Ver Malina e Neyrey, *Portraits of Paul*, p. 34-60.
[116] Ver id., p. 23-33. Para um tratado completo, ver esp. Aftônio, *Progymn*. 8 (21, 20-21, 11 Rabe). Cf. Hermógenes, *Progymn*. 7 (15, 18-17, 4 Rabe).
[117] Ver Malina e Neyrey, *Portraits of Paul*, p. 35-38.
[118] Ver id., p. 38-50.
[119] Id., p. 50. Deve ser ressaltado que eles usam o encômio nessa análise de Gálatas porque sustentam que esse *progymnasma* dá acesso a um modelo implícito de personalidade mediterrânea. Daí que o verdadeiro

À primeira vista, essa análise do conteúdo e da seqüência dos comentários de Paulo sobre si mesmo é fascinante e até persuasiva. Mas quando se examina mais de perto, surge uma série de problemas. Em primeiro lugar, ao contrário do que dizem Malina e Neyrey, o uso paulino de *anastrophē* (1,13) não corresponde ao termo técnico usado por Aftônio para um dos elementos estruturais do encômio.[120] O termo de Aftônio é ἀνατροφή, *anatrophē* ("criação").[121] Em segundo lugar, as referências de Paulo a seu *genos*, ou raça (v. 14), e a seu nascimento (v. 15) não pertencem de modo algum ao tópico da *anatrophē*. Com efeito, Aftônio não menciona o nascimento; Hermógenes sim, e ele considera o nascimento como um tópico separado, que antecede o termo que usa para criação, τροφή, *trophē*.[122] Em terceiro lugar, *epitēdeumata* e *praxeis* não pertencem ao mesmo tópico.[123] Este último é um elemento separado,[124] e o primeiro é, conforme Aftônio, uma subdivisão de *anatrophē*.[125] Ademais, *epitēdeumata* não significa "realizações", mas algo semelhante a "carreira".[126] Com outras palavras, parece mais apropriado considerar a vida precedente de Paulo de perseguidor (1,13) e sua vida presente de apóstolo (1,16.23) como seus *epitēdeumata*. Em quarto lugar, mesmo o confronto entre Pedro e Paulo (2,11-14), que Malina e Neyrey qualificam como *synkrisis*, ou comparação, é um tanto arbitrário, pois eles descuidam as outras comparações de Paulo, como as com seus contemporâneos no seu zelo pelas tradições de seus pais (1,14) e com os falsos irmãos de Jerusalém (2,4-5). Essas duas últimas passagens poderiam também ser denominadas *synkriseis*. Mais ainda: a *synkrisis* surgiu como parte estrutural de um encômio só no século II da Era Comum, na análise que Hermógenes fez do encômio e ele só a inclui como o último de quinze tópicos possíveis num encômio.[127] Teon, um contemporâneo de Paulo mais novo que ele, faz apenas uma fugaz referência à comparação entre uma miríade de outros tópicos para um encômio.[128] Além disso, a estrutura de Teon para um encômio em nada se parece com a que se encontra em Hermógenes e que é padronizada mais tarde em Aftônio.

Em suma, a análise de Gl 1,10-2,21 feita por Malina e Neyrey não é convincente, pelo menos no nível formal, embora sua problemática análise, bem como a de Stowers, não deva ser interpretada como um argumento contra a pesquisa

---

propósito de sua análise é tirar a conclusão seguinte de que "Paulo apresentava-se como a pessoa perfeitamente orientada para o grupo, ... totalmente dependente das expectativas do grupo e a mão controladora das forças [externas]: ancestrais, grupos, Deus" (p. 51).

[120] Ver id., p. 24, 27, 38.
[121] Ver Aftônio, *Progymn*. 8 (22, 3 Rabe).
[122] Ver Hermógenes, *Progymn*. 7 (15, 19-16, 1 Rabe).
[123] Ver Malina e Neyrey, *Portraits of Paul*, p. 39.
[124] Ver Aftônio, *Progymn*. 8 (22, 5-9 Rabe).
[125] Ver Aftônio, *Progymn*. 8 (22, 3-4 Rabe).
[126] Os comentadores de Aftônio explicam *epitēdeumata* como a vida que a pessoa escolhe, tal como ser um filósofo, orador ou soldado (ver João de Sardes, *Comm. in Aphth*. 8 [130, 21-131, 24 Rabe] e Doxapatres, *Hom*. 8 [2.429, 29-430, 22 Walz]).
[127] Ver Hermógenes, *Progymn*. 7 (17, 2-4 Rabe).
[128] Teon, *Progymn*. 8 (2.111, 1-3 Spengel).

em Paulo de técnicas de composição em termos dos *progymnasmata*; apenas um apelo para análises mais cuidadosas e sofisticadas.

Resta, finalmente, estudar o provável tirocínio de Paulo na retórica, ainda que muito mais brevemente, em parte porque esse aspecto da educação de Paulo tem merecido recentemente extensiva atenção, embora indireta. Este surto recente de interesse pela análise retórica das cartas de Paulo começou com a hipótese de Hans Dieter Betz de que Gálatas segue a estrutura e os argumentos de um discurso forense e especificamente uma carta apologética.[129]

Betz observou que os autores precedentes haviam ressaltado os conteúdos de Gálatas mas deixaram de apresentar qualquer critério que justificasse seus esquemas.[130] Ele encontra esses critérios na estrutura e nas regras que regem o discurso forense, e assim ele propõe que a situação epistolar que Paulo vivia ao escrever a carta era judicial, sendo os adversários gálatas de Paulo os acusadores, Paulo, o acusado, e os gálatas, o júri.[131] A carta é, pois, a defesa que Paulo faz do seu ministério, e ela está organizada conforme as partes de um discurso forense, desta forma:[132]

I. O Preâmbulo (1,1-5)
II. O *Exordium*, ou Introdução (1,6-11)
III. A *Narratio*, ou Descrição dos Fatos (1,12-2,14)
IV. A *Propositio*, ou Tema (2,15-21)
V. A *Probatio*, ou Prova (3,1-4,31)
VI. A Parênese (5,1-6,10)
VII. O Pós-escrito (6,11-18)

Betz compara o que Paulo diz em cada parte com as exigências daquela parte conforme é descrita nos manuais de retórica. Por exemplo, cita a definição de *narratio* como a exposição do que tem sido feito; nota as qualidades de clareza, brevidade e plausibilidade que se esperavam de uma *narratio* e depois indica como Gl 1,12-2,14 funciona como a *narratio* de Paulo e reflete as mesmas qualidades mencionadas nos manuais.[133] Toda a análise de Gálatas feita por Betz foi suficientemente detalhada, sofisticada e nova para seu artigo despertar extraordinário interesse, ainda que em boa parte crítico. A crítica, porém, não questionou o uso das categorias retóricas,[134] mas rejeitou sua hipótese específica

---

[129] Ver Hans Dieter Betz, "The Literary Composition and Function of Paul's Letter to the Galatians", *NTS* 21 (1974-75): p. 353-79. A análise retórica desse artigo foi assumida no seu comentário *Galatians: A Commentary on Paul's Letter to the Churches in Galatia* (Hermeneia; Filadélfia: Fortress Press, 1979). Ver também o ensaio programático de Edwin A. Judge, "Paul's Boasting in Relation to Contemporary Professional Practice", *ABR* 16 (1968): p. 37-50.

[130] Ver Betz, "Literary Composition", p. 353.

[131] Ver id., p. 377.

[132] Ver id., p. 355-77.

[133] Ver Betz, id., p. 362-67.

[134] Para algumas cauções no uso das categorias retóricas, ver Stanley E. Porter, "The Theoretical Justification for Application of Rhetorical Categories to Pauline Literature", em *Rhetoric and the New Testament: Essays from the 1992 Heidelberg Conference* (ed. S. E. Porter e T. H. Olbricht; JSNTSup 90; Sheffield, Inglaterra: JSOT, 1993), p. 100-122. Para uma completa rejeição de tal análise, porém, ver Philip H. Kern, *Rhetoric and Galatians: Assessing*

de que Gálatas é um discurso forense, contrapropondo categorizar e analisar essa carta como um discurso deliberativo.[135]

Um problema que os críticos de Betz têm com sua análise é a sua incapacidade de incorporar a seção exortativa da carta (5,1-6,10) num esquema judicial. Sem dúvida, Betz reconhece o problema, mas seu apelo à *parenesis* nas cartas filosóficas não o resolve.[136] E o problema não termina aqui,[137] mas um ponto essencial das críticas é a convicção de que Paulo não está tanto defendendo a si próprio quanto tentando persuadir os gálatas a continuar a viver seu evangelho e não o dos adversários. Com essa visão da situação epistolar, os críticos de Betz reclassificaram a carta como deliberativa e mostraram que ela obedece à estrutura e às funções de um discurso deliberativo. Um tal esquema deliberativo para Gálatas é o de Robert G. Hall:[138]

I. Saudação/Exórdio (1,1-5)
II. Proposição (1,6-9)
III. Prova (1,10-6,10)
   A. Narração (1,10-2,21)
   B. Tópicos adicionais (3,1-6,10)
IV. Epílogo (6,11-18)

Mesmo se a análise específica de Betz que vê Gálatas como retórica judicial recebeu críticas, tem tido no entanto uma enorme influência nos estudos paulinos, pois deu origem a uma onda de estudos que aplicaram as categorias retóricas às outras cartas de Paulo.[139] Especialmente notável é o recente esforço para ir além da classificação pelo gênero retórico para concentrar-se em cuidadosas análises da argumentação de Paulo em termos de figuras retóricas – por exemplo, pleonasmo, perífrase, parêntese, ironia, hipérbole, questões retóricas, personificações, alegoria, antítese, para apenas mencionar algumas das figuras que R. Dean Anderson encontra em Gl 1,11-2,21 apenas.[140]

É surpreendente, todavia, que tenha havido reticência da parte de alguns autores no atribuir a sofisticação retórica de Paulo a alguma educação formal de sua parte. Por exemplo, no seu livro, *New Testament Interpretation through*

---

an Approach to Paul's Epistles (Nova Iorque: Cambridge University Press, 1998), p. 257-58: "Paulo escreveu Gálatas independentemente das regras da retórica greco-romana".

[135] Ver, p. ex., George KENNEDY, *New Testament Interpretation through Rhetorical Criticism* (Chapel Hill: University of North Carolina Press, 1984), p. 144-52; Robert G. HALL, "The Rhetorical Outline for Galatians: A Reconsideration", *JBL* 106 (1987): p. 277-87; e especialmente Joop SMIT, "The Letter of Paul to the Galatians: A Deliberative Speech", *NTS* 35 (1989): p. 1-26.

[136] Ver BETZ, "Literary Composition", p. 375-76.

[137] Ver especialmente SMIT, "Deliberative Speech", p. 2-9.

[138] Ver HALL, "Rhetorical Outline", p. 282-87.

[139] Para um sumário das análises retóricas dos exegetas sobre as Cartas aos Tessalonicenses, aos Coríntios, ao Filipenses e aos Romanos, ver Stanley E. PORTER, "Paul of Tarsus and his Letters", em *Handbook of Classical Rhetoric in the Hellenistic Period, 330 B.C.-A.D.400* (ed. S. E. Porter; Leiden: E. J. Brill, 1997), p. 533-85, esp. p. 547-61. Mesmo a Carta a Filêmon não escapou a tal análise, embora omitida por Porter; ver F. Forrester CHURCH, "Rhetorical Structure and Design in Paul's Letter to Philemon", *HTR* 71 (1978): p. 17-33.

[140] Ver ANDERSON, *Rhetorical Analysis*, p. 130-37.

Rhetorical Criticism, George A. Kennedy afirma: "Não é uma premissa necessária deste estudo que (...) São Paulo tenha estudado formalmente a retórica grega. (...) Havia muitos manuais de retórica acessíveis em circulação que ele pode ter visto".[141] E Stowers se guarda de supor esse estudo de Paulo, dizendo que "o nível da educação grega de Paulo iguala-se mais ou menos à de alguém que recebeu a instrução primária de um *grammaticus*, ou professor de letras, e depois estudou a composição de cartas e alguns exercícios elementares de retórica".[142]

E no entanto, considerando o emprego difuso, variado e acurado das formas e do estilo retóricos nas cartas paulinas que Betz e outros têm salientado, é difícil não tirar a conclusão de que Paulo tinha a prática retórica formal.[143] Essa conclusão é provável, ainda que seja verdadeira a afirmação de Lucas de que Paulo estudou em Jerusalém com Gamaliel (At 22,3), pois Martin Hengel reuniu consideráveis provas da instrução retórica em Jerusalém, onde Paulo bem pode ter aprendido e praticado retórica nas sinagogas de língua grega.[144] Os anos da pregação missionária certamente treinaram as habilidades retóricas de Paulo, mas parece melhor admitir que a sua pregação se fundamentava num estudo e numa prática muito anteriores sob a guia de um rétor.

Conseqüentemente, ainda que Paulo não possa ser colocado ao lado de sofistas como Polemo, o que ele próprio admitiu quando disse que era um completo amador quando se tratava de falar (2Cor 11,6; cf. 10,10), sem dúvida ele estava mais próximo de Polemo no seu nível educacional do que do menino que estava começando a escrever. O próprio ensino básico era um fator que já teria colocado esse menino dentro de uma pequena porcentagem de pessoas que eram alfabetizadas. Mas o nível educacional muito mais elevado de Paulo – que incluía não só a escola primária mas também a instrução secundária e terciária – haveria de colocar Paulo, portanto, numa elite de fato muito restrita.

PARTE III. OUTROS RELEVANTES TEXTOS PAULINOS E PAULINISTAS

O leitor é incentivado a ler certo número de outros textos que manifestam a experiência e o nível educacional de Paulo. Aqui está uma amostra:

1Cor 9,24-27 (cf. Gl 2,2; Fl 2,16; 1Tm 6,12; 2Tm 4,7; Tt 2,4): Paulo menciona algumas atividades que eram típicas do ginásio – a corrida, o boxe, os

---

[141] Kennedy, *Rhetorical Criticism*, p. 9-10.
[142] Stowers, *Rereading Romans*, p. 17. Incidentalmente, como vimos acima, o *grammaticus*, ou professor da escola secundária, não ensinava as letras, ou seja, o currículo primário, mas gramática e literatura, e ensinar um exercício retórico elementar como a *prosôpopoiia*, como Stowers supõe para Paulo em Romanos, não era o ofício de um *grammaticus* que ensinava o currículo secundário, mas de um mestre do nível terciário, um professor de retórica. Outro que se guarda de supor que Paulo teve uma educação retórica é R. Dean Anderson, *Ancient Rhetorical Theory and Paul* (Contributions to Biblical Exegesis and Theology 18; Kampen: Kok Pharos, 1996). Ele conclui (p. 249): "Parece bastante improvável que Paulo tenha tido uma instrução retórica formal. (...) *Quando muito*, terá tido conhecimento de certos *progymnasmata*" (o grifo é dele).
[143] Ver também Murphy-O'Connor, *Paul*, p. 49-51.
[144] Ver Hengel, *Pre-Christian Paul*, p. 57-62.

exercícios. O ginásio era também o principal lugar para a instrução educacional, de modo que a descrição específica e acurada que Paulo faz dessas atividades – por exemplo, só um corredor ganha o prêmio (1Cor 9,24) – indica a sua familiaridade com essa instituição atlética e educacional.[145]

2Cor 11,6: Paulo faz uma auto-avaliação depreciativa de suas habilidades retóricas, dizendo que não são melhores que as de um completo amador (ἰδιώτης, *idiōtēs*). Essa afirmação é muitas vezes interpretada no sentido de que faltava a Paulo o treinamento retórico, mas poderia facilmente também ser uma asserção comparativa: as habilidades de Paulo seriam inferiores às de seus adversários em Corinto ou às dos sofistas em geral. Em qualquer um dos casos, pode bem ser que Paulo fosse relativamente inábil, porém talvez mais em termos de sua aparência física do que de suas capacidades, especialmente sua habilidade para escrever cartas impressivas e vigorosas (2Cor 10,10).[146]

Gl 1,14: Somente aqui Paulo se refere explicitamente à sua educação, que segundo ele ultrapassava a de seus contemporâneos, pelo menos no seu conhecimento das tradições farisaicas. A familiaridade de Paulo com a Septuaginta e com sua interpretação provavelmente deriva do seu estudo, que seria equivalente à educação terciária.[147]

Gl 3,1: Paulo diz que, quando pregou aos gálatas, ele retratou Jesus Cristo diante dos olhos deles como crucificado (cf. 1Cor 1,23; 2,2). Pode ser que o uso que faz do verbo προγράφειν, *prographein*, aqui traduzido por "retratar", faça alusão a um outro *progymnasma* que Paulo usava como apóstolo. Este *progymnasma* é um dos mais avançados, ou seja, a descrição (ἔκφρασις, *ekphrasis*). O conhecimento deste *progymnasma* permitiria a Paulo oferecer uma descrição vívida, detalhada e convincente da crucifixão de Cristo.[148]

Gl 3,24-25 (cf. 1Cor 4,15): Paulo caracteriza a Lei como um disciplinador (παιδαγωγός, *paidagōgos*), função social familiar na educação. Especificamente, o *paidagōgos* era um escravo idoso cuja tarefa era, entre outras, acompanhar com segurança o filho de um aristocrata na ida à escola e na volta para casa e monitorar seu comportamento geral. Usando essa metáfora para a Lei em Gl, Paulo recorria talvez a uma experiência pessoal.[149]

At 24,21: Paulo é processado diante do governador Félix por um orador profissional (ῥήτωρ, *rhētōr*) chamado Tertulo (vv. 1-8); então Paulo se defende (vv. 10-21), o que sugere que o autor de Atos considerava Paulo igualmente capacitado para falar nesse foro judicial.[150]

---

[145] Sobre o fato de haver um só prêmio, ver, p. ex., Cariton, 1.2.2. Ver também David J. Williams, *Paul's Metaphors: Their Context and Character* (Peabody, Mass.: Hendrickson, 1999), p. 266-73.

[146] Ver Judge, "Paul's Boasting", p. 37.

[147] Ver ainda Roetzel, *Paul*, p. 22-24.

[148] Ver também Basil S. Davis, "The Meaning of προεγράφη in the Context of Galatians 3:1", *NTS* 45 (1999): p. 194-212.

[149] Ver também David J. Lull, "'The Law Was Our Pedagogue': A Study in Galatians 3:19, 25", *JBL* 105 (1986): p. 489-95.

[150] Ver mais em Bruce Winter, "The Importance of the *captatio benevolentiae* in the Speeches of Tertullus and Paul in Acts", *JTS* 42 (1991): p. 505-31.

Tt 1,12: O provérbio "Os cretenses são sempre mentirosos, animais ferozes, comilões vadios", que pode remontar ao filósofo pré-socrático Epimênides, denota, em todo caso, o hábito dos provérbios aprendido na escola. Esse hábito reencontra-se em outros lugares, por exemplo, "a raiz de todos os males é o amor ao dinheiro" (1Tm 6,10). Mas talvez um exemplo especialmente eloqüente da educação de Paulo venha de um incidente em Atos (ver 21,27-40), no qual Paulo, depois de quase ter sido linchado diante do templo, foi resgatado por um tribuno romano que lhe perguntou, para saber sua identidade, se ele falava grego. Paulo respondeu de um modo que distinguia os educados dos iletrados, usando uma citação literária, neste caso, um verso que ecoa o *Íon* de Eurípides: "Eu sou judeu, de Tarso, da Cilícia, cidadão de uma cidade insigne" (v. 39).[151] Sem dúvida, aqui há quando muito um eco, mas que ganha probabilidade quando comparado com um incidente semelhante em Aquiles Tatius, no qual Clitofon, também no meio de uma rixa num templo, dirige-se à multidão, que se reúne, com estas palavras: "Cavalheiros, que coisas sofri, eu, homem livre e de uma cidade insigne".[152]

PARTE IV. BIBLIOGRAFIA

Estudos clássicos

BONNER, Stanley F. *Education in Ancient Rome: From the Elder Cato to the Younger Pliny*. Berkeley: University of California Press, 1977.
CRIBIORE, Raffaella. *Writing, Teachers, and Students in Graeco-Roman Egypt*. American Studies in Papyrology 36. Atlanta: Scholars Press, 1996.
HUNGER, Herbert. *Die hochsprachliche profane Literatur der Byzantiner*. Handbuch der Altertumswissenschaft 12.5.1-2. Munique: C. H. Beck, 1978.
MARROU, Henri Irénée. *A History of Education in Antiquity*. Trad. G. Lamb. Nova Iorque: Sheed & Ward, 1956. Reimpr. Madison: University of Wisconsin Press, 1982.
MILNE, J. G. "Relics of Graeco-Roman Schools". *JHS* 28 (1908): p. 121-32.
MORGAN, Teresa. *Literate Education in the Hellenistic and Roman Worlds*. Nova Iorque: Cambridge University Press, 1998.
PORTER, Stanley E., ed. *Handbook of Classical Rhetoric in the Hellenistic Period, 330 B.C.-A.D.400*. Leiden: E. J. Brill, 1997.
ROBINS, Robert H. *The Byzantine Grammarians: Their Place in History*. Nova Iorque: Mouton de Gruyter, 1993.
ZIEBARTH, Erich. *Aus der antiken Schule: Sammlung griechischer Texte auf Papyrus, Holztafeln, Ostraka*. 2ª ed. Bonn: A. Marcus & E. Weber, 1913.

Estudos sobre o Novo Testamento

ANDERSON, R. Dean. *Ancient Rhetorical Theory and Paul*. Contributions to Biblical Exegesis and Theology 18. Kampen: Kok Pharos, 1996.
HENGEL, Martin. *The Pre-Christian Paul*. Filadélfia: Trinity Press International, 1991.
KENNEDY, George A. *New Testament Interpretation through Rhetorical Criticism*. Chapel Hill: University of North Carolina Press, 1984.
PORTER, Stanley E., e Thomas H. Olbricht, eds. *Rhetoric and the New Testament. Essays from the 1992 Heidelberg Conference*. JSNTSup 90. Sheffield, Inglaterra: JSOT, 1993.

---

[151] Ver EURÍPIDES, *Íon* 8, que traz a expressão "cidade insigne", e F. F. BRUCE, *The Acts of the Apostles: Greek Text with Introduction and Commentary* (3ª ed.; Grand Rapids: Eerdmans, 1990), p. 453.
[152] AQUILLES TATIUS, *Leucippe and Clitophon*, 8.3.1.

8

PAULO, A EXEMPLIFICAÇÃO E A IMITAÇÃO

Benjamin Fiore, S. J.

Em suas cartas certamente autênticas, Paulo insiste com seus seguidores para que imitem seu exemplo em 1Ts 1,6 e 2,14: Fl 3,17; Gl 4,12 e 1Cor 4,16 e 11,1. O artigo de Wilhelm Michaelis[1] ofereceu uma visão geral do uso paulino, bem como uma introdução à história da prática da imitação nas culturas greco-romana e judaica. A seu ver, a obediência à autoridade é prioridade em 1Cor 4 e é um elemento importante do apelo à imitação em outras passagens. À luz de obras mais recentes, este estudo das cartas paulinas certamente autênticas vai reavaliar o significado do apelo de Paulo a imitar seu exemplo. Para entendermos o uso paulino dentro do contexto retórico de seu tempo, uma descrição da teoria e da prática do uso do exemplo e do apelo à imitação antecede a análise dos textos paulinos.[2]

PARTE I. A EXEMPLIFICAÇÃO NO MUNDO GRECO-ROMANO

Ao analisarem a retórica da persuasão, os retóricos greco-romanos distinguiam várias formas de exemplificação. Além do seu uso no tribunal e na assembléia, o poder do exemplo era reconhecido também na área da exortação moral. O exemplo é um tipo de comparação, e os primeiros tratados de retórica abordavam a εἰκών, *eikōn* (imagem), a παραβολή, *parabolē* (analogia), e a ὁμοίωσις, *homoiōsis* (similitude). O παράδειγμα, *paradeigma* (exemplo) corresponde ao que Paulo usa. O estudo do termo no sentido técnico, porém, começou com a *Retórica para Alexandre* de Anaxímenes e a *Retórica* de Aristóteles,[3] sendo que esta última exerceu um contínuo influxo nos retóricos greco-romanos

---

[1] Wilhelm Michaelis, "μιμέομαι, mimeomai", *TNDT* 4: p. 666-73. Ver Benjamin Fiore, S. J., *The Function of Personal Example in the Socratic and Pastoral Epistles* (AnBib 105. Roma: Biblical Institute Press, 1986), p. 164n. 2, para a bibliografia. Para uma análise do artigo de Michaelis, ver p. 164-68.

[2] Grande parte desse estudo é derivado de Bennet J. Price, "*Paradeigma* and *Exemplum* in Ancient Rhetorical Theory" (Tese Doutoral, University of California at Berkeley, 1975). Ver também Arne Holmberg, *Studien zur Terminologie und Technik der rhetorischen Beweisführung bei lateinischen Schriftstellern* (Uppsala, Suécia: Almqvist & Wiksell, 1913); e Peter Assion, "Das Exempel als agitatorische Gattung: zu Form u. Funktion der kurzen Beispielgeschichte", *Fabula* 98 (1985): p. 72-92.

[3] Aristóteles, *Problems and Rhetorica ad Alexandrum* (LCL. Londres: W. Heinemann, 1936).

posteriores. Anaxímenes define assim o *paradeigma*: "ações que ocorreram anteriormente e que são semelhantes ou opostas às que agora estamos comentando" (8 [1429a.21]). Nessa definição, ele ressalta duas noções. Em primeiro lugar, explica exemplos negativos, ou seja, modos de agir contrários ao que é proposto e erros cometidos por pessoas no passado, ambos os quais devem ser evitados agora (8 [1429a.29-31] e 14 [1431a.26-27]). Em segundo lugar, ele completa os exemplos históricos com exemplos recentes, διὰ τῶν νῦν γενομένων, *dia tōn nyn genomenōn* (8 [1430a.7-9] e παραδείγματα... ἐγγύτατα τοῖς ἀκούουσι χρόνῳ / *paradeigma... engytata tois akouousi chronō* (exemplos que são mais próximos no tempo... dos nossos ouvintes) em 32 (1439a.1-5). Na última passagem, Anaxímenes também declara que os exemplos devem ser bem conhecidos dos ouvintes (γνοριμώτατα, *gnorimōtata*) para que tenham algum impacto.[4]

Anaxímenes observa que o exemplo (*paradeigma*) e o prévio juízo (κρίσις, *krisis*) são ambos introduzidos na organização (*inventio*) do argumento num discurso. São dois diferentes tipos de prova. *Krisis* exprime um juízo sobre uma situação semelhante no passado, ao passo que *paradeigma* oferece uma ilustração de uma situação semelhante. Na verdade, porém, o juízo sobre uma situação semelhante no passado funciona como um paradigma para a ação e a atitude presentes. A diferença é que o juízo prévio, τὸ κεκριμένον, *to kekrimenon*, ou *krisis*, é um procedimento ou método de argumento, ao passo que *paradeigma* é um tipo de prova (1 [1422a.23-27] e 32[1439a.13-17]). Com outras palavras, a *krisis* pretende levar o auditório a uma conclusão como a mencionada, enquanto que o *paradeigma* apresenta testemunhos que, conforme se espera, ajudam o auditório a chegar à conclusão desejada.

Aristóteles se estende mais amplamente a respeito da teoria retórica do que Anaxímenes, que se interessa pela prática.[5] Ele considera o *paradeigma* como uma forma de indução; παράδειγμα... ἐστιν ἐπαγωγὴ καὶ περὶ ποία ἐπαγωγὴ εἴρεται, *paradeima... estin epagōgē kai peri poia epagōgē eiretai* ("Dissemos que o exemplo é uma espécie de indução e com que espécie de material ele lida à maneira de indução"; *Rhet.* 1.2.19 [1357b]). Nas categorias dos exemplos históricos, Aristóteles admite apenas eventos reais e anteriores e seus mencionados protagonistas. À diferença de Anaxímenes, não permite descrições de hábitos, costumes e usanças de povos e estados. Entre os *paradeigmata* fabricados Aristóteles enumera *parabolē* (analogia) e λόγοι, *logoi* (ditos). A primeira é uma analogia diferente dos exemplos históricos em seu uso das circunstâncias da vida real no mundo de cada dia. Essas analogias apresentam tipos de pessoas familiares ao auditório, ao invés de ações passadas de indivíduos específicos. Além disso, a analogia pode ser expressa hipoteticamente, por exemplo, ὁμοίον γὰρ ὥσπερ ἂν ἐι τις, *homoion gar hōsper an ei tis* ("por exemplo, se alguém dissesse"; 2.20.4

---

[4] De um modo geral, o interesse de Anaxímenes é pelos exemplos em discursos forenses ou legislativos, e assim a maior parte de suas observações tem pouca relação direta com os discursos exortativos. Este é amplamente o caso com todos os teóricos retóricos apresentados aqui.
[5] ARISTÓTELES, *Ars rhetorica* (Freese, LCL).

[1393b]). Os últimos são fábulas, e que ele as recomende é surpreendente, dada a sua falta de entusiasmo pelo mito ou por relatos dos poetas.

Em geral os discursos forenses (contando fatos passados, geralmente num contexto judicial) e deliberativos (consideração de possíveis vias de ação, em geral num conselho público) preocupam Aristóteles quando ele recomenda *enthymemes* (prova dedutiva baseada num silogismo) para o primeiro e *paradeigmata* para o segundo tipo de oratória. Margaret Mitchell salienta que "a prova deliberativa pelo exemplo funciona com um apelo implícito ou até explícito para imitar o exemplo ilustre (ou evitar o exemplo negativo)". Este apelo para imitar "é comum num discurso deliberativo, fundamentado como ele é em prova por meio de exemplo".[6] Desde Isócrates (cerca de 436-338 antes da Era Comum) e Demóstenes (384-322 antes da Era Comum) passando por Dion Crisóstomo (cerca de 40-112 antes da Era Comum) e bem no período do império – observa Mitchell – a prova deliberativa por meio de exemplo, muitas vezes combinada com um apelo à imitação, encontra-se em textos deliberativos.[7] Ademais, as cartas deliberativas empregam do mesmo modo a prova por meio de exemplo e o apelo à imitação. Os autores de tais cartas chegam a apresentar-se a si próprios como exemplos ao lado de ancestrais, divindades e personagens históricos.[8] Ao fazê-lo, usavam uma tática sancionada por tratados teóricos como o de Plutarco *De se ipsum citra invidiam laudando* (*Mor.* D-F). Isto leva Mitchell a concluir que "a argumentação deliberativa é caracterizada pela prova por meio de exemplo, e muitas vezes inclui um pedido para que o auditório imite o comportamento do exemplo apreciado (ou não imite um exemplo negativo)". De fato, este é um elemento distintivo na retórica deliberativa.[9]

Quanto aos *enthymemes*, recomendados por Aristóteles para a oratória forense, o exemplo pode ser uma fonte para essas provas dedutivas. O *enthymeme* faz uma afirmação e apresenta uma razão que a comprove. Assim, o exemplo pode dar um princípio de verdade provavelmente universal, a partir do qual pode-se então raciocinar pelo uso de *enthymeme* para uma conclusão particular. O exemplo dá acesso ao universal pelo lampejo da percepção pela qual se passa do conhecimento de um fato particular a um conhecimento direto do princípio correspondente. Com efeito, se a pessoa discerne alguma relevância do exemplo para o princípio universal em primeiro lugar, muito provavelmente já fez uma transição em sua mente do exemplo para o universal.[10]

O exemplo pode também funcionar por analogia e passar de particular a particular sem expressar um universal, como faria um silogismo. Essa característica de capacitar o auditório para extrair analogias diretas das situações exemplares

---

[6] Margaret Mitchell, *Paul and the Rhetoric of Reconciliation: An Exegetical Investigation of the Language and Composition of 1 Corinthians* (Tübingen: J. C. B. Mohr [Paul Siebeck], 1991), p. 42.
[7] Id., p. 43.
[8] Id., p. 45.
[9] Id., p. 46.
[10] William A. Grimaldi, S.J. *Studies in the Philosophy of Aristotle's Rhetoric* (Wiesbaden, Alemanha: Franz Steiner, 1972), p. 104-5.

para suas situações pessoais era bem adequada para discursos e cartas exortativos. Como conseqüência, o recurso ao exemplo tornou-se um elemento distintivo da oratória e das cartas deliberativas.

Falando das vantagens do uso de exemplos, Aristóteles louva a fácil inteligibilidade e a rápida compreensão adquiridas mediante a ilustração de particulares – sem perder a audiência, como poderiam os *enthymemes* – numa demonstração do todo (*Probl.* 18.3 [916.26-36]).[11] Ele também credita aos exemplos o dom de suscitar maior convicção, sendo por sua natureza testemunhas que corroboram o que está sendo provado.

A imitação, ou *mimesis*, está obviamente associada com o exemplo.[12] Aristóteles pensa que a *mimesis* descreve o objetivo da poesia e de toda arte na medida em que reproduzem o modelo da figura exemplar tão fielmente quanto possível. No seu modo de ver, a *mimesis* compartilha a função da ποίησις, *poiēsis* (composição poética), enquanto vai além duma reprodução servil. A *poiēsis* por sua vez está ancorada na realidade do modelo que a inspira. Platão censurava a poesia por causa do papel que ela exerce, especialmente a épica homérica, na educação. Era uma παιδία, *paidia* (uma brincadeira), e não παιδεία, *paideia* (educação para o verdadeiro conhecimento ou filosofia; *Resp.* 606E).[13] Ele rejeitava a abusiva pretensão dos poetas e dos artistas de exercer a função de dirigentes na tradição moral e cultural dos gregos.

Dos três séculos entre Aristóteles e a *Rhetorica ad Herennium* e a *De Inventione* de Cícero, restam poucos testemunhos da evolução da teoria sobre os *paradeigmata*. Sabe-se mais das coleções de *exempla*, que surgiram no final da República e no tempo de Augusto, com a ênfase dos romanos nas figuras exemplares. Uma delas, *Facta et dicta memorabilia*, coleção de nove ou dez livros de Valério Máximo (ano 26 da Era Comum), é claramente um livro retórico de referência, e seus exemplos são organizados em virtudes e vícios, entre outras divisões. Outros compiladores de coleções de exemplos são Nepos e Varro.[14]

Valério Máximo escreveu durante o reinado de Tibério (14-37 da Era Comum) e compôs sua obra *Feitos e Ditos Memoráveis* para o uso dos estudantes e futuros praticantes da declamação na etapa final de sua educação.[15] Na coleção

---

[11] Aristóteles, *Problems* (Hett, LCL).
[12] Daniel Babut, "Sur la notion d''Imitation' dans les doctrines esthétiques de la Grèce classique", *REG* 98 (1985): p. 79. Ver também Stephen Halliwell, "Aristotelian Mimesis Revisited", *Journal of the History of Philosophy* 28 (1990): p. 487-510 e Jean-Claude Fraisse, "Imitation, Ressemblance et Métaphore dans la 'Poétique' d'Aristote", *Les Études Philosophiques* (1981): p. 9-18.
[13] Clive Skidmor, *Practical Ethics for Roman Gentlemen: The Work of Valerius Maximus* (Exeter, Inglaterra: University of Exeter Press, 1996) 6, e ver também Platão, *Resp.* 378d (Paul Shorey, LCL).
[14] A obra de Varro *Hebdomades vel de imaginibus* contém uma centena de retratos de grandes personagens da Grécia e de Roma com epigramas e curtas biografias. O *De viris illustribus* de Nepos contém biografias organizadas segundo a categoria ocupação. Aqui os gregos são contrastados com os romanos.
[15] W. Martin Bloomer, *Valerius Maximus and the Rhetoric of the New Nobility* (Chapel Hill e Londres: University of North Carolina Press, 1992), p. 1-4, 18. M. B. Trapp, *Maximus of Tyre: The Philosophical Orations* (Oxford: Clarendon, 1997), xxxvi-xxxvii, descreve as fontes dos exemplos dos discursos de Máximo desde Homero até os prosadores, da mitologia à história. Todos esses exemplos ajudaram a esclarecer e a mostrar um domínio da herança cultural e da história. Na página xli, Trapp nota que o auditório de Máximo, no limiar da sua carreira pública, usava os ensaios para afirmar algum conhecimento da herança filosófica como parte da sua *paideia* geral.

ele oferece ilustrações retóricas para os *exempla* numa vasta gama de usos retóricos e explicou como introduzir, corrigir e concluir as histórias de exemplos. Sua coleção transmitiu a tradição grega e a romana – vitais na construção de discursos desde Aristóteles – de usar contos históricos como um auxílio para o argumento (2 [1356a.35-b.6]).[16] Valério tomou Cícero como seu predecessor e preferiu os exemplos romanos aos gregos como mais adequados aos auditórios de seus futuros oradores. Aceitou os exemplos de Cícero como autorizados, mas reformulou-os para os adaptar ao uso por uma geração posterior de estudantes. Sem se preocupar com a exatidão histórica, Valério louvava os exemplos como demonstração dos costumes dos ancestrais de seu auditório (*mos maiorum*). Também apresentava seus exemplos justapondo o bom e o mau. Aqueles para os quais ele compilou seus livros esperavam que o uso dos exemplos históricos em suas *suasoriae* (exercícios de declamação para elaborar discursos persuasivos) e *controversiae* (exercícios de declamação para elaborar debates) haveria de dar-lhes reconhecimento e promoção para postos públicos elevados.[17]

O estudo de Clive Skidmore sobre Valério Máximo revelou que os exemplos não eram apenas peças preparadas para os debates dos declamadores, mas eram uma significativa fonte de orientação moral.[18] O objetivo de Valério era a educação moral feita por meio da imitação de grandes ações. Na sua obra, ele ressaltou o louvor à virtude e a censura ao vício e deu preferência às coisas louváveis.[19]

Nisto ele se apoiou nos robustos ombros dos seus predecessores romanos, treinados por tutores gregos, no uso de exemplos para a instrução moral. Estrabão (*Geogr.* I.2.3-8), Isócrates (*Antid.* 84, *Evag.* 76) e Plutarco (*Vidas*) usaram exemplos históricos. Os escritores romanos geralmente preferiam a história à poesia como fonte de exemplos para a educação moral.[20] Mesmo historiadores como Lívio (I.10) escreveram para encorajar as ações nobres entre os bons cidadãos.[21] O *Agricola* de Tácito foi motivado por objetivos de educação moral (ver também Plutarco, *Péricles* 2.3-4). As inscrições sepulcrais e as orações fúnebres procuravam incitar os romanos a emular as virtudes nelas expressas.

Um outro método de incentivar a emulação da virtude era a instituição na qual um jovem aristocrata freqüentava como aprendiz a casa de um estadista mais

---

[16] Ver também Karl ALEWELL, *Über das rhetorische PARADEIGMA: Theorie, Beispielsammlung, Verwendung in der römischen Literatur des Kaiserzeit* (Leipzig: A. Hoffman, 1913); Howard Vernon CARTER, "The Mythologrraphical Paradigm in Greek and Latin Poetry", *AJP* 54 (1933): p. 201-24; Elizabeth H. HAIGHT, *The Roman Use of Anecdotes in Cicero, Livy, and the Satirists* (Nova Iorque: Longmans, Green, 1940); G. MASLAKOV, "Valerius Maximus and Roman Historiography: A Study of the *Exempla* Tradition", em *ANRW* II.32.1, p. 437-96; Henri BORNECQUE, *Les déclamations et les déclamateurs d'après Sénèque le Père* (Hildesheim, Alemanha: Georg Olms, 1902; reimpr. 1967).

[17] BLOOMER, *Valerius Maximus*, p. 5, 7-17, 20-30, 83-89.

[18] A conclusão de Skidmore foi contrária à de Bloomer (SKIDMORE, *Practical Ethics*, p. 2-3). Franz RÖMER, "Zum Aufbau der Exemplasammlung der Valerius Maximus", *Wiener Studien* 103 (1990): p. 99-107, encontrou um cuidadoso plano organizativo por detrás da coleção de exemplos de Valério.

[19] SKIDMORE, *Practical Ethics*, p. 3, 53-65.

[20] Id., p. 7-11. Ver também POLÍBIO X.21; ESTRABÃO, *Geogr.* VII.3.9; DIONÍSIO DE HALICARNASSO, *Pomp.* 6.

[21] "A história é sadia e útil porque tu contemplas lições de todo tipo de experiência. Entre elas podes escolher para ti mesmo e para teu estado o que imitar; entre elas, evitar o que é vergonhoso na concepção e vergonhoso no resultado" (prefácio a *Ab urbe condita*, em HAIGHT, *Roman Use of Anecdotes*, p. 38). Ver SKIDMORE, *Practical Ethics*, p. 13-18 e TÁCITO, *Hist.* II.13, 47; III.51, 67; *Ann.* III.55; IV.33; XV.57; LÍVIO V.51.8; XLV.40.6, 41.10.

idoso para aprender a imitar seu mentor (*tirocinium fori*; Plutarco, *Cat. Maj.* 3.4; Cícero, *Off.* II.13-46; Plínio, *Ep.* VI.11; VIII.23, VIII.14.4-6; Sêneca, *Ep.* VI.5). Para os que não tinham ancestrais bem conhecidos ou ligações aristocráticas, os exemplos dos grandes homens da história serviam como ancestrais comuns. Nesse último caso, a virtude era desenvolvida por meio da formação do caráter mais do que pela linhagem. Mesmo estrangeiros constituíam modelos para a imitação; em Valério, de cada três exemplos um era não-romano.[22]

A *Rhetorica ad Herennium* abordou o *exemplum*, o correspondente latino do grego *paradeigma*, como uma figura de pensamento, *sententiarum exornatio* (4.13.18). Como tal, o *exemplum* funciona como um conselho na elaboração ou aperfeiçoamento de um discurso (*expolitio*) e como uma figura independente.[23] Assim, dois dos métodos disponíveis para elaborar um tema eram *simile* e *exemplum* (4.43.56). *Ad Herennium* menciona muitas vezes *simile* ou *similitudo* (comparação, caso paralelo) junto com *exemplum*; é o que fazem Cícero e Quintiliano. Um longo estudo sobre *similitudo* (4.45.59-48.61) precedia o tratado sobre o *exemplum* de *Ad Herennium* e continha esta definição:

> A comparação é uma forma de discurso que transporta um elemento da semelhança de uma coisa para uma outra diferente. Isto é usado para embelezar, provar, clarear ou vivificar. Ademais, correspondendo a esses quatro objetivos, ela tem quatro formas de apresentação: contraste, negação, paralelo detalhado e comparação abreviada. Para cada objetivo no uso da comparação, vamos adaptar a forma correspondente de apresentação (4.45.59).[24]

Exemplum é a citação de alguma coisa feita ou falada no passado junto com a menção definida do agente ou autor. É usado com os mesmos motivos como a comparação" (4.49.62). *Exemplum* é o mesmo que *similitudo* no objetivo, seja para ornamento, prova, esclarecimento ou demonstração.

Cícero definia o exemplo como "aquilo que apóia ou enfraquece um caso mediante o apelo a um precedente ou a uma experiência, citando alguma pessoa ou fato histórico (*Inv.* 1.30.49).[25] Ele sugeriu (*Part. or.* xxvii.96 e cf. *De or.* 120) que o orador deveria ter um amplo estoque de exemplos, com exemplos mais antigos que proporcionam deleite, autoridade e credibilidade. Cícero situava o *exemplum* na *confirmatio* de um discurso, onde ele, junto com *imago* (representação figurativa) e *collatio* (comparação, similitude), era membro do *comparabile*,

---

[22] Skidmore, *Practical Ethics*, p. 19-21.

[23] Os antigos retóricos distinguiam entre figuras de pensamento e figuras de discurso ou elocução. As figuras de discurso estão relacionadas com o embelezamento da expressão verbal, como a acumulação de semelhanças ou diferenças (*polysyndeton*), e a eliminação de partes de uma sentença que de outra forma seriam necessárias (*ellipsis*). As figuras de pensamento referem-se às relações de sentido entre partes das sentenças, como as antíteses ou perguntas retóricas, e a abordagem direta (*apostrophē*).

[24] Cícero, *Ad C. Herennium libri IV; De ratione dicendi*. (Caplan. LCL).

[25] Cícero, *De inventione, De optimo genere oratorum, Topica* (Hubbell, LCL). Ver também Arthur Wirt Robinson, "Cicero's Use of People as '*Exempla*' in His Speeches" (Tese de doutorado, Indiana University, 1986, p. 5-7, 34).

sucessivamente, um dos quatro tipos de argumento de probabilidade. Além do uso de um exemplo para reforçar seu próprio argumento ou enfraquecer o do adversário, o discurso exortativo característico usava o exemplo de um modo paralelo. Bennet Price observou que *confirmat et infirmat* (corrobora e invalida) eram iguais aos termos exortativos προτροπή, *protropē* / άποτροπή, *apotropē* (ou *hortari/dehortari*, exortar/dissuadir).²⁶

No seu tratado sobre a indução (*inductio*), Cícero considerou *exemplum* como um gênero ou tipo de argumento pertencente ao tópico da similaridade ou comparação (*locus similitudinis*; *Top.* 10.41-45). São duas as espécies: *facta* e *ficta exempla*. *Facta exempla* incluem os precedentes legais e também os exemplos históricos. *Ficta exempla* são mais que fábulas, e uma olhada em *Ad Her.* 4.53.66 é útil para esclarecer o que são. Aí o autor trata da *conformatio* ou *prosōpopoiia* (personificação, dramatização por colocação de discursos na boca de personagens) e opina que ela consiste em "representar como presente uma pessoa ausente ou em fazer com que uma coisa muda ou desprovida de forma seja apropriada ao seu personagem". Muitas vezes essa técnica retórica visa mostrar exemplos e compara o passado e o presente. Como *loci* efetivos (bases de prova) de amplificação (*Part. or.* 55), *exemplum* e *similitudo* compartilham a tarefa de excitar os espíritos do auditório e são identificados como figuras particularmente estimulantes do pensamento (*maxime movent*; *De orat.* 3.53.205).²⁷ Também tornam crível a questão (*facit fidem*; *Part. or.* 40). Cícero afirma o poder persuasivo dos exemplos históricos (*Or.* 34.120) e diz que seu uso aumenta a credibilidade do orador e também deleita o auditório. Sem dúvida, a principal preocupação de Cícero era com os discursos forenses, e as exigências destes predominam no seu tratado do *exemplum*. Não obstante sua ênfase forense (tribunal), a elaboração que Cícero faz dos efeitos persuasivos do uso do *exemplum* são aplicáveis também a outras categorias da oratória.

Se a Cícero faltava sistematização em seu tratado sobre o *exemplum*, Quintiliano compensa a falta (*Inst.* 5.11). Quintiliano, o educador do final do século I da Era Comum, não viu diferença alguma, a não ser terminológica, entre o *paradeigma* do sistema grego com suas subdivisões *paradeigma* e *parabolē* (comparação), a *inductio* de Cícero (raciocínio indutivo) – dividido em *exemplum* e *collatio* (comparação) – e seu próprio *exemplum* com as subdivisões *exemplum* e *similitudo* (comparação). Assim os retóricos teóricos gregos e romanos concordam quanto à função do exemplo.²⁸

---

²⁶ Price,"*Paradeigma* and *Exemplum*", p. 104.
²⁷ Cícero, *De oratore III, De facto, Paradoxa stoicorum, De partitione oratoria*. (Rackham, LCL). Ver também Price, "*Paradeigma* and *Exemplum*", p. 267 n. 30; *De or.* 3.27.104-5; *Ad Her.* 2.30.47.
²⁸ Disse Quintiliano:"(1) A terceira espécie de prova, daquelas provas que são trazidas para o tema em discussão e não são intrínsecas a ele, os gregos denominam *paradeigma*. Eles usavam este termo amplamente/geralmente para toda comparação de um semelhante com outro semelhante e estreitamente/especificamente para aquelas comparações que contam com a autoridade da história. Os escritores romanos geralmente têm preferido usar o termo *similitudo* para aquilo que os gregos chamam *parabolē*, embora o exemplo histórico envolva semelhança, ao passo que *similitudo* é como um *exemplum*. (2) Para simplificar a questão, vou considerar ambos (o exemplo histórico e a *similitudo*) como espécies do gênero *paradeigma* e chamá-los de *exemplum*" (*Inst.* 5.11.1-2; conforme traduzido por Price,"*Paradeigma* and *Exemplum*", p. 132-33).

Quanto a exemplos, Quintiliano raciocinava que as crianças devem copiar pensamentos de grandes homens, porque o exercício haveria de transmitir alguma lição moral e formar seu caráter (Inst. 2.1.35-36).[29] Os oradores adultos já devem ter desenvolvido seu caráter moral e adquirido tudo quanto era justo e honroso, porque de outra forma eles não podiam ser nem moralmente bons nem hábeis no falar (12.2.1).

O mentor e o aprendiz eram personagens da educação aristocrática. A sala de aulas também oferecia oportunidades para imitar exemplos. Quintiliano explica:

> Por mais numerosos que sejam os modelos para imitação que ele lhes dá dos autores que estão lendo, ainda se achará que um alimento mais completo é dado de viva voz, como dizemos, quando procede do próprio mestre, o qual, se seus pupilos estão corretamente instruídos, deve ser objeto da afeição e do respeito deles. E mal é possível dizer com quanto maior prontidão imitamos aqueles de quem gostamos (*Inst.* 2.2.8).[30]

Quintiliano salientava a importância da admoestação moral na exemplificação que o mestre dá de um estilo de vida virtuoso. Nisto o papel do mestre é muito semelhante ao dos pais, que oferecem exemplos domésticos para a formação de seus filhos (2.1-8).

Todos esses estudos e recomendações do exemplo compartilham de um contexto pedagógico e tratam do exemplo por causa da função semelhante de esclarecer e encerrar o ponto da lição e para encorajar a emulação. O uso pedagógico do exemplo introduz o expediente num outro contexto além do tribunal, da legislatura e do campo da memória: a sala de aula. Além de ensinar a teoria sobre a utilidade dos exemplos e de oferecer exemplos da teoria na prática, os teóricos retóricos esperam que o bom mestre seja ele próprio um exemplo da arte que ensina. Ao exemplificar sua arte retórica, o mestre era como o professor de outras disciplinas que orientava seus alunos no aprendizado dos costumes de uma ocupação ou função pública. A arte retórica é a arte de falar de modo adequado à situação e a arte de viver bem. O mesmo se diga dos costumes, ou seja, que eles incluem não só competência profissional mas também qualidades de caráter.

O mestre na escola é considerado uma extensão do pai em casa ou, pelo menos, análogo a ele. Tanto o mestre como o pai, dos quais se esperava que fossem de bom exemplo eles mesmos, também propõem modelos particularmente estimulantes entre os *domestica exempla* (exemplos da sua família ou da sua terra), os predecessores do aluno na virtude cívica ou familiar. Enfim, a instrução, neste sentido mais amplo, vê a ética indissoluvelmente ligada à competência

---

[29] Skidmore, *Practical Ethics*, p. 22.
[30] Quintiliano, *The Institutio Oratoria of Quintilian* (Butler, CLC). Ver também *Ad Her.* 4.6.9 e Cícero, *De Or.* 2.2.88.

técnica e à vida virtuosa. Conseqüentemente, a exortação e a admoestação moral são intrínsecas à preparação profissional.³¹

Nesse uso, o exemplo não é primeiramente prova ou expediente a serviço de uma prova, como era em Aristóteles e Cícero, mas antes uma demonstração. O exemplo encontra suas fontes no passado e no presente, nos provérbios e ditados, em opiniões e juízos precedentes, em costume comumente reconhecidos e em ações habituais e em indivíduos e eventos específicos.

O exemplo expressa o melhor caminho, para ser seguido, ou o pior, para ser evitado. E mais: dá um precedente que mostra que o rumo desejado pode ser seguido ou não deve ser seguido. Por seu caráter de indicador do que deve ser escolhido (protréptico) e evitado (apotréptico), o exemplo serve a vários tipos de discurso, um dos quais é a oratória deliberativa.

Seja qual for sua fonte, o exemplo atesta fortemente a conveniência ou vantagem de uma ação, atitude ou associação recomendada, ou o dano daquelas degeneradas. Do mesmo modo, a habilidade para proporcionar um exemplo adequado reforça a autoridade do exortador-admoestador ou mesmo oferece defesa contra críticas imerecidas. Como tais, essas atestações servem a uma função forense, mas não estão restritas ao tribunal. O exemplo enquanto expediente exortativo demonstra claramente o que pretende o discurso, mas não é empregado só para facilitar a compreensão. O uso do exemplo num discurso visa promover a virtude e a ação que imita ou rejeita esse exemplo.³²

Na prática, a exortação e a admoestação ética por meio do exemplo encontrou seu lugar nas várias formas de oratória epidíctica (para elogio ou censura), quer sejam odes triunfais (ἐπινίκια, *epinikia*) para vencedores, encômios (ἐγκώμια, *encōmia*) para chefes e estados, ou orações fúnebres (ἐπιτάφια, *epitaphia*) para parentes e homens de renome falecidos.³³ Na literatura epidíctica, a προτρέψις, *protrepsis* (admoestação) – muitas vezes expressa com um preceito anexado e centrada na consecução de um certo conhecimento ou ἀρετή, *aretē* (virtude ou qualidade) – e a παραίνεσις, *parainesis* (exortação) – mais extensiva e menos específica no conteúdo – ambas encontraram expressão.³⁴

---

³¹ Sobre o influxo dos mestres na moral dos alunos, ver também *Inst.* 1.2.4-5. Conforme *Ep.* 8.32.2, Plínio formava os hábitos de Junius Avitus como se fosse seu mestre, adotando a relação de amor e respeito que Quintiliano ressalta aqui. Ver PLÍNIO, *Ep.* 8.14, e comparar HORÁCIO, *Sat.* 1.4.103-29, especialmente 105-7. Ver também SÊNECA, *Con.* 10.2.16: Solebas mihi, pater, insignium virorum exempla narrare, quaedam etiam domestica. Aiebas: avum fortem virum habuisti, vide ut sis fortior" ("Pai, costumavas narrar-me os feitos de homens famosos, alguns também tirados das recordações da nossa família. Dizias: 'Tiveste como avô um homem forte; procura ser mais forte ainda'"; SÊNECA, O VELHO, *Declamations* [Winterbottom, LCL]); PLÍNIO, *Ep.* 5.8.4-5; SÊNECA, *Clem.* 1.9.1; e ALEWELL, *Über das rhetorische PARADEIGMA*, p. 27.

³² Ver CÍCERO, *Resp.* 2.6.6; QUINTILIANO, *Inst.* 12.2.2; SÊNECA, *Con.* 9.2.27: "Omnia autem genera corruptarum quoque sententiarum de industria pono, quia facilius et quid imitandum et quid vitandum sit docemur exemplo" ("Na verdade, de propósito eu cito todo tipo de epigramas, mesmo os corruptos, porque pelo exemplo é mais fácil aprendermos o que imitar e o que evitar"); e também SÊNECA, *Ep.* 6.5.

³³ Franz DORNSEIFF, "Literarische Verwendung des Beispiels", *Bibliotek Warburg* 4 (1924-25): p. 206-28.

³⁴ Para um estudo mais completo, ver FIORE, *Function of Personal Example*, p. 39-42. Ver também Theodore BURGESS, *Epideictic Literature* (Chicago: University of Chicago Press, 1902). Paulus HARTLICH, "De exhortationum a Graecis Romanisque scriptarum historia et indole", *Leipziger Studien* 11 (1889): p. 207-36; e Rudolf VETSCHERA, *Zur griechischen Paraenese* (Smichow/Praga: Rohlicek & Sievers, 1911-12).

Em seus sumários biográficos, as *Vidas*, Plutarco (cerca de 46-120 da Era Comum) conseguiu pintar vívidos exemplos de virtude e vício e com isso educar-se a si mesmo e seu auditório. Igualmente sua obra *As Virtudes das Mulheres* visava mostrar as virtudes femininas por meio da narração de exemplos.[35]

Historiadores como Lívio (59 antes – 17 depois da Era Comum) pôde caracterizar seus esforços como ofertas de exemplos sadios para imitar e de vergonhosos para evitar, para o bem individual e civil (*A U C* 1 proem. 10). Propércio (nascido entre 54 e 47 antes da Era Comum) chegou a oferecer lições exemplares para amantes em sua poesia (3.11.5-8).

No entanto, o guia espiritual por excelência foi Sêneca (5/4 antes – 65 depois da Era Comum) e seu veículo literário predileto era a epístola. Em *Ep*. 98.13, ele insiste com Lucílio para se aliar a ele em procurar ser uma figura exemplar (*simus inter exempla*).[36] A coroa da vida vivida de acordo com a virtude é tornar-se um exemplo. Em seus escritos em prosa, Sêneca usou exemplos históricos, mas em suas cartas ele se baseava na experiência imediata de seus correspondentes para as ilustrações e preferia as que eram espontâneas e simples (*inlaboratus et facilis*; *Ep*. 75.1). Sêneca explicou o valor dos exemplos para o moralista (*Ep*. 120): eles permitem ao auditório conceituar a virtude com a lembrança de grandes homens tão poderosa quanto a sua presença viva (102.30; cf. 104.21-22). Os exemplos mostram que a vida virtuosa é possível; são mais diretos que os preceitos ("A jornada é longa através dos preceitos, breve e eficiente através dos exemplos", *longum iter est per praecepta, breve et efficax per exempla* [*Ep*. 6.5]). Os exemplos não só mostram à pessoa hesitante que a vida moral pode ser vivida (*Ep*. 76.22): tornam-se companheiros e guardiões para o auto-exame e o progresso moral do indivíduo (*Ep*. 104.21).[37]

Sêneca usou exemplos positivos e também negativos junto com preceitos (*Ep*. 94.42; 95.65). A auto-apresentação do autor num tom e num contexto de amizade pertence à essência da sua forma instrutiva predileta, a carta. A carta, para todos os efeitos, torna-se a presença pessoal do amigo que aconselha e instrui. A presença pessoal efetuada pela carta pode realmente ser mais eficaz e pura que a presença física.[38] Junto com referências a Lucílio como destinatário de várias de

---

[35] John W. Eadie e Josiah Ober, eds., *The Craft of Ancient Historians: Essays in Honor of Cester G. Starr* (Lanham, Md.: University Press of America, 1985), p. 377-80; Ernesto Valgiglio, "Dagli 'Ethica' ai 'Bioi' in Plutarco" em *ANRW* II 33.6: II *Principat* 33.6 (ed. Wolfgang Haase; Berlin e Nova Iorque: de Gruyter, 1992), p. 3994, 4010-13; e Philip A. Stadter, *Plutarch's Historical Methods: An Analysis of the "Mulierum Virtutes"* (Cambridge: Harvard University Press, 1965), p. 125, 131. Plutarco, *Aem*. 1.1-3 serve como uma declaração programática para todas as suas *Vidas paralelas*. Plutarco afirma que planejou, com o auxílio da história, como um espelho, adornar sua vida e conformá-la com as virtudes das quais os personagens históricos eram os atores: "Reunindo memórias de homens melhores e mais ilustres, eu me preparo para livrar-me deles, expulsando-os, se alguma coisa de mau ou de ignóbil se insinua em mim, e para recorrer com a mente feliz e gentil a exemplos melhores".

[36] Sêneca, *Ad Lucilium epistulae Morales* (Gummere, LCL). Ver também Roland G. Mayer, "Roman Historical Exempla in Sêneca", em *Sénèque et la Prose Latine* (ed. Olivier Reverdin e Bernard Grange; Fondations Hardt: Entretiens sur l'antiquité classique 36; Genebra: Vandoeuvres, 1991), p. 141-49, 158-59.

[37] Mayer, *Roman Historical* Exempla, p. 165-69; Cícero, *De or*. 2.226; e Sêneca, *Ep*. 64.9 ("quidni ego magnorum virorum et imagines habeam incitamenta animi", "por que eu não guardaria estátuas de grandes homens para inflamar meu entusiasmo?").

[38] Ver Hildegard Cancik, *Untersuchungen zu Senecas epistulae morales* (Hildesheim, Alemanha: Georg Olms, 1967), p. 25, 48; Klaus Thraede, *Grundzüge griechisch-römischer Brieftopik* (ed. Erik Burk e Hans Diller; Zetemata:

suas cartas, Sêneca acrescentava um testemunho pessoal às convenções epistolares familiares para criar uma presença epistolar mais abrangente e convincente numa situação pedagógica de mestre e discípulo. Além disso, as auto-descrições e as notícias pessoais de Sêneca atestam a medida de sucesso ou fracasso em seu próprio esforço para realizar o bem, o ideal filosófico. Nisto Sêneca demonstrava a dificuldade de realizar o que ele recomendava a Lucílio.

Hildegard Kornhardt identifica uma variedade de funções dos exemplos em Sêneca e em outros autores clássicos.[39] Numa função, o exemplo é uma *amostra*, um tipo de uma categoria, um padrão para o que é procurado. O autor constrói ou fabrica o exemplar. O fim almejado é a descoberta e o reconhecimento daquela pessoa ou coisa. Pode-se esperar do auditório que se associe à procura ou pelo menos adapte suas percepções e avaliações às do autor.

Muito semelhante ao primeiro uso é o do exemplo como *espécime*. A diferença é que o autor não constrói o exemplar mas encontra um representante real de uma série de objetos ou pessoas. O fim almejado e a reação do auditório permanecem os mesmos.

O exemplo como *protótipo* ou *modelo* constitui uma terceira categoria. Esta se parece com as duas primeiras funções enquanto o exemplo pode ser um espécime real encontrado pelo autor ou uma construção idealizada. Difere das funções precedentes enquanto a atenção se centra ou na pessoa ou na coisa que imita ou copia o protótipo, ou que pelo menos se esforça para se moldar conforme o modelo. Então o fim almejado é o esforço para imitar o exemplo. Como meio de realizar essa imitação, espera-se do auditório que comece ou continue um programa de instrução e formação conforme esboçado pelo autor.

Na visão final, o exemplo fornece uma *experiência instrutiva*, sobre a base de um precedente em circunstâncias pessoais ou históricas. O exemplo orienta a atenção para o conjunto análogo de circunstâncias ou condições no presente ou no futuro. A intenção é que o exemplo seja aprendido e sirva de auxílio na formulação de decisões futuras; por conseguinte, é ideal para a retórica deliberativa, que focaliza diretamente essas decisões futuras.[40]

Os manuais de retórica – usados para o treinamento dos estudantes para a vida pública – explicavam a χρεία, *chreia* (uma reminiscência concisa de um dito ou ação adequadamente atribuídos a um personagem)[41] e o seu uso. Os manuais também descreviam a γνώμη, *gnōmē* (uma frase sumária, numa afirmação de

---

Monographien zur klassischen Altertumswissenschaft 48; Munique: C. H. Beck, 1970); e Ilsetraut Hadot, *Seneca und die griechisch-römischer Tradition der Seelenleitung* (Berlim: Walter de Gruyter, 1969). Ver também Ernst Baasland,"Zum Beispiel der Beispielerzählungen: Zur Formenlehre der Gleichnisse und zur Methodik der Gleichnissauslegung", *NovT* 28, no. 3 (1986): p. 198.

[39] Hildegard Kornhardt, *Exemplum: Eine bedeutungsgeschichtliche Studie* (Göttingen, Alemanha: Robert Noske, 1936), p. 10-47.

[40] Ver também Karl T. Jost, *Das Beispiel und Vorbild der Vorfahren bei den attischen Rednern und Geschichtschreibern bis Demosthenes* (Paderborn, Alemanha: F. Schöningh, 1936); Hans Willms, *EIKON, eine begriffsgeschichtliche Untersuchung zum Platonismus* (Münster, Alemanha: Aschendorff, 1935); e A. Lumpe,"Exemplum", *RAC* 6: p. 1229-57.

[41] Aftônio, *Progymnasmata* 139.

aplicação geral, dissuadindo de fazer ou persuadindo a fazer alguma coisa).⁴² Além das funções protréptica / apotréptica (que delineiam o que deve ser escolhido e o que deve ser evitado), o desenvolvimento retórico da *chreia* e da *gnōmē* emprega exemplos e demonstração por comparação, critica posições contrárias e pode incluir preceito em sua exortação. No desenvolvimento retórico da *chreia* e da *gnōmē*, o exemplo serve como um expediente-chave. Para esse desenvolvimento, os manuais de retórica dão instruções e estratégias, adaptadas por oradores e escritores a uma variedade de gêneros, inclusive a carta.⁴³

Sendo que a carta exortativa já apareceu acima, a ligação entre os manuais de retórica e os gêneros epistolares pode ser esclarecida. Em geral, a carta tem sido caracterizada como um meio diálogo e portanto podia-se esperar que empregasse o mesmo *genus dicendi* (modo de falar) que aparece no diálogo.⁴⁴ Alguns renomados retóricos escritores de epístolas destinadas ao grande público sustentavam que a carta deve ser isenta de elaboração retórica. Mas essa opinião não era unanimemente sustentada nem rigidamente aceita.⁴⁵

Acabamos de mostrar como o emprego do exemplo enquanto recurso para persuadir ou dissuadir foi constante no uso greco-romano. Os que lidavam com a oratória deliberativa julgavam-no uma estratégia particularmente adequada para mover seu auditório à ação pelas ilustrações com exemplos. Os recursos retóricos penetraram também na escrita de cartas. Não é surpreendente, pois, constatar que Paulo faça uso de exemplos em suas cartas.

PARTE II. A EXEMPLIFICAÇÃO NAS CARTAS DE PAULO

As cartas de Paulo estão cheias de exemplos. Ele menciona pessoas da sua equipe missionária (Timóteo em Fl 2,22) e das suas comunidades (Epafrodito em Fl 2,29-30) como também suas comunidades como um todo (Gl 4,14) para exemplificar as atitudes e ações desejadas (Fl 3,17). Refere-se a exemplos da Escritura (Abraão em Rm 4,3; cf. 1Cor 10,6-11) como também dos midraxes (1Cor 10,4-6). Além de pessoas e eventos bíblicos, Paulo cria diálogos imaginários a partir de situações típicas (o oleiro em Rm 9,20) ou da anatomia humana (o corpo em 1Cor 12,14-21) ou do mundo natural (um ramo em Rm 11,17). O comportamento humano (1Cor 12,23-24), situações típicas (1Ts 5,2-4.7), ou ativida-

---

⁴² Ronald F. Hock e Edward N. O'Neil, eds. *The Progymnasmata* (vol. 1 de *The Chreia in Ancient Rhetoric*; Texts and Translations 27; Greco-Roman Religion Series 9; Atlanta: Scholars Press, 1986).

⁴³ Donald L. Clark, *Rhetoric in Greco-Roman Education* (Nova Iorque e Londres: Columbia University Press, 1957), p. 186-88, e Leonhard Von Spengel, ed., *Rhetores graeci* (Leipzig: B. G. Teubner, 1853).

⁴⁴ Demétrio, *Eloc.* 223, e ver a introdução de Weichert à sua edição de Demetrius e Libanius xii, na qual ele se refere a Synesius, *Ep.* 138, p. 724 (Hercher) e a Filóstrato, *Vit. Apoll.* 4.25 (Valentine Weichert, ed., *Demetrii et Libanii qui feruntur TYPOI EPISTOLIKOI et EPISTOLIMAIOI CHARAKTERES* [Leipzig: B. G. Teubner, 1910]).

⁴⁵ Enquanto Sêneca in *Ep.* 75 supõe que uma carta deve ser tão espontânea e isenta de artifício como uma conversa de coração para coração, Demétrio, 224, permite um certo grau de elaboração, e Weichert observa (*Demetrii et Libanii*, p. xv) que, depois de Demétrio uma boa dose de arte penetrou na carta, com a sanção dos retóricos.

des humanas (construção em 1Cor 3,10-15), tudo serve como um repertório de exemplos para Paulo. Entre seus exemplos está em primeiro lugar, naturalmente, Cristo (Fl 2,5) e o próprio Paulo, que segue o exemplo de Cristo (1Cor 11,1).

Paulo usa exemplos numa variedade de estratégias retóricas. Stanley Stowers, por exemplo, descreveu o uso do exemplo como um elemento formal na diatribe e pensa que os intercâmbios dialógicos de Paulo em Romanos refletem o uso de Epicteto, Dion, Sêneca e outros.[46] Mitchell encontrou a exemplificação no coração do discurso deliberativo.

O estudo de Brian Dodd sobre as auto-referências de Paulo analisa a estratégia literária que está por detrás do uso do exemplo pessoal.[47] Ele menciona que Dion Crisóstomo descreve o adepto e o aluno como pessoas que imitam as ações e as palavras do mestre para adquirirem a arte dele (*Or.* 55.4-5). Epicteto, do mesmo modo, refere-se a si mesmo como um modelo do estilo cínico de vida que, conforme espera, seus alunos vão observar ("Olhai para mim!") e imitar (este é o seu caráter e seu projeto de vida; *Diat.* 3.22.45-50). Dodd conclui que a imitação de Paulo pode e deve ser entendida como uma técnica pedagógica e também como uma implícita afirmação de autoridade. Este último caso acontece quando o apelo à imitação é uma exortação para conformar-se ao padrão estabelecido por Paulo como um modelo regulador. Dodd também salienta os exemplos excepcionais de 1Ts 1,6 e 2,14, nos quais a frase "vos tornastes imitadores" é usada para comparar a experiência dos tessalonicenses com a sua (de Paulo), a de Cristo e a das igrejas judaicas.[48] O conteúdo do exemplo do próprio Paulo inclui o comportamento que ele modelou quando originalmente presente entre seus leitores (1Cor 4,17; Gl 4,13-15; Fl 4,9).[49] Dodd[50] afirma que Paulo muitas vezes estrutura seu argumento sobre a base do seu exemplo pessoal, quer como uma "afirmação de tese" do tema seguinte (Rm 1,16-17; Gl 1,10), quer como sumário e transição (1Cor 11,1).[51]

---

[46] Stanley Kent Stowers, *The Diatribe and Paul's Letter to the Romans* (SBLDS 57; Chico, Calif.: Scholars Press, 1981), p. 157, 167-71.

[47] Brian Dodd, *Paul's Paradigmatic 'I': Personal Example as Literary Strategy* (Sheffield, Inglaterra: Sheffield Academic Press, 1999), p. 17-18.

[48] Id., p. 29.

[49] Id., p. 32, e comparar "caminho" e "andar" na LXX como designação do comportamento de uma pessoa oferecido para imitação em Jz 2,17; 1Sm 8,3; 1Rs 3,14; 9,4; 11,33.38. Notar também Fl 3,17; 1Cor 4,16-17.

[50] R. Dean Anderson acha que o método de argumentar de Paulo e seu uso do exemplo não seguem as normas da retórica helenística. Na sua opinião, Paulo simplesmente afirma ao invés de defender suas posições e não utiliza *epicheiremes* (silogismos) cuidadosamente construídos. Na verdade, a argumentação de Paulo é obscura e suscita mais perguntas do que responde. Na retórica greco-romana clássica, os exemplos muitas vezes concluíam a apresentação de argumentos, para sustentá-los (Aristóteles, *Rhet.* 2.20;8). Anderson observa, porém, que os exemplos às vezes poderiam servir de prova na ausência de entimemas. Mas então são colocados primeiro múltiplos exemplos, e assim o argumento pode parecer uma prova indutiva (Cícero, *Inv.* 1.51-56; *Top.* 42; Quintiliano, *Inst.* 5.10.73). Esta não parece ser a praxe paulina (R. Dean Anderson, *Ancient Rhetorical Theory and Paul* [Kampen, the Netherlands: Kok Pharos, 1996], 252 e 311). Os retóricos teóricos, porém, tinham em mente os discursos e não cartas, e assim as deficiências retóricas de Paulo não surpreendem. Paul A. Holloway, "The Enthymeme as an Element of Style in Paul", *JBL* 120 (2001): p. 329-39, encontra entimemas que concordam com as convenções retóricas greco-romanas em 1 e 2 Coríntios, Gálatas e Romanos.

[51] Lyons, George. *Pauline Autobiography: Toward a New Understanding* (SBLDS 73; Atlanta: Scholars Press, 1988), p. 164-68.

Gálatas

Nas cartas paulinas certamente autênticas, há seis passagens em que Paulo explicitamente convida seu auditório a ser como ele. Em Gl 4,12 Paulo urge com os gálatas para que sejam como ele assim como ele se tornou como eles. O apelo introduz o tema da seção seguinte, assim como 2,19-21 introduz a primeira seção, 3,1-5.[52] Os comentadores geralmente concordam que em Gl 4,12 Paulo se refere ao fato de ele se tornar como os gentios gálatas no comportamento (cf. 1Cor 9,21; Gl 2,19-20; Fl 3,5-6), deixando de lado a estrita observância da lei judaica.[53] Os mesmos comentadores observam aqui a mudança de tom de Paulo da ríspida censura inicial para a afabilidade e seu contraste com o egoísmo dos seus adversários.[54] Um tom amigável é útil para o propósito exortativo de Paulo e é típico na exortação epistolar, como também demonstram as cartas de Sêneca. Enquanto a amizade muitas vezes estabelece o contexto para a imitação,[55] Paulo Nadim Tarazi é cauteloso nessa questão ao detectar desigualdade, porque é a iniciativa de Paulo para pregar o evangelho que torna possível a amizade.[56] Frank Matera questiona a hipótese de Hans Dieter Betz de que uma sucessão de τόποι (*topoi*) de amizade contrabalança as seções mais pesadas e duras da carta. Para Matera, Paulo é mais que um amigo. É um pai preocupado (4,16-17) enquanto fundador que os gálatas receberam como um anjo (4,14).[57]

Deixando de lado o debate aqui sobre a importância da amizade, deve ser esclarecida a natureza da imitação em Gálatas. Beverly Gaventa e Dodd concordam que Paulo não quer que os gálatas imitem seu estilo de vida.[58] Antes, ele quer que imitem sua resposta sincera ao exclusivo direito do evangelho sobre ele enquanto Cristo vive dentro dele. A implicação cristológica é que eles podem ser conformados a Cristo (4,19), como são crucificados com Cristo (5,24; 6,14-17).[59] O modelo é realmente de longo alcance e inclui as declarações autobiográficas de Paulo nos capítulos 1 e 3 sobre sua própria vocação e sua vida em Cristo.[60] Dodd pensa que Paulo usa a comparação (σύγκρισις, *synkrisis/comparatio*) para desacreditar o modelo alternativo de seus rivais (2,4-5.11-21).[61] A auto-

---

[52] Alfred Suhl,"Der Galaterbrief-Situation und Argumentation" em *ANRW* II.25.4 (ed. Wolfgang Haase; Berlim: Walter de Gruyter, 1987), p. 3131.

[53] L. Ann Jervis, *Galatians* (Peabody, Mass.: Hendrickson, 1999), 117; Dieter Lührmann, *Galatians* (trad. C. Dean, Jr.; Minneapolis: Fortress Press, 1992), p. 86; Leon Morris, *Galatians: Paul's Charter of Christian Freedom* (Downers Grove, Ill.: InterVarsity, 1996), p. 136-37; Paul Nadim Tarazi, *Galatians, A Commentary* (Crestwood, N.J.: St. Vladimir's Seminary Press, 1994), p. 226-27; Timothy George, *Galatians* (Nashville: Broadman & Holman, 1994), p. 318; Udo Borse, *Der Brief an die Galater* (Regensburg, Alemanha: Friedrich Pustet, 1948), p. 149; Frank J. Matera, *Galatians* (Collegeville, Minn.: Liturgical, 1992), p. 164; Beverly Gaventa, "Galatians 1 and 2: Autobiography as Paradigm", *NovT* 28, no. 4 (1986): p. 321.

[54] Jervis, *Galatians*, p. 117; Tarazi, *Galatians*, p. 226.

[55] Fiore, *Function of Personal Example*, p. 12 n. 9.

[56] Estritamente falando, a amizade é entre iguais. Ver Benjamin Fiore, S.J., "The Theory and Practice of Friendship in Cicero", em *Greco-Roman Perspectives on Friendship* (ed. John T. Fitzgerald; Atlanta: Scholars Press, 1997), p. 66 n. 19.

[57] Matera, *Galatians*, p. 162, 166.

[58] Gaventa, "Galatians 1 and 2", 313; Dodd, *Paul's Paradigmatic "I"*, p. 163-64.

[59] Dodd, *Personal Example*, p. 163-64.

[60] Gaventa, "Galatians 1 and 2", p. 322.

[61] Dodd, *Paul's Paradigmatic "I"*, p. 133.

apresentação de Paulo inclui sua condição de escravo de Cristo e de ninguém mais, característica da liberdade batismal (1,10; 3,25; 5,24; e cf. 1Cor 7,22). Então os gálatas devem ser como ele e não ser escravizados pelos mestres rivais (2,4).[62] Paulo não exorta os gálatas a imitar o que ele faz, mas, antes, quer que eles assumam em suas atitudes a maneira como ele, Paulo, permitiu que o evangelho opere nele.

1 Tessalonicenses

As passagens sobre a imitação em 1Ts 1,5-6 e 2,14-16 também orientam os destinatários, para além da pessoa de Paulo, para a experiência da conversão à fé em Cristo.[63] Paulo não visa uma ulterior mudança nos tessalonicenses, mas visa duas coisas: a correta apreciação do poder do Espírito Santo latente na conversão deles e a eficiência apostólica deles, semelhante à de Paulo, na cooperação para difundir o evangelho na Macedônia e na Acaia por seu modelo (τύπος, *typos*) de aceitar o evangelho (1Ts 1,7).[64] Realizam isto colocando os interesses dos outros à frente dos próprios por amor ao evangelho.[65] Paulo usa o indicativo, "vós vos tornastes" (1Ts 1,6), e não o imperativo para mostrar aos tessalonicenses o que é de fato o caso.[66] Aqui a imitação envolve uma comparação da experiência dos tessalonicenses de sofrer pelo evangelho com a de Paulo, a de seus companheiros (2,2; 3,3-5) e a das igrejas da Judéia (2,14). Todos estes sofrem.[67] A graça que receberam capacita-os não apenas para difundir a palavra como faz Paulo, mas também para construir sua própria comunidade na responsabilidade e no amor

---

[62] Id., p. 150-55. Paulo é servo de Cristo (Gl 1,10), e resistiu aos esforços dos rivais para retirar-lhe a liberdade de que ele e Tito gozam (2,4). Paulo espera que os gálatas mostrem para com esses rivais a mesma ousadia que ele demonstrou (1,8-9).

[63] Ver Mary Ann GETTY, "The Imitation of Paul in the Letters to the Thessalonians", em *The Thessalonian Correspondence* (ed. Raymond F. Collins; BETL 87; Lovaina: Louvain University Press, 1990), p. 277, em que ela nota que 1Ts 1,7-8 aplica o termo *typos* aos tessalonicenses. O fato de serem chamados *typos* é o resultado da sua imitação.

[64] LYONS, *Pauline Autobiography*, p. 190-201.

[65] Jo-Ann A. BRANT, "The Place of *Mimesis* in Paul's Thought", *Studies in Religion/Sciences Religieuses* 22, no. 3 (1993): p. 291-93; Arland J. HULTGREN, Donald H. JUEL, Jack D. KINGSBURY, eds. *All Things New: Essays in Honor of Roy A. Harrisville* (Word and Work Supplement Series 1; St. Paul, Minn.: Luther Northwestern Seminary Press, 1992), p. 141-45; Earl J. RICHARD, *First and Second Thessalonians* (Sacra página 11; Collegille, Minn.: Liturgical, 1995), p. 67-68; Paul R. EDDY, "Christian and Hellenistic Moral Exhortation: A Literary Comparison Based on 1 Thessalonians 4", em *Directions in New Testament Methods* (ed. Martin C. Albl, Paul R. Eddy e Renee Murkes, O. S. F.; Milwaukee: Marquette University Press, 1993), p. 49; GETTY, "Imitation of Paul", p. 280-81; Adele REINHARTZ, "On the Meaning of the Pauline Exhortation '*mimetai mou ginesthe* – Become Imitators of Me'", *Studies in Religion/Sciences Religieuses* 16, no. 4 (1987): p. 402.

[66] DODD, *Paul's Paradigmatic "I"*, p. 212-13. Dodd concorda aqui com Michaelis e Castelli (Elizabeth A. CASTELLI, *Imitating Paul: A Discourse of Power* [Louisville: Westminster John Knox, 1991]) que a imitação consiste naquilo que já é um fato mais do que numa exortação para serem semelhantes a Paulo. Ver David STANLEY, "Imitation in Paul's Letters: Its Significance for His Relationship to Jesus and to His Own Christian Foundations", em *From Jesus to Paul: Studies in Honour of Francis Wright Beare* (eds. Peter Richardson e John C. Hurd; Waterloo, Ontario: Wilfrid Laurier University Press, 1984), p. 133-35, e também GAVENTA, "Galatians 1 & 2", 16, que explica que o indicativo serve para encorajar e reforçar um comportamento semelhante no futuro.

[67] Ver Bruce C. JOHANSON, *To All the Brethren: A Text-Linguistic and Rhetorical Approach to 1 Thessalonians* (ConBNT 16; Estocolmo: Almqvist & Wiksell, 1987), p. 96-97, o qual afirma que Paulo faz um apelo quase lógico em apoio ao caráter genuíno da experiência cristã do evangelho feita pelos tessalonicenses. Paulo pensa que o sofrimento é a marca identificadora dos cristãos.

atencioso recíproco. Em 1Ts, Paulo considera que os tessalonicenses abraçaram seu exemplo. Sua preocupação é que "estejam firmes no Senhor" (1Ts 3,8). Desse modo, seu modelo de aceitação do evangelho será fortalecido e terá efeito duradouro (1Ts 1,7-8; 4,12).

Paulo requer ainda a conformidade ética com o seu próprio tipo de comportamento: ele personifica o que espera da comunidade tessalonicense.[68] Trabalha para seu sustento pessoal (2,7.9) e usa a linguagem da recordação para dirigir a atenção dos tessalonicenses para os vários aspectos do seu exemplo, com os quais eles já se familiarizaram, uma técnica exortativa comum.[69] Seu auto-retrato é paradigmático para os que se conformam a seu modelo e igualmente polêmico, contra os que divergem dele (5,14; os indisciplinados, ἄτακτοι, ataktoi).[70] A este respeito, o exemplo de Paulo também reforça a sua autoridade, pois ele demonstra as atitudes que ele espera dos tessalonicenses (1,5; 2,10-11; 4,10b-12; 5,14). Paulo expande o exemplo e aumenta sua força, incluindo nele os outros remetentes da carta (Silvano e Timóteo em 1,2, "nós" em 2,15-16). Isto estabelece um vínculo entre Paulo e seus destinatários por meio de um apelo a emular os que têm as características desejadas.[71]

As passagens sobre a imitação em 1Ts formam a figura de um anel ou *inclusio*. A fortaleza mimética dos tessalonicenses é louvada em 1,6-10. A nobre intenção e a perseverança de Paulo e de seus companheiros missionários são salientadas em 2,1-12. E de novo a fortaleza mimética desejada recebe a luz dos holofotes. A despeito da menção do sofrimento, a ênfase recai na alegria dos tessalonicenses derivada do Espírito Santo quando abraçaram o evangelho (1,6).[72]

Filipenses

Na opinião de Markus Bockmuehl, o tema da imitação aparece como um enfoque integrante em cada seção importante de Filipenses.[73] Somente após suas notas autobiográficas – que destacam sua mudança de foco desde sua origem judaica (3,5-6) e descrevem como ele participa do sofrimento de Cristo (uma imitação também) na esperança de participar da sua ressurreição (3,8-11) – é

---

[68] Charles A. Wanamaker, *The Epistle to the Thessalonians: A Commentary on the Greek Text* (Grand Rapids: Eerdmans, 1990), p. 283, e cf. 1Cor 4,16; 11,1; e Fl 3,17.
[69] Fiore, *Functions of Personal Example*, p. 16n. 17.
[70] Dodd, *Paul's Paradigmatic "I"*, p. 214-19; Stanley, "Imitation in Paul's Letters", p. 137; Gaventa, "Galatians 1 & 2", p. 17; Abraham Smith, *Comfort One Another: Reconstructing the Rhetoric and Audience of 1 Thessalonians* (Louisville: Westminster John Knox, 1995), p. 72. Paulo aumenta o tom polêmico em 2,15-16, uma *vituperatio* (reprovação) contra oponentes obstinados e hostis; ver Johanson, *To All the Brethren*, 98, o qual diz que o apelo do *pathos* (manobra dos sentimentos) é reforçado pela censura e o juízo contra os perseguidores. Ver também Wanamaker, *Epistle to the Thessalonians*, p. 118; Gaventa, "Galatians 1 & 2", p. 129-30; e Marco Adinolfi, *La Prima Lettera ai Tessalonicesi nel mondo greco-romano* (Roma: Pontifici Athenaei Antoniani, 1990), p. 92-102. Ver também Smith, *Comfort One Another*, p. 34-36, o qual observa que a difamação de um grupo étnico era o método típico da antiga invectiva para criar fronteiras entre o auditório, o orador e o adversário identificado.
[71] Johanson, *To All the Brethren*, p. 84.
[72] Smith, *Comfort One Another*, p. 80; Richard, *First and Second Thessalonians*, p. 67-68.
[73] Markus Bockmuehl, *The Epistle to the Philippians* (Peabody, Mass.: Hendrickson, 1998), p. 254.

que Paulo exorta seus ouvintes a imitá-lo (3,17).⁷⁴ A renúncia de Paulo às prerrogativas – ecoando a renúncia de Cristo (2,6-8) e sua entrega total ao poder de Deus, oferecido mediante o evangelho – está no coração daquilo que deve ser imitado.⁷⁵

A exortação de Paulo para que o imitem emprega o termo συμμιμήται, *symmimētai* (3,17), e ecoa o anterior apelo à unidade em 1,7 e 2,2-4. Acrescentando a preposição συν, *syn*, como prefixo (aqui *sym*, significando "juntamente com"), ele se associa às pessoas da mesma opinião (3,15), e se contrasta com as pessoas interesseiras que menospreza (1,28 e 3,18).⁷⁶

Paulo não é o único modelo na carta. O hino a Cristo e a introdução de Paulo ao hino situa Cristo no centro do contexto da *mimesis*. Além do sumário soteriológico (2,9-11), o hino ilustra o princípio ético do serviço deferente nas ações de Cristo (2,7-8). Isto, sucessivamente, molda a conduta de Paulo (2,17-18). O conteúdo da renúncia de Cristo e suas conseqüências salvíficas estão obviamente fora do alcance da imitação humana. Paulo quer que o princípio do serviço deferente representado pela renúncia de Cristo seja aplicado pelos filipenses ao comportamento deles em conformidade com o exemplo e não em imitação deste.⁷⁷ Não podem repetir o que Jesus fez, mas podem olhar primeiro para os interesses dos outros e depois para os seus próprios, como Jesus fez. Com efeito, Paulo é um imitador de Cristo e deseja levar os filipenses à mesma imitação (*mimesis*) como co-imitadores (*symmimētai*).⁷⁸ Em concreto, Paulo aponta diversos modos de imitação: pregação, construção da comunidade e serviço aos outros.⁷⁹

Além de si mesmo e do Cristo, Paulo apresenta os exemplos altruístas de Timóteo (2,19-24) e de Epafrodito (2,25-30).⁸⁰ Na verdade, como ele mesmo (1,20; 2,17), Epafrodito arriscou a vida (2,30) para cumprir sua missão de serviço, generosidade que encarna sua imitação de Cristo, que humilhou-se a si mesmo até a morte (2,8). Desse modo Paulo muda da primeira pessoa do

---

⁷⁴ Mary V. Jacques e Kelly Walter, "Pauline Adaptation of Epistolary Conventions in Philippians 3:2-4:1", em Albl, Eddy e Murkes, *Directions in New Testament Methods*, p. 83-84. Gordon D. Fee, *Paul's Letter to the Philippians* (Grand Rapids: Eerdmans, 1995), p. 363-64, nota que a imitação do mestre era um ideal na tradição judaica e cita Filo, *Virt.* 66 e *Congr.* 70: "Pois o praticante deve ser imitador de uma vida, não ouvinte de palavras, já que este último é o sinal característico de quem recebe uma doutrina, e o primeiro, do enérgico que se exercita" (LCL 4:493).

⁷⁵ Stanley, "Imitation in Paul's Letters", p. 141, e Reinhartz, "Pauline Exhortation", p. 400-401. Τοῦτο φρονῶμεν, *Touto phronōmen* ("Adotemos essa atitude", 3,15), refere-se ao empenho de Paulo em busca da maturidade (Fl 3,15), desapego (3,8) e esperança na ressurreição (3,10-11), e é também uma referência a 2,5 (τοῦτο φρονεῖτε, *touto phroneite*, "Tende em vós a mesma atitude") e ao hino cristológico. A defesa de sua autoridade não parece ser um problema para Paulo nessa carta, ao contrário do que diz Michaelis. Peter O'Brien, *The Epistle to the Philippians: A Commentary on the Greek Text* (Grand Rapids: Eerdmans, 1991), p. 446, diz que não é a autoridade de Paulo mas aspectos da sua atitude e conduta que ele quer que os filipenses imitem.

⁷⁶ O'Brien, *Epistle to the Philippians*, p. 444; Moisés Silva, *Philippians* (Chicago: Moody, 1988), p. 208; Reinhartz, "Pauline Exhortation", p. 401.

⁷⁷ Brant, "Place of *Mimesis*", p. 296-97; Richard R. Melick, Jr., *Philippians* (Nashville: Broadman, 1991), p. 142.

⁷⁸ Silva, *Philippians*, p. 208; O'Brien, *Epistle to the Philippians*, p. 445; *mou* aqui seria um possessivo; mas O'Brien considera-o como objetivo.

⁷⁹ Brant, "Place of *Mimesis*", p. 299.

⁸⁰ O'Brien, *Epistle to the Philippians*, p. 443; Dodd, *Paul's Paradigmatic "I"*, p. 190-91.

singular "meus" (3,17a) para o plural "nós" (3,17b).⁸¹ Paulo já incluiu Timóteo na saudação e está para enviá-lo a Filipos (2,23). Esse "nós" parece referir-se à equipe dirigente com Epafrodito.

Paulo usa "eu/me" mais de cinqüenta vezes na Carta aos Filipenses e começa a propor-se como o paradigma da *mimesis* logo em 1,12-26.⁸² Ele e os filipenses, em virtude do seu batismo, devem conformar suas palavras e ações com sua vida em Cristo. Batizados em Cristo (Rm 6,3-4), devem modelar suas vidas para refletirem sua nova identidade. Paulo pode ser um exemplo porque ele está "em Cristo" (1,1.8.13.20-21; 3,7-10.12).⁸³

Paulo é um tipo para a comunidade porque eles, como ele, estão todos "em Cristo".⁸⁴ O auto-esvaziamento pode bem ser uma atitude que liga Jesus como modelo (2,5) a Paulo, Timóteo, Epafrodito e os filipenses como imitadores. Nessa carta, Paulo ressalta a humildade, a qual dá a prioridade aos outros e ao bem deles como modo de conformar-se à imagem de Cristo. Assim Paulo espera que os filipenses vão prosseguir vigorosamente e com determinação semelhante à sua para se acharem perfeitamente em Cristo.⁸⁵ A meta escatológica para Paulo e os filipenses está ainda além dele (3,12 e deles), enquanto Jesus já goza da glória celestial (2,11).⁸⁶ Os adversários vêem a cruz e o sofrimento como uma maldição, talvez devido a uma atitude indicativa de triunfalismo ou a uma escatologia exagerada.⁸⁷

O apelo para imitar Paulo aparece de novo em 4,9. A linguagem parenética está por toda parte aqui, por exemplo, "aprendestes", "recebestes", "ouvistes", "vistes".⁸⁸ Tudo isso refere-se à presença, à prática e ao ensinamento anterior de Paulo no meio deles, como também ao que eles souberam a respeito dele em seus julgamentos e prisão.⁸⁹ Como tal, a vida cristã encontra uma concretização no próprio Paulo ("em mim" ἐν ἐμοί, *en emoi*; 4,9). O que se discute é o comportamento contrário ao significado salvífico da cruz, não a oposição doutrinal a ela (4,19). Como modelo negativo, alguns se entregam a um comportamento e rejeitam a vontade de Deus (3,18-19).⁹⁰ Paulo, por outro lado, manifesta um contentamento piedoso e a paz interior com Deus (4,7. 9. 19).⁹¹

---

⁸¹ O'Brien, *Epistle to the Philippians*, p. 447.
⁸² Dodd, *Paul's Paradigmatic "I"*, p. 171. Dodd pensa que a proposta que Paulo faz de si mesmo como modelo vai muito além das passagens específicas em que ele urge a imitação e inclui as múltiplas referências a ele, às suas atitudes e experiências.
⁸³ Id., p. 187-88, 192-94.
⁸⁴ Dodd, em id., p. 188-94, não acha que Paulo imita Cristo ou reflete o modelo de Cristo, porque a maior parte da história de Cristo é inimitável. Não obstante, ele concorda que a abnegação de Jesus é exemplar para os filipenses em suas relações comunitárias e que Cristo é um arquétipo para Paulo e para os filipenses.
⁸⁵ O'Brien, *Epistle to the Philippians*, p. 446-47, afirma que 2,12-16 prepara o apelo à imitação, ao passo que 2,8-11 fornece o fundamento para ela.
⁸⁶ Brant, "Place of *Mimesis*", p. 298-300, e Fee, *Letter to the Philippians*, p. 363-64.
⁸⁷ Dodd, *Paul's Paradigmatic "I"*, p. 177-80.
⁸⁸ Silva, *Philippians*, p. 229-30.
⁸⁹ O'Brien, *Epistle to the Philippians*, p. 510-11.
⁹⁰ Id., p. 454-55.
⁹¹ Dodd, *Paul's Paradigmatic "I"*, p. 186.

1 Coríntios

As últimas passagens sobre a imitação nas cartas autênticas de Paulo que contêm um apelo explícito à imitação encontram-se em 1Cor 4,16 e 11,1. Na verdade, 11,1 forma uma *inclusio* com 4,16. Em 4,6, 4,16-17 e 11,1 Paulo aparece como um paradigma para se lidar com cada um dos principais tópicos apresentados, a saber, o partidarismo, a vanglória e o interesse pessoal.[92] Ademais, em toda essa carta Paulo lança mão de exemplos para desenvolver seus argumentos, para corrigir o comportamento dos coríntios e para recuperar a confiança deles.[93] Além do seu objetivo parenético, 1Cor tem ainda uma finalidade deliberativa, e o exemplo de Paulo serve a ambos.[94] Paulo se insere em cada situação problemática (5,12; 6,12; 8,13; 9,12-15.19-23; 10,28-11,1; 12,31-13,3; 13,11-12; 14,11.14.18) e com isso se oferece como um exemplo de uma caminhada na união[95] que ele espera que a comunidade vá seguir.[96]

Nos dois textos explícitos que falam de imitação, Paulo trata dos problemas que aparecem na carta toda, ou seja, a arrogância, a falsa sabedoria, o endeusamento dos chefes escolhidos (1,12; 3,13; 5,6) e a vanglória da própria superioridade (11,1). Em contrapartida, Paulo ensina a imitação de sua humildade e rebaixamento, que o torna como "o lixo do mundo" (4,13), pois a humildade, paradoxalmente, é o verdadeiro sinal da espiritualidade madura. Ela também toma a forma da busca, não das próprias prerrogativas (9,4-7.15), mas dos interesses dos outros (9,22; 10,33).[97] Como em Filipenses, isto ocupa o centro do modelo estabelecido por Cristo, modelo sobre o qual, como afirma Paulo, suas ações se baseiam. Paulo tenta mover os coríntios de uma visão antropocêntrica e de uma ênfase nos direitos pessoais para uma perspectiva teocêntrica e uma ênfase na obediência e no serviço, que ele apresenta no capítulo 9.[98] A imitação está

---

[92] Brian J. Dodd, "Paul's Paradigmatic 'I' and 1 Cor 6.12", *JSNT* 59 (1995): p. 42, 49.

[93] Id., p. 51, e Mitchell, *Rhetoric*, p. 47-48, no qual ela indica o uso dos exemplos positivos e também dos negativos. Paulo propõe exemplos negativos em 1Cor 10,6; várias ocupações como paradigmas em 9,7; exemplos da Escritura em 5,6-8; 6,16-17; 9,8-10.13; 10,18; 11,2-16; 14,21; 15,32; voz, discurso e comunicação no capítulo 14; sementes e corpos celestes no capítulo 15; e o próprio Cristo em 11,1.

[94] Mitchell, *Rhetoric*, p. 50-60; Reinhartz, "Pauline Exhortation", p. 398. Em 1Cor, Paulo é mestre/pai (4,15.17), enquanto os coríntios são crianças (3,1; 2,6) e imaturos (3,2).

[95] Do mesmo modo, em Fl, Paulo propõe seu exemplo como modelo para difundir a divisão dos rivais em 1,14.17-18. 20.30; 2,17-18; 3,3-4 (Mitchell, *Rhetoric*, p. 50-54; Dodd, "Paul's Paradigmatic 'I'", p. 53-54; Dodd, *Paul's Paradigmatic "I"*, p. 32).

[96] Michaelis ressalta que o apelo de Paulo à imitação é expressão de sua autoridade. A asserção implícita de autoridade na proposta que Paulo faz de si mesmo como exemplo para a imitação é uma técnica pedagógica. Ele é um modelo regulador (Dodd, *Paul's Paradigmatic "I"*, p. 29), apresentado para promover a unidade na comunidade (id., p. 33-48). Seu exemplo serve para garantir ao auditório que os fins podem ser atingidos (id., p. 103). Sobre esse uso do exemplo como garantia de sucesso, ver Plutarco, *Mor.* 7: 539-47. O verbo *nouthetein* (admoestar) também expressa a intenção de corrigir visando a melhoria do comportamento e da atitude (ver Christian Wolff, *Der erste Brief des Paulus an die Korinther* [Leipzig: Evangelische Verlagsanstalt, 1996], p. 93).

[97] Brant, "Place of *Mimesis*", p. 294-95; Reinhartz, "Pauline Exhortation", p. 397-98; Boykin Sanders, "Imitating Paul: 1 Cor 4:16", *HTR* 74, no. 4 (1981): p. 358-59; Carl Holladay, *The First Letter of Paul to the Corinthians* (Austin, Tex.: Sweet, 1979), p. 138. Há uma *accumulatio* (acumulação de argumentos) de 10,23 a 11,1, na qual Paulo reúne tópicos apresentados desde 8,1. O princípio de não procurar suas próprias prerrogativas é também demonstrado em Fl 2,6-11; 2Cor 8,9; 13,4.

[98] Richard A. Horsley, *1 Corinthians* (Nashville: Abingdon, 1998), p. 142.

orientada para o Cristo crucificado. Paulo, como imitador de Cristo e portador do evangelho, em todo o seu ser, abraça a tarefa do Cristo salvador ressuscitado na renúncia e no sofrimento.[99] Nesta orientação para Cristo, Paulo e todos os cristãos vivem em Cristo e não apenas conforme o seu modelo. A existência apostólica de Paulo é modelada por Jesus crucificado e ressuscitado, exatamente como a virtude exemplar deriva do influxo interior da graça do Espírito Santo (Gl 5,1; 1Cor 3).[100]

Paulo convida à imitação apenas as comunidades por ele fundadas.[101] Nas passagens sobre a imitação, é expressa e legitimada a sua relação com Cristo como seguidor e apóstolo.[102] Enquanto o artigo de Michaelis no *TDNT* realça esse aspecto do exemplo paulino, a maioria dos estudos mais recentes têm alargado a compreensão do exemplo e da imitação paulinos. Ao passo que, em Gálatas e 1 Coríntios, Paulo está preocupado com reforçar sua autoridade, a exortação às suas igrejas num sentido mais amplo para seguirem sua atitude e também sua conduta domina seus esforços em Filipenses e igualmente em Gálatas e em 1 Coríntios.

Os usos pedagógico e exortativo do exemplo, particularmente na literatura epistolar do mundo greco-romano, encontram expressão nas cartas de Paulo. A seção de 1Ts que fala de imitação participa do objetivo exortativo mas faz isto comparando o que fizeram os tessalonicenses com o que Paulo tem feito, e esses dois em relação ao modelo estabelecido por Jesus em sua paixão. A dimensão cristológica da imitação é constante em todos os exemplos examinados, sobressaindo o altruísmo como modo de conformar-se a Jesus.

As passagens nas quais Paulo chama a atenção para seu exemplo são casos específicos de um programa mais geral através de suas cartas. Ele usa recordações autobiográficas e referências a si próprio como um paradigma de visão e prática cristãs para seus adeptos aprenderem delas e as imitarem. Paul Sampley mostra como "não é incomum Paulo narrar sua vida ou uma parte cuidadosamente selecionada da sua vida em razão de seu valor exemplar para a exortação".[103] Assim ele recorda aos gálatas sua vida e a deles, sua radical conversão e a deles, o desafio dos adversários à sua vida e à deles, a oposição de ex-companheiros,

---

[99] Ver WOLFF, *An die Korinther*, p. 94, 242, que encontra comentários paralelos sobre a renúncia e o sofrimento exemplares de Jesus em Rm 15,2; 2Cor 8,9; Fl 2,6-8. Ver também José Maria CASCIARO, ed., *St. Paul's Epistle to the Corinthians* (Dublin: 4 Courts, 1991), p. 69, e Gerhard SELLIN, "Haupt Probleme des ersten Korintherbriefes", em *ANRW* II 25.4 (ed. Wolfgang Haase: Berlim e Nova Iorque: Walter de Gruyter, 1987), p. 3023.
[100] Giuseppe BARBAGLIO, *La prima lettera ai Corinzi* (Bolonha, Itália: EDB, 1995), p. 241-49; Jerome MURPHY-O'CONNOR, *1 Corinthians* (Nova Iorque: Doubleday, 1998), p. 37; John J. KILGALLEN, S.J., *First Corinthians: An Introduction and Study Guide* (Nova Iorque e Mahwah, N. J.: Paulist, 1987), p. 92. Wilhelm WUELLNER, "Greek Rhetoric and Pauline Argumentation", em *Early Christian Literature and the Classical Intellectual Tradition: In Honorem Robert M. Grant* (Paris: Beauchesne, 1979), p. 187, diz que a "digressão" de 9,1-10,13, que apresenta Paulo como modelo, visa assegurar que a salvação não se estende a alguns, mas a todos, e que o compromisso com o sacrifício é a lição da metáfora e o apelo da Escritura.
[101] Franz Josef ORTKEMPER, *1 Korintherbrief* (Stuttgart: Katholisches Bibelwerk, 1993), p. 54.
[102] REINHARTZ, "Pauline Exhortation", p. 403.
[103] J. Paul SAMPLEY, "Reasoning from the Horizon of Paul's Thought World: A Comparison of Galatians and Philippians" in *Theology and Ethics in Paul and His Interpreters: Essays in Honor of Victor Paul Furnish* (ed. Eugene H. Lovering e Jerry L. Sumney; Nashville: Abingdon, 1996), p. 125.

as ameaças da escravidão espiritual, o significado da crucifixão de Cristo para ele e para eles e sua fidelidade ao Cristo crucificado, que ele lhes recomenda com insistência.[104]

Do mesmo modo, em Filipenses o prisioneiro Paulo entra em contato com os destinatários, que também estão submetidos à aflição (1,15-17. 28-30). Ele optou por servir às necessidades de outros como Timóteo e Epafrodito (2,21-22. 30). Dramaticamente se desfaz da sua herança enquanto avança para sua meta espiritual, que eles devem emular, conforme o seu desejo (3,4.13.17).[105] A monografia de Brian Dodd comenta essa estratégia em 1 Coríntios, Gálatas, Filipenses, Filêmon, 1 Tessalonicenses e Romanos.[106] De modo semelhante, o estudo de George Lyons sobre Gálatas ressalta a função paradigmática das dicotomias "outrora/agora" e "homem/Deus" na conversão de Paulo (1,13-2,21) e a deserção dos gálatas e a rendição deles à Lei (1,6; 2,4; 3,28; 4,1-9.22-31; 5,1.13).[107] Lyons considera o *ethos* exemplar de Paulo agindo de oito modos em sua parênese em 1 Tessalonicenses: na própria exortação; na sua conduta moral; no seu empenho de agradar a Deus; no seu amor e amizade constantes; no seu trabalho e no sustento pessoal; na sua oração de ação de graças; na sua alegria nas tribulações; e na sua esperança escatológica.[108]

Exemplos implícitos

Paulo refere-se a uma variedade de exemplos além do seu próprio. Em 1Cor 1,12, os nomes Cefas, Apolo, Paulo e Cristo podem bem referir-se a figuras exemplares adotadas por correntes partidárias nas igrejas coríntias.[109] Paulo refere-se a Apolo e a si mesmo em 1Cor 4,6 como exemplos na exortação aos coríntios contra a vaidade exagerada e a desunião.[110] Em 1Cor 7,7-8, ele se propõe a si mesmo como um exemplo de quem permanece em seu estado atual em vista do fim dos tempos.[111] Para Dodd, "a auto-apresentação de Paulo como modelo é a estrutura fundamental da sua temática em 1Cor".[112] A afirmação paradigmática de 1Cor 8,13, que ecoa o "eu" exortativo de 5,12 e 6,12, propõe o comportamento modelar que Paulo espera que os coríntios sigam, a saber, a prática do amor que requer dos coríntios não reclamar todos os seus direitos nem exercer toda a sua liberdade. Essa exortação prossegue pelo capítulo 9 afora, onde Paulo fala das prerrogativas apostólicas de que ele abriu mão. A exortação culmina no "exemplo pessoal de renúncia à liberdade" em 1Cor 10,23-11,1.[113]

---

[104] Id., p. 125.
[105] Id., p. 127.
[106] Dodd, "Paul's Paradigmatic 'I'".
[107] Lyons, *Pauline Autobiography*, p. 171, 174-75.
[108] Id., p. 218-29, 224-25.
[109] Dodd, *Paul's Paradigmatic "I"*, p. 37-40.
[110] Id., p. 45-48.
[111] Id., p. 94-95.
[112] Id., p. 95.
[113] Id., p. 98-101.

Com seu exemplo pessoal em 1Cor 13, que contém vinte e cinco referências à primeira pessoa do singular, Paulo reforça sua exortação à harmonia nos capítulos 12 e 14 e recapitula temas tratados em outras partes da carta.[114] No último uso do seu exemplo, em 1Cor 15,8-19.30-32, Paulo reforça seu argumento em favor da crença na ressurreição contra a escatologia exagerada dos coríntios que negavam a necessidade do sofrimento e da morte.[115] Gálatas oferece uma série de referências autobiográficas que constituem um exemplo para os leitores. A auto-caracterização de Paulo como escravo de Cristo em 1,10 mostra que ele é alguém que agrada antes a Deus que aos homens.[116] Em Filipenses, Paulo inclui outros como modelos ou padrões, embora seu exemplo seja apresentado como primário (3,17; 4,9).[117] Suas auto-referências em Filêmon têm força exortativa, e a comunidade como um todo é visada quando ele faz seu apelo a Filêmon.[118] A solicitação de Paulo combina um apelo à livre decisão de Filêmon (Fm 14) com implicações de ordem e compulsão (vv. 8. 14). Isto parece ser a atitude paradigmática de interação que Paulo deseja que Filêmon adote em relação a Onésimo, escravo de Filêmon e agora seu irmão, e também um substituto do próprio Paulo (v. 17).[119] De modo paradigmático Paulo renuncia à autoridade em favor da generosidade, do amor e da compaixão pelos outros na comunidade.[120] Em 1Ts 2,12, a auto-apresentação de Paulo pode bem ser "paradigmática de polêmica, apresentando como modelos os laboriosos e castigando os indolentes".[121] Paulo se opõe aos indolentes (5,14) e exemplifica a laboriosidade (4,10b-12; 5,14). Tem sido demonstrado que algumas das referências na primeira pessoa em Rm 7 ecoam a história de Adão no Gênesis. Em geral, as expressões da pecaminosidade antes da Lei não se adaptam às declarações autoconfiantes de Paulo em Fl 3. Porém, uma compreensão do estilo da argumentação na diatribe ajuda a dar uma perspectiva mais abrangente das referências à primeira pessoa aí. Não obstante, as referências à escravidão ecoam as observações de Paulo em 1,1 e nos capítulos 5-6. Em 7,14-25, as declarações na primeira pessoa são "um expediente literário que retrata a necessidade total de redenção que tem o eu dividido".[122] Além disso, a afirmação sobre o "eu" em Rm 7,14-25 é semelhante a 1Cor 1-4, onde Paulo usa o auto-rebaixamento para chamar a atenção dos coríntios para a unidade deles em Cristo. Aqui o auto-rebaixamento demonstra o poder de Cristo para libertar o pecador concentrando-se numa pessoa escravizada à Lei.[123]

---

[114] Id., p. 114-25.
[115] Id., p. 125-29.
[116] Id., p. 148-51, e ver Gl 2,4-5.11-14. Dodd também comenta a "linguagem participativa" de Paulo em referência a Cristo e a seu sofrimento (156-61, referindo-se a Gl 2,19-20).
[117] Id., p. 183.
[118] Ver id., p. 200-201, em que Dodd nota as referências aos colaboradores e à igreja (Fm 2-3.22-25) e o contexto litúrgico que a fórmula "graça e paz" implica (vv. 3.25).
[119] Id., p. 203-4.
[120] Id., p. 205.
[121] Id., p. 215-19.
[122] Id., p. 222-32.
[123] Id., p. 233-34.

A correspondência paulina emprega fartamente o expediente retórico do exemplo para a imitação, tanto explícito como implícito. A finalidade na maioria dos casos é exortativa, para encorajar os leitores da carta a adotar atitudes e ações em imitação às de Paulo.

PARTE III. OUTROS TEXTOS RELEVANTES PAULINOS E PAULINISTAS

Três passagens nas Epístolas Pastorais oferecem o exemplo de Paulo na primeira pessoa: 1Tm 1,3-20; 2Tm 1,3-18; 3,1-4,8. Esses três exemplos pessoais são nas cartas um meio exortativo para urgir os leitores a manter-se fiéis às doutrinas e às virtudes associadas com Paulo e a evitar as doutrinas e vícios alternativos atribuídos aos falsos doutores.[124] Por toda parte nas cartas, Paulo exibe qualidades e ações que encarnam qualidades apresentadas nas cartas. Assim ele se torna um exemplo implícito dessas qualidades.[125]

Em outros lugares dessas cartas, Timóteo e Tito também são apontados como modelos para a comunidade. Em 1Tm 4,12, as virtudes dominam sobre a doutrina como constituintes do modelo desejado (*typos*) para ser imitado, o modelo que a carta sugere.[126] Como no caso de Paulo, uma contrapartida negativa também é realçada aqui. Tito, também deve ser um modelo (*typos*) de boas obras (Tt 2,7-8), em contraste com o antitético exemplo que o precede em 1,10-16.[127] Há uma estratégia retórica aqui na proposta desses exemplos aos leitores. Se os destinatários seguem o exemplo virtuoso e autêntico proposto, vão impedir o avanço dos doutores rivais. Ademais, adotando os exemplos em suas vidas, os leitores conferem autenticidade à doutrina positiva pelas vidas irrepreensíveis que ela promove (1Tm 5,14; 6,14; 6,1). Isto confirma sucessivamente a crítica às faltas dos outros mestres.[128]

PARTE IV. BIBLIOGRAFIA

Fontes primárias

ARISTÓTELES. *Ars rhetorica*. Tradução de J. H. Freese. LCL. Londres: W. Heinemann, 1927.

_____. *Problems and Rhetorica ad Alexandrum*. Tradução de H. Rackham e W. S. Hett. LCL. Londres: W. Heinemann, 1936.

CÍCERO. *Ad C. Herennium libri IV; De ratione dicendi*. Tradução de H. Caplan. LCL. Cambridge: Harvard University Press, 1954.

_____. *De inventione, De optimo genere oratorum, Topica*. Tradução de H. M. Hubbell. LCL. Cambridge: Harvard University Press, 1949.

_____. *De officiis*. Tradução de Walter Miller. LCL. Cambridge: Harvard University Press, 1913.

_____. *De oratore III, De facto, Paradoxa stoicorum, De partitione oratoria*. Tradução de H. Rackham. Cambridge: Harvard University Press, 1942.

---

[124] Fiore, *Function of Personal Example*, p. 198-208.
[125] Id., p. 209-11.
[126] Id., p. 213-16.
[127] Id., p. 211.
[128] Id., p. 212-13.

DEMÉTRIO. *Demetrii et Libanii qui feruntur TYPOI EPISTOLIKOI et EPISTOLIMAIOI CHARAKTERES.* Leipzig: Teubner, 1910.
NEPOS, Cornelius. *Vitae.* Editado por K. Halm e A. Fleckeisen. Leipzig: Teubner, 1916.
FILO. *Works.* Tradução de F. H. Colson e G. H. Whitaker. 10 vols. LCL. Cambridge: Harvard University Press, 1956.
PLATÃO. *The Republic.* Tradução de Paul Shoney. 2 vols. LCL. Cambridge: Harvard University Press, 1956.
PLÍNIO, O MOÇO. *Epistulae.* Tradução de Betty Radice. 2 vols. Cambridge: Harvard University Press, 1969.
PLUTARCO. *Lives.* Tradução de Bernadotte Perrin. 11 vols. LCL. Cambridge: Harvard University Press, 1914.
QUINTILIANO. *Institutio oratoria.* Tradução de Harold E. Butler. LCL. London: Heinemann, 1920.
SÊNECA, o VELHO. *Declamations.* Tradução de M. Winterbottom. LCL. Cambridge: Harvard University Press, 1974.
SÊNECA, o Moço. *Ad Lucilium epistulae morales.* Tradução de Richard M. Gummere. 3 vols. LCL. London: W. Heinemann, 1917.
VARRO, Marcus Terentius. *Opere.* Editado por Antonio Traglia. Turim, Itália: Unione Tipografica Editrice, 1974.

Fontes secundárias

ADINOLFI, Marco. *La Prima Lettera ai Tessalonicesi nel mondo greco-romano.* Roma: Pontifici Athenaei Antoniani, 1990.
ALEWELL, Karl. *Über das rhetorische PARADEIGMA: Theorie, Beispielsammlung, Verwendung in der römischen Literatur des Kaiserzeit.* Leipzig: A. Hoffman, 1913.
ANDERSON, R. Dean. *Ancient Rhetorical Theory and Paul.* Kampen, the Netherlands: Kok Pharo, 1996.
ASSION, Peter. "Das Exempel als agitatorische Gattung: zu Form u. Funktion der kurzen Beispielgeschichte", *Fabula* 98 (1985): p. 72-92.
BAASLAND, Ernst. "Zum Beispiel der Beispielerzählungen: Zur Formenlehre der Gleichnisse und zur Methodik der Gleichnissauslegung", *NovT* 28, no. 3 (1986): p. 193-219.
BABUT, Daniel. "Sur la notion d'"Imitation' dans les doctrines esthétiques de la Grèce classique", *REG* 98 (1985): p. 72-92.
BLOOMER, W. Martin. *Valerius Maximus and the Rhetoric of the New Nobility.* Chapel Hill e Londres: University of North Carolina Press, 1992.
BORNECQUE, Henri. *Les déclamations et les déclamateurs d'après Sénèque le Père.* Hildesheim, Alemanha: Georg Olms, 1902, Reimpr. 1967.
BRANT, Jo-Ann A. "The Place of *Mimesis* in Paul's Thought", *Studies in Religion/Sciences Religieuses* 22, no. 3 (1993): p. 285-300.
BURGESS, Theodore. *Epideictic Literature.* Chicago: University of Chicago Press, 1902.
CANCIK, Hildegard. *Untersuchungen zu Senecas epistulae morales.* Hildesheim, Alemanha: Georg Olms, 1967.
CARTER, Howard Vernon. "The Mythological Paradigm in Greek and Latin Poetry", *AJP* 54 (1933): p. 201-24.
CASTELLI, Elizabeth A. *Imitating Paul: A Discourse of Power.* Louisville: Westminster John Knox, 1991.
DODD, Brian. "Paul's Paradigmatic 'I' and 1 Cor 6.12", *JSNT* 59 (1995): p. 39-58.
_____. *Paul's Paradigmatic "I": Personal Example as Literary Strategy.* Sheffield, Inglaterra: Sheffield Academic Press, 1999.
DORNSEIFF, Franz. "Literarische Verwendung des Beispiels", *Bibliotek Warburg* 4 (1924-25): p. 206-28.
EADIE, John W. e OBER, Josiah, eds. *The Craft of Ancient Historians: Essays in Honor of Cester G. Starr.* Lanham, Md.: University Press of America, 1985.
EDDY, Paul R. "Christian and Hellenistic Moral Exhortation: A Literary Comparison Based on 1 Thessalonians 4", em *Directions in New Testament Methods*, editado por Martin C. Albl, Paul R. Eddy e Renee Murkes, O.S.F. Milwaukee: Marquette University Press, 1993, p. 45-51.
FIORE, Benjamin, S.J. *The Function of Personal Example in the Socratic and Pastoral Epistles.* AnBib 105. Roma: Biblical Institute Press, 1986.
FRAISSE, Jean-Claude. "Imitation, Ressemblance et Métaphore dans la 'Poétique' d'Aristote", *Les Études Philosophiques* (1981): p. 9-18.
GAVENTA, Beverley. "Galatians 1 and 2: Autobiography as Paradigm", *NovT* 28, no. 4 (1986): p. 309-26.
GETTY, Mary Ann. "The Imitation of Paul in the Letters to the Thessalonians", em *The Thessalonian Correspondence*, editado por Raymond F. Collins. BETL 87. Lovaina: Louvain University Press, 1990, p. 277-83.
GRIMALDI, William A., S.J. *Studies in the Philosophy of Aristotle's Rhetoric.* Wiesbaden, Alemanda: Franz Steiner, 1972.
HADOT, Ilsetraut. *Seneca und die griechisch-römischer Tradition der Seelenleitung.* Berlim: Walter de Gruyter, 1969.
HAIGHT, Elizabeth H. *The Roman Use of Anecdotes in Cicero, Livy, and the Satirists.* Nova Iorque: Longmans, Green, 1940.
HALLIWELL, Stephen. "Aristotelian Mimesis Revisited", *Journal of the History of Philosophy* 28 (1990): p. 487-510.
HARTLICH, Paulus. "De exhortationum a Graecis Romanisque scriptarum historia et indole", *Leipziger Studien* 11 (1889): p. 207-36.
HOCK, Ronald F. e O'NEIL, Edward N., eds. *The Chreia in Ancient Rhetoric: The Progymnasmata.* Vol. 1 de *The Chreia in Ancient Rhetoric.* Atlanta: Scholars Press, 1985.
HOLLOWAY, Paul A. "The Enthymeme as an Element of Style in Paul", *JBL* 120 (2001): p. 329-39.

HOLMBERG, Arne. *Studien zur Terminologie und Technik der rhetorischen Beweisführung bei lateinischen Schriftstellern*. Uppsala, Suécia: Almqvist & Wiksell, 1913.
JAQUES, Mary V., e WALTER, Kelly. "Pauline Adaptation of Epistolary Conventions in Philippians 3:2-4:1", em *Directions in New Testament Methods*, editado por Martin C. Albl, Paul R. Eddy e Renee Murkes, O.S.F. Milwaukee: Marquette University Press, 1993, p. 79-84.
JOHANSON, Bruce C. *To All the Brethren: A Text-Linguistic and Rhetorical Approach to 1 Thessalonians*. ConBNT 16. Stockholm: Almqvist & Wiksell, 1987.
JOST, Karl T. *Das Beispiel und Vorbild der Vorfahren bei den attischen Rednern und Geschichtschreibern bis Demosthenes*. Paderborn, Alemanha: F. Schöningh, 1936.
KORNHARDT, Hildegard. *Exemplum: Eine bedeutungsgeschichtliche Studie*. Göttingen, Alemanha: Robert Noske, 1936.
LUMPE, A. "*Exemplum*". *RAC* 6: p. 1229-57.
LYONS, George. *Pauline Autobiography: Toward a New Understanding*. SBLDS 73. Atlanta: Scholars Press, 1988.
MASLAKOV, G. "Valerius Maximus and Roman Historiography: A Study of the Exempla Tradition", em *ANRW* II.32.1, p. 437-96.
MAYER, Roland G. "Roman Historical Exempla in Seneca", em *Sénèque et la Prose Latine*, editado por Olivier Reverdin e Bernard Grange. Fondations Hardt; Entretiens sur l'antiquité classique 36. Genebra: Vandoeuvres, 1991, p. 141-76.
MITCHELL, Margaret M. *Paul and the Rhetoric of Reconciliation: An Exegetical Investigation of the Language and Composition of 1 Corinthians*. Tübingen: J. C. B. Mohr [Paul Siebeck], 1991.
PRICE, Bennet J. "*Paradeigma* and *Exemplum* in Ancient Rhetorical Theory". Tese de doutorado, University of California at Berkeley, 1975.
REINHARTZ, Adele. "On the Meaning of the Pauline Exhortation: '*Mimetai mou ginesthe* – Become Imitators of Me'", *Studies in Religion/Sciences Religieuses* 16, no. 4 (1987): p. 393-403.
ROBINSON, Arthur Wirt. "Cicero's Use of People as '*Exempla*' in His Speeches". Tese de doutorado, Indiana University, 1986.
RÖMER, Franz. "Zum Aufbau der Exemplasammlung der Valerius Maximus". *Wiener Studien* 103 (1990): p. 99-107.
SANDERS, Boykin. "Imitating Paul: 1Cor 4:16", *HTR* 74, no. 4 (1981): p. 353-63.
SKIDMORE, Clive. *Practical Ethics for Roman Gentlemen: The Work of Valerius Maximus*. Exeter, Inglaterra: University of Exeter Press, 1996.
SMITH, Abraham. *Comfort One Another: Reconstructing the Rhetoric and Audience of 1 Thessalonians*. Lousville: Westminster John Knox, 1995.
STADTER, Philip A. *Plutarch's Historical Methods: An Analysis of the "Mulierum Virtutes"*. Cambridge: Harvard University Press, 1965.
STANLEY, David, S.J. "Imitation in Paul's Letters: Its Significance for His Relationship to Jesus and to His Own Christian Foundations", em *From Jesus to Paul: Studies in Honour of Francis Beare*, editado por Peter Richardson e John C. Hurd. Waterloo, Ont.: Wilfrid Laurier University Press, 1984, p. 127-41.
STOWERS, Stanley Kent. *The Diatribe and Paul's Letter to the Romans*. SBLDS 57. Chico, Calif.: Scholars Press, 1981.
SUHL, Alfred. "Der Galaterbrief-Situation und Argumentation", em *ANRW* II.25.4, editado por Wolfgang Haase. Berlim: Walter de Gruyter, 1987, p. 3067-134.
THRAEDE, Klaus. *Grundzüge griechisch-römischer Brieftopik*. Editado por Erik Burk e Hans Diller. Zetemata: Monographien zur klassischen Altertumswissenschaft 48. Munique: C. H. Beck, 1970.
TRAPP, M. B. *Maximus of Tyre: The Philosophical Orations*. Oxford: Clarendon, 1997.
VALGIGLIO, Ernesto. "Dagli 'Ethica' al 'Bioi' in Plutarco", em *ANRW* 33.6: II *Principat* 33.6. Editado por Wolfgang Haase. Berlim e Nova Iorque: de Gruyter, 1992, p. 3994, 4010-13.
VETSCHERA, Rudolf. *Zur griechischen Paraenese*. Smichow e Praga: Rohlicek & Sievers, 1911-12.
WILLMS, Hans. *EIKON, eine begriffsgeschichtliche Untersuchung zum Platonismus*. Münster, Alemanha: Aschendorff, 1935.
WUELLNER, Wilhelm. "Greek Rhetoric and Pauline Argumentation", em *Early Christian Literature and the Classical Intellectual Tradition: In Honorem Robert M. Grant*, editado por William R. Schoedel e Robert L. Wilken. Paris: Beauchesne, 1979, p. 177-88.

PAULO, AS FAMÍLIAS E AS CASAS

David L. Balch

A arqueologia das habitações domésticas e urbanas é básica para se entender as relações sociais nas famílias e comunidades paulinas.[1] Por exemplo, não se poder compreender corretamente se a vida familiar era pública ou privada, a importância das refeições, ou o lugar dos escravos na casa sem investigar a arquitetura concreta das casas gregas, romanas e palestinenses. Para isto, examino estudos seletos sobre moradias greco-romanas em ambientes urbanos, detendo-me nas observações arqueológicas que podem iluminar as relações sociais nas famílias do século I e também as igrejas domésticas paulinas que celebravam o culto nesses mesmos ambientes arquitetônicos. A segunda parte do ensaio examina tópicos selecionados e específicos que têm relação com as famílias greco-romanas: a sexualidade, a educação familiar dos jovens e adultos, a condição dos escravos na casa e os costumes da família nas refeições, especialmente os das mulheres nas refeições.[2]

As famílias que possuíam uma casa viviam nos mesmos espaços domésticos com seus escravos, o que tinha conseqüências para a atividade sexual. Só um *pater familias* rico podia conseguir um mestre para os filhos da família. Os escravos celebravam o culto nos mesmos altares da casa que seus senhores, mas eles serviam as refeições enquanto os senhores se reclinavam na(s) sala(s) de jantar. Isto levanta a questão se os costumes familiares quanto às refeições foram observados quando as ἐκκλησίαι, *ekklēsiai*, paulinas realizavam o culto e celebravam a Eucaristia nos mesmos espaços domésticos. Esta e outras questões são tratadas neste ensaio sobre as famílias e as casas paulinas.

---

[1] Para descrições das cidades da missão paulina, ver John E. Stambaugh e David L. Balch, *The New Testament in Its Social Environment* (Filadélfia: Westminster, 1986), c. 4 e 6; R. Wallace e W. Williams, *The Three Worlds of Paul of Tarsus* (Londres: Routledge, 1998), pt. 4; Bradley Bleu, "Acts and the House Church", em *The Book of Acts in Its First Century Setting*, vol. 2: *Graeco-Roman Setting* (ed. David W. J. Gill e Conrad Gempf; Grand Rapids: Eerdmans, 1994, p. 1119-122.
[2] Vou resumir e atualizar Carolyn Osiek e David L. Balch, *Families in the New Testament World: Households and House Churches* (Louisville: Westminster John Knox, 1997). Comparar *Constructing Early Christian Families: Family as Social Reality and Metaphor* (ed. Halvor Moxnes, Londres: Routledge, 1997). Ver David L. Balch e Carolyn Osiek, eds., *Early Christian Families in Context: An Interdisciplinary Dialogue* (Grand Rapids: Eerdmans, 2003).

PARTE I. A ARQUEOLOGIA DA CASA GRECO-ROMANA

A arqueologia nos ajuda a entender o contexto social, cultural e religioso das casas onde as famílias das igrejas paulinas viviam e rezavam. Para conseguir esse intento, o estudo não pode limitar-se a traçar os roteiros de Paulo na Ásia Menor e na Grécia.[3] Não podemos fazer uma pesquisa arqueológica das casas concretas em que as igrejas paulinas se reuniam. Podemos aprender mais sobre a cultura doméstica greco-romana do tempo de Paulo examinando casas em cidades diferentes daquelas em que ele pregou, porque essas cidades e casas estão mais bem preservadas. O professor Osiek e eu supomos que as casas de Pompéia que possuíam átrio são comparáveis às que se achavam nas cidades greco-romanas. Admitindo que as casas de Pompéia são até certo ponto típicas, outras questões precisam ser debatidas. Se aceitamos que algumas igrejas paulinas também se reuniam em prédios de apartamentos,[4] até que ponto era comum a construção de casas com átrio e prédios de apartamentos no século I da Era Comum, e eram as casas gregas qualitativamente diferentes das casas romanas?

Peter Lampe escreveu sobre os primeiros cristãos em Roma, concluindo que eles se encontravam no Trastevere,[5] região pobre da cidade, povoada por imigrantes. Mesmo nessa região mais pobre, porém, não havia zoneamento, quer dizer, *domus* (casas com átrio) e *insulae* (prédios de apartamento) eram construídas nas mesmas regiões.[6] Por isso, a analogia com os prédios de apartamentos nos

---

[3] Helmut Koester, "Preface", em *Ephesos, Metropolis of Asia: An Interdisciplinary Approach to Its Archaeology, Religion, and Culture* (ed. Helmut Koestner; HTS 41; Valley Forge, Pa.: Trinity Press International, 1995), p. xviii. A arquitetura da missão paulina é estudada por L. Michael White, *The Social Origins of Christian Architecture*, vol. 1: *Building God's House in the Roman World: Architectural Adaptation among Pagans, Jews and Christians* (HTS 42; Valley Forge, Pa.: Trinity Press International, 1990), p. 102-10.

[4] Ver Robert Jewett, "Tenement Churches and Communal Meals in the Early Church: The Implications of a Form-Critical Analysis of 2 Thessalonians 3:10", *BR* 38 (1993): p. 23-43. Escrevi incorretamente (Osiek e Balch, *Families*, 21) que não temos testemunhos arqueológicos desses prédios de apartamentos no século I da Era Comum. Ver J. J. Deiss, *Herculaneum: Italy's Buried Treasure* (2ª ed.; Malibu, Calif.: J. Paul Getty Museum, 1989), p. 114-15, baseado em A. Maiuri, *Ercolano: I Nuovi Scavi (1927-1958)* (Roma: Istituto Poligrafico dello Stato, 1959), 1: p. 113ss (sobre a palestra) e p. 449-69 (sobre as lojas e apartamentos) com figs. p. 91-111 e p. 401-19. A obra de Maiuri descreve um conjunto semelhante aos prédios de apartamentos dos séculos II e III em Óstia. Mede 113 x 80 m (p. 113), e é um edifício unificado (p. 116 e 449), construído no começo do século I da Era Comum (p. 116). As *insulae*, em Óstia, têm pátios internos; mas o edifício de Herculano, por sua vez, tem uma palestra/ginásio interna e particular (p. 449). O andar térreo tem lojas que dão para uma rua importante, *cardo* 5, que vai do *decumano inferiore* ao *decumano massimo* (p. 116). Essas lojas têm escadas internas de madeira que conduzem ao andar superior (fig. 419). Nada restou do último andar, o terceiro andar de apartamentos, mas havia entradas separadas dos dois outros andares (fig. 449). Maiuri publicou um segundo volume de ilustrações: as ilustrações XXXVIII e XL mostram reconstruções do conjunto comercial. A. Wallace-Hadrill, "*Domus* and *insulae* in Rome: Families and Housefuls", estuda prédios de apartamentos, em Roma, em *Early Christian Families in Context: A Interdisciplinary Dialogue* (Grand Rapids, Mich: Eerdmans, 2003).

[5] Peter Lampe, *Die städtrömischen Christen in den ersten beiden Jahrhunderten* (WUNT 2.18; Tübingen: J.C.B.Mohr [Paul Siebeck], 1987; 2ª ed., 1989), p. 30; sobre as antigas igrejas *titulus* de S. Prisca e S. Clemente, ver p. 11-12. Lampe também observa que Filo, *Leg.* 155, 157, localiza a comunidade judaica em Trastevere. White, *Social Origins*, vol. 2: *Texts and Monuments for the Christian Domus Ecclesiae in Its Environment* (1997), p. 210-11, conclui que a mais antiga construção no subsolo de SS. Giovanni e Paolo em Roma é do século II da Era Comum. Os cristãos começaram a reunir-se num edifício agora debaixo de S. Clemente, em Roma, no século III da Era Comum (White, *Social Origins*, 2: p. 224, 226). O mitreu atualmente sob S. Prisca, em Roma, foi introduzido em torno do ano 195 (id., 2: p. 406). Ver seu quadro, enumerando os sítios arqueológicos cristãos (id., 2: p. 442).

[6] Ver Osiek e Balch, *Families*, p. 23 n. 65, citando Marion E. Blake, *Roman Construction in Italy from Tiberius through the Flavians* (Washington, D.C.: Carnegie Institution of Washington, 1959), p. 125.

bairros pobres de nossas cidades decadentes engana os intérpretes. Uma casa de apartamentos escavada em Pompéia, o conjunto Banheiro Sarno, não era uma casa de família pobre, mas um condomínio com um banheiro particular para os ricos.[7] Wallace-Hadrill sustenta que também os pobres moravam em casas com átrio, talvez em maior número do que nos prédios de apartamento. Dependentes pobres hospedavam-se ou moravam com seus ricos senhores nas casas com átrio, o que significa que ricos e pobres podem ter tido mais ocasiões para intercâmbio social nas casas do que nos prédios de apartamentos.[8] No seu novo estudo (n. 4), Wallace-Hadrill observa que em relação a Roma devemos antes pensar em termos de uma "vizinhança" (*vicus*) com uma mistura de casas ricas e pobres inter-relacionadas, alojamentos de escravos e vendas, não em termos de casas ou prédios de apartamentos isolados.

Nas famílias paulinas eram muitos os pobres (1Cor 1,26-29), mas seria equivocado supor que isto valesse de todos os primeiros cristãos. Priscila e Áquila eram bastante ricos para ter a assembléia reunida em sua casa (1Cor 16,19 e Rm 16,5, casas em Éfeso e em Roma). Ambos têm sido identificados como libertos ou filhos de libertos da família Acílio. A. Acílio Glábrio, cônsul em 91, foi executado por Domiciano com um grupo de nobres acusados de praticar o ateísmo e de adotar costumes judaicos (Dion Cássio 67.14).[9] Stowers também afirma que "os que pertencem a Aristóbulo" (Rm 16,10) pertencem à família do neto de Herodes Magno e irmão de Agripa I, amigo e dependente do imperador Cláudio.[10] Paulo menciona a seguir "Herodião, meu parente", o qual, conforme Stowers, provavelmente pertencia à mesma extensa família, porque os libertos adotavam o nome do seu senhor. "É plausível imaginar que os escritos de Filo circulassem entre os dependentes das casas de Agripa e de Aristóbulo, e que Paulo tivesse seguidores gentios nessas famílias."[11]

A caracterização das casas de Pompéia e de Herculano feita por Wallace-Hadrill e Zanker é valiosa para ajudar-nos a entender as possibilidades e os desafios sociais encontrados pelas famílias cristãs em Roma, Corinto e Éfeso. "Pompéia não era absolutamente um centro urbano importante; era apenas uma das muitas cidades de porte médio do interior da Itália."[12] As casas na cidade variavam notavelmente no tamanho: a Casa do Fauno em Pompéia cobria uma área de 2.883 m², com dois pátios com peristilo e dois átrios nas entradas.[13] Por outro lado, muitas vendas tinham um pequeno quarto anexo no andar térreo ou um alojamento apertado no segundo andar acessível por escada, que podia ter

---

[7] Ibid., com bibliografia.
[8] Id., p. 23, citando A. Wallace-Hadrill, *Houses and Society in Pompeii and Herculaneum* (Princeton: Princeton University Press, 1994), p. 45-47.
[9] Citado por Stanley K. Stowers, *A Rereading of Romans: Justice, Jews, and Gentiles* (New Haven: Yale University Press, 1994), p. 75, com nn. 80, 82, 94.
[10] Id., p. 77, citando C. E. B. Cranfield, *A Critical and Exegetical Commentary on the Epistle to the Romans* (Edimburgo: T. & T. Clark, 1979), 2: p. 791-92.
[11] Id.
[12] Paul Zanker, *Pompeii: Public and Private Life* (Cambridge: Harvard University Press, 1998), p. 20; ver p. 29.
[13] Id., p. 34, 142. Ver Osiek e Balch, *Families*, p. 15, 201-3.

uns 20 m². Não sabemos o tamanho, por exemplo, das casas de Lídia (At 16,40), Priscila e Áquila (1Cor 16,19; Rm 16,3-5), Estéfanas (1Cor 1,16; 16,16-17), Filêmon com Ápia e Arquipo (Fm 2), ou Ninfas (Cl 4,15). A casa de Gaio em Corinto era bastante grande para que os membros de várias igrejas domésticas pudessem reunir-se nela (Rm 16,23; 1Cor 14,23; ver 1,11). As centenas de casas com átrio em Pompéia nos dão uma idéia da gama de possibilidades. Foi só na metade ou no final do século II da Era Comum que os cristãos começaram a transformar casas em edifícios especificamente adaptados para sua assembléia e seu culto.[14]

As funções sociais dessas casas greco-romanas eram consideravelmente diferentes das da América do Norte e da Europa. Durante o dia as portas da frente das casas romanas ficavam abertas para convidar os visitantes a entrar![15] "As nossas casas são espaços privados, onde vivemos pela maior parte em famílias nucleares, resguardados do olhar do público em todo sentido. (...) A casa romana, ao contrário, era um centro de comunicação social. (...) As linhas arquitetônicas eram propositadamente desenhadas para permitir que da entrada se visse muito do interior da casa durante o dia, quando a porta da frente ficava aberta."[16]

No século XXI nós costumamos separar nossos espaços de morar e de trabalhar, mas os romanos não. Os negócios eram geridos em casa, e a beleza estética da casa atraía os visitantes aos negócios. A área aberta às visitas numa casa romana não oferecia privacidade, e é claro que não havia quartos separados, por exemplo, para as mulheres e as crianças da família, ou para hóspedes. (...) A intensa atividade social não pode ser descrita adequadamente com nossos termos 'público' e 'privado'" (12). Quanto maior o número das pessoas que entravam na casa, maior influência tinha o seu proprietário. "A influência se espalhava das residências das famílias poderosas para a esfera pública e não vice-versa, como era o caso nas cidades gregas" (6). Esses costumes deviam afetar fortemente a família ou uma reunião de culto em tal casa. Paulo pergunta o que os incrédulos pensarão ao entrarem na casa (na reunião de culto, 1Cor 14,23), supondo provavelmente que os visitantes podiam simplesmente entrar pela porta da frente, quer explicitamente convidados, quer não.

As pinturas dominavam os interiores domésticos, de modo que nos pareceriam museus. "Mesmo os tetos e pavimentos eram tratados como amplas superfícies a serem cobertas sistematicamente com faixas e campos de decoração, em flagrante contraste com nossas casas, onde os móveis cobrem a maioria das paredes" (11-12). Zanker dedica um capítulo ao sentido desses mosaicos, pinturas e esculturas, sugerindo que são um meio melhor de avaliar os gostos e aspirações da população do que as fontes literárias e epigráficas (136). Zanker

---

[14] WHITE, *Social Origins* (citado na n. 3), 1: p. 102-10. Ver, no entanto, James F. STRANGE, "Ancient Texts, Archaeology as Text, and the Problem of the First-Century Synagogue", em *Evolution of the Synagogue: Problems and Progress* (ed. H. C. Kee e L. H. Cohick; Harrisburg, Pa.: Trinity Press International, 1999), p. 27-45, que estuda quatro edifícios do século I, na Palestina, que "são realmente sinagogas" (p. 45).
[15] OSIEK e BALCH, *Families*, p. 24, com n. 72 que cita WALLACE-HADRILL, *Houses and Society*, p. 45, 47.
[16] ZANKER, *Pompeii*, p. 10. As várias subseqüentes citações de páginas no texto são da obra de Zanker.

conclui: "Especialmente nas residências de porte médio e nas menores de Pompéia" (20; ver 126, 140-41,174, 184, 193, 199), não obstante seu espaço limitado, os proprietários imitavam a nova decoração arquitetônica e estética doméstica das mansões maiores e mais ricas. Podemos supor que, a não ser que as casas fossem muito pequenas, seus proprietários que acolhiam as assembléias cristãs tinham assimilado os valores e as aspirações daqueles que eram ricos. No clima de competição da sociedade greco-romana, "tudo quanto faziam as classes altas era imitado" (141). "Numa sociedade competitiva com mobilidade ascendente relativamente extensa, os poderosos criam modelos para os contemporâneos menos ricos e poderosos por meio de seus hábitos e do seu estilo de vida, pelo menos quando se exibem com tanta ostentação como o faziam os aristocratas romanos" (13). As culturas dos povos locais estavam dando lugar a uma cultura romana nova e unificada (4). Os donos de casas de tamanho médio e pequeno as redesenhavam acrescentando um pátio com peristilo e tantas esplêndidas salas de estar e de jantar em torno ao pátio quantas possível, decoradas com mármore verdadeiro ou imitação, identificando-se assim com o estilo romano de vida (13, 21, 117). Isto é a auto-romanização,[17] que significa que eles viviam num mundo de imaginação, não simplesmente no seu próprio mundo de cada dia.[18]

Nessas casas, os alojamentos dos escravos, porém, não eram pintados com afrescos, mas às vezes com listras. As áreas de serviço da casa onde os escravos trabalhavam, tais como a cozinha, eram marginalizadas, relegadas a um canto da casa. Wallace-Hadrill ressaltou que havia distinções sociais hierárquicas não apenas entre as casas, mas dentro do espaço social da casa.[19] Foss estudou a relação entre as belas salas de jantar e as despojadas cozinhas dos escravos nessas casas, descobrindo que os donos as colocavam o mais longe possível umas das outras.[20] Quanto mais rica a casa, mais longe os escravos tinham que ir para servir os alimentos; os donos queriam que aquelas cenas, barulhos e cheiros ficassem longe de suas belas salas de jantar. A arquitetura da casa onde os cristãos viviam e se reuniam estaria assim em tensão com a fórmula paulina pré-batismal que proclamava: "já não há (...) escravo nem livre" (Gl 3,28b).[21]

Zanker e Trümper citam a obra do sociólogo americano Veblen, que nos deu a categoria de "consumo conspícuo".[22] A extravagância, o luxo e o exagero, nas proporções dos arquitetos e proprietários, e o uso excessivo de materiais caros

---

[17] Sobre o termo "Romanização", ver L. Michael WHITE, "Urban Development and Social Change in Imperial Ephesos", em KOESTER, Ephesos (citado na n. 3), p. 31-33, o qual o define como "uma mudança social interna através da urbanização".
[18] ZANKER, Pompeii, p. 188-89, 199, 202.
[19] OSIEK e BALCH, Families, p. 29, 183, 199, citando WALLACE-HADRILL, Houses and Society, p. 10, 36, 39.
[20] Id., p. 201, 205-6, citando Pedar William Foss, "Kitchens and Dining Rooms at Pompeii: The Spatial and Social Relationship of Cooking to Eating in the Roman Household" (tese de doutorado, University of Michigan, 1994). É preciso pesquisar como as refeições era organizadas nos prédios de apartamentos.
[21] Sobre a centralidade desse texto, ver Elisabeth Schüssler FIORENZA, Rhetoric and Ethic: The Politics of Biblical Studies (Minneapolis: Fortress Press, 1999), cap. 7.
[22] ZANKER, Pompeii, p. 12 (ver p. 131, 141, 146, 188-89, 192, 200); Monika TRÜMPER, Wohnen in Delos: Eine baugeschichtliche Untersuchung zum Wandel der Wohnkultur in hellenistischer Zeit (Internationale Archäologie 46; Rahden und Westfalen: Marie Leidorf, 1998), p. 152.

comprovam sua preocupação com os prazeres da vida. A tese de Zanker baseia-se especialmente no estudo das casas médias e pequenas, que seriam do tamanho das casas onde os cristãos moravam e faziam o culto. Zanker conclui que essas casas são um testemunho dos valores materialistas da vida que dominavam a sociedade romana. Ele se refere à descrição que Petrônio faz de Trimálquio, um liberto, como o protótipo de uma figura comum no império.[23]

Mas até que ponto eram típicas as casas de Pompéia? Faço algumas observações preliminares resumindo estudos de Monika Trümper sobre as casas gregas da ilha de Delos; os parágrafos seguintes resumem suas conclusões.[24] Delos se libertou de Atenas em 324 antes da Era Comum e floresceu durante a independência nos 150 anos seguintes por meio de um movimentado comércio feito através de um bom porto. Chegaram estrangeiros de todo o Mediterrâneo. Os romanos declararam Delos um porto livre e devolveram-nos a Atenas no período de 168 a 165. Os atenienses regressaram à ilha e a governaram até 88 antes da Era Comum. Delos atingiu seu mais alto sucesso econômico. Mas em 88 foi saqueada por um general de Mitrídates, que matou vinte mil residentes. Delos perdeu seu papel de liderança no comércio, de modo que, no tempo dos Césares, foi esquecida e a sua população decresceu.[25]

Os habitantes de Delos, logo após obter a independência, priorizaram os edifícios do setor público, em contraste com as casas simples da época no bairro do teatro. O plano da cidade foi sistematicamente enriquecido com edifícios públicos para reunião e diversão (teatro, ginásio, palestra, estádio e ágora com vestíbulos). Os cidadãos de Delos parecem ter subordinado suas necessidades pessoais e particulares, à edificação de casas de elevado *status* até darem à sua cidade uma aparência adequada.[26] Os romanos menosprezavam todos os que não moravam em "cidades", considerando-os bárbaros. Quando Estrabão (*Georg.* 3.4.14) descreve os celtiberianos, que eram famosos por morarem em cidades, ele observa que estas eram apenas vilas.[27] Mas os alobrógios do médio Ródano desenvolveram seu distrito, tornando-a "cidade", Viena, uma conseqüência da conquista romana (Estrabão 4.1.11).[28]

Trümper interpreta a construção e remodelação das casas gregas em Delos à luz das categorias de Veblen: os construtores queriam não apenas ostentação, mas também "elevação cultural".[29] Os proprietários edificaram pátios com peristilo, colunas, vestíbulos, salas ricamente mobiliadas, latrinas e banheiros, mesmo quando suas casas eram pequenas. Até as minorias nacionais em Delos aceitaram essas normas de gosto. Isto não aconteceu com as primeiras casas construídas no

---

[23] Zanker, *Pompeii*, p.198-200, embora ele modifique sua ênfase anterior nos libertos (p.240n.165).
[24] Comparar B. Hudson McLean,"The Place of Cult in Voluntary Association and Christian Churches on Delos", em *Voluntary Association in the Graeco-Roman World* (ed. John S. Kloppenborg e Stephen G. Wilson; Londres: Routledge, 1996), p.186-225; também White, *Social Origins*, 1: p.32-37.
[25] McLean,"Place of Cult", p.186-89.
[26] Trümper, *Wohnen in Delos*, p.155.
[27] A. N. Sherwin-White, *Racial Prejudice in Imperial Rome* (Cambridge: Cambridge University Press, 1970), p.4.
[28] Id., p.8; ver p.21.
[29] Trümper, *Wohnen in Delos*, p.152.

século III antes da Era Comum, que Trümper chama de "casas canônicas délicas normais [típicas]". Nessas primeiras casas, poucos quartos davam diretamente para o pátio, e havia pouca possibilidade de variação. Mas após 166 antes da Era Comum os colonizadores e homens de negócio começaram a construir casas com tantos quartos – pelo menos três – ao redor do pátio quanto possível, de modo que dessem diretamente para o pátio. Isto requeria um certo comprimento e largura, mas não havia correlação estrita entre tamanho e riqueza. Mesmo as casas de tamanho médio eram decoradas com mosaicos, pinturas e mármore. O contraste entre tamanho e luxo era ainda maior numa casa pequena como TH VI O (86),[30] que possuía quartos no andar térreo e nos de cima, mas tinha belas estátuas de bronze, um friso com figuras e boa mobília. Trümper é de opinião que a mudança na arquitetura em Delos, a saber, a construção de casas maiores, mais ricas, mas luxuosas, com pátios com peristilo, ocorreu quando da imigração de ricos comerciantes iniciada em 166, e uma segunda mudança nas casas luxuosas aconteceu em relação com a série de fatos históricos em torno de 130 antes da Era Comum.

Podiam-se determinar usos específicos de quartos apenas a respeito de latrinas, banheiros e cozinhas, que eram colocados o mais longe possível do pátio, em ângulos, no vestíbulo, ou no seu próprio setor na casa; sobre isso, as observações de Trümper concordam com as Foss em Pompéia. Alguns pesquisadores têm defendido uma separação, nas casas maiores, entre os espaços de "vida privada" e de "apresentação pública". Mas Trümper conclui que uma separação entre espaços de vida privada e de apresentação pública não pode ser observada nos restos arqueológicos, mesmo em casas com múltiplos pátios.[31] Ao invés, o povo de Delos edificava em cima, mas mesmo então, não para separar diferentes funções. Constantemente os andares de cima eram mais ricamente decorados que os inferiores, então não é plausível considerá-los como áreas de vida privada.[32] Também nas casas ricas, habitantes separados ocupavam os andares superiores; todos os aspectos da existência estavam reunidos no andar de cima.

Existe um certo agrupamento de casas mais antigas, simples, "normais [típicas]", que pode sugerir uma relação entre um *status* social inferior e o fato de morar no bairro do teatro. Mas para um edifício como a Ilha da casa das máscaras, Trümper observa que moradores socialmente diversos devem ter sido precedidos desde o começo. Mais pesquisa resta a fazer para elucidar se existe uma correlação entre os níveis sociais e os diferentes quarteirões (*insulae*) da cidade.

Trümper conclui que o melhor material comparativo para as casas gregas de Delos está nas cidades vesuvianas de Pompéia e Herculano. Mas a questão se essa semelhança resulta da influência romana direta ou da influência ateniense ou oriental ultrapassa os testemunhos arqueológicos.

---

[30] Sobre o sistema de designar as casas em Delos, ver id., p. xxi.
[31] Id., p. 153.
[32] Id., p. 154.

A segunda cidade grega cujas casas vou caracterizar brevemente é Pérgamo, citando resumidamente o estudo de Wulf-Rheidt.[33] As casas antigas, algumas das quais tinham os antigos pátios, estão numa área de Pérgamo construída por Filetairos no início do século III antes da Era Comum. Mas imensas casas com peristilo foram edificadas por Eumenes II,[34] no início do século II da Era Comum, mais ou menos no mesmo tempo em que análogas mudanças aconteciam em Delos. A área do antigo edifício media de 130 a 120 m², mas as casas mais novas com pátio e peristilo ocupavam 1.200m².[35] Uma grande sala semelhante a um *hall*,[36] o refeitório, ao longo do lado leste ou oeste do pátio era um elemento indispensável das casas posteriores com peristilo. Os andares de cima tinham quartos profusamente decorados (308), como era o caso de alguns embasamentos com revestimentos de mármore e numerosas pinturas murais – então não eram espaços de serviço (309).

Pesquisas anteriores identificaram dois tipos mais importantes de moradia. O primeiro com as salas principais dispostas em torno de um pátio oblongo em forma de "U" (em volta de três lados da casa). O segundo consistia num grupo com uma planta baixa quase quadrada, com salas dispostas em torno de um pátio formando um "L" (em volta de dois lados da casa) (301). Wulf-Rheidt contesta isto, dizendo que são três tipos diferentes: (1) casas com um refeitório que pode estar ligado com outras salas menores; (2) um grupo de três salas que geralmente têm duas salas secundárias; e (3) salas menores, quase quadradas, que não estão ligadas nem a um grupo de três salas nem a um refeitório (311). O modelo do século II antes da Era Comum era um pátio com peristilo quadrado; as diferenças eram devidas ao terreno íngreme no qual Pérgamo estava construída (309-10). O intuito mais importante que determinava as dimensões dos saguões com peristilo e seu desenho era o desejo de simetria. O desejo de um grande pátio com peristilo pode ser a razão pela qual algumas casas não apresentam uma disposição em forma de "U", que tornaria pequeno demais o peristilo.

Os refeitórios eram sempre localizados perto das entradas das casas ou perto das áreas de serviço para ligar estas com as áreas públicas da casa (311) uma diferença significativa em relação a Pompéia e a Delos. As salas parecidas com saguões eram salas de banquete. Os saguões um em frente do outro serviam como triclínio (sala de jantar) de verão e de inverno respectivamente, porque o clima em Pérgamo não permitiria um banquete numa sala aberta durante os meses de inverno. A sala central dos grupos de três salas com abertura de colunas parece ter sido uma sala de recepção, na qual valiosas bandejas de prata eram preparadas num bufê (312). Adjacentes às salas havia triclínios disponíveis para simpósios.

---

[33] Ulrike Wulf-Rheidt,"The Hellenistic and Roman Houses of Pergamon", em *Pergamon, Citadel of the Gods: Archaeological Record, Literary Description, and Religious Development* (ed. Helmut Koester, Harrisburg, Pa.: Trinity Press International, 1998), cap. 12. Sobre a arte em Pérgamo, ver Andrew Stewart, *Greek Sculpture: An Exploration* (New Haven: Yale University Press, 1990), 1: p. 205-16 e 2: p. 662-717.
[34] Wulf-Rheidt,"Hellenistic and Roman Houses", p. 304.
[35] Id., p. 309. As subseqüentes citações de páginas no texto são da obra de Wulf-Rheidt.
[36] Chamar o refeitório de *hall* pode confundir os leitores das línguas modernas.

Pequenas salas próximas ao pátio com peristilo eram também triclínios. Portanto, todas as principais salas dispostas em torno do pátio com peristilo eram usadas para diferentes ocasiões, seja para grandes banquetes, seja para jantares mais privados. As áreas de serviço e as salas secundárias eram preparadas fora do pátio com peristilo na entrada das casas ou eram separadas. Wulf-Rheidt supõe que as salas de estar e outros espaços privados da família estavam situados no pavimento superior, no que está em fundamental desacordo com Trümper.

Numa grande casa com peristilo o refeitório é o lugar mais importante (313). Esses saguões estão situados sempre do lado oposto à entrada, permitindo uma visão axial, típica também das casas com peristilo de Pompéia e Delos. Algumas casas têm dois refeitórios e um grupo de três salas ao norte, mas essas unidades de três salas não têm uma abertura de colunas; a ênfase está ainda nos refeitórios, que são amplos. A vista central entre a entrada e o grupo de três salas também exercia uma função, mas não era tão importante como nas casas em que o refeitório era central. O desejo de opulência não encontrou expressão simplesmente no tamanho das salas, mas no seu número e na profusa mobília (314), como em Delos.

Resumindo, na metade do século II antes da Era Comum a cultura romana tinha começado a unificar também a arquitetura doméstica na Itália, numa ilha grega como Delos, e na Ásia Menor como é ilustrado por Pérgamo. As famílias cristãs, como também as judaicas e as pagãs, devem ter sentido as atrações e as pressões culturais do fato de residir em cidades e casas greco-romanas. Era "civilizado" morar em cidades, não simplesmente nas aldeias. Nas cidades, até as casas pequenas ou de tamanho médio eram construídas ou remodeladas acrescentando-se pátios simétricos com peristilos e com tantos dando para o pátio – especialmente uma sala de jantar – quanto possível. Nas casas romanas com peristilo, a porta da frente ficava aberta durante o dia, e os transeuntes podiam ver todo o interior da casa. Porque as casas romanas eram centros sociais e políticos, clientes e estranhos eram admitidos em seu interior, muitas vezes no âmago da casa, mesmo sem um convite específico. O espaço principal era o triclinium, a sala de jantar, ou, na casa de um proprietário mais rico, vários refeitórios, muitas vezes um em frente ao outro, ao lado de outras salas cuja função podia mudar rapidamente. Já que havia muito menos mobília do que nas casas modernas, alterar a função dessas salas era fácil. Trümper acredita que os andares superiores tampouco eram alojamentos privados, porque eram sumamente decorados; os andares de cima unificavam todas as funções da habitação doméstica. Pode ser que alguma família cristã que acolhia uma *ekklēsia* paulina morasse no andar superior (ver At 1,13; 9,37.39; 20,8). Zanker defende a tese de que essas casas, sobretudo as pequenas e de tamanho médio, tinham ornamentação estética que imitava as mansões ricas. Os de renda moderada imitavam os gostos dos ricos, enchendo as salas de suas casas com pinturas, esculturas e mosaicos, com freqüência de um modo confuso e contraditório, procurando mostrar que pertenciam à sociedade romana, ainda que fossem estrangeiros. Não eram decorados, porém, os alojamentos dos escravos, onde ninguém mais morava nem trabalhava³⁷. Em Pompéia e Delos as cozinhas dos escravos estavam situadas o mais longe possível das salas de jantar, embora em Pérgamo fossem construídas perto umas das outras.

A missão de Paulo, destinada a converter essas famílias, exercia-se entre as cidades da Grécia / Ásia Menor e Jerusalém (ver, por ex., Gl 1,18; 2,1; Rm 15,25). Pode-se observar um contraste cultural entre a Grécia / Ásia Menor e a Palestina até na arquitetura doméstica. A casa israelita de quatro ambientes, comum desde as primeiras povoações até o exílio de Babilônia, diferiam radicalmente da casa greco-romana com peristilo em função, arte e arquitetura. O andar térreo era para o trabalho e os animais, enquanto as pessoas aparentemente moravam no andar de cima.³⁸ Mas durante o tempo de Jesus, Herodes Magno tinha transformado a Palestina de um aglomerado de pequenas aldeias num conjunto de cidades com toda a arquitetura das greco-romanas, inclusive templos, ginásios, teatros, anfiteatros, estádios e hipódromos.³⁹ O programa herodiano de construções na Palestina é um exemplo privilegiado do divisor de águas na arte e na arquitetura que foi a era de Augusto geralmente.⁴⁰ No bairro herodiano de Jerusalém os arqueólogos escavaram uma casa com peristilo decorada de mosaicos e afrescos pintados conforme o primeiro e o segundo estilos pompeanos sobre imitação de mármore com painéis coloridos e modelos florais!⁴¹ Quando Josefo foi enviado à Galiléia no ano 66 da Era Comum, logo antes de irromper a guerra contra Roma, ele informou aos chefes de Tibério que tinha sido encarregado de demolir o palácio de Herodes, o qual continha representações de animais, proibidas pelas leis (Josefo, *Vida*, 64-65; comparar *Ant.* 15.267-79).⁴²

Os autores debatem neste momento como, quando e onde desenvolveu-se uma forma de Judaísmo que aceitava a representação artística de animais e pessoas. As escavações de Beth-She'arim na Baixa Galiléia revelaram arte representativa judaica nas catacumbas onde o rabi Judá I (começo do século III da

---

³⁷ Osiek e Balch, *Families*, p. 29n. 11 e 199, citando Foss, "Kitchens and Dinning Rooms", p. 54-56.

³⁸ John S. Holladay, Jr., "Four-Room House", *OEANE* 2: p. 337-42. Ver também id., "House: Syro-Palestinian Houses", *OEANE* 2: p. 110-14, e A. M. T. Moore, "Villages", *OEANE* 5: p. 302.

³⁹ David F. Graf, "Palestine", *OEANE* 4: p. 225. Também S. Freyne, "Cities", *OEANE* 2: p. 32, e S. Guijarro, "The Family in First-Century Galilee", em Moxnes, *Constructing Early Christian Families* (n. 2 acima), p. 42-65, esp. p. 49-55 sobre tipos de casas.

⁴⁰ Paul Zanker, *The Power of Images in the Age of Augustus* (Ann Arbor: University of Michigan, 1988), e H. Mielsch, "Funde und Forschungen zur Wandmalerei der Principatszeit von 1945 bis 1975", em *ANRW* 12:2 (1981), p. 244.

⁴¹ A. Mazar, "Architectural Decoration", *OEANE* 1: p. 193; C. Kondoleon e L. A. Roussin, "Mosaics", *OEANE* 4:p. 51. Ver Nahman Avigad, "Jerusalem", *NEAEHL* 2: p. 730-34, ver, na p. 730, o mapa do bairro herodiano; e na p. 734, a Casa de Colunas. Ver N. Avigad, *The Herodian Quarter in Jerusalem* (Wohl Archaeological Museum; Jerusalém: Keter, 1989), p. 9, 18, 21, 32-37, 61, 66, sobre a casa com peristilo; e Klaus Fittschen, "Wall Decorations in Herod's Kingdom: Their Relationship with Wall Decorations in Greece and Italy", em *Judea and the Greco-Roman World in the Time of Herod in the Light of Archaeological Evidence* (ed. K. Fittschen e G. Foerster; Göttingen: Vandenhoeck & Ruprecht, 1996), p. 139-61, com vinte e seis figuras. Ver Ecl 2,4-9 e o trabalho de S. Applebaum, *Judea in Hellenistic and Roman Times: Historical and Archaeological Essays* (Leiden: Brill, 1989), c. 3. Ver n. 71 abaixo sobre Ecl 2,7 e os valores domésticos gregos.

⁴² Lee I. Levine, *Judaism and Hellenism in Antiquity: Conflict or Confluence?* (Peabody, Mss.: Hendrickson, 1998), p. 56-58. Os arqueólogos acharam animais pintados na Séforis herodiana e em casas no monte Sião na Jerusalém herodiana, mas *não* nos palácios herodianos. Ver Silvia Rosenberg, "The Absence of Figurative Motifs in Herodian Wall Painting", em *I Temi Figurativi nella Pittura Parietale Antica (IV sec. A.C.-IV sec. D.C.)* (ed. D. S. Corlàita; Bolonha, Itália: Bologna University Press, 1997), p. 283-85, 415-16, esp. p. 284.

Era Comum) foi sepultado.[43] Ao estudar Paulo e as relações familiares, é crucial observar que a cultura doméstica greco-romana na forma de casa com peristilo e afrescos pompeanos havia invadido a Jerusalém herodiana. Além disso, alguns autores judeus na diáspora, por exemplo, o autor do evangelho de Mateus (22,20), estavam desenfatizando a proibição de imagens contida no Decálogo.[44] Como é que os vários auditórios ouviriam – e veriam – o evangelho paulino nos diversos ambientes domésticos em Roma, Corinto e Jerusalém?

*Costumes das famílias greco-romanas
quanto ao sexo, à educação, aos escravos e às refeições*

As famílias e a sexualidade. Os manuais médicos greco-romanos, os afrescos nas paredes de Pompéia e a literatura da época ajudam os intérpretes modernos a conceituar o sexo no mundo greco-romano. Os manuais médicos, escritos por doutores e por leigos, por exemplo, Celso, "ajudavam os homens a possuir o corpo feminino".[45] Refletem uma mistura de informação científica filosófica e contemporânea. "A relação sexual, dizem eles [os filósofos epicuristas], nunca fez bem ao homem, e ele é feliz se ela não o prejudicou" (Diogo Laércio 10.118 [Hicks, LCL]). Celso, escrevendo no começo do século I da Era Comum, aconselhava que "a relação sexual não deve ser nem avidamente desejada nem muito receada. Raramente praticada, ela reanima o corpo, praticada com freqüência, o enfraquece. (...) A união sexual é reconhecidamente não danosa quando não é seguida nem de apatia nem de dor. Os fracos, porém, entre os quais há uma grande porção de gente da cidade, e quase todos os amantes das letras, precisam de maior precaução" (Celso, *Sobre a Medicina* 1.1.4; 2.1).[46]

O médico Sorano fala de um debate no final do século I da Era Comum entre duas escolas médicas sobre a abstinência sexual, ambas as quais com o parecer de Epicuro de que a abstinência era o ideal. O próprio Sorano afirma que "a virgindade permanente é sadia, porque a relação é prejudicial em si mesma" (*Gynecologia* 1.7.32).[47] Poucas fontes médicas explicam por que os médicos de então consideravam prejudicial a relação. Mas Galeno, médico que escreveu no século II da Era Comum, explica que o esperma é idêntico ao espírito e, portanto, quando o esperma é ejetado, o homem perde espírito vital e torna-se mais fraco.[48] O excesso de atividade sexual, conforme os doutores, produz fraqueza física e espiritual.

---

[43] L. I. Levine, "Beth-She'arim", *OEANE* 1: p. 311, e Levine, *Judaism and Hellenism*, c. 4.
[44] J. M. G. Barclay, *Jews in the Mediterranean Diaspora* (Edimburgo: T. & T. Clark, 1996), p. 342, analisa a omissão da proibição de imagens que consta no Decálogo no pseudo-Foclides 3-8, possivelmente escrito na Síria. Mateus, também escrito na Síria, repetidas vezes refere-se ao Decálogo (5,21.27; 12,2; 15,4; 19,18-19). É pouco provável que seja um acaso na cultura greco-romana que Mateus deixe de referir-se a Ex 20,4//Dt 5,8.
[45] Aline Rousselle, *Porneia: On Desire and the Body in Antiquity* (Oxford: Basil Blackwell, 1988), p. 21-22.
[46] Osiek e Balch, *Families*, p. 105, com bibliografia.
[47] Owsei Tempkin, trad., *Soranus' Gynecology* (Baltimore: Johns Hopkins University Press, 1956), p. 23.
[48] Rousselle, *Porneia*, p. 14-15; Osiek e Balch, *Families*, p. 107, citando Galeno, "On Sperm", um excerto em U.C. Bussemaker e Ch. Daremberg, trad., *Oeuvres d'Oribase* (Paris: L'imprimerie Nationale, 1851-58), 3: p. 40-52, aqui 3. 40.13 e 3:46, 1-47, 14.

Os terapeutas, ascetas em matéria de sexo, são descritos pelo judeu helenista alexandrino Filo. Ele escreve a respeito de virgens idosas que, por causa da sua aspiração à sabedoria, de livre e espontânea vontade guardaram a castidade. Também homens, possuídos como dionisíacos sacerdotes de Baco e desejando a visão de Deus, elevam-se acima dos sentidos. Abandonam sua propriedade, deixam suas famílias e cidades, e vão para os mosteiros judaicos.[49] A descrição de Filo é complementada por, ou talvez escrita em resposta a, aquela do filósofo estóico contemporâneo e sacerdote egípcio Queremon, que de modo semelhante elogia alguns sacerdotes egípcios que renunciam à sua renda e devotam toda a sua vida à contemplação do divino. Esses sacerdotes praticam o autodomínio, não bebem vinho, abstém-se de comida animal, de vegetais, e acima de tudo da relação sexual com mulheres ou homens.[50]

Os estóicos romanos, por outro lado, defendiam o matrimônio, mas alguns se opunham à idéia comum de que o homem é dono da mulher. Musônio ensinava: "Marido e mulher ... devem se associar para a finalidade de levar uma vida em comum e de procriar filhos e além disso, de considerar todas as coisas em comum entre eles, e nada peculiar ou próprio de um ou de outro, nem mesmo seus próprios corpos" (frg. 13A, trad. Lutz).

Naquela época discutia-se sobre a relação entre amizade e sexo. Em *Amatorius* de Plutarco, Protógenes louva a pederastia porque inclui amizade (*Mor.* 750D), mas denuncia o amor matrimonial pela mulher porque é destituído dela (ἀφίλοι, *aphiloi*, 751B). Dafeu e Plutarco ensinam o contrário, contra idéias antigas de amizade com garotos, que uma esposa é uma amizade adequada, mais graciosa e constante (769A-D, 751C).

Mas alguns biólogos contemporâneos contrastavam as naturezas masculina e feminina:

> Todas as fêmeas são menos vivazes que os machos, exceto a do urso e a do leopardo: nestas espécies a fêmea é considerada mais valente. Mas nos outros casos as fêmeas são mais delicadas [μαλακοτέρα, *malakotera*], mais viciosas, menos simples, mais impetuosas, menos atentas à alimentação dos filhotes, enquanto os machos são, ao contrário, mais vivazes, selvagens, simples e menos astutos. Existem traços dessas qualidades virtualmente em todos os animais, porém são ainda mais evidentes naqueles que são mais possuidores de caráter e especialmente no homem. Pois a natureza [φύσιν, *physin*] do homem é a mais completa, de modo que também essas disposições são mais evidentes nos seres humanos. Portanto, a esposa é mais compassiva que o marido e mais dada às lágrimas, mas também mais invejosa e queixosa e mais apta para ralhar e lutar. A fêmea é também mais desanimada e deprimida que o macho, mais pudica e menti-

---

[49] Filo, *Sobre a vida contemplativa* 6, 11-13, 18-19, 65, 90.
[50] P. W. van der Horst, *Chaeremon, Egyptian Priest and Stoic Philosopher: The Fragments Collected and Translated with Explanatory Notes* (EPRO; Leiden: E. J. Brill, 1984), p. 9, 56.

rosa, é mais disposta a enganar e tem uma memória mais vasta; além disso ela é mais vigilante, mais temerosa de agir, e em geral é menos inclinada a mover-se que o macho e toma menos alimento. O macho, por outro lado, é um aliado mais disposto e é mais valente que a fêmea (Aristóteles, *História dos Animais*, IX.1 608a32-608b18 [Balme, LCL]).

As mulheres são por natureza mais delicadas, e os homens, mais fortes.

A relação entre os sexos naqueles séculos não era estática. Um sinal conclusivo de que a relação estava mudando dramaticamente no século I é a arquitetura. (1) No tempo da república, homens e mulheres iam às termas públicas separados conforme os sexos; (2) durante o império, a partir do século I da Era Comum, as termas foram remodeladas de modo que homens e mulheres tomavam banho juntos nus; mas (3) no século IV da Era Comum homens e mulheres estavam de novo separados.[51] O choque cultural da passagem de uma praxe à outra deve ter sido profundo e é sinal de que as funções culturais exercidas pelas mulheres estavam mudando. Essa mudança cultural para maior amizade entre homens e mulheres e os atos que simbolizavam essa evolução, como tomar banho juntos, gerou conflitos (Plínio, *Hist. Nat.* 33.153; Quintiliano, *Inst.* 5.9.14).

O prazer do sexo devia ser limitado pela satisfação, assim como uma pessoa sábia com o estômago cheio limita a comida.[52] As discussões dos gregos sobre o que é "natural" e como "usar" não põem a questão do gênero nem do sujeito nem do objeto do desejo sexual. Plutarco (*Conselhos Conjugais* 144B) se refere até ao "uso" da mulher pelo homem.[53] As discussões greco-romanas sobre o governo da família são uma fonte dessa terminologia, que aconselhava o chefe de família a respeito do "uso" das posses, inclusive o "uso" de uma esposa. "Uso" focaliza "o significado psicológico do ato para o sujeito [não o objeto] do desejo sexual",[54] enfoque que diverge dos debates modernos.

A educação nas famílias. A Vila dos Papiros próxima a Herculano é um exemplo de uma casa que era um centro educacional. Em 79 da Era Comum, quando o Vesúvio a cobriu com lava vulcânica, ela continha uma grande coleção de livros do mestre filósofo residente Filodemo.[55]

Existem quatro tratados sobre a educação sob o nome de Plutarco, dois realmente são obras dele e dois são obra de seus alunos (*Mor.* 1A-48D e 1131B-1147A). Todos os quatro são esclarecedores, mas aqui vou me deter em Plutarco, *Como Estudar Poesia* (14E-37B), que encerra o que o gramático ensinava

---

[51] Osiek e Balch, *Families*, p. 115, citando Roy Bowen Ward,"Women in Roman Baths", *HTR* 85, no. 2 (1992): p. 125-47, esp. p. 131-34.
[52] David. E. Fredrickson,"Natural and Unnatural Use in Romans 1:24-27: Paul and the Philosophic Critique of Eros", em *Homosexuality, Science, and the "Plain Sense" of Scripture* (ed. David L. Balch; Grand Rapids: Eerdmans, 2000), p. 197-222, esp. p. 199-200.
[53] Id., p. 201 com n. 14; ver p. 199-207.
[54] Id., p. 205.
[55] Ver David L. Balch,"Philodemus,'On Wealth' and 'On Household Management': Naturally Wealthy Epicureans against Poor Cynics" em *Philodemus and the New Testament World* (ed. John T. Fitzgerald; NovTSup; Leiden: Brill, a ser lançado em breve).

aos adolescentes em casa. Plutarco recomenda o estudo da poesia de Homero, mas inclui também Hesíodo, Píndaro, Teógnis, Ésquilo, Sófocles, Eurípides e Menandro. Plutarco aconselha misturar filosofia com poesia, porque "os poetas contam muitas mentiras" (16A [Babbitt, LCL]). "Portanto, quando nos poemas de um homem famoso e renomado é feita pelo autor alguma afirmação estranha e desconcertante, quer sobre os deuses ou divindades menores, quer sobre a virtude, aquele que aceita a afirmação como verdadeira fica entusiasmado e tem suas opiniões pervertidas" (16D). Quando se lê na Ilíada que Zeus pesou os destinos de Aquiles e de Heitor e predeterminou a morte de Heitor, Plutarco sugere que isto é obviamente um mito criado para agradar o ouvinte, mas não se deve compartilhar da ilusão do poeta em relação aos deuses (17AB; ver 34A). Quando se lê a respeito de visitas ao Hades, rios flamejantes e castigos cruéis, isto também é mito e falsidade, ainda que Homero, Píndaro e Sófocles acreditassem nisto (17B). Esses sentimentos perturbam, mas os jovens devem estar prevenidos com a máxima: "a poesia não está muito preocupada com a verdade" (17E), e com a certeza de que tais questões desconcertavam até filósofos como Platão.

A poesia é análoga à pintura, que pode pintar atos inaturais. Nesse caso, Plutarco recomenda a arte, mas repudia as ações (18BD). Os autores criam coisas inaturais, querendo que as pessoas depreciem suas ações e palavras, e por vezes – observa Plutarco – o próprio poeta insinua que essas ações e palavras são repugnantes (19A). Um outro método de interpretação sugerido por Plutarco é observar as contradições mútuas entre os poetas. Quando Eurípides escreve que os deuses frustram nossos planos, o intérprete pode citar, por outro lado, este verso: "Se os deuses agem assim, eles não são deuses" (21A). Se Sófocles louva a riqueza, ele também escreve que "mendigar [πτωχεύω, *ptōcheuō*] não degrada uma mente nobre" (21B). Se o próprio poeta não oferece uma solução, podem-se citar declarações de outros escritores bem conhecidos (21D). Enquanto Teógnis escreve: "Todo homem que está sujeito à pobreza nunca é capaz nem de falar nem de agir", Bion replica: "Então como é que tu, sendo pobre, podes falar tanta tolice e nos enfastiar com este lixo?" (22A). O gramático ensina ao adolescente a filosofia, ou seja, a teologia e a ética na literatura antiga e contemporânea, como faz Paulo, embora ele focalize a Torá. Os adolescentes podem achar que Pitágoras e Platão concordam com o que eles lêem na poesia (35F). Assim, de Platão aprenderão que "fazer injustiça é pior que sofrer injustiça" (*Górgias* 473A) e "fazer o mal é mais prejudicial do que sofrer o mal ([*República* I 351-352D e IV]; Plutarco 36A). Assim a criança não ficará "saturada com o que sempre tem ouvido de sua mãe e de sua ama e, ouso dizer, também de seu pai e de seu tutor [παιδαγωγός, *paidagōgos*], que sem exceção proclamam felizes e cultuam os ricos, que se apavoram diante da morte e do sofrimento, que consideram a virtude sem dinheiro e a julgam tão indesejável quanto um nada absoluto" (36E).

O judeu helenista Filo concorda com seu colega meio platônico Plutarco a respeito da função da "gramática", o estudo da literatura nos poetas e historiadores (*Estudos Preliminares* 15; ver 74, 142, 148). O objetivo total da educação, com a sabedoria como seu ápice, é a teologia (49, 105, 133) e a ética (65, 79-

107), ter a "coragem de dizer: 'Deus e unicamente Deus eu devo honrar, não alguma coisa abaixo de Deus" (133).

Concluo com um comentário final sobre o ensino/a pregação nas igrejas domésticas: os mestres interpretavam os textos clássicos à luz dos afrescos e esculturas nessas casas. Luciano, um retórico contemporâneo, escreve que a arte nesse "esplêndido *hall*/edifício excita a fantasia do orador e o incita a falar, como se ele estivesse inspirado pelo que está vendo. Sem dúvida, alguma coisa da beleza flui através dos olhos até a alma, e então modela à semelhança de si mesma as palavras que emite" (*De domo* [O *hall* da casa] 4 [Harmon, LCL]). Luciano promete ao seu auditório enquanto fala numa casa com afrescos nas paredes que ele vai "pintar-vos um quadro de palavras [γράψομαι ... τῶ λόγω, *grapsomai tō logō*]... não obstante a dificuldade de representar pinturas [συστήσασθαι τοσαύτας εικόνας, *systēsasthai tosautas eikonas*] sem cor, forma, nem espaço" (*De domo* 21).

A arte pós-clássica barroca[56] retratava o sofrimento e a morte do homem com analogias significativas com a paixão de Jesus. Por exemplo, esculturas de Mársias dependurado são conhecidas por mais de doze exemplares. O mito diz que Mársias, um sátiro ou sileno, aprendeu a tocar flautas descartadas por Minerva e depois desafiou Apolo numa competição musical cuja prenda era a sua vida. O grupo escultural helenístico mostra a prenda, um horrível castigo divino da vaidade e do orgulho. O velho Mársias é amarrado a uma árvore e está para ser esfolado vivo por um cita, que afia a faca para a tarefa e olha para cima ameaçadoramente. Na interpretação de Fleischer, o grupo é uma alegoria da Ásia Menor dos Selêucidas: o usurpador Acaios foi ferozmente punido pelo jovem Antíoco III. Acaios foi capturado em 213 antes da Era Comum, mutilado, decapitado e crucificado (Políbio, 8.21).

Pelo que eu sei, a relação entre as pinturas murais domésticas e o evangelho de Paulo nunca foi estudada, mas como vimos acima (n. 18), Zanker afirma que esses afrescos são um meio melhor de avaliarmos os gostos e aspirações da população do que as fontes literárias e epigráficas. Um exemplo é *Ifigênia em Áulis*. Sam Williams demonstrou que a linguagem de Eurípides é bastante próxima da soteriologia paulina.[57] Cito alguns versos da peça, apresentada em 405 antes da Era Cristã, e mostro a imagem pintada numa parede em Pompéia. Ifigênia de bom grado sacrificou seu corpo pela Grécia, curvando-se ante a vontade dos deuses:

"Resolvida estou a morrer" (1375) pela "destruição da Frígia" (1379).
"Vede, se Ártemis quis reclamar meu corpo como seu direito, por que eu,

---

[56] R. R. R. Smith, *Hellenistic Sculpture: A Handbook* (Londres: Thames and Hudson, 1991), c. 7: "Baroque Groups: Gauls and Heroes"; para a interpretação de Mársias, ver p. 106-7 com as figuras 135.1-2 e 136. Smith apóia a sugestão de R. Fleischer, "Marsyas and Achaios", *Jahreshefte des Österreichischen archäologischen Instituts in Wien* 50 (1972-75), p. 103-22. Ver Stewart, *Greek Sculpture* (citado na n. 33), 1: p. 216; Karl Schefold, *Der religiose Gehalt der antiken Kunst und die Offenbarung* (Kulturgeschichte der Antiken Welt 78; Mainz: Philipp von Zabern, 1998), p. 432, sobre Mársias e o evangelho na cultura greco-romana.

[57] Sam K. Williams, *Jesus' Death as Saving Event: The Background and Origin of a Concept* (HDR 2; Missoula, Mont.: Scholars Press, 1975), c. 4.

uma mulher mortal desamparada, vou contrariar a vontade divina? ... Meu corpo entrego pela Grécia, arrasai vós Tróia" (1395-1398). "Eu morro – oh! Livremente eu morro por vós" (1503).

"Mas para o lado de seu pai ela veio, ficou de pé, E disse: 'Meu pai, ao teu lado venho, E por amor do meu país meu corpo eu dou [1551-1553]. Que Argivo não me ponha a mão; em silêncio, firme, vou apresentar meu pescoço'." (1559-1560; Eurípides, *Ifigênia em Áulis* [Heinemann, LCL]).

Após a morte de Eurípides, Timandes, um contemporâneo, pintou o quadro do sacrifício voluntário de Ifigênia (Cícero, *Orat.* 22.74; Quintiliano, *Inst.* 2.13.13), um afresco reproduzido mais de quatrocentos anos depois numa parede em Pompéia (ver fig. 1).[58] Tendo atrás dela e à sua direita o templo de Ártemis, Ifigênia está de pé, independente, não forçada por alguém, enquanto o sacerdote Calcas corta uma madeixa de seus cabelos com a faca sacrifical. Na cultural oral/visual greco-romana, esse afresco doméstico haveria de produzir compreensão e incompreensão do evangelho paulino (ver abaixo).

Os escravos nas famílias. Aristóteles foi o primeiro a fazer da escravidão como instituição social dentro do sistema político um objeto do pensamento filosófico sistemático.[59] A cidade, observou ele, é composta de casas, as quais por sua vez são compostas de "senhor e escravo, marido e mulher, pai e filhos" (*Política* I.1253b 6-7).[60] Garnsey vê duas características essenciais na teoria de Aristóteles: (1) o escravo é subumano, e (2) a relação escravo/senhor é mutuamente benéfica.[61] Nenhuma das duas asserções é plausível, diz Garnsey, nem fácil de se fundamentar com razões.

Os estóicos discutiram a escravidão legal apenas marginalmente, sem debater suas causas, origens ou justificação. Epicteto, por exemplo, investiga a natureza da liberdade e da escravidão, que para ele eram questões morais, não legais: o sábio estóico deve adotar uma atitude de extrema indiferença em relação a essas coisas externas (*Diss.* 4.1.76-79).[62] Epicteto trata de algumas coisas externas como riqueza/pobreza, saúde/doença, mas quase não menciona a escravidão legal (ver 4.1.33-37), o que é estranho porque ele próprio tinha sido escravo.[63]

Havia alguma discussão sobre o modo como tratar os escravos: Sêneca defendia que os senhores não deviam ser cruéis para com eles (*Ep.* 47). O assédio sexual tornou-se um crime nas modernas sociedades ocidentais, mas não o era no mundo romano: "A impudicícia [*impudicitia*] é um crime para os nascidos livres,

---

[58] *Pompei: Pitture e Mosaici* (9 vols.; Roma: Enciclopedia Italiana, 1990-99), aqui 4: p. 290-93; a sala está situada em Pompéia em VI 5,2, talvez relacionada com uma loja ligada à Casa VI 5,3.
[59] Ver Peter Garnsey, *Ideas of Slavery from Aristotle to Augustine* (Cambridge: Cambridge University Press, 1996), p. 107-27, e id., "The Middle Stoics and Slavery", em *Hellenistic Constructs: Essays in Culture, History, and Historiography* (ed. P. Carteledge, P. Garnsey, e E. Gruen; Berkeley: University of California Press, 1997), p. 159-74.
[60] Esses mesmos três pares domésticos recebem exortações dos autores dêutero-paulinos, em Cl 3,18-4,1 e Ef 5,21-6,9.
[61] Garnsey, *Ideas of Slavery*, p. 125.
[62] Id., p. 134.
[63] Id., p. 135.

Fig. 1. Casa de Modesto (?), Pompéia: com o templo de Ártemis às suas costas, Ifigênia se oferece voluntariamente pela Grécia. Agamêmnon, seu aflito pai, está sentado à direita do observador, tapando os olhos com a veste, enquanto o sacerdote Calcas corta com a faca uma madeixa do cabelo dela. (Publicado com a permissão da Soprintendenza per i Beni Archeologici delle province di Napoli e Caserta.)

uma necessidade para um escravo e um dever [*officium*] para os homens livres" (Sêneca, *Controversiae* 4 prefácio 10).[64] "Um modo muito repetido de provocar um escravo é recordar-lhe o que o senhor espera dele, ou seja, que ele se abaixe de gatinhas."[65] Várias leis dos séculos I e II da Era Comum aparentemente visavam restringir a punição cruel dos escravos; por exemplo, Cláudio deu liberdade aos escravos doentes abandonados por seus senhores.[66] Mas em contraste com o severo tratamento que reservavam aos escravos, os romanos freqüentemente os alforriavam, e os libertos podiam tornar-se cidadãos romanos. Isto incentivava os escravos a trabalhar e a comportar-se de um modo aprovado por seus senhores.[67] Os especialistas discutem com que freqüência os escravos romanos eram alforriados.[68]

---

[64] M. I. FINLEY, *Ancient Slavery and Modern Ideology* (Nova Iorque: Viking, 1980), p. 95-96.
[65] Paul VEYNE, "Homosexuality in Ancient Rome" em *Western Sexuality* (ed. P. Ariès e A. Béjin; Oxford: Oxford University Press, 1985), p. 29.
[66] GARNSEY, *Ideas of Slavery*, p. 94 e 90, citando MODESTINO em *Dig.* 48.8.11.1-2; 40.8.2.
[67] Id., p. 97-101.
[68] Cf. id., p. 99n. 12, com J. A. HARRILL, "Ignatius, Ad Polycarp, 4.3 and the Corporate Manumission of Christian Slaves", *JECS* 1 (1993): p. 107-42.

Os judeus essênios, conforme Filo os descreve (*Prob.* 79. *Hypoth.* 11.4), condenavam a escravidão e passavam sem ela, mas eram considerados realizadores de um sonho utópico que ia além das fronteiras da sociedade habitual.[69] Alguns antigos cristãos que escreveram sobre o monasticismo, Agostinho (ano 354-430) e Basílio (cerca de 330-379), exigiam que os monges e as monjas vivessem sem escravos para observar a norma da pobreza, mas não condenavam a instituição social. Gregório de Nissa, antigo escritor cristão falecido em 394, atacou o próprio fato de possuir escravos enquanto um aspecto do pecado de orgulho:[70]

> Pois o que é um tal flagrante exemplo de arrogância nas questões enumeradas acima [Ecl 2,7] – uma casa luxuosa, vinhas em abundância, canteiros com legumes maduros, águas reunidas em tanques e canalizadas para os jardins – em relação ao fato de um ser humano considerar-se dono de alguém da sua própria espécie? (...) Assim, quando alguém transforma a propriedade de Deus em sua propriedade privada e se arroga o domínio sobre sua própria espécie, de modo a achar-se proprietário de homens e mulheres, o que está fazendo senão superando sua própria natureza através do orgulho, julgando-se alguma coisa diferente de seus subordinados? (...) Esquecestes que vossa autoridade tem limites e que vosso poder se restringe a controlar coisas irracionais. (...) Mas será que o pedaço de papel, o contrato escrito e a contagem de óbolos vos enganou a ponto de vos julgardes donos da imagem de Deus? Que insensatez! (*Homilias* IV sobre Ecl 2,7, final do século IV).[71]

Todavia, Gregório parece ter sido uma exceção.

Os escravos eram propriedade comprada e vendida e sobre essas transações eles não tinham nenhum controle. Bradley examinou essas transações testemunhadas por papiros egípcios, a grande maioria dos quais documenta a venda de indivíduos escravos. "Os textos egípcios não oferecem exemplo algum da venda conjunta de marido e mulher, ou de marido, mulher e filhos."[72] Parece que os senhores de escravos não se preocupavam com manter os laços familiares ao venderem sua propriedade, o que seria então um aspecto da psicologia dos escravos que podia ser manipulado negativamente por seus senhores. O sonho do escravo de constituir família e de obter a liberdade dava aos proprietários significativos meios de controle social.

Entretanto, toda a questão do *status* social dos escravos é mais complexa do que se pode imaginar. Tabuletas de cera achadas em Pompéia na casa do banquei-

---

[69] GARNSEY, *Ideas of Slavery*, p. 240.
[70] Id., p. 240, 243: "o herói da minha narrativa é Gregório de Nissa, que, talvez, foi o único a ver que a própria escravidão é um pecado".
[71] Id., p. 81-82, citado de Stuart George HALL, ed., *Gregory of Nyssa, Homilies on Ecclesiastes: An English Version with Supplementary Studies* (Proceedings of the Seventh International Colloquium on Gregory of Nyssa; St. Andrews, Escócia, 5-10 Set. 1990) (Berlim: de Gruyter, 1993), p. 73-75.
[72] K. R. BRADLEY, *Slaves and Masters in the Roman Empire: A Study in Social Control* (Collection Latomus 185; Bruxelas: Revue d'études latines, 1984), p. 58.

ro Júlio Cecílio Jucundo dão um exemplo interessante.[73] Cinco dessas tabuletas recordam uma série de empréstimos feitos a C. Nóvio Euno, que tomou emprestados dez mil sestércios de T. Júlio Eveno Primiano, um liberto imperial. Esico, seu escravo gerente, realizou todo o negócio, fazendo o empréstimo, aceitando cereais como garantia e combinando os juros. Mais tarde, Esico alugou parte de um depósito para estocar os cereais de C. Nóvio Cipero, não diretamente, mas através do escravo administrador do depósito do patrão. No mesmo dia Nóvio tomou emprestados mais três mil sestércios, mas desta vez do escravo Esico, não do seu senhor. A profissão e a posição social de Esico eram mais importantes que seu *status* legal e incoerentes com ele. O escravo Esico tornou-se o patrono de Nóvio, seu cliente, que era livre e rico homem de negócios. Essa incoerência de *status* deve ter-se repetido muitas vezes em numerosas cidades do Império Romano.

As refeições da família. Os *symposia* gregos, os *convivia* romanos, os banquetes filosóficos, as refeições sacrificais, os jantares comunitários dos clubes, as refeições judaicas[74] e cristãs – todos tinham uma forma igual no século I da Era Comum.[75] Todos adotavam a postura de reclinar-se para as refeições formais da tarde e da noite, enquanto os escravos serviam os pratos. É "próprio das mulheres e dos fracos sentar-se em cadeira ou banco" conforme Alcidamo o Cínico (Luciano, *Symp.* ou *Carousal* 13-14 [Harmon, LCL]). Naquela cultura de honra-vergonha, era um problema freqüente ser ou não convidado para reclinar-se nos mais prestigiosos divãs (ver Plutarco, *Conversa à Mesa* 615D-619A). Uma vez por ano, nas Saturnais Romanas, os costumes dos banquetes eram revogados. Uma das primeiras leis do festival era que "todo homem seja tratado de modo igual, escravo ou livre, pobre ou rico" (Luciano, *Sat.* 13 [Kilburn, LCL]). Mas isso era contrário à praxe romana nas casas com peristilo, que eram construídas para reforçar o *status*. "A arquitetura doméstica romana é obsessivamente preocupada com distinções de nível social, e as distinções nesse caso não são apenas entre uma casa e outra... mas dentro do espaço social da casa."[76] As áreas de serviço da casa, os lugares onde cozinhavam, lavavam e trabalhavam, eram socialmente "sujos", marginalizados, afastados para os cantos distantes das áreas elegantes (ver acima). Bebida, diversão e debates vinham após a refeição mesma. A amizade se intensificava, às vezes com comportamentos inconvenientes causados pela bebida. Filo critica esses banquetes greco-romanos (*A Vida Contemplativa* 40-63), especialmente aqueles descritos por Xenofonte e Platão (57-62), mas elogia os banquetes entre os Terapeutas judeus (24-39, 64-89).[77]

No passado imaginou-se que esses banquetes eram presididos por homens. A administração da casa e a literatura da cultura greco-romana sobre os *sym-*

---

[73] Osiek e Balch, *Families*, p. 77.
[74] Sobre a influência do *symposium* no *Séder* da Páscoa, ver Levine, *Judaism and Hellenism*, p. 119-24.
[75] Osiek e Balch, *Families*, p. 193-204. Ver Denis E. Smith, *From Symposium to Eucharist: The Banquet in the Early Christian World* (Minneapolis: Fortress Press, 2003).
[76] Id., p. 29, 183, 199, citando Wallace-Hadrill, *Houses and Society*, p. 10, 36, 39.
[77] Id., p. 196-98.

posia foram escritas por homens, para homens e supõem que são os homens os encarregados. No entanto, Pompéia fornece indícios novos. O maior edifício comercial (cerca de 60 x 40 m) do fórum (VII.ix.1/67) traz a inscrição: "Eumáquia, filha de Lúcio, sacerdotisa pública em seu nome próprio e no de seu filho, Marco Numístrio Fronton, construiu à própria custa o pórtico externo, o criptopórtico e os pórticos, e os dedicou a Concórdia Augusta e a *Pietas*" (*CIL* 10.810 e 811).[78] Seu pai tinha sido *duovir*, um dos dois principais oficiais da cidade, nos anos 2-3 da Era Comum, e seu filho tornou-se *duovir* mais tarde. Eumáquia tinha certa ligação com os pisoeiros, tintureiros de lã, e importava de nada menos que Cartago grandes vasos de cerâmica cheios de mercadorias. Deve ter sido ela que comandava suas transações comerciais. Uma outra mulher, Júlia Félix, era proprietária da maior residência pompeana até agora escavada (Região II, insula iv). Ela colocou esse aviso: "Na propriedade de Júlia Félix, filha de Spurius, para aluguel: Os banhos de Vênus, adequados às melhores pessoas, tabernas, lojas e salas no segundo pavimento, para o período de cinco anos, dos idos do próximo agosto até os idos do sexto agosto posterior" (*CIL* 4.1136). Podemos realisticamente imaginá-la no *tablinum* (escritório) de sua casa informando clientes, libertos e escravos que trabalham nas lojas em sua casa, nos seus banhos, ou cultivando seus extensos quintais. As inscrições de Eumáquia e Júlia não aludem a nenhuma autoridade masculina; as mulheres administram seus negócios e exercem a autoridade feminina, que no caso de Eumáquia chegam até a África.

Se Vetrúvio (*Sobre a Arquitetura* 6.7.1-5) tem razão, as casas gregas segregavam as mulheres da família das atividades masculinas financeiras e recreativas. As casas romanas não eram feitas para segregar as mulheres, mas antes para mostrar o *status* social do qual as mulheres participavam. Estavam em vigor os códigos de honra e vergonha, afetando homens e mulheres de modo diferente, mas havia variações geográficas e culturais.[79] Osiek questiona não apenas a suposição habitual de que, quanto mais imponente a *domus* com peristilo, tanto mais hierárquica e patriarcal seria a estrutura social, mas também sua contrapartida, que em situações menos formais de reunião nos prédios de apartamentos, podem-se supor estruturas mais flexíveis de liderança.[80] Antes, os indícios de associações voluntárias e de cultos privados sugerem estruturas de liderança sumamente organizadas, com menos indícios de real liderança feminina.

A tradição grega oriental antiga mostra mulheres presentes junto com homens em refeições somente em círculos familiares; nos jantares formais elas não participavam. No início do século I da Era Comum, Valério Máximo (2.1.2) descreve a maneira romana tradicional de jantar: as mulheres se sentam perto do divã de seus maridos; mas, escreve ele, nos banquetes romanos contempo-

---

[78] Id., p. 27-28, 202. Ver Zanker, *Pompeii*, 93-101 com figs. 45-50, e Roy Bowen Ward, "The Public Priestesses of Pompeii", em *The Early Church in Its Context: Essays in Honor of Everett Ferguson* (eds. A. J. Malherbe, F. W. Norris e J. W. Thompson; JSNTSup 90; Leiden: Brill, 1998), p. 318-34, ver esp. p. 323-27.

[79] Carolyn Osiek, "Women in House Churches", em *Common Life in the Early Church: Essays Honoring Graydon F. Snyder* (ed. Julian V. Hills et al.; Harrisburg, Pa.: Trinity Press International, 1998), p. 300-315, ver esp. p. 307.

[80] Id., p. 309.

râneos as mulheres se reclinam com seus maridos. No seu casamento, Lívia reclinou-se segundo a nova moda perto de Augusto, mas nas ocasiões formais, ela ainda dava banquetes separados para as mulheres (Dion Cássio, *Hist. Rom.* 48.44.3; 55.2.4, 8.2; 57.12.5). Na última referência, porém, Lívia deu um jantar separado para as mulheres porque seu filho Tibério queria afastá-la dos negócios públicos.

PARTE II. PAULO, AS FAMÍLIAS E AS CASAS

A sexualidade e as famílias

Dadas as opiniões médicas correntes citadas acima (as de Epicuro, Celso, Sorano e Galeno, citadas na seção "Costumes das famílias greco-romanas quanto ao sexo, à educação, aos escravos e às refeições"), os ascetas cristãos coríntios podem ter rejeitado a atividade sexual, priorizando seu desejo de dons espirituais (1Cor 7,17 e 14; ver a concessão de Paulo em 7,5a).[81] Os valores teológicos e filosóficos dos meados do século I da Era Comum (os Terapeutas, Filo e Queremon, todos eles ascetas buscando uma visão da divindade) concordam com os dos médicos contemporâneos e fornecem um contexto para se entender o ascetismo sexual dos coríntios. Alguns coríntios escreveram a Paulo sua opinião segundo a qual "é bom ao homem não tocar em mulher" (1Cor 7,1b). Pouco antes, na carta, Paulo tinha feito uma conexão judaica entre imoralidade sexual e idolatria (5,9. 11); ele debateu o primeiro ponto nos capítulos 5-7 e o último nos capítulos 8 e 10. Paulo tinha recebido também uma informação oral de que "um homem [cristão] estava vivendo com a mulher de seu pai" (5,1), e que a respeito disso eles se enchiam de orgulho (5,2). Paulo critica a igreja, dizendo: "Não é uma bela coisa a vossa vaidade" (5,6; comparar 1,29.31; 3,21; 4,7), e pede que "entreguem tal homem a Satanás para a perda [ὄλεθρον, *olethron*] da sua carne, a fim de que seu espírito seja salvo no dia do Senhor" (5,5). A. Y. Collins interpreta essa última frase no sentido comunitário e escatológico.[82] Em 1Ts 5,2-3, Paulo fala da "repentina [escatológica] destruição [ὄλεθρος, *olethros*] que lhes sobrevirá", um julgamento da criação no qual a "carne" hostil a Deus será "destruída". Paulo não está julgando o destino eterno do filho que convive com a mulher de seu pai, mas está insistindo, em vista da crise escatológica vindoura, a fim de que aqueles que são santificados ajam adequadamente visando a sua santificação, uma ligação paulina típica do indicativo com o imperativo.

Paulo então condena o fato de os cristãos se dirigirem aos tribunais diante dos "injustos", porque os "injustos", sejam pagãos ou cristãos, não herdarão o reino de Deus (6,1.7a.8.9a). Ligando os tópicos com o termo "injustos", Paulo

---

[81] Comparar com Will Deming, *Paul on Marriage and Celibacy: The Hellenistic Background of 1 Corinthians 7* (SNTSMS 83; Cambridge: Cambridge University Press, 1995).
[82] A. Y. Collins, "The Function of 'Excommunication' in Paul", *HTR* 73 (1980): p. 251-63, ver esp. p. 259.

repete os seis vícios de 5,11 e acrescenta mais quatro em 6,9-10, incluindo μαλακοί, *malakoi*, e ἀρσενοκοῖται, *arsenokoitai*, termos de significado incerto.[83]

Paulo cita os slogans coríntios "tudo me é permitido" (6,12a) e "os alimentos são para o ventre e o ventre para os alimentos" (6,13a), que ele quer matizar. É típico dos gregos tecer paralelos entre a paixão pelo alimento e pelo sexo (ver nn. 52, 90), mas Paulo rejeita a idéia de que são igualmente importantes diante de Deus (1Cor 8,8). Certamente, concorda Paulo, nem uma dieta judaica *kosher* (p. ex., Lv 11) nem o vegetarianismo helenístico (p. ex., Plutarco, *Sobre o Comer Carne* I e II [*Mor.* 993A-999B]) vai conduzir as pessoas a Deus. Mas "o corpo não é para a fornicação [πορνεία, *porneia*, imoralidade sexual], e, sim, para o Senhor, e o Senhor é para o corpo" (6,13b). A frase final, "o Senhor é para o *corpo*", causa assombro numa cultura filônica, meio platônica. Paulo exorta os coríntios a unir-se ao Senhor e não unir-se a prostitutas (6,15-18). Aqui a moralidade do mundo antigo difere da dos tempos modernos. No mundo grego os homens achavam que não era extraordinário ser sexualmente ativo com mais de uma mulher. Plutarco, por exemplo, exorta Poliano, que em breve se tornaria esposo de Eurídice, a despedi-la depois do jantar se ele fosse impor-se sexualmente a uma escrava, contra o que ela não faria objeção (*Conselhos Conjugais* 140B). Para explicar que os cristãos coríntios do sexo masculino continuavam a usar prostitutas, precisamos apenas recordar o *slogan* deles "tudo me é permitido" (6,12), que poderia ter sido a interpretação que deram à primeira pregação de Paulo sobre o evangelho que salva sem a Lei (ver 1Cor 7,19 e 15,56), e também recordar alguma defesa (de Plutarco) a respeito de parceiros sexuais. Mas Paulo rejeita a filosofia e a praxe do sexo dos homens com prostitutas como diversão após os jantares.[84]

Paulo não argumenta mas supõe que um homem não deve agir de um modo que seja efeminado, "mole" (μαλακός, *malakos*; 1Cor 6,9). Essa suposição biológica está em elevada tensão com a confissão batismal empregada em suas igrejas ("já não há... homem nem mulher", Gl 3,28) e com a biologia moderna. Muitos cristãos modernos têm rejeitado essas polaridades biológicas homem/mulher dos antigos gregos e seus corolários éticos.

Os coríntios escreveram a Paulo uma carta concordando com a opinião epicurista, médica, estóica (Queremon) e judeu-helenista (os Terapeutas de Filo) segundo a qual "é bom ao homem não tocar em mulher" (7,1). O sexo não é de modo algum permitido? Prosseguindo na preocupação com a imoralidade sexual sobre a qual havia escrito nos capítulos 5-6, Paulo defende o contrário do *slogan* dos ascetas numa linguagem que respeita ambos os sexos: "Todavia, para evitar

---

[83] Osiek e Balch, *Families*, p. 103, citando Peter S. Zaas, "Catalogues and Context; 1Corinthians 5 and 6", *NTS* 34 (1988): p. 622-29.

[84] Jennifer A. Glancy, "Obstacles to Slaves' Participation in the Corinthian Church", *JBL* 117, no. 3 (1998): p. 481-501 fala dos escravos cristãos cujos senhores os forçavam a fazer sexo. Ela define a continência sexual como "celibato na vida de solteiro e fidelidade na vida de casado" (p. 497), *slogan* político moderno que se apresenta como exegese de Paulo. Ela então conclui que "as obrigações sexuais que cabiam a muitos escravos apresentavam às vezes barreiras insuperáveis para a participação deles nas igrejas do círculo paulino" (p. 501), conclusão esta que interpreta mal a cristologia e a eclesiologia paulinas, que começam com a confissão de que Cristo "esvaziou-se a si mesmo tomando a forma de um *escravo*" (Fl 2,7a).

a fornicação, tenha cada homem sua mulher e cada mulher o seu marido" (7,2). "Pois é melhor casar-se do que abrasar-se" (7,9). A cotação de Paulo não é alta entre as pessoas de hoje que se preocupam com a qualidade das relações matrimoniais. Barré observa, porém, que embora "abrasar-se" no v. 9 possa realmente em outros contextos significar arder de paixão, não é usado absolutamente com esse sentido, exceto em associação com um substantivo que especifica a emoção, que aqui falta.[85] Paulo está se referindo, antes, ao julgamento escatológico "abrasador" de Javé. O v. 9 não está propondo o matrimônio como um remédio para quem está "inflamado" de paixão, como a NRSV e outras traduções sugerem, mas está avisando os convertidos que têm ideais ascéticos a respeito das conseqüências escatológicas do agir como se não tivessem nenhum.

Marido e mulher possuem mutuamente o corpo um do outro (7,3-4). A exortação de Paulo corresponde à domesticação da moralidade e da amizade no império (comparar com Musônio e Plutarco). Essa mudança cultural para uma amizade maior entre homens e mulheres e os atos que simbolizavam essa evolução – tomar banho juntos e o discurso carismático das mulheres no culto – gerava conflito nas igrejas domésticas coríntias. Paulo era ambivalente. Aceitava o discurso carismático das mulheres (1Cor 11,5) e a liderança delas nas igrejas domésticas (Rm 16,1.3-5 [onde Priscila é mencionada primeiro], 6.12; Fl 4,2) mas rejeitava que as mulheres abolissem o uso do véu no culto, vigoroso símbolo da mudança (1Cor 11,5-16).[86]

A preferência pelo celibato pode ter motivado alguns coríntios a separar-se de suas esposas (7,10-16), como entre os Terapeutas de Filo. Em resposta, Paulo cita a proibição do Senhor (ver Mc 10,2-12), interpretando-a como proibição de separação. Mas ele não está concentrado em normas legais: "se, porém, se separar, não se case de novo, ou reconcilie-se com o marido" (7,11). Apesar de Paulo usar repetidas vezes nesse capítulo a reciprocidade e uma linguagem que respeita ambos os sexos, essa exortação refere-se apenas à mulher que podia estar à procura de liberdade social e religiosa. Paulo então inverte a noção habitual de pureza (que uma pessoa pura é contaminada ao tocar uma pessoa impura) e defende ao invés que a santidade de um fiel torna santa a esposa, como torna santos os filhos (7,14). Mas se a esposa infiel se separa, o irmão ou a irmã não estão "ligados" (7,15).

Mais adiante nesse capítulo Paulo insiste em que marido e mulher não devem perder sua individualidade (7,29), que o relacionamento deve reduzir a ansiedade, que cada qual se esforce por agradar o outro, que o matrimônio é para o benefício de ambos, e que não deve resultar em distração das coisas do Senhor (vv. 32-35).[87] A posição de Paulo, encorajando cada fiel a decidir se

---

[85] M. Barré, "To Marry or to Burn: *Pyrousthai* in 1 Cor 7:9", *CBQ* 36 (1974): p. 193-202, ver p. 195.

[86] Isto supõe que 1Cor 14,33b-36 é uma interpolação de um editor dêutero-paulino (ver n. 117). Ver Osiek e Balch, *Families*, p. 117. Comparar com Antoinette Clark Wire, *The Corinthian Women Prophets: A Reconstruction through Paul's Rhetoric* (Minneapolis: Fortress Press, 1990), p. 149-52, 229-33. Ver W. A. Meeks, "The Image of the Androgyne: Some Uses of a Symbol in Earliest Christianity", *HR* 13 (1974): p. 165-208.

[87] Ver D. L. Balch, "1 Cor 7:32-35 and Stoic Debates about Marriage, Anxiety, and Distraction", *JBL* 102 (1983): p. 429-39.

o matrimônio ou o celibato lhe causa ansiedade e a agir de acordo, contrasta essas atitudes com a preocupação dos imperadores romanos de que todos os cidadãos se casem e tenham filhos[88] e com a idéia dos ascetas coríntios de que sexo é pecado (7,36). Para Paulo, há mais de um caminho para viver uma vida santificada: o sexo mutuamente ativo no casamento é santo (7,3-4. 14), mas também o é a vida celibatária (7,34); e Paulo prefere esta última (7,7. 38). A maioria dos Protestantes desenfatiza a preferência de Paulo.

Um outro texto-chave para a compreensão da atitude paulina no tocante à sexualidade é Rm 1. Enfocando os modos filosóficos e literários greco-romanos de conceituar os temas sexuais, Fredrickson conclui que "em Rm 1,24-27 Paulo chama a atenção para o problema da paixão sem introduzir a moderna dicotomia entre homossexualidade e heterossexualidade".[89] Como seus contemporâneos, Paulo escreve sobre o "uso natural" (φυσικήν χρῆσιν, *physikēn chrēsin*) e "uso inatural" (χρῆσιν... τὴν παρὰ φύσιν, *chrēsin... tēn para physin*) do desejo sexual (1,26.27), que era considerado análogo ao uso natural da fome.[90] O prazer do sexo, portanto, deve ser limitado pela satisfação, assim como uma pessoa sábia com o estômago cheio limita a comida. Como vimos acima, esse uso do "natural" não levanta a questão do gênero do sujeito ou do objeto do desejo sexual. Plutarco (*Conselhos Conjugais* 144B) refere-se também ao "uso" do marido pela mulher, ao qual Paulo provavelmente alude em Rm 1,26 ("suas mulheres mudaram as relações naturais por relações contra a natureza"), o que não é então uma referência à atividade sexual lésbica.[91] Os debates greco-romanos sobre o governo da família são uma fonte dessa terminologia, aconselhando o chefe da casa a respeito do "uso" das suas posses, inclusive o "uso" da esposa. "Uso" focaliza "o significado psicológico do ato para o sujeito [não o objeto] do desejo sexual".[92] Fredrickson concorda com Martin: por "contra a natureza" (παρὰ φύσιν, *para physin*) Paulo dá a entender não "o desejo desorientado", mas "o desejo desordenado".[93] Quando o desejo é insaciável, viciador, é "contra a natureza". Paulo usa uma série de termos que apontam para o problema do ἔρος, *eros*: "desejo" (1,24), "paixão" (1,26), "arder", "apetite" e "erro" (1,27), cada um dos quais tem uma função no moderno debate sobre o amor erótico.[94] Quando os seres humanos recusam dar a Deus glória e gratidão, Deus é ofendido e desonrado. Deus entrega à desonra os que desonram o Criador. A paixão erótica insaciável leva os amantes à desonra, que é em si mesma uma punição (1,27).[95]

---

[88] Zanker, *Power of Images*, p. 156-59.
[89] Fredrickson, "Natural and Unnatural Use", p. 199. Ver David L. Balch, "Romans 1:24-27, Science, and Homosexuality", *CurTM* 25, no. 6 (1998): p. 433-40.
[90] Fredrickson, "Natural and Unnatural Use", p. 199-200, 202, 204, 207n.7, citando Aristóteles, *Ética a Nicômaco* 3.11.1-3.
[91] Id., p. 201 com n. 14.
[92] Id., p. 205.
[93] Ibid., citando Dale Martin, "Heterosexism and the Interpretation of Romans 1:18-32", *BibInt* 3 (1995): p. 332-55, ver esp. p. 342.
[94] Fredrickson, "Natural and Unnatural Use", p. 208-15.
[95] Id., p. 216.

Educação de jovens e adultos

Raramente Paulo fala de filhos.[96] Ele se ocupa mais de questões étnicas referentes a judeus e gentios do que de famílias jurídicas com laços de sexo e de sangue. Depois de tratar das poucas frases que mencionam filhos, vou falar dos mestres nas casas cristãs antigas no contexto dos debates de Filo e de Plutarco sobre os mestres que davam instrução familiar.

As referências paulinas a filhos são pela maior parte metafóricas. Menciona dois filhos biológicos, Rufo (Rm 16,13) e o homem que vive com a mulher de seu pai (1Cor 5,1-5). O único debate diz respeito aos filhos de matrimônios "mistos", entre cristãos e pagãos, onde seu enfoque se centra na relação entre os cônjuges (1Cor 7,12-16). Paulo nunca sustenta que a finalidade do sexo é ter filhos, em surpreendente contraste com outros autores contemporâneos judeus, estóicos e romanos.[97]

Metaforicamente os coríntios são seus filhos (1Cor 4,14), de modo que eles não têm muitos pais (4,15). Ele não pode falar-lhes como a adultos, mas apenas como a crianças em Cristo (3,1-2). Num sentido diferente, Timóteo é seu filho amado e fiel no Senhor (4,17), e o escravo Onésimo, "gerado" na prisão, é realmente seu próprio filho (Fm 10. 12). A intimidade é o motivo dominante na referência metafórica de Paulo a esse relacionamento.

Desses poucos versículos, passo para a questão dos mestres nas famílias paulinas, questão relacionada com a instrução familiar no mundo greco-romano. Pode ser que o próprio Paulo tenha sido educado segundo os métodos que Filo e Plutarco destacam para a leitura da Bíblia e de Homero, e que ele tenha ensinado suas igrejas domésticas conforme essa maneira. O conteúdo da educação de Paulo ressaltava a Bíblia, como enfatiza Filo.

Existem semelhanças entre, de um lado, o estudo que Filo e Plutarco fazem dos mestres no ensino doméstico judaico[98] e helenístico e, de outro, o estudo paulino dos profetas e mestres nas casas cristãs. Paulo orienta: "Dois ou três tomem a palavra e os outros ponderem [διακρινέτωσαν, *diakrinetōsan*] o que é dito" (1Cor 14,29). Plutarco repetidas vezes salienta esse "ponderar" o que é dito aos estudantes nas escolas: "Observemos essa (...) ponderação [διάκρισιν, *diakrisin*] das palavras em assuntos mais graves e mais sérios, e comecemos pelos deuses" (23A). "Ao fazer seu exame e ao formar seu juízo [κρίσιν, *krisin*] da preleção, ele [o ouvinte] deve começar por si mesmo e seu próprio estado mental" (42A). Paulo exorta ademais: "Discerni tudo!" (δοκιμάζετε, *dokimazete*, 1Ts 5,21). Plutarco também deseja "recordar a nossos filhos que os autores escrevem essas coisas [epopéias ou tragédias poéticas], não porque as recomendam ou aprovam

---

[96] Para mais detalhes sobre as informações desta seção, ver Osiek e Balch, *Families*, p. 64-74 e 156-62.
[97] Larry O. Yarborough, "Parents and Children in the Letters of Paul" em *The Social World of the First Christians: Essays in Honor of Wayne A. Meeks* (eds. L. M. White e O. L. Yarborough: Minneapolis: Fortress Press, 1995), p. 126-41.
[98] Uma placa de mármore achada em Acrocorinto refere-se a um "mestre (*didas* [*kalos*]) e *arch* [*isynagog*]os da [sinagoga de Corinto?]" e foi estudada por G. H. R. Horsley, *New Documents Illustrating Early Christianity* (Marrickville, Austrália: Maquarie University Press, 1987) 4: p. 213-14.

[δοκιμάζοντες, *dokimazontes*], mas com a idéia de revestir personagens e pessoas medíocres e inaturais de sentimentos inaturais e medíocres" (18F).[99] 1Cor 14,24-25 observa que alguém de fora pode ser reprovado, assim como alunos na escola. Plutarco dá conselho sobre o modo de receber tais censuras (44C-E). O que é muito importante é que o próprio Paulo deseja ler até a sagrada Escritura com uma visão crítica. Por exemplo, ele critica Lv 18,5, texto-chave nas promessas da aliança mosaica, em Gl 3,12-13; Rm 7,10 e 10,5. Nem sequer Cristo fez as obras da Lei e viveu por elas, como promete o Levítico, mas, antes, ele foi amaldiçoado pela Lei (Gl 3,13). A justiça não vem da Lei, mas da fé.

Uma conseqüência da leitura teológica crítica dos antigos textos canônicos, seja Homero, seja o Levítico, é que se encontram em Filo e em Paulo confissões teológicas que estão entre as primeiras da história e que provavelmente foram escritas a uma distância de uma década uma da outra. A interpretação crítica dos textos sagrados antigos supõe que o mestre tem critérios, e as confissões antigas serviam para essa função.[100] Filo enumera cinco pontos: "Primeiro, que a Divindade é e foi desde a eternidade. (...) Segundo, que Deus é uno. (...) Terceiro, (...) que o mundo começou a existir. (...) Quarto, que também o mundo é uno como o é seu Artífice. (...) Quinto, que Deus também exerce a previdência em benefício do mundo" (*Sobre a Criação* 170-172 [Colson e Whitaker LCL]).[101] Analogamente, Paulo ensinou aos coríntios que "nenhum ídolo existe realmente no mundo" e que "não há senão um só Deus" (1Cor 8,4). "Para nós, contudo, existe um só Deus, o Pai, de quem tudo procede e para o qual existimos, e um só Senhor, Jesus Cristo, por quem tudo existe e por quem nós existimos" (8,6).[102]

Finalmente, os lares greco-romanos estavam cheios de arte, com afrescos, mosaicos e esculturas, vistos por mais pessoas (iletradas) numa família do que o eram os textos escritos. Pregando talvez numa dessas casas, Paulo também recordou ao seu auditório que "diante de vossos olhos, Jesus Cristo foi publicamente exibido [προεγράφη, *proegraphē*] como crucificado" (Gl 3,1 NRSV).[103] A arte oratória de Paulo e sua própria vida como apóstolo sofredor ("trago em meu corpo as marcas de Jesus", Gl 6,17) tinham analogias nas esculturas e afrescos domésticos contemporâneos. As confissões batismais e eucarísticas em Paulo (1Cor 15,3; 11,23-26) focalizam o significado da morte voluntária de Cristo por nós. Schefold compara as esculturas populares e as pinturas domésticas de Mársias com as de Cristo.[104] Uma diferença crucial é que Mársias desafiou im-

---

[99] Osiek e Balch, *Families*, p. 158, com nn. 12-13.
[100] Ver J. N. D. Kelly, *Early Christian Doctrines* (Nova Iorque: Harper & Row, 1960), c. 2.
[101] E. R. Goodenough, *An Introduction to Philo Judaeus* (Oxford: Blackwell, 1962), p. 35, refere-se a este texto, considerando-o o primeiro credo da história.
[102] H. Conzelmann, *1 Corinthians* (Hermeneia; Filadélfia: Fortress Press, 1976), p. 142n. 26 e 144n. 46, comparar com Ps.-Aristóteles, *Mund.* 6 379b 14-15, e Marco Aurélio Ant., *Medit.*, 7.9.
[103] Comparar com H. D. Betz, *Galatians* (Hermeneia; Filadélfia: Fortress Press, 1979), p. 131-32, e contrastar com B. S. Davis, "The Meaning of *proegraphe* in the Context of Galatians 3:1", *NTS* 45, no. 2 (1999): p. 194-212.
[104] Schefold, *Der Religiöse Gehalt*, p. 432. Por exemplo, a Casa de T. Dentatius Panthera (IX 2,116), em Pompéia (*Pompei: Pitture e Mosaici* [citado n. 58], IX, p. 10, fig. 15).

piamente Apolo, ao passo que Cristo morreu submetendo-se à vontade de Deus (ver Gl 1,4; 2,20; 2Cor 5,14-15).

Cristo voluntariamente entregou seu corpo como sacrifício pelos outros (Rm 3,25-26), uma teologia que tem estreita analogia com a peça de Eurípides *Ifigênia em Áulis*, encenada pela primeira vez em 405 antes da Era Cristã mas pintada numa parede de Pompéia no século I da Era Comum (ver nn. 57-58 e fig. 1). Quando Paulo pregava sobre a crucificação de Cristo como alguém que voluntariamente morreu pelos outros, pode ser que alguns de seus ouvintes conhecessem as pinturas murais de Ifigênia; pode ser que tanto ele como eles até estivessem vendo uma enquanto ele pregava numa casa com essa pintura na parede. Há outros exemplos,[105] mas essa imagem de Ifigênia mostra quantas famílias teriam sido educadas e influenciadas, talvez mais pelos afrescos domésticos do que pelos textos que liam ou pelas peças que viam nos teatros locais. Porém *Ifigênia em Áulis* de Eurípides legitima o conflito étnico (p. ex. linhas 1395-1401), ao passo que a proclamação batismal paulina (Gl 3,28) confessa que os contrastes étnicos não têm valor diante de Deus e na *ekklēsia*.

Como as esculturas e afrescos de Mársias e de Ifigênia, a cruz de Jesus era polivalente, ambígua,[106] dependendo de ser entendida a partir de cima ou de baixo.[107] Roma castigou Jesus e os discípulos como criminosos (Suetônio, *Nero* 16.2; Tácito, *Ann*. 15.44), mas de uma perspectiva diferente Paulo sentia-se "crucificado com Cristo" (Gl 2,19; 6,14; Rm 6,6; comparar Josefo, *Guerra* 5.449-50; *Ant*. 13.380; *Vida* 420). Além disso, Ifigênia morreu para que os frígios e não os gregos fossem escravos (Eurípides, *Iph. Aul*. 1379-80, 1395-1401), enquanto os batizados nas igrejas paulinas primitivas negavam o valor dessas distinções étnicas (Gl 3,28).

Status e funções dos escravos

Sob a supervisão do chefe de família, os deuses domésticos eram adorados, e esperava-se que protegessem todos os moradores, inclusive os escravos.[108] Esse culto era celebrado em diversos lugares, as mais das vezes nos pátios, mas também no refeitório e em outros espaços. Parece ter havido poucas ligações

---

[105] Ver David L. BALCH, "The Suffering of Isis/Io and Paul's Portrait of Christ Crucified (Gal 3:1): Frescoes in Pompeiian and Roman Houses and in the Temple of Isis in Pompeii", *Journal of Religion* 23, no.1 (2003): p. 24-55, e "Paul's Portrait of Christ Crucified (Gal 3:1) in Light of Paintings and Sculptures of Suffering and Death in Pompeiian and Roman Houses", em *Early Christian Families in Context*.

[106] Ver, p. ex., Doug ADAMS, *Transcendence with the Human Body in Art: George Segal, Stephen De Staebler, Jasper Johns, and Christo* (Nova Iorque: Crossroad, 1991), p. 13-14, 21, 27, 34-36, sobre "O Holocausto" de Segal.

[107] Sobre a "democratização" de uma ética aristocrática ou a "aristocratização" de uma mentalidade popular, ou seja, sobre intercâmbios entre as virtudes das classes superiores e inferiores, ver Gerd THEISSEN, *The Religion of Earliest Christianity: Creating a Symbolic World* (Minneapolis: Fortress Press, 1999), p. 82; também p. 49-50.

[108] Para mais informações sobre os materiais desta seção, ver OSIEK e BALCH, *Families*, p. 72-82, 174-85. Sobre deuses domésticos especificamente, ver id., p. 81-82, citando F. BÖMER e P. HERZ, *Untersuchungen über die Religion der Sklaven in Griechenland und Rom, Erster Teil: Die wichtigsten Kulte und Religionen in Rom und im Lateinischen Westen* (2d ed.: Forschungen zur Antiken Sklaverei 14.3; Stuttgart: Franz Steiner, 1981), p. 46-47, 52, 54-56.

entre escravos e livres no culto familiar; o culto doméstico dos Lares tornou-se, como nenhum outro, um culto controlado por escravos.

Lampe apresentou forte argumentação mostrando que Onésimo não era um escravo fugitivo.[109] Proclo, importante jurista romano do início do século I da Era Comum, declarou que um escravo em dificuldade, que de repente procurasse um terceiro cidadão para ser seu advogado perante seu senhor irado, não era fugitivo. Lampe observa a ironia: um escravo não-cristão foge para o Apóstolo esperando que este influencie seu senhor cristão. Paulo o conquista para Cristo, coisa que Filêmon não tinha feito. As epístolas a Filêmon e aos filipenses são com freqüência interpretadas em relação uma com a outra. O hino cristológico dinâmico, temporal de Fl 2,6-11 pode de fato ter levado um escravo à conversão mais do que o hino estático, espacial e dêutero-paulino de Cl 1,15-20.[110] No primeiro, Cristo esvazia-se a si mesmo, toma a forma de escravo (2,7), e Deus o exalta, uma cristologia aberta à esperança de um escravo de obter a manumissão. Mas na teologia dêutero-paulina, Cristo é o criador todo-poderoso de uma ordem social estática; a confissão de que Cristo se tornou um humilde escravo foi recalcada – e acrescentou-se um código familiar (Cl 3,18-4,1).

Harrill enfatiza o v. 16:[111] Filêmon deve receber de volta este escravo recém-convertido, Onésimo, "não mais como escravo, mas bem melhor do que como escravo, como irmão amado – muitíssimo para mim e tanto mais para ti, segundo a carne e segundo o Senhor". Isto provavelmente, mas não com certeza, sugere a manumissão. Paulo quer o talentoso escravo (comparar com Esico de Pompéia) para o ministério (διακονία, *diakonia*, v. 13) em lugar de Filêmon.

Gl 3,28 ("não existe mais judeu nem grego, não existe mais escravo nem livre; não existe mais homem nem mulher: porque todos vós sois um só em Cristo Jesus") vigorava na praxe batismal cristã primitiva. Será que essa declaração batismal teve alguma conseqüência prática na igreja ou na vida social, especialmente à luz de 1Cor 7,21? Com efeito, alguns assim traduzem este texto: "Eras escravo quando foste chamado? Não te preocupes com isto. Ao contrário, ainda que possas ganhar a liberdade, usa tua presente condição agora mais que nunca" (NRSV). Nessa leitura, os escravos deveriam continuar vivendo como escravos. Bartchy argumenta que essa tradução incorretamente supõe que os escravos tinham alguma opção quanto à sua manumissão.[112] Harrill, porém, cita um número de exemplos nos quais a liberdade era oferecida aos escravos, por exemplo, pelos generais na guerra e por senadores romanos em disputas políticas.[113] Ele analisa também dezessete exemplos da construção grega μᾶλλον χρῆσαι, *mallon chrēsai*, que Paulo emprega em 1Cor 7,21, defendendo com êxito a tradução alternativa: "Foste chamado quando eras escravo. Não te preocupes com

---

[109] Peter Lampe,"Keine'Sklavenflucht' des Onesimus",*ZNW* 76 (1985): p. 135-37. Isto é contestado por J. Albert Harrill,"Using the Roman Jurists to Interpret Philemon: A Response to Peter Mape",*ZNW* 90 (1999): p. 135-38.

[110] Osiek e Balch, *Families*, 177, p. 182-83.

[111] J. Albert Harrill, *The Manumission of Slaves in Early Christianity* (HUT 32; Tübingen: J. C. B. Mohr [Paul Siebeck], 1955), p. 3.

[112] S. Scott Bartchy, *Mallon Chresai: First-Century Slavery and 1 Corinthians 7:21* (SBLDS 11; Missoula, Mont.: Scholars Press, 1973), p. 134-43.

[113] Harrill, *Manumission*, p. 89.

isto. Mas se de fato podes tornar-te livre, usa, porém [a liberdade]". Nessa leitura, os escravos devem viver como pessoas livres.

Mas Harrill atribui um significado singular ao "ser chamado": "refere-se à situação e às circunstâncias nas quais alguém foi chamado no tempo do batismo".[114] Paulo, para quem a cruz de Cristo colocou distância entre ele e o mundo (Gl 6,14), dá conselho a respeito do estilo de vida também em vista da "iminente crise [escatológica]" (1Cor 7,26), num tempo que "se tornou curto" (v. 29), conselho ao qual, no entanto, ele admite certo número de exceções. A mulher casada não deve separar-se do companheiro (v. 10), "mas se ele se separa..." (v. 11). Os cristãos devem viver com seus companheiros não cristãos, "mas se o cônjuge não cristão se separa..." (v. 15). Paulo aconselha ao homem solteiro que não procure esposa, "mas se tu casas..." (v. 28). E se alguém não está agindo de modo conveniente com uma mulher, "case"! (v. 36). Nessas quatro situações no mesmo capítulo, Paulo dá conselhos sábios, mas permite a possibilidade de uma mudança no *status* social ou marital (v. 36), justamente como ele pediu a Pedro que mudasse seu hábito de comer comida *kosher* para "a verdade do evangelho" (Gl 2,11-14). Paulo permitiu aos cristãos coríntios mudar sua condição social/legal, separar-se de um consorte ou casar. Os romanos conservadores, por exemplo, Sêneca, não se opunham à alforria; se Paulo se opusesse à alforria dos escravos, teria sido o único naquela cultura.[115] Se é correta a interpretação dada acima à carta de Paulo a Filêmon, Paulo encorajou Filêmon a alforriar Onésimo. Então, nessa interpretação, "chamado" refere-se à relação de alguém com Deus, como em Rm 11,29 e Fl 3,14, "prossigo para o alvo, para o prêmio da vocação do alto, que vem de Deus em Cristo Jesus". 1Cor 7,17.20.24 exortam "cada" cristão coríntio a permanecer no seu chamado por e para Deus, um chamado para Deus que é simultaneamente experimentado na situação social concreta própria de "cada um" que pode não mudar, ou, ao contrário, às vezes deve mudar.

As refeições

Osiek descreve cinco opções para as mulheres numa refeição comunitária de uma igreja doméstica: (1) ausentar-se, (2) comer em salas separadas, (3) sentar-se com os filhos perto dos divãs onde estavam reclinados os parentes do sexo masculino, (4) sentar-se com os filhos afastada dos parentes homens (5) reclinar-se junto com os homens, ficando os filhos sentados ou comendo em outro lugar.[116] A primeira opção é improvável na refeição ritual comum, e a segunda também, se supomos que todos partilhavam da mesma mesa (1Cor 10,17; ver 11,33; Mt 14,21; 15,38; *Did.* 9.4; Justino, 1 *Apol.* 67). Todas as opções restantes são plausíveis, dependendo da cultura e da geografia, grega oriental ou romana

[114] Id., p. 123.
[115] Id., p. 74, 121.
[116] Osiek, "Women in House Churches" (citado na n. 79), p. 310. Comparar com Osiek, "The Family in Early Christianity: 'Family Values' Revisited", *CBQ* 58, no. 1 (1996): p. 1-24, ver esp. p. 18-20.

ocidental. Nas colônias romanas como Filipos e Corinto, mulheres e homens cristãos em algumas das igrejas domésticas podem ter-se reclinado juntos, mas nas igrejas mais ao Oriente provavelmente não o faziam. Paulo escreve explicitamente, porém, que alguns ou todos "estavam sentados" durante o culto (1Cor 14,30), embora ele saiba que os que tomavam refeição no templo "reclinavam-se" (κατακείμενον, *katakeimenon*; 8,10). Provavelmente do fato de estarem sentados segue-se que nem todos os cristãos no culto estavam na sala de jantar em divãs; além disso, os *triclinia* muitas vezes tinham espaço apenas para uns poucos (cf. Rm 16,23). Alguns fiéis devem ter se sentado no pátio e/ou no átrio. A prática deve ter também variado entre as vezes em que uma igreja doméstica se reunia e as vezes em que todas as igrejas domésticas de uma cidade se reuniam juntamente. Dadas as diferenças notadas acima entre Vetrúvio (*Sobre a Arquitetura* 6.7.1-5) e Valério Máximo (2.1.2), a prática deve ter variado de novo, dependendo de a reunião de todos ser numa cidade mais latina (1Cor 14,23) ou numa mais grega (At 15, 22, Jerusalém).

As mulheres tinham a faculdade de falar nessas refeições. A instrução que "as mulheres estejam caladas nas assembléias" (1Cor 14,34) é uma interpolação posterior na epístola paulina, não plausível nas casas de Eumáquia ou Júlia Félix em Pompéia,[117] ou para as cristãs Priscila, Lídia ou Júnia. Osiek "supõe que (...) essas mulheres promoviam jantares formais e os presidiam, inclusive a assembléia da *ekklēsia*".[118] Esta função social teria sido possível para mulheres chefes de família como Priscila (1Cor 16,19; Rm 16,3-5, onde ela é mencionada antes do marido), Febe (Rm 16,1-3), Lídia (At 16,14-15) e Ninfas (Cl 4,15). Os homens conservadores desaprovavam, como é evidente na sexta sátira de Juvenal, na qual ele ouve ecos das vozes romanas masculinas que influenciaram as igrejas dêutero-paulinas, contra a praxe de Paulo, para silenciar as mulheres ministras (1Tm 2,12).

> Porém o mais intolerável de tudo é a mulher que, logo ao sentar-se para o jantar, encomenda Virgílio, perdoa Dido agonizante e lança os poetas uns contra os outros, colocando Virgílio num prato da balança e Homero no outro. Os gramáticos abrem caminho na frente dela; os retóricos dão-se por vencidos; toda a multidão está silenciosa; nenhum advogado, nenhum leiloeiro inserem um aparte, não, nem outra mulher qualquer; tão torrencial é seu discurso, que pensarias que todas as panelas e sinos estão batendo juntos ruidosamente. (...) Ela formula definições, e discursa sobre moral, como um filósofo; com sede de ser considerada sábia e eloqüente.

---

[117] Não obstante a ideologia tradicionalista, é improvável que essas duas mulheres da cidade romana de Pompéia (ver nota 78) ficassem silenciosas em suas casas. Em 1Cor 14,32, Paulo, tratando do falar carismático em línguas, escreve que "os espíritos dos profetas estão submissos [ὑποτάσσεται, *hypotassetai*] aos profetas". Um editor viu este verbo, crucial nos códigos familiares dêutero-paulinos (p. ex. Cl 3,18; Ef 5,21; cf. 1Pd 3,1), e interpolou uma ética familiar subordinacionista em 1Cor. Além disso, Paulo escreveu que quando um carismático recebe uma revelação, um outro deve ficar "em silêncio" (1Cor 14,30), segunda idéia-chave na ética tradicional, misógina (Aristóteles, *Pol.* I 1260a 31; 1Tm 2,11-12), conforme a qual o editor dêutero-paulino interpretou 1Cor 14,35, a despeito da contradição com 11,5.

[118] Osiek, "Women in House Churches", p. 312.

(...) Que a esposa do teu peito não possua um estilo especial próprio; que ela não te atire em rodopiante discurso o torto entimema! Que ela não conheça toda a história; que haja algumas coisas na sua leitura que ela não compreende. Odeio uma mulher que está sempre consultando e estudando cuidadosamente a *Gramática* de Palemon, que observa todas as regras e leis da linguagem, que como um antiquário cita versos que eu nunca ouvi, e corrige suas amigas iletradas por tropeços de linguagem com os quais ninguém precisa preocupar-se: Que pelo menos seja permitido aos maridos cometer erros de gramática! (Juvenal, *Sat.* 6.434-56 [Ramsay, LCL]).

PARTE III. OUTROS RELEVANTES TEXTOS PAULINOS E PAULINISTAS

Entre outros possíveis tópicos, enumero: Paulo, pai para seus convertidos (1Cor 4,15; Gl 4,19; Fm 10); os fiéis devem desenvolver-se (τέλειος, *teleios*; 1Cor 14,20; Fl 3,15); a *ekklēsia* como a família adotiva dos convertidos, a família de Deus (facilmente observável em 1 Tessalonicenses).[119] O estudo da família no mundo greco-romano e em Paulo poderia incluir as atitudes diante do aborto e do infanticídio.

PARTE IV. BIBLIOGRAFIA

Estudos de autores clássicos
BRADLEY, K. *Slaves and Society at Rome: Key Themes in Ancient History*. Cambridge: Cambridge University Press, 1994.
CLARKE, J. R. *Looking at Lovemaking: Constructions of Sexuality in Roman Art, 100 B.C-A.D.250*. Berkeley: University of California Press, 1998.
COHEN, Shaye, J. D., ed. *The Jewish Family in Antiquity*. BJS 289. Atlanta: Scholars Press, 1993.
DIXON, S. *The Roman Family*. Baltimore: Johns Hopkins University Press, 1992.
_____. *The Roman Mother*. Londres: Routledge, 1988.
EYBEN, E. *Restless Youth in Ancient Rome*. Londres: Routledge, 1993.
FINLEY, M. I. *Ancient Slavery and Modern Ideology*. Nova Iorque: Viking, 1980.
GOLDEN, M. "Did the Ancients Care When Their Children Died?", *Greece and Rome* 35 (1988): p. 152-63.
HALLETT, J. P., e SKINNER, M. B., eds. *Roman Sexualities*. Princeton, S.J.: Princeton University Press, 1997.
JOSHEL, S. R., e S. Murnaghan, eds. *Women and Slaves in Greco-Roman Culture: Differential Equations*. Londres: Routledge, 1998.
MURRAY, O., ed. *Sympotica: A Symposium on the Symposium*. Oxford: Clarendon, 1990.
RAWSON, B., ed. *Marriage, Divorce, and Children in Ancient Rome*. Oxford: Clarendon, 1991.
RICHLIN, A. *The Garden of Priapus: Sexuality and Aggression in Roman Humour*. New Haven: Yale University Press, 1983.
SALLER, R. *Patriarchy, Property, and Death in the Roman Family*. Cambridge: Cambridge University Press, 1994.
SLATER, W. J., ed. *Dining in a Classical Context*. Ann Arbor: University of Michigan Press, 1991.
TREGGIARI, S. *Roman Marriage: Iusti Coniuges from the Time of Cicero to the Time of Ulpian*. Oxford: Oxford University Press, 1991.
WIEDEMANN, T. *Adults and Children in the Roman Empire*. London: Routledge, 1989.

---

[119] Abraham J. Malherbe, *Paul and the Thessalonians: The Philosophic Tradition of Pastoral Care* (Filadélfia: Fortress Press, 1987).

Estudos de especialistas no Novo Testamento

ALEXANDER, L. C. A. "Paul and the Hellenistic Schools: The Evidence of Galen", em *Paul in His Hellenistic Context*, editado por T. Engberg-Pedersen. Minneapolis: Fortress Press, 1995.

BARTCHY, S. S. *Mallon Chresai: First-Century Slavery and 1 Corinthians 7:21*. SBLDS 11. Missoula, Mont.: Scholars Press, 1973.

BOBERTZ, C. A. "The Role of Patron in the *Cena Dominica* of Hyppolytus' *Apostolic Tradition*", JTS 44 (1993): p. 170-84.

BRAUN, W. *Feasting and Social Rhetoric in Luke 14*. Society of New Testament Studies Monograph Series 85. Cambridge: Cambridge University Press, 1995.

COLLINS, J. N. *Diakonia: Re-interpreting the Ancient Sources*. Nova Iorque: Oxford University Press, 1990.

HARRILL, J. Albert. *The Manumission of Slaves in Early Christianity*. HUT 32. Tübingen: J. C. B. Mohr [Paul Siebeck], 1955.

MARTIN, Dale. *The Corinthian Body*. New Haven: Yale University Press, 1995.

MOXNES, H., ed. *Constructing Early Christian Families: Family as Social Reality and Metaphor*. Londres: Routledge, 1997.

OSIEK, Carolyn, e BALCH, David L. *Families in the New Testament World: Households and House Churches*. Louisville: Westminster John Knox, 1997.

10

PAULO E A LINGUAGEM FRANCA

J. Paul Sampley

No mundo greco-romano, como se corrigia, ou mesmo se influenciava, a conduta de uma outra pessoa ou de um grupo? Demétrio, que era "provavelmente (...) dos últimos tempos do Helenismo ou do começo da época romana",[1] conclui que um orador – e, podemos igualmente supor, um escritor de cartas – tinha apenas três alternativas: a adulação, a linguagem figurada (também chamada de alusão velada ou discurso oblíquo), e a crítica contrária (*Style* 294), que podemos tomar como uma imbricação funcional com παρρησία, *parrēsia*, o discurso direto ou a linguagem franca, tema desse ensaio.

Plutarco, moralista nascido antes de 50 da Era Comum, e portanto mais ou menos contemporâneo de Paulo, condena a adulação como notoriamente inútil, e mesmo contraproducente em qualquer circunstância. A segunda opção, o discurso oblíquo ou indireto – no qual o orador trata de uma questão ou de um problema delicado, transferindo a discussão para um assunto análogo a respeito do qual as paixões ainda não se inflamaram e as posições ainda não se firmaram – era muito comumente e amplamente usada no tempo de Paulo, quando não por outra razão, porque garantia isenção de retribuição no cenário público e porque era considerada pelos retóricos como poderosamente eficaz, porque dependia dos ouvintes fazer a auto-aplicação.[2]

No tempo de Paulo, o discurso direto ou franco (*parrēsia*, franqueza) era menos freqüentemente empregado na deliberação pública, mas era certamente parte essencial do modo como as dinâmicas sociais percorriam todo o seu cami-

---

[1] D. A. Russell, "Demetrius", *OCD* 326.
[2] Frederic Ahl, "The Art of Safe Criticism in Greece and Rome", *AJP* 105 (1984): p. 174-208. No discurso figurado, "o texto é incompleto até que o auditório complete o sentido" (187). Para um exemplo paulino, considerar a sua explícita identificação de seu fim retórico em 1Cor 4,6, onde ele diz aos leitores que, nas seções precedentes, aplicou seus comentários a si mesmo e a Apolo para o benefício deles. Ver meu trabalho "1 Corinthians" em *The New Interpreter's Bible* (Nashville: Abingdon, 2002); B. Fiore, "'Covert Allusion' in 1 Corinthians 1-4", *CBQ* 47 (1985): p. 85-102; D. R. Hall, " A Disguise of the Wise: METASCHEMATISMOS in 1 Corinthians 4:6", *NTS* 40 (1994); P. Lampe, "Theological Wisdom and the 'Word about the Cross': The Rhetorical Scheme in 1 Corinthians 1-4", *Int* 44 (1990): p. 117-31. J. T. Fitzgerald, *Cracks in an Earthen Vessel: An Examination of the Catalogues of Hardships in the Corinthian Correspondence* (SBLDS 99; Atlanta: Scholars Press, 1988), faz remontar a identificação disto como alusão velada a J. B. Lightfoot em 1895 (p. 119n. 10). Para um outro exemplo paulino, ver meu ensaio "The Weak and Strong: Paul's Careful and Crafty Rhetorical Strategy in Romans 14:1-15:13", em *The Social World of the First Christians: Essays in Honor of Wayne A. Meeks* (ed. L. M. White e O. L. Yarbrough; Minneapolis: Fortress Press, 1995), p. 40-52.

nho até a base da pirâmide social. Onde havia amizade, a linguagem franca era crucial para ela se manter.

A seguir, vou primeiro estabelecer a compreensão da função da *parrēsia* no tempo de Paulo – seus objetivos, riscos e o leque de respostas que se poderia esperar usando a linguagem franca. A segunda parte do ensaio analisa alguns exemplos de *parrēsia* nas cartas paulinas.

PARTE I. *PARRĒSIA* NO MUNDO GRECO-ROMANO DO TEMPO DE PAULO

Traduzir *parrēsia* representa um desafio. O problema, em parte, é histórico. Nos primeiros tempos da Grécia, o termo referia-se ao direito do cidadão de falar abertamente ou ser ouvido na assembléia pública. Com os Cínicos o termo passou a significar a liberdade de dizer tudo o que se tinha na cabeça. Mas no tempo de Paulo, o contexto social do termo[3] era a amizade, e *parrēsia* era o que os amigos deviam um ao outro. Assim, por definição *parrēsia* é a linguagem franca na boca de um amigo, e sua finalidade é o crescimento do amigo; e ela pode variar na forma desde a mais severa reprimenda até o que Filodemo, educador, moralista e retórico do século I da Era Comum, chamava de "a mais gentil das picadas" (*Sobre a Crítica Franca*, col. VIIIb).

No tempo de Paulo, não se podia entender *parrēsia* fora da amizade. Mas também a amizade havia mudado no tempo de Paulo. Antes da Era Comum, a amizade supunha "que os amigos eram mais ou menos de igual situação, e que as obrigações que a amizade podia impor eram em princípio mútuas e simétricas".[4] Mas na passagem das eras, a noção de amizade havia começado a realizar-se mais freqüentemente "entre pessoas de condição e poder desiguais".[5] Obviamente, a adulação também florescia naquele mesmo ambiente social e representava um flagrante contraste com a genuína amizade, como mostra claramente o título da obra de Plutarco: *Como distinguir um adulador de um amigo*.

A *parrēsia* é o que mais claramente distingue um amigo de um adulador. Plutarco chama *parrēsia* "a linguagem da amizade" ("Como Distinguir" 51C [Babbitt, LCL]).[6] Filodemo reconhece que *parrēsia* é "exercer o ofício de um amigo" (φιλικὸν ἔργον, *philikon ergon*; *Sobre a Crítica Franca*, col. XIXb).[7] Os amigos

---

[3] Ver a descrição que faz David Konstan da "nova" idéia de amizade que era corrente na passagem das eras, "Friendship, Frankness and Flattery" em *Friendship, Flattery and Frankness of Speech: Studies on Friendship in the New Testament World* (ed. J.T. Fitzgerald; Leiden: Brill, 1996), p. 7-10. Para mais sobre a mudança da amizade "do sentido político ao moral" (id., p. 7-19), ver David Konstan, *Friendship in the Classical World* (Cambridge: Cambridge University Press, 1997).

[4] Konstan, "Friedship, Frankness and Flattery", p. 8-9.

[5] Id., p. 9.

[6] Outros tratados sobre *parrēsia* aparecem em Cícero, *Amicitia* 88-100; Máximo de Tiro, *Orationes* 14; Dion Crisóstomo, *Or.*, 77/78.38, 33.9; Filo, *Her.* 19; Juliano, *Or.* 6.201A-C.

[7] Todas as citações de Philodemus são de *On Frank Criticism* (editado e traduzido por D. Konstan et al.; SBLTT; Atlanta: Scholars Press, 1998). Sobre a *parrēsia* como um "dever" da amizade, ver Konstan, "Friendship,

exercem "estreita vigilância" um sobre o outro "não apenas quando erram mas também quando acertam" ("Como Distinguir" 73D).Os verdadeiros amigos se esforçam por "incentivar o crescimento do que é sadio e preservá-lo" ("Como Distinguir" 61D). A *parrēsia* é uma "fina arte" e requer o maior cuidado na sua aplicação ("Como Distinguir" 59D).

São muitas as analogias com a relação médico-paciente: a *parrēsia* é "o maior e mais forte remédio na amizade" ("Como Distinguir" 74D); a verdadeira franqueza, tal como um amigo a demonstra, aplica-se a erros que estão sendo cometidos; a dor que ela causa é salutar e benigna, e, como o mel, causa ardência nas feridas e também as cura ("Como Distinguir" 59D).

Embora seja mais desejável ter um amigo "que nos recomenda e louva", é mais difícil achar e provavelmente mais importante ter "um amigo que nos repreende, que é franco conosco, e até nos censura quando nossa conduta é má. Pois há somente poucos entre muitos que têm a coragem de mostrar franqueza ao invés de obséquio a seus amigos" ("Como Distinguir" 66A). A *parrēsia* é um dever, uma obrigação, e o supremo sinal de amizade. A *parrēsia* pode ser um auxílio vital na auto-correção, na emenda do comportamento da pessoa. É um auxílio inestimável para conservar alguém no caminho certo e para manter a perspectiva não apenas sobre ele mesmo, mas também sobre as questões e fatos ao seu redor.

A *parrēsia* é uma transação social delicada. Pode degenerar numa fonte de inimizade se for aplicada (1) na hora errada (*Sobre a Crítica Franca*, frg. 62, col. XVIIb; "Como Distinguir" 66B, 68C-D, 69A-C); (2) de maneira errada ("Como Distinguir" 66B); (3) de um modo que enaltece a reputação de quem fala (*Sobre a Crítica Franca*, col. XXIIIb); (4) com raiva (*Sobre a Crítica Franca*, frgs. 2, 12, 38, 70); (5) se for expressão de interesse próprio ("Como Distinguir" 71D); (6) se não tem proporção com o problema (*Sobre a Crítica Franca*, frg. 84); (7) se for causada "pela inveja" (*Sobre a Crítica Franca*, col. XXIIIa; ou (8) se "derivar de alguma ofensa recebida ou de algum desejo pessoal de acerto de contas" ("Como Distinguir" 66E-67A).[8]

A adequação da linguagem franca é claramente uma questão de grande importância, e ela pode ser avaliada fazendo-se algumas perguntas-chave: ela provém "de todo o coração" e visa genuinamente alcançar os objetivos peculiares da *parrēsia* (*Sobre a Crítica Franca*, col. XVIb)? Embora sempre dolorosa, é a franqueza útil, benéfica, vantajosa ("Como Distinguir" 51C [ὠφέλιμον, *ōphelimon*], 64C [ὠφέλειαν, *ōpheleian*]; *Sobre a Crítica Franca*, frg. 32, col. XVIIb; cf. Dion Cris., Or. 32.5, 7,11)? Conduz o "paciente a um estado – que é para seu bem" (ἐπι το συμφέρον, *epi to sympheron*; "Como Distinguir" 55B,63B; *Sobre a Crítica Franca*, frg. 1, col. Xb)?

Frankness and Flattery", 10; como um "sinal de boa vontade", ver C. Glad, "Frank Speech" em *Friendship, Flattery and Frankness*, p. 31-32.

[8] Filodemo mostra-se preocupado com os excessos, com a *parrēsia* além dos limites (frgs. 37, 78 [=80N]), com a franqueza que degenera em "severidade insensata" (frg. 79 [81N]).

Na verdade, as analogias com a medicina não são sem razão. A linguagem franca é aplicada a problemas, desvios, questões que se não sofrerem mudança podem levar a uma condição ainda pior de "saúde". Quem fala com franqueza, como um cirurgião, precisa ter uma visão da desejada mudança e, embora reconheça a dor intermédia, prevê um tempo posterior à dor, quando o bem-estar é restaurado e a gratidão se faz presente. A linguagem franca não é em si mesma o objetivo, mas a mudança desejada sim. Do mesmo modo, são muitas as analogias educacionais na literatura a respeito da linguagem franca, e com razão, porque a franqueza pode ser uma ocasião para o indivíduo se beneficiar e progredir.[9]

A linguagem franca não aceita o *status quo*; busca um outro nível de desempenho. Em alguns casos urge uma crescente maturidade. Ou se o destinatário se aventurou por caminhos dúbios e perigosos, exige uma mudança de rumo. Quem fala com franqueza avalia bastante as aspirações e metas para correr o risco de o destinatário rejeitar não apenas a linguagem franca mas o seu autor igualmente. A disposição para arriscar sua posição junto ao outro pelo bem dele é o motivo pelo qual a linguagem franca só pode ser entendida no contexto da genuína amizade.[10]

Com a mesma certeza com que os problemas da vida surgem em todos os graus de dificuldade, desde o menor até o que parece um terremoto, assim a *parrēsia* varia de intensidade desde a severa até a gentil.[11] Num extremo está a *parrēsia* severa (que usa a forma de σκληρός, *sklēros*, como é descrita em *Sobre a Crítica Franca*, frg. 7; ou usa a forma de πικρός, *pikros*, frg. 60; Plutarco exprime a mesma idéia com σφροδρός, *sphrodros*, "severa", "Como Distinguir" 69E), cujo enfoque está apenas na censura, sem louvor algum. A linguagem franca severa tem como seu vizinho mais próximo o insulto (λοιδορία, *loidoria*; *Sobre a Crítica Franca*, frg. 60), o qual já não é mais *parrēsia*. A "divisa entre o ridículo e a reprimenda era realmente tênue".[12] No outro extremo da linha está a linguagem franca "mista" (μεικτός, *meiktos*; *Sobre a Crítica Franca*, frg. 58).[13] A vizinha logo além da picada mais leve da linguagem franca é a adulação, a qual já não é mais *parrēsia*. A taxonomia da *parrēsia* pode ser representada num gráfico como este:

---

[9] Ver a análise de Konstan sobre a obra de Filodemo *Sobre a crítica franca*, em "Friendship, Frankness and Flattery", p. 12-13. Plutarco expressa a conexão da franqueza com a educação na sua declaração de que os "filhos dos ricos e os filhos dos reis aprendem a andar a cavalo, porém nada mais aprendem direito e corretamente; pois em seus estudos, o mestre os adula com louvor (...) ao passo que o cavalo (...) lança de cabeça para baixo os que não sabem montá-lo" ("Como distinguir", 58F).

[10] A conexão de *parrēsia* com a amizade data pelo menos de Aristóteles: ver A. Fürst, *Streit unter Freunden: Ideal und Realität in der Freundschaftslehre der Antike* (Stuttgart: Teubner, 1996), p. 133-34.

[11] Sigo aqui a interpretação de N.W. De Witt, "Organization and Procedure in Epicurean Groups", *CP* 31 (1936): p. 205-211, e C. Glad, *Paul and Philodemus: Adaptability in Epicurean and Early Christian Psychagogy* (Leiden: Brill, 1995), 143-46. Ver também Glad, "Frank Speech", 35n. 74. Embora os interesses desses autores estejam voltados para os epicuristas, uma descrição semelhante emerge em Plutarco, como veremos.

[12] Peter Marshall, *Enmity in Corinth: Social Conventions in Paul's Relations with the Corinthians* (Tübingen: J. C. B. Mohr, 1987), p. 79 n. 59.

[13] Assim também Plutarco: "(...) entre os auxílios mais úteis está uma leve mistura de louvor" ("Como Distinguir", 72C).

Insulto   Vergonha
Adulação --- Censura

◄----------------------- LINGUAGEM FRANCA ----------------------►

Severa/Áspera/ _____ Picada leve
Simples

(Sem louvor) (Louvor Mínimo) ---------- Louvor Crescente ---------- (Louvor Predominante)

[---------------- Linguagem Franca Mista ----------------]

Qualquer linguagem franca situa-se em alguma parte dessa escala, entre o insulto e a adulação. A determinação da aspereza da *parrēsia* consiste em identificar o quanto de louvor a acompanha. Quanto mais louvor, mais leve a picada; a ausência de louvor, provavelmente uma ocorrência muito rara, indica linguagem franca severa ou áspera. Vem a questão: como e quando deve-se usar de franqueza severa ou áspera? – e a essa questão voltamos daqui a pouco.

Os relacionamentos humanos podem ser escalonados numa seqüência como pode ser visto no quadro acima, desde o insulto num extremo até a adulação no outro. A verdadeira *parrēsia* figura em vários graus ao longo mas dentro dessa linha, não chegando ao insulto e não alcançando a adulação, variando entre a severa/áspera/simples num extremo e aquilo que Filodemo chama "a mais gentil das picadas" (*Sobre a Crítica Franca*, col. VIIIb; frg. 58) no outro extremo. Todo discurso desprovido de simples e severa crítica é o que ele chama *parrēsia* "mista" (κατὰ μεικτὸν τρόπον, *kata meikton tropon*; frg. 58) porque entrelaça crítica e louvor. A primeira é direta e reta, sem nenhum louvor entremeado, mas consistindo simplesmente de censura. Desta forma a seqüência censura-louvor também deve ser considerada uma linha entre os extremos, admitindo uma variedade supostamente infinita de misturas dos dois. Assim, quem quer avaliar o grau de *parrēsia* num determinado documento, pode conferir a quantidade de louvor que acompanha a linguagem franca. Quanto mais louvor se encontra ao longo do apelo para mudar de conduta ou para evitar certo rumo de ação, tanto mais para a direita da linha se situará o documento e sua *parrēsia*.

Fora dos extremos da genuína *parrēsia* está a tapeação. Para a esquerda se faz "uma ostentação de aspereza e de atitude amarga e inexorável na relação com os outros" ("Como Distinguir" 59D) ou "procura-se glória nas faltas de outros homens, e fazer um belo espetáculo diante da platéia" (71A). Além da fronteira na outra direção está uma franqueza que é "branda e sem peso nem firmeza ("Como Distinguir" 59C) e que é equivalente à adulação.

Quando se usa a crítica severa? Quando se emprega apenas o mais leve corretivo? Filodemo é especialmente valioso quando fala do problema de como educar seus mais obstinados jovens estudantes que ele compara a cavalos/garanhões (*Sobre a Crítica Franca*, frg. 71; cf. frg. 83 e Filo, "Sobre a Agricultura" 34). A crítica mais severa, ou seja, a *parrēsia* sem louvor, está reservada a tais pessoas, como medida extrema, como um esforço de último recurso quando tudo o mais falhou. Plutarco concorda: "Em quais circunstâncias, então, deve um amigo ser severo (...) ao usar a linguagem franca? É quando as ocasiões lhe pedem que reprima a impetuosa corrida de prazer ou de ira ou de arrogância, ou que ele abata a avareza ou curve a inconsiderada negligência" ("Como Distinguir" 69E-F). Por outro lado, o mais gentil dos corretivos é aplicado entre amigos que têm a maior consideração um para com o outro (*Sobre a Crítica Franca*, col. VIII). Filodemo imagina a linguagem franca mais amena entre dois sábios que já concordaram em escolher para si mesmos elevados ideais e que apreciam sua mútua companhia e o respeito recíproco. "Serão lembrados prazerosamente um pelo outro segundo os modos que explicamos, como também por si próprios e se darão um ao outro a mais gentil das picadas e se mostrarão agradecidos [pelo benefício]" (*Sobre a Crítica Franca*, col. VIIIb). É claro que um dos desafios enfrentados por quem fala francamente é a proporcionalidade: como tornar a franqueza apropriada à crise.

Os que se empenham na *parrēsia* são submetidos a um exame especial. Muitas das características requeridas são idênticas às da amizade – e a questão logo passa a ser uma questão de caráter ou *ēthos*, como os escritores gregos expressavam isto. Como descrever o que *ēthos* significava na antiguidade?[14] *Ēthos* é um termo abrangente que designa a postura total do indivíduo ou seu caráter: sua marca distintiva ou identidade essencial, aquelas qualidades específicas que indicam quem uma pessoa realmente é – particularmente as qualidades morais que são fortemente desenvolvidas e notavelmente mostradas com uma permanente consistência. Todas as ações e palavras de uma pessoa contribuem para seu *ēthos*.[15] Plutarco exprime isso brevemente: "mas a franqueza de linguagem deve ter seriedade e caráter [σπουδὴν... καὶ ἦθος, *spoudēn... kai ēthos*]" ("Como Distinguir" 68C).

A questão do *ēthos* de alguém torna-se mais crítica à medida que o problema ou crise em pauta torna-se maior: "A linguagem franca de todo homem precisa ser respaldada pelo caráter, mas isto é especificamente verdadeiro no caso dos que admoestam os outros e tentam levá-los de volta à razão" ("Como Distinguir" 71E). Um *ēthos* fraco ou minguado permite pouca ou nenhuma franqueza: "Mas o discurso de um homem frívolo e de caráter [*ēthos*] medíocre, quando resolve intervir com franqueza, o resultado é apenas que se evoca a réplica: 'Queres curar os outros, e tu mesmo estás cheio de feridas!'" ("Como Distinguir" 71F).

A *parrēsia* recorre a um reservatório de boa vontade construído por uma vida coerente, cujos valores presidem ao comportamento daquele que fala francamente. O que Plutarco chama de "reserva de franqueza" depende de quão cheio está o reservatório de boa vontade da pessoa ("Como Distinguir" 73B). As perguntas que seguem são o modo de indagar se alguém deseja avaliar a re-

---

[14] Um grupo ou comunidade também tem um *ēthos*: ver M. WOLTER, "Ethos und Identität in paulinischen Gemeinde", *NTS* 43 (1997): p. 430-44.

[15] Por exemplo, "a arrogância, a zombaria, a chacota e a indecência" são inimigas da linguagem franca ("Como Distinguir", 67E).

serva de boa vontade de um outro: Os críticos francos aplicam às suas próprias ações o mesmo critério de juízo que aplicam às dos outros? Eles corrigem "seus amigos precisamente como corrigem a si mesmos" ("Como Distinguir" 72A)? No cerne da questão está a coerência e a continuidade: "É necessário observar a uniformidade e a permanência de seus [do crítico franco] gostos, se ele sempre se agrada das mesmas coisas, e recomenda sempre as mesmas coisas e se ele dirige e ordena sua própria vida conforme um só modelo" ("Como Distinguir" 52A). A linguagem franca será contraproducente se seu autor parece interessado na sua reputação ("Como Distinguir" 52B; *Sobre a Crítica Franca*, col. XXIIIb) ou se ele aparenta servir a fins egoístas.

Além disso, um verdadeiro amigo está preocupado com todo o alcance do comportamento do outro, desde o bom ao mau, celebrando o primeiro e lamentando o segundo. De novo, Plutarco: "Devemos manter estreita vigilância sobre nossos amigos não apenas quando eles erram mas também quando acertam, e na verdade o primeiro passo deve ser a recomendação alegremente dada" ("Como Distinguir" 72D).

Os críticos francos esperam uma resposta que seja gentil (*Sobre a Crítica Franca*, frg 36), e, se eles de fato têm sorte, seus destinatários "receberão a advertência com total gratidão (col. XIVb). Mas a maioria deles anseia por uma emenda do procedimento (ou, usando uma analogia médica, um retorno à saúde ou integridade; cf. "Como Distinguir" 55B-E) ou "promover o crescimento do que é sadio e preservá-lo" ("Como Distinguir" 61D). Mas os críticos francos devem estar preparados para a rejeição: "Assim, é dever do amigo aceitar o ódio que provém da admoestação dada quando assuntos de importância e de grande interesse estão em jogo" ("Como Distinguir" 73A).

A linguagem franca sempre põe em risco a amizade da qual ela depende. O que fala francamente deve avaliar bastante o bem desejado para o amigo a quem se dirige para correr o risco da possível rejeição. Filodemo reconhece que algumas pessoas aceitam a linguagem franca com maior disposição que outras. E pergunta: "Por que, em igualdade de condições, os que são ilustres em recursos e reputação suportam menos [a linguagem franca]?" (*Sobre a Crítica Franca*, col. XXIa). Ele entende que as pessoas idosas se ofendem com a franqueza porque "acham que são mais inteligentes por causa do tempo [que viveram]" (col. XXIVa).

A adulação lida com a emoção, a linguagem franca, com "as faculdades de pensar e raciocinar" ("Como Distinguir" 61E). A linguagem franca requer raciocínio moral; exige do destinatário que empreenda uma reflexão, deliberação, auto-avaliação reflexiva para decidir entre continuar na atual direção e mudar. A linguagem franca fornece o contexto para a auto-avaliação e sugere a auto-correção. A *parrēsia* não força a mudar. Solicita mudança, mas o destinatário permanece o agente moral e deve sopesar a questão para decidir qual resposta é apropriada.

Os que fazem obra de amizade, ou seja, os que dirigem a outros uma linguagem franca são muitas vezes apresentados como pessoas que admoestam, instruem ou fazem apelos a eles. As formas dos verbos νουθετέω, *noutheteō*, e ἐπιτιμάω, *epitimaō*, são amplamente usadas nas descrições do que faz um crítico franco. O âmbito semântico desses dois verbos é vasto, indo da admoestação e advertência até a instrução para o primeiro termo,[16] e da censura, reprimenda, desaprovação e advertência até a fala séria para o segundo.[17] Mas a *parrēsia* não requer o uso de nenhuma terminologia determinada. A *parrēsia* ocorre sempre que alguém diretamente questiona ou pede um reexame do comportamento, prática ou ação visada de um outro, ou de um grupo. Vai desde o apelo até a censura, com multiformes variações entre os dois.

Agora passamos a examinar a *parrēsia* nas cartas de Paulo. Ainda que não nos detenhamos no estudo detalhado do uso paulino do termo *parrēsia*,[18] apontamos as variadas funções do termo quando ele aparece nas passagens que consideramos. O estudo agora vai focalizar exemplos seletos de linguagem franca nas cartas de Paulo (quer apareça quer não o termo *parrēsia*). O estudo conclui-se avaliando a aspereza e a gentileza dos exemplos de linguagem franca que estudamos nas cartas de Paulo.

PARTE II. ALGUNS EXEMPLOS DE LINGUAGEM FRANCA NA CORRESPONDÊNCIA PAULINA

Falamos primeiro dos dois exemplos mais óbvios da *parrēsia* paulina, Gálatas e 2Cor 10-13. Depois de os analisar, examinamos uns outros poucos casos em Paulo.

Ninguém pode duvidar de que Gálatas e 2Cor 10-13 representam linguagem franca. O que procuramos determinar é quão severa é a linguagem franca em cada exemplo e até que ponto Paulo segue as convenções da 2Cor 10-13, anotadas na primeira seção.

Gálatas

Paulo escreve às igrejas gálatas porque as vê inclinadas a caminhar rumo ao que ele considera um perigoso precipício. Forasteiros vieram à província romana da Galácia e interferiram nas igrejas paulinas, insistindo em que os homens deviam circuncidar-se e que todos deviam comprometer-se com aquilo que os intrusos consideravam a fidelidade adequada à Lei. Paulo ouve falar desses acontecimentos e, não estando livre para ir pessoalmente à Galácia, envia sua carta mordaz.

Os sinais da angústia de Paulo irrompem por toda a carta. Até a saudação (1,1-5) é defensiva. Onde os gálatas podiam ter esperado uma ação de graças a Deus, eles ouvem, ao invés, Paulo repreendê-los: "Estou admirado..." (1,6-9). Ele menciona um outro evangelho, um evangelho rival (1,6-9). Com

---

[16] BDAG 544.
[17] BDAG 302-3.
[18] D. E. Fredrickson,"ΠΑΡΡΗΣΙΑ in the Pauline Epistles", em *Friendship, Flattery and Frankness*, p. 163-83, faz isto.

força lhes recorda suas anteriores advertências (1,9). Chama-os de "loucos" ou "insensatos" (ἀνόητοι, *anoētoi*) e sugere que podem ter sido vítimas de um feitiço (3,1-3).

Logo fica claro que a questão que se apresenta às igrejas paulinas da Galácia, nas quais predominam os gentios, é a obediência à Lei e a aceitação da circuncisão, antigo ritual judaico que significava a participação na aliança: a circuncisão é o assunto da conferência de Jerusalém (2,1-10); o afastamento da companhia dos gentios envolve um modo não paulino de os fiéis se comportarem (2,11-21); e, omitindo muitos outros testemunhos nessa mesma linha, notamos em 5,12 que ele espera que esses tão ansiosos por circuncidar-se tenham faca afiada!

Paulo sabe que os fiéis gálatas receberam o Espírito Santo, que para ele é a marca da condição de cristão (3,1). Ele estava lá, e sua pregação ocasionou que recebessem o Espírito (3,2-5). Sabe que se converteram da idolatria e da escravidão sob os poderes cósmicos (4,3.8) e agora ele pergunta admirado se eles não estão a ponto de re-converter-se, voltando para a escravidão anterior (4,8-10). Conclui essa seção da carta com uma severa censura: "Receio ter-me afadigado em vão por vós" (4,11).

Essa carta é o grito de advertência de Paulo aos fiéis que, segundo ele teme, estão perigosamente perto de um precipício. Até aquele momento, nenhum gálata parece ter caído no abismo; mas pelo menos alguns deles estão próximos dele e parecem caminhar deliberadamente na sua direção. Plutarco distingue dois usos da franqueza. Um "corrige um culpado" enquanto o outro "incentiva alguém a agir" ("Como Distinguir" 74A). No primeiro, acusa-se brandamente: "'Agiste de modo inconveniente' em lugar de 'Agiste errado' (...)" (73A). No segundo, temos de contornar o caso e atribuir a ação a algum motivo inatural ou inadequado" (74A). Porque os fiéis gálatas ainda não fizeram o mal, Paulo questiona as intenções deles (4,8-11; cf. 3,1.3; 5,12).

Paulo entabula seu discurso franco com eles em três frentes: (1) a relação deles com o evangelho e com Paulo; (2) a incorreta avaliação deles do modo como estão se comportando e do rumo que estão tomando (primeiras questões para a linguagem franca); (3) as implicações se eles fossem adiante.

A relação dos gálatas com o evangelho e com Paulo. A linguagem franca recorre a um reservatório de boa vontade construído pelo amigo que fala francamente; do amigo se requer coerência de comportamento e preocupação genuína. De numerosos modos Paulo recorda aos gálatas o seu *ēthos*, fazendo referência ao seu desempenho passado e à sua preocupação presente. O refrão de Gl 1-2 é o refinamento e o aperfeiçoamento do *ēthos* de Paulo e sua oferta de si mesmo como modelo a ser emulado na presente crise.[19] Entre os detalhes de sua vida passada, Paulo seleciona aqueles instantâneos que não apenas encorajam os gálatas a identificar-se com ele mas também os ajudam a ver mais claramente que Paulo tem manifestado a segurança e a coerência de um verdadeiro amigo.

---

[19] Cf. George Lyons, *Pauline Autobiography: Toward a New Understanding* (SBLDS 73; Atlanta: Scholars Press, 1985).

Assim, desde o início, Paulo estabelece que Deus, e nenhum ser humano, tem orientado sua vida.

As cenas recordadas de sua vida convidam os gálatas a se identificarem com ele. Paulo experimentou, como eles, uma transformação em sua vida. Eles eram "escravos dos elementos dos mundo" e afastados de Deus (4,8-9). Paulo atacava o evangelho e seus seguidores (1,13-14). Os gálatas foram chamados (1,6); Paulo também (1,1.15). Os gálatas agora devem tratar a questão se os gentios têm de ser circuncidados para fazerem parte do povo de Deus; Paulo tem de enfrentar a mesmíssima questão na conferência de Jerusalém (2,1-10). Eventualmente, as dificuldades passadas de Paulo eram numa escala ainda maior o que os gálatas estão agora experimentando: as pessoas que o pressionaram para mudar, como os gálatas agora estão sendo pressionados, eram nada menos que Tiago, Cefas e João – e essa compulsão Paulo experimentou quando no campo deles. A mensagem codificada é que os gálatas podem resistir, até devem resistir aos que querem escravizá-los de novo. Finalmente, em Antioquia, quando até Barnabé, braço direito de Paulo, cedeu à pressão, Paulo resistiu resolutamente ao que ele considerava um distanciamento comprometedor de Cefas da companhia dos gentios (Gl 2,11-21).[20]

Filodemo e Plutarco haveriam de reconhecer imediatamente que, nas narrativas de Paulo sobre episódios de sua vida, temos alguém eminentemente qualificado como verdadeiro amigo, experimentado e verdadeiro através de todos os testes que a vida pode oferecer. Com isso Paulo tenta persuadir os fiéis gálatas de que ele merece a confiança deles na "verdade do evangelho" e no delinear o comportamento que lhe é adequado. Os capítulos iniciais o apresentam como eminentemente qualificado para realizar a "obra da amizade" pelo uso da franqueza a fim de adverti-los dos perigos da ação que planejam.

Paulo contrasta a disposição dos gálatas para a nova mudança com sua própria firmeza e segurança. Ele e eles já compartilham daquela mudança fundamental que os transformou de forasteiros em participantes do evangelho no pleno sentido: a recepção do Espírito. Para Paulo, a imaginada condescendência dos gálatas com os intrusos é um retrocesso da liberdade para a escravidão, e é simplesmente impensável. A primeira mudança, a conversão deles, foi formativa da sua condição atual; o tipo de mudança que os gálatas estão projetando é destrutivo. Sobre essa premissa básica Paulo estrutura grande parte do restante da carta exprimindo louvor pela presente permanência deles na fé e avisos contra a mudança que estão ponderando.

Paulo de fato elogia os gálatas. Para seu crédito, os gálatas começaram justamente como era preciso: com o Espírito (3,3). Com uma de suas preferidas metáforas atléticas, Paulo os elogia por "correrem bem"; tiveram uma boa partida e estavam indo na direção certa até que os intrusos impediram seu avanço (5,7). Foi exemplar a acolhida dos gálatas a Paulo e ao evangelho (4,14-15). Uma

---

[20] O interessante é que o próprio relato é uma descrição do falar franco de Paulo com Cefas. Filodemo escreveu que pode-se "persuadir também mediante [ações], e não apenas [mediante as palavras]" (*Sobre a crítica franca*, frg. 16).

bênção final remata a carta: "paz e misericórdia sobre eles e sobre o Israel de Deus" – sobre os que decidem "pautar sua conduta por esta norma" (6,16). No entanto, predominam as advertências e as palavras que envergonham. Paulo usa uma linguagem floreada para chamar a atenção: os gálatas estão "desertando" a Deus (1,6); podem ter começado com o Espírito, mas "vão acabar na carne" (3,3); seu destino dará em nada (3,4); vão tornar-se escravos de novo (4,9); estão em situação de perder sua "bem-aventurança" (ὁ μακαρισμὸς ὑμῶν, *ho makarismos hymōn*: 4,15). As advertências incluem uma repetição do que já dissera antes: os que fazem as obras da carne não herdarão o reino de Deus (5,19-21). Paulo também dá um aviso a propósito de auto-ilusão, porque Deus vai retribuir conforme o que eles semeiam (5,15. 26). E finalmente Paulo adverte que os gálatas não estão se relacionando uns com os outros de modo adequado (6,1-5).

No coração da carta e no centro dessa questão da amizade de Paulo e da franqueza com os gálatas situa-se uma passagem crítica e rica (4,12-20) que pode ser plenamente apreciada somente no contexto da amizade e da linguagem franca. Esses vv. estão entrelaçados de sinais de amizade do começo ao fim. Primeiro, Paulo os chama de irmãos (ἀδελφοί, *adelphoi*, onze vezes na carta), que é um termo usado entre amigos, e que sugere que os gálatas foram re-socializados no seio de uma nova família que tem Deus por pai (1,3). Paulo implora: "Que vos torneis como eu"; é um apelo para que imitem as características que ele exemplificou na narração anterior de cenas da sua vida (capítulos 1 e 2). Além disso, nas passagem que medeiam entre sua história exemplar em Gl 1-2 e 4,12-20, Paulo contou a história comum das origens de sua fé e da deles de modo a incluir a si mesmo nela com eles, ou, como diz em 4,12, "como" eles: "Antes que chegasse a fé, *nós* éramos guardados sob a lei, *mutuamente* reprimidos [συγκλειόμενοι, *synkleiomenoi*] até que a fé fosse revelada(...)" (3,23; o grifo é nosso). De novo ele se inclui com seus destinatários, quando escreve a respeito de como o herdeiro deve crescer antes de receber a herança: "Assim também *nós*, quando *nós* éramos menores, *nós* éramos escravos dos elementos do mundo (...) a fim de que *nós* recebêssemos a adoção filial" (4,3-5; o grifo é nosso).

A inequívoca declaração de Paulo de que os gálatas em nada lhe ofenderam (4,12) esclarece que a linguagem franca da carta não é uma represália por alguma coisa que tivessem feito com ele, porque isto seria um contexto inadequado para a *parrēsia* ("Como Distinguir" 66F-67A). Por este meio Paulo impede toda idéia de que sua franqueza em qualquer parte desse texto seja motivada por amor próprio, acusação que ele prontamente formula a respeito dos intrusos (4,17; 6,12-13).[21] Aqui a *synkrisis*, comparação, serve bem ao objetivo de Paulo e fortalece sua base para a linguagem franca dessa carta.[22]

---

[21] Cf. as tradições retóricas referentes a como se desacreditam adversários impugnando suas motivações, particularmente declarando que tais pessoas atendem a seu próprio interesse: Sampley,"Paul, His Opponents in 2 Corinthians 10-13, and the Rhetorical Handbooks", em *The Social World of Formative Christianity and Judaism: Essays in Tribute to Howard Clark Kee* (Filadélfia: Fortress Press, 1988), p. 162-77.

[22] Christopher Forbes,"Comparison, Self-Praise, and Irony: Paul's Boasting and the Conventions of Hellenistic Rhetoric", *NTS* (1986): p. 2-8. Cf. também Marshall, *Enmity in Corinth*, p. 53-55, 348-53.

Em 4,12-20 Paulo conta de novo a história da fundação das comunidades cristãs na província romana da Galácia. É ao mesmo tempo a narrativa da graça de Deus que percorre sua estrada e da origem de uma amizade intensa entre Paulo e os fiéis gálatas. A doença de Paulo prostrou-o ali, e ele partilhou o evangelho com eles. Pela descrição de 4,14-15, a resposta deles ao evangelho e ao próprio Paulo superou qualquer sofrimento que a doença dele representava para eles – um primeiro sinal de genuína amizade da parte deles – e os ligou numa relação de amizade com ele: estavam dispostos até a dar de si mesmos para o bem-estar de seu novo amigo Paulo. Porque, escreve ele, teriam arrancado os olhos para dá-los a ele – sem dúvida um modo metafórico e retoricamente exuberante de descrever essa genuína e profunda amizade na qual nada importa mais do que o bem-estar de um amigo. Ele pergunta, com efeito, o que mudou desde o tempo da fundação, que era caracterizado por tal entusiasmo. Não Paulo. Não seu evangelho. Mais uma vez (cf. capítulos 1-2) ele sublinha sua segurança e coerência. Chamando a exuberância deles de "bem-aventurança" (4,15), Paulo a entende como uma efervescência do amor de Deus que através deles chega a ele próprio. Que mais precisam fazer além de simplesmente viver essa bem-aventurança na sua vida fraterna?

Com essa cuidadosa e vigorosa recordação da sua rica e genuína amizade, suas origens e os laços que criou entre eles e Paulo, é colocada a pergunta: como os gálatas vão receber esta carta de linguagem franca na qual os repreende por serem tentados a seguir as insistências dos intrusos segundo as quais precisam circuncidar-se? Vão concluir que essa franqueza não é genuína, que ele não está exercendo o mais autêntico "ofício da amizade" (*Sobre a Crítica Franca*, col. XIXb)? Ele coloca a questão diretamente a eles: vão considerá-lo como se não fosse amigo absolutamente, aliás, como um *inimigo* porque cuida deles a tal ponto que arrisca a amizade (4,16)?[23]

No v. seguinte e em contraste consigo mesmo, Paulo descreve os intrusos como os aduladores de Plutarco, que elogiam os outros por causa dos benefícios que podem extorquir deles (4,17). Depois conduz o discurso a outro nível, a saber, a sua maternidade. A mãe Paulo dirige-se com afeto e diretamente aos gálatas: "Meus filhinhos [τέκνία μου, *teknia mou*] que de novo estou dando à luz na dor até que Cristo seja formado em vós" (4,19). As categorias da amizade são revestidas de vínculos familiares. Talvez os intrusos possam também pretender ser amigos dos fiéis gálatas, mas ninguém a não ser Paulo pode dizer que sofreu por eles trabalhos de parto!

A passagem se encerra com uma reflexão aberta de Paulo a respeito de sua linguagem franca. Expressa um duplo desejo: que possa estar com eles e que possa mudar seu tom ou sua voz (öùíÞ, *phōnē*) porque está perplexo com eles (4,20). Está apaixonadamente envolvido com eles e procura o bem-estar deles, como faz todo amigo genuíno e toda boa mãe. Plutarco pensaria que Paulo aqui

---

[23] Ver MARSHALL, *Enmity in Corinth*, p. 35-51, para uma boa descrição da inimizade a que Paulo se arriscou com sua franqueza.

está perfeitamente preparado para mostrar um sentir apaixonado diante da situação precária dos gálatas: "Se se trata de assuntos de grande importância, que o sentimento também se evidencie" ("Como Distinguir" 68C). Aqui a franqueza de Paulo supera o teste do "peso e firmeza" (59C); tem também um pouco de louvor no meio (72C).

Paulo conhece o risco da linguagem franca, como o indica a sua pergunta a respeito de tornar-se inimigo dos gálatas (4,16), mas ele claramente se preocupa bastante com eles para aproveitar a chance: "o homem que por meio da repreensão e da censura implanta o ferrão do arrependimento é tido por inimigo e acusador" ("Como Distinguir" 56A); "é dever de um amigo aceitar o ódio que provém da admoestação dada quando assuntos importantes e de grande solicitude estão em jogo" (73A). Como amigo, e também como apóstolo e mãe, Paulo simplesmente não pode permitir que os gálatas continuem descendo pelo caminho errado sem sua contestação (64C).

Agora temos condições de avaliar que tipo de franqueza Paulo usou em Gl. Porque o louvor está espalhado aqui e ali não pode tratar-se de simples linguagem franca severa. Então é uma *parrēsia* mista, e portanto não tão severa quanto poderia ter sido; podemos até ousar criar uma categoria paulina nova, de *parrēsia* afetuosa mas forte. Já que a linguagem franca mais severa é reservada àqueles cujo caso parece desesperado (*Sobre a Crítica Franca*, frg. 71), e esta crítica não é usada em Gl, podemos dizer com alguma convicção que (1) afinal de contas Paulo não tem a preocupação de que os gálatas vão separar-se dele agora que receberam uma adequada advertência e (2) deve portanto ter bom motivo para esperar que essa *parrēsia* mista vai convencê-los.

2 Coríntios 10-13

A fim de estabelecer um contexto para analisarmos 2Cor 10-13, observamos a correspondência anterior de Paulo com os coríntios no tocante à questão do uso que faz da linguagem franca.

A carta "anterior" (a primeira carta de Paulo aos Coríntios). A verdadeira primeira carta de Paulo aos coríntios não chegou até nós, mas somos informados sobre ela pela carta que chamamos de 1 Coríntios. Em 1Cor 5,9-11, Paulo lhes recorda sua carta anterior. Ao que parece, dizia respeito a pessoas imorais e a questões referentes ao relacionamento com eles; ficamos sabendo dessa carta porque Paulo se refere a ela e, bastante curiosamente, porque aparentemente causou alguma confusão quanto ao que ele realmente queria dizer. Sabemos muito pouco a respeito dela para podermos dizer algo sobre sua relação com a linguagem franca.

1 Coríntios (a segunda carta de Paulo aos Coríntios). Aquela que nós agora chamamos de 1 Coríntios, embora seja realmente a segunda carta de Paulo, parece ter sido motivada por várias circunstâncias: (1) os coríntios escreveram uma carta a Paulo (cf. 1Cor 7,1), na qual pedem sua orientação (cf. também talvez 1Cor 8,1; 12,1; 16,1); (2) informações que Paulo recebeu de "pessoas da casa de Cloé" e talvez de outras (1,11; cf. 16,17); (3) e, o que pode ser um resultado direto das informações, Paulo tem algumas preocupações sobre o que ele pensa estar acontecendo entre os fiéis em Corinto.

Há algum louvor aos coríntios nessa carta. Vamos limitar-nos a uma representação mais que a um catálogo completo desse louvor. Os coríntios possuem o conhecimento e podem expressá-lo (1,5). Não lhes falta nenhum carisma ou dom espiritual (1,7). Paulo repetidas vezes os chama de "irmãos" (ver 1,10; 2,1 etc.). Ainda que sejam mais infantis do que ele gostaria, são não obstante amados por ele (3,14). Não há confusão alguma quanto à paternidade: Paulo é seu pai e eles são seus filhos (4,14). Eventualmente, estão entusiasmados demais com a liberdade que genuinamente possuem em Cristo (6,12-20; 10,23-11,1). Estão animadamente excitados a respeito dos carismas que receberam (cap. 12). Mas cada exemplo de louvor parece ter um lado de reprimenda. Cada particular notado aqui tem a ver com algo que está só parcialmente certo nos coríntios; em cada caso, Paulo aproveita para instruí-los de tal modo que o ponham em ordem ou avancem além da sua parcial realização. Aqui deve ser mencionado também o louvor irônico que parece dirigido contra alguns que podem estar perto de entender assuntos importantes mas o deixam escapar porque têm uma idéia por demais elevada de si mesmos (4,8-13). A caracterização deles como crianças parece adequada porque ansiosamente tentam viver a vida de fé e fazer as obras da fé que Paulo lhes ensinou, mas parece que eles sempre fazem apenas o suficiente para deixá-la de tal modo que até mesmo o leite que lhes dá é derramado!

Assim há uma persistente margem de crítica por toda essa carta. Os coríntios são rixentos e divididos (1,10-13) o que não devia acontecer. Supõe-se que são pessoas do Espírito (como todos os fiéis, por definição); deviam estar prontos para comer carne, mas de fato são ainda apenas crianças, e por isso Paulo precisa dar-lhes leite (3,1-4). Há imoralidade dentro da comunidade (5,1-8), e eles não usam a linguagem franca contra ela. Levaram demandas entre eles aos tribunais civis para julgamento e receber veredictos de juízes que não conhecem o que é a verdadeira justiça (retidão; 6,1-11). Ou estão tendo relações com prostitutas, ou Paulo usa essa acusação como metáfora para exprimir que não são fiéis unicamente a Cristo (6,12-20). Têm confusão a respeito de matrimônio e sexualidade (capítulo 7) e carne oferecida a ídolos (capítulo 8). As questões relativas ao culto são um pesadelo: a Ceia do Senhor é uma contrafação, e suas celebrações litúrgicas são um caos (capítulos 11-14). Devem estar realmente entusiasmados com a ressurreição, mas alguns deles pelo menos entenderam mal mesmo uma verdade tão básica (capítulo 15). Antes de encerrar a carta, Paulo insiste com eles para que dêem a Timóteo, seu agente, uma calorosa recepção e, quando ele estiver prestes a partir, o despeçam com "vossa bênção" (16,10-11). Do mesmo modo, ele parece não ter confiança total que os coríntios, por si mesmos, vão honrar de modo apropriado três de seus amigos que conforme ele são líderes de valor, por isso lhes faz uma recomendação a respeito (16,15-18).

Onde essa carta de linguagem franca se situa ao longo da escala? A presença de algum louvor, comedido como é, significa que a carta deve ser classificada como "linguagem franca mista". Mas ela é forte em sua franqueza. Parece que os coríntios – ou, mais precisamente, alguns dos coríntios – consideram-se como pessoas já "realizadas" (ver esp. 4,8-11, mas o problema não é expresso apenas nessa passagem). Com outras palavras, alguns dos fiéis coríntios entenderam a liberdade em Cristo melhor do que entenderam o amor que sempre deve ser um fator de igualdade. Alguns coríntios chegaram a fazer de seus dons espirituais um modo de estabelecer superioridade. Paulo está espantado com essa inclinação difusa entre os fiéis coríntios e tenta por meio da carta contrabalançá-la (cf. seu auto-retrato de pessoa com direitos muito amplos, mas que não quer usá-los se alguém pode sair prejudicado [capítulo 9]; cf. 10,31-11,1). 1Cor é, pois, uma análise constante dos esforços de Paulo para impedir que as estruturas do mundo externo, que privilegiam a hierarquia, penetrem na comunidade dos fiéis. Já que Paulo emprega a *parrēsia* mista, podemos deduzir que ele pensava que os coríntios podiam ser com sucesso chamados ao crescimento e ao progresso.

2 Coríntios 1-9.[24] Paulo é levado a escrever este fragmento da carta por vários fatores, a maior parte dos quais influiu, ao menos entre alguns dos coríntios, para prejudicar o *ēthos* de Paulo enquanto amigo/mãe/apóstolo fidedigno: (1) ele prometeu-lhes uma visita e deixou de vir; (2) fez sem avisar uma visita que foi um desastre porque um indivíduo em Corinto (nós o conhecemos pela expressão de Paulo "o ofensor", 2Cor 7,12) atacou o Apóstolo, e, para vergonha deste, ninguém tomou sua defesa; (3) incitado por isso, Paulo escreveu uma carta que ele reconhece como linguagem franca, repreendendo os coríntios; (4) Tito informou a Paulo que a carta franca teve o resultado desejado e que portanto os coríntios estavam de novo do lado dele, Paulo (de fato "uma maioria" dos fiéis havia disciplinado aquele que causou a ofensa marginalizando-o; 2,6-11); mas (5) restava bastante desagrado e desconfiança de que os coríntios (ou alguns deles) haviam perdido o desejo de tomar parte na coleta, aquela benevolência, a oferta que Paulo estava reunindo entre os gentios e que esperava ver chegar a Jerusalém. Assim, quando Paulo escreve 2Cor 1-9, seu *ēthos* entre os coríntios está diminuído e, ao menos pela coleta, ele sabe que nem todos eles estão gostando dele, se bem que Tito tenha referido alguma melhora na relação deles com ele, Paulo. Antes de considerar 2Cor 1-9, precisamos comentar alguns assuntos referentes à carta acima citada (item 3), de reconhecida linguagem franca, que Paulo escreveu entre 1Cor e 2Cor 1-9.

"A carta dolorosa" (a terceira carta de Paulo aos coríntios, perdida). Sabemos desta carta apenas por sua menção em 2Cor 1,1-4 e 7,6-13. É geralmente chamada a carta "dolorosa" por causa da dor e do desgosto que causou aos coríntios (2,2-4), ou a "carta lacrimosa", porque Paulo diz que a escreveu entre lágrimas (2,4). Paulo reconhece que a carta foi *parrēsia*, que causou aos coríntios dor e desgosto (2,4; 7,8-12). Disse que a intenção da carta era mostrar-lhes o seu extraordinário amor (2,4) e quão afeiçoados eles são para ele (7,12). De acordo

---

[24] Adotando a compreensão de V. P. Furnish da seqüência e finalidade da correspondência coríntia em *2 Corinthians* (Garden City, N.Y.: Doubleday, 1984), p. 35-48.

com Plutarco e Filodemo, Paulo assegura os coríntios de que não escreveu com a intenção de ofendê-los; ele não está feliz por causa da dor ou do desgosto, mas por causa da resultante re-afiliação a ele (7,8-9).

Sem saber se havia louvor na carta dolorosa, não podemos definir com certeza quão irrestrita era a dureza da linguagem. Mas a grande ansiedade de Paulo quanto à sua recepção (cf. 7,5-7) sugere que ela pode ter sido bastante severa. Em todo caso, a restante ternura entre os coríntios (ou entre alguns deles) é um fato significativo que Paulo deve ter levado em conta (obliquamente, é claro) ao escrever 2Cor 1-9.

2 Coríntios 1-9 (a quarta carta de Paulo aos coríntios). A maior parte de 2Cor 1-9 está centrada em duas coisas: sublinhar a longa e sólida história de Paulo com os coríntios, particularmente o fato de ele lhes ter levado o evangelho; e uma indireta exaltação do ministério de Paulo (do qual os coríntios são os beneficiários privilegiados) mediante três descrições laudatórias (ministério da nova aliança, 3,1-4,6; ministério de aflição e mortalidade, 4,7-5,10; ministério da nova criação, 5,11-21).[25] Essas passagens têm a função de devolver o brilho ao *ēthos* de Paulo e assim renovar a amizade dos coríntios com ele. Não contêm nenhum apelo explícito a eles. Mas quando o fragmento da carta vai chegando ao fim, Paulo faz um apelo explícito – e não surpreende que o apelo se baseia na amizade e na sua paternidade com relação a eles, tendo Paulo "falado francamente" e "aberto" seu coração a eles (6,11). Por meio de negações coerentes com as convenções contemporâneas da amizade – "a ninguém lesamos, a ninguém prejudicamos, a ninguém exploramos" (7,2) – Paulo reitera seu desejo de que eles lhe dêem lugar em seus corações (7,2). Em seu duplo apelo por maior afeição(6,13; 7,2), Paulo reconhece que está usando de uma linguagem franca com eles: "Falamos muito francamente convosco, coríntios" (6,11 REB; 7,4). Esses apelos para uma filiação mais estreita com ele são o reconhecimento da linguagem franca, mas de que espécie?

A resposta está em observar o quanto a franqueza está expressa em substancial louvor aos coríntios. A carta atinge um clímax no seu duplo apelo por uma afeição maior (6,13; 7,2). Quanto ao louvor, basta ver como o cap. 7 termina multiplicando exuberantes elogios a eles (talvez excessivamente): "Alegro-me porque em tudo posso ter confiança em vós"; 7,16). Comprovou-se verdadeiro o orgulho que Paulo havia demonstrado diante de Tito a respeito dos coríntios (7,14-16).[26] O modo como Paulo liga seu apelo por maior afeição ao generoso louvor dos coríntios identifica 2Cor 1-9 como uma picada relativamente leve de linguagem franca.[27]

---

[25] Para mais detalhes sobre esta seção, ver Sampley, "Second Corinhians", em *The New Interpreter's Bible* (vol. 11; Nashville: Abingdon, 2000), p. 14, 56-99.

[26] Para outros exemplos de louvor em 2Cor 1-9, ver 1,7; 2,3; 3,2-3.

[27] Para uma avaliação dos problemas que Paulo causou ao fazer após a severa linguagem franca da carta dolorosa mais uma reprimenda, embora bem leve, e a respeito da leve picada do seu apelo por maior afeição como um uso errado da linguagem franca conforme as convenções da época, ver Sampley, "Paul's Frank Speech with the Galatians and the Corinthians", em *Philodemus and the New Testament World* (ed. J. T. Fitzgerald, G. S. Holland e D. Obbink; NovTSup; Leiden: E. J. Brill, 2003).

Um outro assunto relacionado com a linguagem franca merece atenção. Tito comunicou a Paulo que a maioria dos coríntios havia corrigido "o causador da ofensa" (2,5-7). O conselho que Paulo dá a respeito desse homem nos diz algo sobre sua noção dos limites da franqueza. Paulo declara que, "na presença de Cristo", perdoou aquele que o ofendeu, e insiste com os coríntios para que "deis provas de amor para com ele" (2,8). Neste particular, Paulo exemplifica e na verdade manifesta sua disposição de esquecer o que houve entre ele e os coríntios e de abraçá-los, o que ele faz explicitamente nos caps. 6-7. Assim, para Paulo, linguagem franca jamais deve ser vista como um fim em si mesma: é sempre e somente um meio de alterar, recuperar e redirecionar.

2 Coríntios 10-13 (fragmento da quinta carta de Paulo aos coríntios). Nesses capítulos o grau de franqueza não é tênue absolutamente. Paulo e os coríntios passam por sérios contratempos. Os problemas têm solução? Paulo está resolvido a fazer-lhes uma visita para pôr as cartas na mesa. Ele quer que cresça sua "esfera de influência"[28] (κανών, *kanōn*) entre eles (10,15), mas declara abertamente seu receio de encontrá-los diferentes do que esperava (12,20). Chega a expressar a preocupação de que Deus o humilhe porque os coríntios, comparados com uma noiva, não são como deviam ser – e Paulo sabe que ele, como pai da noiva, é obrigado a apresentar uma noiva pura a Cristo (11,2). Ao terminar o fragmento, ele reza para que "sejam conduzidos à perfeição"[29] e acrescenta um sentencioso apelo para uma mudança (2Cor 13,11).

Do começo ao fim, 2Cor 10-13 usa uma lídima linguagem franca. Nesse trecho, Paulo recorda duas vezes aos coríntios, numa enfática *inclusio* ou figura anular, que Deus lhe deu poder para edificar e poder para destruir (10,8; 13,10). Desta posição de autoridade e responsabilidade, ele os exorta a reatar com ele e com seu evangelho e os desafia a fazer um sério auto-exame para verificar se ainda estão vivendo a vida de fé ou se Cristo ainda está no meio deles (13,5) – fundamental desafio. Em todo esse fragmento de carta não existe sequer um exemplo de louvor aos destinatários.[30] Então, 2Cor 10-13 é o que Filodemo e Plutarco chamavam de "pura", "simples," ou "severa" linguagem franca.

A crítica franca severa é invocada apenas em circunstâncias extremas, como último recurso, e quando tudo o mais fracassou. "Em quais circunstâncias, então, deve um amigo ser severo e quando deve ser enfático ao usar a linguagem franca? É quando as ocasiões lhe pedem que reprima a impetuosa corrida de prazer ou de ira ou de arrogância, ou que ele abata a avareza ou curve a inconsiderada negligência" ("Como Distinguir" 69E-F). Filodemo também sabe que a linguagem franca severa está reservada àqueles "um tanto mais necessitados de repressão (...) os fortes que quase certamente não vão mudar [mesmo] se alguém gritar com eles" (*Sobre a Crítica Franca* frg. 7). Recorrendo a tal severidade, Paulo

---
[28] BDAG 403.
[29] BDAG 418.
[30] Certamente se trata apenas de um fragmento de carta, e então pode ter havido algum louvor nas partes que faltam, mas em nenhum lugar do *corpus* paulino temos uma outra seqüência de quatro capítulos sem uma única nota de louvor.

está mostrando que a seu ver as questões com os coríntios chegaram a um ponto crítico, de modo que ele não tem alternativa.

A iminente chegada de Paulo será uma confrontação em que ele dita as condições. Particularmente importante, desde sua visita anterior a Corinto, quando "aquele que causou a ofensa" (2,7) sozinho e publicamente repreendeu Paulo e ninguém saiu em sua defesa, Paulo agora prescreve que toda alegação deve ser apoiada, segundo a norma do Deuteronômio, por duas ou três testemunhas (2Cor 13,1; Dt 19,15). Em todos esses capítulos, Paulo faz a asserção de que, nele, os coríntios rebeldes vão encontrar-se face a face com o poder de Deus (2Cor 10,3-6; 12,9.12; 13,3-4; 13,10).

Parte essencial da linguagem franca de Paulo é a narração dos seus atos passados em favor dos coríntios; com outras palavras, dos seus prévios e coerentes gestos de amizade. Deus entregou os coríntios a seus cuidados (10,13). Paulo se estendeu a si próprio ("por todo o caminho", para enfatizar) e portanto estendeu o evangelho a eles (10,14). Não pediu retribuição (11,7) e a ninguém foi pesado (11,9). Realizou entre eles os sinais do verdadeiro apóstolo (12,12). E fez o que se espera do bom pai judeu: era obrigado a apresentar os coríntios a Cristo como noiva pura (11,2).

Como um amigo autêntico, ele foi coerente e seguro – e ele vigorosamente lhes diz a mesma coisa: "E o que faço, continuarei a fazê-lo" (11,12). Ele nunca se aproveitou deles (11,20; 12,14), nem tampouco Tito, agente de Paulo (12,17). Ele sempre falou-lhes a verdade (12,6; 13,2; 13,8). Sempre pregou do mesmo modo (11,4). Jamais usou a autoridade dada por Deus para destruir mas sempre trabalhou para a edificação deles (10,8; 13,10). E quando recordamos que "o amor edifica" (1Cor 8,1), podemos ver que afirmar que trabalhou continuamente para a edificação deles equivale a dizer que sempre os amou. Com efeito, protestos do seu amor pontilham esses capítulos (11,11; 12,15; 12,19).[31] Que mais se poderia pedir a um bom amigo?

As questões com os coríntios chegaram a um ponto crítico, angustiante. Paulo parece esperar que essa planejada visita seja um acerto de contas. Seu apelo explícito para que façam auto-exame e auto-avaliação – implícito ou relativamente mais oculto em toda linguagem franca, mas inconfundível neste exemplo de pura franqueza – destina-se a fornecer uma base para seu iminente encontro com eles.[32] Poderíamos esperar que a carta continuasse além do capítulo 13 de modo que não culminasse em tão forte reprimenda, a saber, na exortação de Paulo aos coríntios para que examinem se Cristo está ainda neles ou entre eles (13,5). A não ser que a carta não termine no cap. 13, Paulo violou as advertências de Plutarco para não se terminar uma entrevista – e pode-se supor que o mesmo se aplique a uma carta – com um "doloroso e irritante tópico final de conversação"

---

[31] Neste particular, Paulo se separa ligeiramente de Filodemo, o qual, no caso de *parrēsia* severa, espera que se possam "esquecer as palavras 'caríssimo', 'querido' e semelhantes" (*Sobre a crítica franca*, frg. 14).

[32] A franqueza ajuda a guardar a perspectiva quanto ao que é importante e ao que é indiferente; ver Plutarco, "Como distinguir", 59F.

("Como Distinguir" 74E). Mas, para ser justo, Plutarco supõe uma conversa quando escreve; ele não está pensando numa carta com a linguagem franca mais severa possível como temos em 2Cor 10-13.

Não temos um registro de como esse último esforço de franqueza com os coríntios terminou; quem dera estar presente quando Paulo chegou a Corinto com seu séqüito! Temos, sim, alguns indícios de que esse acerto de contas pode ter acabado bastante bem para Paulo. Os indícios são: (1) A Carta aos Romanos foi escrita de Corinto; (2) Paulo se hospedou na casa de Gaio, a qual, conforme o texto, tinha espaço para "a igreja inteira" de Corinto (o que indiretamente afirma que existe uma igreja inteira; Rm 16,23-24). (3) A Acaia, a província romana à qual pertence Corinto, contribuiu para a grande coleta simbólica para os pobres de Jerusalém (Rm 15,26). E havia ainda uma igreja em Corinto e estava ainda associada ao nome de Paulo quando Clemente escreveu aos cristãos coríntios meio século depois. De modo curioso e adequado, Clemente diz nessa carta que Paulo certamente havia identificado corretamente o *ēthos* dos coríntios quando os descreveu como contenciosos e difíceis.

A linguagem franca na carta aos filipenses

Para terminar esse estudo, examino a franqueza em Filipenses. Nenhuma outra igreja paulina teve melhores relações com Paulo pelos anos afora do que a igreja em Filipos.[33] "Desde o primeiro dia até agora" os filipenses se aliaram a Paulo numa parceria pelo evangelho (1,5; 4,15). Eles foram e são uma fonte de alegria para Paulo. Os sinais de amizade percorrem todo o documento:[34] Paulo tem os filipenses no coração (1,7); ele os ama com ternura (1,8); ainda que preferisse ser desacorrentado das realidades desse mundo, escolhe permanecer para o bem deles (1,19-26);[35] ele os vê como pessoas que podem levar à plenitude a sua alegria (2,2); eles são seus amados (2,12; 4,1; eles são tratados de "irmãos" [ἀδελφοί, *adelphoi*, nove vezes]); eles lhe enviaram um ἀπόστολος (*apostolos*), um agente do meio deles, Epafrodito (2,25-30); enviaram a Paulo meios de subsistência (4,10-20); e, como sinal extremo de amizade, Paulo está pronto até a ser sacrificado por eles e por seu bem-estar se necessário (2,17).[36] Como um médico, um amigo verdadeiro se esforça, exatamente como faz Paulo nessa carta, "por promover o crescimento do que é sadio e preservá-lo" (Plutarco, "Como Distinguir" 61D).

---

[33] Não me convencem as teorias que propõem dividir a carta aos filipenses; ela tem coerência, como se pode ver em R. A. CULPEPPER, "Co-workers in Suffering: Philippians 2:19-30", *RevExp* 77 (1980): p. 349-58.

[34] S. K. STOWERS, "Friends and Enemies in the Politics of Heaven: Reading Theology in Philippians", em *Pauline Theology* (ed. J. M. Bassler; vol. 1; Minneapolis: Fortress Press, 1991), p. 114-21; A. J. MALHERBE, "Paul's Self-Sufficiency (Philippians 4:11)", em *Friendship, Flattery and Frankness*, p. 126-28; J.T. FITZGERALD, "Philippians in the Light of Some Ancient Discussions of Friendship", em *Friendship, Flattery and Frankness*, p. 144- 47. Para uma voz discordante, ver John REUMANN, neste mesmo volume.

[35] Ver James JAQUETTE, "A Not-So-Noble Death: Figured Speech, Friendship, and Suicide in Philippians 1:21-26", *Neotestamentica* 28 (1994): p. 177-92.

[36] Para uma comparação, ver KONSTAN, *Friendship in the Classical World*, p. 118-20, em que se apresentam alguns sinais extravagantes de amizade no período clássico.

Fl está estruturada em torno de quatro exemplos, cuja característica comum é a disposição para procurar o bem-estar dos outros, mesmo se custa alguma coisa ou se envolve um risco para si mesmo. Essa característica é em si mesma uma sublime prova de amizade. Os quatro, na seqüência em que aparecem na carta, são: Paulo, Cristo, Timóteo e Epafrodito. Falando de si mesmo, Paulo diz que prefere partir desse mundo para estar o tempo todo com Cristo (1,23; 2Cor 4,14; 5,2), mas que decidiu permanecer para o proveito dos filipenses e a alegria deles na fé" (1,25). Cristo, embora fosse de igual condição que Deus, fez-se solidário com a humanidade, "tomando a forma de servo" (δοῦλος, *doulos*; 2,7), até o extremo de aceitar a morte (2,5-8). As características de Timóteo que Paulo apresenta são as suas qualidades de homem "provado e sincero", como os filipenses bem o sabem (δοκιμή, *dokimē*; 2,22), sua relação especialmente estreita com Paulo (ἰσόψυχος, *isopsychos*, um "outro ele mesmo" e como um filho; 2,20.22), e, mais importante aqui, sua genuína preocupação "por vosso bem-estar" (2,20 NRSV). Epafrodito corresponde exatamente à mesma descrição porque arriscou a vida para concluir o serviço a Paulo em nome dos filipenses (2,30).

As referências de Paulo a si mesmo em suas cartas servem a muitos objetivos.[37] As mais das vezes são para exemplificação,[38] como certamente são aqui em Fl. Naturalmente, a auto-referência sempre serve para realçar o *ēthos*. Em Fl, as auto-referências de Paulo demonstram uma vontade de estabelecer a maior área possível de terreno comum com os filipenses. Como eles, ele tem razão de recordar o passado com orgulho (3,4-14), mas ele abertamente os incita a imitá-lo (3,17) quando ele enfoca a obra culminante de Deus. Sem dúvida, as auto-referências de Paulo enaltecem seu *ēthos*, embora essa carta dê a impressão de que os filipenses não precisam de muito a esse respeito. De fato, o mais abrangente apelo para a emulação no *corpus* paulino aparece em Fl 4,19 e deve nos levar a constatar que a preocupação primária nas auto-referências de Paulo em Fl é a exemplificação: "O que aprendestes e herdastes, o que ouvistes e observastes em mim, isso praticai".

A exortação de Paulo para uma modificação no comportamento deles, ou seja, a sua *parrēsia*, é muito limitada no caso dos filipenses, porque eles estão – e sempre estiveram – agindo muito bem. Nessa carta, a maior parte da sua franqueza se expressa como a mais gentil das recomendações para continuarem fazendo o que fazem, ou, quando muito, fazerem mais plenamente o que ele urge. Seu comentário em 3,1, dizendo que escrever as mesmas coisas não é penoso para ele, sugere que ele sabe que suas insistências têm se tornado bastante um lugar comum entre ele e os fiéis. Eles poderiam completar sua alegria se fossem ainda mais unidos do que são (2,2); podem continuar tomando cuidado com os

---

[37] Ver meu estudo sobre como isso acontece em Gálatas e Filipenses: "Moral Reasoning from the Horizons of Paul's Thought World: A Comparison of Galatians and Philippians", em *Theology and Ethics in Paul and His Modern Interpreters: Essays in Honor of Victor Paul Furnish* (ed. Eugene H. Lovering, Jr. e Jerry L. Sumney; Nashville: Abingdon, 1996), p. 114-31.

[38] Margaret MITCHELL, *Paul and the Rhetoric of Reconciliation: An Exegetical Investigation of the Language and Composition of 1 Corinthians* (Louisville: Westminster John Knox, 1991), p. 39-60.

cães que querem defender a circuncisão (3,2-11; lendo 3,1 como um incentivo aos filipenses para observarem mais daquilo que ouviram dele no passado); e eles poderiam ser constantes (de novo, como eles têm uma notável tradição de ser). Isso apresenta o lugar mais óbvio – e a única questão sem precedentes – em Fl no qual Paulo exibe uma linguagem franca, e é o que Filodemo chamaria de "a mais gentil das picadas" (*Sobre a Crítica Franca* col. VIIIb): o duplo pedido de Paulo às duas mulheres, Evódia e Síntique (4,2-3).

Paulo e os filipenses sabem dos problemas que essas duas senhoras tiveram. Paulo não precisa repetir o que provocou esse apelo cuidadosamente suplicado a elas. Vemos Paulo suplicar a cada uma delas que "sejam unânimes no Senhor" (τὸ αὐτὸ φρονεῖν ἐν κυρίῳ, *to auto phronein en kyriō*; 4,2). A partir do uso anterior da idêntica formulação τὸ αὐτὸ φρονεῖν, *to auto phronein*, no apelo genérico a completar a alegria de Paulo tendo o mesmo modo de pensar (2,2), podemos tomar o apelo de Paulo em 4,2 como uma especificação de um lugar onde o problema da desunião requer especial atenção. O homem também chamado "Companheiro-de-jugo" ou apelidado de algo semelhante a "Camarada" (σύζυγος, *syzygos*)[39] é caracterizado como γνήσιος, *gnēsios*, genuíno ou autêntico, e recebe um pedido especial de Paulo para levar essas duas mulheres à união (συλλαμβάνω, *syllambanō*, é um termo que implica o uso de bastante esforço para fazer a coisa acontecer).[40] O resto da passagem especifica, de modo muito laudatório, a elevada posição dessas duas senhoras. Significativamente, a principal descrição dessas duas mulheres, ou seja que elas "combateram/lutaram" ao lado de Paulo (συνήθλησαν, *synēthlēsan*; 4,3), ecoa o mesmo verbo que Paulo usou quando antes pediu que os filipenses "com uma só alma *combatessem/lutassem* juntos, pela fé do evangelho" (1,27, o grifo é nosso; cf. "escrever as mesmas coisas", 3,1).

Evódia e Síntique têm uma louvável história de obras que são justamente as que Paulo espera de todos os filipenses, mas ocorreu entre elas algum desentendimento. É sabido que essas mulheres estiveram com Paulo, com Clemente "e os demais auxiliares meus, cujos nomes estão no livro da vida" (4,3). Assim não pode haver confusão alguma: Evódia e Síntique foram e são líderes no círculo de Paulo. Ao recordar a grande história delas de comportamento digno no serviço do evangelho (4,3), Paulo fez precisamente o que Plutarco recomendou: quando a reprimenda recorda aos ouvintes suas próprias "honrosas ações" passadas, eles podem esforçar-se por serem como em seus melhores dias ("Como Distinguir" 72D). Desta forma o louvor e a mais gentil das picadas estão entrelaçados no pedido de Paulo a essas duas líderes.

Com a mais cortês das franquezas, Paulo pede às duas mulheres que ponham fim à sua contenda e convoca uma terceira pessoa para intermediar a decisão. A carta inteira criou a ocasião para esse franco apelo.[41] A atitude de Paulo de

---

[39] BDAG 776. Sobre "jugo" como uma metáfora da amizade na antiguidade, ver FITZGERALD, "Philippians in the Light", em *Friendship, Flattery and Frankness*, p. 149-51.
[40] BDAG 776-77 sugere "segura junto", portanto, "apóia, auxilia, ajuda".
[41] N. A. DAHL, "*Euodia* and *Syntyche* and Paul's Letter to the Philippians", em *The Social World of the First Christians*, p. 3-15. Um outro pormenor notável é a pronta mas aberta rejeição de Paulo de qualquer motivo

esquecer o que fica para trás (3,13) e de prosseguir para o alvo, "para o prêmio da vocação do alto, que vem de Deus em Cristo Jesus" (3,14) torna-se o modelo de como essas duas mulheres devem "esquecer as águas passadas" e olhar para o futuro de Deus. O exemplo de Paulo – de Cristo, de Timóteo e também de seu compatriota Epafrodito –, que procura o que é melhor para os outros, é um modelo que deve guiar também essas mulheres quando recebem o apelo franco de Paulo para serem unânimes.

Conclusão

Paulo conhece e usa a *parrēsia*, a linguagem franca, como um poderoso instrumento de transação social dentro das convenções de seu tempo. Os exemplos paulinos de linguagem franca que estudamos manifestam os vários graus da linguagem franca conhecidos na passagem das eras. Os exemplos também mostram que Paulo tem o extremo cuidado de adequar à situação o grau de severidade.

Se consideramos esses exemplos paulinos de linguagem franca com respeito a (1) quanto louvor eles entremeiam com o apelo a uma emenda de conduta ou uma determinada ação, e (2) quão dolorosa e fundamental é a "picada", podemos fazer distinções relativas entre os casos. Entre os usos considerados nesse estudo, a crítica mais severa se encontra sem dúvida no fragmento de carta 2Cor 10-13, no qual não se acha nenhum louvor aos coríntios. Em nosso estudo, o outro extremo, a mais leve picada encontra-se em Fl, que é dominada pelo louvor e na qual Paulo celebra a alegria no evangelho que teve através dos anos com eles. Ainda que esteja orgulhoso deles e considere geralmente adequada a conduta deles, não obstante deseja ardentemente que Evódia e Síntique superem sua recente dificuldade.

Entre esses dois exemplos extremos, podemos colocar a linguagem franca em 2Cor 1-9 e em Gálatas. Em 2Cor 1-9, Paulo se mostra agradecido porque sua linguagem franca na "carta dolorosa" operou uma mudança vigorosa e positiva na disposição dos coríntios, mas não pensa que a resposta deles é tão satisfatória e sincera como poderia ser, então ele aplica uma picada gentil mais muito profunda.[42] Uma coisa é insistir com duas pessoas para terminar uma briga (Fl); outra coisa é incentivar maior afeição. A primeira está sujeita a influência e intervenção; a outra situação não responde necessariamente a um pedido. A primeira é relativamente mais fácil de resolver; a outra deve brotar de sua própria força se é que deve vir absolutamente. Em conseqüência, eu classificaria

---

que possa ter tido de preocupação ou sofrimento pelo fato de os filipenses terem passado um longo tempo sem mandar-lhe o sustento (4,10). Isso concorda com o que diz Plutarco: "E se alguém também diz claramente que ao falar de modo franco deixa de fora de qualquer conta ou consideração os lapsos do amigo em relação a ele, mas repreende-o por certos outros defeitos (...) a força de tal franqueza é irresistível" ("Como distinguir", 67B).

[42] Plutarco observa que uma boa ocasião para a "admoestação" [νουθεσίας, *nouthesias*] surge quando as pessoas, tendo sido ultrajadas por outros por seus erros, tornaram-se submissas e abatidas" ("Como Distinguir", 70D) – embora no caso dos coríntios tenha sido Paulo que usou linguagem franca anteriormente.

a linguagem franca de 2Cor 1-9, envolvida como está em considerável louvor, como um pouco mais severa que Fl.

A linguagem franca de Gálatas situa-se em alguma parte entre 2Cor 1-9 e 2Cor 10-13. Antes desse estudo, a linguagem franca de Gl pode ter parecido tão severa quanto a de 2Cor 10-13, mas agora podemos ver que as duas, embora relacionadas, são facilmente distinguíveis. Ainda que 2Cor 10-13 encontre-se diretamente do lado da censura e não contenha louvor, Gl louvou os destinatários, se bem que aponte um problema muito fundamental com o qual eles, ou mais precisamente, alguns deles,[43] estavam tentados a contemporizar.[44]

Alguns fatores complicam para Paulo a aplicação da linguagem franca. Primeiro, parece razoável a suposição de Plutarco de que grande parte ou a maior parte da linguagem franca tem lugar entre um indivíduo e o outro,[45] face a face. Filodemo concorda e gasta grande quantidade de tempo considerando a linguagem franca entre um mestre e seus alunos. Mas nem Filodemo nem Plutarco pensa na expressão da linguagem franca por meio de uma carta, quando o escritor está distante do(s) destinatário(s). Tanto Plutarco como Filodemo tomam em consideração o orador franco para observar as respostas que a linguagem franca está despertando e fazer acomodações intermédias alterando a rota, modulando a voz ou oferecendo algum sinal de amizade. Paulo, como escritor de cartas, não tem esse recurso. Não surpreende que ele estivesse ansioso pela resposta dos coríntios à sua "carta dolorosa" e não teve sossego até que Tito lhe trouxe notícias da resposta favorável deles (2Cor 7,5-7). Numa carta, a carga de franqueza é proferida de uma só vez, como um pacote; a situação não permite uma melhora intermédia, exceto uma carta ou visita posterior.

Em segundo lugar, a linguagem franca de Paulo sempre ocorre em conexão com um grupo, seus seguidores. Algumas vezes sua linguagem franca refere-se a indivíduos (como em Fl as duas mulheres, em 2Cor 2 o "ofensor", ou em Filêmon), mas sempre envolve a comunidade toda junto com os indivíduos. Em outras ocasiões, a linguagem franca de Paulo certamente envolve a comunidade mas tem relação com forasteiros que proclamam seu devotamento em competição com Paulo. Em tais casos, a linguagem franca de Paulo não apenas exorta seus seguidores a uma mudança, mas com freqüência, às vezes indiretamente, inclui uma crítica aos forasteiros ou uma comparação com eles. Gl, 2Cor 1-8 e 2Cor 10-13 têm todos essa triangulação em certo grau; em cada exemplo, a linguagem franca, uma crítica da comunidade, é entrelaçada com uma crítica aos estranhos, e as duas coisas precisam ser distinguidas.

---

[43] Será que minha autocorreção nessa sentença cria uma outra possível distinção entre 2Cor 10-13 e Gl? Não poderíamos supor que um ingrediente na escala de severidade entre essas duas cartas é que uma porcentagem maior de coríntios do que de gálatas era tentada a desviar-se de Paulo e de sua compreensão do evangelho?

[44] Simplesmente sabemos muito pouco sobre a "carta dolorosa" para poder situá-la corretamente.

[45] Troels ENGBERG-PEDERSEN, "Plutarch to Prince Philopappus", em *Friendship, Flattery and Frankness* (ver esp. p. 64).

Finalmente, embora a amizade (matriz social da *parrēsia*) no tempo de Paulo aconteça mais tipicamente entre pessoas de *status* e posição social diferentes, o uso do conceito em Paulo é tão cuidadosamente transformado no seu próprio mundo de idéias que é assimilado à família de Deus. As relações de Paulo com suas comunidades são fundamentalmente ambivalentes e essa ambivalência aparece no estudo do uso paulino da linguagem franca. Por um lado, Paulo e seus seguidores são iguais em Cristo; são igualmente dependentes da graça divina; todos eles foram do mesmo modo libertados do poder do pecado; e todos eles terão de prestar contas de si mesmos diante de Deus ou de Cristo no dia do juízo. Sob todos esses aspectos, Paulo e seus sequazes não são diferentes. Porém, quando se trata do desenvolvimento moral e espiritual deles – e nós certamente notamos quando seus seguidores têm até o mais leve problema a esse respeito – Paulo é em última análise responsável por eles, como um pai ou mãe pelos filhos. Assim o recurso de Paulo à linguagem franca está sempre envolto nesta fundamental ambigüidade: ele, como os destinatários da carta, está a caminho da maturidade, mas ele, de modo especial, sente-se pessoalmente responsável pela constância e o desenvolvimento deles; ele é ao mesmo tempo amigo e apóstolo deles. Todos os casos de linguagem franca desse estudo estão situados nessa ambivalência.

PARTE III. OUTROS TEXTOS PAULINOS E PAULINISTAS RELEVANTES

Rm 12,1-5; 15,14-16; 16,17-20
Gl 6,1-5
1Ts 3,1-5; 4,1-12
Filêmon
Ef 4,1-6
Cl 2,6-8

PARTE IV. BIBLIOGRAFIA

AHL, Frederic."The Art of Safe Criticism in Greece and Rome",*AJP* 105 (1984): p. 174-208.
FITZGERALD, John T., ed. *Friendship, Flattery and Frankness of Speech: Studies on Friendship in the New Testament World.* Leiden: Brill, 1996.
_____. *Greco-Roman Perspectives on Friendship.* SBLRBS 34. Atlanta: Scholars Press, 1997.
FÜRST, Alfons. *Streit unter Freunden: Ideal und Realität in der Freundschaftslehre der Antike.* Stuttgart: Teubner, 1996.
KONSTAN, David. *Friendship in the Classical World.* Cambridge: Cambridge University Press, 1997.
KONSTAN, David et al., eds. *On Frank Criticism,* SBLTT. Atlanta: Scholars Press, 1998.
SAMPLEY, J. Paul."Paul's Frank Speech with the Galatians and the Corinthians", em *Philodemus and the New Testament World,* editado por J. T. Fitzgerald, G. S. Holland e D. Obbink. NovTSup. Leiden: E. J. Brill, 2003, p. 265-321.

11

PAULO E A AMIZADE

John T. Fitzgerald

A amizade é um fenômeno universal, praticado e discutido em vários graus por todas as culturas. Na história intelectual e social, ela tem poucos rivais quanto à importância, tendo evocado não só extáticos louvores por seus benefícios, mas também angustiosos lamentos por seus fracassos e problemas concomitantes. Tanto na teoria como na prática, certos aspectos da amizade têm permanecido razoavelmente constantes através dos séculos, enquanto outros têm variado de modo significativo. Isso já era verdade no período greco-romano, de modo que a amizade, conforme entendida e praticada por Paulo e seus contemporâneos não pode ser adequadamente apreciada sem se prestar atenção ao que era antigo e novo na sua teoria e na sua prática. Por isto, apresento na primeira parte deste ensaio uma breve e sumamente seletiva história da amizade desde Homero até a Roma imperial.[1]

Tem uma importância crucial a atenção à terminologia, à teoria e à prática da amizade antes do século I da Era Comum, porque os cidadãos do mundo greco-romano foram os beneficiários das reflexões de seus predecessores sobre o tema e continuaram a praticar muitas das formas ancestrais de amizade. Muitas, se não a maioria, de suas idéias sobre a amizade não eram novas nem únicas naquele período de tempo, mas surgiram em tempos anteriores e foram transmitidas de geração a geração. Além disso, essas idéias jamais existiram num vácuo social e ideológico, mas foram formadas e sustentadas dentro de contextos históricos específicos que condicionaram os modos como a amizade era praticada.

Ao mesmo tempo, as noções da antiguidade a respeito da amizade eram intimamente associadas com muitos outros conceitos. Conseqüentemente, não

---

[1] A minha compreensão da história da amizade no mundo mediterrâneo antigo tem sido muito influenciada pelas obras de David Konstan e de outros membros da Seção de Filosofia Moral Helenística e de Cristianismo Primitivo da Sociedade de Literatura Bíblica, e me inspirei livremente em seus estudos ao escrever este ensaio. Ver especialmente David KONSTAN, *Friendship in the Classical World* (Key Themes in Ancient History; Cambridge: Cambridge University Press, 1997), e os dois volumes que tive a honra de editar: *Friendship, Flattery, and Frankness of Speech: Studies on Friendship in the New Testament World* (NovTSup 82; Leiden: Brill, 1996), e *Greco-Roman Perspectives on Friendship* (SBLRBS 34; Atlanta: Scholars Press, 1997). O leitor é aconselhado a consultar esses três volumes para uma análise e documentação mais completa de muitas das idéias apresentadas neste estudo.

eram transmitidas de uma geração a outra isoladamente mas coletivamente, de modo que quem as recebia as herdava como um grupo de idéias interligadas. Pode ser útil imaginar esse nexo de idéias como um "grupo interligado", expressão que estou adaptando do campo da genética, no qual é usada para expressar a tendência de alguns genes a permanecerem unidos e serem herdados como uma unidade. Então, grupo interligado é "um grupo de características hereditárias que permanecem associadas umas às outras através de um certo número de gerações".[2] Quando aplicada a conceitos, a expressão "grupo interligado" indica portanto certos termos e idéias que permanecem associados uns aos outros através de um certo número de gerações. Por exemplo, desde o período mais primitivo a amizade esteve associada estreitamente à prática da hospitalidade, de modo que essas duas idéias pertencem ao mesmo grupo interligado. Ainda que os modos como a amizade e a hospitalidade foram praticadas variassem através dos séculos, as duas idéias permaneceram estreitamente ligadas. Conceitos antitéticos também podem pertencer ao mesmo grupo interligado e, no caso da amizade, seu tradicional antônimo era a inimizade. Desde o período arcaico, essa antítese estava incrustada e inculcada no ditado moral segundo o qual deve-se ajudar os amigos e prejudicar os inimigos. A conexão arcaica entre amizade e inimizade era ainda efetiva no século I e aparece, por exemplo, no Evangelho de João, no qual o tema da amizade com Jesus (15,12-17) é seguido do seu axiomático corolário, a saber, a inimizade do mundo (15,18-25).

Embora os cidadãos do mundo greco-romano devessem muito à sabedoria tradicional a respeito da amizade, sua própria compreensão e prática refletiam os valores e interesses específicos de seu tempo. Conseqüentemente, transmitiram à antiguidade posterior não apenas o que eles mesmos haviam recebido, mas também suas próprias percepções e inovações. Como veremos, algumas destas são de crucial importância para se entender o Novo Testamento.

PARTE I. TERMINOLOGIA, TEORIA E PRÁTICA DA AMIZADE GREGA E ROMANA: UMA BREVE HISTÓRIA

O termo grego corrente para "amigo" nos períodos clássico e greco-romano era φίλος (philos), termo antigo que aparece já em Homero. Existe um considerável debate sobre o significado original desse termo: alguns autores afirmam que ele indica possessão e outros que indica emoção. Os que afirmam a prioridade do sentido possessivo geralmente argumentam que o substantivo φίλος originalmente indicava relação mais do que afeição e designava uma pessoa que era "dela mesma", tal como um membro de uma família, de uma parentela ou de um grupo social mais amplo. Seu principal antônimo nesse caso teria sido

---

[2] J.A. Simpson e E.S.C. Weiner, eds., *The Oxford English Dictionary* (2ª ed.; 20 vols; Oxford: Clarendon, 1989), 8: p. 996 (verbete "linkage"), citando *Chamber's Techn. Dict.*

ξένος (*xenos*), ou seja, "o estranho" que não pertence ao "grupo de alguém". Os autores que consideram φίλος como originalmente ou exclusivamente emotivo costumam argumentar que o termo φίλος, quando usado como substantivo na Ilíada e na Odisséia, exprime afeição e amizade, e que em certos casos o sentido emotivo de φίλος pode até ser recíproco, designando alguém envolvido numa relação que é ao mesmo tempo mútua e retribuída. Se esta posição é correta, a idéia comum clássica e greco-romana de que a amizade (φιλία, *philia*) inclui mutualidade e reciprocidade está presente já em Homero. Com efeito, uma das principais afirmações feitas por David Konstan em sua recente história da amizade greco-romana é que o substantivo φίλος é normalmente usado em *todos* os períodos da antiga história grega para indicar um "amigo"[3] e que "a imagem permanente da amizade" através desses períodos é a de "um relacionamento íntimo implicado no afeto e empenho mútuos".[4]

Embora a controvérsia a respeito do sentido original de φίλος (*philos*, "amigo") e do seu uso em Homero esteja longe de ser resolvida, esse debate não deve obscurecer o fato de que a *idéia* da amizade já está presente em Homero. Como acontece com freqüência na história das idéias, a prática precede a teoria e, neste caso, até mesmo o vocabulário. O surgimento de φίλος como termo grego padrão para designar um amigo é claramente pós-homérico, mas o tipo de relação expresso mais tarde por ößëïò (*philos*) é vivamente referido por Homero, acima de tudo no caso de Aquiles e Pátroclo. No período greco-romano, esses dois camaradas foram amplamente reconhecidos como amigos especiais (p. ex., Cariton, *Chaer.* 1.5.2) e foram regularmente citados no "cânon" daqueles ligados intimamente num "jugo de amizade" (ζεῦγος φίλος, *zeugos philias*). Plutarco, por exemplo, cita-os junto com Teseu e Peiritos, Orestes e Pílades, Fíntias e Damon, Epaminondas e Pelópidas (*Amic. mult.* 93e). Cada uma dessas cinco duplas de amigos adquiriu *status* canônico no período greco-romano e então serviu de modelo de amizade. Para certas correntes da tradição judaica, a amizade entre Davi e Jônatas tinha *status* semelhante.[5]

Além de herdar vários *exempla* de amizade das eras anteriores, os cidadãos do mundo greco-romano herdaram um volumoso corpo de literatura popular, filosófica e retórica devotada à amizade. Ela continha numerosas idéias sobre o que constituía a amizade e reflexões sobre muitos dos problemas ligados com sua prática. Já em Homero, por exemplo, encontra-se a idéia de que a "unidade na mente" é decisiva para a existência da amizade, e que sem uma genuína unidade de mente e propósito duas pessoas não podem ser realmente amigas (*Il.* 4.360-361; 22.262-265. *Ody.* 6.180-185; 15.195-198). A afirmação de que a concórdia (ὁμόνοια, *homonoia, concordia, consensio*) é essencial para a amizade

---

[3] Konstan, *Friendship in the Classical World*, p. 9.
[4] Id., p. 19. A afirmação de Konstan a respeito do sentido normal do substantivo φίλος (philos,"amigo") *não* se estende ao verbo φιλέω (*phileō*,"amar","ter afeição a","ser amigo de") e ao substantivo φιλία (*philia*,"afeição", "amizade"), ambos os quais têm um âmbito semântico muito mais amplo do que a noção de amizade. Ver id., p. 9, 12 e 55-56.
[5] Ver, por exemplo, Josefo, *A.J.* 6.206, 225, 228, 236, 239, 276; 7,111.

é freqüentemente repetida no período clássico e tornou-se amplamente axiomática no período greco-romano (ver, por exemplo, Cícero, *Amic.* 4.15; Dion Crisóstomo, *Or.* 4.42; Plutarco, *Amic. mult.* 96e-f; Filo, *Spec.* 1.70). Em outros casos, pensavam que idéias e considerações posteriores sobre a amizade já tinham sido antecipadas por Homero. Por exemplo, achavam que a proeminente convicção greco-romana de que a franqueza de linguagem (παρρησία, *parrēsia*) é indispensável à amizade já tinha sido praticada por Pátroclo e Aquiles (*Il.* 16.21-45).[6] Do mesmo modo, a preocupação helenística de distinguir o verdadeiro amigo do pseudo-amigo resultou na identificação de certos personagens homéricos como parasitas e aduladores, e não genuínos amigos (ver Ateneu, *Deipn.* 6.236C-E).

Homero também legou às gerações posteriores o interesse por certos problemas relativos à amizade. A respeito disto, três devem ser indicados aqui. Antes de mais nada, o problema do abuso da amizade, visto acima de tudo no caso de hospitalidade amiga (ξενία, *xenia*). A sedução de Helena por Páris ocorreu no contexto da hospitalidade amiga e afinal levou à Guerra de Tróia. Um segundo problema era a morte de um amigo, vista particularmente na reação de Aquiles à morte de Pátroclo. Um terceiro problema era a perda e a restauração da amizade, dramatizadas especialmente no colapso das relações amigáveis entre Agamêmnon e Aquiles e todos os esforços seguintes para restaurar a amizade entre os dois guerreiros. Todos esses três problemas continuaram a ser de interesse nos séculos posteriores; de fato, a reflexão sobre os três continua até hoje.

Comentando sobre a amizade, os escritores pós-homéricos na Grécia arcaica concentraram-se especialmente no problema do amigo desleal e infiel. A preocupação com esse problema foi sem dúvida o resultado de demasiados casos nos quais amigos deixaram de agir de um modo conveniente. Acusações de duplicidade, insinceridade, ira, traição e mau conselho eram comuns, e várias sugestões foram oferecidas sobre o modo de lidar com as faltas dos amigos. O problema do amigo falso em quem não se pode confiar é um tema especial na Teognidéia, conjunto poético tradicionalmente associado com Teógnis de Mégara, mas encontra-se também em outros escritores, como Hesíodo. Como resultado da atenção a esse problema, certas convicções sobre a amizade foram cristalizadas. Em primeiro lugar, a lealdade tornou-se o principal critério na definição da amizade, e essa característica era até celebrada em antigos *skolia* (canções executadas nos banquetes). Uma dessas canções de banquetes enaltece o amigo leal com estes versos: "Aquele que não trai um homem que é seu amigo tem grande honra entre os mortais e entre os deuses, a meu ver".[7] O verdadeiro amigo era alguém em quem se podia confiar, especialmente em tempo de crise, e que nunca deixava o outro em apuros.

Em segundo lugar, precisava-se tomar cuidado na criação de amizades porque era fácil cometer erros na esfera das relações pessoais. Ter certeza a respeito

---

[6] Plutarco, *Adul. am.* 67a. Ver também 66f-67a sobre Odisseu, que fala francamente com Agamêmnon.
[7] 908 Page = Ateneu, *Deipn.* 15.695F. A tradução é a de Konstan, *Friendship in the Classical World*, p. 45. As referências aos *skolia* áticos são citadas de acordo com D.L.Page, ed., *Poetae Melici Graeci* (Oxford: Clarendon, 1962).

do verdadeiro caráter de uma outra pessoa era difícil, se não impossível. Como uma outra canção ateniense de banquete lamenta, "quem dera fosse possível saber sem ser enganado que tipo de pessoa é cada homem que é amigo, abrindo seu peito, olhando seu coração e fechando-o de novo".⁸ Sendo que muitas pessoas não tinham integridade ou agiam com duplicidade, era insensato estabelecer amizades indiscriminadamente; uma falta de discernimento a respeito da amizade estava fadada a levar ao desastre e à decepção. Para proteger-se do dano e gozar dos benefícios da amizade, era preciso evitar associações com companheiros sem valor e cultivar relações com aqueles que eram dignos e tinham menos probabilidade de trair sua confiança.

Em terceiro lugar, a cautela e a seletividade em criar amizades significava que um indivíduo não se tornava amigo de outro instantaneamente mas só após um período de tempo e de prova. Durante esse período os que eram dignos da amizade davam provas de sua capacidade de ser companheiros confiáveis. Em quarto lugar, o número de companheiros dignos com os quais a pessoa tinha tempo de associar-se era necessariamente limitado, de modo que era possível e necessário restringir-se a poucos amigos íntimos. Enquanto muitas pessoas na Grécia arcaica e posterior adotavam essas convicções sobre a amizade, outras continuavam a criar amizades rapidamente com um vasto círculo de pessoas e com várias finalidades.

O contexto cultural e social em que se praticava a amizade é um fator importante na sua definição e na sua finalidade. "Estudos arqueológicos recentes sugeriram que no fim do século VIII antes da Era Cristã, a sociedade grega tomou predominantemente a forma de pequenas comunidades independentes de cinquenta famílias ou menos."⁹ O surgimento da *polis* grega haveria de alterar definitivamente esse contexto, especialmente em lugares como a Atenas clássica, que tinha uma população calculada em pelo menos 150.000 pessoas ao irromper a Guerra do Peloponeso em 431 antes da Era Cristã. O efeito preciso da urbanização sobre a teoria e a prática da amizade é difícil de calcular, mas foi presumivelmente bastante profundo.¹⁰ Contribuiu, entre outras coisas, para a politização da amizade em certos círculos, com o cultivo de laços partidários entre os da mesma classe social e da mesma persuasão ideológica e com a definição da deslealdade agora em termos de traição política. É talvez significativo que foi Sólon, político e poeta ateniense, "que por primeiro associou o mau trato de amigos com dissensão civil (fr. 4.21-2), e foi quem articulou pela primeira vez o ideal

---

⁸ 889 PAGE = ATENEU, *Deipn.* 15.694D-E. A tradução é uma versão modificada da de KONSTAN, *Friendship in the Classical World*, p. 45. Conforme Eustácio, "este *skolion* vem de uma fábula de Esopo, na qual Momo critica Prometeu porque, quando este fez o homem, não acrescentou portões ao peito de modo que, quando estivessem abertos, poderíamos ver seu coração, mas permitiu-lhe ser um dissimulador" (1574.18 [Edmonds, LCL; ed. rev.]).
⁹ KONSTAN, *Friendship in the Classical World*, p. 26.
¹⁰ O efeito da *polis* sobre a prática da amizade de hospitalidade é discutido. Para a idéia de que as obrigações dos cidadãos para com suas cidades-estados conflitavam vivamente com suas obrigações para com seus amigos hóspedes, ver Gabriel HERMAN, *Ritualised Friendship and the Greek City* (Cambridge: Cambridge University Press, 1987. Para uma visão diferente, ver KONSTAN, *Friendship in the Classical World*, p. 83-87.

de ser afável com os amigos e amargo com os inimigos (13.5)".[11] Numa palavra, com o aparecimento da *polis*, a prática da amizade ganhou uma nova dimensão política, embora a extensão dessa dimensão seja vivamente debatida.[12] No entanto um elemento importante de continuidade durante esse período de transição era constituído pela refeição, onde os amigos se reuniam para comer e beber. Com efeito, a refeição – seja a arcaica festa, seja o clássico e helenístico jantar (δεῖπον, *deipnon*) seguido do *symposium* – foi o *Sitz im Leben* primário para o estabelecimento e o cultivo da amizade em todos os períodos da história grega e romana.

O período clássico da história grega assistiu ao surgimento de novas idéias a respeito da amizade e a elaborações e modificações das idéias tradicionais. Com relação a estas últimas, por exemplo, a preocupação do período arcaico com a ruptura e a restauração da amizade era compartilhada pelos moradores da cidade clássica. Certas experiências no campo das relações pessoais tornou as pessoas que viveram em ambos os períodos altamente suspeitosas das outras e portanto levou-as a aconselhar moderação no comportamento para com amigos e inimigos. Um dos mais influentes apotegmas arcaicos sobre a amizade era atribuído a Bias de Priene, um dos Sete Sábios da antiga Grécia. Ele aparece em duas formas básicas em escritores dos períodos mais recentes, uma envolvendo amigos, a outra tratando de amigos e inimigos. Conforme a primeira forma, Bias aconselhava os outros a "amar seus amigos como se algum dia fossem odiá-los, pois a maioria das pessoas é má" (Diógenes Laércio 1.87 [Hicks, LCL, modificado]). A segunda forma oferece conselho semelhante a respeito dos inimigos: "Conforme o preceito de Bias, eles amam como se um dia houvessem de odiar e odeiam como se um dia houvessem de amar" (Aristóteles, *Rhet.* 2.13.4 [Freese, LCL]). Uma antiga tradição também atribuía a Bias um contexto no qual essa mudança na relação tipicamente ocorria. "Ele disse que preferia decidir uma disputa entre dois de seus inimigos do que entre dois de seus amigos; pois neste último caso estaria com certeza tornando inimigo seu um de seus amigos, mas no primeiro caso faria de um de seus inimigos seu amigo" (Diógenes Laércio 1.87 [Hicks, LCL]).

Esses sentimentos eram adotados e elaborados pelos autores gregos clássicos. Por exemplo, Eurípides em sua obra *Hipólito* faz a ama aplicar à amizade a máxima délfica a respeito da moderação (265: μηδὲν ἄγαν, *mēden agan*, "nada em excesso"):

Muito aprendi
de minha longa vida.

---

[11] Konstan, *Friendship in the Classical World*, p. 48-49.

[12] A politização da amizade já se percebe na Teognidea, como afirma Konstan (id., p. 51-52) de modo persuasivo. Porém, ele nega que a amizade tinha um papel central na política democrática ateniense (p. 60-67). Para uma opinião bastante diferente sobre a função da amizade na política, ver W. R. Connor, *The New Politicians of Fifth-Century Athens* (Princeton: Princeton University Press, 1971), e Horst Hutter, *Politics as Friendship: The Origins of Classical Notions of Politics in the Theory and Practice of Friendship* (Waterloo, Ontário: Wilfrid Laurier University Press, 1978). Ver também B. S. Strauss, *Athens after the Peloponesian War: Class, Fraction, and Policy, 403-386 BC* (Ithaca, N.Y.: Cornell University Press, 1986), p. 20-31.

A mista tigela da amizade,
o amor de um pelo outro, deve ser temperado.
O amor não deve tocar a medula da alma.
Nossas afeições devem ser correntes quebradiças
que nós podemos jogar fora ou estreitar.[13]

Nas tempestades da vida, muitíssimas vezes a amizade se revelou um porto inseguro para nele se refugiar (Sófocles, *Ájax* 683). Com freqüência os amigos tornam-se inimigos, e os inimigos ocasionalmente tornam-se amigos (1359). Por conseguinte, em vista da potencial transposição de relações, no período clássico as pessoas consideravam cada vez mais problemática a moralidade convencional de simplesmente ajudar os amigos e prejudicar os inimigos; esse ditado moral não devia ser aplicado de modo absoluto, mas com vistas a uma possível mudança nas relações. O código arcaico era não apenas rejeitado por motivos éticos por filósofos como Platão, mas também tido como deficiente sob vários aspectos por dramaturgos como Sófocles no seu *Ájax*.[14] Este último apresenta Ájax sentindo-se totalmente traído pelos atreides, aos quais ele havia auxiliado sem reserva como aliado e amigo (1053). Porque suas valorosas façanhas em benefício deles não foram nem apreciadas nem retribuídas, mas ficaram "não amadas entre os reis não amados" (620: ἄφιλα παρ᾿ ἀφίλα, *aphila par' aphilois*), ele jura nunca mais cometer semelhante erro:[15]

Agora sei isso, que enquanto odeio meu inimigo
devo lembrar-me de que pode vir o tempo
em que ele se rá meu amigo; assim como, amando meu amigo
e prestando-lhe serviço, não me esquecerei
de que um dia ele pode ser meu inimigo. (678-682)[16]

Mais adiante na mesma peça, Sófocles dá um exemplo da primeira dessas duas possibilidades. Depois que Ájax cometeu suicídio, Agamêmnon e Menelau proibiram o sepultamento de seu corpo. Teucer, meio-irmão de Ájax, desafia os chefes gregos insistindo num sepultamento conveniente para Ájax. Para surpresa de todos, Odisseu avança e toma a defesa de Teucer na disputa e vence. Com a permissão para sepultar Ájax já garantida, Odisseu diz as seguintes palavras a Teucer:

---

[13] Eurípides, *Hipp.* 252-257. A tradução é a de David Grene, em *Euripides I* (ed. Grene e R. Lattimore; The Complete Greek Tragedies; Chicago: University of Chicago Press, 1955), p.173.
[14] Sobre a rejeição filosófica da moralidade convencional, ver J. T. Fitzgerald, *Cracks in an Earthen Vessel: An Examination of the Catalogues of Hardships in the Corinthian Correspondence* (SBLDS 99; Atlanta: Scholars Press, 1988), 103-7. Sobre o modo como Sófocles trata este código moral em sua obra *Ájax*, ver especialmente Bernard Knox, *Word and Action: Essays on the Ancient Theater* (Baltimore: Johns Hopkins University Press, 1979), p. 125-60, e M. W. Blundell, *Helping Friends and Harming Enemies: A Study in Sophocles and Greek Ethics* (Cambridge: Cambridge University Press, 1989), p. 60-105.
[15] Ver Malcolm Heath, *The Poetics of Greek Tragedy* (Stanford, Calif.: Stanford University Press, 1987), p. 188.
[16] Com exceção da linha 620, todas as traduções do *Ájax* de Sófocles são as de E. F. Watling, *Sophocles: Electra and Other Plays* (Harmondsworth, Inglaterra: Penguin, 1953).

Teucer,
Tenho isto a dizer-te: Sou teu amigo
doravante, tão sincero quanto era teu inimigo. (1376-1377)

De acordo com seu novo *status*, Odisseu oferece assistência para o enterro (1378-1380). Embora Teucer recuse a oferta por medo de que Ájax não aprovasse, ele só tem sentimentos de louvor e gratidão para com Odisseu, que antes fora extremamente hostil a Ájax (1383), e acaba seu discurso convidando-o para o enterro e chamando-o de homem bom (1381-1399).

Essa elaboração e modificação da sabedoria ancestral a respeito do comportamento adequado para com amigos e inimigos foram adotadas por outros gregos (como Demóstenes, *Or.* 23.122) e tornou-se um sentimento convencional. De fato, séculos mais tarde, Filo de Alexandria ainda defendia esse modo de lidar com amigos e inimigos: "É um dito muito admirável dos antigos que ao fazer amizade não devemos ignorar a possibilidade da inimizade, e conduzir nossas disputas tendo em vista a futura amizade" (*Virt.* 152 [Colson, LCL]). Mas outros, como Cipião Africano o Moço (*apud* Cícero, *Amic.* 16.59-60) e os neopitagóricos, combatiam a idéia de tratar os amigos como potenciais inimigos. Fazendo isso, este último pode ter seguido Pitágoras, ao qual a antiguidade mais recente atribuía o seguinte conselho: "Ele também os orientou para serem tão dispostos em suas associações uns com os outros, que nunca se tornassem inimigos de seus amigos, mas se tornassem, o mais cedo possível, amigos de seus inimigos".[17]

Se o ataque ao preceito de Bias remonta a Pitágoras, ele não está só em achar erro nele. Entre outros que o criticaram está Aristóteles (*Rhet.* 2.21.13-14), que foi o primeiro a recolher todas as diversas idéias e práticas associadas com a amizade e a sujeitá-las a uma análise sistemática. Ao debater a amizade, ele pressupunha a *polis* como o contexto no qual a amizade era praticada, e as suas idéias sobre a amizade, mediadas em parte por suas próprias obras e em parte pelas do seu sucessor Teofrasto, tiveram enorme influxo na formação do pensamento grego posterior sobre o tema. Dada a brevidade deste ensaio, é obviamente impossível fazer justiça aqui à abordagem de Aristóteles e umas poucas observações breves devem bastar.

Em primeiro lugar, o termo que Aristóteles usa para designar a amizade é φιλία (*philia*), que indica essencialmente "afeição" ou "ligação afetuosa". Portanto, embora φιλία inclua sobretudo o que as pessoas do século XXI geralmente

---

[17] JÂMBLICO, *VP* 40. A tradução é a de John Dillon e Jackson Hershbell, *Iamblichus, "On the Pythagorean Way of Life": Text, Translation, and Notes* (SBLTT 29; Atlanta: Scholars Press, 1991), p. 65. Ver também Diógenes Laércio 8.23: "E assim comportar-se uns para com os outros de modo a não transformar os amigos em inimigos, mas transformar os inimigos em amigos" (Hicks, LCL). Os neopitagóricos enfatizavam a transformação de inimigos em amigos, mas a idéia não era só deles; ver, por exemplo, a *chreia* em *Gnom. Vat.* 82 (p. 38 Sternbach):"Quando perguntaram a Alexandre que tipo de rei parecia ser o melhor, ele disse:'Aquele que mantém seus amigos com presentes e que faz dos inimigos amigos por meio de beneficências" (trad. R. F. Hock). Sobre o último, ver Ronald F. Hock e Edward O'Neil, *The Chreia in Ancient Rhetoric* (SBLTT 27; Atlanta: Scholars Press, 1986), p. 6. Ver também Dionísio de Halicarnasso, *Ant. rom.* 5.30.2; e sobre a idéia de renunciar a nossos amigos quando nos prejudicam e tornar-nos amigos de nossos inimigos quando nos fazem benefícios, ver *Ant. rom.* 8.34.2.

chamam de "amizade" o termo é muito mais amplo e inclui outros tipos de relações afetuosas, tais como as que idealmente existem em várias relações de parentesco.[18] O elemento que é comum a todas as variedades de φιλία é κοινωνία (*koinōnia*), isto é, partilha de atividade e de objetivo. "Toda afeição (φιλία) consiste na parceria (κοινωνία)" (*Ética a Nic*.8.12.1). Sem parceria não pode haver afeição e portanto não há amizade. Os que são parceiros em alguma empresa comum, como negócio, não gostam necessariamente uns dos outros, mas os que gostam uns dos outros, inclusive os que são amigos, participam juntos de atividades de vários tipos. Os que são amigos partilharão uma vida comum.

Em segundo lugar, a respeito da amizade propriamente dita, Aristóteles distingue três tipos de acordo com o que fundamenta a amizade. O primeiro se funda na utilidade, o segundo tem sua fonte no prazer e o terceiro está baseado na virtude. A reciprocidade é comum a todas as três formas. A não ser que a afeição que nasce da utilidade, do prazer e da excelência do caráter seja retribuída, a amizade não existirá. Haverá apenas εύνοια (*eunoia*), a boa vontade que um indivíduo sente para com um outro, não amizade. "Para ser amigos, pois, é mister (1) sentir boa vontade um para com o outro, (2) estar consciente da boa vontade recíproca e (3) a causa da boa vontade deles deve ser uma das qualidades louváveis mencionadas acima", a saber, a utilidade, o prazer, ou o caráter.[19] Em suma, como no caso da κοινωνία (*koinōnia*), a εύοια é indispensável à amizade, mas a boa vontade em si não constitui amizade; antes, marca o começo da amizade.

Em terceiro lugar, das três formas de amizade, a mais elevada é a que está baseada na mútua admiração do caráter. "A forma perfeita [τελεία, *teleia*] de amizade é aquela entre os bons, e os que se parecem um com o outro na virtude[ἀρητή, *arētē*]" (*Ética a Nic*. 8.3.6 [Rakham, LCL]). Aqueles cuja amizade se baseia na virtude experimentarão prazer em sua mútua companhia e acharão seu relacionamento extremamente útil, mas a alegria e a utilidade são as conseqüências da sua amizade, não a fonte. A amizade de caráter é a mais duradoura forma de amizade; as associações fundadas na utilidade ou no prazer se dissolvem mais rapidamente, de fato, tão logo uma pessoa cessa de achar a outra útil ou fonte de prazer. A virtude é infinitamente mais permanente do que o prazer e a utilidade; assim, as amizades baseadas na virtude são inerentemente mais estáveis e de longa duração. As amizades fundadas na mútua admiração do caráter também podem soçobrar e acabar, mas somente quando um dos amigos deixar de agir virtuosamente ou se mostrar desprovido de virtude. A amizade envolve reciprocidade, e quando os amigos têm condição de retribuir e não o fazem, essa falha levanta perguntas sobre sua integridade pessoal e põe a amizade em risco.

Em quarto lugar, Aristóteles enfatiza vários aspectos da amizade de caráter. Ela é, acima de tudo, altruística em vez de egoística; busca o bem do

---

[18] Ver KONSTAN, *Friendship in the Classical World*, p. 68-72.
[19] ARISTÓTELES. *Ética a Nic*. 8.2.4 (Rackham, LCL, modificado).

amigo por causa do amigo e age para promover esse bem. Porque os amigos procuram o bem um do outro, não se ofendem mutuamente (ou ao menos não deveriam ofender). Ao contrário, ajudam um ao outro moralmente não só esforçando-se para impedir um ao outro de fazer mal, mas também corrigindo-se reciprocamente quando erram. Além disso, os amigos desejam as mesmas coisas, e o principal desses desejos é o de passar o tempo juntos. Como resultado de viverem juntos, seu relacionamento é marcado pela concórdia (ὁμόνοια, *homonoia*), igualdade (ἰσότης, *isotēs*), intimidade (συνήθεια, *synētheia*) e fé confiante de um no outro. Os que são amigos são conseqüentemente "uma só alma" (μία ψυχή, *mia psychē*), compartilhando não somente os bens materiais mas também as alegrias e as tristezas. Numa palavra, o amigo é o *alter ego* de alguém, "seu outro eu" ou "segundo eu", pelo qual a pessoa está disposta até mesmo a morrer.

Assim como houve continuidade e também descontinuidade na compreensão e na prática da amizade entre os períodos arcaico e clássico, o mesmo é verdade quanto à transição do período clássico para o helenístico e romano posterior. Muitas das velhas convicções a respeito da amizade, tais como a necessidade de cuidado na seleção dos amigos, a prudência de testar potenciais amigos antes de estabelecer relações estreitas com eles e a importância da fidelidade como laço da amizade, permaneceram estáveis nas reflexões greco-romanas sobre a amizade, como também a atenção ao problema da ruptura e da restauração da amizade. Todas essas noções e preocupações aparecem, por exemplo, na obra de Cícero *De amicitia*, a obra principal sobre a amizade no período greco-romano. Muitas delas aparecem também em outros tratados greco-romanos sobre a amizade que restaram, inclusive nos de Ário Dídimo, Valério Máximo, Sêneca, Dion Crisóstomo, Epicteto, Plutarco, Luciano, Alcinous, Apuleio, Máximo de Tiro e outros escritores e oradores, dentre os quais Temístio. O interesse pela amizade não está restrito à retórica e à filosofia, pois o tema aparece numa variedade de outras obras, como histórias, cartas, novelas, inscrições e papiros. Nessas obras, algumas idéias clássicas a respeito da amizade assumiram maior importância ainda. Por exemplo, a idéia comum de que "não há posses mais belas que um amigo" (Menandro, *Sent.* 575 Jäkel) e que "um amigo bom e sincero é a mais preciosa de todas as posses" (Xenofonte, *Mem.* 2.4.1; ver também Eurípides, *Orest.* 1155-1158) era desenvolvida dentro da tese de que um amigo é um "tesouro" (θησαυρός, *thēsauros*). Com efeito, uma difusa *chreia* greco-romana a respeito de Alexandre Magno tinha isto como tema: "Alexandre, rei da Macedônia, quando alguém lhe perguntou onde guardava seus tesouros, apontou para seus amigos e disse: 'Neles'".[20] Essa mesma *chreia* aparece nas *Progymnasmata* do orador Libânio, o qual a elabora fazendo um encômio à amizade e a seus benefícios (ver *Progym.* 3, Elaboração da *Chreia* 1).

---

[20] A primeira menção desta *chreia* que chegou até nós está em Teon, que provavelmente escreveu na segunda metade do século I da Era Comum. Para outros autores que citam essa *chreia*, ver Hock e o'Neal, *Chreia in Ancient Rhetoric*, p. 302. Modifiquei ligeiramente a tradução deles.

Enquanto havia continuidade em certas idéias sobre a amizade, o contexto em que a amizade era praticada era marcadamente diferente. Politicamente, uma das maiores diferenças foi o surgimento das dinastias regionais helenísticas na esteira dos triunfos de Alexandre Magno e, mais tarde, o aparecimento de Roma como império mundial. A *polis*, que servira de pressuposto para a análise de Aristóteles sobre a amizade, ainda existia naturalmente, mas não só foi eclipsada em importância política pelo surgimento desses novos poderes, mas também internamente transformada por eles e por outras forças. Graças à maior mobilidade física e social, por exemplo, a população da típica *polis* helenística era muito mais heterogênea e flutuante que sua clássica predecessora. Nesse contexto modificado, novos fenômenos referentes à amizade começaram a surgir. Dois deles precisam de um comentário.

Primeiramente, o mundo greco-romano assistiu ao aparecimento de várias espécies de amizades "desiguais", quer dizer, amizades entre pessoas de grupos sócio-econômicos diferentes. Este fenômeno era tão difuso que "provavelmente pode ser tido por certo que, aos olhos dos romanos, os dois parceiros numa amizade raramente pareceriam iguais".[21] Isto é bem diferente daquilo que Aristóteles tinha pressuposto ou imaginado. O filósofo, sem dúvida, argumentava que as três espécies de φιγία (*philia*, "amizade") existem em relações de igual (p. ex. cidadão-cidadão) e também de desigualdade (governante-súdito, pai-filho, marido-mulher, benfeitor-beneficiário), mas negava que esses da última categoria fossem realmente φίλοι (*philoi*, "amigos") e ilustrava esse ponto, analisando a relação do pai com seu filho:

> Havendo, pois, (...) três espécies de amizade, baseadas na bondade, na utilidade e na amenidade, estas são de novo divididas em duas, sendo um grupo baseado numa condição de igualdade e o outro numa de superioridade. Apesar de serem, portanto, ambos os grupos, amizades [φιλίαι, *philiai*], somente quando são em igualdade [κατὰ τὴν ἰσότητα, *kata tēn isotēta*] os parceiros são amigos [φίλοι, *philoi*]; pois seria absurdo para um homem ser amigo [φίλος, *philos*] de um menino, não obstante sinta afeição [φίγεῖ, *philei*] para com ele e receba afeição [φιλεῖται, *phileitai*] dele (*Eth. eud.* 7.4.1-2 [Rackam, LCL]).[22]

Conforme Aristóteles, nas situações em que os amigos são sócio-economicamente iguais, os benefícios feitos e recebidos são considerados por eles, com o passar do tempo, como quantitativamente iguais. Nas amizades desiguais, ao contrário, jamais pode haver igualdade numérica entre os benefícios feitos e recebidos. Pode haver somente igualdade proporcionada, "quando o parceiro superior concede mais benefícios (de qualquer tipo) do que recebe, e a igual-

---

[21] Peter WHITE, *Promised Verse: Poets in the Society of Augustan Rome* (Cambridge: Harvard University Press, 1993), p. 276n. 20.
[22] Ver também *Ética a Nic.* 8.7.4 e KONSTAN, *Friendship in the Classical World*, p. 68, 94-95.

dade só é restaurada quando ele recebe [do parceiro inferior] mais afeição do que ele dá".[23] A afeição e a honra do inferior correspondem ao valor ou valia (αξία, *axia*) das ações do superior e esta resposta proporcionada do inferior "estabelece a igualdade e preserva a amizade" (*Ética a Nic.* 9.1.1). Ainda que ambos os parceiros numa relação desigual possam ter afeição um pelo outro, eles não são, propriamente falando, amigos. A restrição aristotélica do termo "amigo" àqueles numa relação simétrica foi sem dúvida influenciada pelo *ēthos* da Atenas democrática, na qual a amizade "era uma relação entre iguais que resistiam fortemente a qualquer imputação de dependência social ou financeira. Ao passo que o trabalho remunerado de longa duração por contrato privado era considerado equivalente à servidão, a amizade era constituída como uma esfera livre de dominação e subordinação, e sob esse aspecto era um paradigma de relações na democracia".[24]

A relutância de Aristóteles em aplicar o termo "amigos" àqueles em relação desigual quase desapareceu no período greco-romano, quando floresceram tais relações. Isto ocorreu em parte porque então a amizade era muitas vezes baseada não tanto na igualdade econômica mas na congruência ética: escolhem-se para amigos aqueles cujos ideais e moral sintonizam com os próprios.[25] De acordo com essa realidade social, os autores greco-romanos tendem a enfatizar os aspectos unificadores da relação desigual. Cícero, por exemplo, "pode apresentar a amizade como um fenômeno mais ou menos uniforme focalizando mais os *studia* [propósitos], *mores* [hábitos morais] e *officia* [deveres] que unem os parceiros do que as diferenças de *status* que os separam".[26] Um conspícuo exemplo dessas amizades desiguais encontra-se nas cortes dos governantes helenísticos, onde grupos de conselheiros conhecidos como "Amigos" conversavam com o rei e ofereciam-lhe conselho. Um segundo é o que existia entre os patronos e seus clientes, relação que os romanos com freqüência designavam como *amicitia* ("amizade").[27] Enquanto algumas dessas relações eram sem dúvida marcadas mais pela "benevolência" deferente do que por afeição autêntica, outras eram muito mais profundas. Com efeito, "nas fontes latinas, a linguagem que expressa amizade, afeição e amor (...) não é subsidiária de alguma outra representação da relação, mas é em si mesma a preeminente expressão dela".[28]

Para parceiros desiguais, a linguagem da amizade tem uma importante função social. Definindo a relação dos amigos em termos de seus propósitos, atitudes e atividades comuns, ela deixava na sombra suas diferenças socioeconômicas. Como Peter White observa com perspicácia, "no contexto romano, a ênfase na amizade serve para diminuir a consciência que cada um dos dois parceiros tem

---

[23] A citação é do comentário de Rackham, no LCL (p. 516-17).
[24] Konstan, *Friendship in the Classical World*, p. 82; ver também p. 101 e 136.
[25] Com pequenas alterações, estou parafraseando e reproduzindo aqui a afirmação de White, *Promised Verse*, 14.
[26] Id., p. 276n. 20. São minhas as definições dos termos latinos entre colchetes.
[27] Como o termo grego φιλία (*philia*,"amizade"; ver n. 4 acima), a palavra latina *amicitia* ("amizade") era aplicada a uma grande variedade de relações amigáveis. Ver Konstan, *Friendship in the Classical World*, p. 122-24.
[28] White, *Promised Verse*, p. 13.

de pertencer a uma especial estirpe, classe econômica ou ordem, e para redirecionar a atenção para os propósitos e ideais particulares que eles compartilham".[29]
Por maior que fosse a diferença entre eles quanto ao *status* social e a riqueza, eles são afetuosos colaboradores dentro da sua esfera partilhada de aspirações, atividades e valores.

Ademais, em apoio à possibilidade de pessoas de *status* socioeconômico diferente se tornarem amigos verdadeiros, os escritores greco-romanos podiam apontar não apenas para exemplos da república romana (p. ex., Cícero, *Amic*. 19.69) mas também para pares desiguais no cânon tradicional dos famosos amigos gregos. Pátroclo, por exemplo, era o ajudante ou escudeiro (θεράπων, *therapōn*) de seu senhor Aquiles e, portanto, não era de fato igual a ele (Homero, *Il*. 23.89-90). De modo semelhante, Pílades não era alguém igual a Orestes, e a disparidade econômica entre Pelópidas e Epaminondas era enorme; o primeiro era rico, mas o segundo, pobre (Plut., *Pel*. 3). A mesma desigualdade se verifica de um modo ainda mais notável no caso do mais famoso par de antigos israelitas amigos, Davi e Jônatas. No tempo da sua amizade, Jônatas era o filho do rei Saul, e Davi era o servo do rei, não ainda o rei. Ao narrar a história de seus juramentos de "afeto e fidelidade mútuos por toda a vida", Josefo (*A.J*. 6.275) faz questão de dizer que Davi falou ao príncipe Jônatas "desta amizade pela qual tu achaste conveniente receber de mim penhores e conceder-me o mesmo tu também, embora sejas o senhor e eu, teu servo" (*A.J*. 6.228 [Thackeray e Marcus, LCL, modificado]).

Em segundo lugar, o período greco-romano presenciou o aparecimento do "adulador" como um problema-chave na prática da amizade. O surgimento dessa figura como preocupação central estava relacionado com o florescimento das amizades desiguais no período pós-clássico. O adulador era tido como alguém inferior socioeconomicamente, que fingia amizade com seu superior para explorá-lo. Em resposta a esse problema, os moralistas do período esforçaram-se por dar conselho aos ricos e poderosos sobre como podiam diferenciar o adulador do verdadeiro amigo. Um dos meios típicos para distinguir entre os dois era a παρρησία (*parrēsia*) ou "franqueza de linguagem". Enquanto o adulador tende a esbanjar louvor e evitar crítica ao lidar com seus "amigos", o amigo verdadeiro era apreciado como alguém que estava disposto a falar francamente a seus companheiros quando estes mereciam uma crítica aberta e podiam tirar proveito dela. Essa franqueza era a marca da sinceridade e também do afeto, e portanto o sinal da amizade.

A invocação da linguagem franca (παρρησία, *parrēsia*) como a pedra de toque da genuína φιλία (*philia*, "amizade") marcou um importante distanciamento do seu uso na Atenas clássica, onde ela era um sinal de liberdade e um direito cívico; expressando sua opinião com liberdade e destemor, um homem livre estava exercendo seu direito e sua responsabilidade como cidadão. Era um direito retirado dos exilados e jamais atingido pelos escravos. Mas no período

---

[29] Id., p. 14.

greco-romano, a linguagem franca tornou-se também uma indispensável virtude privada, praticada e encorajada nas escolas filosóficas como obrigação moral da parte dos amigos. Seu uso era apropriado a todas as formas de amizade, não apenas às desiguais, porque era valorizado como um método terapêutico eficaz no trato com as paixões (πάθη, *pathē*), que eram uma área importante do cuidado filosófico. Indivíduos que eram inclinados à ira não podiam controlar seus desejos, ou eram paralisados pela dor pela morte de um amigo apresentavam uma conduta que era auto-destrutiva. Os amigos genuínos não podiam ficar inertes e deixar isto acontecer com pessoas de quem gostavam. Falando francamente com seus companheiros irados ou sofredores, os amigos verdadeiros esperavam persuadi-los a deixar de lado seu ruinoso comportamento e assim melhorar a qualidade de suas vidas. Se bem que estes que usavam a linguagem franca corressem o risco de irritar seus amigos e arriscar a amizade, sua disposição para agir assim era crucial para seus amigos realizarem seu potencial como indivíduos. Sem o autodomínio em relação às paixões, não poderia haver progresso (προκοπή, *prokopē*) moral ou espiritual; com efeito, sem a linguagem franca, haveria apenas regresso na vida moral e espiritual.

Em suma, no mundo greco-romano a παρρησία (*parrēsia*, "franqueza de linguagem") e a πρκοπή (*prokopē*, "progresso") pertencem ao mesmo grupo interligado que φιλία (*philia*, "amizade"). O mesmo é verdade quanto a uma série de outros termos e conceitos, tais como κοινωία (*koinōnia*) e tudo o que implica, como a parceria em projetos comuns, a partilha de posses, a participação mútua na alegria e na dor de cada um e, evidentemente, a reciprocidade. Entre os termos que pertencem ao grupo interligado da amizade estão: ἀρητή (*arētē*, "virtude"), εὔνοια (*eunoia*, "boa vontade"), ἰσότης (*isotēs*, "igualdade"), συνήθεια (*synētheia*, "intimidade") e ὁμόνοια (*homonoia*, "uniformidade de mente"), incluindo os vários modos como esta era expressa, como ter μία ψυχή (*mia psychē*, "uma só alma"). De especial importância eram também os vários termos para fidelidade (como πίστις, *pistis*), pois a lealdade dos amigos, conforme se demonstra com o passar do tempo e em inúmeros textos, significa que ele ou ela é alguém que tem sido plenamente comprovado (δόκιμος, *dokimos*) como digno (ἄξιος, *axios*) da confiança de um outro; conseqüentemente, pode-se confiar que tal pessoa não vai trair nem desertar a confiança (πεποίθησις, *pepoithēsis*, "crédito", "confiança").

De modo semelhante, o grupo interligado da amizade inclui uma multidão de termos que indicam a sinceridade e a integridade do verdadeiro amigo em palavras e ações. Até a adulação (κολκεία, *kolakeia*), apesar de estar fora das práticas aceitáveis entre amigos, está ligada ao grupo por associação negativa, definindo o que a amizade não é. Com efeito, há outros termos-chaves, menos óbvios que a adulação mas não menos importantes, que também pertencem ao grupo interligado da amizade. Entre esses estão os termos para a auto-suficiência (αὐτάρκεια, *autarkeia*) e a reconciliação (καταλλαγή, *katallagē*, διαλλαγή, *diallagē*), cuja importância para a compreensão da amizade é indicada na parte seguinte deste ensaio.

A amizade era, pois, uma instituição social muito palpitante no mundo greco-romano, cuja grande importância evocava comentário dos judeus e também dos gentios. Naquele mundo, ninguém que estivesse interessado na obrigação ética ou na vida moral ou espiritual poderia deixar de considerar seriamente os modos como a amizade era praticada e as idéias com ela associadas. De fato, os que refletiam sobre a amizade estavam eles mesmos envolvidos em amizades de várias espécies. Não apenas Paulo mas também seus convertidos e colegas pertenciam a este grupo, e a interação de Paulo com seus contemporâneos ajudou-o a apurar suas noções de amizade dentro da comunidade cristã.

PARTE II. PAULO E A AMIZADE

Porque o termo φιλία (*philia*, "amizade") e φιλος (*philos*, "amigo") não aparecem no *corpus* paulino, alguns concluíram erradamente que a amizade não era um fator importante na obra do apóstolo. Com freqüência tem-se afirmado em ligação com isto que Paulo prefere a linguagem do parentesco para caracterizar as relações entre a comunidade cristã. Isto é verdade, sem dúvida, mas esquece dois pontos importantes: o parentesco era um tipo amplamente reconhecido de φιλία, e os termos do parentesco eram usados com freqüência para descrever a amizade, não a linhagem. Portanto, é mais exato dizer que o uso paulino da linguagem afetuosa é mais freqüente com o parentesco do que com a amizade propriamente dita.

Mas a terminologia associada com esta última ocorre em Paulo, que a usa como complemento e como substituto da linguagem do parentesco. E Paulo não é o único a usar a linguagem da fraternidade e da amizade; autores pagãos como Dion Crisóstomo fazem o mesmo (*Or.* 38.11, 15, 22, 45-47). Três pontos adicionais merecem ênfase no início. Primeiro, as cartas eram o meio principal pelo qual os amigos que estavam longe um do outro procuravam superar sua separação física e preservar a boa vontade. Ademais, as cartas funcionavam como o meio de cumprirem suas obrigações de amigos, oferecendo-se mutuamente conselho, consolação e exortação. As cartas de Paulo fazem precisamente isso. Em segundo lugar, algumas das definições e descrições antigas típicas da amizade aparecem em suas cartas. Por exemplo, Paulo usa a definição de amizade como "uma só alma" (μία ψυχή, *mia psychē*) em Fl 1,27, onde exorta os filipenses a empenhar-se lado a lado "com uma só alma", isto é, como amigos. Em terceiro lugar, ainda que a palavra φιλία (*philia*, "amizade") não conste na correspondência paulina, muitos dos termos ou conceitos do seu grupo interligado constam. O mais freqüente desses termos interligados é κοινωνία (*koinōnia*, "parceria"), que é também, como vimos, um componente típico na definição de amizade. No tocante ao método exegético, a presença de um termo pertencente a um determinado grupo interligado deve alertar para a possibilidade de que idéias associadas estejam presentes. Quando vários termos do mesmo grupo interligado estão presentes num texto, é forte a probabilidade de que noções interligadas também estejam implicitamente em ação.

Um caso no qual Paulo usa múltiplos termos associados com a amizade servirá para ilustrar esse ponto. A passagem é Fl 4,10-20, onde Paulo começa comunicando sua alegria por causa da manifestação do interesse dos filipenses por ele (τὸ ὑπὲρ ἐμοῦ φρονεῖν, *to hyper emou phronein*, 4,10). Esse interesse não era apenas um elemento perfeito do cuidado que se esperava que os amigos exercessem um pelo outro, mas também uma das razões práticas principais por que ter muitos amigos era considerado problemático. Paulo usa o imperfeito do verbo φρονεῖν (ἐφρονεῖτε, *ephroneite*, "estáveis interessados") para exprimir que o interesse dos filipenses era duradouro, mas ele muda para o aoristo de um outro verbo (ἀναθάλλειν, *anathallein*, "reflorescer") para expressar sua alegria na sua mais recente manifestação.

De acordo com a propensão cultural para usar imagens da agricultura e da horticultura para descrever a amizade e seus préstimos, ele diz que a preocupação dos filipenses agora "refloresceu" (ἀνεθάλετε, *anethalete*). Mais adiante nessa perícope (4,17) ele usa a palavra "fruto" (καρπὸν, *karpon*), outra imagem da horticultura, para descrever o interesse que aparece para a "conta" deles (4,17). Como outros escritores, Paulo então mistura a linguagem agrícola com a comercial quando trata da amizade. Um segundo exemplo dessa terminologia comercial ocorre em 4,15, onde ele usa a linguagem do crédito e do débito, do "dar e receber", para expressar sua interação com seus amigos em Filipos. Desde o tempo de Aristóteles, a amizade tinha sido comumente vista como uma relação de intercâmbio e o uso por parte de Paulo dessa terminologia reflete a natureza recíproca do relacionamento de que ele goza com os filipenses.

Com efeito, Paulo fala do período inaugural da amizade deles recordando como eles já tinham enviado dons semelhantes para ele em Tessalônica, fazendo isso em mais de uma ocasião (4,15-16). A κοινωνία (*koinōnia*, "parceria") dos filipenses com ele é não apenas única (4,15) mas também superou o teste do tempo, marca de toda amizade verdadeira. Verdade é que não houve nenhum gesto recente da parte dos filipenses, mas longe de repreendê-los por qualquer desatenção deles (o que teria violado a ética da amizade), ele cortesmente observa que até então faltou-lhes ocasião (ἠκαιρεῖσθε, *ēkaireisthe*) de expressar seu interesse (4,10). Mencionando a falta de oportunidade deles, Paulo invoca uma das razões mais amplamente reconhecidas para um amigo demorar a retribuir um benefício (ver, por exemplo, Sêneca, *Ben.* 4.40.3: "Não sou responsável pela demora se me faltaram ou a oportunidade ou os meios" [Basore, LCL]).

A concentração de termos de amizade em 4,10 leva Paulo a negar sua necessidade e a afirmar sua auto-suficiência em 4,11. Ambos esses conceitos tinham um papel significativo nos debates sobre a amizade. A necessidade era um motivo amplamente considerado de φιλία (*philia*), ligado especialmente com os tipos utilitários de amizades. Muitos filósofos, porém, como Aristóteles e os estóicos, negavam que ela fosse o fundamento da verdadeira amizade, reservando essa distinção para a virtude. Negando que estava necessitado, Paulo está rejeitando qualquer idéia de que sua amizade com os filipenses seja utilitária. Afirmando sua auto-suficiência, ele enceta a questão do modo como a φιλία está relacionada com a αὐτάρκεια (*autarkeia*, "auto-suficiência"), conceito que tinha sido firmemente associado à amizade desde o tempo de Aristóteles. Ambos eram largamente louvados como valores morais, embora sua relação precisa fosse problemática porque eram tidos como logicamente em tensão um com o outro. Paulo vai na esteira desses filósofos (como Cícero e Sêneca) que queriam afirmar tanto a amizade como a auto-suficiência, mas afasta-se deles fundamentando ambos os fenômenos em Deus, o primeiro implicitamente e o segundo explicitamente.

Ele faz isto em 4,12 mediante um catálogo de vicissitudes, uma forma do catálogo de *peristasis* que enumera circunstâncias favoráveis e desfavoráveis na vida e indicam como um indivíduo responde a situações drasticamente diferentes e a flutuações na própria sorte. O tema da vicissitude aparece fortemente em tratados sobre a amizade, estando intimamente ligado à convicção de que os amigos compartilham da vida um do outro. Fazer isso acarreta necessariamente partilhar alegrias e tristezas, os inevitáveis altos e baixos da existência humana. Os amigos são importantes em tempos de prosperidade, pois eles amenizam a vida e a tornam mais agradável. Porém, eles são cruciais em tempos de adversidade. A prosperidade tende a ocultar os sem valor, os afortunados e os charlatães, mas a adversidade levanta o véu e revela todas essas pessoas mostrando o que são e quem são. Por isso, assim como a adversidade é a oportunidade da virtude, assim é também o compromisso de um amigo. As circunstâncias adversas constituem um teste – do caráter do indivíduo e da lealdade do amigo. A pessoa covarde é esmagada pela adversidade e o amigo fraco deixa o amigo em apuros, mas a pessoa íntegra permanece firme no meio das mais violentas tempestades da vida, e o amigo genuíno compartilha lealmente dos perigos e das humilhações do outro. Valério Máximo exprime o pensamento antigo típico quando diz: "Os amigos verdadeiramente leais são reconhecidos principalmente no tempo do infortúnio, quando tudo o que é doado procede inteiramente da firme boa vontade" (4.7 praef. [Shackleton Bailey, LCL]).

O fato de os filipenses não terem abandonado Paulo no tempo da sua aflição (4,14; cf. 1,12-19) é então uma prova brilhante da realidade da amizade deles com o Apóstolo e da sua constante participação conjunta (κοινωία, *koinōnia*) com ele no evangelho. Mas não é a seus amigos de Filipos que Paulo atribui sua capacidade de passar pelas vicissitudes da vida. Alegra-se com a lealdade deles e os louva por terem agido de modo apropriado (4,14), mas nega que os dons deles são o que o sustenta e nega que o relacionamento com eles é o que o fortalece. Atribui o poder que o capacita a Deus (4,13; cf. 1,19d), o qual usa a riqueza divina para atender às necessidades de Paulo e dos seus amigos filipenses (4,19). Numa palavra, aqui (como em outros lugares) Paulo atribui a Deus a função que outros atribuem à virtude e à amizade.

A afirmação de que Paulo considera Deus como seu amigo é controversa, como também o é a asserção de que ele vê a igreja como uma comunidade de amigos. Mas o testemunho das cartas do Apóstolo pode apoiar ambas as afirmações. Sua base principal é o uso paulino do termo "reconciliação" (καταλλαγὴ, *katallegē*) para descrever a ação de Deus em Cristo.[30] Como já dissemos, as palavras "amizade", "inimizade" e "reconciliação" pertencem ao mesmo grupo interligado. O sentido básico de καταλλάσσειν (*katallassein*) e διαλλάσσειν (*diallassein*) é "mudar da inimizade para a amizade."[31] Trata-se de termos comumente usados para designar o começo da amizade entre dois anteriormente hostis um ao outro e o reatamento da amizade entre dois cujos laços de afeto tinham sido rompidos. Não surpreende, pois, que Hesíquio de Alexandria dê φιλία ("amizade") como um dos dois significados que ele oferece de καταλλαγή ("reconciliação"). De modo parecido, ele define ἀδιάλακτος (*adiallaktos*, "irreconciliável") como ἀφιλίωτος (*aphiliōtos*, "não tornado amigo de") e dá φίλου ποιῆσαι (*philon poiēsai*, "fazer um amigo") como o sentido do verbo ἀποκαταλλάξαι (*apokatallaxai*, "reconciliar"), o verbo dêutero-paulino usado para reconciliação (Ef 2,16; Cl 1,20.22).[32]

Como lexicógrafo, Hesíquio está apenas explicitando o que era assumido por toda parte no mundo de língua grega e tinha sido axiomático durante séculos. Já no *Banquete*, por exemplo, Platão e Aristófanes argumentam que, a fim de evitar o mal e atingir a bem-aventurança, os seres humanos têm de ser piedosos para com os deuses. Quem agir de outra forma "é odioso para os deuses" (θεοῖς ἀπεχθάνεται, *theois apechthanetai*); por outro lado, "se nos tornamos caros [φίλοι, *philoi*] a eles e somos reconciliados com os deuses" (διαλλαγέντες τῷ θεῷ, *diallagentes tō theō*), teremos a felicidade de encontrar nossos verdadeiros amores (193B). A mesma conexão entre termos para reconciliação e palavras para amizade aparece séculos mais tarde em Dion Crisóstomo. Num discurso sobre ὁμόντα (*homonoia*), Dion diz que concórdia "é ao mesmo tempo amizade [φιλία, *philia*] e reconciliação [καταλλαγὴ, *katallagē*] e parentesco, e abrange tudo isso" (*Or.* 38.11). Num outro discurso sobre ὁμόνοια (*homonoia*), no qual trata da necessidade de concórdia entre sua cidade natal de Prusa e a vizinha cidade de Apaméia, Dion fala: "Não fui até eles nem falei palavra alguma de gentileza humana antes da reconciliação oficial [καταλλαγῆναι, *katallagēnai*] da cidade e o estabelecimento da vossa amizade [φίλους, *philous*] com eles"; em vez de agir de modo independente, "preferi fazer amizade [φίλους, *philos*] com eles junto convosco" (*Or.* 40.16).[33]

A mesma conexão estreita entre os termos para amizade, inimizade e reconciliação aparece num discurso de autoria e data discutidas, que muito

---

[30] Ver J. T. Fitzgerald, "Paul and Paradigm Shifts: Reconciliation and Its Linkage Group" em *Paul beyond the Judaism/Hellenism Divide* (ed. T. Engberg-Pedersen; Louisville: Westminster John Knox, 2001), p. 241-62; 316-25.
[31] Ver, por exemplo, LSJ 401 (verbete "διαλλάσσω", III) e 899 (verbete "καταλλάσσω"); G. Abbott-Smith, *A Manual Greek Lexicon of the New Testament* (3ª ed.; Edimburgo: T. & T. Clark, 1937), p. 109 (verbete "διαλλάσσω", 2) e 236 (verbete "καταλλάσσω"); C. Spicq, *TLNT* 2.262; e BDAG 521 (verbete "καταλλάσσω").
[32] A outra definição que Hesíquio dá para καταλλαγή (*katallagē*, reconciliação") é ειρήνη (*eirēnē*, "paz"), um outro termo que pertence ao grupo interligado da φιλία e que muitas vezes ocorre com ela (ver, p. ex., Políbio 4.52.6; 21.16.9; Dionísio de Halicarnasso, *Ant. rom.* 5.34.4; Dion Crisóstomo, *Or.* 38.22). Devo as citações de Hesíquio a Cilliers Breytenbach, *Versöhnung: Eine Studie zur paulinischen Soteriologie* (WMANT 60; Neukirchen-Vluyn: Neukirchener Verlag, 1989), p. 47.
[33] As traduções de Dion Crisóstomo são de Crosby, LCL.

provavelmente deriva da Segunda Sofística (cerca de 60-230 da Era Comum) e que a tradição manuscrita atribui ao famoso Herodes Ático (cerca de 110-177 da Era Comum). Aí o locutor denuncia seu adversário (aparentemente Arquelau da Macedônia), declarando que "este homem jamais será nosso amigo [φίλου, *philon*], nem haverá reconciliação διαλλαγὴν, *diallagēn*) deste homem conosco. Porque embora não tenha sido ofendido por nós, ele é nosso inimigo [ἐχθρὸς, *echthros*], que quer nos injuriar" (*Sobre o Governo* 6).

Dado esse nexo de idéias, não admira que os termos para amizade e reconciliação sejam usados muitas vezes como sinônimos em relatos que descrevem o processo de negociar uma trégua entre acampamentos inimigos. Por exemplo, no livro 2 de suas *Antiguidades Romanas*, que narra os conflitos entre os sabinos e os romanos, Dionísio de Halicarnasso usa como sinônimas expressões como "reunir as nações numa unidade e estabelecer a amizade" (συνάξειν εἰς ἓν τὰ ἔθνη καὶ ποιήσειν φιλίαν, *synaxein eis hen ta ethnē kai poiēsein philian*: 2.45.3), "reunir as nações na amizade" (εἰς φιλίαν συνάξουσι τὰ ἔθνη, *eis philian synaxousi ta ethnē*: 2.45.4), fazer a reconciliação" (ποιεῖσθαι τὰς διαλλαγάς, *poieisthai tas diallagas*:2.46.1) e fazer um "tratado de amizade" (συνθῆκαι περὶ φιλίας, *synthēkai peri philias*:2.46.1). Mais adiante em 5.49.2, ele diz que "os sabinos enviaram embaixadores (...) para tratar a amizade [φιλίας, *philias*], (...) e depois de muitas solicitações obtiveram com dificuldade uma reconciliação[διαλλαγὰς, *diallagas*].[34]

De modo semelhante, no livro 3 Dionísio conta a história de um conflito entre os albanos e os romanos. O chefe albano Fufetius toma a iniciativa tentando realizar uma reconciliação (καταλλαγὰς, *katallagas*: 3.5.4) e amizade (φιλίας, *philias*: 3.7.5), argumentando que os motivos para dissolver "tão grande amizade [τοσαύτην φιλίαν, *tosautēn philian*]" tinham sido triviais demais (3.7.3). Pede que se ponha de lado a inimizade mútua (τὰ κοινὰ ἔχθη, *ta koina echthē*: 3.8.3, 5) e oferece duas opções para a reconciliação deles. A primeira concederia anistia a todos e a segunda exigiria punição para os indivíduos que fossem achados culpados de infligir injúria. Fufetius recomenda a primeira opção: "De minha parte, penso que a reconciliação mútua [διαλλαγὰς, *diallagas*] é melhor e mais conveniente a parentes e amigos [φίλοις, *philois*], nos quais não há rancor nem lembrança de ofensas passadas, mas uma remissão geral e sincera de tudo o que foi feito ou sofrido de ambos os lados" (3.8.4). Túlio, o rei romano, concorda com a recomendação dele, afirmando que os romanos "perdoarão toda injúria e ofensa que recebemos da cidade de Alba" e não mais terão qualquer lembrança de injúrias passadas (3.9.2, 3). Mas Túlio não está preocupado simplesmente com "o modo de podermos acabar com a nossa atual inimizade [ἔχθραν, *echthran*] de uns para com os outros", mas também com o modo como as duas cidades podem preservar sua amizade no futuro. Ele então propõe que se dêem vários

---

[34] Aqui e no parágrafo seguinte modifiquei ligeiramente as traduções de Cary, LCL, em geral com a finalidade de ressaltar o uso que Dionísio faz da linguagem da amizade e da reconciliação. Ver também *Ant. rom.* 7 5.30.1-5.31.4.

passos para garantir "que possamos ser amigos [φίλοι, *philoi*] tanto agora como no futuro" (3.9.3).

A mesma conexão entre amizade e reconciliação aparece igualmente nos escritores judeus. O Sirácida (22,20), por exemplo, reconhece que "quem insulta um amigo [φίλον, *philon*] desfaz a amizade [φιλίαν, *philian*]", mas ele não crê que o discurso ofensivo rompe para sempre a relação. Por isso, exorta seus leitores: "Se abres a boca contra um amigo [φίλον, *philon*], não te preocupes, pois a reconciliação [διαλλαγή, *diallagē*] é possível" (22,22). Para Filo essa ligação é também axiomática. Falando da reconciliação de José com seus irmãos, observa que "seus irmãos farão com ele alianças de reconciliação [καταλλακτηρίους, *katallaktērious*], transformando seu ódio [τὸ μῖσος, *to misos*] em amizade [φιλίαν, *philian*], sua má vontade em boa vontade" (*Somn*. 2.108 [Colson, LCL]).

Em síntese – ao menos na teoria, se nem sempre plenamente na prática – a reconciliação produz uma mudança no afeto e na relação. Marca o fim do ódio e o começo do retorno ao afeto. Deus substituirá a má vontade e, com essa mudança, os inimigos são transformados em amigos. Como dissemos acima, havia um ideal difuso segundo o qual os inimigos deviam ser tratados moderadamente, de sorte que não se excluísse a possibilidade de se tornarem amigos no futuro. De fato, esse ideal era tão espalhado que havia se tornado um provérbio: "Nossas amizades devem ser imortais, mas nossas inimizades, mortais" (*amicitias immortales, mortales inimicitias debere essere*: Lívio 40.46.12 [Sage e Schlesinger, LCL]). Além disso, nos círculos filosóficos, a ênfase na não-retaliação muitas vezes fazia parte de uma estratégia que visava efetuar a reconciliação com o inimigo e sua transformação moral. Entre os que ressaltavam a transformação de inimigos em amigos estavam os neo-pitagóricos, que praticavam isso como parte de sua ênfase na öëëßá (*philia*, "amizade") universal. No seu *Preâmbulo às Leis*, por exemplo, Zaleuco afirmava que "ninguém deveria considerar cidadão algum, ao qual as leis permitem participar dos direitos da cidadania, como inimigo irreconciliável" (ἐχθρὸν ἀκατάλλακτον, *echthron akatallakton*).[35] Conforme isso, diz-se que ele insistia que

> eles não devem considerar nenhum de seus concidadãos como um inimigo [ἐχθρὸν, *echthron*] com o qual não pode haver reconciliação [ἀκατάλλακτον, *akatallakton*], mas que a desavença [ἔχθραν, *echthran*] seja examinada com o pensamento de que eles chegarão de novo a um acordo e à amizade [φιλίαν, *philian*]; e que quem agir de outra forma deve ser considerado por seus concidadãos como selvagem e indômito de alma.[36]

Por causa da difusa ligação entre amizade, inimizade e reconciliação, a descrição da ação de Deus em Cristo que Paulo apresenta é reveladora. Deus

---

[35] Zaleuco, *Prooem*. 227.29-31. Thesleff.
[36] Zaleuco, *Prooem*. 226.18-21. Thesleff = Diodoro da Sicília 12.20.3 (Oldfather, LCL).

agiu "enquanto éramos inimigos" [ἐχθροὶ, *echthroi*], num tempo de hostilidade humana ao divino. Essa relação de inimizade está agora terminada, pois "fomos reconciliados [κατηλλάγημεν, *katēllagēmen*] com Deus por meio da morte de seu filho" (Rm 5,10). Este é paradigmaticamente o caso do próprio Paulo, profundamente transformado de adversário em enviado pela ação de "Deus, que nos reconciliou [καταλλάξαντας, *katallaxantos*] consigo por meio de Cristo e confiou-nos o ministério da reconciliação [καταλλαῆς, *katallagēs*]" (2Cor 5,18).

Inerente ao uso dessa terminologia é a implicação de que Deus transformou Paulo em amigo seu e confiou-lhe a tarefa de levar aos outros o dom divino da amizade. Os termos da reconciliação oferecida por Deus são, para usarmos a linguagem de Fufetius e Túlio, "os melhores e os mais magnânimos" (Dionísio de Halicarnasso, *Rom. Ant.* 3.8.3; 3.9.2), porque Deus concede uma anistia geral a todos que aceitarem a oferta da amizade, "não imputando aos homens as suas faltas" (2Cor 5,19). Ser reconciliado com Deus (2Cor 5,20) significa concretamente tornar-se amigo de Deus. Entre todas as amizades desiguais do mundo greco-romano, a amizade com Deus era o exemplo mais extremo e importante. Num mundo em que os amigos eram tidos como tesouros, a designação por Paulo do seu evangelho como um "tesouro" (2Cor 4,7) pode bem derivar da noção de que ele estava centrado na ação de Deus e na sua oferta de amizade.

Ao estabelecer a amizade com o mundo, tanto Deus como Cristo foram muito além do que era ordinariamente imaginado. Para sublinhar esse fato, Paulo invoca a idéia – comum na teoria mas rara na prática – de que os amigos estão dispostos a morrer um pelo outro. "Com efeito, dificilmente alguém dá a vida por um justo; por um homem de bem talvez haja alguém que se disponha a morrer" (Rm 5,7). Os mais altos ideais da amizade humana, portanto, empalidecem diante do que Deus fez por meio da morte de Cristo pelos pecadores ímpios e hostis (5,6.8.10). Para Paulo, esse feito extraordinário é prova do insondável amor de Deus (5,8; cf. Rm 11,33-36, esp. V. 35), que é o fundamento supremo da amizade humana com Deus.

Embora a manifestação desse amor seja excepcional, a ligação da amizade com o amor não o é. Tanto no grego como no latim, as palavras para amor e amizade são aparentadas, e o amor é muitas vezes visto como a fonte da amizade. Cícero, por exemplo, diz que "é o amor [*amor*], do qual a palavra 'amizade' [*amicitia*] é derivada, que leva ao estabelecimento da boa vontade" (*Amic.* 8.26).[37] Desse modo, a afirmação radical de Paulo está construída sobre uma conexão cultural comum.

A amizade de Deus com Paulo está subjacente a outras passagens da correspondência paulina. Por exemplo, ela está presente na sua descrição da absoluta fidelidade de Deus. Como diz Aristóteles, os amigos não abandonam (μὴ ἐγκαταλείποντας, *mē enkataleipontas*) um ao outro (*Rhet.* 2.4.26), especialmente na adversidade. Do mesmo modo, Paulo afirma no seu catálogo de

---

[37] Todas as traduções do *De amicitia* de Cícero são de Falconer, LCL.

peristasis em 2Cor 4 que não foi deixado em apuros (οὐκ ἐγκαταλειπόμενοι, *ouk enkataleipomenoi*), isto é, por Deus como seu fiel amigo divino (2Cor 4,9). Até o estilo paradoxal de Paulo aqui e em 2Cor 6 faz lembrar de uma das descrições que Cícero faz dos paradoxos da amizade: "Por isso os amigos, ainda que ausentes, estão à mão; ainda que em necessidade, têm fartura; ainda que fracos, são fortes; e – falando com maior ousadia – embora mortos, estão vivos ainda" (*Amic.* 7.23). Que Paulo fosse ainda assim forte quando era fraco (2Cor 12,10) era devido à amizade de Deus com ele.

As interações de Paulo com *todas* as suas igrejas mostram, em graus variados, a convicção de que Deus estabeleceu em Cristo uma comunidade de amigos. Dentro dessa esfera, as diferenças de etnia, de *status* social e de sexo são eclipsadas, pois todos são um só em Cristo (Gl 3,28) e compartilham em Deus de um pai e de um amigo comum.[38] Diante da diversidade socioeconômica no seio das comunidades paulinas, era imperativo sublinhar os elementos comunitários, e a linguagem da amizade era usada para identificar o que os cristãos partilhavam. Que essa linguagem seja de modo especial proeminente em Filipenses era de se esperar. Filipos foi a primeira igreja européia do Apóstolo, e se, como é provável, Fl é uma carta única escrita durante o cativeiro romano de Paulo, ela reflete mais de uma década de interações como amigos. Entretanto, mesmo 1 Tessalonicenses, escrita menos de um ano após a fundação da igreja em Tessalônica, emprega um estilo parenético amigável, contém linguagem do grupo interligado da amizade – como a adulação (2,5) e a franqueza no falar (2,2) – e trata de problemas perenes da amizade, como a separação física entre uns e outros (2,17-3,10) e a morte de amigos queridos (4,13-5,11). Gálatas, escrita num momento em que a amizade de Paulo com os gálatas corria perigo de ser rompida, contém um tocante apelo que está repleto da terminologia da amizade (4,12-20).

Sua correspondência coríntia é ainda mais nesse estilo. O pressuposto com o qual trata do problema da divisão da comunidade em 1Cor, por exemplo, é o da ὁμόνοια (*homonoia*, "unidade de mente"), de que os amigos têm o mesmo pensar e a mesma opinião (1,10). Mais adiante na carta ele cita a advertência de Menandro a respeito das conseqüências deletérias de fazer amizades com os tipos errados de pessoas (15,33). Como demonstram os acontecimentos posteriores naquela cidade, os coríntios deixaram de observar essa advertência: fizeram amizades com cristãos que eram hostis a Paulo e suscitaram dúvidas a respeito do seu caráter e da natureza da sua amizade com a igreja coríntia. Um fato envolvido foi a firme recusa de Paulo, contrária às normas da amizade e à praxe dele com os filipenses, de aceitar dos coríntios apoio financeiro (9,1-23). Por isso em 2Cor ele tem de enfrentar a acusação de que ele, como Gnato na peça de Terêncio *O Eunuco* (2.12.21; ver também Cic., *Amic.* 25.93-94), não é um amigo sincero ou constante, mas sim alguém cujo "sim" e "não" vacila

---

[38] Para a idéia de que a adoração dos mesmos deuses (inclusive a participação nos mesmos ritos e festas) fornece uma base para a amizade e a concórdia entre os seres humanos, ver DION CRISÓSTOMO, *Or.* 38.22, 46; 40.28; 41.10. Para a versão judaica monoteísta da mesma idéia, ver FILO, *Spec.* 1.69-70 e *Virt.* 35.

conforme a ocasião (2Cor 1,17). Ele responde ressaltando sua integridade e sinceridade como pessoa (1,12; 2,17), abrindo seu coração (6,11) para mostrar que ele não é nem um afável e volúvel adulador nem um tirano que domina a fé deles negociando poderes (1,24).³⁹ Ao contrário, (δοκιμή, *dokimē*, "prova") ele está incumbido do evangelho de Deus, e lhes fala como convém a um verdadeiro amigo, com plena παρρησία (*parrēsia*, "franqueza de linguagem": 3,12).

A maneira como Paulo escreve a Filêmon pressupõe que eles estão envolvidos num relacionamento recíproco, que Paulo recebeu de Filêmon grande alegria e conforto (7) e que Filêmon tem uma grande dívida para com ele, inclusive o seu próprio eu (19). Paulo até usa a prática da beneficência mútua na amizade para fazer um trocadilho com o nome de Onésimo ("benéfico"), o qual agora realmente merece o nome (11). Visto que Filêmon deve a Paulo seu próprio eu, Paulo pede a seu amigo que retribua dando-lhe o "benefício" (20) que ele quer, a saber, o próprio Onésimo.

Finalmente, em Romanos, embora esteja escrevendo a igrejas que ele jamais havia visitado, Paulo ainda faz uso da linguagem da amizade, especialmente no capítulo 12. Aqui, entre outras exortações, insiste com os romanos para que partilhem mutuamente suas vidas alegrando-se com os que se alegram e chorando com os que choram (12,15). Não é simplesmente porque ele tem velhos amigos em Roma (16,3-15) que ele pode usar a linguagem da amizade. Mais fundamentalmente, é porque ele presume que, em virtude da atividade reconciliadora de Deus em Cristo (5,6-10), todos os cristãos são implicitamente amigos, mesmo aqueles que nunca se encontraram ainda. Neste particular, a amizade cristã se parece com a dos neopitagóricos, que se consideravam mutuamente como amigos, mesmo quando se tratava de desconhecidos, e até mesmo se encarregavam de assistir financeiramente a seus amigos invisíveis (ver especialmente Jâmblico, *VP* 237-239).

A mais conspícua contrapartida cristã da expressão de amizade entre os que ainda não se conhecem é a coleta dos gentios para a igreja em Jerusalém, iniciativa predominante na mente de Paulo quando escreve às igrejas em Roma e em Corinto. Para ele, não há maior expressão de amizade cristã, de unidade e igualdade em Cristo, do que a coleta. Envolvendo κοικοἠια (*koinōnia*, "parceria"), reciprocidade (Rm 15,27) e ἰσότης (*isotēs*, "igualdade": 2Cor 8,13-14), ao mesmo tempo simboliza e atualiza o que significa serem amigos em Cristo.

PARTE III. OUTROS TEXTOS PAULINOS E PAULINISTAS RELEVANTES

A seguinte lista de passagens é antes sugestiva que exaustiva:
Rm 1,9-15; 5,6-11; 12,9-21; 15,1-7.14.22-32; 16,1-2.3-16.17-23
1Cor 1-4; 5; 6,1-8; 9,1-23; 11,17-34; 15,33

---

³⁹ Enquanto o adulador é quase sempre o inferior numa relação desigual, o parceiro mais poderoso pode ser caracterizado por termos como "rei", "senhor" e "patrono". Para exemplos desses últimos termos na poesia latina, ver White, *Promised Verse*, 280n.47. Paulo nega que sua relação com os coríntios se inclua numa dessas duas categorias.

2Cor 1,3-7.12-14.15-24; 2,1-10.17; 3,12; 4,7-9; 5,18-20; 6,11-13.14-18; 7,2-4.7; 8,13-14; 10-13
Gl 4,12-20; 6,1-2
Ef 2,14-18
Fl 1,21-26.27.30; 2,2.6-11.25-30; 3,18; 4,1-3.10-20
Cl 1,20-22
1Ts 2,2.5.9.17; 3,6-8; 4,9-12.13-18; 5,3.11.12-15
2Ts 3,13-15
Fm 7.9-14.17.19-20

PARTE IV. BIBLIOGRAFIA

FITZGERALD, J. T., ed. *Friendship, Flattery, and Frankness of Speech: Studies on Friendship in the New Testament World*. NovTSup 82. Leiden: Brill, 1996.

_____. *Greco-Roman Perspectives on Friendship*. SBLRBS 34. Atlanta: Scholars Press, 1997.

KONSTAN, David. *Friendship in the Classical World*. Key Themes in Ancient History. Cambridge: Cambridge University Press, 1997.

MARSHALL, Peter. *Enmity in Corinth: Social Conventions in Paul's Relations with the Corinthians*. WUNT 2.23. Tübingen: Mohr Siebeck, 1987.

PEACHIN, Michael, ed. *Aspects of Friendship in the Greco-Roman World: Proceedings of a Conference Held at the Seminar für Alte Geschichte, Heildelberg, on 10-11 June, 2000*. Journal of Roman Archaeology Supplementary Series 43. Portsmouth, R.I.: Journal of Roman Archaeology, 2001.

12
PAULO, OS JOGOS E A MILÍCIA
Edgar Krentz

PARTE I. OS JOGOS E A MILÍCIA NO MUNDO GRECO-ROMANO

Em 174 antes da Era Comum o oníada Jasão comprou o sumo sacerdócio e helenizou Jerusalém com a permissão de Antíoco IV Epífanes. Montou a praça de esportes e inscreveu a juventude da classe superior nos *ephebeia* (organização e escola militar para rapazes entre os dezoito e os vinte anos de idade). Os rapazes passaram a usar o πέτοσς (*petasos*), o típico chapéu grego e símbolo de seu compromisso com o estilo grego de viver. A devoção ao templo e à Torá declinava. Os sacerdotes negligenciavam os sacrifícios do templo, preferindo o exercício na praça de esportes, onde praticavam o lançamento do disco e a luta, colocando assim como valor supremo os costumes gregos (2Mc 4,7-15).[1]

Muitos judeus palestinenses viram isto como uma deserção dos costumes e da religião dos antepassados. Consideraram que os jogos quadrienais celebrados em Tiro em honra de Hércules, conforme o modelo dos Jogos Olímpicos e os de Pítia, foram uma abominação idólatra, como 2Mc 4,18 deixa claro. Em última análise, de acordo com 1 e 2 Macabeus, isto levou à revolta judaica, motivada por fatores tanto religiosos quanto culturais. A partir daquela época, muitos judeus palestinenses viram uma clara ruptura entre a cultura grega e o compromisso judaico com o culto a Deus e os costumes ancestrais.[2]

Os judeus helenistas reagiram de modo bastante diferente, pelo que se sabe. Em Mileto os judeus tinham lugares reservados no teatro na quinta fila do meio. Embora posterior, sem dúvida, a grande sinagoga de Sardes ficava

---

[1] Emil Schürer, *The History of the Jewish People in the age of Jesus Christ (175 B.C.-A.D. 135)*, nova edição inglesa revista e editada por Geza Vermes e Fergus Millar (Edimburgo: T. & T. Clark, 1973), 1: p. 148-49. Robert Doran, "The High Cost of a Good Education", em *Hellenism in the Land of Israel* (eds. John J. Collins e Gregory E. Sterling: Christianity and Judaism in Antiquity 13; Notre Dame, Ind.: University of Notre Dame Press, 2001), p. 94, descreve todas as dependências e os custos para a construção de uma tal praça de esportes.

[2] Havia, não obstante, muito influxo do Helenismo na Palestina. Ver Martin Hengel, *Hellenism and Judaism: Studies in Their Encounter in Palestine during the Early Hellenistic Period* (2 vols.; Filadélfia: Fortress Press, 1974); id., *The Hellenization of Judaea in the First Century after Christ* (Filadélfia: Trinity Press International, 1989); e os ensaios em John J. Collins e Gregory E. Sterling, eds., *Hellenism in the Land of Israel* (Christianity and Judaism in Antiquity 13; Notre Dame, Ind.: University of Notre Dame Press, 2001).

bem próxima ao ginásio com sua enorme praça de esportes. Os judeus de Afrodisias estavam envolvidos na vida pública, como o demonstra uma longa inscrição.³ Filo de Alexandria é versado na filosofia grega. A atividade de Paulo, conforme o Novo Testamento, foi exercida nas cidades helenizadas do Mediterrâneo oriental, desde Antioquia junto ao Orontes, através da Galácia e da Ásia até a Macedônia e a Acaia. Por um lado, não há crítica alguma da atlética ou do militarismo grego ou romano nas cartas de Paulo; por outro, ele faz um significativo uso da linguagem atlética e militar. Como Filo, Paulo tem a atitude de um judeu da diáspora que vive no contexto característico do início do império romano.

O atletismo e o treinamento militar eram inter-relacionados no mundo grego. Os competidores nos jogos gregos eram na realidade militares em muitos casos: veja-se, por exemplo, a corrida rústica com armadura completa. Já Homero dá testemunho desta relação nos jogos realizados pelo exército grego na morte de Pátroclo, amigo de Aquiles, defronte de Tróia. Portanto, a terminologia para os jogos e para a batalha militar era freqüentemente semelhante. Por exemplo, αθοή (*agōn*) era usado tanto para um atleta nos jogos como para um soldado na batalha. Por isso faz sentido tratar juntos os dois temas.

A cultura do atletismo grego

O atletismo exercia um papel muito maior no mundo grego do que o homem moderno poderia esperar.⁴ Mais de uma razão pode ser dada para isto. Uma é o simples fato de que a antiga cultura grega era completamente agonística, isto é, altamente competitiva.⁵ As imagens atléticas permeavam a literatura grega. No império romano em nenhuma cidade faltavam as instalações para a diversão pública: teatros, *odea* (salas de espetáculos musicais), termas (inclusive com a palestra, o estabelecimento grego para treinamento educacional e atlético dos rapazes),⁶ estádios, anfiteatros e hipódromos (ou circos).⁷

---

³ Ver J. Reynolds e R. Tannenbaum, *Jews and Godfearers at Aphrodisias* (Cambridge Philological Society, Supplementary Volume 12; Cambridge: Cambridge Philological Society, 1987), p. 3-131, para o texto e a análise da inscrição, inventário da escavação no. 76.1.

⁴ David Sansone, *Greek Athletics and the Genesis of Sport* (Berkeley, Los Angeles e Londres: University of California Press, 1998), p. 76-77. Por "cultura" no subtítulo eu entendo a aura que envolvia o atletismo e as vitórias atléticas. O único tratado antigo sobre atletismo é o de Filóstrato, "Sobre o Atletismo". Waldo E. Sweet, *Sport and Recreation in Ancient Greece: A Sourcebook with Translations* (Oxford e Nova Iorque: Oxford University Press, 1987) dá uma tradução inglesa nas p. 212-30. Outras fontes importantes são Pausânias, Luciano, numerosas inscrições e observações casuais em muitos escritores antigos.

Duas coleções excelentes de fontes antigas traduzidas são Sweet, *Sport and Recreation*, e Stephen G. Miller, *Arete: Greek Sports from Ancient Sources* (Berkeley, Los Angeles e Londres: University of California Press, 1991). Ambas contêm textos do início do império romano.

⁵ Os gregos promoviam competições de dramas, oratória, dança, lira e até de bebida (simpósios). Também a prosa grega era muitas vezes estruturada antiteticamente, como no caso do retórico Górgias.

⁶ Não é surpreendente que Platão escolhesse a Academia, que incluía uma praça de esportes, para ensinar filosofia.

⁷ Ver o excelente estudo de Hazel Dodge, "Amusing the Masses: Buildings for Entertainment and Leisure in the Roman World" em *Life, Death, and Entertainment in the Roman Empire* (ed. D. S. Potter e D. J. Mattingly; Ann Arbor: University of Michigan Press, 1999), p. 205-55.

Havia muitos jogos, pan-helênicos e locais, como os de Tiro de que falamos acima, mencionados em 2Mc, nos quais homens e rapazes competiam. Os jogos gregos pan-helênicos em Olímpia, os Ístmia de Corinto, os de Delfos e os de Neméia tinham histórias distintas. Os Jogos Olímpicos, tradicionalmente datados de 776 antes da Era Comum, eram os mais antigos.[8] Os outros três, embora provavelmente fundados anteriormente, foram reiniciados no século VI antes da Era Comum: os Ístmia, em cerca de 582,[9] os de Pítia, em 582,[10] e os de Neméia, em 573.[11] Em cada caso havia um forte elemento religioso nos jogos. Cada qual era relacionado com o recinto de um templo importante.[12] Os atletas juravam competir honestamente[13] e faziam dedicatórias no recinto sagrado em caso de vitória. No período inicial do império romano havia jogos locais em todo o mundo mediterrâneo, por exemplo, em Egas, Dion, Éfeso, Cesaréia Marítima, Afrodisias e Nicópolis, apenas para mencionar alguns.[14]

O atletismo grego estava estreitamente relacionado com as questões militares, embora não fosse idêntico.[15] Treinar-se nos esportes eram também treinar-se nas artes marciais. Não existe nenhum termo grego equivalente em sentido ao termo português "jogo". O termo ἀγών, freqüentemente usado, tem o significado radical de "assembléia" ou "reunião". Os gregos o usavam para a assembléia num dos jogos pan-helênicos, por exemplo, em Olímpia,[16] ou para o próprio competidor.[17] Era aplicado a qualquer luta, inclusive a batalha na guerra, a tentativa do mestre para atrair alguém para uma vida de filosofia, e semelhantes. Em Olímpia havia corridas rústicas de várias extensões (algumas

---

[8] E. Norman Gardiner, *Athletics of the Ancient World* (ed. corrigida; Oxford: Clarendon, 1955), p. 33-36. Obras exemplares sobre Olímpia são Alfred Mallwitz, *Olympia und seine Bauten* (Darmstadt, Alemanha: Wissenschaftliche Buchgesellschaft, 1972; impressão autorizada por Prestel Verlag, Munique); H.-V. Hermann, *Olympia: Heiligtum und Weltkampfstätte* (Munique: Hirmer Verlag, 1972).
[9] N. J. Richardson, "Isthmian Games", *OCD* 772.
[10] Id., 1285.
[11] Id., 1033; Stephen G. Miller, ed., *Nemea: A Guide to the Site and Museum* (Berkeley: University of California Press, 1990), p. 2-3.
[12] Com o de Zeus em Olímpia, com o de Apolo em Delfos, com o de Poseidon em Ístmia e com o de Zeus em Neméia.
[13] Pode-se ainda ler o texto do juramento em Delfos, na inscrição da parede do lado sul do estádio.
[14] Marco Aurélio Asclepíades fala de competições na Itália, Grécia e Ásia; diz que venceu em Pisa, Delfos, Neméia (duas vezes), Argos, Roma, Putéoli, Nápoles, Nicópolis, Atenas (cinco vezes), Esmirna (cinco vezes), Pérgamo (três vezes), Éfeso (três vezes), Epidauro, Rodes, Sardes, Esparta, Mantinéia e outros lugares, retirando-se na idade de vinte e cinco anos sem nunca ter perdido. *IG* XIV.1102 (incrição grega, datada de 181 da Era Comum, achada em Roma); citada em Sweet, *Sport and Recreation*, p. 146-47; mais testemunhos epigráficos nas p. 148-50.
[15] Nancy B. Reed, *More Than Just a Game: The Military Nature of Greek Athletic Contests* (Chicago: Ares, 1998); Judith Swaddling, *The Ancient Olympic Games* (Austin: University of Texas Press, 1980), p. 57; Michael B. Poliakoff, *Combat Sports in the Ancient World: Competition, Violence, and Culture* (New Haven e Londres: Yale University Press, 1987).
[16] Heródoto 6.127. Referências tiradas de Henry George Liddell e Robert Scott, *A Greek-English Lexicon* (revisto e aumentado por Henry Stuart Jones, com a assistência de Roderick McKenzie; Oxford: Clarendon Press, 1940; reimpresso, com suplemento revisto editado por P. G. W. Glare, com a assistência de A. A. Thompson, Oxford: Clarendon Press, 1996).
[17] Heródoto 2.91; Platão, *Leg.* 658A.

com armadura completa),[18] salto a distância, o pentatlo,[19] os três esportes combativos de luta, o boxe, e a *pankration* (uma forma de luta livre),[20] corrida de coches, corrida de cavalos e de carroças de burros (em apenas quatorze Olimpíadas), lançamento de dardo e de disco.[21] Os jogos incluíam também competições musicais e outros eventos não-atléticos, mas continuavam primariamente atléticos.

O vencedor de um evento numa competição pan-helênica era recompensado com uma coroa de folhas.[22] A vitória conferia uma grande distinção (δόξα, *doxa*), como as Odes Epinicianas da "águia de Tebas", Píndaro, esclarecem no começo do século V antes da Era Comum.[23] Esta honra não era temporária, mas subsistente, imortalizada com uma estátua no recinto ou com uma inscrição ou estátua na sua cidade natal.[24] Sua cidade natal podia acolhê-lo com dinheiro, honras cívicas, ou até com refeição às custas da cidade pelo resto da sua vida.[25] O mesmo acontecia com uma vitória nos jogos quadrienais pan-atenienses, nos quais o prêmio era uma ou mais de uma ânfora de fino óleo de oliva.

Alguém faz um discurso aos atletas com a mesma finalidade com a qual alguém o faz a um exército: para estimular o vigor. "Pois o discurso é apropriado a todas as finalidades e confere vigor para qualquer esforço: os soldados precisam do discurso e da exortação do general para a guerra ou a batalha, e então eles se superam na força. Os atletas particularmente necessitam do encorajamento e da exortação de um discurso."[26] O atleta compete

---

[18] O termo para a linha de saída era γραμμή (*grammē*; LSJ, ver o verbete) ou ὕσπληξ (*hysplēx*; LSJ, ver o verbete); para dar a partida, uma corda ou barra caía, como na antiga linha de partida em Ístmia, conforme a interpretação de Oscar Broneer. Então o termo ἀφορμή (*aphormē*) em Gl 5,13 nada tem a ver com corrida; significa, antes, pretexto ou, num contexto militar, campo de base.

[19] As cinco disputas do pentatlo eram lançamento de disco, salto, lançamento de dardo, corrida, luta, tudo feito numa tarde. Testava mais a habilidade conjunta do atleta. Swaddling, *Ancient Olympic Games*, p. 49; Gardiner, *Athletics of the Ancient World*, p. 177-80.

[20] Ver Poliakoff, *Combat Sports*.

[21] Estes são bem descritos por certo número de autores: Gardiner, *Athletics of the Ancient World*, p. 128-221; H. A. Harris, *Sport in Greece and Rome* (Aspects of Greek and Roman Life; Ithaca, N.Y.: Cornell University Press, 1972); Swaddling, *Ancient Olympic Games*, p. 44-73. Ver Miller, *Nemea*, 4-7, para uma lista dos eventos de lá.

[22] Em Olímpia de oliveira selvagem, em Delfos de loureiro (folhas de louro), em Istmia de aipo selvagem, em Neméia de salsa; Pausânias 8.48.2-3; Miller, *Arete*, p. 77; Gardiner, *Athletics of the Ancient World*, p. 33-37. Essas coroas se estragavam com o tempo; muitas vezes usavam-se inscrições para recordar de modo mais permanente a vitória.

[23] A honra subseqüente ainda sobrevivia na era romana, como o testemunham duas estelas de vitória em Ístmia. Não tenho conhecimento de fotografias ou publicações dessas inscrições.

[24] No império romano, erigida muitas vezes pelo próprio atleta, por exemplo, a inscrição de T. Flávio Arquíbio, 107 da Era Comum (*IG* XIV.747), Miller, *Arete*, no. 150, p. 168; a de Marco Aurélio Demétrio de cerca do ano 200 da Era Comum (*IG* XIV.1102), citada por Miller, *Arete*, no. 153, p. 171; cf. n. 14 para a inscrição de Marco Aurélio Asclepíades.

[25] Documentação sobre Atenas em *IG* I (2ª ed.) 77, citada em Waldo, *Sport and Recreation in Ancient Greece: A Sourcebook with Translations* (Nova Iorque: Oxford University Press, 1987), p. 125-27.

[26] Pseudo-Dionísio, p. 285.5-10 Usener-Radermacher; D. A. Russell e N. G. Wilson, *Menander Rhetor* (editado com tradução e comentário; Oxford: Clarendon, 1981), p. 377: λόγος γὰρ εἰς πάντα ἐπιτήδειος καί πρὸς πᾶν ἐπιρρώνυσιν· οὕτως καὶ ἐπὶ πολέμου καὶ ἐπὶ παρατάξεως δέονται στρατιῶται τοῦ παρα τῶν στρατηγῶν λόγου καὶ τῆς προτροπῆς καὶ αὐτοί αὑτῶν ἐρρωμενέστεροι ἐγένοντο. μάλιστα δὲ οἱ ἀθληταὶ δέοιντο ἄν τῆς ἀπὸ τοῦ λόγου προτροπῆς καὶ ἐπικελεύσεως.

em condições semelhantes à de um exército no momento do conflito. "Pois como num exército, os mais genuínos soldados, tendo ouvido discursos de seus comandantes, ambicionam o mais possível a vitória, assim acontece com os que recebem exortações no espírito próprio dos jogos: eles estarão muito ansiosos por vencer."[27] O discurso do general estimula nobres ações; assim também o do treinador.

Houve críticas a essa exaltação do vencedor nos tempos mais antigos[28] e nos mais recentes. Dion Crisóstomo ridiculariza os atletas que morrem nos jogos por uma coroa de oliveira.[29] Por outro lado, os filósofos freqüentemente usavam as imagens do atletismo como *topos* ético. Assim Cícero usa a observância das regras na corrida como figura da retidão moral.[30] Epicteto, um século e meio mais tarde, usa numerosas ilustrações tomadas do atletismo em suas diatribes para ensinar a agir de acordo com a razão.[31] Máximo de Tiro contrasta a competição olímpica por um prêmio perecível com "o esforço que é próprio da alma e a luta [ἀγωνίσμα, *agōnisma*] que é própria da alma pelo prêmio da virtude.[32] Os contextos atléticos são, pois, um *topos* filosófico familiar para exortar a viver bem a vida, embora seja preciso treino e esforço para isto. A vida inteira é uma corrida pelo prêmio.

O atletismo e as diversões romanas (Os Ludi)

As competições atléticas gregas continuaram no início do império romano, mas declinaram em popularidade, embora os romanos não tenham perturbado os jogos gregos no oriente.[33] Alguns imperadores favoreceram os jogos, como por exemplo, Augusto, Nero e Adriano no século II da Era Comum, enquanto jogos locais eram fundados, sobretudo em cidades gregas do Oriente. Os romanos participavam de vigorosos exercícios, mas não tinham as atitudes agonísticas dos gregos, tendendo mais a ser espectadores do esporte.

---

[27] Pseudo-Dionísio, p. 286.5-9 Usener-Radermacher; Russell e Wilson, *Menander Rhetor*, 378: ὥσπερ γὰρ καὶ ἐν στρατοπέδῳ οἱ γνησιώτατοι παρὰ τῶν στρατηγῶν λόγος ἀκούσαντες μάλιστα φιλοτιμοῦνται περὶ τὴν νίκην, οὕτως καὶ οἱ ἐν τοῖς ἀγῶσι προτρεπτικοὺς λόγους οἰκείως ἀναδεξάμενοι μάλιστα γὰρ ἂν ὀρέγονται τοῦ περιγενέσθαι. Theodore C. Burgess, "Epideictic Literature" em *Studies in Classical Philology* (vol. 3; Chicago: University of Chicago Press, 1902), p. 209, chama a atenção para essas duas passagens.

[28] Nessa discussão sobre atletismo, Ateneu, *Deipn*. 10.413-14, cita Eurípides, o qual diz que não existe algo pior do que o gênero de atletas "que nem querem aprender como viver bem e nem podem". Depois cita Xenofonte, o qual se queixa de que o atleta é honrado por uma vitória, embora não seja tão bom quanto o sábio. Ambos em Sweet, *Sport*, p. 121-22.

[29] Dion Crisóstomo, *Or*. 66.5 (*1 Glor.*). Em *Or*. 31.110 (*Rhod*.) ele louva os atletas. Ver C. P. Jones, *The Roman World of Dio Chrysostom* (Cambridge: Harvard University Press, 1978), 110, para mais referências.

[30] Cícero, *Off*. 3.10.42, possivelmente tirado de uma fonte grega (Crisipo?).

[31] Por exemplo, Epicteto, *Diatr*. 1.2.25-29, 37; 1.4.13; 1.24.1-2; 2.17.29-33, e *passim*. Ver os índices em Epicteto, *Diatr*. [Oldfather, LCL, vols. 1 e 2].

[32] Máximo de Tiro, *Diss*. 1.4. Ver M. B. Trapp, ed., *Maximus Tyrius Dissertationes* (Stuttgart e Leipzig: B. G. Teubner, 1994); idem, *Maximus of Tyre: The Philosophical Orations*, tradução com introdução e notas (Oxford: Clarendon, 1997), p. 8-9.

[33] Ver c. 2, "Greek Athletics in the Roman World", p. 44-74, em H. A. Harris, *Sport in Greece and Rome* (Aspects of Greek and Roman Life; Ithaca, N.Y.: Cornell University Press, 1972); Gardiner, "Roman Sports" in idem, *Athletics of the Ancient World*, p. 46-52.

Os romanos tradicionalmente preferiam os *ludi* ou *munera* (jogos).³⁴ Esses jogos tinham lugar na arena (anfiteatro), no circo (hipódromo) ou no teatro. As lutas dos gladiadores eram na origem jogos em honra de militares mortos, oferecidos pela família de um morto ilustre. Empregavam gladiadores para lutar em honra do morto. Com o passar do tempo, as lutas perderam sua associação com funerais. Não se destinavam à participação de cidadãos, mas de profissionais, escravos, criminosos ou prisioneiros de guerra. Os lutadores da arena (gladiadores) ou do teatro eram de uma condição social muito baixa – embora alguns fossem endeusados por membros da elite urbana romana.³⁵ Um cidadão que lutasse na arena sofria a extrema desgraça, a *infamia*, a perda do *status* e da cidadania.

As instituições romanas se espalharam por todo o império, impulsionadas pelo estabelecimento de colônias romanas sob Júlio César e César Augusto.³⁶ Os colonos nas províncias orientais levaram consigo as instituições romanas, inclusive a arena, o circo e as termas.³⁷ As termas incluíam uma praça de esportes (*palestra*), mas esta era destinada sobretudo a exercícios pessoais, não à preparação para as competições atléticas ou para a guerra.³⁸ Os romanos gostavam de vários tipos de jogos com bola,³⁹ que praticavam com freqüência antes do banho; por isso algumas termas tinham um *spheristerium* (pátio para brincar com bola).⁴⁰ O patrocínio de jogos de gladiadores demonstrava o caráter genuinamente romano de uma cidade, e assim era também uma afirmação social e política. Desta maneira, os coríntios construíram um hipódromo (*circus*) e uma arena.⁴¹ Apolônio de Tiana

---

³⁴ HARRIS, *Sport in Greece and Rome*, não os menciona, como tampouco GARDINER, "Roman Sports", p. 117-27; ambos referem-se ao circo e à corrida de coches. A arena e os *ludi* não se enquadram na definição deles de esporte!

³⁵ Assim MARCIAL 5.24 escreve um epigrama em louvor ao gladiador Hermes. Um bom estudo desse *status* ambivalente é Carlin A. BARTON, *The Sorrows of the Ancient Romans: The Gladiator and the Monster* (Princeton: Princeton University Press, 1993), p. 11-46; Thomas WIEDEMANN, *Emperors and Gladiators* (Londres: Routledge, 1992), 27-30. Tem havido numerosas publicações sobre os gladiadores nos últimos anos: Roland AUGUET, *Cruelty and Civilization: The Roman Games* (Londres: George Allen and Unwin, 1972; reimpr., Londres: Routledge, 1994); Paul PLASS, *The Games of Death in Ancient Rome* (Madison: University of Wisconsin Press, 1995); Ailson FUTRELL, *Blood in the Arena: The Spectacle of Roman Power* (Austin: University of Texas Press, 1997); Donald G. KYLE, *Spectacles of Death in Ancient Rome* (Londres: Routledge, 1998); D. S. POTTER e D. J. MATTINGLY, eds., *Life, Death, and Entertainment in the Roman Empire* (Ann Arbor: University of Michigan Press, 1999).

³⁶ Ver o capítulo "Colônias Orientais", p. 62-72, em G. W. BOWERSOCK, *Augustus and the Greek World* (Oxford: Oxford University Press, 1965), para um breve apanhado sobre as muitas colônias de Augusto no Mediterrâneo oriental.

³⁷ "Também na metade oriental do império, os jogos de gladiadores se difundiram juntamente com a identificação pelas elites do seu lugar dentro do império romano" (WIEDEMANN, *Emperors and Gladiators*, p. 43).

³⁸ Érika BRODNER, *Die römische Thermen und das antike Badewesen* (Darmstadt, Alemanha: Wissenschaftliche Buchgesellschaft, 1983), apresenta plantas de várias termas com *palaestrae*.

³⁹ MARCIAL 7.82, satirizando o sicofântico Monógenes nas termas, menciona bolas de mão e bolas de bexiga; 14.45-48, quatro bolas diferentes (cf. 7.32); 14.163 implica jogos com bola antes do banho. HARRIS, *Sport in Greece and Rome*, 75-111, faz um estudo aprofundado, com numerosas referências a textos latinos. Garrett G. FAGAN, *Bathing in Public in the Roman World* (Ann Arbor: University of Michigan Press, 1999), p. 25, dá o texto latino da citação de Monógenes com uma nova tradução e uma breve análise. BRODNER, *Römische Thermen*, p. 92, cita Marcial a respeito de vários jogos com bola – sem dar referências precisas.

⁴⁰ FAGAN, *Bathing in Public*, p. 9 n. 21, nota a possibilidade para uma parte da *palaestra* nas Termas de Estábia em Pompéia; ver também p. 57.

⁴¹ Ver David G. ROMANO, "Post-146 B.C. Land Use in Corinth, and Planning of the Roman Colony of 44 B.C.", em *The Corinthia in the Roman Period* (ed. Timothy E. Gregory; Journal of Roman Archaeology, Supplementary Series 8; Ann Arbor, Mich.: Journal of Roman Archaeology, 1994), figs. 1 e 2. Conforme Donald ENGELS, *Roman Corinth: An Alternative Model for the Classical City* (Chicago: University of Chicago Press, 1990), p. 49-50, o teatro

criticou os atenienses pelos seus jogos, nos quais transformavam em gladiadores homens que eram adúlteros, fornicadores, ladrões, assassinos, seqüestradores e criminosos dessa espécie, e os faziam lutar no teatro de Dionísio.[42]

O exército romano

Os atletas, gladiadores e aurigas competiam como indivíduos; os soldados, por definição, tinham de agir em conjunto, não como indivíduos. Enquanto as imagens do atletismo serviam para incitar os indivíduos ao compromisso ou à ação, a linguagem militar podia ser usada seja para encorajar um indivíduo, seja para promover a unidade social, política, intelectual ou religiosa. O exército foi uma importante força romanizadora no Oriente grego quando Júlio César e César Augusto espalharam as legiões por todo o império romano, e os imperadores sucessivos seguiram seu modelo.[43] Seguiram também uma política semelhante ao estabelecer colônias e assim difundir por todo o império a lei, os costumes e os padrões sociais romanos.[44] Entre elas estabeleceram colônias civis e militares no leste. Júlio César foi responsável por Butrotum, Dyme e Corinto no continente grego, e por Sinope, Apaméia Mirléia e Pário. Depois de vencer Antônio na batalha de Ácio (2 de setembro de 31), Otaviano (logo depois chamado Augusto) começou um extenso programa de colonização.[45] Ele afirma ter fundado vinte e oito colônias na própria Itália,[46] como também colônias na África, Sicília, Macedônia, as duas províncias da Espanha, Acaia, Síria, Gália Narbonense e Pisídia.[47] Augusto plantou colônias em Patrae, Dirrachium, Dion, Casandréia (antes estabelecida por Bruto) e Filipos (fundada antes por Antônio). Em todas essas colônias, o exército veio a ser uma notável força romanizadora tanto na guerra como na paz.[48]

---

e o odeão foram ambos modificados para os jogos de gladiadores antes de ser construída a arena no século III da Era Comum.

[42] Filóstrato, *Vit. Apoll.* 4.22; referência tirada de Widemann, *Emperors and Gladiators*, p. 43.

[43] Lawrence Keppie, *The Making of the Roman Army from Republic to Empire* (Norman: University of Oklahoma Press, 1984; novo prefácio e bibliografia, 1998), enumera vinte e oito legiões no tempo de Augusto.

[44] Ver Bowersock, *Augustus and the Greek World*, p. 62-72.

[45] E.T. Salmon, *Roman Colonization under the Republic* (Aspects of Greek and Roman Life; Ithaca, Nova Iorque: Cornell University Press, 1970), p. 134, afirma que Otaviano desmobilizou mais de 120.000 homens depois de Ácio.

[46] Augusto, *Res Gestae* 28.2: "Italia autem XXVIII [colo]nias, quae vivo me celeberrimae et frequentissimae fuerunt, me[a auctoritate] deductas habet" ("A Itália além disso havia fundado vinte e oito colônias, que eram afamadas e muito populosas durante a minha vida"). Citado conforme *Res Gestae Divi Augusti: Das Monumentum Ancyranum* (ed. Hans Volkmann; 2ª ed.; Kleine Texte 29/30; Berlim: Walter de Gruyter, 1964). Suetônio, *Aug.* 46, afirmou que "Divus Augustus, adsignata orbi terrarum pace exercitus, qui aut sub Antonio aut Lepido militaverunt, pariter et suarum legionum milites colonos fecit, alios in Italia, alios in provinciis" ("O divino Augusto, depois de dar ao orbe terrestre a paz do exército, que havia combatido quer sob Antôno quer sob Lépido, fundou colônias de soldados, das legiões deles e das suas próprias igualmente, algumas na Itália, outras nas províncias").

[47] *Res Gestae* 28.1. Volkmann, *Res Gestae*, 49, comenda que essas colônias de veteranos serviam para manter unido o império – como sugere o contexto em que Augusto as menciona. A "Lista de Colônias Romanas" de Salmon, em idem, *Roman Colonization under the Republic*, p. 158-64, inclui Bílis, Cassandréia, Dium, Dirráquio, Pela e Filipos como colônias macedônicas fundadas por Júlio César ou César Augusto. Tessalônica não atingiu o *status* de colônia até o tempo de Valeriano (253-60 da Era Comum).

[48] São úteis aqui as obras de Ramsay MacMullen, *Soldier and Civilian in the Later Roman Empire* (Harvard Historical Monographs 52; Cambridge: Harvard University Press, 1963); Yann Le Bohec, *The Roman Imperial Army*

Augusto mudou o caráter do exército romano de um grupo de civis para uma força com oficiais essencialmente não-profissionais conduzindo soldados que encaravam o serviço militar como uma carreira vitalícia.[49] O legionário normalmente prestava serviço durante vinte anos e estava sujeito a ser reconvocado nos cinco anos seguintes.[50] Augusto cuidou de ligar a si as legiões. Era o patrono delas, e elas, suas dependentes. Ele dava donativos em dinheiro, reconhecia as façanhas do exército em suas moedas e celebrava as vitórias dele como seus triunfos pessoais.[51] Ao passo que, no tempo da república, os soldados juravam servir ao comandante e não desertá-lo, no império, o juramento deles era de "colocar a segurança do imperador acima de qualquer outra coisa",[52] jurando morrer antes que desobedecer.[53] O juramento ao imperador (*sacramentum*, πίστις, *pistis*), seu Senhor (*dominus*, κύριος, *kyrios*), renovado anualmente, era de "servir ao imperador e a seus delegados nomeados, e obedecer a todas as ordens até a morte e aceitar a severa punição pela deserção e pela desobediência".[54] A confissão batismal "Jesus é Senhor" é claramente análoga. Quando davam baixa, geralmente após vinte anos de serviço, os soldados recebiam a cidadania romana. Assim, o exército era um importante modo de promoção social.

Os senadores e os *equites* (cavaleiros) forneciam os comandantes e oficiais maiores do exército.[55] O general[56] numa campanha não era um soldado profissional, mas um membro da elite. Onasander[57] descreve bem o papel do general. Como diz Oldfather em sua introdução, "a idéia principal do tratado é realmente a ética, a moral, e os princípios gerais do sucesso nas armas".[58] O general deve

---

(Nova Iorque: Hippocrene Books; Londres: B.T. Batsford, 1994); e John Rich e Graham Shipley, eds., *War and Society in the Roman World* (Leicester-Nottingham Studies in Ancient Society 5; Londres: Routledge, 1993).

[49] Keppie, *Making of the Roman Army*, p. 146-71, descreve bem esta mudança.

[50] Brian Campbell, *The Roman Army, 31 BC-AD 337: A Source Book* (Londres: Routledge, 1994) apresenta mais de quatrocentos textos em tradução inglesa.

[51] Keppie, *Making of the Roman Army*, p. 149.

[52] A frase provém de Epicteto, *Diatr.* 1.14.15, que compara o juramento do soldado ao imperador com o juramento do estudante de filosofia a Deus, de viver *kata physin* ("conforme a natureza").

[53] Sextus Julius Frontinus, *Strategemata* 4.1.4 [LCL, Bennett], diz que juramento (*Sacramentum*) era o nome original, mas ele tornou-se *iusiurandum* em 216 antes da Era Comum. Frontinus apresenta seu conteúdo: uma promessa "de não abandonar a tropa pela fuga, ou em consequência de medo, e não desertar as fileiras, exceto para procurar uma arma, abater um inimigo ou salvar um camarada". Ver Brian Campbell, *The Emperor and the Roman Army, 31 B.C.-A.D. 235* (Oxford: Clarendon Press, 1984), p. 23-32, para um amplo estudo do *sacramentum*. Não surpreende que os primeiros cristãos tenham adotado esse termo para a confissão de Jesus como Senhor no batismo.

[54] A formulação é moderna; ver Graham Webster, *The Roman Imperial Army of the First and Second Centuries A.D* (3ª ed.; Norman: University of Oklahoma Press, 1998), p. 120 e 137. G. R. Watson, *The Roman Soldier* (Ithaca, Nova Iorque: Cornell University Press, 1969), p. 49n. 95, cita Dionísio de Halicarnasso, *Ant. rom.* 10.18.2; 11,43, sobre o juramento.

[55] Ver a seção "The Officer Corps", em Le Bohec, *Roman Imperial Army*, p. 36-42.

[56] Os autores forçosamente usam linguagem militar técnica moderna para descrever o exército romano – embora seja anacrônica e não se deva interpretá-la com rigidez.

[57] Onasander é um contemporâneo de Paulo, tendo escrito seu tratado *Strategicus* (*The General*) no tempo de Cláudio. Dedicou a obra a Q. Veranius, cônsul em 49 da Era Comum, que morreu na Bretanha em 59. Ver Alfred Neumann, "Onasandros" em *Der kleine Pauly: Lexikon der Antike* (ed. Konrad Ziegler e Walther Sontheimer; 5 vols.; Munique: Alfred Druckenmüller Verlag, 1972), 4: p. 300; F. A. Wright, *A History of Later Greek Literature* (Nova Iorque: Macmillan, 1932), p. 260. A melhor edição é a de W. A. Oldfather, *Aeneas Tacticus, Asclepiodotus Onasander* (ed. The Illinois Classical Club, LCL; Cambridge: Harvard University Press, 1928).

[58] Oldfather, *Aeneas Tacticus, Asclepiodotus Onasander*, 350.

ser um orador (ἱκανος λέγειν, *hikanos legein*, 1.1), capaz de encorajar antes da batalha (1.13), deve purificar o exército por meio do sacrifício (5), indagar os presságios (10) antes da batalha, deve conduzir pessoalmente a formação militar (6), deve se mostrar alegre, animado e destemido (ἱλαρὸς, γεγηθὼς κμὶ ἀκατάπληκτος, *hilaros gegēthōs kai akataplēktos*) quando em perigo de derrota (13), e reconhecer o valor do medo (φόβος, *phobos*) para tornar os soldados firmes, quando covardes ou temerários (14). Platão, muito antes, dizia que um general saberá que palavras dizer aos soldados para encorajá-los (στρατιώταις παραινοῦντι, *stratiōtais parainounti*)[59] melhor que um rapsodista.[60]

Onasander refere-se a dois gêneros de discursos de generais às tropas – antes e depois da batalha.[61] No seu discurso após a batalha o general deve encorajar os sobreviventes (παραμυθησάμενος τοὺς ἀνασωθέντας, *paramythēsamenos tous anasōthentas*), se foram vencidos; se vitoriosos, deve guardar-se de sofrer dano por causa da negligência dos soldados (36.2). Ele também sugere que um general deve encorajar seu exército, quando está perdendo, bradando boas notícias, ainda que falsas (23).[62]

O outro gênero era a arenga antes da batalha (4.3-6). Onasander descreve o tipo de discurso que o general faz antes da guerra e as razões para o fazer. Burgess dá a mais extensa lista que conheço de discursos antes de batalhas que se encontram nos historiadores gregos.[63] Burgess observa que, embora nem Menandro nem o Pseudo-Dionísio de Halicarnasso[64] enumerem o discurso do general como uma categoria separada de oratória epidíctica, pode-se afirmar que a freqüência e a importância desse discurso são grandes "e ele preserva sua identidade mais plenamente ainda do que muitos daqueles que têm indiscutível reconhecimento e detalhada apresentação retórica". A seção do Pseudo-Dionísio que descreve o προτρεπτικός ἀθληταῖς (*protreptikos athlētais*, discurso para encorajar atletas) dá um esboço aproximado do discurso do general.

As arengas militares seguem um esquema padronizado e usam τόποι (*topoi*, formas tradicionais de argumentação) específicos, que incluem: (1) uma recordação de seus antepassados; (2) um apelo para não desonrarem a herança deles; (3) uma comparação de forças; (4) um apelo ao patriotismo; e uma série de asserções, de que (5) o valor, e não os números, vence; (6)

---

[59] Παραίνεσις ("exortação") é o termo técnico para o discurso de um general.
[60] PLATÃO, *Íon* 540D.
[61] Cf. E. NORDEN, *Die Antike Kunstprosa* (Leipzig: B. G. Teubner, 1915), p. 87n. 1, que comenta: "Anreden an die Soldaten (παρακελεύσεις, παραινέσεις heißen sie in unsern Thukydidesscholien) waren so üblich, daß die Kriegsschriftsteller vorschreiben, zum Feldherrn zu wählen einen ἱκανὸν λέγειν ("Os discursos aos soldados [chamados παρακελεύσεις, παραινέσεις em nossas *scholia* de Tucídides] eram tão costumeiros que os que escrevem sobre assuntos militares prescrevem que se escolha como comandante alguém que seja ἱκανὸν λέγειν [bom para falar]"). Norden cita também S. DEHNER, *Hadriani reliquiae* (vol. 1; Bonn, 1883), p. 10.
[62] ONASANDER, 36.2 e 23.
[63] BURGESS, "Epideictic Literature", p. 209. Ele afirma que somente na literatura grega existem mais de quarenta. Ver a lista no apêndice.
[64] Burgess refere-se a PSEUDO-DIONÍSIO DE HALICARNASSO, *Ars Rhetorica. I. Artis generis demonstrativi capita selecta*. A edição padrão do texto grego é a de Hermann USENER e Ludwig RADERMACHER, *Dionysii Halicarnassei Opuscula* (Leipzig: B. G. Teubner, 1899-1904; reimpr., 1965), 2, p. 253-292. Há uma boa tradução inglesa em RUSSELL e WILSON, *Menander Rhetor*, p. 362-81.

grande recompensa espera os vencedores; (7) os presságios são favoráveis; (8) a morte é gloriosa para o valente; (9) a derrota é uma desgraça; (10) eles venceram esse inimigo antes; (11) a guerra é justa, porque sofreram do inimigo; e (12) nosso comandante é superior ao do inimigo.[65] Polieno refere-se a esses discursos numerosas vezes. Assim, Cábrias exortou seus soldados: "Já que estamos a ponto de lutar, em todo caso não pensemos que estamos enfrentando os deuses dos inimigos, mas homens de carne e sangue que têm a mesma natureza que a nossa".[66]

Os generais lutavam junto com suas tropas nas campanhas antigas. Não eram oficiais distantes num posto de comando; queriam sinceramente lutar ao lado de seus soldados e compartilhar de seus perigos. Arquíloco descreveu assim o comandante ideal: "Dai-me um homem rudemente e solidamente assentado sobre suas pernas, um homem de grande coração, que não escapa do lugar onde planta os pés".[67] Os teóricos posteriores estavam menos certos de que os comandantes deviam sujeitar-se a tal perigo.[68]

Um resultado era que "a ausência de um comandante grego ocasionalmente podia provocar o pânico entre os homens que o viam cair".[69] Xenofonte recomendava a seus oficiais (στρατηγοί, ταξίαρχοι καὶ λοχαγοί, *stratēgoi, taxiarchoi kai lochagoi*) que eles fossem mais valentes que suas tropas, exercessem a previsão para o bem deles, e dessem exemplo de resistência à adversidade.[70] O comandante era sob muitos aspectos um outro soldado, lutando ao lado de suas tropas. A apresentação de Epafrodito como um ἀδελφὸς καί συνεργὸς καί συστρατιώτης (*adelphos kai synergos kai systratiōtēs*, Fl 2,25) reflete este aspecto da guerra antiga.

As funções do exército eram vencer as guerras, fortalecer a paz, patrulhar as fronteiras (os *limes*) e exercer muitas tarefas em tempo de paz. A organização, o treinamento e a disciplina do exército faziam dele um instrumento eficaz para todas essas funções. Em tempo de paz servia como um plantel de engenharia,

---

[65] Essa lista é apresentada por Burgess, "Epideictic Literature", p. 212-13, com referência aos discursos que contêm os elementos. Teon (2.115 Spengel) fala a respeito do discurso do general em seu *Progymnasmata*. Diz que um general que fala a seus soldados sobre os perigos deve ter a adequada προσωποποιΐς· στρατηγὸς τοὺς στρατιώταις ἐπι τοὺς κινδύνους ("persona: um general a seus soldados em relação aos perigos").

[66] Polieno coletou estratagemas militares de muitas fontes antigas em seu *Strategemata*, dedicado em 1161-66, durante a guerra dos partas, a Marco Aurélio e Lúcio Vero. Citado de 3.11.1.

[67] Frg. 93 [= Frg. 60, Diehl, Frg. 58 Bergk]: ἀλλά μοι σμικρός τις εἴη καὶ περὶ κνήμης ἰδεῖν· ῥοικός, ἀσφαλέως βεβηκὼς πόσσι, καρδίης πλέος. Ver *Archiloque Fragments* (texto editado por François Lasserre; Tradução e comentário de André Bonnard; Collection des Universités de France; Paris: Société d'édition "Les Belles Lettres", 1958), 30. Tradução de Victor David Hanson, *The Western Way of War: Infantry Battle in Classical Greece* (Nova Iorque: Alfred A. Knopf, 1989), p. 110. As duas primeiras linhas de Arquíloco dizem: "Eu não gosto do capitão muito alto, com pernas de tamanho enorme, alguém que anda com arrogância com os cabelos encaracolados e com a barba raspada abaixo do queixo".

[68] Ver Xenofonte, *Mem.* 3.1; Onasander 33.1: "O general deve lutar com cautela mais que com audácia, ou deve manter-se totalmente à distância de uma luta corpo a corpo com o inimigo".

[69] Ver Hanson, *Western Way of War*, p. 109.

[70] Xenofonte, *Anábase* 3.1.37. Sobre a relação do chefe com o soldado na Grécia clássica, ver Everett L. Wheeler, "The General as Hoplite" em *Hoplites: The Classical Greek Battle Experience* (ed. Victor Davis Hanson; Londres e Nova Iorque: Routledge, 1991), p. 121-70. Wheeler dá uma extensa documentação de historiadores clássicos e helenísticos como Políbio e Plutarco e do tático Polieno. Este volume traz também um pequeno vocabulário de termos militares gregos discutidos no livro. Faz falta um dicionário de termos militares gregos.

construindo estradas, aquedutos, pontes e semelhantes.⁷¹ Esta era uma das maneiras em que o exército era uma força para a romanização do império. Era uma eficiente máquina de guerra.⁷² Os exércitos de Roma trouxeram paz ao império, de modo que as guerras eram normalmente empreendidas numa fronteira longínqua.⁷³ Os homens eram treinados para obedecer, para trabalhar não como indivíduos, mas como parte de uma unidade. Os soldados em bloco, e não as proezas individuais, ganhavam as batalhas. As habilidades individuais não eram tão importantes.⁷⁴ Os legionários eram treinados para manter-se no lugar, e não abandonar a linha. Vegécio (século IV a V da Era Comum) descreve o treino para a formação em linha de batalha (linha única, dupla, quadrada, cunha e círculo) desta forma:

> Não há nada que se tenha comprovado de maior serviço na ação do que os homens aprenderem por constante prática a manter suas posições determinadas na linha, sem jamais fechar ou abrir suas fileiras em desvantagem. Homens estreitamente apinhados não têm espaço para lutar e simplesmente embargam o caminho um do outro. De modo semelhante, se estão espalhados e há muita luz entre eles, dão ao inimigo a oportunidade de atravessar as linhas. Inevitavelmente, se a linha é rompida e o inimigo ataca

---

⁷¹ Vegécio 2.11, ao descrever os deveres do prefeito dos engenheiros, enumera "engenheiros, carpinteiros, pedreiros, fabricantes de carros, ferreiros, pintores e outros artesãos, preparados para construir edifícios para um acampamento de inverno, ou máquinas para o assédio, torres de madeira e outros apetrechos para assaltar cidades inimigas ou defender as nossas, para fabricar novas armas, carros e outros tipos de máquinas de torção, ou para consertar quando estragados. Citado de VEGÉCIO, *Epitome of Military Science* (traduzido com notas e introdução por N. P. Milner. 2ª ed.; Translated Texts for Historians 16; Liverpool: Liverpool University Press, 1996), p. 43. MACMULLEN, *Soldier and Civilian*, p. 23-48, apresenta a mais completa análise da atividade do exército em tempo de paz.

⁷² Entre as fontes para reconstruir essa descrição está o único manual da antiguidade latina que chegou até nós: Flavius VEGETIUS Renatus, *Epitoma Rei Militaris* (editado com uma tradução inglesa por Leo F. Stelten; Nova Iorque: Peter Lang, 1990); ver também a tradução de Milner, acima, n. 71. Outros dois autores latinos tratam de tópicos específicos: Sextus Julius FRONTINUS, *Strategemata* (LCL [Benett]; Cambridge: Harvard University Press, 1925), trata dos assédios, ao passo que VALÉRIO MÁXIMO, *Memorable Doings and Sayings* (2 vols.; LCL [Shackleton Bailey]; Cambridge: Harvard University Press, 2000), fala da disciplina militar em 2.7, da lei triunfal em 2.8 e das estratégias em 4.4

Todos os três dependem de autores gregos anteriores que escreveram sobre história e especialmente sobre táticas militares. Entre estes estão: A.M. DEVINE, "Aelian's Manual and Hellenistic Military Tactics: A New Translation from the Greek with an Introduction", *Ancient World* 20 (1989): p. 31-64; Enéas Tático, *On the Defense of Fortified Positions* (1928; LCL [Illinois Classical Club]; reimpr., Cambridge: Harvard University Press, 1986); idem, *How to Survive under Siege* (traduzido por D. Whitehead; Oxford: Oxford University Press, 1990); Flávio Arriano, *TEXNH TAKTIKA (Tactical Handbook) and ΕΚΤΑΕΞΙΣ ΚΑΤΑ ΑΛΑΝΩΝ (The Expedition against the Alani*, (trad. e ed. James G. DeVoto; Chicago: Ares, 1993); ASCLEPIODOTO, *Tactics* (1928; LCL [Illinois Classical Club]; reimpr. Cambridge: Harvard University Press, 1986); POLIENO, *Stratagems of War* (ed. e trad. Peter Krentz e Everett L. Wheeler; 2 vols.; Chicago: Ares, 1994); M. SAGE, *Warfare in Ancient Greece: A Sourcebook* (Londres: Routledge, 1996).

⁷³ Celebrada por ÉLIO ARISTIDES, *Or. 26, passim*. Texto grego crítico em *Aelii Aristidis Smyrnaei Quae Supersunt Omnia* (ed. Bruno Keil; 2ª ed.; Berlim: Weidmann, 1957), p. 91-124; ET: em ÉLIO ARISTIDES, *ΕΙΣΡΩΜΗΝ, To Rome* (trad. Saul Levin; Glencoe, Ill.: Free Press, 1951). James H. OLIVER, *The Ruling Power: A Study of the Roman Empire in the Second Century after Christ through the Roman Oration of Aelius Aristides* (Transactions of the American Philosophical Society, n.s., 43/4; Filadélfia: American Philosophical Society, 1953), oferece uma extensa introdução, tradução, comentário, texto grego crítico e outros ensaios relevantes.

⁷⁴ John LAZENBY, "The Killing Zone", em *Hoplites: The Classical Greek Battle Experience* (ed. Victor David Hanson; Londres: Routledge, 1991), p. 103. Peter CONNOLLY, *Greece and Rome at War* (Englewood Cliffs, N.J.: Prentice-Hall, 1981) 126-34, dá um bom apanhado da mudança nas formações e táticas que diferenciam a legião romana da falange macedônica. Ver também PARKER, THE ROMAN LEGIONS (Nova Iorque: Dorset Press, 1992), p. 9-20, esp. p. 18-20.

por detrás as tropas em luta, há um imediato pânico e desordem universal. (...) Se os soldados jovens aperfeiçoam esses movimentos por meio de uma constante prática, mais facilmente guardarão suas fileiras na luta real.⁷⁵

Polieno ilustra com uma historieta a necessidade de "conservar a linha": Cleândridas ensinou a seus soldados que os lucanos foram vencidos porque se espalharam e não mantiveram sua posição como o fizeram seus soldados.⁷⁶

As ordens eram dadas pela voz e, mais audível na batalha, por trombeta (σάλπιγξ, *salpinx*, tuba) ou corneta (*cornu*).⁷⁷ Os soldados deviam também observar o estandarte, a águia transportada pelo *aquilifer* (portador da águia), para saber a direção do movimento. O termo que Enéas Tático usa para batalha é ἀγών (*agōn*, também usado para competições atléticas), e para vitória σωτηρία (*sōtēria*, geralmente traduzido por "salvação" no Novo Testamento: cf. Rm 1,16; 10,1.9; 13,11; 2Cor 1,6).⁷⁸

As vitórias eram celebradas de dois modos.⁷⁹ Primeiro, os vencedores erigiam um ôñóðáéï (*tropaion*), um memorial no qual a armadura do comandante derrotado era dependurada numa haste, às vezes com uma barra em forma de cruz. A parte inferior da Gemma Augustea ilustra muito bem o procedimento, mostrando soldados romanos que erguem a haste decorada com a armadura do general vencido e prisioneiros nus sob o severo controle de legionários.⁸⁰ O segundo era um triunfo, uma procissão na qual o general vitorioso era festejado.⁸¹ Uma parte da procissão era formada pelos cativos importantes aprisionados na guerra junto com as riquezas que a vitória trouxe para Roma. O Arco de Tito no fórum romano ilustra isso bem, numa parede interna, apresentando Tito no coche e os despojos do templo de Jerusalém na outra. Augusto celebrou dois triunfos (ἐθριάμβευσα, *ethriambeusa*) com uma ovação e três triunfos curiais, foi proclamado αὐτοκράτωρ (*autokrator*, governante único) vinte e três vezes, e freqüentemente lhe foram votados triunfos (θρίαμβοι, *thriamboi*) pelo senado.⁸² Esses triunfos repetidos exaltavam o imperador na mente das tropas.

---

⁷⁵ Vegécio 1.26, conforme traduzido, em Watson, *Roman Soldier*, p. 70-71. Watson dá o texto latino numa nota ao pé da página. A melhor edição crítica é agora Flávio Vegécio Renato, *Epitoma Rei Militaris* (ed. e trad. Leo F. Stelten; American University Studies, ser. 17, Classical Languages and Literature 11; Nova Iorque: Peter Lang, 1990). Asclepiodoto, *Tactics*, ilustra diferentes formações usadas antes pela falange, embora tenha escrito no século I antes da Era Comum.
⁷⁶ Polieno, *Stratagems of War*, 2.10.2.
⁷⁷ Le Bohec, *Imperial Roman Army*, p. 49-50. P. Krentz, "The *salpinx* in Greek Warfare", em Hanson, *Hoplites*, p. 110-20.
⁷⁸ Enéas, na sua introdução a esse tratado *On the Defense of Fortified Positions*.
⁷⁹ Ver Edgar Krentz, "De Caesare et Christo", *CurTM* 28 (2001): p. 340-45.
⁸⁰ A Gemma Augustea é um cameu de sardônica, Inv. No. IX A79, que está no Kunsthistorisches Museum de Viena. A parte superior representa a apoteose de Augusto. Há uma boa ilustração com análise em Karl Galinsky, *Augustan Culture: An Interpretative Introduction* (Princeton: Princeton University Press, 1996), p. 120-21; ver Larry J. Kreizer, *Striking New Images: Roman Imperial Coinage and the New Testament World* (JSNTSup 134; Sheffield, Inglaterra: Sheffield Academic Press, 1996), p. 76-78, para um desenho da peça.
⁸¹ Ernst Künzl, *Der römische Triumph: Siegesfeiern im antiken Rom* (Munique: C. H. Beck, 1988). Campbell, *Emperor and the Roman Army*, p.133-42, descreve o sentido dos triunfos imperiais.
⁸² *Monumentum Ancyranum* 4. Triunfo com ovação era um triunfo menor, no qual o vencedor ia a pé; triunfo *curile* era um triunfo maior, no qual ele ia num coche. Ver *Res Gestae Divi Augusti* (LCL [Shipley]; Cambridge: Harvard University Press, 1924), 349 nota d e 351 nota a.

O topos militar

Os filósofos morais consideravam útil a linguagem militar para salientar a importância da ação moral.[83] Isto tem uma longa história com o Sócrates de Platão que já comparava sua vida com a obediência do soldados às ordens (Platão, *Apol.* 28.d5-29a.1). O estóico Epicteto compara o juramento do soldado de lealdade ao imperador com o "juramento" do estudante de filosofia de nunca desobedecer a deus nem achar errada alguma coisa dada por deus.[84] O dever do filósofo, como o do soldado, é obedecer quando o general dá o sinal de retirada, seguindo-o e louvando-o.[85] Também Sêneca usa esse *topos* para descrever a vida filosófica em suas cartas morais a Lucílio.[86] Máximo de Tiro apresenta deus como um general que coloca as pessoas de modo adequado.[87] "Todo aquele que recusa permitir ao filósofo que aproveite de cada oportunidade para falar parece-me que faz o mesmo que alguém que escolhe uma única guarnição dentre toda a arriscada, flutuante e instável máquina de guerra, e aí confina o soldado versátil que sabe lutar como hoplita e como arqueiro e pode atirar com eficácia montado a cavalo ou de um coche."[88] Valério Máximo louva a severidade da disciplina militar porque ela contribui para apoiar o império.[89] Esse *topos* é usado para incitar a uma vida em conformidade com os princípios filosóficos pessoais.

PARTE II. O USO PAULINO DAS IMAGENS ATLÉTICAS E MILITARES

Imagens dos jogos gregos pan-helênicos

Corinto comandava os jogos ístmicos no século I e, durante o tempo que Paulo aí passou, pode até tê-los celebrado na própria cidade.[90] Paulo nunca

---

[83] Ver H. Emonds, "Geistliche Kriegsdienst: Der Topos der militia spiritualis in der antiken Philosophie" em *Heilige Überlieferung* (ed. O. Casels; Münster, Alemanha: Aschendorff, 1938), p. 21-50, e Harry Sidebottom, "Philosophers' Attitudes to Warfare under the Principate", em *War and Society in the Roman World* (ed. John Rich e Graham Shipley; Nova Iorque: Routledge, 1993), p. 241-64.

[84] Epicteto, *Diss.* 1.14.13-17; ver também 3.24.95-99. Pode ser que *Diss.* 1.9.16 também use a linguagem militar.

[85] *Diss.* 3.26.29. O sinal de retirada aqui é a ordem de cometer suicídio.

[86] Ver *Ep. Mor.* 59.7-8, que louva um filósofo de nome Sextius, e 96.5: "E assim, Lucílio, viver é servir como um soldado. Portanto, os que são jogados por todo lado e vão para cima e para baixo entre penosas e duras circunstâncias e enfrentam as mais perigosas operações militares são brava gente e os mais ilustres dos que estão nas fortalezas". Para mais referências, ver Timothy C. Geoffrion, *The Rhetorical Purpose and the Political and Military Character of Philippians: A Call to Stand Firm* (Lewinson, Nova Iorque: Mellon Biblical, 1993), p. 39-42.

[87] Máximo de Tiro 5.3 (Trapp, 44).

[88] Máximo 1.3. Ver o índice, verbetes "imagens", "guerra" na tradução de Trapp, 352, para mais outros usos das metáforas militares ou semelhantes.

[89] Valério Máximo, *Memorable Doings and Sayings* 2.7 (LCL, Shackleton Bailey, 2000). Cf. Clive Skidmore, *Practical Ethics for Roman Gentlemen: The Word of Valerius Maximus* (Exeter, Inglaterra: University of Exeter Press, 1996), p. 53-58, esp. p. 58.

[90] Ver Elizabeth R. Gebhardt, "The Isthmian Games and the Sanctuary of Poseidon in the Early Empire", em Gregory, *Corinthia in the Roman Period*, p. 82-89. Ela conclui: "Em suma, representações da coroa do vencedor e das divindades do santuário nas moedas coríntias do começo do duunvirato nos informam que o festival ístmico voltou ao controle da cidade quase imediatamente depois que a colônia foi fundada. A ausência de testemunhos arqueológicos substanciais sobre o *temenos* (recinto) de Poseidon e o teatro no santuário de

menciona pelo nome o local de nenhum dos pan-helênicos. Mas ele morou em Corinto, a cidade que comandava os jogos ístmicos; deste modo, não surpreende que 1 Coríntios contenha passagens que usam imagens dos jogos gregos de modo semelhante aos pensadores éticos. Em 1Cor 9,24-27,[91] Paulo usa uma clara metáfora da corrida rústica num estádio (οἱ ἐν σταδίῳ τρέχοντες, *hoi en stadiō trechontes*, "os que correm num estádio", uma de suas poucas referências a uma estrutura arquitetônica!), para falar da vida como uma competição (ἀγωνιζόμενος, *agōnizomenos*, competindo).[92] "Todo atleta [πᾶς δὲ ὁ ἀγωνιζμενος πάντα ἐγκρατεύεται, *pas de ho agōnizomenos panta enkrateuetai*] deve exercer o autodomínio sob todos os aspectos. Todos correm, mas só um ganha o prêmio [πᾶς δὲ ὁ ἀγωνιζόμενος, *pantes men trechousin, heis de lambanei to brabeion*], uma coroa perecível" (φθαρτὸν στέφανον, *phtharton stephanon*). Então ele passa para a metáfora do pugilato (ὡς αὐκ ἀέρα δέρων, *hōs ouk aera derōn*, não como quem fere o ar"), mas "trato duramente o meu corpo e reduzo-o à servidão" (ὑπωπιάζω[93] μου τὸ σῶμα καὶ δουλαγωγῶ, *hypōpiazō mou to sōma kai doulagōgō*). Ele rejeita uma comparação com um treinamento de luta contra um adversário imaginário, a fim de sublinhar a realidade da sua luta pelo evangelho. Ele não quer ser desqualificado por competir deslealmente (ἀδόκιμος, *adokimos*).[94] A descrição de Paulo é acurada para a praxe contemporânea.

Há um uso semelhante da corrida rústica em Fl 3,12-14, onde Paulo diz que se concentra no que está à frente, não no que ficou para trás (τὰ μὲν ὀπίσω ἐπιλανθαόμενος τοῖς δὲ ἔμπροσθεν ἐπεκτεινόμενος, *ta men opisō epilanthanomenos tais de emprosthen epekteinomenos*), enquanto ele procura chegar à meta (κατὰ σκοπὸν, *kata skopon diōkō*) e ao prêmio (τὸ βραβεῖον, *to brabeion*). Luciano usa uma linguagem semelhante quando ele mostra como um eminente atleta compete lealmente, mas um atleta inferior, anti-desportivo trapaceia.[95] O

Ístmia torna provável que a efetiva celebração dos jogos permaneceu em Corinto até o reinado de Nero globalmente" (p. 88).

O tratado mais extenso sobre as metáforas paulinas é David J. WILLIAMS, *Paul's Metaphors: Their Content and Character* (Peabody, Mass.: Hendrickson, 1999). Williams apresenta descrições excelentes e concisas de cada área investigada, além de extensa documentação, tirada de fontes antigas e de autores modernos. Werner STRAUB, *Die Bildersprache des Apostels Paulus* (Tübingen: J. C. B. Mohr [Paul Siebeck], 1937), p. 115, indica o uso de imagens atléticas e militares, mas não dá uma análise aprofundada.

[91] Terminologia atlética essencial inserida em grego.

[92] Calvin ROETZEL, *Paul: The Man and the Myth* (Colúmbia: University of South Carolina Press, 1998), p. 127, sustenta que a metáfora da corrida rústica é usada em Rm 9,30-33; 11,11-12.26-27; a única base que consigo ver é o uso do termo "perseguir" (διώκω, *diōkō*) em Rm 9,30-32. Isto é possível, mas um único termo não é suficiente para ter certeza do uso metafórico. Como diz o antigo provérbio grego, "Uma andorinha não faz verão".

[93] O termo significa literalmente golpear alguém abaixo do olho, arrosear o olho. LSJ, nesse verbete, cita DIÓGENES LAÉRCIO 6.89 (Hicks, LCL) a propósito de Crates, que foi golpeado no rosto. PLUTARCO, *Fac.* 921-22 (Cherniss, LCL), fala de arrosear a lua, descrevendo a superfície da lua como de ar tenebroso e de fogo sem chama (ver BDAG, nesse verbete).

[94] É possível que Rm 9,16 fale de corrida metaforicamente. STRAUB, *Die Bildersprache des Apostels Paulus*, 102, observa que com freqüência Paulo coloca duas metáforas uma perto da outra. Rudolf BULTMANN, *Der Stil der paulinischen Predigt und die kynisch-stoische Diatribe* (FRLANT 13; Göttingen: Vandenhoeck & Ruprecht, 1910), 38, identifica isto como uma característica da diatribe.

[95] LUCIANO, *Cal.* 12 (Harmon, LCL); referência de SWEET, *Sport and Recreation*, 28.

bom corredor esquece a linha de partida, pensa apenas em seguir adiante e força sua mente em direção à meta.[96] Pode ser que Paulo se refira a alguém que deslealmente viola as regras numa corrida, quando diz que os gálatas estavam correndo bem (Gl 5,7). Williams traduz "alguém vos fez tropeçar", tomando a expressão como uma afirmação e não como uma pergunta. Esta é a única passagem em que Paulo aplica a metáfora da corrida para seus ouvintes.[97]

Embora não seja atlética, estritamente falando, a linguagem usada em 1Cor 14,7 faria sentido no contexto dos jogos. Havia competição em música e dança nos jogos de Ístmia e de Delfos, mas não nos de Olímpia.[98] Os instrumentos eram a lira (κιθάρα, *kitara*) e a flauta (αὐλός, *aulos*). Paulo refere-se a ambas. Se elas não dão uma clara distinção nas suas notas (διαστολὴν τοῖς φθόγγοις, *diastolēn tois phthongois*), como se podem reconhecer o instrumento de sopro e o de corda? Os gregos conheciam diversas escalas e lhes atribuíam valor e influência diferentes.[99] Paulo tira proveito desse conhecimento musical quando ele trata da glossolalia (falar em línguas).

Paulo usa algumas vezes imagens da arena romana. Em 1Cor 4,9, ele apresenta os apóstolos como "condenados à morte" e, portanto, como pessoas que se tornaram espetáculo; a linguagem usada fala deles como se fossem criminosos condenados.[100] Ele fala de "luta com feras em Éfeso" (ἐθηριομάχησα, *ethēriomachēsa*; 1Cor 15,32) para exprimir como a esperança da ressurreição o torna capaz de desdenhar a morte. Ainda que Paulo não fosse um combatente da arena, ele se apresenta como um gladiador do qual se esperava que estivesse disposto a morrer.[101]

Em 2Cor 4,8-12, Paulo usa uma extensa imagem tomada das lutas dos gladiadores para descrever sua contínua espera da morte enquanto proclama a reconciliação de Cristo. Sua linguagem é eminentemente retórica, colocando diante do seu leitor quatro contrastes. Ele é:

(1) atribulado por todos os lados, mas não encurralado (ἐν παντὶ θλιβόμενοι ἀλλ' οὐ στενοχωρούμενοι, *en panti thlibomenoi all'ou stenochōroumenoi*);

---

[96] Ver Gardiner, *Athletics of the Ancient World*, ilustrações 89, 91, 92 e 93, e Sweet, *Sport and Recreation*, figura 3, p. 9 (ânfora panatenaica), e figura 4, p. 28, (uma ânfora preta com figuras), para antigas representações de corridas curtas e de longa distância a pé. Os corredores "se esticam" enquanto perseguem o líder na breve corrida. Paulo não usa a imagem da corrida de longa distância quando fala da resistência (ὑπομονή, *hypomonē*).
[97] Williams, *Paul's Metaphors*, 272. Há uma longa metáfora de corrida em Hb 12,1-2, também aplicada à vida do cristão; aí a ênfase é na resistência.
[98] Sweet, *Sport*, p. 183; a figura 61 mostra um homem tocando *diaulos* (flauta) e portando uma *kithara* (lira).
[99] Ver o excelente artigo sobre "Música" de Andrew D. Barker, *OCD* 1003-12.
[100] Williams, *Paul's Metaphors*, p. 260, chamou-me a atenção para isto.
[101] Isso combina bem com a contínua ênfase de Paulo em seu sofrimento e humildade em toda 2Cor. Ele não tem reputação (δόξα, *doxa*) conforme os critérios humanos, não tem cartas de recomendação, e assim por diante. Ver Abraham Malherbe, "The Beasts at Ephesus", em *Paul and the Popular Philosophers* (Minneapolis: Fortress Press, 1989), p. 79-89. O gladiador fazia um juramento (*sacramentum*, π////βistis) de que estava disposto a morrer. Ver Barton, *Sorrows of the Ancient Romans*, p. 15-17; Wiedemann, *Emperors and Gladiators*, p. 107-8. Sêneca, *Ep.* 37.1-2 apresenta o juramento como um modelo para a luta moral.

(2) posto em extrema dificuldade, mas não vencido pelo desespero (ἀπορύμενοι, αλλ οὐκ ἐξαπορούμενοι, *aporoumenoi all'ouk exaporoumenoi*);
(3) perseguido mas não abandonado (διωκόμενοι ἀλλ' οὐκ ἐγκαταλειπόμενοι, *diōkomenoi all'ouk enkataleipomenoi*);
(4) prostrado por terra, mas não aniquilado (καταβαλλόμενοι αλλ' οὐκ ἀπολλύμενοι, *kataballomenoi all'ouk apollymenoi*).

Esses quatro contrastes apresentam Paulo como um gladiador que está perdendo e que continua vivo graças ao Senhor. Está constantemente em perigo de vida por Cristo ("somos sempre entregues à morte", εις θάατον παρδιδόμεθα, *eis thanaton paradidometha*; 2Cor 4,11), mas não se dá por vencido pelo mal (2Cor 4,16), e não desespera (2Cor 4,16).[102]

Paulo usa consistentemente a linguagem dos esportes (e diversões) gregos e romanos para descrever suas próprias lutas de apóstolo de Cristo. Essa linguagem é mais freqüente nas cartas aos coríntios (um reflexo dos jogos ístmicos?), onde ele ressalta quão seriamente ele conduz sua obra, quão pouco se interessa pelo reconhecimento e quão humilde é sua situação muitas vezes. Usa a linguagem das diversões romanas (os jogos dos gladiadores) para salientar as tribulações que sofre sem ser derrotado. Jamais critica qualquer aspecto do antigo atletismo ou dos jogos de gladiadores, enquanto utiliza as imagens tiradas deles. Demonstra assim sua imersão na cultura de seu tempo e sua liberdade diante dela.[103]

Passagens paulinas com imagens militares

Como os filósofos, Paulo usa as imagens militares para inculcar a atividade conveniente.[104] Isso é bem ilustrado por passagens esparsas. Os leitores são exortados a ser vitoriosos, por exemplo, em Rm 12,21: "Não te deixes vencer pelo mal, mas vence o mal com o bem", usando formas do verbo νικόω, *nikaō*.[105] Rm 13,11-14 usa uma extensa metáfora: agora os cristãos precisam estar acordados (isto é, vigilantes; ὥρα ἤδη ὑμᾶς ἐξ ὕπνου ἐγερθῆναι, *hōra ēdē hymas ex hypnou egerthēnai*), armados, não com as obras das trevas, mas com "as armas da luz" (τὰ ὅπλα τοῦ φωτός, *ta opla tou phōtos*),[106] pois sua vitória (ἡ σωτηρία,

---

[102] Williams, *Paul's Metaphors*, p. 266, apóia essa interpretação. Alfred Plummer sugeriu a arena ou uma interpretação militar no seu comentário ICC (Edinburgh: T. & T. Clark, 1915), p. 129. Margareth Thrall, no novo comentário ICC (Edimburgo: T. & T. Clark, 1994), 1: p. 952, reconhece a possibilidade de que poderia tratar-se de pugilato ou mesmo de uma afirmação da atual perseguição. Victor Furnish, *II Corinthians* (AB 32A; Garden City, N.Y.: Doubleday, 1984), p. 255, afirma a possibilidade, mas rejeita-a com base no uso da Septuaginta.

[103] Williams, *Paul's Metaphors*, 270, interpreta o verbo "penar" em Fl 2,17, no contexto de corrida, como "treino" para competição. É possível, mas o contexto mais amplo é militar.

[104] Alguns autores pensam que Rm 11,11 contém linguagem militar. A probabilidade é pouca.

[105] Ver também o uso de ὑπερνικῶμεν (*hypernikōmen*) em Rm 8,37.

[106] A carta dêutero-paulina aos Efésios expande a metáfora, incluindo quase toda a armadura do legionário (ἡ πανοπλία, *hē panoplia*): cinturão em torno dos rins, couraça, botas, escudo, capacete e espada (6,10-18). Faltam a lança e a adaga. Há muito mais linguagem militar nesse trecho. Para ilustrações dessa armadura ver M. C. Bishop e J. C. N. Coulston, *Roman Military Equipment from the Punic Wars to the Fall of Rome* (Londres: B. T. Batsford, 1993), passim.

hē sōtēria) está mais próxima do que quando abraçaram a fé.[107] Paulo refere-se à armadura de novo em 1Ts 5,7-8, mencionando a couraça (θώραξ, *thōrax*) e o capacete (περικεφαλαία, *perikephalaia*), a esperança da salvação, enquanto exorta a estar vigilantes. Mais uma vez "salvação" aqui significa vitória.

As cartas aos coríntios usam amplamente a linguagem militar. Paulo descreve sua própria vida como uma batalha: está cercado de todos os modos, "batalhas [μάχαι, *machai*] fora, temores dentro" (2Cor 7,5). Encontra-se um motivo semelhante em Rm 7,23, onde um princípio (*nomos*, lei?) no corpo de Paulo faz guerras (ἀντιστρατευόμενον, *antistrateuomenon*) contra o princípio em sua mente e o faz prisioneiro do princípio do pecado.[108] Paulo fala de ir à guerra (στρατεύεται, *strateuetai*) em 1Cor 9,7 e das provisões do soldado (ὀψώνιον, *opsōnion*).[109] Falando da (não-) utilidade da glossolalia Paulo pergunta como alguém pode preparar-se para a guerra (πόλεμος, *polemos*) se a trombeta não dá um sinal claro (1Cor 14,8). Conforme 1Cor 15,57-58, Deus dá a vitória (τὸ νικος, *to nikos*) na guerra que os cristãos travam; portanto, eles devem "ficar firmes, imóveis", como soldados no alinhamento, já que sabem que sua lida (ὁ κόπος ὑμῶν, *ho kopos hymōn*) vencerá no fim. Em 1Cor 16,13, os imperativos finais de Paulo giram em torno da idéia de agir como um soldado em função de guarda ou preparando-se para a batalha: "Vigiai, permanecei firmes na fé, sede corajosos,[110] usai vossa força!" (γρηγορεῖτε, στήκετε ἐν τῇ πίστει, ἀνδρίζεσθε, κραταιοῦσθε, *grēgoreite, stēkete en tē pistei, andrizesthe, krataiousthe*; 16,14, πάντα ὑμῶν ἐν ἀγάπῃ γιέσθω, *panta hymon en ágape ginestho*). Paulo sublinha a necessidade de estar constantemente alerta, mas completa suas ordens com seu significado particular acrescentando no v. 14: "Fazei tudo na caridade".[111]

2Cor 2,14 usa o verbo θριαμβεύω (*thriambeuō*, "celebrar um triunfo") para falar de Deus como um general vitorioso que conduz Paulo numa procissão triunfal, usando o mesmo verbo que César Augusto usou.[112] Paulo (ironicamente?) considera-se como um cativo levado no cortejo de Deus, o general vitorioso. Aproveita a idéia da morte que espera a maioria dos cativos quando fala dele próprio como odor de morte para alguns, de vida para outros. Dessa forma ele

---

[107] Ou é quando eles "fizeram seu primeiro juramento", interpretando *episteusamen* no sentido de um juramento, a saber, a sua confissão batismal a Jesus como Senhor? Não tenho conhecimento de nenhum exegeta de Rm 13,11 que toma o verbo nesse sentido.

[108] Em Rm 6,13, Paulo fala de seus membros como armas de injustiça.

[109] Cf. Rm 6,23; 2Cor 11,8.

[110] A coragem, agir como homem (ἀνδρεία, *andreia*), é uma das quatro virtudes cardeais. As outras três são: prudência (φρόνησις, *phronēsis*), sobriedade ou temperança (σωφροσύνη, *sōphrosynē*) e justiça (δικαιοσύνη, *dikaiosynē*). A Sabedoria de Salomão 8,7 as enumera como virtudes (ἀρεταί, *aretai*).

[111] Alguns dos argumentos de Williams sobre as metáforas militares não convencem. Ele encontra uma referência à "ordem adequada de batalha" em 1Cor 14,40, realmente baseado apenas na palavra τάξις (*taxis*, 215). O único termo στοιχάω (*stoichaō*, "estar em linha com uma pessoa ou coisa... ser fiel a, concordar com, seguir, conformar", BDAG, ver o verbete) em Gl 5,25, que Williams traduz por "seguir os passos" (*Paul's Metaphors*, p. 213), não basta para demonstrar uma metáfora militar. Tampouco a referência à trombeta em 1Ts 4,16 é suficiente para garantir uma metáfora militar, pois o contexto é o de uma *parousia* real (ver id., p. 218).

[112] Ver a citação de *Res Gestae* na descrição do exército romano acima. Cl 2,14-15 combina as imagens do τρόπαιον (*tropaion*, o "monumento da derrota de um inimigo"; LSJ, ver o verbete), o troféu da vitória, com a procissão triunfal, para interpretar o significado da crucifixão como troféu militar que leva ao triunfo, não à derrota.

também prepara o leitor de 2Cor para a longa apresentação das suas dificuldades. Em 2Cor 7,7 ele fala das armas da retidão (justiça, δικαιοσύνη, *dikaiosynē*) à direita e à esquerda. O legionário romano normalmente levava uma adaga no seu lado esquerdo, sua espada no direito, e portava uma lança. Paulo descreve um guerreiro bem armado, omitindo a lança. 2Cor 10,3-6 descreve os coríntios como quem luta, mas não segundo um modelo carnal: ·

> Pois embora vivamos na carne, não militamos segundo a carne [οὐ κατὰ σάρκα στρατευόμεθα, *ou kata sarka strateuometha*]. Na verdade, as armas [τα γαρ 'ὅπλα, *ta gar hopla*] com que combatemos [τῆς στρατείας ἡμῶν, *tēs strateias hēmōn*] não são carnais, mas têm, ao serviço de Deus, o poder de destruir fortalezas. Destruímos [ἐπαιρόμενον, *epairomenon*] os raciocínios presunçosos e todo poder altivo que se levanta contra o conhecimento de Deus. Tornamos cativo [αἰχμαλωτίζοντες, *aichmalōtizontes*] todo pensamento para levá-lo a obedecer a Cristo, e estamos prontos a punir [ἐν ἑτοίμῳ ἔχοντες ἐκδικῆσαι, *en hetoimō echontes ekdikēsai*] toda desobediência [παρακοήν, *parakoēn*], desde que a vossa obediência seja perfeita.

Todos os termos gregos estão à vontade em textos de guerra.[113]

Essa aplicação notavelmente difusa das metáforas militares em passagens esparsas mostra quanto Paulo deve às metáforas militares. Paulo as usa para descrever suas próprias lutas a fim de viver sua fé ou para encorajar seus ouvintes a agir de acordo com o evangelho. A linguagem de Paulo é análoga à dos filósofos morais que usam as metáforas militares para inculcar a vida em conformidade com suas posições filosóficas.

Filipenses, o exemplo da parada

Filipenses se distingue entre as cartas de Paulo como a única que usa uma mistura de linguagem militar e política como estrutura conceitual para a carta inteira.[114] Isso não é de se admirar, porque Otaviano recolonizou Filipos depois da batalha de Ácio com um segundo contingente de soldados romanos e deu-lhe o nome de *Colonia Augusta Julia Philippensis*.[115] A cidade conservou esse nome ao menos até a primeira metade do século III da Era Comum, como é confirma-

---

[113] WILLIAMS, *Paul's Metaphors*, p. 215, faz um bom estudo dessa passagem.
[114] Isso não exclui outros campos lingüísticos, por exemplo, o uso da linguagem da amizade, junto com a linguagem militar.
[115] Depois da derrota de Bruto e Cássio, em 42 antes da Era Comum, Marco Antônio colonizou Filipos com veteranos do exército, dando à cidade um novo *status* com o *Ius Romanum*, governo local pela lei romana. SALMON, *Roman Colonization under the Republic*, p. 128, nota que Velleius (1.15.5) diz que todas as colônias romanas depois da fundação de Eporédia foram *coloniae militares*. Depois de 100 antes da Era Comum, "a provisão para os veteranos tornou-se o principal, enquanto distinto de um eventual, objetivo da colonização". Parece que Júlio César e Augusto juntos fundaram tantas *coloniae*, muitas fora da Itália, quantas todos os outros imperadores romanos reunidos.

do por suas moedas e inscrições.¹¹⁶ As inscrições testemunham uma contínua presença militar em Filipos até o século I da Era Comum.¹¹⁷

Pode-se interpretar grande parte de Fl como a arenga, antes da batalha, de um general que, como vimos, estava normalmente presente entre as tropas. A passagem-chave é Fl 1,27-2,18; vou limitar-me a uns poucos comentários sobre Fl 1,27-30, que analisei detalhadamente em outro lugar.¹¹⁸ O termo πολιτεύεσθαι (*politeuesthai*, "viver como cidadão", 1,27) nos coloca no âmbito da vida na *polis*. Πολιτεύεσθε (1,27) é ecoado no termo *politeuma* ("comunidade", 3,20) e juntos os dois termos formam uma *inclusio*, uma figura anular, 1,27-4,1; ambos são relacionados com a palavra πόλις (*polis*, cidade).¹¹⁹ Traduzo esses vv. para indicar o tipo militar da linguagem:

> Somente vivei vossa vida na *polis* de um modo que corresponda ao evangelho, para que eu, indo ver-vos ou estando longe, ouça dizer de vós que estais firmes num só espírito, lutando juntos com uma só alma,¹²⁰ pela fé do evangelho,¹²¹ e que em nada vos deixais atemorizar pelos vossos adversários, o que para eles é sinal de ruína, mas, para vós, de vitória, e isso da parte de Deus. Pois vos foi concedida, em relação a Cristo, a graça não só de crer nele, mas também de por ele sofrer,¹²² empenhados no mesmo combate em que me vistes empenhado e em que, como sabeis, me empenho ainda agora.

Paulo usa a linguagem militar em Fl 1,27-30 para exortar os filipenses à unidade quando lutam por causa de Cristo. Isso tem relação com a situação social da cidade como colônia militar e com as convicções de Paulo de que os cristãos estão comprometidos na guerra de Deus. Existe ademais um extenso uso da linguagem militar e política em outras seções de Fl.

---

[116] P. COLLART, *Philippes Ville de Macédoine depuis ses origines jusque à la fin de l'époque romaine* (Travaux et Mémoires publiés par les professeurs de l'Institut supérieur d'Études françaises et les membres étrangers de l'École française d'Athènes 5; Paris: E. de Boccard, 1937), p. 237-38, gravura XXXI, 1-9. A gravura XXXII, 1, mostra o nome no bloco de uma arquitrave do fórum. Peter PILHOFER acabou de reunir todas as inscrições conhecidas de Filipos (767), em *Philippi*, vol. 2: *Katalog der Inschriften von Philippi* (WUNT 119;Tübingen: Mohr Siebeck, 2000).

[117] Por ex., n. 202 em PILHOFER, *Katalog der Inschriften von Philippi*, uma inscrição honorífica para Lucius Tatinius Cnosus, datada de antes de 96 da Era Comum, claramente o identifica como um *beneficiarius tribuni*, sinal de que ele foi um oficial. Ele dedicou a base de uma estátua no fórum (n. 203, Pilhofer) à *Quieti Aug(ustae) col(oniae) Philippens(is)*,"à quietude da colônia Augusta dos Filipenses".

[118] Estudei Fl 1,27-30 detalhadamente em Edgar KRENTZ,"Military Language and Metaphors in Philippians" em *Origins and Method: Towards a New Understanding of Judaism and Christianity. Essays in Honour of John C. Hurd* (ed. Bradley H. McLean; JSNTSup 96; Sheffield, Inglaterra: Sheffield Academic Press, 1993), p. 105-27. Ver também GEOFFRION, *Rhetorical Purpose* (ver em n. 86 a citação completa).

[119] Assim Paulo vê esta linguagem militar como um subgrupo da linguagem política que descreve a vida na cidade ou na entidade política da qual alguém é cidadão. Fl 3,20 esclarece que entidade é essa.

[120] Ver BDAG, verbete "ψυχή" (*psychē*), 2.c, citando como paralelo DION CRISÓSTOMO, *Or.* (*Borysth.*) 36.30, onde está em paralelo com δύναμις, *dynamis*,"poder".

[121] WILLIAMS, *Paul's Metaphors*, p. 265, pensa que isto reflete a arena. Mas a linguagem do parágrafo é muito mais a da campanha militar.

[122] Πάσχω (*paschō*) aqui pode significar "morrer", cumprindo o juramento do soldado. DANKER, BDAG, neste verbete, 3.a.b., chama a atenção para APIANO, *Bell. Civ.* 1.15.63, como paralelo e cita JUSTINO, *Dial.* 121.2 – ὑπὲρ τοῦ μὴ ἀρνεῖσθαι αὐτόν (*hyper tou mē arneisthai auton*,"a fim de não negá-lo") – como uma metáfora militar.

A seguir, chamo a atenção para a terminologia ou os motivos militares específicos que se encontram em 2,1-3,21 e espalhados em outras partes da carta. Paulo, como general, deseja estar com eles (Fl 1,25-26). Mas ele precisa dar a razão de sua ausência a eles na batalha que estão travando. Fala duas vezes de sua ausência (Fl 1,27; 2,12): na primeira, insistindo com eles para que fiquem firmes; na segunda, exortando-os à obediência – como faria um general.

Fl 2,1-4 continua a exortação iniciada em 1,27-30, como esclarece o "portanto" de 2,1. Usando os termos παράκλησις (*paraklēsis*, "exortação") e παραμύθιον (*paramythion*, "encorajamento"), Paulo insiste com os filipenses para que pensem a mesma coisa (τὸ αὐτὸ φρονεῖν, *to auto phronein*),[123] recordando 1,27-30, e desdobra isso exortando-os à unidade do amor, do entusiasmo (σύμψυχι, *sympsychoi*) e do pensamento (τὸ ἓν φρονοῦντες, *to hen phronountes*, 2,1-2). Não há lugar para auto-promoção no exército; ao invés, cada um deve pensar as coisas com relação aos outros (μὴ τὰ ἑαυτῶν ἕκαστος σκοποῦντες ἀλλὰ καὶ τὰ ἑτέρων ἕκαστοι, *mē ta heautōn hekastos skopountes alla kai ta heterōn hekastoi*, Fl 2,2-4). Depois da análise de 1,27-30 as implicações são claras: a unidade de mente é alcançada considerando-se o bem-estar dos outros como prioridade acima da sobrevivência ou da glória individuais (κενοδοξία, *kenodoxia*, "reputação vazia"), aquilo que Shakespeare chama "a reputação da bolha". A guerra não é ocasião para rivalidade pessoal (ἐριθεία, *eritheia*); mas "com humildade, julgando cada um os outros superiores a si mesmo, nem cuidando cada um só do que é seu, mas também do que é dos outros" (2,4). Onasander aconselha ao comandante como alinhar os homens: "Faz parte da sabedoria do general colocar na linha irmãos ao lado de irmãos, amigos ao lado de amigos e lado a lado pessoas que se amam. Porque quando aquele que corre perigo por perto é mais querido do que de ordinário, quem ama necessariamente luta com mais ousadia pelo homem a seu lado".[124] Paulo recorda aos filipenses esse truísmo militar, sem invocar qualquer espécie de amor homossexual – em parte, pelo menos, porque algumas das lideranças em Filipos são do sexo feminino (4,2-3).

A ênfase na humildade conduz Paulo a citar o hino em Fl 2,6-11 como ilustração dessa mentalidade de abnegação que leva ao cuidado pelos outros. Arnold Ehrhardt pensou que o hino de Fl 2,6-11 usou um antigo *Herrscherideal*, uma descrição do governante ideal.[125] Sua interpretação combina com este enfoque militar. Como foi que Jesus se tornou o Senhor, ὁ κύριος ao qual eles juram fidelidade no batismo? Jesus foi obediente até ao extremo de morrer. Por isso foi exaltado à posição na qual toda a criação confessa: "Jesus é Senhor!". Paulo

---

[123] Plutarco dá a entender que a "presença de espírito" (φρονεῖν, *phronein*) é importante para um comandante militar (*Pyrrh.* 16.7-8): καὶ διὰ φροντίδος ἔχων ἤδη τὸ μέλλον, ἔγνω τοὺς συμμάχους ἀναμένειν ("E percebendo já o futuro pela sua presença de espírito, sabia que tinha de esperar por seus aliados combatentes"). Ver também Dion Crisóstomo 34.20; Dionísio de Halicarnasso, *Ant. rom.* 4.20.4.2; 2.59.7.4; 8.15.1.8.
[124] Onasander 24. Oldfather (LCL, 343) diz que esta é uma idéia freqüentemente afirmada. Ele cita Homero, *Il.* 2.362ss., Xenofonte, *Symp.* 8.32, e Platão, *Banquete* 178Ess.
[125] Arnold Ehrhardt, "Jesus Christ and Alexander the Great", em *The Framework of the New Testament Stories* (Cambridge: Harvard University Press, 1965), p. 37-43 [= *JTS* 46 (1947)]: id., "Eine Antikes Herrscherideal: Phil 2,5-11", *EvT* 8 (1948/49): p. 101-10; e idem, "Nochmals: Ein Antikes Herrscherideal", *EvT* 8 (1948/49): p. 569-72.

usa o hino para convidar os filipenses a uma humildade e unidade semelhantes. Fl 2,12 recorda aos filipenses que eles obedeceram a Paulo no passado (καθὼς πάντοτε ὑπηκούσατε, *kathôs pantote hypēkousate*). O bom soldado obedece à autoridade. Paulo convoca os filipenses a "operar a salvação (σωτηρία, *sôtēria*) deles mesmos". "Salvação" aqui não pode significar a salvação religiosa no *eschaton*, mas deve significar "vitória" como é normal num contexto militar. Epicteto exortava à boa ordem e à obediência a Deus (ἐκπληρώσῃ εὐτάκτως καὶ εὐπειθῶς τῷ θεῷ, *ekplērōsē eutaktōs kai eupeithōs tō theō*), reforçando a exortação com uma referência a Sócrates, que preferiu ser morto a deixar o lugar no qual Deus lhe havia ordenado estar (3.24.95). Paulo usa o *topos* filosófico familiar, mas com um novo matiz. A obediência é necessária para alcançar a vitória. Essa leitura previne o que de outra forma pareceria uma afirmação não-paulina: que a pessoa deve realizar sua salvação última.

Paulo também garante aos filipenses que eles terão o poder de fazer o que lhes pede, porque eles têm um Deus poderoso que está operando neles (2,13). Deus é aquele que produz neles a vontade e o poder de agir (τὸ θέλειν καὶ τὸ ἐνεργεῖν, *to thelein kai to energein*). Esta é a modificação de Paulo num *topos* típico das arengas militares. Por causa do seu poder superior e mediado, eles podem realmente estar certos da vitória.

Mas devem lutar sem murmurações nem reclamações (χωρὶς γογγυσμῶν καὶ διαλογησμῶν, *chōris gongysmōn kai dialogismōn*, 2,14). Na batalha, a disciplina é essencial; não há espaço para contestar nem para discutir ordens. Por isso os soldados devem ser acostumados a obedecer às ordens imediatamente, sem questionar. Pois essas ordens causam segurança aos que as seguem, e perigo aos que as desobedecem. Assim também não se deve lutar contra aquilo que a natureza faz; como diz Sêneca: "É melhor sofrer o que não podes mudar, e ir com deus, por cuja autoria todas as coisas ocorrem: um mau soldado é aquele que segue seu comandante resmungando".[126] Paulo se opõe às contendas e insiste na unidade em outras cartas, mas a diretriz aqui é numa linguagem incomum que se enquadra bem numa arenga militar. Devem obedecer sem se queixar, como Sêneca ensinou.

A linguagem paulina da libação derramada sobre um sacrifício também se encaixa numa arenga militar: "Mas se eu for derramado em libação [σπένδομαι, *spendomai*], em sacrifício e serviço da vossa fé [ἐπὶ τῇ θυσίᾳ καὶ λειτουργίᾳ τῆς πίστεως ὑμῶν, *epi tē thysia kai leitourgia tēs pisteōs hymōn*], alegro-me e me regozijo com todos vós" (Fl 2,17).[127] Isto é provavelmente uma referência ao sacrifício feito antes da batalha. O uso do termo λειτουργία (*leitourgia*) reforça essa opinião, porque liturgia era um ato celebrado a serviço do estado. A liturgia haveria de produzir a vitória deles. O sacrifício era incumbência do

---

[126] Assim Sêneca, *Ep. Mor.* 107.9-10, em que ele diz: "O soldado que segue seu comandante resmungando é mau".
[127] Em 2Tm 4,6-8, o autor das Pastorais, muito posterior, usa a mesma linguagem da libação, junto com referências a um bom combate, à observância do juramento, e ao recebimento da coroa – boas metáforas militares, todas elas.

general comandante. Onasander diz que nenhum general deveria travar uma batalha sem antes sacrificar e indagar os presságios e saber que são favoráveis a seu lado.[128]

Existe uma atestação múltipla para esse sacrifício nos historiadores antigos. Ciro o Grande pediu a seus oficiais que todos, homens e cavalos também, fizessem uma refeição enquanto ele sacrificava antes da grande batalha contra os persas.[129] Os sacrifícios muitas vezes incluíam libações. Paulo diz que sua morte em defesa do evangelho não deve fazer os filipenses perderem o ânimo, mas deve ser considerada como um sacrifício favorável. Ele claramente conta com a possibilidade de sua morte em 1,19-26. Aí ele afirma que por sua morte ou por sua vida Cristo será engrandecido (Fl 1,20). Mais adiante fala da "participação nos seus [de Cristo] sofrimentos" (3,11), como havia dito que era um dom para eles sofrer por Cristo (1,29).[130] Se ele morrer, sua morte será um testemunho do favor de Deus na luta deles (Fl 2,17).

Quanto ao resto (3,1), diz Paulo, ele apenas escreve o que não é de modo algum penoso para ele e o que contribui para a segurança deles (ἀσφαλές, *asphales*). Mas Paulo deixa de lado sua aparente conclusão e, em vez disso, começa um ataque aos adversários (3,2-4), que ele a seguir chama de "inimigos da cruz de Cristo" (ἔχθροι τοῦ σταυροῦ τοῦ Χριστοῦ, *echthroi tou staurou tou christou*, 3,18). Essa descrição do inimigo se adapta bem a uma arenga militar: implica a superioridade das forças de Paulo.

Fl 3,6-11 introduz a retidão (ou justiça, δικαιοσύνη, *dikaiosynē*) na discussão, de modo um tanto abrupto. É compreensível que os intérpretes tenham a tendência de ler isto à luz da argumentação de Paulo em Gl e Rm. Mas Onasander permite um enriquecimento dessa compreensão. Diz ele que um general deve apresentar (συνίστασθαι, *synistasthai*) as causas da guerra com a maior prudência. "Deve ser evidente para todos que o exército luta do lado da justiça".[131] Então os deuses estão mais benignamente dispostos, tornam-se companheiros de armas, e os soldados lutam com mais ardor (προθυμότερον, *prothymoteron*). Paulo afirma muito claramente a prioridade da δικαιοσύη (ou "justiça", *dikaiosynē*) de Cristo sobre a dele mesmo, o que torna a perda de tudo o mais e a participação nos sofrimentos (παθήματα, *pathēmata*) de Cristo um bem que determina todas as suas ações (3,12-15). Evidentemente a justiça de Cristo é superior à dos inimigos (Fl 3,2-4.18-19).

---

[128] Onasander 5 (fala de purificação por um ritual correto) e 10,25-28, que indica o sacrifício e a indagação dos presságios: Μήτε δὲ εἰς πορείαν ἐξαγέτω, τὸ στράτευμα μήτε πρὸς μάχην ταττέτω, μὴ πρότερον θυσάμενος ("E que ele não conduza o exército à pilhagem nem o forme em ordem de batalha, se antes não tiver sacrificado"). Ele deve ter consigo sacrificadores experientes (θύται, *thytai*) e videntes (μάντεις, *manteis*) para ler os presságios (τά ἱερά, *ta hiera*). Para o período primitivo, ver Michael H. Jameson, "Sacrifice before Battle" em Hanson, *Hoplites*, p. 197-227.

[129] Xenofonte, *Cyr.* 6.3.21: αὔριον δε πρώ, ἕως ἄν ἐγὼ θύομαι... (*aurion de prō, heōs an egō thyomai*, "amanhã cedo, depois que eu oferecer o sacrifício...").

[130] Pode ser que Paulo use esta figura para evitar falar de sua morte como sacrifício humano antes da batalha – reminiscências de Agamêmnon em Áulis.

[131] 4.1.: τάς δ' ἀρχὰς τοῦ πολέμου μάλιστά φημι χρῆναι φρονίμως συνίστασθαι καὶ μετὰ τοῦ δικαίου πᾶσι φανερὸν γίγνεσθαι πολεμοῦντα.

Em Fl 3,17-4,1 Paulo retoma a linguagem e os motivos de 1,27-30 e então retoricamente providencia uma conclusão do tema por uma forma de composição anular. O trecho recorda primeiro as auto-referências de Paulo (3,17; cf. 1,7-26; 3,4b-14), depois resume incisivamente as afirmações sobre os opositores (3,18-19; cf. 3,2-4a), e conclui recapitulando a linguagem e a exortação de 1,27-30 (3,20-4,1). Encontram-se no contexto imediato os nomes "Deus" (θεός, *theos*) e "salvador" (σωτήρ, referente a Jesus); Deus é apresentado como alguém capaz de sujeitar tudo a Cristo como salvador (3,21).

Brewer salienta que em Filipos, colônia romana governada pelo *Ius Italicum*, havia os *Augustales*, libertos especialmente consagrados ao culto do divino Augusto, e que este culto imperial prosseguiu por todo o século I da Era Comum.[132] Ele afirma que Paulo formulou Fl 1,27-30; 2,9-11 e 3,20 em consciente oposição ao culto imperial ao imperador Nero. Resume assim sua interpretação:

> Lidos à luz das três passagens que se referem a eles [os termos πολιτεύεσθε, *politeuesthe*, em 1,27 e πολίτευμα, *politeuma*, em 3,20] parecem ter sido escolhidos deliberadamente e por uma boa razão. Parece que Paulo empregou essas palavras para dizer: "Continuai a cumprir fielmente vossas obrigações de cidadãos e habitantes de Filipos, como deve fazer o cristão; mas não cedais à pressão patriótica para dar a Nero o que pertence somente a Cristo. Lembrai-vos de que, enquanto sois membros de uma colônia romana, sois também uma colônia do céu, do qual esperais o retorno de vosso divino Senhor e Salvador. Portanto, ficai firmes. Não vacileis jamais no conflito. Pode ser que tenhais de sofrer por Cristo, mas lembrai-vos de que ele é o vosso libertador também".[133]

A insistência de Brewer em interpretar Fl à luz da vida pública numa colônia romana, especialmente sua insistência no culto imperial romano, é inteiramente persuasiva. Os veteranos do exército deviam continuar a viver em sólida fidelidade ao imperador.

Em Fl 3,17, Paulo usa uma linguagem que o apresenta como modelo (τύπον, *typon*)[134] e ao mesmo tempo pede aos filipenses que se unam a ele na imitação

---

[132] R. R. Brewer, "The Meaning of πολιτεύεσθε in Phil. 1:27", *JBL* 73 (1954): p. 76-83. Ele cita uma inscrição de Neápolis que se refere "a um anônimo magistrado romano [*duumvir*] de Filipos como *pontifex, flamen divi Claudii Philippi*" citado do comentário de Lightfoot (51n. 4). É surpreendente que Brewer nunca cita a obra magistral de Collart, que traz sete inscrições concernentes ao culto do governante em Filipos de antes do tempo de Vespasiano. Collart cita o texto completo da inscrição de Neápolis: "P. Cornelius Asper Atiarius Montanus / equo publico honoratus, item ornamentis decu / rionatus et IIviralicis, pontifex, flamen divi Claudii Philippis, / ann. XXIII, h. s. e" ("Publius Cornelius Atiarius Montanus, honrado com um cavalo público, que com ornamentações decuriais e duumvirais, sacerdote, flâmine do divino Cláudio de Filipos, foi colocada aqui no [seu] vigésimo terceiro ano" *CIL* III.650). Notar a referência a honras públicas, equivalentes ao ἔντιμος (*entimos*, "digno de reconhecimento público") de Fl 2,29.

[133] Brewer, "Meaning of πολιτεύεσθε in Phil. 1:27", p. 83.

[134] Paulo usa o substantivo τύπος (*typos*, "tipo, modelo") para si mesmo apenas aqui, provavelmente para se distinguir de Cristo que os filipenses devem imitar com ele (cf. 1Cor 11,1). Ele aplica esse termo aos tessalonicenses em 1Ts 1,7. Em Rm 5,14, fala de Adão como tipo de Cristo; em 1Cor 10,6 dos eventos do deserto como tipos do alimento e da bebida espirituais cristãos. Ver esse verbete em BDAG.

(συμμμμηταί μου γίνεσθω, *symmimētai mou ginesthō*)! A imitação (μίμησις, *mimēsis*) exercia um grande papel na antiguidade.[135] Note-se que Paulo lhes pede que o imitem observando os "inimigos da cruz de Cristo" (ἐχθροί τοῦ σταυροῦ τοῦ Χριστοῦ, *echthroi tou staurou tou christou*, 3,18). O termo usual para inimigo na batalha é πολέμιοι, *polemioi*. Mas ἔχθρς (*echthros*) é também possível. Eles serão derrotados (ἀπώλεια, *apōleia*, cf. 1,28).[136]

Paulo descreve os inimigos conforme um estereótipo que os contrasta com o soldado ideal em 2,1-4. Eles não têm sua mente fixa naquilo que dá unidade e vitória. "Seu deus é o ventre" (3,19). A maioria dos comentadores sugere que isto é uma referência à imoralidade sexual ou a um distúrbio bastante estilizado.[137] A referência é, antes, a uma dieta luxuosa (o soldado romano normalmente não comia carne!) e a uma conduta indigna de um soldado.[138] Alguns romanos achavam que os soldados deviam contentar-se "com uma ceia vespertina de biscoitos umedecidos na água."[139] Esses inimigos, em vez disso, pensam nas "coisas da terra" (οἱ τά ἐπίγεια φρονοῦντες, *hoi ta epigeia phronountes*, 3,19); encontram sua glória (δόξα, *doxa*, sua reputação de cidadãos) nas coisas erradas.

Essa descrição forma um claro contraste com a "comunidade no céu" (λίτευμα ἐν οὐρανοῖς, *politeuma en ouranois*; 3,20). Os inimigos lutam por falsos valores. Os filipenses, porém, estão sob juramento feito àquele que é seu salvador. Paulo raramente usa σωτήρ, *sōtēr*, salvador) para Jesus; Fl 3,20 é a única vez nas epístolas paulinas unanimemente aceitas.[140] Este termo tem seu lugar no culto imperial romano, mas combina bem igualmente com um contexto militar. A inscrição do Calendário de Priene chama César Augusto de "salvador" porque ele trouxe a paz ao mundo.[141] Os soldados o reconheciam como *dominus*, ou seja, senhor.

Mas Paulo recorda aos filipenses uma outra lealdade e um outro Senhor. Sherwin-White mostra que o termo πολίτευμα, (*politeuma*, "comunidade") tecnicamente designava as comunidades auto-suficientes e auto-governadas de não-cidadãos (especialmente judeus) "que estavam sob a autoridade geral dos governantes civis, mas organizavam seus próprios negócios internos" nas grandes

---

[135] Ver H. KOLLER, *Die Mimesis in der Antike: Nachahmung, Darstellung, Ausdruck* (Dissertationes Bernenses, ser. 1, fasc. 5; Bern: A. Francker, 1954).

[136] O uso da linguagem do inimigo também aparece num texto dêutero-paulino: Cl 1,20-22, que fala de fazer a paz reconciliando inimigos.

[137] Martin DIBELIUS, *An die Thessalonicher I, II; An die Philipper* (3ª ed.; Tübingen: J. C. B. Mohr, 1937), opta pela segunda opinião ("eine beiläufig vorgebrachte Klage"); citando 3Mc 7,11 (τοὺς γαστρὸς ἕνεκα τὰ θεῖα παραβεβηκότας προστάγματα), sugere que a referência à vergonha é passível de uma interpretação sexual e que "estômago" pode então referir-se à orgia.

[138] Jean-Michel CARRIÉ, "The Soldier", p. 100-137, em *The Romans* (ed. Andréa Giardina; trad. Lyia B. Cochrane; Chicago: University of Chicago Press, 1993), p. 118, descreve a opinião de Tácito segundo a qual os soldados são homens "governados por desejos, impulsos e paixões".

[139] Florence DUPONT, *Daily Life in Ancient Rome* (trad. Christopher Woodall; Oxford e Cambridge, Mass.: Blackwell, 1992), p. 270, citando HORÁCIO, *Sat.* 2.2.23.

[140] O termo ocorre freqüentemente nas epístolas dêutero-paulinas: Ef 5,23; 1Tm 1,1; 2,3; 4,10; 2Tm 1,10; Tt 1,3. 4; 2,10. 13. 3,4. 6 e alhures em 2Pd 1,1. 11; 2,20; 3,2. 18.

[141] *OGIS* 2.458.

cidades como Alexandria e Selêucia no Tigre.¹⁴² Devemos estar lembrados de que os soldados "pertenciam" ao imperador. Augusto falava de "meus soldados" (*milites mei*). Paulo relembra aos filipenses seu *sacramentum* batismal, sua confissão de que "Jesus o Senhor" é o salvador deles, que a sua fidelidade não é a Roma, mas a uma celestial πολίτευμα, (*politeuma*), onde o seu Senhor agora está (uma antítese consciente com a descrição de seus inimigos em 3,19). E, como fiéis, eles têm um futuro, uma recompensa melhor que uma dádiva. Mais uma vez estão presentes motivos da arenga militar: sabei por que lutais e alcançai a glória para vós no *eschaton*. É Cristo como Senhor "que transfigurará nosso corpo humilhado, conformando-o ao seu corpo glorioso". Fl 3,21 promete uma recompensa futura.

Esse ambiente militar em Filipos pode lançar luz sobre o termo ἐπίσκοποι (*episkopoi*, "supervisores"), embora não sobre καὶ διακονοι (*diakonoi*, servos) em Fl 1,1. Martin Dibelius traduz assim esta frase: "samt Verwaltern und Gehilfin" ("junto com os administradores e assistentes") e justifica sua tradução com extensas notas e um longo *excursus* sobre os dois termos.¹⁴³ Ele argumenta que Paulo utiliza termos comuns em Filipos ("ortsüblichen Terminus"). Dibelius não pergunta se esses termos eram correntes nos círculos militares. John Reumann informa que o termo ἐπίσκοπος (*episkopos*) "designa um ofício de supervisão no estado, em várias sociedades e em outros grupos no mundo greco-romano, muitas vezes com responsabilidades financeiras".¹⁴⁴ Mas há alguma prova que sugere o uso militar. Xenofonte apresenta Clearco τυχὼν τότε τὰς τάξεις ἐπισκοπῶν (*tychōn tote tas taxeis episkopōn*, "supervisionando a disposição das tropas"), quando seus guardas o informaram de que arautos do rei persa estavam lá. Ele ordenou aos guardas do acampamento que dissessem aos arautos para esperar até ele ter uma folga,¹⁴⁵ ao passo que ele atribui a Ciro o Grande o ato de ordenar a seus oficiais: "Inspecionai as armas de vossos cavalos e a vós mesmos" (ἐπισκέψασθε, *episkepsasthe*, "supervisionar") antes da batalha.¹⁴⁶ O termo está à vontade também num contexto militar. Até hoje, porém, não sei de nenhuma prova para διάκονος (*diakonos*) como título militar.¹⁴⁷

---

¹⁴² A. N. SHERWIN-WHITE, *Roman Society and Roman Law in the New Testament* (Oxford: Clarendon, 1965 = ed. corrigida 1963), p. 185.

¹⁴³ "'Bischöfe' und 'Diakonen' in Philippi", em DIBELIUS, *An die Thessalonicher I, II; An die Philipper*, p. 61-62.

¹⁴⁴ John REUMANN, "Church Office in Paul, Especially Philippians", em *Origins and Method: Towards a New Understanding of Judaism and Christianity (Essays in Honour of John C. Hurd)* (JSNTSup 96; Sheffield, Inglaterra: Sheffield Academic Press, 1993), p. 82-91, citação da p. 83 resumindo a posição de Hans Leitzmann. Markus BOCKMUEHL, *The Epistle to the Philippians* (BNTC; Peabody, Mass.: Hendrickson, 1998), p. 53-55, oferece um útil sumário das interpretações modernas.

¹⁴⁵ XENOFONTE, *Anábase* 2.3.2.

¹⁴⁶ *Cyr*. 6.3.21. Ciro também montou uma equipe de saúde, formada pelos melhores médicos e equipada com todos os instrumentos médicos e remédios. Sempre que caía doente alguém em cuja recuperação estava interessado, ele o visitava e providenciava tudo quanto fosse necessário" (ἐπεσκόπει καὶ παρεῖχε πάντα ὅτου ἔδει, *epeskopei kai pareiche panta hotou edei*, *Cyr*. 8.2.24-25). ÉSQUILO, *Eum*. 296. Ver também ÉSQUILO, *Eum*. 296, e LSJ para outras referências.

¹⁴⁷ Não vi PROCÓPIO (Metropolita de Filipos). ἡ ὀργάνωσις τῆς ἐκκλησίας τῶν φιλίππων κατα τὴν ἀποστολικὴν καὶ μεταποστολικὴν ἐποχήν. Οι πρεσβύτεροι τῆς 'εκκλησίας των φιλίππων, *Delton Biblikon Meleton* 9 (1980): p. 56-62.

A referência ao πραίτοριον ("pretório") em Fl 1,13 é, primariamente, uma alusão a uma unidade militar de elite estacionada em Roma como guarda pessoal do imperador.[148] Uma série de moedas em Filipos mostra a deusa Vitória com a inscrição VIC(toria) AUG(usta) de um lado. Do outro, apresenta três estandartes militares romanos rodeados por um colar de contas, com a inscrição COHOR(s) do lado esquerdo e PRAE(toria) do lado direito, e abaixo dos estandartes PHIL.[149] Collart afirma que "Ces pièces apportent la preuve que Philippies fut colonisée aussi par une cohorte de prétoriens".[150] Os descendentes desses primeiros colonizadores podem bem ter tido um especial interesse pelos membros da guarda pretoriana que se tornaram cristãos.[151] A figura XXI da obra de Collart apresenta moedas do início do período imperial (Cláudio, Nero, Vespasiano, Domiciano etc.); quase todas as moedas trazem no reverso a mesma iconografia que as moedas de Augusto: o imperador à esquerda, coroado pelo gênio da cidade à direita, com a inscrição identificando a moeda como proveniente da COL(onia) AUG(usta) IVL(ia) PHILIP(pensis).[152]

A extensa referência de Paulo à sua prisão (Fl 1,18-26), e por isso sua ausência de Filipos, é também esclarecida pelos costumes e pela linguagem militares. Um general não devia ausentar-se da batalha, mas devia exortar as tropas e conduzi-las na guerra. As cartas de Paulo cumprem a primeira obrigação; sua ausência é um problema. Além disso, como diz Enéas Tático, um chefe "deve inspirar os [seus] amigos com coragem por [suas] iniciativas e intrepidez e provocar medo nos [seus] inimigos de modo que eles fiquem quietos em casa".[153]

Pode bem ser que a prisão de Paulo tenha criado um impedimento a seu ministério para os cidadãos romanos. Pela lei romana, um prisioneiro de guerra perdia seu *status* de cidadão, recuperando-o somente quando libertado.

Quando um cidadão romano era preso na guerra, era automaticamente reduzido à escravidão. Para o sistema legal romano, ele estava civilmente morto. Porém, se ele voltava depois ao território romano (contanto que sua prisão fosse verdadeira, isto é, que ele não tivesse desertado para o inimigo), a maioria dos seus direitos anteriores revivia. Este era conhecido como o jus *postliminium*, sendo *limen* a palavra latina para "limiar"; assim, o termo se refere à passagem da fronteira para voltar ao estado romano.[154]

---

[148] Ver Le Bohec, *Imperial Roman Army*, p. 20-21, sobre a coorte pretoriana, e as muitas referências neste índice, sob "coorte","pretoriano".
[149] Collart, *Philippes*, 232, gravura XXX, p. 8-11.
[150] "Estas peças comprovam que Filipos foi colonizada também por uma coorte de pretorianos."
[151] Nenhum comentário que consultei utilizou as moedas de Filipos ou chamou a atenção para sua possível importância para a compreensão de Fl 1,13.
[152] Collart, *Philippes*, p. 237-39, interpreta esta moeda. Esta iconografia é também relevante para interpretar στέφανος (*stephanos*, "coroa") de Fl 4,1.
[153] Enéas Tático 9.3.
[154] Francis Lyall, *Slaves, Citizens, Sons: Legal Metaphors in the Epistles* (Grand Rapids: Zondervan, 1984), p. 169, com referência a William W. Buckland, *The Roman Law of Slavery* (1908; reimpr., Cambridge: Cambridge University Press, 1970), p. 307-17.

Mas o destemor de Paulo perante a morte (1,21-24) vai encorajar os filipenses a maiores esforços em favor do evangelho, assim como sua prisão servira para o progresso do evangelho (εἰς προκοπὴν, *eis prokopēn tou euangeliou elēlythen*, 1,12), pelo qual devem lutar (1,27). O termo πρκοπὴ (*prokopē*, "progresso"; 1,25) se enquadra em muitos contextos; ele ocorre nos filósofos estóicos para designar o crescimento ético.[155] Mas também aparece em contextos militares; Políbio o usa ao falar da guerra dos aqueanos, Felipe e seus aliados contra os etolianos e de Asdroubo contra Carquedon.[156] Aqui Paulo exprime o progresso do evangelho como o avanço de um exército (1,25).

Ele diz que sua prisão vai de fato redundar em vitória (ἀποβήσεται εἰς σωτηρίαν, 1,26). Suas palavras em 1,21-26 ganham nova ênfase quando lidas contra esse pano de fundo. Será que μενῶ καὶ παραμενῶ (*menō kai paramenō*, "fico e ficarei junto [convosco]", 1,25) sugere que Paulo permanece firme na linha de batalha (ver as referências a μένειν acima)? Ou ele recolhe o tema do comandante ausente? Talvez ambas as coisas. Paulo fará tudo o que for necessário; ele anuncia sua estada entre os filipenses "mais uma vez" (1,26). Se ele ficar (ou seja, não morrer), é para o benefício deles, é "para proveito vosso e para alegria de vossa fé" (εἰς τὴν ὑμῶν προπὴν καὶ χαρὰν της πίστεως, *eis tēn hymōn prokopēn kai charan tēs pisteōs*; 1,25). A experiência de Paulo é paralela à deles. A caminhada deles vai ser beneficiada pela sua permanência em vida.

Os cooperadores de Paulo (Fl 2,19-30)

Paulo comunica seus planos pessoais e sua situação em relação a Timóteo e a Epafrodito em 2,19-30. Diz que Timóteo é um ἰσόψυχος (*isopsychos*, "alter ego")[157] que vai lhes recordar γνησίως (*gnēsiōs*, "nobremente") as coisas que lhes dizem respeito. Paulo o apresenta como um general descreveria um auxiliar de confiança, um outro eu, um amigo que executa as necessárias incumbências.

Paulo considera o caso de Epafrodito em Fl 2,25-30. O nome é interessante: faz pensar que seus pais o consagraram a Afrodite (Vênus). A linhagem Júlia dos imperadores dizia-se descendente de Vênus por Enéas. A consagração a Vênus poderia, então, implicar consagração ou fidelidade ao imperador. Paulo identifica Epafrodito como um irmão, um cooperador, um companheiro de luta (ἀδελφὸν καὶ συνεργὸν, *adelphon kai synergon kai systratiōtēs*; Fl 2,25). Epafrodito serviu como emissário deles (ἀπόστολος καὶ λειτουργός, *apostolos kai leitourgos*) que celebra uma liturgia, um serviço público ao estado, embora desta vez seja à necessidade de Paulo (2,25).[158] Paulo comenta sobre a saúde de Epafrodito

---

[155] Por exemplo, EPICTETO, Diss. 1.4, é intitulada περι προκοπῆς, "Sobre o Progresso" (na vida ética).
[156] POLÍBIO 2.37.10; 2.13.1. Ver também 8.15.6
[157] Comparar com σύμψυχοι (*sympsychoi*, "unificados no sentir") em 2.2.
[158] POLIENO, *Stratagems of War* 8.23.15, diz que César chamava os soldados de "companheiros soldados" (ou "camaradas", συστρατιῶται, *systratiōtai*), mas quando se amotinavam, chamava-os simplesmente de "cidadãos". Quando diziam que queriam ser chamados de "camaradas", ele lhes respondia que deviam servir juntos como soldados, pondo fim ao motim. Em 8.23.22, Polieno diz que César, chamando seus soldados de "companheiros soldados," instigava o ânimo deles para o combate, porque o termo implicava igualdade de honra.

porque os filipenses tinham ouvido que ele estava doente (2,26). Xenofonte afirma que Ciro se preocupava com a saúde de seus soldados, a ponto de criar hospitais para eles.[159] Paulo manda-o de volta a Filipos para dar alegria aos fiéis e para tornar sua própria mente ἀλυπότερος (*alypoteros*, "livre de ansiedade", 2,28). Os filipenses são convidados a dar-lhe alegres boas-vindas (2,29) e a considerar pessoas semelhantes a ele como dignas de honras cívicas. O termo ἔντιμος (*entimos*, "digno de honra pública") pertence ao campo lingüístico das inscrições honoríficas gregas feitas para pessoas que realizaram uma "liturgia" (uma beneficência pública) para a cidade, muitas vezes para pessoas que tinham o cargo de embaixadores.[160] Paulo pede aos filipenses que reconheçam o "serviço público" de Epafrodito em favor deles. Ele completou o que estava faltando na liturgia deles.

Em Fl 4,2-4, Paulo insiste com Evódia e Síntique para que tenham o mesmo pensamento, exatamente o que ele havia inculcado a todos os destinatários da carta em 1,27-2,4. Essas duas mulheres tinham lutado (συνήθλησαν, *synēthlēsan*) ao lado de Paulo, ou seja, eram cooperadoras junto com outros em Filipos (τῶν λοιπῶν συνεργῶν μου, *tōn loipōn synergōn mou*). Esses líderes são companheiros de luta de Paulo, como Epafrodito (2,25), que arriscou sua vida (2,27).

Paulo chama os filipenses de "minha alegria e coroa" (4,1). A στέφανος (*stephanos*, "coroa") tem associações e significados ricos no mundo antigo.[161] Os antigos colocavam coroas nos animais para o sacrifício, nas estátuas e altares do culto e nos sacerdotes. Os magistrados às vezes as usavam. Era usadas em banquetes e casamentos. Às vezes os cadáveres eram coroados nos enterros. A coroa é um símbolo de vitória nos jogos, na guerra (era usada nos triunfos) e era uma recompensa para os soldados. A *Gemma Augustea* (o camafeu de Augusto) mostra o divinizado Augusto sentado num trono no momento de ser coroado. Paulo está recordando aos filipenses que suas ações determinam se vão ou não receber uma coroa militar como um vencedor aclamado na comunidade celestial. Sugere que a luta dos filipenses determinará se essa coroa de vitória será uma recompensa militar ou política recebida de um Senhor Jesus agradecido e de sua comunidade celestial.[162] Por isso ele os exorta a "ficarem firmes" (στήκετε, *stēkete*); esse verbo forma uma *inclusio*, um anel com 1,27 relembrando a interpretação fundamental da vida na *polis* como permanecer na firmeza.

---

[159] *Cyr.* 8.2.24-25.

[160] Cf. Platão, *Resp.* 5462B; Sêneca, *Ep. Mor.* 107.9. Ver Anthony Bash, *Ambassadors for Christ* (WUNT 92; Tübingen: J. C. B. Mohr [Paul Siebeck], 1997), para um estudo sobre embaixadores, e Frederick W. Danker, *Benefactor: Epigraphic Study of a Graeco-Roman and New Testament Semantic Field* (St. Louis: Clayton, 1982), sobre inscrições honoríficas. Danker trata de Fl 2,25-30 nas p. 425-26.

[161] Ver Karl Baus, *Der Kranz in Antike und Christentum. Eine religionsgeschichtliche Untersuchung mit besonderer Berüksichtigung Tertullians* (Theophaneia 3; Bonn: Peter Hanstein, 1940) e Michael Blech, *Studien zum Kranz bei den Griechen*. (Religionsgeschichtliche Versuch und Vorarbeiten 38; Berlim e Nova Iorque: Walter de Gruyter, 1982).

[162] O termo βραβεῖον (*brabeion*, "prêmio, recompensa"; Fl 3,14) reforça esta interpretação, ainda que seu uso militar não seja imediatamente claro. O maior discurso de Demóstenes foi περὶ τοῦ στεφάνου (*peri tou stephanou*, "sobre a coroa [de ouro]"), a respeito da coroa de ouro a ele conferida pelos atenienses por iniciativa de Ctésifon, em reconhecimento das contribuições de Demóstenes para o estado; foi uma resposta a Ésquines, que contestou a distinção em seu discurso *Contra Ctésifon*. Ver LSJ, neste verbete, 2.b.

Perto do final da carta, duas vezes Paulo liga Deus com a paz. Fl 4,7 diz que a "paz de Deus" guardará (φρουρήσει, *phrourēsei*) corações e pensamentos; em 4,9 promete que "o Deus da paz estará convosco" (4,9). A base de uma estátua do fórum de Filipos é dedicada à *Quies Augusti* ("a quietude de Augusto").[163] Uma inscrição fragmentária do *macellum* (açougue) no sul da área do fórum menciona a *aequitas Augusti* ("imparcialidade de Augusto").[164] Pode-se acrescentar a essas inscrições locais o reconhecimento público da *pax Romana* pela inscrição do Calendário de Priene. O exército romano sob o imperador era o garantidor da paz e o guardião das fronteiras. Paulo liga ἡ εἰρήνη τοῦ θεοῦ (*hē eirēnē tou theou*, "a paz de Deus") com o verbo φρουρήσει (*phrourēsei*), "guardará". Heródoto fala de guardar a terra[165] ou uma ponte,[166] Tucídides de guarnecer Potidéia.[167] Um ὄñïÿñéïï (*phrourion*) é um forte no alto do morro,[168] um termo aplicável à fortificação de Acro-Filipos, que se eleva alto sobre a cidade. Como César Augusto trouxe a paz ao mundo romano, assim o Senhor Jesus traz a paz a seu exército filipense: um excelente final para essa carta eminentemente militar.[169]

A Carta aos Filipenses corresponde ao gênero da arenga militar. Paulo compara os filipenses cristãos com o inimigo dele, para desvantagem do inimigo. Incita-os a combater com valentia. Apresenta aos olhos deles a recompensa da glória quando o seu Senhor Jesus vier. Sugere que eles lutem, como ele fez, pela δικαιοσύνη (*dikaiosynē*), "justiça". Ele invoca a cidadania deles na comunidade celestial. E o seu Senhor é superior ao inimigo. Assim, Fl 1,27-4,1 usa muitos elementos da arenga militar.

A linguagem militar também ocorre em outras partes da carta, se bem que não com igual densidade. Provavelmente, Paulo usa também a linguagem da amizade, embora o termo mesmo nunca apareça.[170] Essa linguagem era bem conhecida no mundo antigo e sobre ela foram escritos tratados.[171] John Reumann

---

[163] Ela traz a seguinte inscrição: "Quieti Aug. / col. Philippens. / L. Tatianus L. f. / Vol Cnosus, sta / torum, sua pecu / nia posuit" ("Lúcio Taciano, filho de Lúcio, da tribo Voltínia, centurião *statorum*, dedicou essa estátua à quietude da colônia augusta em Filipos pagando ele os gastos"). COLLART, *Philippes*, p. 411, e gravura LXIV, 2. Ver também COLLART, "Inscriptions de Philippes", *BCH* 56 (1932): p. 220ss., no. 9.

[164] Eis a íntegra da inscrição: "Aequitatem Augusti / et mensuras / M. Cornelius P. f. Vo. Niger, / P. Valerius P. f. Vol. Niger, / aed., d. s. p. f. c. / In id opus coiectum est ex mensuris / iniquis aeris p (ondo) / / XXXXIII (Collart, *Philippes*, p. 363n. 5, e 411-12).

[165] HERÓDOTO 3.90.

[166] HERÓDOTO 4.133.

[167] TUCÍDIDES 3.17. Cf. XENOFONTE, *Cyr*. 6.1.17. Referências do LSJ, ver o verbete.

[168] TUCÍDIDES 7.28; ἀντὶ τοῦ πόλις εἶναι φρούριον κατέστη, *anti tou polis einai phrourion katestē*; cf. 2.18; LÍSIAS 12.40; XENOFONTE, *Cyr*. 1.4.16. Referências do LSJ, ver o verbete.

[169] Isto não esgota as possibilidades. "Esquecendo o que passou, avançando para a frente", em 3,13 poderia descrever a arrancada para diante na batalha. Será que 4,8-9 sugere que os filipenses são uma força civilizadora como o exército romano? Talvez.

[170] Stanley STOWERS, "Friends and Enemies in the Politics of Heaven", em *Pauline Theology*, vol. 1: *Thessalonians, Philippians, Galatians, and Philemon* (ed. Jouette M. Bassler; Minneapolis: Fortress Press, 1991), p. 105-21; Ken L. BERRY, "The Function of Friendship Language in Philippians 4.10-20", em *Friendship, Flattery, and Frankness of Speech: Studies on Friendship in the New Testament World* (ed. John T. Fitzgerald; NovTSup 82; Leiden: E. J. Brill, 1996), p. 107-24; John T. FITZGERALD, "Philippians in the Light of Some Ancient Discussions of Friendship", em id., p. 141-60.

[171] David KONSTAN, *Friendship in the Classical World* (Key Themes in Ancient History; Cambridge: Cambridge University Press, 1997); John T. FITZGERALD, *Greco-Roman Perspectives on Friendship* (SBLRBS 34; Atlanta: Scholars Press, 1997).

criticou a identificação da carta como uma carta de amizade, embora concorde que o vocabulário do *topos* provavelmente esteja presente.[172] Há também um evidente uso da linguagem da *polis*, da linguagem comercial e possivelmente da linguagem jurídica romana.[173] Mas estou convencido de que a mais presente é a linguagem militar.

PARTE III. OUTROS TEXTOS PAULINOS E PAULINISTAS RELEVANTES

Textos paulinos: Rm 16,20
Textos paulinistas: Ef 6,10-17; 2Tm 4,6

PARTE IV. BIBLIOGRAFIA

Sites sobre atletismo

http://www.perseus.tufts.edu/Olympics [Perseu (busca Jogos Olímpicos)]
http://www.depthome.brooklyn.cuny.edu/classics/dunkle/courses/clsscs22.htm [Roger Dunkle (material de curso sobre atletismo grego)]

Jogos religiosos

http://www.csun.edu/~hcfll004/sportbib.html [esporte na antiguidade: uma breve bibliografia]
http://www.trinity.edu/mgarriso/Vases/VaseProjects/EB/greekweb8.html[atletismo e vasos na Grécia antiga, Eliza Blum]
http://www.novaroma.org/ludi [Ludi (jogos) romanos]
http://www.abacus.bates.edu/~mimber/Rciv/gladiator.htm [o gladiador]

Atletismo grego e romano

DODGE, Hazel, "Amusing the Masses: Buildings for Entertainment and Leisure in the Roman World", em *Life, Death, and Entertainment in the Roman Empire*, editado por D. S. Potter e D. J. Mattingly. Ann Arbor: University of Michigan Press, 1999, p. 205-55.
GARDINER, E. Norman. *Athletics of the Ancient World*. Chicago: Ares; Oxford: Clarendon Press, 1978.
HARRIS, Keith. *Sport in Greece and Rome*. Aspects of Greek and Roman Life. Londres: Thames e Hudson; Ithaca, Nova Iorque: Cornell University Press, 1972.
MATZ, David. *Greek and Roman Sports: A Dictionary of Athletes and Events from the Eight Century B.C. to the Third Century A.D.* Jefferson, N.C.: McFarland, 1991.
MILLER, Stephen. *Arete: Greek Sports from Ancient Sources*. 2ª ed. Berkeley, Los Angeles e Londres: University of California Press, 1991.
_____. *Nemea: A Guide to the Site and Museum*. Berkeley: University of California Press, 1990.
POLIAKOFF, Michael R. *Combat Sports in the Ancient World: Competition, Violence, and Culture*. New Haven: Yale University Press, 1987.
POTTER, David S. "Entertainers in the Roman Empire", em *Life, Death, and Entertainment in the Roman Empire*, ed. por D. S. Potter e D. J. Mattingly. Ann Arbor: University of Michigan Press, 1999, p. 256-325.
REED, Nancy B. *More Than Just a Game: The Military Nature of Greek Athletic Contests*. Chicago: Ares, 1998.
SANSONE, David. *Greek Athletics and the Genesis of Sport*. Berkeley, Los Angeles e Londres: University of California Press, 1998.
SCANLON, Rom. *Greek and Roman Athletics*. Chicago: Ares, 1984.
SWADDLING, Judith. *The Ancient Olympic Games*. Austin: University of Texas Press, 1981.
SWEET, Waldo E. *Sport and Recreation in Ancient Greece: A Sourcebook with Translations*. Oxford e Nova Iorque: Oxford University Press, 1987.

---

[172] John REUMANN, "Philippians, Especially Chapter 4, as a 'Letter of Friendship': Observations on a Checkered History of Scholarship", em FITZGERALD, *Friendship, Flattery, and Frankness*, p. 83-196.
[173] Ver J. Paul SAMPLEY, *Pauline Partnership in Christ* (Filadélfia: Fortress Press, 1980), p. 51-77.

Lutas de gladiadores

BARTON, Carlin. *The Sorrows of the Ancient Romans: The Gladiator and the Monster*. Princeton, N.J.: Princeton University Press, 1993.
FUTRELL, Alison. *Blood in the Arena: The Spectacle of Roman Power*. Austin: University of Texas Press, 1997.
HOPKINS, Keith. *Death and Renewal*. Cambridge: Cambridge University Press, 1983.
HUMPHREY, John. *Roman Circuses: Arenas for Chariot Racing*. Berkeley: University of California Press, 1986.
KYLE, Donald G. *Spectacles of Death in Ancient Rome*. Londres e Nova Iorque: Routledge, 1998.
PLASS, Paul. *The Games of Death in Ancient Rome*. Madison: University of Wisconsin Press, 1995.
VEYNE, Paul. *Bread and Circuses: Historical Sociology and Political Pluralism*. Londres: Allen Lane, Penguin Press, 1990.
WIEDEMANN, Thomas, *Emperors and Gladiators*. Londres e Nova Iorque: Routledge, 1992.

Os exércitos grego e romano

Sites

http://www.fiu.edu/~eltonh/warfare/gwarfare.html [a guerra no mundo grego]
http://www.csun.edu/~hcfll004/armybibl.html [o exército romano, bibliografia (abundante bibliografia de John Paul Adam)]
http://webpages.charter.net/brueggeman [o exército romano, táticas (Gary Brueggeman)]
http://www.roman-empire.net/army/army.html [o exército romano]

Escritores antigos e documentos militares[174]

ARRIAN, Flavius. *TEXNH TAKTIKA (Òactical Handbook) and EKTÃXIS KÃTA (The Expedition against the Alani)*. Traduzido e editado por James G. DeVoto. Chicago: Ares, 1993.
ASCLEPIODOTO, *Tactics*. Traduzido pelo Illinois Classical Club. LCL, 1928. Reimpr. Cambridge: Harvard University Press, 1986.
BELOPOEICA, em *Greek and Roman Artillery: Technical Treatises*, editado e traduzido por E. W. Marsden. Oxford: Clarendon Press, 1971, p. 105-84.
DEVINE, A.M. "Aelian's Manual and Hellenistic Military Tactics: A New Translation from the Greek with an Introduction", *Ancient World* 20 (1989): p. 31-64.
ENÉAS TÁTICO. *On the Defense of Fortified Positions*. Traduzido pelo Illinois Classical Club. LCL, 1928. Reimpr. Cambridge: Harvard University Press, 1986.
_____. *How to Survive under Siege*. Traduzido por D. Whitehead. Oxford: Oxford University Press, 1990.
FRONTINUS, Sextus Julius. *The Stratagems*. Traduzido por Charles E. Bennett. LCL. Cambridge: Harvard University Press, 1925.
ONASANDER. *The General*. Traduzido por Illinois Classical Club. LCL, 1928. Reimpr. Cambridge: Harvard University Press, 1986.
POLIENO. *Stratagems of War*. Editado e traduzido por Peter Krentz e Everett L. Wheeler. 2 vols. Chicago: Ares, 1994.
SAGE, M. *Warfare in Ancient Greece: A Sourcebook*. Londres: Routledge, 1996.
VALÉRIO MÁXIMO. *Memorable Doings and Sayings*. Editado e traduzido por D.R. Shackleton Bailey. 2 vols. LCL. Cambridge: Harvard University Press, 2000. [2.7: "Of Military Discipline"; 2,8: "Of Triumphal Law"; 4.4: "Stratagems".]
VEGÉCIO RENATO, Flávio. *Epitoma Rei Militaris*. Editado com uma tradução inglesa por Leo F. Stelten. Nova Iorque: Peter Lang, 1990.
_____. *Epitome of Military Science*. Traduzido com notas e introdução por N. P. Milner. Translated Texts for Historians 16. 2ª ed. Liverpool, Inglaterra: Liverpool University Press, 1996.
XENOFONTE. *Anábase*. Tradução de Carleton L. Brownson. LCL. Cambridge: Harvard University Press, 1922.
_____. *Hellenica*. Tradução de Carleton L. Brownson. 2 vols. LCL. Cambridge: Harvard University Press, 1918.

A campanha militar antiga

CONNOLLY, Peter. *Greece and Rome at War*. Englewood Cliffs, N.J.: Prentice-Hall, 1981.
DAWSON, Doyne. *The Origins of Western Warfare: Militarism and Morality in the Ancient World*. Boulder, Colo.: Westview Press, 1996.
HACKETT, John, Sir, ed. *Warfare in the Ancient World*. Nova Iorque: Facts on File, 1989.

A campanha militar grega

ADCOCK, F. E. *The Greek and Macedonian Art of War*. Berkeley: University of California Press, 1957.
ANDERSON, John Kinloch. *Military Theory and Practice in the Age of Xenophon*. Berkeley: University of California Press, 1970.

---

[174] São principalmente documentos militares, excluindo-se os historiadores.

DUCREY P. *Warfare in Ancient Greece*. Traduzido por Janet Lloyd. Nova Iorque: Schocken Books, 1986. [Tradução do original francês.]
HANSON, Victor Davis, ed. *Hoplites: The Classical Greek Battle Experience*. Londres e Nova Iorque: Routledge, 1991.
_____. *The Western Way of War: Infantry Battle in Classical Greece*. Nova Iorque: Alfred A. Knopf, 1989.
PRITCHETT, W. K. *The Greek State at War*. 5 vols. Berkeley: University of California Press, 1971-91.
SNODGRASS, A. M. *Arms and Armour of the Greeks*. Ithaca, Nova Iorque: Cornell University Press, 1967.
WORLEY, Leslie J. *Hippeis: The Cavalry of Ancient Greece*. Boulder, Colo.: Westview Press, 1994.

O exército romano

BAUS, Karl; *Der Kranz in Antike und Christentum*. Theophaneia 2. Bonn: Peter Hanstein, 1940.
BISHOP, M. C., e J. C. N. Coulston. *Roman Military Equipment: From the Punic Wars to the Fall of Rome*. Londres: B. T. Batsford, 1993.
CAMPBELL, Brian. *The Emperor and the Roman Army. 31 B.C.-A.D. 235*. Oxford: Clarendon Press, 1984.
_____. *The Roman Army: 31 B.C.-A.D. 337: A Source Book*. Londres: Routledge, 1994.
DAVIES, R. W. "The Daily Life of the Roman Soldier under the Principate", "Duties of Officers and Men" e "Administration", em *ANRW* II.1. Berlim e Nova Iorque: de Gruyter, 1974, p. 299-338, 305-10 e 312-14.
ELTON, Hugh. *Warfare in Roman Europe, A.D. 350-425*. Oxford: Clarendon Press, 1996.
GOLDSWORTHY, Adrian Keith. *The Roman Army at War, 100 B.C.-A.D. 200*. Oxford: Clarendon Press, 1996 [1997].
_____. *Roman Warfare*. Londres: Cassell & Co., 2000.
GRANT, Michael. *The Army of the Caesars*. Nova Iorque: Charles Scribner's Sons, 1974.
HOLDER, Paul I. *The Auxilia from Augustus to Trajan*. BAR International Series 70. Oxford: Archaeopress, 1980.
KEPPIE, Lawrence. *The Making of the Roman Army: From Republic to Empire*. Nova edição. Norman: University of Oklahoma Press, 1998.
LE BOHEC, Yann. *The Imperial Roman Army*. Nova Iorque: Hippocrene Books; Londres: B. T. Batsford, 1993.
MACMULLEN, Ramsay. "The Legion as Society", *Historia* 33 (1984): p. 440-56.
_____. *Soldier and Civilian in the Later Roman Army*. Cambridge e Londres: Harvard University Press, 1963.
RICH, John, e SHIPLEY, Graham, eds. *War and Society in the Roman World*. Leicester-Nottingham Studies in Ancient Society 5. Nova Iorque e Londres: Routledge, 1993. [Coleção de doze trabalhos.]
SPEIDEL, Michael P. *Riding for Caesar: The Roman Emperor's Horse Guards*. Cambridge: Harvard University Press, 1994.
WATSON, G. R. *The Roman Soldier*. Ithaca, Nova Iorque: Cornell University Press, 1969.
WEBSTER, Graham. *The Roman Imperial Army of the First and Second Centuries A.D.* 3ª ed. Norman: University of Oklahoma Press, 1998.
WHITTAKER, C. R. *Frontiers of the Roman Empire*. Baltimore: Johns Hopkins University Press, 1994.

Metáforas do Novo Testamento: atletismo e campanha militar[175]

BULTMANN, Rudolf, *Der Stil der paulinischen Predigt und die kynisch-stoische Diatribe*. FRLANT 13. Göttingen: Vandenhoeck und Ruprecht, 1910.
GEOFFRION, Timothy. *The Rhetorical Purpose and the Political and Military Character of Philippians*. Lewiston, N.Y.: Mellen Biblical, 1993.
HARNACK, Adolf von. *Militia Christi: The Christian Religion and the Military in the First Three Centuries*. Tradução de David McInnes Gracie. Filadélfia: Fortress Press, 1983.
KRENTZ, Edgar. "De Caesare et Christo", *Currents in Theology and Mission* 28 (2001): p. 340-45.
_____. "Military Language and Metaphors in Philippians", em *Origins and Method: Towards a New Understanding of Judaism and Christianity. Essays in Honour of John C. Hurd*, editado por Bradley H. McLean. JSNTSup 96. Sheffield, Inglaterra: Sheffield Academic Press, 1993, p. 105-27.
PFITZNER, Victor C. *Paul and the Agon Motif*. NovTSup 16. Leiden: E. J. Brill, 1967.
STOWERS, Stanley K. "Friends and Enemies in the Politics of Heaven", em *Thessalonians, Philippians, Galatians, Philemon*. Vol. 1 de *Pauline Theology*, editado por Jouette M. Bassler. Minneapolis: Fortress Press, 1991.
STRAUB, Werner. *Die Bildersprache des Apostels Paulus*. Tübingen: J. C. B. Mohr [Paul Siebeck], 1937.
WILLIAMS, David J. *Paul's Metaphors: Their Content and Character*. Peabody, Mass.: Hendrickson, 1999.

APÊNDICE: LISTA DE ARENGAS MILITARES

(a) TUCÍDIDES refere um bom número: Péricles, como general, à assembléia ateniense (2.60.4), como general ao exército (2.87), Fórmio ao exército (2.89), Demóstenes ao exército (4.10; 4.93.1), Hipócrates ao exército (4.95), Brásidas ao exército (4.126.1; 4.127.1; 5.9.10), aos mantineanos (5.69.1-2), Meias ao exército (6.68), Nícias à armada (7.63.3), Gilipo à armada (7.66), mútuo encorajamento do exército (8.76.3).

---

[175] Esta pequena bibliografia enumera apenas obras que tratam desses tópicos detalhadamente.

(b) Xenofonte, *Anab.* 3.2.8-32; 3.1.20-24, 42-44; Ciro em Xenofonte, *Cyr.* 1.4; Ciro em *Cyr.* 6.4.12.
(c) Políbio: o general ao exército (1.27); Aníbal ao exército (3.44); Aníbal e Cipião (3.63-64); Emílio a seu exército (3.108); Aníbal (3.111); Cipião (11.28; 11,31); Aníbal (20.10); Cipião e Aníbal (15.10-111).
(d) Dionísio de Halicarnasso: Postúmio (*Ant. rom.* 6.6); Fábio (9.9).
(e) Diodoro da Sicília: Nícias em Siracusa (13.15; 18.15). Calicrátides (13.98).
(f) Arriano: Alexandre antes de Isso em Arriano, *De ex. Alex.* (2.83); Alexandre no Hifase (5,25); Alexandre aos soldados propondo voltar (7.9).
(g) Dion Cássio: César antes de lutar contra Ariovisto (38.36-46); César ao exército descontente (41.27); Antônio antes de Ácio (50.16-24); César Augusto antes de Ácio (50.24-30); três breves discursos de generais em 62.9-11.
(h) Apiano: César a seu exército (*De bello civ.* 2.73); Cássio a seu exército (4.90); Bruto ao exército (4.117); Antônio ao exército (4.119); Cipião ao exército (*De bello Punico* 8.19 e 116).
(i) Herodiano: Severo a seu exército (3.6); outros em 2.10 e 8.3
(j) Josefo: Herodes a seu exército (*Ant.* 15.5).
(k) Teofilacto 22.13-14; 3.13.[176]

[176] A maioria dessas referências, mas nem todas, provém de Burgess, "Epideictic Literature", p. 211-14.

13

PAULO E AS COISAS INDIFERENTES
Will Deming

Ἀδιάφορον (*adiaphoron*) é o termo estóico para uma "coisa indiferente". O que os estóicos entendiam por este termo, e que papel ele tem na compreensão deles do comportamento ético é o nosso assunto na primeira parte deste capítulo. A segunda parte explora a possibilidade de entender melhor certas passagens de Paulo à luz desses ensinamentos estóicos. Isto é seguido de uma seleção de passagens de Paulo para ulterior estudo e de uma curta bibliografia.[1]

PARTE I. IDÉIAS ESTÓICAS SOBRE A INDIFERENÇA

Os estóicos achavam que tudo na vida era "coisa boa" (ἀγαθόν, *agaton*), "coisa ruim" (κακόν, *kakon*), ou "coisa indiferente" (ἀδιάφορον, *adiaphoron*).[2] Porque usavam "bom" como equivalente de "moralmente belo" (καλόν, *kalon*),[3] as coisas boas, ou simplesmente "os bens", para os estóicos, consistiam na virtude e nas coisas que "participam" da virtude. Embora considerassem a virtude como um todo unificado,[4] muitas vezes falavam de quatro virtudes cardeais com muitas sub-virtudes abaixo delas.[5] Esses bens consistiam em virtudes como discernimento, prudência, coragem e justiça, e coisas que participam da virtude como alegria, jovialidade e confiança. As coisas más eram as opostas das boas: vícios (analisados em quatro vícios cardeais e sub-vícios)[6] e todas as coisas que participam do vício.[7]

Tudo o mais no mundo era algo "indiferente". Então, as coisas indiferentes nem eram virtudes nem vícios, nem participavam da virtude ou do vício. Entre

---

[1] Agradeço a Abraham Malherbe por seu auxílio nessas duas partes e a Paul Sampley por suas valiosas sugestões editoriais.
[2] Por ex., Estobeu, *Ecl.* 2.7.5a; Diógenes Laércio 7.101-102. Sobre esse esboço de ética estóica ver A. A. Long e D. N. Sedley, *The Hellenistic Philosophers*, vol. 1: *Translations of the Principal Sources with Philosophical Commentary* (Cambridge: Cambridge University Press, 1987), p. 344-437. O volume de Long e Sedley traz documentação e ulterior discussão.
[3] Por ex., Filo, *Post.* 133: "Com efeito, foi da virtude que derivou o princípio estóico de que só o moralmente belo é bom" (Colson e Whitaker, LCL). Ver também Cícero, *Fin.* 3.27,29; e Diógenes Laércio 7.100-101.
[4] Por ex., Diógenes Laércio 7.125; Estobeu, *Ecl.* 2.7.5b5, 7; Filo, *Mos.* 2.7; Plutarco, *Stoic. rep.* 1046E.
[5] Estobeu, *Ecl.* 2.7.5b2; Diógenes Laércio 7.92.
[6] Diógenes Laércio 7.93.
[7] Para outros exemplos do que os estóicos consideravam boas ou más coisas, e sua relação com a virtude e o vício, ver Estobeu, *Ecl.* 2.7.5a-5b2; e Diógenes Laércio 7.95-99.

elas, estavam realidades como saúde e doença, riqueza e pobreza. Embora os estóicos classificassem todas essas coisas como indiferentes, achavam, porém, que as coisas indiferentes podiam diferir umas das outras com base no "valor". Algumas coisas indiferentes, como saúde e riqueza, tinham uma apreciável soma de valor (ἀξία, *axia*), ao passo que coisas indiferentes como a doença e a pobreza tinham uma apreciável cota de valor negativo, ou desvalor (ἀπαξία, *apaxia*).[8] Assim, havia coisas indiferentes cujo valor era escasso ou insignificante, como se alguém tem número par ou ímpar de cabelos em sua cabeça. Eis, por exemplo, a idéia de Antípater sobre valor, conforme citada por Ário num elenco de diferentes definições de valor:

> Fala-se de valor de três modos: (...); e o terceiro tipo, que Antípater chama seletivo, pelo qual, quando as coisas o permitem, nós escolhemos estas coisas em vez daquelas, como a saúde em vez da doença, a vida em vez da morte e a riqueza em vez da pobreza. (Estobeu, *Ecl.* 2.7.7f [Pomeroy]).

Se uma coisa indiferente tinha uma quantidade apreciável de valor positivo, os estóicos a chamavam de "indiferente preferido". Uma quantidade apreciável de desvalor merecia-lhe o título de "rejeitado" ou "indiferente evitado"; e algo indiferente cujo valor era insignificante era sem conseqüência. De novo, Ário nos dá um resumo:

> Entre as coisas indiferentes, algumas têm mais valor e outras menos. (...) E algumas são preferidas, outras preteridas, ao passo que outras não são nem isto nem aquilo. As preferidas são as coisas indiferentes que têm muito valor – na medida em que isto existe entre coisas indiferentes. Igualmente, as preteridas são as que têm muita falta de valor. As coisas nem preferidas nem preteridas são as que nem têm muito [valor nem] muita falta de valor. (Estobeu, *Ecl.* 2.7.7b [Pomeroy])[9]

Embora na antiguidade muitos, inclusive alguns estóicos, discordassem dessas posições, afirmando que as coisas com valor positivo, tais como saúde e riqueza, deviam ser classificadas como "boas",[10] a maioria dos estóicos sustentava essa distinção entre coisas boas e indiferentes preferidas. As boas, diziam eles, são sempre "benéficas"[11] e conseqüentemente de "maior" valor. As indiferentes preferidas, ao contrário, tinham apenas "muito" ou "pouco" valor. No curso normal da vida elas eram "de acordo com a natureza" e "úteis", mas não "benéficas" por si mesmas; e sob certas condições elas podiam ser até um

---

[8] Por ex., Estobeu, *Ecl.* 2.7.7; Cícero, *Fin.* 3.21.69.
[9] Ver também Estobeu, *Ecl.* 2.7.7f-g; e Diógenes Laércio 7.105-107.
[10] Ver Long e Sedley, *Hellenistic Philosophers*, 1:401-410.
[11] Por ex., Estobeu, *Ecl.* 2.7.5d; e Diógenes Laércio 7.94, 98-99.

impedimento ao desenvolvimento moral da pessoa. O valor delas, pois, era um valor "atribuído", não inerente; um valor que era relativo a algo bom e variável, dependendo das circunstâncias. Diógenes Laércio e Ário nos oferecem estas explicações:

> Pois a propriedade do quente é aquecer, não refrescar, assim a propriedade do bem é beneficiar, não prejudicar; mas a riqueza e a saúde não causam mais benefício do que dano, portanto nem a riqueza nem a saúde é um bem. Ademais, dizem que não é um bem aquilo do qual se pode fazer um bom uso e um mau uso; mas da riqueza e da saúde podem ser feitos um bom uso e um mau uso; portanto riqueza e saúde não são bens. (Diógenes Laércio 7.103 [Hicks, LCL]).

> Nenhuma das coisas boas é a preferida, porque elas têm o maior valor em si mesmas. Mas as preferidas, tendo o segundo posto e valor, até certo ponto chegam perto da natureza das boas. (...) As preferidas são assim chamadas, não porque contribuem com alguma coisa para a felicidade e operam em parceria para este fim, mas porque é necessário fazer a seleção dentre essas coisas e não dentre as preteridas. (Estobeu, *Ecl.* 2.7.7g [Pomeroy]).

O significado prático para os estóicos, e havia um, de insistir na sua classificação complicada e bastante contra-intuitiva de *coisas* é perceptível quando consideramos sua compreensão das *ações* éticas. Para eles, o processo pelo qual os seres humanos se tornam morais e progridem rumo à perfeição moral dependia da interação da pessoa com *coisas*, especialmente as coisas indiferentes. Era selecionando dentre as coisas indiferentes preferidas, evitando as indiferentes rejeitadas e mantendo equanimidade para com as outras indiferentes que o ser humano desenvolvia sua disposição moral e, se possível, tornava-se completamente virtuoso. Assim, para os estóicos, uma *coisa* pode ser indiferente, mas o uso que se fazia dela não era uma questão indiferente. Dependendo do valor atribuído a uma coisa para a finalidade de adquirir a virtude, selecionar, rejeitar ou ser neutro diante dela tornava-se um imperativo moral na vida. Como Sêneca explica a seu amigo Lucílio:

> "Se uma boa saúde, o descanso e a isenção da dor provavelmente não impedem a virtude, não procurarás todas essas coisas?" Naturalmente eu as procurarei, mas não porque sejam bens; eu as procurarei porque são conformes com a natureza e porque serão adquiridas por meio do exercício do juízo sadio de minha parte. O que, pois, será bom nelas? Isto apenas: que é uma coisa boa escolhê-las. Pois quando eu visto roupa adequada, ou ando como devo, ou janto como devo jantar, não é meu jantar, ou meu passeio, ou minha roupa que são bons, mas a escolha deliberada que mostro em relação a eles. (...) Se tenho escolha, escolherei saúde e força, mas... o bem

envolvido será meu juízo referente a essas coisas, e não elas em si mesmas. (Sêneca, *Ep.* 91.11-13 [Gummere, LCL]).

Do mesmo modo, Plutarco refere:

A seleção e a aceitação prudentes destas coisas é o objetivo, ao passo que as coisas mesmas e a obtenção delas não são o objetivo mas são dadas como um tipo de questão que tem "valor seletivo." (Plutarco, *De comm. not.* 1071B [Cherniss, LCL]).[12]

PARTE II. Ἀδιάφορα NAS CARTAS DE PAULO

Ao considerarmos se a ética de Paulo pode ser melhor entendida à luz das "coisas indiferentes" estóicas, devemos reconhecer que quase todo sistema de ética distingue entre o que é bom, o que é mau e o que não é nem um nem outro, ou seja, é "indiferente". No contexto greco-romano especificamente, as definições estóicas dessas noções foram precedidas pelas posições platônicas e aristotélicas e rivalizavam com elas.[13] Uma tarefa deste ensaio, portanto, além de simplesmente localizar questões sobre coisas indiferentes em Paulo, deve ser demonstrar que são as noções *estóicas* sobre as coisas indiferentes, e não as de algum outro sistema de pensamento, que são importantes para entender Paulo.

Essa tarefa é complicada pelo fato de que Paulo raramente usa os termos principais das discussões estóicas, e raramente, se é que acontece, de um modo que marcaria seu uso como distintivamente estóico. Ἀδιάφορον e ἀπαξία, por exemplo, nunca ocorrem em Paulo. De modo semelhante, Paulo jamais identifica o bom, τό ἄπξία, somente com o moralmente belo, τὸ καλόν, e é uma questão aberta se em algum lugar em que ele usa o termo "sábio" (σοφος, *sophos*) ele depende do pensamento estóico ou se o uso desse termo compreende-se até melhor à luz do uso estóico (p. ex. 1Cor 1,20-25).

Assim também, uma tentativa de demonstrar a influência estóica em Paulo comparando suas listas de coisas indiferentes (p. ex. Fl 4,12) com as usadas pelos estóicos também parece ser pouco promissora. O problema aqui é que muita coisa contida nessas listas são material filosófico comum, não algo exclusivamente estóico; essas listas nunca são completas, nem em Paulo nem nos estóicos; na Estoa elas mudam com o tempo e com os mestres;[14] e as listas de

---

[12] Ver também Sêneca, *Ep.* 82.10-11; e Cícero, *Fin.* 3.58.
[13] Ver acima, n. 10, e A. A. Long e D. N. Sedley, *The Hellenistic Philosophers*, vol. 2: *Greek and Latin Texts with Notes and Bibliography* (Cambridge: Cambridge University Press, 1987), p. 350.
[14] Ver Damianos Tsekourakis, *Studies in the Terminology of Early Stoic Ethics* (Hermes: Zeitschrift für klassische Philologie, Einzelschriften 32; Wiesbaden, Alemanha: Franz Steiner, 1974), esp. p. 38-44.

Paulo, bastante naturalmente, tem uma ênfase cristã, o que frustra ainda mais a comparação com os estóicos.[15]

À luz dessas considerações, vou usar duas abordagens um tanto indiretas. Primeiramente, vou examinar três passagens nas quais Paulo analisa coisas que são em certo sentido "indiferentes" com a finalidade de identificar paralelos estóicos *geralmente*, não precisamente com respeito às idéias estóicas sobre as coisas indiferentes. Essas passagens são Fl 1,20-26; 1Cor 7,25-38; e 1Cor 7,20-23. Baseado no meu êxito em descobrir influência estóica *per se*, vou sugerir que o modo como Paulo trata das coisas indiferentes nessas passagens provavelmente representa uma dívida para com o estoicismo também, mesmo se os testemunhos com específica relação às coisas indiferentes são fracos demais para sustentá-lo por si sós.

No segundo grupo de passagens, que tratam da circuncisão, meu argumento vai apoiar-se ainda menos na presença de material paralelo aos textos estóicos. De preferência vou tentar mostrar que existem semelhanças conceituais entre os pressupostos básicos do pensamento estóico sobre a indiferença e o modo como a circuncisão constitui uma coisa indiferente para Paulo. Daí vou concluir que é útil interpretar a abordagem paulina como um equivalente "funcional' ou "dinâmico" da abordagem estóica, embora seja escassa a documentação em termos de material paralelo.[16]

Mas antes de começar, permitam fazer uma pausa para alguma explicação e para assinalar o óbvio. Pois dizer que um autor é "influenciado" por uma corrente particular de pensamento significa muitas coisas. Desde a procura explícita de expressões estóicas da parte de Paulo pelo seu potencial impacto retórico sobre os ouvintes, até ao uso inadvertido de uma frase que se introduziu na linguagem grega séculos antes dele, há uma linha longa e sutil de "influência". Pelo que sei, nenhum exegeta teve a ousadia de afirmar que Paulo foi um estóico ou estudou com um mestre estóico, mas isso não exclui as muitas outras possibilidades de influência estóica sobre Paulo.

A maioria dos americanos, por exemplo, admite ter um "subconsciente", noção que se pode remontar à obra de Sigmund Freud. Mas isso não significa que os americanos são freudianos, nem que a maioria dos americanos ouviu falar de Freud. Significa, no entanto, que nosso modo de pensar sobre nós mesmos foi profundamente influenciado pelo pensamento freudiano. Do mesmo modo, pode ser que Paulo tenha sido influenciado pelo pensamento estóico independentemente do fato de ele ter ou não estudado com um estóico ou de ter ou não

---

[15] Sobre as listas de Paulo, ver David E. AUNE, *The New Testament and Its Literary Environment* (Filadélfia: Westminster, 1987), p. 194-96; John T. FITZGERALD, *Cracks in an Earthen Vessel: An Examination of the Catalogues of Hardships in the Corinthian Correspondence* (SBLDS 99; Atlanta: Scholars Press, 1988); e Anthony C. THISELTON, *The First Epistle to the Corinthians: A Commentary on the Greek Text* (Grand Rapids: Eerdmans, 2000), p. 561-62. A natureza de nossas fontes é mais um problema. No caso dos estóicos temos primariamente preleções e manuais que tratam da ética de modo teórico e sistemático. No caso de Paulo temos correspondência ocasional que trata da ética de modo prático e não sistemático. Poderíamos desejar melhores parceiros de diálogo numa comparação.

[16] Cf. a análise em Troels ENGBERG-PEDERSEN, "Stoicism in Philippians", em *Paul in His Hellenistic Context*, (ed. Troels Engberg-Pedersen; Minneapolis: Fortress Press, 1995), p. 269-74.

encontrado um estóico. A profundeza dessa influência sobre Paulo – ou seja, que diferença isso faria em nossa compreensão de Paulo – é uma outra questão, e alguma coisa que os autores vão precisar debater, e talvez por algum tempo. Mas isso não é motivo para excluir a presença da "influência" de antemão.

∽§∾

De uma ou de outra forma, Paulo trata muitas coisas como indiferentes: classe social, identidade étnica, sexo, alimento, educação, falar em línguas, vida e morte, casamento, escravidão e circuncisão.[17] Dentre estas, a meu ver, são as cinco últimas que têm mais potencial de serem melhor entendidas à luz dos ensinamentos estóicos sobre a indiferença. Comecemos pelo que Paulo diz da vida e da morte em Fl 1,20-26.[18]

Do ponto de vista estóico, a vida e a morte biológicas eram coisas indiferentes: como não têm nenhuma participação na virtude ou no vício, pode-se ser virtuoso (ou viciado) com ambas.[19] Mas como dissemos, isso não significa que vida e morte eram sem valor para os estóicos. No curso natural das coisas, a vida era eminentemente valorizada, uma coisa indiferente preferida, enquanto a morte era altamente desvalorizada, uma coisa indiferente rejeitada.[20] Em circunstâncias normais era contra a natureza, contra a razão e contra preferir a morte à vida. Então, embora vida e morte como *coisas* fossem indiferentes, a *seleção* de uma ou de outra era uma questão de grande interesse ético, exigindo cuidadosa consideração. Eis aqui, por exemplo, um resumo da teoria estóica feito por Cícero:

> Mas já que essas coisas neutras [isto é, indiferentes] foram a base de todos os atos apropriados, existe um bom fundamento para dizer que é com essas coisas que lidam todas as nossas deliberações práticas, inclusive a vontade de viver e a vontade de deixar esta vida. Quando as circunstâncias de um homem contêm uma preponderância de coisas de acordo com a natureza, é apropriado para ele continuar vivo; quando ele possui ou vê à sua frente uma maioria de coisas contrárias, é apropriado para ele partir desta vida. (...) Portanto, as razões tanto para permanecer em vida como para partir dela devem ser avaliadas inteiramente pelas coisas primárias da natureza supramencionadas. (...) E com muita freqüência é adequado para o sábio deixar a vida num momento em que ele está gozando a suprema felicidade, se uma oportunidade se oferece para fazer uma saída oportuna. Pois a visão estóica é de que a felicidade, que significa vida em harmonia

---

[17] Ver Parte III, abaixo.

[18] Cf. o estudo em James L. JAQUETTE, *Discerning What Counts: The Function of the "Adiaphora Topos" in Paul's Letters* (SBLDS 146; Atlanta: Scholars Press, 1995), p. 110-20.

[19] Por ex., EPICTETO, *Diss.* 4.1.133, "'A vida não é um bem, é?' – 'Não.' – 'A morte não é uma coisa má, não é?' – 'Não.'".

[20] Por ex., DIÓGENES LAÉRCIO 7.106; cf. CÍCERO, *Fin.* 5.7.18-20; e ESTOBEU, *Ecl.* 2.7.7d.

com a natureza, é questão de aproveitar o momento justo (Cícero, *Fin.* 3.19.60-61 [Rackham, LCL]).[21]

No entanto, não apenas o tópico de que trata Paulo em Fl 1,20-26, sobre ele dever escolher a vida ou a morte, era popular entre os estóicos, mas sua abordagem – sua avaliação das alternativas – está também em sintonia com os tratados estóicos. Como ele explica, seu objetivo não é ganhar vida ou morte, necessariamente, mas agir com finalidade moral. Está determinado a comportar-se com toda a audácia (ἐν πάσῃ, *en pasē parrēsia*) e não ser "envergonhado", de modo que Cristo seja honrado através de seu corpo, "ou pela vida ou pela morte" (εἴτε... εἴτε, *eite ... eite*, v. 20). O dilema moral de Paulo nesta passagem deriva do fato de que ambas, vida e morte, oferecem vantagens atraentes: a vida é "Cristo" e "trabalho frutífero", e a morte é "lucro" (κέρδς, *kerdos*). "Não sei bem que escolher (αἱρέομαι, *haireomai*)", diz ele. "Sinto-me apertado dos dois lados" (vv. 21-23a). No pensamento estóico isso seria considerado como uma tentativa de selecionar entre duas coisas indiferentes preferidas com base no valor delas em relação ao dever moral da pessoa.

Além disso, o modo como Paulo resolve a questão é bastante semelhante às afirmações de seus contemporâneos estóicos, Musônio Rufo e Sêneca. Numa carta escrita a Paulina, sua segunda esposa, Sêneca argumenta que embora esteja muito doente e com muita dor, deve preferir a vida à morte por causa daqueles que ele considera caros:

> (...) porque o homem bom deve viver, não tanto quanto lhe agrada, mas tanto quanto deve. Aquele que não dá valor à sua esposa, ou a seu amigo, em grau bastante alto para permanecer mais em vida – aquele que obstinadamente persiste em querer morrer – é um voluptuário.[22]

De modo semelhante, Musônio afirma:

> Morrer não é permitido àquele que está fazendo o bem a muitos, se está vivendo de um modo digno, exceto se morrendo faz um bem maior.[23]

---

[21] Ver também J. M. Rist, *Stoic Philosophy* (Cambridge: Cambridge University Press, 1969), p. 233-55; David Seeley, *The Noble Death: Graeco Roman Martyrology and Paul's Concept of Salvation* (JSNTSup 28; Sheffield, Inglaterra: Sheffield Academic, 1990), p. 113-41; Anton J. L. van Hooff, *From Autothanasia to Suicide: Self-Killing in Classical Antiquity* (Londres e Nova Iorque: Routledge, 1990), passim; Arthur J. Droge e James D. Tabor, *A Noble Death: Suicide and Martyrdom among Christians and Jews in Antiquity* (San Francisco: HarperSanFrancisco, 1991), p. 29-39; e J. L. Jaquette, "A Not-So-Noble Death: Figured Speech, Friendship, and Suicide in Philippians 1:21-26", *Neot* 28 (1994): p. 177-92. E ver a breve menção em Estobeu, *Ecl.* 2.7.7f (citado acima), da escolha da vida de preferência à morte como algo que tem "valor seletivo" para os estóicos.

[22] Sêneca, *Ep.* 104.3 (Gummere, LCL); cf. *Ep.* 78.1-2. A primeira passagem continua em 104.4: "É prova de um grande coração retornar à vida por causa de outros, e homens nobres têm feito isso com freqüência. Mas este proceder, creio eu, também indica a mais elevada espécie de bondade (...) o ser humano deve cuidar da própria velhice com carinho ainda maior, se sabe que esta ação é agradável, útil ou desejável aos olhos de alguém que lhe é caro. Isto é fonte de não pequena alegria e proveito" (Gummere, LCL).

[23] Musônio, *frag.* 29, a tradução é minha. Epicteto 4.1.167 apresenta uma interessante variante dessa tradição, especialmente à luz de 2Cor 11,32-33: "[palavras de um covarde:] 'Se salvo minha vida serei útil a muitas pesso-

Por sua vez, Paulo raciocina que é "mais necessário (ἀναγκαιότερον, *anankaioteron*, v. 24) para ele permanecer vivo por causa da sua igreja em Filipos, para incrementar seu "progresso moral" (προκοπή, *prokopē*, v. 25). Fazendo essa escolha por causa deles, e não por motivo de honra, ou riqueza, ou mesmo para poder "estar com Cristo", que é seu "desejo" pessoal e "muito melhor" para ele (v. 23b), ele se aproxima muito dessas posições estóicas.

Finalmente, em toda essa passagem Paulo se baseia numa terminologia que é bem documentada nas discussões filosóficas e, em certos casos talvez, está mais aclimatada lá do que na própria teologia paulina.[24] Assim, a noção de "necessidade" (ἀνάγκη, *anankē*) tem uma longa história na consideração filosófica da "morte nobre",[25] e, conforme Antípater de Tarso, chefe da Estoa no fim do século II antes da Era Comum, o superlativo "sumamente necessário" ἀναγκαιότατος, *anankaiotatos*, v. 24) designava uma categoria especial de deveres estóicos.[26] προκοπή era um termo tão integral ao conceito deles da vida moral, que tanto Sêneca como Epicteto dedicaram pequenas obras a ele,[27] e, como Paulo Holloway observa, a expressão paulina εἴτε... εἴτε no v. 20 ("ou ... ou ...") foi também usada por Musônio, Epicteto e Sêneca para comparar coisas indiferentes.[28] Quando Paulo afirma que morrer é "lucro" (κέρδς, v. 21), está usando uma palavra que aparece em Epicteto, como parte de um vocabulário estóico especializado,[29] e em Fl 3,7-8, onde vários elementos do trecho também convidam a uma comparação com a doutrina estóica das coisas indiferentes (ver abaixo).

Também a afirmação de Paulo "viver é Cristo" (τὸ ζῆν Χριστός *Christos*, v.21) é de interesse sob esse aspecto. É possível que Paulo entenda essa expressão

---

as, mas se morro não serei útil para ninguém.' – [Epicteto]:'Sim, de fato, e se tivéssemos de rastejar através de um buraco para escapar, nós o teríamos feito'" (Oldfather, LCL).

[24] Para a possibilidade de terminologia filosófica, e especialmente estóica, em outros textos de Filipenses, ver ENGBERG-PEDERSEN, "Stoicism in Philippians", p. 261-64; e Abraham. J. MALHERBE, "Paul's Self-Sufficiency (Philippians 4:11)" em *Friendship, Flattery and Frankness of Speech: Studies of Friendship in the New Testament World* (ed. John T. Fitzgerald; NovTSup 82; Leiden: E. J. Brill, 1996), p. 125-39. Sobre *parrēsia*, ver David E. FREDRICKSON, "ΠΑΡΡΗΣΙΑ in the Pauline Epistles", em FITZGERALD, *Friendship*, p. 163-83. Sobre as noções estóicas de "coisas que importam" (τὰ διαφέροντα) – isto é, "os bens" como contrapartida das "coisas indiferentes" – ver Paul A. HOLLOWAY, *Consolation in Philippians: Philosophical Sources and Rhetorical Strategy* (SNTMS 112; Cambridge: Cambridge University Press, 2001), p. 74-83, 94-99, 103, 130-32, e a análise abaixo.

[25] Começando com PLATÃO, *Fedo* 62C (cf. *Leis* 873C); ver Arthur J. DROGE, "*Mori lucrum*: Paul and Ancient Theories of Suicide", *NovT* 30 (1988): p. 283-84; e DROGE e TABOR, *Noble Death*, p. 21-22, 35-36, 122-24.

[26] ANTÍPATER DE TARSO, *SFV* 3.255.5 (ESTOBEU 4.508.2-3 W.-H.), fala das "ações mais necessárias e primárias que são apropriadas" como uma categoria distinta de deveres (ver também Hiérocles em ESTOBEU, *Ecl.* 4.22a.21 [4.502.2 W.-H.]). Sobre outros possíveis usos de ἀνάγκη em Paulo, ver Ernst BAASLAND,"'ἀνάγκη bei Paulus im Lichte eines stoischen Paradoxes" em *Geschichte – Tradition – Reflexion: Festschrift für Martin Hengel zum 70. Geburtstag*, vol. 3: *Frühes Christentum* (ed. Hermann Lichtenberger; Tübingen: J. C. B. Mohr [Paul Siebeck], 1996, p. 357-85; e Will DEMING, *Paul on Marriage and Celibacy: The Hellenistic Background of 1 Corinthians 7* (SNTSMS 83; Cambridge: Cambridge University Press, 1995), p. 207-9.

[27] SÊNECA, *Ep.* 32; EPICTETO, *Diss.* 1.4. O termo é usado também por Filo num sentido estóico (p. ex., *Leg.* 2.81; *Det.* 46). Em outras passagens paulinas, somente em Fl 1,12 (sobre esse texto, ver HOLLOWAY, *Consolation in Philippians*, 141-42, e a reflexão abaixo); e na coleção paulina, em 1Tm 4,15.

[28] HOLLOWAY, *Consolation in Philippians*, p. 104-5, 110.

[29] EPICTETO, *Diss.* 1.28.13; 3.22.37; 3.26.25 (com χρήσιμον, *chrēsimon* – ver n. 31); e 4.5.8. Não na LXX. Em outros lugares da coleção paulina, só em Tt 1,11. É possível que κέρδος também reflita a tradição socrática encontrada em PLATÃO, *Apology* 40D-E. Ver D. W. PALMER, "To Die Is Gain (Philippians 1.21)", *NovT* 17 (1975): p. 203-18; cf. também JOSEFO, *Ant.* 15.158.

canhestra como um jogo de palavras entre Χριοτός e a palavra de som semelhante χρηστός (*chrēstos*, "bom, útil").³⁰ Se assim for, as palavras escolhidas por Paulo fazem referência a um conceito moral usado por Musônio para descrever o caráter da pessoa boa;³¹ e isto, por seu turno, combina bem com o uso paulino de αἱρέομαι em 1,22, termo privilegiado pelos estóicos ao descreverem a opção de um sábio diante de coisas indiferentes.³²

Em suma, parece haver razão suficiente para concluir que o que Paulo escreve em Fl 1,20-26 foi moldado pelas discussões estóicas sobre as coisas indiferentes e que levamos maior clareza a essa passagem se a interpretamos à luz dessas discussões.

ಉಲ಼ಾ

Um segundo texto no qual é possível detectar o impacto do pensamento estóico sobre as coisas indiferentes em Paulo é 1Cor 7,25-38. Porque tratei longamente dessa passagem num outro contexto,³³ vou simplesmente resumir os pontos que são relevantes para a nossa investigação aqui. Como em Fl 1,20-26, encontramos em 1Cor 7,25-38 um tópico muito caro aos estóicos³⁴ como também vários termos que sugerem uma proveniência estóica. Entre estes estão "livres de preocupações" (ἀμέριμνος, *amerimnos*) e "preocupar-se" (μεριμνάω, *merimnaō*) nos vv. 32-34; "benefício" (σύμφορον, *symphoron*) e "sem divisões" (ἀπερισπάστως, *aperispastōs*) no v. 35; e o par "digno/faltar à conveniência" (τὸ εὔσχημον/ἀσχημονέω, *to euschēmon/aschēmoneō*) nos vv. 35-36.³⁵ Em 7,27-28, ademais, Paulo usa um modelo de diatribe que era popular nos séculos I e II entre os estóicos e autores influenciados pelo estoicismo, entre os quais Filo, Sêneca, Plutarco e Epicteto³⁶. A função desse modelo, significativamente, era sublinhar a indiferença de certas coisas como a velhice, exercício de cargo público, escravidão (ver adiante) e *matrimônio*, que é o tópico de Paulo aqui. Assim, por exemplo, podemos comparar esta passagem com uma de Epicteto:

---

³⁰ Ver Droge,"*Mori lucrum*", p. 279-80; e Fm 11.
³¹ Musônio, frag. 3.42.10; 8.66.11; 10.78.16; 14.92.31; 16.104.33 Lutz. Em outros lugares em Paulo: em Rm 2,4 como atributo de Deus, que coincide com o uso da LXX e dos estóicos; e em 1Cor 15,33, num provérbio filosófico que Paulo cita.
³² Quando falavam tecnicamente, os estóicos faziam uma distinção entre "escolher" (λαμβάνω) e a "selecionar" (λαμβάνω), o primeiro descrevendo apenas as ações do sábio (p. ex. Estobeu, *Ecl.* 2.7.5o). Em contextos informais, porém, as palavras podiam ser intercambiáveis, como em Musônio, *frag.* 1.32.24-26 e 18B.118.5-7 Lutz. É possível, pois, que por meio de sua escolha de αἱρέομαι, Paulo esteja sugerindo que sua decisão de viver é uma "ação correta," coerente com a perfeita razão. Fora daqui αἱρέομαι aparece na correspondência paulina apenas em 2Ts 2,13 (Deus escolhe os tessalonicenses, o que pode derivar do uso da LXX).
³³ Deming, *Paul on Marriage and Celibacy*, p. 173-210.
³⁴ Id., p. 67-89.
³⁵ Id., p. 173-210, 212-13.
³⁶ Id., p. 159-64; Sêneca, *Ep.* 42.9; 47.17 (ver abaixo, n. 45); 70.8-9; 96.1; 99.2; *Brev. vit.* 17.5-6; *Ira* 2.24.2-4; 2.30.1; *Prov.* 5.5; *Tranq.* 11.10, 12. Embora muito tenha sido escrito sobre o estilo e o conteúdo da diatribe, ninguém enquanto eu saiba, investigou os modelos de diatribe. Sobre o uso paulino do estilo da diatribe, ver Stanley Kent Stowers, *The Diatribe in Paul's Letter to the Romans* (SBLDS 57; Chico, Calif.: Scholars Press, 1981); e Thomas Schmeller, *Paulus und die "Diatribe": Eine vergleichende Stilinterpretation* (NTAbh 19; Münster, Alemanha: Aschendorff, 1987).

Estás ligado a uma mulher? – Não procures separação! Não estás ligado a uma mulher? Não procures casamento! (1Cor 7,27-28).

Seu filho pequeno morreu? – Ele foi devolvido! Sua esposa faleceu? – Ela foi devolvida! (Epicteto, *Ench*. 11).

Paulo também trata da questão do matrimônio como faria um estóico. Para os estóicos, o matrimônio era um indiferente preferido, o que significa que, no curso normal da vida, era um "dever" moral casar. Porém, se a pobreza, a guerra ou outra circunstância adversa intervinha, os compromissos morais de uma pessoa podiam afastá-la das responsabilidades do matrimônio. Nesses casos o matrimônio tornava-se um "indiferente rejeitado", e *não* casar seria a decisão apropriada.[37] Como explica Hiérocles:

> A vida matrimonial é "preferível" para o sábio, embora a vida sem uma esposa seja preferível quando ocorrem circunstâncias atenuantes. E assim, já que precisamos imitar o homem racional de todos os modos possíveis, e para ele casar é "preferível", é claro que seria "conveniente" para nós também, a não ser que alguma circunstância o impeça. (Hiérocles em Estobeu, Ecl. 4.22a.22 [4.502.9-14 W.-H.])

Em 1Cor 7,25-31, Paulo constrói sua exposição de um modo que parece dever muito a esta perspectiva. Considera o que é "bom para o homem" à luz das circunstâncias adversas que estavam pressionando os coríntios.[38] Ainda que rejeite a noção estóica de que selecionar o matrimônio nessas circunstâncias é "cometer um erro" ou "pecar" (ἁμαρτάνω, *hamartanō*, vv. 28, 36),[39] por outro lado ele ressalta os inconvenientes do matrimônio em termos do compromisso com Cristo defronte às distrações de uma esposa (vv. 32-35).[40] Aqui podemos comparar Paulo com Epicteto:

> Quem não é casado preocupa-se com as coisas do Senhor, como possa agradar ao Senhor. Mas quem é casado, preocupa-se com as coisas do mundo, como possa agradar à mulher, e fica dividido. (...) Digo isso para o vosso bem (...) para estimular-vos ao que é digno e que leva à união com o Senhor sem divisões. (1Cor 7,32b-35)

Talvez seja necessário que o cínico seja sem distrações, completamente comprometido com o serviço de Deus, capaz de fazer suas visitas às pessoas,

---

[37] Ver Deming, *Paul on Marriage and Celibacy*, p. 73-87.
[38] Id., p. 173-97; cf. p. 110-12.
[39] Assim Ário: "Tudo quanto acontece entre animais racionais, que é contrário ao que é digno, é um pecado [ἁμάρτημα, *hamartēma*]" (Estobeu, *Ecl*. 2.7.8a); e Ps.-Ocellus Lucanus, "muitos pecam [ἁμαρτάνω, *hamartanō*] fazendo matrimônios sem consideração para com a excelência da alma da pessoa ou para com o benefício da comunidade" (*De univ. nat.* 48). Esses, naturalmente, são modos informais pelos quais os estóicos analisavam o "erro" ou o "pecado". Conforme a estrita ortodoxia estóica, *toda* ação contrária à perfeita razão do sábio era pecado (por ex., Estobeu, *Ecl*. 2.7.11a).
[40] Deming, *Paul on Marriage and Celibacy*, p. 197-205.

não ligado a deveres particulares nem envolvido em relações sociais. (Epicteto, *Diss*. 3.22.69)

Paulo então conclui o trecho fazendo o contraste entre o cristão casado e o cristão não casado, usando expressões que os estóicos comumente empregavam para caracterizar o sábio (vv. 36-38).[41] Como no caso de Fl 1,20-26, seria difícil, a meu ver, entender o raciocínio de Paulo em 1Cor 7,25-38 sem alguma referência às idéias dos estóicos sobre as coisas indiferentes.

ઌઝ

A seguir passamos a falar de 1Cor 7,20-23, onde Paulo dá conselho sobre escravidão e liberdade. Como os tópicos sobre vida, morte e matrimônio, este era também um tema popular entre os estóicos no tempo de Paulo.[42] Os estóicos, como também a maioria dos outros moralistas greco-romanos, faziam uma distinção entre escravidão jurídica ou escravidão física, e escravidão "real" ou escravidão do espírito. Consideravam a primeira como coisa indiferente, a outra como coisa má. Do mesmo modo, distinguiam entre liberdade jurídica e liberdade "real", sendo a primeira algo indiferente e a outra uma coisa boa. É nesta base, por exemplo, que Filo introduz seu tema em *Que Todo Justo é Livre*:

> A escravidão é aplicada num sentido aos corpos e noutro, às almas; os corpos têm homens como seus senhores, e as almas, seus vícios e paixões. Ninguém faz do primeiro tipo um tema de investigação. (...) Pondo de lado, portanto, tergiversações capciosas e os termos que não têm base alguma na natureza mas dependem de convenção, tais como "criado em casa", "comprado" ou "capturado na guerra" examinemos o verdadeiro homem livre, o único que possui independência, mesmo se uma multidão de homens se diz dona deles. (Filo, *Prob*. 17-19 [Colson, LCL])[43]

Então, os estóicos sustentavam que a escravidão jurídica e a liberdade jurídica não eram nem boas nem más em si mesmas. Era possível ser virtuoso como escravo e também como livre. O importante, ao invés, era buscar a verdadeira liberdade do espírito e rejeitar a escravidão espiritual.

Parece que em 1Cor 7,20-23 Paulo reproduz essa linha de pensamento numa forma cristianizada. De um lado, afirma que nem a escravidão jurídica nem a liberdade jurídica são objeto de qualquer preocupação real para as pessoas "no Senhor" porque podem cumprir suas obrigações para com Deus em ambas as condições (vv. 21a, 22). A coisa importante, porém, é que os fiéis evitassem tornar-se "escravos das pessoas" (v. 23b), expressão com a qual ele designa as

---

[41] Id., p. 205-10.
[42] Por ex., Filo, *Que Todo Justo é Livre*; Sêneca, *Ep*. 47; Epicteto, *Diss*. 3.24.64-77; 4.1; e Dion Crisóstomo, *Or*. 14 e 15. Para uma análise, ver Deming, *Paul on Marriage and Celibacy*, p. 164-65; Samuel Collenweider, *Freiheit als neue Schöpfung* (FRLANT 147; Göttingen: Vanenhoeck & Ruprecht, 1989), p. 23-104; e Peter Garnsey, *Ideas of Slavery from Aristotle to Augustine* (Cambridge: Cambridge University Press, 1996), p. 128-52.
[43] Ver também Estobeu, *Ecl*. 2.7.11i; e Diógenes Laércio 7.121-22.

ideologias humanas opostas a Deus.⁴⁴ Além do mais, ainda que nada encontremos de distintamente estóico nos termos usados por Paulo nesse trecho, podemos mencionar que 7,21-22 é formulado no mesmo modelo de diatribe que notamos em nossa análise de 7,27-28.⁴⁵ Por várias razões, portanto, pode-se afirmar que 1Cor 7,20-23 se inspira em tradições estóicas sobre a indiferença da escravidão e da liberdade.

Pode até ser o caso que o uso paulino particular do modelo da diatribe em 1Cor 7,21-22 possa dar-nos uma percepção da genuinidade, por assim dizer, do estoicismo refletido nessa passagem. Como argumentei em outro lugar, Paulo modifica o modo como esse modelo de diatribe era usado tipicamente, acrescentando a frase ἀλλ ει καὶ δύνασαι ἐλεύθερος γενέσθαι, μᾶλλον χρῆσαι (*all' ei kai dynasai eleutheros genesthai, mallon chrēsai*) em 7,21b, que no contexto desse modelo parece significar "mas se puderes obter a liberdade, aproveita a oportunidade".⁴⁶ Se isto é verdade, então Paulo está dando um conselho, baseado em sólidos princípios estóicos, que não tem paralelo entre os estóicos contemporâneos. Em termos estóicos, Paulo categorizou a escravidão jurídica não apenas como uma coisa indiferente, porém mais especificamente como um indiferente *rejeitado*, e portanto como algo que normalmente não deve ser selecionado quando existe a oportunidade. Essa conclusão está bem dentro da lógica da teoria ética estóica,⁴⁷ embora, um tanto curiosamente, não tenhamos nenhuma prova de que um estóico adotou esta posição, nem possuímos um texto que inclua a escravidão jurídica na lista de coisas indiferentes rejeitadas (junto com a pobreza e a doença, por exemplo, ou a liberdade jurídica na lista de coisas indiferentes preferidas (ao lado da riqueza e da saúde, por exemplo).⁴⁸

Tentando entender como Paulo pode ter chegado a esta conclusão com base na ética estóica, mesmo não tendo nenhuma prova de que isso foi sustentado pelos próprios estóicos, devemos notar que uma posição filosófica contra a escravidão tal como *poderia* ter se desenvolvido entre os estóicos é documentada já no século IV antes da Era Comum. Em *Política* 1253b, Aristóteles registra a opinião de alguns de seus contemporâneos de que a escravidão jurídica é errada porque é injusta (οὐδε δίκαιον, *oude dikaion*), contra a natureza (παρὰ φύσιν, *para physin*), e baseada na compulsão (βίαιον, *biaion*). Esta é a uma visão em sintonia com a doutrina estóica sobre a justiça, a natureza, a liberdade, e que pode até ter influenciado alguns dos primeiros estóicos;⁴⁹ mas nunca foi adotada pela Estoa na fase intermédia e posterior. Ela se reflete, porém, neste período posterior em Filo. Assim, em *Leis Especiais*, Filo declara que ninguém é escravo

---

⁴⁴ Por ex., Raymond F. COLLINS, *First Corinthians* (SP 7; Collegeville, Minn.: Liturgical, 1999), p. 286; e THISELTON, *First Epistle to the Corinthians*, p. 561-62.

⁴⁵ Ver especialmente SÊNECA, *Ep.* 47.17:"Ele é um escravo! – Mas sua alma pode ser a de um homem livre. Ele é um escravo! – Mas será isso um obstáculo para ele?" [Gummere, LCL].

⁴⁶ Will DEMING, "A Diatribe Pattern in 1 Cor 7:21-22: A New Perspective on Paul's Directions to Slaves", *NovT* 37 (1995): p. 130-37.

⁴⁷ Assim também GARNSEY, *Ideas of Slavery*, p. 150-51, 163.

⁴⁸ Sobre isto, ver a excelente reflexão em id., p. 129-31, 134-52.

⁴⁹ Ver DIÓGENES LAÉRCIO 7.122, onde possuir escravos é equiparado à tirania e julgado "mau" (φαύλη, *phaulē*).

por natureza (ἐκ φύσης, *ek physēs*);⁵⁰ e em *Vida Contemplativa* ele conta sobre os Terapeutas que esses "filósofos" consideram a posse de escravos como uma injustiça (ἀδικία, *adikia*) e contra a natureza (παρὰ φύσιν, *para physin*) e assim eles escolheram servir uns aos outros sem compulsão (ου πρὸς βίαν, *ou pros bian*).⁵¹ Coerente com isso, em *Recompensas e Castigos*, Filo chega bem perto de tratar a escravidão jurídica como um indiferente *rejeitado*, chamando-a de "mal menor" que deve ser evitado.⁵² Como vimos antes, naturalmente Filo já está familiarizado com a idéia de que a escravidão jurídica é algo indiferente.

Em Filo, pois, cuja abordagem da escravidão em termos estóicos "antecipou", como já foi dito, o estoicismo de Sêneca,⁵³ encontramos um fundamento congenial com os princípios estóicos que pode explicar a posição tomada por Paulo em 1Cor 7,21-22, a saber, que a escravidão jurídica deve ser tratada como um indiferente rejeitado.⁵⁴ Essa observação, por sua vez, parece indicar que o estoicismo refletido em 1Cor 7,20-23 tem afinidades com o pensamento estóico conforme era transmitido nos círculos judaicos teológicos, mais do que com a tradição escolar dominante do estoicismo que conhecemos por Ário, Musônio, Sêneca, Plutarco, Epicteto e Hiérocles.

Essa hipótese é reforçada, ademais, à luz de um outro paralelo entre Paulo e Filo. Em *Que Todo Justo é Livre*, obra cujas tendências estóicas estão fora de discussão, Filo informa que os filósofos judeus conhecidos como essênios rejeitam a posse de escravos porque ela anula "o estatuto da Natureza, a qual como uma mãe fez nascer e formou todos os homens de modo semelhante, e os criou como irmãos genuínos, não só de nome, mas de fato.⁵⁵ Aqui Filo baseou a filosofia dos essênios no universalismo estóico, fato que se torna evidente não só pela tendência estóica desse tratado, mas também pela defesa feita por Sêneca de um tratamento humano para os escravos, fundamentado na noção de que "o Céu é o único pai de todos nós".⁵⁶

Desse modo, de acordo com o universalismo estóico – que não advogava igualdade universal, obviamente, mas a igualdade daqueles que buscavam a sabedoria⁵⁷ – os essênios de Filo e Sêneca concordam que a medida de uma pessoa não deve ser a origem familiar ou o *status* legal, mas o compromisso de cada um com a sabedoria, mesmo que, ao contrário dos essênios de Filo, Sêne-

---

⁵⁰ Filo, *Spec.* 2.69; e ver Miriam T. Griffin, *Seneca: A Philosopher in Politics* (Oxford: Clarendon Press,1976), p. 459.

⁵¹ Filo, *Contempl.* 70-71. Do mesmo modo, Josefo, *Ant.* 18.21, informa que os essênios não têm escravos porque a escravidão é fonte de injustiça (ἀδικία, *adikia*).

⁵² Filo, *Praem.* 137-38.

⁵³ Garnsey, *Ideas of Slavery*, p. 171.

⁵⁴ Tem sido fonte de frustração para muitos teólogos modernos o fato de Paulo não condenar simplesmente a escravidão como "má", porém esta não seria a compreensão estóica ou paulina de uma coisa indiferente rejeitada.

⁵⁵ Filo, *Prob.* 79 (Colson, LCL).

⁵⁶ Sêneca, *Ben.* 3.28.1-2 (Gummere, CLC);"Céu" nessa tradução é a palavra *mundus*,"céu, a terra, o universo". Ver também *Ep.* 47.10:"Aquele que chamais de vosso escravo proveio da mesma cepa, é favorecido pelo mesmo firmamento e em termos iguais que vós mesmos respira, vive e morre" (Gummere, LCL).

⁵⁷ Por ex., Sêneca, *Ben.* 3.18.2.

ca não tenha chegado à conclusão de que possuir escravos seja mau. Paulo, no entanto, parece ter sido levado precisamente nesta direção quando diz em Fm 16 que espera que Filêmon aceite o escravo Onésimo de volta como "um irmão amado (...) tanto na carne como no Senhor". Se isto é um pedido para a alforria de Onésimo, como supõem alguns estudiosos do Novo Testamento,[58] então o argumento de Paulo pode ser lido como uma extensão cristianizada do universalismo estóico subjacente à visão "essênica" encontrada em Filo. Exatamente como os essênios de Filo, com base no universalismo estóico, assumem a posição de que os indivíduos tornam-se "irmãos genuínos (...) de fato" em virtude do seu devotamento à sabedoria, assim também Paulo pede a Filêmon para tratar Onésimo como um irmão "na carne e no Senhor" por causa do devotamento deste a Cristo (Fm 10-11). Na verdade, a generalização desse raciocínio (estóico) pode ter contribuído para a declaração de Paulo em suas outras cartas de que *todas* as distinções de *status*, de nascença e de identidade social são irrelevantes para os "em Cristo", incluindo não apenas a distinção entre escravos e livres, mas também entre judeus e gregos e homens e mulheres (p. ex. Gl 3,28; cf. Rm 10,12-13; e ver adiante).

Voltando a 1Cor 7,20-23, há motivo para crer que essa passagem não apenas se insira em tradições estóicas, porém, mais precisamente, em tradições estóicas conforme se desenvolveram ou foram transmitidas por alguns dos judeus (e judeus cristãos?) contemporâneos de Paulo.

∽∾

A recomendação de Paulo sobre a escravidão e a liberdade em 1Cor 7,20-23 é imediatamente precedida, em 7,18-19, de suas observações sobre a circuncisão e seu oposto, a "incircuncisão", ambas as quais ele declara que "nada" são (οὐδέν ἐστιν, *ouden estin*). Isto suscita a possibilidade de que Paulo tenha imaginado a circuncisão, também, conforme os cânones de um indiferente estóico, especialmente quando observamos que essa alusão à circuncisão em 7,18-19 se insere no mesmo modelo de diatribe que 7,21-22 e 7,27-28. Contra isto, no entanto, está o fato de que Paulo de boa vontade junta os binômios judeu/grego (ou seja, circuncisos/incircuncisos) e escravos/livres em outros lugares de suas cartas (1Cor 12,13; Gl 3,28)

Para indagar sobre essa possibilidade, portanto, será preciso examinar as afirmações de Paulo a respeito da circuncisão fora de 1Cor 7,18-19, já que essa passagem oferece material escasso demais de trabalho. Fazendo isto, não encontramos nenhuma prova evidente de vocabulário ou fraseologia estóicos, mas descobrirmos duas coisas potencialmente importantes. Primeiro, também em Gálatas Paulo declara que a circuncisão e a incircuncisão "nada" são (οὔτε τί ἐστιν, *oute ti estin*, 6,15) e "de nenhum valor" (οὔτε τι ἰσχύει, *oute ti ischyei*, Gl 5,6);

---

[58] Ver Joseph A. Fitzmyer, *The Letter to Philemon: A New Translation with Introduction and Commentary* (AB 34C; Nova Iorque: Doubleday, 2000), p. 113-16.

e de modo semelhante diz que as identidades judaica e grega são irrelevantes.[59] Há motivo para pensar que essas afirmações dependem, em parte, das noções estóicas sobre universalismo. Em segundo lugar, Paulo refere-se à circuncisão dizendo que tem valor e desvalor morais. Em Rm 2,25, diz que a circuncisão beneficia aquele que observa a lei; e, em Rm 3,1-2, pergunta: "Qual a utilidade da circuncisão?". E responde: "É grande, sob todos os aspectos!". Todavia, Paulo pode também colocar a circuncisão entre as coisas que ele conta como "perda" desde que se tornou cristão (Fl 3,5-8); ele julga que receber a circuncisão "aliena" o indivíduo de Cristo, de tal modo que Cristo, do qual depende a salvação, de *nada* servirá (Gl 5,2-4); e coerente com isto ele se opõe apaixonadamente a que os gentios cristãos recebam a circuncisão (Gl 2,3; 5,12; Fl 3,2-3).

Enquanto muitos autores acham possível explicar o raciocínio de Paulo nessas passagens sem referência à ética estóica, eu diria que a possível incoerência que aqui encontramos pode ser entendida, se não melhor entendida, se recordarmos algumas peculiaridades da ética estóica. Em primeiro lugar, lembremos que os estóicos faziam uma distinção nítida entre *coisas* e *ações*. Uma *coisa* podia ser "indiferente", no sentido de que não tinha valor real ou inerente com relação ao que era realmente bom; mas as *ações* morais, que implicavam selecionar e rejeitar coisas, ou eram "convenientes" ou "inconvenientes". Partindo dessa perspectiva podemos entender que Paulo fala a respeito da circuncisão como de uma "coisa" que não tem significado moral – porque alguém pode ser justificado com ou sem a circuncisão (Rm 3,30) – mas fala de "receber a circuncisão" ou "tornar-se circunciso" como de uma ação que às vezes é apropriada e às vezes não é.

Em segundo lugar, e como conseqüência natural disso, os estóicos diziam que as coisas indiferentes tinham um valor atribuído, que era um valor baseado no seu potencial para capacitar alguém para agir moralmente e trabalhar pela perfeição moral. Ademais, esse valor era variável, dependendo das circunstâncias. Numa determinada situação, uma coisa indiferente podia ser preferida, rejeitada ou sem conseqüências. Para alguém que *já* é judeu, a circuncisão pode ter um grande valor (Rm 3,1-2).[60] Do mesmo modo, a circuncisão tem valor para aquele que pretende observar a Lei (Rm 2,25),[61] pois como Paulo dá a entender em Gl 5,3-4, receber a circuncisão é equivalente a procurar a justificação sob a Lei (ἐν νόμῳ δικαιοῦσθε, *en nomō dikaiousthe*). Mas a partir da ressurreição de Cristo, a justificação de Deus tornou-se disponível mediante a fé em Cristo, não através das obras da Lei (p. ex. Gl 2,16), e assim agora é sem conseqüências se alguém *já*

---

[59] Gl 3,28, οὐκ ἔνι Ἰουδαῖος οὐδὲ Ἕλλην (*ouk eni Ioudaios oude Hellēn*); e Rm 10,12, οὐ γάρ ἐστιν διαστολή... (*ou gar estin diastolē*...), onde διαστολή ("diferença, distinção") tem um significado bastante erudito ou filosófico, não encontrado nos papiros (ver BDAG, no verbete "διαστολή" [p. 237], e Rm 3,22).

[60] Paulo usa ὠφέλεια/ὠφελέω (*ōpheleia/ōpheleō*) para indicar este valor – termos que os estóicos coerentemente reservam para designar o "benefício dos bens somente (por ex., Diógenes Laércio 7.102; cf. Sêneca, *Ep.* 87.36-37), usando χρεία (*chreia*), "utilidade", para coisas boas e indiferentes igualmente (por ex., Diógenes Laércio 7.98-99, 107). O fato de Paulo, um não estóico, usar um termo técnico num caso fortuito, porém, não constitui problema. Até os estóicos por vezes (embora não neste caso) usavam sua terminologia um tanto casualmente (ver acima, n. 32).

[61] Que, curiosamente, Paulo exprime com o "tu" singular da diatribe (ἐὰν νόμον πράσσῃς, *ean nomon prassēs*).

tem a circuncisão, e ao mesmo tempo é inconveniente para um indivíduo *receber* a circuncisão, porque então Cristo de nada serve (Gl 5,2).

Finalmente, vimos que conforme os estóicos, as coisas indiferentes tinham "muito" ou "pequeno" valor, ao passo que o bem tinha "o maior" valor. Esta, por sua vez, pode ser a estrutura conceitual de Fl 3,5-8. Aí Paulo explica que, em vista da "incomparável grandeza" (ὑπερέχον, *hyperechon*) de conhecer a Cristo, coisas que ele antes considerava "lucro" (κέρδος, *kerdos*), inclusive a circuncisão, ele agora considera "perda" (ζημία, *zēmia*),[62] a fim de "ganhar a Cristo" (ἵνα Χριστὸν κερδήσω, *hina Christon kerdēsō*). E a isto precisamos acrescentar apenas que os termos κέρδος e ζημία, embora não exclusivamente estóicos, ocorrem em Epicteto como parte de seu vocabulário ético.[63]

∽✢∾

Reconheço que para um leitor moderno essa interpretação da visão paulina da circuncisão possa parecer excessivamente técnica e artificial. Mas os estóicos empregavam essas categorias éticas, e elas tornaram-se populares entre muitos não estóicos, especialmente no período de cerca de 150 antes da Era Comum até cerca de 150 depois da Era Comum (isto é desde Ário e Cícero até Epicteto e Hiérocles). Ressalto este ponto aqui por causa da potencial importância dessa compreensão da circuncisão em Paulo. À diferença de vida e morte, matrimônio e escravidão, a circuncisão *não* era um tema debatido pelos estóicos. Isto significa que, se Paulo está, de fato, tratando a circuncisão nessas passagens como uma coisa indiferente, então não faz isto tomando emprestado ou imitando uma abordagem estóica existente. Ao invés, ele ou um judeu, ou um judeu cristão integrou elementos básicos da teoria ética estóica no próprio coração da teologia cristã e aplicou-os a questões que a igreja primitiva encarava. E se a integração das éticas estóica e cristã teve lugar num nível tão fundamental na teologia paulina, então surgem várias possibilidades estimulantes.

Primeiro, é cabível que a indiferença de Paulo perante as outras coisas da nossa lista original – por exemplo, alimento, educação, falar em línguas – possa depender também de uma visão estóica do mundo, mesmo se existe pouca coisa ou nada naquilo que Paulo diz sobre elas que sugira a presença de um raciocínio estóico.

Em segundo lugar, se o fundamento lógico dos argumentos de Paulo depende em certa medida de premissas estóicas, então uma compreensão básica dessas premissas deve ter feito parte do mundo intelectual e moral de seus ouvintes, se devemos supor que seus argumentos eram eficazes.

---

[62] Que o lucro anterior de Paulo seja agora considerado perda, e não simplesmente indiferente, pode ser devido ao fato de ele ter redefinido o bem como "conhecer a Cristo"; ver Holloway, *Consolation in Philippians*, p. 136-38, e a reflexão abaixo.

[63] Sobre κέρδος, ver acima, n. 29. Ζημία ocorre apenas aqui em Paulo e é raro na LXX. Em Epicteto: 1.11.11 (duas vezes); 1.20.11; 2.10.15,19 (três vezes, com κερδαίνω, *kerdainō*); 3.25.10; 3.26.25 (com κέρδος); 4.1.120; 4.4.32; 4.9.10 (duas vezes); 4.12.18. Também Musônio, *frag*. 9.74.2; 15.96.19 Lutz. Sobre a expressão inusitada "ganhar a Cristo", ver Fl 1,21, "viver é Cristo", e a reflexão acima.

Em terceiro lugar, e bastante além disso, devemos considerar as implicações dessa integração das éticas estóica e cristã para fazer o levantamento da base teórica da ética paulina. Afinal, se existe uma categoria de "coisas indiferentes" na ética de Paulo, existem também coisas "boas" e "más" ou virtudes e vícios? E se sim, quais são? Até certo ponto, essas questões já foram estudadas por Paul Sampley, James Jaquette e, mais recentemente, Paulo Holloway.[64] Este último, por exemplo, com base numa cuidadosa exegese de Filipenses, identificou em Paulo várias "coisas que importam" (τὰ διαφέροντα, *ta diapheronta*, Fl 1,10), o que, para os estóicos, equivaleria a "bens". Isso inclui: "o progresso (προκοπὴ) do evangelho" (Fl 1,12-18a), "a salvação (σωτηρία) antecipada de Paulo", "a audácia" (παρρησία, *parrēsia*) do mensageiro do evangelho (ambos em Fl 1,18b-21), e "a incomparável excelência do conhecimento de Cristo" (Fl 3,8-14).[65] A isto, sucessivamente, poderíamos acrescentar o amor (1Cor 13,1-13), "a fé agindo pela caridade" (Gl 5,6), e a "nova criação" (Gl 6,15), coisas todas que Paulo contrasta explicitamente com outras de valor relativo e, conseqüentemente, indiferentes.

Em quarto lugar, se Paulo considerou a circuncisão como algo indiferente, não é impossível que ele tenha julgado como coisas indiferentes outros mandamentos da Lei mosaica. Sabemos, por exemplo, que ele desvalorizava todas as "obras da Lei" em comparação com a graça e a fé (p. ex. Gl 3,2); e a surpreendente afirmação que faz em 1Cor 7,19b poderia também apontar nesta direção. Em 1Cor 7,18-19a, como estamos sustentando, Paulo parece tratar a circuncisão, um proeminente mandamento da Lei nos seus círculos teológicos, como algo indiferente. No v. 19b, justifica então essa posição, em parte, afirmando: "A circuncisão nada é, e a incircuncisão nada é. *O que vale, é a observância dos mandamentos de Deus.*" Evidentemente, "o que importa" aqui são "os mandamentos de Deus", que são de certa forma distintos da circuncisão, uma (indiferente) obra da Lei.[66]

◈◈

Terá Paulo utilizado noções estóicas sobre a indiferença, ou terá sido influenciado por elas no seu pensamento sobre a vida e a morte, o matrimônio, a escravidão e a circuncisão? Com base na sua escolha de palavras e de frases, há razão para pensar que sim. Além disso, pode-se pensar que Paulo compartilha de certos pressupostos conceituais com os estóicos, embora ele expresse esses pressupostos em seu próprio idioma teológico.

Mas talvez determinar a extensão da influência estóica sobre Paulo não deveria ser nossa primeira preocupação. Afinal, se os escritos paulinos adquirem

---

[64] J. P. Sampley, *Walking between the Times: Paul's Moral Reasoning* (Minneapolis: Fortress Press, 1991), p. 77-83; e Jacquette, *Discerning What Counts*, p. 213-25. Para Holloway, ver a nota seguinte.

[65] Holloway, *Consolation in Philippians*, p. 101-45.

[66] Sobre essa compreensão da "lei de Deus", ver Deming, *Paul on Marriage and Celibacy*, p. 169-73; e John J. Collins, *Between Athens and Jerusalem: Jewish Identity in the Hellenistic Diaspora* (2ª ed.; Grand Rapids: Eerdmans, 2000), 229-30, 246. Não obstante, Paulo acredita que a Lei mosaica ainda possibilita à pessoa discernir "as coisas que importam" (τα διαφέροντα). Essa informação encontra-se em Rm 2,18, que se exprime no estilo da diatribe.

para nós melhor sentido à luz das idéias estóicas, então o pensamento estóico é relevante para a compreensão de Paulo, quer sejamos capazes quer não de demonstrar a influência. Com outras palavras, ele tem valor heurístico para interpretar Paulo. A questão mais importante, pois, parece ser: "A obra de Paulo faz melhor sentido à luz da ética estóica?" – e como eu sugeri acima, este é um tema que os autores vão precisar debater, talvez por algum tempo.[67]

PARTE III. OUTROS TEXTOS PAULINOS E PAULINISTAS RELEVANTES

Rm 8,35-39; 14,5.6-8.14-17.20
1Cor 1,26; 3,21-23; 4,10-13; 6,7-8.12-13a; 8,8; 9,3b-7.15-18; 10,23-24; 13,1-3; 14,18-19
2Cor 5,8-10
Gl 2,6-9
Fl 3,4-8.12-16; 4,10-13

PARTE IV. BIBLIOGRAFIA

Textos primários, traduções e comentários

DICK, Andrew R. *Commentary on Cicero, De Officiis*. Ann Arbor: University of Michigan Press, 1996.
GRIFFIN, M. T. e ATKINS, E. M., eds. *Cicero: On Duties*. Cambridge: Cambridge University Press, 1991.
HICKS, R. D., trad. *Diogenes Laertius: Lives of Eminent Philosophers*. Cambridge: Harvard University Press, 1931 [Ver 2:110-319].
INWOOD, Brad e GERSON, L. P., trad. *Hellenistic Philosophy: Introductory Readings*. 2ª ed. Indianapolis: Hackett, 1997, p. 190-260.
JOHANNES [Hans] VON ARNIM, ed. *Stoicorum Veterum Fragmenta*. Stuttgart: B. G. Teubner, 1968 [ver 3:117-68.]
LONG, A. A., e SEDLEY, D. N.. *The Hellenistic Philosophers*. Cambridge: Cambridge University Press, 1987-88 [Ver 1:346-86, 394-410; 2:343-82, 389-404].
POMEROY, Arthur J., ed. *Arius Didymus: Epitome of Stoic Ethics*. SBLTT 44. Graeco-Roman Series 14. Atlanta: Society of Biblical Literature, 1999.
WRIGHT, M. R., ed. e trad. *Cicero: On Good and Evil*. Warminster, Inglaterra: Aris and Phillips, 1991.

Literatura secundária

DEMING, Will. Review of *Discerning What Counts*, por James L. Jaquette, *JBL* 115 (1996): p. 758-60.
HOLLOWAY, Paul A. *Consolation in Philippians: Philosophical Sources and Rhetorical Strategy*. SNTMS 112. Cambridge: Cambridge University Press, 2001.
INWOOD, Brad. *Ethics and Human Action in Early Stoicism*. Oxford: Clarendon Press, 1985.
JAQUETTE, James L. *Discerning What Counts: The Function of the Adiaphora Topos in Paul's Letters*. SBLDS 146. Atlanta: Scholars Press, 1995.
LONG, A. A. *Hellenistic Philosophy: Stoics, Epicureans, Skeptics*. Nova Iorque: Charles Scribner's Sons, 1974, p. 179-209.
LONG, A. A., e SEDLEY, D. N.. *The Hellenistic Philosophers*. Cambridge: Cambridge University Press, 1988 [Ver 2:505-10].
MALHERBE, Abraham J. "Determinism and Free Will in Paul: The Argument of 1 Corinthians 8 and 9", em *Paul in His Hellenistic Context*, editado por Troels Engberg-Pedersen. Minneapolis: Fortress Press, 1995, p. 231-55.
RIST, J. M. *Stoic Philosophy*. Cambridge: Cambridge University Press, 1060.
SANDBACH, F. H. *The Stoics*. Nova Iorque: W. W. Norton, 1975, p. 28-68. Este ensaio é dedicado a Frank Reynolds, por seu ensino sobre ética religiosa comparada.

---

[67] Ver as observações de ENGBERG-PEDERSEN, "Stoicism in Philippians", p. 277-80.

14

PAULO, O CASAMENTO E O DIVÓRCIO

O. Larry Yarbrough

No mundo greco-romano do século I da Era Comum, o casamento e o divórcio eram fios de uma intrincada rede de relações sociais, cujos modelos variavam imensamente. Cada um tinha um aspecto público e privado simultaneamente. Mesmo as mais íntimas relações de um casal tinham implicações para o público mais amplo. E os valores e costumes do público maior determinavam em grande parte o modo como um casal percebia suas relações particulares. Assim, quando procuramos entender casamento e divórcio no mundo greco-romano, devemos levar em conta uma ampla variedade de testemunhos extraídos de muitas e variadas fontes. Ademais, temos de avaliar esses testemunhos com bastante cuidado, para que nossos pressupostos não nos levem a supervalorizar um tipo de testemunho e subestimar um outro.

As fontes para o estudo do casamento e do divórcio no mundo greco-romano são literárias e também arqueológicas. A documentação literária é tirada dos códigos de leis, da literatura judiciária, testamentos, cartas, dramas, poesias, ensaios filosóficos, histórias, contos e textos médicos. A documentação arqueológica compõe-se de ruínas de arquitetura doméstica (mansões, casas e apartamentos), epitáfios, fragmentos de papiros e arte.

Se cada conjunto de testemunhos oferece uma contribuição singular para o estudo do casamento e do divórcio, cada um também apresenta seus problemas metodológicos peculiares. A maioria da documentação literária, por exemplo, provém de pessoas dos círculos elitistas e portanto refletem seus valores e pontos de vista. Temos pouca documentação referente às mulheres e às classes inferiores. Os ensaios filosóficos que tratam do casamento e as referências a ele nos relatos gregos e romanos típicos refletem os valores dos homens bem educados e ricos das sociedades grega e romana.[1] Foram escritos por eles e para eles. O mesmo pode-se dizer dos textos médicos, mesmo daqueles escritos por mulheres.[2] A

---

[1] Muitos filósofos moralistas populares gregos e romanos escreveram ensaios "sobre o matrimônio" ou o estudaram no contexto de outros tópicos. Dois estudos recentes são Susan TREGGIARI, *Roman Marriage: "Iusti Coniuges" from the Time of Cicero to the Time of Ulpian* (Oxford: Clarendon, 1991), cc. 6-7, e Will DEMING, *Paul on Marriage and Celibacy: The Hellenistic Background of 1 Corinthians 7* (SNTSMS 83; Cambridge: Cambridge University Press, 1995), c. 2. Ambos trazem extensas bibliografias.

[2] Entre as edições facilmente disponíveis de antigos textos médicos relacionados com o matrimônio estão *Gynecology* de SORANO (Baltimore: Johns Hopkins University Press, 1956), e *Hygene* de GALENO (Springfield, Ill.: Charles C. Thomas, 1951).

maioria das referências ao casamento na dramaturgia grega e romana ocorrem na comédia; a maioria das referências na poética aparecem em sátiras. A questão aqui é até que ponto a comédia e a sátira espelham a realidade. Ambas as formas criam efeito mediante o exagero e a inversão da ordem normal. É confiável sua abordagem do casamento e do divórcio? Os divórcios eram realmente tão comuns quanto Juvenal afirma? Os pais eram realmente tão senis como sugere Plauto?[3] O mesmo tipo de pergunta pode ser feito sobre os contos antigos. Embora o casamento seja um elemento importante nas tramas das peças e dos contos, os casamentos se distanciam das normas derivadas de outras fontes num número de surpreendentes modos. Por exemplo, enquanto a maioria das fontes sugere que os casamentos eram combinados pelos pais sem atenção ao que poderíamos chamar de "romance", a trama de antigos contos narra que um jovem casal se encontra por acaso, se apaixona violentamente à primeira vista, se casa e, depois de um período de sofrimento, vive feliz para sempre.[4]

Os dados jurídicos são problemáticos porque os códigos foram redigidos muito depois do nosso período e nem sempre refletem as leis que existiam no século I.[5] Ademais, a questão de quando e como a lei romana entrou efetivamente em vigor nas províncias é difícil de determinar. Visto que a cidadania romana foi estendida a todo o império somente depois do nosso período, não podemos supor que as leis romanas eram aplicadas nas cidades das províncias quando a cristandade paulina estava se desenvolvendo.[6] Embora os testamentos romanos fossem documentos legais relativos à distribuição da propriedade, eles exprimem sentimentos também. Os romanos queriam ser bem considerados na morte. Mas porque os testamentos derivam predominantemente das classes abastadas, devem ser usados com cautela para determinar os valores mais amplamente aceitos.[7]

A documentação arqueológica apresenta um conjunto diferente de desafios. Embora muitos dos numerosos epitáfios espalhados pelo mundo greco-romano provenham sobretudo de ricas pessoas enlutadas, um número significativo

---

[3] Ver, por exemplo, a Sátira 6 de Juvenal e qualquer das peças de Plauto.

[4] O período de sofrimento podia de fato ocorrer antes do casamento, mas o efeito é o mesmo. Para um estudo do casamento nas antigas novelas, ver Brigitte EGGER, "Women and Marriage in the Greek Novels: The Boundaries of Romance" em *The Search for the Ancient Novel* (ed. James Tatum; Baltimore e Londres: Johns Hopkins University Press, 1994), p. 260-80. Conforme a estatística de Egger, nas cinco novelas de "tipo ideal" (as de Cariton, Xenofonte de Éfeso, Aquiles Tácio, Longo e Heliodoro) existem dezessete casamentos e vinte e três propostas de casamento. Além desses, outros quarenta casamentos são mencionados. Isto significa um casamento para cada sete páginas em *The Collected Greek Novels*, ed. B. P. REARDON (Berkeley: University of California Press, 1989).

[5] O mesmo problema, naturalmente, ocorre para o estudo da Mischná e do Talmud. As principais codificações das leis romanas são as de Gaio e Justiniano. A literatura sobre a lei romana é vasta. Para uma introdução proveitosa, ver Andrew BORKOWSKI, *Textbook on Roman Law* (2ª ed.: Londres: Blackstone, 1994. Para estudos especiais sobre a lei matrimonial romana, ver a bibliografia no fim deste ensaio.

[6] Corinto e Filipos, por exemplo, eram oficialmente colônias romanas. Mas não sabemos até que ponto a lei romana era aplicada com relação ao casamento e ao divórcio. Sobre a questão da vigência da lei romana nas províncias, ver os comentários e a bibliografia de David JOHNSTON, em *Roman Law in Context* (Cambridge: Cambridge University Press, 1999), p. 9-11.

[7] Para um estudo dos testamentos na sociedade romana, ver Edward CHAMPLIN, *Final Judgments: Duty and Emotion in Roman Wills, 200 B.C-A.D. 250* (Berkeley: University of California Press, 1991), e o ensaio de J. A. CROOK "Women in Roman Succession", em *The Family in Ancient Rome: New Perspectives* (ed. Beryl RAWSON; Ithaca, Nova Iorque: Cornell University Press, 1986).

exprime os sentimentos de membros de classes inferiores na escala social. Eles conservam também testemunhos de mulheres. Porém é problemática a sua leitura, e não simplesmente porque muitos deles estão em fragmentos. Os povos do Mediterrâneo antigo, apesar de escreverem consideravelmente mais em suas lápides tumulares do que os ocidentais modernos, não eram tão detalhistas em conservar os dados como os estudiosos gostariam. Ainda assim, eles se aproximam tanto dos dados do censo quanto é provável que consigamos para o mundo greco-romano e apresentam o mesmo tipo de desafios: como relacionar e classificar informações abundantes e variadas. E então vem a pergunta sobre quanto devemos acreditar. Muitos dos sentimentos expressos nas antigas lápides eram claramente lugares comuns, de modo que, para poupar tempo e dinheiro, um viúvo pesaroso poderia mandar escrever no túmulo da esposa que ele viveu com ela quarenta anos *s. u. q.* e confiar que todos saberiam que ele queria dizer *sine ulla querella* ("sem nenhuma discórdia").[8] Mas, embora os transeuntes entendessem o que ele queria dizer, acreditariam nele? E deveriam acreditar? As inscrições funerárias dos escravos apresentam um problema semelhante. Há numerosos exemplos de escravos que comemoram o falecimento de maridos, esposas e filhos. O problema é que, conforme a lei romana, os escravos não podiam se casar! Como é então que usam a linguagem familiar ao sepultar seus mortos?

As escavações arqueológicas de mansões, casas e conjuntos de apartamentos confirmam e enriquecem o que sabemos pelas fontes literárias sobre as disposições da maneira de viver. Para nossos fins, as escavações e reconstruções de conjuntos de apartamentos e de alojamentos ligados a lojas à beira da rua são especialmente reveladoras, porque a missão de Paulo aparentemente atraiu muita gente que aí vivia.[9]

As pinturas nas paredes e os medalhões de vidro dourado que retratavam casais e filhos também contribuem para a nossa compreensão do casamento no mundo greco-romano, embora às vezes seja difícil saber o que exatamente fazer deles. É claro que representam pessoas das camadas mais ricas da sociedade, pois essas obras de arte eram custosas. Além disso, a iconografia e o simbolismo dos retratos nem sempre são claros. Outras pinturas nas paredes e a mobília das casas podem também nos dizer algo sobre o casamento, ou, mais precisamente, sobre atitudes quanto à sexualidade. Pois, não obstante a maioria dos exemplares de arte "erótica" da antiguidade se encontre em bordéis e termas públicas, eles aparecem na arquitetura romana doméstica. Há também restos de numerosas lâmpadas de óleo, vasos, objetos de porcelana e espelhos com cenas eróticas. Aqui, de novo, "ler" esses exemplos de expressão artística é difícil, porque a iconografia deve ser entendida em seus próprios termos e não nos nossos. Na realidade, como recentemente mostrou John R. Clarke, a iconografia da arte

---

[8] Ver número 8156, em Hermann Dessau, *Inscriptiones latinae selectae* (Berlim: Weidmann, 1954).
[9] Ver as obras de Andrew Wallace-Hadrill na bibliografia para este ensaio e os caps.11-13 em Beryl Rawsone Paul Weaver. *The Roman Family in Italy: Status, Sentiment, Space* (Camberra, Austrália: Humanities Research Centre, 1997), cada uma das quais traz úteis bibliografias.

erótica mudou inegavelmente do período helenístico para o romano, de modo que devemos tratar os exemplares da antiguidade com cuidado, para não transferirmos os significados de um tempo e lugar para os de um outro.[10]

Até aqui, tratamos as questões tradicionais relativas ao casamento como instituição com dimensões jurídicas, políticas e sociais. Os últimos quinze anos têm assistido ao desenvolvimento de outras linhas de pesquisa com significativas implicações para o conhecimento do matrimônio na antiguidade, embora seus interesses sejam mais amplos que o estudo do próprio matrimônio. Refiro-me aqui a estudos que indagam a "construção" de sexo e gênero. Há um grande potencial nesses estudos, mas a abordagem ainda não está plenamente desenvolvida e os debates sobre suas categorias fundamentais são agudos. Então, os métodos, as categorias e as questões derivadas deles só serão úteis na medida em que concordam com o testemunho da antiguidade. Além disso, os resultados devem ser postos ao lado daqueles derivados de outras abordagens e avaliados de acordo com eles. Mas isto não é mais do que exigimos de todas as abordagens. Como veremos, há muito a aprender dessas novas linhas de pesquisa, tanto no estudo do mundo greco-romano, como no estudo do lugar de Paulo nele.[11]

PARTE I. CASAMENTO E DIVÓRCIO NO MUNDO ROMANO

A finalidade do casamento romano era gerar filhos legítimos – *liberorum quaerundorum causa*. Essa frase, ou uma semelhante, aparece em documentos legais, epitáfios, poesias e comédias. Porque o casamento tinha esse papel proeminente na promoção do bem público, não era simplesmente uma questão particular entre um homem e uma mulher – ou mesmo entre duas famílias que combinavam o casamento deles. Augusto foi um dos primeiros a tentar um planejamento social através de legislação destinada a recompensar os cidadãos que casavam e tinham filhos e a punir os demais.[12] Outros imperadores modificaram

---

[10] John R. CLARKE, *Looking at Lovemaking: Constructions of Sexuality in Roman Art, 100 B.C.-A.D, 250* (Berkeley: University of California Press, 1998), oferece uma ponderada interpretação da arte erótica romana, com bibliografia. Sobre a questão de "ler" a arte familiar (com um enfoque nos filhos), ver as duas partes do cap. 9, "The Iconography of Roman Childhood" e "Iconography: Another Perspective", de Beryl RAWSON e Janet HUSKINSON, em RAWSON e WEAVER, *Roman Family in Italy*.

[11] Ver, por exemplo, John J. WINKLER, *The Constraints of Desire: The Anthropology of Sex and Gender in Ancient Greece* (Nova Iorque: Routledge, 1990); David HALPERIN et al., *Before Sexuality: The Construction of Erotic Experience in Ancient Greece* (Princeton, N.J.: Princeton University Press, 1990); Page DUBOIS, *Sowing the Body: Psychoanalysis and Ancient Representations of Women* (Chicago: Chicago University Press, 1988); e Michel FOUCAULT, *The History of Sexuality*, vol. 2: *The Use of Pleasure* (Nova Iorque: Random House, 1985). Os estudos que tratam de Paulo serão indicados adiante.

[12] A literatura sobre a legislação de Augusto é vasta, com diferentes interpretações de seus propósitos. Para um estudo recente, com referências à literatura anterior, ver TREGGIARI, *Roman Marriage*, p. 60-80. Treggiari (59) sugere que Júlio César também pode ter procurado encorajar o casamento e aumentar a fertilidade por instigação de Cícero. Além da literatura citada por Treggiari, ver J. H. W. G. LIEBESCHUETZ, *Continuity and Change in Roman Religion* (Oxford: Clarendon, 197), p. 90-100. Como mostra Liebeschuetz, a legislação de Augusto sobre o casamento era parte de um extenso programa de reforma moral. Augusto estava intencionalmente voltando atrás para uma época anterior (idealizada), quando os cidadãos se casavam e produziam filhos para o bem da cidade-estado. Os filósofos morais fizeram disto um tema central em seus tratados sobre o casamento. Os filósofos também aludiam aos benefícios que os filhos concediam aos pais quando estes envelheciam. Ver n. 1 acima para a bibliografia recente.

as leis quando novos tempos exigiram novas medidas. Mas todos reconheciam essa finalidade, mesmo se decidiam não cumpri-la.

Por causa do poder (*potestas*) que tinham como cabeça da família, o pai determinava a seleção da esposa, ou assim se dizia.¹³ Os imperadores exerciam regularmente esse poder de combinar os casamentos dentro de suas famílias. Sem dúvida isto acontecia igualmente em outras famílias das classes privilegiadas. Richard Saller comprovou, no entanto, que no começo do império o poder do *pater familias* era muito limitado. Os acordos para os casamentos da filha de Cícero sugerem que nenhum modelo vigorava em todas as situações, até dentro da mesma família. Parece que Cícero escolheu os dois primeiros maridos de Túlia. Mas nenhum dos dois casamentos perdurou. Túlia e a mãe dele decidiram a escolha de um terceiro marido enquanto Cícero estava no exterior em missão diplomática. Porém, a escolha deles não foi muito melhor, porque também o terceiro casamento acabou em divórcio. Assim, não obstante possa ter sido tradicional, e de acordo com a *pietas* familiar, um filho ou uma filha aquiescer à escolha do pai, havia opções. As mães, outros membros da família e mesmo o próprio casal tinham algo a dizer. E como observa Susan Treggiari, pode ser que o papel do casal fosse maior quanto mais baixo se chega na escala social. De fato, a legislação de Augusto decretou que um pai não podia forçar um filho a se casar, ou recusar seu consentimento ao casamento de um filho se tudo o mais estivesse em ordem. Com efeito, o livre consentimento de ambos os parceiros era um dos poucos requisitos para um casamento legal.¹⁴

A outra exigência crucial para o casamento era a adequada condição jurídica. Alguns aspectos usados para determinar a condição jurídica são bastante familiares aos leitores modernos. Por exemplo, embora os graus de parentesco que vetavam o casamento segundo a lei romana possam ser diferentes dos estabelecidos nas sociedades modernas, a existência de tais leis é amplamente aceita. Também de modo semelhante a Roma, a maioria das culturas ocidentais estabeleceu uma idade mínima para o casamento. Em Roma, a idade mínima legal para a mulher era doze anos e para o homem quatorze. Mas provavelmente era muito raro, para ambos os sexos, se casar numa idade tão ínfima. Baseado em sua análise de dezenas de milhares de inscrições, Richard Saller calculou a idade média do primeiro casamento em vinte anos para a mulher e trinta para o homem. Mas havia diferenças regionais. Essa documentação, ademais, refere-se à plebe em geral. Entre os da classe senatorial, o casamento tendia a acontecer mais cedo.¹⁵ A diferença de idade entre marido e mulher era comum para todas as classes, significando, entre outras coisas, que, se a mulher sobrevivia ao parto,

---

¹³ Um pai podia, naturalmente, estar sob a *potestas* de seu pai e portanto estar sujeito a seu decreto. A *potestas* pertencia ao homem mais velho ainda em vida em linha direta. As mães também podiam opinar. Ver Suzanne Dixon, *The Roman Mother* (Norman: University of Oklahoma Press, 1988), p. 62-63.

¹⁴ Treggiari, *Roman Marriage*, p. 122-24.

¹⁵ Ver os cc. 2 e 3 em Richard P. Saller, *Patriarchy, Property, and Death in the Roman Family*. Cambridge: Cambridge University Press, 1994). Sobre a idade do casamento nas classes privilegiadas, ver Keith Hopkins, "The Age of Roman Girls at Marriage", *Population Studies* 18 (1965): p. 309-27, mas à luz dos comentários de Saller.

era provável que vivesse mais que o marido um tempo considerável. Isto também significava que relativamente poucos pais viviam o suficiente para assistir ao casamento de seus filhos.[16]

A mais insólita exigência para a condição legal, do ponto de vista moderno em todo caso, era o *conubium*, que se baseava em noções bastante estranhas à maioria das culturas ocidentais. Essencialmente, *conubium* era a capacidade (*facultas*) de realizar um casamento legal baseado no estado social de uma pessoa. Conforme regulamentado nos *Tituli Ulpiani* 5.3-5, "*conubium* era a capacidade de se casar com uma mulher sob a lei romana. Os cidadãos romanos tinham *conubium* com cidadãos romanos, mas com latinos e estrangeiros somente se fosse outorgado o privilégio. Não há *conubium* com escravos".[17]

Aqui está em pauta o *status* jurídico dos filhos. Com efeito, se os pais não tinham *conubium*, o filho era ilegítimo. Todavia, de modo significativo, enquanto a ilegitimidade parece não ter tido qualquer conotação moral, as implicações legais eram de fato importantes, tendo a ver com direitos de sucessão, herança e todos os privilégios concedidos pela cidadania romana. Conseqüentemente, o *conubium* era uma vantagem sumamente desejada; dele dependia a preservação da riqueza da família. Mas à medida que a influência romana se expandiu com a aquisição e a anexação de um território sempre maior, as reivindicações de cidadania e portanto de *conubium* tornaram-se tema de debate de numerosos processos, especialmente com relação a casamentos entre um cidadão romano e um "forasteiro". No final da república e no início do império, a tendência era preservar os limites. As Leis Minicianas, por exemplo, decretavam que os filhos de "matrimônios mistos" ganhavam o *status* do cônjuge de *status* inferior.[18] A legislação de Augusto sobre o matrimônio chegou ao ponto de limitar o direito de *conubium* para senadores e soldados.[19] Portanto, o efeito das leis referentes ao *conubium* era preservar os limites entre romanos e não-romanos e entre romanos de elevada condição social e os de *status* inferior.

A lei romana e os preconceitos das classes superiores protegiam os "casamentos autorizados" (*iusta matrimonia*) dos cidadãos. As outras classes (e a elite que ofendia a sociedade) eram destinadas aos "casamentos não autorizados" (*iniusta matrimonia*), ou relações que não tinham qualquer condição legal. Os casais cujo casamento era não autorizado tinham direitos de herança limitados; seus filhos eram ilegítimos.

Uma outra espécie de "casamento" chamava-se *concubina*, caso de um homem e uma mulher que viviam juntos sem intenção de casamento. Não há

---

[16] Sobre isto e sobre a questão da idade no casamento, ver Dixon, *Roman Mother*, c. 2, e Richard Saller, "Men's Age at Marriage and Its Consequences in the Roman Family", *CP* 82 (1987): p. 21-34.

[17] Citado e traduzido por Treggiari, *Roman Marriage*, p. 43.

[18] Essas leis foram promulgadas numa data anterior a 90 antes da Era Comum. A expressão "matrimônios mistos" não se refere a matrimônios inter-raciais, mas a matrimônios entre pessoas de diferentes *status* sociais (e legais).

[19] Augusto desautorizava casamentos entre qualquer membro de uma família senatorial e uma pessoa que não fosse nascida livre. A moral de uma potencial esposa também devia ser inquestionável. Abaixo na escala social, Augusto proibia os soldados de se casarem enquanto no serviço ativo.

nenhuma indicação de que no século I houvesse qualquer estigma moral associado a essa relação na sociedade romana. Na verdade, podia ser duradoura, satisfatória e benéfica para ambos os parceiros. Nenhum dos dois, porém, tinha direitos legais com respeito ao outro; os filhos eram ilegítimos.[20]

Finalmente, havia o *contubernium*, que designava uma relação na qual um ou ambos os parceiros eram escravos. Essas relações não tinham nenhuma condição legal. O *contubernium* existia ao arbítrio dos senhores (que evidentemente podiam beneficiar-se dele pela propriedade de todo filho que o casal tivesse) e podia ser encerrado pela venda de um ou ambos os parceiros. O que mais surpreende quanto a essa categoria é que os parceiros comumente referem-se um ao outro com os termos tradicionais para a família. "Maridos" sepultavam "esposas"; "esposas" sepultavam "maridos"; e "pais" e "mães" sepultavam seus "filhos" e "filhas". Mais ainda, os mesmos termos íntimos que vemos em outros lugares aparecem também em suas tumbas. Assim temos a prova de que muitos que não podiam contrair um matrimônio legal não obstante estabeleciam relações que eles consideravam equivalentes ao casamento.[21]

Quando se celebrava um casamento, noivados e matrimônios eram eventualmente muito esmerados, com convites, vestes, anéis, véus, promessas, um discurso e festas com muitos amigos – exatamente o tipo de coisa que se pode ver num casamento moderno.[22] Outras partes do ritual não são muito familiares – sacrifícios, presságios, a noiva que espalma gordura nos portais da porta da casa do noivo, e uma cama ricamente adornada na entrada da casa. Nada disso era necessário para um matrimônio legal; nem sequer uma "licença de casamento". Uma simples declaração de intenção de viver juntos como marido e mulher era suficiente. E nem sempre era claro, mesmo para o próprio casal, quando o casamento começava. Essa questão aparece como um tópico fixo em debates jurídicos.

Negociar a respeito de dote e preocupar-se com arranjar partidos vantajosos financeiramente e politicamente eram elementos típicos dos casamentos da elite. Isto não significa, porém, que lhes faltava sentimento. Como mostra Treggiari, existem muitos testemunhos de que sentimentos de respeito, bondade e até afeição eram o ideal e a realidade também de muitos casamentos. E isso acontecia em todas as formas de "casamento", em todos os níveis sociais.[23]

Todavia, nem sempre os matrimônios perduravam. A freqüência do divórcio, especialmente entre as classes privilegiadas, continua a ser debatida. Susan Treggiari conclui que "fazendo um balanço, a percentagem de divórcios parece

---

[20] Ver Beryl RAWSON, "Roman Concubinage and Other *De Facto* Marriages", *Transactions of the American Philological Association* 104 (1974): p. 279-305.

[21] Ver, por exemplo, Beryl RAWSON, "Family Life among the Lower Classes at Rome in the First Two Centuries of the Empire", *CP* 61 (1966): p. 71-83. Aqui, em p. 78-79.

[22] Ver descrições mais detalhadas em J. P. V. D. BALSDON, *Roman Women: Their History and Habits* (Londres: Bodley Head, 1962), p. 180-85, e TREGGIARI, *Roman Marriage*, cc. 4 e 5. Eu comparo as "solenes palavras" do *auspex* (descrito por BALSDON, *Roman Women*, p. 183, como "uma cruz entre o sacerdote da família e o padrinho") com a moderna homilia.

[23] TREGGIARI, *Roman Marriage*, c. 8.

muito menos rápida e o hábito de divorciar-se menos difuso do que se pensava comumente".[24] Keith Bradley lê os testemunhos de maneira bem diversa, afirmando que nas classes superiores o divórcio e o novo casamento eram comuns e a constante reconfiguração das famílias deve ser levada em conta ao definir a família romana.[25]

Seja qual for a percentagem entre a elite, sabemos menos ainda do resto da sociedade romana, porque faltam quase completamente as fontes. Afinal, o divórcio não é o tipo de tema provável para figurar em inscrições funerárias. Ademais, porque a lei romana estava menos preocupada com as formas não autorizadas de casamento e relações informais, terminá-las não envolveria procedimentos legais complicados como acontecia entre a elite. O "divórcio" acontecia com o mútuo consenso, ou quando um parceiro abandonava o outro.

Quando e onde ocorria o divórcio, o membro mais "dispensável" da família era a esposa/mãe, porque era a única a sair de casa, já que os filhos de matrimônios legais pertenciam aos pais.[26] Conseqüentemente, nas famílias de classe alta, onde casar-se novamente era comum, um filho podia ter numerosas mães enquanto crescia,[27] e os criados providenciavam com freqüência o apoio físico e emocional para muitos filhos.[28] Assim o divórcio podia ser doloroso para um filho, como Quintus, sobrinho de Cícero, demonstrou quando ficou arrasado ao saber, na idade de quatorze anos, que seus pais estavam pensando em divorciar-se.[29]

Os estudiosos ainda debatem a composição da família na antiguidade. A documentação sugere que havia uma vasta gama de possibilidades. Porque a família é estudada em outro ensaio deste volume, não vamos aprofundar isto aqui.[30] Contudo, o casamento *deve* ser visto no contexto da família mais ampla, que inclui ambos os pais e os filhos, de um lado, e a *domus* mais amplamente definida (completada com os escravos e parentes), do outro. Pois Saller tem razão quando afirma que muitos dos debates sobre a "família nuclear" têm sido muito estreitamente focalizados.[31] No entanto, os romanos tinham claramente uma noção de marido, mulher e filhos como uma unidade identificável. Esculpiam imagens deles, faziam pinturas deles, contavam histórias sobre eles e refletiam sobre suas obrigações e preocupações de uns pelos outros. Mas com toda probabilidade, marido, mulher e filhos raramente viviam sós, a não ser

---

[24] Ver id., p. 473-82, e apêndices 5 e 6, em p. 516-19. A citação é da p. 482.

[25] Keith BRADLEY, *Discovering the Roman Family* (Nova Iorque e Oxford: Oxford University Press, 1991), p. 172.

[26] Ver DIXON, *Roman Mother*. Ela mostra também que uma mulher divorciada podia ainda manter ligações com seus filhos (p. 9, 11).

[27] Se um homem se casasse de novo já com certa idade, a nova esposa podia até ser mais nova que seus filhos, dada a idade costumeira das moças nos primeiros casamentos. A história de Knemon na novela de Heliodoro "Uma História Etíope", que tem ecos explícitos da tragédia "Hipólito" de Eurípides, mostra de modo importuno o que poderia acontecer quando uma esposa jovem torna-se madrasta de um jovem sexualmente maduro e atraente. Ver livro I, 9-17.

[28] Ver os cc. 2-4 em BRADLEY, *Discovering the Roman Family*. Os criados eram freqüentemente chamados de *mamma* e *tata*, isto é, "mamãe" e "papai".

[29] Ver BRADLEY, "A Roman Family", em sua coleção de ensaios, *Discovering the Roman Family*, p. 195. Esse ensaio é muito revelador da extensão das relações dentro de uma "família".

[30] Ver o artigo de David BALCH ("Paulo, as famílias e as casas", cap. 9) neste volume.

[31] Ver seus comentários no prefácio de *Patriarchy, Property, and Death*, ix, e os cc. 4 e 5.

que pertencessem à classe operária que morava em alojamentos atrás de lojas à beira da rua, ou em cubículos nos andares superiores dos prédios. Os restantes, tanto as famílias ricas da classe senatorial ou eqüestre como as famílias dos escravos que as serviam, viviam juntos em mansões e casas, junto com todos os outros que trabalhavam na casa ou entravam e saíam diariamente na qualidade de dependentes.[32] Mesmo na morte os romanos não estavam sós, pois quando morria um membro da família, costumava ser sepultado e recordado junto com os outros da parentela mais ampla.[33]

Até aqui estudamos o casamento como a maioria dos romanos o conheceu. Havia outras idéias, especialmente entre os moralistas populares e os médicos. Alguns dos moralistas, fazendo eco aos debates da antiga tradição grega sobre o valor do casamento, perguntavam se era bom casar. Para outros, o enfoque do debate passava da questão se o homem devia se casar para a questão de como controlar as paixões sexuais. Os médicos, que eram estreitamente ligados aos filósofos, se mostravam interessados especialmente na última questão.[34] É difícil dizer quantos romanos levavam a sério as duas questões. A legislação matrimonial de Augusto, endereçada à elite, dá a entender que muitos em seus círculos não estavam casando nem tendo filhos. Embora não possamos ter certeza de até que ponto os moralistas e médicos influenciaram suas decisões, sem dúvida eles tiveram uma função. Por ora, no entanto, basta mencionar as questões e situá-las entre a elite. Como veremos ao examinarmos 1 Coríntios, pode bem ser que suas preocupações tenham tido um papel decisivo no modo como Paulo tratou as questões do casamento e da sexualidade.

Por mais diversos que fossem os comportamentos e costumes quanto ao matrimônio entre os romanos, Paulo haveria de encontrar mais outros ao viajar por todo o império. Infelizmente, não sabemos tanto sobre esses quanto sabemos sobre as atitudes e costumes de Roma. Embora os estudos a respeito do casamento na Atenas clássica sejam de alguma ajuda, o mundo mudou drasticamente desde aquele tempo, e os costumes mudaram com ele. Os estudiosos estão agora começando a reunir e a classificar a documentação do mundo helenístico.[35]

Paulo haveria de encontrar igualmente famílias judias, que faziam parte plenamente do mundo greco-romano. De fato, nas cidades para as quais enviou suas cartas, a estrutura das famílias judias era provavelmente bastante semelhante

---

[32] Há um bloco crescente de literatura sobre o espaço doméstico no mundo greco-romano. Ver os ensaios (com bibliografias) de Lisa Nevett, Michele George e Penelope Allison, em RAWSON e WEAVER, *Roman Family in Italy*.

[33] Ver Dale B. MARTIN, "The Construction of the Ancient Family: Methodological Considerations", *JRS* 86 (1996): p. 40-60. Paul Gallivan e Peter Wilkins afirmam, porém, que o ensaio deles prova a afirmação de que as famílias nucleares eram a norma. Ver a obra deles, "Familial Structures in Roman Italy: A Regional Approach", em RAWSON e WEAVER, *Roman Family in Italy*, p. 239-79, esp. p. 240n. 4.

[34] Para estudos dos filósofos, ver n. 1 acima. Para os médicos, ver Dale B. MARTIN, *The Corinthian Body* (New Haven: Yale University Press, 1995) e Aline ROUSSELLE, *Porneia: On Desire and the Body in Antiquity* (Oxford: Blackwell, 1988).

[35] Ver, por exemplo, Sarah POMEROY, *Families in Classical and Hellenistic Greece: Representations and Realities* (Oxford: Clarendon, 1997). Cynthia B. PATTERSON trata do casamento e da família nas peças de Menandro, no cap. 6 de *The Family in Greek History* (Cambridge: Cambridge University Press, 1998).

à de todas as outras, ainda que os moralistas judeus pretendessem ter uma ética superior.[36] Aqui também teremos ocasião de observar algumas semelhanças e diferenças enquanto estudamos as referências de Paulo ao casamento e ao divórcio.

PARTE II. CASAMENTO E DIVÓRCIO EM PAULO

Não temos documentos suficientes para determinar precisamente o que Paulo pensava do casamento e do divórcio. Ademais, os documentos que temos são freqüentemente conflitantes. Nas sete cartas tratadas neste volume, existem apenas quatro referências explícitas ao casamento e ao divórcio: Rm 7,1-6; 1Cor 7 e 9,5; e 2Cor 11,2-4.[37] Nenhuma delas é uma apresentação sistemática do pensamento paulino. Com efeito, apenas 1Cor trata expressamente do casamento, enquanto as outras passagens fazem referência a ele enquanto Paulo trata de outros temas. Ademais, sendo 1Cor 7 parte de uma argumentação retórica mais ampla, e de natureza sumamente polêmica, deve ser usado com cautela. Antes de examinar 1Cor 7, portanto, será útil ver as alusões acidentais, porque é provável que reflitam os pressupostos de Paulo sobre o casamento e assim nos preparam para os argumentos mais polêmicos. De modo semelhante, será instrutivo olhar os comentários de Paulo sobre os casais que ele conheceu. Aqui, de novo, tais comentários, expressões de seus pensamentos pessoais, oferecem um contexto para as argumentações polêmicas.

Priscila e Áquila são o mais notável dos casais que Paulo menciona, não só porque podemos identificá-los com certeza, mas também por causa da longa relação deles com Paulo.[38] Duas vezes Paulo menciona Priscila e Áquila na seção final de suas cartas. Em 1Cor 16,9 manda as saudações *deles* à igreja em Corinto; em Rm 16,3-5 manda *suas* saudações a eles em Roma. Em ambos os casos, Paulo faz referência à "igreja na casa deles", dando a entender que eles estão entre os mais abastados dos seus associados. A saudação em Rm nos diz ainda mais, pois aí Paulo indica que eles "expuseram a cabeça" por causa dele. O que exatamente ele quer dizer com essa frase bastante dramática, Paulo não diz. Temos de pensar talvez num incidente do tipo daqueles narrados em At 18, que conforme o relato aconteceram quando Paulo estava com Priscila e Áquila em Corinto. Mas ele não dá nenhum detalhe em Rm. Seja o que for que aconteceu, não se trata de opinião alguma de Paulo sobre

---

[36] Ver os ensaios em Shaye J. D. Cohen, *The Jewish Family in Antiquity* (BJS 289; Atlanta: Scholars Press, 1993).
[37] Notar também a citação de Paulo da proibição do adultério (Ex 19,14) em Rm 2,22 e 13,9. Embora 1Ts 4,3-8 possa bem referir-se ao casamento, a linguagem metafórica de Paulo no v. 4 impossibilita a certeza. Entre as possíveis referências estão também 1Cor 11,2-16 e 14,34-35; e 2Cor 6,14-7,1. Por causa dos problemas associados a todas essas passagens, vou fazer uso delas apenas de modo secundário.
[38] Se Paulo encontrou Priscila e Áquila em Corinto, no ano 50 da Era Comum, como At 18,1-17 sugere, fazia já entre 4 e 7 anos que ele os conhecia quando lhes mandou saudações em Roma, dependendo da datação de Romanos a duração do tempo. Além disso, se seguimos o relato de Atos, ele teria morado com eles dezoito meses em Corinto e viajado com eles a Éfeso. Nessas condições, é claro que Paulo os teria conhecido muito bem.

Priscila e Áquila. Ele os menciona em primeiro lugar na longa lista de seus anteriores associados que compõe Rm 16, e estende os agradecimentos a eles em seu próprio nome e em nome de todas as igrejas dos gentios. Refere-se também a eles como "colaboradores" (συνεργοί, *synergoi*), o mesmo termo que usa para apresentar membros proeminentes da sua missão como Timóteo e Tito.[39] Priscila e Áquila, portanto, parecem ser um casal engajado na missão paulina em altíssimos níveis, possivelmente em Roma para ajudar a preparar o caminho para a visita de Paulo.[40]

Andrônico e Júnia parecem ter sido um outro casal nas igrejas domésticas romanas.[41] O modo como Paulo liga seus nomes e os apresenta juntos como faz com Priscila e Áquila certamente sugere que eram marido e mulher. E, coisa bastante interessante, podemos de fato saber tanto sobre eles quanto sobre Priscila e Áquila, pelo menos se nos limitamos ao testemunho das cartas de Paulo. Realmente, podemos saber mais. Paulo saúda Andrônico e Júnia como "parentes" e "companheiros de prisão" (τοὺς συγγενεῖς μου καὶ συναιχμαλώτους μους, *tous syngeneis mou kai synaichmalōtous mou*).[42] Diz também que eles estavam "em Cristo" antes que ele estivesse. Ao que parece, pois, Andrônico e Júnia eram judeus cristãos que em certo momento o encontraram, se associaram a ele e estiveram presos com Paulo no decurso de sua missão. Porque Paulo não se refere a eles como hospedeiros de uma igreja doméstica, pode ser que não tivessem o mesmo *status* social e econômico de Priscila e Áquila. Mas a estima de Paulo para com eles não parece ser de modo algum menor. Com efeito, Paulo refere-se a Andrônico e Júnia como "apóstolos exímios" (ἐπίσημοι ἐν τοῖς ἀποστόλοις, *epísēmoi en tois apostolois*). Aqui, de novo, não oferece detalhe algum. Mas eles devem ter feito alguma coisa para justificar a detenção e a prisão. Paulo com certeza supôs que as igrejas romanas já conheciam a história deles, como sabiam a de Priscila e Áquila. Temos, por conseguinte, dois casais que estiveram ativamente engajados na missão com Paulo. Um arriscou sua cabeça por causa dele; o outro esteve na prisão com ele.

---

[39] Sobre Timóteo, ver Rm 16,21: 2Cor 1,24; e 1Ts 3,2. Sobre Tito, ver 2Cor 8,23. Ver também as referências a Apolo em 1Cor 3,9. Entre outros "colaboradores" estão Epafrodito (Fl 2,25); Marcos, Aristarco, Demas e Lucas (Fm 23); e Evódia, Síntique, Clemente e os outros "cujos nomes estão no livro da vida" (Fl 4,3).

[40] Conforme At 19,21-22, Paulo envia Timóteo e Erasto à Macedônia para preparar sua parada aí na sua próxima viagem a Jerusalém. Peter Lampe também fala da possibilidade de Priscila e Áquila terem tido uma função na preparação da viagem de Paulo, em "The Roman Christians in Romans 16", em *The Romans Debate* (ed. K. P. Donfried; 2ª ed.; Peabody, Mass.: Hendrickson, 1991), p. 220.

[41] Paulo os saúda em 16,7. Sobre o nome Júnia, ver o comentário de C. R. B. Cranfield, *Epistle to the Romans* (2 vols.; ICC; Edimburgo: T. & T. Clark, 1979), 2: p. 788. Para a análise da documentação, com referências a outros autores que aceitam essa leitura, ver Peter Lampe, "Junias", *ABD* 3: p. 1127. Para uma visão muito diferente da relação entre os homens e as mulheres na missão paulina (e alhures na comunidade cristã primitiva), ver Ross S. Kraemer, *Her Share of the Blessings: Women's Relations among Pagans, Jews, and Christians in the Greco-Roman World* (Oxford: Oxford University Press, 1992), p. 136-38, e M. R. D'Angelo, "Women Partners in the New Testament", *JFSR* 6 (1990): p. 65-86.

[42] Em Rm 16,11 Paulo apresenta Herodião como um "parente" (*syngenē*). Lúcio, Jasão e Sosípatro, que estavam com Paulo quando ele escreveu a carta a Roma e pediram que suas saudações fossem incluídas nela, também são apresentados como *syngeneis* (Rm 16,21). O sentido desse termo é fixado por Rm 9,3, onde Paulo o emprega na frase "meus irmãos, meus parentes segundo a carne". De Epafras ele diz que é "meu companheiro de prisão" em Fm 23. Ver também Cl 4,10, que menciona Aristarco como um "companheiro de prisão".

Dois outros casais aparecem talvez em Rm 16,15: Filólogo e Júlia, Nereu e sua "irmã". A ligação entre seus nomes e o uso comum de "irmã" para designar esposas em papiros epistolares torna possível que fossem casados. Mas nada sabemos deles, exceto que Olimpas e certo número de "santos" estavam com eles em Roma. Visto que Paulo não menciona nenhum tipo de casa aí, podemos talvez pensar que viviam juntos, ou perto um do outro, num dos muitos apartamentos de vários andares disponíveis para os pobres da cidade de Roma. Pode ser que Filólogo e Júlia e Nereu e sua "irmã" fossem do número dos escravos de Roma que não podiam se casar mas se casavam.[43]

Finalmente, temos os apóstolos e suas viúvas mencionadas em 1Cor 9,5. Como esclarece a Carta aos Gálatas, havia tensões entre Paulo e os apóstolos. Mas não há indicação alguma, nem lá nem aqui, de que o casamento fosse um fator nessas tensões. A presença de Áquila e Priscila, e de Andrônico e Júnia entre os colaboradores de Paulo sugere, antes, que ambas as missões empregavam a estratégia de associar casais. Infelizmente, exceto as referências passageiras em Rm 16, corroboradas até certo ponto pelos relatos de Priscila e Áquila nos Atos, não sabemos muito sobre como esses casais trabalhavam. Com toda probabilidade, o *status* social e a habilidade econômica do casal determinaria o que faziam. Priscila e Áquila, como patronos de igrejas domésticas, de novo oferecem um modelo. Se Cefas e os outros apóstolos eram itinerantes, eles e suas esposas constituíam um outro.

As referências de Paulo a esses casais nos fornecem um notável pano de fundo para considerar sua atitude diante do casamento e do divórcio nos escritos mais polêmicos. Priscila e Áquila, Andrônico e Júnia parecem ser pessoas pelas quais ele tinha um genuíno respeito. Mais ainda, mesmo se Priscila e Áquila fossem o único casal na missão de Paulo, sua menção do risco de vida que correram por causa dele é bastante para nos fazer olhar com mais atenção sua afirmação de que os casados só estavam preocupados com agradar um ao outro e não ao Senhor (cf. 1Cor 7,32-35). Na vida real, ele sabia melhor.

Rm 7,2-6 e 2Cor 11,2-6 são duas referências paulinas acidentais ao matrimônio. Podem sem dúvida refletir pressupostos comuns, porque as referências ao matrimônio estão a serviço de outros temas e, portanto, requerem aceitação da parte dos leitores. Em Rm 7 Paulo usa o casamento como uma analogia para o papel da Lei na história da salvação. A analogia funciona por causa da suposição de Paulo de que uma esposa está ligada ao marido até a morte deste.[44] É

---

[43] Também parece verossímil, mas de novo estamos longe de ter certeza, que Filêmon e Ápia, mencionados em Fm 1-2, eram marido e mulher. Mesmo que fossem, no entanto, Paulo não faz comentário. Em contraste com o modo como fala de Priscila e Áquila, ele usa o termo "colaborador" apenas com referência a Filêmon; e em contraste com o uso de "sua" para falar da "irmã" de Nereu, ele não usa o pronome possessivo referindo-se a Ápia. Ela é simplesmente "a irmã". Dado o objetivo da carta, é compreensível que Paulo fale da casa como pertencente apenas a Filêmon, porque, como único a ter *potestas*, era proprietário dela e de tudo quanto continha. Isto explica também por que o pedido de Paulo em favor de Onésimo é dirigido apenas a Filêmon.

[44] Na lei romana isto não era verdade, evidentemente, porque o divórcio oferecia à mulher um outro meio de terminar o casamento. Pode não se aplicar nem mesmo à lei judaica, embora seja debatida a questão sobre uma judia ter como iniciar o divórcio. Entre outros estudos, ver J. D. M. Derrett, *Law in the New Testament* (Londres: Darton, Longman & Todd, 1970), 386-88; Bernadette Brooten, "Konnten Frauen im alten Judentum die

interessante, porém, que ele, ao continuar o tema em 7,4-6, muda de metáfora. Em vez de dizer que, tendo morrido para a Lei, os fiéis estão livres para o matrimônio com Cristo, ele diz que, tendo sido "desobrigado" da Lei, o fiel torna-se um escravo "na vida nova do Espírito".

Contudo, não devemos entender essa mudança de metáfora como se Paulo quisesse evitar a imagem do matrimônio com Cristo, pois ele a usa em 2Cor 11,2: "Desposei-vos a esposo único, a Cristo, a quem devo apresentar-vos como virgem pura". Aqui os pressupostos de Paulo estão em sintonia com a opinião comum, tanto romana quanto judaica. O pai exerce um papel preponderante em combinar o casamento; a filha é apresentada a seu marido; e supõe-se que a noiva seja casta. Ademais, o tipo de medo que Paulo exprime, de que, como Eva foi seduzida pela serpente, os coríntios sejam "corrompidos" pelos falsos apóstolos que o seguem, é um tópico que constitui o enredo de muitas comédias e novelas. Aqui de novo a metáfora se interrompe, porque no fim do argumento não é claro se o marido ofendido é Cristo ou Paulo. Mas o efeito é o mesmo: os jovens esposos devem ser protegidos, para não se tornarem vítimas de pretendentes inescrupulosos que quisessem levá-los ao adultério.

Rm 7,2-6 e 2Cor 11,2-6 sugerem, portanto, que Paulo adotava muitas idéias convencionais sobre o matrimônio. Sugerem também que ele é capaz de mudar as metáforas no meio de um tema, usando-as apenas na medida em que convêm a seu intento. Devemos estar preparados, portanto, para essas mudanças e para a mistura do convencional e do não convencional em outras questões. Voltamos então para 1Cor 7, a mais complexa das afirmações de Paulo sobre o matrimônio.

Cada parágrafo, cada versículo, cada frase e cada termo em 1Cor 7 tem sido objeto de estudos numerosos e freqüentemente conflituosos. Alguns dos desafios da leitura de 1Cor derivam da ambigüidade da resposta de Paulo. Outros desafios são provenientes da complexidade do mundo greco-romano do século I e da nossa compreensão ainda incompleta dele. Embora se tenha chegado a um consenso quanto a certas partes da argumentação de Paulo, quanto a outras, as opiniões permanecem amplamente divergentes. O mesmo pode-se dizer da interpretação do capítulo como um todo. Aqui não faço nenhuma tentativa de examinar toda a literatura que trata de 1Cor 7. Mas em harmonia com o tema

---

Scheidung betreiben? Überlegungen zu Mk 10,11-12 und 1 Kor 7,10-11", *EvT* 42 (1982): p. 65-80; e idem, "Zur Debatte über das Scheidungsrecht der jüdischen Frau", *EvT* 43 (1983): p. 466-78. Mais recentemente, ver a série de artigos que tratam do Papiro Se'elim 13: Tal Ilan, "Notes and Observations on a Newly Published Divorce Bill from the Judean Desert", *HTR* 89 (1996): p. 195-202; Adriel Schremer, "Divorce in Papyrus Se'elim 13 Once Again: A Reply to Tal Ilan", *HTR* 91 (1998): p. 193-202; e David Instone Brewer, "Jewish Women Divorcing Their Husbands in Early Judaism: The Background to Papyrus Se'elim 13", *HTR* 92 (1999): p. 349-57. Instone Brewer faz referência a seu próximo livro sobre o contexto judaico do divórcio e do novo casamento, que não vi. Considerando os testemunhos, devemos levar em conta uma ampla série de abordagens da lei judaica. Sem dúvida a mulher que queria divórcio faria uso de todo tipo de código que a ajudasse a alcançar o objetivo, se tivesse a chance. O uso que faz Salomé da lei romana para se divorciar do marido, Castobarus, apresenta justamente esta eventualidade (Josefo, *Ant.* 15.259-260). Mas porque Paulo, citando a palavra do Senhor em 1Cor 7,10-11, sugere que ele a entende como absoluta, ao menos com relação aos fiéis, o casamento serve como uma analogia na sua argumentação aqui. Examino adiante o uso que Paulo faz da palavra do Senhor em 1Cor 7,10-11.

deste volume, devemos indicar alguns dos recentes esforços para encontrar semelhanças e diferenças entre Paulo e o mundo greco-romano. Esses estudos forneceram grandes contribuições ao nosso entendimento da visão paulina do casamento e do divórcio.

Will Deming, numa detalhada análise da linguagem e das idéias de 1Cor 7, fundamenta a argumentação de Paulo referente ao casamento nos debates cínico-estóicos dos séculos imediatamente anteriores e posteriores à mudança das eras.[45] Conforme sua reconstrução, os primeiros estóicos, como defensores dos valores sociais tradicionais, ensinavam que um homem deveria se casar e ter filhos porque esta era uma das primeiras responsabilidades para com a cidade, para com os deuses e para com o universo. Se os homens falhassem nessas obrigações, o mundo como conheciam entraria em colapso. Os cínicos, do outro lado do debate, concordavam que o mundo entraria em colapso mas não se preocupavam com essa perspectiva. De fato, acolhiam com prazer o colapso, dizendo que levaria a uma maior liberdade para seguir a filosofia. No período que nos interessa, afirma Deming, surgira um debate "intra-estóico", com alguns partidários da posição estóica primitiva e outros adotando a tese dos cínicos. O resultado foi uma terceira via, afirmando que o casamento era apropriado para o sábio, mas somente se as circunstâncias o permitiam. Quando as circunstâncias não são vantajosas, é um "pecado" casar-se, porque o sábio ficaria distraído do seu maior objetivo.

Deming demonstra que tanto Paulo quanto os coríntios sabiam dos debates cínico-estóicos sobre o casamento e defende que Paulo procurou restringir as idéias cínicas radicais dos coríntios, recorrendo aos argumentos intermediários do debate intra-estóico, acrescentando-lhes elementos da apocalíptica judaica e das tradições sapienciais.[46] A conclusão de Deming é que o uso que faz Paulo dos argumentos cínico-estóicos impede de considerá-lo um asceta. Paulo não estava afetado por um rigoroso sistema de negação, mas com os aspectos práticos do serviço a Deus. A defesa que ele apresenta do celibato, portanto, é apenas "o necessário subproduto de duas coisas: um desejo de viver a vida desimpedida de solteiro, e a proibição judeo-cristã das relações extraconjugais".[47]

Outros estudos recentes dos antigos debates sobre o casamento defendem uma interpretação bastante diferente dos testemunhos extraídos da tradição filosófica. Dois fatores contribuem para a diferença: o uso de antigos textos médicos como suplemento aos tratados filosóficos e o uso de modelos teóricos desenvolvidos em estudos contemporâneos feministas e de gênero.

---

[45] Ele dá uma história da interpretação de 1Cor 7 no seu primeiro capítulo (*Paul on Marriage and Celibacy*; ver a citação na n. 1, acima), incluindo referências a outros estudiosos que reconhecem a influência cínica e estóica.

[46] DEMING, *Paul on Marriage and Celibacy*, enumera os mais importantes paralelos entre Paulo e os cínicos e os estóicos na p. 213. Há um índice de termos gregos seletos na p. 265. Os detalhes da argumentação de Deming são por demais complexos e numerosos para serem tratados aqui, embora o alcance de seu amplo estudo se evidencie facilmente. Todos os que estão seriamente interessados em 1Cor 7 devem tomar conhecimento da obra de Deming, pois ele analisa meticulosamente a literatura cínica e estóica, citando paralelos com a terminologia e os argumentos paulinos.

[47] Id., p. 221.

Para nossos fins, o trabalho de Dale Martin *The Corinthian Body* é talvez o melhor exemplo desses estudos, porque, como o título sugere, refere-se especialmente à correspondência coríntia. Aqui, de novo, embora os detalhes da argumentação sejam por demais complexos e numerosos para serem tratados aqui, ela deve ser lida junto com o estudo de Deming por todos os interessados em 1Cor 7.[48] A obra de Martin se interessa pela "construção" da sexualidade entre a elite da sociedade greco-romana. Ele pesquisa os textos médicos de Sorano, Galeno e Oribasias, e liga os argumentos deles com os dos filósofos moralistas, inclusive os cínicos e estóicos de que Deming trata, mas sem limitar-se a eles. Martin encontra nessa literatura – toda ela escrita para a elite privilegiada – uma preocupação por manter o ideal do corpo masculino, que necessitava, entre outras coisas, de preservar o equilíbrio nas forças vitais. O sexo, nesta visão, era uma paixão propulsora que tinha de ser controlada, para que a excessiva perda de sêmen não causasse o enfraquecimento do corpo. A paixão excessiva, ensina ele, era considerada uma doença e tratada de acordo. Aplicando essa avaliação a 1Cor 7, Martin afirma que, embora Paulo e os coríntios concordassem que "é bom ao homem não tocar em mulher", suas razões eram diferentes, embora igualmente ascéticas. Como os médicos, os coríntios estavam preocupados com o enfraquecimento do corpo mediante a perda das forças vitais na relação sexual. Viam o celibato como um meio de manter a força, para si próprios e para a comunidade.

Paulo, porém, estava preocupado com a *porneia* (imoralidade sexual) e o desejo. E por considerar ambos como uma ameaça à comunidade, ensinava que ambos deviam ser evitados. Evitar a *porneia*, diz Martin, era a principal preocupação de Paulo em 1Cor 5-6, refletida em sua prescrição a respeito do homem que vivia com sua madrasta (5,1-5) e dos que freqüentavam prostitutas (6,12-20). No cap. 7, continua Martin, a principal preocupação de Paulo é o desejo. Seu objetivo era suprimi-lo, mesmo no matrimônio, de modo que o perigo de *porneia* pudesse ser eliminado. Para Martin, portanto, os fortes em Corinto compartilhavam das opiniões de uma crescente elite no mundo greco-romano. Paulo, porém, teria sido um homem estranho: enquanto todos os outros queriam controlar o desejo, ele queria eliminá-lo.

O tratado de David E. Fredrickson sobre o "uso natural" em Rm 1,24-27, embora se refira a um outro texto, aborda uma parte do mesmo tema de Deming e Martin e assim contribui para a compreensão da linguagem paulina em 1Cor 7. A reconstrução feita por Fredrickson da argumentação de Rm 1,24-27 sugere que Paulo estava mais interessado em controlar o desejo do que Martin reconhece. Ele mostra, além disso, que esse objetivo pode não ter sido tão incomum. De fato, seu exame dos filósofos greco-romanos leva-o a concluir que a argumentação de Paulo "segue um padrão estabelecido pelos filósofos morais

---

[48] Concordando ou não com Martin (*Corinthian Body*; ver a citação na n. 34), sua leitura obriga a um novo estudo da documentação. Meu primeiro problema com o livro é que Martin dá a impressão de lutar em várias frentes ao mesmo tempo, com o resultado que seus argumentos não são tão cuidadosamente cinzelados quanto poderiam ter sido. Acho que isto se verifica especialmente no cap. 8.

cuja preocupação era fazer da paixão e do seu controle o problema ético central em todas as questões da vida". Citando Epicteto, Musônio Rufo, Sêneca e outros, ele encontra "abundantes referências à natureza nas descrições da vida ideal passada em atender às necessidades sem ceder às paixões".[49] Estas observações são aplicáveis tanto a 1Cor 7 como a Rm 1,24-27, o que significaria que a preocupação de Paulo de evitar o desejo estava perfeitamente em sintonia com as tradições morais dos filósofos.[50]

O recente estudo de Romanos feito por Stan Stowers também mostra que Paulo estava interessado em controlar o desejo. Seu estudo dos "Leitores de Romanos e o Sentido do Autodomínio" constitui uma importante contribuição para o estudo de 1 Coríntios porque situa num contexto mais amplo os argumentos de Paulo referentes ao controle do desejo.[51] Ele se baseia em muitos dos mesmos textos filosóficos e médicos que encontramos em outros estudos e acrescenta-lhes um estudo sistemático das tradições morais judaicas. Enfatiza também as implicações políticas do debate. Para nossos objetivos, porém, é especialmente surpreendente que Stowers apresenta suas razões com apenas uma citação de 1Cor 7![52] Mostra, por conseguinte, que a preocupação de Paulo com o desejo sexual é apenas um aspecto do autodomínio. Mais importante ainda é que a análise feita por Stowers das "virtudes cooperativas sob a rubrica do amor" encontradas em Rm 5, leva-o à seguinte conclusão:

> [Paulo] desenfatiza a ética do autodomínio e nega que alguma das virtudes possa ser possuída mediante a realização de obras da lei. Paulo não nega um lugar ao autodomínio, mas ele não centrou, como é provável que seus competidores tenham feito, sua ética no autodomínio.[53]

Neste e noutros recentes estudos sobre casamento e sexualidade no mundo greco-romano, numerosos aspectos dos argumentos paulinos de 1Cor 7 têm sido esclarecidos. Por exemplo, o significado da afirmação de Paulo de que "é melhor casar do que ficar abrasado" no v. 9 e o termo "fortes paixões" (ὑπέρακμος, *hyperakmos*) no v. 36 têm sido firmemente fixados dentro das discussões dos aspectos físicos do corpo.[54] Suas referências ao consenso entre marido e mulher

---

[49] David R. Fredrickson, "Natural and Unnatural Use in Romans 1:24-27", em *Homosexuality, Science, and the "Plain Sense" of Scripture* (ed. David L. Balch; Grand Rapids; Eerdmans, 2000), p. 197-222. Ver p. 206 para as citações. Para outra interpretação, ver o ensaio de William Schoedel "Same-Sex Eros: Paul and the Greco-Roman Tradition", no mesmo volume, p. 43-72.

[50] Martin descarta o argumento que Fredrickson desenvolve afirmando que "os autores greco-romanos ocasionalmente mencionam a possibilidade do sexo ou do matrimônio sem desejo; eles, provavelmente, não querem dizer, porém, uma completa ausência de desejo; e eles são uma pequena minoria em todo caso (ver Martin, *Corinthian Body*, p. 293n. 56).

[51] Este é o título do cap. 2 de Stanley Stowers, *A Rereading of Romans: Justice, Jews, and Gentiles* (New Haven: Yale University Press, 1994).

[52] Stowers, em id., cita 1Cor 7,5 parenteticamente na p. 45.

[53] Id., 73. Os competidores aqui são missionários judeus cristãos que empregam as tradições parenéticas judaicas que usam a Torá para ensinar o autodomínio.

[54] Ver Martin, *Corinthian Body*, p. 219-28, para um argumento convincente de que ὑπέρακμος se aplica à mulher.

(v. 5), a preocupação com a ansiedade e os fardos do matrimônio (vv. 32-35), e ter uma esposa como se não a tivesse (v. 29) – tudo isto e muitas outras coisas fazem eco a discussões contemporâneas. Porém, mais importante talvez que essas observações sobre determinadas partes da argumentação de Paulo em 1Cor 7 é o consenso entre a maioria dos estudos recentes que o interesse de Paulo pelo autodomínio o situa plenamente nos círculos elitistas da sociedade greco-romana para a qual esta era uma questão capital. Mas afinal, como mostra Stowers, o interesse pelo autodomínio não determina a ética de Paulo. O reconhecimento disto nos leva de volta a 1Cor 7 e aos argumentos paulinos.

A estrutura de 1Cor 7 é muito complexa. O capítulo começa com uma referência a uma carta dos coríntios e com a resposta inicial de Paulo nos vv. 2-7. Nos vv. 8-16 Paulo se dirige a três diferentes grupos: "solteiros e viúvos", "casados" e "os outros". Nos vv. 17-24 passa a falar sobre circuncisão e escravidão. Embora pareça que no v. 25 Paulo introduz um novo tópico, "as virgens", não é claro quanto dos vv. 26-40 se refere a elas. Os vv. 39-40, por exemplo, voltam a tratar das viúvas, mencionadas antes no v. 8. Na verdade, em todo o capítulo Paulo insere comentários a um grupo no contexto em que fala de um outro, indo para frente e para trás em sua argumentação. Trata dos que *estiveram casados* nos vv. 8-9, 27b e 39-40; trata dos que *estão casados* nos vv. 10-11, 12-16, 27a, e 29-31; e trata dos que *não estiveram casados* nos vv. 25-26, 28, 32-35 e 36-38. A despeito da complexidade de 1Cor 7, porém, há certo número de concordâncias nos argumentos de Paulo.

A mais surpreendente concordância é o conselho de Paulo para "permanecer como estais". O próprio Paulo sublinha a coerência do seu conselho no excurso sobre a circuncisão e a escravidão nos vv. 17-24. No v. 17, escreve: "Viva cada um segundo a condição que o Senhor lhe assinalou em partilha e na qual ele se encontrava quando Deus o chamou. É a regra que estabeleço para todas as igrejas" (ἑκάστῳ ὡς ἐμέρισεν ὁ κύριος, ἕκαστον ὡς κέκληκεν ὁ θεός, οὕτως περιπατείτω. καὶ οὕτως ἐν ταῖς ἐκκλησίαις πάσαις διατάσσομαι, *hekastō hōs emerisen ho kyrios, hekaston hōs keklēken ho theos, houtōs peripateitō. Kai houtōs en tais ekklēsiais pasais diatassomai*). Ele repete o conselho no v. 20: "Permaneça cada um na condição em que se encontrava quando foi chamado por Deus" (ἕκαστος ἐν τῇ κλήσει ᾗ ἐκλήθη, ἐν ταύτῃ μενέτω, *hekastos en tē klēsei hē eklēthē, en tautē menetō*). No v. 24 ele o dá pela terceira vez: "Irmãos, cada um permaneça diante de Deus na condição em que se encontrava quando foi chamado" (ἕκαστος ἐν ᾧ ἐκλήθη, ἀδελφοί, ἐν τούτῳ μενέτω παρὰ θεῷ, *hekastos en hō eklēthē, adelphoi, en toutō menetō para theō*). A tríplice repetição desse conselho e a afirmação de Paulo de que ele expressa o que ele ensina "em todas as igrejas" demonstra que "permanecer como estais" é um princípio fundamental para ele.[55]

Embora Paulo aplique o princípio "permanecer como estais" à circuncisão e à escravidão nos vv. 17-24, estas não são preocupações primárias em 1Cor 7.

---

[55] Cf. Rollin RAMSARAN, *Liberating Words: Paul's Use of Rhetorical Maxims in 1 Corinthians 1-10* (Valley Forge, Pa.: Trinity Press International, 1996), p. 43-46.

Antes, são ilustrações do raciocínio que fez nesse capítulo até então e ao qual voltará nos vv. 25-40. As ligações entre o excurso e o resto do capítulo são a frase de transição no v.17 (ει μὴ, *ei mē*, "Seja como for"), a repetição da palavra "permanecer" nos vv. 8, 11 e 40, e os argumentos em favor do *status quo* nos vv. 10-11, 12-13, 25-27 e 37-38.[56] Toda situação que Paulo considera em 1Cor 7,8-40 é governada por esse princípio.

Como já vimos, Paulo refere-se à palavra do Senhor quanto ao divórcio em 7,10-11 quando se dirige aos fiéis que *estão* casados.[57] Baseando explicitamente sua posição numa palavra do Senhor, declara que a esposa não deve abandonar o marido nem o marido deve despedir a mulher.[58] Isto, naturalmente, equivale a dizer que devem permanecer como estão. Paulo acrescenta, no entanto, que, se uma mulher está divorciada, deve permanecer sem casar ou reconciliar-se com o marido.

Em 7,12-16, Paulo escreve aos que estão casados com não cristãos, frisando desta vez que quem está falando é *ele*, não o Senhor. Mas a posição é fundamentalmente a mesma: um irmão ou irmã não deve divorciar-se de um cônjuge não cristão que está contente com o matrimônio. Devem permanecer como estão. Aqui de novo, porém, Paulo acrescenta uma qualificação, dizendo que, caso o cônjuge não cristão não consinta em viver com o cônjuge cristão, este pode consentir o divórcio.

Os outros segmentos de 1Cor 7,8-40 referem-se àqueles cujo casamento terminou com a morte de um dos dois (vv. 8-9 e 39-40) e aos que nunca se casaram (vv. 25-28 e 36-38). Em todos esses casos o conselho de Paulo é contrário ao casamento. Com efeito, aconselha aos coríntios solteiros que permaneçam como estão. A situação é mais clara nos vv. 39-40, onde aconselha às viúvas que "permaneçam" como estão, porque, na sua opinião, serão "mais felizes" se o fizerem. Ele não explica o que ser mais feliz pode significar aqui, talvez pensando que já clareou bastante sua posição nos exemplos anteriores do capítulo. É importante observar, todavia, que ele faz uma concessão aqui também. Sua opinião entretanto, diz ele, é que a viúva está livre para esposar quem ela quiser, somente no Senhor.[59]

A situação nos vv. 25-28 é menos clara, mas parece conformar-se ao modelo que notamos. Tratando do tópico das "pessoas virgens", Paulo dá de novo seu "parecer" de que é bom para elas, e para os que estão pensando em se casar com elas, que permaneçam como estão (καλὸν ἀνθρώπῳ τὸ οὕτως εἶναι, *kalon*

---

[56] Usando a frase "fostes comprados por um preço" no v. 23 Paulo faz eco a 6,20 e isto constitui uma das muitas ligações entre 1Cor 7 e os dois capítulos precedentes.

[57] Porque na seção seguinte ele se dirige a fiéis casados com "infiéis", os vv. 10-11 tratam dos que são casados com fiéis.

[58] A linguagem de Paulo aqui ecoa a linguagem convencional a respeito do divórcio. Embora numerosos termos pudessem ser usados para designar as ações de divórcio, os verbos transitivos regularmente definem a função do marido; os verbos intransitivos, freqüentemente na voz média, designam a função da esposa. Ver TREGGIARI, *Roman Marriage*, p. 435-41.

[59] Muito provavelmente, Paulo quer dizer com esta última frase que ela deve escolher um marido no seio da comunidade dos fiéis.

anthrōpō to houtōs einai). É significativo, ademais, que "as angústias presentes (τὴν ἐνεστῶσαν ἀνάγκην, *tēn enestōsan anankēn*) não são um argumento para evitar o casamento, mas para permanecer na condição atual, seja de casado, seja de solteiro.[60] Mas também aqui Paulo faz uma concessão, "todavia se te casares, não pecarás [οὐχ ἥμαρτες, *ouch hēmartes*]; e se a virgem se casar, não pecará [οὐχ ἥμαρτεν, *ouch hēmarten*. 7,28]". Mas porque a concessão diz respeito apenas aos não casados, Paulo apóia seu argumento com uma outra razão, desta vez referente apenas à questão sobre convir casar. "Os que se casam, escreve ele, terão tribulações na carne [θλῖψιν τῇ σαρκὶ, *thlipsin tē sarki*], e eu vo-las desejaria poupar."

A situação da qual Paulo fala nos vv. 36-38 é menos clara ainda, embora de novo seu raciocínio siga o padrão. Aceito aqui a opinião de que os vv. 36-38 tratam de um caso especial relacionado com o tema das pessoas virgens iniciado no v. 25 e que Paulo se dirige a alguém que está preocupado com o modo como está se comportando em relação à sua noiva.[61] O conselho de Paulo nesta situação é diferente apenas na ordem em que ele o dá. Aqui ele começa com a concessão (v. 36) e só depois afirma que o homem que for capaz de permanecer como está (e conservar a virgem como ela é) faz bem (v. 37). Isto o força a reafirmar sua opinião no v. 38, desta vez mais claramente: "Procede bem aquele que casa sua virgem; e aquele que não a casa, procede melhor ainda".

Nos vv. 8-9, dirigidos àqueles cujo casamento terminou pela morte de um dos dois, também aparece o modelo básico que vimos em todo o capítulo, embora com uma interessante variação. Aqui Paulo não escreve que os solteiros devem permanecer como *eles* estão, mas que devem permanecer como *ele* está. O efeito, evidentemente, é o mesmo. Pois, como esclarece a concessão feita a seguir, Paulo tem em mente que viúvas e viúvos permaneçam sem casar. Mas o elemento condicional na concessão sugere que para Paulo algo mais está em jogo do que meramente permanecer sem casar. "Se não podem guardar a continência, casem-se," escreve ele. "Pois é melhor casar-se do que ficar abrasado" (εἰ δὲ οὐ κἐγ κρατεύονται, γαμησάτωσαν, κρειττον γάρ ἐστιν γαμῆσαι ἢ πυρουσθαι, *ei de ouk enkrateuontai, gamēsatōsan, kreitton gar estin gamēsai ē pyrousthai*). A linguagem ecoa claramente os argumentos da elite referentes ao autodomínio que vimos nos textos filosóficos e médicos. Não é um argumento forte em favor do casamento. Mas é o único que Paulo dá em todo esse capítulo.

Em contraste, ele apresenta quatro motivos para não se casar: "tribulações na carne" (v. 28), isenção da "preocupação" que o matrimônio traz (v. 32), a promoção da boa ordem, e a devoção desimpedida ao Senhor (v. 35). Ademais,

---

[60] O v. 27 deve ser tomado como uma explicação da frase τὸ οὕτως εἶναι ("ser assim"), dando assim aos versículos este sentido aproximado: "Eu julgo que por causa das angústias presentes é bom para todos permanecer como estão. Se estás ligado a uma mulher, não procures separar-te dela. Se estás separado de uma mulher, não procures uma outra."

[61] O cenário do noivado reflete o consenso corrente quanto aos vv. 36-38; sua relação com os vv. 25-28 é mais amplamente interpretada.

quando ele permite o casamento nos vv. 9 e 36, ele claramente o aceita como um bem secundário. Que devemos fazer com isto?

A visão paulina do casamento e do divórcio, junto com sua compreensão do desejo sexual, era complexa – na medida em que a podemos determinar. Havia tensões, se não contradições, no seu pensamento. Ele trabalhou em estreita ligação com casais como Priscila e Áquila e reconheceu os riscos que correram pela sua missão e sua vida. No entanto, ele pôde ainda afirmar que os casados estavam preocupados um com o outro e não com o Senhor. Ele pressupunha o modelo patriarcal tradicional de relações entre marido e mulher e contudo defendia a responsabilidade compartilhada e mútua deles sobre seus corpos. Ele afirmou que a relação sexual com prostituta é uma profanação (1Cor 6,12-20) e que o cônjuge cristão santifica seu cônjuge não cristão (1Cor 7,14).

Essas tensões nos raciocínios de Paulo provavelmente têm muitas fontes. Algumas derivam do mundo circunstante, outras de suas experiências pessoais nesse mundo e outras mais das situações que encontrava ao escrever suas cartas. Estou convencido de que a situação em Corinto contribuiu muito para a formulação da resposta de Paulo à carta da comunidade e às informações que ouviu. Além disso, Dale Martin provavelmente tem razão quando afirma que o casamento era um dos conflitos que dividiam os coríntios conforme seu *status* social.[62] Os "fortes", como Paulo os denomina, consideram-se superiores aos que não têm autodomínio, como se consideravam superiores com relação ao conhecimento e aos dons espirituais. Aqui, como em outros lugares de 1Cor, portanto, Paulo os enfrenta porque estão destruindo o corpo de Cristo. Na visão de Paulo, estão causando à comunidade coríntia um dano igual ao da *porneia*. Portanto, é claro que existe certa margem de polêmica na argumentação paulina em todo esse cap. 7.

Se a interpretação do que Paulo diz sobre o casamento em 1Cor 7 depende do reconhecimento dessa margem de polêmica, a aplicação do que ele diz é afetada por ela ainda mais. Podemos nos perguntar: o que Paulo teria escrito aos "fracos" se eles tivessem escrito a carta à qual está respondendo? Dificilmente seria semelhante a 1 Coríntios como nós a temos. Assim como esperaríamos uma abordagem diferente da questão dos alimentos sacrificados aos ídolos, por exemplo, assim esperaríamos uma diferente abordagem do matrimônio. Não quero dizer que Paulo mudaria sua posição fundamental. Ele ainda afirmaria que os fiéis devem permanecer como estão. Mas seu modo de falar das relações entre marido e mulher sem dúvida seria diferente. Priscila e Áquila podem até ter servido como exemplo de casais que serviam ao Senhor. Igualmente, poderia ter tratado da questão dos filhos, especialmente se ela tivesse constado na própria carta. Aqui ele poderia ter dito mais sobre como os pais devem cuidar dos filhos, tema que ele vai tratar depois, num contexto diferente, na sua correspondência com os coríntios.[63] Tudo isso é especulação, naturalmente, mas nos teria cau-

---

[62] Ver Martin, *Corinthian Body*, p. 70-76.
[63] Ver O. Larry Yarbrough, "Parents and Children in the Letters of Paul", em *The Social World of the First Christians: Essays in Honor of Wayne A. Meeks* (ed. L. Michael e O. Larry Yarbrough; Minneapolis: Fortress Press, 1995), p. 126-41.

sado hesitação em nossa interpretação dos elementos polêmicos na abordagem paulina do matrimônio.

Ao longo de todo 1Cor 7, Paulo recusa permitir aos fortes que determinem como os outros devem viver. No v. 7, ele recusa assumir essa autoridade para si mesmo. Pode "querer" que todos sejam como ele e pode ter opiniões sobre como deveriam viver. Mas reconhece que não cabe a ele determinar. É Deus que concede os dons com relação à sexualidade, assim como é Ele que faz os chamados com relação ao *status* social.

PARTE III. OUTROS TEXTOS PAULINOS E PAULINISTAS RELEVANTES

Das outras passagens que podem referir-se ao matrimônio nas cartas de Paulo, 1Ts 4,3-8 é a mais importante. Afirmei em outro lugar que, como certo número de exemplos da tradição judaica parenética, esse texto defende o matrimônio como meio de abster-se da imoralidade. Os argumentos para lê-lo desta maneira conservam sua força.[64] Mas se Paulo *está* raciocinando assim em 1Ts, ele deve ter mudado de idéia antes de escrever 1Cor. Pois aí, como vimos, ele afirma categoricamente que "permanecer como estais" é o princípio que ele ensina em todas as igrejas. Uma mudança é certamente possível, embora haveria de provocar uma tensão ainda mais pronunciada do que as outras que observamos. Conseqüentemente, não estou inclinado a tratar a linguagem metafórica de 1Ts 4,4 como referência ao comportamento para com a esposa (que estaria em consonância com a leitura de 1Cor 7,2 dada abaixo) ou ao controle do corpo e de suas paixões. No entanto, nós o admitimos, 1Ts 4,3-8 contribui claramente para o estudo do casamento e da sexualidade no pensamento de Paulo, pois fornece um outro exemplo de sua preocupação de controlar "a paixão do desejo".

O casamento continua sendo uma preocupação para os seguidores de Paulo. Na literatura paulinista, os códigos familiares de Cl 3,18-4,1 e Ef 5,21-6,9 refletem os aspectos socialmente mais tradicionais do pensamento paulino. 1Tm 2,8-3,13 e 5,1-6,2 e Tt 2 continuam essa trajetória. Fora do cânon, os *Atos de Paulo e Tecla* exprimem os aspectos mais ascéticos do pensamento de Paulo. A história da exegese demonstra que as tensões entre as duas trajetórias nunca foram resolvidas. E provavelmente nunca o serão, pois, se nós não entendemos nossas próprias "construções" do casamento e da sexualidade, será que algum dia vamos entender as de Paulo?

---

[64] Ver O. Larry YARBROUGH, *Not Like the Gentiles: Marriage Rules in the Letters of Paul* (SBLDS 80; Atlanta: Scholars Press, 1985), c. 3. Para o mais recente tratado de 1Ts 4,3-8 como um *topos* sobre o matrimônio, ver Abraham MALHERBE, *The Letters to the Thessalonians* (AB 32B; Nova Iorque: Doubleday, 2000), p. 224-41. Se Paulo refere-se a "obter" uma esposa no v. 3, eu estaria inclinado a considerar o v. 6a como uma referência à negociação de um dote, antes que ao adultério. A linguagem comercial seria apropriada em ambas as interpretações.

PARTE IV. BIBLIOGRAFIA

Clássicos

BALSDON, J. P. V. D. *Roman Women: Their History and Habits*. Londres: Bodley Head, 1962.
BRADLEY, Keith R. *Discovering the Roman Family*. Nova Iorque e Oxford: Oxford University Press, 1991.
CORBETT, P. E. *The Roman Law of Marriage*. Oxford: Oxford University Press, 1992.
DIXON, Suzanne. *The Roman Family*. Baltimore: Johns Hopkins University Press, 1992.
_____. *The Roman Mother*. Norman: University of Oklahoma Press, 1988.
GARDNER, Jane. *Women in Roman Law and Society*. Bloomington: Indiana University Press, 1986.
HALLETT, Judith P. *Fathers and Daughters in Roman Society: Women and the Elite Family*. Princeton, N.J.: Princeton University Press, 1984.
POMEROY, Sarah B. *Families in Classical and Hellenistic Greece: Representations and Realities*. Oxford: Clarendon, 1997.
RAWSON, Beryl. "Family Life among the Lower Classes at Rome in the First Two Centuries of the Empire". *Classical Philology* 61 (1966): p. 71-83.
_____. "Roman Concubinage and Other *De Facto* Marriages." *Transactions of the American Philological Association* 104 (1974): p. 279-305.
_____, ed. *The Family in Ancient Rome: New Perspectives*. Ithaca, Nova Iorque: Cornell University Press, 1986.
_____, ed. *Marriage, Divorce, and Children in Ancient Rome*. Oxford: Clarendon, 1991.
RAWSON, Beryl e WEAVER, Paul. *The Roman Family in Italy: Status, Sentiment, Space*. Camberra, Austrália: Humanities Research Centre, 1997.
ROUSSELLE, Aline. *Porneia: On Desire and the Body in Antiquity*. Nova Iorque: Basil Blackwell, 1988.
SALLER, Richard P. "*Patria potestas* and the Stereotype of the Roman Family". *Continuity and Change* 1 (1986): p. 7-22.
_____. *Patriarchy, Property, and Death in the Roman Family*. Cambridge: Cambridge University Press, 1994.
TREGGIARI, Susan. *Roman Marriage: "Iusti Coniuges" from the Time of Cicero to the Time of Ulpian*. Oxford: Clarendon, 1991.
WALLACE-HADRILL, Andrew. *Houses and Society in Pompeii and Herculaneum*. Princeton, N.J.: Princeton University Press, 1994.

Novo Testamento e cristandade primitiva

BALCH, David L. "1 Corinthians 7:32-35 and Stoic Debates about Marriage, Anxiety, and Distraction". *JBL* 102 (1983): p. 429-39.
_____. *Let Wives Be Submissive: The Domestic Code in 1 Peter*. SBLMS 26. Chico, Calif.: Scholars Press, 1981.
BAUMERT, Norbert. *Ehelosigkeit und Ehe im Herrn: Eine Neuinterpretation von 1 Kor 7*. FB 47. Würzburg, Germany: Echter, 1984.
COUTRYMAN, L. William. *Dirt, Greed, and Sex: Sexual Ethics in the New Testament and Their Implications for Today*. Filadélfia: Fortress Press, 1988.
DEMING, Will. *Paul on Marriage and Celibacy: The Hellenistic Background of 1 Corinthians 7*. SNTSMS 83. Cambridge: Cambridge University Press, 1995.
ELLIOTT, John H. *A Home for the Homeless: A Sociological Exegesis of 1 Peter, Its Situation and Strategy*. Filadélfia: Fortress Press, 1981.
MCDONALD, Margaret Y. "Early Christian Women Married to Unbelievers". *Studies in Religion* 19 (1990): p. 221-34.
_____. "Women Holy in Body and Spirit: The Social Setting of 1 Corinthians 7". *NTS* 36 (1990): p. 161-81.
MARTIN, Dale B. *The Corinthian Body*. New Haven e Londres: Yale University Press, 1995.
OSIEK, Carolyn, e David L. BALCH. *Families in the New Testament World: Households and House Churches*. Louisville: Westminster John Knox, 1997.
SAMPLEY, J. Paul. *"And the Two Shall Become One Flesh": A Study of Tradition in Ephesians 5:21-33*. SNTSMS 17. Cambridge: Cambridge University Press, 1971.
WARD, Roy Bowen. "Musonius and Paul on Marriage". *NTS* 36 (1990): p. 281-89.
WIMBUSH, Vincent L. *Paul the Worldly Ascetic: Response to the World and Self-Understanding according to 1 Corinthians 7*. Macon, Ga.: Mercer University Press, 1987.
WOLBERT, Werner. *Ethische Argumentation und Paränese in 1 Kor 7*. Moraltheologische Studien, Systematische Abteilung 8. Düsseldorf: Patmos, 1981.
YARBROUGH, O. Larry. *Not Like the Gentiles: Marriage Rules in the Letters of Paul*. SBLDS 80. Atlanta: Scholars Press, 1985.

15
PAULO E OS PROVÉRBIOS
Rollin A. Ramsaran

PARTE I. OS PROVÉRBIOS NO MUNDO GRECO-ROMANO DO TEMPO DE PAULO

A pesquisa sobre o uso paulino dos provérbios retóricos é ainda um trabalho relativamente novo. O interesse por esse assunto foi despertado pela crescente investigação sobre os ditos sapienciais de Jesus e pela redescoberta da retórica como uma estrutura básica a partir da qual se consideram e se interpretam os escritos do Novo Testamento.[1] Neste ensaio procuro demonstrar (1) como os provérbios funcionavam no tempo de Paulo e (2) como Paulo em suas cartas fez um excelente uso do valor persuasivo deles.

O mundo persuasivo do tempo de Paulo

Paulo viveu e viajou num mundo vibrante. Familiarizado com o maior centro urbano da Judéia, Jerusalém, Paulo passou a pregar a mensagem da Boa Nova na Arábia, nas regiões da Síria e da Cilícia, e depois nas principais cidades ao longo da rede de estradas romanas que vai de Antioquia, sobre o Orontes, até Roma.[2] Ao que tudo indica, aquele que antes se chamava Saulo de Tarso, judeu da Diáspora, movimentava-se com facilidade no mundo urbano greco-romano.

Esse mundo vibrante era inerentemente persuasivo. Entre as profundas mudanças sociais, intelectuais e políticas operadas por Alexandre Magno e seus sucessores estava a introdução da teoria e da prática retóricas gregas no período imperial.[3] A habilidade para falar bem estava ligada ao sistema educacional greco-romano. Técnicas de persuasão eram construídas sobre o firme fundamento

---

[1] Ver a análise em Rollin A. RAMSARAN, *Liberating Words: Paul's Use of Rhetorical Maxims in 1 Corinthians 1-10* (Valley Forge, Pa.: Trinity Press International, 1996), p. 74-77.

[2] Sobre os cenários urbanos para os primeiros trabalhos missionários de Paulo na Arábia, Síria e Cilícia, ver Martin HENGEL e Anna Maria SCHWEMER, *Paul between Damascus and Antioch: The Unknown Years* (Louisville: Westminster John Knox, 1997), p. 106-26; 151-77.

[3] George A. KENNEDY, *A New History of Classical Rhetoric* (Princeton: Princeton University Press, 1994), p. 81-127.

da παιδεία, *paideia* (cultura), recebida; de fato, a retórica servia para propagar, defender e fazer da conservação dos usos greco-romanos uma questão convincente.[4]

Embora criticasse em muitos pontos os usos greco-romanos, Paulo achou que a retórica poderia ser redimida como meio de convencer os membros da comunidade a progredir na fé e no comportamento moral.[5] Como outros escritores do Novo Testamento, Paulo certamente entendeu sua função como a de alguém que criava comunidades morais competentes – comunidades da nova aliança em continuidade com as expressões do povo de Deus encontradas nas escrituras de Israel.[6] Para Paulo, os fiéis constituíam assembléias deliberativas (ἐκκλησίαι, *ekklēsiai*), as quais, junto com o Espírito de Deus, realizavam entre elas a vontade de Deus no presente (Fl 2,12-13; Rm 12,2; 1Cor 2,6-16).[7] A retórica oferecia modelos lingüísticos e estratégias argumentativas para a deliberação persuasiva; Paulo e outros adotaram seu uso.

Para o retórico, falar bem jamais podia ser separado do caráter percebido (ἦθος, *ēthos*) do orador. A integridade moral estava unida com a honra, o autodomínio, a coerência entre falar e agir, a lealdade na amizade, a sabedoria moral e a liberdade.[8] Quem falava, como falava, o que falava, onde falava e a quem falava não eram coisas acidentais. De capital importância eram também a atenção às convenções apropriadas e os apelos ao laço comum entre o orador e o auditório.

O discurso e as práticas retóricas aconteciam em ambientes privados e públicos.[9] Nos ambientes privados, a expressão retórica podia assumir um caráter formal ou informal, por meio de conversas, debates, ou discursos nos simpósios (banquetes) e alhures. Além disso, numa cidade vibrante como Corinto, por exemplo, as demonstrações públicas de retórica podiam estar ligadas a debates formais, à declamação (exercícios de discursos plenamente compostos), discursos relacionados aos deveres cívicos, às festas religiosas ou às competições bienais de atletismo e, naturalmente, às reuniões da assembléia local. A orientação pública de boa parte da retórica, junto com sua ocorrência freqüente, era um fato importante no desenvolvimento da competência retórica através dos vários níveis da sociedade greco-romana.[10]

---

[4] Ramsaran, *Liberating Words*, p. 5, e a literatura aí citada.
[5] Agora é amplamente reconhecido que as cartas de Paulo, escritas aos fiéis, são modeladas segundo a retórica. Ver ibid., 1, com nn. 2 e 3; 79, com n. 147.
[6] Wayne A. Meeks, *The Origins of Christian Morality: The First Two Centuries* (New Haven: Yale University Press, 1993), esp. P. 3-7.
[7] Ver Richard A. Horsley, "Building an Alternative Society: Introduction," em *Paul and Empire: Religion and Power in Roman Imperial Society* (ed. Richard A. Horsley; Valley Forge, Pa.: Trinity Press International, 1997), p. 209.
[8] Sobre ἦθος (*ēthos*) em geral, ver George A. Kennedy, *New Testament Interpretation through Rhetorical Criticism* (Chapel Hill: University of North Carolina, 1984), p. 15.
[9] Para o que segue, ver Ramsaran, *Liberating Words*, p. 5, 13. Cf. o pano de fundo em M. L. Clarke, *Rhetoric at Rome: A Historical Study* (Londres: Cohen and West, 1953), p. 7-22; 85-108.
[10] Ramsaran, *Liberating Words*, p. 79-80, com nn. 14 e 15.

A persuasão do provérbio em três formas

Os provérbios – um elemento persuasivo e básico da retórica na antiguidade – eram princípios ou regras de conduta expressos concisamente, estilizados e fáceis de memorizar. Os gregos chamavam esses ditados de γνῶμαι, *gnōmai*; os romanos os denominavam *sententiae*. O conteúdo dos provérbios era geralmente tirado das experiências repetidas, observáveis, comprovadas e comuns ao mundo dos pretensos ouvintes. Enquanto expediente de retórica, o provérbio no tempo de Paulo era particularmente valorizado pela sua força persuasiva e pelas suas qualidades de formador de caráter.

Os provérbios têm uma longa história de desenvolvimento e uso desde o período grego clássico até o começo do império.[11] O uso de provérbios em geral, e das *sententiae* morais (ver abaixo) em particular, foi intensificado no tempo de Paulo com o surgimento das exibições de declamação.

Em sua *Institutio Oratoria* 8.5.3-34, Quintiliano, retórico do final do séc. I da Era Comum, reúne as tradições, as formas e os usos correntes do provérbio. A obra de Quintiliano leva a crer que Paulo e seus contemporâneos tiveram acesso a três diferentes formas de provérbio: o provérbio gnômico, a sentença gnômica e a *sententia* moral.[12]

O provérbio gnômico, encontrado na poesia e na prosa, era sabedoria em pílulas, expressão de uma verdade geral, tradicional e moral. Acreditava-se geralmente que a verdade do provérbio gnômico era universal e indiscutível. No tempo de Paulo, o provérbio gnômico era ouvido na exortação do discurso de cada dia, na instrução das crianças, na citação dos poetas e como um componente argumentativo bem escolhido nos discursos retóricos. Um exemplo de um provérbio gnômico é: "As chances da guerra são as mesmas para ambos [os lados]".[13] Comparar com 1Cor 4,2: "Ora, o que se requer dos administradores é que cada um seja fiel".[14]

A sentença gnômica era a expressão, feita por um indivíduo, de uma sabedoria reconhecida, baseada em observações gerais ou decretos de julgamento, mas sempre *aplicada a circunstâncias particulares do momento*. Tal provérbio podia certamente ser testado quanto à sua verdade, utilidade e aplicabilidade a qualquer situação determinada. Em vez de ser simplesmente considerada indiscutível (cf. o provérbio gnômico), a sentença gnômica podia ser afirmada ou refutada. Enquanto transição do universal ao particular, a sentença gnômica não é simplesmente tradicional, mas é retórica. A sentença gnômica carrega uma sabedoria reconhecida para frutificar num contexto deliberativo e, como tal, deve

---

[11] Perceba que, com Quintiliano, os dois termos genéricos para "provérbio" (em grego γνώμη e em latim *sententia*) formam *subcategorias* descritivas, pois as duas culturas caminham juntas. Para uma análise completa, ver id., p. 5-29.

[12] O estudo que segue das três formas de provérbio acompanha de perto a investigação mais detalhada em id., p. 9-17.

[13] Aristóteles, *Rhetorica* 2.21.11. Todas as traduções das fontes clássicas são da Loeb Classical Library (LCL) a não ser que se especifique outra.

[14] Todas as traduções bíblicas são da Bíblia de Jerusalém, a não ser que se indique outra fonte.

ser modelada à luz da estatura da pessoa, da sua habilidade para convencer a audiência, e da pertinência do conselho aos detalhes da situação.[15] No tempo de Paulo, a sentença gnômica era muito proeminente nas discussões deliberativas formais, nos debates e nos discursos nos quais o raciocínio moral persuasivo era imperativo. Um exemplo de sentença gnômica é: "Não existe homem algum realmente livre, pois ele é escravo seja da riqueza, seja da fortuna [τύχη, *tychē*]".[16] Comparar com 1Cor 1,25: "Pois o que é loucura de Deus é mais sábio do que a sabedoria humana, e o que é fraqueza de Deus é mais forte do que a força humana". Aqui, o provérbio de Paulo reflete a intervenção apocalíptica do poder de Deus na história humana por meio da cruz de Cristo (1,18-31) – uma surpreendente inversão e subversão das normas humanas referentes à aquisição da força e do poder.

Conforme Quintiliano (*Inst.* 8.5.9-34), uma verdade moral geral podia ser modelada na forma de uma *sententia* moral "mais nova": uma afirmação breve, bem torneada, fácil de guardar, que emprega uma figura impressionante, contendo um apelo estético-emocional, e muitas vezes colocada como uma *clausula* (conclusão). A popularidade dessa *sententia* moral[17] acompanhou o surgimento e a prática extensa dos exercícios de declamação. As sessões de declamação saíram das salas de aula e das casas de particulares para se tornarem "uma atividade social divertida e estimulante de caráter independente" oferecendo recreação, entretenimento, estímulo intelectual, competição amigável e a prática, a conservação e o desenvolvimento das capacidades oratórias e da crítica.[18] O uso de *sententiae* elegantes e apropriadas aumentava o ἦθος, *ēthos*, do orador, a tal ponto que "uma [*sententia* moral] excepcionalmente boa corria rapidamente entre os declamadores e podia conferir uma reputação instantânea a seu autor".[19] Um exemplo de *sententia* moral é: "Toda felicidade é instável e incerta".[20] Comparar com 1Cor 4,20: "O reino de Deus não consiste em palavras, mas em poder"; ou 1Cor 10,23: "Tudo é permitido".

Navegando eficazmente com os Provérbios

Quais estratégias usavam os contemporâneos de Paulo para aumentar o valor persuasivo dos provérbios na comunicação? Em primeiro lugar, os provérbios morais eram considerados apropriados para oradores de bom caráter. O ἦθος, *ēthos*, do retórico contribuía para o poder persuasivo dos provérbios pronunciados; e, coisa bastante interessante, o uso de tais provérbios fortalecia ainda mais o mesmo *ēthos*. A criação de um bom relacionamento entre o auditório e o orador

---

[15] Ver ARISTÓTELES, *Rhet.* 2.21.2-16.
[16] ARISTÓTELES, *Rhet.* 2.21.2.
[17] Para a *sententia* moral enquanto subconjunto de *sententiae* em geral, ver RAMSARAN, *Liberating Words*, p. 14-15.
[18] Lewis A. SUSSMAN, *The Elder Seneca* (Leiden: Brill, 1978), p. 13-17. Cf. RAMSARAN, *Liberating Words*, p. 12-17.
[19] SUSSMAN, *Elder Seneca*, 38. Cf. SÊNECA, O ANTIGO, *Controversiae* 2.4.9; 7.6.15; 9.2.23; 10.1.14; 10.2.10.
[20] SÊNECA O ANTIGO, *Controversiae* 1.1.3.

era importante para a introdução de provérbios morais. Uma vez introduzidos, outros provérbios morais continuavam a elevar o *ēthos* do orador ou escritor, ao passo que a comunicação progredia.[21]

Em segundo lugar, o poder persuasivo de um provérbio derivava não só do seu conteúdo, mas também das técnicas expressivas usadas na sua construção. O provérbio encontra seu poder de chamar a atenção, distinguir-se como uma forma retórica e poética, e tornar-se memorável por meio de suas marcas estilísticas. Isto se observa melhor na *sententia* moral anteriormente descrita. Todavia, os provérbios gnômicos também eram destacados e apreciados por apresentarem a sabedoria de um modo esteticamente agradável com figuras poéticas de oratória.[22] E os retóricos tinham cuidado excepcional em catalogar as marcas estilísticas que pudessem ajudar na formulação de sentenças gnômicas, como se pode ver em *Ad Alexandrum*, *Ad Herennium*, nos *Progymnasmata*, do Ps. Hermógenes, e na *Institutio Oratoria*, de Quintiliano.[23] A brevidade e o emprego de uma figura de oratória ou de pensamento caracterizavam a maioria dos provérbios.

Em terceiro lugar, a clareza e a elaboração aumentavam o poder de persuasão dos provérbios. Estritamente falando, o provérbio pode aparecer em qualquer posição na argumentação, mas a colocação no começo ou no fim realça modelos de uso particular. O manual de exercício de retórica de Teon indica o uso do provérbio para confirmar uma tese.[24] Por isso, ao apresentar uma argumentação favorável ou contrária a uma tese, o provérbio pode ser a base da qual parte a argumentação. Neste caso, ele vai ocupar a posição inicial no argumento. A popularidade do uso do provérbio moral na posição final é uma característica do novo uso da *sententia* a partir pelo menos do tempo do Velho Sêneca (de 80 antes da Era Comum a 35 da Era Comum) em diante. O provérbio na posição final confere acréscimo, reiteração e ênfase.[25]

Um retórico habilidoso expressava os provérbios de modo a visar a clareza. Alguns provérbios são evidentes por si mesmos: descritos por Aristóteles como "já conhecidos" e "logo que são falados, são claros para os que os consideram".[26] Alguns provérbios precisam de um suplemento (ἐπίλογος, *epilogos*) ou razão: a saber, aqueles "contrários à opinião geral", "discutíveis," "paradoxais" ou cuja afirmação é "obscura".[27] Além disso, quando o provérbio é oferecido como guia para a conduta moral, pode-se acrescentar um suplemento para enfocar a interpretação da verdade mais geral do provérbio para a situação particular. Desse

---

[21] RAMSARAN, *Liberating Words*, p. 17; 35-37.
[22] Sobre a influência estilística de Homero na tradição do provérbio gnômico, ver id., p. 9-10.
[23] Os retóricos mostram uma propensão para a classificação e atenção à instrução estilística. ANAXÍMENES sugere hipérbole e paralelo (*Ad Alexandrum* 1430b.10-11). *Ad Herennium* 4.17.24-25 chama a atenção para formas simples e duplas. Ps.-Hermógenes propõe classificar os provérbios em verdadeiros, plausíveis, simples, compostos ou hiperbólicos. Finalmente, QUINTILIANO resume a classificação em dez grupos antes de enumerar seus tipos favoritos: oposição, simples afirmação, transferência da afirmação do geral ao particular, e dar à afirmação geral uma forma pessoal (*Institutio Oratoria* 8.5.5-8).
[24] RAMSARAN, *Liberating Words*, p. 8.
[25] Id., p. 14-15, com nn. 108 e 110.
[26] ARISTÓTELES, *Rhet*. 2.21.5. Também *Rhet. Ad Alex*. 1430b.3-4; SÊNECA, *Ep*. 94.10.27, 44.
[27] ARISTÓTELES, *Rhet*. 2.21.3-7. Também *Rhet. Ad Alex*. 1430b.3-7; *Ad Herennium* 4.17.24; SÊNECA, *Ep*. 94.10.27, 44.

modo, o suplemento pode clarear as motivações de quem fala e a resposta desejada.[28] Se a linguagem do provérbio proposto é muito genérica, um suplemento pode ser oferecido para precisar "o objetivo moral".[29]

Os bons retóricos reforçavam sua argumentação moral mediante expansão ou condensação, ilustrações, exemplos, contraste, prova de entimema, objeção e refutação, entre outras coisas.[30] Não possuímos instruções específicas para o uso de todos esses métodos de elaboração dos provérbios. Pode-se presumir que alguns métodos eram ensinados no decurso da formação e exigiam pouca explicação para o uso. Porém, as estratégias retóricas de aprimoramento, refutação e preparação ordinária de provérbios requerem comentário ulterior.

Em *Ad Herennium*[31] 4.42.54-4.43.56, a *expolitio*, ou aprimoramento, assume dois modelos argumentativos. No primeiro caso, "consiste em permanecer no mesmo tópico e no entanto parecer dizer algo sempre novo". Efetua-se pela repetição com mudanças nas palavras, no modo de falar e no tratamento por "forma de diálogo" ou "forma de estimulação" (4.42.54).[32] No segundo caso, o aprimoramento é, enquanto modelo argumentativo mais amplo, a dissertação sobre um tema com uma abordagem em sete partes: simples pronunciamento, razão/razões, segunda expressão em nova forma, antítese, comparação, exemplo e conclusão (4.42.54-4.44.58).[33]

O regime de treinamento de Pórcio Latro é instrutivo quanto ao uso e à elaboração de provérbios.[34] Os retóricos competentes possuíam um conjunto de *sententiae* morais que constituíam o seu "estoque". Essas *sententiae* morais eram genéricas em sua natureza e verdade, e formavam um repertório de lugares comuns que condiziam com uma variedade de questões e deliberações morais, ou τόποι, *topoi* (tópicos comuns). Uma coleção de provérbios morais rapidamente disponíveis causava impressão, especialmente em situações espontâneas como um debate ou exibições de declamação.

Finalmente, as sentenças proverbiais e as *sententiae* morais eram sujeitas a refutação. Élio Teon de Alexandria (cerca de 50-100 da Era Comum) e Aristóteles oferecem alguns conselhos sobre a refutação de provérbios. Teon nos informa que a refutação de provérbios era um importante *progymnasma* (exercício prático) para jovens escolares. Teon apresenta uma lista de valiosos argumentos comuns (por obscuridade, por insuficiência, por impossibilidade

---

[28] Por exemplo, Aristóteles, *Rhet.* 2.21.13-14: "Eu tampouco aprovo o provérbio 'Nada em excesso,' pois não se pode odiar demasiado os maus"; e Quintiliano, *Inst.* 8.5.7: "César, o esplendor da sua sorte atual vos confere nada de maior do que o poder e nada de melhor do que a vontade de salvar tantos concidadãos quanto possível".

[29] Aristóteles, *Rhet.* 2.21.14.

[30] Ramsaran, *Liberating Words*, p. 7-8.

[31] O autor de *Ad Herennium* é desconhecido. Geralmente se pensa que a obra data do séc. I antes da Era Comum e é falsamente atribuída a Cícero.

[32] Sobre aprimoramento num texto paulino, ver o estudo de 1Cor 10,23-31 em Ramsaran, *Liberating Words*, p. 56-62.

[33] Ver H. Caplan, *Ad Herennium*, LCL, lviii.

[34] Sêneca, o Antigo, *Controversiae* 1.pr.24, e Ramsaran, *Liberating Words*, p. 14.20.

etc.), pelos quais a refutação de um provérbio podia ser efetuada.[35] Aristóteles trata da refutação dos provérbios em sua *Retórica* (2.21.13-14), *imediatamente depois de ter dado* conselho sobre confirmação por suplemento ou razão. Aristóteles afirma que os provérbios devem ser usados "mesmo quando contrários aos mais populares ditados" (2.21.13). O sucesso se obtém quando este ato faz o próprio caráter aparecer melhor ou quando o provérbio contrário é falado com paixão.[36] Ao usar um provérbio para a refutação, a resposta deve ter seu objetivo moral aclarado pela linguagem; senão, é preciso acrescentar uma razão.[37]

Com isso terminamos nossa descrição do mundo persuasivo contemporâneo de Paulo e dos tipos, funções e opções para o uso de provérbios naquela época. Devemos agora considerar os fatores para identificar provérbios nas cartas de Paulo e depois a argumentação persuasiva de Paulo, que usa três provérbios em Gl 5-6 e 1Cor 7.

PARTE II. OS PROVÉRBIOS NAS CARTAS DE PAULO

As formulações paulinas dos provérbios comuns

A nossa compreensão dos provérbios nas cartas paulinas precisa expandir-se ao longo de certo número de pistas.[38] Nesta seção, (1) analiso fatores que ajudam a identificar provérbios nas cartas paulinas; (2) examino a relação entre lugares comuns ou tópicos comuns (τόποι, *topoi*) e provérbios; (3) faço um breve apanhado dos provérbios comuns nas cartas paulinas; e (4) examino mais a fundo a argumentação de três provérbios comuns recorrentes que tratam de ἀδιάφορα, *adiaphora*: Gl 5,6; Gl 6,15; e 1Cor 7,19.

Identificando provérbios nas cartas paulinas

Os oradores e os escritores antigos não chamavam necessariamente a atenção para o seu uso de provérbios. Os retóricos e os filósofos moralistas consideravam como sinal de maturidade e de estatura compor provérbios para

---

[35] James R. Butts, *The Progymnasmata of Theon: A New Text with Translation and Commentary*. (Diss. Doutorado, Claremont Graduale School, 1987), p. 217.

[36] "Seria um exemplo deste último se um homem irado dissesse: 'Não é verdade que um homem deve conhecer-se a si mesmo; de qualquer forma, um homem como esse, se tivesse conhecido a si mesmo, jamais teria aspirado ao posto de comando'. E o caráter de alguém apareceria melhor, se ele dissesse que não é certo, como dizem, amar como se fôssemos obrigados a odiar, mas antes, odiar como se fôssemos obrigados a amar" (*Rhet*. 2.21.14).

[37] "Dizendo 'que é certo amar, não como dizem, mas como se fôssemos amar para sempre, pois o outro tipo de amor implicaria deslealdade'" (*Rhet*. 2.21.14). Note-se como a refutação do provérbio pode ser uma reformulação, usando vocabulário comum, do provérbio em discussão (*dei philein*).

[38] Dois estudos importantes são Ramsaran, *Liberating Words*, investigação dos provérbios morais de Paulo e de alguns coríntios dentro do contexto do debate aberto sobre provérbios em 1Cor 1-10; e Walter T. Wilson, *Love without Pretense: Romans 12:9-21 and Hellenistic-Jewish Wisdom Literature* (WUNT 46; Tübingen: Mohr, 1991), análise da forma, função e argumentação do *gnômologium* ou "conjunto de provérbios" de Paulo, em Rm 12.

uma vida digna, geralmente sem citar as fontes nem prefaciar abertamente sua sabedoria criada.

Nas cartas paulinas, os provérbios aparecem de dois modos: provérbios embutidos e conjuntos de provérbios. Os provérbios embutidos (nosso principal enfoque nesse estudo) constituem aqueles provérbios que, apresentando-se de modo independente, estão enlaçados num texto escrito como parte importante da sua argumentação. Os conjuntos de provérbios ou *gnômologia* (γνωμολογία) são coleções ou antologias de ditos gnômicos escritos um ao lado do outro, geralmente para fins didáticos.

Identificar os conjuntos de provérbios nas cartas paulinas é relativamente fácil. Paulo usa esses conjuntos perto do fim de algumas de suas cartas com a finalidade didática de "pintar um quadro" das relações apropriadas dentro da comunidade.[39] Mas identificar provérbios individuais embutidos é um desafio um pouco maior.

A classificação dos provérbios embutidos num dos três tipos (*sententia moral*, sentença gnômica ou provérbio gnômico) começa com três fatores.[40] Primeiro, estabelece-se que um provérbio proposto encerra um *conteúdo moral tradicional* derivado ou (1) do patrimônio social de conhecimento encontrado na ampla sociedade greco-romana ou (2) do patrimônio social comum (grupal) de conhecimento encontrado entre os participantes duma comunidade paulina. Segundo, considera-se a *brevidade* ou a *concisão* da afirmação. As *sententiae* morais são geralmente breves. As sentenças gnômicas, embora concisas, tendem a ser mais longas, com a adição de características que particularizam, tais como o suplemento ou razão. Os provérbios gnômicos variam com os tipos de feições estilísticas escolhidas. Terceiro, os provérbios têm uma *forma figurada*. Uma ou mais figuras ou marcas estilísticas (por ex., comparação, antítese, interrogação ou mesmo a própria concisão) atraem a atenção do ouvinte e distinguem o provérbio do linguajar diário.

Outros dois fatores comprovantes para a identificação do provérbio são a argumentação e a recorrência. Os manuais de retórica oferecem modelos argumentativos conhecidos para o uso de provérbios: afirmação do caráter do retórico, refutação de um outro provérbio, elaboração detalhada e a inclusão no estilo de diatribe (suscitando e respondendo objeções numa escola [professor e aluno] ou noutro contexto educacional). Uma afirmação de conteúdo moral tradicional, expressa em forma concisa e figurada, encontrada num desses contextos argumentativos constitui uma forte indicação de ser um provérbio. A recorrência de um provérbio na mesma carta paulina ou noutra também corrobora a identificação. Até certo ponto, os retóricos tratavam seus provérbios como lugares comuns.[41] Havia provérbios úteis, prontos e disponíveis para certas

---

[39] Ver J. Paul SAMPLEY, *Walking between the Times: Paul's Moral Reasoning* (Minneapolis: Fortress Press, 1991), p. 96-97. Uma análise definitiva e completa é WILSON, *Love without Pretense*.
[40] Os dois parágrafos seguintes seguem de perto RAMSARAN, *Liberating Words*, p. 23-25.
[41] Ver SÊNECA O ANTIGO, *Controversiae* C1.pr.24, e o estudo em RAMSARAN, *Liberating Words*, p. 14.

situações morais e podiam ser aplicados flexivelmente conforme as necessidades das circunstâncias particulares.

Tópicos (Τόποι, topoi) comuns e provérbios

Paulo, como outros retóricos de seu tempo, com freqüência estruturava sua argumentação em torno de tópicos (*topoi*) comuns. O τόπος, *topos*, é um "lugar" em torno do qual certos temas recorrentes se agrupam para apoiar a argumentação sobre um tema moral específico (por ex,. a concórdia cívica, o matrimônio, a ira e a escravidão *versus* liberdade).[42] Os *topoi* podem formar combinações entre si em apoio a uma questão mais ampla: *topoi* sobre a responsabilidade cívica, a família e a cobiça, por exemplo, podiam pertencer a um tratado sobre o estado. Como parte da invenção retórica, o retórico criativamente seleciona, forma e aplica as tradições escolhidas de um ou mais *topoi*. Os retóricos tinham capacidade para encontrar provérbios em conexão com certos *topoi* e elaborar seus próprios provérbios como suporte de temas dentro de um *topos*.[43]

Paulo, naturalmente, também elaborou *topoi* sobre temas morais peculiares ao universo do pensamento dos seguidores de Cristo. A pregação paulina do evangelho estava a serviço da criação de comunidades fiéis e precisamente morais diante de Deus. Com efeito, era o evangelho que constituía o cerne da própria identidade de Paulo e o enfoque de seu empenho missionário pelos outros. Simplesmente falando, pois, seria esperado que Paulo usasse *topoi* tradicionais e também *topoi* de elaboração recente que comprovassem a verdade e a vitalidade do evangelho; nesses "lugares" (*topoi*), Paulo muitas vezes construiu provérbios escolhidos ao acaso ou tirados de materiais tradicionais. Portanto, entre os muitos lugares comuns paulinos encontram-se com freqüência provérbios.

Breve apanhado dos provérbios comuns nas cartas paulinas

Consideremos agora brevemente os provérbios recorrentes que estão ligados a alguns proeminentes tópicos relacionados com o evangelho de Paulo. Próximo ao cerne do evangelho de Paulo está o tema da paz. No momento presente, por meio da morte de Cristo, existe paz entre as duas partes: Deus e a humanidade fiel (Rm 5,1).Usando provérbios referentes à paz, Paulo capitaliza o caráter pacífico de Deus e deduz conselhos morais para três questões sociais muito diversas. Partindo do provérbio "Foi para viver em paz que Deus vos chamou" (1Cor 7,15), ele apresenta um conselho sobre a manutenção ou dissolução dos laços do matrimônio entre cristãos e não cristãos. Baseado no provérbio "Pois

---

[42] Ver Margaret M. MITCHELL, *Paul and the Rhetoric of Reconciliation: An Exegetical Investigation of the Language and Composition of 1 Corinthians* (HUT 28; Tübingen: Mohr/Siebeck, 1991), p. 67, n.8.

[43] Sobre a definição de *topos* e seu uso criativo e flexível pelos retóricos ou moralistas, ver Abraham J. MALHERBE, "Hellenistic Moralists and the New Testament", ANRW II 26.1, p. 320-25; id., *Moral Exhortation: A Greco-Roman Handbook* (Filadélfia: Westminster, 1986), p. 144-45; e Luke T. JOHNSON, "James 3:13–4:10 and the *Topos PERI PHTHONOU*", NovT 25 (1983): p. 334-35.

Deus não é Deus de desordem, mas de paz" (1Cor 14,33), ele oferece diretrizes para a conduta apropriada no culto. Pelo provérbio "Porquanto o Reino de Deus não consiste em comida e bebida, mas é justiça, paz e alegria no Espírito Santo" (Rm 14,17; cf. 14,19), Paulo trata das diferenças de opinião.

Como o provérbio de Rm 2,11, "Deus não faz acepção de pessoas", afirma, o Deus da paz que toma a iniciativa de encontrar a humanidade é também o Deus que não mostra nenhuma distinção, aceitando e concedendo dons àqueles que respondem com a fé. De novo, o caráter que se percebe em Deus estabelece a natureza moral e a agenda para as relações mútuas de uma comunidade fiel. Em Gl 3,28, o extenso provérbio, de novo declarando imparcialidade, "Já não há judeu nem grego, não há escravo nem livre, não há homem nem mulher; pois todos vós sois um só em Cristo Jesus", serve para Paulo refazer as linhas de fronteira do novo povo de Deus, da família de Deus. A imparcialidade divina é expressa uma vez mais no provérbio "Não há distinção entre judeu e grego, pois o mesmo Senhor é Senhor de todos, rico para todos os que o invocam" (Rm 10,12), como uma garantia de que, por serem fiéis professos, não ficarão envergonhados no tribunal de Cristo.[44]

Para Paulo, o gracioso movimento de Deus rumo à humanidade e a aceitação por Deus de um renovado relacionamento com a humanidade sempre tomaram a forma de uma aliança. Por isso, a responsabilidade e a fidelidade humanas eram também uma parte importante da natureza moral do povo de Deus. Paulo espera que os fiéis devolvam gratidão a Deus, expressem dependência das provisões de Deus para a vida diária e exerçam relações sociais adequadas e justas dentro das comunidades e entre elas. Paulo às vezes passa lembretes comunitários referentes à "obrigação humana" por meio de provérbios: "O que o homem semear, isso colherá" (Gl 6,7) aparece numa explanação das fronteiras morais definidas por carne e Espírito; e "Quem semeia com parcimônia, com parcimônia também colherá, e quem semeia com largueza, com largueza também colherá" (2Cor 9,6) corrobora o apelo de Paulo em favor do apoio monetário aos "pobres" de Jerusalém.

Paulo percebia que a obrigação humana podia facilmente ser mal entendida, tornando-se um empreendimento pessoal desligado da dependência de Deus, conduzindo ao orgulho, à presunção e à ostentação. Em vez de agir junto com Deus firmando-se nos valores divinos, os seres humanos podiam escolher formas de idolatria e de dependência de outros seres humanos. Para refrear essa tendência, Paulo usa um provérbio gnômico tirado das escrituras de Israel ao aconselhar os coríntios quanto à ufania apropriada: "Aquele que se gloria, glorie-se em [aquilo que] o Senhor [fez por meio dele]" (minha tradução, 1Cor 1,31, e de novo literalmente em 2Cor 10,17).[45]

Finalmente, seríamos omissos se não fizéssemos uma comparação com o conjunto de provérbios em 1Ts 5,12-22 e Rm 12,9-18. Em cada uma dessas

---

[44] Cf. 1Cor 12,12-13; Cl 3,11. O espaço não me permite explicitar a relação entre "não distinção", o *topos* do "corpo", e o "dom" como está expressa em 1Cor 12–14 e Rm 12–15.

[45] Para uma extensa análise da forma e função do provérbio em 1Cor 1,31 e sua conexão com o gloriar-se, ver RAMSARAN, *Liberating Words*, p. 30-38.

cartas, Paulo pinta um quadro de uma comunidade viva e atuante. Os fiéis de Paulo são convidados a refletir sobre esse *topos*, a fazer parte desse "quadro" e a crescer mais na verdadeira expressão comunitária. Em 1Ts 5,12-22 e Rm 12,9-18, a sobreposição de provérbios em torno desse tópico comum da adequada vida de comunidade é surpreendente: amar sem hipocrisia; viver em harmonia, em paz; cuidar dos fracos e dos pusilânimes; não pagar o mal com o mal; alegrar-se juntamente; ser constantes na oração; ser abertos à direção do Espírito; ficar com o que é bom e dirigi-lo para os outros.[46]

Um estudo detalhado de três provérbios sobre Ἀδιάφορα, *Adiaphora: Gálatas 5,6; Gálatas 6,15; 1Coríntios 7,19*

Considero agora mais detalhadamente três provérbios paulinos. Esses três merecem ser estudados juntos porque têm em comum a mesma cláusula inicial: "Pois em Cristo Jesus, nem a circuncisão tem valor, nem a incircuncisão, mas apenas a fé agindo pela caridade" (Gl 5,6); "Pois nem a circuncisão é alguma coisa, nem a incircuncisão, mas a nova criatura" (Gl 6,15); A circuncisão nada é, e a incircuncisão nada é. O que vale, é a observância do mandamento de Deus" (1Cor 7,19). É importante para a análise de cada afirmação (1) a forma do provérbio; (2) seu conteúdo de *adiaphora* (indiferença); e (3) seu uso retórico na argumentação mais ampla de Paulo.

As características dos provérbios

Começo minha análise oferecendo a transliteração grega das três afirmações, seguida da minha tradução. Depois disso, podemos considerar as semelhanças e as diferenças, a forma das afirmações e o uso de expedientes estilísticos.

Gl 5,6:
(ἐν γὰρ Χριστῷ Ἰησοῦ) οὔτε περιτομή τι ἰσχύει οὔτε ἀκροβυστία, ἀλλὰ πίστις δι' ἀγάπης ἐνεργουμένη,

(En gar Christō Iēsou) oute peritomē ti ischyei oute akrobystia, alla pistis di' agapēs energoumenē.

(Pois em Cristo Jesus) nem a circuncisão possibilita alguma coisa nem a incircuncisão [possibilita alguma coisa], mas [o que possibilita alguma coisa é] a fé agindo pela caridade.

Gl 6,15:
οὔτε (γὰρ) περιτομή τί ἐστιν οὔτε ἀκροβυστία, ἀλλὰ καινὴ κτίσις

oute (gar) peritomē ti estin oute akrobystia, alla kainē ktisis

(Pois) nem a circuncisão é alguma coisa nem a incircuncisão [é alguma coisa], mas [o que é alguma coisa é] a nova criação.

---
[46] Também comparar 1Ts 4,9-12 com Rm 12,9-18.

1Cor 7,19:

Ἡ περιτομὴ οὐδέν ἐστιν καὶ ἡ ἀκροβυστία οὐδέν ἐστιν, ἀλλὰ τήρησις ἐντολῶν θεοῦ

Hē peritomē ouden estin kai hē akrobystia ouden estin, alla tērēsis entolōn theou

A circuncisão não é nada e incircuncisão não é nada, mas [o que é alguma coisa é] cumprir os mandamentos de Deus.

Em primeiro lugar, cada uma das afirmações contém uma *idéia moral tradicional*. A questão da circuncisão, introduzida na primeira cláusula de cada uma de nossas afirmações, era uma questão moral debatida tanto nos movimentos do judaísmo do Segundo Templo como nas comunidades cristãs primitivas.[47] A partir do ἀλλά, *alla* ("mas"), cada uma das segundas cláusulas fala da direção moral: a fé que age pela caridade, a nova criação e cumprimento dos mandamentos de Deus.

A "nova criação" (Gl 6,15b) não é tão evidente por si mesma como as outras duas quanto à orientação moral; por isso, comento-a brevemente. A referência de Paulo à "nova criação" é, no seu contexto mais amplo, certamente uma afirmação moral. Em 6,16, Paulo refere-se ao seu provérbio em 6,15 como um "correta regra (de medir)" (κανών, *kanōn*, "padrão") pelo qual o povo de Deus segue (στοιχεῖν, *stoichein*) um caminho de paz e de misericórdia diante de Deus. O provérbio de 6,15 resume a vida guiada pelo Espírito *versus* a vida guiada pela carne que Paulo descreveu no cap. 5. Essa "nova criação" (uma nova *comunidade* de indivíduos que deve ser envolvida na redenção de toda a criação, Rm 8,18-25) fundamenta-se sobre a base de uma nova realidade e de um novo poder, em oposição às estruturas mundanas do tempo (Gl 6,14).

Em segundo lugar, o cerne do provérbio em cada uma das três afirmações é marcado pela *concisão*. Coloquei os elementos de transição entre parênteses, deixando o cerne do provérbio para a análise. O cerne do provérbio de Gl 5,6 e 6,15 é idêntico, com exceção do verbo usado na primeira cláusula e, naturalmente, das segundas cláusulas. Ambas são marcadas pela abreviação por meio da elipse do verbo e do objeto ("possibilita/é alguma coisa") na segunda metade da primeira cláusula e pela elipse do sujeito e do verbo ("o que possibilita/o que é alguma coisa é") nas segundas cláusulas. Estas foram acrescentadas nas palavras entre colchetes da nossa tradução. 1Cor 7,19 não está abreviado na primeira cláusula (isto, porém, proporciona um equilíbrio estilístico, como veremos), mas tem elipse do sujeito e do verbo ("o que é alguma coisa é") na segunda cláusula. A estrutura do cerne do provérbio em 1Cor 7,19 omite o pronome indefinido positivo (τί, *ti*; "alguma coisa") usado com duas conjunções coordenativas negativas (οὔτε... οὔτε, *oute... oute*; "nem...nem") como se encontra em Gl 5,6 e 6,15. Em seu lugar, Paulo usa os pronomes nominais indefinidos negativos οὐδέν... οὐδέν, *ouden...*

---

[47] Robert G. Hall, "Circuncision", *ABD* 1: p. 1029-31.

ouden; "nada... nada") com a conjunção coordenativa positiva καί, *kai*; "e"). Embora a estrutura gramatical seja ligeiramente diferente, o sentido permanece o mesmo que em Gl 5,6 e 6,15. Em suma, pois, os cernes de todos os três provérbios são marcados pela brevidade e por uma estrutura semelhante.

Em terceiro lugar, certas características estilísticas diferenciam essas três afirmações do linguajar ordinário. Comum a todas três é a brevidade, como já dissemos. Além disso, cada afirmação é marcada por uma *antítese*,[48] na qual "o que não é importante" é mais destacado, apenas para ser seguido de um forte e rápido *movimento para um clímax* referente a "o que é importante."

1Cor 7,19 é o mais engenhosamente construído: não há partículas nem frases introdutórias; há um equilíbrio quase perfeito de ambos os lados do καί, *kai*; ("e") (nove sílabas e dez sílabas respectivamente), formando um *isocolon*[49] na primeira cláusula e um *período*[50] global; há a mesma estrutura em ambos os lados do *kai* ("e"), com repetição de três das quatro palavras, produzindo *epanaphora*[51] e *antístrofe*[52] (entrelaçamento);[53] há um duplo uso do enfático ἐστιν, *estin* ("é"). No grego, o primeiro *estin* não é estritamente necessário. A sua inclusão, porém, torna o segundo *estin* duplamente desnecessário, pois qualquer ouvinte nativo haveria de supri-lo na construção gramatical paralela. Por isso, a inclusão de ambos os usos de *estin* deve ser julgada como intencionalmente colocada para equilíbrio estilístico.

Gl 5,6 e 6,15 usam ambos *conjunção*[54] com *epanaphora* para manter um equilíbrio semelhante em ambos os lados da combinação predicado-verbo (τι ἐσχύει, *ti ischyei*/ τί ἐστιν, *ti estin*; [nem]... possibilita alguma coisa/é alguma coisa") e, portanto, passam mais rapidamente da primeira cláusula para a segunda. Gl 5,6 destaca-se um pouco pela cláusula explicativa ("Pois em Cristo Jesus"), mas 6,15 é notável por sua brevidade e por seu rápido movimento global (só minimamente sustado pela partícula explicativa, "Pois"). Gl 6,15 conclui-se com uma ligeira *aliteração*.[55]

A análise demonstra que essas três afirmações, Gl 5,6, 6,15 e 1Cor 7,19 são realmente provérbios. De um modo que as distingue do linguajar normal,

---

[48] *Ad Herennium* 4.15.21: "A *antítese* ocorre quando o estilo é construído em cima de contrários, como no seguinte exemplo: 'A adulação tem começos agradáveis, mas também conduz aos mais amargos fins'". Note-se o provérbio como ilustração.

[49] *Ad Herennium* 4.20.27. O *isocolon* é uma figura feita de dois ou mais *cola – colon* ou cláusula é a parte de uma sentença que é breve e completa, mas precisa de um outro *colon* para completar o pensamento inteiro –, que consiste de um número virtualmente igual de sílabas".

[50] *Ad Herennium* 4.19.27: "O *período* é um grupo fechado e ininterrupto de palavras, abrangendo um pensamento completo. É melhor usá-lo em três lugares: *num provérbio*, num contraste e numa conclusão" (o grifo é meu).

[51] *Ad Herennium* 4.13.19: "A *epanaphora* ocorre quando uma e a mesma palavra forma sucessivos começos de frases, expressando idéias semelhantes e diferentes".

[52] *Ad Herennium* 4.13.19: "Na *antístrofe* repetimos não a primeira palavra em frases sucessivas, como na *epanaphora*, mas sim a última".

[53] *Ad Herennium* 4.14.20. O *entrelaçamento* combina a *epanaphora* e a *antístrofe*.

[54] *Ad Herennium* 4.27.38. "A *conjunção* ocorre quando a frase anterior e a seguinte são interligadas pela colocação do verbo entre elas".

[55] "Repetição da mesma letra ou sílaba no começo de duas ou mais palavras em sucessão imediata" (*homoeopheron*) (E. W. Bullinger, *Figures of Speech Used in the Bible* [Grand Rapids: Baker, 1968], p. 171).

esses provérbios dão-nos um conteúdo tradicional de forma concisa, equilíbrio e figuras estilísticas que produzem uma forma que é fácil de ser memorizada.

Finalmente, as variações na forma do provérbio (incluindo as segundas cláusulas) não devem ser vistas como um problema para a identificação do provérbio, mas como algo normal. A retórica é a "arte oculta"[56] e esse ditame é apropriado para provérbios isolados e embutidos. O uso paulino de provérbios, em consonância com o mundo que descrevemos, manifesta *naturalmente* uma sabedoria incrustada. O retórico formula uma sentença gnômica com forte atenção à situação particular que tem em mira. A adaptação a situações distintas leva à variação, sim, mas também oferece critérios adequados para se atingir a verdade do provérbio. Ao usar esses três provérbios marcados por *adiaphora*, Paulo exemplifica o retrato de Pórcio Latro feito pelo Velho Sêneca como alguém preparado com um repertório de provérbios morais, adequados a uma variedade de questões morais, deliberações e lugares comuns (*Controversiae 1. pr. 24*).

Provérbios recorrentes marcados por adiaphora

Os moralistas do tempo de Paulo, particularmente aqueles ligados ao estoicismo, construíam seu raciocínio moral sobre a base de virtudes, vícios e coisas indiferentes (*adiaphora*). A vida próspera era alcançada buscando o que era importante, a saber, a virtude; evitando o vício; e deixando de lado ou usando corretamente as coisas indiferentes. Os *adiaphora* ou indiferentes eram tidos de modo geral como neutros moralmente; no entanto, os estóicos dividiam as coisas indiferentes em coisas "preferidas" e "não preferidas", conforme elas ajudassem ou impedissem o indivíduo no caminho da virtude. O raciocínio moral de Paulo seguia o mesmo costume, esclarecendo temas de importância por meio da identificação de questões indiferentes, tais como a origem étnica, a identidade de gênero, o *status* social, a vida e a morte, e o nível das posses ou do conforto de alguém.[57]

As três afirmações – Gl 5,6, Gl 6,15 e 1Cor 7,19 – mostram que Paulo assume esse padrão clássico de raciocínio moral ("não é nada" e "nada é" = "é algo indiferente") e o usa como estrutura para criar princípios morais referentes ao que realmente importa. Depois da análise que fizemos dessas afirmações, podemos corretamente vê-las como provérbios recorrentes marcados por *adiaphora*. Podemos parafrasear nossos provérbios da seguinte forma: a circuncisão e a incircuncisão são ambas coisas indiferentes, mas o que realmente importa é a fé agindo por meio da caridade (uma nova criação, fazendo cumprir os mandamentos de Deus)".

O fundamento do raciocínio de Paulo sobre os *adiaphora* diferia do de outros moralistas de seu tempo. Para Paulo, a obtenção da virtude por meio de uma vida em conformidade com a natureza ou a razão não é o principal. Ao invés, o que é realmente importante é que os fiéis recebam uma adequada relação com

---

[56] Observa Longino, *Sobre o Sublime* 17.1-3.
[57] Ver os textos e a análise em Sampley, *Walking beetween the Times*, p. 77-83.

Deus, de modo que possam viver, com poder, de acordo com o evangelho: eles são parte da nova criação e, por isso, sua fé se exprime no amor; e cumprem, assim, os mandamentos. Portanto, quando examinamos Gl 5,6, Gl 6,15 e 1Cor 7,19, devemos procurar entender as segundas cláusulas de cada texto, de tal modo que elas incluam ou levem o fiel para o "viver de acordo com o evangelho".

A argumentação retórica de Paulo

Gálatas 5 e 6. A carta de Paulo aos Gálatas é uma carta deliberativa na qual uma futura mudança na ação é defendida e antecipada.[58] O ponto em questão é se as comunidades gálatas vão mudar ou acrescentar algo ao competente evangelho proclamado por Paulo, ou se agora vão permanecer firmes na fé que receberam num passado não distante (1,6; 3,1-5; 4,8-9; 5,1; 5,7).[59] Três questões são pertinentes para a compreensão dos provérbios em Gl 5,6 e Gl 6,15: (1) a suprema importância e a confiabilidade do evangelho de Paulo; (2) o empenho dos gálatas, já estabelecido com a não distinção de *status*; (3) a função de Gl 5,6 e 6,15 na argumentação geral de Paulo.

Em Gálatas, Paulo afirma categoricamente que sua vocação e seu evangelho, tendo sua fonte numa revelação de Jesus Cristo, são de suprema importância. Nem o conteúdo do evangelho de Paulo nem o mandato de proclamá-lo tem sua origem em seres humanos (1,1-2.11-12). Paulo repreende os fiéis gálatas: "Admiro-me de que tão depressa abandoneis aquele que vos chamou pela graça de Cristo, e passeis a outro evangelho. Não que haja outro, mas há alguns que vos estão perturbando e querendo corromper o evangelho de Cristo" (1,6-7). Naturalmente, o "outro evangelho" de certos "mestres" é,[60] conforme a construção retórica de Paulo, o evangelho com uma adição – a exigência de que os fiéis gentios sejam circuncidados e que, possivelmente, adotem também outras observâncias culturais judaicas. Em outras palavras, o *importante* e suficiente (isto é, a dependência do dom divino gratuito do Espírito e o ato humano de fé como resposta; 3,1-4) tinha sido ou estava na iminência de ser abandonado, como Paulo o explica, pela adição de questões inconseqüentes ou indiferentes (isto é, a dependência das "obras da Lei", tais como a circuncisão e possivelmente normas cultuais sobre comidas e tempos; 3,2; 5,2; 4,8-10).[61]

---

[58] Ver Kennedy, *New Testament Interpretation*, p. 144-52. Gosto da análise que faz J. Louis Martyn do gênero da carta e de sua estrutura (*Galatians: A New Translation with Introduction and Commentary* [AB 33A; Nova Iorque: Doubleday, 1997], p. 20-23). Ele a considera "um sermão extenso", no qual Paulo prega novamente o evangelho aos gálatas com um discurso performativo que afirma a morte do velho cosmo e a chegada de um novo. Pode-se manter o ponto forte de Martyn e também falar da estrutura da carta em termos retóricos como basicamente deliberativa com elementos judiciais esparsos.

[59] Ver J. Paul Sampley, "Reasoning from the Horizons of Paul's Thought World: A Comparison of Galatians and Philippians", em *Theology and Ethics in Paul and His Interpreters: Essays in Honor of Victor Paul Furnish* (ed. Eugene H. Lovering, Jr., e Jerry L. Sumney; Nashville: Abingdon, 1996), p. 117-18.

[60] Sobre o ambiente e a agenda desses "mestres" que ameaçaram Paulo e persuadiram alguns nas comunidades gálatas, ver Martyn, *Galatians*, p. 14, 18, e esp. p. 117-26. A designação "mestres" é inspirada em Martyn.

[61] Ver Hans Dieter Betz, *Galatians: A Commentary on Paul's Letter to the Churches in Galatia* (Hermeneia; Filadélfia: Fortress Press, 1979), p. 262-63. Martyn (*Galatians*, 123) também sugere que os mestres talvez associassem a recepção do Espírito com a interpretação adequada e a obediência à Lei.

Paulo trata desse conflito sobre as prioridades usando exemplificação em Gl 1-2. Em coerência com o evangelho, Paulo comia com qualquer fiel em Antioquia, sem fazer distinção. Mas quando veio Pedro e ficou isolado dos fiéis gentios (ao contrário do que é admitido segundo o evangelho; 2,1-10), desencaminhado por falsos irmãos, Paulo manteve sua posição contra Pedro e em favor da "verdade do evangelho" (2,11-14). Os fiéis gálatas, na linha do exemplo de Paulo, devem agora fazer o mesmo: não seguir os atuais falsos mestres nem seus seguidores, mas manter sua posição em favor da verdade do evangelho (4,12; 5,1). A verdade do evangelho, para Paulo, é evidente na experiência que fizeram os gálatas, ao se aproximarem da fé: a graça de Deus e o poder determinante (Espírito) foram estendidos aos fiéis gentios que, abstraindo da circuncisão, ouviram o evangelho e responderam com a fé (Gl 3,1-4).

O empenho dos gálatas já estabelecido com a não distinção de status também nasce da sua experiência de se achegarem à fé, que se enraíza nas suas palavras do desempenho batismal:[62]

> Mas agora que a fé chegou [a nós], não estamos mais sujeitos a pedagogos; vós todos sois filhos de Deus pela fé em Cristo Jesus, pois todos vós, que fostes batizados em Cristo, vos vestistes de Cristo. Não há judeu nem grego, não há escravo nem livre, não há homem nem mulher; pois todos vós sois um só em Cristo Jesus. E se vós sois de Cristo, então sois descendência de Abraão, herdeiros segundo a promessa. (Gl 3,25-29)

Entre os fiéis não há distinção alguma segundo critérios étnicos, posição social ou gênero. Em vez disso, a inclusão é pela promessa feita a Abraão e trazida em Cristo (3,29), e por uma resposta de fé baseada na fidelidade de Cristo (2,16.20; 3,22).[63]

Nos capítulos 3-5, Paulo enfatiza de vários modos os seguintes pontos-chave referentes aos filhos de Deus: (1) eles partilham de uma herança comum – ser o povo de Deus por intermédio de Abraão; (2) eles partilham de uma porta de entrada comum – receber a graça de Deus com uma resposta de fé; e (3) eles partilham de um dom comum para viver corretamente – ser guiados pelos Espírito de Deus.

Tendo estabelecido a imparcialidade de Deus para com os fiéis gentios e a inclusão deles na herança de Israel pela fé sem as "obras da Lei", Paulo trata, nos capítulos 5-6 do dom comum que receberam por meio do Espírito e do seu itinerário moral resultante. O seguinte resumo básico de Gl 5-6 guiará a análise:

---

[62] Betz, *Galatians*, p. 186-201; Martyn, *Galatians*, p. 373-83.
[63] Ver Richard B. Hays, "Jesus' Faith and Ours: A Rereading of Galatians 3", em *Conflict and Context: Hermeneutics in the Americas* (ed. Mark Lau Branson e C. René Padilla; Grand Rapids: Eerdmans, 1986), p. 257-80.

A. Enunciado da tese: "A fé que age por meio do amor" – 5,1-12
B. Repetição e ulterior elaboração da tese: ativar o amor e agir por meio dele – 5,13–6,10
C. Conclusão da carta e repetição da tese: a situação de uma "Nova Criação" – 6,11-18

Tendo concluído que o verdadeiro povo de Deus é, de acordo com a promessa, proveniente da mulher livre (4,21-31), Paulo desenvolve esse tema da liberdade *versus* escravidão estabelecendo o enunciado da tese: "É para a liberdade que Cristo nos libertou. Permanecei firmes, portanto, e não vos deixeis prender de novo ao jugo da escravidão" (5,1). A seguir, Paulo comenta a segunda parte do enunciado de sua tese em 5,2-4; a primeira parte em 5,5-7a; e a segunda parte, de novo, em 5,7b-12.

"Não vos deixeis prender de novo ao jugo da escravidão". Em 5,2-4, Paulo "testemunha" que uma subseqüente dependência da circuncisão e de outros costumes da Lei vão separar os gálatas do atual plano de esperança de Deus, apocalipticamente orientado, que eles experimentaram mediante a dependência do evento Cristo e de seus efeitos (3,1-4; 5,2b). Os gálatas estão abandonando a "verdade" do evangelho de Deus, o poder que opera pela graça no tempo presente.[64] O testemunho de Paulo é firmemente fundado no seu exemplo (cf. as seções exemplares em 1,11-2,21 e 4,12-20).[65] Seu comportamento é marcado pelo amor orientado pelo Espírito, pelo amor oblativo de Cristo (5,5-6 com 2,19-20) e sua persuasão é mediante uma fiel proclamação da cruz de Cristo (5,11 com 6,14-17). Na cruz de Cristo encontra-se a força que quebra os vínculos servis, pecaminosos e mundanos e que resiste a suas cumplicidades e modelos no momento presente (2,17-21; 5,24; 6,14).

"É para a liberdade que Cristo nos libertou. Permanecei firmes, portanto" (5,1). O pólo positivo da afirmação da tese de Paulo é assumido em 5,5 com uma afirmação-chave esclarecedora: "Com efeito, aguardamos, no Espírito, a esperança da justiça que vem da fé." A liberdade vem por meio do Espírito e pela fé – e, como veremos, por meio da contínua sensibilidade para com o Espírito e o contínuo exercício da fé – enquanto a pessoa fica firme e aguarda. Em 5,6, Paulo explica melhor (*gar*; "pois") 5,5, e portanto também 5,1a, formulando um provérbio: "Pois em Cristo Jesus nem a circuncisão tem valor, nem a incircuncisão; a única coisa que conta é a fé agindo pela caridade". Os cristãos gálatas tinham feito uma boa arrancada e estavam indo bem (v. 7a), mas agora correm o perigo de serem desencaminhados (vv. 7b-12).

O uso que Paulo faz desse provérbio em 5,6 é significativo por cinco razões. Primeiro, por raciocinar de acordo com os *adiaphora*, o provérbio nega

---
[64] Cf. Rm 3,21-26; 4,16-25; 5,15-21. Ver a penetrante descrição da teologia apocalíptica de Paulo em Martyn, *Galatians*, p. 97-105; 570-74.
[65] George Lyons, *Pauline Autobiography: Toward a New Understanding* (SBLDS 73; Atlanta: Scholars Press, 1985), p. 138-68.

a urgência da circuncisão para os gentios pregada pelos mestres. Segundo, o provérbio demonstra a qualidade ativa, dinâmica e pactual do "aguardar a esperança da justiça". A idéia bíblica da justiça contém dentro de si a esperança de que a ação moral dos fiéis na comunidade vai se unir com o caráter, os planos e a ação de Deus[66] - "a fé agindo pela caridade". Terceiro, dado o contexto de 5,5, o provérbio de 5,6 implica uma cooperação entre o Espírito e a resposta humana de fé. Pode-se parafrasear: "... mas o que possibilita alguma coisa é o Espírito e a fé juntos, trabalhando por meio da caridade".[67] Quarto, o fruto esperado do provérbio estabelece a agenda para a análise de Paulo em 5,13–6,10 (ver a seguir). Finalmente, o provérbio tem uma forma fácil de decorar, que estabelece uma ligação definitiva com Gl 6,15.

Em Gl 5,13, Paulo reafirma sua tese de 5,1a: "É para a liberdade que Cristo nos libertou" torna-se "fostes chamados à liberdade"; e "não vos deixeis prender de novo ao jugo da escravidão" (5,1c) torna-se "a liberdade não sirva de pretexto para a carne" (5,13b). Depois, em 5,13c, Paulo explica o pólo positivo de sua tese, usando o termo-chave "caridade", que fora introduzido por seu provérbio em 5,6.

O resto da seção, 5,13-6,10, indica que o pensamento e o argumento de Paulo concordam com seu provérbio em 5,6 – como se dissesse: "com a orientação do Espírito, exercei vossa fé de modo que 'pela caridade [vos torneis] servos uns dos outros'". Paulo reforça esse ponto com uma citação de Lv 19,18: "Amarás a teu próximo como a ti mesmo". Paulo sustenta que esse provérbio e conselho *fazem* o que os mestres gálatas encorajam – ele dá adequada atenção a toda a Lei (5,14a; cf. Rm 8,4). Por contraste, o que os mestres impingiram aos gálatas causa divisão e destruição (5,15).

A estrutura argumentativa de Gl 5,16-6,10 pode ser dividida em duas partes:

Gl 5,16-26 – Conduzi vossa vida pelo Espírito
Gl 6,1-10 – Ponde a caridade em ação

Dois traços estruturais marcam 5,16-26 como uma unidade:[68] (1) o uso repetido de "viver/ser levado/ser conduzido pelo Espírito" (5,16. 18. 25; notar as expressões semelhantes em 5,16 [πνεύματι περιπατεῖτε, *pneumati peripateite*] e 5,25 [πνεύματι, *pneumati*... στοιχῶμεν, *stoichōmen*]), e (2) a antítese entre

---

[66] Bruce C. Birch, *Let Justice Roll Down: The Old Testament, Ethics, and Christian Life* (Louisville: Westminster John Knox, 1991), p. 153-55; 176-78; 259-61.

[67] Este ponto era importante para Paulo. Ver especialmente Gl 3,1-4, em que a fé criou raiz e o Espírito a precedeu. Este ponto permanece vital para o argumento de Paulo no cap. 5: para que a fé permaneça autêntica e em crescimento, deve ser guiada pelo Espírito.

[68] Adotando a divisão do texto feita em NA[27] e contra a 5,25–6,10 de Betz, Martyn, James D. G. Dunn (*The Epistle to the Galatians* [BNTC; Peabody, Mass.: Hendrickson, 1993]) e outros. É difícil ignorar o uso paulino de *adelphoi* ("irmãos") como um indicador de sub-seção, em Gálatas (cf. 1,11; 3,15; 4,12; 4,28. 31 [marcando uma inclusão para a sub-seção que faz a aplicação da alegoria]; 5,13; 6,1). Sem dúvida 5,25-26 faz a transição para 6,1-10, mas sua conexão é mais forte com o que vem antes, como aí demonstro. Gl 5,26 apresenta-se como um refrão para 5,15, como 5,25 para 5,16.

"carne" e "Espírito" e sua elaboração estrutural mediante as listas de vícios (5,19-21) e de virtudes (5,22-23) respectivamente.

A interação do Espírito com a fé humana é essencial para o provérbio de Paulo em 5,6. Em 5,16-26, Paulo enfatiza a função do Espírito em motivar e guiar a vida moral. Como se pode ver nessa seção, a fé está sempre presente no apelo feito aos fiéis para responderem ao Espírito de Deus (5,16.18.25.26). Os fiéis podem resistir e até evitar as pressões internas e externas da carne, porque a fé, inaugurada pelo evento Cristo, une-se à orientação do Espírito (5,24-25).[69] O resultado é o desenvolvimento do caráter e o exercício de decisões morais apropriadas baseadas na caridade. Por isso, a lista paulina de virtudes ("os frutos do Espírito") *começa* com o fruto desejado (a caridade) e depois fornece as virtudes auxiliares (alegria, paz, longanimidade, benignidade, bondade, fidelidade, mansidão, autodomínio).[70]

Gálatas 6,1-10 apresenta uma parênese geral que é modestamente adaptada à situação dos gálatas. A linguagem paulina do "Espírito" (6,1; 6,8) funda-se na seção anterior. Paulo reforça seu pensamento precedente: o verdadeiro sentido da Lei é a caridade ou "carregar o peso uns dos outros"; com efeito, isto realiza o modelo de conduta apresentado por Cristo (6,2).

Usando uma série de provérbios,[71] grande parte dos conselhos de Paulo em 6,1-10 relaciona-se à lista de virtudes em 5,22-23: mansidão (6,1a); autodomínio (6,1b.4-5.7-8); caridade (6,2.10); bondade (6,6); paciência/fidelidade (6,9); comparar também 5,26 com 6,3.[72] Nessa seção, Paulo oferece uma descrição de fiéis que vivem numa comunidade efetiva e apropriada, com numerosas ações de caridade.[73]

Paulo passa rapidamente para a conclusão da carta em 6,11-18. Dois traços reconhecíveis das cartas paulinas estão presentes: (1) Paulo toma a pena para concluir (6,11), e (2) a oração final (6,18). De um modo geral, porém, a conclusão está envolvida com o sumário da posição e do argumento de Paulo para as comunidades gálatas.

Esse sumário ou peroração[74] continua a contrastar os mestres gálatas com o exemplo e o *ēthos* do próprio Paulo. Os mestres não apreciam a Lei pelo modo como define a vontade e os desígnios de Deus para com a humanidade e o mundo; antes, usam seletivamente a Lei para se ufanar de seu conhecimento

---

[69] Ver as intuições de Martyn (*Galatians*, p. 524-36) sobre este ponto.
[70] Victor Paul Furnish, *Theology and Ethics in Paul* (Nashville: Abingdon, 1968), p. 87-88.
[71] A fina análise das *sententiae* no cap. 6 feita por Betz (*Galatians*, p. 291-311) foi seguida de um penetrante comentário de John M. G. Barclay (*Obeying the Truth: Paul's Ethics in Galatians* [Minneapolis: Fortress Press, 1991], p. 146-77) e de Martyn, *Galatians*, p. 541-54. Na minha opinião, o conjunto paulino de provérbios comuns e *sententiae* (ver n. 39 acima com a análise no texto) foi particularizado para a situação dos gálatas e para a cosmovisão redefinida de Paulo (têm razão Barclay e Martyn) em Cristo *por meio de uma transformação de sentenças gnômicas*. Uma mudança semelhante por parte de Paulo acontece em Fl 4,4-9.
[72] Cf. observações e lista semelhantes em Martyn, *Galatians*, p 543.
[73] Portanto a seção funciona como um conjunto de provérbios. Ver o estudo no começo da Parte II e as nn. 39 e 46.
[74] A peroração "resume o tema e procura suscitar a emoção da audiência para tomar uma atitude ou fazer um juízo" (Kennedy, *New Testament Interpretation*, p. 24).

superior e para incutir nos outros a circuncisão (6,12-14; de novo em 2,3.14; 3,3; 4,17; 5,11-12). Visivelmente, conforme Paulo, isso satisfaz o objetivo deles, pois outros grupos judeus, e mesmo cristãos, podem ser inclinados a persegui-los por negligenciarem a circuncisão como um marco divisório das atuais comunidades de Deus

Paulo, em contraste com a atitude dos mestres, afirma que a cruz de Cristo remodelou completamente a realidade. Deus escolheu renovar suas promessas por meio da cruz de Cristo, e fazendo isto, reorientar o modo como as promessas serão cumpridas. Porque Deus reivindica a plena herança de Abraão (agora incluindo os fiéis gentios), esse movimento de graça é realizado abstraindo da Lei (Gl 3,13)! Agora a nova realidade de Deus situa-se além e acima de todas as expectativas comuns e das estruturas de poder que há no cosmo presente (mundo).

O cerne da peroração de Paulo vem em 6,14-16. O exemplo pessoal de Paulo é gloriar-se (e portanto viver/caminhar) na cruz de Cristo, "pela qual o mundo está crucificado para mim e eu para o mundo". Com isso, Paulo quer dizer que sente e age dentro de uma nova realidade, na qual ele recusa deixar que o mundo (que agora está passando; cf. 1Cor 7,31) estabeleça seus modelos e valores. Ao invés, ele se alinha com a presente transformação da humanidade e do mundo operada por Deus. Um mundo é crucificado enquanto o outro é regenerado. O orgulho apropriado de um fiel exige que ele busque essa transformação em ato da realidade operada pela cruz de Cristo e nela participe plenamente.

Falando como um sábio moralista, Paulo, em Gl 6,15, reafirma sua idéia na forma de um provérbio: "Pois nem a circuncisão nem a incircuncisão é alguma coisa; mas uma nova criação é alguma coisa!" Na sua posição final (*clausula*), o provérbio é a afirmação que serve de chave de abóbada para o argumento de Paulo. Os antigos modelos, se têm algum valor, são amplamente indiferentes. O que é de verdadeira importância é a nova realidade – um novo modo de ver o mundo e o lugar da humanidade dentro dele como sendo transformada.

Dois fatores indicam que o argumento completo de Paulo não é simplesmente o de "percepção". Primeiro, porque esse provérbio sobre *adiaphora* é recorrente com a cláusula de abertura de 5,6, pode-se estar certo de que apreender essa nova realidade envolve uma resposta de "fé [guiada pelo Espírito] agindo pela caridade." O provérbio final de Paulo lança sua sombra perspicaz sobre cada parte dos capítulos 5 e 6. Segundo, a notável bênção de 6,16 também indica que a desejada resposta ao provérbio de 6,15 requer uma ação adequada. Paulo diz: "E a todos os que seguem (στοιχήσουσιν, *stoichēsousin*) [o Espírito][75] de acordo com esta norma (de κανών, *kanōn*; cf. o termo "cânon"), paz e misericórdia sobre eles e sobre o Israel de Deus" (tradução minha).

A argumentação retórica de Paulo em Gl 5 e 6 é habilmente construída, usando expedientes adequados: enunciado e repetição da tese, advertência, pro-

---

[75] A palavra στοιχήσουσιν ("segue"), que serve de chamada, e liga-se a πνεύματι καὶ στοιχῶμεν ("sigamos também o Espírito") em Gl 5,25, e o argumento global baseado no Espírito em Gl 5–6 autorizam essa clarificação na tradução.

vérbio, exemplo pessoal, listas de virtudes e de vícios, parênese, bênção. Todavia, é a argumentação de Paulo com provérbios que une os capítulos 5 e 6 desde o começo (elaboração do enunciado da tese em 5,1 e apresentação da agenda moral para discussão) até o fim (conclusão sumária na forma de provérbio, seguida de exortação e bênção prometida).[76] De modo apropriado, Paulo fortaleceu seu *ēthos* situando seus provérbios nos dois pontos da carta nos quais ele debate fortemente com esses hesitantes gálatas sobre a questão da circuncisão (5,2-12; 6,11-17)!

1 Coríntios 7. 1 Coríntios 7 considera a viabilidade de as mulheres (certamente) e os homens (possivelmente) renunciarem às obrigações normais do matrimônio, ou por disposições espirituais alternativas ou pela separação (7,1-16). Além disso, Paulo considera a viabilidade de uma pessoa casar-se de um modo tradicional ou espiritual, ou permanecer celibatária como vocação religiosa (7,25-40).[77]

Em 1Cor 7,17, Paulo afirma: "Portanto, a não ser que esteja em jogo a paz [7,15c],[78] cada um deve procurar viver adequadamente[79] dentro do contexto indicado pelo Senhor quando Deus chamou. E essa é uma diretriz[80] que dou em todas as igrejas" (tradução minha). *A base dessa "diretriz" é um ponto de partida importante, enquanto oposto a um ponto final (ele contém uma exceção!), para o argumento de Paulo, como é evidenciado pela sua variada repetição em 7,20 e 24.*[81]

O primeiro conselho de Paulo em 7,17, portanto, refere-se ao modo como as pessoas devem caminhar ou conduzir suas vidas adequadamente em diferentes

---

[76] Nesses pontos, pois, a argumentação de Paulo com provérbios concorda com o conselho dos manuais de retórica, segundo dissemos acima na Parte I: os provérbios de Paulo constituem afirmações fáceis de lembrar, bem construídas com recorrentes cláusulas de abertura, oferecem orientação para a conduta moral, elaboram o enunciado de uma tese; focalizam a clareza pensando por meio de raciocínios sobre *adiaphora*, fornecem um resumo do tema mais amplo e reforçam seu *ēthos*.

[77] São numerosos os estudos sobre 1Cor 7. Quanto aos recentes, ver Will Deming, *Paul on Marriage and Celibacy: The Hellenistic Background of 1 Corinthians 7* (SNTSMS 83; Cambridge: Cambridge University Press, 1995): Judith M. Gundry-Volf, "Controlling the Bodies: A Theological Profile of the Corinthians Sexual Ascetics (1Cor. 7)", em *The Corinthian Correspondence* (ed. R. Bieringer; Lovaina: Louvain University Press, 1996), p. 519-41; e Richard A. Horsley, *1 Corinthians* (ANTC; Nashville: Abingdon, 1999). Sobre minha estrutura interpretativa mais ampla, ver Ramsaran, *Liberating Words*, p. 38-46.

[78] A tradução "a não ser que esteja em jogo a paz" leva em conta retamente o εἰμὴ ("todavia"), como um continuativo conector de exceção ("Já que este uso 'excetua' um negativo precedente, quase certamente ele se prende ao v. 15b: 'O irmão ou irmã não estão ligados em tais casos ... Todavia ...'" [Gordon D. Fee, *1 Corinthians* (NICNT; Grand Rapids: Eerdmans, 1987), p. 309]). Paulo e a comunidade dos coríntios estão trocando idéias, participando de uma discussão deliberativa sobre situações da vida real nas quais as várias circunstâncias têm importância.

[79] *Peripatein* ("caminhar") tem o sentido metafórico forte de "conduzir a própria vida." Ver BAGD 649. A tradução *"procurar viver adequadamente"* justifica-se pela natureza deliberativa do capítulo como um todo (cf. 7,1.8.10.12.25-26.35.40) e pela natureza inclusiva da diretriz para todas as igrejas paulinas (v. 17c).

[80] *Diatassomai*, ("tomar disposições", LSJ 414; cf. "ordenar, dirigir, comandar," BAGD 189) é um termo que Paulo usa quando ordena a vida adequada da comunidade (ver 11,34). Nominalizar e coisificar o valor lexical de *diatassomai* favorece a infeliz tradução "esta é minha norma" (RSV, NRSV), que não combina nem com o contexto deliberativo desse capítulo, nem com 1 Coríntios, nem com o método geralmente preferido de Paulo, que é o conselho moral (ver Ramsaran, *Liberating Words*, p. 68-37).

[81] O v. 20 trata especificamente da circuncisão e da incircuncisão; o v. 24 amplia a diretriz tornando-a um ponto de partida segundo o qual uma variedade de situações pode ser deliberada (isto é, a oportunidade de manumissão antes [7,21b] e as decisões de casar ou não casar depois [7,25-40]).

circunstâncias.⁸² Sendo esse o caso, o apelo moral a um provérbio (7,19) sustenta os objetivos de Paulo muito melhor do que um mandamento. O conselho de Paulo não é uma "regra" a respeito de "permanecer no estado [situação social] na qual a pessoa foi chamada." Ao invés, a "diretriz" paulina é qualificada por um provérbio em 7,19 que dá uma resposta definitiva numa situação específica (circuncisão/incircuncisão) e sugere um processo de deliberação aberto para outras áreas.⁸³ Dessa forma, a função do provérbio reflete o conselho do capítulo como um todo.⁸⁴

Como se caminha de acordo com 1Cor 7,17-24? A estrutura da unidade localiza a resposta em dois lugares:

A   Diretriz: viver de modo adequado ao lugar/chamado – v. 17
B   Ilustração: Circuncisão/incircuncisão constituem indiferenças étnicas; nenhuma das duas é algo "preferido"⁸⁵ – v. 18
C   *Como caminhar*: Provérbio = "A circuncisão não é nada e a incircuncisão não é nada, mas o que é alguma coisa é cumprir os mandamentos de Deus" – v. 19
A' Repetição da diretriz, orientada para se manter as condições étnicas de indiferença no chamado – v. 20
B' Ilustração: O fato de ter sido segregado para Deus faz da condição social um *adiaphoron*; No entanto, a passagem social da escravidão para a liberdade é algo *"preferido"*⁸⁶ – vv. 21-22
C' *Como caminhar*: Exortação = "Fostes comprados por um preço; *não vos torneis escravos dos homens*"⁸⁷ – v. 23
A" Repetição da diretriz orientada para se permanecer com Deus *em qualquer situação*⁸⁸ - v. 24

---

⁸² A sintaxe grega com οὕτως περιπατείτω em posição final dá ênfase:"assim ele/ela deve caminhar/viver!".

⁸³ Sampley, *Walking between the Times*, p. 97: "[Os provérbios] requerem participação ativa e direta e oferecem ao indivíduo um recurso que numa situação futura pode gerar uma intuição sobre como viver na fidelidade a Deus".

⁸⁴ Os comentadores em geral concordam em que este capítulo contém uma série de posições que são qualificadas por exceções. Ver Horsley, *1 Corinthians*, p. 102.

⁸⁵ O "preferido" é algo que entre os *adiaphora* é determinado para ajudar alguém no caminho da virtude. Ver "Provérbios recorrentes sobre *adiaphora*", nesta seção, anteriormente.

⁸⁶ Em relação às opiniões de Paulo sobre a escravidão, precisamos perguntar-nos como e de que modos "o *status* de livre" podia funcionar como um "preferido", ajudando alguém a chegar à plena força da boa nova de Deus (ou, nos termos do próprio Paulo: cumprir os mandamentos de Deus; a fé agindo pela caridade; uma nova criação). Ver, por exemplo, Jennifer A. Glancy, "Obstacles to Slaves' Participation in the Corinthian Church", *JBL* 117 (1998): p. 481-501. Cf. S. Scott Bartchy, *Mallon Chrēsai: First Century Slavery and the Interpretation of 1 Corinthians 7:21* (SBLDS 11; Missoula, Mont.: Society of Biblical Literature, 1973), p. 127-59; e Neil Elliott, *Liberating Paul: The Justice of God and the Politics of the Apostle* (Maryknoll, N.Y.: Orbis Books, 1994), p. 31-54.

⁸⁷ Quer como escravo, quer como livre, alguém pode abdicar da própria liberdade em Cristo, seguindo os outros que se conformam aos modelos mundanos – problema subjacente às congregações coríntias. O antídoto é aceitar seu lugar como uma condição adequada para viver sua vocação perante Deus (7,24), ou seja, manter a própria liberdade, possuindo tudo, mas pertencendo a Cristo e a Deus somente (3,21-23). Ver Ramsaran, *Liberating Words*, p. 30-46; 66-68.

⁸⁸ A diretriz foi ampliada com a mudança depois de *en* para um pronome relativo ('/*/';"em qual[quer] [situação]") e com o acréscimo de π/ρ/ /// (perante Deus"). Ver a análise em Fee, *1 Corinthians*, p. 320-22, e n. 87 acima.

"Cumprir os mandamentos de Deus".[89] É óbvio que Paulo tinha instruído previamente os coríntios a respeito da Lei e das tradições de Israel. Ele apela para essas tradições relacionando-as com a morte de Cristo ("nosso cordeiro pascal", 5,7); ele tira da história do êxodo um "exemplo padronizado" para orientar o comportamento atual no seio da comunidade (10,1-22); e parece que os coríntios foram informados a respeito da força corruptora da Lei controlada pelo pecado ("a força do pecado é a Lei", 15,56). O provérbio de Paulo, todavia, apresenta o "cumprir os mandamentos" como o próprio fundamento ("o que é mais importante") para a relação do fiel com Deus.

Além disso, uma correlação das afirmações finais dos outros dois provérbios recorrentes sobre *adiaphora* (a fé agindo pela caridade; uma nova criação) demonstra uma apreciação muito positiva do conselho dado na frase final de Paulo em 1Cor 7,19. O uso paulino dos "mandamentos" representa a instrução e os objetivos definitivos de Deus para toda a humanidade, agora remida em Cristo. Uma característica da vida obediente dos fiéis é a eliminação das distinções; a abertura a todos do chamado divino da graça; o incremento da capacidade da humanidade para o amor recíproco; e o início de um reino de paz e solidariedade para a criação humana como um todo.

A circuncisão e a incircuncisão são coisas indiferentes; o que realmente importa é cumprir os mandamentos de Deus" (tradução minha). No contexto contínuo de deliberação iniciado no cap. 7, o provérbio de Paulo reforça as antigas obrigações sociais da aliança exigidas do povo de Deus – aqui, enfatizando as obrigações sociais entre os cônjuges (7,1-16). No seu contexto imediato, como um provérbio independente, 7,19 requer plenas obrigações sociais e contato entre os grupos étnicos. No seu contexto mais amplo (7,17-24), o refrão do provérbio, "cumprir os mandamentos," faz eco ao primeiro mandamento (Ex 20,3), importante para Paulo, sem dúvida: manter uma atitude sincera e apropriada diante de Deus é recusar a conexão com outras influências idolátricas espirituais e humanas. A fidelidade a Deus oferece um trampolim para numerosas questões que aparecem adiante em 1 Coríntios (7,23.35; 10,20-22; 11,27-30; 12,2-3; 15,24-28.34; 16,13.22). Cumprir os mandamentos de Deus, determinar o que é mais importante em cada uma das muitas situações, é ter a "mente de Cristo" (1Cor 2,16b; cf. Rm 12,2; Fl 1,9-11).[90] Assim, a elaboração da diretriz de Paulo, por meio de duas ilustrações e um provérbio *muito significativo* em 1Cor 7,17-24, é importante para a argumentação de Paulo antes (7,1-16) e depois (7,25-40, e mais além).[91]

Então, no ponto do "que é mais importante", os três provérbios se destacam juntamente. Para um esposo e uma esposa, manter os laços da aliança do matrimônio, como Deus tem feito para com seu povo, é *"cumprir os mandamentos*

---

[89] Os comentários seguintes são tentativa e sondagem. Por necessidade, deixei de lado o vasto tópico de Paulo e a Lei.
[90] Note-se como, na conclusão do cap. 7, Paulo afirma: "Julgo que também eu possuo o Espírito de Deus". Isso certamente equivale à "mente de Cristo" sobre a base de uma leitura de 1Cor 2.
[91] RAMSARAN, *Liberating Words*, p. 42-43.

de Deus" (7,10-11). Para um marido que crê, permanecer ligado a uma esposa que não crê, enquanto a paz puder ser mantida, é realmente "a fé agindo pela caridade" (7,12-16). Reconhecer a santidade da prole de um fiel e de um infiel é ser capaz de ver e experimentar a "*nova criação*" que chega (7,14) e de crer nela. Manter a "separação" para Deus casando em vez de "abrasar-se" o que poderia levar à inconveniência (7,36), ou permanecendo celibatário para realizar "a máxima consagração a Deus" (7,32-35), ou não partilhando do espaço e dos rituais sagrados com ídolos (10,14-22) é "*cumprir os mandamentos*". Não violar a consciência do outro em questões de alimento ou de culto (1Cor 8–14) é "a fé agindo pela caridade". E crucificar um mundo e ser crucificado para ele, morrer dia a dia, estar disposto a viver corajosamente pela fé e para o amor, mesmo até a morte, é vislumbrar a sua parte numa completa e ilimitada nova criação (1Cor 15).

PARTE III. OUTROS TEXTOS PAULINOS E PAULINISTAS RELEVANTES

Cartas paulinas

Provérbios gnômicos. 1Cor 1,31; 4,2; 9,7a.7b.7c.9a.10b; 2Cor 9,6. Gl 6,7b.
Sentenças gnômicas. Rm 6,23; 10,12; 13,7; 14,7-8.22b.23b; 1Cor 1,25; 3,21-23; 4,15; 6,12.13; 7,1b.19.26.40a; 8,1c.8; 9,15b (καλὸν γάρ, *kalon gar*...).19; 10,23.31; 2Cor 8,21; Gl 2,20; 3,28; 4,12a (gr.).18a; 5,6; 6,8.15.
Sententiae. Rm 2,11; 14,17; 1Cor 3,21b.22b; 4,20; 6,12a.13a; 7,15c; 8,1b; 8,4b; 8,4c; 9,25a; 10,23a; 11,12b; 13,6b; 14,26c; 14,33; 14,40; Fl 1,21; 4,13.
Gnomologia (conjuntos de provérbios). Rm 12,9-18; 1Cor 16,13-14; 2Cor 13,11b; Gl 6,2-6; Fl 4,4-9; 1Ts 5,12-22.

Escritos Paulinistas

Provérbios gnômicos. 1Tm 5,18; 2Tm 2,4-6; Tt 1,12.
Sentenças gnômicas. 1Tm 1,8; 4,8; 6,6. 10; 2Tm 2,19.

PARTE IV. BIBLIOGRAFIA

Manuais retóricos e *progymnasmata*
(Edições Loeb Classical Library, a não ser que se diga outra coisa)

ANAXÍMENES, *Retórica para Alexandre*.
ARISTÓTELES, *A Arte da Retórica*.
BUTTS, James R."The *Progymnasmata* of Theon: A New Text with Translation and Commentary". Diss. Doutorado, Claremont Graduale School, 1987.
DEMÉTRIO, *Sobre o Estilo*.
KENNEDY, George A. *Progymnasmata: Greek Textbooks of Prose Composition and Rhetoric*. Vol. 10 de *Writings from the Greco-Roman World*. Tradução de George A. Kennedy. Atlanta: Society of Biblical Literature, 2003.
LONGINO, *Sobre o Sublime*.

QUINTILIANO, *Institutio Oratoria*.
Rhetorica ad Herennium.
SÊNECA, *Epistulae Morales*.
SÊNECA, o Antigo. *Controversiae* e *Suasoriae*.

Referências gerais

HORNA, K., e K. Von Fritz. "Gnome, Gnomendichtung, Gnomologien", *RE*, suppl. 6 (1935): p. 74-90.
LAUSBERG, Heinrich. *Handbook of Literary Rhetoric. A Foundation for Literary Study*. Prefácio de George A. Kennedy. Tradução de Matthew T, Bliss et al. Leiden: E. J. Brill, 1998.
MARTIN, Josef. *Antike Rhetoric: Technik und Methode*. Munique: C. H. Bech, 1974.
PORTER, Stanley E., ed. *Handbook of Classical Rhetoric in the Hellenistic Period: 330 B.C-A.D. 400*. Leiden: E. J. Brill, 1997.

Estudos clássicos

BONNER, Stanley F. *Education in Ancient Rome: From the Elder Cato to the Younger Pliny*. Los Angeles: University of California Press, 1977.
_____, *Roman Declamation in the Late Republic and Early Empire*. Berkeley: University of California Press, 1949.
CLARK, Donald Lemen. *Rhetoric in Greco-Roman Education*. Nova Iorque: Columbia University Press, 1957.
CLARKE, M. L. *Rhetoric at Rome: A Historical Study*. Londres: Cohen and West, 1953.
DELARUE, F. "La sententia chez Quintilien", *La Licorne* 3 (1979): p. 97-124.
HENDERSON, Ian H. "Quintilian and the *Progymnasmata*", *Antike und Abendland* 37 (1991): p. 82-99.
KARAVITES, Peter. "*Gnōmē's* Nuances: From Its Beginning to the End of the Fifth Century", *Classical Bulletin* 66 (1990): p. 9-34.
KRIEL, D. M. "The Forms of the Sententia in Quintilian VIII.v.3-24", *Acta Classica* 4 (1961): p. 80-89.
LARDINOIS, André. "Modern Paroemiology and the Use of *Gnomai* in Homer's *Iliad*", *CP* 92 (1997): p. 213-34.
LEVET, J. P. "*RHĒTOR* et *GNŌMĒ*: Présentation sémantique et recherches isocratiques", *La Licorne* 3 (1979): p. 9-40.
MARROU, H. I. *A History of Education in Antiquity*. 3ª. ed. Tradução de George Lamb. Madison: University of Wisonsin Press, 1982. Trad. port.: *História da Educação na Antiguidade*, São Paulo, Herder, 1971.
RUSSELL, D. A. *Greek Declamation*. Cambridge: Cambridge University Press, 1983.
SEARBY, Denis. *Aristotle in the Greek Gnomological Tradition*. Studia graeca upsallensia 19. Estocolmo: Gotab, 1998.
SINCLAIR, Patrick. "The *Sententia* in *Rhetorica Ad Herennium*: A Study in the Sociology of Rhetoric", em *AJP* 114 (1993): p. 561-80.
_____. *Tacitus the Sententious Historian: A Sociology of Rhetoric in Annales 1-6*. University Park, Pa.: Pennsylvania State University Press, 1995.
SUSSMAN, Lewis A. *The Declamations of Calpurnius Flaccus*. Leiden: E. J. Brill, 1994.
_____. *The Elder Seneca*. Leiden: E. J. Brill, 1978
VILLEMONTEIX, J. "Remarques sur les sentences homériques", *La Licorne* 3 (1979): p. 83-96.

Estudos sobre o Novo Testamento

BETZ, Hans Dieter, *Galatians: A Commentary on Paul's Letter to the Churches in Galatia*. Hermeneia. Filadélfia: Fortress Press, 1979.
_____. *2 Corinthians 8 and 9: A Commentary on Two Administrative Letters of the Apostle Paul*. Hermeneia. Filadélfia: Fortress Press, 1985.
HENDERSON, Ian H. *Jesus, Rhetoric, and Law*. Biblical Interpretation Series 20. Leiden: E. J. Brill, 1996.
RAMSARAN, Rollin A. *Liberating Words: Paul's Use of Rhetorical Maxims in 1 Corinthians 1-10*. Valley Forge, Pa.: Trinity Press International, 1996.
SAMPLEY, J. Paul. *Walking between the Times: Paul's Moral Reasoning*. Minneapolis: Fortress Press, 1991.
SNYDER, Graydon F. "The 'Tobspruch' in the New Testament", *NTS* 23 (1976): p. 117-20.
SNYMAN, Andréas H. "On Studying the Figures (*schēmata*) in the New Testament", *Bib* 69 (1988): p. 93-107.
WILSON, Walter T. *Love without Pretense: Romans 12:9-21 and Hellenistic-Jewish Wisdom Literature*. WUNT 46. Tübingen: J. C. B. Mohr, 1991.

16

PAULO E O *PATER FAMILIAS*

L. Michael White

PARTE I. O *PATER FAMILIAS* NO MUNDO GRECO-ROMANO

A expressão latina *pater familias* traduz-se propriamente por "pai da família", significando mais ou menos "chefe da casa". Mas no ambiente social e cultural do mundo greco-romano ela possuía uma gama de significados mais vastos do que essas traduções podem simplesmente comunicar. A razão, em parte, é o sentido do termo *familia*; depois, a definição e a função do "pai" dentro da *familia* e da sociedade em geral.

Pater *e* familia *no contexto*

O termo *familia* não se limitava à "família nuclear" formada por pais e filhos, como é geralmente aplicado no mundo moderno.[1] Ao invés, a *familia* no mundo romano era uma designação legal e social para a "casa" mais ampla (ou *domus*), modelada segundo a estrutura patrícia social da Roma republicana. Assim, a *familia* normalmente incluía pais e filhos, junto com outros parentes (agnados e cognados), os escravos domésticos, e uma roda de outros dependentes, libertos e agregados. De uma perspectiva legal, o termo *familia* podia também significar a propriedade de uma patrimônio herdado por herdeiros ou outros parentes agnados.[2] Quando aplicado a pessoas em vez de propriedades, podia designar todos os parentes agnados ou simplesmente os escravos domésticos.[3] Quando esses dois conceitos se combinam, *familia* refere-se a todas as pessoas

---

[1] Richard P. SALLER,"*Familia, Domus*, and the Roman Conception of the Family", *Phoenix* 38 (1984): p. 336-55; também idem, *Patriarchy, Property, and Death in the Roman Family* (Cambridge: Cambridge University Press, 1994), p. 74-77. A respeito dos significados alterados do termo entre a antiga época romana e a de hoje, Saller segue a obra pioneira de J. L. FLANDRIN, *Families in Former Times* (Cambridge: Cambridge University Press, 1979), p. 4-10.

[2] A definição de *familia* por ULPIANO em *Digesto* 50.16.195.1-4 começa com um provérbio legal, tirado de uma lei arcaica romana, nas Doze Tábuas, referente à herança: "Que o [parente] agnado mais próximo tenha a *familia*" (*adgnatus proximus familiam habeto*). Isso mostra que o termo *familia* aqui significa "coisas ou propriedades" (*res*) mais que pessoas.

[3] Assim, um dos significados normais do termo *familia*, conforme se encontra em certos contextos, é explicitamente o de escravos da casa. Enquanto esse significado reflete a noção mais ampla da "família estendida", ele pode resultar também da homonímia com o termo mais específico para escravo, *famulus*, e o verbo derivado *famulo*, que significa "servir" ou "tornar útil".

que estão sob o poder (*potestas*) do *pater familias*, seja por natureza, seja por lei; suas definições e operações eram intimamente ligadas com leis que regiam a herança.⁴ Às vezes o termo *domus* (significando a própria casa ou a família, a parentela e o patrimônio) era virtualmente sinônimo de *familia*. Por isso, os termos *familia* e *domus* referem-se ambos a um conjunto de relações que se estendem verticalmente a várias gerações.⁵

O *pater familias* constituía a suprema fonte de poder e de autoridade na casa. Esta noção, chamada *patria potestas* ("poder paterno"), representava o governo hereditário do pai sobre todos os bens, posses e pessoas pertencentes à sua propriedade patrimonial.⁶ Nas discussões legais, muitos dos conceitos da lei e da administração públicas eram modelados segundo essa noção idealizada do governo paterno sobre a casa. Na raiz, estava o conceito de uma *familia* ampliada e da sua estrutura social como um microcosmo do Estado.⁷

Poderes e responsabilidades do Pater Familias

A vida familiar romana era extremamente patriarcal e exclusivamente patrilinear. A natureza autocrática e despótica da *patria potestas* é um lugar comum nas discussões sobre a família romana.⁸ Do ponto de vista legal, o *pater familias* tinha o direito de punir os escravos à vontade, e tinha o direito de vida e de morte sobre as crianças recém-nascidas. Mesmo as crianças nascidas livres eram virtualmente escravas do poder de seus pais até a morte destes.⁹ Pelo

---

⁴ Ver Saller, *Patriarchy, Property, and Death*, 75, de novo baseado na passagem no *Digesto* anteriormente citada: "Alguém é chamado *pater familias* se exerce o domínio na casa, e ele é corretamente chamado por esse nome mesmo se não tem filho, pois não indicamos somente sua pessoa mas também seu *status* legal" ("*pater autem familias appellatur, qui in domo dominium habet, recteque hoc nomine appellatur, quamvis filium non habeat: non enim solam personam eius, sed et ius demonstramus*"). A passagem continua umas poucas linhas abaixo: "Uma *familia* consiste de todos os agnados sob um mesmo regime legal, pois mesmo se após a morte do *pater famlias* todos eles têm suas próprias famílias, não obstante com razão serão chamados pela mesma *familia* todos os que estavam sob o poder de uma mesma pessoa, já que provieram da mesma casa e *gens*" ("*commune iure familiam dicimus omnium adgnatorum: nam etsi patre famílias mortuo singuli singulas familias habent, tamem omnes, qui sub unius potestate fuerunt, recte eiusdem familiae appellabuntur, qui ex eadem domo et gente proditi sunt*").

⁵ Brent D. Shaw, "The Family in Late Antiquity: The Experience of Augustinus", *Past and Present* 115 (1987): p. 3-51.

⁶ Conseqüentemente, o conceito de *pater familias* influenciou grande número de conceitos e idéias-chave na cultura romana, por exemplo *dominium* ("domínio"), *imperium* ("autoridade soberana") de imperadores e magistrados, e *patrocinium* (ou "proteção, patronato") de uma pessoa ou do estado sobre outrem. A própria palavra *dominium* vem diretamente de *domus*, e então significa o governo de alguém sobre alguma coisa, como o do *pater familias* sobre a casa.

⁷ A noção encontra-se amplamente nas discussões dos estóicos; cf. Cícero, *De officiis* 1.17.54: "O primeiro vínculo de união é aquele entre marido e mulher; o seguinte, entre pais e filhos; depois encontramos uma casa [*domus*] com todas as coisas em comum; e este é o fundamento [*principium*] da cidade e, por assim dizer, a sementeira [*seminarium*] do estado". Ver também o artigo de W. K. Lacey, "Patria Potestas", em *The Family in Ancien Rome: New Perspectives* (ed. Beryl Rawson; Ithaca, N.Y.: Cornell University Press, 1987), p. 121-44. Para o modo como essa idéia é tomada no pensamento de S. Agostinho, com uma ligeira modificação, ver Shaw, "Family in Late Antiquity", p. 10-11.

⁸ Saller (*Patriarchy, Property, and Death*, p. 103-4) comenta sobre este lugar comum.

⁹ Cf. Paul Veyne, *A History of Private Life: From Pagan Rome to Byzantium* (Cambridge: Harvard/Belknap, 1987), p. 16-17 (decidir se o filho deve viver), 29 (os filhos como escravos do pai), 65-67 (maus tratos dos escravos). Em geral sobre os poderes de vida ou de morte, ver Saller, *Patriarchy, Property, and Death*, p. 115-22.

menos, a *patria potestas* concedia ao *pater familias* a autoridade disciplinar estrita e o domínio sexual sobre os membros de sua extensa *familia*.¹⁰ Mesmo assim, as discussões dos juristas romanos podem de certa forma nos enganar a respeito da realidade social; o *pater familias* tinha também obrigações morais.¹¹ A quinta-essencial virtude romana da *pietas* ("piedade, lealdade") incluía tanto os deveres de os filhos obedecerem aos pais como o devotamento dos pais às esposas e aos filhos.¹²

Os deveres e as responsabilidades do *pater familias* para com a casa eram extensos. Acima de tudo, tinha de providenciar alimento e cuidado para todas as pessoas sob seu poder, quer escravas quer livres. Também fornecia quantias de dinheiro a seus libertos e outros clientes. Dele se exigia que administrasse a propriedade, não apenas em operações diárias, mas também em termos de guardar o *patrimonium* (ou *familia*) para as gerações futuras. Podia delegar responsabilidades de ações isoladas na administração da casa a seu principal escravo, a um filho, à esposa, mas em última análise era ele o responsável. A porção de um filho na herança era mantida e administrada como *peculium* ("fundo privado") pelo pai até que fosse liberada, quer por ação do pai, quer por execução do testamento do pai. O pai devia dar aprovação formal para o casamento do filho ou da filha. Dispor de toda e qualquer propriedade, até mesmo escravos, era sua competência, não obstante pudesse delegar a outrem as negociações concretas.

Ao mesmo tempo, as leis referentes ao patrimônio e à herança colocavam algumas restrições ao poder do *pater familias*. Pelo final da República, a maioria dos matrimônios romanos estava incluída na categoria legal *sine manu* ("sem mão"). Isto significava que, quando a mulher casava, não entrava efetivamente nas "mãos", ou seja, na linha agnática de parentesco, do marido. Ao invés, permanecia ligada à *familia* de seu próprio pai. Isto tinha importantes implicações para os direitos de propriedade e a herança.¹³ A herança da mulher, portanto, não passava para a propriedade do marido, mas tecnicamente permanecia propriedade da *familia* ou *patrimonium* de seu pai.¹⁴ Essas restrições não se aplicavam a fundos ou propriedades dadas ao marido como dote, mas quando morria o pai dela, a mulher tinha *de iure* o controle de sua propriedade. Em ter-

---

¹⁰ Shaw, "Family in Late Antiquity", p. 29, com algumas notas especiais sobre as atitudes de Agostinho a respeito dos costumes sexuais. Ver também Hanne Sigismund Nielsen, "Men, Women, and Marital Chastity: Public Preaching and Popular Piety at Rome", em *Early Christianity and Classical Culture: Comparative Studies in Honor of Abraham J. Malherbe* (ed. por J. T. Fitzgerald, T. H. Olbricht e L. M. White; NovTSup 110; Leiden: E. J. Brill, 2003), p. 525-51.

¹¹ Saller, *Patriarchy, Property, and Death*, 105; cf. John A. Crook, "Patria Potestas", CQ, n.s., 17 (1967): p. 113-22. Para um sumário das leis que regiam a *patria potestas*, ver John A. Crook, *Law and Life of Rome, 90 BC-AD 212* (Ithaca, N.Y.: Cornell University Press, 1967), p. 107-13.

¹² Saller, *Patriarchy, Property, and Death*, p. 109.

¹³ Parece que a prática evoluiu como um mecanismo para proteger contra a herança por casamento os patrimônios das famílias da elite. Esse era especialmente o caso em circunstâncias nas quais havia mais filhas que filhos, ou quando não havia herdeiro masculino do patrimônio. As famílias romanas desenvolveram estratégias para acomodar essas contingências por meio da adoção e de outros mecanismos. Para um estudo, ver Keith Hopkins, *Death and Renewal* (Cambridge: Cambridge University Press, 1983), p. 99-117. Ver também a análise de Saller, *Patriarchy, Property, and Death*, p. 36-42, 66-69.

¹⁴ Ver Crook, *Law and Life of Rome*, p. 103-4.

mos práticos, isso significava que a mulher podia administrar suas propriedades mesmo dentro do casamento, embora tecnicamente sob a *patria potestas* do seu marido. Numerosos casos indicam que muitos maridos sentiram-se obrigados a aceder aos desejos da esposa em questões financeiras e em outras mais, por causa dos direitos dela de propriedade independente. Os filhos podiam até tomar emprestado da propriedade da mãe para seguir suas carreiras, mas legalmente podiam ter que lhe repor, tomando de seu próprio *peculium* ou da herança do *patrimonium* do pai.[15]

Dependendo da riqueza relativa da linhagem familiar obtida pelo matrimônio, a herança da mãe podia ser mais ou menos importante. No tempo do Império, as mulheres controlavam cada vez mais propriedades pessoais maiores, que podiam administrar, seja dentro da família marital, seja por própria conta. Quando morriam ambos os pais de uma mulher, ela se tornava, ao menos funcionalmente, um agente independente, e o termo *mater familias* passou a designar o fato de que algumas mulheres haviam se tornado "chefes de famílias" mesmo na antiga aristocracia romana.

O *pater familias*, como figura pública, era também responsável por obrigações para com a cidade e o Estado. Dentre esses deveres estavam os de exercer magistraturas públicas, patrocinar festivais ou jogos anuais e prestar serviços na *curia* cívica (o Senado, na própria Roma, ou o *decurionato* ou "conselho", em outras cidades). Esses deveres acarretavam também significativas responsabilidades financeiras. A *dignitas* ("dignidade," significando a reputação ou "bom nome") da *familia* era vista como algo a ser administrado, assim como o próprio *patrimonium*, para o benefício das futuras gerações. O *status* da família era multidimensional, dependendo de vários fatores distintos e relacionados. A riqueza e a terra eram muito importantes, sem dúvida, mas outros fatores também contribuíam, incluindo o prestígio social (por ex., o matrimônio entre famílias da elite), o sucesso político e o número de clientes que se podia comandar. Assim, havia um grau maior de mobilidade social no mundo romano do que às vezes se imagina. Ao mesmo tempo, cada geração sucessiva encontrava algum risco de perder o *status* e promovia intensa competição para mantê-lo e adquiri-lo.[16] O grosso dessa competição necessariamente recaía sobre o *pater familias* como figura pública.

Dois exemplos com resultados opostos podem ilustrar o problema. O primeiro é um caso legendário dos primeiros tempos da República e refere-se à decadente fortuna dos Cipiões. Públio Cipião Nascia era primo em primeiro grau dos irmãos Cipião Africano e Cipião Asiático, e foi cônsul em 191 antes da Era Comum. Escrevendo durante o início do Império, Valério Máximo explica assim o infortúnio político da família:

> Públio Cipião Nascia foi uma figura famosa e poderosa nos círculos do poder (...) que se orgulhou de ser líder do Senado por muitos anos. Quando

---
[15] Saller, *Patriarchy, Property, and Death*, p. 128-29.
[16] Hopkins, *Death and Renewal*, p. 107-17.

jovem, quando estava procurando ser eleito para a edilidade curul, apertou a mão de certo camponês um tanto atenciosamente, como fazem com freqüência os candidatos. Notou que a mão do homem estava endurecida pelo trabalho do campo e, por brincadeira, perguntou-lhe se normalmente caminhava com as mãos no chão. Os circunstantes desaprovaram o chiste, e isto espalhou-se entre o povo do país, levando Cipião a perder a eleição.[17]

A narrativa de Valério resume as responsabilidades que têm para com os socialmente inferiores aqueles que aspiram à nobreza. A mobilidade tanto para cima como para baixo era possível, e o bom nome de uma família exigia constante cuidado.

Um outro exemplo vem da inscrição sobre a entrada do Iseum, em Pompéia:

Numerius Popidius Celsinus, filho de Numerius, às suas próprias custas reconstruiu desde os fundamentos o Templo de Ísis, que tinha caído em razão do terremoto. Por causa da sua generosidade, os decuriões da cidade o receberam gratuitamente em sua ordem, embora ele tivesse seis anos de idade.[18]

A ocasião para o projeto de reconstrução foi o grande terremoto do ano 62 da Era Comum, mas é difícil pensar que uma criança de seis anos tenha iniciado tal projeto. Tampouco um menino de seis anos seria candidato para o decurionato, ou *curia*, o conselho dirigente da cidade. A situação torna-se inteligível se nos dermos conta de que o pai do menino, Numerius Popidius Ampliatus, era um liberto que aspirava à proeminente *gens Popidii*.[19] Um liberto era proibido por lei de ser admitido no decurionato, mas o filho de um liberto podia. Então, o pai pagou a reconstrução do Iseum em nome do filho a fim de que guindá-lo às fileiras da aristocracia local; fez um investimento para a posteridade com as posses de sua *familia*. Houve um cálculo complexo para a vida de um *pater familias*, construído em torno de suas redes de relações sociais e políticas.[20]

---

[17] *Feitos e ditos memoráveis* 7.5, conforme citado por Hopkins, *Death and Renewal*, p. 107. Um problema é que Valério Máximo às vezes parece confundir os personagens de nomes semelhantes. Não é totalmente claro se este episódio se aplica ao filho ou ao neto entre os três indivíduos de nome P. Cipião Náscia. Sobre este ponto, ver W. Martin Bloomer, *Valerius Maximus and the Rhetoric of the New Nobility* (Chapel Hill: University of North Carolina Press, 1992), p. 152.

[18] *CIL* X.846 (= *Inscriptiones latinae selectae* 6365), tradução minha. Para o texto e outra análise, ver L. M. White, *Social Origins of Christian Architecture*, vol. 1: *Building God's House in the Roman World* (HTS 42; Valley Forge, Pa.: Trinity Press International, 1996), p. 31 e 157, n. 18.

[19] O nome completo do pai aparece em duas outras inscrições de benfeitores no Iseum (*CIL* X.847-848). O nome de sua esposa, Cor(n)élia Celsa, também aparece na primeira dessas inscrições. Sobre a *gens Popidii* entre os cidadãos proeminentes de Pompéia nesse tempo, podemos citar os irmãos L. Popidius Ampliatus e L. Popidius Secundus, que concorreram ambos a ofícios públicos no ano 70 da Era Comum (cf. *CIL* IV.1041; 2966; 7418). Sobre os *Popidii* na vida pública de Pompéia, ver Willem Jongman, *The Economy and Society of Pompeii* (Amsterdam: J. C. Gieben, 1988; reimpr. 1991), p. 260-64, 184-89; James L. Franklin, *Pompeii: The Electoral Programmata, Campaigns, and Politics,, AD 71-79* (Papers and Monographs of the American Academy at Rome 28; Roma: American Academy at Rome, 1980), p. 105-11.

[20] Sobre o tópico das redes sociais, ver meu artigo "Finding the Ties That Bind: Issues from Social Description", *Semeia* 56 (1991): p. 16-18 e passim. Esse número de *Semeia*, editado por L. M. White, focalizou o tema "Social Networks in the Early Christian Environment" ("Laços sociais no ambiente cristão primitivo").

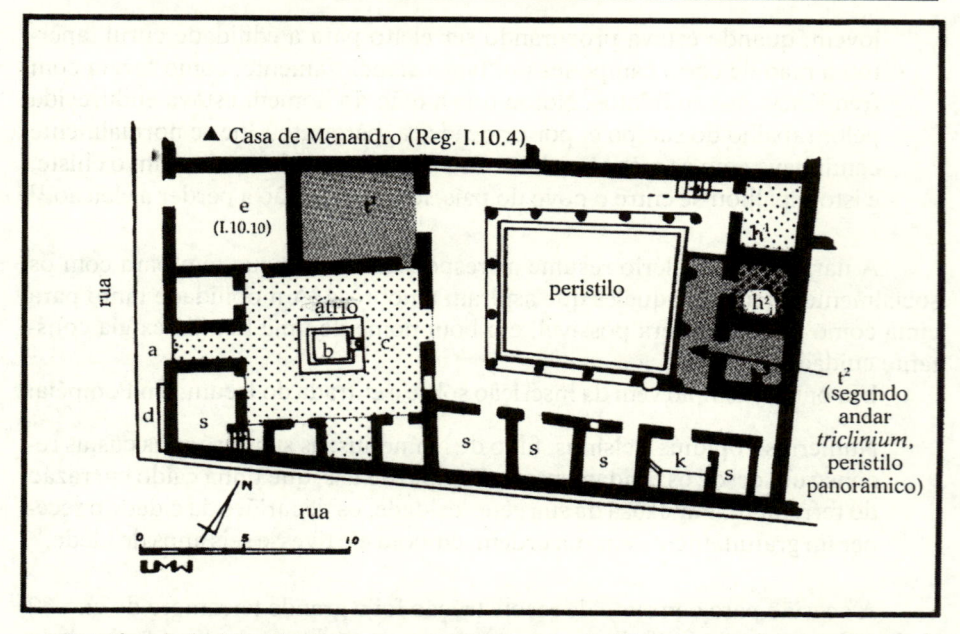

a – Entrada principal, b – *impluvium*, c – cadeira do *pater familias*, d – banco para os clientes, e – espaço para venda, t – salas de jantar (*triclinium*), k – cozinha (com *lararium*), h – dormitórios do senhor (*cubiculum*), s – áreas de serviço

(desenho do autor, adaptado de O. Elia)

Entre o público e o privado: o pater familias *em casa*

As ressonâncias culturais da estrutura familiar romana podem ser vistas no plano e na ordenação da vida diária na casa, explicitamente nas disposições feitas pelo *pater familias* e para ele. O ritmo e as regras (muitas delas tácitas) da vida diária são freqüentemente difíceis para os modernos compreenderem. Em particular, devemos ser cautelosos com a noção de casa como sede apenas da vida "privada". Como já vimos que o termo moderno "família" não se enquadra tão facilmente nas estruturas sociais antigas da *familia* e da *domus*, assim também uma dicotomia ocidental tradicional de casa/privado *versus* trabalho/público não descreve satisfatoriamente a vida diária do *pater familias*.

As novas perspectivas sobre a estrutura física da casa romana e sobre a vida da família[21] nos ajudam a decifrar os elementos codificados da vida romana diária; como resultado, somos capazes de entender melhor o modelo moral implícito da ordem familiar. Por exemplo, as casas romanas "típicas" encontradas em Pompéia e Herculanum não possuem áreas facilmente qualificáveis como áreas

---

[21] Uma excelente introdução ao problema e às novas perspectivas aparece em Ray Laurence,"Space and Texts", em *Domestic Space in the Roman World: Pompeii and Beyond* (ed. por Ray Laurence e Andrew Wallace-Hadrill; Journal of Roman Archaeology Supplements 22; Portsmouth, R.I.: Journal of Roman Archaeology, 1997), p. 7-14.

para homens, áreas para mulheres, ou quartos para escravos.²² Aceitava-se que a maioria dos espaços domésticos tivessem múltiplas funções conforme a hora do dia e as pessoas envolvidas. Mesmo dentro da casa, as formas arquiteturais eram "obsessivamente relacionadas com distinções de classe social"²³ tanto para os moradores como para os simples visitantes. Os escravos eram virtualmente onipresentes em toda a casa durante a maior parte das horas do dia e da noite, mas a codificação social da arquitetura muitas vezes dissimula sua presença. O espaço doméstico reforçava a superioridade ideológica do *pater familias* e seu modelo de movimentos e funções dentro da casa.²⁴

Na casa, havia duas áreas-chave onde a função e o *status* do *pater familias* era codificada arquitetonicamente: o átrio e o *triclinium*. O átrio era o local dos rituais diários em torno da *salutatio* e do culto dos *Penates* (divindades familiares); o *triclinium*, o local da hospitalidade vespertina e do jantar social, a *cena* (ver a fig. 1 na página anterior).²⁵ Com a introdução do peristilo helenístico havia uma entrada de dois andares para o âmbito interior da casa.²⁶

Era o pátio exterior, o átrio propriamente dito, que servia como local de recepção pública do *pater familias*, no seu ritual diário de "saudações" (*salutatio*) pelos clientes, pelos que vêm cumprimentar e pelos que vêm pedir. Geralmente, ele se sentava numa pequena cadeira (fig. 1, *c*) – às vezes fixa no lugar, às vezes portátil, a *sella curulis* (ou "sede magistral") – defronte da porta de entrada (*a*) com o *impluvium* (*b*, a bacia central aberta para o céu) no meio. Das seis às oito da manhã, os "visitantes" se reuniam do lado de fora da porta de entrada (*d*) ao longo da rua.²⁷ O servo mais importante da casa, o camareiro de confiança do patrão (em latim *cubicularius*), ficaria na porta principal para admitir e anunciar os clientes ou suplicantes, cada um por sua vez. Ao entrar, os

---

²² Ver Andrew WALLACE-HADRILL, *Houses and Society in Pompeii and Herculaneum* (Princeton: Princeton University Press, 1994), p. 9-13. O parágrafo seguinte é amplamente baseado nas observações de Wallace-Hadrill, completadas por estudos adicionais, conforme anotamos.

²³ Id., p. 10.

²⁴ Michele GEORGE,"*Servus* and *domus*:The Slaves in the Roman House", em LAURENCE e WALLACE-HADRILL, *Domestic Space in the Roman World*, p. 22-24.

²⁵ Devido à diversidade e às variações dos planos de casas encontrados em Pompéia e alhures, é difícil demonstrar todas as características de uma "típica" habitação romana com átrio e peristilo, usando apenas um exemplo. Para os fins deste estudo, escolhi a Casa dos Amantes (Reg.I.10.11) de Pompéia, porque representa uma versão não decorada demais da casa com átrio e peristilo, em forte contraste com sua vizinha imediata ao norte, a Casa de Menandro, uma das maiores vilas de Pompéia. As porções originais da Casa dos Amantes ficam para o oeste, na área do átrio. Cf. WALLACE-HADRILL, *Houses and Society*, p. 38-43 e fig. 3.7. Para outros comentários sobre esta casa, ver o artigo de Pedar Foss, que classifica a Casa dos Amantes como uma *casa media*:"Watchful *Lares*: Roman Household Organization and the Rituals of Cooking and Eating", em LAURENCE e WALLACE-HADRILL, *Domestic Space in the Roman World*, p. 197-218, esp. 209, fig. 15.

²⁶ Sobre este desenvolvimento, ver Andrew WALLACE-HADRILL,"Rethinking the Roman Atrium House", em LAURENCE e WALLACE-HADRILL, *Domestic Space in the Roman World*, esp. p. 236-40. Sobre a introdução do peristilo, ver Jens-Arne DICKMANN,"The Pristyle and the Transformation of Domestic Space in Hellenistic Pompeii", em LAURENCE e WALLACE-HADRILL, *Domestic Space in the Roman World*, p. 121-36. Dickmann conclui (p. 135-36) que o peristilo helenístico não podia simplesmente substituir o próprio átrio ou ser integrado nele por causa do *status* simbólico estabelecido do átrio. Essa observação reforça mais a articulação arquitetônica de sua função cultural dentro do emergente sistema romano de patrão e cliente em relação com a *familia* ampliada.

²⁷ Os satíricos romanos forneciam freqüentes comentários sobre aquela hora matutina ou sobre as multidões junto à porta, bem como as afrontas à própria dignidade, quando até cidadãos livres tinham de fazer essas chamadas; cf. JUVENAL, *Sátiras* 1.95-102; 3.127-130, e esp. MARCIAL *Epigramas* 4.8.1:"prima salutantes atque altera conterit hora" ("a primeira hora – e também a seguinte - cansa os que fazem a série de saudações", tradução minha).

clientes aproximavam-se do *pater familias*, que estava sentado, e faziam-lhe um gesto de vênia (*obsequium*) e devoção (*pietas*). Essa demonstração de lealdade e respeito indicava a disposição do cliente de servir à vontade do senhor, como por exemplo, mostrar e expressar apoio em algum negócio se estivesse no tribunal. Em troca, podiam pretender uma favor particular do senhor. A maioria dos libertos e clientes recebia uma ajuda diária (chamada *sportula*) ou em alimento ou em dinheiro como parte da *salutatio*. Os clientes especialmente confiáveis ou favorecidos podiam servir em algum outro setor dos negócios ou da vida pública e, em troca, receber especiais recompensas por seus serviços.[28]

A partir da *salutatio* e por boa parte do dia, as portas principais da casa normalmente ficavam abertas para a rua, sendo o átrio da casa considerado parte do domínio público do *pater famílias*, uma extensão de suas atividades como cidadão público. A linha de demarcação entre o público e o privado não era traçada simplesmente na porta da frente; antes, o átrio constituía um espaço intencionalmente "aberto" que era usado para uma variedade de funções ordinárias da casa, incluindo produção comercial, como também para as recepções formais do *pater familias*. Para qualquer um que entrasse no átrio de tal casa havia uma etiqueta aceita (mas raramente declarada), um conjunto de disposições e de convenções sociais pelas quais se negociava o espaço doméstico. Quartos com portas fechadas ou áreas protegidas da visão direta de alguém que estivesse no átrio eram "marcadas" como menos privadas. A mera distância às vezes servia também como indicação.[29] Dessa forma, os visitantes deviam estar atentos aos sinais que indicavam onde o domínio privado do *pater familias* – os espaços reservados para os familiares e a criadagem – começava.

Na casa romana, nenhum quarto ou tipo de espaço individual era reservado apenas para a privacidade. Ao invés, a privacidade era mais uma função da hora do dia, do *status* e do contexto social.[30] Essas funções ajudam a explicar as profusas decorações que se encontram tão comumente nos dormitórios das casas da elite em Pompéia.[31] O visitante da casa devia saber

---

[28] Sobre a função dos homens livres como agentes de atividade comercial para seus patronos, ver John D'Arms, *Commerce and Social Standing in Ancient Rome* (Cambridge: Harvard University Press, 1981), p. 121-48. D'Arms observa ulteriormente que este serviço aos patronos e aos clientes criava seu próprio tipo de *cursus honorum* ("curso de honra") para a promoção social entre os libertos.

[29] Ver Mark Grahame, "Public and Private in the Roman House: The Spatial Order of the Casa del Fauno", em Laurence e Wallace-Hadrill, *Domestic Space in the Roman World*, p.137-61; Penelope Allison, "Roman Households: An Archaeological Perspective", em *Roman Urbanism: Beyond the Consumer City* (ed. Helene M. Parkins: Londres: Routledge, 1997), p. 112-46; idem, "Artifact Distribution and Spatial Function in Pompeian Houses", em *The Roman Family in Italy: Status, Sentiment, Space* (ed. Beryl Rawson e Paul Weaver; Oxford: Clarendon, 1997), p. 321-54; e Joanne Berry, "Household Artifacts: Towards a Re-interpretation of Roman Domestic Space", em Laurence e Wallace-Hadrill, *Domestic Space in the Roman World*, p. 183-95.

[30] Andrew M. Riggsby ("'Public' and 'Private' in Roman Culture: The Case of the *cubiculum*", *Journal of Roman Archaeology* 10 [1997]: p. 36-56) oferece um excelente estudo de diferentes modos ou circunstâncias em que o *cubiculum* era considerado espaço privado, e assim definido tanto legalmente quanto culturalmente na literatura e no pensamento romanos. Cf. Mathew Roller, "Pliny's Catullus: The Politics of Literary Appropriation", *TAPA* 128 (1998): p. 265-304.

[31] Assim se observa nos dormitórios do senhor h1 e h2 na Casa dos Amantes (fig. 1, acima). Em geral sobre o modo como a arte e a decoração eram usadas como "sinalizadores" e indicações sociais para girar dentro de casa, ver John R. Clark, *The Houses of Roman Italy, 100 BC-AD 250: Ritual, Space, and Decoration* (Berkeley: University of California Press, 1991), p. 99-101.

seu lugar e como "negociar" as áreas espacialmente marcadas pelo tempo e as circunstâncias.

Outra atribuição principal do *pater familias* na atividade doméstica era a de anfitrião e patrono nos banquetes festivos. Aqui a satírica "Cena de Trimálquio" descrita por Petrônio oferece amplo testemunho da interação social que podia acontecer em tais reuniões, nas quais o *pater familias* se encarregava completamente do programa. Era costume o hóspede mais honrado e o anfitrião ocuparem lugares estratégicos de modo que tivessem a mais impressionante vista da casa.[32] No período imperial, cada vez mais esses jantares não eram apenas para amigos respeitados, mas também para clientes e outros, que viam tais ocasiões como dádiva e também como dever. Dois relatos – um satírico e o outro uma carta – ilustram como o *status* e a dependência eram orquestrados na refeição pelo anfitrião e *pater familias*.[33] O primeiro vem de um epigrama de Marcial:

> Já que sou chamado para jantar, não mais como um convidado adquirido [isto é, um cliente] como antes, por que não é servido o mesmo jantar para mim como para ti? Tu tomas ostras engordadas no lago Lucrine, eu sugo um mexilhão através de um buraco na concha; tu tomas cogumelos, eu tomo fungos suínos; tu seguras um rodovalho, mas eu um linguado. Dourada com gordura, uma rola de coxas inchadas te sacia; é colocada à minha frente uma pega que morreu em sua gaiola. Por que eu janto sem ti, Pôntico, mesmo quando eu janto contigo? Foi-se a dádiva; tenhamos o seu benefício – comamos a mesma comida.[34]

O segundo vem de uma carta de Plínio, o Moço:

> Seria muito longo narrar como aconteceu que eu estive com um certo homem, embora nenhum parente seu estivesse lá, num jantar que lhe pareceu pródigo ainda que frugal, mas que me pareceu escasso e contudo extravagante. Os melhores pratos eram para ele e uns poucos escolhidos, ao passo que os bocados baratos eram servidos para os outros. Ele até mesmo repartiu o vinho em frascos pequenos entre três categorias, não de modo que alguém pudesse escolher, mas de modo que tivesse o direito de recusar o que lhe fora dado. Uma era para ele e para nós; uma outra para seus amigos inferiores (até seus "amigos" possuem graus); e uma outra para os seus e os nossos libertos. O homem que estava reclinado perto de mim observou [isto] e perguntou se eu aprovava. Eu disse: "Não". "Que

---

[32] Para as linhas de visão no planejamento arquitetônico entre as casas de Pompéia, ver L. Bek, "From Eye-Sight to View Planning: The Notion of Greek Philosophy and Hellenistic Optics as a Trend in Roman Aesthetics and Building Practice", em *Aspects of Hellenism in Italy: Towards a Cultural Unity* (ed. P. Guldager Bilde, I. Nielsen e M. Nielsen; Copenhague: Institute for Study of Antiquity, 1993), p. 127-50.

[33] Horácio (sav. 2.8.7) usa a expressão *pater cenae* para indicar o "anfitrião" de um opulento juntar, no qual Mecenas era o convidado de honra. O texto é útil também por causa do modo como ele descreve a distribuição dos lugares (2.8.18-24).

[34] *Epigr.* 3.60, tradução minha.

procedimento segues então", perguntou. "Sirvo o mesmo para todos" [repliquei], "pois convido as pessoas para um jantar, não para fazer uma demonstração de desigualdades; antes, eu os torno iguais na mesma mesa e com o mesmo tratamento". "Mesmo os libertos?" [perguntou]. "Certamente, pois então eles são meus companheiros de mesa, não simplesmente libertos".[35]

Ambos os comentários mostram que a comida e as disposições dos lugares eram símbolos de *status*. Além disso, a intenção da carta de Plínio, dirigida a um jovem aristocrata de nome Junius Avitus, era instruí-lo sobre como não cair em tais hábitos maus na convivência social. Reconhece, porém, que tais mostras de esnobismo aconteciam com alguma freqüência, mesmo se havia ideais mais elevados para se buscar.

PARTE II. O *PATER FAMILIAS* NAS IGREJAS PAULINAS

Nota sobre os equivalentes gregos

O *pater familias* era um produto de construção social e cultural romana. Assim, fica ainda a pergunta sobre como, se este era o caso, essas idéias podiam se encontrar fora da Itália, e especialmente no mundo de Paulo, onde predominava a língua grega. Podemos começar por uma nota sobre a terminologia. Os termos gregos οἶκος (*oikos*) e οἰκία (*oikia*, ambos significando "casa" ou "lar") eram usados para traduzir tanto *familia* como *domus* em latim; portanto, podem significar casa, lar, família ou propriedade, dependendo do contexto.[36] Um bom exemplo é a expressão *familia Caesaris*, designação da burocracia imperial, constituída de funcionários e guarda-livros, que eram tecnicamente escravos do imperador. O equivalente grego típico para esse grupo, que era vasto nas cidades gregas sob o domínio romano, era οἶκος/οἰκία Καίσαρος (*oikos/oikia Kaisaros*) como em Fl 4,22.[37] Por outro lado, não existe nenhum equivalente grego para *pater familias*, embora o haja para o latim *pater patriae*, usando-se o grego πάτηρ πατρίδος (*patēr patridos*), epíteto honorífico significando "pai da pátria".[38] Mais comum no uso grego pode ser πάτηρ τῆς πόλεως (*patēr tēs*

---

[35] *Ep.* 2.6.1-4.
[36] Nos textos gregos do império romano, como também nos registros de recenseamentos do Egito, οἰκία (*oikia*) é o termo mais usado para designar a "casa" como lugar físico de morar, mas pode também significar "família". Ver a lista de recenseamento de edifícios de Panópolis na Tebaida., *P. Gen. Inv.* 108 (= *SB* VIII [1967] 9902). // κ// ὁἶκος) muitas vezes significa "família" no período romano; no entanto, quando usado para estruturas físicas, pode significar um "edifício" de qualquer tipo, não se referindo exclusivamente a edifícios domésticos.
[37] P. R. C. Weaver, *Familia Caesaris: A Study of the Emperor's Freedmen and Slaves* (Cambridge: Cambridge University, 1972), passim.
[38] Comparar Cícero, *In Pisonem* 6 (em referência a si mesmo como *parentem patriae*) com Plutarco, *Cicero* 23.3 (*patera patridos* ... o primeiro a receber esse título"). Para textos não literários, ver BGU 1074.' (papiro do séc. I da Era Comum); *Inscriptiones Graecae ad Res Romanas Pertinentes* 3.176-177 (inscrições gregas de Ancira sob Trajano); e *Inscr. Corinth* VIII.3.99 e 106 (iscrições gregas referentes a Trajano).

poleōs, "pai da cidade"), regularmente encontrado como um título honorífico para benfeitores cívicos.

Embora o termo *pater familias* não ocorra no uso grego normal, o conceito parece ainda estar vivo nas cidades gregas sob domínio romano. A forma comum em grego que reflete essa ordem patriarcal da casa é οἰκοδεσπότης (*oikodespotēs*) ou simplesmente δεσπότης (*despotēs*, ambos significando governante da casa"). Que isto era imaginado como o equivalente grego de *pater familias* é talvez melhor ilustrado por um comentário de Cícero; escrevendo em latim a seu amigo Ático, fala dos esforços para encontrar uma nova casa para si:

> Mas o que é preciso exceto uma abertura para um comprador? E isto podia ser obtido por meio de qualquer um dos herdeiros. Mas penso que Mustela vai arranjar isto, se tu pedires. Tu terás conseguido para mim não apenas o lugar que preciso para minha finalidade, mas também um lugar onde possa envelhecer. Pois aquelas [casas] de Silius e Drusus não me parecem bastante οἰκοδεσποτικά (*oikodespotika*) para mim. (*Cartas a Ático*, 12.44.2, datada do ano 45 antes da Era Comum)

Assim, neste texto latino, quando Cícero se refere à conveniência de uma casa para a vida de um *pater familias*, ele opta pelo grego, talvez em parte porque possui uma forma adjetiva viável. Mas as cartas de Cícero a Ático são deliberadamente salpicadas de terminologia grega, com a intenção de refletir o equivalente latino. O termo οἰκοδεσπότης (*oikodespotēs*) aparece freqüentemente no Novo Testamento, no qual o contexto claramente significa "chefe da casa" (como é geralmente traduzido) ou "chefe da família".[39] O termo grego usual para o escravo principal da casa (em latim *cubicularius* ou "camareiro") é οἰκονόμος (*oikonomos*, muitas vezes traduzido por "administrador").[40] Um bom exemplo do uso encontra-se em Lc 12,39-45, em que οἰκοδεσπότης (*oikodespotēs*) designa o chefe da casa e οἰκονόμος (*oikonomos*), o principal administrador. Na continuação da parábola surgem dois outros termos como sinônimos, que elucidam mais o uso: em 12,43 o οἰκονόμος é chamado δοῦλος (*doulos*, "escravo"), enquanto o οἰκοδεσπότης é chamado κύριος (*kyrios*, aqui significando "senhor", "patrão" ou "amo"). O termo κύριος (*kyrios*) é provavelmente o modo mais comum de designar o *pater familias* em grego, talvez uma abreviação de algo como ὁκύριος τοῦ οἴκου (*ho kyrios tou oikou*, ou "o senhor da casa"), como se vê na carta em papiro (*PGiss.* 17), na qual uma escrava usa de modo intercambiável os termos κύριος (*kyrios*) e δεσπότης (*despotēs*) ao dirigir-se a seu senhor. O uso mais claro desta terminologia para descrever uma típica estrutura familiar é Gl 4,1-3:

> Eu digo: enquanto o *herdeiro* (κληρονόμος, *klēronomos*) é *menor* (νήπιος/ *nēpios*), embora *dono de tudo* [da propriedade] (κύριος πάντων ὤν, *kyrios*

---

[39] Assim Mt 13,27. 52; 20,1. 11; Mc 14,14 // Lc 22,11; Lc 12,39; 13,25; 14,21. É curioso que esse termo não aparece na *Septuaginta*.

[40] Assim Lc 12,42; 16,1. 8; Rm 16,3 (Erasto, tesoureiro da cidade); 1Cor 4,1-2; Gl 4,2; Tt 1,7; 1Pd 4,10.

pantōn ōn) em nada difira de escravo (δοῦλος/*doulos*). Ele fica debaixo de *tutores e curadores* (ἐπιτρόπους [...] καὶ οἰκονόμους, *epitropous [...] kai oikonomous*) até a data estabelecida pelo pai (προθεσμίας τοῦ πατρός, *prothesmias tou patros*).

Assim Paulo também está usando κύριος (*kyrios*) e πατήρ (*patēr*) para definir a função do *pater familias*.

Compare-se também a terminologia de Dion Crisóstomo para as relações familiares em *Or.* 38.15:

Enquanto a salvação das famílias [οἴκων, *oikōn*] consiste na concórdia dos patrões [τῇ τῶν δεσποτῶν ὁμοφροσύνῃ, *tē tōn despotōn homophrosynē*] e na obediência dos escravos domésticos [τῇ τῶν οἰκετῶν πειθαρχίᾳ, *tē tōn oiketōn peitharchia*], por outro lado a discórdia entre o patrão e a patroa [literalmente, *discórdia patronal* – ἥ τε δεσποτικὴ στάσις, *hē te despotikē stasis*] tem destruído tantos lares [οἴκους, *oikous*], quantos o tem feito o mau caráter dos escravos [ἡ κακοδουλία, *hē kakodoulia*].

O contexto indica que o plural "patrões" (δεσποτῶν, *despotōn*) refere-se ao marido *e* à mulher, vistos juntamente como a chefia da casa. Essa reflexão sobre as relações adequadas na família também reflete a expressão social ampla do assim chamado "código de deveres familiares", que aparece nos últimos escritos paulinistas (ver abaixo).

Sabemos menos sobre as determinações legais concernentes aos direitos ou poderes do "chefe da família" entre os provincianos de língua grega durante o Império Romano. Na maioria dos casos, podemos pensar que os costumes locais da organização e da administração familiar persistiram. A família grega, desde os tempos clássicos até os helenísticos, era, como a romana, decididamente patriarcal.[41] Com efeito, havia até maior separação entre homens e mulheres na casa grega tradicional, onde havia um *andron* (incluindo sala de jantar) para os homens e o *gynaikon* para as mulheres.[42] Além disso, o mais típico era as mulheres serem mantidas sob o cuidado de um guardião, que podia ser o pai, o marido ou um filho adulto; à diferença dos romanos, as mulheres originalmente não herdavam propriedade para administrar por própria conta. Por outro lado, nas cidades gregas, as mulheres das famílias dirigentes geralmente ocupavam altos cargos cívicos, como a direção do *prytaneion* (magistrado principal), em Éfeso, ou o sacerdócio do culto imperial, em Pérgamo ou Acmonéia.

Parece que a lei romana tinha certo efeito sobre algumas dessas práticas por uma sutil acomodação aos modelos romanos. Dois fatores podem ter contri-

---

[41] W. K. Lacey, *The Family in Classical Greece* (Ithaca, N.I.: Cornell University Press, 1968), p. 21-25; Sarah Pomeroy, *Families in Classical and Hellenistic Greece: Representations and Realities* (Oxford: Clarendon, 1997), p. 22-23.
[42] Pomeroy, *Families*, p. 29-33.

buído: a presença das *coloniae* ("colônias") romanas na Grécia e na Anatólia, e a eleição de aristocratas provincianos das maiores cidades gregas para o senado romano. Há uma considerável pesquisa sobre os senadores gregos e sua função no início e no meio do Império. Para o estudo atual, bastará notar que muitos provincianos gregos aspirantes assumiam nomes de família de estilo romano (o *trinomen*) e seguiam o costumeiro *cursus honorum* ("curso de honras", isto é, os ofícios da carreira pública) de um aristocrata romano. Isso sugere, pois, que eles iriam agir dentro da família de modo muito semelhante ao de um tradicional *pater familias* e ao de um *patronus* romano.[43]

Três colônias, em particular, devem ser mencionadas em relação à carreira de Paulo: Corinto, Filipos e Antioquia da Pisídia. Todas as três foram refundadas como colônias, sob Júlio César ou Augusto; como tais, possuíam o *status* legal de cidades romanas.[44] Suas estruturas administrativas combinavam ofícios cívicos tipicamente italianos (como *duoviri* e *aediles*) com os ofícios gregos (*agnothete* e *strategos*).[45] Uma elevada proporção de inscrições de Corinto, Filipos e Antioquia é em latim, especialmente as do período mais antigo; parece que essas *coloniae* tornaram-se mais gregas na linguagem e na cultura com o passar do tempo.[46] Nessa linha, devemos esperar que as estruturas familiares tradicionais em torno do *pater familias* também estariam presentes aí.

Os patronos das igrejas domésticas paulinas: pater *e* mater familias

Como mais geralmente na literatura grega, a expressão latina *pater familias* não ocorre nas cartas de Paulo. Não obstante, o lugar social do "pai," e em alguns casos da "mãe" de família, é manifestado na organização social das igrejas paulinas. Fazia parte da estratégia missionária de Paulo que ele organizasse suas comunidades em torno de casas de família do lugar.[47] Suas cartas são regularmente endereçadas a "Fulano e à igreja em sua casa".[48] Parece que havia múltiplas célu-

---

[43] Para estudos de alguns casos com bibliografia substancial, ver L. M. WHITE, "Counting the Costs of Nobility: The Social Economy of Roman Pergamon", em *Pergamon, Citadel of the Gods*, ed. por H. Koester, HTS 46 (Harrisburg, Pa.: Trinity Press International, 1998), p. 331-72.

[44] Sobre o *status* cívico e as estruturas administrativas, ver Barbara LEVICK, *Roman Colonies in Southern Asia Minor* (Oxford: Clarendon, 1967), p. 29-40 e 68-91. Chaido KOUKOULI-CHRYSANTAKI, "Colonia Iulia Augusta Philippensis", em *Philippi at the Time of Paul and after his Death* (ed. Charalambos Bakirtzis e Helmut Koester; Harrisburg, Pa.: Trinity Press International, 1998), p. 5-27; David ROMANO, "A Tale of Two Cities: Roman Colonies at Corinth", em *Romanization and the City: Creations, Transformations, and Failures* (ed. Elizabeth Fentress; Journal of Roman Archaeology Supplements 38; Portsmouth: Journal of Roman Archaeology, 2000), p. 83-104.

[45] *Inscr. Corinth* VIII.2.67, 68, 80, 81; VIII.1.66, 76, 80. Nas duas últimas, parece que o grego *stratēgon pentaetērikon* seja o equivalente do latim *duovir quinquennalis*.

[46] LEVICK, *Roman Colonies*, p. 130-44.

[47] A literatura secundária sobre a "igreja doméstica" é agora bastante extensa. Ver entre outros: Wayne A. MEEKS, The First Urban Christians: The Social World of the Apostle Paul (*The Social World of the Apostle Paul* (New Haven: Yale University Press, 1983), 74-90; Abraham J. MALHERBE, *Social Aspects of Early Christianity* (Filadélfia: Fortress Press, 1983), 60-91; Richard S. ASCOUGH, [What Are They Saying about] *The Formation of Pauline Churches?* (Nova York: Paulist Press, 1998), 5-9; David L. BALCH e Carolyn OSIEK, *Families in the New Testament World: Households and Housechurches* (Louisville: Westminster John Knox, 1997), 91-102; Hans-Josef KLAUCK, *Hausgemeinde und Hauskirche im frühen Christentum* (Stuttgart: Katholisches Bibelwerk, 1981), 30-40; e WHITE, *Social Origins of Christian Architecture*, 1:11-25, 102-23.

[48] Rm 16,5/ 1Cor16,19/ Fm 2/ cf. Cl 4,15.

las de igrejas domésticas nas cidades maiores. Na grande Corinto, por exemplo, pode ter havido até seis durante o tempo em que Paulo lá esteve; eram dirigidas por homens (Crispo, Gaio e Estéfanas), duas por mulheres (Cloé, Febe) e uma por um casal (Prisca e Áquila), na qual a mulher é mencionada primeiro.[49] Do mesmo modo, a carta aos Romanos parece conter saudações a oito diferentes células de igrejas domésticas.[50]

Os pontos de contato mais diretos com a função do *pater famlias* são os patronos das igrejas domésticas paulinas, tanto homens como mulheres. Paulo e seus colaboradores regularmente moravam nas casas dos patronos das igrejas domésticas enquanto visitavam cada cidade.[51] Conseqüentemente, a hospitalidade e o patronato eram virtudes importantes na dinâmica social da vida da comunidade (cf. Rm 12,13b); o jantar em comum para a refeição eucarística ou "ceia do Senhor" (κυριακὸν δεῖπνον, *kyriakon deipnon*, 1Cor 11,20) era também oferecido por eles.[52] Parece também que Paulo costumava batizar apenas o chefe da casa, o qual por sua vez batizava o resto do grupo.[53] Essa prática estaria em consonância com a prerrogativa do *pater/mater familias* sobre o resto dos membros da casa.

Especialmente notável é o aparecimento de numerosas mulheres patronas de igrejas domésticas na esfera missionária de Paulo no Egeu. Devem ser pessoas de meios independentes que administravam suas próprias casas como *mater familias*. Além de Febe, Cloé e Prisca, há referências implícitas a Evódia e Síntique, em Filipos (Fl 4,1-2), e uma explícita a Ninfas, em Laodicéia (Cl 4,15, se é genuína).[54] Na lista de Rm 16,5-16, há várias outras mulheres que são mencionadas com destaque por suas "fadigas" (ἐκοπίασεν/*ekopiasen*, κοπιώσας/*kopiōsas*) em favor das igrejas (Maria, 16,6; Trifena e Trifosa, 16,12), como também um "renomado" casal apostólico, Andrônico e Júnia (16,7). Embora não haja certeza de que essas sejam mulheres patronas de igrejas domésticas (como Febe claramente o era para a comunidade de Cencréia – Rm 16,1-2), isso é pelo menos possível, porque Paulo regularmente usa termos associados com trabalho, obra e luta para valorizar os esforços de seus patronos, os líderes das igrejas domésticas.[55]

---

[49] As respectivas referências são: 1Cor 1,14 (Crispo e Gaio); Rm 16,23 (Gaio); 1Cor 16,15 (Estéfanas; cf. 1,16); 1Cor 1,11 ("casa" de Cloé); Rm 16,1-2 (Febe); 1Cor 16,19 (Prisca e Áquila; cf. Rm 16,5; At 18,1-3).

[50] Rm 16,5-16.

[51] Rm 16,23; Fm 22; Rm 16,1-2.

[52] Cf. Meeks, *First Urban Christians*, 60-67; Malherbe, *Social Aspects*, 92-112; Osiek e Balch, *Families in the New Testament World*, p. 206-14.

[53] Esta é uma inferência tirada de 1Cor 1,14-17, *contra* o quadro apresentado em At (p. ex., 16,15.33, etc); ver também abaixo, n. 65.

[54] Sobre a verossimilhança de que Evódia e Síntique eram patronas de igrejas domésticas que tiveram algum desacordo sobre Paulo, ver L. M. White, "Morality between Two Worlds: A Paradigm of Friendship in Philippians", em *Greeks, Romans, and Christians: Studies in Honor of Abraham J. Malherbe* (ed. por David L. Balch, Everett Ferguson e Wayne A. Meeks; Filadélfia: Fortress Press, 1990), p. 214; Nils A. Dahl, "Eoudia and Syntyche and Paul's Letter to the Philippians", em *The Social World of the First Christians: Essays in Honor of Wayne A. Meeks* (ed. por L. M. White e O. L. Yarbrough; Minneapolis: Fortress Press, 1995), p. 3-15.

[55] Elisabeth Schüssler Fiorenza, *In Memory of Her: A Feminist Theological Reconstruction of Christian Origins* (Nova York: Crossroad, 1983), p. 181-82.

Assim podemos comparar com 1Ts 5,12, em que a exortação a ter consideração por "aqueles que se afadigam no meio de vós" (εἰδέναι τοὺς κοπιῶντας ἐν ὑμῖν, *eidenai tous kopiōntas en hymin*) é completada pelas descrições adicionais "que vos *governam* e vos aconselham no Senhor" (καὶ προϊσταμένους ὑμῶν ἐν κυρίῳ καὶ νουθετοῦντας ὑμᾶς, *kai proïstamenous hymōn en kyriō kai nouthetountas*). O verbo προϊστημι (*proïstōmi*) aqui também é digno de nota porque pode significar "estar à frente" ou "presidir", e encontra-se especialmente na voz média na qual significa "tomar como chefe ou guardião". O termo "patrona" (προστάτις, *prostatis*) encontrado em referência a Febe, chefe da igreja doméstica de Cencréia (Rm 16,2), é um derivado do mesmo verbo. Devemos, pois, pensar na referência de 1Ts 5,12 como alusão aos "presidentes e patronos" das igrejas domésticas, ou seja, o *pater* ou *mater familias*, que eram donos da casa e a abriam para hospedar as igrejas.[56] Não há indicação alguma aqui de resistência à sua liderança; essa exortação é um lugar comum retórico que reafirma as expectativas sociais tradicionais de um certo comportamento para com o *pater/mater familias* que oferece hospitalidade em sua casa.[57] Paulo, seguindo de novo a convenção social, regularmente usa uma linguagem de referência ao laborioso serviço deles como meio de reconhecimento e honra para com eles.[58]

Paulo como cliente

Paulo também confiava nesses patronos de igrejas domésticas para o apoio financeiro às suas atividades missionárias, especialmente quando viajava para novos destinos. A embaixada de Febe nas igrejas de Roma deve ser vista nesta linha, pois Paulo se preparava para concluir sua missão no Egeu e passar para um outro território, a Espanha.[59] Parece estar confiante nos mesmos padrões de apoio financeiro que ele desenvolvera entre as igrejas domésticas do Egeu. Sua confiança nesse apoio financeiro pode ser vista melhor nessa "nota de agradecimento" de Fl 4,10-20. Aí Paulo usa a linguagem da "parceria" (κοινωνία, *koinōnia*;

---

[56] O sentido de "presidir" aqui não implica um ofício hierárquico de ancião ou de bispo; isto é um desenvolvimento posterior que se vê nas Epístolas Pastorais (ver abaixo). Ao invés, aqui é uma designação funcional para servir no seio da comunidade; assim Abraham J. MALHERBE, *The Letters to the Thessalonians* (AB 32B; Nova York: Doubleday, 2000), p. 311-13. Malherbe em outro lugar (*Paul and the Thessalonians* [Minneapolis: Fortress Press, 1987], 15) sugere que esta poderia ser provavelmente uma pessoa de certos recursos, como Jasão em Atos 17,6. 9, que pagou a fiança e hospedou a comunidade em sua casa. Comparar também Rm 12,8, em que προϊστάμενος (*proïstamenos*) aparece no contexto de outros serviços financeiros(μεταδιδούς, *metadidous*; ἐλεῶν, *eleōn*) à comunidade, enumerados entre a hierarquia dos dons carismáticos.

[57] Robert JEWETT (*The Thessalonian Correspondence: Pauline Rhetoric and Millenarian Piety* [Filadélfia: Fortress Press, 1986], p. 103) sustenta mais explicitamente que esses líderes são "patronos e patronas de igrejas domésticas", com base no perfil social de outras comunidades, mas ele vê na exortação de 5,12 indício de resistência à sua liderança.

[58] A imagem de um patrono ou benfeitor generoso "até não poder mais" é, de fato, um lugar comum em inscrições que honram os benfeitores. Frederick DANKER corretamente o identifica como o motivo do benfeitor comprometido" (*Benefactor: Epigraphic Study of a Graeco-Roman and New Testament Semantic Field* [St. Louis: Clayton, 1982], p. 417-35).

[59] Robert JEWETT, "Paul, Phoebe, and the Spanish Mission", em *The Social World of Formative Christianity and Judaism: Essays in Tribute to Howard Clark Kee* (ed. por Jacob Neusner et al.;Filadélfia: Fortress Press, 1982), p. 142-61.

κοινωνέω, *koinōneō*)⁶⁰ para referir-se explicitamente às combinações financeiras entre ele e a comunidade de Filipos (esp. 4,15: ἐκοινώνησεν εἰς λόγον δόσεως καὶ λάμψεως, *ekoinōnēsen eis logon doseōs kai lampseōs*, "fez parceria para uma conta de dar e receber"). Essa linguagem de parceria ou partilha está intimamente ligada a dois outros *topoi* retóricos nos ideais culturais daquele tempo. Primeiro, encontra-se na linguagem do contrato legal em referência à gestão de negócios.⁶¹ Segundo, está estreitamente conexa com os ideais de amizade na cultura grega, mas podia implicar também relações patronais.⁶² Especialmente esse último contexto semântico coloca essa terminologia na matriz social das atividades do *pater/mater familias*. Ainda que Paulo exprima sua "parceria financeira" como uma relação com a igreja de Filipos, devemos supor que o grosso dos fundos provinha do(s) patrono(s) da igreja doméstica.

A dependência financeira de Paulo coloca-se também numa posição difícil em relação ao poder de tais patronos. Pode ser por essa razão que ele às vezes recusou aceitar apoio financeiro, como no caso de pelo menos algumas das igrejas de Corinto (2Cor 11,7-10). Mesmo assim, foi demonstrado de modo convincente por Peter Marshall que essa recusa também criava tensões, e até mesmo inimizade, com patronos de igrejas domésticas que esperavam oferecer tal ajuda e receber a honra correspondente.⁶³ Aceitar apoio financeiro, ou mesmo hospitalidade, colocava Paulo na posição de dependente do patrono; as convenções sociais associadas com tal relação requeriam respeito obsequioso por parte do cliente. Tanto em Filipos como em Corinto, onde o clima social e administrativo era até mais fortemente influenciado pelos modelos romanos do *pater familias*, essas convenções dificilmente podiam ser ignoradas.⁶⁴

Contrariando os poderes de um pater familias

Talvez o caso mais claro no qual o fato de depender de um patrono de igreja doméstica criou uma situação delicada para Paulo acontece no seu trato com Filêmon sobre a questão do escravo Onésimo. Pelo fato de Paulo parecer intervir nos poderes de um *pater familias* na questão de um escravo da casa, o incidente é particularmente instrutivo. A situação da carta a Filêmon é geralmente bem conhecida, embora alguns detalhes importantes permaneçam obscuros. Filêmon era o patrono de uma igreja doméstica (Fm 2) que oferecia hospitalidade a Paulo

---

⁶⁰ Esses termos paulinos densos podem também ser traduzidos por "comunhão" ou "partilha," mas as implicações financeiras e patronais dos termos são muitas vezes preteridas.

⁶¹ Ver J. Paul Sampley, *Pauline Partnership in Christ: Christian Community and Commitment in the Light of Roman Law* (Filadélfia: Fortress Press, 1980), p. 11-20, 51-77.

⁶² Ver a análise em White, "Morality beteween Two Worlds", p. 210-15; cf. Ken L. Berry, "The Function of Friendship Language in Philippians 4:10-20", em *Friendship, Flattery, and Frankness of Speech: Studies on Friendship in the New Testament World* (ed. por J. T. Fitzgerald; Leiden: E. J. Brill, 1996), p. 107-24; John T. Fitzgerald, "Philippians in the Light of Some Ancient Discussions of Friendship", em id., p. 141-60.

⁶³ Peter Marshall, *Enmity in Corinth: Social Conventions in Paul's Relations with the Corinthians* (WUNT 2.23; Tübingen: Mohr-Siebeck, 1987), p. 130-64.

⁶⁴ Sobre a importância da estrutura colonial romana para se entender os elementos patronais na situação de Corinto, ver John K. Chow, *Patronage and Power: A Study of Social Networks in Corinth* (JSNTSup 75; Sheffield, Inglaterra: JSOT Press, 1992), p. 38-81.

quando este vinha em visita (v. 22). Parece que o próprio Paulo batizou Filêmon (v. 19), e estabeleceu o núcleo em torno da casa de Filêmon (v. 2, supondo que Ápia e Árquipo sejam respectivamente sua mulher e seu filho).

Entre os membros da família de Filêmon estava também o escravo Onésimo, que não tinha sido batizado. A ocasião para a carta surgiu depois que Onésimo foi enviado a Paulo enquanto este estava preso em Éfeso, talvez com um presente financeiramente dado por Filêmon.[65] Enquanto lá estava, Paulo também batizou Onésimo (v. 10). Paulo claramente queria conservar Onésimo consigo, mas não ousava fazê-lo sem a permissão do dono do escravo.[66] A carta então foi escrita como uma recomendação para a volta de Onésimo, e nela Paulo faz um apelo para que Onésimo seja bem recebido, "não mais como escravo, mas bem melhor do que como escravo, como irmão amado: muitíssimo para mim e tanto mais para ti, segundo a carne e segundo o Senhor" (v. 16). A maioria dos comentadores pensa que isto significa que Paulo estava pedindo para Filêmon alforriar Onésimo, porque a manumissão era uma expectativa institucional para muitos escravos no mundo romano, mas isto permanece obscuro.[67]

O que permanece largamente inobservado na maioria dos estudos da carta é o modo como Paulo convida Filêmon a receber de volta Onésimo na casa, qual seja, com uma espécie de novo *status*. Mesmo sendo amigo, dificilmente Paulo poderia dar ordens a um *pater familias* em tal assunto, muito menos como um dependente e menos ainda se Filêmon foi de alguma forma "defraudado" (v. 18) pelas ações de Onésimo ou de Paulo. Mas esta é a implicação do pedido de Paulo: "põe isso na minha conta" (τοῦτο ἐμοὶ ἐλλόγα, *touto emoi elloga*), a saber, que

---

[65] Em favor dessa leitura e contra as interpretações tradicionais que fazem de Onésimo um escravo fugitivo, ver especialmente John Knox, *Philemon among the Letters of Paul* (Nashville: Abingdon, 1959), passim; Sara C. Winter, "Methodological Observations on a New Interpretation of Paul's Letter to Philemon", *USQR* 39 (1984): p. 203-12; idem, "Paul's Letter to Philemon", *NTS* 33 (1987): p. 1-15; S. Scott Bartchy, "Philemon, Epistle to", *ABD* 5: p. 305-10; Peter Lampe, "Kein 'Sklavenflucht' des Onesimus", *ZNW* 76 (1985): 135-37; Osiek e Balch, *Families in the New Testament World*, p. 175-78. Não me convence, porém, a teoria de Winter, segundo a qual Paulo queria que Onésimo trabalhasse com ele como ministro por causa de seus dons oratórios. Paulo também usa regularmente *diakonia* para referir-se aos serviços de um patrono, e esta me parece ser a implicação de Fm 13: ἵνα ὑπὲρ σοῦ μοι διακονῇ, *hina hyper sou moi diakonē* ("para me servir em teu nome"). Winter também sustenta que Onésimo foi delegado pela igreja para ir até Paulo na prisão; todavia, isso fosse verdade, suporíamos que o v. 13 (com o singular "tu"; comparar vv. 2. 5-6) sugere que o próprio Filêmon é o verdadeiro mandante. Assim, pode ser que Filêmon tenha decidido ajudar Paulo na prisão e mandou-lhe seu escravo doméstico para exercer o ofício. Sobre isso podemos comparar a situação de Epafrodito (que é chamado ἀπόστολον καὶ λειτουργόν [*apostolon kai leitourgon* – "apóstolo e ministro para a minha necessidade" na prisão]) em nome da igreja de Filipos (Fl 2,25-30, esp. V. 25). A interpretação de Lampe (seguida por Bartcy, Osiek e Balch) é diferente, na medida em que sugere que Onésimo entrou em choque com Filêmon, em casa, e procurou Paulo para intervir em seu favor. O problema dessa interpretação é que Filêmon evidentemente sofreu algum "prejuízo" por causa de Onésimo (v. 18). Embora haja testemunhos de escravos que procuram uma terceira pessoa para mediar situações (como mostra Lampe), é difícil ver como isso se enquadraria tão facilmente na ocasião da viagem de Onésimo a Éfeso, em nome de Filêmon.

[66] Assim, notem-se especialmente os vv. 13-14: "[Onésimo] que eu queria conservar comigo para que, em teu nome, ele me servisse em minha prisão por causa do evangelho, mas nada quis fazer sem teu consentimento..." (tradução minha). É possível que a linguagem forte de Paulo aqui implique que ele queria conservar Onésimo como seu servo pessoal; cf. Osiek e Balch, *Families in the New Testament World*, p. 177.

[67] Ver J. Albert Harrill, *The Manumission of Slaves in Early Christianity* (HUT 32; Tübingen: Mohr-Siebeck, 1995), 2-3, 127; Bartchy, "Philemon", p. 309.

Paulo aceitou apoio financeiro de Filêmon, especialmente quando na prisão.[68] Agora, com efeito, ele diz: "Anota a questão de Onésimo junto com o que me darias como teu cliente". A seguir, Paulo emprega uma linguagem semelhante de patronato, referindo-se à sua relação espiritual com Filêmon (vv. 18-19) como uma manobra para provar que ele lhe deve este favor. Isso é um esforço retórico que se apóia precisamente nas noções implícitas e aceitas do patronato e do *status* do *pater familias* para funcionar. Chamando Filêmon a prestar contas àquele que o batizou, Paulo estava pleiteando direitos que aumentavam pelo fato de ser o "patrono espiritual" de Filêmon. Isso também tinha o efeito de colocar Filêmon e Onésimo numa posição mais igual, porque Paulo tinha batizado pessoalmente a ambos. É também significativo, portanto, que Paulo use a linguagem de "geração" (v. 10) em referência ao fato de ter batizado Onésimo. Agora Paulo tornou-se patrono, se não *pater familias*, tanto de Onésimo como de Filêmon.

Paulo como pater famlias *e patrono espiritual*

Paulo parece usar igualmente a linguagem do patronato e a do *pater familias* para falar de si mesmo de um modo seletivo, referindo-se à sua relação especial com seus convertidos gentios (cf. 1Ts 2,7.9.11). Como no caso da carta a Filêmon, isso ocorre muitas vezes em passagens carregadas de retórica. Uma delas é 1Cor 4,14-21, na qual Paulo exprime uma severa repreensão, como se falasse a filhos teimosos: "Não vos escrevo tais coisas para vos envergonhar, mas para vos admoestar como a filhos bem-amados" (v. 14). No v. 15, ele até contrasta sua função como pai deles "pelo evangelho" (isto é, convertendo-os) com o dos "guias" ordinários (παιδαγωγούς, *paidagōgous*, literalmente o escravo da casa que tutorava os filhos do patrão). Depois, exorta-os a imitá-lo (v. 16), e delega Timóteo, seu "filho fiel" (v. 17), para lhes mostrar o caminho apropriado. Finalmente, adverte contra a arrogância ou recalcitrância da parte deles, ameaçando-os com a *patria potestas*, quer dizer, sua presença e "poder" apostólicos (v. 20), e assim ele conclui (v. 21) com as prerrogativas do *pater familias*: "Que preferis? Que eu vos visite com vara ou com amor e em espírito de mansidão?".

Um outro exemplo está em Gl 4,11-20; mais uma vez Paulo está fazendo uma repreensão, mas o caso é mais sério, porque seus convertidos estão ameaçando abandonar o "evangelho" de Paulo. Encontramos termos-chave que se ajuntam em torno das "fadigas" de Paulo por causa deles (v. 11), amizade ("inimizade," v. 16), imitação (v. 12), e sua "presença" apostólica (v. 20). A censura atinge seu ápice retórico com a explosão exasperada de Paulo: "Meus filhinhos, por quem

---

[68] A famosa afirmação "estou te devendo" no v. 19 faz parte desse trato. A relação financeira entre Filêmon e Paulo é também a implicação da linguagem de "parceria" no v. 17, em que ele pede para Onésimo ser bem recebido de volta hospitaleiramente. Aqui discordo de Bartchy ("Philemon", 308-9), que supõe que Paulo já era reconhecido como "patrono" de Filêmon desde o início, porque o havia batizado. De fato, parece-me que essa iniciativa por parte de Paulo é a peculiaridade retórica central da carta.

sofro de novo as dores do parto⁶⁹ até que Cristo seja formado em vós!" (v. 19). O uso da imagem da geração, de novo, refere-se a seus esforços para convertê-los, assim como em Fm 10. Ainda aqui, Paulo está também acusando-os de voltar as costas para seu patronato espiritual.⁷⁰

O "patronato espiritual" de Paulo pode também ser posto em relação com o uso que faz da linguagem de "pai" em referência a Deus. Paulo regularmente chama a Deus de "pai", como nas suas saudações epistolares. Nem todas elas empregam explicitamente as imagens ou as convenções sociais do *pater familias* romano, mas algumas sim. Uma delas é Gl 4,1-9, em que Paulo usa o modelo de adoção para aprofundar a condição dos que estão "em Cristo". A passagem começa (vv. 1-2), como notamos antes, com uma linguagem muito tradicional das relações da família romana chefiada pelo pai. Depois, o novo *status* de herdeiros por adoção é afirmado pelo "Espírito", que permite à pessoa chamar Deus de "Abba, Pai!" (vv. 6-7). Rm 8,14-17 emprega uma formulação muito semelhante ao falar da função do Espírito na adoção, como herdeiros que recebem a capacidade de chamar Deus de "Abba, Pai!"

Mas se Deus é agora o *pater familias* e os convertidos são seus filhos adotivos, qual a função de Paulo? O uso que Paulo faz de tais metáforas para suas reflexões teológicas nem sempre é coerente; é digno de nota que às vezes ele opta pela linguagem da mãe ou do nascimento para seu papel na conversão (como em Gl 4,19, em contraste com 1Cor 4,14-21 e 1Ts 2,11). Assim ele se torna, em certo sentido, um intermediário ou funcionário em relação à "paternidade" de Deus. Notável nessas passagens é o lugar proeminente do "Espírito" como dom recebido de Deus no batismo, como sinal de adoção (Gl 4,6). Gl 3,1-5 pode ser considerado como sugestão de que Paulo se considerava como alguém que concedia o Espírito por seu papel de pregar e converter.⁷¹ Tomados juntos, esses elementos indicam que Paulo se declara como benfeitor (ou "intermediário" de Deus, como *pater familias*) da recepção do Espírito por eles mediante sua apresentação do evangelho.⁷²

---

⁶⁹ Para outras interpretações da imagem do dar à luz aqui, ver J. Louis Martyn, *Galatians* (AB 33A; Nova York: Anchor/Doubleday, 1997), p. 430-31; cf. Beverly Roberts Gaventa, "The Maternity of Paul: An Exegetical Study of Gal 4:19", em *The Conversation Continues: Studies in Paul and John in Honor of J. Louis Martyn* (ed. por R. T. Fortna e B. R. Gaventa; Nashville: Abingdon Press, 1991), p. 189-201.

⁷⁰ Hans Dieter Betz (*Galatians* [Hermeneia; Filadélfia: Fortress Press, 1979], p. 236-37) considera a passagem como artifício retórico sem muita relevância tanto para as concepções teológicas de Paulo como para a situação real da carta. Para essa leitura da passagem, ver L. M. White, "Rhetoric and Reality in Galatians: Framing the Social Demands of Friendship", em *Early Christianity and Classical Culture: Comparative Studies in Honor of Abraham J. Malherbe* (ed. por J. T. Fitzgerald, T. H. Olbricht e L. M. White; NovTSup 110;. Leiden: E. J. Brill, 2003), p. 307-49.

⁷¹ A maioria dos comentadores interpreta isto como uma referência a Deus como "aquele que concede o Espírito"; assim Betz, *Galatians*, 135; Martyn, *Galatians*, p. 285-86. Paulo certamente diria que Deus é a fonte última (assim Gl 4,6; cf. 2Cor 5,5). Mas o paralelismo com Gl 3,2 em referência à "recepção" do Espírito por parte deles e o paralelismo com as construções participiais de Gl 1,6 e 5,8, em que claramente Paulo está se referindo a si mesmo como o agente ativo que os "chamou" para Deus, oferecem a possibilidade de ler Gl 3,5 como uma referência à função de Paulo no conferir o Espírito. Ver a análise em White, "Rhetoric and Reality in Galatians," 332-36.

⁷² A respeito de "conceder" (ἐπιχορηγεῖν, *epichorēgein*) como linguagem de beneficência, ver Frederic W. Danker, *Benefactor: Epigraphic Study of a Graeco-Roman and New Testament Semantic Field* (St. Louis: Clayton,

Administrar a casa: Paulo sobre a sexualidade

O conselho de Paulo sobre o matrimônio e a sexualidade em 1Cor 7 também entra no domínio tradicional do *pater familias*. A passagem-chave é 1Cor 7,2-6. O contexto para essa reflexão é um interesse da parte de pelo menos alguns dos cristãos coríntios no ascetismo sexual; de fato, o apelo ao ascetismo como um modo superior de vida parece provir do próprio Paulo.[73] Mesmo assim, isto reflete uma visão da sexualidade amplamente conhecida nos antigos círculos filosóficos e médicos.[74] Nos contextos judaicos, Filo já havia adotado idéias semelhantes.[75] Esses debates tendem tipicamente a assumir a perspectiva masculina com relação a questões do controle sexual exigido e dos benefícios derivados para a saúde. Assim também, a sentença de abertura que Paulo repete em 1Cor 7,1 ("É bom ao homem não tocar em mulher") vem dessa perspectiva masculina dominante.

Diante dessa visão, no entanto, parece surpreendente, a princípio, que Paulo dê um tal equilíbrio com respeito aos direitos da mulher no tocante à sexualidade marital. Tem sido afirmado, por exemplo, que o grau de reciprocidade e paralelismo afirmado por Paulo em 1Cor 7,3-5 marca um significativo distanciamento dos direitos patriarcais do *pater familias* no mundo antigo.[76] Mas, de fato, havia argumentos semelhantes para a "mutualidade" sexual no matrimônio, especialmente entre os estóicos. O estóico romano Musônio Rufo aconselhava:

> Pois um esposo... e uma esposa devem estar juntos um com o outro, por um lado, de modo que levem uma vida um com o outro, e, por outro lado, de modo que juntos procriem filhos, e ademais considerem todas as coisas em comum e [considerem] nada como exclusivamente seu, nem mesmo seus próprios corpos.[77]

1982), p. 331; sobre a expressão "aquele que vos chamou" (τοῦ καλεσάντος ἡμᾶς, *tou kalesantos hēmas*) como referência a um benfeitor, ver id., 452. Ainda que Paulo considere Deus como fonte última desses benefícios, isso ainda coloca Paulo numa posição de conceder beneficência. O estudo recente de Stepham Joubert, *Paul as Benefactor: Reciprocity, Strategy, and Theological Reflection in Paul's Collection* (WUNT 2.124; Tübingen: Mohr-Siebeck, 2000), deve ser mencionado aqui, porque ele também vê Paulo usando a ideologia e a linguagem da beneficência, especialmente ao formular idéias sobre a coleta para Jerusalém. Joubert, porém, distingue entre os "sistemas" de patronato e beneficência baseado em suas relações, hierárquicas *versus* recíprocas, respectivamente. Afirma também que o patronato romano não era tão operativo no Oriente grego (65). Coerente com essa distinção, pensa que Paulo usa a linguagem da beneficência, não a do patronato, mas sua citação de testemunhos de colônias romanas como Corinto é por demais limitada. Para uma visão alternativa, ver White, "Rhetoric and Reality in Galatians", p. 336, n. 108.

[73] Então, a sentença de 7,1 pode depender de suas instruções anteriores sobre o assunto, para as quais eles estão agora buscando esclarecimentos. A opinião pessoal de Paulo de que a vida celibatária e ascética é melhor está claramente afirmada em 7,7.9. Para a situação em Corinto e sua relação com antigas noções de sexualidade, ver Dale Martin, *The Corinthian Body* (New Haven: Yale University Press, 1995), p. 200-212.

[74] Para uma boa introdução sobre essa antiga discussão médica, ver Osiek e Balch, *Families in the New Testament World*, p. 103-11; ver também Martha Nussbaum, *The Therapy of Desire: Theory and Practice in Hellenistic Ethics* (Princeton: Princeton University Press, 1994), passim; e Teresa Shaw, *The Burden of the Flesh: Fasting and Sexuality in Early Christianity* (Minneapolis: Fortress Press, 1998), p. 27-77.

[75] Assim David Balch, "Backgrounds of I Cor VII: Sayings of the Lord in Q, Moses as Ascetic *Theios Aner* in II Cor III", *NTS* 18 (1971/72): p. 351-64.

[76] Robin Scroggs, "Paul and the Eschatological Woman", *JAAR* 40 (1972): p. 283-303; cf. Schüssler Fiorenza, *In Memory of Her*, p. 224.

[77] Musônio Rufo, *Dis.* 13A (ed. Hense, 67.6-68.1), tradução minha.

Musônio reflete um tema persistente entre os filósofos moralistas da época a respeito dos ideais da administração da casa.[78] Eles derivam da concepção básica da família como um microcosmo do Estado. Conseqüentemente, com freqüência censuram os excessos e os abusos no exercício da *patria potestas* no tratamento dos escravos (por ex., raiva e brutalidade). Eles também defendiam um tipo de reciprocidade no matrimônio que muitas vezes ia de encontro aos costumes sexuais tradicionais. Nesse caso, Musônio propugna uma mutualidade marital construída sobre o ideal da amizade, como se vê no seu adaptativo uso da sentença "ter todas as coisas em comum (κοινά, *koina*)", que provém da definição grega tradicional de amizade. Como notamos acima, a linguagem da amizade figura de modo proeminente em outros aspectos do trato de Paulo com os patronos de suas igrejas domésticas. Esses ideais morais estóicos estavam também amplamente disseminados pelo antigo império.[79] Em última análise, pois, quando Paulo proclama limites éticos aos tradicionais poderes do *pater familias* em questões sexuais, ele não assume posição inteiramente inusitada segundo os padrões morais do seu tempo. Aqui, como alhures, Paulo se enquadra bem dentro da esfera do conselho dos moralistas contemporâneos, que visavam melhorar a vida do povo, embora com algumas diferenças quanto às bases teológicas desse conselho.

PARTE III. OUTROS TEXTOS RELEVANTES NA LITERATURA PAULINA E PAULINISTA

De muitos modos, Paulo está numa posição ambígua em relação aos poderes tradicionais do *pater familias*. Adota muitas das idéias críticas dos moralistas da sua época, mas ao mesmo tempo raramente desafia a estrutura familiar tradicional de maneira patente. Pode-se pensar, porém, que de certa forma esse aspecto mais conservador do pensamento paulino serviu de fato para elevar e proteger a posição social das mulheres, especialmente das patronas de igrejas domésticas, que eram tão centrais para suas atividades missionárias em torno do Egeu. Por outro lado, quando observamos a literatura da tradição paulinista posterior, percebe-se uma guinada ainda mais tradicional e conservadora no tocante à função e ao poder exclusivamente patriarcais do *pater familias*, como chefe da família e como chefe da igreja.

Deus como Pai

Além das fórmulas de saudação (cf. Rm 1,7; 1Cor 1,3; 2Cor 1,2; Gl 1,3-4. Fl 1,2; 1Ts 1,1: Fm 3), o uso ocorre esporadicamente.[80] Encontra-se com freqüência nas fórmulas doxológicas (1Cor 8,6; 2Cor 1,3; Fl 2,11; 4,20) ou de bênção

---

[78] Ver n. 8 acima.
[79] Comparar PLUTARCO, *Amatorius* (Mor. 750D-771C); cf. OSIEK e BALCH, *Families in the New Testament World*, p. 115.
[80] Não ocorre nas fórmulas de conclusão de nenhuma das cartas genuínas.

(Rm 15,6; 1Ts 3,11), mas também na descrição apocalíptica de 1Cor 15,24. O outro uso distintivo em Paulo é em referência à morte/ressurreição de Jesus (Rm 6,4), que pode antecipar seu uso simbólico da Aquedá (ou "amarração de Isaac") em Rm 8,32.

No contexto de adoção, ver Rm 8,12-17 e Gl 4,1-5 (ver anteriormente).

Essas idéias são ampliadas e sistematizadas na tradição paulinista. Conferir Ef 3,14-19. Um dos temas recorrentes das Pastorais é a imagem da igreja como "casa de Deus" (οἶκος τοῦ θεοῦ, *oikos tou theou*), e o modelo de governo pelo *pater familias* é central nessa imagem.[81] O bispo chega a ser chamado de "ecônomo da casa de Deus" (Tt 1,7: θεοῦ οἰκονόμον, *theou oikonomon*), usando a designação costumeira para o principal escravo do *pater familias* numa casa greco-romana.

Paulo como Pai/Mãe

1Ts 2,11 (comparar com 1Ts 2,7, "como uma mãe que acaricia").[82]

1Cor 4,14-21; Gl 4,19 (estudado acima). Ver também Fl 2,22 (Paulo a Timóteo) em comparação com Fm 10.

Por contraste, Paulo geralmente usa a forma verbal κυριεύιν (*kyrieuein*, "assenhorear ou dominar alguém") no sentido típico de relações hierárquicas ou de poder, muitas vezes com sentido negativo; cf. Rm 6,9 (morte), 14 (pecado); 7,1 (Lei); 14,9 (Cristo); 2Cor 1,24 (Paulo).

Patronato, hospitalidade e administração da casa

Igrejas domésticas. Rm 16,2.5.23; 1Cor 16,15-17.19; Fm 2; cf. Cl 4,15.
Patronato. Rm 16,2 (ver acima); cf. 1Ts 5,12; Rm 16,12 (ver acima).
Hospitalidade. Rm 12,8-13 (ver acima); Fm 22; Rm 16,23.

Há outras indicações de que os cristãos paulinos posteriores fizeram acomodações apologéticas em relação ao costumes familiares romanos.[83] Talvez o melhor exemplo dessa tendência são as assim chamadas *Haustafeln* ou Código de Deveres Familiares (Cl 3,18–4,1; Ef 5,22–6,9; cf. Tt 2,4-10); comparar com a

---

[81] Assim 1Tm 3,15 (cf. 3,5; 5,4; 2Tm 2,20). Ver David C. Verner, *The Household of God: The Social World of the Pastoral Epistles* (SBLDS 71; Chico, Calif.: Scholars Press, 1983), p. 13-25, 83-111.

[82] Ver Abraham J. Malherbe, "'Gentle as a Nurse': The Cynic Background to Paul's Metaphor in 1 Thess. 2.7," em *Paul and the Popular Philosophers* (Minneapolis: Fortress Press, 1988), 35-48.

[83] Isto é talvez mais claro num pormenor característico das histórias de conversão em Atos, especialmente proeminente em At 16–18. No fim de cada um desses episódios, Paulo (ou antes, um dos outros discípulos) encontrou um personagem importante, homem ou mulher, que foi conquistado por sua pregação e/ou seus milagres e é "batizado junto com toda a sua casa" (At 7,10; 10,12; 11,14; 16,15.31.33; 17,33; 18,8). Tomando-se junto com as passagens em Atos, parece, então, que o autor construiu as histórias de conversão para mostrar que os missionários cristãos não se intrometeram nas famílias de modo inadequado. Ao invés, Paulo (e Pedro) trataram diretamente com o *pater* ou *mater familias*, que, por sua vez, autorizou o novo culto para o resto da família. Essa tendência temática reflete o novo estágio social que o cristianismo paulino havia atingido no final do séc. I, e o resultante ponto apologético para o autor de Lucas/Atos era mostrar que os cristãos não violavam os limites tradicionais da *patria potestas*. Ver L. M. White, "Visualizing the 'Real' World of Acts 16: Towards Construction of a Social Index". em *The Social World of the First Christians: Essays in Honor of Wayne A. Meeks* (ed. por L. M. White e O. L. Yarbrough; Minneapolis: Fortress Press, 1995), p. 234-61.

tradição dêutero-petrina (1Pt 2,18-3,7). Ele reflete uma fórmula fixa de relações familiares que circulava amplamente na filosofia moral helenística.[84]

O modelo é melhor visto em Cl 3,18-4,1. Em cada caso o enfoque está, em última análise, na submissão de outros membros da casa ao *pater familias*.[85] Esse modelo é agora usado como imagem da ordem cósmica, mas com Cristo como sua "cabeça" (Cl 1,18; 3,15; Ef 1,22; 4,4), como uma casa bem ordenada. Como resultado, "a igreja ficou cada vez mais semelhante a uma extensa família, caracterizada pela liderança patriarcal, elevada expectativa de coesão, e exclusivas pretensões à honra por parte de alguns sobre os outros membros".[86]

Por volta do séc. II, houve tendências ainda mais fortes de reafirmar os modelos patriarcais tradicionais de organização da casa para o governo da igreja, como se vê nas Epístolas Pastorais. Além de introduzir proibições sobre as funções públicas das mulheres na igreja (1Tm 2,11-12), elas também eram contra qualquer forma de ascetismo (1Tm 4,3) e afirmavam o valor do matrimônio para as mulheres (1Tm 5,14; cf. 2,15). Esses textos refletem uma intensificação das estruturas patriarcais dentro da família, mas também dentro da organização da igreja.[87] Em particular, encontram-se pela primeira vez listas explícitas de qualificações para os ofícios eclesiásticos masculinos de bispo/ancião e diácono, que são modeladas segundo o tipo *pater familias* (1Tm 3,2-13; Tt 1,7-9). Em Tt 2,4-5, temos uma convergência dos códigos de deveres familiares, já em vigor nas primeiras cartas dêutero-paulinas com uma estrutura de poder mais solidificada e hierárquica. No caso dos anciãos e dos diáconos, a necessidade de "governar bem os filhos e a casa" (1Tm 3,12: τέκνων καλῶς προιστάμενοι καὶ τῶν ἰδίων οἴκων, *teknōn kalōs proïstamenoi kai tōn idiōn oikōn*) é um critério claro para julgar alguém apto para governar a igreja (1Tm 3,4-5; Tt 1,1).[88]

PARTE IV. BIBLIOGRAFIA

Estudos clássicos

ALLISON, Penélope."Roman Households: An Archaeological Perspective", em *Roman Urbanism: Beyond the Consumer City*, ed. por H. Parkins. Londres: Routledge, 1997, p. 112-46.

BERRY, Joanne."Household Artifacts: Towards Reinterpretation of Roman Domestic Space", em *Domestic Space in the Roman World*, ed. por R. Laurence e A. Wallace-Hadrill. Journal of Roman Archaeology Supplements 22. Portsmouth, R.I.: Journal of Roman Archaeology, 1997, p. 183-95.

---

[84] David L. BALCH,"Household Codes," em *Graeco-Roman Literature and the New Testament* (ed. por D. E. Aune; SBLSBS 21; Atlanta: Scholars Press, 1988), p. 25-50. A fórmula derivou originalmente da teoria política aristotélica sobre a administração da casa. Era usado amplamente nas discussões religiosas e filosóficas, e muitas vezes portava um intento apologético de mostrar a aceitação dos costumes vigentes na sociedade. Ver também BALCH, *Let Wives Be Submissive: The Domestic Code in 1 Peter* (SBLMS 26: Chico, Calif.: Scholars Press, 1981), p. 68-82. Ver também Johannes WOYKE, *Die neutestamentlichen Haustafeln: Ein Kritischer und konstruktiver Forschungsüberblick* (Stuttgart: Katholisches Bibelwerk, 2000), p. 23-38.

[85] Seguindo OSIEK e BALCH, *Families in the New Testament World*, p. 118-19. Note-se que a seção sobre os escravos (Cl 3,22-25) foi ampliada, dando uma ênfase ainda maior à *patria potestas*.

[86] OSIEK e BALCH, *Families in the New Testament World*, p. 220. Cf. SCHÜSSLER FIORENZA, *In Memory of Her*, p. 250-70.

[87] SCHÜSSLER FIORENZA, *In Memory of Her*, p. 286-94.

[88] Ver também a análise acima, na Parte II ("Os patronos das igrejas domésticas paulinas: *pater* e *mater familias*"). Cf. MALHERBE, *Letters to the Thessalonians*, p. 313, e id., *Social Aspects*, p. 99.

BLOOMER, W. Martin. *Valerius Maximus and the Rhetoric of the New Nobility*. Chapel Hill: University of North Carolina Press, 1992.
CLARKE, John R. *The Houses of Roman Italy, 100 BC-AD 250: Ritual, Space, and Decoration*. Berkeley: University of California Press, 1991.
CROOK, John A. *Law and Life of Rome, 90 BC-AD 212*. Ithaca, Nova Iorque: Cornell University Press, 1967.
_____. "*Patria Potestas*". *Classical Quarterly*, n.s., 17 (1967): p. 113-22.
D'ARMS, John. *Commerce and Social Standing in Ancient Rome*. Cambridge: Harvard University Press, 1981.
DICKMANN, Jens-Arne. "The Peristyle and the Transformation of Domestic Space in Hellenistic Pompeii", em *Domestic Space in the Roman World*, ed. por R. Laurence e A. Wallace-Hadrill. Journal of Roman Archaeology Supplements 22. Portsmouth, R.I.: Journal of Roman Archaeology, 1997, p. 121-36.
FLANDRIN, J. L. *Families in Former Times*. Cambridge: Cambridge University Press, 1979.
FOSS, Pedar. "Watchful *Lares*: Roman Household Organization and the Rituals of Cooking and Eating", em *Domestic Space in the Roman World*, ed. por R. Laurence e A. Wallace-Hadrill. Journal of Roman Archaeology Supplements 22. Portsmouth, R.I.: Journal of Roman Archaeology, 1997, p. 197-218.
FRANKLIN, James L. *Pompeii: The Electoral Programmata, Campaigns, and Politics, AD 71-79*. Papers and Monographs of the American Academy at Rome 28. Roma: American Academy at Rome, 1980.
GEORGE, Michele. "*Servus* and *domus*: The Slave in the Roman House", em *Domestic Space in the Roman World*, ed. por R. Laurence e A. Wallace-Hadrill. Journal of Roman Archaeology Supplements 22. Portsmouth, R.I.: Journal of Roman Archaeology, 1997, p. 15-24.
GRAHAME, Mark. "Public and Private in the Roman House", em *Domestic Space in the Roman World*, ed. por R. Laurence e A. Wallace-Hadrill. Journal of Roman Archaeology Supplements 22. Portsmouth, R.I.: Journal of Roman Archaeology, 1997, p. 137-161.
HOPKINS, Keith. *Death and Renewal*. Cambridge: Cambridge University Press, 1983.
JONGMAN, Willem. *The Economy and Society of Pompeii*. Amsterdã: J. C. Gieben, 1988.
KOUKOULI-CHRYSANTAKI, Chaido. "Colonia Iulia Augusta Philippensis", em *Philippi at the Time of Paul and after his Death*, ed. por H. Koester e C. Bakirtzis, Harrisburg, Pa.: Trinity Press International, 1998, p. 5-27.
LACEY, W. K. *The Family in Classical Greece*. Ithaca, Nova Iorque: Cornell University Press, 1968.
_____. "*Patria Potestas*", em *The Family in Ancien Rome: New Perspectives*, ed. Beryl Rawson. Ithaca, N.Y.: Cornell University Press, 1987, p. 121-44.
LAURENCE, Ray; "Space and Text", em *Domestic Space in the Roman World: Pompeii and Beyond*, ed. por R. Laurence e A. Wallace-Hadrill. Journal of Roman Archaeology Supplements 22. Portsmouth, R.I.: Journal of Roman Archaeology, 1997, p. 7-14.
LEVICK, Barbara. *Roman Colonies in Southern Asia Minor*. Oxford: Clarendon, 1967.
NIELSEN, Hanne Sigismund. "Men, Women, and Marital Chastity: Public Preaching and Popular Piety at Rome", em *Early Christianity and Classical Culture: Comparative Studies in Honor of Abraham J. Malherbe*, ed. por J.T. Fitzgerald, T. H. Olbricht e L. M. White. NovTSup 110. Leiden: E. J. Brill, 2003, p. 525-55.
NUSSBAUM, Martha. *The Therapy of Desire: Theory and Practice in Hellenistic Ethics*. Princeton: Princeton University Press, 1994.
POMEROY, Sarah. *Famlies in Classical and Hellenistic Greece: Representations and Realities*. Oxford: Clarendon, 1997.
RIGGSBY, Andrew M. "Public and Private in Roman Culture: The Case of the Cubiculum", *Journal of Roman Archaeology* 10 (1997): p. 36-56.
ROLLER, Matthew. "Pliny's Catullus: The Politics of Literary Appropriation", *TAPA* 128 (1998): p. 265-304.
ROMANO, David. "A Tale of Two Cities: Roman Colonies at Corinth", em *Romanization and the City: Creations, Transformations, and Failures*, ed. por E. Fentress. Journal of Roman Archaeology Supplements 38. Portsmouth: Journal of Roman Archaeology, 2000, p. 83-104.
SALLER, Richard P. "*Familia, Domus*, and the Roman Conception of the Family", *Phoenix* 38 (1984): p. 336-55.
_____. *Patriarchy, Property, and Death in the Roman Family*. Cambridge: Cambridge University Press, 1994.
SHAW, Brent D. "The Family in Late Antiquity: The Experience of Augustine". *Past and Present* 115 (1987): p. 3-51.
VEYNE, Paul. *A History of Private Life: From Pagan Rome to Byzantium*. Cambridge: Harvard/Belknap, 1987.
WALLACE-HADRILL, Andrew. *Houses and Society in Pompeii and Herculaneum*. Princeton: Princeton University Press, 1994.
WEAVER, P. R. C. Familia Caesaris: *A Study of the Emperor's Freedmen and Slaves*. Cambridge: Cambridge University, 1972.
WHITE, L. Michel. "Counting the Costs of Nobility: The Social Economy of Roman Pergamon", em *Pergamon: Citadel of the Gods*, ed. por H. Koester, HTS 46. Harrisburg, Pa.: Trinity Press International, 1998, p. 331-72.

Estudos sobre o Novo Testamento

ASCOUGH, Richard S. *What Are They Saying about the Formation of Pauline Churches?*. Nova Iorque: Paulist, 1998.
BALCH, David. "Backgrounds of I Cor VII: Sayings of the Lord in Q, Moses as Ascetic *Theios Aner* in II Cor III", *NTS* 18 (1971/72): p. 351-64.

_____. "Household Codes", em *Graeco-Roman Literature and the New Testament*, ed. por D. E. Aune, SBLSBS 21. Atlanta: Scholars Press, 1988, p. 25-50.

_____. *Let Wives Be Submissive: The Domestic Code in 1 Peter*. SBLMS 26. Chico, Calif.: Scholars Press, 1981.

BALCH, David; Carolyn Osiek. *Families in the New Testament World: Households and Housechurches*. Louisville: Westminster John Knox, 1997.

BARTCHY, S. Scott. "Philemon, Epistle to", *ABD* 5: p. 305-10.

BERRY, Ken L. "The Function of Friendship Language in Philippians 4:10-20", em *Friendship, Flattery, and Frankness of Speech: Studies on Friendship in the New Testament World*, ed. por J. T. Fitzgerald. Leiden: E. J. Brill, 1996, p. 107-24.

BETZ, Hans Dieter. *Galatians*. Hermeneia. Filadélfia: Fortress Press, 1979.

CHOW, John K. *Patronage and Power: A Study of Social Networks in Corinth*. JSNT, Sup 75. Sheffield, Inglaterra: JSOT Press, 1992.

DAHL, Nils A. "Euodia and Syntyche and Paul's Letter to the Philippians", em *The Social World of the First Christians: Essays in Honor of Wayne A. Meeks*, ed. por L. M. White e O. L. Yarbrough. Minneapolis: Fortress Press, 1995, p. 3-15.

DANKER, Frederic W. *Benefactor: Epigraphic Study of a Graeco-Roman and New Testament Semantic Field*. St. Louis: Clayton, 1982.

FITZGERALD, John T. "Philippians in the Light of Some Ancient Discussions of Friendship", em *Friendship, Flattery, and Frankness of Speech: Studies on Friendship in the New Testament World*, ed. por J. T. Fitzgerald. Leiden: E. J. Brill, 1996, p. 141-60.

GAVENTA, Beverly Roberts. "The Maternity of Paul: An Exegetical Study of Gal 4:19", em *The Conversation Continues: Studies in Paul and John in Honor of J. Louis Martyn*, ed. por R. T. Fortna e B. R. Gaventa, Nashville: Abingdon, 1991, p. 189-201.

HARRILL, J. Albert. *The Manumission of Slaves in Early Christianity*. HUT 32. Tübingen: Mohr-Siebeck, 1995.

JEWETT, Robert. "Paul, Phoebe, and the Spanish Mission", em *The Social World of Formative Christianity and Judaism: Essays in Tribute to Howard Clark Kee*, ed. por J. Neusner et al. Filadélfia: Fortress Press, 1982, p. 142-61.

_____. *The Thessalonian Correspondence: Pauline Rhetoric and Millenarian Piety*. Minneapolis: Fortress Press, 1986.

JOUBERT, Stephan. *Paul as Benefactor. Reciprocity, Strategy, and Theological Reflection in Paul's Collection*. WUNT 2.124. Tübingen: Mohr-Siebeck, 2000.

KLAUCK, Hans-Josef. *Hausgemeinde und Hauskirche im frühen Christentum*. Stuttgart: Katholische Bibelwerk, 1981.

KNOX, John. *Philemon among the Letters of Paul*. Nashville: Abingdon, 1959.

LAMPE, Peter. "Keine 'Sklavenflucht' des Onesimus", *ZNW* 76 (1985): p. 135-47.

MALHERBE, Abraham J. *The Letters to the Thessalonians*. AB. Nova Iorque: Doubleday, 2000.

_____. *Paul and the Popular Philosophers*. Minneapolis: Fortress Press, 1991.

_____. *Paul and the Thessalonians*. Minneapolis: Fortress Press, 1987.

_____. *Social Aspects of Early Christianity*. 2ª. ed. Filadélfia: Fortress Press, 1983.

MARSHALL, Peter. *Enmity in Corinth: Social Conventions in Paul's Relations with the Corinthians*. WUNT 2.23. Tübingen: Mohr-Siebeck, 1987.

MARTIN, Dale. *The Corinthians Body*. New Haven: Yale University Press, 1995.

MARTYN, J. Louis. *Galatians*. AB. Nova Iorque: Doubleday, 1997.

MEEKS, Wayne A. *The First Urban Christians: The Social World of the Apostle Paul*. New Haven: Yale University Press, 1983.

SAMPLEY, J. Paul. *Pauline Partnership in Christ: Christian Community and Commitment in the Light of Roman Law*. Filadélfia: Fortress Press, 1980.

SCHÜSSLER Fiorenza, Elisabeth. *In Memory of Her: A Feminist Theological Reconstruction of Christian Origins*. Nova Iorque. Crossroad, 1982.

SCROGGS, Robin. "Paul and the Eschatological Woman", *JAAR* 40 (1972): p. 283-303.

SHAW, Teresa. *The Burden of the Flesh: Fasting and Sexuality in Early Christianity*. Minneapolis: Fortress Press, 1998.

VARNER, David C. *The Household of God: The Social World of the Pastoral Epistles*. SBLDS 71. Chico, Calif.: Scholars Press, 1983.

WHITE, L. Michael. "Finding the Ties That Bind: Issues from Social Description", *Semeia* (Atlanta: Scholars Press) 56 (1991): p. 1-20. (O tema da publicação é "Social Networks in the Early Christian Environment" ["Laços sociais no ambiente cristão primitivo"] editado por L. M. White.)

_____. "Morality between Two Worlds: A Paradigm of Friendship in Philippians," em *Greeks, Romans, and Christians: Studies in Honor of Abraham J. Malherbe*, ed. por D. L. Balch, E. Ferguson e W. A. Meeks. Minneapolis: Fortress Press, 1990, p. 188-215.

_____. "Rhetoric and Reality in Galatians: Framing the Social Demands of Friendship", em *Early Christianity and Classical Culture: Comparative Studies in Honor of Abraham J. Malherbe*, ed. por J. T. Fitzgerald, T. H. Olbricht e L. M. White. NovTSup 110. Leiden: E. J. Brill, 2003, p. 307-49.

_____. *The Social Origins of Christian Architecture*. 2 vols. HTS 42. Harrisburg, Pa.: Trinity Press International, 1996-97.

_____."Visualizing the 'Real' World of Acts 16: Towards Construction of a Social Index", em *The Social World of the First Christians: Essays in Honor of Wayne A. Meeks*, ed. por L. M. White e O. L. Yarbrough. Minneapolis: Fortress Press, 1995, p. 234-61.

WINTER, Sara C. "Methodological Observations on a New Interpretation of Paul's Letter to Philemon", *USQR* 39 (1984): p. 203-12;

_____."Paul's Letter to Philemon", *NTS* 33 (1987): p. 1-15.

WOYKE, Johannes. *Die neutestamentlichen Haustafeln: Ein Kritischer und konstruktiver Forschungsüberblick*. Stuttgart: Katholisches Bibelwerk, 2000.

17

PAULO, OS PATRONOS E OS CLIENTES

Peter Lampe

PARTE I. PATRONOS E CLIENTES
NO MUNDO GRECO-ROMANO

Quando descrevemos as sociedades modernas, nossa tendência é pensar em categorias horizontais: em camadas sociais, em classes inferiores, médias e superiores. As camadas horizontais também caracterizavam a antiga sociedade do império romano. Ao mesmo tempo, porém, a interação entre essas camadas dividia a sociedade também em seções verticais. Os indivíduos habitantes do império romano viviam em relações verticais de dependência. Essas relações eram caracterizadas pela troca recíproca de serviços e bens entre os da faixa social inferior e os que estavam acima. Com efeito, essas relações verticais definiam a identidade da pessoa mais do que seus contatos sociais no nível horizontal. "Eu pertenço à casa de César", ou "Este senador é meu patrono, eu apoio suas causas políticas, enquanto ele protege meus interesses econômicos e legais". Tais afirmações definiam a identidade da pessoa, e não afirmações como "Eu pertenço à classe operária". Em geral, a consciência de classe quase não existia no império romano. A coesão, por exemplo, entre escravos ou entre as pessoas de nível inferior era muito fraca. Somente a pequena elite social, os membros das três classes nobres (senadores, eqüestres e, até certo ponto, os *decuriones*, a elite local), mantinham coesão entre si e uma "consciência de classe".

As menores unidades verticais na sociedade eram as famílias individuais, as assim chamadas *oikoi* (ver "Paulo, as famílias e as casas" [cap. 9] e "Paulo e o *pater familias*" [cap. 16], neste volume). No topo hierárquico, estava o "pai da família", o *pater familias* ou, em alguns casos, uma mulher (viúva), uma *mater familias*.[1] Todos os membros da casa – viúvas, filhos, escravos, libertos – eram de modo reverente e obediente orientados para seu patrono no topo e eram dependentes dele (ou dela) em todos os aspectos cruciais da

---

[1] Para referências, ver P. Lampe, "Family in Church and Society of New Testament Times", *Affirmation* (Union Theological Seminary in Virginia) 5, no. 1 (1992): p. 2;4, n. 5. Para uma definição de "família," ver id., p. 1-2.

vida,² enquanto se esperava do patrono proteção, apoio e amor para com seus dependentes. Os antigos códigos familiares cristãos seguiam esse modelo de sociedade.³

A pequena unidade da casa, por sua vez, estava vinculada às mais amplas relações verticais de dependência. Se o *pater familias* era um liberto (*libertus*) ou um assim chamado cliente (*cliens*), estava pessoalmente ligado em sua lealdade a um outro, um patrono ainda mais alto.⁴

1. Os escravos libertos (*libertus, liberta*), ainda que deixassem a casa de seu primeiro senhor e fundassem família, e montassem seu negócio próprio, deviam manter o respeito e a lealdade para com ele, como patrono pelo resto de suas vidas. A maioria deles ficava sob os cuidados de sua guarda jurídica e a maioria era obrigada a prestar serviços gratuitos (*operae*) ao patrono depois da manumissão.⁵ Este, por sua vez, estava obrigado a cumprir com o prometido a seus libertos, dando-lhes assistência jurídica, auxílio na necessidade e oportunidades econômicas. A lealdade mútua chegava a tal ponto que nem o patrono nem o liberto podiam ser forçados a testemunhar um contra o outro no tribunal.

Embora muitos dos libertos fossem economicamente independentes de seu patrono, às vezes acumulando uma grande riqueza para si, todavia continuavam, freqüentemente, também a trabalhar como agentes ou sócios nos negócios do patrono. Desse modo, podiam nascer grandes grupos de negócios, "associações de famílias", que estavam envolvidas em grandes operações, muitas vezes supra-regionais. Nesses grupos, havia muitos libertos que trabalhavam para seu patrono em muitos lugares do império. A família dos *Faenii*, por exemplo, fazia comércio de perfumes e tinha ramificações empresariais dirigidas pelos libertos da família em Cápua, Putéoli, Roma, Ísquia e Lion. Com seus escravos libertos, a família dos *Olitii* fazia negócios em Roma e Narbo; a família dos *Aponii*, em Narbona e na Sicília. Libertos da família senatorial *Laecanii* possuíam extensas faixas de terra perto da moderna Trieste; esses libertos, por seu turno, empregavam seus próprios escravos libertos em negócios nos portos da Itália – todos esses grupos empresariais eram extensões da família senatorial dos *Laecanii*, economicamente poderosa. Outras famílias de senadores e aristocratas locais tinham libertos ou escravos trabalhando na produção e na venda de materiais têxteis, ou no setor da construção. Assim, os senhores das famílias nobres, os quais como ricos proprietários de terra tinham orgulho de não serem "man-

---

² Também a dignidade dos indivíduos membros da família dependia da do *pater familias*. Isso era verdade desde os tempos de Homero (*Odisséia* 1, 234ss.; *Ilíada* 22. 483-499) e pode ainda ser observado em culturas contemporâneas.
³ Cl 3,18–4,1; Ef 5,22–6,9; 1Pd 2,18–3,7; 1Tm 2,8-15; Tt 2,1-10; Pol., *Phil.* 4.2–6.3; cf. *Did.* 4.9-11; *Barn.* 19.5-7; *1Clem.* 21.6-9.
⁴ A relação escravo-patrão é um tópico à parte com suas implicações legais próprias. Não será debatida neste ensaio.
⁵ Na manumissão, um certo número de dias de serviço ao patrão era estipulado. Mas os libertos com cidadania romana e com dois filhos próprios estavam livres desses serviços. Cf. Paulus, *Dig.* 38.1.37 pr.

chados" pelo ofício, ou pelo comércio, podiam participar, não obstante, nos negócios "sujos", mas lucrativos, por meio de seus escravos e libertos. Um grupo empresarial desse calibre, baseado em relações patrono-cliente, podia beneficiar-se de toda uma cadeia de produção numa área: as ovelhas dos rebanhos do patrono, por exemplo, produziam a lã, que era depois transformada em tecido e vendida pelos escravos e libertos do dono da terra.[6] Obviamente, as relações de patrono-cliente, que tornavam possíveis esses grupos, eram da mais elevada importância econômica – não só para as famílias envolvidas, mas também para toda a sociedade.

2. O cliente, por outro lado, era geralmente uma pessoa livre que assumia uma relação de dependência para com um influente patrono. Os dois faziam um contrato baseado na confiança ou lealdade (*fides*) mútua. Isso significava que o cliente devia mostrar respeito e gratidão ao patrono, prestar-lhe certos serviços (*operae* e *obsequium*), e apoiar suas atividades políticas, econômicas e sociais.[7] Em troca, o influente patrono protegia os interesses econômicos, sociais e legais do cliente, permitindo que este se valesse das ligações sociais do patrono e dando-lhe acesso a seus recursos.[8]

As relações patrono-cliente existiram por um longo tempo em muitos lugares do mundo mediterrâneo antigo. Dionísio de Halicarnasso (*Ant. rom.* 2.9.2), por exemplo, as menciona na antiga Atenas e na Tessália, bem como na Roma primitiva. Roma, porém, era singular pelo fato de definir claramente os direitos e os deveres dos clientes e proteger seu *status* com relação ao patrono; isso era testemunhado já no séc. V antes da Era Comum, na Lei das Doze Tábuas (8.21). Em Roma, nos tempos antigos, o contrato entre patrão e cliente envolvia muitas vezes o arrendamento de terra. Os patrícios italianos estabeleciam relações pessoais de dependência, concedendo aos colonos pequenas parcelas de terreno (*precarium*) por um período indefinido, conservando o direito de revogar esse contrato a qualquer momento. Com a crescente urbanização, o cultivo da terra passou a ser menos importante nas relações patrono-cliente. Se a utilização da terra era parte do contrato ou não, o cliente submetia-se voluntariamente[9] ou

---

[6] Cf. a literatura examinada por H. W. Pleket, "Wirtschaft", em *Europäische Wirtschafts- und Sozialgeschichte* (ed. F. Vittinghoff; Handbuch der Europäische Wirtschafts- und Sozialgeschichte 1; Stuttgart: Klett, 1990), p. 40-41, 84, 125, 132.

[7] *Obsequium* significa "obediência" e "subordinação." A tradução literal de *cliens* é "o obediente" (particípio de *cluere*). Plutarco (*Rom* 13) e outros traduzem "cliente" para o grego por πελάτης (*pelatēs*), que denota uma pessoa que procura proteção e se torna dependente.

[8] A lealdade podia chegar a tal ponto que era permitido à pessoa testemunhar a favour de um cliente contra alguém da sua família (Gélio 5.13.4; cf. 20.1.40). Nem o patrono nem o cliente podia processar um ao outro no tribunal nem ser testemunha um contra o outro (*CIL* 12.583.10; 33). Para esses deveres de clientes e patronos, ver especialmente Dionísio Halic., *Ant. rom.* 2.9s.

[9] A submissão voluntária de um cliente em busca de proteção era chamada *applicatio ad patronum* (Cícero, *De or.* 1.177). Implicava que o cliente podia escolher por si mesmo a quem submeter-se: a qual poder (*potestas*), proteção e lealdade (*fides*) entregar-se. Esse contrato inteiramente privado entre cliente e patrono era baseado no mútuo consentimento. Podia fazer parte desse contrato a utilização da terra herdada, mas sempre revogável (*precarium*), o que não era, todavia, um pré-requisito. Cf. Dionísio de Halicarnasso., *Ant. rom.* 2.9.2 (podia-se escolher o προστάτην [*prostatēn*] que se quisesse), 2.10.4; Terêncio, *Eun.* 885, 1039; Gélio

involuntariamente[10] à autoridade do patrono (*in fidem se dare*), o qual então o aceitava (*in fidem suscipere*).

O cliente voluntário não perdia sua liberdade pessoal ou sua capacidade legal, mas estava obrigado à fidelidade e a fazer serviços para o patrono.[11] Ele fortalecia o prestígio social do patrono e apoiava seus objetivos políticos. Em troca, o patrono prometia proteger e ajudar o cliente em todas as suas necessidades, providenciava assistência e representação legais,[12] e oferecia vantagens econômicas. "Em poucas palavras," o patrono devia "garantir-lhes [aos clientes] tanto nos negócios privados como nos públicos toda aquela tranquilidade que eles particularmente necessitavam", escreve Dionísio.[13] Porque ambas as partes do contrato voluntário e privado podiam ser cidadãos romanos,[14] e porque o cliente conservava sua liberdade e sua responsabilidade legal, o aspecto do poder (*potestas*) do patrono sobre um cliente inferior e obediente decaiu constantemente para o segundo plano, enquanto crescia o aspecto moral da lealdade recíproca (*fides*).[15]

5.13.2 ("clientes ... sese ... in fidem patrociniumque nostrum dediderunt"), 20.1.40 ("clientem in fidem susceptum").

[10] Muitas vezes esses colonos pertenciam a populações conquistadas e recebiam a terra que antes possuíam. A submissão involuntária de pessoas vencidas ou conquistadas não fazia parte de um contrato privado, mas era uma questão da lei pública; a submissão ao poder de um conquistador e a promessa de lealdade deste (*fides*, a qual estava debaixo da proteção dos deuses aos quais o patrono fazia voto) estavam radicadas na lei internacional, que regulava as relações entre os cidadãos e os não-cidadãos. Ao contrário do clientelismo voluntário, essa submissão podia implicar sérias limitações da capacidade legal do cliente. Ele, por exemplo, tinha de aceitar o *nome gentile* do patrono; o poder do *pater familias* era substituído pelo patronato; não podia casar com quem quisesse; o patrono muitas vezes herdava sua propriedade após sua morte e assim por diante. Os clientes voluntários não estavam sujeitos a essas limitações. Ver A. v. Premerstein, "Clientes", *Pauly/Wissowa* 4 (1901): p. 28-30, 33, 38s, 41ss, 51.

[11] Para o serviço militar até o séc. II antes da Era Comum, ver id., p. 37. Sobre as contribuições financeiras ao patrono, ver Dionísio de Halicarnasso, *Ant. rom.* 2.10; Lívio 5.32.8 (cf. 38.60.9; Dionísio, id. 13.5.1). Esses pagamentos ajudavam a cobrir as despesas extraordinárias do patrono. Fora disso, doações financeiras ao patrono eram desaprovadas, mas podiam ocorrer (Dionísio, id. 2.10.4; Plutarco, *Rom* 13; Gélio 20.1.40; Lívio 34.4.9; a *lex Cincia de donis*, provavelmente de 204 antes da Era Comum, havia determinado que eram permitidos somente presentes muito pequenos ao patrono; cf. A. W. Lintott, "Clients, clientes", *Neue Pauly* 3 [1997]: 32). Sobre a liberdade pessoal dos clientes, ver, p. ex., Proclo, *Dig.* 49.15.7 §1: "clientes nostros intellegimus liberos esse, etiamsi neque auctoritate neque dignitate neque viribus nobis pares sunt".

[12] Isto se chamava *patrocinium*. Cf. p.ex., Cícero, *De or.* 1.177, 3.33; Lívio 34.4.9; Tácito, *Ann.* 11.5; *Dial.* 3. Horácio, *Ep.* 2.1.104; Dionísio de Halicarnasso., *Ant. rom.* 2.10.1; Gélio 5.13.6. Essa tarefa dos patronos, porém, tornou-se cada vez menos importante, quanto mais complicadas se tornavam a lei e os julgamentos. Já nos últimos tempos da República, os advogados profissionais da classe superior eram muitas vezes consultados, e durante o julgamento uma relação *temporária* do tipo patrono-cliente se estabelecia entre o advogado profissional e o querelante (cf. Cícero, *Att.* 15.14.3). Este tipo de clientelismo sobreviveu até hoje, quando "clientes" colocam seus negócios nas mãos de advogados. A perda original da competência legal dos patronos contribuiu, naturalmente, para se afrouxarem os vínculos entre clientes e patronos já nos tempos da República.

[13] Dionísio de Halicarnasso, *Ant. rom.* 2.10.1

[14] O cliente podia ser até da classe eqüestre, como o poeta Marcial.

[15] Apropriadamente, desde os tempos republicanos, patrono e cliente podiam casar um com o outro. Cf. por ex., Gélio 13.20.8; Plutarco, *Cat. Maj.* 24; Plínio, *Nat.* 7.61. A reciprocidade entre patrono e cliente foi idealizada por Dionísio de Halicarnasso, *Ant. rom.* 2.10.4. "É incrível quão grande era a concorrência entre patronos e clientes em termos de boa vontade, cada lado se esforçando por não ser superado pelo outro em bondade: os clientes, sentindo que deviam prestar todos os serviços possíveis aos patronos; e os patronos, querendo evitar por todos os meios causar algum problema a seus clientes". Embora falasse aí a respeito dos primeiros tempos de Roma, Dionísio insiste que as relações patrono-cliente descritas em 2.10 "continuaram por muito tempo entre os romanos". Autores satíricos como Marcial (ver n. 22 abaixo) contrabalançam essa pintura idealizada.

Com base nesse sistema de relações de dependência vertical entre patronos e clientes ou pessoas livres, grandes porções da sociedade estavam ligadas a poucas famílias influentes durante a República romana: não só as massas de escravos e de libertos, mas também numerosas pessoas nascidas livres, às vezes até comunidades inteiras da Itália. Famílias romanas poderosas e ricas garantiam sua influência social e política por meio de multidões de clientes na Itália e nas províncias.[16] De fato, na época da República, em grande parte o poder político se baseava no número de clientes com cujo apoio se podia contar nas várias camadas da sociedade.[17]

Nos tempos do Império, decaiu a influência política das famílias nobres. Conseqüentemente, a clientela tornou-se menos um fator político, mas permaneceu uma instituição social e econômica. À diferença das pessoas livres que estavam ligadas a seus patronos por relações legais claramente definidas, o vínculo dos clientes a seus patronos era uma dependência muito imprecisa, *meramente moral, social e econômica*. As implicações jurídicas eram insignificantes; a relação patrono-cliente era legalmente irrelevante durante a época imperial.[18] Ambas as partes concordavam nesse ponto e, embora geralmente fosse hereditária,[19] podia ser dissolvida a qualquer momento.[20] Inversamente, um patrono normalmente possuía muitos clientes – como símbolo de seu poder de prover para os de nível social inferior. Dionísio (*Ant. rom.* 2.10.4) assim o exprime: "Era motivo de grande louvor para os homens de famílias ilustres ter tantos clientes quantos possível e não apenas preservar a sucessão de patronatos hereditários, mas também por seus próprios méritos adquirir outros". Nos primeiros dois terços do séc. I da Era Comum, as famílias influentes ainda estavam ávidas por aumentar seu prestígio por meio de sua clientela (Tácito, *Ann.* 3.55.2; *Hist.* 1.4). Os clientes constituíam uma comitiva para um rico patrono, cujo *status* social refletia-se no tamanho do seu séquito.[21] O patrono, por sua vez, salvava os clientes do desemprego e da fome.

De manhã, os clientes apresentavam-se no átrio da causa do patrono e faziam suas deferências. Em Roma, estavam obrigados a trajar uma toga para

---

[16] Cf., por ex., Lívio 5.32.8; Dionísio de Halicarnasso, *Ant. rom.* 9.41.5; Plauto, *Men.* 574ss.

[17] Não é claro, todavia, até que ponto os patronos, nos tempos da República, podiam controlar o comportamento dos seus clientes nas eleições. O suborno aumentou no séc. II antes da Era Comum, e isso indica que os vínculos entre patronos e clientes já se tinham afrouxado nos tempos da República. Ver n. 12 acima e Lintott, "Clients", p. 32: Da *lex Gabinia* (de 139 antes da Era Comum) em diante, a legislação romana contribuiu para esses vínculos se afrouxarem.

[18] O *ius civile* próprio não regula o clientelismo, e no domínio da lei pública essa relações privadas, obviamente, não tinham tampouco função alguma. Sua única magra proteção legal era oferecida pela lei penal, que punia a *fraus patroni*, a violação da lealdade do patrão (cf. Sérvio, *Aen.* 6.609, e v. Premerstein, "Clients", p. 39-40, 46). As obrigações dessas relações de dar e receber, radicada na lealdade mútua (*fides*), era de natureza moral. Elas não eram executáveis legalmente mas, antes, eram governadas pelo costume e pela reverência aos deuses que protegiam a *fides*. Cf. Dionísio de Halicarnasso, *Ant. rom.* 2.9.3: θέμις (*themis*) e ὅσιον (*hosion*) estabeleciam a base.

[19] Cf. Dionísio de Halicarnasso, *Ant. rom.* 2.10.4; 4.23.6; 11.36; Plutarco, *Mar.* 5.

[20] Cf. por ex.; v. Premerstein, "Clients", p. 38, 52-53. Mesmo pessoas livres podiam escolher um patrono suplementar além de seu antigo patrão de escravos (cf., por ex., Cícero, *Sex. Rosc.* 19; *Att.* 1.12.7).

[21] Por isso, mesmo os patronos menos ricos queriam ter um numeroso séquito, e alguns contraíam dívidas para financiar esse símbolo de *status* (Marcial, *Ep.* 2.74).

essa ocasião. Durante o dia, rodeavam o patrono como sua comitiva, acompanhavam-no ao fórum, às termas, ou em suas visitas, juntavam-se a ele em suas viagens, aplaudiam seus discursos públicos, e andavam atrás de sua liteira.[22] Chamavam-no de *dominus* ("senhor") ou até mesmo de *rex* ("rei") ao se dirigirem a ele, e por vezes o honravam com uma estátua.[23] Em Pompéia, alguns apoiavam ativamente as campanhas eleitorais de seus patronos para os cargos municipais.[24] Eram serviços que exigiam tempo. E com muita freqüência os clientes não se entusiasmavam com seu "ofício". No tempo do frio, amaldiçoavam as caminhadas matinais pela cidade até a casa do patrono. Eles fechavam a cara quando eram colocados em posição inferior à dos outros clientes nas recepções ou jantares do patrono. Deploravam a falta de *fides* (lealdade). Marcial, Juvenal, Luciano e Epicteto continuamente relatam essas numerosas queixas.[25]

Por seus serviços, os clientes eram pagos com uma *sportula* a cada dia que iam à casa do patrono. Na origem, a *sportula* fora "uma pequena cesta" – como a palavra significa literalmente – que continha alimento. Na época do Império, porém, a *sportula* era muitas vezes dinheiro para despesas pessoais. No tempo de Marcial, na segunda metade do séc. I da Era Comum, ela geralmente equivalia a vinte e cinco asses. Por essa quantia de dinheiro, podia-se comprar doze pães, e meio ou seis litros de bom vinho.[26] Com outras palavras, a *sportula* era uma espécie de apoio privado para o desempregado.

Além da *sportula*, os patronos ocasionalmente convidavam os clientes para jantar. Isso se fazia especialmente no festival da Saturnália. De vez em quando, era dado aos clientes uma peça de roupa ou um dinheiro extra. Às vezes, era-lhes oferecido um empréstimo, uma ajuda legal ou uma garantia. Muito raramente recebiam de presente toda uma granja ou moradia gratuita.[27] Na Saturnália ou num aniversário, os clientes geralmente ofereciam ao patrono pequenos presentes, como velas, para receberem em troca presentes mais valiosos.[28]

No setor das atividades financeiras, não havia um sofisticado sistema bancário. Por isso, o povo costumava dirigir-se aos amigos, patronos ou clientes e não aos bancos, para obter informação, empréstimos ou doações. Os aristocráticos proprietários de terras, por exemplo, quando não tinham dinheiro para financiar suas carreiras, jogos ou suborno eleitoral, muitas vezes pediam empréstimos não só aos patronos superiores ou aos amigos do mesmo nível, mas também a clientes inferiores. Assim, acontecia uma troca entre patronos e clientes, exer-

---

[22] Sobre os clientes romanos, cf., por ex., Marcial, *Ep.* 12.68.1-2; 9.100.2; 6.88; 4.40.1; 3.38.11; 3.36; 2.74; 2.18; 1.108; 1.59; 1.55.5-6; também Sêneca, *Ben.* 6.33s; Lívio 38.51.6; Juvenal 1.95s; Suetônio, *Vesp.* 2.2.

[23] Cf., por ex., Horácio, *Ep.* 1.7.37. Sobre uma estátua: *CIL* 6.1390; cf. Plínio, *Nat.* 34.17.

[24] *CIL* 4.593, 822, 933, 1011, 1016.

[25] Cf. nota 22 acima e L. Friedländer, *Darstellungen aus der Sittengeschichte Roms in der Zeit von Augustus bis zum Ausgang der Antonine* (vol. 1; Aalen, Alemanha: Scientia, 1979), p. 227s.

[26] Sobre preços, ver P. Lampe, *Die stadtrömischen Christen in den ersten beiden Jahrhunderten: Untersuchungen zur Sozialgeschichte* (2a. ed.; WUNT 2/18; Tübingen: J. C. B. Mohr, 1989), p. 163. Sobre vinte e cinco *asses*, cf. Marcial, *Ep.* 1.59. Sob Trajano, vinte e cinco *asses* era a quantia da *sportula* habitual. Marcial (*Ep.* 9.100.2) também conhece uma *sportula* de três denários (= 48-54 *asses*).

[27] Cf. *Dig.* 7.8.2 §§ 1, 3; 9.3.5 § 1; Tácito, *Ann.* 16.22; e ver Friedländer, *Sittengeschichte*, 1:227.

[28] Cf. Macróbio, *Sat.* 1.7.33 (*Lex Publicia*, provavelmente de 209 antes da Era Comum).

cendo ambas as categorias as funções de quem dá e de quem pede emprestado. O vínculo social criado pelos favores financeiros não pode ser superestimado.²⁹ Empréstimos e doações ajudavam a elevar o *status* tanto do recebedor como do doador. O prestígio deste aumentava graças à sua generosidade. E era atendida a necessidade de dinheiro que o primeiro tinha para financiar uma carreira ou outras atividades que elevavam o *status*.

Por vezes, o patrono também ajudava o cliente a recuperar um dinheiro emprestado a uma terceira pessoa. Para proteger os interesses do cliente nesses casos, o patrono usava suas ligações sociais para exercer uma pressão social sobre quem tomara emprestado até que tudo fosse reposto.³⁰

Melhores informações temos sobre os clientes na cidade de Roma. Entretanto, essa forma de relação patrono-cliente também existia em cidades italianas menores, como Pompéia e nas províncias.³¹

O apoio privado para desempregados ou doações financeiras e empréstimos eram apenas um aspecto da condição de patrono e de cliente nos tempos imperiais. Um outro era o patrocínio ativo de (talentosos) indivíduos – em grande parte do mesmo modo como acontece hoje. Essa era uma forma ainda mais informal de patronato, sem a *sportula* diária, e podia ser encontrada por todo o império romano. Um senador, por exemplo, patrocinava um sofista,³² e uma matrona chamada Febe patrocinava e apoiava o apóstolo Paulo.³³ Naturalmente, relações patronais entre mestres e alunos também se desenvolviam, por exemplo, entre médicos e seus estudantes³⁴ ou sofistas e seus discípulos.³⁵

Em suma, as unidades *verticais* de diferentes grandezas constituíam a sociedade e impediam o desenvolvimento da consciência de classes horizontais abaixo dos graus da nobreza. Essas unidades verticais impediam que a população inferior promovesse interesses homogêneos. Nem os libertos nem os clientes formavam uma "classe".³⁶ Em grande parte, os membros das camadas sociais não nobres

---

²⁹ Sobre os intercâmbios financeiros entre patrono e cliente, ver o material coletado por R. P. SAULER, *Personal Patronage under the Early Empire* (Cambridge: Cambridge University Press, 1982), p. 120ss., 205.

³⁰ Ver PLÍNIO, *Ep.* 6.8.

³¹ *CIL* 3.6126. Para ulteriores testemunhos epigráficos, particularmente sobre a Gália, cf. por ex., v. PREMERSTEIN, "Clientes," 54. Para o norte da África, ver SALLER, *Patronage*, 145ss.

³² Ver a inscrição em R. MERKELBACH e J. STAUBER, eds., *Steinepigramme aus dem griechischen Osten* (vol. 1; Stuttgart e Leipzig: Teubner, 1998), no. 03/02/28: o sofista Hadriano de Tiro honra o cônsul Cláudio Sérvio (séc. II da Era Comum) com uma estátua, agradecendo-lhe seu patronato (προστασίης, προστάτην [*prostasiës, prostatēn*]).

³³ Ver abaixo sobre Rm 16,2, em que o mesmo termo é usado: προστάτις (*prostatis*).

³⁴ Cf., por ex., a inscrição em MERKELBACH, *Steinepigramme*, no. 06/02/32: um médico de Pérgamo louva seu falecido mestre que o deixou para trás "como um fillho, digno de tua arte". Os médicos gregos eram como pais para seus estudantes. Conforme a nossa inscrição, o estudante chegou a ceder, no seu próprio túmulo, um lugar para seu mestre.

³⁵ Cf., por ex., a doação de estudantes na inscrição Merkelbach, *Steinepigramme*, no. 03/02/31: por causa de nossos objetivos, deixo de lado os *coloni* rurais, lavradores que arrendavam a terra na mão dos donos e que eram muito dependentes desses donos. Geralmente estavam ligados por herança ao lugar onde tinham nascido e que eles arrendavam, sendo oprimidos por preços altos e perdendo cada vez mais seus direitos. Às vezes essas relações verticais eram consideradas semelhantes à dos clientes: HERMOGENIANO, *Dig.* 19.1.49 pr. ("colonum ... in fidem suam recipit"). Mas as relações muitas vezes opressoras eram governadas mais por obrigações sólidas e legalmente definidas do que pelo valor moral da lealdade.

³⁶ Para uma definição de "classe", ver G. ALFÖLDY, *Römische Sozialgeschichte* (3ª ed.; Wiesbaden: Steiner, 1984), p. 126-27.

distinguiam-se uns dos outros por linhas *verticais* de demarcação, criadas pelas dependências de diferentes patronos e suas casas.[37]

Essas conexões verticais ajudavam a aumentar as chances dos clientes de *mobilidade social ascendente*. A promoção pessoal social era amplamente influenciada pela lealdade para com um patrono cujas conexões e recursos podiam ser valiosas para clientes ambiciosos. Os aristocratas municipais, por exemplo, não tinham chance de elevar-se socialmente sem a proteção patronal de alguns membros das fileiras senatoriais ou eqüestres.[38]

Uma característica importante da relação patrono-cliente era que o poder (*potestas*) era muito menos enfatizado do que a lealdade mútua (fides, πίστις [*pistis*]). Esta última limitava a ostentação de poder. Dessa forma, as relações recíprocas de dar e receber podiam fomentar o que convinha aos interesses de ambos os parceiros nessa interação vertical. Na metade do séc. I da Era Comum, essas relações ainda serviam aos interesses dos superiores pelo prestígio e ao desejo dos inferiores de proteção social. Mais tarde, as relações patrono-cliente falharam sempre mais em atingir essas metas.

3. Não apenas pessoas, individualmente, eram clientes. Também clubes, comunidades inteiras, e até províncias podiam obter o *status* de cliente. A supremacia de Roma sobre os territórios dominados era muitas vezes interpretada como patronato (*deditio in dicionem et fidem populi Romani*).[39] Os conquistadores de províncias e os fundadores de colônias tornavam-se seus "patronos".[40] As cidades escolhiam senadores influentes, autoridades municipais precedentes, ou outras personalidades distintas para seus patronos. Esses patronos representavam os interesses políticos e legais da comunidade, patrocinavam suas várias atividades, particularmente em projetos de construção, e eram generosos nas doações.[41] Às vezes uma cidade escolhia vários patronos ao mesmo tempo.[42] Somos capazes de identificar mais de 1200 desses tipos patronos de cidades entre 70 antes da Era Comum e 300 da Era Comum, no Império Romano.[43] Além disso, eram numerosos os patronos das associações religiosas e profissionais (*collegia*, clubes). Sobressaíam nas doações, presentes, e no financiamento de

---

[37] Separações verticais também faziam distinção entre *escravos, libertos* e pessoas *nascidas livres*, e entre o povo de classe inferior do *campo* ou da *cidade*. Uma pessoa livre, por exemplo, não tinha automaticamente uma posição social mais elevada que um escravo. Muitas vezes acontecia o contrário. Qualquer idéia de separação horizontal entre esses grupos seria equivocada. Cf. por ex., o modelo piramidal de G. ALFÖLDY para a sociedade do império romano (*Sozialgeschichte*, p. 125).

[38] Cf., por ex,. SALLER, *Patronage*, p. 120.

[39] Cf. PAULUS, *Dig.* 49.15.7 § 1; CÍCERO, *Off.* 2.27; LÍVIO 26.32.8; 37.54.17.

[40] Lex. col. Gen. 97; CÍCERO, *Off.* 1.11.35: "ut ii, qui civitates aut nationes devictas bello in fidem recepissent, eorum patroni essent more maiorum"; VALÉRIO MÁXIMO 4.3.6; LÍVIO 37.45.2; DIONÍSIO, *Ant. rom.* 2.11.1: "cada uma das cidades conquistadas tinha ...προστάτας [*prostatas*, patronos]". O termo paralelo προστάτις (*prostatis*) está em Rm 16,2.

[41] TÁCITO, *Dial.* 3; CÍCERO, *Sest.* 9; *Pis.* 25; PLÍNIO, *Ep.* 4.1. Cf. também, por ex., o cônsul Cláudio Severo, que por volta do ano 165 da Era Comum era honrado como "protetor da cidade" de Éfeso. Ver a inscrição em MERKELBACH, *Steinepigramme*, no. 03/02/28.

[42] Por ex., *Inscriptiones Latinae Selectae* (ed. Hermann Dessau, Berlim 1,1892-3.2, 1916), 6121.

[43] Ver J. NICOLS, "Prefects, Patronage, and the Administration of Justice," *ZPE* 72 (1988): 201 n.3.

banquetes. E quanto mais distintos eram, mais elevavam o prestígio social do clube e de seus membros. As mulheres também, com freqüência, eram patronas de associações religiosas.[44] O proveito que os patronos recebiam dessas relações era o prestígio: seus clientes agradecidos os louvavam com inscrições e os imortalizavam com estátuas.

4. O imperador, naturalmente, era considerado como o patrono de maior prestígio. Entre a sua clientela estavam seus libertos, a *plebs* urbana romana, os militares do exército e da frota, e os membros da elite local das províncias. Os senadores e os eqüestres eram muitas vezes chamados de *amici*, amigos num nível igual. Porém, essa era apenas uma linguagem diplomática, porque de fato eram clientes também.

Finalmente, toda a população do Império Romano era considerada como se estivesse numa relação patronal com o imperador, que era tido como o *pater patriae*, o "pai do país". Dion de Prusa descreveu o governante ideal como alguém que "vê o cuidado social pelo povo não como uma trivialidade ou uma mera disputa (...,) mas antes como sua tarefa pessoal e sua profissão. Se ele está ocupado com outra coisa, sente que está fazendo algo sem importância" (*Or.* 3.55).[45] Obviamente, muitos imperadores não viveram à altura desse ideal. Não obstante, como *defensor plebis* ("defensor do povo"), o imperador assistia a *plebs* na cidade de Roma com doações de dinheiro e de trigo; após terremotos, oferecia ajuda financeira às comunidades para a reconstrução. Os exemplos são bem conhecidos e podem facilmente ser aumentados.

Também nessa relação especial de patrono-cliente, os clientes eram naturalmente obrigados a mostrar sua lealdade ao patrono, dando "a César o que é de César" – pagando os impostos, fazendo juramentos de fidelidade (p. ex., ILS 190), ou venerando o imperador no culto imperial (p. ex., ILS 112). Mas é claro que a segunda parte do texto cristão primitivo acima citado, "dai a Deus o que é de Deus" (Mt 22,21), enfocava uma segunda e concorrente pirâmide, com Deus no topo. Em tempos de tensão política, como a ameaça que o autor do Apocalipse percebia em Domiciano, que queria ser adorado tanto pelos pagãos como pelos cristãos, esta segunda relação patrono-cliente fazia enorme concorrência à primeira. A *Clausula Petri* (At 5,29) também não exclui essa concorrência. Os primeiros cristãos desenvolveram o conceito de uma pirâmide alternativa com lealdades alternativas. Isso era explosivo e, no Apocalipse, levou à tese provocadora de que o sistema pagão piramidal greco-romano, com Satã, o imperador e os sacerdotes do culto imperial no topo, meramente arremedava a tríade de Deus, Cristo e o Espírito Santo.[46]

---

[44] Ver F. Vittinghoff; ed., *Europäische Wirtschafts- und Sozialgeschichte in der Römischen Kaiserzeit* (Handbuch der Europäische Wirtschafts- und Sozialgeschichte 1; Stuttgart: Klett, 1990), p. 203, 211.
[45] Cf. também Plínio, *Pan.* 2.21.
[46] Cf. Ap 5,6 com 13,3.12.14 e 13,15 com 11,11 como também 13,2.4; 13,11; 16,13; 20,10; 7,3; 13,16. Ver também P. Lampe, "Die Apokalyptiker – Ihre Stiuation und ihr Handeln", em *Eschatologie und Friedenshandeln* (ed. por U. Luz et al.; 2ª ed.; SBS 101; Stuttgart: Kathollisches Bibelwerk, 1982), p. 59-115, mais precisamente na p. 95.

Não há dúvida de que a pirâmide alternativa com Deus e Cristo no topo era tão real para os primeiros cristãos como a pirâmide presidida pelo imperador. Para eles, o *Kyrios* ressuscitado representava uma entidade pessoal e social tão real como o próprio imperador. Assim, de acordo com a percepção deles, ambas as pirâmides estavam no mesmo nível. A possível censura moderna segundo a qual diferentes categorias estão aqui misturadas, e que a sociedade humana e o mundo religioso não podem ser postos em concorrência um com o outro, deixaria perplexos os primeiros cristãos, fazendo-os menear a cabeça.

PARTE II. PATRONO E CLIENTE NAS CARTAS PAULINAS

As fontes pagãs que iluminam as relações patrono-cliente na grande maioria das vezes referem-se aos patronos aristocráticos de Roma e das províncias. Patronos e clientes de condição social inferior deixaram menos testemunhos de suas atividades; eles têm sido encontrados principalmente nas inscrições e nos papiros do Egito, mas também no Cristianismo primitivo. No Cristianismo paulino, as relações patrono-cliente podem ser encontradas tanto entre indivíduos como entre indivíduos e grupos. Porém, ao mesmo tempo, essas relações verticais eram também questionadas por serem problemáticas. Portanto coexistiam no Cristianismo paulino duas tendências aparentemente contraditórias.

Tendências igualitárias

Em Gl 3,27-28, Paulo refere-se à compreensão cristã primitiva do batismo. No batismo e na existência pós-batismal, as diferenças mundanas entre os batizados tornam-se irrelevantes; não importa qual seja sua condição no mundo, todos os que são batizados estão convencidos da mesma proximidade ao Cristo. Sem diferenciação, todos os cristãos são "filhos de Deus pela fé" (3,26).[47] Sejam quais forem as diferenças mundanas entre os gálatas, elas estão abolidas. "Não há judeu nem grego, não há escravo nem livre, não há homem nem mulher" (3,28).

O texto diferencia entre dois contextos sociais que estão ao mesmo tempo ao lado e em oposição um ao outro. Por um lado, há o contexto mundano, helenístico-romano, no qual judeus e gregos são diferenciados uns dos outros, como também os não legalmente livres dos livres, e os homens das mulheres. Por outro lado, a comunidade cristã mudou o paradigma. No novo contexto social dos cristãos, essas diferenciações entre as pessoas não se faziam mais. Nas igrejas domésticas e nas interações cristãs recíprocas, essas diferenças mundanas, verticais ou horizontais, eram consideradas irrelevantes, de modo que uma pessoa era igual à outra.[48]

---

[47] Sobre os cristãos, filhos de Deus, ver também, por ex., R, 8,14-17.19.21.23. Cristo, conseqüentemente, pode ser chamado irmão deles (v. 29), embora ele também apareça como o senhor verticalmente superordenado (ver abaixo).

[48] É isto que significa "vós todos sois um" (εἰς [*heis*]) em 3,28. Vós todos sois juntos uma e mesma coisa; nada vos diferencia. Uma paráfrase que expressa o sentido seria: "Vós todos sois o mesmo como qualquer outro." Ao

Essa era a máxima igualitária no Cristianismo paulino. Por outro lado, porém, *havia* relações verticais mesmo dentro do Cristianismo paulino. E teremos de nos perguntar até que ponto o princípio de igualdade se irradiava para dentro dessas relações sociais e possivelmente as modificava.

Os patronos como base da vida da igreja cristã primitiva

Os patronos cristãos e suas casas privadas exerciam uma função muito vital na vida da igreja primitiva. Nos dois primeiros séculos da Era Comum, quase a única propriedade real que a igreja usava era as salas privadas dos patronos.[49] Edifícios e terrenos de propriedade da igreja não existiam antes do III ou até mesmo do IV século. Somente no séc. III da Era Comum é que foram edificadas as assim chamadas "casas da igreja" (*domus ecclesiae*), quer dizer, locais especiais que era reservados exclusivamente para fins litúrgicos. Nos dois primeiros séculos, as comunidades cristãs, ou "igrejas domésticas", reuniam-se em salas privadas nas casas dos patronos. Essas salas, evidentemente, eram usadas para as finalidades do dia-a-dia pelos seus proprietários ou inquilinos durante a semana.[50] Então, nos séculos I e II a igreja existia não *ao lado* das casas particulares dos patronos cristãos: existia exclusivamente *dentro* delas. Esse serviço prestado pelos proprietários cristãos dos imóveis era devidamente louvado e a virtude da hospitalidade era enfatizada. Os que abriam suas casas eram grandemente elogiados – quer possuíssem casas quer simples apartamentos como aquele do terceiro andar de um prédio em Trôade (At 20,8-9) ou o apartamento alugado de Justino, "acima do banho de Martinho" em Roma.[51]

Geralmente, não cabiam numa casa particular todos os cristãos de uma cidade. Por isso, coexistiam várias igrejas domésticas nas maiores cidades no tempo do Novo Testamento. Em Corinto e na sua cidade satélite portuária Cencréia, os grupos se concentravam nas casas de Estéfanas, Gaio, Tito Justo, Crispo e Febe. Na capital Roma, ao menos sete círculos cristãos podem ser identificados em meados do séc. I da Era Comum. Na Ásia Menor, no vale do Lico, na área de Colossos, Laodicéia e Hierápolis, os cristãos reuniam-se na casa de Ninfas ou na de Filêmon.[52]

Conhecemos apenas um lugar central de reunião onde nos primeiros tempos todos os cristãos de uma cidade às vezes se reuniam: a casa de Gaio

---

contrário do que popularmente se pensa, o masculino εἶς (*heis*) não pode significar que eles todos são "um corpo" [igreja]. O neutro de σῶμα (*sõma*, "corpo") contradiz isto.

[49] Exceções: bem no início do judeu-cristianismo, a vida cristã também teve lugar no templo de Jerusalém e nas sinagogas. Em Éfeso, Paulo pregava numa sala de aula alugada (At 19,9).

[50] Para os testemunhos literários e arqueológicos, ver, por ex., Lampe, *Die stadtrömischen Christen*, p. 307-10.

[51] Sobre os serviços dos proprietários das casas, ver, por ex., 2Tm 1,16-18; Fm 2.5.7; 1Cor 16,15; comparar também Mc 10,30 e 1,29-35; 2,15; 14,3. Sobre a hospitalidade, ver, por ex., Rm 12,13; 1Tm 3,2; Tt 1,8; 1Pd 4,9; *1 Clem*. 1,2; comparar também 1Tm 5,10; 2Jo 10. Quanto a Justino, ver *Acta Iustini* 3.3.

[52] Quanto à Ásia Menor, ver Fm 2; Cl 4,15; 1Cor 16,19 (Éfeso); possivelmente 2Tm 4,19. Sobre Corinto, ver 1Cor 1,16; 16,15; Rm 16,1.23; At 18,7; 18,8; e 1Cor 1,14. Sobre Tessalônica, ver possivelmente 1Ts 5,27 (Paulo pede que a carta seja lida a todos os cristãos da cidade; isto tem sentido se existirem pelo menos duas diferentes igrejas domésticas na cidade). Sobre Roma, ver Lampe, *Die stadtrömischen Christen*, p. 301-13.

em Corinto.⁵³ As outras cidades não tinham reuniões plenárias de várias igrejas domésticas, Roma certamente não. Portanto, a estrutura da igreja primitiva era fragmentada; *várias* igrejas domésticas reuniam-se numa cidade. Ou seja, *vários* patronos acolhiam as reuniões da igreja e nenhum patrono possuía o monopólio da liderança numa cidade. Essa estrutura fragmentada da igreja era de fato uma das razões por que um governo central eclesiástico chefiado por um bispo da cidade desenvolveu-se relativamente tarde. Em Roma, por exemplo, somente na segunda metade do séc. II da Era Comum é que surgiram bispos da cidade que pelo menos *tentaram* submeter todos os grupos cristãos da cidade de Roma à sua chefia e patronato. Nem sempre tinham sucesso em suas tentativas, nem sequer Vítor, cujo governo teve lugar na última década do séc. II. Antes dos meados do séc. II, encontramos apenas chefes de igrejas domésticas individuais em Roma, mas nenhum bispo central exclusivo.⁵⁴ Uma evolução semelhante pode ser observada na parte oriental do Império Romano. Lá, os bispos da cidade não surgiram antes das primeiras décadas do séc. II. Inácio, por exemplo, chama-se a si mesmo de único bispo de Antioquia. Mas é duvidoso se esses únicos bispos da cidade dos primeiros tempos eram sempre reconhecidos como tais por todos os cristãos na cidade; também no oriente, alguns cristãos não queriam estar sob o "bispo".⁵⁵ E, ainda no final do séc. II, pelo menos a igreja de Ancira na Ásia Menor era dirigida por um grupo, e não por um único bispo da cidade.⁵⁶ Nem pelos documentos do Novo Testamento, nem pela *Primeira Carta de Clemente*, nem pelo *Pastor de Hermas* pode-se provar que o termo "bispo" implicasse um único chefe central dos cristãos numa cidade. Todos esses escritos ainda refletem uma chefia colegial da igreja: um certo número de pessoas governava a igreja em cada cidade.⁵⁷ E isso tinha a ver com a estrutura fragmentada da igreja, representada por múltiplas igrejas domésticas, acolhidas por *múltiplos* patronos.

Em suma, *os hospedeiros das reuniões comunitárias*, ou igrejas domésticas, podem ser tidos como os patronos dessas comunidades. Como paralelos no mundo helenístico, vemos comunidades políticas e associações religiosas pagãs que gozavam do patronato de benfeitores e patrocinadores individuais (muitas vezes mulheres). Seria lícito dizer que todos os patronos cristãos primitivos que abriam suas casas para as igrejas domésticas cristãs eram "patronos".⁵⁸

---

⁵³ Ver Rm 16,23; cf. 1Cor 11,18; 14,23.

⁵⁴ Para o surgimento relativamente tardio de um bispo monárquico na cidade de Roma, ver em detalhes Lampe, *Die stadtrömischen Christen*, p. 334-45.

⁵⁵ Inácio, *Phil* 7-8 (cf. *Magn.* 6-8).

⁵⁶ Eusébio, *Hist. Eccles.* 5.16.5.

⁵⁷ Cf., por ex., Lampe, *Die stadtrömischen Christen*, p. 336-39.

⁵⁸ O mesmo pode ser dito sobre os cristãos economicamente mais fortes que cuidavam de seus companheiros cristãos necessitados. Em Rm 12,13, eles são enumerados lado a lado com os hospedeiros. Com freqüência ambos os grupos foram provavelmente identificados. O "homem de bem", em Rm 5,7, provavelmente era considerado um patrono também; era facilmente imaginável para as pessoas dar a vida por seus benfeitores por causa dos vínculos do patronato (comparar A. D. Clarke, "The Good and the Just in Romans 5:7", *TynBul* 41 [1990]: p. 128-42).

Esses patronos de pequenas igrejas domésticas tinham uma ascendência sobre os outros membros da igreja no cristianismo paulino? Enquanto saibamos, a resposta é não. Não havia subordinação vertical estática sob esses patronos. O patronato cristão não implicava automaticamente uma estrutura hierárquica. As relações sociais cristãs primitivas eram menos dinâmicas e menos claramente definidas.

1. Seria um equívoco deduzir de sua função como hospedeiros que esses patronos também fossem os chefes das reuniões comunitárias. Conforme 1Cor 12 e 14, especialmente 12,28, a função de coordenar e dirigir a comunidade coríntia ainda não estava ligada a uma pessoa específica, nem mesmo a um grupo fixo de pessoas. Ninguém presidia os cultos litúrgicos coríntios. Nenhum chefe individual era responsável por sua ordem, seu início, a seqüência de seus elementos (cf. também 1Cor 11,17-32). A comunidade como *um todo* era responsável (14,26ss). Por isso, o culto litúrgico era espontâneo e às vezes até caótico. O Espírito Santo conduzia. E qualquer pessoa que o Espírito inspirava podia realizar "atos de liderança" (12,28, κυβερνήσεις [*kybernēseis*]) na comunidade. Sem dúvida, isso incluía os hospedeiros, mas não era exclusivo para eles. A tarefa de coordenar estava ainda em muitas mãos.

2. Paulo não tinha em mente um modelo vertical, mas um simétrico, quando recomendou a todos os cristãos *respeito mútuo, amor mútuo* e φιλαδελφία (*philadelphia*, Rm 12,10; cf. Gl 5,13). É significativo que esse modelo simétrico está no contexto imediato dos "patronos" que cuidam dos cristãos economicamente carentes e que abrem suas casas como hospedeiros (Rm 12,13).

3. Mais de uma vez, Paulo teve de exortar as comunidades a *respeitar* seus chefes que se tinham afadigado por ele e a se subordinarem (ὑποτάσσησθε [*hypotassēsthe*]) a eles (1Ts 5,12-13; 1Cor 16,16). Ao que tudo indica, havia uma falta do devido respeito para aqueles que executavam "atos de liderança" (κυβερνήσεις [*kybernēseis*; cf. 1Cor 12,28]). Será que a máxima de Gl 3,28 influenciava nisso? É muito provável. Conforme 1Tm 6,2, os escravos cristãos muitas vezes tendiam a mostrar menos respeito para com seus senhores se estes eram irmãos cristãos. A máxima de Gl 3,28 (cf. Cl 3,11, também Tg 2,1-5) parece ter sido concretizada até certo ponto na vida das comunidades – até mesmo a ponto de Paulo e o autor de 1Tm sentirem-se obrigados a orientar na direção oposta de vez em quando. Embora os patronos e chefes fossem simplesmente "irmãos" e "irmãs" no contexto da igreja doméstica, alguma subordinação e respeito para com aqueles que executavam "atos de liderança" e abriam suas casas para as reuniões de culto pareciam apropriados aos olhos de Paulo. Pois o amor entre iguais também inclui o "serviço" aos outros e a abnegação de si mesmo (1Cor 8;13; Fl 2,5ss etc.). Quem quer que *insista* em seus direitos e *status*, afirmando que é "igual" a (ou até "melhor" que) os outros, não vive de acordo com o exemplo de Cristo, de estar pronto a renunciar a seu *status* para o benefício dos outros.

Numa palavra, no cristianismo paulino não havia relações verticais bem definidas e consistentes. As coisas eram mais dinâmicas. O mesmo pode ser observado quando olhamos para as relações sociais no meio das quais o próprio Paulo trabalhou e viveu.

Patronos de Paulo

Como a igreja primitiva em sua totalidade, Paulo em sua obra missionária confiava em vários patronos, que apoiavam sua missão apostólica, acolhendo-o e encorajando-o, providenciando auxiliares para ele[59] e uma audiência que também incluía os dependentes desses patronos. Lídia, em Filipos, uma próspera importadora de tecidos luxuosos, foi batizada por Paulo, hospedou-o em sua casa com seus companheiros, e também combinou o batismo de seus dependentes (At 16,14-15). Ela certamente estava entre os patrocinadores que possibilitaram à comunidade filipense enviar dinheiro a Paulo mais de uma vez para apoiar seu trabalho missionário em outras cidades (Fl 4,10.14-18; 2Cor 11,9). Em Tessalônica, um certo Jasão apoiou Paulo e Silas, hospedando-os em sua casa e protegendo-os da plebe local (At 17,5.7). Várias senhoras da aristocracia local de Tessalônica, várias mulheres e homens respeitáveis de Beréia e alguns da elite local de Atenas, como Dionísio e Dâmaris, presumivelmente tornaram-se também seguidores da pregação de Paulo (At 17,4.12.34) e pode bem ser que lhe tenham dado apoio, embora não tenhamos informações diretas sobre isso.[60] Em Corinto, um tal de Tício Justo ofereceu a Paulo a própria casa para suas atividades de pregador (At 18,7), e Gaio hospedava-o quando ele escreveu a Carta aos Romanos (Rm 16,23). A mãe de Rufo, em Roma, fez as vezes de "mãe" para Paulo quando ela estava nas regiões orientais do império (Rm 16,13).[61]

A única pessoa a respeito da qual Paulo usou explicitamente o termo "patrono" (προστάτις/*prostatis*) foi Febe, em Cencréia, como já vimos (Rm 16,1-2). Como "patrona", ela apoiou e patrocinou "muitos" cristãos, incluindo Paulo. Paulo pode ter gozado da hospitalidade da casa dela em Cencréia por um tempo, quando ele estava trabalhando em Corinto. Parece também que ela abriu sua casa para as reuniões da igreja doméstica local de Cencréia (16,1b).

Todavia, o apoio de Febe aos cristãos da cidade não estabeleceu realmente uma relação vertical. Na mesma passagem, ela é chamada também de "nossa irmã" e "serva" (διάκονος/*diakonos*) da igreja doméstica de Cencréia. E quando ela viajou para Roma, supõe-se que os cristãos romanos apoiaram lá

---

[59] Cf., por ex., Tércio, ao qual Paulo ditou a Carta aos Romanos na casa de Gaio, em Corinto (Rm 16,22-23). Gaio hospedou Paulo e provavelmente também arranjou para Tércio o ofício de secretário.

[60] O mesmo é verdade a respeito do judeu-cristão Crispo (At 18,7; 1Cor 1,4) e a respeito de Estéfanas (1Cor 1,16; 16,15). Ambos eram chefes de família e apoiavam a vida da igreja em Corinto, e portanto indiretamente também a missão apostólica de Paulo.

[61] Quanto a outros exemplos de patronato: se 2Tm 1,16-18 preserva uma tradição acurada, um tal de Onesíforo teve uma função de patronato para com os cristãos em Éfeso e também tentou cuidar de Paulo quando este estava na prisão em Roma. At 19,31 menciona alguns líderes da Província da Ásia como "amigos" de Paulo. Não eram cristãos, mas tentaram protegê-lo do tumulto que foi provocado pelos ourives de Éfeso.

seus negócios, assim como faria um patrono. Então, nesse caso, as funções de patrão e cliente foram invertidas, com Febe tornando-se "cliente", se de fato queremos aplicar o modelo patrono-cliente a essa relação de apoio. O mesmo é ainda mais verdade quanto à relação entre Paulo e Febe. Por um lado, Febe era uma "patrona" para Paulo (Rm 16,2c). Por outro, Paulo era um apóstolo, o fundador da igreja coríntia e, em Rm 16,1-2, escreve uma breve carta de recomendação em favor de Febe. Ou seja, aí *ele* assume a função de patrono, desejando garantir que os cristãos romanos a recebam bem e lhe dêem apoio em toda necessidade durante a visita dela a Roma. Assim, no Cristianismo paulino primitivo, as funções de patrono e de cliente não eram estáticas, não eram relações de dependência vertical, mas podiam até ser invertidas. Esse fato ressalta que a igualdade fundamental de todos os cristãos formulada em Gl 3,28 não era mera teoria nas igrejas paulinas.

Porque Febe foi a única pessoa para a qual o termo técnico "patrono" foi usado especificamente, podemos supor que esse caráter dinâmico das relações patrono-cliente também se verificava no caso dos outros patronos de Paulo enumerados anteriormente.

Certamente isso era verdade nas relações de Paulo com Prisca e Áquila. Como patronos, apoiavam sua obra missionária em Corinto, dando-lhe hospedagem e emprego em sua empresa (At 18,2-3). Como patronos, acolheram igrejas domésticas em Éfeso (1Cor 16,19) e em Roma (Rm 16,5). "Arriscaram a cabeça" para salvar a vida de Paulo (Rm 16,4); isso provavelmente aconteceu durante sua estadia em Éfeso, onde Paulo esteve exposto a sérios perigos (1Cor 15,32; 2Cor 1,8-9). "Todas" as igrejas cristãs da gentilidade lhes deviam gratidão (Rm 16,4). Por outro lado, Paulo era mais do que simplesmente "cliente" deles. 1Cor 16,19 soa como se eles fossem mais cooperadores de Paulo em Éfeso do que seus "patronos". E em Rm 16,3, exatamente um versículo depois que Febe foi chamada de "patrona", o casal não foi qualificado por este termo, mas com o atributo "meus colaboradores". Pelo menos no tempo da Carta aos Romanos, tinha se originado uma relação *simétrica* entre Paulo e esse casal. "Colaborador" podia ser usado até para auxiliares *subordinados* a Paulo.[62] Assim, de novo, as relações verticais podiam sem invertidas, exemplificando o princípio da igualdade de todos os cristãos.

Isso pode também ser ilustrado a respeito de Gaio e Paulo: Gaio por um lado patrocinou as atividades de Paulo, em Corinto, e hospedou o apóstolo (Rm 16,23). O apóstolo, por outro lado, tinha batizado seu "patrono" (1Cor 1,14) e assim tinha patrocinado sua fé.[63]

---

[62] 2Cor 8,23 (Tito); cf. Gl 2,1-3; Rm 16,21 (Timóteo); Rm 16,9 (Urbano); Fl 2,25 (Epafrodito); Fm 24 (Marco, Aristarco, Demas e Lucas); Fm 1.8 (Filêmon); Fl 4,3. Depois da morte do imperador Cláudio, em 54 da Era Comum, Prisca e Áquila voltaram para Roma. Essa mudança pode ter tido uma motivação estratégica: possivelmente foram enviados por Paulo como sua vanguarda em Roma, onde ele queria ter uma base firme para seu evangelho antes de viajar para a Espanha.

[63] Também a mãe de Rufo foi mãe para Paulo como uma patrona (Rm 16,13), provavelmente hospedando Paulo, mas isso não fez do apóstolo um "cliente" subordinado.

A flexibilidade das relações pode ser ilustrada também pelas relações de Paulo com Barnabé. Barnabé era mais velho que Paulo e parece ter chamado Paulo a Antioquia, apresentando-o aos cristãos daquela cidade (At 11,25-26; cf, 9,26s). Parece ter sido patrono de Paulo nesses primeiros anos. Sendo mais experiente e influente na igreja do que o recém-convertido Saul, Barnabé pode até ter exercido uma função paterna em favor de Paulo no começo.[64] Paulo, porém, parece ter-se tornado logo um missionário mais bem sucedido, e isso transformou a relação deles em relação simétrica, como podemos ver durante o assim chamado concílio apostólico (Gl 2,1.7-9).[65] Parece até que Paulo tornou-se o porta-voz e o líder (Gl 2,2. 5-8) até que se separaram (Gl 2,13; cf. At 15,36-40).

A ambigüidade desse exemplo é devida a evoluções dinâmicas dentro da relação dos dois homens. E este é o ponto principal que aprendemos desta ambigüidade: a posição do patrono no Cristianismo paulino não é rígida, com alguém sempre acima do outro. Às vezes, o patrono aparece igual ao cliente; às vezes "patrono" e "cliente" podem até permutar as funções.

Outros apóstolos como patronos de Paulo?

Como Paulo definiu suas relações com os outros apóstolos que tinham sido discípulos de Jesus de Nazaré durante sua vida e que tinham sido apóstolos muito tempo antes de ele se converter? Em 1Cor 15,8-9, Paulo confessa: "Em último lugar, [Jesus] apareceu também a mim como a um abortivo. Pois sou o menor dos apóstolos, nem sou digno de ser chamado apóstolo, porque persegui a igreja de Deus". Dois ou três anos após sua conversão, Paulo viajou para Jerusalém, onde conversou com Pedro durante quinze dias e encontrou Tiago. Esses dois apóstolos foram "patronos" do novato Paulo, instruindo-o, ensinando-lhe o que é ser apóstolo e enviando-o para seu trabalho missionário? Não. Embora fosse o menor de todos, Paulo pretendia ser um apóstolo *diretamente* dependente de Cristo e não de algum dos outros apóstolos (Gl 1,11-12.16-17). Sentia-se responsável somente perante Cristo e Deus, a quem devia prestar contas como "escravo," "servo," ou "administrador" (Rm 1,1.9; 1Cor 4,1-2); ou seja, apenas nessa relação havia uma subordinação vertical que podia ser comparada com as estruturas patrono-cliente.

Paulo como patrono de colaboradores e de comunidades

Como deve ser definida a relação de Paulo com seus outros colaboradores (além de Prisca e Áquila) e com suas comunidades?[66] Que tipo de liderança ele

---

[64] Ver, por ex., S. Tarachow, "St. Paul and Early Christianity: A Psychoanalytic and Historical Study", em *Psychoanalysis and the Social Sciences* (ed. W. Muensterberger e S. Axelrad; vol. 4; Nova Iorque: International University Press, 1955), p. 240; B. E. Redlich, *S. Paul and His Companions* (Londres: Macmillan, 1913), p. 62. Barnabé também era um dos patronos da primitiva igreja de Jerusalém (At 4,36-37).

[65] Ver também At 13-14. De 13,13 em diante, a maioria das vezes Paulo é mencionado até antes de Barnabé.

[66] Não vou tomar em consideração os partidos mencionados em 1Cor 1-4: os cristãos coríntios, que tinham sido iniciados no Cristianismo por Paulo, Pedro ou Apolo, formavam três partidos que se exaltavam um em con-

exercia? Essas relações eram estritamente verticais ou também incorporavam elementos simétricos que refletiam a igualdade fundamental de todos os cristãos? Ele deixava espaço para situações em que a igualdade era manifestada?

Depois da separação de Barnabé, Paulo rodeou-se de auxiliares que viajavam com ele, pregavam com ele, escreviam cartas com ele e que eram mandados por ele às comunidades: Silas, Timóteo, Tito, Erasto, Urbano, Epafrodito, Sóstenes, Tércio, Clemente, Evódia, Síntique; os companheiros de viagem Aristarco, Gaio de Derbe, Sópater, Segundo, Tíquico e Trófimo, além de pessoas anônimas.[67] Alguns deles eram enviados pelas comunidades.[68]

A questão do estilo da liderança de Paulo tem sido tratada e respondida muitas vezes de acordo com um estilo predominantemente "democrático".[69] No entanto, depois da análise exaustiva de Walter Rebell, que usou categorias sociopsicológicas, foi colocado um freio nesse otimismo.[70] Não há espaço aqui para entrarmos nos detalhes dessa extensa discussão. Resumindo seu resultado: o material que reflete o comportamento de Paulo como líder emite sinais ambíguos. Por um lado, o apóstolo dá espaço para suas comunidades desenvolverem um certo grau de independência. Podem, por exemplo, escolher por si mesmos entre opções éticas alternativas.[71] Paulo também ressaltava a φιλαδελφία (phi-

---

fronto com o outro. Como acontecia nas relações entre mestres e alunos pagãos, esses partidos olhavam para seus respectivos apóstolos como patronos e os veneravam bem como a sua respectiva sabedoria teológica. Paulo censura essa prática como uma perversão. Apenas a Cristo se pode aderir como a um patrono e venerá-lo – não aos apóstolos humanos. Ver, por ex., P. LAMPE, "Theological Wisdom and the 'Word about the Cross'. The Rhetorical Scheme in I Corinthians 1-4", *Int* 44 (1990): p. 117-31.

[67] *Silas* e *Timóteo* (1Cor 4,17; 16,10; 2Cor 1,1.19; 1Ts 1,1; 3,2; Fl 1.1; 2,19.22-23; Rm 16,21; cf. At 15,40; 16,1-3; 17,14ss; 20,4-6); *Tito* (2Cor 8,17.23; Gl 2,1-3); *Erasto* (At 19,22); *Urbano* (Rm 16,9); *Epafrodito* (Fl 2,25.28-30); *Sóstenes* (1Cor 1,1); *Tércio* (Rm 16,22); *Clemente, Evódia* e *Síntique* (Fl 4,2-3); os companheiros de viagem *Aristarco, Gaio de Derbe, Sópatro, Segundo, Tíquico* e *Trófimo* (Fm 24; At 19,29; 20,4-6; cf. Ef 6,21-22; Cl 4,7-8.10), e outras pessoas anônimas (Gl 1,2; 2Cor 8,22.18-19; Fl 4,3).

[68] 2Cor 8,18-19; Fl 2,25. 30. No séquito temporário de Paulo, estão também Andrônico e Júnia (Rm 16,7), alguns "irmãos" anônimos (Fl 4,21), Epafras (Fm 23; cf. Cl 1,7-8; 4,12), Marcos, Lucas, Demas, Onésimo e Jesus Justo (Fm 23; cf. Cl 4,9-11.14; 2Tm 4,10-11), Lúcio, Jasão e Sosípater (Rm 16,21). Este último pode ser idêntico a Sópatro de At 20,4.

[69] Cf. por ex., A. SCHREIBER, *Die Gemeinde in Korinth: Versuch einer gruppendynamischen Betrachtung der Entwicklung der Gemeinde von Korinth auf der Basis des ersten Korintherbriefes* (NTAbh, n.s., 12; Münster, Alemanha: Aschendorff, 1977), p. 100-103; K. STALDER, "Autorität im Neuen Testament", *IKZ* 67 (1977): p. 1-29, esp. 4; E. BERBUIR, "Die Herausbildung der kirchlichen Ämter von Gehilfen und Nachfolgern der Apostel", *Wissenschaft und Weisheit* 36 (1973): p. 110-28, esp. 116; J. ECKERT, "Der Apostel und seine Autorität: Studien zum zweiten Korintherbrief" (Habilitationsschrift, Munique, 1972), p. 494ss.; G. FRIEDRICH, "Das Problem der Autorität im Neuen Testament", em *Auf das Wort kommt es an: Gesammelte Aufsätze* (ed. J. H. Friedrich; Göttingen: Vandenhoeck & Ruprecht, 1978), p. 374-415, esp. 392; J. A. GRASSI, *A World to Win: The Missionary Methods of Paul the Apostle* (Nova Iorque: Maryknoll, 1965), 135ss.; R. PESCH, "Neutestamentliche Grundlagen kirchendemokratischer Lebensform", *Concilium: Internationale Zeitschrift für Theologie* 7 (1971): p. 166-71, esp. 170; G. SCHILLE, "Offenbarung und Gesamtgemeinde nach Paulus", *Zeichen der Zeit* 24 (1970): p. 407-17, esp. 409; R. SCHNACKENBURG, "Die Mitwirkung der Gemeinde durch Konsens und Wahl im Neuen Testament", *Concilium* 8 (1972): p. 484-89, esp. 486; J. D. G. DUNN, *Jesus and the Spirit* (Londres: SCM, 1975), p. 278; J. HAINZ, *Ekklesia: Strukturen paulinischer Gemeinde-Theologie und Gemeinde-Ordnung* (Biblische Untersuchungen 9; Regensburg, Alemanha: Pustet, 1972), p. 54, 291; W. SCHRAGE, *Die konkreten Einzelgebote in der paulinischen Paränese* (Gütersloh, Alemanha: Mohn, 1961), p. 113; R. BAUMANN, *Mitte und Norm des Christlichen: Eine Auslegung von 1 Korinther 1,1-3,4* (NTAbh, n.s., 5; Münster, Alemanha: Aschendorff, 1968), p. 248; H. RIDDERBOS, *Paulus: Ein Entwurf seiner Theologie* (Wüppertal, Alemanha: Brockhaus, 1970), p. 326; e, já, E. VON DOBSCHÜTZ, *Die urchristlichen Gemeinden* (Leipzig: Hinrichs, 1902), p. 5.

[70] W. REBELL, *Gehorsam und Unabhängigkeit: Eine sozialpsychologische Studie zu Paulus*. Munique: Kaiser, 1986), esp. p. 104-45).

[71] Por ex., 1Cor 6,5.7 e 1Cor 7. Ver também 2Cor 8,17 (a respeito de Tito).

ladelphia), o amor entre irmãos e irmãs iguais, que deve reger a vida no seio das igrejas.[72] Por outro lado, Paulo denomina-se a si mesmo seu "pai",[73] ao qual devem "serviço" (λειτουργία/*leitourgia*, Fl 2,30) e "constante obediência", como defende Walter Rebell.[74] Ele situa Paulo "numa posição intermédia entre o estilo democrático e o autoritário de liderança", mas também tem sérias dúvidas de que possamos realmente falar sobre um "estilo de liderança" em razão do comportamento complexo e ambíguo da liderança de Paulo.

A ambigüidade da liderança de Paulo pode ser ilustrada por sua relação com Filêmon. Enquanto "colaborador", Filêmon estava subordinado ao apóstolo, porquanto Paulo o havia iniciado no cristianismo e podia haver-lhe "ordenado fazer o que convém" se o quisesse (Fm 1.8.19). Paulo, porém, se abstém de "ordenar": "Prefiro pedir-te por amor" (v. 9); "nada quis fazer sem teu consentimento, para que tua boa ação não fosse como que forçada, mas espontânea" (v. 14). À primeira vista esse "apelo" parece ter feito menos pressão sobre Filêmon, mas olhando melhor, não foi assim: a pressão apenas se torna, desse modo, menos sutil e menos direta. Um pouco adiante, Paulo esclarece que "tem confiança" na "obediência" de Filêmon (v. 21) – uma afirmação que mantém o nível de pressão para atender os desejos de Paulo. A ambigüidade da relação torna-se ainda mais óbvia quando vemos Filêmon assumindo a função de patrono. Como hospedeiro de uma igreja doméstica (vv. 1-2) e hospedeiro do próprio Paulo (v. 22), Filêmon também era "patrono" não só de outros cristãos, mas também de Paulo. Aos olhos de Paulo, a ambigüidade dessa relação resumia-se melhor nos termos simétricos "irmão" (vv. 7. 20) e "amigo" (v. 17).[75]

Paulo como patrono de Onésimo

A Carta a Filêmon nos coloca perante mais um outro tipo de patronato. Filêmon havia sofrido um prejuízo material em sua casa; não sabemos os detalhes (talvez algum objeto precioso foi quebrado). Filêmon acusou seu escravo desse prejuízo. Onésimo, o escravo, teve medo da ira de seu senhor e escolheu fazer algo que muitas vezes era feito por escravos em situações semelhantes, como o

---

[72] Por ex., 1Ts 4,9; Rm 12,10.
[73] Por ex., 1Cor 4,14-16. Ver também 1Cor 4,17 (Fl 2,22): Timóteo como "filho" de Paulo. Em 1Cor 16,10-11 Paulo escreve uma recomendação para Timóteo exatamente como fazia um patrono. O mesmo vale de Epafrodito que "serve" o apóstolo e para o qual Paulo escreve uma recomendação (Fl 2,29-30).
[74] Rebell, *Gehorsam und Unabhängigkeit*, 130. Cf. acima os fundadores das colônias como patronos dessas comunidades políticas.
[75] Ver também Fm 1.3-4.8-9.20: os dois são iguais. Κοινωνία (*koinõnia*), em Fm 6. 17, claramente é um termo simétrico; ver P. Lampe,"Der Brief an Philemon", em *Die Briefe an die Philipper, Thessalonicher und an Philemon* (ed. por N. Walter, E. Reinmuth e P. Lampe; NTD 8/2; Göttingen: Vandenhoeck & Ruprecht, 1998), p. 212-32, com referências. A ambigüidade pode ser vista também em outras relações. Sóstenes e os "colaboradores" (Rm 16,21; Fl 2,25), Timóteo e Epafrodito também eram "irmãos" (1Cor 1,1; 2Cor 1,1; Fl 2,25), embora o apóstolo pudesse "enviar" esses colaboradores aonde quisesse, e embora Epafrodito o "servisse" (por ex., Fl 2,25.28.30). Paulo chamava Tito não só de "colaborador", mas também de "companheiro" (2Cor 8,23), que até certo ponto podia tomar suas próprias decisões (8,17). Por outro lado, sendo mais jovem que Paulo, Tito evidentemente era subordinado a ele no concílio apostólico (Gl 2,1. 3). Em todas essas relações, a ambigüidade prevalecia.

mostram os textos legais.⁷⁶ Deixou a casa do senhor não para escapar, mas para ir ter com um amigo do seu senhor, nesse caso o apóstolo Paulo, e pediu-lhe que fizesse o papel de mediador nesse conflito. Paulo era solicitado a dizer uma palavra em favor de Onésimo; ou seja, era solicitado a assumir um patronato temporário ou a função de advogado. Paulo aceitou essa função e escreveu a Carta a Filêmon, pedindo vigorosamente a Filêmon que engolisse sua ira e aceitasse Onésimo com amor como a um irmão.

Essa relação temporária de patrono a cliente entre Paulo e Onésimo era claramente vertical. E Paulo usou seu patronato para converter o escravo ao cristianismo e para ensinar-lhe a fé cristã. No entanto, no decurso da carta, Paulo situa essas categorias verticais numa outra perspectiva, usando termos simétricos, solapando assim o absoluto das estruturas verticais. O apóstolo afirma que Onésimo é igual a ele, "um irmão amado, muitíssimo para mim e tanto mais para ti" (v. 16). Paulo chega a identificar-se com Onésimo: "Portanto, se me consideras teu amigo, recebe-o como se fosse *a mim* mesmo (v. 17)"; "mando-o de volta a ti; ele é como se fosse *meu* próprio coração" (v. 12); "se ele te deu algum prejuízo ou te deve alguma coisa, põe isso na *minha* conta" (v. 18). Também enfatizando freqüentemente seu aprisionamento (vv. 1. 9. 10. 13. 23), Paulo coloca-se no mesmo nível do escravizado Onésimo. Em Cristo, os que aos olhos do mundo estão situados acima ou abaixo dos outros tornam-se irmãos iguais. Por isso, o apóstolo espera que Filêmon receba Onésimo como irmão igual e amado (vv. 16-17). Espera que ele redefina sua relação social com Onésimo – não só durante os cultos, mas também "na carne" (v. 16), no dia-a-dia. Isto é, espera que deixe de lado sua função social secular de senhor de escravo ou (no caso de ter decidido libertar Onésimo) de patrono de um liberto. Espera que ele, em suas interações com Onésimo, torne irrelevante essa persistente diferença mundana – o que corresponde exatamente à máxima de Gl 3,28. Essa máxima pode ser realizada com vivacidade quando pessoas hierarquizadas como Paulo e Filêmon renunciam a seu *status* privilegiado.

Resumindo o resultado paradoxal: na Carta a Filêmon, Paulo *usa* sua função de advogado e patrono para *abolir* a relevância dessas hierarquias verticais no interior da vida social cristã.

Comunidades como patronas?

Em Rm 15,24.28, Paulo espera que os cristãos de Roma patrocinem seu trabalho missionário na Espanha, possivelmente fornecendo-lhe companheiros, alimento ou dinheiro para a viagem, talvez também conseguindo-lhe meios de transporte (προπέμπω/*propempō*). Esse patrocínio de atividades de viagem por comunidades locais pode ser visto também em outros lugares. Paulo espera que

---

⁷⁶ *Dig.* 21.1.17.4-5; 21.1.43.1; 21.1.17.12; Plínio, *Ep.* 9:21, 24. Sobre essa análise das situações subjacentes à Carta a Filêmon, ver P. Lampe, "Keine 'Sklavenflucht' des Onesimus", *ZNW* 76 (1985): p. 135-37; idem, "Der Brief an Philemon", p. 203-32.

os coríntios ajudem Timóteo na sua viagem de Corinto a Éfeso (1Cor 16,11) e a viagem dele próprio à Judéia (2Cor 1,16; cf. 1Cor 16,6). Nessa viagem a Judéia, com o dinheiro da coleta para Jerusalém em sua bagagem, Paulo é de fato acompanhado por representantes das comunidades que doaram o dinheiro para Jerusalém. Esses delegados da Macedônia e da Acaia o sustentavam nessa viagem. Pela sua presença, eles também garantiam e documentavam, contra qualquer crítica possível, que tudo relacionado a essas transações monetárias tinha sido feito adequadamente (2Cor 8,19-23; At 20,4-6).

Quando Paulo fundou as igrejas de Tessalônica e de Corinto, a comunidade de Filipos patrocinou essas atividades missionárias (2Cor 11,8-9; Fl 4,14-16). De uma perspectiva unilateral, esse patrocínio de viagens apostólicas por comunidades – por meio de pessoas ou de donativos – podia ser interpretado como *patronato* temporário, sendo Paulo ou seu colaborador Timóteo os *clientes* das igrejas patrocinadoras. Todavia – e aqui a ambigüidade acima mencionada recomeça – Paulo era também o fundador, o "pai", da mesma comunidade (ver acima). Então, as funções de patrono e cliente eram permutáveis. Não havia uma relação vertical unilateral entre Paulo e suas igrejas. Mais uma vez, esse fato ilustra o princípio de igualdade na vida social cristã primitiva. A categoria mais adequada, portanto, não seria o modelo patrono-cliente, e sim que Paulo e suas comunidades se consideravam parceiros ligados por amizade (*amicitia*, φιλαδελφία/*philadelphia*; ver acima). Naturalmente, relações simétricas podiam incluir o patrocínio de atividades; os amigos, no mundo greco-romano, apoiavam-se e ajudavam-se mutuamente. Especialmente os filipenses, que patrocinavam a obra de Paulo mais que qualquer outra comunidade, tinham uma calorosa relação de *amicitia* com Paulo, baseada na igualdade e na reciprocidade (Fl 2,25-30).[77]

Em Corinto, Paulo recusou-se a aceitar dinheiro dos cristãos do lugar quando fundou sua igreja; eles não entenderam sua brusca recusa (1Cor 9; 2Cor 11,9-12; 12,13). Quais foram seus motivos? Ele pregava o evangelho sobre o livre dom da graça divina, e o fazia gratuitamente; o conteúdo e a forma de sua pregação correspondiam. Recusando o apoio, Paulo também evitava qualquer dependência dos doadores locais que pudesse ser mal-entendida como relações patrono-cliente. Como pregador, ficava livre de ter de agradar a alguém ao qual "devia" alguma coisa.[78] Se esses aspectos eram apenas motivações subconscientes de sua recusa ou intenções deliberadas, não sabemos. Vários outros fatores motivavam também a recusa. Pregando gratuitamente, queria evitar todo obstáculo à difusão do evangelho (1Cor 9,12b; 2Cor 11,9). Além disso, era a vontade de Deus e não a sua própria que o forçava a pregar; por isso, sentia desconforto em aceitar gratificação por seu trabalho (1Cor 9,16-17). Também queria demonstrar que um cristão deve ser livre de abrir mão de seus direitos, se necessário – nesse caso, não insistiu no direito do missionário de ser sustentado por aqueles aos

---

[77] Ver esp. Rainer Metzner, "In aller Freundschaft: Ein frühchristlicher Fall freundschaftlicher Gemeindschaft (Phil 2.25-30)", *NTS* 48 (2002): p. 111-31.
[78] Cf. Gl 1,10.

quais prega (1Cor 9, no contexto dos caps. 8 e 10). Qualquer que fosse a motivação consciente de Paulo para recusar qualquer apoio dos coríntios durante sua estadia em Corinto, sua recusa impediu em todo caso o desenvolvimento de uma relação patrono-cliente com algum doador local em Corinto.

A relação entre a igreja de Jerusalém de um lado e as comunidades paulinas de outro era um caso problemático. Conforme 2Cor 9,12.14 e Rm 15,26-27.30-31, a finalidade da coleta de dinheiro nas igrejas paulinas da Macedônia e da Acaia era aliviar a penúria dos cristãos de Jerusalém. À primeira vista, parece que as comunidades paulinas assumiram a função de patronas da igreja de Jerusalém. Porém, não era esta a intenção de Paulo. Seu propósito era uma relação simétrica, igualitária. Em 2Cor 9,14 e Rm 15,27, ele ressalta que a igreja de Jerusalém, sendo a mais antiga, as comunidades paulinas deviam "participar de seus bens espirituais"[79] e muitas vezes rezava pelos cristãos paulinos. Por isso, esses últimos estavam "em dívida" para com a igreja de Jerusalém (Rm 15,27). Aos olhos de Paulo, a reciprocidade estava garantida. Mais importante ainda, Paulo entendia a coleta de dinheiro como um equilíbrio econômico no nível horizontal; conforme ele, a coleta visava especificamente a *igualdade* (ισότης/ *isotēs*) no setor econômico (2Cor 8,13-14). Pois no futuro, quando os cristãos de Jerusalém talvez tivessem mais recursos financeiros do que as igrejas paulinas, eles reembolsariam: "no presente momento, o que para vós sobeja suprirá a carência deles, a fim de que o supérfluo deles venha um dia a suprir a vossa carência. Assim haverá igualdade".

Porém, os cristãos de Jerusalém viam essa coleta de outro modo. Pelo que sabemos, com muita probabilidade *rejeitaram* essa doação financeira,[80] mesmo estando carentes de dinheiro. Em Rm 15,31, Paulo havia receado esse desastroso resultado da coleta. E Lucas não soube de coisa alguma a respeito de um final bem sucedido, embora soubesse da oferta (At 24,17), e embora ele geralmente gostasse de relatar histórias de final feliz, mesmo quando era inadequado fazê-lo.[81]

Em primeiro lugar, a rejeição da oferta de dinheiro pelos cristãos de Jerusalém era motivada teologicamente. Desde o tempo do concílio apostólico (Gl 2,3.5-9), o antagonismo tinha começado a deteriorar o relacionamento entre o apóstolo dos gentios e os cristãos de Jerusalém. Na situação explosiva da Palestina antes da Guerra Judaica, os judeus cristãos da Judéia sentiram-se cada vez mais pressionados pelos seus vizinhos judeus a provar sua identidade judaica, especialmente na sua obediência à Torá. Nessa situação, um evangelho livre da Lei era cada vez mais inadequado ao momento e tornou-se mais recomendável para os cristãos de Jerusalém começar a distanciar-se de Paulo e de suas comunidades. Presumivelmente, foi esta uma das razões pelas quais

---

[79] Κοινωνέω (*koinōneō*), como κοινωνία (*koinōnia*), tem um aspecto igualitário; ver acima, n. 75.
[80] Ver. Por ex., P. Achtemeier, *The Quest for Unity in the New Testament Church: A Study in Paul and Acts* (Filadélfia: Fortress Press, 1987), p. 60, 109.
[81] Especialmente no final dos Atos, quando Lucas parece suprimir as notícias negativas do martírio de Paulo (cf., por ex., *1 Clemente* 5) preferindo adotar um tom otimista (At 28,31). Da mesma forma evidentemente suprimiu as notícias do final desastrado da coleta paulina.

rejeitaram a oferta financeira de Paulo, que era interpretada como símbolo da *koinōnia* e unidade entre Jerusalém e as comunidades paulinas livres da Torá (Gl 2,9-10).

Uma segunda razão para a rejeição da oferta de Paulo é também plausível.[82] Aceitando o apoio, a Igreja de Jerusalém correria o risco de tornar-se recebedora de caridade, de tornar-se cliente das comunidades paulinas economicamente mais fortes da Macedônia e da Acaia. A simetria – o *status* de iguais outrora estabelecido no concílio de Jerusalém (Gl 2) – estaria perdida. Conscientemente ou subconscientemente, a igreja de Jerusalém evitou essa relação patrono-cliente ao rejeitar a oferta das igrejas paulinas.[83]

∽≀∾

Resumindo, onde quer que encontremos estruturas verticais de patrono-cliente na vida social do cristianismo paulino, elas estavam em conflito com o sentimento de que a simetria horizontal e a igualdade deviam governar as interações sociais dos cristãos. Essa máxima constantemente questionava e solapava de alto a baixo as estruturas sociais, e com freqüência levavam a ambigüidade nas relações sociais.

As primeiras comunidades cristãs não eram as únicas nesse particular. Os clubes pagãos greco-romanos também com freqüência combinavam elementos hierárquicos e igualitários, e assim distanciavam-se dos padrões fortemente hierárquicos do seu ambiente social.[84] Mas as motivações religiosas cristãs para um tal distanciamento eram únicas. As estruturas verticais eram um elemento do mundo helenístico no qual os primeiros cristãos continuavam vivendo. A igualdade, ao contrário, caracterizava a vinda do mundo novo esperada pelos cristãos, que acreditavam que ela já se havia manifestado parcialmente no presente. Conforme os primeiros cristãos, desde a vinda de Jesus de Nazaré, a antiga e a nova era se sobrepunham até a vinda do *éscaton*, quando a era antiga com suas estruturas mundanas haveria de desaparecer. Então, onde quer que a nova era se manifestasse já no momento presente, onde quer que o povo interagisse amorosamente em relações de igualdade, o *éscaton* era realizado ao menos de modo fragmentário.

A razão teológica para a igualdade dos primeiros cristãos era a sua relação com Deus: todos eram considerados igualmente próximos de Deus. Assim, a única estrutura vertical teologicamente legítima era a relação de Deus com a humanidade.

---

[82] Ver especialmente W. Rebell, *Gehorsam und Unabhängigkeit: Eine sozialpsychologische Studie zu Paulus* (Munique: Kaiser, 1986) = "Paulus – Apostel im Spannungsfeld sozialer Beziehungen" (diss., Bochum, 1982), esp. parte 1.

[83] Sêneca relata um caso análogo (*Ben.* 2.21.5s). Ao receber dinheiro de amigos para pagar seu jogos pretorianos, Iulius Graecinus recusou aceitar coisas de duas determinadas pessoas que ele considerava infames. Não quis estar socialmente ligado a tais pessoas nem ter obrigações para com elas.

[84] Esta é a principal conclusão de T. Schmeller, *Hierarchie und Egalität* (Stuttgart: Katholisches Bibelwerk, 1995).

Deus e Cristo como patronos

Pode-se traçar uma analogia entre o modelo patrono-cliente e a relação que Cristo tem com os cristãos. Cristo é o senhor deles (por ex., Rm 1,4; 10,9. 12; 14,6-9. 14; 1Cor 1,3). Estão ligados a ele (Rm 7,4; cf. 1Cor 3,23). Vivem para ele e não para si mesmos (Rm 14,7-8; 2Cor 5,15). Cristo intercede pelos cristãos perante Deus (Rm 8,34; cf. 8,27), como um patrono procura a vantagem de seu cliente no contexto forense e em outros contextos sociais.

O nexo entre Cristo e os cristãos pode também ser expresso na categoria de "representação corporativa" (1Cor 15,20-22; Rm 5,12-19). Essa categoria apresenta pelo menos algumas semelhanças com a relação patrono-cliente. Conforme Paulo, Adão e Cristo representam duas eras diferentes. Eles incorporam grupos inteiros. Cada um deles representa muitas pessoas, e os atos de cada um dos dois determinam o destino de muitos: Adão pecou e por isso todos os homens são incapazes de evitar o pecado e devem morrer. O ato de Cristo de justiça na cruz, ao contrário, leva à justificação de muitos, contanto que aceitem *Cristo como seu representante* e façam do atributo de Cristo de ser justo o atributo deles mesmos. A justiça deles, portanto, vem de Cristo e não de suas próprias obras. Aplicada à ressurreição, a categoria da "representação corporativa" significa que pelo fato de Deus ter ressuscitado Cristo dos mortos e pelo fato de Cristo ser o *representante* de toda uma nova era, todas as pessoas dessa nova era – os cristãos (1Cor 15,23b) – serão também ressuscitados por Deus.

Assim, Cristo eleva o *status* escatológico dos cristãos: serão salvos para sempre, reinarão com Cristo e serão feitos semelhantes a Cristo. Ou seja, como um patrono secular, Cristo promove a mobilidade ascendente de seus clientes – uma mobilidade ascendente que depende da lealdade (πίστις/*pistis, fides*) dos clientes ao patrono *e* da lealdade do patrono aos clientes.

Sendo a lealdade uma atitude *mútua* nas relações patrono-cliente, a questão se a expressão πίστις 'Ιησοῦ Χριστοῦ (*pistis Iēsou Christou*, Fl 3,9; Gl 2,16.20) representa um genitivo subjetivo ou objetivo pode colocar falsas alternativas, porque é as duas coisas. Não por *nossas* "obras da Lei," mas porque *Cristo* foi fiel e leal e porque *nós* fielmente cremos nesse Cristo, somos justificados.[85]

Todas essas afirmações, porém, que estabelecem uma relação vertical semelhante à de patrono-cliente entre Cristo e os cristãos, são contrabalançadas por textos que enfatizam a "fraternidade" de Cristo em relação aos cristãos,[86] sua humildade, que lhe permitiu "esvaziar-se a si mesmo" pelo bem de todos os cristãos, e "assumir a forma de servo" (por ex., Fl 2,6-8). Assim, mesmo aqui na relação Cristo-cristãos, surge uma *ambigüidade*. A idéia cristã de senhorio e

---

[85] O contexto (Gl 1,23; 3,6.9) parece indicar que o próprio Paulo estava mais inclinado para um genitivo objetivo. Porém, nem sempre a intenção do autor é congruente com o inteiro potencial do texto. Gl 2,20, especialmente, pode também ser lido como um genitivo subjetivo, com os particípios no fim do versículo expressando de modo belo a lealdade de Cristo para com seus clientes.

[86] Ver acima, n. 47.

patronato inclui a disponibilidade para servir e para romper com todas as estruturas estáticas e verticais (cf. por ex., 2Cor 8,9; Fl 2,7).

Por último mas não menos importante, a função de Deus conforme descrita em Rm 1-5 pode ser interpretada em analogia com o modelo patrono-cliente,[87] embora o próprio Paulo não use esses termos técnicos. Como criador, Deus espera lealdade exclusiva (πίστις/*pistis*) de todos os seres humanos. Como clientes, estes devem "louvar" e "agradecer" a Deus (Rm 1,21), e se deixam de fazê-lo a ira do patrono é legítima (1,18). O patrono divino, por seu turno, mostra sua lealdade fazendo um ato de beneficência (χάρις/*charis*): Deus reconcilia a humanidade por meio da morte de Cristo (por ex. Rm 3,25; 5,8; 8,3) e "concede a quem crê um novo *status* (δικαιόω [*dikaioō*]) e um acesso sem precedente (προσαγωγή [*prosagōgē*])".[88] Nas relações humanas de patrono-cliente, os atos de beneficência reforçam a diferença de *status* entre o benfeitor e o cliente. Essa é também a preocupação de Paulo em Rm 1,23. 25: no reino do pecado, a distinção entre o Criador e a criatura foi toldada, e isso alienou a humanidade de Deus. Então, com o ato benéfico da reconciliação, Deus restabelece essa distinção. Como todos os atos de patronato, esse benefício traz consigo a obrigação de honrar o patrono divino como Deus soberano.[89]

PARTE III. OUTROS TEXTOS PAULINOS E PAULINISTAS

Rm 16,3.7.9.21; 1Cor 1,1; 3,21-22; 12,28; 16,10-11.15-16.18-19; 2Cor 1,1.11.19; 2,13; 3,1; 4,5; 7,6-7.13-15; 8,6.13-14.16-19.22-23; 9,3.5; 11,7.12.20.28-29; 12,10.17-18; 13,4.9a; Gl 1,10; 2,1.3.7; 4,13-18; 6,6; Fl 1,1; 2,19-23.25.29-30; 3,17; 4,1-3.9-19; 1Ts 1,1.6-7; 2,6-9; 3,2.5-6; 4,11-12; 5,12-14; 2Ts 1,1; 3,7-12; Cl 1,1.7; 4,1.7-14.17; Ef 6,9.21; 1Tm 3,1-13; 4,13ss; 5,1-2.4.8.16-17; 6,17-19; 2Tm 1,16-18; 4,10-12.19-20; Tt 1,5-9; 3,12-13; e ver as referências nas notas.

PARTE IV. BIBLIOGRAFIA

ALBERTINI, A."Un patrono di Verona del secondo secolo d.C.: G. Erennio Ceciliano", em *Il territorio veronese in età romana: Convegno del 22-23-24 Ottobre 1971*. Verona, Itália: Accademia di Agricoltura, Scienze e Lettere, 1973, p. 439-59.

---

[87] Ver R. W, Pickett,"The Death of Christ as Divine Patronage in Roman 5:1-11", em *Society of Biblical Literature 1993 Seminar Papers* (editado por E. H. Lovering; Atlanta: Scholars Press, 1993), p. 726-39. Sobre Deus como benfeitor e patrono, e Jesus como mediador do favor de Deus no Novo Testamento, ver também, por ex., D. A. DeSilva,"Patronage and Reciprocity:The Context of Grace in the New Testament",*ATJ* 31 (1999): p. 32-84; A. Smith, *Comfort One Another. Reconstructing the Rhetoric and Audience of 1 Thessalonians* (Louisville: Westminster John Knox, 1995); B. J. Malina,"Patron and Client:The Analogy behind Synoptic Theology",*Forum* 4 (1988): p. 2-32.

[88] Pickett,"Death", 736. Quanto a προσαγωγή (*prosagōgē*), ver Rm 5,2.

[89] Pickett (ibid., 738s.) também sugere:"Descrevendo Deus como patrono divino em Rm 1-5, (...) pode ser que Paulo (...) estivesse desafiando o múnus do imperador como grande patrono de todos". Pode haver alguma verdade nisto, se o singular em Rm 1,23 (ἀνθρώπου [*anthrōpou*]) de fato se refere ao culto imperial. Em Rm 13, porém, buscamos em vão essas alusões desafiadoras.

ALBERTINI, E. "La clientèle des Claudii", *Mélanges d'archéologie et d'histoire de l'école française de Rome* 24 (1904): p. 247-76.
ALFÖLDY, G. *Römische Sozialgeschichte*. 3ª ed. Wissenschaftliche Paperbacks 8: Sozial- und Wirtschaftsgeschichte. Wiesbaden, Alemanha: Steiner, 1984.
ALLEN, W. "Cicero's *salutatio* (In Catilinam 1,9)", em *Studies Presented to David Moore Robinson on His Seventieth Birthday*, editado por G. E. Mylonas e D. Raymond. St. Louis: Clayton, 1953, p. 707-10.
ANDERSON, G. *Sage, Saint, and Sophist: Holy Men and Their Associates in the Early Roman Empire*. Londres e Nova Iorque: Routledge, 1994.
ARDEVAN, R. "Un patronat inconnu de Sextus Cornelius Clemens", em *Actas del Coloquio Internacional A. I. E. G. L. sobre Novedades de epigrafía jurídica romana en el último decenio*, editado por C. Castillo. Pamplona, Spain: Servicio de Publicaciones de la Universidad de Navarra, 1989, p. 213-16.
BADIAN, E. *Foreign Clientelae (264-70 B.C.)*. Oxford: Oxford University Press, 1958.
BESCHAOUCH, A. "Uzappa et le proconsul d'Afrique Sex: Cocceius Anicius Faustus Paulinus", *MEFR* 81 (1969): p. 195-218.
BITTO, I. "La concessione del patronato nella politica di Cesare", *Epigraphica* 32 (1970): p. 172-80.
BONNEVILLE, J.-N. "Les patrons du municipe d'Emporiae (Ampurias, Espagne)", em *Hommage à Robert Etienne*. Publications du Centre Pierre Paris 17 [= *REA* 88 (1986)]. Paris: Boccard, 1988, p. 181-200.
BORMANN, L. *Philippi: Stadt und Christengemeinde zur Zeit des Paulus*. NovTSup 78. Leiden: Brill, 1995.
BRAUND, D. "Function and Dysfunction: Personal Patronage in Roman Imperialism", em *Patronage in Ancient Society*, editado por A. Wallace-Hadrill. Londres e Nova Iorque: Routledge, 1989, p. 137-52.
BRUNT, P. A. "Clientela", em *The Fall of the Roman Republic*, por P. A. Brunt. Oxford: Oxford University Press, 1988, p. 382-442.
_____. "Patronage and Politics in the 'Verrines'", *Chiron* 10 (1980): p. 273-89.
BUONOCORE, M. "C. Herennius Lupercus patronus Larinatium", *Tyche* 7 (1992): p. 19-25, 96.
_____. "Varia epigraphica abruzzesi. III: A proposito delle due tabulae patronatus di Amiternum", *Miscellanea greca e romana: Studi publ. dall'Istituto italiano per la storia antica* 9 (1984): p. 234-45.
CARTER, T. L. "'Big Men' in Corinth", *JSNT* 66 (1997): p. 45-71.
CHOW, J. K. *Patronage and Power: A Study of Social Networks in Corinth*, JSNTSup 75. Sheffield, Inglaterra: Sheffield Academic Press, 1992.
CHRISTOL, M. "Hommages publics à Lepcis Magna à l'époque de Dioclétien: Choix du vocabulaire et qualité du destinataire", *Revue Historique de Droit français et étranger*, ser. 4, 61 (1983): p. 331-43.
CLARKE, A. D. "The Good and the Just in Romans 5:7", *TynBul* 41 (1990): p. 128-42.
CLEMENTE, G. "Il patronato nei collegia dell'Impero Romano", *Studii classici e orientali* 21 (1972): p. 142-29.
CLOUD, D. "The Client-Patron Relationship: Emblem and Reality in Juvenal's First Book", em *Patronage in Ancient Society*, editado por A. Wallace-Hadrill. Londres e Nova Iorque: Routledge, 1989, p. 205-18.
CORBIER, M. "Usages publics du vocabulaire de parenté: Patronus et alumnus de la cité dans l'Afrique romaine", em *L'Africa romana: Atti del VII Convegno di Studio Sassari, 15-17 Dicembre 1989*, editado por A. Mastino. Vol. 2. Sassari, Itália: Gallizzi, 1990, p. 815-54.
CORELL, J. "Nueva tabula patronatus procedente de la Baetica", *Epigraphica* 56 (1994): p. 59-67.
COTTON, H. M. *Documentary Letters of Recommendation in Latin from the Roman Empire*. Beiträge zur klassischen Philologie. Königstein, Alemanha: Hain, 1981.
_____. "*Mirificum genus commendationis*: Cicero and the Latin Letter of Recommendation", *AJP* 106 (1985): p. 328-34.
_____. "The Role of Cicero's Letters of Recommendation: *Iustitia* versus *gratia*?", *Hermes* 114 (1986): p. 443-60.
CRAMPON, M. "Le parasitus et son rex dans la comédie de Plaute: La revanche du langage sur la bassesse de la condition", em *Forms of Control and Subordination in Antiquity*, editado por T. Yuge e M. Doi. Táquio e Leiden: Brille, 1988, p. 507-22.
CUMONT, F. "Patrobouloi", *Revue de Philologie* 26 (1902): p. 224-28.
DANKER, F. W. *Benefactor: Epigraphic Study of Greco-Roman and New Testament Semantic Field*. St. Louis: Clayton, 1982.
D'ARMS, J. H. "Control, Companionship, and *clientela*: Some Social Functions of the Roman Communal Meal", *Échos du Monde Classique* 28, n.s., no. 3 (1984): p. 327-48.
DE MARTINO, F. "Clienti e condizioni materiali in Roma arcaica", em *Philias charin: Miscellanea di studi classici in onore di Eugenio Manni*, editado por M. J. Fontana. Vol. 2. Roma: Bretschneider, 1908, p. 679-705.
_____. "Nota minima sulla clientela", *Index* 22 (1994): p. 343-59.
DENIAUX, E., *Clientèles et pouvoir à l'époque de Cicéron*. Collection de l'École Française de Rome 182. Roma e Paris: École Française de Rome, 1993.
_____. "Commendatio, recommendations, patronages et clientèles à l'époque de Cicéron", *L'Information Historique* 49 (1987): p. 194-96.
_____. "Les hôtes des Romains en Sicile", em *Sociabilité, pouvoirs et société: Actes du Colloque de Rouen, 24/26 Novembre 1983*, editado por F. Thelamon. Rouen, França: Université de Rouen, 1987, p. 337-45.
DENIAUX, E., e P. SCHMITT-PANTEL. "La relation patron-client en Grèce et à Rome", *Opus* 6 8 (1987/89): p. 147-63.
DESILVA, D. A. "Exchange Favor for Wrath: Apostasy in Hebrews and Patron-Client Relationships", *JBL* 115 (1996), p. 91-116.

_____."Patronage and Reciprocity: The Context of Grace in the New Testament", *ATJ* 31 (1999): p. 32-84.
DE VISSCHER, F. "Jules César patron d'Alba Fucens", *L'Antiquité Classique* 33 (1964): p. 98-107.
DRUMMOND, A. "Early Roman *clientes*", em *Patronage in Ancient Society*, editado por A. Wallace-Hadrill. Londres e Nova Iorque: Routledge, 1989, p. 89-115.
DUTHOY, R. "Le profil social des patrons municipaux en Italie sous le Haut-Empire", *Ancient Society* 15, no. 7 (1984/86): p. 121-54.
_____;"Quelques observations concernant la mention d'un patron municipal dans les inscriptions", *L'Antiquité Classique* 50 (1981): p. 295-305.
_____. Scénarios de cooptation des patrons municipaux en Italie", *Epigraphica* 46 (1984): p. 23-48.
_____."Sens et fonction du patronat municipal durant le Principat", *L'Antiquité Classique* 53 (1984): p. 145-56.
ECK, W. "Abhängigkeit als ambivalenter Begriff: Zum Verhältnis von Patron und Libertus", *Memorias de Historia Antigua* [Actas del Coloquio 1978: Colonato y otras formas de dependencia no esclavistas] 2 (1978): p. 42.
_____."Wahl von Stadtpatronen mit kaiserlicher Beteiligung?", *Chiron* 9 (1979): p. 489-94.
EDGAR, D. "The Theology of Luke's Gospel", *Search* 20 (1997): p. 115-120.
EDLUND, I. E. M. "Invisible Bonds: Clients and Patrons through the Eyes of Polybius", *Klio* 59 (1977): p. 129-36.
EILERS, C. F. "Cn. Domitius and Samos: A New Extortion Trial (IGR 4, 968)", *ZPE* 89 (1991): p. 167-78.
_____."A Patron of Myra in Ephesus", *Tyche* 10 (1995): p. 9-12.
EISENSTADT, S. N., e L. RONIGER. *Patrons, Clients, and Friends: Interpersonal Relations and the Structure of Trust in Society*. Cambridge: Cambridge University Press, 1984.
ELLIOTT, J. H. "Patronage and Clientism in Early Christian Society: A Short Reading Guide", *Forum* 3 (1987): p. 39-48.
ELLIS, E. E. "Paul and His Co-workers", *NTS* 17 (1971): p. 437-52.
ENGESSER, F. "Der Stadtpatronat in Italien und in den Westprovinzen des römischen Reiches bis Diokletian", Diss., Freiburg, 1957.
ENRÍQUEZ, J. A. "Una nueva tabula patronatus", em *Actas del Coloquio Internacional A.I.E.G.L. sobre Novedades de epigrafía jurídica romana en el último decenio*, editado por C. Castillo. Pamplona, Espanha: Servicio de Publicaciones de la Universidad de Navarra, 1989, p. 299-306.
ESPINOSA RUIZ, U. "Iuridici de la Hispania citerior y patroni en Calagurris", *Gerión* 1 (1983): p. 305-25.
EVANS, J. K. "Political Patronage in Imperial Rome: The Appointment of Marius Celsus as Governor of Syria in A. D. 72", *Epigraphische Studien* 12 (1981): p. 215-24.
FERENCZY, E. "Über die alte Klientel", *Oikumene* 3 (1982): p. 193-201.
FOLCANDN, E. "Il patronato di comunità in Apulia e Calabria", em *Epigrafia e territorio. Politica e società*, editado por M. Pani. Temi di antichità romane 3. Bari, Itália: Adriatica, 1994, p. 51-137.
FRANCIOSI, G. "Una ipotesi sull'origine della clientela", *Labeo* 32 (1986): p. 263-81.
FREIS, H. "Zwei lateinische Inschriften aus Albanien", *ZPE* 61 (1985): p. 224-28.
FREI-STOLBA, R. "Zur *tessera hospitalis* aus Fundi (CIL I 2 611)", *ZPE* 63 (1986): p. 193-96.
FRIEDLÄNDER, L. *Darstellungen aus der Sittengeschichte Roms in der Zeit von Augustus bis zum Ausgang der Antonine*. Aalen, Alemanha: Scientia, 1979. [Ver 1: p. 225-35; 2: p. 241ss., 246.]
GAGÉ, J. "Les 'clients' de M. Manlius Capitolinus et les formes de leur 'libération'", *Revue Historique de Droit français et étranger*. Ser. 4, 44 (1966): p. 342-77;
GALLEGO FRANCO, M. H. "Los términos epigráficos *amicus/a* y *hospes* como indicadores de dependencia en el ambito social de la mujer hispanorromana", *Hispania Antica: Revista de historia antiqua* 19 (1995): p. 205-16.
GANIDO-HOTY, M. "Le statut de la clientèle chez Martial", *Dialogues d'Histoire Ancienne* 11 (1985): p. 380-414.
GARNSEY, P., e G. WOOLF. "Patronage of the Rural Poor in the Roman World", em *Patronage in Ancient Society*, editado por A. Wallace-Hadrill. Londres e Nova Iorque: Routledge, 1989, p. 153-70.
GREGORI, G. L. "Gaio Silio Aviola, patrono di Apisa Maius, Siagu, Themetra e Thimiliga", em *L'Africa romana: Atti del VIII Convegno di Studio Cagliari, 14-16 Dicembre 1990*, editado por A. Mastino. Vol. 1. Sassari, Itália: Gallizzi, 1991, p. 229-37.
GRELLE, F. "Patroni ebrei in città tardoantiche", em *Epigrafia e territorio. Politica e società*, editado por M. Pani. Temi di antichità romane 3. Bari, Itália: Adriatica, 1994, p. 139-58.
GUIDO, R. "Liberi e dipendenti nella 'Geografia' di Strabone", *Index* 11 (1982): p. 245-56.
GUTTENBERGER ORTWEIN, G. *Status und Statusverzicht im Neuen Testament und seiner Umwelt*. NTOA 39. (Freiburg, Alemanha: Univ. Verlag Freiburg; Göttingen:Vandenhoeck & Ruprecht, 1999.
HARMAND, L. *Un aspect social et politique du monde romain: Le patronat sur les collectivités publiques des origines au Bas-Empire*. Paris: Presses Univ. de France, 1957.
HEINZE, R. "Fides", *Hermes* 64 (1929): p. 140-66.
HENDRIX, H. "Benefactor/Patron Networks in the Urban Environment: Evidence from Thessalonica", *Semeia* 56 (1991): p. 39-58.
HERRMANN, P. "Cn. Domitius Ahenobarbus - Patronus von Ephesos und Samos", *ZPE* 14 (1974): p. 257-58.
HORSLEY, R. A., ed. *Paul and Empire: Religion and Power in Roman Imperial Society*. Harrisburg, Pa.: Trinity Press International, 1997.
JEWETT, R. "Tenement Churches and Communal Meals in the Early Church: The Implications of a Form-Critical Analysis of 2 Thessalonians 3:10", *BR* 38 (1993): p. 23-43.

JONES, F. L. "Martial, the Client", *CJ* 30 (1934/35): p. 355-61.
JOUBERT, S. J. "*Patronatus* as dominante sosiale sisteem in die Romeinse wêreld gedurende die Nuwe-Testamentiese era" ("Patronage as the dominant social system in the Roman world during the New Testament era"), *Skrif en Kerk* 21 (2000): p. 66-78.
JUDGE, E. A. "The Early Christians as a Scholastic Community", *JRH* 1 (1960-61): p. 4-15, 125-37.
KAJAVA, M. "A New City Patroness?", *Tyche* 5 (1990): p. 27-36.
KATZOFF, R. "Suffragium in Exodus Rabbah 37.2", *CP* 81 (1986): p. 235-40.
KEA, P. V. "Paul's Letter to Philemon: A Short Analysis of its Values", *PRSt* 23 (1996): p. 223-3.
KIRNER, Guido O. "Apostolat und Patronage (I): Methodischer Teil und Forschungsdiskussion", *ZAC* 6 (2002): p. 3-37.
KLEINER, D. E. E. "Women and Family Life on Roman Imperial Funerary Altars", *Latomus* 46 (1987): p. 3-37.
KONSTAN, D. "Patrons and Friends", *Classical Philology* 90 (1995): p. 328-42.
KRAUSE, J.-U. "Das spätantike Städtepatronat", *Chiron* 17 (1987): p. 1-80.
LAMPE, P. "Die Apokalyptiker – Ihre Situation und ihr Handeln", em *Eschatologie und Friedenshandeln*, ed. por U. Luz et al. 2ª ed. SBS 101. Stuttgart: Katholisches Bibelwerk, 1982, p. 59-115.
_____. "Der Brief an Philemon", em *Die Briefe an die Philipper, Thessalonicher und an Philemon*, ed. por N. Walter, E. Reinmuth e P. Lampe. NTD 8/2. Göttingen: Vandenhoeck & Ruprecht, 1998, p. 203-32.
_____. "'Family' in Church and Society of New Testament Times", *Affirmation* 5, no. 1 (1992): p. 1-20.
_____. "Keine 'Sklavenflucht' des Onesimus", *ZNW* 76 (1985): p. 135-37.
_____. *Die stadtrömischen Christen in den ersten beiden Jahrhunderten: Untersuchungen zur Sozialgeschichte*. 2a. ed. WUNT 2/18. Tübingen: J. C. B. Mohr, 1989. ET: *From Paul to Valentinus*. Minneapolis: Augsburg Fortress, 2003.
LEACH, E. W. "Patrons, Painters, and Patterns: The Anonymity of Romano-Campanian Painting and the Transition from the Second to the Third Style", em *Literary and Artistic Patronage in Ancient Rome*, ed. por B. K. Gold. Austin: University of Texas Press, 1982, p. 135-73.
LE GALL, J. "La 'nouvelle plèbe' et la sportule quotidienee", em *Mélanges d'archéologie et d'histoire offerts à André Piganiol*, ed. por R. Chevallier. Vol. 3. Paris: S.E.V.P.E.N., 1966, p. 1449-53.
LEMOSSE, M. "L'aspect primitif de la fides", em *Studi in onore di P. de Francisci*. Vol. 2. Milan: Giuffè, 1956, p. 39-52.
_____. "Hospitium", em *Sodalitas: Scritti in onore di Antonio Guardino*. Vol. 3. Biblioteca de Labeo 8. Nápoles, Itália: Jovene, 1984/85, p. 1269-81.
LEVI, M. A. "Da clientele ad amicitia", em *Epigrafia e territorio. Politica e società*, editado por M. Pani. Temi di antichità romane 3. Bari, Itália: Adriatica, 1994, p. 375-81.
_____. "*Familia, servitus, fides*: Indagación en torno a la dependencia humana en la sociedad romana", *Gerión* 1 (1983): p. 177-213.
_____. "Liberi in manu", *Labeo* 22 (1976): 73-80 = M. A. Levi, *Né liberi né schiavi: Gruppi sociali e rapporti di lavoro nel mondo ellenistico-romano* (Milão: Cisalpino-Goliardica, 1976), p. 87-96.
LINTOTT, A. W. "Cliens, clientes", *Der Neue Pauly* 3 (1997): p. 32ss.
_____. *Imperium Romanum: Politics and Administration*. Londres e Nova Iorque: Routledge, 1993.
MAIER, H. O. "Purity and Danger in Polycarp's Epistle to the Philippians: The Sin of Valens in Social Perspective", *JECS* 1 (1993): p. 229-47.
MALINA, B. J. "Patron and Client: The Analogy behind Synoptic Theology." *Forum* 4 (1988): 2-32.
_____. *The Social World of Jesus and the Gospels*. Londres e Nova York: Routledge, 1996.
MANGAS, J. "Clientela privada en la Hispania Romana", *Memorias de Historia Antigua* 2 (1978): p. 217-26.
_____. "*Hospitium y patrocinium* sobre colectividades públicas: Términos sinónimos? (De Augusto a fines de los Severos)", *Dialogues d'Histoire Ancienne* 9 (1983): p. 165-83.
MARACHE, R. "Juvénal et le client pauvre", *Revue des études latines* 58 (1980): p. 363-69.
MARTINA, M. "Grassatores e carmentarii", *Labeo* 26 (1980): p. 155-75.
MARTINI, R. "Su alcune singolari figure di patroni", em *Atti del'Accademia Romanistica Costantiniana: X Convegno Internazionale in onore di Arnaldo Biscardi*, ed. por G. Crifò e S. Giglio. Nápoles: Edizioni Scientifiche Italiane, 1995, p. 319-26.
MAY, J. M. "The Rhetoric of Advocacy and Patron-Client Identification: Variation on a Theme", *AJP* 102 (1981): p. 308-15.
MOMMSEN, Th. "Das römische Gastrecht und die römische Clientel." *Sybels historische Zeitschrift* 1 (1859): p. 332-79 = Th. Mommsen, *Römische Forschungen*, vol. 1 (Berlim: Weidmamm, 1864), p. 319-90.
MOXNES, H. "Patron-Client Relations and the New Community in Luke-Acts", em *The Social World of Luke-Acts: Models for Interpretation*, editado por J. H. Neyrey. Peabody, Mass.: Hendrickson, 1991, p. 241-68.
NERI, C. "*Suffragium*: Per la storia di un'idea", em *Hestíasis: Studi di tarda antichità offerti a Salvatore Calderone*. Vol. 5. Messina, Itália: Sicania, 1995, p. 115-37.
NEYREY, J. H. *2 Peter, Jude: A New Translation with Introduction and Commentary*. AB 37C. Nova Iorque e Londres: Doubleday, 1993.
NICOLS, J. "The Caecilii Metelli, patroni Siciliae?", *Historia* 30 (1981): p. 238-40.
_____. "The Emperor and the Selection of the *patronus civitatis*: Two Examples", *Chiron* 8 (1978): p. 429-32.
_____. "*Patrona civitatis*: Gender and Civic Patronage", em *Studies in Latin Literature and Roman History*, editado por C. Deroux, Vol. 5. Collection Latomus 206. Bruxelas: Latomus, 1989, p. 117-42.

_____."Patrons of Greek Cities in the Early Principate", *ZPE* 80 (1990): p. 81-100.
_____."Patrons of Provinces in the Early Principate: The Case of Bithynia", *ZPE* 80 (1990): p. 101-8.
_____."Patronum cooptare, patrocinium deferre. Lex Malacitana c. 61", *Zeitschrift der Savigny-Stiftung für Rechtsgeschichte* 96 (1979): p. 303-6.
_____. Pliny and the Patronage of Communities", *Hermes* 108 (1980): p. 365-85.
_____."Prefects, Patronage, and the Administration of Justice", *ZPE* 72 (1988): p. 201-17.
_____."*Tabulae patronatus*: A Study of the Agreement between Patron and Client-Community", em *ANRW* 2.13. Berlim e Nova Iorque: de Gruyter, 1980, p. 535-61.
_____."Zur Verleihung öffentlicher Ehrungen in der römischen Welt", *Chiron* 9 (1979): p. 243-60.
PANCIERA, A."I patroni di Aquileia fra la città e Roma", *Antichità altoadriatiche* 30 (1987): p. 77-95.
PANI, M."Le raccomandazioni nell'epistolario di Plinio", em *Potere e valori a Roma fra Augusto e Traiano*, ed. por M. Pani. Documenti e studi 14. Bari, Itália: Edipuglia, 1992, p. 141-47.
PARMA, A."Un presunto vir illustris patrono di Minturnae (AE 1954, 27)", *ZPE* 79 (1989): p. 188-90.
PAVIS D'ESCURAC, H."Pline le Jeune et les letters de recommendation", em *La mobilité sociale dans le monde romain: Actes du colloque de Strasbourg (novembre 1988)*, editado por E. Frézouls. Contributions et travaux de l'Institut d'Histoire Romaine 5. Estrasburgo: AECR, 1992, p. 55-69.
PFLAUM, H.-G."Clients et patrons à la lumière du cimetière de l'Autoparco sous le Vatican à Rome", *Arctos* 9 (1975): p. 75-87.
PICKETT, R. W."The Death of Christ as Divine Patronage in Roman 5:1-11", em *Society of Biblical Literature 1993 Seminar Papers*, editado por E. H. Lovering. Atlanta: Scholars Press, 1993, p. 726-39.
POINSSOT, C."M. Licinius Ruffus patronus pagi et civitatis Thuggensis."*Bulletin du Comité des Travaux Historiques et Scientifiques*, n.s., 5 (1969): p. 215-58.
RAJAK, T., e D. Noy."*Archisynagogoi*: Office, Title, and Social Status in the Greco-Jewish Synagogue", *JRS* 83 (1993): p. 75-93.
RAWSON, E."The Eastern *clientelae* of Clodius and the Claudii", *Historia* 22 (1973): p. 219-39 = E. Rawson, *Roman Culture and Sociey: Collected Papers* (Oxford: Clarendon, 1991), p. 102-24.
_____."More on the *clientelae* of the Patrician Claudii", *Historia* 26 (1977): p. 340-57 = E. Rawson, *Roman Culture and Society: Collected Papers* (Oxford: Clarendon, 1991), p. 227-44.
REBELL, W. *Gehorsam und Unabhängigkeit: Eine sozialpsychologische Studie zu Paulus*. Munique: Kaiser, 1986 = "Paulus – Apostel im Spannungsfeld sozialer Beziehungen: Eine sozialpsychologische Untersuchung zum Verhältnis des Paulus zu Jerusalem, seinen Mitarbeitern und Gemeinden" (diss., Bochum, 1982).
RICH, J."Patronage and International Relations in the Roman Republic", em *Patronage in Ancient Society*, ed. por A. Wallace-Hadrill. Londres e Nova Iorque: Routledge, 1989, p. 117-35.
RODA, S."Polifunzionalità della lettera commendaticia: Teoria e prassi nell'epistolario simmachiano", em *Colloque genèvois sur Symmaque à l'occasion du mille six centième anniversaire du conflit de l'autel de la Victoire*. Editado por F. Paschoud. Paris: Belles Lettres, 1986, p. 177-207.
RODRÍGUEZ NEILA, J. F. e Santero Santurino, J. M."*Hospitium y patronatus* sobre una tabla de bronce de Canete de las Torres (Córdoba)", *Habis* 13 (1982): p. 105-63.
ROHRBAUGH, L., ed. *The Social and New Testament Interpretation*. Peabody, Mass.: Hendrickson, 1996.
ROLDÁN HERVAS, J. M."La comunidad romana primitiva, la clientela y la plebe", *Memorias de Historia Antigua* 2 (1978): p. 19-39.
ROULAND, N. *Pouvoir politique et dépendance personnelle dans l'Antiquité romaine: Genèse et rôle des rapports de clientèle*. Collection Latomus 166. Bruxelas: Latomus, 1979.
_____."I rapporti clientelari", em *La rivoluzione romana: Inchiesta tra gli antichisti*. Biblioteca di Labeo 6. Nápoles: Jovene, 1982, p. 150-64.
SAAVEDRA GUERRERO, M. D."La cooptatio patroni e el elogio de la virtus en el patronato colegial", *Athenaeum* 83 (1995): p. 497-507.
SABBATINI Tumolesi, P. "Una nuova tabula patronatus da Paestum", *Miscellanea graeca e romana: Studi publ. dall'Istituto italiano per la storia antica* 15 (1990): p. 235-56.
SALLER, R. P."Martial on Patronage and Literature", *CQ* n.s., 33 (1983): p. 246-57.
_____."Patronage and Friendship in Early Imperial Rome: Drawing the Distinction", em *Patronage in Ancient Society*, ed. por A. Wallace-Hadrill. Londres e Nova Iorque: Routledge, 1989, p. 49-62.
_____. *Personal Patronage under the Early Empire*. Cambridge: Cambridge University Press, 1982.
SARTORI, M. "Un frammento di tabula patronatus del collegium centonariorum Laudensium", *Athenaeum* 65 (1987): p. 191-201.
SCHMELLER, T. *Hierarchie und Egalität: Eine sozialgeschichtliche Untersuchung paulinischer Gemeinden und griechisch-römischer Vereine*. SBS 162. Stuttgart: Katholisches Bibelwerk, 1995.
SCHUMACHER, L. "Das Ehrendekret für M. Nonius Balbus aus Herculaneum (AE 1947, 53)", *Chiron* 6 (1976): p. 165-84.
SCHÜTZ, J. H. *Paul and the Anatomy of Apostolic Authority*. Cambridge: Cambridge University Press, 1975.
SEGUÍ MARCO, J. J."Un aspecto particular en las relaciones hispano-africanas durante el Alto Imperio: Los patrocinios públicos", em *L'Africa romana: Atti del XI convegno di studio Cartagine, 15-18 dicembre 1994*, vol. 3, ed. por M. Khanoussi, P. Ruggeri e C. Vismara. Ozieri, Itália: Il Torchietto, 1996, p. 1547-64.

SERRAO, R. "Patrono e cliente da Romolo alle XII Tavole", em *Studi in onore di Arnaldo Biscardi*. Vol. 6. Milão: Istituto Editoriale Cisalpino/La Goliardica, 1987, p. 293-309.
SHAW, B. D. "Tyrants, Bandits, and Kings: Personal Power in Josephus", *JJS* 44 (1993): p. 176-204.
SLOAN, I. "The Greatest and the Youngest: Greco-Roman Reciprocity in the Farewell Address, Luke 22:24-30", *Studies in Religion/Sciences Religieuses* 22 (1993): p. 63-73.
SMITH, A. *Comfort One Another. Reconstructing the Rhetoric and Audience of 1 Thessalonians*. Literary Currents in Biblical Interpretation. Louisville: Westminster John Knox, 1995.
SOFFREDI, A. "Il patronato in Italia alla luce delle iscrizioni latine", *Epigraphica* 18 (1956): p. 157-72.
SOLTAU, A. "Grundherrschaft und Klientel in Rom", *Njahrb* 29 (1912): p. 489-500.
SORDI, M. "Ottaviano patrono di Taranto nel 43 a.C.", *Epigraphica* (1969): p. 79-83.
SPERBER, D. "Patronage in Amoraic Palestine (c. 220-400): Causes and Effects", *JESHO* 14 (1971): p. 227-52.
STOOPS, R. F. "Christ as Patron in the Acts of Peter", *Semeia* 56 (1991): p. 143-57.
SUSINI, G. "Q. Pompeius Senecio, console nel 169 d.C.: Alcune note", em *Mélanges d'archéologie et d'histoire offerts à André Piganiol*, ed. Por R. Chevallier. Vol. 1. Paris: S. E. V. P. E. N., 1966, p. 289-99.
TAYLOR, W. F.: "Cultural Anthropology as a Tool for Studying the New Testament", *Trinity Seminary Review* 18, no. 1 (1996): p. 13-27, e 18, no. 2 (1997): p. 69-82.
TORJESEN, K. J. *When Women were Priests: Women's Leadership in the Early Church and the Scandal of Their Subordination in the Rise of Christianity*. San Francisco: HarperCollins, 1993.
TRISOGLIO, F. "La lettera di raccomandazione nell'epistolario ciceroniano", *Latomus* 43 (1984): p. 751-75.
VAN BERCHEM, D. "Les 'clients' de la plèbe romaine", *Rendiconti della Pontificia Accademia Romana di Archeologia* 18 (1941/42): p. 183-90.
_____. "Note sur les diplômes honorifiques du IVᵉ siècle: À propos de la Table de patronat de Timgad", *RevPhil* 60 (1934): p. 165-68.
VOIGT, M. "Über die Clientel und Libertinität", *Berichte über die Verhandlungen der Königlich Sächsischen Gesellschaft der Wissenschaften zu Leipzig, phil.-hist. Kl.* 30 (1978): p. 147-220.
VON PREMERSTEIN, A. "Clientes", *Pauly/Wissowa* 4 (1901): p. 28-51.
VYHMEISTER, N. J. "The Rich Man in James 2: Does Ancient Patronage Illumine the Text?", *AUSS* 33 (1995): p. 265-83.
WALDSTEIN, W. *Operae Libertorum: Untersuchungen zur Dienstpflicht freigelassener Sklaven*. Stuttgart: Steiner, 1986.
WALLACE-HADRILL, A. "Patronage in Roman Society: From Republic to Empire", em *Patronage in Ancient Society*, editado por A. Wallace-Hadrill. Londres e Nova Iorque: Routledge, 1989, p. 63-87.
WARMINGTON, B. H. "The Municipal Patrons of Roman North Africa", *Papers of the British School at Rome* 22, n.s., 9 (1954): p. 39-55.
WHELAN, C. F. "Amica Pauli: The Role of Phoebe in the Early Church", *JSNT* 49 (1993): p. 67-85.
WHITE, L. M. "Social Authority in the House Church Setting and Ephesians 4:1-16", *ResQ* 29 (1987): p. 209-28.
_____. "Social Networks: Theoretical Orientation and Historical Applications", *Semeia* 56 (1991): p. 23-36.
WILKINS, P. I. "Legates of Numidia as Municipal Patrons", *Chiron* 23 (1993): p. 189-206.
WINTER, B. W. "'If a Man Does Not Wish to Work...': A Cultural and Historical Setting for 2 Thessalonians 3:6-16", *TynBul* 40 (1989): p. 303-15.
_____. *Seek the Welfare of the City: Christians as Benefactors and Citizens*. First-Century Christians in the Graeco-Roman World. Grand Rapids: Eerdmans, 1994.

18

PAULO E O AUTODOMÍNIO

Stanley K. Stowers

PARTE I. O AUTODOMÍNIO NO MUNDO GRECO-ROMANO

A noção grega de autodomínio (ἐγκράτεια, *enkrateia*) é central para uma rede de discurso moral que é proeminente nas cartas de Paulo e na cultura greco-romana mais ampla. Esse discurso moral do tempo de Paulo começou a tomar sua forma característica na Grécia clássica, embora tenha raízes mais antigas na psicologia popular e nas práticas morais gregas e mediterrâneas mais vastas. A herança clássica permaneceu forte no tempo de Paulo porque a cultura geral buscava na arte, na literatura, na filosofia e na história do período clássico seus modelos culturais dominantes. A noção tem também um contexto mais amplo no grande cenário das antigas culturas mediterrâneas, para as quais a idéia da moderação era importante. Naquela sociedade e naquela economia, que eram quase o oposto da nossa cultura capitalista consumista, a qual produz novos bens e serviços, toda a terra e todos os bens disponíveis por meio da antiga tecnologia já estavam distribuídos. Por isso, a ordem social estava baseada na manutenção do *status* social e da propriedade herdados e na sua transmissão aos herdeiros. A moral do Mediterrâneo antigo girava em torno de uma ética de restrição que assim podia ser expressa: "Não desejes mais do que te é devido pela tua posição de nascença". Então os antigos preceitos morais centrais eram semelhantes ao antigo israelita "não cobiçarás" e ao grego "no nada há demais".

O autodomínio na tradição ética grega

Os gregos dos séculos IV e V antes da Era Comum possuíam um vocabulário muito rico para falar sobre sentimento, emoção, pensamento, crença, deliberação e, em geral, o que descrevemos como atividade mental. Esse vocabulário foi enriquecido com a literatura, especialmente o teatro trágico e cômico, e pelo trabalho crescente dos médicos e dos filósofos naturais. Mas Platão e Aristóteles refletem uma importante tendência cultural grega mais ampla, que acrescentou um novo elemento a esse vocabulário ao definir as pessoas como animais políticos e descrever os cidadãos como entidades políticas. Os oradores, escritores e os filósofos gregos começaram a usar conceitos tais como governante e governado, poder, autoridade, norma estável e revolta a fim de falar sobre a pessoa e sobre si mesmos.¹

O adjetivo ἐγκρατής (*enkratēs*, "tendo controle sobre") originalmente se aplicava apenas ao controle político ou físico sobre alguma coisa. O termo apareceu primeiro em Platão e Xenofonte e pode ter sido Sócrates o primeiro a usá-lo como atributo para o caráter de uma pessoa.² Nossa longa herança ocidental desse vocabulário tem tanta profundidade que é difícil para nós imaginar um tempo e uma cultura nos quais não existia um conceito explícito de autodomínio.³ Então devemos exercitar nossa imaginação para entender o quanto era revolucionária a idéia de Sócrates segundo a qual a pessoa humana tinha um eu distinto e de que poderia haver consciência sobre ele.

Depois de Sócrates, os filósofos iriam articular doutrinas sobre a pessoa e em que ela consistia, e iriam oferecer técnicas que visavam dar ao ser humano autoridade e controle sobre as direções de suas vidas como um todo. Sócrates também tornou-se o grande modelo de autodomínio e esse modelo nada perdera de sua força no tempo de Paulo. Conforme Xenofonte (*Mem.* 1.2.1), "quanto ao desejo sexual e o estômago ele era o mais controlado [ἐγκρατέστατος, *enkratestatos*] de todos os homens; e possuía a maior capacidade de tolerar frio e calor, e qualquer espécie de fadiga; e em termos de necessidades, era treinado para a moderação de modo que estava contente com muito pouco".⁴ Acima de tudo, preferentemente a ceder aos desejos de segurança, conforto e sobrevivência, o paradigma do autodomínio de Sócrates era sua disposição para defender sua doutrina e morrer por ela.

O oposto do autodomínio era a ἀκρασία (*akrasia*), falta de autodomínio. Isócrates (15.221), por exemplo, escreve que "muitas pessoas, devido à sua falta de autodomínio [*akrasiai*], não permanecem nos seus raciocínios, mas negligenciam seus interesses e seguem seu impulso para o prazer". Platão, e especialmente Aristóteles, analisaram "o problema da *akrasia*" e o tipo de pessoa que não tem autodomínio", estabelecendo assim temas que se tornaram proeminentes na literatura, na filosofia e no discurso comum.

A falta de autodomínio (*akrasia*) pode mostrar-se no conflito psico-ético e o grande paradigma cultural para esse conflito tornou-se Medéia, na homônima peça de Eurípides. Em vista do contexto da peça, as famosas palavras em 1077-80 provavelmente devem ser traduzidas conforme a tradução de Christopher Gill: "Eu sei que é mau o que estou para fazer, mas o que comanda meus planos é a ira, que é a fonte dos maiores distúrbios dos seres humanos".⁵ Aqui, Medéia

---

¹ Kenneth Dover, *Greek Popular Morality in the Time of Plato and Aristotle* (Berkeley: University of California Press, 1974), p. 124-26, 208.
² Anthony Long, "Hellenistic Ethics and Philosophical Power", em *Hellenistic History and Culture* (ed. por P. Green; Berkeley: University of California Press, 1993), p. 143-45.
³ Helen North, *Self-Control and Self-Restraint in Greek Literature* (Ithaca, Nova Iorque.: Cornell University Press, 1966), junto com Long, "Hellenistic Ethics", p. 143.
⁴ Todas as traduções são minhas, a não ser que se especifique outra.
⁵ Christopher Gill, *Personality in Greek Epic, Tragedy, and Philosophy: The Self in Dialogue* (Oxford: Clarendon Press, 1996), p. 223.

afirma que as razões de sua ira, e portanto de sua vingança, são persuasivas, muito embora a razão dela lhe diga também que o plano é horrível. Mas a compreensão platônica e popular não tardaram a entender essas linhas no sentido de uma paixão irracional que vence a razão. A tradução que segue, de acordo com a tradição, exprime essa idéia: "Eu percebo que é mau o que vou fazer, porém, mais forte que minha reflexão racional é a paixão, causa dos piores males para o ser humano". Crisipo, o estóico, que analisou o texto detalhadamente, defendia a primeira interpretação. Por toda a Antiguidade, essa passagem foi muito comentada e discutida por filósofos, moralistas e literatos. O contemporâneo estóico de Paulo, Sêneca, escreveu uma peça a respeito de Medéia, e modos de dizer muito próximos de Paulo, em Rm 7,15.19, aparecem em Epicteto, Ovídio e outros escritores.[6]

Porque Paulo trata explicitamente da *akrasia*, conhece o vocabulário filosófico e até mesmo alude às famosas palavras de Medéia, entender o debate filosófico é essencial para interpretar os textos e captar o significado e o contexto cultural mais vasto das discussões do apóstolo. A discussão começou com Sócrates, Platão e Aristóteles.[7]

Como a respeito de muitos tópicos, Platão não deixou uma posição coerente sobre a *akrasia*, mas sim pelo menos duas visões distintas que iriam influenciar mais tarde interpretações opostas. No *Protágoras*, Sócrates argumenta contra a idéia popular de que o homem pode ser vencido pelo prazer de modo a agir contra aquilo que pensa ser bom ou mais agradável. O homem pode ser enganado quanto ao que é bom/agradável, mas sempre fará o que crê ser melhor ou mais prazeroso.

Na *República*, Platão diz o contrário, aceitando a opinião popular no contexto de uma explicação muito diferente do conhecimento. Também ele agora possui a famosa alma tripartida que seria tão importante para o platonismo no fim do império romano. A alma consiste na parte racional, na parte espiritual e na parte apetitiva. A razão é a governante natural, mas uma emoção como a raiva da parte espiritual pode desobedecer-lhe, rebelar-se contra ela e até mesmo tomar o partido dos apetites. As metáforas primariamente cívicas tais como norma, desobediência e rebelião muitas vezes emprestam à alma um *ethos* de violência. As três partes têm desejos e convicções próprias quase como se o indivíduo consistisse de três pessoas interiores diferentes com uma tendência inerente para a luta entre si. Os estudiosos modernos têm mostrado que a alma tripartida de Platão acentuou demais a divisão dentro do eu, se compararmos com suas análises da alma em termos de conjuntos de convicções e raciocínios.[8]

Mesmo se as metáforas de Platão possam ter desvirtuado sua teoria da alma, exagerando a divisão e o conflito, as imagens e metáforas fizeram enorme impres-

---

[6] Stanley STOWERS, *A Rereading of Romans: Justice, Jews, and Gentiles* (New Haven: Yale University Press, 1994), p. 260-64.

[7] Justin GOSLING, *Weakness of the Will* (Londres: Routledge, 1990), p. 7-47; Anthony PRICE, *Mental Conflict* (Londres: Routledge, 1995).

[8] GILL, *Personality*, p. 245-60.

são na cultura posterior do Império Romano e, depois de Clemente e Orígenes, o platonismo tornou-se, não oficialmente, a filosofia oficial do Cristianismo.

Uma das imagens mais vivas e influentes de Platão provém do livro 9 (588C-591B) da *República*. Aí Platão compara a alma com o interior de uma pessoa que consiste numa grande fera de muitas cabeças, indomável e sempre em mudança na parte inferior; um leão, um tanto menor no meio, e uma pessoa, ainda menor no alto. A pessoa dentro, representando a parte racional, é o que tem sido muitas vezes traduzido por "homem interior" (daqui para a frente, "pessoa interior"). Paulo usa a expressão em 2Cor 4,16 e em Rm 7,22.[9] Embora possamos estar praticamente certos de que a imagem de Paulo nasceu do livro 9 da *República*, o modo como ele a usa é objeto de muita disputa.[10] Em todo caso, a imagem platônica da alma trava uma luta feroz pelo autodomínio inerente à natureza humana. A razão (a pessoa interior) pode acalmar o leão e suprimir a fera, mas nunca totalmente domá-los. Por isso, a *akrasia* é normal para todos, exceto para uns poucos filósofos que se tornaram tão concentrados na ordem divina do universo que somente o desejo da sua beleza pode ser ativo, não tendo as emoções inferiores objeto algum aos quais se dirigir.

Ainda que freqüentemente se ouçam os especialistas do Novo Testamento falarem de "dualismo platônico" como se fosse a visão filosófica, ou mesmo grega dominante, nem a alma tripartida da *República* nem seu dualismo de *Fédon* teve muito influxo por cerca de quatrocentos anos, mesmo na academia platônica.[11] Foi só durante o tempo do próprio Paulo que essas doutrinas baseadas num certo modo de ler Platão estavam justamente começando a se tornar influentes. A figura importante anterior, nesse novo tipo de platonismo, foi o judeu contemporâneo de Paulo, Filo de Alexandria. A escola dominante no tempo de Paulo era o estoicismo. As discussões sobre se Paulo tinha uma visão unitária ou dualista da pessoa geralmente confundem certo número de questões, e ingenuamente pressupõem as assim chamadas concepções modernas cartesianas. Descartes, um dos fundadores da modernidade, e Platão eram dualistas. Para Descartes é o universo material natural que está sujeito às leis da ciência, sendo o reino sobrenatural totalmente outro. O corpo humano pertence ao primeiro; e a mente, ou alma humana, ao segundo. Na Antiguidade, somente Platão e os platônicos defenderam

---

[9] Theo Heckel, *Der innere Mensch: Die paulinische Verarbeitung eines platonischen Motivs* (WUNT 2.53; Tübingen: Mohr Siebeck, 1993); Christoph Markschies, "Innerer Mensch", *RAC* 18 (1997): p. 266-312; ver também Betz em n. 11 abaixo. Embora úteis, não julgo satisfatórias as análises dessa imagem feitas pelos estudiosos do Novo Testamento, quer nas tradições filosóficas quer no uso paulino da metáfora. Os estudos tendem a ser dominados por tentativas apologéticas de preservar a singularidade de Paulo, entre outros problemas.

[10] Quanto à bibliografia, ver as duas obras na n. 9 e Betz na n. 11.

[11] A Antiga Academia tinha muito pouco interesse pela alma e as idéias de Platão sobre ela eram muito fortemente atacadas pelas outras escolas. A Nova Academia cética rejeitou todas essas teorias e vigorou até o fim formal da Academia, em 87 antes da Era Comum. O assim chamado platonismo médio baseava-se em doutrinas sistemáticas derivadas dos diálogos não sistemáticos de Platão, e começou a ressuscitar o dualismo e a alma tripartida nos séculos I e II da Era Comum. Esses fatos são bem conhecidos dos autores da filosofia antiga, mas parecem não ter sido notados pelos estudiosos do Novo Testamento. Para exemplos do uso apologético do "dualismo platônico" como um contraste para uma suposta visão unitária de Paulo, ver Hans Dieter Betz, "The Concept of the 'Inner Human Being' (ὁ ἔσω ἄνθρωπος) in the Anthropology of Paul", *NTS* 46 (2000): p. 315-41. Esse aspecto do erudito artigo de Betz é típico de um fenômeno muito difundido.

uma visão semelhante à de Descartes, no seu dualismo com respeito aos seres humanos.[12] Especialmente em *Fédon*, Platão diz que a alma é separada do corpo e de uma ordem de existência inteiramente diferente. Mas essas idéias tiveram bem pouco influência até o séc. I ou II da Era Comum. Todas as outras escolas de filosofia eram assim chamadas materialistas ou fisicistas. Tudo no universo, inclusive Deus ou os deuses, é uma parte da ordem "natural" ou física, e pode em princípio se investigado pelos seres humanos. Tudo isso suscita perguntas sobre como entender as idéias de Paulo sobre a pessoa e o universo, numa época em que a idéia comum era física, e que uns poucos intelectuais tinham começado a promover um protodualismo. Não é claro que alguém, incluindo os judeus, no tempo de Paulo, fosse plenamente dualista dessa forma. Isso pode ter começado somente com Plotino (205-269/70 da Era Cristã). E é importante recordar que este é apenas um tipo de dualismo. Paulo certamente tem dualismos éticos e temporais, e dualismos de substância que são parte de hierarquias maiores do ser (por ex., carne/espírito; mente/corpo; corpo celeste/corpo terrestre).

Os estóicos opunham-se fortemente ao dualismo e à alma dividida de Platão. Tinham um interesse maior pelo problema da *akrasia* e restabeleceram o ataque de Sócrates ao paradoxo de como alguém podia fazer o que não queria fazer.[13] Em contraste com os platônicos, os estóicos afirmavam um modelo de pessoa como uma entidade física unificada, incluindo o que chamaríamos de mente ou psique. Sua teoria é muito complexa e tem certas semelhanças significativas com as idéias filosóficas e científicas contemporâneas.[14]

Para os estóicos, as emoções não devem ser contrastadas com a razão. Com efeito, elas são racionais no sentido de envolver, ou até de serem juízos e convicções como reações psicofísicas que as acompanham. As pessoas que sentem ira, por exemplo, podem achar que alguém as insultou; se não percebem nenhum insulto, a ira não tem lugar. Uma pessoa medrosa acredita que alguma circunstância representa um perigo; se eliminar a convicção equivocada de que há uma fera solta na rua, o medo desaparece.

Mas os estóicos foram além e afirmaram que a virtude é o único bem verdadeiro, e que portanto o que as pessoas geralmente experimentavam como emoções, na sociedade que era geralmente corrompida por falsos valores, envolvia idéias falsas, e era moralmente mau. Alguém se aflige quando a bolsa de valores afunda? É porque ele acha erradamente que a riqueza é um bem, mais do que uma coisa indiferente que se pode com razão preferir ter, quando na verdade a riqueza não tem relação alguma com o que é realmente bom. Assim os estóicos pregavam a ἀπάθεια (*apatheia*), a supressão das emoções ou paixões ordinárias

---

[12] O contexto e os objetivos dos dois dualismos são, obviamente, diversos. Descartes desejava criar reinos autônomos para a nova ciência e a atividade humana secular em oposição à religião, protegendo desse modo a ambas. Platão e os platônicos posteriores ainda têm um universo que é unido e plenamente interativo, mas com uma grande hierarquia de qualidades e substâncias.

[13] Gosling, *Weakness of the Will*, p. 48-68; Price, *Mental Conflict*, p. 145-78; Gill, *Personality*, p. 229-32.

[14] Anthony Long e David Sedley. *The Hellenistic Philosophers* (Cambridge: Cambridge University Press, 1987). Para os textos em tradução e comentário, ver vol. 1, p. 266-74, 313-22, 410-22 e vol. 2, p. 264-70, 310-20, 404-18. Para os textos latinos e gregos com bibliografia, ver p. 491-510.

baseadas em falsos valores. Ao contrário, o sábio devia possuir certas "boas emoções" racionais: a mais importante era a alegria; o "desejo", em vez de cobiça (ἐπιθυμία, daqui em diante *epithymia*); e "cautela", em vez de medo.

Se os estóicos não podiam concordar com a idéia popular e platônica segundo a qual a emoção e o apetite derivam de uma parte distinta e irracional da pessoa, como explicavam eles a *akrasia*, especialmente a *akrasia* com forte conflito mental? Ironicamente, algumas das fontes mais importantes para responder a essa pergunta vêm dos escritos dos platônicos que viveram pouco depois do tempo de Paulo e que refletem debates anteriores. Porque o platonismo tornou-se a filosofia do cristianismo, quase nenhum dos principais escritos estóicos sobreviveu intacto. Por isso, muitas vezes temos de depender de referências e citações nos escritos de platônicos, como os de Plutarco e Galeno, que atacam o estoicismo. Atacam sobretudo Crisipo (280-207 antes da Era Comum), o estóico mais importante e o terceiro chefe da escola, que tinha interesse pelo problema da *akrasia*. Crisipo viu em Medéia, e nas palavras de Medéia, um caso especialmente interessante e desafiador para a sua teoria das emoções.

Para Crisipo, o conflito mental de Medéia não era um conflito entre a razão e a emoção irracional, mas entre diferentes conjuntos de raciocínios e convicções com seus respectivos impulsos e manifestações corporais conseqüentes.[15] Medéia, na terminologia estóica, "assentiu à impressão" que é conveniente tomar vingança do marido, que a tinha traído horrivelmente, e que a vingança é até melhor que as vidas de seus filhos. No sentido normativo da razão, sua decisão é irracional e baseada em falsas convicções sobre o que é bom; mas ao envolver convicções e raciocínio, sua ira é uma expressão da razão no sentido de uma capacidade funcional. Medéia oscila de um lado para o outro à medida que suas convicções e raciocínios sobre a vingança conflitam com aqueles sobre o valor de seus filhos. Ao atacar os estóicos, Plutarco (*Sobre a Virtude Moral* 446F) descreve a visão deles do conflito mental como uma alteração temporária mais do que uma luta de partes distintas.

> [Os estóicos] dizem que a emoção não é diferente da razão, e que não existe disputa nem conflito entre as duas, mas uma volta da mesma razão em duas direções, que nós não notamos porque a mudança é súbita e rápida. Não vemos que é a natureza da mesma função da alma cobiçar e mudar a própria mente, sentir ira e medo, e que, sendo levada para o que é vergonhoso por prazer, enquanto é movida, recupera-se de novo.

Crisipo argumentava que o impulso psicofísico de uma convicção recente e falsa, no qual consiste a emoção, podia ser tão forte que se perdia a capacidade de tomar uma decisão refletida, mas que o homem podia não fazer realmente

---

[15] Christopher Gill, "Did Galen Understand Platonic and Stoic Thinking on Emotions?", em *The Emotions in Hellenistic Philosophy* (ed. por Juha Sihvola e Troels Engberg-Pedersen; Dordrecht, the Netherlands: Kluwer Press, 1998), p. 114-23.

o que não quisesse fazer. A falta de autodomínio (*akrasia*), porém, num outro sentido faz parte de toda emoção, porque, de um lado, todos os homens têm "uma tendência natural para desenvolver a virtude" (οἰκείωσις, *oikeiōsis*); mas de outro lado, eles têm falsos benefícios devidos ao ambiente social.[16] Assim, todas as emoções típicas ou paixões (exceto as "boas emoções") envolvem um conflito interior entre as duas tendências. Na visão estóica, apenas a sabedoria constituía uma consistência completa de convicções, e a sabedoria é uma visão ampliada do mundo que coloca todas as coisas na sua verdadeira relação.

Por isso os estóicos definiram o autodomínio (ἐγκράτεια, daqui em diante *enkrateia*) não como na concepção popular de controle sobre forças internas irracionais e rebeldes, mas como um "caráter invencível com respeito ao que é conforme a razão correta" (*SVT* 3.67.20-22; cf. 67.45-68.2). O autodomínio é a constância duradoura em seguir o que parece verdadeiro para a razão e conforme a reta razão (cf. Rm 1,18-20). Como em Rm 1,21-28, *akrasia* é loucura (por ex., ἀφροσύνη, *aphrosyne*; cf. 2,20); uma falta de constância baseada no deixar de agir de acordo com o que é verdadeiro, um estado de paixão. Epicteto escreve: "Houve tempo em que vós pensáveis que eram boas estas coisas, e depois que as mesmas coisas eram más; e mais tarde que não eram nem uma coisa nem outra; e constantemente experimentáveis dor, medo, inveja, agitação e mudança. Isto é porque admitis que sois insensatos [ἄφρων, *aphrōn*]" (*Diss.* 2.22.6-7).

A política do autodomínio na vigília da revolução de Augusto

O autodomínio não era apenas central para o trabalho da filosofia em articular uma pessoa, criando práticas de auto-aperfeiçoamento, e formulando éticas, mas era também um princípio importante para a construção das hierarquias sociais nas culturas greco-romanas. O autodomínio refere-se ao poder sobre si mesmo e ao potencial de poder ou falta dele sobre os outros. Como ensina o Sócrates de Xenofonte (*Mem.* 1.5.1-6), se queres um general para salvar a cidade, ou um guardião para teus filhos, ou um administrador para tua propriedade, vais querer alguém que seja "mais forte que seu ventre", que tenha vencido sua inclinação para o vinho, o prazer sexual e o sono. Em *Alcebíades*, Sócrates diz a um jovem ambicioso que, para ter sucesso como político, ele deve primeiro dominar-se a si mesmo, vencendo a paixão e o desejo. O domínio de si mesmo até o grau possível, considerados os dons "naturais" da pessoa, coloca-a na hierarquia social, indicando quem ela é capaz de governar ou por quem ela é governada. Aristóteles está apenas seguindo a antiga suposição comum quando diz que a falta de autodomínio é inata, que é natural para algumas pessoas. Os exemplos que dá são dos bárbaros e de mulheres enquanto comparadas com os homens (*Ética a Nic.* 7.7 1150b). Nas culturas que usam esse tipo de discurso, uma série de dualidades criou uma hierarquia dos que têm maior autodomínio,

---

[16] A obra principal sobre esta teoria é Troels, *The Stoic Theory of Okeiosis: Moral Development and Social Interaction in Early Stoic Philosophy* (Århus, Denmark: Århus University Press, 1990).

que são capazes de governar os outros, e os que não têm domínio suficiente para governar ou plenamente governar a si próprios: por exemplo, mente/corpo, seres humanos/animais, homens/mulheres, homens frouxos/homens enérgicos, livres/escravos, gregos/bárbaros, israelitas/cananeus, judeus/gentios.

O bem sucedido esforço de Augusto para transformar a república romana e suas colônias num grande império unido sob seu cetro como monarca fez amplo uso da ética do autodomínio em sua propaganda e como princípio de organização social.[17] A época de Paulo, o início do império, foi um tempo em que a conexão entre autodomínio e ambição parece ter atingido o ápice. As leis de Augusto sobre a moral e o matrimônio deram o tom para a época. As elites dirigentes tinham de mostrar que exerciam firme controle sobre si mesmas, suas famílias e seus dependentes, se é que Roma devia governar o mundo com êxito. As aristocracias locais e as elites das minorias étnicas em todo o império rivalizavam para demonstrar a Roma sua capacidade de governar. Os judeus não eram exceção.

Terminou a república e começou a era imperial com um esforço de propaganda maciça, centrada numa forma exagerada do mito segundo o qual, ao passo que a Roma antiga tinha sido disciplinada em todas as coisas, os tempos recentes assistiam a uma dramática perda da disciplina pública e privada, uma era de pecado. Romanos 1–3 aborda um tema importante do século I. Na guerra pelo império, Augusto e seus seguidores tinham pintado Antônio como um escravo de Cleópatra, louco pela luxúria, que levou uma vida de satisfação sensual (por ex., Plutarco, *Ant.* 60; Josefo, *Ant.* 15.93). Augusto, ao contrário, era o verdadeiro modelo de autodomínio.

O autodomínio revelou-se também um ingrediente essencial na justificação das conquistas de Roma. Cícero afirma que, no passado, os magistrados de Roma exerciam um autodomínio tão grande que as outras nações de bom grado renunciavam ao próprio governo para serem governadas pelo povo romano. Os que foram conquistados por Pompeu ficaram tão impressionados com seu autodomínio que pensaram que ele fosse um deus (*Lei Manília* 14.41). Em sua *República*, Cícero dá a Lélio a tarefa de justificar o imperialismo romano: certas pessoas não possuem os dons naturais para governar suas próprias vidas; tais pessoas estão em melhores condições como escravas de outros; por isso, a Roma autodisciplinada governa os povos dominados para o bem destes.

Alguns autores pensam que Cícero toma esse argumento do filósofo estóico Panécio.[18] Este não apenas apoiou o domínio romano em oposição às doutrinas democráticas e antimonárquicas da antiga Estoa, mas também revisou a psicologia unitária estóica que negava o conflito na pessoa sadia entre alma e corpo ou entre razão e emoção. Panécio pode ter pressuposto a inerente irracionalidade e a rebeldia da parte apaixonada da alma. A parte racional da alma deve subjugar

---

[17] Para uma análise mais detalhada desse tópico, com bibliografia, ver Stowers, *Rereading of Romans*, p. 52-65.

[18] Andrew Erskine, *The Hellenistic Stoa: Political Thought and Action* (Ithaca, Nova Iorque.: Cornell University Press, 1990), p. 192-200.

e dominar a parte emocional e instintiva da alma, exatamente como os povos que têm autodomínio devem governar as nações irracionais. Augusto apelou explicitamente para a filosofia e muitos, mas nem todos, os filósofos ajudaram a conseguir uma ideologia para essa nova, embora supostamente antiga, ordem de virtude. Os judeus e os cristãos também pretendiam ter uma afinidade com a filosofia e possuir meios eficazes para o autodomínio.

Augusto fez do Egito uma lição para povos subjugados que não tinham domínio de si.[19] Augusto, seus sucessores no século I e também escritores e oradores descreveram o Egito como uma multidão de egípcios nativos e de gregos corruptos mergulhados em paixões más. Assim, a batalha épica entre Augusto e Antônio mais Cleópatra podia ser descrita como uma luta pela virtude e pelo próprio bem. Augusto puniu o Egito, negando-lhe a autonomia de governo e impondo-lhe um sistema de *apartheid* que segregava os egípcios nativos, os judeus, os gregos com os egípcios, no ínfimo grau da hierarquia. Os povos étnicos, incluindo os judeus, ficaram sabendo que o Egito era uma lição para eles. Os que tinham autodomínio eram recompensados; os governados por paixões eram punidos.

O judaísmo como uma escola de autodomínio

Os escritores judeus de fato não retrataram o Judaísmo como uma filosofia para as paixões, uma escola de autodomínio. O mais extenso testemunho dessa compreensão vem de Filo, o aristocrata judeu de Alexandria. "A lei nos exorta a filosofar e, com isso, aperfeiçoa a alma e a mente que comanda. Por isso, de sete em sete dias estão abertas milhares de escolas em cada cidade; escolas de sabedoria, autodomínio, coragem e todas as outras virtudes" (*Spec. Leg.* 2.61-2). As escolas de Filo são, evidentemente, o que nós chamamos de sinagogas. Ele salienta que essas escolas estão abertas não só para os judeus mas também para os gentios. Os judeus moram no mundo inteiro porque têm uma missão de ser para todo o mundo aquilo que o sacerdote é para todo o povo judeu. Esse sagrado ofício do povo judeu é evidente porque eles purificam o corpo e a alma, obedecendo às leis divinas que controlam "os prazeres do ventre e das partes abaixo dele (...), colocando a razão como auriga dos sentidos irracionais e (...) dos impulsos selvagens e extravagantes da alma (...), com exortações filosóficas" (*Spec. Leg.* 2.162-3). A missão do povo judeu consiste em ensinar a verdade do único Deus e as virtudes que Deus ordenou quando a razão governa as paixões. Por que as leis judaicas conquistam uma tal aprovação entre os gentios? O que torna a Lei de Moisés superior às outras leis? "A lei exige que todos os que assentem à sagrada constituição de Moisés devem ser livres de toda paixão irracional e de todo vício num grau maior do que os que são governados por outras leis" (*Spec. Leg.* 4.55). A Lei judaica é superior porque produz melhor o autodomínio. Ao invés, as leis de outros povos, promotoras da idolatria, "nutrem e aumentam" as paixões e vícios (*Sacr. Abel* 15).

---

[19] STOWERS, *Rereading of Romans*, p. 52-53.

Acima de tudo, a Lei para Filo resolve o maior dos problemas humanos, a traição da cobiça (ἐπιθυμία, *epithymia*). A cobiça é uma "traiçoeira inimiga e fonte de todos os males" (*Virt.* 100). "Moisés descartou a emoção, renegando-a como a coisa mais vil e a causa de males; acima de tudo, denunciando a cobiça como uma destruidora de cidades à alma, a qual deve ser ela própria destruída e feita obediente à norma da razão (*Spec. Leg.* 4.95). A cobiça faz com que os parentes se tornem inimigos figadais e

> é a razão pela qual grandes e populosas nações são dizimadas por guerras civis, e tanto a terra como o mar se enchem constantemente de novas catástrofes causadas por batalhas navais e terrestres. Pois todas as guerras dos gregos e dos bárbaros, entre si e contra outros, que são sujeito de trágico drama, derivam de uma só fonte: a cobiça, a cobiça de dinheiro, de glória e de prazer. São essas as coisas que trazem a destruição para a raça humana (*Dec.* 151-53).

Cobiça e a emoção servem como explicação geral do mal humano

Filo, Paulo e 4 Macabeus entendem o décimo mandamento (Ex 20,17; Dt 5,21; 4Mc 2,6; Filo, *Dec.* 142) como uma proibição da cobiça. Eles o lêem como "não cobiçarás". Assim como nós, exegetas modernos da Bíblia inconscientemente lemos a psicologia, os valores e as instituições modernas dentro do texto, assim os judeus, no mundo greco-romano, viam seus pressupostos sobre a natureza humana nos escritos do antigo Israel. Para judeus como Paulo e Filo, o décimo mandamento mostrava que a Lei estava preocupada com a ética greco-romana do autodomínio. Como se poderia esperar, os escritos de Filo, as cartas de Paulo e 4 Macabeus são compostos a partir da perspectiva das elites masculinas que dominavam naquela subcultura étnica do mundo greco-romano. O discurso da cobiça e do autodomínio é a linguagem da sua posição social. Esse discurso inclui não apenas a psicologia da hierarquia social e de gênero, mas também a ideologia do outro étnico. Como os bárbaros são descritos pelos gregos como perigosamente diferentes e como incapazes de controlar suas paixões e cobiças, assim os gentios, incluindo os gregos, estão sujeitos à mesma descrição pela mão dos escritores judeus. Como veremos abaixo, Paulo e Filo também escolhem a cobiça (*epithymia*) como a mais perigosa das paixões. Em ambos os casos, mas de modo claríssimo em Filo, isso parece derivar do modo como combinam as influências estóicas e platônicas. Segundo o estoicismo, a cobiça não é pior que qualquer outra paixão porque todas as paixões derivam do mesmo modo de falsas crenças e juízos. Mas na alma tripartida platônica as paixões espirituais podem atender à razão e ser persuadidas, mas os apetites (para os quais ele usa *epithymia*) são uma fera de muitas cabeças. Parece que os judeus do séc. I acharam compatível uma abordagem basicamente estóica da alma com algumas modificações platônicas importantes. O modo como liam as Escrituras pode ter sido seu princípio crítico. Acima de tudo, a asserção de que as convicções verdadeiras a respeito do divino constituíam a base para um comportamento ético adequado tornava a estrutura estóica compatível na ética, mesmo se judeus e cristãos aceitavam um cosmo platônico porque ele tinha um deus transcendente.

Filo considerava a Lei como um antídoto para a cobiça de vários modos. Mandamentos como o décimo servem de exortação dirigida à racionalidade dos indivíduos. A Lei também contém a constituição de uma comunidade ideal na qual todas as instituições e ofícios são designados para promover o autodomínio. O décimo mandamento

> estanca a fonte da injustiça, da cobiça, da qual brotam os mais desordenados atos, tanto públicos como privados, pequenos e grandes, sagrados e profanos, relativos a corpos e almas, e às coisas chamadas externas. Pois nada escapa da cobiça e, como eu disse antes, como uma chama na floresta, ela se alastra e tudo destrói. Muitas partes da Lei se enquadram nesse tópico, que é para a admoestação daqueles que podem ser reformados e para a punição dos que se rebelam, entregando-se por toda a vida à emoção (*Dec.* 173-74).

Filo explica que a Lei proíbe comer a carne de certos animais porque são muito apetitosos. Comer sua carne seria incentivar a cobiça e o prazer, ao passo que a abstinência desenvolve o autodomínio. Essas proibições incluem outra significação simbólica. Os animais, por exemplo, que rastejam sobre seu ventre representam a vida do estômago, ou seja, as paixões (*Spec. leg.* 113). Filo também descreve as leis pertencentes ao matrimônio, à comida e à bebida como leis de autodomínio (*enkrateia*) e moderação (σωφροσύνη, *sōphrosynē*).

Por muito tempo, os estudiosos têm perguntado a si mesmos o que atraía os gentios para as práticas judaicas e especialmente para as leis alimentares. Mas se entendemos a enorme atração exercida pelo ideal do autodomínio e a convincente interpretação da Lei judaica como meio para ele, então a popularidade das práticas judaicas para certos gentios torna-se compreensível. Alguns escritores judeus e mesmo alguns gentios consideravam a cultura judaica como única, exótica e estrita, dando a alguns não judeus a aparência de uma nação singularmente disciplinada de filósofos.[20]

Josefo também apresenta o judaísmo aos gentios como uma filosofia que oferece um caminho melhor para o autodomínio. Enquanto a filosofia grega se dirige apenas a uns poucos, o judaísmo se destina a muitos (*Ag. Ap.* 2.168-71). O judaísmo é uma filosofia para as massas. Josefo ressalta que as práticas religiosas dos gentios levam a uma falta de autocontrole (*Ag. Ap.* 2.193) e da grande disciplina que a Lei judaica requer (*Ag. Ap.* 2.234). Não obstante, começando pelos filósofos gregos, os gentios cada vez mais adotaram as leis judaicas (2.282). Em flagrante contraste com os próprios escritos de Qumrân, que não mostram interesse algum numa ética de autodomínio ascético, mas, ao invés, apresentam uma ética de pureza e contaminação, Filo e Josefo mostram os essênios como

[20] Id., p. 62-64.

austeros filósofos com domínio de si. "Eles evitam os prazeres como um mal e consideram o autodomínio (*enkrateia*) e a resistência à força das paixões como uma virtude. (...) Não rejeitam o matrimônio por princípio (...), mas querem proteger-se contra a depravação sexual das mulheres, estando convencidos de que mulher alguma jamais permanece fiel a um único homem" (*Guerra Jud.* 2.120-21). De modo semelhante, mas com menos radicalismo, os fariseus levavam uma vida simples e firmemente resistiam a toda concessão à luxúria (*Ant.* 18). As narrativas dos essênios, fariseus e terapeutas, em Filo e em Josefo, sem dúvida servem como tentativas de mostrar que os grupos filosóficos judaicos superavam os gregos e outros em seu grau de autodomínio.[21] Filo, Josefo e outros escritores do período do Segundo Templo fornecem uma extensa documentação sobre judeus que queriam atrair os gentios para uma relação simpática com a comunidade judaica, apregoando o judaísmo como uma escola superior de autodomínio. As cartas de Paulo afirmam que os gentios, pela identificação com Cristo, podem atingir o autodomínio sem as obras da Lei.

PARTE II. O AUTODOMÍNIO NAS CARTAS DE PAULO

As cartas de Paulo usam todos os termos principais que os filósofos usavam nas suas discussões sobre o autodomínio e o seu oposto: autodomínio (ἐγκράτεια, *enkrateia*; Gl 5,23); praticar o autodomínio (ἐγκρατεύομαι, *enkrateuomai*; 1Cor 7,9; 9,25); falta de autodomínio (ἀκρασία, *akrasia*; 1Cor 7,5); paixão/emoção (πάθη, πάθος; *pathē, pathos*; Rm 1,26; 7,5; 8,18; 2Cor 5,5. 6. 7; Gl 5,24; Fl 3,10; 1Ts 4,5); desejo ou desejo apaixonado (ἐπιθυμία, *epithymia*) e sentir desejo (ἐπιθυμέω, *epithymeo*; há numerosos exemplos do substantivo e do verbo); constância (ὑπομονή, -εω, *hypomonē, -eō*; numerosos exemplos); ser comedido ou moderado (σωφρονέω, *sōphroneō*; Rm 12,3; 2Cor 5,13).

A Carta aos Romanos é de longe a obra mais importante para o discurso do autodomínio nas cartas paulinas. Ela é um lugar valioso para se começar porque dá uma apresentação bastante clara da concepção normativa de Paulo e do papel que o autodomínio e seu oposto exercem no seu evangelho. A questão do autodomínio serve a uma importante função no tema da carta e se relaciona de perto com o fato de que o apóstolo dirige a carta a gentios e conta uma história a respeito do passado, do presente e do futuro desses povos não judeus. Rm 1,18-32 narra como os seres humanos (ainda não os judeus) renunciaram a uma verdadeira noção de Deus, deixaram de adorá-lo e, ao invés disso, voltaram-se para deuses feitos por mãos humanas (isto é, Gn 1–11, conforme lido por Paulo). A passagem repete três vezes que, em resposta, Deus puniu adequadamente esses idólatras, "entregando-os" (1.24.26.28) a desejos (*epithymiais*), paixões ou emoções (πάθη, *pathē*) e a uma mente incapaz (ἀδόκιμον νοῦν, *adokimon*

---

[21] Troels ENGBERG-PEDERSEN, "Philo's *De Vita Contemplativa* as a Philosopher's Dream", *Journal for the Study of Judaism* 30 (1999): p. 40-64.

noun). Por causa do último estado cognitivo, estes povos caracteristicamente chegaram a fazer "atos inconvenientes" (μὴ καθήκοντα, *mē kathēkonta*, 1,28). Este último é um termo estóico técnico para os tipos de comportamento que se tornam naturais – uma espécie de decência comum – para todos os seres humanos, como indivíduos, habituarem-se nos seus ambientes sociais. Toda a passagem tem um sabor fortemente estóico no modo como faz de uma falsa compreensão da visão mais ampla que as pessoas têm sobre o mundo a causa de paixões e de desejo apaixonado.

Paulo jamais atribui aos judeus em geral essa dominação pelas paixões e pelo desejo. A assimetria é notável.[22] Mas a *akrasia* e coisas piores caracterizam os povos não judeus como em 1Ts 4,3-4, em que o apóstolo exorta os tessalonicenses a "se apartar da luxúria; que cada um saiba tratar a própria esposa [lit., vaso] com santidade e respeito, sem se deixar levar pelas paixões, como os gentios, que não conhecem a Deus. Assim como os religiosos étnicos tradicionais, que não gregos, eram os bárbaros que podiam por definição não ter autodomínio, assim os religiosos étnicos, que não judeus, eram os gentios que também tipicamente careciam de autodomínio.

Paulo identifica seu auditório em Romanos como gentios (1,13-14; 11,13; 15,14-21) que se voltaram para Cristo, de modo que a história de 1,18-32 é a respeito de seu passado e sua cultura. O passado recente de seus leitores é feito mais dramaticamente pessoal quando Paulo de repente deixa seu auditório para se dirigir a um gentio imaginário em 2,1-16. Usando a antiga técnica retórica comum da apóstrofe, que era especialmente popular entre os filósofos morais, a passagem caracteriza esse gentio como uma pessoa que diz uma coisa, mas incoerentemente faz outra. Neste caso, a pessoa se arvora em juiz da classe de pessoas que fazem "atos inconvenientes" por causa da idolatria, ao passo que ela "faz as mesmas coisas" (1,32; 2,1-3) porque é mais um adorador de falsos deuses que foi "entregue" à paixão e à cobiça. A confirmação de que essa pessoa que Paulo admoesta fortemente é um gentio que tem *akrasia* como os do cap. 1, aparece em 2,15.[23] Aí o apóstolo não só explica que Deus vai julgar judeus e gentios imparcialmente, mas que Deus vai olhar a história mental até dos melhores gentios que praticaram muito do que a Lei prescreve, e que vai encontrar uma mente conflituosa que acusa e escusa juízos sobre si mesmos.

A carta retorna a esse quadro clássico da forte *akrasia* como conflito mental no cap. 7. Então 1,18–2,16 mostra que a condição fundamental dos povos não judeus é uma tendência endêmica geral para o vício e para a incoerência da *akrasia*, mesmo entre os melhores que, de algum modo, "por natureza", tentam

---

[22] Numa tentativa desesperada de encontrar textos que tornariam os judeus tão pecadores quanto os gentios, alguns têm apelado para 1Cor 10,1-22, quando Paulo fala dos perigos da cobiça; mas Paulo não estende a desobediência de Israel no Sinai aos judeus em geral, como ele faz com o mal em relação aos gentios.

[23] Devo esta interpretação básica a Troels ENGBERG-PEDERSEN (*Paul and the Stoics* [Louisville: Westminster John Knox Press, 2000], 203 e n. 43). Engberg-Pedersen, creio eu, confunde a questão quando diz que a passagem trata do conflito mental da *akrasia*, mas depois descreve a pessoa como o indivíduo "que tem autodomínio" e que regularmente luta e consegue fazer a coisa certa, mas com conflito interior. Isto introduz uma definição da "pessoa autocontrolada" de Aristóteles que não combina facilmente com o pensamento estóico.

fazer o que manda a Lei divina. O fato de não entenderem (falsas convicções) que Deus criou e governa o universo, e portanto de não servirem a Deus, levou a um estado mental que permite à paixão e à cobiça correrem soltas. As suposições aqui são ao mesmo tempo judaicas e estóicas.

A questão do autodomínio e do seu oposto retornam nos caps. 6–8. Leituras tradicionais tomam o que é dito dos judeus e gentios em 1,18–3,21 como um argumento sobre uma natureza humana essencialmente decaída, atemporal e extracultural. A meu ver, Paulo está dizendo que, por causa da imparcialidade justa de Deus perante judeus e outros povos, Ele enviou Cristo como solução para a justa condenação dos gentios e retificação de um momento apocalíptico da condição pecadora universal (caps. 3–5). Esse estado de pecado atual causou um forte nivelamento, de modo que Deus pode mostrar misericórdia imparcial igualmente para todos (3,9-31). Os caps. 6–9 continuam dizendo que a Lei que os mestres judeus ofereceram aos gentios (2,17–3,8), como solução para a paixão e para a *akrasia*, não pode e nunca foi destinada a produzir, sem conflitos, a retidão e o autodomínio. Somente a identificação com Cristo em sua morte e em sua nova vida, e o espírito de Deus, pode gerar a retidão e o autodomínio. Se Paulo realmente quis dizer retidão e autodomínio, é uma controvérsia existente no cristianismo ocidental desde que Agostinho lançou seu maciço e significativo ataque contra a idéia e procurou subverter mais de três séculos de interpretação cristã das cartas paulinas.

Paulo diz que os leitores da carta morreram para o pecado (6,2). O velho homem foi crucificado na identificação com Cristo, de modo que o corpo do pecado fosse destruído e a pessoa não seja mais escravizada ao pecado (6,6). Os leitores devem pensar em si próprios como mortos para o pecado (6,11) e não deixar que o pecado domine seus corpos mortais de modo a obedecer a seus desejos (*epithymiais*, 6,12). A linguagem de Paulo parece ser definitiva – estão mortos para o pecado – e no entanto ele os exorta a morrerem para o pecado. Troels Engberg-Pedersen mostrou vigorosamente que isso faz bom sentido à luz do estoicismo, no qual a virtude ou a bondade era uma questão de tudo ou nada.[24] Uma vez que alguém chegasse à intuição e à autocompreensão decisivas que reordenavam todo valor em relação a essa intuição, então ele era qualitativamente diferente, mesmo se ainda tivesse de elaborar em detalhe como essa novidade se aplicaria nos casos específicos. Essa situação requer uma parênese na qual a pessoa é exortada a conscientizar-se plenamente das implicações de seu novo estado.[25]

Se a compreensão paulina de Cristo era, em grandes linhas, formada por essas concepções estóicas, então sua aparente insistência na *apatheia* (Gl 5,24; Rm 6,11-12), ou seja, a eliminação de emoções ou paixões ordinárias, também faz sentido. Até a Reforma protestante, os cristãos em grande parte entenderam

---

[24] Ibid., 225-39.
[25] Enquanto eu saiba, o progresso no estoicismo era apenas para os que estavam progredindo rumo à sabedoria, e não para os sábios.

que Paulo ensinava a eliminação da paixão, mesmo se eles chegaram a ver isto como um objetivo prático somente para santos e monges que seguiam a vocação mais alta. Conforme Gl 5,24, "os que são de Cristo crucificaram a carne com suas paixões e desejos". Em 1Cor 7, Paulo deseja que todos sejam celibatários como ele, mas permite o matrimônio por causa da tentação da *porneia*. *Porneia*, como vimos, é uma característica dos gentios que experimentam desejo passional quando fazem sexo com suas esposas (1Ts 4,4). O matrimônio é necessário por causa da *akrasia*, falta de autodomínio, que de outra forma decorreria para a maioria das pessoas (1Cor 7,1-5). Se os celibatários não podem exercer o autodomínio, devem casar porque é melhor casar do que abrasar-se (7,9). Abrasar-se era uma descrição comum no tempo de Paulo para o desejo sexual (por ex., Cariton 5.9.9; Alcifron 4.10.5) e Paulo a usa para o desejo sexual, em Rm 1,27. Paulo parece defender a antiga idéia, mas bizarra para a sensibilidade moderna, do sexo sem paixão, idéia encontrada em Filo, no estoicismo e em algumas outras fontes.[26]

Então a parênese paulina, apelando para a identificação com a morte de Cristo, que elimina a paixão, a cobiça e a tendência para o pecado, serve de prefácio à discussão da *akrasia* e da Lei em Rm 7. A passagem é uma das mais contestadas e exegeticamente complexas do Novo Testamento. Os comentadores antigos e medievais geralmente reconheceram que a discussão de Paulo em 7,7-24 era apresentada nos termos da antiga tradição moral e às vezes especificamente da *akrasia*.[27] Depois da Reforma protestante, isso foi esquecido ou negado por razões teológicas e apologéticas.[28] Um resultado infeliz do fato de retirar a interpretação da passagem do contexto da tradição moral greco-romana é que ela tem sido interpretada tipicamente de um modo historicamente ingênuo, em termos da psicologia pós-cartesiana e kantiana, que difere em pontos importantes de qualquer concepção antiga de pessoa conhecida.[29]

Muitos dos antigos comentadores acreditaram que as palavras de 7,7-24 não eram próprias de Paulo, mas a técnica retórica comum da προσωποποιία, *prosōpopoiia*, na qual o discurso é elaborado de modo a representar o personagem de algum indivíduo ou algum tipo de pessoa.[30] Uma interpretação recente e importante de Troels Engberg-Pedersen sugere que Paulo dá aqui um tratamento fundamentalmente estóico da *akrasia* e de sua cura.[31] O texto visa mostrar que a vida sob a Lei conforme vista a partir da nova perspectiva de Paulo desemboca numa consciente autocompreensão. A pessoa passa a se perceber como alguém

---

[26] Dale Martin, "Paul without Passion: On Paul's Rejection of Desire in Sex and Marriage", em *Constructing Early Christian Families* (editado por Halvor Moxnes; Londres: Routledge, 1997), p. 201-15.

[27] Por ex., Stowers, *Rereading of Romans*, p. 267-69.

[28] Engberg-Pedersen, *Paul and the Stoics*, p. 368-69, n. 27.

[29] Sobre as concepções modernas em oposição às antigas, ver Christopher Gill, *Personality in Greek Epic, Tragedy, and Philosophy: The Self in Dialogue* (Oxford: Clarendon Press, 1996). Infelizmente, um claro exemplo de adoção de uma visão basicamente cartesiana e mais especificamente freudiana da pessoa é o fascinante e erudito estudo de Gerd Theissen, *Psychological Aspects of Pauline Theology* (Filadélfia: Fortress Press, 1987).

[30] Ver Stowers, *Rereading of Romans*, p. 264-69; e sobre a técnica, p. 16-21. Ver também Stanley Stowers, "Apostrophe, Προσωποποιία, and Paul's Rhetorical Education", em *Early Christianity and Classical Culture* (ed. J. Fitzgerald e M. White; Trinity Press International, no prelo).

[31] Engberg-Pedersen, *Paul and the Stoics*, p. 239-53.

que continuamente corre o risco de pecar. A consciência da *akrasia* ameaça constantemente os que tentam guardar a Lei.

O "eu" de 7,14 ("Eu estou vendido ao pecado") e 7,24 é a pessoa toda. Paulo então divide o eu nas suas diferentes partes para ilustrar o problema. O "eu todo" tem diferentes relações com seus diferentes aspectos. O "eu todo" identifica-se com a mente/razão (νοῦς, *nous*) ou homem interior que se alegra na Lei de Deus, mas não com os membros e a carne, de modo que às vezes não se identifica nem com seus próprios atos. Conforme Engberg-Pedersen, essa *akrasia* e consciência da dissociação se produz quando alguém se compreende de uma perspectiva egoística, voltada para si. A identificação com Cristo se parece com a visão objetiva ampliada do mundo no estoicismo que é sabedoria e que elimina a incoerência no eu que termina na paixão, na cobiça e na falta de autodomínio. Assim, só a Lei não pode produzir retidão coerente; só a identificação com Cristo e o dom do espírito de Deus o podem.

A importante leitura que faz Engberg-Pedersen concorda com um certo número de características do discurso de Paulo semelhantes às do estoicismo, e especialmente com alguns textos em favor da idéia de que os que estão em Cristo crucificaram as paixões e os desejos da carne. Mas essa leitura não explica facilmente toda a documentação. Uma certa linguagem parece, antes, sugerir uma pessoa dividida à maneira platônica com as partes rebeldes e irracionais inerentes. Conforme analisamos acima, a imagem do homem interior deriva do livro 9 da *República* de Platão. A imagem é antitética em relação à alma unitária do estoicismo. Em Romanos, Paulo usa a imagem de um modo caracteristicamente platônico. Emprega também a imagem das paixões e apetites comparadas a feras em 1Cor 15,32. O homem interior representa a parte racional da pessoa, com seus desejos, e a pessoa inteira também tem desejos tipicamente contraditórios que pertencem à sua parte inferior e carnal. Numa interpretação estóica, toda paixão e desejo seriam condições da habilidade racional. Não existe uma parte que pensa, quer ou deseja intrinsecamente irracional ou carnal. Se Paulo está dando uma interpretação estóica, ele o fez empregando termos e imagens destoantes com a tarefa.

Os textos de outras cartas também são difíceis de se conciliar com o estoicismo. Em 1Cor 9,24-27, Paulo fala de golpear e escravizar seu corpo com a finalidade de atingir o autodomínio. Isso combina bem com uma alma dividida, mas pouco com uma posição estóica, na qual o corpo não é intrinsecamente rebelde, e o autodomínio é alcançado ao se tornar o raciocínio coerente com a reta razão, ou com palavras um pouco diferentes, cada qual entendendo quem verdadeiramente ele é e como se enquadra no esquema do universo. De modo semelhante, o conselho de Paulo aos seguidores coríntios de casar para evitar a *akrasia*, se não conseguem atingir o autodomínio, não se destina ao conhecimento como, por exemplo, em Rm 6,11, quando ele diz: "Considerai-vos mortos para o pecado". O conselho é para ir em frente e conviver com a *akrasia*, se necessário, mas pelo menos dentro do matrimônio, de modo que não seja um adúltero consumido pela paixão.

A solução para esses testemunhos mistos sobre a idéia paulina do autodomínio, da *akrasia* e da pessoa pode ser achada, concluindo-se que ele não tinha uma herança filosófica pura a respeito desses conceitos. A idéia é largamente plausível porque o fim da república e o começo do império foram um tempo que viu diferentes tentativas de combinar doutrinas estóicas e platônicas a respeito da pessoa. Dizer isso não é cair na noção sumamente desacreditada de uma era de filosofia eclética e de sincretismo. Do lado estóico, três exemplos são mais proeminentes: Panécio, Posidônio e possivelmente o exato contemporâneo de Paulo: Sêneca. Embora os testemunhos não sejam muito claros, numerosos autores pensaram que Panécio (± 185-109 antes da Era Comum) aceitou uma alma bipartida parecida com a idéia de Aristóteles ou que ele foi aberto a influências platônicas.[32] Posidônio (± 135-51 antes da Era Comum) parece ter aceito uma parte irracional inerente à alma ou pelo menos algum tipo de tendência inerente ao irracional.[33] Costumava-se pensar que Sêneca era ou "eclético", e talvez influenciado por idéias platônicas, ou que ele seguia, ou seguiu algumas vezes, Posidônio, aceitando na alma uma parte irracional. À luz da pesquisa atual, parece que ou Sêneca (nascido entre 4 antes da Era Comum e 1 da mesma e falecido em 65 da Era Comum) era seguidor de Crisipo (isto é, "ortodoxo") com algumas concessões menores ao dualismo ou que ele simplesmente tinha o costume de usar imagens, analogias e metáforas (por costume literário) que falsamente parecem implicar o dualismo, se não são lidas de um ponto de vista estritamente estóico.[34] Esta última possibilidade pode dar apoio à leitura que Engberg-Pedersen faz de Rm 7,7-24, oferecendo um exemplo de um quadro estóico da pessoa, pintado com imagens facilmente enganosas e parecidas com as platônicas. Todos os três ilustram como uma descrição fundamentalmente estóica da pessoa era às vezes combinada com elementos platônicos ou dualistas.

No séc. II antes da Era Comum, Antíoco de Ascalon havia dado uma interpretação fortemente estóica do platonismo, e o platonismo posterior incorporou tipicamente elementos estóicos.[35] Cícero, um admirador de Antíoco, tentou combinar uma visão estóica das emoções com uma alma platônica dividida em *Disputas Tusculanas* 4.

Todavia, os mais interessantes testemunhos nos vêm de judeus contemporâneos de Paulo que acharam uma combinação de estoicismo e platonismo compatível com a imagem e a interpretação do mundo bíblico. A menção e a condenação da cobiça na interpretação do décimo mandamento é apenas uma dentre as muitas questões que têm sido pouco exploradas na pesquisa sobre

---

[32] LONG e SEDLEY, *Hellenistic Philosophers*, 1:316 (J), p. 321.
[33] Tem havido, recentemente, considerável debate sobre a posição de Posidônio: ver PRICE, *Mental Conflict*, p. 175-78, e para um argumento de que Galeno interpretou Posidônio no sentido de uma alma platônica, que apenas acrescentava uma ênfase em movimentos irracionais na alma à visão de Crisipo, ver John COOPER, *Reason and Emotion* (Princeton: Princeton University Press, 1999), p. 449-84.
[34] Brad INWOOD, "Seneca and Psychological Dualism", em *Passions and Perceptions* (editado por J. Brunschwig e M. Nussbaum; Cambridge: Cambridge University Press, 1993), p. 150-83.
[35] John DILLON, *The Middle Platonists* (Ithaca, Nova Iorque: Cornell University Press, 1996), p. 52-105.

Paulo. Filo era platônico, mas a seu ver a alma tripartida é apenas uma ulterior elaboração da alma bipartida aristotélica, que ele explica detalhadamente com doutrinas estóicas (por ex., *Spec. Leg.* 4.92; *Leg. All.* 2.6; *Opif.* 117). Ele mantém-se fiel à idéia estóica da eliminação das paixões e da substituição pelas "boas emoções" estóicas (por ex., *Leg. All.* 3.129; *Agr.* 10). Como Paulo, ele fala da parte racional como o homem interior, mas, com alguma dificuldade e incoerência, tem uma concepção estóica do bem e da virtude. O autor de 4 Macabeus também parece adotar uma concepção basicamente estóica do único bem, mas possui uma visão das paixões influenciada por Posidônio ou pelo platonismo.[36] Pode-se concluir que ler as Escrituras através das lentes da filosofia grega e combinar elementos estóicos e platônicos na ética e sobre a natureza da pessoa eram correntes intelectuais presentes no ar que os judeus, como Paulo, respiravam.

Na interpretação estóica de Rm 7,7-24 dada por Engberg-Pedersen ele faz Paulo abordar o corpo, a carne, os membros, as paixões e desejos, dentro da representação de uma autocompreensão que parte da perspectiva de um "eu" corporal egoístico. Isso preserva a interpretação estóica segundo a qual existe um só elemento dominante cognitivo-corporal, mas eu o acho implausível à luz da linguagem paulina. Engberg-Pedersen esforça-se para explicar como 8,1-13 oferece uma solução para a *akrasia*: a obtenção do autodomínio, de modo que não se corra mais o risco de pecar. Uma interpretação estóica esperaria uma solução como a do cap. 6, pela qual, entendendo-se a si mesmas como tendo morrido com Cristo, tais pessoas considerariam que a perspectiva do velho eu pecador foi eliminada. Mas 8,1-13 fala de invasão pelo espírito como solução. Engberg-Pedersen afirma que a passagem toda apela para a autocompreensão realizada pelo evento Cristo, mas como ele admite, isto não elimina a referência a efeitos substantivos do espírito.[37] A leitura não precisa ser alternativa (ou/ou) e é possível explicar a solução de Paulo como congruente com a imagem da *akrasia* em 7,7-24, que é uma mistura de elementos parecidos com o estoicismo e com o platonismo. A solução central e dominante para a *akrasia* seria, como diz Engberg-Pedersen, semelhante à estóica na identificação com a morte de Cristo, no cap. 6, e na qualidade parenética global de 8,1-13. Mas Paulo pressupõe uma tendência irracional inerente ao corpo que só pode ser eliminada completamente por uma mudança substantiva causada pelo divino *pneuma* (espírito). Se a pessoa descrita no cap. 7 representa os gentios de 1,18-32 que Deus entregou a suas paixões e desejos (1,24.26.28), então faz sentido a descrição das paixões e desejos intrinsecamente rebeldes de aparência platônica. Os gentios que tentam observar as doutrinas morais da Lei são incapazes de fazê-lo sem uma mudança de natureza.

---

[36] Richard RENEHAN, "The Greek Philosophic Background of Fourth Maccabees", *Rheinisches Museum für Philologie* 115 (1972): p. 221-38; Stanley STOWERS, "Fourth Maccabees", em *Harper's Bible Commentary* (San Francisco: Harper & Row, 1988), p. 924.
[37] ENGBERG-PEDERSEN, *Paul and the Stoics*, p. 247-50.

Paulo e as políticas de autodomínio

Paulo participava de sua cultura e não escapou das políticas de autodomínio. Encontra-se esse discurso especialmente nestes tópicos: etnia, gênero, sexo, adversários e seu próprio caráter. Paulo se apresenta como alguém que mantém o controle sobre suas paixões e desejos por meio de uma vigorosa luta. Bastante explicitamente, ele recomenda essa descrição de si mesmo como modelo para seus seguidores. A passagem mais vivaz é 1Cor 9,24-27:

> Não sabeis que aqueles que correm no estádio, correm todos, mas só um ganha o prêmio? Correi, portanto, de maneira a consegui-lo. Os atletas se abstêm de tudo; eles, para ganharem uma coroa perecível; nós, porém, para ganharmos uma coroa imperecível. Quanto a mim, é assim que corro, não ao incerto; é assim que pratico o pugilato, mas não como quem fere o ar. Trato duramente o meu corpo e reduzo-o à servidão, a fim de que não aconteça que, tendo proclamado a mensagem aos outros, venha eu mesmo a ser reprovado.

Aqui o autodomínio está enfaticamente envolvido no atingir a(s) meta(s) que Paulo prega. Essa passagem, que faz eco à doutrina dos cínicos, emprega uma metáfora atlética para a luta que visa subjugar as paixões e desejos do corpo de um modo típico de muitas classes de filósofos. Para os estóicos, porém, as paixões e os desejos não são problemas distintamente corporais, e o caminho para o autodomínio passa por meio da obtenção de convicções verdadeiras com raciocínios, mais do que com a supressão ascética do corpo. Essa passagem confirma minha leitura de Romanos, na qual a derrota da *akrasia* e a obtenção do autodomínio é *um só* objetivo central do evangelho. A surpresa é que Paulo se apresenta como ainda lutando violentamente e não como alguém que alcançou a calma vitória do sábio.

A imagem em 1Cor 15,32 de Paulo a lutar com as feras em Éfeso também concorda com esse quadro. Como mostrou Abraham Malherbe, as feras são as paixões.[38] Com efeito, a imagem está associada a uma antítese: "Comamos e bebamos, pois amanhã morreremos". A imagem filosófica comum da vida como competição ou luta moral (ἀγών, *agōn*: mal traduzido por "oposição", na NRSV) aparece em 1Ts 2,2. Paulo então continua de modo característico, dizendo que ele resistiu ao erro, à impureza, à astúcia, ao desejo de adular, à ganância, e ao desejo de reputação (2,3-6), todos desejos falsos bem típicos, contra os quais os filósofos diziam lutar. Essas duas últimas passagens ressaltam a tendência dos modernos intérpretes (enquanto opostos aos antigos e medievais) de ler passagens sobre a luta moral interna de Paulo como se descrevessem seus adversários humanos.

---

[38] Abraham Malherbe, *Paul and the Popular Philosophers* (Minneapolis: Augsburg Fortress Press, 1989), p. 79-89.

As listas das aflições de Paulo também mostram que o apóstolo é interiormente forte e continua sua obra a despeito de circunstâncias como a fome, a sede, o trabalho árduo, a perseguição e assim por diante (por ex., 2Cor 6,4-10; 11,23-29).[39] Com outras palavras, Paulo dominou seus desejos de prazer, conforto, boa reputação etc., e atingiu o governo de si próprio (*autarkeia*) por sua mente que, em Fl 4,11-12, ele apresenta como um dom de Deus.

Paulo apresenta seu autodomínio do desejo sexual como uma norma superior em 1Cor 7. Deseja que todas as pessoas fossem solteiras e, como ele, não envolvidas em qualquer atividade sexual (7,7). Toda a discussão equipara a vida de solteiro e a vida sem sexo com o autodomínio, e a vida de casado com a *akrasia*. O matrimônio é uma concessão de Deus para os que não podem praticar o autodomínio e, por isso, não é pecaminoso, mas sim partilha da condição da paixão e do desejo não dominados com a *porneia* (atividade sexual ilegítima). Paulo recomenda o matrimônio por causa da tentação da *porneia* (7,2.5). Mesmo curtos períodos de abstinência para parceiros casados colocam uma ameaça de *porneia* porque as pessoas casadas são caracterizadas pela *akrasia* (7,5). O matrimônio administra o desejo, mas não cura a moléstia. As viúvas e os solteiros devem casar se não podem exercer o autodomínio (ἐγκρατεύονται, *enkrateuontai*) porque é melhor casar do que abrasar-se de desejo (7,9). As tentativas protestantes e modernas que tentam fazer Paulo dar uma aprovação irrestrita do matrimônio e uma validação da sexualidade ignoram completamente, no capítulo, as palavras, os conceitos e a lógica do autodomínio. As leituras cristãs tradicionais nas quais Paulo apresenta o celibato como caminho mais elevado estão muito mais próximas, nesse contexto, do *ethos* da linguagem.

Um ponto crucial para entender o pensamento paulino provém da visão de que ele tem dois conjuntos de normas para julgar o comportamento. O primeiro é se a atividade em questão é recomendada ou condenada pela Lei judaica (por ex., o matrimônio, o sexo fora do matrimônio); e o segundo, se a atividade envolve apetites ou emoções incontroladas. Com relação ao último, os judeus na época de Paulo apelavam sobretudo para o décimo mandamento. Em sua leitura formada pelas suposições éticas gregas típicas de seu tempo, à diferença dos outros mandamentos que proibiam ações, o décimo mandamento proibia uma condição interna da alma, a paixão e o desejo indômitos. Os outros mandamentos (por ex., "não furtar") não funcionariam para o argumento de Paulo em Rm 7 ou para os interesses das outras fontes judaicas.[40] É porque Paulo e seus contemporâneos judeus estão interessados na própria condição moral e psicológica, e o décimo mandamento pode então validar a tradição grega moral que era a psicologia moral de seu tempo.

Se, na imaginação de Paulo, ele é o modelo do autodomínio, então seus adversários representam a escravidão às paixões da carne. Fl 3,18-19 fala de

---

[39] John T. Fitzgerald, *Cracks in an Earthen Vessel* (SBLDS 99; Atlanta: Scholars Press, 1988).
[40] Uma observação muito importante que só vi feita por J. A. Ziesler,"The Role of the Tenth Commandment in Romans 7",*JSNT* 33 (1988): p. 47-49.

indefinidos e anônimos "inimigos da cruz" cujo deus é o ventre (*koilia*). O ventre é uma metáfora típica para os desejos apetitivos e uma referência corporal à sede dos apetites.[41] Em Rm 16,17-18, os que causam dissensões e ensinam uma mensagem diferente da de Paulo servem a seu ventre. Como é típico de boa parte do pensamento grego, as últimas motivações dos que diferem nas posições intelectuais e políticas são atribuídas a apetites não dominados.

Parte do discurso sobre etnia e autodomínio nas cartas paulinas é entrelaçada com o discurso sobre o controle de si mesmo, o sexo e o gênero. Conforme Paulo, com exceção dos judeus (por ex., Gl 2,15), todos os outros povos se caracterizam pela falta de autodomínio. A narrativa do abandono de Deus para adorar os ídolos em Rm 1 descreve a escravidão à paixão e à cobiça que acontece com os povos que não adoram o Deus dos judeus como uma punição de Deus pelo falso culto (1,24.26.28). De uma forma que faz lembrar as representações que os gregos faziam dos bárbaros, e especialmente dos persas após as guerras pérsicas,[42] Paulo segue os escritores judeus que apresentam as outras etnias como inerentemente dominadas por fortes paixões, e portanto imorais. Nessa representação judaica, os outros povos são especialmente caracterizados pela *porneia*, o vício sexual, de gênero e de parentesco. Quando quer humilhar o grupo coríntio de seguidores, Paulo adverte que um caso de vício sexual e de parentesco no grupo é tão grave que essa *porneia* nem sequer entre os gentios se encontra (1Cor 5,1).

Uma raiz do mito dos gentios imorais está no tratamento que a Bíblia hebraica reserva aos cananeus e às outras nações do país. Há textos que justificam a conquista israelita e a posse da terra pelos israelitas e até mesmo o extermínio dos habitantes nativos, alegando que os nativos eram inclinados a abomináveis vícios constantes de sexo, gênero e parentesco (por ex., Dt 20,17-18; 7,2-5; Lv 18,24-25; 20,22-25). O Livro dos *Jubileus* (25,1) afirma que "todas as ações" dos cananeus são impuras, imorais e lascivas, e que elas são um motivo para não se casar com eles. Paulo, como Filo, generaliza essa tradição e a interpreta como o problema da *akrasia* inerente.

Conforme explica 1Ts 4,4, para serem santos os tessalonicenses devem tratar suas esposas (literalmente "vasos") em santidade e honra, e não como os gentios que ignoram o verdadeiro Deus, e que agem com paixão desordenada (πάθει ἐπιτυμίας, *pathei epithymias*) com suas esposas. Aqui Paulo usa a mesma linguagem que em Rm 1,24-28. A implicação, como em 1Cor 7, é que os sequazes de Paulo que crêem em Cristo devem casar-se por causa da *akrasia*, mas fazer sexo no matrimônio sem cobiça ou forte desejo, idéia esta que se encontra em alguns filósofos.[43] Pode ser que Paulo tenha em mente três níveis: *akolasia*, completa sujeição às suas paixões e desejos; *akrasia*, falta de autodomínio constante que consiste em lutar contra a paixão e o desejo; e o ideal de autodomínio completo que não consiste numa luta constante. Alguns autores, seguindo a tradição agosti-

---

[41] STOWERS, *Rereading of Romans*, p. 49-50.
[42] Edith HALL, *Inventing the Barbarian: Greek Self-Definition through Tragedy* (Oxford: Clarendon, 1989).
[43] Ver n. 26 acima.

niana/luterana, pensaram que Paulo está negando o múnus da razão e a substitui pelo conhecimento de Deus. Assim, enquanto um filósofo diria que a paixão dos gentios era causada por falta de razão, Paulo atribui sua causa ao fato de ignorarem a Deus. Essa interpretação constitui um equívoco muito sério a respeito da filosofia grega e de Paulo. É preciso ter clareza quanto aos dois sentidos da razão, sobrepostos mas em última análise distintos. Para os filósofos, a razão era uma função ou uma faculdade do ser humano, a capacidade de formular premissas e tirar conclusões. Também significava, para eles, como em nossa língua, normas no sentido de convicções que tinham força normativa. As freqüentes referências de Paulo ao raciocínio e à mente (por ex., Rm 7,22.23.25) mostram claramente que ele entendia que os seres humanos agem com uma função ou faculdade que raciocina. Para um estóico, a crença em Deus pode ser uma dessas normas nas quais consiste a razão. Paulo entendia as verdadeiras convicções sobre Deus não em oposição à razão, mas como um componente dela mesma. Sua idéia é que, de certa forma, as falsas crenças a respeito da divindade por parte dos povos não judeus os tornam incapazes de exercer sua razão de modo que possam dominar as paixões e a cobiça.

As cartas paulinas, como era de se esperar, também manifestam as antigas idéias sobre sexo e gênero que eram fortemente implicadas na ética do autodomínio. Na antiguidade greco-romana, pensava-se que cada pessoa podia ser inserida numa escala de feminilidade ou masculinidade.[44] Podia acontecer que alguns homens tivessem características predominantemente femininas e algumas mulheres, características masculinas. Costumava-se achar que todas as características físicas, psicológicas e mais estreitamente morais eram mutáveis. Uma menina criada por uma mulher que antes tivera um filho homem ou uma mulher que levasse uma vida rigorosa haveriam de adquirir traços masculinos, tanto físicos como morais e psicológicos. Todos os traços femininos eram por natureza inferiores aos masculinos, mesmo se eram naturais para as mulheres. Julgavam que as mulheres eram por natureza mais apaixonadas, menos capazes de se dominar e, portanto, precisavam estar sob o domínio e a proteção de homens. Então as mulheres deveriam ficar em casa, dedicar-se a ocupações mais leves e, no Oriente grego, usar véus. Quanto aos homens, a masculinidade era um empreendimento constante que podia ser perdido por falta de vigor ou de autodomínio. Muitos homens eram enxutos, duros, ativos e tinham paixões e desejos fracos. As mulheres eram por natureza passivas, delicadas, pegajosas e tinham paixões e desejos fortes.

A doutrina de Paulo em 1Cor 7 é escrita do ponto de vista de homens dominadores, começando pela declaração de que é bom para o homem não tocar em mulher (7,1). Os conselhos, porém, em boa parte podem não ser inteiramente típicos quando falam dos perigos do desejo e da *akrasia* enquanto iguais para homens e mulheres. A exceção é a parte que trata das virgens (7,36-38), quando a linguagem fala do insaciável desejo sexual de mulheres jovens – um clichê an-

---

[44] Existe agora uma extensa bibliografia sobre isto e sobre as minhas observações subseqüentes a respeito do gênero. Uma introdução acessível ao material é Thomas Laqueur, *Making Sex: Body and Gender from the Greeks to Freud* (Cambridge: Harvard University Press, 1990), que eu sigo aqui.

tigo – e da possibilidade de os homens que têm controle sobre elas administrar a situação por causa do autodomínio deles.⁴⁵

Todavia, Paulo preferiria que os cristãos não casassem. A afirmação comum de que ele defendia o celibato porque a volta de Cristo e os eventos precursores da nova era estavam próximos (7,29-31) não explica sua posição porque suas razões fundamentais derivam de uma condenação moral da cobiça e da paixão. Junto com muitos escritores de seu tempo, ele considerava a paixão e a cobiça como estados físicos e morais nos quais a razão – tanto a função de raciocinar como as convicções normativas da racionalidade humana – perdeu o controle de sua adequada função como o verdadeiro eu. Os pensadores desta antiga tradição ética concordavam em que os objetivos sociais e comunitários nos quais estavam interessados ao falarem de virtudes tais como a justiça não podiam ser alcançados, a não ser que as pessoas seguissem a razão em vez de suas paixões e desejos individuais. Textos como Gl 5,22-26 mostram que Paulo também entendia o autodomínio dentro do contexto de um ideal social mais amplo, muito embora ele nunca articule claramente a relação entre autodomínio e as virtudes comunitárias: "O fruto do espírito é amor, alegria, paz, longanimidade, benignidade, bondade, fidelidade, mansidão, autodomínio. Contra essas coisas [hábitos de caráter] nenhuma lei se aplica, mas os que são de Cristo crucificaram a carne com suas paixões e seus desejos". Paulo parece concluir que o domínio sobre as paixões e os desejos é necessário para eliminar os interesses individuais que contendem contra as virtudes da solidariedade social (cf. 5,26.16-21).⁴⁶

Em 1Cor 6,9, Paulo diz que os homens frouxos (μαλακοί *malakoi*; mal traduzido na NRSV por "prostitutos") não herdarão o reino de Deus. Antigas fontes dizem que os homens frouxos (*malakoi*) eram particularmente aficionados ao sexo com mulheres.⁴⁷ O homoerotismo masculino era considerado viril para o parceiro ativo e uma expressão de feminilidade para o passivo. A linguagem de Paulo em Rm 1,26-27 sugere fortemente que ele via dois problemas na atividade homoerótica. Primeiro, envolvia paixão incontrolada; e segundo, uma inversão da "ordem natural", segundo a qual o sexo legítimo deve envolver uma mulher passiva e um homem ativo.⁴⁸ Por que o exemplo do homoerotismo? A resposta mais provável parece vir de moralistas e filósofos contemporâneos ou quase contemporâneos como Musônio Rufo, Dion Crisóstomo e Filo, que descrevem como o desejo apaixonado sai fora do controle.⁴⁹ É deles a teoria das emoções do tipo dominó. Ou, numa outra figura, se alguém abre os portões do "eu" plenamente dominado, então os cavalos selvagens escapam e correm sem parar. Todos esses moralistas recorreram a tradições estabelecidas quando apresentaram o sexo

---

⁴⁵ Martin, *Corinthian Body*, p. 217-27.
⁴⁶ Este texto me parece ser um dos elementos mais fortes para comprovar a interpretação que Engberg-Pedersen dá (*Paul and the Stoics*) do pensamento paulino que, segundo ele, visa a eliminar a perspectiva direcionada para o eu.
⁴⁷ Martin, *Corinthian Body*, p. 33.
⁴⁸ Stowers, *Rereading of Romans*, p. 94-95, e Dale Martin, "Heterosexism and the Interpretation of Roman 1:18-32", *BibInt* 3 (1995): p. 332-55.
⁴⁹ Martin, "Heterosexism", p. 332-55.

homoerótico masculino como ilustração de quão apaixonada essa incontrolada condição podia se tornar. A suposição aqui é que, enquanto o sexo moderado e até sem paixão é possível com mulheres, o amor por belos rapazes é um objetivo apropriado para uma grande paixão. Paulo, como em outro lugar (cf. 1Cor 7,2-5), de um modo não característico para a sua cultura, estende o paralelo às mulheres, mas tipicamente salienta a paixão maior dos homens falando de seu "arder em desejos impulsivos" e do perigo para seus corpos, para eles mesmos (Rm 1,27).[50] Esse último detalhe é quase certamente uma referência às mudanças físicas/morais que, segundo pensavam, eram causadas pela permissão de livre curso dada às paixões e pela experiência do prazer. Tais homens ficavam frouxos e fracos, embora, como vimos, os homens frouxos efeminados não são particularmente ligados ao homossexualismo, mas ao desejo de sexo em geral, especialmente com mulheres. O rosto, a voz, o modo de andar, os trejeitos, o físico e o caráter, tudo muda quando um homem perde o estrito controle dos desejos.[51]

Para entender a antiga ética mediterrânea do autodomínio, como se encontra nos discursos dos textos que foram preservados pela cultura cristã posterior, deve-se conjeturar uma ordem social e econômica diferente da nossa.[52] A formação do caráter moral na ética do autodomínio é o reverso de nossa economia consumista.

O judeu contemporâneo de Paulo, Filo de Alexandria, escreve que os gentios habitantes de Canaã, entre os quais estavam os sodomitas, e os que habitaram depois a Síria

> eram caracterizados pela procura incontrolada do prazer que era causado pela contínua e infalível abundância de que dispunham; por ser um solo profundo e bem irrigado, todo ano a terra produzia abundantes colheitas de todo tipo de frutas, e a maior causa de males, como foi dito com razão, são "os bens em excesso". Incapazes de carregar esse fardo [de lidar com os bens de uma economia abundante], saltando como animais, eles abandonaram a lei da natureza e procuraram beber muito vinho misturado e comer alimentos finos, e se entregaram a formas ilegais de relações. Não apenas no seu desejo de mulheres, violaram as famílias dos outros, mas homens subiram sobre homens sem respeitar a natureza comum [isto é, que os homens devem ser sempre ativos e as mulheres passivas] que o parceiro ativo partilha com o passivo, e assim, quando tentaram conceber filhos, foram incapazes por causa da semente ineficaz.[53] Mas a descoberta

---

[50] Especialmente a respeito das mulheres em 1,27, ver Bernadette BROOTEN, *Love between Women: Early Christian Responses to Female Homoeroticism* (Chicago: University of Chicago Press, 1996).

[51] Para mais material sobre as mudanças produzidas pela moleza que leva à efeminação, ver Maud GLEASON, *Making Men* (Princeton: Princeton University Press, 1995), esp. p. 55-81, e MARTIN, *Corinthian Body*, p. 33.

[52] Escrevo a frase deste modo porque não devemos supor que os ideais e as prescrições das fontes elitistas transmitidos pelos cristãos representem exatamente o comportamento real, embora certamente tenham influenciado o comportamento até certo ponto, para determinadas pessoas.

[53] Esta paixão leva às relações ilícitas precisamente porque o homem, nesta interpretação, deve sempre exercer um papel passivo e assim agir como mulher. Filo também acredita que essa moleza atacaria o corpo de tal modo que tornaria o homem incapaz de ter filhos, provavelmente em virtude do "sêmen fraco".

não serviu para nada, somente mais intenso era o desejo pelo qual eram conquistados (*De Abr.* 134-35).

Tipos modernos de cristianismo, como os protestantes evangélicos e os católicos romanos burgueses, cujos valores são destinados a apoiar o capitalismo, quase invertem a estrutura básica de valores manifestada no cristianismo primitivo. O capitalismo é baseado no intenso consumismo, estimulado pelas centenas e até milhares de anúncios vistos por indivíduos a cada dia, que são destinados a suscitar o desejo e a construir um tipo de vida que visa ao trabalho, à compra e ao consumo: uma casa afastada da cidade, com três hectares de terra perto de um supermercado, carros velozes, grandes veículos esportivos e utilitários, televisão, esportes profissionais, lazer constante, etc. A meta central de nossa cultura consumista, que muitas vezes coopta a validação religiosa, é a estimulação do desejo de toda espécie de coisas e objetivos que os antigos moralistas deploravam. Por contraste, a meta da ética cristã antiga e primitiva é a limitação do desejo das coisas, das experiências e dos prazeres: "Não cobiçar". Paulo habitou esse mundo e desenvolveu sua própria, embora familiar, interpretação de suas possibilidades morais.

PARTE III. OUTROS TEXTOS PAULINOS E PAULINISTAS RELEVANTES

Gálatas 5,16-24 é um importante texto para a concepção paulina do autodomínio, se lido em relação com o pensamento moral greco-romano, mais do que com supostas "forças apocalípticas."

As seguintes passagens mostram que a ética do autodomínio estava muito viva nas décadas posteriores à morte de Paulo quando as obras abaixo mencionadas foram escritas em seu nome por aqueles que tentaram estender suas doutrinas e apelaram para sua autoridade para seus próprios fins. Os textos de Colossenses e de Efésios recolhem e reinterpretam a idéia paulina da escravidão dos gentios às paixões e aos desejos, que é vencida em Cristo.

Ef 2,3-4; 4,19-24; Cl 3,5-11; 1Tm 6,9-10; 2Tm 1,7; 2,22; 3,6; Tt 1,8.12; 2,2.5-7.12; 3,3.

PARTE IV. BIBLIOGRAFIA

O mundo greco-romano

COOPER, John. *Reason and Emotion*. Princeton: Princeton University Press, 1999.
DOVER, Kenneth. *Greek Popular Morality in the Time of Plato and Aristotle*. Berkeley: University of California Press, 1974.
ENGBERG-PEDERSEN, Troels. "Philo's *De Vita Contemplativa* as a Philosopher's Dream", *Journal for the Study of Judaism* 30 (1999): p. 40-64.
ERSKINE, Andrew. *The Hellenistic Stoa: Political Thought and Action*. Ithaca, Nova Iorque: Cornell University Press, 1990.

GILL, Christopher."Did Galen Understand Platonic and Stoic Thinking on Emotions?", em *The Emotions in Hellenistic Philosophy*, ed. por Juha Sihvola e Troels Engberg-Pedersen. Dordrecht, the Netherlands: Kluwer Press, 1998, p. 114-23.

_____. *Personality in Greek Epic, Tragedy, and Philosophy: The Self in Dialogue*. Oxford: Clarendon Press, 1996.

GOSLING, Justin. *Weakness of the Will*. Londres: Routledge Press, 1990.

INWOOD, Brad."Seneca and Psychological Dualism", em *Passions and Perceptions*, editado por J. Brunschwig e M. Nussbaum. Cambridge: Cambridge University Press, 1999, p. 449-84.

LAQUEUR, Thomas. *Making Sex: Body and Gender from the Greeks to Freud*. Cambridge: Harvard University Press, 1990.

LONG, Anthony."Hellenistic Ethics and Philosophical Power", em *Hellenistic History and Culture*, editado por Peter Green. Berkeley: University of California Press, 1993, p. 138-67.

LONG, Anthony; SEDLEY, David. *The Hellenistic Philosophers*. Cambridge: Cambridge University Press, 1987.

MARKSCHIES, Christoph."Innerer Mensch", *RAC* 18 (1997): p. 266-312.

MARTIN, Dale. *The Corinthian Body*. New Haven: Yale University Press, 1995.

NORTH, Helen. *Self-Knowledge and Self-Restraint in Greek Literature*. Ithaca, Nova Iorque: Cornell University Press, 1966.

PRICE, Anthony. *Mental Conflict*. Londres: Routledge, 1995.

Paulo e o autodomínio

BETZ, Hans Dieter."The Concept of the 'Inner Human Being' ('/ /// ḫ/ḥ//) in the Anthropology of Paul", *NTS* 46 (2000): p. 315-41.

ENGBERG-PEDERSEN, Troels. *Paul and the Stoics*. Louisville: Westminster John Knox Press, 2000.

FITZGERALD, John T. *Cracks in an Earthen Vessel*. SBLDS 99. Atlanta: Scholars Press, 1988.

HECKEL, Theo. *Der innere Mensch: Die paulinische Verarbeitung eines platonischen Motivs*. WUNT 2.53. Tübingen: Mohr Siebeck, 1993.

MALHERBE, Abraham J. *Paul and the Popular Philosophers*. Minneapolis: Augsburg Fortress Press, 1989.

MARTIN, Dale. *The Corinthian Body*. New Haven: Yale University Press, 1995.

_____."Paul without Passion: On Paul's Rejection of Desire in Sex and Marriage", em *Constructing Early Christian Families*, editado por Halvor Moxnes. Londres: Routledge, 1997, p. 201-15.

STOWERS, Stanley. *A Rereading of Romans: Justice, Jews, and Gentiles*. New Haven: Yale University Press, 1994.

THEISSEN, Gerd. *Psychological Aspects of Pauline Theology*. Filadélfia: Fortress Press, 1987.

ZIESLER, J. A."The Role of the Tenth Commandment in Romans 7", *JSNT* 33 (1998): 47-49.

19

PAULO, A VERGONHA E A HONRA

Robert Jewett

Certo número de exegetas tem refletido sobre as questões sociais da honra e da vergonha nas cartas paulinas. Esta pesquisa demonstra que os destinatários dessas cartas consistiam amplamente de pessoas de baixa condição social, pessoas que eram inferiorizadas desde o nascimento por motivos de preconceito, não por causa do que tivessem feito, mas devido à sua identidade social, cultural, sexual ou religiosa. A retórica da vergonha no uso neotestamentário refere-se a ações vergonhosas e também ao *status* vergonhoso imposto por outros.[1] Em Rm 1,14, por exemplo, essa última dimensão emerge porquanto o evangelho se refere a indignos "bárbaros" e a honrados "gregos," e aos "sábios" e aos "ignorantes" (Rm 1,14). As distinções sociais correlacionam-se com outras categorias de honra e de vergonha tais como judeu/gentio, fraco/forte, que assumem significado crucial na teologia e na ética da carta.[2] Pode-se afirmar que cada uma das cartas paulinas oferece um antídoto contra o *status* vergonhoso, dizendo que no ministério da graça de Cristo, os que são desprezados pela sociedade foram elevados a uma posição de justiça e de honra. Começamos com um esboço de estudos básicos sobre a honra e a vergonha entre os cientistas e os classicistas.[3]

PARTE I. EXEMPLOS DE TEXTOS SOBRE A HONRA NAS CULTURAS GRECO-ROMANA E JUDAICA

Baseando-se em informações sociológicas, antropológicas e históricas, Bruce Malina definiu a idéia de honra como "o valor de uma pessoa a seus pró-

---

[1] Ver A. Horstmann,"αισχύνομαι, be ashamed", *EDNT* 1: p. 42-43, que ressalta o sentido público de pessoas "envergonhadas" por outros, em contraste com o significado subjetivo de "ficar envergonhado" com o que se fez, encontrado especialmente no uso de ἐπαισχύνομαι. Howard Clark Kee,"The Linguistic Background of 'Shame' in the New Testament", em *On Language, Culture, and Religion: In Honor of Eugene A. Nida* (editado por M. Black e W. A. Smalley; The Hague: Mouton, 1974), p. 141-43, mostra que três das quatro categorias de vergonha no Novo Testamento referem-se à humilhação pública, à eficácia de promessas e à vindicação escatológica, enquanto um pequeno grupo de passagens refere-se ao comportamento vergonhoso.
[2] R. Jewett,"Paul, Phoebe, and the Spanish Mission", em *The Social World of Formative Christianity and Judaism: Essays in Tribute to Howard Clark Kee* (editado por Jacob Neusner et al. Filadélfia: Fortress Press, 1988), p. 144-64..
[3] Uma avaliação cética desta linha de pesquisa é dada por Downing,"'Honour' among Exegetes", p. 19-42. Downing conclui:"A questão da honra, do respeito na comunidade, é importante, e pode até ser *ocasionalmente* de importância primária. Não ajuda supor – sem levar em conta a documentação – que deva ser sempre dominante".

prios olhos (...) *mais* o valor dela no seu grupo social. Honra é uma pretensão de valor junto com o reconhecimento social do valor".[4] No cenário competitivo do mundo mediterrâneo, tal honra era adquirida "sobressaindo-se acima dos outros na interação social, que chamaremos de desafio e resposta".[5] Isto ocorre somente entre pessoas da mesma classe, porque a superioridade sobre os de *status* inferior era aceita e não precisava ser provada. A finalidade de um desafio, que nas diversas áreas ia do poder político à reputação religiosa, era "usurpar a reputação de outrem. (...) Quando a pessoa desafiada não puder responder ou não responde ao desafio lançado por um seu igual, ela perde sua reputação aos olhos do público. (...) Toda interação social que tem lugar fora de sua família ou fora de seu círculo de amizades é percebida como um desafio à honra, uma tentativa mútua de adquirir a honra de um socialmente igual (...); os antropólogos chamam isto de cultura agonística".[6]

A competição era uma característica distintiva da cultura grega antiga, como o percebem os classicistas. Por exemplo, na Ilíada, Glauco orgulha-se de um modo típico:

> Filho de Hipóloco sou; e ele, eu declaro, era meu pai.
> Para Ilium me mandou e me encarregou imediatamente e muitas vezes
> De sempre ser dos melhores, proeminente sobre todos os outros.
> E não causar vergonha à casa de meus pais, que eram os mais nobres
> Nascidos na cidade de Éfira ou no vasto reino da Lícia.
> (Homero, *Ilíada,* Canto 6. 206-10).[7]

A competição pelas honras acontecia em todos os níveis: na educação, na oratória, na política, na poesia, na música, no esporte e na guerra. Isso resultava na organização de competições formais na maioria dessas arenas, nas quais os prêmios honravam os desempenhos superiores.

Página após outra, Pausânias descreve os monumentos que honravam as famosas vitórias nas competições olímpicas. Aqui está um exemplo típico:

> A estátua de Astilo de Crotona é obra de Pitágoras; esse atleta obteve três vitórias consecutivas em Olímpia. (...) Está também colocada em Olímpia uma placa recordando as vitórias de Quionis de Esparta. (...) Semelhante em renome a Quionis era Hermógenes de Xanto, um lídio, que ganhou a oliveira brava oito vezes em três jogos olímpicos, e era apelidado de Cavalo pelos gregos. Polites também deve ser considerado uma grande maravilha. (...) Pois das mais longas corridas, que requerem o maior vigor, ele mudou, depois do mais curto intervalo, para os mais breves e rápidos,

---

[4] Bruce J. Malina, *The New Testament World: Insights from Cultural Anthropology* (Atlanta: John Knox, 1981), p. 27.
[5] Id., p. 29.
[6] Id., p. 32.
[7] Tradução de William Benjamin Smith e Walter Miller, *The Iliad of Homer* (Nova Iorque: Macmillan, 1944), p. 130-31.

e depois de ter conquistado uma vitória na corrida longa, ele acrescentou no mesmo dia uma terceira vitória na corrida dupla. (...) No entanto, o mais famoso corredor foi Leônidas de Rodes. Ele manteve sua velocidade em seu apogeu em quatro Olimpíadas, e obteve doze vitórias correndo (Pausânias, *Descrição da Grécia*, Livro 6, 13.1-4).[8]

Essa orientação competitiva continuou em vários lugares desde o período clássico até os períodos helenístico e romano. O definitivo estudo de N. R. E. Fisher sobre o uso clássico grego mostra que *hybris* é "o ato de desonrar deliberadamente os que deveriam ser honrados".[9] Ele conclui destacando

> a importância dos valores baseados na honra dentro das classes gregas e entre elas; a análise deve reconhecer até que ponto a tendência para a honra pessoal operava com muita força em todos os envolvidos na vida pública, e ainda mais até que ponto a perda do *status* de cidadão e os ataques violentos ou sexuais à honra de alguém e à de sua família ou grupo social despertavam os mais profundos sentimentos entre os gregos de todas as condições, e potencialmente reações muito fortes.[10]

Aristóteles oferece uma análise básica desta difusa competição pela honra. Existem três níveis no "desrespeito" aos outros, no tratamento deles como pessoas indignas de honra. O primeiro é o "desprezo", que indica que alguém não tem valor; o segundo é o "rancor", que coloca obstáculos no caminho da pessoa indigna; o terceiro é *hybris*, que Aristóteles assim descreve:

> O homem que comete *hybris* também desrespeita; pois *hybris* é fazer e dizer coisas pelas quais a vítima fica envergonhada; não para que alguém possa conseguir alguma outra coisa além do que é feito, mas simplesmente para tirar prazer disto. (...) A causa do prazer para os que cometem *hybris* é que prejudicando as pessoas, eles pensam que são superiores. (...) A desonra é característica da *hybris*, e aquele que desonra alguém o desrespeita, pois o que não tem valor não tem honra, nem para o bem nem para o mal. É por isso que Aquiles diz quando irado: "Ele me desonrou; pois ele tomou meu prêmio, e o conserva" [*Ilíada* 2.356] e "Ele me tratou como se eu fosse um vagabundo sem honra" [*Ilíada* 9.648 = 17.599], porque ele está com raiva por essas razões.[11]

Como o mostram os exemplos da *Ilíada*, a honra implicava não apenas a aprovação dos outros, mas também a posse de vantagens materiais. Como

---

[8] Tradução de W. H. S. Jones (Cambridge: Harvard University Press, 1966), p. 75-77.
[9] N. R. E. Fisher, *Hybris: A Study in the Values of Honour and Shame in Ancient Greece* (Warminster, Inglaterra: Aris & Phillips, 1992.), p. 193; ver também p. 10.
[10] Id., p. 498.
[11] Aristóteles, *Retórica* 1378b23-35, citado por Fisher, *Hybris*, p. 8.

diz Thomas Fatheuer, "o conflito central na *Ilíada*, o conflito entre Aquiles e Agamêmnon, é uma luta sobre a *timē* ("honra"), a respeito da posição e da honra de cada um e, ao mesmo tempo, uma luta pelos despojos da guerra, pela mulher prisioneira Briseida".[12] Aquiles sentiu-se desonrado e até privado de sua livre cidadania como grego porque seu general insistia num direito superior aos despojos. Depois de ficar de mau humor por um tempo, Aquiles lança mão de um supremo ato de *hybris* desonrando o corpo morto de Heitor como modo de reaver sua honra, com previsíveis conseqüências trágicas.

O classicista E. A. Judge confirma a difusa tradição cultural que via na obtenção da honra o único objetivo adequado da vida, não obstante seus perigos. Descreve as atitudes sociais que continuaram desde o período clássico até a cultura greco-romana posterior:[13]

> Nos tempos do Novo Testamento, a predominante escola estóica de filosofia tinha elevado a estima [do valor da glória] a um nível muito alto, ao que parece em resposta ao culto da glória na nobreza romana. Acreditava-se que a conquista da glória era a única recompensa adequada para o mérito na vida pública, e que, dada a incerteza sobre o estado do homem após a morte, era a efetiva garantia da imortalidade. Tornou-se, por isso, um objetivo primário e admirado das pessoas públicas cultuar-se a si mesmas, definindo realmente sua própria glória, na memória imortal da posteridade. Mais ainda, era considerado inferior aquele que não se empenhasse nessa procura da glória. (...) A exaltação de si tornou-se então uma característica da educação helênica superior, e de modo algum apenas uma caricatura de seus intentos.

Os monumentos honoríficos espalhados pelo Império Romano ilustram essa ânsia de glória imortal. Exemplo bem conhecido são as *Res Gestae* de Augusto, colocadas nas paredes do mausoléu em Roma, e nos templos de Ancira e de Antioquia da Pisídia, nos quais suas honras públicas estão enumeradas com detalhes extraordinariamente extensos. Nas palavras de Ekkehard Weber, isso é "o produto do empenho romano típico pela *gloria*, uma reputação que se estende muito além da própria morte e que representa o mais alto objetivo de toda vida pública".[14] Após descrever sua desinteressada subida ao poder e seu triunfo sobre os assassinos de seu pai, Augusto começa a enumerar as honras que recebeu:

> Duas vezes triunfei na forma de ovação e três vezes na forma curúlica [diferentes formas de triunfos]; vinte e uma vezes fui chamado para ser Imperador. O Senado votou mais outros triunfos para mim que eu declinei. (...)

---

[12] Thomas Fatheuer, *Ehre und Gerechtigkeit. Studien zur gesellschaftlichen Ordnung im frühen Griechenland* (Münster, Alemanha: Westfael. Damphboot, 1988), p. 15.

[13] E. A. Judge, "The Conflict of Educational Aims in New Testament Thought", *Journal of Christian Education* 9 (1966): p. 38-39; ele cita Salústio, *Bellum Jugurthinum* 85.26: "A reticência só faria com que as pessoas tomassem a modéstia por consciência culpada".

[14] Ekkehard Weber, ed., *Augustus: Meine Taten. Res Gestae Divi Augusti* (Munique: Heimeran Verlag, 1970), p. 52.

Por causa das vitórias obtidas por mim e por meus generais na terra e no mar, o Senado votou ações de graças aos deuses imortais cinqüenta e cinco vezes. O número total de dias nos quais essas celebrações senatoriais foram feitas foi de 890. Nos meus triunfos, nove reis ou filhos de reis foram levados à frente do meu carro. Até o momento em que escrevo isto, tenho sido conselheiro treze vezes e estou no trigésimo sétimo ano da *tribunicia potestas*. (...) Pertenci ao triunvirato para a nova ordem do Estado por dez anos ininterruptos. Fui Senador da mais alta ordem (...) por quarenta anos; exerci o cargo de *Pontifex maximus* e de *Augur*, pertenci ao colégio dos *Quindecemviri* e aos sagrados *Septemviri*, fui irmão de Arval, membro das sociedades Titius e Fetiale. (...) A cada cinco anos foram votadas pelo Senado ofertas votivas por meu bem-estar para serem feitas pelos Cônsules e pelos membros do sacerdócio. Com base nestas ofertas os quatro mais altos colégios sacerdotais e os Cônsules freqüentemente organizaram festivais. Como indivíduos e também enquanto assembléias cívicas de comum acordo, rezavam sem cessar em todo lugar sagrado pela minha salvação. Por decreto senatorial meu nome foi colocado no hino cultual Salier, e por lei foi decretado que eu seria isento para sempre de acusações e que eu devia ter a proteção do tribunal do povo enquanto viver. (...) Por decreto senatorial, uma delegação de uma parte da Guarda Pretoriana e do tribunal do povo com o cônsul Q. Lucretius e lideres representantes foi enviada à Campânia, uma honra que nunca antes fora concedida exceto a mim. Quando voltei da Espanha e da Gália para Roma, depois de bem sucedidas atividades nessas províncias sob o consulado de Ti. Nero e P. Quintilius, o Senado dedicou um Altar da Paz Augusta no Campo de Marte por ocasião do meu retorno; lá foi decretado que os oficiais, os sacerdotes e as Virgens Vestais oferecessem sacrifícios anuais.[15]

No mundo moderno somente políticos de tendência totalitária sonhariam enumerar suas realizações e honras com tantos detalhes, mas na cultura de honra-vergonha do mundo greco-romano tal fato era perfeitamente natural. Isso assegurava a memória de Augusto, que era a única forma garantida de imortalidade, e servia para estimular em outros a emulação em busca da honra, que era considerada supremamente virtuosa.

A função social de pretender a honra é particularmente visível na oração fúnebre de Péricles, que enaltece a coragem dos soldados caídos, a fim de fazer da sua fama imortal e da preservação da sua cidade um objetivo desejável para o auditório geral emular. Tucídides narra que Péricles louvou Atenas com extensos detalhes: "Tal é, pois, a cidade pela qual esses homens nobremente lutaram e morreram, considerando seu dever não deixá-la ser tomada deles; e é conveniente que todo homem que é deixado para trás sofra voluntariamente por

---

[15] Id., p. 13-21 (tradução minha).

amor dela" (Tucídides, *História da Guerra do Peloponeso*, II, 41.5).[16] A honra que esses soldados ganharam na morte sustenta o empenho pela honra entre os sobreviventes:

> Pois eles deram a vida pelo bem comum, e ao fazê-lo ganharam para si mesmos o prêmio que não envelhece e o mais distinto de todos os túmulos – não aqueles em que estão sepultados, mas aqueles nos quais sua glória sobrevive em memória eterna, celebrada em toda ocasião que desperta uma palavra de elogio ou uma ação de emulação. (...) Tomai, portanto, esses homens como exemplos, e considerando a liberdade como felicidade e a coragem como liberdade, não fiqueis angustiados por causa dos perigos da guerra (*História da Guerra do Peloponeso*, II, 43.2-5).

Aos que se contristam com a perda dos familiares, Péricles aconselha que "se deixem confortar pela bela fama desses seus filhos. Porque somente o amor à honra não é alterado pela idade, e quando a pessoa chega ao período ineficaz da vida, não é o 'ganho' como dizem alguns, que dá a maior satisfação, mas a honra" (*História da Guerra do Peloponeso*, II, 44.4). Jamais tinha sido afirmado mais claramente que a obtenção da honra é a verdadeira finalidade da vida.

David deSilva confirma que a orientação competitiva permaneceu dominante no período do Novo Testamento: "A cultura do mundo do séc. I estava construída sobre os valores sociais fundamentais da honra e da desonra".[17] Ele apresenta uma série de textos clássicos e retóricos que constituem "o discurso da honra" destinado a reforçar o comportamento que se harmoniza com a "corte de reputação" do grupo particular de alguém.[18] Por exemplo:

> Quando a cultura greco-romana dominante desprezava um grupo como os judeus, o efeito era uma pressão constante sobre os indivíduos judeus para que estes renunciassem à sua condição de judeu e adotassem aqueles comportamentos que seriam recebidos como honráveis pelos membros da cultura dominante. Os autores judeus exortavam seus companheiros judeus a seguir a opinião da comunidade e a doutrina divina, para serem capazes de resistir à influência do mundo gentio.[19]

O Sirácida oferece um exemplo desse discurso louvando a honra genuína a ser ganha, aderindo-se aos valores da cultura judaica, a saber, a correta devoção a Deus e a adesão à Torá; aqui as honras acessíveis aos judeus são contrastadas com as honras que podem ser obtidas pelo resto da raça humana:

---

[16] Essa tradução e as seguintes de Tucídides são de Charles Forster SMITH, *The History of the Peloponnesian War* (vol. 1; livros I-II; LCL; Cambridge: Harvard University Press, 1928), p. 331-33.

[17] David Arthur DESILVA, *Honor, Patronage, and Purity: Unlocking New Testament Culture* (Downers Grove, Ill.: InterVarsity, 2000), p. 23.

[18] David Arthur DESILVA, *The Hope of Glory: Honor Discourse and New Testament Interpretation* (Collegeville, Minn.: Liturgical, 1999), p. 1-33, esp. p. 4-7.

[19] Id., p. 6.

Qual a raça digna de honra? A raça humana.
Qual a raça digna de honra? A dos que temem o Senhor.
Qual a raça digna de menosprezos? A raça humana.
Qual a raça digna de menosprezos? A dos que violam os preceitos.
O nobre, o juiz, o poderoso são dignos de honra,
mas nenhum deles é maior do que aquele que teme o Senhor.
(Eclo 10,19.24)

Como fez Péricles no período clássico, exemplos de figuras do passado dignas de louvor são exaltadas para encorajar os ouvintes da época a imitar suas virtudes. No Sirácida, por exemplo, o autor conclui com um hino aos ancestrais judeus, o qual visa levar seus leitores a emular o comportamento deles; eis um trecho desse panegírico:

Elogiemos os homens ilustres,
nossos antepassados, em sua ordem de sucessão.
O Senhor concedeu-lhes grande glória,
sua grandeza desde o começo.
Houve aqueles que governaram em seus reinos,
e foram célebres por seus feitos;
outros foram ponderados nos conselhos
e exprimiram-se em oráculos proféticos.
Todos esses foram honrados por seus contemporâneos,
e glorificados já em seus dias.
Mas eram homens de misericórdia,
cujos benefícios não foram esquecidos.
Na sua descendência eles encontram
rica herança, sua posteridade.
Os seus descendentes ficam fiéis aos mandamentos
e também, graças a eles, os seus filhos.
Para sempre dura sua descendência,
e sua glória jamais será ofuscada.
(Eclo 44,1-13)

E com isto o Sirácida louva uma lista de pessoas ilustres que começa com Enoc e passa por Abraão, Moisés, Elias e Adão, entre outros (Eclo 44,1-3.7.10-13.16.19; 45,1-2.4.16).

Embora as minorias discordantes como os judeus e os primeiros cristãos não pudessem obter honra do modo louvado por Péricles, e fossem de fato geralmente vistos como ignóbeis pelas principais culturas gregas e romanas, o desejo de alcançar a honra por outros meios continuava dominante. DeSilva propõe um método para analisar o discurso sobre a honra neste modo discordante, examinando a linguagem que reforça a adesão às cortes de reputação de grupos particulares. Procurando agradar a seu Deus, esses grupos tinham como defender a honra dos seus membros, que sofriam pressão para se conformarem às normas culturais dominantes. DeSilva conclui que os primeiros escritores cristãos como Paulo proclamam uma mensagem que difere dos "valores centrais no seio da cultura greco-romana dominante bem como da subcultura judaica" concernente ao modo de alcançar honra.[20] Essa conclusão pode ser elaborada, examinando o discurso peculiar usado por Paulo.

PARTE II. EXEMPLOS DAS CARTAS PAULINAS

1 Coríntios 1–2

Uma forma típica de competição pela honra está expressa nas jactâncias dos partidos coríntios que Paulo cita em 1Cor 1,12: "Eu sou de Paulo", "eu sou de Apolo" etc. Esses protestos de "adesão a um partido"[21] contêm pretensões implícitas de honra superior, que explicam por que Paulo desenvolve o contraste entre a jactância greco-romana e judaica, e a nova orientação exigida pela fé em Cristo. Todo o sistema de honra e vergonha foi subvertido pela escolha que Deus fez dos "fracos," dos "humildes e desprezados no mundo", para receberem o evangelho, que "confunde" os fortes e os sábios, aos quais ordinariamente se dá a precedência (1Cor 1,26-28).[22] Segue-se que a única forma legítima de gloriar-se é "gloriar-se no Senhor" (1Cor 1,30).[23] Somente a corte divina de reputação estabelecida pelo Cristo crucificado permanece válida.

O fundamento dessa nova avaliação da honra e da vergonha é o evento da cruz (1Cor 1,18-25), que "acabou com a auto-suficiência humana conforme é evidenciada pela sabedoria e os projetos humanos".[24] Enquanto os gregos procuram uma validação por meio da "sabedoria" e os judeus, por meio de "sinais milagrosos" (1,22), a cruz de Cristo é loucura e pedra de tropeço. Ela contradiz todo sistema humano de busca de *status* superior e de obtenção da honra mediante práticas religiosas e filosóficas. Assim, na formulação de Gordon Fee, ao passo que "*messias* significava poder, esplendor, triunfo, *crucifixão* significava fraqueza, humilhação, derrota".[25] A conseqüência tirada por Richard Hays é que "a cruz é a chave para se entender a realidade na nova era escatológica de Deus. Conseqüentemente, entrar no mundo simbólico do evangelho é passar por uma conversão da imaginação, é ver todos os valores transformados pela louca e fraca morte de Jesus na cruz".[26] Os valores aqui transformados eram centrais

---

[20] DeSilva, *Honor, Patronage, and Purity*, p. 43.
[21] Hans Conzelmann, *A Commentary on the First Epistle to the Corinthians* (trad. J. W. Leitch; Filadélfia: Fortress Press, 1976), p. 33.
[22] Ver Raymond F. Collins, *First Corinthians* (Collegeville, Minn.: Liturgical, 1999), p. 110-11.
[23] Ver Charles Kingsley Barrett, "Boasting (καυχάσθαικτλ) in the Pauline Epistles", em *L'Apôtre Paul: Personalité, Style et Conception du Ministère* (BETL 73); Lovaina: Louvain University Press, 1986), p. 367; Rudolf Bultmann," καυχάομαικλτ", EDNT 2: p. 278-79.
[24] Gordon Fee, *The First Epistle to the Corinthians* (Grand Rapids: Eerdmans, 1987), p 67.
[25] Id., 75.
[26] Richard B. Hays, *First Corinthians* (Louisville: John Knox, 1997), p. 31.

para as sociedades greco-romana e judaica, ou seja, como conquistar a honra que dava sentido à vida. A nova era trazida por Cristo crucificado concede honra aos humildes e traz vergonha para os orgulhosos, eliminando o sistema social de "desafio e resposta" na competição pela honra. O evangelho trata as feridas da "rejeição tóxica" experimentada por aqueles que não conseguiram ganhar ou manter a honra.²⁷

Referências autobiográficas em Gálatas e Filipenses

Nas passagens autobiográficas de Paulo, sua participação anterior na competição intensa que marcava o mudo greco-romano é claramente expressa. Em Gl 1,14, ele descreve seus feitos de modo explicitamente competitivo: "Eu progredia no Judaísmo mais do que muitos compatriotas da minha idade, distinguindo-me no zelo pelas tradições de meus pais". Embora a enumeração dos feitos seja menor que a de Augusto, a estrutura competitiva é definida pela palavra προέκοπτον (*proekopton*, "fazer progressos, ir contra"), avançar "indo em frente numa disputa entre vários judeus jovens que são fiéis à Lei".²⁸ A base da comparação é συνηλικιώτας (*synēlikiōtas*, contemporâneos"), que aparece aqui pela única vez no Novo Testamento, referindo-se a "uma pessoa da sua idade"²⁹ com a qual essa competição pela honra seria geralmente travada. Neste exemplo, a competição era na "ardente" observância da Torá.³⁰ Como observa Jerome Murphy-O'Connor, "o tom combativo e o espírito competitivo" dessa afirmação "são igualmente característicos de grupos de elite" tais como os alunos do movimento farisaico.³¹

A competição pela honra é também visível na autodescrição de Paulo em Filipenses, em que, de acordo com Peter O'Brien, há uma pretensão de que "sua herança e seus feitos enquanto fundamentos de glória pessoal não tinham rival":³²

> Se algum outro pensa que pode confiar na carne, eu ainda mais: circuncidado ao oitavo dia, da raça de Israel, da tribo de Benjamim, hebreu filho de hebreus; quanto à Lei, fariseu, quanto ao zelo, perseguidor da igreja, quanto à justiça que há na Lei, irrepreensível (Fl 3,4-6).

Aqui encontramos uma lista de indicadores de *status* que eram típicos para os judeus que viviam no mundo greco-romano: descendência de uma família honrada marcada pela piedade, conforme demonstrada pela sua apropriada circuncisão do filho ao oitavo dia, de acordo com a Lei; origem nacional impecável, com uma honrosa identidade tribal sem mistura de outra ascendência familiar

---

²⁷ Stephen Pattison, *Shame: Theory, Therapy, Theology*. (Cambridge: Cambridge University Press, 2000), p. 182-83.
²⁸ Ver Gustav Stählin, "προκοπή", TDNT 6: p. 714.
²⁹ Hans Dieter Betz, *Galatians* (Filadélfia: Fortress Press, 1979), p. 68.
³⁰ Id., 68.
³¹ Jerome Murphy-O'Connor, *Paul: A Critical Life* (Oxford: Clarendon, 1996), p. 60.
³² Peter T. O'Brien, *The Epistle to the Philippians* (Grand Rapids: Eerdmans, 1991), p. 365.

nem "qualquer assimilação à cultura e aos costumes gentios".[33] Os feitos de Paulo são enumerados num tríplice modo: membro do partido dos fariseus, que era conhecido pela sua estrita observância da Torá; zelo pela Torá até o ponto de perseguir os transgressores da Torá na igreja primitiva; e perfeita execução[34] dos requisitos da justiça. Toda essa relação é expressa em termos competitivos, como o revela o v. 4: comparado com quaisquer outras pretensões de honra religiosa, "eu tenho mais". No dizer de Peter O'Brien, os motivos para Paulo gloriar-se de sua origem e de seus feitos são de fato maiores do que as credenciais que qualquer outro judeu poderia apresentar (...) ninguém pode igualar suas alegações".[35] Porém, tudo isto é agora contado como "perda" e "lixo" porque Cristo substituiu o sistema de obter honra pelo cumprimento da Lei; doravante a honra vem somente pela fé no Crucificado (Fl 3,8-10). Porquanto essa honra é um dom mais que um empreendimento, elimina todo sistema de "confiança na carne" (Fl 3,3).

Romanos 3

Esse capítulo apresenta o clímax de um tema que começou em Rm 1,18, demonstrando que nenhum grupo pode legitimamente pretender uma honra superior, porque todos participaram na supressão da verdade glorificando os seres humanos em vez de Deus. A finalidade desse tema é liquidar com a presunção de superioridade que os romanos sentiam em relação aos bárbaros e que os membros das várias igrejas de Roma que se reuniam em casas e prédios sentiam uns sobre os outros. Paulo dá o argumento forte e decisivo que "diante de Deus ninguém será justificado pelas obras da lei" (Rm 3,20). James D. G. Dunn levou a análise desse versículo para além da denúncia da Lei judaica popularizada pela tradição interpretativa sustentada pela Reforma, para o que ele chama "a função da lei como fator de identidade, a função social da lei como característica do povo da lei na sua singularidade". O problema é que "as obras da lei" serviam como marca identificadora para "os que Deus escolheu e vai vindicar", proporcionando um método de "manter seu *status* [o da pessoa obediente] dentro daquele povo".[36] No entanto, Dunn não liga essas intuições com os sistemas de obter honra e evitar a desonra no mundo mediterrâneo, o que haveria de permitir uma compreensão mais ampla do argumento de Paulo. Aqui não se fala apenas da Lei judaica, mas da lei como marca identificadora de qualquer cultura. O termo Σάρξ (*sarx*, "carne") nesse versículo não foi escolhido por Paulo "para exprimir a igualdade da pertença à aliança com o rito físico e o parentesco nacional",[37] mas porque ele

---

[33] Id., p. 371-72.
[34] O termo ἄμεμπτος significa "irrepreensível, impecável", conforme BDAG, exprimindo assim um padrão de comportamento que não pode ser superado; "Paulo não tinha nenhuma 'censura' na sua lembrança, enquanto observante da Lei", conforme D. Fee, *Phiippians* (Downers Grove, Ill.: InterVarsity, 1999), p. 40.
[35] Peter T. O'Brien, *Philippians*, p. 368.
[36] James D. G. Dunn, *Romans 1-8* (Dallas: Word, 1988), p. 159.
[37] Id., p. 160.

inclui a totalidade da raça humana. Diante da justiça imparcial de Deus, nenhum sistema humano de competição pela glória e pela honra pode sustentar-se.

A afirmação radical em 3,23 de que "todos pecaram e estão privados da glória de Deus" tem uma relação com os sistemas judaico e greco-romano da vergonha e da honra, que não tem sido notada. Que Adão e Eva estavam originalmente destinados a portar a glória de Deus, mas a perderam pela queda, é amplamente reconhecido. Todavia, o uso do verbo ὑστερεῖν (*hysterein*, "ser privado") não tem sido suficientemente explicado porque um termo equivalente não é empregado em nenhum dos paralelos judaicos. Trata-se de um termo comparativo referente à falta de atingir uma meta, ser inferior a alguém, falhar, ser privado de alguma coisa.[38] A conotação básica é a do "*déficit*, que consiste em ficar abaixo do nível normal, ou em estar atrás dos outros",[39] portanto colocar alguém numa posição que merece desonra.

Um paralelo importante no uso paulino é 2Cor 11,5; 12,11, no qual ὑπερλίαν (*hyperlian*), "super", é usado em conexão com a competição entre Paulo e os superapóstolos. Ficar privado é vergonhoso; esse termo ressoa com a competição pela honra dentro dos grupos e entre eles no mundo greco-romano; e faz eco ao fraseado de Rm 1,18-32 em recusar dar honra a Deus, escolhendo venerar a criatura em vez do Criador. Não obstante as pretensões dos judeus e gregos de se superarem uns aos outros na honra, e não obstante as pretensões típicas deles de que os outros grupos são desonrosos por causa de sua falta de sabedoria ou de conformidade moral, a afirmação de Paulo é que *todos* estão privados do protótipo transcendente da honra. Se todas as pessoas e grupos falham por não refletirem o último protótipo da honra que estavam destinados a portar, ou seja, "a glória de Deus", então ninguém tem o direito de se arrogar superioridade ou de colocar os outros em posição de inferioridade.

Segue-se que ser "justificados gratuitamente, por sua graça, em virtude da redenção realizada em Cristo Jesus" (3,24) deve também ser entendido em termos do discurso de honra. "Justificação," "honra" e "glória" podem ser usados como termos virtualmente sinônimos, observação cuja relevância só pode ser percebida se a tradução tradicional de δικαιούμενοι (*dikaioumenoi*), "sendo justificados", for substituída pelo seu equivalente verbal mais adequado "sendo feitos justos". Ser "feito justo", no contexto da "justiça de Deus" (3,21), e com referência a seres humanos que foram privados da "glória de Deus", é ter essa glória e honra restauradas, não como um empreendimento mas como um dom. Paulo não está sugerindo que os fiéis ganham uma forma comparativa de honra, de modo a poderem continuar a competir com os outros que permanecem desonrosos. Antes, em Cristo recebem uma relação honrosa que resulta naquilo a que 2Cor 3,18 se refere como uma transformação objetiva derivada da imagem espelhada de Cristo, na qual os fiéis passam "de um grau de glória para outro". Sendo honrados por

---

[38] Ver BDAG 849.
[39] Ver Fréderic Godet, *Commentary on St. Paul's Epistle to the Romans* (trad. A. Cusin; revisado e editado por T. W. Chambers; Nova Iorque: Funk & Wagnalls, 1883; reimpr., Grand Rapids: Kregel, 1977), p. 148.

Deus por meio de Cristo. que morreu por todos, os que antes eram sem honra são integrados na comunidade dos santos, na qual acontece este processo de transformação, sob o senhorio de Cristo. Isso poderia ser correlacionado com as posições de Stuhlmacher, Dunn e Hays, que ressaltam que a justiça concedida aos judeus e gentios convertidos é entendida "primariamente em termos das relações de aliança com Deus e da pertença à comunidade da aliança".[40] Porém, em lugar da construção intensamente teológica elaborada pelos peritos em teologia bíblica, Paulo tem em mente uma nova realidade social: dentro da comunidade dos sem honra justificados pela morte e ressurreição de Cristo, já não existe possibilidade de qualquer "distinção" (Rm 3,22) quanto à honra. Redefinir a questão teológica em termos de vergonha e honra evita as ciladas da teoria ética da justificação, segundo a qual os seres humanos são justificados de modo a poderem merecer a aprovação divina; evita a artificialidade da justificação imputada, conforme a qual os fiéis são tratados como justos, embora permaneçam pecadores; evita estreitar a finalidade do perdão, tomando-o como quitação de ônus, insurgindo-se contra pecados individuais, ou a experiência individual de alívio de uma consciência culpada, que limita a justificação por Cristo àqueles cujo problema é a culpa; ultrapassa os limites existencialistas do mero fornecimento de uma nova autocompreensão aos fiéis como aceitos por Deus a despeito de toda evidência em contrário; e leva em conta a real composição do auditório de Romanos, que consistia pela maior parte de gente da classe inferior urbana, que sentia uma vasta gama de privações derivadas do *status* desonroso.

A posição crucial de Paulo é que, em Cristo, o estado de justo não é obtido com base em algum esforço humano. A tríplice referência em Rm 3,24 à "graça" divina, ao "dom" e à "redenção" por meio de Cristo evidencia que ninguém ganha esse *status* honroso e justo fazendo mais que os outros, ou por privilégio de nascimento ou riqueza. Em contraste com o supercompetitivo ambiente do mundo greco-romano, incluindo seu componente judaico, esse novo *status* é concedido por Cristo unicamente aos que foram privados e que, portanto, têm de reconhecer que sua desonra é evidente. Por sua própria natureza, somente a honra outorgada pela graça elimina a base da jactância humana, o que Paulo explicitamente afirma em 3,27: "Onde está o motivo de glória? Fica excluído". No dizer de Halvor Moxnes, o resultado é "excluir falsas pretensões à honra".[41]

O centro competitivo dos antigos sistemas de vergonha e honra era o que Paulo chamava de "gloriar-se", e que envenenava as relações não só entre indivíduos e grupos étnicos no mundo antigo, mas também entre "fracos" e "fortes", nas comunidades em Roma, como mostram os últimos capítulos da Carta

---

[40] Richard B. Hays, "Justification", *ABD* 3: p. 1131; ver Peter Stuhlmacher, *Paul's Letter to the Romans: A Commentary* (trad. S. J. Hafemann; Louisville: Westminster John Knox, 1994), p. 31.

[41] Halvor Moxnes, "Honour and Righteousness in Romans", JSNT 32 (1988): p. 61-77, aqui p. 71. Infelizmente Moxnes diz a seguir que "é a jactância particular do judeu, não algo que é comum a judeus e gentios, que Paulo ataca. (...) Paulo vê uma conexão direta entre a jactância e a Lei judaica". Isso ignora a clara implicação do tema anterior de Romanos, que mostra como todos os seres humanos estão envolvidos na procura da honra, que pertence somente a Deus, e que com isso todos eles perdem sua participação na "glória de Deus".

aos Romanos. Essas tensões tinham uma profunda implicação teológica, pois, como consta em Rm 3,29-30, o gloriar-se ameaça a unicidade de Deus. No seu precedente estudo desse material, Halvor Moxnes mostrou que a doutrina do monoteísmo em Rm 3 trata do "problema das divisões entre judeus e não judeus no seio das comunidades cristãs. (...) Nesse contexto, 'Deus é um só' serviu como argumento para a inclusão e a coexistência de judeus e não judeus na mesma comunidade, sobre a base da fé".[42] Moxnes sustentou que o tema nesses versículos, referente a Deus como o Deus dos incircuncisos e também dos circuncisos, constitui "um esforço consciente de incluir" os cristãos judeus, menos populares, dentro duma maioria gentia cristã e hostil em Roma. Em suma, "a confissão 'Deus é um só' era destinada a servir de vínculo de unidade entre os cristãos".[43] Os estudos mais recentes de Moxnes sobre a honra e a análise desse estudo podem ajudar a elucidar a ligação entre monoteísmo e unidade. Enquanto prevalecia o competitivo sistema de honra, as pretensões de *status* superior acarretavam asserções competitivas de aprovação divina. Na realidade, Deus ficava dividido e reduzido a uma função dos sistemas sociais. A unidade e a igualdade entre grupos e pessoas somente era possível quando o antigo sistema de competição pela honra era abandonado, seguindo a lógica do evangelho. Visto que Paulo decide dedicar os capítulos finais de sua carta à questão da mútua acolhida e da honra entre grupos rivais na igreja romana, este tema claramente ocupa o centro da teologia e da ética da carta.

Romanos 5,1-11

O novo sistema de honra e vergonha produzido pelo evangelho de Cristo crucificado é esclarecido nessa passagem. Em Rm 5,2, o verbo καυχώμεθα (*kauchōmetha*) pode ser traduzido quer como um indicativo ("nós nos gloriamos"), o que a maioria dos comentadores prefere, quer como um subjuntivo exortativo ("gloriemo-nos"), ligando o verbo no subjuntivo com o versículo precedente.[44] O indicativo é particularmente inadequado nesse caso, porque coloca Paulo e os romanos na posição de continuar agindo em oposição à sua prévia crítica da jactância (2,17.23; 3,27; 4,2). Se o verbo está no subjuntivo, claramente indica que Paulo está recomendando uma forma nova e revolucionária de gloriar-se para substituir as pretensões de *status* e desempenho honrosos que marcavam a religião tradicional no mundo greco-romano. Enquanto o gloriar-se era criticado em 2,17 e excluído por causa da imparcialidade divina em 3,27, agora é permitido numa nova forma, não naquilo que os grupos em Roma alegam como superioridade de uns sobre os outros, mas "somente naquilo que

---

[42] Halvor Moxnes, *Theology in Conflict: Studies in Paul's Understanding of God in Romans* (Boston: Brill, 1980), p. 223.
[43] Halvor Moxnes, *Theology in Conflict*, p. 224.
[44] Ver Otto Kuss, *Der Römerbrief übersetzt und erklärt* (Regensburg, Alemanha: Pustet, 1957-1978), 2: p. 200, 203; Theodore Pulcini, "In Right Relationship with God: Present Experience and Future Fulfillment: An Exegesis of Romans 5:1-11", *St. Vladimir's Theological Quarterly* 36 (1992): p. 68-69.

Deus realizou por meio de Cristo".⁴⁵ Em vez de gloriar-se no *status* presente e nos empreendimentos passados, Paulo recomenda um modo de gloriar-se coerente com o reino da graça que se concentra em duas coisas: na "esperança da glória de Deus" (5,2) e – no versículo seguinte – "em nossas tribulações". No séc. I, nenhuma das duas era uma base adequada para o gloriar-se no linguajar dominante a respeito da honra.

Em Rm 5,3 o verbo καυχώμεθα (*kauchōmetha*, "gloriemo-nos") é repetido, referindo-se a experiências dentro da realidade humana que, de outra forma, jamais dariam motivo para se gloriar.⁴⁶ A frase "em nossas tribulações" designa o motivo de gloriar-se, como em 2Cor 12,9, em que Paulo evidentemente desenvolve essa idéia em oposição aos superapóstolos: "Com todo o ânimo prefiro gloriar-me das minhas fraquezas, para que pouse sobre mim a força de Cristo". A formulação em Romanos é notável sob vários aspectos. Primeiro e acima de tudo, algumas atitudes greco-romanas e judaicas diante da honra e da vergonha, sucesso e adversidade, são aqui invertidas. Essa inversão continua a contrapor-se a uma situação comunitária de jactância competitiva, que era culturalmente coerente com tais atitudes.⁴⁷ Em vez de gloriar-se na virtude ou no *status* superior, Paulo recomenda gloriar-se nas "tribulações", ou seja, nas aflições, perseguições, calamidades escatológicas, ou nas provações de cada dia⁴⁸ que unem todos os fiéis na "reciprocidade da aliança"⁴⁹ sob o senhorio do Crucificado. O artigo definido ligado a "tribulações" é também digno de nota e deveria ser traduzido por "nossas".⁵⁰ Ao passo que certos comentadores tendem a generalizar as tribulações como se não houvesse um artigo específico,⁵¹ é claro que Paulo tem em mente tribulações específicas que são conhecidas por ele e pela comunidade romana. As dificuldades relacionadas com a expulsão dos chefes judeus cristãos sob Cláudio e seu retorno do exílio depois de 54 da Era Comum certamente foram incluídas junto com qualquer porção de sofrimentos do próprio Paulo que eram conhecidos em Roma. Na extrema versão de um ambiente de honra/vergonha presente em Roma, onde os triunfos sobre os inimigos eram celebrados por todo lado, gloriar-se nas adversidades de um grupo não só era contracultural no sentido genérico, mas também provavelmente se opunha a interpretações

---

⁴⁵ Marty L. Reid, *Augustinian and Pauline Rhetoric in Romans Five: A Study of Early Christian Rhetoric* (Mellen Biblical Press Series 30; Lewiston, Nova Iorque: Mellen, 1996), p. 100; ver também a descrição de Marc Schoeni da natureza "ultrajante" dessa admoestação, em "The Hyperbolic Sublime as a Master Trope in Romans", em *Rhetoric and the New Testament: Essays from the 1992 Heidelberg Conference* (ed. S. E. Portes and T.H. Olbricht; JSNTSup 90; Sheffield, Inglaterra: JSOT, 1993), p. 178.
⁴⁶ Ver Schoeni, "Hyperbolic Sublime", p. 178.
⁴⁷ Ver Reid, *Augustinian and Pauline Rhetoric*, p. 101.
⁴⁸ Ver Jacob Kremer,"////*Ill*,//*EDNT* 2: p. 152-53; Ulrich Wilckens, *Der Brief an die Römer* (EKKNT 6; Zurique: Benziger; Neukirchen-Vluyn: Neukirchener Verlag, 1978-82), 1:291; ver também A. J. Mattill, Jr., "The Way of Tribulation", *JBL* 98 (1979): p. 535-39.
⁴⁹ Reid, *Augustinian and Pauline Rhetoric*, p. 101.
⁵⁰ Ver Joseph A. Fitzmyer, *Romans: A New Translation with Introduction and Commentary* (Nova Iorque: Doubleday, 1993), p. 379.
⁵¹ Ver, por exemplo, Kuss, *Römerbrief*, 1.204; Leon Morris, *The Epistle to the Romans* (Grand Rapids: Eerdmans, 1998), p. 220; Dunn, *Romans 1-8*, p. 250; Douglas J. Moo, *The Epistle to the Romans* (Grand Rapids: Eerdmans, 1996), p. 302-3; Brendan Byrne, S. J. *Romans* (Sacra Pagina Series 6; Collegeville, Minn.: Liturgical Press, 1996), p. 170.

dessas adversidades pelas igrejas rivais em Roma.⁵² Enquanto as culturas greco-romana e judaica viam a perseverança e o caráter comprovado como virtudes das quais era legítimo orgulhar-se, Paulo as remove da causação humana. São os "sofrimentos" que "produzem a fortaleza", pelo que o verbo κατεργάζομαι (*katergazomai*) tem o sentido de "completar, realizar, efetuar" ou "produzir",⁵³ sem referência ao fator humano. Muito embora o fraseado de Fl 2,12-13 possa ser mais satisfatório, explicando ambos os fatores, o divino e o humano, Paulo tem em mente um objetivo retórico específico em Rm 5. Eliminando a participação humana na atitude da ὑπομονή (*hypomonē*, "fortaleza, paciência, perseverança"), Paulo consegue perfazer este tema de que o gloriar-se ordinário é desautorizado diante de Deus. Na ética greco-romana, ὑπομονή (*hypomonē*, era a virtude da resistência viril à pressão contrária, considerada necessária para os soldados e os cidadãos.⁵⁴ O alto valor atribuído pelas culturas à fortaleza e à constância torna sumamente notável que Paulo elimine o elemento da vontade humana no seu argumento de que "esta⁵⁵ tribulação produz perseverança". A formulação de 5,3 reflete o esforço extraordinário de Paulo para desligar o gloriar-se de todo contexto de empreendimento humano.

A conclusão do clímax retórico em Rm 5,5 reitera o tema da esperança e afirma que a esperança "não decepciona", formulação esta que oferece uma correlação satisfatória com o gloriar-se dos vv. 2c-3a. Se a finalidade normal do gloriar-se é obter honra e afastar a desonra, aqui se afirma que se consegue evitar a vergonha de um modo revolucionário. O tema da vergonha no contexto da esperança da libertação é claramente articulado com o verbo καταισχύνειν, *kataischynein*, tirado da linguagem dos Salmos (por exemplo, Sl 20,6; 24,20; 30,2; 70,1, nos LXX).⁵⁶ Em todos esses exemplos, os fiéis devotos esperam uma concreta restauração da sorte e um alívio na adversidade. Quando triunfam dos inimigos, torna-se manifesto que não foram envergonhados. A honra deles requer a vitória de Javé sobre seus adversários ou, pelo menos, a compensação de uma vida abençoada após a morte, tema este que oferece fundamento para muito comentário sobre Rm 5,5.⁵⁷ Porém, a compensação, seja neste mundo seja no outro, é surpreendentemente ausente de Rm 5,1-11, e aqui se encontra

---

⁵² Ver R. Jewett, "Impeaching God's Elect: Rom. 8:33-36 in Its Rhetorical Situation", em *Paul, Luke, and the Graeco-Roman World: Essays in Honor of Alexander J. M. Wedderburn* (ed. A. Christophersen et al.; JSNTSup 217; Sheffield, Inglaterra: Sheffield Academic, 2002), p. 37-58.
⁵³ "Κατεργάζομαι", *EDNT* 2: p. 271; Bertram, "κατεργάζομαι", *TDNT* 3: p. 634-35.
⁵⁴ Ver Friederich Hauck, "ὑπομένω, ὑπομονή", *TDNT* 4: p.581-82; Ceslas Spicq, "ὑπομένω, ὑπομονή", *Lexicon* 3 (1994): p. 414-15.
⁵⁵ O artigo nos membros reduplicados do clímax é traduzido por "este", refletindo a origem do artigo no grego como um pronome demonstrativo (BDF §§249, 252), referindo-se a um item mencionado logo antes. Muitos tradutores simplesmente ignoram o artigo em ἡ θλίψις, implicando assim que qualquer tribulação produz a perseverança, mas Paulo tem em mente a tribulação específica, previamente mencionada.
⁵⁶ Ver Rudolf Bultmann, "αἰσχύω κτλ", *TDNT* 1: p. 189-99; C. E. B. Cranfield, *A Critical and Exegetical Commentary on the Epistle to the Romans* (Edimburgo: T. & T. Clark, 1990), p. 262; Dunn, *Romans 1-8*, p. 252; Reid, *Augustinian and Pauline Rhetoric*, p. 104.
⁵⁷ Por exemplo, Godet, *Commentary on St. Paul's Epistle to the Romans*, p. 189: "Essa esperança não será falsificada no final pelo evento". Ver também Heinrich Schlier, *Der Römerbrief* (Freiburg: Herder, 1987), p. 149; John Ziesler, *Paul's Letter to the Romans* (Filadélfia: Trinity Press International, 1989), p. 129; Dunn, *Romans 1-8*, p. 252.

uma parte da notável revolução. Empregando o que deveria ser lido como um verbo no tempo presente, "não decepciona", Paulo aponta para a vitória sobre a vergonha na experiência presente da justiça pela fé, na situação atual dos fiéis na graça. A divina corte de reputação justifica a divergência deles da cultura da maioria. Neste caso a realização escatológica é no presente.

Quando colocado no contexto do discurso sobre a honra da sociedade greco-romana, o material de Rm 5,3-5 é contra-intuitivo em muitos pontos. Paulo oferece uma nova e criativa advertência sobre como viver a "paz com Deus", isto é, mudando a forma da glória pessoal à luz da salvação somente pela graça. Paulo não pode eliminar completamente a jactância; é inata, por assim dizer. Não obstante, ele espera transformar sua forma numa celebração da glória de Deus e do amor de Cristo que sustenta os fiéis em toda adversidade. As formas tradicionais de se gloriar não são mais necessárias para obter e manter a honra diante do mundo hostil. O sangue de Cristo derramado pelos que não o mereciam cumpre esse requisito, e sua consoladora mensagem é comunicada pelo Espírito diretamente aos corações vulneráveis dos fiéis, que assim são capacitados a viver em esperança confiante, não importa a maldade com que são tratados. Em Cristo, a adversidade perdeu seu poder de desonrar.

Romanos 14–16

Os últimos capítulos de Romanos levam o discurso sobre a honra diretamente para dentro das igrejas romanas reunidas em casas ou prédios. Três admoestações paulinas – "acolhei-vos" mutuamente (Rm 14,1 e 15,7), "saudai" fulano e sicrano no cap. 16, e a referência ao "ósculo santo" – merecem especial atenção. Porque, de um ponto de vista retórico, essas admoestações aparecem na peroração, abrangendo assim o clímax da carta, o seu significado no desenvolvimento argumentativo é indiscutível. No entanto, há comentadores que não tiveram a sensibilidade teológica e social para entender o que está em jogo nessas referências proeminentes. A preocupação com questões de culpa e perdão, que tem dominado a teologia de Romanos desde o tempo de Agostinho, tornou nossa tradição interpretativa singularmente desinteressada nas difusas questões sociais da vergonha e da acolhida.

Certamente não existe dificuldade no nível superficial para se entender essas fórmulas típicas de acolher e honrar hóspedes e membros da família, que eram bem conhecidas na cultura, mas em nenhum outro lugar foram usadas com essa freqüência nos textos literários. A Carta aos Romanos contém a lista mais comprida de tais referências nos anais das cartas antigas. A escolha de Paulo da segunda pessoa do plural do imperativo, ἀσπάσασθε (*aspasasthe*, "saudai"), em 16,3-16 foi certamente intencional e não deve ser traduzida por "eu envio saudações a...".[58] Como diz Otto Michel, "os que são saudados são, ao mesmo

---

[58] Barclay, M. Newmann e Eugene A. Nida, *A Translator's Handbook on Paul's Letter to the Romans* (Stuttgart: United Bible Societies, 1973), p. 291.

tempo, aqueles aos quais a comunidade romana queria manifestar reconhecimento".⁵⁹ Quando se observa a seqüência casual das saudações solicitadas e o entrelaçamento das células cristãs estabelecidas (16,3-5.10b.11b.14.15) e dos líderes cristãos individuais, fica claro que o reconhecimento deve ser mútuo. Nesse contexto, saudar é honrar e acolher um ao outro, provavelmente com o abraço, o ósculo, o aperto de mão, ou a inclinação que expressavam a saudação no mundo antigo; o significado original do termo grego ἀσπάζομαι (aspazomai) era apertar os braços em torno de alguém.⁶⁰ Como observa Hans Windisch, o mandamento paulino de saudar um ao outro "expressa e fortalece o laço de coleguismo com aqueles que estão engajados na mesma tarefa e que servem ao mesmo Senhor, isto é, com os santos e os irmãos".⁶¹ O contexto social para esses mandamentos eram os ágapes das várias igrejas reunidas nas casas e prédios.

Em Rm 16,16, todos os membros dessas várias igrejas, como também os refugiados de retorno a Roma, são exortados a "saudar uns aos outros com o ósculo santo", o que implica um profundo grau de unidade e de reciprocidade entre todos os cristãos de Roma,⁶² subvertendo assim as fronteiras normais da honra e da vergonha. No caso dos cristãos romanos, envolvidos numa rivalidade entre "fracos" e "fortes", na qual as denúncias mútuas tinham se tornado rotina, esse gesto tinha significado transformador. Paulo envia saudações de "todas as igrejas de Cristo", única vez em todo o *corpus* Paulino que ele ousa falar de modo tão inclusivo. Visto o enfoque missionário da carta, essas saudações têm um objetivo integral de incorporar a inclusiva justiça de Deus, de modo que o evangelho do amor imparcial possa ser transmitido de uma maneira confiável aos bárbaros da Espanha e aos outros nos limites do mundo conhecido. É altamente significativo que a carta final de Paulo se encerre com esta nota de superação das fronteiras da honra e da vergonha, em vista do evangelho.

PARTE III. OUTROS TEXTOS PAULINOS E PAULINISTAS RELEVANTES

Rm 1,5-7; 2,6-11.12-16.17-24; 4,9-12.18-24; 8,1-8.31-39; 9,30-33; 10,10-13; 11,17-32; 12,15-16; 13,7-10; 14,1–15,13.

1Cor 1,10-31; 2,1-13; 3,4-15.18-23; 4,6-13; 7,36-40; 9,1-23; 11,2-16.17-34; 12,14-33; 13,1-13; 14,26-39; 16,15-20

2Cor 1,12-14; 2,14-17; 3,1-6.18; 4,5-12; 5,11-21; 6,3-10; 8,16-24; 9,1-5; 10,5-18; 11,5-11. 16-33; 12,1-10.19-21; 13,9-14

---

⁵⁹ Otto Michel, *Der Brief an die Römer* (Kritisch-exegetischer Kommentar über das neue Testament 4; Göttingen: Vandenhoek und Ruprecht, 1978), p. 474.
⁶⁰ Ver Hans Windisch, "ἀσπάζομαι κτλ", *TNDT* 1: p. 497.
⁶¹ Id., 1: p. 501.
⁶² Ver Stephen Benko, "The Kiss", em *Pagan Rome and the Early Christians* (Bloomington: Indiana University Press, 1984), p. 79-102; e Nicholas James Perella, *The Kiss, Sacred and Profane: An Interpretative History of Kiss Symbolism and Related Religio-Erotic Themes* (Berkeley: University of California Press, 1969), p. 12-17.

Gl 1,10-14; 2,11-21; 3,6-9.10-14.26-29; 4,21-31; 5,13-15.19-26; 6,3-4.11-16
Fl 1,15-18.27-30; 2,1-11; 3,3-11
1Ts 2,1-12.19-20; 4,1-8; 5,12-22.26-28
Fm 1-3.10-20.23-25

PARTE IV. BIBLIOGRAFIA

Estudos clássicos e social-científicos

ADKINS, A. W. *Merit and Responsibility: A Study in Greek Values*. Oxford: Oxford University Press, 1960.
ALFÖLDI, Andreas. "Die zwei Lorbeerbäume des Augustus", em *Römischer Kaiserkult*, editado por A. Wlosok. Wege der Forschung 372. Darmstadt, Alemanha: Wissenschaftliche Buchgesellschaft, 1978, p. 403-22.
BALSDON, J. P. V. D. *Romans and Aliens*. Chapel Hill: University of North Carolina Press, 1979.
BETTINI, Maurizio. *Anthropology and Roman Culture*. Baltimore: John Hopkins University Press, 1991.
CAIRNS, Douglas. *Aidos*. Oxford: Oxford University Press, 1993.
CHANCE, J. K. "The Anthropology of Honor and Shame: Culture, Values, and Practice", *Semeia* 68 (1994): p. 139-51.
CRACCO RUGGINI, L. "Intolerance: Equal and Less Equal in the Roman World", *Classical Philology* 82 (1987): p. 187-205.
CUNLIFFE, B. *Greeks, Romans, and Barbarians: Spheres of Interaction*. Nova Iorque: Metheun, 1988.
CUSS, Dominique. *Imperial Cult and Honorary Terms in the New Testament*. Paradosis, Contributions to the History of Early Christian Literature and Theology 23. Friburgo: Fribourg University Press, 1974.
DANKER, Frederick W. *Benefactor: Epigraphic Study of a Graeco-Roman and New Testament Semantic Field*. St. Louis: Clayton, 1982.
D'ARMS, John H. *Commerce and Social Standing in Ancient Rome*. Cambridge: Harvard University Press, 1981.
DOVER, K. J., ed. *Perceptions of the Ancient Greeks*. Oxford: Blackwell, 1992.
DREXLER, Hans. "*Gravitas*", *Aevum* 30 (1956): p. 291-306.
_____. "*Honos*", *Romanitas* 3 (1961): p. 135-57. Reimpr. em *Römische Wertbegriffe*, editado por H. Oppermann. Darmstadt, Alemanha: Wissenschaftliche Buchgesellschaft, 1983, p. 446-67.
FATHEUER, Thomas. *Ehre und Gerechtigkeit. Studien zur gesellschaftlichen Ordnung im frühen Griechenland*. Münster, Alemanha: Westfael. Damphboot, 1988.
FEARS, J. Rufus. "The Cult of Jupiter and Roman Imperial Ideology", em *ANRW* 17.1, 1981, p. 1-141.
_____. "The Cult of Virtues and Roman Imperial Ideology", em *ANRW* 17.2, 1981, p. 828-948.
_____. "Ruler Worship", em *Civilization of the Ancient Mediterranean: Greece and Rome*, vol. 2, editado por M. Grant e R. Kitzinger. Nova Iorque: Scribners, 1988, p. 1009-26.
_____. "The Theology of Victory at Rome: Approaches and Problems", em *ANRW* 17.2, 1981, p. 737-826.
FERGUSON, John. "Ruler-Worship", em *The Roman World*, vol. 2, editado por J. Wacher. 2 vols. Londres e Nova Iorque: Routledge & Kegan Paul, 1987, p. 766-84.
FISHER, N. R. E. *Hybris: A Study in the Values of Honour and Shame in Ancient Greece*. Warminster, Inglaterra: Aris & Phillips, 1992.
GARNSEY, Peter D. A. "Patronal Power Relations", em *Paul and Empire: Religion and Power in Roman Imperial Society*, editado por R. A. Horsley. Harrisburg, Pa.: Trinity Press International, 1997, p. 96-103.
GARNSEY, Peter D. A., e Richard P. Saller, *The Roman Empire. Economy, Society, and Culture*. Londres: Duckworth, 1987.
GILMORE, David D., ed. *Honor and Shame and the Unity of the Mediterranean*. Washington: American Anthropological Association, 1987.
HALLETT, J. P. "Women as *Same* and *Other* in Classical Roman Elite", *Helios* 16 (1989): p. 59-78.
HASSALL, Mark. "Romans and Non-Romans", em *The Roman World*, vol. 2, editado por J. Wacher. 2 vols. Londres e Nova York: Routledge & Kegan Paul, 1987, p. 685-700.
HENDRIX, Holland. "Thessalonicans Honor Romans". Diss., Harvard University, 1984.
HERTZFELD, M. "Honor and Shame: Problems in the Comparative Analysis of Moral Systems", *Man* 15 (1980): p. 339-51.
HILTBRUNNER, Otto. "*Vir Gravis*", em *Sprachgeschichte und Wortbedeutung: Festschrift für Albrecht Debrunner*. Berna, Suíça: Francke, 1954, p. 195-207.
HOPKINS, K. *Conquerors and Slaves*. Cambridge: Cambridge University Press, 1978.
JONES, C. P. "*Stigma*: Tattoing and Branding in Graeco-Roman Antiquity", *JRS* 77 (1987): p. 139-55.
JUDGE, Edwin A. "The Conflict of Educational Aims in New Testament Thought", *Journal of Christian Education* 9 (1966): p. 32-45.
_____. "Cultural Conformity and Innovation in Paul: Some Clues from Contemporary Documents", *TynBul* 35 (1984): p. 3-24.
_____. "The Early Christians as a Scholastic Community", *JRH* 1 (1960): p. 4-15, 125-37.

_____. "Moral Terms in the Eulogistic Tradition", *New Documents Illustrating Early Christianity* 2 (1982): p. 105-6.
_____. "Paul's Boasting in Relation to Contemporary Professional Practice", *ABR* 16 (1968): p. 37-50.
_____. *Rank and Status in the World of the Caesars and St. Paul: The Broadhead Memorial Lectures 1981*. Christchurch, Inglaterra: University of Canterbury Press, 1982.
_____. "St. Paul and Classical Society", *JAC* 15 (1972): p. 21-36.
KAMTEKAR, R. "AIDWS in Epictetus", *Classical Philology* 93 (1998): p. 136-60.
KNOCHE, Ulrich. "Der römische Ruhmesgedanke", *Philologus* 89 (1934): p. 102-34. Reimpr. em *Römische Wertbegriffe*, editado por H. Oppermann. Darmstadt, Alemanha. Wissenschaftliche Buchgesellschaft, 1983, p. 420-45.
LENDON, J. E. *Empire of Honour: The Art of Government in the Roman World*. Oxford: Clarendon, 1997.
MACMULLEN, Ramsay. *Roman Social Relations 50 B.C. to A.D. 284*. New Haven: Yale University Press, 1974.
MOMIGLIANO, Arnaldo. "How Roman Emperors Became Gods", *American Scholar* 55 (1986): p. 181-93.
MONTGOMERY, H. "Women and Status in the Greco-Roman World", *Studia Theologica* 43 (1989): p. 115-24.
OPPERMANN, H., ed. *Römische Wertbegriffe*. Darmstadt, Alemanha: Wissenschaftliche Buchgesellschaft, 1983.
PARKER, Robert. *MIASMA: Pollution and Purification in Early Greek Religion*. Oxford: Clarendon, 1985.
PATTISON, Stephen. *Shame: Theory, Therapy, Theology*. Cambridge: Cambridge University Press, 2000.
PERELLA, Nicholas James. *The Kiss: Sacred and Profane: An Interpretative History of Kiss Symbolism and Related Religio-Erotic Themes*. Berkeley: University of California Press, 1969.
PERISTIANY, Jean G., ed. *Honour and Shame: The Values of Mediterranean Society*. Londres: Weidenfeld and Nicolson, 1966.
SALLER, Richard P. "Poverty, Honor, and Obligation in Imperial Rome", *Criterion* (Chicago) 37 (1998): p. 12-20.
_____. "Roman Class Structures and Relations", em *Civilization of the Ancient Mediterranean: Grece and Rome*, vol. 1, editado por M. Grant e R. Kitzinger. Nova Iorque: Scribners, 1988, p. 549-73.
SHERWIN-WHITE, A. N. *Racial Prejudice in Imperial Rome*. J. H. Gray Lectures, 1966. Cambridge: Cambridge University Press, 1967.
STIER, Hans Erich. "Augustusfriede und römische Klassik", em *ANRW* II.2. 1975, p. 3-54.
TENNY, Frank. *Aspects of Social Behavior in Ancient Rome*. Cambridge: Cambridge University Press, 1932. Reimpr., Nova Iorque: Cooper Square Publications, 1969.
WEBER, Ekkehard, ed. *Augustus: Meine Taten*. Res Gestae Divi Augusti. Munique: Heimeran Verlag, 1970.
WILLIAMS, Bernard. *Shame and Necessity*. Berkeley: University of California Press, 1993.
ZANKER, Paul. "The Power of Images", em *Paul and Empire: Religion and Power in Roman Imperial Society*, editado por R. A. Horsley. Harrisburg, Pa.: Trinitty Press International, 1997, p. 72-86.

Estudos sobre vergonha e honra nas epístolas paulinas

ATKINS, Robert A. "Pauline Theology and Shame Affect: Reading a Social Location", *Listening* 31 (1996): p. 137-51.
BARRETT, Charles Kingsley. "I Am Not Ashamed of the Gospel", em *Foi et salut selon saint Paul (Épître aux Romains 1,16): Colloque oecuménique à l'Abbaye de S. Paul hors les Murs, 16-21 avril 1968*, editado por M. Barth et al. AnBib 42. Roma: Pontifício Instituto Bíblico, 1970. Reimpr. em *New Testament Essays*. Editado por C. K. Barrett. Londres: SPCK, 1972, p. 116-43.
BENKO, Stephen. "The Kiss", em *Pagan Rome and the Early Christians*, por S. Benko. Bloomington: Indiana University Press, 1984, p. 79-102.
CLARK, Elizabeth A. "Sex, Shame, and Rhetoric: En-gendering Early Christian Ethics", *JAAR* 59 (1991): p. 221-45.
CORRIGAN, Gregory M. "Paul's Shame for the Gospel", *BTB* 16 (1986): p. 23-27.
DESILVA, David Arthur. *Honor, Patronage, and Purity: Unlocking New Testament Culture*. Downers Grove, Ill.: InterVarsity, 2000.
_____. *The Hope of Glory: Honor Discourse and New Testament Interpretation*. Collegeville, Minn.: Liturgical, 1999.
_____. "'Worthy of His Kingdom': Honor Discourse and Social Engineering in 1 Thessalonians", *JSNT* 64 (1996): p. 49-79.
DEWEY, Arthur J. "A Matter of Honor: A Social-Historical Analysis of 2 Corinthians 10", *HTR* 78 (1985): p. 209-17.
DOWNING, F. Gerald. "'Honour' among Exegetes", em *Making Sense in (and of) the First Christian Century*, editado por F. G. Downing, JSNTSup 197. Sheffield, Inglaterra: Sheffield Academic Press, 2000, p. 19-42.
ELLINGTON, John. "Kissing in the Bible: Form and Meaning", *Bible Translator* 41 (1990): p. 409-16.
ESLER, Philip F. *The First Christians in Their Social Worlds: Social-Scientific Approaches to New Testament Interpretation*. Londres: Routledge, 1994.
FIORENZA, Elisabeth Schüssler. "Missionaries, Apostles, Co-workers: Romans 16 and the Reconstruction of Women's Early Christian History", *Word and World* 6 (1986): p. 420-33.
FUCHS, Ottmar. "Die Entgrenzung zum Fremden als Bedingung christlichen Glaubens und Handelns", em *Die Fremden*, editado por O. Fuchs. Theologie zur Zeit 4. Düsseldorf, Alemanha: Patmos, 1988, p. 240-301.
GLOMBITZA, Otto. "Von der Scham des Gläubigen: Erwägungen zu Rom i 14-17", *NovT* 4 (1960): p. 74-80.
GRAYSTON, Kenneth. "'I Am Not Ashamed of the Gospel': Romans 1:16a and the Structure of the Epistle", *Studia Evangelica* 2 (1964): p. 569-73.

HERR, Larry G."Retribution and Personal Honor", *Biblical Archaeologist* 44 (1981): p. 230-34.
HOFMANN, Karl-Martin. *Philema hagion*. BFCT 38. Gütersloh, Alemanha: Bertelsmann, 1938.
HOOKER, Morna D. *Not Ashamed of the Gospel: New Testament Interpretation of the Death of Christ*. Grand Rapids: Eerdmans, 1994.
JEWETT, Robert."Ecumenical Theology for the Sake of Mission: Rom 1:1-17 + 15:14-16:24.", em *Pauline Theology*, vol. 3, editado por D. M. Hay e E. E. Johnson. Minneapolis: Augsburg Fortress Press, 1995 [1996], p. 89-108.
_____."Honor and Shame in the Argument of Romans", em *Putting Body and Soul Together: Essays in Honor of Robin Scroggs*, editado por A. Brown, G. F. Snyder e V. Wiles. Valley Forge, Pa.: Trinity Press International, 1997, p. 257-72.
_____."Impeaching God's Elect: Rom 8:33-36 in Its Rhetorical Situation", em *Paul, Luke, and the Graeco-Roman World: Essays in Honour of Alexander J. M. Wedderburn*. Editado por A. Christophersen, et al. JSNTSup 217. Sheffield, Inglaterra: Sheffield Academic, 2002, p. 37-58.
_____. *Paul the Apostle to America: Cultural Trends and Pauline Scholarship*. Louisville: Westminster John Knox, 1994.
_____. *Saint Paul Returns to the Movies: Triumph over Shame*. Grand Rapids: Eerdmans, 1999.
KEE, Howard C."The Linguistic Background of 'Shame' in the New Testament", em *On Language, Culture, and Religion: In Honor of Eugene A. Nida*, editado por M. Black e W. A. Smalley. The Hague: Mouton, 1974, p. 133-47.
KLASSEN, William."The Sacred Kiss in the New Testament", *NTS* 39 (1993): p. 122-35.
LAMPE, Peter. "Der Konflikt zwischen Starken und Schwachen in Rome", em *"Sie aber hielten fest und der Gemeinschaft...": Einheit der Kirche als Prozess im Neuen Testament und heute*, editado por C. Link et al. Zurique: Benziger, 1988, p. 87-89.
MALINA, Bruce J. *Christian Origins and Cultural Anthropology: Practical Models for Biblical Interpretation*. Atlanta: John Knox, 1986.
_____. *The New Testament World: Insights from Cultural Anthropology*. Atlanta: John Knox, 1981. [Ver p. 25-50.]
MALINA, Bruce J., e Jerome H. NEYREY. *Portraits of Paul: An Archaeology of Ancient Personality*. Louisville: Westminster John Knox, 1996.
MARSHALL, Peter."A Metaphor of Social Shame: /p///////// em 2Cor 2, "ΜόvT 25 (1983): p. 302-17.
MASON, Steve."'For I Am Not Ashamed of the Gospel' (Rom 1:16): The Gospel and the First Readers of Romans", em *Gospel in Paul: Studies on Corinthians, Galatians, and Romans for Richard N. Longenecker*, editado por L. A. Jervis e P. Richardson. JSNTSup 108. Sheffield, Inglaterra: Sheffield Academic 1994, p. 254-87.
MATTHEWS, Victor H., e Don C. BENJAMIN, eds. *Semeia* (Atlanta: Scholars Press) 68 (1996). [O tema deste número foi "Honra e Vergonha no Mundo da Bíblia."]
MOXNES, Halvor."Honor and Shame", em *The Social Sciences and New Testament Interpretation*, editado por R. L. Rohrbaugh, Peabody, Mass.: Hendrickson, 1996, p. 19-40.
_____."Honor and Shame: A Reader's Guide", *BTB* 23 (1993): p. 167-76.
_____."Honor, Shame, and the Outside World in Paul's Letter to the Romans", em *The Social World of Formative Christianity and Judaism: Essays in Tribute to Howard Clark Kee*, editado por Jacob Neusner et al. Filadélfia: Fortress Press, 1988, p. 207-18.
_____."Honour and Righteousness in Romans", *JSNT* 32 (1988): p. 61-77.
_____."The Quest for Honor and the Unity of the Community in Romans 12 and the Orations of Dio Chrysostom", em *Paul in His Hellenistic Context*, editado por Troels Engberg-Pedersen. Minneapolis: Fortress Press, 1994, p. 203-30.
NEYREY, Jerome H. *Paul in Other Words: A Cultural Reading of His Letters*. Louisville: Westminster John Knox, 1990.
PLEVNIK, Joseph."Honor/Shame", em *Biblical Social Values and Their Meanings: A Handbook*, editado por J. J. Pilch e B. J. Malina. Peabody, Mass.: Hendrickson, 1993, p. 95-104.
REASONER, Mark."*Potentes* and *Inferiores* in Roman Society and the Roman Church", em *Society of Biblical Literature Seminar 1993 Papers*, editado por Eugene H. Lovering, Jr. Atlanta: Scholars Press, 1993, p. 1-17.
_____. *The Strong and the Weak: Romans 14,1-15,13 in Context*, SNTSMS 103. Cambridge: Cambridge University Press, 1999.
SEELY, David. *The Noble Death: Graeco-Roman Martyrology and Paul's Concept of Salvation*. JSNTSup. Sheffield, England: Sheffield Academic, 1990.
SEEMAN, Chris."Prominence", em *Biblical Social Values and Their Meanings: A Handbook*, editado por J. J. Pilch e B. J. Malina. Peabody, Mass.: Hendrickson, 1993, p. 147-50.
WILSON, Walter T. *Love without Pretense: Romans 12,9-21 and Hellenistic-Jewish Wisdom Literature*. WUNT 46. Tübingen: Mohr [Siebeck], 1991.
WINTER, Bruce W."The Public Honouring of Christian Benefactors", *JSNT* 34 (1988): p. 87-103.

20
PAULO E A ESCRAVIDÃO
J. Albert Harrill

PARTE I. A ESCRAVIDÃO GRECO-ROMANA

No ano 61 da Era Comum, Pedanius Secundus, o delegado do imperador em Roma (*praefectus urbis*) foi assassinado em sua casa por seu próprios escravo. Os detalhes do motivo são obscuros: ou o escravo da família esperava obter a liberdade por um preço previamente estipulado, ou o escravo e o patrão eram rivais na afeição pelo mesmo jovem escravo. O motivo particular não interessava ao senado romano. Depois de algum debate, e não obstante os protestos do populacho em favor dos inocentes, o senado ordenou, de acordo com um costume antigo, a imediata execução de *todos* os escravos que viviam sob o mesmo teto, neste caso quatrocentas vidas, sem se importar com sua lealdade ou sua elevada posição, como um exemplo, para os outros, de como Roma responderia ao assassinato de um senhor de escravos. A narração desse fato é uma das mais longas passagens remanescentes de um historiador latino ao descrever um episódio relativo a escravos. No entanto, ela só tem duas páginas de extensão, e Tácito a inclui nos *Anais* somente para falar de modo retórico sobre a tentativa de pobres moradores da cidade de influenciar a sociedade organizada. Pensava que escrever sobre as vidas e as mortes de escravos estivesse abaixo da dignidade de um historiador.[1]

Esse exemplo ilustra um obstáculo imediato ao estudo da escravidão antiga. São raros os testemunhos de primeira mão e o pouco que restou emana virtualmente apenas de antigos senhores de escravos, e não expressa a visão dos próprios escravos.[2] Além do mais, o simples tamanho do grupo dos escravos entre

---

[1] Tácito, *Ann.* 14.42-45 (duas páginas na edição Teubner); Richard P. Saller, "Slavery and the Roman Family," em *Classical Slavery* (ed. M. I. Finley; Londres: Franl Cass, 1987), p. 65-66.

[2] Em parte por causa dessa falta de documentação, a literatura secundária sobre a escravidão clássica é imensa e em grande parte controversa. O melhor guia é Keith Bradley, "Bibliographical Essay", em id., *Slavery and Society in Rome* (Key Themes in Ancient History; Cambridge: Cambridge University Press, 1994), p. 183-85. Entre as obras úteis de referência estão Junius P. Rodríguez, ed., *The Historical Encyclopedia of World Slavery* (2 vols.; Santa Bárbara, Calif.: ABC-CLIO, 1997); Joseph C. Miller, ed., *Slavery and Slaving in World History: A Bibliography, 1900-1991* (Millwood, Nova Iorque: Kraus International, 1993); Joseph Vogt e Heinz Bellen, eds., *Bibliographie zur antiken Sklaverei* (nova ed., revista por E. Herrmann e N. Brockmeyer; 2 pts.; Bochum: Brockmeyer, 1983); e os resumos anuais dos autores que aparecem na revista *Slavery and Abolition*. Estudantes mais avançados devem conhecer também a importante série monográfica "Forschungen zur antiken Sklaverei" (Wiesbaden e

a elite aristocrática da sociedade romana – quatrocentos domésticos numa casa urbana apenas – indica um sistema de escravidão numa escala sem comparação com a da antiga Grécia ou a dos tempos modernos. Essa descoberta leva a um segundo obstáculo. Os modernos intérpretes falam da escravidão muitas vezes com um interesse comparativo, como um fenômeno da cultura ocidental à luz de suas modernas manifestações no Novo Mundo (o Caribe, o Brasil e o sul dos Estados Unidos), e com freqüência falam da "antiga escravidão" como de um instituição monolítica, sem respeitar suas manifestações distintas na antiguidade clássica. Nos estudos clássicos, *escravidão grega* significa a instituição no mundo da Atenas clássica (séc. V e IV antes da Era Comum), e escravidão romana especifica a instituição no mundo (sobretudo na Itália e na Sicília) desde os meados da República até o fim do Império (200 antes da Era Comum até 235 da Era Comum). É importante manter separados os testemunhos de Atenas e de Roma, pois a escravidão ateniense foi marcadamente diferente da instituição no contexto romano. Embora algum material ateniense possa iluminar a história do desenvolvimento das práticas helenísticas posteriores no Oriente, a Atenas clássica tem pouco a ver com a situação de Paulo nas colônias romanas do império.[3]

A importância de fazer a separação entre os testemunhos de Atenas e de Roma torna-se evidente na tentativa de definir a escravidão. Aristóteles chama a escravidão de "ferramenta viva" e afirma que alguns corpos humanos, por força de sua própria anatomia, são biologicamente construídos para a servidão (*Política* 1.1-7 [1252a-56a]; ver também *Ética a Nicômaco* 8.11). Porém, essa teoria de escravos por natureza não convenceu os romanos. Na lei romana, a escravidão é uma instituição da lei das nações (*ius gentium*) pela qual, contra a natureza (*contra naturam*), uma pessoa é sujeita ao poder (*dominium*) de uma outra, notavelmente o único caso em todo o conjunto restante da lei romana no qual o *ius gentium* e o *ius naturale* estão em conflito (Justiniano, *Institutiones* 1.3.2; *Digesto* 1.5.4.1). De modo semelhante, a filosofia estóica romana defende uma humanidade partilhada entre escravo e livre, não fazendo nenhuma distinção natural entre os dois, e afirma que a escravidão é o produto do destino e não da natureza: os escravos eram seres humanos iguais aos outros que simplesmente tiveram má sorte (Sêneca, *Cartas* 47).

Mas isso não significava que a escravidão fosse considerada moralmente errada. Ainda que os juristas romanos e os filósofos estóicos considerassem a escravidão como sendo contra a natureza, eles claramente presumiam que ela era legítima, conveniente, e moralmente certa. Não aceitavam a teoria de Aristóteles sobre os escravos naturais; como conseqüência, Aristóteles tem valor limitado para se definir a escravidão na situação específica de Paulo no mundo romano.[4]

Stuttgart: Franz Steiner). Fontes primárias em inglês sobre a escravidão clássica estão reunidas em Thomas Wiedemann, *Greek and Roman Slavery* (1981; reimpresso, Londres: Routledge, 1988); e Jo-Ann Shelton, *As the Romans Did: A Sourcebook in Roman Social History* (2ª ed.; Nova Iorque: Oxford University Press, 1998), p. 163-202.

[3] J. Albert Harrill, *The Manumission of Slaves in Early Christianity* (HUT 32; Tübingen: Mohr Siebeck, 1995), p. 12-13.

[4] Ver P. A. Brunt, "Aristotle and Slavery", em id., *Studies in Greek History and Thought* (Oxford: Clarendon, 1993), p. 343-88.

Para elaborar uma definição de escravidão podem-se tomar duas abordagens interpretativas. A abordagem convencional parte do conceito jurídico romano da propriedade absoluta (*dominium*) e procede definindo a escravidão como o tratamento de seres humanos e de sua descendência como propriedades (ou "bens móveis") capazes de serem comprados e vendidos por donos particulares. Daí que a expressão "escravidão de bens móveis" a distingue de outras formas de trabalho dependente – cativeiro por dívida, servidão por contrato, clientela, condição de peão, hilotismo, sujeição – que os antigos escritores por vezes descrevem com a linguagem da escravidão. Por exemplo, os hilotas da antiga Esparta são muitas vezes chamados de "escravos" na antiga literatura, embora os hilotas (à diferença dos escravos "bens móveis") não eram importados de fora, mas eram subjugados coletivamente dentro de seus próprios territórios e não podiam ser comprados nem vendidos.[5] Porque "escravo" tanto em latim (*servus*) como no grego (δουλος, *doulos*) nem sempre se refere ao que nós chamaríamos de escravo (mas varia quanto ao sentido desde o metafórico, como um senador que é um escravo político ou moral, até o genérico, como um servo em geral), o termo *"escravidão de bens móveis"* ajuda a esclarecer o que é realmente a instituição: propriedade absoluta de um ser humano como um objeto tangível que pode ser comprado e vendido. Mas esta abordagem orientada pela lei coloca uma pergunta metodológica mais ampla sobre o uso da documentação jurídica na investigação histórica. Os códigos de leis quando muito oferecem apenas um conhecimento inexato sobre a prática social e, no pior dos casos, podem produzir um modelo altamente equivocado de escravidão.

Felizmente, uma segunda abordagem da escravidão, a sociológica, oferece uma solução. Rejeita, na definição, a centralidade da posse da propriedade, mesmo para o período romano. Embora não negue que os escravos fossem objetos de propriedade, essa interpretação afirma, no entanto, que, definir os escravos *apenas* como propriedade não consegue especificar um caráter distinto de pessoas, porque muitos que claramente não são escravos (esposas, filhos ou atletas profissionais, por exemplo) podem também ser objeto de uma relação de propriedade. Sem dúvida, o conceito de poder absoluto é central.

Nessa abordagem sociológica, a escravidão é menos uma instituição estática de lei de propriedade e mais um processo dinâmico de dominação total, um tipo absoluto de domínio que nega ao escravo o acesso a relações autônomas fora da esfera de influência do patrão – reduzindo de fato o escravo a um estranho alienado, socialmente "morto" para a população livre. A escravidão é definida como a *morte social*. O sociólogo e historiador Orlando Patterson, pioneiro dessa definição, identifica três forças necessárias que devem estar presentes e combinadas de modo permanente, para que um fenômeno de dominação possa ser chamado de escravidão: (1) violência direta e insidiosa (uma força social); (2) morte social anônima e alienante (uma força psicológica); e (3) uma desonra

---

[5] Yvon Garlan, *Slavery in Ancient Greece* (edição revista e ampliada; Ithaca, Nova Iorque, Cornell University Press, 1988), p. 93-98; M. I. Finley, *Ancient Slavery and Modern Ideology* (Nova Iorque: Viking, 1980), p. 70-72.

geral (uma força cultural).⁶ O impacto do primeiro item nos textos paulinos é mínimo, não porque a escravidão greco-romana fosse sem violência (longe disso), mas porque os textos paulinos oferecem uma amostra atípica da condição do escravo no cristianismo primitivo. Aqui e ali encontramos momentâneos *flashes* da violência inerente à escravidão, por meio de imagens metafóricas – a "bofetada no rosto" (2Cor 11,20), a realidade diária da punição corporal (1Cor 9,27), a agonia do escravos enquanto "geme nas dores de parto" (Rm 8,21-23) – mas em nenhum lugar de suas cartas reconhecidas por todos, faz-se observação sobre a violência direta e insidiosa da escravidão com a atenção e o zelo com que o fazem as cartas dêutero-paulinas (Ef 6,5-9; 1Tm 6,1-2; Tt 2,9-10; cf. 1Pd 2,18-25).

Em vista da estrutura de honra/vergonha da sociedade greco-romana, o terceiro item, a desonra geral, pode também parecer problemática, se não carente totalmente da nuança requerida para definir a escravidão no mundo paulino. Embora um exemplo dessa desonra seja o apelativo comum de "menino" dado aos homens escravos de qualquer idade (grego: παῖς, *pais*; latim: *puer*), depreciando-os como adultos infantis, existem também exemplos em contrário. As fontes clássicas, na verdade, mencionam escravos de alto nível e libertos que têm "honra" (grego τιμή, *timē*; latim *honor*), notavelmente ricos escravos administradores (*oikonomoi*) e libertos imperiais (*familia Caesaris*) muitos dos quais tinham eles próprios escravos (*vicarii*, sub-escravos de escravos). No entanto, nesses contextos antigos o termo *honor* tinha significado específico e limitado: a nuança burocrática de possuir um grau associado a um ofício administrativo; ou o valor comercial de ser um objeto caro (1Cor 6,20; 7,23; cf. At 19,19; Mt 27,9). Embora o imperador Augusto, por exemplo, "tivesse muitos de seus libertos em grande honra [*in honore*], e em estreita intimidade", ele fazia isso "como patrono e senhor": Augusto mandou "acorrentar" seu escravo Cosmos "que falou dele de modo muito insultuoso", forçou seu liberto favorito Polus a cometer suicídio por "adulterar com matronas romanas", quebrou as pernas do seu secretário Thallus por este ter aceito suborno para "revelar o conteúdo de uma carta", e mandou que o pedagogo e acompanhante de seu filho Gaio fosse "lançado num rio com grandes pesos em volta do pescoço" por causa de seus "atos de arrogância e de cobiça". (Suetônio, *Aug.* 67 [Rolfe, LCL]). De uma perspectiva histórica, pois, qualquer honra conferida mesmo aos servos de alto nível era sempre frágil, como Thallus descobriu quando Augusto quebrou suas pernas. Sujeito a punição corporal, limitado no poder, e existindo somente por vontade do senhor, a *honor* servil não era a *dignitas* romana aristocrática.⁷

Poder-se-ia, contudo, objetar que Suetônio é um autor da elite e não representa os valores e percepções da classe inferior. Por causa do *status* por associação no amplo sistema greco-romano de patrono-cliente, pode ser que

---

⁶ Orlando Patterson, *Slavery and Social Death: A Comparative Study* (Cambridge: Harvard University Press, 1982), p. 1-34. Ver também Finley, *Ancient Slavery and Modern Ideology*, p. 67-77, 96.

⁷ Sobre a disciplina e a punição corporal para definir o limite entre escravos e livres no sistema romano de honra e desonra, ver Richard P. Saller, *Patriarchy, Property, and Death in the Roman Family* (Cambridge Studies in Population, Economy, and Society in Past Time 25; Cambridge: Cambridge University Press, 1994), p. 133-53.

os homens livres de classe inferior concediam uma certa medida de honra (no sentido de dignidade/prestígio) aos escravos e libertos da elite administrativa e imperial, em contraste com a desonra fundamental dada a eles pela classe superior aristocrática.[8] O problema dessa afirmação é que ela elide a diferença entre o sistema patrono-cliente e a dinâmica senhor-escravo.[9] Ademais, os epitáfios funerários entre as ordens inferiores de Roma revelam seu reconhecimento da separação entre os humildes nascidos livres e os libertos.[10] A maioria dos homens livres eram gente humilde e casavam com mulheres do mesmo nível; somente os livres de classe imperial eram capazes de vencer a incômoda contradição entre grau e *status* para casar com mulheres livres aristocráticas.[11] Esse testemunho é, a meu ver, a melhor refutação da opinião de que a "classe inferior" de certa forma via menos desonra na escravidão do que a elite aristocrática. Patterson sustenta, além disso, que membros da *familia Caesaris* eram elevados às suas posições não *a despeito de* mas *por causa de* serem privados da verdadeira honra. Desta forma, conforme Patterson, a *familia Caesaris* compartilha da desonra fundamental encontrada geralmente nos escravos do palácio (ou "palatino"), como os eunucos da corte bizantina e os *Ghilmân* islâmicos (alguns dos quais eram grandes vizires do império otomano), exemplos extremos de escravos de elite que levam Patterson ao último limite do seu conceito da escravidão como "morte social"[12] e ainda o confirma.

A depreciação começa com o processo de escravização. A escravização de (geralmente) estrangeiros dependia de uma variedade de fontes, incluindo a reprodução natural da população escrava existente, aprisionamento na guerra, importação do comércio exterior, pirataria, banditismo, seqüestro, rejeição de crianças e a punição de criminosos (pena de escravidão). A escravidão antiga não era baseada na raça nem na cor da pele. Os romanos adquiriam seus escravos de todo o mundo mediterrâneo – do Egito, da Ásia Menor e da Síria, da Espanha e da Grécia, da Arábia e da Etiópia, da Cítia e da Trácia, da Gália e da Bretanha. Para se ter uma idéia da ubiqüidade e do anonimato dos escravos na sociedade romana, veja-se a observação de Sêneca a respeito de um aviso exigindo uniformes para os escravos: "Foi feita uma vez no Senado uma proposta de se distinguir os escravos dos livres pela roupa; então ficou evidente quão grande seria o perigo iminente se nossos escravos começassem a contar seu número" (Sêneca, *De Clementia* 1.24.1 [Basore, LCL]).

Como revela a observação de Sêneca, nem sequer os romanos sabiam o número absoluto dos escravos. Embora os testemunhos sejam inadequados,

---

[8] Ver, p.ex., Dale B. Martin, *Slavery as Salvation: The Metaphor of Slavery in Pauline Christianity* (New Haven: Yale University Press, 1990), p. 48.

[9] Para uma crítica detalhada, ver Jennifer A. Glancy, "Slaves and Slavery in the Matthean Parables", *JBL* 119 (2000): p. 74-75.

[10] Beryl Rawson, "Family Life among the Lower Classes at Rome in the First Two Centuries of the Empire", *CP* 61 (1996): p. 71-83.

[11] Peter Garnsey e Richard Saller, *The Roman Empire: Economy, Society, and Culture* (Berkeley e Los Angeles: University of California Press, 1987), p. 120.

[12] Patterson, *Slavery and Social Death*, p. 299-333.

alguns autores calculam que, nas áreas urbanas da sociedade imperial romana, os escravos perfaziam um total de um terço da população; outros dão números mais baixos, entre 16,6 e 20 por cento.[13] Não sabemos ao certo. A proporção é talvez comparável à demografia dos períodos modernos, em que os dados do recenseamento são disponíveis: em 1860, os escravos eram mais de 33 por cento da população total do sul dos Estados Unidos, com uma porcentagem ligeiramente inferior no Caribe e no Brasil. Mas a generalização demográfica baseada na escravidão americana é problemática, porque a escravidão romana era um sistema *aberto* para dentro do qual novos escravos continuamente eram importados, à diferença da escravidão americana em 1860, que era um sistema *fechado* que exigia que a população escrava se reproduzisse a si mesma. A reprodução natural era uma das fontes de novos escravos no império romano, mas sua importância é debatida.[14]

As guerras e o comércio exterior eram as maiores fontes de novos escravos em todo o período romano. Dezenas de milhares de escravos eram lançados nos mercados de escravos da Sicília e da Itália já no tempo da I Guerra Púnica (264-241 antes da Era Cristã), como resultado direto do modelo anual de guerra e expansão militar das fronteiras romanas durante a República. Somente nas suas campanhas na Gália, Júlio César transportou para a Itália quase um milhão de prisioneiros de guerra gauleses (Plutarco, *Vida de César* 15.3; Apiano, *História Gálica* 1.2). Civis parasitas que seguiam os soldados – traficantes, veteranos e vagabundos – facilitavam o tráfico e a venda de muitos prisioneiros de guerra. Além dos prisioneiros de guerra, outros estrangeiros eram importados para o interior do território romano como escravos de fornecedores estrangeiros que operavam nas fronteiras do império, sendo particularmente atraentes as remotas áreas do Mar Negro.[15]

O comércio internacional de escravos contava não só com fornecedores estrangeiros, mas também com nacionais, tanto legítimos como ilegítimos. Uma fonte legítima era a exposição de crianças, que envolvia a circulação de filhos indesejados, deixados em lugares visíveis, conhecidos como achadouros (como uma lixeira municipal ou um templo do deus curandeiro Asclépio). Os traficantes também eram capazes de obter seus escravos por meios considerados ilícitos pelos costumes greco-romanos, tais como a pirataria, o banditismo e o seqüestro de indivíduos no meio da população livre. Qualquer que fosse o método de arrebanhar, o meio regular de vender os escravos era por leilão, seja numa feira

---

[13] W. V. Harris,"Demography, Geography, and the Sources of Roman Slaves", *JRS* 89 (1999): p. 65.
[14] Walter Scheidel, "Quantifying the Sources of Slaves in the Early Roman Empire", *JRS* 87 (1997): p. 156-69, afirma que a reprodução natural fornecia mais escravos do que todas as outras fontes juntas; porém, Harris,"Demography", p. 62-75, discorda. Ver também Keith Bradley, *Slavery and Society at Rome* (Cambridge: Cambridge University Press, 1994), p. 32-34; Finley, *Ancient Slavery and Modern Ideology*, p. 80; e Philip D. Curtin, *The Atlantic Slave Trade: A Census* (Madison: University of Wisconsin Press, 1969).
[15] M. I. Finley, "The Black Sea and Danubian Regions and the Slave Trade in Antiquity", em id., *Economy and Society in Ancient Greece* (ed. Brent Shaw e Richard P. Saller; Nova Iorque: Viking, 1982), p. 167-75; Keith Hopkins, *Conquerors and Slaves* (Sociological Studies in Roman History 1; Cambridge: Cambridge University Press, 1978), p. 1-15, 99-115.

ocasional, seja num mercado estável de escravos num dos grandes portos metropolitanos como Óstia ou Corinto; conforme se conta, a ilha de Delos, no seu auge, recebeu e enviou "dezenas de milhares de escravos" num determinado dia (Estrabão 14.5.2). Porque o preço dos escravos não era proibitivo, a posse de escravos chegava até bem baixo na escala social; numerosas famílias romanas, não só as muito ricas, podiam conseguir comprar escravos. O escravo à venda geralmente ficava de pé, com roupas sumárias, numa plataforma giratória, com uma placa no pescoço dizendo sua origem, talentos e (segundo uma lei romana chamada Edito Edilício) quaisquer defeitos. Os leiloeiros costumavam usar giz para marcar os pés dos escravos estrangeiros recém-chegados para distingui-los dos mais domesticados e criados na cidade.

Aconselhava-se cautela ao comprar um escravo. Sêneca adverte: "Quando compras um cavalo, mandas que seja retirada a sua coberta; tiras as roupas dos escravos que estão à venda, para que nenhum defeito corporal possa escapar à sua observação" (*Cartas* 80.9 [Gummere, LCL]. Plínio, o Antigo, narra que o infame traficante Toranius vendeu, por um bom preço, dois jovens escravos ao triúnviro Marco Antônio como gêmeos, embora um viesse da Ásia Menor e o outro da Gália (*História Natural* 7.12.56). Essas práticas desonestas valeram aos negociantes de escravos no mundo greco-romano uma reputação semelhante à dos atuais vendedores de carros usados.[16]

Uma vez escravizado e vendido, o escravo podia mais tarde ser alforriado por seu patrão. O processo de libertar um escravo é chamado *manumissão*, processo legal que não deve ser confundido com *emancipação*, tentativa de se fazer uma mudança política. Em latim, um chefe de família "emancipava" (*emancipo*) um filho adulto do pátrio poder (*patria potestas*), mas "manumitia" (*manumitto*) um escravo. As fontes antigas jamais usam o termo *emancipação* (fim da subordinação legal) referindo-se a escravos. A *emancipação de escravos* é uma invenção proveniente do Iluminismo europeu do séc. XVIII, para expressar a convicção moral e política de que a escravidão, seja como instituição, seja como ideologia, repugna aos ideais de todas as sociedades civilizadas e justas de seres humanos. Como tal, *emancipação* torna-se sinônimo de abolição.[17]

A distinção entre emancipação e manumissão é importante porque a manumissão romana era uma forma limitada de libertação que fazia do ex-escravo um *liberto* que, não obstante, ainda devia ao ex-patrão um número específico de trabalhos diários (*operae*) e deferência respeitosa (*obsequium*), incluindo a perda do direito de fazer processo. O escravo liberto, portanto, entrava numa relação patrono-cliente com o ex-senhor, agora patrono. A relação patrono-cliente começava com o próprio ato de manumissão, que assumia tanto modalidades formais como informais. A cerimônia formal era um procedimento público legal,

---

[16] William V. Harris, "Towards a Study of the Roman Slave Trade", em *The Seaborne Commerce of Ancient Rome: Studies in Archaeology and History* (editado por J. H. D'Arms e E. C. Kopff; Roma: American Academy in Rome, 1980), p. 117-140; J. Albert Harrill, "The Vice of Slave Dealers in Greco-Roman Society: The Use of a Topos in 1 Timothy 1:10", *JBL* 118 (1999): p. 97-122.

[17] J. Albert Harrill, "Slavery and Society at Corinth: The Issues Facing Paul", *TBT* 35 (1997): p. 287-88.

comparecendo todas as partes diante do magistrado (*manumissio vindicta*) ou uma publicação oficial no testamento válido do senhor (*manumissio testamento*). Se a forma fosse realizada perfeitamente e o senhor era um cidadão romano, o escravo manumitido tornava-se cidadão romano. A manumissão informal tinha lugar numa reunião doméstica privada, diante de amigos que serviam de testemunhas (*manumissio inter amicos*) ou por uma carta pessoal afirmando que o escravo estava livre (*manumissio per epistulam*).

Havia também vários graus de manumissão romana, indo desde a plena libertação (cidadão romano) até a parcial (Juniano Latino). O Juniano Latino tinha o direito de fazer contratos romanos (*commercium*), mas não o direito a um matrimônio reconhecido (*conubium*) nem a capacidade de fazer um testamento romano ou de herdar dele (*testamenti factio*). A criação de Junianos Latinos tornou-se comum no começo do império por causa dos esforços para impedir aos escravos a plena cidadania romana. Nas áreas helenizadas do Oriente grego, as obrigações da alforria tomavam a forma de um contrato de *paramonē*, que exigia que o ex-escravo permanecesse com o ex-patrão e lhe servisse, muitas vezes "como um escravo" até a morte do patrão.[18]

Uma característica incomum da escravidão romana, comparada com a instituição na Atenas clássica ou no Oriente helenizado, é que os romanos muitas vezes manumitiam seus escravos das cidades. Com efeito, a manumissão estava incorporada na escravidão romana como uma prática estrutural e altamente convencional. A manumissão urbana tornou-se tão aceita pelas ordens superiores, que o imperador Augusto teve de decretar leis restringindo as práticas de manumissão por parte dos cidadãos: a *lex Fulfia Caninia* (ano 2 antes da Era Comum) colocou limites no número de escravos que os patrões podiam manumitir em seu testamento, e a *lex Aelia Sentia* (ano 4 da Era Comum) estabeleceu a idade mínima de 20 anos para o patrão e trinta para o escravo antes que a manumissão formal pudesse ocorrer. Todavia, a freqüência da manumissão no contexto romano não deve ser exagerada nem levada longe demais. Um engano comum dos especialistas no Novo Testamento é supor que a manumissão fosse relativamente automática depois de seis anos de servidão ou quando o escravo atingia os trinta anos de idade, muitas vezes como prova do tratamento humano dos escravos no império romano.[19] O único apoio literário para essa hipótese é Cícero (*Oitava Filípica* 32), ao escrever que depois de seis anos um escravo capturado como prisioneiro de guerra podia esperar ser libertado. Mas a observação de Cícero é mais uma descrição retórica do que social. Ele não menciona seis anos porque é um mínimo estatístico (ou média); esses são os seis anos desde a travessia do rio Rubicão por Júlio César em janeiro de 49 até fevereiro de 43, durante os quais o estado romano esteve politicamente escravizado (na perspectiva de Cícero). Qualquer senador romano entenderia e aceitaria o argumento de Cícero mesmo

---

[18] HARRILL, *Manumission of Slaves*, p. 54-55, 90, 169-72.
[19] S. Scott BARTCHY, "Slavery (Greco-Roman)", *ABD* 6:71; ver também idem, *First Century Slavery and 1 Corinthians 7:21* (1973; SBLDS 11; reimpresso, Atlanta: Scholars Press, 1985), p. 67-72.

se nunca lhe ocorresse a idéia de manumitir seus escravos depois de seis anos. O próprio Cícero não manumitiu seu doméstico pessoal, Tiro, até 53 antes da Era Comum, qüinquagésimo aniversário de Tiro.[20]

Quando a manumissão convinha aos interesses do patrão, e porque reforçava a instituição e a ideologia da escravidão, muitos romanos viam-na como *a* costumeira recompensa para os escravos que os serviam nas cidades. Embora apenas uma parte dos escravos tenha sido realmente libertada na sociedade romana – a maioria, especialmente os que trabalhavam na agricultura ou nas minas, jamais viram a liberdade – contudo essa possibilidade se mostrava um poderoso incentivo para a obediência do escravo.

Ainda que os motivos variassem segundo os caprichos de cada patrão, seria errado supor a bondade como principal fator. Muitas vezes um escravo liberto se mostrava mais útil ao patrão como cidadão romano capaz de, legalmente, fazer contratos como agente (*procurator*) nos negócios comerciais do patrão. Além do mais, segundo a noção romana da virtude aristocrática, maior honra (*dignitas*) cabia à pessoa que tinha uma "casa repleta", lotada de muitos clientes e protegidos, em vez de escravos que estavam ali forçados pela violência.[21]

Os escravos eram vulneráveis à violência e ao abuso físicos. Os domésticos, tanto homens como mulheres, sofriam estupro e outras formas de danos, incluindo a prostituição forçada. Lavradores que trabalhavam em grandes propriedades agrícolas (*latifundia*), quando desobedientes, eram acorrentados em prisões (*ergastula*) e ali deixados a morrer de fome. Mas as piores condições eram nas minas e nos moinhos, onde os escravos labutavam até a morte. No seu romance grego, Apuleio apresenta um dos relatos mais horrendos. O protagonista, na forma de um burro amarrado num moinho de farinha, narra o horror total:

> Os homens eram indescritíveis – toda a sua pele estava colorida de preto e azul com os vergões deixados pelas chicotadas, e seus dorsos marcados por cicatrizes eram disfarçados mais do que cobertos por túnicas que eram remendadas e rasgadas. Alguns deles trajavam não mais que uma pequena tanga em torno dos rins, mas todos estavam vestidos de tal modo que podiam ser vistos através de seus farrapos. Tinham letras marcadas a ferro em suas frontes, o cabelo fora parcialmente raspado e traziam grilhões nos pés. Eram pálidos e sem cor, e a atmosfera enfumaçada e vaporosa tinha afetado suas pálpebras e inflamado seus olhos. Seus corpos estavam sujos de branco por causa da farinha poeirenta – como os atletas que são cobertos de areia fina quando lutam.[22]

---

[20] Ver Thomas Wiedemann, "The Regularity of Manumission at Rome", *CQ*, n.s., 35 (1985): p. 162-75, que questiona também o suposto apoio epigráfico para a teoria segundo a qual os escravos eram regularmente libertados aos trinta anos de idade.

[21] Shelton, *As the Romans Did*, p. 187-91; Keith Bradley, *Slaves and Masters in the Roman Empire: A Study in Social Control* (Nova Iorque: Oxford University Press, 1987), p. 81-112; Susan Treggiari, *Roman Freedmen during the Late Republic* (Oxford: Clarendon, 1969), p. 11-20.

[22] Apuleio, *The Golden Ass* 9:12; traduzido em Wiedemann, *Greek and Roman Slavery*, p. 176-77.

Embora seja considerado um texto de ficção e altamente retórico, o relato de Apuleio é confirmado por uma narrativa histórica que fala das condições de vida do escravo nas minas. Lá os escravos "esgotavam seus corpos dia e noite cavando debaixo da terra, morrendo em grande número por causa da dureza excepcional que enfrentavam" (Diodoro da Sicília 5.38.1 [Oldfather, LCL]).

A tortura que a lei romana exigia no interrogatório de escravos, por qualquer testemunho processual, incluía açoites, queimaduras e a tortura no cavalete. Os açoites tinham peças de metal presas a suas correias com a finalidade de causar feridas profundas e cortantes: a vítima era pendurada com um peso nos pés, ou ficava de pé com os braços amarrados a uma trave através dos ombros. Queimaduras eram causadas por piche fervendo, placas de metal incandescente e tochas acesas eram aplicadas diretamente sobre a pele. Torturar no cavalete (*eculeus*) ou pelas "cordas da lira" (*fidiculae*) significava despedaçar o corpo membro por membro. Os patrões de escravos, quando cansados do esforço, podiam contratar os serviços de torturadores profissionais. Os serviços de um contrato de tortura e execução sobrevivem numa inscrição de Putéoli, oferecendo flagelação e crucifixão como opções normais por um preço fixo e baixo.[23]

∽❦∾

Os estudiosos da escravidão comparativa distinguem entre as sociedades genuinamente escravistas e as sociedades que simplesmente compreendiam escravos. As sociedades genuinamente escravistas têm essa designação não por causa do seu número real de escravos, mas pela integração dos escravos em sua economia e sua sociedade. Segundo esse critério, a Itália clássica (incluindo as colônias romanas como Corinto) é qualificada como uma sociedade genuinamente escravista.

Os escravos romanos não eram segregados dos libertos no trabalho ou no tipo de profissão exercida, com a notável exceção do serviço militar e do trabalho nas minas. Essa integração dos escravos em todos os níveis da economia antiga constitui um contraste importante com a escravidão moderna. Esta, por exemplo, muitas vezes requeria por lei que o escravo fosse analfabeto, ao passo que os antigos senhores apreciavam os escravos educados. Nas cidades ao redor do Mediterrâneo, os escravos eram treinados e trabalhavam como médicos, engenheiros, artesãos, vendedores, arquitetos, artistas, atores, magos e profetas (por ex., At 16,16-24), mestres, poetas profissionais e filósofos.

Em tais ocupações, alguns escravos acumulavam e administravam um *peculium*, um fundo potencialmente vasto de haveres que incluíam dinheiro, ferramentas, bens, terra e até outros escravos. Embora teoricamente pertencente ao patrão, o *peculium* muitas vezes oferecia ao escravo meios para negociar sua manumissão, oferecendo a paga do custo de uma substituição. Além de um grande

---

[23] Bradley, *Slavery and Society in Rome*, p. 166-67.

peculium, alguns escravos e libertos pertencentes à casa do imperador romano (*familia Caesaris*) também possuíam poder e privilégio real, fenômeno conhecido como escravidão palatina. Esses escravos e libertos imperiais ocupavam postos administrativos por todo o império. Félix, por exemplo, que era o procurador da Judéia, e que segundo o autor dos Atos presidiu inicialmente o processo de Paulo (At 24,22-27), era um liberto imperial da casa do imperador Cláudio. Porém, a maioria dos escravos era de condição muito modesta, trabalhando como operários comuns ou domésticos especializados. Porque se podiam encontrar escravos em todos os níveis econômicos da sociedade, eles não tinham coesão como um grupo nem tampouco algo semelhante a uma consciência de classe.[24]

Os mais ricos senhores de escravos administravam uma casa na forma de um grande átrio que continha centenas de escravos domésticos. A arquitetura conservava os escravos no lugar deles, alojados em pequenas celas (*cellae, cellulae*), que também serviam de depósitos.[25] Em contraste com a situação da América do Sul, que tipicamente mantinha os escravos vivendo em senzalas separadas, fora do solar senhoril, os escravos antigos viviam sob o mesmo teto que seus senhores, e esse fato de viver perto aumentava a influência dos escravos sobre as relações da família romana.[26] Dentro da casa aristocrática, os escravos exerciam profissões de extraordinária especialização. Havia banhistas, massagistas, cabeleireiros, barbeiros, anunciadores de hóspedes, garçons, degustadores, coristas, cozinheiros, zeladores de crianças (*paedagogi*), secretários, administradores (*procuratores*) e médicos.[27] Alguns autores sugerem um modelo para as primitivas igrejas domésticas cristãs que dependia fortemente das vilas romanas com a forma de um átrio, como aquelas encontradas em Pompéia e Herculano.[28] Os edifícios de apartamentos (*insulae*), outra provável localização para as comunidades cristãs, também tinham uma integração especializada de escravos em cada atividade da vida doméstica.

A vida religiosa dos escravos domésticos, quer em casas quer em apartamentos, requeria a participação no ritual diário do culto familiar, centrado em torno dos espíritos guardiões da família (*lares*) que representavam o espírito ancestral (*genius*) do dono da propriedade (*pater familias*). Durante um rito de janeiro (os *Compitalia*), a família pendurava bonecos e bonecas para cada membro livre da casa (*domus*), mas uma bola de lã para cada escravo. Embora o

---

[24] Harrill, *Manumission of Slaves*, p. 42-51; Dale B. Martin, *Slavery as Salvation: The Metaphor of Slavery in Pauline Christianity* (New Haven: Yale University Press, 1990), p. 11-22; Bradley, *Slavery and Society in Rome*, p. 57-80; Finley, *Ancient Slavery and Modern Ideology*, p. 77.

[25] Bradley, *Slavery and Society in Rome*, p. 84. Ver também Michele George, "*Servus* and *Domus*: The Slave in the Roman House", em *Domestic Space in the Roman World: Pompeii and Beyond* (ed. Ray Laurence e Andrew Wallace-Hadrill; Journal of Roman Archaeology Supplement Series 22; Portsmouth, R.I.: Journal of Roman Archaeology, 1997), p. 15-24.

[26] Harrill, *Manumission of Slaves*, p. 51-53.

[27] Jérôme Carcopino, *Daily Life in Ancient Rome: The People and the City at the Height of the Empire* (New Haven: Yale University Press, 1968), p. 70-71; Bradley, *Slavery and Society*, p. 61-65; Andrew Garland, "Cicero's *Familia Urbana*", *GR* 39 (1992): p. 163-72.

[28] Carolyn Osiek, e David L. Balch, *Families in the New Testament World: Households and House Churches* (Louisville: Westminster John Knox, 1997).

ritual integrasse os escravos como membros da família, contudo a representação também os subordinava como desumanizados, e bolas sem gênero. A interação das distinções de gênero e de *status* também fazia parte das festas religiosas em benefício dos escravos, as *Saturnalia*, em dezembro, e o feriado dos escravos no dia 13 de agosto (*servorum dies festus*). Ambas as celebrações "reconheciam a permeabilidade do limite entre o *status* de senhor e o de escravo na casa, mas somente como a exceção que confirmava esse limite".[29]

O politeísmo greco-romano permitia que os escravos, além do culto doméstico do dono da casa, praticassem religiões diferentes. Fora da *domus*, alguns escravos eram também devotos e funcionários de uma variedade de cultos internacionais (de Mitra e de Ísis, por exemplo). Outros fazia parte ou eram até presidentes de associações de voluntários das "ordens inferiores" (*collegia tenuiorum*). Os escravos públicos, de propriedade do Estado, serviam como atendentes litúrgicos do templo no cerimonial religioso municipal e imperial.[30]

Participar de um culto estrangeiro era não só sinal de independência do escravo, mas também de certa resistência à morte social imposta pelo domínio do patrão. Entre outras formas de resistência dos escravos, enumeram-se a fuga, a vadiagem, o roubo, o contrabando, a sabotagem, a violência casual, comportamento arrogante ou desleixado, doença fictícia, assassinato e até o suicídio. Sêneca refere-se a um elevado número de casos de suicídio: um escravo fugitivo saltou de um telhado; um outro preferiu apunhalar-se a ser recapturado (*Cartas* 4.4). Um gladiador sufocou-se, enfiando na garganta uma escova de latrina; um outro colocou a cabeça entre os raios de uma roda de carro em movimento, decapitando-se para não ter de lutar na arena (*Cartas* 70.19-26). Um jovem escravo espartano despedaçou a cabeça contra um muro de pedra para não mais precisar de fazer tarefas ignóbeis (*Cartas* 77.14-15). Rebeliões gerais armadas eram raras. Isso não surpreende, porque a história comparativa da escravidão mostra que as revoltas de escravos eram ocorrências extremamente raras. Somente quatro guerras gerais de escravos são conhecidas: nos tempos modernos no Haiti (1791, na colônia francesa de São Domingos); duas na antiga Sicília (136-132 antes da Era Comum); e uma chefiada por Spartacus, na antiga Itália (73-71 antes da Era Comum). Os romanos jamais esqueceram o legado de Spartacus, que devastou a Itália numa guerra que durou três anos e custou, até ser reprimida, a vida de dez legiões (número comparável ao que Júlio César usou para conquistar a Gália). Porém, todas as antigas revoltas ocorreram num espaço de tempo muito limitado, no contexto de maciça expansão militar e convulsão política dos últimos tempos da república romana, e coincidiram com o relaxamento – não a intensificação – do controle sobre a população escrava.[31]

---

[29] Richard P. Saller, "Symbols of Gender and Status Hierarchies in the Roman Household", em *Women and Slaves in Greco-Roman Culture: Differential Equations* (ed. Sandra R. Joshel e Sheila Murnaghan; Londres: Routledge, 1998), p. 90.

[30] Harrill, *Manumission of Slaves*, p. 147-52; Franz Bömer, *Untersuchungen über die Religion der Sklaven in Griechenland und Rom* (4 vols.; Wiesbaden, Alemanha: F. Steiner, 1958-63).

[31] Keith Bradley, *Slavery and Rebellion in the Roman World* (Bloomington: Indiana University Press, 1989); id., *Slavery and Society in Rome*, p. 107-31. Harrill, *Manumission of Slaves*, p. 98; R. H. Barrow, *Slavery in the Roman Empire* (Londres: Methuen, 1928), p. 55. Sobre a revolta dos escravos em São Domingos, ver Lawrence C. Jennin-

A ausência de revolta de escravos durante o período do império romano não indica que a escravidão então fosse "humana" e que os escravos estavam "relativamente contentes" com sua sorte.³² Antes, a escassez de rebeliões representa o que o experto em teoria política James Scott chamava de "o transcrito público", as ações e palavras que grupos dominantes e subordinados usam em aberta interação.³³ Nesse transcrito público, os romanos definiam a escravidão como apenas uma parte de um contínuo de dominação nas hierarquias de uma sociedade na qual cada um era subordinado num certo sentido. O domínio sobre os escravos era uma forma absoluta e personalizada de poder, conhecida em latim como *auctoritas*, que envolvia uma série de modos específicos de dominação, que fazia os subordinados não apenas cumprir as ordens individuais, mas também prevenir os desejos do patrão.³⁴ Ampliando nossa compreensão de rebelião para abranger toda uma série de práticas (fuga, vadiagem, roubo, suicídio), começamos a ver o "transcrito oculto" da resistência escrava debaixo do transcrito público da *auctoritas*, a forma romana por excelência de dominação que era extremamente eficaz em seus objetivos repressivos.

A escravidão no mundo greco-romano, portanto, deve ser entendida à luz de vários fatores. O primeiro é a cuidadosa consideração da documentação disponível, que é escassa. O segundo é a avaliação das definições comparativas de escravidão, quer baseadas nas noções legais de propriedade quer nas teorias sociológicas de morte social. Afinal, entende-se melhor a escravidão como uma mistura de violência, morte social e desonra, num processo dinâmico que começa com a escravização (de muitas procedências) e termina seja com a morte biológica, seja com a manumissão, forma limitada de liberdade que criava uma ordem social de *libertos* abaixo da ordem da população nascida livre. O terceiro fator é a separação dos contextos antigo e moderno, especialmente com referência à idéia de emancipação. Embora houvesse algumas oportunidades para um elevado *status* ou resistência para um grupo seleto dos escravos mais habilidosos e afortunados, a maioria dos escravos vivia e morria sob um sistema brutal que jamais questionou a moralidade de escravizar outros seres humanos e que não tinha nenhum movimento abolicionista.

PARTE II. O QUE DIZ O APÓSTOLO PAULO SOBRE ESCRAVOS E ESCRAVIDÃO

As cartas de Paulo exemplificam a dificuldade que os escritos greco-romanos como um todo apresentam para o estudo da escravidão antiga: falam pouco sobre os escravos. A escassez de referências não é devida à ausência de escravos

---

gs, *French Anti-Slavery: The Movements for the Abolition of Slavery in France, 1802-1848* (Cambridge: Cambridge University Press, 2000), p. 120-22.

³² Contra BARTCHY, *First-Century Slavery*, p. 85.

³³ James C. SCOTT, *Domination and the Arts of Resistance: Hidden Transcripts* (New Haven: Yale University Press, 1990), p. 2-4, 79.

³⁴ Kathleen McCARTHY, *Slaves, Masters, and the Art of Authority in Plautine Comedy* (Princeton: Princeton University Press, 2000), p. 24-26.

nas comunidades, mas às tendências e à natureza ocasional da própria documentação. Paulo menciona os escravos apenas incidentalmente e de passagem, ou metaforicamente para comunicar um dado teológico. Inferências éticas sobre a escravidão como fenômeno geral do mundo greco-romano devem ser tiradas das palavras de Paulo somente com grande cautela. O material fornece poucos dados para uma reconstrução da ética paulina da escravidão (supondo que ele tinha uma); sua perspectiva, conforme se deduz de suas cartas, pouco diferia da existente na cultura greco-romana mais ampla. O presente ensaio vai focalizar as três passagens principais, nas quais um caso de referência a escravos existentes nas comunidades paulinas é mais claro e mais fácil de estabelecer: 1Cor 7,20-24; Filêmon; e Gl 3,28 (com um paralelo em 1Cor 12,13).

A passagem mais importante é 1Cor 7,20-24, único lugar em suas cartas autênticas em que Paulo fala de escravos diretamente. Está entre as mais contestadas passagens da Bíblia cristã. O debate centra-se no v. 21, uma frase ambígua no original grego e difícil de traduzir, porque Paulo não completa sua cláusula final. O v. diz: "Eras escravo quando foste chamado? Não te preocupes com isto. Mas se podes tornar-te livre, de preferência usa —— " (minha tradução). Deixa-se o leitor a perguntar: usa *o quê*? Paulo pretende dizer "tirar proveito *de ser escravo*"? Ou quer dizer o contrário, *de tornar-se livre*? Na primeira hipótese, Paulo diria a seus ouvintes para "permanecerem escravos", fechando oportunidades para a liberdade; na segunda, Paulo estaria exortando os escravos a "ganhar a liberdade", conselho exatamente oposto. A comparação entre as traduções inglesas mais freqüentemente citadas revela a contradição e o atual dilema:

Permanecer Escravo	Ganhar a Liberdade
Eras escravo quando foste chamado? Não te preocupes com isto. Ainda que possas ganhar a liberdade, usa a presente condição mais que nunca. (NRSV, 1989)	Eras escravo quando chamado? Não importa. Mas se puderes ganhar a liberdade, aproveita da oportunidade. (RSV, 1946)
Foste chamado sendo um escravo? Não te preocupes com isto: mais ainda, mesmo se podes ficar livre, de preferência usa-*o*. (American Standard Edition, 1885)	Eras escravo quando chamado? Não deixes que isto te perturbe; mas se aparecer uma chance de liberdade, pega-a a todo custo. (REB, 1992)
Se eras escravo quando foste chamado, não importa. Ainda que possas ganhar a liberdade, prefere aproveitar o máximo da tua presente condição. (Edgar J. Goodspeed, *New Testament: An American Translation*, 1923)	Eras escravo quando chamado? Não importa. Naturalmente, se julgas possível tornar-te livre, é melhor valer-te da oportunidade. (Versão de James Moffatt)
Eras escravo quando foste chamado? Não fiques preocupado mas, mesmo se puderes ganhar a liberdade, tira o máximo disto. (NAB, ed. Rev., 1986)	Se, quando foste chamado, eras escravo, não deixes que isto te perturbe: mas se tiveres a chance de ficar livre, aceita-a. (JB, 1974)[35]

[35] A NIV segue a interpretação "ganha a liberdade": "Eras escravo quando foste chamado? Não deixes que isto te perturbe – embora, se podes ganhar a liberdade, faze-o". A KJV, porém, não toma decisão na *crux* e deixa-

No entanto, até muitas desses versões permanecem ambíguas: a NSRV, a RSV anterior, a NEB, a American Standard Edition, e a REB têm todas uma nota a este v., apresentando a tradução oposta como uma alternativa possível. Essas leituras contraditórias demonstram que 1Cor 7,21 é um genuíno problema interpretativo, um quebra-cabeça que começa no nível do vocabulário, e que muitos especialistas consideram insolúvel.[36]

Pode haver uma solução possível. Em primeiro lugar, a gramática e a sintaxe da passagem favorecem a interpretação "ganha a liberdade". O v. contém duas cláusulas condicionais, cada uma expressando uma situação diferente. A primeira cláusula condicional pergunta: "Foste chamado enquanto escravo?". Dada essa primeira situação, Paulo então aconselha o escravo a não se preocupar com a escravidão. A segunda frase condicional exprime uma nova situação: "Mas se podes ganhar a liberdade". Dada essa segunda e nova situação, Paulo muda seu conselho para um novo curso de ação, que o escravo deve "ganhar a liberdade". Esse tipo de construção gramatical – a descrição de uma situação seguida de uma direção, e depois a descrição de uma segunda situação, seguida de uma nova direção, com a cláusula "de preferência usa" (μᾶλλον χρῆσαι, *mallon chrēsai*) – encontra paralelo em certo número de autores gregos. Eles de fato usam as mesmas palavras gregas como as usa Paulo. Logo, emerge um modelo. Quando Paulo coloca uma premissa (*sendo escravo*), ele aconselha uma ação (*não te preocupes*). Mas, depois, quando coloca outra premissa, diferente (*se podes alcançar a liberdade*), aconselha uma ação diferente (*preocupa-te e ganha-a*).[37]

A fórmula distintiva da diatribe grega que Paulo emprega no contexto da passagem é uma segunda razão em favor da interpretação "ganha a liberdade". A fórmula consiste num modelo estilístico predizível de três elementos: (1) a afirmação de um fato feita na forma de uma pergunta retórica; (2) um imperativo cuja finalidade principal é negar a afirmação do significado do fato para a vida da pessoa; e (3) uma explicação por que a afirmação do fato deve ser tratada com tal indiferença (às vezes omitida no modelo).[38] O contexto global de 1Cor 7 fala da escravidão como parte dos temas mais amplos do matrimônio e da circuncisão. Paulo pergunta retoricamente: "Alguém já era circuncidado no tempo do seu chamado?" (1Cor 7,18a NRSV). E diz no imperativo: "Não remova as marcas da

---

a ambígua:"Foste chamado *sendo* escravo? Não te preocupes com isto: mas se podes ficar livre, de preferência usa-*o*" (o itálico é do original). O uso do itálico identifica uma palavra inserida pelos tradutores, que não está no original grego; ver American Bible Society, Committee on Versions, *Report on the History and Recent Collation of the English Versions of the Bible: Presented by the Committee on Versions to the Board of Managers of the American Bible Society* (Nova Iorque: American Bible Society Press, 1851), p. 24. É por isso que, na exegese norte-americana do séc. XIX, a tradução deste v. na KJV era usada em apoio tanto da posição em favor da escravidão como da posição contrária à escravidão; ver J. Albert Harrill,"The Use of the New Testament in American Slave Controversy: A Case History in the Hermeneutical Tension between Biblical Criticism and Christian Moral Debate", *Religion and American Culture* 10 (2000): p. 157, 170.

[36] Harrill, *Manumission of Slaves*, p. 74-108.
[37] Id., p. 108-21.
[38] Para modelos de diatribe, ver Stanley K. Stowers, *The Diatribe and Paul's Letter to the Romans* (SBLDS 57; Chico, Calif.: Scholars Press, 1981), com extensa bibliografia; ver também idem,"The Diatribe", em *Greco-Roman Literature and the New Testament* (ed. David E. Aune; SBLSBS 21; Atlanta: Scholars Press, 1988), p. 71-83.

circuncisão". Em seguida, explica: "A circuncisão não é nada e a incircuncisão não é nada, mas obedecer os mandamentos de Deus é alguma coisa" (1Cor 7,19).[39] Ele repete esse modelo para os incircuncisos no tempo do batismo (1Cor 7,18b) e para os casados ("Estavas ligado a uma mulher?" – pergunta Paulo, continuando com um imperativo: "Não procures romper o vínculo") e solteiros ("Estás livre de uma mulher? Não procures uma mulher" [1Cor 7,27]). Do mesmo modo, no tópico da escravidão, Paulo pergunta: "Eras escravo quando foste chamado?", mas responde inesperadamente: "Não te preocupes com isto" (1Cor 7,21). De acordo com o modelo da diatribe, poder-se-ia esperar que Paulo dissesse: "Não procures tornar-te livre". Mas, em vez disso, Paulo deliberadamente suaviza o impacto de seu imperativo, abrindo espaço para uma exceção no caso da escravidão. Esta quebra do seu modelo de diatribe sugere que sua linha de abertura em 1Cor 7,20 ("Cada um permaneça na condição em que estava quando foi chamado") não vale para o caso da escravidão. Quando esse testemunho é colocado ao lado dos paralelos gramaticais e sintáticos acima mencionados de *mallon chrēsai* em autores gregos, achamo-nos perante um acúmulo de argumentos convincentes em favor da interpretação "usa a liberdade".[40]

A história social confirma essa conclusão. Nos tempos de Paulo, a cidade de Corinto era uma colônia romana (*colonia*), fundada em 44 antes da Era Comum por Júlio César, e que foi a princípio habitada por libertos vindos da Itália. Nada na cidade – famílias, edifícios ou instituições – tinha mais de cem anos. A cidade precedente, a antiga Corinto, foi saqueada em 146 antes da Era Comum (e seus habitantes foram vendidos como escravos) quando Roma expandiu sua influência militar para o Mediterrâneo oriental. Nenhuma cidade paulina operava mais do que ela sob o modelo e o legado romanos da escravidão. Situada no istmo que ligava a Grécia ao Peloponeso, Corinto tinha dois portos marítimos com uma extensa rede de estradas: Cencréia, no golfo Sarônico, e Lecaion, no golfo Coríntio, um dos maiores portos construídos no mundo greco-romano. Esses portos marítimos serviam de estações de carregamento por onde passavam grande volume de tráfico e imensa quantidade de mercadoria, incluindo escravos. Paulo deve ter visto ou conhecido o grande mercado de escravos no bairro norte da cidade. Pode ser que aluda a ele quando escreve: "Fostes comprados por um preço; portanto glorificai a Deus com vosso corpo" (1Cor 6,20), exortação contra os cristãos que freqüentavam prostitutas, a qual compara os cristãos a escravos comprados (1Cor 6,12-20). Pode ser também que esteja referindo-se à péssima reputação no campo da sexualidade dos negociantes de escravos no vasto mundo greco-romano.[41] Paulo usa a linguagem da economia e do comércio de escravos

---

[39] Se não for indicada outra fonte, todas as traduções bíblicas são da NRSV.
[40] Will DEMING, "A Diatribal Pattern in 1 Cor 7:21-22: A New Perspective on Paul's Directions to Slaves", *NovT* 37 (1995): p. 130-37.
[41] Cf. Jenifer A. GLANCY, "Obstacles to Slaves' Participation in the Corinthian Church", *JBL* 117 (1998): p. 493-96. Sobre a condenação greco-romana da prostituição no comércio de escravos, ver Thomas A. J. McGINN, *Prostitution, Sexuality, and the Law in Ancient Rome* (Nova Iorque: Oxford University Press, 1998), p. 288-319; HARRILL, "Vice of Slave Dealers", p. 108-15 (ver a citação original na n. 16).

também em 1 Cor 7: "Pois fostes comprados por um preço; não vos torneis escravos dos homens" (1 Cor 7,23), metáfora da escravidão a Cristo como a condição própria do fiel cristão. O mercado de Corinto, portanto, oferece o contexto no qual devemos ler a exortação de Paulo aos escravos em 1 Cor 7,21.[42]

Quando Paulo falava aos escravos de sua possível libertação em 1 Cor 7,21, dirigia-se a um ambiente social romano. Naquele contexto, as oportunidades de liberdade para escravos correspondiam à manumissão, numa das muitas formas usuais na prática romana, e não à emancipação ou à abolição no sentido moderno desses termos. O fato de Paulo aceitar e até encorajar a manumissão de escravos não indica que ele se opunha à escravidão como uma instituição ou ideologia. Incorporando à sua teologia a prática romana institucionalizada da manumissão urbana regular, em 1 Cor 7,21 Paulo fala de modo semelhante ao de outros greco-romanos.[43] No entanto, pode-se objetar que Paulo era conservador em termos sociais e portanto era mais propenso a exortar os escravos a permanecerem tais. Com certeza, Paulo pode ter sido conservador no campo social: sua crença de que Cristo voltaria em breve para trazer o Reino de Deus não o levava a esforços para mudar fundamentalmente a sociedade do tempo. Mas o conservadorismo no mundo greco-romano não incluía restrição de manumissão.

Essa restrição pode ser típica das sociedades escravistas modernas, especialmente em resposta aos apelos abolicionistas para a emancipação política dos escravos. Nas décadas que antecederam a guerra civil norte-americana, por exemplo, os apologistas sulistas defenderam a escravidão como a "instituição peculiar", eufemismo que revela uma certo embaraço que os brancos sulistas sentiam quanto à legitimidade moral da escravidão enquanto instituição americana e cristã. A raridade da manumissão legal no sul dos Estados Unidos serviu para justificar tanto a peculiaridade como a necessidade da escravidão no mundo moderno. Para esse modo de ver, a manumissão é um valor "liberal" que o "conservador" Paulo não apoiaria.

À diferença de seus modernos seguidores, os proprietários greco-romanos de escravos não viam a necessidade de justificar sua instituição como "peculiar". De fato, Cícero, Augusto, Sêneca, e outros "conservadores" romanos em matéria social não se opunham à manumissão de escravos. Muito ao contrário, os conservadores romanos apoiavam amplamente e praticavam regularmente em suas famílias a manumissão de escravos urbanos que a mereciam. Por isso, rotular Paulo como "conservador em questões sociais", baseando-se em seu conselho aos escravos sobre a manumissão, é avaliar Paulo, partindo de uma perspectiva moderna, e não do seu contexto antigo.[44]

---

[42] Para a história de Corinto, ver James Wiseman, "Corinth and Rome I: 228 B.C.-A.D. 267", em *ANRW* 2.7.1 (1979), p. 438-548; Jerome Murphy-O'Connor, *St. Paul's Corinth: Texts and Archaeology* (GNS 6; Collegeville, Minn.: Liturgical Press, 1983); Timothy E. Gregory, ed., *The Corinthians in the Roman Period* (Journal of Roman Archaeology Supplement Series 8; Ann Arbor, Mich.: Journal of Roman Archaeology, 1993).

[43] Harrill, *Manumission of Slaves*, p. 69-74.

[44] Id., p. 74-75, 121-22. Sobre os conservadores romanos no campo social favoráveis à manumissão, ver Wiedemann, "Regularity of Manumission", p. 162-75 (ver a citação original na n. 20).

Por conseguinte, vemos que as batalhas do século XIX sobre a Bíblia e a escravidão têm pouco contato com a situação original de Paulo.[45] Em suas cartas que chegaram até nós, Paulo jamais atacou nem defendeu a escravidão como instituição social. Antes, ele aceitou-a como um dado de fato da vida antiga. Entendia a prática institucional da manumissão urbana e sabia que havia escravos em sua comunidade coríntia. Sendo Corinto uma cidade romana, havia a possibilidade de os escravos serem manumitidos. Assim, Paulo incluiu essa possibilidade como uma exceção à sua regra geral de que os coríntios permanecessem na situação na qual eles, ao batismo, receberam a vocação.

O segundo texto paulino importante referente a escravos reais, nesse caso, um escravo determinado, chamado Onésimo, é a Carta a Filêmon. Não obstante a brevidade da obra (uma página na NRSV) possa encorajar os leitores a tomá-la como facilmente compreensível e patente, sua exegese está longe de ser pacífica. Os autores modernos apresentam três diferentes e conflitantes reconstruções da situação a que Paulo se refere: (1) a hipótese do "escravo fugitivo" (a opção tradicional); (2) a hipótese da "intercessão"; e (3) a hipótese do escravo "enviado". Infelizmente, nenhuma das três propostas resolve todos os problemas exegéticos.

A primeira hipótese supõe que a carta foi o que os comentadores da Patrística, desde João Crisóstomo (séc. IV), disseram dela – uma carta pedindo ao cristão dono de escravos Filêmon que recebesse de volta seu escravo fugitivo Onésimo que, depois de ter praticado um dano, roubo, ou alguma outra injúria, teve um encontro com Paulo na prisão e tinha sido batizado.[46] Quanto a isso, sabemos que os antigos escravos que fugiam de seus donos costumavam procurar refúgio num templo ou numa estátua do imperador (Aquiles Tatius, *Leucipo e Cleitofon* 7.13), viviam clandestinos em cidades grandes (Cícero, *Cartas a Quintus* 1.2.14), uniam-se a bandos de assaltantes das sociedades de fugitivos na zona rural (Athenaeus 265D-266E), ou tentavam, como impostores, alistar-se no exército (Plínio, *Cartas* 10.29-30).[47] Mas Onésimo, dizem, não optou por nenhuma dessas saídas (ou foi capturado antes que o pudesse) e/ou achou-se (por uma sorte incrível) lançado na mesma prisão que Paulo, ou então pediu asilo, onde ele estava preso (o local da prisão não está especificado, podendo ser Roma, Éfeso ou Cesaréia marítima), à comunidade paulina. Em seguida, Paulo obteve a conversão de Onésimo, tornando-se seu "pai durante minha prisão" (Fm 10), e depois mandou Onésimo com a carta, de volta a seu patrão.

Os defensores da hipótese do escravo fugitivo muitas vezes citam um pretenso paralelo com a correspondência de Plínio, o Moço, (*Cartas*, 9.21 e 9.24) a respeito de um liberto errante que volta a seu patrão Sabiniano.[48] Mas o tom de Plínio difere notavelmente do de Paulo. Depois de estar convencido

---

[45] Ver Harrill, "Use of the New Testament", p. 149-86 (ver a citação original na n. 35).
[46] Para um apanhado das questões exegéticas, ver S. Scott Bartchy, "Philemon, Epistle to", *ABD* 5: p. 305-10.
[47] Sobre as sociedades de fugitivos, ver Bradley, *Slavery and Rebellion*, p. 4-11, 38-41, 54, 111, 123-24.
[48] Eduard Lohse, *Colossians and Philemon: A Commentary on the Epistle to the Colossians and to Philemon*, Hermeneia (Filadélfia: Fortress Press, 1971), p. 196-97.

da "genuína penitência" do liberto, Plínio diz que ele fez ao homem um repreensão severíssima e advertiu-o firmemente para nunca mais fazer de novo tal petição, para amedrontar o fugitivo errante (Plínio, *Cartas* 9.21). Em contraste, Paulo não pede a Filêmon (com Plínio faz a Sabiniano) que perdoe o fugitivo ou dele tenha piedade, o tom que se esperaria numa situação de fuga.[49] Esses problemas lançam dúvida sobre o paralelo e sobre toda a hipótese de um escravo fugitivo.

A segunda interpretação, a hipótese da "intercessão," que rejeita o pressuposto da fuga do escravo, afirma que Onésimo não fugiu *para a liberdade*, mas *para junto de Paulo* para pedir sua intercessão depois de um mal feito. Apoiando-se nas opiniões de três juristas romanos clássicos citados no *Digesto* de Justiniano – que determina que um escravo que vai à procura de um amigo do patrão para pedir intercessão não é tecnicamente um "criminoso fugitivo" (*servus fugitivus*) mas meramente um "delinqüente vadio" (*erro*) – os partidários desta opinião afirmam que Onésimo não era um fugitivo e sim um *erro* conforme a lei escravista romana. Esta interpretação, porém, padece do erro metodológico de fazer monolíticas pretensões sobre a lei escravista romana e de apoiar-se na lei exclusivamente para a própria reconstrução da escravidão antiga.[50]

Ainda que se aceite a hipótese da intercessão, isso nos devolve às mesmas perguntas sobre a teoria do escravo fugitivo: Por que Paulo não repreende e censura por abandonar a casa sem permissão? Por que a carta de Paulo não adota o mesmo tom da carta de Plínio a Sabiniano, que é um exemplo explícito de como uma terceira pessoa podia reagir ao pedido de intercessão feito por um escravo? Além disso, a distinção entre um *fugitivus* e um *erro* em busca de intercessão só existe entre os juristas. Não havia uma diferença substancial na praxe efetiva da escravidão greco-romana. Enfim, a hipótese da intercessão não é mais que uma variante da hipótese do escravo fugitivo e deixa ainda sem resposta o problema original, que o tom de Paulo não é de repreensão para com Onésimo.

Resta-nos, então, a terceira possibilidade – a hipótese do "escravo enviado". Nessa interpretação, Onésimo não *fugiu*, mas *foi enviado* por Paulo a Filêmon.[51] Na Carta aos Filipenses, Paulo agradece à comunidade por ter enviado Epafrodito para "atender às minhas necessidades" (Fl 2,25). Paulo reconhece que "tenho tudo em abundância; tenho de sobra, depois de ter recebido de Epafrodito o que veio de vós" (Fl 4,18). Onésimo servia, talvez, em nome da comunidade de Filêmon, numa função semelhante à de Epafrodito em nome da comunidade de Filipos.[52] Nas prisões greco-romanas, os guardas geralmente lançavam o criminoso numa prisão e deixavam-no entregue a si próprio, em matéria de comida,

---

[49] Paulo, ademais, insere em suas cartas imagens de parentesco, algo que falta na carta de Plínio (Chris Frilingos, "'For My Child, Onesimus': Paul and Domestic Power in Philemon", *JBL* 119 [2000]: p. 92).
[50] J. Albert Harrill, "Using the Roman Jurists to Interpret Philemon: A Response to Peter Lampe", *ZNW* 90 (1999): p. 135-38.
[51] Sara C. Winter, "Paul's Letter to Philemon", NTS 33 (1987): p. 1-15.
[52] Craig S. Wansink, *Chained in Christ: The Experience and Rhetoric of Paul's Imprisonments* (JSNTSup 130; Sheffield, Inglaterra: Sheffield Academic Press, 1996), p. 188-89.

roupa e outras necessidades.⁵³ As comunidades cristãs primitivas sabiam do perigo que Paulo corria em tal situação e pelo menos numa ocasião (lembrada em Filipenses) enviou um ministro com dinheiro e outros bens para sustentar Paulo. Onésimo pode ter servido a Paulo como escriba, mensageiro ou assistente pessoal. A ocasião da carta seria, neste cenário, o delito de Paulo de não mandar de volta o escravo enviado.⁵⁴

Temos numerosos exemplos de tais casos, especialmente nas cartas de Cícero, que era conhecido por reter por tempo demasiado os carteiros de seus amigos. "Tu também" – recordava Publius Cornelius Dolabella numa carta a Cícero – "por tua parte, honrado e cortês como és, cuidarás que o carteiro que te enviei possa ser autorizado a voltar a mim, e que me traga uma resposta tua" (Cícero, *Cartas a Amigos* 9.3 [Williams, LCL]). "Demorei bastante" – escreve Cícero a seu amigo Atticus – "a enviar de volta teu carteiro, porque não havia oportunidade de enviá-lo" (Cícero, *Cartas a Atticus* 11.2 [Winstedt, LCL]). Em outro lugar, ele se desculpa: "O que está acontecendo aqui, podes sabê-lo pelo teu carteiro. Conservei-o por mais tempo do que devia, porque cada dia fico esperando acontecer alguma coisa nova, e não havia nenhum motivo para enviá-lo nem mesmo agora, exceto o assunto sobre o qual me pedes uma resposta" (Cícero, *Cartas a Atticus* 11:3 [Winstedt, LCL]).⁵⁵

Uma carta em papiro, datado de 12 de setembro de 50 da Era Comum constitui ulterior confirmação. Mystarion, um plantador de oliveiras egípcio, pede a Stotoëtis, sacerdote-chefe, o rápido retorno de seu escravo Blastus.

Mystarion a seu Stotoëtis, muitas saudações.

Enviei-te o meu Blastus com varas bifurcadas (?) para minhas plantações de oliveiras. Cuida, pois, de não o deteres [κατάσχης, *kataschēs*]. Pois sabes que preciso dele toda hora [ὥρας, *horas*].⁵⁶

Dois paralelos verbais, claros no original grego, são imediatamente evidentes. Primeiro, pede para não "deter" (*katechein*) Blastus, e, do mesmo modo, Paulo admite que deseja "deter" (*katechein*) Onésimo (Fl 13). Segundo, Mystarion ressalta que precisa de Blastus toda "hora" (*hōra*), enquanto Paulo, do mesmo modo, explica a necessidade ("utilidade"; Fm 11) de conservar Onésimo por um "momento" (*hōra*; Fm 15). Essas semelhanças sugerem uma análoga situação social: Filêmon e sua igreja doméstica enviaram o escravo Onésimo para ajudar

---

⁵³ Brian Rapske, *The Book of Acts and Paul in Roman Custody* (vol. 3 de *The Book of Acts in Its First-Century Setting*; ed. B. W. Winter; Grand Rapids: Eerdmans, 1993), p. 195-225.
⁵⁴ Sobre a contratação de escravos, ver Shelton, *As Romans Did*, p. 165-66.
⁵⁵ Id., p. 189-90.
⁵⁶ A tradução é minha; ver Adolf Deissmann, *Light from the Ancient East: The New Testament Illustrated by Recently Discovered Texts of the Graeco-Roman World* (1927; reimpresso, Peabody, Mass.: Hendrickson, 1995), 170. Para a análise desse texto, ver W. Hersey David, *Greek Papyri of the First Century* (Nova York: Harper & Bros., 1933), 57-59; Norman R. Petersen, *Rediscovering Paul: Philemon and the Sociology of Paul's Narrative World* (Filadélfia: Fortress Press, 1985), 44-53, 78-81; Peter Arzt, "Brauchbare Sklaven: Ausgewählte Papyrustexte zum Philemonbrief," *Protokolle zur Bibel* 1 (1992): 44-55.

Paulo na prisão. Tendo retido por tempo excessivo o escravo enviado, Paulo escreve uma carta explicando a demora a Filêmon e à comunidade da qual ele é membro. A falta é de Paulo, não do escravo Onésimo. Isso explica a ausência de qualquer repreensão da parte de Paulo para as ações do escravo e a falta de remorso de Onésimo por ter cometido erro.

Todavia, permanecem alguns problemas exegéticos. Pode-se objetar, por exemplo, que a garantia que Paulo dá de "pagar" qualquer dano (Fm 18) parece apoiar a hipótese do escravo fugitivo, ou pelo menos a idéia de que a culpa está em Onésimo. Paulo poderia referir-se aqui a um certo número de coisas – tais como o *peculium* que Onésimo tinha à sua disposição (que pela lei teoricamente pertencia a seu patrão), o custo adicional de afastar Onésimo de seus deveres normais em casa, ou os salários perdidos que o escravo teria ganho para seu patrão se não tivesse ficado ausente tanto tempo – mas o texto é breve demais para dar certeza. Uma resposta a esta objeção é que uma mudança radical do compromisso religioso de um escravo sem a licença do patrão e a possível garantia de *peculium* do escravo nesta conversão podiam ser tomadas como uma ofensa do escravo ao patrão.[57] Paulo talvez esteja prevenindo essa reação: não diz que aconteceu uma injúria, mas escreve no condicional: "*Se* ele te deu algum prejuízo ou te deve alguma coisa, põe isso na minha conta" (Fm 18) e não na conta do escravo (*peculium*). Usando linguagem hipotética, Paulo pode ser interpretado como se dissesse que a injúria era uma situação percebida, não real.[58] Paulo dirige a carta a várias pessoas, incluindo à igreja que se reúne na casa de Filêmon (Fm 2), para elevar a aposta de honra-vergonha ao nível de um auditório público, no código agonístico dos encontros retóricos face a face. Paulo pressiona Filêmon fazendo um apelo público, perante toda a igreja doméstica, para reforçar sua linguagem hipotética.[59]

Os problemas exegéticos são devidos em parte ao fraseado de Paulo, que é insolitamente respeitoso e circunspeto: "Eu preferiria" – escreve – "nada fazer sem teu consentimento, para que tua boa ação não fosse como que forçada, mas espontânea" (Fm 14). Nesta interpretação, a "boa ação" que deve ser "espontânea e não forçada" é a manumissão e/ou a concessão a Paulo da autoridade doméstica sobre Onésimo. "Talvez por esta razão [Onésimo] foi retirado de ti por um pouco de tempo, a fim de que o recuperasses para sempre, mas não mais como escravo, mas bem melhor do que como escravo, como irmão amado – especialmente para mim mas tanto mais para ti, segundo a carne e segundo o Senhor" (Fm 16). As frases "bem melhor do que como escravo" e um irmão "segundo a carne e segundo o Senhor" podem implicar que Paulo espera garantir a manumissão de Onésimo, possibilidade que o final da carta apóia com uma nota de confiança: "sabendo que farás ainda mais do que te peço" (Fm 21). Paulo primeiro nega a

---

[57] David E. Garland, *Colossians and Philemon* (Grand Rapids: Zondervan, 1988), p. 337.
[58] Wansink, *Chained in Christ*, 183-88; Clarice J. Martin, "The Rhetorical Function of Commercial Language in Paul's Letter to Philemon (Verse 18)", em *Persuasive Artistry: Studies in New Testament Rhetoric in Honor of George A. Kennedy* (ed. Duane F. Watson; JSNTSup 50; Sheffield, Inglaterra: Sheffield Academic Press, 1991), p. 321-37.
[59] Ver Frilingos, "'For My Child, Onesimus'", p. 99.

validade da relação anterior de Onésimo com Filêmon ("não mais como escravo") e introduz em seu lugar um vínculo fraterno ("irmão amado"). Paulo quer que Filêmon aceite Onésimo de acordo com os termos do apóstolo, fazendo o senhor de escravos reconhecer o controle de Paulo sobre os negócios domésticos de Filêmon. Paulo afirma uma autoridade retórica sobre o direito legal de Filêmon de determinar o futuro de seu escravo Onésimo.[60] Se assim é, então o apoio de Paulo à manumissão corresponderia ao que ele diz em 1Cor 7,21, revelando uma vez mais que Paulo compartilha das posições comuns greco-romanas sobre a instituição da escravidão.[61] Nada encontramos na Carta a Filêmon que se oponha à escravidão como instituição ou ideologia; aqui a distinção feita acima entre manumissão e emancipação é crucial. A manumissão era uma parte regular e integral da escravidão romana. Servia para reforçar o domínio e o controle social. Os escravos libertos permaneciam sob a hierarquia e o poder personalizado de seu precedente senhor, agora patrono. A manumissão era uma característica normal da escravidão romana porque convinha aos interesses do senhor. Com freqüência os escravos eram de mais prático uso depois da manumissão, porque o escravo liberto tinha maior capacidade legal de administrar os negócios da casa.[62] Se Paulo pede a manumissão, não está condenando a escravidão, mas reforçando sua legitimidade, agindo dentro de suas regras e modos de proceder. A possibilidade de Paulo estar pedindo a manumissão para ganhar os obséquios de Onésimo como um liberto apenas reforça a suposição.

O terceiro texto importante que trata de escravos no sentido próprio é Gl 3,27-28 (paralelo em 1Cor 12,13; cf. Cl 3,11): "Pois todos vós, que fostes batizados em Cristo, vos vestistes de Cristo. Já não há judeu nem grego, já não escravo nem livre, já não há homem nem mulher; pois todos vós sois um só em Cristo Jesus". As três polaridades de circuncisão/incircuncisão, escravo/livre, homem/mulher aparecem precisamente na mesma ordem que em 1Cor 7,17-28, formando um modelo literário. O modelo revela a crença que o fim dessas distinções sociais pressagia a mudança escatológica (ou "ruptura") que o fiel experimenta ao tornar-se batizado "em Cristo".[63] Paulo não é o criador desta fórmula batismal, mas tomou sua linguagem de antigos rituais de iniciação que precederam seu ministério. Esses rituais articularam uma "nova criação" e se inspiraram em certos aspectos das lendas de Adão. Nessas lendas, a primeira forma da humanidade não era masculina nem feminina (mas ambos; Gn 1,27), nem judia nem grega, nem escrava nem livre. O pecado de Adão representa a perda da unidade original e uma mudança de vestes, da "imagem de Deus" (Gn

---

[60] Id., p. 102-3.
[61] Cf. a proibição da Bíblia hebraica em Dt 23,16-17:"Quando um escravo fugir do seu amo e se refugiar em tua casa, não o entregues ao seu amo; ele permanecerá contigo, entre os teus, no lugar que escolher, numa das tuas cidades, onde lhe pareça melhor. Não o maltrates". Mas a relevância dessa lei judaica para Paulo é duvidosa; em nenhum lugar ele a cita, e é enfático em dizer que a Torá não vigora mais.
[62] Sobre os benefícios práticos da manumissão no sistema escravista romano, ver HARRILL, *Manumission of Slaves*, p. 170-72; sobre a função da manumissão para reforçar o controle social da escravidão, ver BRADLEY, *Slaves and Masters*, p. 81-122 (ver a citação original na n. 21).
[63] BARTCHY, *First-Century Slavery*, 174.

1,26), ou de uma "veste de luz", para "roupas de pele" (Gn 3,21), ou o corpo físico. O ritual do batismo, no qual os iniciados despiam suas roupas e vestiam novas, queria recuperar aquela unidade do paraíso, em que "tudo era um".[64]

Outros escritores greco-romanos podiam invocar um mundo sem distinções sociais, mas geralmente apenas para salientar sua natureza utópica e inatingível. Comentando humoristicamente a diversidade das escolas filosóficas, Luciano de Samósata comparava seu professado objetivo de "virtude" com uma cidade "fantástica, cujos habitantes eram todos felizes": o inferior e o superior, o nobre e o plebeu, o escravo e o livre simplesmente não existiam, e não eram mencionados na cidade" (Luciano, *Hermotimus* 24, [Kilburn, LCL]). A impraticabilidade dessa cidade ideal, sem distinções de classe social, mostra o absurdo das múltiplas "estradas" filosóficas para ela. Antes Aristóteles tinha tentado imaginar em termos práticos um mundo sem escravos. Pôde apenas visualizar uma terra fantástica, onde as ferramentas faziam seu trabalho sob comando (até prevenindo o que fazer), os utensílios moviam-se automaticamente, lançadeiras teciam panos e palhetas tocavam harpas sem mãos humanas que as guiassem, o pão se assava sozinho, e os peixes se lançavam em frigideiras nos momentos apropriados (Aristóteles, *Política* 1.4 [1253b]; ver também Ateneu 6.267). A sátira ilustra quão fora de propósito seria uma tal utopia sem escravos, tão integral era a escravidão na vida antiga. Pode-se perguntar, pois, se alguém na Antiguidade, e mesmo Paulo, poderia imaginar o trecho de linguagem ritual em Gl 3,28 como uma base viável para a prática social. Além disso, a dificuldade que Paulo tem de classificar as polaridades de circunciso/incircunciso, casado/solteiro, escravo/livre em 1Cor 7 ilustra o problema de sustentar que Paulo defende algum programa prático de reforma social.

Todavia, essa linguagem utópica tinha um inegável apelo numa sociedade hierarquizada como a da Antiguidade Clássica, como o demonstram testemunhos de outras religiões greco-romanas. Algumas associações cultuais antigas proclamavam, como a frase batismal de Gl 3,28, a irrelevância das distinções sociais no gozo dos benefícios de sua divindade. Na antiga Filadélfia (na Ásia Menor), um santuário erguido em honra dos deuses salvadores tinha a inscrição: "Os mandamentos dados [por Zeus] a Dionísio [o proprietário da casa] concedem o acesso à sua própria casa no sono, tanto a homens e mulheres livres, como a escravos da casa".[65] Porém, esse acesso igual ao culto de Dionísio não levou os veneradores a se tornarem emancipacionistas. Havia também os festejos religiosos greco-romanos das *Saturnalia*, que temporariamente inverteriam os papéis do escravo e do senhor. Mas a inversão funcionava no nível do ritual e do lazer; não era uma tentativa de abolir a escravidão. Os senhores de escravos usavam as

---

[64] Wayne A. Meeks, *The First Urban Christians: The Social World of the Apostle Paul* (New Haven: Yale University Press, 1983), 88; idem, "The Image of the Androgyne: Some Use of a Symbol in Earliest Christianity," *HR* 13 (1974): 165-208; Dennis R. MacDonald, *There Is No Male and Female: The Fate of a Dominical Saying in Paul and Gnosticism* (HDR 20; Filadélfia: Fortress Press, 1987, (113-26.
[65] Frederick C. Grant, *Hellenistic Religions: The Age of Syncretism* (Nova Iorque: Liberal Arts Press, 1953), p. 28-30 (texto); Meeks, "Image of the Androgyne", p. 169.

Saturnalia como veículo de controle social, para apaziguar o descontentamento e recompensar a obediência dos escravos.[66]

O batismo cristão primitivo era um rito de passagem que transferia a pessoa do *status* de estrangeiro ao de um membro da família. Alguns autores supõem que, porque a fórmula batismal ("nem livre nem escravo) falava de todos os membros que são um "em Cristo," as comunidades primitivas devem ter tomado esta sentença não apenas no nível de metáfora teológica, mas também no nível literal: para eliminar as distinções entre escravo e livre nos costumes e na sociedade.[67] Contudo, expressões semelhantes a essa de Gl 3,28, na ampla cultura greco-romana, fornecem importante testemunho de que os senhores de escravos podiam acreditar que a escravidão pudesse ser eliminada no ideal, mas não na prática diária. A moralidade estóica romana, por exemplo, ofuscava a divisão escravo-livre na filosofia. Conforme o estoicismo, era o destino e não a natureza que tornava as pessoas escravas. Todo ser humano era um potencial escravo.[68]

Essa intuição levou os estóicos a exortar os senhores romanos a ver a humanidade de seus escravos. Em sua famosa correspondência com Lucilius, um político de meia-idade e rico senhor de escravos, o filósofo estóico e estadista romano Sêneca escreve:

> Estou feliz por saber, por meio dos que vêm de tua casa, que vives de modo amigável com teus escravos. Isso beneficia um homem sensível e bem educado como tu. "Eles são escravos", diz o povo. Não, antes: eles são homens. "Escravos!". Não, companheiros. "Escravos!". Não, eles são amigos despretensiosos. "Escravos!". Não, eles são nossos companheiros escravos, caso se reflita que a Fortuna tem iguais direitos sobre os escravos assim como sobre os homens livres. (Sêneca, *Cartas* 47.1 [Gummere, LCL])

Enfatizando a unidade do escravo e do livre em termos de uma humanidade comum, Sêneca continua exortando seu amigo:

> Lembre-se gentilmente que aquele a quem chamas teu escravo nasceu do mesmo tronco, é bafejado pela mesma atmosfera e, do mesmo modo que tu respira, vive e morre. É igualmente possível para ti ver nele um homem livre como para ele ver em ti um escravo. Como resultado do massacre do dia de Mário,[69] muitos homens de nobre família, que estavam dando os primeiros passos para a ordem senatorial, servindo no exército, foram humilhados pela fortuna, tornando-se um pastor, um outro zelador de uma

---

[66] Bradley, *Slaves and Masters*, p. 41-44.
[67] Ver a análise em Hans Dieter Betz, *Galatians: A Commentary on Paul's Letter to the Churches in Galatia* (Hermeneia; Filadélfia: Fortress Press, 1979), 192-95.
[68] Ver Brent D. Shaw, "The Divine Economy: Stoicism as Ideology", *Latomus* 44 (1985): p. 16-54.
[69] Uma leitura diversa (e mais provável) é *Varus*, referindo-se ao general romano cujas três legiões sofreram uma desastrosa derrota militar na Germânia (ano 9 da Era Comum). O "desastre de Varo" envolveu uma séria perda de efetivos militares, e seu aniversário era uma data triste no calendário romano (H. H. Scullard, *From the Gracchi to Nero: A History of Rome, from 133 BC to AD 68* [5ª ed.; Londres: Methuen, 1982], p. 258-59).

casa de campo. Despreza, pois, se o ousas, aqueles a cuja condição podes a qualquer hora descer, mesmo quando os estás desprezando. (*Cartas* 47.10 [Gummere, LCL])

Muitos oficiais romanos jovens de famílias senatoriais ou eqüestres, que faziam uma carreira promissora (*cursus honorum*), tornaram-se, ao invés, escravos de vencedores bárbaros. Esta história militar ensinou a Sêneca o caráter precário da vida, mesmo nos altos níveis sociais. Na compreensão estóica romana da fortuna, não havia nem escravo nem livre: para os poderes constituídos, o termo escravo e livre não tinham valor estável ou intrínseco para a condição humana.

Dion Crisóstomo oferece uma das mais longas análises existentes sobre a liberdade e a escravidão, e um contexto adicional para como um auditório greco-romano pode ter ouvido as palavras de Paulo. Ele faz um hipotético escravo perguntar a seu senhor: "É possível, meu bom amigo, saber quem é escravo ou quem é livre?" (Dion Crisóstomo, *Discursos* 15.2 [Cohoon, LCL]). E declara: "Pois entre aqueles que são chamados escravos, penso eu, admitimos que muitos têm o espírito de homens livres, e que entre os homens livres há muitos que são totalmente servis" (*Discursos* 15:29). Mesmo os que não são escravos, no sentido próprio, podem, contudo, ser escravos morais, dominados pela cobiça, gula ou outros desejos. A crença de que todas as pessoas são potencialmente ligadas à escravidão sob uma ou outra forma torna sem sentido, na filosofia estóica, a distinção entre escravo e livre. "Estamos todos acorrentados ao Destino" – escreve Sêneca – "para uns, a corrente é feita de ouro e é folgada; para outros é apertada e sórdida – mas que diferença faz?". Continua Sêneca:

> Todos nós estamos rodeados pelo mesmo tipo de cativeiro, e até aqueles que mantêm outros nas correntes, estão eles próprios acorrentados, a não ser que penses que as algemas que o guarda traz no seu pulso esquerdo machuca menos que as do prisioneiro. Os poderes públicos mantêm um homem prisioneiro; e a riqueza, um outro; alguns estão em desvantagem pelo nobre nascimento; outros, pelo humilde nascimento; alguns têm de suportar as ordens de outras pessoas; outros, as próprias. Alguns devem ficar num lugar porque foram exilados; outros, porque foram nomeados para um sacerdócio – toda vida é escravidão. (Sêneca, *A tranqüilidade da mente* 10.3 [Wiedermann, *Greek and Roman Slavery*])

Sêneca exprime o caráter caprichoso da vida, embora ele ocupe uma das posições sociais mais altas da sociedade romana. Os senhores de escravos – recorda ele a seus leitores aristocratas – podem não possuir a liberdade moral, a liberdade no sentido absoluto. Porém essa filosofia não era materializada num programa de reforma social da escravidão em Roma. Sêneca era, aliás, um dos senadores que tinha mais escravos na cidade e ele conservava sua filosofia separada da política. Não se preocupava com a infelicidade dos escravos por causa dela mesma, mas por causa do bem-estar ético dos senhores de escravos em geral, e para reforçar a hierarquia das ordens eqüestre e senatorial em particular. Por exemplo, quando o Senado romano ordenou a execução dos quatrocentos escravos ligados ao assassinado Pedanius Secundus (o incidente relatado no início deste ensaio), Sêneca, como conselheiro político e ministro do imperador Nero, nada fez para deter a matança dos inocentes.[70]

Paulo emprega metáforas da escravidão que coerem com as discussões filosóficas greco-romanas sobre a relatividade da distinção escravo-livre. Qualquer tentativa de sopesar o lugar de Paulo nessa discussão filosófica greco-romana deve levar a sério o fato de ele ter feito um uso positivo e extenso da escravidão como a metáfora para a adequada relação do fiel a Deus. Um caso ilustrativo é 1Cor 7,22-23: "Pois aquele que era escravo quando chamado no Senhor, é liberto [*apeleutheros*] do Senhor. Da mesma forma, aquele que era livre [*eleutheros*] quando foi chamado, é escravo de Cristo. Fostes comprados por um preço; não vos torneis escravos dos homens". *Escravos dos homens* é uma metáfora para submeter-se a pretensões e valores meramente humanos (cf. Rm 8,12-17; Gl 5,1).[71] Para entendermos a linguagem metafórica de Paulo, precisamos fazer uma leitura atenta do v. anterior. O termo crucial é liberto (*apeleutheros*), que os comentadores bíblicos tendem a não tomar seriamente. Muitos exegetas comentam essa passagem da seguinte maneira, o que se tornou uma leitura padronizada: Paulo introduz um nivelamento de todos os cristãos numa condição escatológica, a liberdade em Cristo, que anula as diferenças anteriores de *status* entre os cristãos.[72] Ora, chamando o escravo de "liberto" (*apeleutheros*), em vez de "livre" (*eleutheros*) em Cristo, Paulo ressalta precisamente o que este comentário padronizado nega: que o *status* da pessoa é o tema, não a liberdade escatológica. Paulo não está dizendo simplesmente que "em Cristo" todas as pessoas estão basicamente numa mesma posição igualitária. Ele introduz uma inversão real do *status* normal, reforçando a compreensão romana da escravidão como apenas uma parte de um cenário de dominação. Na sociedade romana, todos estavam subordinados num certo sentido, mesmo um aristocrata como Sêneca. Criando uma hierarquia salvífica, Paulo eleva o escravo à ordem social (superior) de *liberto* e rebaixa a pessoa livre à ordem (inferior) de escravo. A salvação, conforme Paulo, não é simplesmente uma condição individual melhorada – liberdade – mas uma compra no mercado e uma subseqüente recolocação como servos domésticos numa nova hierarquia (a casa do Senhor) como escravos e libertos de Cristo.[73]

Essa interpretação, porém, pode ser contra-intuitiva. Parece contradizer as declarações de Paulo em outros lugares nos quais a condição cristã é a liberdade e a filiação, em direta oposição à escravidão. "Com efeito, não recebestes um

---

[70] Miriam Griffin, *Seneca: A Philosopher in Politics* (Oxford: Clarendon 1976), p. 256-85.
[71] Victor Paul Furnish, "First Letter of Paul to the Corinthians", em *The HarperCollins Study Bible* (ed. Wayne A. Meeks et al.; Nova Iorque: HarperCollins, p. 1993), 2149, nota a 1Cor 7,23.
[72] Hans Conzelmann, *1 Corinthians: A Commentary on the First Epistle to the Corinthians* (Hermeneia; Filadélfia: Fortress Press, 1975), p. 127-28; Kenneth C. Russell, *Slavery as Reality and Metaphor in the Pauline Letters* (Roma: Catholic Book Agency, 1968), p. 49-50.
[73] Martin, *Slavery as Salvation*, p. 63-68.

espírito de escravos" – escreve Paulo – "para recair no temor, mas recebestes um espírito de filhos adotivos" (Rm 8,15; cf. Ef 1,5). "É para a liberdade que Cristo nos libertou. Permanecei firmes, portanto, e não vos deixeis prender de novo ao jugo da escravidão" (Gl 5,1). "Pois a lei do Espírito da vida em Cristo Jesus te libertou da lei do pecado e da morte" (Rm 8,2). A própria criação "será libertada da escravidão da corrupção para entrar na liberdade da glória dos filhos de Deus" (Rm 8,21). "Vós fostes chamados" – exorta ele os gentios convertidos – "à liberdade, irmãos. Entretanto, que a liberdade não vos sirva de pretexto para a carne, mas, pela caridade, colocai-vos a serviço uns dos outros" (Gl 5,13). Na sua teologia, Paulo parece combinar os valores opostos da escravidão e da liberdade.

Embora seja possível descartar essa tensão como uma incoerência paulina, ou simples pensamento ambivalente – talvez a ironia de alguém que se designa "escravo de Cristo" (Rm 1,1; Fl 1,1; Gl 1,10) e prega a vida cristã como "liberdade" não tinha influência sobre Paulo – há uma outra interpretação possível. A alegada contradição existe apenas se *escravidão* significa a mesma coisa quando usada nessas várias passagens. Metáforas idênticas, porém, nem sempre apontam para o mesmo fenômeno quando usadas de diferentes modos. Embora ambas usem o mesmo termo *escravidão*, estão presentes duas metáforas distintas, são indicadas duas diferentes *escravidões*: a primeira, uma escravidão *negativa*, significando o estado não-cristão ou pré-cristão; a segunda, uma escravidão *positiva*, designando a salvação em Cristo. Porque a *segunda* escravidão se refere ao processo pelo qual a pessoa fica livre da primeira escravidão (do pecado, de Satanás e de outras forças cósmicas), Paulo pode falar da escravidão a Cristo como "liberdade", ainda que não seja liberdade no sentido de ausência de escravização: "Mas agora, libertos do pecado e postos a serviço de Deus, tendes vosso fruto para a santificação" (Rm 6,22). Uma escravidão benéfica, mais elevada ao divino substitui a escravidão inferior e perniciosa ao pecado.[74] Quer benéfica, quer perniciosa, a escravidão permanece normativa. O importante nas metáforas de Paulo eram as idéias da escravidão como apenas uma parte de um cenário de dominação – essencialmente, a compreensão cultural romana de *auctoritas* (domínio). Essa linguagem essencialmente romana de poder distinguia a verdadeira escravidão das outras formas de dominação, requerendo não a aceitação de determinadas ordens, mas a obediência total à vontade do patrão.[75] Essa visão do domínio enfatizava o patriarcado e o poder personalizado. Neste sistema de poder personalizado, "o escravo deve executar as ordens do patrão, colocar os interesses do patrão à frente dos seus próprios, sem compensação nem consideração, apenas porque o escravo é um escravo".[76] Quando Paulo dizia aos cristãos que a escravidão era a relação apropriada do fiel a Deus, sua palavras estavam

---

[74] Id., p. 60.
[75] Sobre a noção romana de *auctoritas*, ver McCarthy, *Slaves, Masters, and the Art of Authority*, p. 22-24 (ver a citação original na n. 34); Karl Galinski, *Augustan Culture: An Interpretative Introduction* (Princeton: Princeton University Press, 1996), p. 12-14.
[76] McCarthy, *Slaves, Masters, and the Art of Authority*, p. 23.

inseridas nesse contexto cultural romano. As palavras de Paulo em 1Cor 7,22-23 não recomendavam simplesmente a sujeição, mas sinalizavam a aceitação de um modelo orgânico de existência humana para o qual a sujeição era essencial. De que maneira essa linguagem criticava a ideologia da instituição social, ou sugere algum programa político para a abolição, isso é difícil de se ver.

Pergunta-se se as palavras de Paulo em Gl 3,28 se materializavam em algum programa de mudança política. Paulo queria dizer que os escravos cristãos não eram mais verdadeiros escravos no pensamento da igreja? Havia escravos nas comunidades exigindo direitos iguais como resultado da sua declaração batismal? Não temos provas disso. Tampouco existe qualquer notícia de uma agitação ou rebelião entre os escravos das comunidades paulinas. A chave importante é 1Cor 12,13, em que Paulo omite a frase "não há mais homem nem mulher" de Gl 3,28. A mudança sugere que havia em Corinto um conflito quanto às funções de homens e mulheres. Mas porque Paulo conserva a frase "escravos ou livres" em 1Cor 12,13, é difícil provar a presença de algum conflito entre senhores e escravos cristãos em Corinto ou alhures.[77]

Portanto, nos três textos paulinos mais importantes que tratam de escravos no sentido próprio – 1Cor 7,21, Filêmon e Gl 3,28 (com 1Cor 12,13) – não encontramos nenhum apelo para acabar com a escravidão legalizada, nem mesmo uma crítica da instituição como tal, embora a primeira passagem pareça aprovar que os escravos procurem a liberdade quando têm a chance.[78] O conselho de 1Cor 7,21 fala da prática institucionalizada da manumissão urbana, não da emancipação ou da abolição. A carta a Filêmon, lida à luz da terceira interpretação, indicada acima, pede a um senhor de escravos uma permissão referente a seu escravo, cooperando assim com o sistema escravista romano. Gl 3,28 trata da eliminação da distinção escravo-livre "em Cristo", mas não na sociedade. Em todos os três casos, Paulo aceita a instituição romana da escravidão como parte da realidade da vida diária. Longe de serem únicas, suas expressões eram semelhantes às que se encontram na cultura romana mais ampla.[79]

PARTE III. OUTROS TEXTOS PAULINOS E PAULINISTAS RELEVANTES

Metáforas da Escravidão

Autodesignação de Paulo como "escravo de Cristo". Rm 1,1; Fl 1,1; Gl 1,10 (cf. 1Cor 9,16-18).

---

[77] Osiek e Balch, *Families in the New Testament World*, p. 179.

[78] Contra Peter Garnsey, *Ideas of Slavery from Aristotle to Augustine* (Cambridge: Cambridge University Press, 1996), p. 53-86.

[79] As seguintes obras apareceram tarde demais para serem incluídas neste artigo: *Semeia* (Atlanta: Society of Biblical Literature) 83/84 (1998, publicado em 2001 – o tema da edição era "Escravidão no Texto e na Interpretação", editado por Allen Dwight Callahan, Richard A. Horsley e Abraham Smith); Murray J. Harris, *Slave of Christ: A New Testament Metaphor of Total Devotion to Christ* (Downers Grove, Ill.: InterVarsity Press, 2001; Jennifer A. Glancy, *Slavery in Early Christianity* (Nova Iorque: Oxford University Press, 2002).

Autodesignação de Paulo como "escravo de todos" (*topos* retórico do líder escravizado). 1Cor 3,5; 9,19-23; 2Cor 4,5.

Exortação aos fiéis para se tornarem "escravos de Cristo" e/ou "escravos de todos". Rm 12,11; 13,4; 14,4.18; 1Cor 7,22-23; Gl 5,13.

Imagem de prisioneiros de guerra exibidos como escravos. 2Cor 2,14 (cf. Cl 2,15).

Exortação contra o servilismo. 2Cor 11,20.

Imagem da manumissão, redenção. Rm 3,24; 6,6-23; 7,14; 8,12-23; Gl 3,13-14; 4,1–5,1 (cf. Ef 1,5; 2,19).

Cristo que toma a forma de um escravo, imagem da humilhação. Fl 2,6-11 (cf. 2Cor 11,7).

Imagem do antigo mercado de escravos e do comércio de escravos. 1Cor 6,12-20; 7,23 (cf. 1Tm 1,10).

Exortação para não se tornar "escravo do desejo", aconselhando autocontrole. Rm 16,18; 1Cor 9,24-27 (cf. Tt 2,3; 3.3; Ef 2,3).

Possíveis referências a escravos ou libertos reais nas comunidades paulinas

Rm 16,10-11.23; 1Cor 1,11.16; 1,26; 16,17 (cf. 2Tm 1,16; 4,19; At 16,15.32-34; 18,8); Fl 4,22.

Códigos de deveres para escravos e senhores

Ef 6,5-9; Cl 3,22–4,1; 1Tm 6,1-2 (cf. 3,4-5.12); Tt 2,9-10; cf. 1Pd 2,18-25.

PARTE IV. BIBLIOGRAFIA

Estudos clássicos

ANDREAU, Jean."The Freedman", em *The Romans*, editado por Andréa Giardina. Chicago: University of Chicago Press, 1993, p. 175-98.
BRADLEY, Keith R."Animalizing the Slave: The Truth of Fiction", *JRS* 90 (2000): p. 110-25.
_____."Slavery", *OCD*, p. 1415-17.
_____. *Slavery and Rebellion in the Roman World*. Bloomington: Indiana University Press, 1989.
_____. *Slavery and Society at Rome*. Key Themes in Ancient History. Cambridge: Cambridge University Press, 1994.
_____. *Slaves and Masters in the Roman Empire: A Study in Social Control*. Nova Iorque: Oxford University Press, 1987.
BUCKLAND, W. W. *The Roman Law of Slavery: The Condition of the Slave in Private Law from Augustus to Justinian*. 1908. Reimpr., Nova Iorque: MAS Press, 1969.
DUFF, A. M. *Freedmen in the Early Roman Empire*. 2ª ed. Cambridge: W. Heffer & Sons, 1958.
FINLEY, M. I. *The Ancient Economy*. Sather Classical Lectures 43. Berkeley e Los Angeles: University of California Press, 1985.
_____. *Ancient Slavery and Modern Ideology*. Nova Iorque: Viking, 1980.
_____, ed. *Classical Slavery*. Slavery and Abolition special issue 8. Londres: Frank Cass, 1987.
_____."Slavery", em *International Encyclopedia of the Social Sciences*, vol. 14, editado por David L. Sills. Nova Iorque: Macmillan, 1968, p. 307-13.
_____. *Slavery in Classical Antiquity: Views and Controversies*. Cambridge: W. Heffer & Sons, 1960.
FITZGERALD, William. *Slavery ad the Roman Literary Imagination*. Roman Literature and Its Contexts. Cambridge: Cambridge University Press, 2000.
GARLAND, Andrew."Cicero's *Familia Urbana*", *Greece and Rome* 39 (1992): p. 163-72.

GARNSEY, Peter. *Ideas of Slavery from Aristotle to Augustine*. The W. B. Stanford Memorial Lectures. Cambridge: Cambridge University Press, 1996.
_____."Independent Freedmen and the Economy of Roman Italy under the Principate", *Klio* 63 (1981): p. 359-71.
HARRIS, William V."Demography, Geography, and the Sources of Roman Slaves", *JRS* 89 (1999): p. 62-75.
_____. "Towards a Study of the Roman Slave Trade", em *The Seaborne Commerce of Ancient Rome: Studies in Archaeology and History*, editado por J. H. D'Arms e E. C. Kopff. Memoirs of the American Academy in Rome 36. Roma: American Academy in Rome, 1980, p. 117-40.
HOPKINS, Keith. *Conquerors and Slaves*. Sociological Studies in Roman History 1. Cambridge: Cambridge University Press, 1978.
_____."Novel Evidence for Roman Slavery", *Past and Present* 138 (1993): p. 3-27.
MANNING, C. E."Stoicism and Slavery in the Roman Empire", p. 117-40 em *ANRW* 2.36.3. 1989, p. 117-40.
MURNAGHAN, Sheila, e Sandra R. JOSHEL, eds. *Women and Slaves in Greco-Roman Culture: Differential Equations*. Londres: Routledge, 1998.
PATTERSON, Orlando. *Slavery and Social Death: A Comparative Study*. Cambridge: Harvard University Press, 1982.
POMEROY, Sarah B. *Goddesses, Whores, Wives, and Slaves: Women in Classical Antiquity*, Nova Iorque: Schocken Books, 1975.
STE. CROIX, G. E. M. de. *The Class Struggle in the Ancient World: From the Archaic Age to the Arab Conquest*. 1981. Reimpresso com correções, Ithaca, Nova Iorque.: Cornell University Press, 1989.
SCHEIDEL, Walter."Quantifying the Sources of Slaves in the Early Roman Empire", *JRS* 87 (1997): p. 156-69.
THÉBERT, Yvon."The Slave", em *The Romans*, editado por Andrea Giardina. Chicago: University of Chicago Press, 1993, p. 138-74.
TREGGIARI, Susan. *Roman Freedmen during the Late Republic*. Oxford: Clarendon, 1969.
VOGT, Joseph. *Ancient Slavery and the Ideal of Man*. Nova Iorque: Oxford University Press, 1974.
WATSON, Alan. *Roman Slave Law*. Baltimore: Johns Hopkins University Press, 1987.
WEAVER, P. R. C. *Familia Caesaris: A Social Study of the Emperor's Freedmen and Slaves*. Cambridge: Cambridge University Press, 1972.
WESTERMANN, William L. *The Slave Systems of Greek and Roman Antiquity*. Memoirs of the American Philosophical Society 40. Filadélfia: American Philosophical Society, 1955. [Deve ser lido com a recensão crítica de P. A. Brunt, em *JRS* 48 (1958): p. 164-70.]
WIEDEMANN, Thomas. *Greek and Roman Slavery*. 1981. Reimpresso, Londres: Routledge, 1988.
_____."The Regularity of Manumission at Rome", *Classical Quarterly*, n.s., 35 (1985): p. 162-75.
_____. "Slavery", em *Civilization of the Ancient Mediterranean: Greece and Rome*, vol. 1, editado por Michael Grant e Rachel Kitzinger. Nova Iorque: Charles Scribner's Sons, 1988, p. 575-88.
_____. *Slavery*. Greece and Rome: New Surveys in the Classics 19. Oxford: Clarendon, 1987.
YAVETZ, Zvi. *Slaves and Slavery in Ancient Rome*. New Brunswick, N.J.: Transaction, 1988.

Estudos sobre o Novo Testamento

BARCLAY, John M. G."Paul, Philemon, and the Dilemma of Christian Slave-Ownership", *NTS* 37 (1991): p. 161-86.
BARTCHY, S. Scott."Slavery (Greco-Roman)", *ABD* 8: p. 58-73.
DEMING, Will."A Diatribal Pattern in 1 Cor 7:21-22: A New Perspective on Paul's Directions to Slaves", *NovT* 37 (1995): p. 130-37.
FRILINGOS, Chris." For My Child, Onesimus': Paul and Domestic Power in Philemon", *JBL* 119 (2000): p. 91-104.
GLANCY, Jennifer A."Obstacles to Slaves' Participation in the Corinthian Church", *JBL* 117 (1998): p. 481-501.
HARRILL, J. Albert. *The Manumission of Slaves in Early Christianity*. HUT 32. Tübingen: Mohr Siebeck, 1995.
_____."Using the Roman Jurists to Interpret Philemon: A Response to Peter Lampe", *ZNW* 90 (1999): p. 135-38.
_____."The Vice of Slave Dealers in Greco-Roman Society: The Use of a *Topos* in 1 Timothy 1:10", *JBL* 118 (1999): p. 97-122.
KYRTATAS, Dimitris. *The Social Structure of the Early Christian Communities*. Nova Iorque: Verso, 1987.
MARTIN, Dale B."Slavery and the Ancient Jewish Family", em *The Jewish Family in Antiquity*, editado por Shaye J. C. Cohen. BJS 289. Atlanta: Scholars Press, 1993, p. 113-29.
_____. *Slavery as Salvation: The Metaphor of Slavery in Pauline Christianity*. New Haven: Yale University Press, 1990.
PETERSEN, Norman. *Rediscovering Paul: Philemon and the Sociology of Paul's Narrative World*. Filadélfia: Fortress Press, 1985.
OSIEK, Carolyn, e BALCH, David L.. *Families in the New Testament World: Households and House Churches*. The Family, Religion, and Culture. Louisville: Westminster John Knox, 1997.
WANSINK, Craig S. *Chained in Christ: The Experience and Rhetoric of Paul's Imprisonments*. JSNTSup 130. Sheffield, Inglaterra: Sheffield Academic Press, 1996.

PAULO, AS VIRTUDES E OS VÍCIOS

Troels Engberg-Pedersen

Apresento aqui alguns problemas tradicionais sobre a função das virtudes e dos vícios em Paulo. No seu conjunto, parecem indicar que Paulo estava muito longe de compartilhar do interesse pelas virtudes e vícios, o qual era central para a antiga tradição ética.[1]

1. Existe apenas uma menção do termo próprio "virtude" (ἀρετή, *aretē*) em Paulo. Fl 4,8-9 diz:

> [8] Finalmente, irmãos, ocupai-vos com tudo o que é verdadeiro, nobre, justo, puro, amável, honroso, virtuoso (*aretē*) ou que de qualquer modo mereça louvor (ἔπαινος, *epainos*). [9] O que aprendestes e herdastes, o que ouvistes e observastes em mim, isso praticai. Então o Deus da paz estará convosco.[2]

Uma única ocorrência de *aretē* em todas as cartas indiscutíveis – e bem insignificante como esta.

2. É verdade que Paulo tem certo número de listas de vícios e virtudes. Ver em particular Fl 4,8 (acima citado); 1Cor 5,10-11 e 6,9-10; 2Cor 6;6; 12,20-21; Gl 5,19-21.22-23 (que vamos estudar mais adiante); e Rm 1,29-31.[3] Mas elas são "tradicionais" e "convencionais", fazendo parte do material exortativo que Paulo compartilha com os moralistas greco-romanos e empregava não menos em suas parêneses (comparar Fl 4,8 e Gl 5,19-23). E assim elas não são centrais para a área que realmente importa (para Paulo ou seus exegetas): a sua teologia.[4]

---

[1] Como ficará claro, entendo a "tradição ética antiga" como o modo de pensar os conceitos éticos centrais (felicidade, virtudes e vícios, bens materiais etc.) desenvolvido plenamente primeiro por Platão e Aristóteles, e depois pressuposto e elaborado até o fim da Antiguidade.

[2] Todas as traduções são do autor.

[3] As dêutero-paulinas também têm vários espécimes, por ex., Cl 3,5–8.10; Ef 4,31; 5,3-5; 1Tm 1,9-10; 3,2-4; 6,4-5 etc.. Para uma síntese intrutiva, ver J. T. Fitzgerald,"Virtue/Vice Lists", *ABD* 6: p. 857-59. Ver também A. J. Malherbe,"Hellenistic Moralists and the New Testament", em *ANRW* 2.26.1 (Berlim e Nova Iorque: de Gruyter, 1992), p. 267-333, esp. p. 325-26.

[4] Uma clássica formulação deste ponto de vista (embora não mencione explicitamente as listas de virtudes e vícios) é a de Martin Dibelius, em sua análise do gênero literário de Tiago: *Der Brief des Jakobus* (11ª ed.; Kritisch-

3. Mesmo se de fato demos *alguma* importância às listas nessas seções, logo descobrimos certas características no modo de Paulo tratá-las, que as tornam bastante diferentes de suas similares greco-romanas. As três características mais importantes são: (a) Em Paulo, o estado recomendado não é "gerado por si mesmo". Ao contrário, é produzido por Deus. (b) Em Paulo, o estado recomendado não é "individualista" ou uma característica de uma pessoa individual. Ao contrário, é comunitário. (c) Finalmente, nem sequer é claro que seja correto falar de *estado* recomendado, ou seja, um estado da mente. Pois Paulo não se preocupa com estados da mente, mas antes com a ação.[5]

4. Finalmente, há uma diferença no *status* social. Na tradição greco-romana, falar a respeito de virtudes e vícios fazia parte da filosofia, atividade exercida pelos pouquíssimos que pertenciam às classes desocupadas da sociedade. Ao invés, as cartas paulinas refletem um nível social diferente. Não é claro que Paulo tivesse tempo ou interesse para o tipo de reflexão teórica que constituía a essência da filosofia greco-romana. Com efeito, num texto ele distancia explicitamente sua pessoa e sua mensagem da "sabedoria"(σοφία, *sophia*) dos gregos (ver 1Cor 1,22-25). E também Paulo jamais tratou de uma questão "filosófica" (conforme definida pela tradição da filosofia greco-romana) diretamente como filosófica.[6]

No conjunto, portanto, parece que o empenho de Paulo com a noção de virtudes e vícios era apenas marginal e periférico. Eu, porém, afirmo que,

---

exegetischer Kommentar über das Neue Testament [Meyer-Kommentar] 15 [1921]; Göttingen: Vandenhoeck & Ruprecht, 1964), p. 15-19. Para o ponto de vista contrário – e correto – „que, por ex., Gl 5,22-23 "documenta amplamente até que ponto as'virtudes' que Paulo enumera têm seu contexto dentro do seu pensamento e do seu objetivo", ver V. P. Furnish, *Theology and Ethics in Paul* (Nashville: Abingdon, 1968), p. 86 (e p. 86-89 em geral). Infelizmente, porém, a posição de Furnish é baseada na idéia mencionada no parágrafo seguinte, no sentido que há diferenças cruciais de tipo teológico entre o discurso sobre as virtudes nos moralistas greco-romanos e em Paulo.

[5] Mais uma vez, as várias posições subjacentes a este ponto têm uma aceitação muito ampla. Constituem algo como um consenso entre os autores. Cito algumas formulações de um autor que é mais atento do que a maioria à semelhança entre Paulo e os filósofos greco-romanos: A. J. Malherbe. Sobre o ponto (a): "Ao passo que os filósofos destacavam a importância da razão e da confiança em si no crescimento moral, Paulo refere a vida moral a Deus e ao poder do Espírito Santo" (*Paul and the Thessalonians: The Philosophic Tradition of Pastoral Care* [Filadélfia: Fortress Press, 1987], 33). Sobre os pontos (b) e (c): quando em Fl 4,11 Paulo usa a noção de "auto-suficiência", que no estoicismo estava intimamente ligada com a virtude moral, "Paulo está essencialmente interessado nas relações pessoais [a saber, de tipo social: entre ele e seus leitores] mais do que na introspecção". Ver Malherbe, "Paul's Self-Sufficiency (Philippians 4:11), em *Friendship, Flattery, and Frankness of Speech: Studies on Friendship in the New Testament World* (ed. J. T. Fitzgerald; NovTSup 82; Leiden: Brill, 1996), p. 125-39, esp. p. 138.

[6] Há um contraste tradicional entre Paulo o "teólogo" e os "filósofos" da tradição greco-romana. O contraste não é fora de propósito, mas uma figura como o judeu Filo, "teólogo" e "filósofo", hesitaria. Mais interessante é um enfoque recente em outras implicações da diferença quanto ao status social entre Paulo e os filósofos greco-romanos. Assim, Dale B. Martin tem insistido em que a diferença contrapõe dois "sistemas ideológicos" diversos que se refletem, por exemplo, em duas construções bem diferentes do desejo em relação com a auto-suficiência e a possibilidade (para os filósofos) ou impossibilidade (para Paulo) de um "eu estável", "vontade livre" e de "atuação moral livre"; ver Dale B. Martin, "Paul without Passion: On Paul's Rejection of Desire in Sex and Marriage," em *Constructing Early Christian Families: Family as Social Reality and Metaphor* (ed. H. Moxnes; Londres: Routledge, 1997), 210-15, esp. 210-12. De fato é verdade que, seja qual for sua origem social, os filósofos greco-romanos invariavelmente entraram em contato direto, *como* filósofos, com as classes abastadas e os socialmente e politicamente poderosos, e por conseguinte, até certo ponto podem ter compartilhado de sua "ideologia" especial, socialmente fundada. Assim também fez o Paulo dos Atos, mas não o das suas cartas indiscutíveis. Uma outra questão é, no entanto, se essa forte interpretação dicotômica deve ser dada à diferença.

exatamente ao contrário, é central e vai ao próprio coração do seu pensamento.[7]

Não se pode, contudo, tratar todo o problema num único ensaio. Eu me concentro nos dois primeiros dos quatro problemas tradicionais, considerando a centralidade das virtudes e vícios no pensamento de Paulo no nível das idéias. Para este fim, examino as idéias filosóficas centrais concernentes à virtude e ao vício na tradição ética inaugurada por Platão, continuada por Aristóteles, e levada à sua conclusão pelos estóicos (Parte I). Isto vai me trazer de volta ao período fundador para o pensamento greco-romano sobre a virtude e o vício: os séculos IV e III antes da Era Comum, quando o que chamo de "sistema de virtudes" foi plenamente desenvolvido pela primeira vez. A seguir, comparo minhas descobertas nessa área um pouco detalhadamente com algumas passagens-piloto de Paulo (Parte II). Finalmente, informo brevemente sobre outras passagens paulinas nas quais a noção greco-romana de virtudes e vícios é também relevante (Parte III).

Poder-se-ia estender a discussão considerando as duas objeções apontadas acima nos números 3 e 4: que o modo como Paulo trata virtudes e vícios "deve" ser diferente de como aparecem nos seus colegas greco-romanos nos três aspectos identificados (ponto 3); e que o pensamento de Paulo, em todo caso, pertence a um mundo social diferente daquele dos filósofos greco-romanos (ponto 4). Essa discussão seria de interesse filosófico e teológico geral – quanto ao ponto 3 – e igualmente de mais amplo interesse histórico – quanto ao ponto 4 – também porque haveria de incluir dados muito próximos ao tempo de Paulo. Por mais interessante que pudesse ser, essa discussão não é necessária para estabelecer a fundamentação. Pois a linha de argumentação vai seguir outro caminho. Se puder ficar comprovado, contra os pontos 1 e 2, que o compromisso de Paulo com a noção de virtudes e vícios é central para o seu pensamento, então esse fato suposto vai *determinar* em grande parte o que deveríamos dizer sobre os pontos 3 e 4. O primeiro tema permanece básico, por conseguinte.

Uma advertência deve ser acrescentada antes de começarmos. No presente estudo, trato das idéias de Paulo como ele próprio quis que fossem entendidas e colocadas em prática por seus destinatários. Por isso vamos deixar de fora tópicos que empregam uma "hermenêutica de suspeita" em relação a Paulo. Tomo Paulo pelo que ele disse e ponho entre parênteses a dúvida se ele merece ser interpretado dessa forma. Ou, falando mais explicitamente: o Paulo que será apresentado aqui está muito longe de ser o Paulo completo. Assim como se deveria – em certo nível – ir atrás dos filósofos greco-romanos e perguntar sobre a função social de suas idéias, assim se deveria também – em certo nível – ir atrás de Paulo para formar uma imagem completa dele. Mas isso não vai se suceder aqui.

---

[7] Tratei a questão mais a fundo em *Paul and the Stoics* (Edimburgo: T. & T. Clark; Louisville: Westminster John Knox, 2000).

PARTE I. AS IDÉIAS FILOSÓFICAS CENTRAIS
(PLATÃO, ARISTÓTELES E OS ESTÓICOS)

A elaboração teórica das virtudes e vícios na filosofia greco-romana atingiu seu ápice no ponto de partida, na *República* de Platão. Dois aspectos são de importância especial para nós. Um é substantivo, o outro é formal. O substantivo é que Platão deu um destaque particular à virtude da justiça (δικαιοσύνη, *dikaiosynē*), isto é, a uma virtude que é intrinsecamente dirigida aos outros. O tema introdutório do diálogo é justiça (ver Livro I). O esboço platônico do melhor estado político e da melhor mente individual (ou, como a chama Platão, "alma", ψυχή, *psychē*) é um esboço do estado justo e da mente justa (ver Livro IV). Assim, embora Platão também encontre lugar para outras virtudes, como a moderação, a coragem e a prudência, ele entendeu-as todas como se estivessem a serviço da justiça: a mente cujas várias "partes" eram organizadas em relação uma com a outra na maneira apreendida como moderação, coragem e prudência – esta mente *era* a mente justa (Livro IV, 434D-444A).

O outro aspecto importante da exposição de Platão é o de que, para a finalidade de descrever a justiça, ele olhou para dentro da mente. A justiça é um estado da mente (Livro IV, 443C-E). Nem precisa dizer que a justiça também vai se mostrar em certos tipos de atos. Mas em si mesma é um estado da mente, que é definido melhor no modo como Platão explica em todo o diálogo.[8]

Aristóteles assumiu os dois aspectos da análise platônica da justiça (*Ética a Nicômaco*, Livro V). Do lado substantivo: em Aristóteles, também, a justiça não é uma virtude no meio das outras. Como ele explica, a justiça é como que "a virtude por inteiro" (Livro V, 1130a9). Pois a justiça é necessariamente dirigida para outros. Trata da relação do indivíduo com os outros. E isto, como pensa Aristóteles, constitui o cerne da virtude. É verdade que existem aspectos das virtudes que não são intrinsecamente dirigidos para os outros. Por exemplo, uma pessoa moderada pode não demonstrar sempre sua moderação em atos que dizem respeito diretamente a outros. Mas, na visão de Aristóteles, há uma linha contínua entre os aspectos das virtudes direcionados para si e os aspectos direcionados para os outros. E já que são os últimos que são os aspectos realmente difíceis, a saber, os que caem especificamente sob a justiça, a justiça é a virtude por excelência.[9]

Aristóteles também concordava quanto à compreensão formal da virtude (*Ética a Nicômaco*, livro II.v). E analisava isso da maneira que ia tornar-se ortodoxa na filosofia helenística. Como fenômeno mental (algo na ψυχή, *psychē*), podia ser uma das três coisas: um afeto (πάθος, *pathos*), uma tendência (δύναμις, *dynamis*), ou um estado (ἕξις, *hexis*). É esta última, por uma série de razões,

---

[8] Para uma ampla análise do tema de Platão em *República*, Livros I-IV, ver Terence Irwin, *Plato's Ethics* (Nova Iorque e Oxford: Oxford University Press, 1995), p. 169-261.
[9] Sobre esse tema em geral, ver *Ética a Nicômaco* V.i-ii e a análise no meu livro *Aristotle's Theory of Moral Insight* (Oxford: ClarendonPress, 1983), p. 53-62.

uma das quais é que "somos louvados ou repreendidos com referência a nossas virtudes e vícios" (II.v.3, 1106a1-2 – mas não a nossos afetos). Isso já é de algum interesse para a comparação com Paulo, porque na passagem de Filipenses que citamos no começo, ele também liga virtude (ἀρετή, *aretē*) com louvor (ἔπαινος, *epainos*). Uma outra razão por que a virtude é um estado e não um afeto é que "com referência aos afetos dizemos que somos movidos [a saber, para a ação]; por contraste, não dizemos que somos movidos [para a ação] com referência às nossas virtudes e aos nossos vícios, mas que somos dispostos [διακεῖσθαι, *diakeisthai*] de algum modo particular" (II.v.4, 1106a4-6). Aqui a questão é certamente não que a virtude não possa mover à ação, mas antes que é esta um estado da mente estabelecido e estável. É uma disposição estabelecida.

A idéia de que a virtude é um ἕξις, *hexis* (estado), tem implicações importantes. Uma é que está ligada com a noção de "atividade" (ἐνέργεια, *energeia*). A *hexis* está para a *energeia* assim como a posse de alguma coisa (κτῆσις, *ktēsis*) está para o seu (concreto) uso (χρῆσις, *chrēsis*).[10] Isto também é diretamente relevante para Paulo quando ele diz, numa passagem à qual voltaremos, que a única coisa que importa em Cristo é a fé (πίστις, *pistis*), que é "ativa" (ἐνεργουμένη, *energoumenē*) em ἀγάπη, *agapē* (Gl 5,6).

Um outro ponto ligado com a definição de virtude como um *hexis* e uma disposição estabelecida é que a virtude era considerada por Aristóteles como um estado do *caráter*, uma ἠθικὴ ἕξις, *ētikē hexis* (ver *Ética a Nicômaco* I.viii.19, 1103a3-7). Ηθος, *ēthos* (caráter) ou τὸ ἠθικόν, *to ēthikon* (o caráter "parte" da *psychē*), era um conceito central na ética de Aristóteles (ver I.xiii-II). De fato, ele deu o nome à disciplina. Isso é o que faz da sua forma particular de pensamento ético um espécime excelente do que no moderno linguajar se chama "ética de caráter".[11] Na medida em que se pode dizer que o pensamento de Paulo sobre virtude e vício se enquadra na forma dada por Aristóteles, este pensamento também pertencerá à "ética de caráter."

Há um outro aspecto da descrição da virtude por Aristóteles como um *hexis* (estado) que virá a ser da maior relevância para Paulo. De novo, Aristóteles segue Platão. Mas de novo, ele tornou a idéia mais imediatamente acessível. É assim porque a virtude moral é um *hexis*, ou seja, uma disposição estabelecida e estável da mente, e porque – devemos acrescentar – a virtude moral "plena" e "completa" inclui todas as virtudes, por isso, se alguém possui a virtude moral (desta espécie), ele agirá *sempre e somente* bem. Em particular, essa pessoa nunca terá uma mente dividida entre querer e não querer fazer o que é certo.[12]

---

[10] Sobre a distinção, ver *Ética a Nicômaco* I.viii.9, 1098b31-33:"Talvez, porém, faça não pequena diferença se o bem supremo é entendido como consistindo em possuir alguma coisa [κτῆσις, *ktēsis*] ou em usá-la [χρῆσις, *chrēsis*], ou num estado [ἕξις, *hexis*] ou numa atividade [ἐνέργεια, *energeia*]."

[11] Para uma descrição geral da função da virtude moral na antiga tradição ética, vista como um tipo de ética de caráter, ver Julius ANNAS, *The Morality of Happiness* (Nova York e Oxford: Oxford University Press, 1993), p. 47-131.

[12] Para o tema da virtude moral "completa", ver *Ética a Nicômco* VI.xiii.6, 1145a1-2, no contexto de VI.xii-xiii como um todo. Sobre a mente indivisa da pessoa totalmente virtuosa, ver em particular I.xiii.

Do último tipo de pessoa, por contraste, há dois espécimes. Um é a pessoa que basicamente deseja o que a pessoa virtuosa deseja (e faz). Esta é aquela que Aristóteles chamava de pessoa "de vontade forte", que demonstra autodomínio, ἐγκρατής, *enkratēs*. Sua mente é dividida, e tem desejos contraditórios. Mas já que o lado "bom" da sua mente é mais forte, o que ela concretamente faz reflete esse lado. Mas há ainda uma outra pessoa de mente dividida, na qual os desejos contrastantes são tão fortes, que essa pessoa irá de tempos a tempos – e de modo imprevisível para ela própria – agir segundo o lado "mau" de sua mente. Essa pessoa é a ἀκρατής, *akratēs*, a pessoa de "vontade fraca", aquela cujo perfil foi descrito de modo memorável por Paulo em Rm 7.[13]

Não precisamos entrar em detalhes sobre a tentativa de Aristóteles de *explicar* essa última condição. O que aqui importa é o conjunto global das idéias: a da pessoa moralmente virtuosa como alguém que sempre e somente faz o que é certo; e a das duas outras – a ἐγκρατής, *enkratēs* ("de vontade forte"), e (muito importante) a ἀκρατής, *akratēs*, ("de vontade fraca") – cuja mente é dividida.

Os estóicos assumiram os três pontos básicos que notamos em Platão e em Aristóteles: o ponto substantivo referente à justiça e os dois pontos formais que dizem respeito à virtude como (1) um estado da mente, (2) ou seja, como podemos chamá-lo, infalível. O ponto sobre a justiça aparece no argumento dos estóicos quando afirmam que o "fim" (τέλος, *telos*) da ação está em agir de acordo com a virtude moral e em nenhum outro lugar; não em adquirir alguma coisa, por exemplo, por meio de seu ato.[14] Este argumento centra-se na noção estóica crucial da οἰκείωσις, *oikeiōsis*, que podemos traduzir por "familiarização". É o nome de um processo pelo qual os seres humanos se "familiarizam" com coisas fora deles e passam a ver essas coisas como "pertencentes a" e portanto como boas para eles mesmos – e depois gradualmente desenvolvem essa compreensão numa completa percepção do que é genuinamente bom. Embora essa noção seja altamente relevante para Paulo, deixamo-la de lado aqui e apenas observamos que os estóicos introduziram a idéia de atingir a percepção completa do bem em duas etapas: primeiro, fazer a afirmação básica anteriormente mencionada sobre o conteúdo do τέλος, *telos* (fim), e, num segundo tempo, fundamentar a dimensão especificamente dirigida para *o outro* da virtude moral, que se vê mais claramente na virtude da justiça.[15] Mais uma vez, portanto, e de um modo que muito se parece com o modo aristotélico de abordar o tema, a justiça aparece como a suprema virtude moral.

---

[13] Aristóteles introduziu a distinção entre o ἐγκρατής, *enkratēs*, o ἀκρατής, *akratēs*, e a pessoa totalmente virtuosa em I.xiii.15-18, 1102b13-1103a1. Sua análise completa da *akrasia* em particular está em VII.iii, 1146b8-1147b19.

[14] Uma passagem central que apresenta isto é Cícero, *De finibus*, 3.v.16-18, vi.20-22, vii.23-24. Para uma análise exaustiva dessas passagens, ver T. Engberg-Pedersen, *The Stoic Theory of Okeiosis: Moral Development and Social Interaction in Early Stoic Philosophy* (Studies in Hellenistic Civilization 2; Århus, Dinamarca: Århus University Press, 1990), p. 64-100.

[15] Sobre a primeira etapa do argumento da *oikeiōsis*, que leva a perceber que o *telos* humano consiste em agir de acordo com a virtude moral, ver Cícero, *De finibus* 3.v.16 e vi.20-21. Sobre a segunda etapa, que leva a ver que o *telos* humano consiste, em particular, em agir de acordo com a altruísta virtude moral da justiça, ver Cícero, *De finibus*, 3.xix.62-64. Para uma análise, ver Engberg-Pedersen, *Stoic Theory of Okeiosis*, p. 122-26.

O ponto formal que a virtude é um estado estável da mente não precisa nos deter. Aqui os estóicos aceitaram a idéia de Aristóteles, embora a tenham elaborado para que se enquadrasse na sua epistemologia moral própria. Nesse processo, a noção aristotélica de *hexis* também adquiriu um novo nome: διάθεσις, *diathesis* ("disposição").[16] Mas o efeito global foi apenas reforçar a idéia platônica e aristotélica de que a pessoa moralmente virtuosa é infalível. Ela tem, como diziam os estóicos, conhecimento moral.[17] E porque o conhecimento é algo absolutamente estável, a pessoa moralmente virtuosa, que é idêntica ao famoso sábio estóico, fará sempre e somente o que é certo.

Esse ponto está intimamente ligado a um outro, bem conhecido, sobre o sábio estóico: que ele não tem nenhuma πάθη, *pathē* ("paixão"), mas é ἀπαθής, *apathēs* ("sem paixão", "desapaixonado" ou "impassível").[18] Isso significa que ele não sente nenhuma "emoção"? Certamente não. Pois no estoicismo há um conjunto de três emoções genéricas que são "emoções boas" (*eu-patheia*). E essas emoções o sábio *as terá*.[19] Uma delas é a "alegria" (χαρά, *chara*) – uma boa emoção" que é muito relevante para o Paulo que escreve aos Filipenses. Essa carta é toda ela de *chara*. As outras duas emoções são "desejo" e "cautela". Mas voltando a falar de *pathē*: em que sentido o estóico sábio é *apathēs*? No sentido de que ele não tem "emoções" do tipo que correm o risco de se tornar incontroláveis. Com outras palavras, ele não tem "paixões". Ele não é nem ἀκρατής, *akratēs*, ("de vontade fraca"), nem ἐγκρατής, *enkratēs* ("de vontade forte"): ele é completamente bom, possuindo a *diathēsis* (disposição) que constitui o *conhecimento*; jamais deseja fazer outra coisa senão os atos que nascem do seu conhecimento e jamais faz outra coisa. Tudo isso é de novo altamente relevante para o Paulo que escreveu (Gl 5,24) que "os que são de Cristo Jesus crucificado crucificaram [isto é, "mataram" ou tornaram plenamente inoperante] a carne com suas 'paixões' [παθήματα, *pathēmata*] e seus 'desejos' [ἐπιθυμίαι, *epithymiai*]". O uso paulino do termo *epithymia* se enquadra perfeitamente aqui. Pois no estoicismo *epithymia* é um dos quatro termos genéricos para todas as "paixões".[20]

Em suma, a antiga tradição ética, conforme é fundamentada e complementada já nos séculos IV e III antes da Era Comum por Platão, Aristóteles e os

---

[16] Os estóicos identificavam a *diathesis* como um ἕξις, *hexis*, que "não permite mais ou menos"; isto é, jamais pode ficar mais forte ou mais fraca, mas sempre permanece o mesmo (*Stoicorum Veterum Fragmenta* [ed. H. Von Arnim; 4 vols. (1903-24); Stuttgart: B. G. Teubner, 1964], 3.525; daqui em diante abreviado como *SVF*). As virtudes são precisamente *diatheseis* (ver *SVF* 3.104, 3.39).

[17] Sobre as virtudes como outras tantas formas de conhecimento, ver *SVF* 2:95-96, 3.214, 202. A exposição de Plutarco em *Sobre a virtude moral* (3.441B-C) capta a essência da idéia estóica: "Todos estes homens [os antigos estóicos de Zenão até Crisipo] dizem que a virtude é uma certa disposição [*diathesis*] e força [δύναμις, *dynamis*] da alma produzida pela razão; ou, antes, é *a própria razão* que é internamente consistente [ὁμολογούμενος, *homologoumenos*; implicitamente também: em concordância com a natureza], firme e imutável".

[18] Ver os textos em *SVF* 3.377-420. Para uma análise, ver Tad Brennan, "The Old Stoic Theory of Emotions," em *The Emotions in Hellenistic Philosophy* (ed. J. Sihvola e T. Engberg-Pedersen: The New Synthese Historical Library 46; Dordrecht, the Netherlands: Kluwer Academic, 1998), 21-70, esp. 22-29, e Engberg-Pedersen, *Stoic Theory of Okeiosis*, 101-15 e 170-206.

[19] Sobre as três "emoções boas", ver *SVF* 3.431-42.

[20] Ver, por ex., *SVF* 3.391-94.

primeiros estóicos, transmitiu a todo o pensamento ético no fim da Antiguidade os três pontos seguintes, um substantivo e dois formais: (1) a virtude moral é essencialmente referente ao outro, com a justiça como a virtude por excelência; (2) a virtude moral é um estado da mente que será posto em ato em emoções, desejos e atos particulares, aqueles definidos pela virtude em questão; e (3) como estado da mente, a virtude moral é estável e estabelecida – e não permite uma mente dividida e portanto difere da ἐγκράτεια, *enkrateia* e *akrasia*. Ao contrário, é uma questão de ἀπάθεια, *apatheia*, no sentido estóico específico, e assim a pessoa moralmente virtuosa terá sempre e somente as emoções e desejos corretos, e fará as ações corretas.

Repito: esses pontos foram formulados e receberam base e elaboração filosófica nos séculos IV e III antes da Era Comum. Mas sua relevância se estende ao fim da Antiguidade. São elementos centrais no antigo "sistema de virtudes", o qual nunca foi posto em dúvida. Ao invés, o sistema de virtudes formava a compreensão pacificamente aceita da virtude moral. Esse sistema era pressuposto no pensamento e na prática que eram orientados menos para a teoria e mais para a prática, e que são característicos dos séculos em torno da mudança de era, sendo designados com a expressão "filosofia moral popular". Como tal, o sistema de virtudes era pressuposto também por Paulo.

PARTE II. AS IDÉIAS FILOSÓFICAS CENTRAIS EM PAULO

Já vimos de passagem que várias idéias e conceitos individuais do sistema de virtudes também aparecem em Paulo. Mas essa constatação em si mesma não responde as duas primeiras perguntas com que iniciamos. Uns poucos usos de idéias e conceitos individuais não são suficientes para tornar de grande relevância para Paulo o sistema de virtudes. Em todo caso, esses usos ocorreriam somente quando Paulo faz uma exortação tradicional. Contra essa visão, a análise de Gl 5,13-26, em que nos deteremos por certo tempo, vai mostrar que Paulo se inspirou extensivamente no sistema de virtudes, não só para a ocorrência casual deste ou de outro termo, e que ele o fez para fundar o ponto básico de toda a carta numa de suas duas formas. Assim, inspirando-se no sistema de virtudes, ele não estava sendo simplesmente tradicional ou parenético. Ao invés, estava afirmando o ponto que constitui a própria razão de ser da carta, e estava sendo tão "teológico" quanto em qualquer outra parte da Carta aos Gálatas.[21]

Gálatas: a estrutura global

Precisamos concordar inicialmente quanto à situação subjacente à carta e sua estrutura global. Podemos supor que Paulo está escrevendo para impedir que seus destinatários imediatos, os gálatas, consintam num argumento que lhes

---

[21] Descrevi o argumento seguinte com mais detalhes em *Paul and the Stoics*, p. 133-77.

tinha sido apresentado por certos "agitadores" de tendência judaica (conforme Paulo os vê: 1,7 e 5,10), no sentido de que os gálatas deviam fazer-se circuncidar (cf. 5,2 e 6,12-13), muito provavelmente como sinal de que eles também tencionavam seguir a Lei judaica.

Paulo responde enfaticamente: "Não!". A linha de sua argumentação é bastante clara até, digamos, 4,20. Tendo apresentado a questão em termos gerais (1,1-9), Paulo rememora como testes três cenas históricas nas quais a sua atitude pessoal sobre a relação entre não judeus como os gálatas e a Lei judaica se manifestou: sua vocação para pregar o evangelho entre os gentios (1,10-24); seu acordo com os apóstolos em Jerusalém (2,1-10); e sua oposição a Pedro (e provavelmente aos representantes de Tiago) em Antioquia (2,11-14). Esta última conduz a um discurso (2,15-21) dirigido a Pedro e supostamente pronunciado em Antioquia, que é também diretamente relevante para a situação dos gálatas e de fato para a passagem que vamos estudar: se a pergunta é quem são os pecadores (os judeus observantes da Lei ou os gentios?), a resposta é que nenhum ser humano é justificado pelas "obras da Lei", ou seja, pela observância da Lei, mas pela fé em Jesus Cristo. A questão básica é portanto por qual meio os seres humanos podem escapar do pecado e tornar-se justos. "Não pela Lei," – diz Paulo, "mas pela fé em Cristo". E ele explica, de um modo sumamente sugestivo (2,19-20), como ele próprio passou da Lei para Cristo.

Seguindo esse amplo cenário, Paulo dirige-se aos gálatas diretamente, recordando sua primeira visita feita a eles (3,1-5 e 4,12-20). Essas duas seções servem de moldura a uma seção de argumentação "teológica" (3,6–4,11), que visa atribuir à Lei e à circuncisão uma função muito menos crucial na relação histórica de Deus com os judeus do que a pretendida ostensivamente pelos adversários de Paulo. Com efeito, embora Paulo esteja longe de rejeitar a Lei (ver em particular 3,21),[22] ele lhe dá apenas um restrito período de validade *até* a chegada de Cristo e uma função de sujeitar os judeus sob a sua tutela (3,22-24), função que se assemelha a uma escravização (cf. 4,3).

Com 4,20 poder-se-ia pensar que a argumentação de Paulo chega ao fim. Ele colocou o problema (1,1–2,21), relembrou a conversão original dos gálatas, que de modo algum incluiu a circuncisão e a Lei (3,1-5), apresentou um argumento escriturístico em apoio à sua tese da função restrita da Lei (3,6–4,11), e ampliou sua recordação da conversão original dos gálatas (4,12-20). Tudo isto significa um *Não* de Paulo a seus adversários. Todavia, em 4,21-31, Paulo retorna ao argumento escriturístico. Por que? Gl 5,1 dá a resposta. Baseado na sua insinuação precedente de uma função "escravizadora" da Lei, agora deseja ressaltar com os termos mais fortes possíveis um contraste entre a "Jerusalém de agora" (entenda-se: os judeus que não crêem em Cristo) como escravizada (4,25) e a "Jerusalém do alto" (à qual pertencem *todos* os genuínos seguidores

---

[22] Note-se a afirmação de Paulo em 3,21: "*Se* a Lei tivesse sido dada como algo que *pudesse* fazer viver, então *com toda a certeza* [ὄντως, *ontōs*] a justiça teria vindo por meio da Lei". Essa afirmação é – e pretende ser – um grande *elogio* da Lei.

de Cristo) como livre (4,26). Gl 5,1 explica o motivo: Cristo *libertou* os fiéis para a *liberdade*. "Permanecei firmes, portanto, e não vos deixeis prender de novo ao jugo da escravidão". Em síntese, o objetivo de Paulo com o quase supérfluo retorno ao argumento escriturístico é reformular o seu "Não" à Lei naquilo que se poderia chamar de termos mais "positivos-negativos": não simplesmente um "Não" a ela, porém mais *positivamente* o *estar livre dela*.

Essa mudança é sem dúvida bastante eficaz retoricamente (como testemunha o próprio fraseado de 5,1). Afinal, quem não quer ser livre? Assim, Paulo estaria começando a encerrar a carta com essa insistência retórica na questão que apresentou a seus leitores? Parece ser esse o caso. Gl 5,2-6 tem claramente a aparência de um resumo, em particular de 2,15-4,11, que reduz todo o argumento à pergunta essencial: circuncisão ou não? E 5,7-12 igualmente retorna claramente ao tipo direto de descrição dos adversários de Paulo que ele tinha apresentado em 1,6-9. Ademais, em 6,11, que obviamente introduz a conclusão da carta, Paulo repete a referência de 5,2 ao que *ele próprio* falou ou escreveu a seus leitores (introduzida por Ἴδε, *Ide*, e Ἴδετε, *Idete*, "Vede como eu..."). Tudo isso sinaliza uma visão da estrutura da carta conforme a qual 5,2-12 e 6,11-18, juntos, resumem a mensagem básica de Paulo, sendo 6,11-18 uma *repetição* e uma *retomada* da passagem anterior, que assim envolve a seção intermédia. Visto nessa perspectiva, 5,13–6,10 terá menos do que uma importância primária. Com efeito, será presumivelmente acima de tudo "parenético", com a exortação geral de 5,13-26 seguida de uma exortação mais particular em 6,1-10.

No entanto, essa compreensão de 5,13–6,10 seria totalmente errada.[23] Pois 5,13, principalmente, mostra que a elaboração de Paulo em 4,21-31 do forte contraste entre liberdade e escravidão *não* tinha a única finalidade de servir de contexto para a forte afirmação retórica de 5,1. Tampouco a afirmação posterior deve ser tomada apenas como retórica, baseada na mudança que Paulo faz do "Não" meramente negativo à sua sentença "positiva-negativa" *estar livre de*. Antes, 4,21-31 e 5,1 juntos servem de transições da frase meramente negativa, *por meio* da sentença "positiva-negativa", para a seção genuinamente positiva de 5,13–6,10. Com outras palavras, na última passagem, Paulo exprime o que a fé em Cristo significa em termos *positivos*, não o que ela significa *negativamente* (a saber, que *não* se deve submeter-se à Lei judaica). Ele está descrevendo (em termos exortativos), e agora pela primeira vez, *para o que* é essa liberdade da Lei.

É de crucial importância entender plenamente esse resultado de nossa consideração da estrutura global da carta. Gl 5,13–6,10 não é somente "parênese". Ao invés, 5,13-26, em particular, explica detalhadamente o *conteúdo positivo* da fé em Cristo. E é este conteúdo positivo que afinal *explica* a posição *negativa* que Paulo assume antes na carta, de que os gálatas não devem submeter-se à Lei

---

[23] Os autores chegaram pouco a pouco a entender isto, embora de diferentes modos que nada acrescentam à posição que vou apresentar. Ver, por ex., John M. G. Barclay, *Obeying the Truth: Paul's Ethics in Galatians* (Edimburgo: T. & T. Clark, 1988), p. 94-96 e passim, e F. J. Matera, "The Culmination of Paul's Argument to the Galatians: Gal 5:6–7.17", *JSNT* 32 (1988): p. 79-91.

judaica. Então temos de aceitar que 5,13-26 (e 6,1-10) formula, mas agora em termos positivos, o mesmo ponto singular que Paulo até então havia colocado apenas negativamente. Longe de ser um parêntesis "parenético", portanto, 5,13-26 constitui, como foi dito, o "ápice" do argumento de Paulo na carta como um todo.[24] Aí Paulo finalmente esclarece o que ele próprio está oferecendo positivamente de um modo que *explica* sua posição negativa, manifestada antes na carta, diante da circuncisão e da Lei judaica.

Por que, então, a seção intermédia entre 5,2-10 e 6,11-18? Não é 5,13–6,10, afinal, algo de uma reflexão posterior? Não. É verdade que, na carta como um todo, o lado negativo do pensamento de Paulo é o mais imediatamente relevante. Ele, portanto, merece a afirmação enfática que é feita na última parte de 5,1, em 5,2-12 e em 6,11-18. Mas 4,21–5,1 certamente conduz a 5,13, como é demonstrado pelo jogo que Paulo faz com liberdade e escravidão nesse versículo. O mesmo acontece com 5,5-6, situado no meio do trecho 5,2-12, que é sobretudo negativo. De fato, as últimas três das quatro palavras finais de 5,6 (πίστις δι' ἀγάπης ἐνεργουμένη, *pistis di' agapēs energoumenē*, "a fé *agindo pela caridade*"), que incontestavelmente colocam a mensagem de Paulo em termos positivos em contraste com a sentença negativa imediatamente precedente (*nem* a circuncisão tem valor, *nem* a incircuncisão), obviamente anunciam o conteúdo essencial de todo o trecho 5,13-26.

Ainda uma pergunta: Se 5,13–6,10 não é uma reflexão posterior, não é pelo menos especificamente "parenética"? E não seria por isso menos importante? Parenética, sim. Mas pelo fato de empregar imperativos (como em 5,13) ou subjuntivos exortativos (como em 5,25) não se torna menos importante. Pois os imperativos e os subjuntivos são também empregados em passagens que não são consideradas regularmente como "parenéticas". Tampouco o fato de seu tema ser, como diremos, "ético" torna-a menos importante. Podemos conceder que as passagens "parenéticas" nas cartas paulinas são "éticas" no sentido de que focalizam a relação entre os seres humanos, em contraste com a relação "teológica" de Deus e de Cristo com os seres humanos, ou vice-versa. Mas temos de frisar também que, em Paulo, a perspectiva "ética" jamais pode ser separada da perspectiva "teológica" nem o contrário. Como o próprio Paulo acaba de dizer (5,6), o que importa em Cristo Jesus (claramente uma questão "teológica") é a fé (outro tema "teológico") que age por meio do amor (um tema "ético"). Em vista dessa conexão intrínseca entre "teologia" e "ética" em Paulo, uma passagem parenética como 5,13-26 não pode ser julgada "menos importante". Consideremos agora mais a fundo o tema dessa passagem.

Gálatas 5,13-26: o tema

Como é freqüente em Paulo, também essa passagem tem a forma de um núcleo dentro de um invólucro: 5,13-15 e 5,26 são diretamente exortativos e tratam de um problema de contenda (5,15) e rivalidade (5,26) entre os gálatas.

---

[24] Ver Matera, "The Culmination of Paul's Argument", passim.

No meio, vem uma seção que formula a exortação direta de Paulo mais amplamente como uma questão de viver em conformidade com o Espírito (5,16a e 25) e *explica* – num argumento cuidadosamente elaborado (5,16b-5,24) – porque os gálatas devem viver assim. É este argumento que vai solicitar nossa atenção.

Antes de tudo, porém, observo que Paulo começa o trecho todo com dois notórios paradoxos. Os gálatas foram chamados à liberdade, mas devem também "escravizar-se" uns aos outros no amor (5,13). Mais ainda: fazendo isto, estarão "cumprindo" a Lei judaica (5,14), cuja importância Paulo até este ponto tanto se esforçou para negar. Ambos os paradoxos servem naturalmente para combinar seu argumento anterior sobremaneira estreitamente com o que ele agora pretende dizer: *não* escravidão e a Lei – mas (agora:) *escravidão* e *a Lei*! Por que esse uso de paradoxos? Claramente a idéia é introduzir a nova seção como algo que dá uma outra formulação da única mensagem que a carta inteira pretende transmitir. *Não* aquilo, *mas ... isto*! Pelo fato de termos escravidão e Lei em *ambos* os lados da divisão crucial, a apresentação da única mensagem de toda a carta torna-se particularmente clara.

Gl 5,16-25 pode ser parafraseado e analisado da seguinte forma:

16 *Título*: Caminhai de acordo com o Espírito
[isto é, permiti que ele seja aplicado na prática];
então com certeza não satisfareis aos desejos da carne.

> O versículo contém uma exortação e uma promessa: uma tese relativa às conseqüências da obediência à exortação.
>
> A exortação (16a) é retomada em 25b, que conclui todo o argumento. A promessa (16b) enuncia uma tese a ser provada na argumentação seguinte. A idéia que ela contém da erradicação dos desejos carnais é repetida em 24.

17 Pois:
A carne tem desejos *contrários* aos do Espírito e vice-versa.
Os dois poderes guerreiam entre si por causa da humanidade: tentam impedi-la de fazer o que ela desejaria (também) fazer.

> A idéia deve ser que carne e Espírito são dois poderes opostos que operam do lado de fora dos seres humanos, tentando impedi-los de fazer o que estes fariam fundados no outro poder. Em tal situação cabe concretamente *às próprias pessoas* safar-se do jogo dos poderes. Se escolhem o Espírito, valerá o que se diz nos vv. 16, 18 e 22-24, e elas evitarão o jogo dos poderes. Mas se escolhem a carne, então o resultado será uma divisão interna: a divisão expressa em 19-21.[25]

---

[25] Para mais sobre esta leitura deste versículo muito difícil, ver Engberg-Pedersen, *Paul and the Stoics*, p. 162-63.

Mas se vós (então realmente) vos deixais conduzir pelo Espírito,

(A1) então vós não estais (mais) – debaixo da *Lei* (**18**).

(A2) A esse lado pertence *a carne*, a saber, as *"obras"* da carne = *atos* provenientes da carne (detalhados por Paulo em 19-21 – mais sobre isto abaixo).

Nessa situação se encontrará um caso genuíno de divisão interna: a Lei (que a pessoa presumivelmente deseja seguir) *proíbe* os atos da carne, mas não pode absolutamente *impedi-los*. Mesmo se as pessoas estão sob a Lei (e portanto, em princípio, querem segui-la) de tempos em tempos, na realidade farão obras da carne. É essa precisamente a implicação do discurso de Paulo sobre as "obras" da carne (como nas "obras" mais freqüentes, ἔργα, *erga, da Lei*): as obras da carne são precisamente as *proibidas pela Lei*.

(B2) Em contraste com isso, o *"fruto" do Espírito* é algo bem diferente (**22-23a**): *atitudes, estados* (da mente – mais sobre isto abaixo).

(B1) As atitudes estão fora do âmbito da Lei (**23b**).

Nessa situação, não há espaço para divisão interna. O fruto do Espírito é precisamente um conjunto de atitudes ou estados, enquanto opostos àqueles atos – ou antes *tipos* de atos – que constituem o campo alvo da Lei. Quando as pessoas têm as atitudes que são o fruto do Espírito, *farão* os atos provenientes das atitudes – e nada fora desses atos. Assim, quando possuem o "fruto" do Espírito, *de fato não* "satisfarão os desejos da carne" (16). Isto é então afirmado explicitamente:

Os que pertencem a Cristo (em oposição aos que vivem sob a Lei) genuinamente "crucificaram", isto é, puseram fim à carne com suas paixões e desejos (**24**).

Com outras palavras, deixando-se genuinamente ser conduzido pelo Espírito ou tendo "crucificado" a carne, as pessoas vencerão toda divisão interna que acompanha o viver sob a Lei. Tais pessoas, portanto, não mais satisfarão aos desejos da carne. De fato, não podem fazê-lo.

25 Por conseguinte: Se (ou na medida em que) vivemos pelo Espírito (cf. 22-24), caminhemos também segundo o Espírito (isto é, que ele seja aplicado a nós na prática).

Como foi observado, isso repete a exortação de 16a. A promessa ou a tese de 16b – no sentido de que a aplicação do Espírito irá impedir todo interesse em desejos carnais –é a posição que Paulo sustentou em 17-24.

Em resumo, o que Paulo faz nesta argumentação é *elaborar o verdadeiro sentido de viver pelo Espírito* (conforme introduzido no v.16): passar *do* v. 17

(que inicialmente parecia dizer que havia um empate entre a carne e o Espírito) *por meio* dos vv. 18-23 (com seu contraste entre o que o Espírito pode realizar [v. 22-23] e o que *a Lei* é capaz de fazer [vv. 19-21]) *ao* v. 24. Revelando o verdadeiro poder do Espírito, Paulo reforça a afirmação do v. 16b em relação ao v. 16a. E, então, está aberto o caminho para uma repetição no v. 25 da exortação original do v.16a.

Gálatas 5,13-26 e o sistema de virtudes

O que tudo isso tem a ver com a virtude moral? Muito, realmente.

Primeiro, a argumentação de Paulo em 5,17-24 depende da diferença entre a ἀκρατής, *akratēs*, ("a pessoa de vontade fraca"), de um lado, e a pessoa plenamente virtuosa, do outro. Se alguém vive sob a Lei e nada mais, então ainda que deseje sinceramente seguir a Lei, há sempre o risco de divisão interna que resulta numa ação contra esse desejo, ou seja, a ação que Paulo identifica como pertencente às "obras da carne". Com outras palavras, há sempre o risco de *akrasia* ("fraqueza da vontade"). Ao contrário, se alguém vive pelo Espírito e deixa-se conduzir por ele, já não há qualquer risco de *akrasia*. Então, esse alguém é como a pessoa plenamente virtuosa do antigo sistema de virtudes, que faz sempre e somente o que é reto.

Em segundo lugar, Paulo sempre apresenta esse contraste de um modo que denota uma percepção filosófica independente de sua parte. As "obras" da carne que são proibidas pela Lei são atos (assim diz ele). A questão é que não são (em si mesmas) fenômenos "interiores", estados da mente ou paixões (não obstante provenham obviamente de tais coisas). Ao invés, são atividades "externas" – ou, melhor dizendo, "tipos" de atos.[26] Por contraste, o "fruto" do Espírito consiste num conjunto de *atitudes* ou *estados*.[27] Segue-se que, enquanto a posse do Espírito é descrita como uma questão da mente diretamente, viver sob a Lei é visto como algo relativo a uma coisa fora de si mesmo: a tal entidade abstrata como *tipos* de atos, que são mencionados em *regras*.[28] Essa diferença imediatamente explica por que há sempre um risco de *akrasia* ("fraqueza da vontade") em pessoas relacionadas com a Lei, mesmo quando a vêem como "a própria Lei de Deus" e basicamente a *querem* como tal. Assim, a distinção paulina entre tipos de atos (como constituintes do objeto da Lei) e atitudes (como o resultado direto da

---

[26] O argumento básico para esta afirmação é derivado da exata escolha que Paulo faz das palavras. O fato de ele repetidas vezes usar substantivos plurais (por ex., ἔχθραι, *echthrai, casos* de inimizade, θυμοί, *thymoi, casos* de ira) – que não podem referir-se a estados da mente – mostra que mesmo quando ele emprega substantivos no singular, devemos interpretá-los como designação de um tipo de *ato*, enquanto oposto a um estado "interior". Assim, por exemplo, πορνεία, *porneia* (singular), representa "*comportamento* sexual ilícito", e assim por diante.

[27] De novo o argumento deriva do exato vocabulário paulino. Todos os itens aqui na "lista paulina de virtudes" referem-se muito especificamente a estados "interiores".

[28] Também os estóicos tinham a noção de tipos de atos a serem mencionados em regras (gerais). Essa é a idéia subjacente ao seu conceito de καθήκοντα, *kathēkonta* ("atos apropriados") – ou, como neste caso, τὰ παρα τὸ καθῆκον, *ta para to kathēkon* ("atos inapropriados"; sobre este termo, ver *SVF* 3.495). Para uma exposição geral do conceito estóico de *kathēkonta*, ver Engberg-Pedersen, *Stoic Theory of Okeiosis*, p. 126-40.

posse do Espírito) enquadra-se imediatamente dentro do sistema de virtudes e da diferença crucial que ele traçou entre *akrasia* e a plena virtude. Mas a distinção de Paulo faz mais. Serve até para *explicar* a diferença entre viver "sob" a Lei e viver "pelo" Espírito, e mais ainda de um modo que *não* foi feito dentro do próprio sistema antigo de virtudes, pela boa razão que aí não havia um tal conceito da lei que tinha de ser levado em conta. Aqui, portanto, Paulo faz um acréscimo ao sistema de virtudes, embora também continue a trabalhar dentro dele.

Em terceiro lugar, e muito obviamente, Paulo mostra, pelo modo como construiu sua argumentação, que ele aceita totalmente o que vimos como uma idéia absolutamente básica no sistema de virtudes: que as pessoas moralmente virtuosas são *perfeitamente* boas, que elas querem fazer sempre e somente o que é reto. Esse ponto, que já indicamos anteriormente, precisa ser enfatizado. Pois ele significa que, olhando da perspectiva básica de Paulo, os seguidores de Cristo que têm o Espírito e deixam-se conduzir por ele são, em princípio, "sem pecado". Estando fora do reino do pecado, tendo sido realmente justificados pela fé em Cristo, já não pecam mais. Nem sequer correm o risco de pecar (cf. Rm 6).

Essa conclusão parecerá contrária à intuição para muitos estudiosos de Paulo – embora o argumento básico tenha sido expresso muito tempo atrás.[29] Ela também levanta imediatamente a questão da relação entre as expressões paulinas no "indicativo" e no "imperativo". Se seus "indicativos" implicam impecabilidade, por que então existem também os "imperativos" (como ninguém nega)? Que necessidade existe deles? Aqui não é o lugar para entrar numa discussão substancial desse tema. Duas observações devem bastar.

A primeira é que o próprio Paulo faz uma afirmação bastante clara na passagem que estamos considerando. Cito 5,24: "Os que são de Cristo Jesus crucificaram a carne com suas paixões e seus desejos". Eles a crucificaram. *De fato* a crucificaram. *Agora*, pois, ela está *morta*. A carne não é mais relevante, não é mais operante *absolutamente*. Isso é totalmente inconfundível. E a afirmação de Paulo deve ser considerada como criadora de uma premissa sobre a qual todos os outros problemas e passagens de relevância para essa questão devem ser considerados.

A segunda observação refere-se ao versículo seguinte do nosso texto, o famoso v. 25, sobre o qual Bultmann baseou mais ou menos toda a sua inspiradora descrição, feita em 1924, do suposto "problema" do indicativo e do imperativo em Paulo.[30] O versículo diz: "Se [= na medida em que] vivemos pelo Espírito, pelo Espírito pautemos também nossa conduta". Como isso deve ser lido? Assim: Paulo não está exortando seus destinatários a travar uma *luta* moral, como se eles ao mesmo tempo "já" tivessem chegado à meta final e também "ainda não" estivessem lá.[31] Pois vimos que essa luta é precisamente excluída *se* vivemos pelo

---

[29] Ver Paul Wernle, *Der Christ und die Sünde bei Paulus* (Friburgo e Leipzig: Mohr [Siebeck], 1897).
[30] Rudolf Bultmann, "Das Problem der Ethik bei Paulus", *ZNW* 23 (1924): p. 123-40.
[31] Para uma leitura geral de Paulo que enfatiza a suposta "tensão" entre o "já" e o "ainda não" de um modo diretamente oposto à leitura apresentada aqui, ver J. D. G. Dunn, *The Theology of Paul the Apostle* (Edimburgo: T. & T. Clark, 1998), p. 461-98.

Espírito, como 5,25 assume explicitamente. Ademais, 5,24 acaba de afirmar que eles *de fato* crucificaram a carne. Ao invés, embora suponha explicitamente que eles chegaram *plenamente* à meta final, Paulo está lhes dizendo agora para mostrar isso na práxis concreta. Pragmaticamente, é claro, isso também pressupõe que possivelmente nem sempre eles o têm mostrado na realidade. Ademais, tanto 5,15 como 5,26 (para não falar de 6,1-5) afirmam explicitamente que não o fizeram. Mas o ponto crucial é que no seu uso do subjuntivo exortativo em 5,25, Paulo *pressupõe* que o fizeram. O "imperativo" pressupõe logicamente que o "indicativo" foi plenamente e completamente realizado. O que ele faz, portanto, é apenas *recordar-lhes* este fato já realizado. O "imperativo" paulino não é um genuíno imperativo destinado a produzir algumas mudança real. Ao invés, é uma mera advertência que exorta os destinatários a mostrar na prática o que já foi realizado neles. Já sabem o que deve ser feito e querem fazê-lo. E não querem fazer outra coisa. Se não obstante deixam de fazê-lo, o único remédio viável é recordar-lhes mais uma vez aquilo que eles sabem e querem. Essa é a lógica da parênese de Paulo.

Há um quarto ponto que também faz o argumento de Paulo em 5,13-26 enquadrar-se perfeitamente dentro dos limites do sistema de virtudes. Esse ponto tem a ver com o conteúdo substantivo da vida segundo o Espírito. Ele tem dois aspectos.

Primeiro, Paulo é bastante claro em toda essa passagem sobre a forma fortemente altruísta da vida segundo o Espírito. Colocar-se a serviço uns dos outros na ἀγάπη, *agape* (amor; 5,15); amar o próximo como a si mesmo (5,16); e possuir um conjunto de atitudes como a paz (εἰρήνη, *eirēnē*), longanimidade (μακροθυμία, *makrothymia*), benignidade, bondade, fidelidade, mansidão e autodomínio (ἐγκράτεια, *enkrateia*) – todas essas citações servem claramente para indicar a natureza altruísta da vida segundo o Espírito.[32] Ao contrário, o catálogo dos vícios (ou antes, como vimos, de tipos viciosos de atos) apresentado em 5,19-21 identifica os vícios por duas características: a primeira é uma desordenada orientação para o corpo; a outra, uma orientação desordenada para o eu individual e uma respectiva falha na adequada orientação para o outro (comparar: feitiçaria, rixas, contendas, inveja, ataques de ira, ambições egoístas, dissensões, intrigas de partidos). Tudo isso, é claro, combina rigorosamente com o antigo sistema de virtudes, que, como vimos, tem a virtude da justiça como seu exemplo padrão.

O outro aspecto desse ponto geral combina com a outra característica do catálogo de vícios à qual acabei de aludir. Além de identificar uma falta de interesse pelos outros, a lista também indica uma preocupação forte demais da pessoa com o próprio corpo (comparar: fornicação, impureza e vários outros

---

[32] Note-se que aqui Paulo não usa o termo *enkrateia* no seu sentido especificamente aristotélico, no qual ele difere da plena virtude; ver *Ética a Nicômaco* I.xiii.17, 1102b26-28. Ao invés, ele segue os estóicos, que definiam a *enkrateia* como uma virtude integral "enquadrada" na virtude da moderação (σωφροσύνη, *sōphrosynē*); ver *SVF* 3.264.

tipos de comportamento direcionados para o corpo). As duas características básicas do comportamento vicioso (interesse pequeno demais pelos outros, demasiada preocupação com o próprio corpo) estão mais intimamente ligados do que inicialmente poderia parecer. Não é possível tratar adequadamente deste tema aqui. Digamos que Paulo nunca fez objeção ao corpo humano enquanto corpo. O que ele desaprovava era o direcionamento para si mesmo ou a (indevida) preocupação consigo. É por isso que também desaprovava o (indevido) direcionamento para o corpo. Pois o corpo está intrinsecamente ligado com o eu ou o indivíduo.[33]

Considerado assim, o catálogo paulino de comportamento vicioso e a lista oposta de atitudes recomendáveis reforçam-se mutuamente ao mostrarem que a forma suprema da vida no Espírito era justamente o que Paulo afirmou em 5,6: uma vida que reflete a fé que é "ativa por meio do amor", em que "ativa" (ἐνεργουμένη, *energoumenē*) significa colocar ativamente o conjunto das atitudes ou estados estabelecidos gerados pelo Espírito (em Aristóteles: ἕξεις, *hexeis*) para se usarem na prática concreta (isto é, nas aristotélicas *energeiai*); e o "amor" é a líder entre essas atitudes.

O fato de que Paulo não fazia objeção ao corpo como tal, mas antes à sua função enquanto ligado ao indivíduo, é reforçado por esta sua observação: "Os que são de Cristo Jesus crucificaram a carne" (5,24). Esta observação remete a 2,19-20, em que Paulo falava de si próprio e de sua crucifixão com Cristo. Aí, porém, o que era crucificado não era o corpo de Paulo (ou carne), mas o seu ἐγώ, *egō*, seu "eu" ou sua pessoa, o indivíduo Paulo como um todo – o que evidentemente inclui seu corpo, mas não apenas. Em suma, o alvo de Paulo não era primariamente o corpo de *per si*. Antes, o alvo era tudo o que no indivíduo estorva o tipo de altruísmo que ele está propondo.

Sugeri acima que o ponto por nós identificado agora, a saber, a conexão intrínseca das objeções de Paulo a um cuidado exagerado do próprio corpo com uma falta de atenção aos outros, constituía um quarto ponto de convergência entre Paulo e o antigo sistema de virtudes. Como assim? A afirmação não pode ser plenamente comprovada aqui, mas precisamos ao menos indicar a direção na qual se deve ir para sustentá-la. Falei, na Parte I, que os estóicos desenvolveram sua noção de *oikeiōsis* ("familiarização") em duas direções: como um argumento para provar que o τέλος, *telos* (fim) humano consiste em viver de acordo com a virtude moral; e como um argumento para provar que a virtude moral por excelência é a justiça. Este último argumento é claramente em favor do altruísmo e do interesse pelos outros. Mas o primeiro argumento é precisamente para se deixar de dar qualquer atenção especial a si mesmo enquanto ser *corporal*.[34] Assim, temos primeiro um movimento da preocupação consigo enquanto ser corporal para a virtude moral, e depois um movimento da virtude moral auto-orientada

---

[33] Em Rm 2,8-9, Paulo recapitula os vícios orientados para o corpo que descrevera em 1,18–2,6 e introduz o termo apropriado para a "orientação para si": ἐριθεία, *eritheia* ("egoísmo"; 2,8).
[34] Comparar Cicero, *De finibus* 3.v.16, e a análise em Engberg-Pedersen, *Stoic Theory of Oikeiosis*, p. 66-71.

para a virtude moral da justiça orientada para o outro. Os dois argumentos diferem enquanto que apenas o segundo serve para fundamentar um interesse específico pelos *outros*; mas, no estoicismo, o segundo argumento deve ser entendido como não mais que uma especificação do primeiro: da preocupação *consigo* como ser *corporal* para a virtude moral – *e de fato*, para a virtude da justiça direcionada para o *outro*. Com esse pano de fundo teórico no estoicismo, os alvos de Paulo na lista dos vícios (preocupação indevida com o próprio *corpo* e falta de interesse pelos *outros*) e a lista das virtudes (o oposto) imediatamente fazem sentido. Fornecem mais um exemplo do modo como ele pressupunha o antigo sistema de virtudes.

Gálatas 5,13-26 dentro da carta como um todo

É tempo de sairmos das complexidades da passagem para a pergunta com a qual iniciamos: com a leitura da passagem que agora temos antes os olhos, como é que ela se enquadra na argumentação total de Paulo na carta? Já vimos, com algum detalhe, que ela oferece o lado positivo da mensagem básica de Paulo: *não vos submetais à Lei judaica, deixando-vos circuncidar, mas vivei* pelo *Espírito*, ou seja, praticai as virtudes; pois é isto que os seguidores de Cristo (e somente eles) podem fazer, e realmente fazem. No entanto, para completar o quadro, temos de acrescentar mais um dado.

Por que Paulo deveria introduzir atitudes virtuosas e comportamento virtuoso (e a fé em Cristo e o Espírito como *geradores* dessas atitudes) como sua solução positiva para a questão básica tratada na carta? Uma resposta se impõe: porque a questão última que está por detrás da pergunta "submeter-se ou não à Lei" era *onde e como escapar do pecado e tornar-se justo*. E, de fato, esse é justamente o modo como Paulo situa seu pensamento em 2,15-21. Quem é pecador? Quem é justo? Os judeus (que vivem sob a Lei)? Os gentios "pecadores"? Ninguém, pelo menos, é justificado "pelas obras da Lei", quer dizer, simplesmente por viver debaixo da Lei, mas pela fé em Cristo (v. 16). Mas se essa afirmação se aplica também aos gentios "pecadores", então Cristo é responsável pelo pecado? Jamais (v. 17)! De fato, precisamente não. A Lei, que *define* os gentios como "pecadores", *não* é um baluarte contra o pecado. Cristo, sim. As três últimas frases constituem minha glosa sobre o que Paulo está dizendo na segunda metade de 2,15-21 (do v. 19 em diante). Paulo foi crucificado com Cristo. Desse modo, passou a viver para Deus e morreu para a Lei. Então, (1) a Lei está de um lado de uma divisa crucial, com Deus e Cristo do outro lado. E (2), do outro lado dessa divisa, também está Paulo. Como diz ele adiante: o indivíduo Paulo já não vive mais: Cristo vive "nele". Na medida em que Paulo continua a viver "na carne", isto é, como um indivíduo, um ser corporal e portanto do lado mau da divisa crucial, ele vive (e aqui de novo passamos para o lado bom da divisa) "na" fé do filho de Deus. Mas (3) aí também é onde há justiça – comparar o retorno a δικαιοσύνη, *dikaiosynē* (justiça), no v. 21. A justiça, como alternativa suprema ao pecado em torno do qual toda a carta ressoa, foi agora gerada do alto, por intermédio da graça de Cristo (ou seja, do "abaixamento" de Deus até a humanidade) e por meio do amor de Cristo a "Paulo", e da sua entrega de si por amor de "Paulo" (isto é, do "abaixamento" de Cristo até a humanidade). A justiça não veio por meio da Lei. De outra forma, Cristo teria morrido em vão! Mas – e este é o ponto final – ela só veio (a Paulo) e só vem (aos gálatas e a quaisquer outros) na resposta ao ato de Deus e de Cristo que Paulo descreve, paradigmaticamente, em 2,19-20. O propósito de 5,13-26, portanto, é explicar *exatamente como* a justiça veio plenamente e completamente *por meio dessa resposta*.

Deixai-me explicar a conexão tal como podemos ouvi-la de Paulo: (2,15-21) Quereis a justiça enquanto oposta ao pecado? Cristo é a resposta. (5,13-26) E deixai-me mostrar-vos agora com detalhes (em oposição à minha breve indicação em 2,19-20) *como* isto é. A Lei proíbe tipos de comportamento, mas isso nunca é bastante para impedir o risco (que constitui a essência da "fraqueza de vontade", *akrasia*) de atos *carnais* (isto é, de ἁμαρτία, *hamartia*, "o pecar", ou agir do modo como também faria alguém que tivesse uma plena aristotélica κακία, *kakia*, o "vício", um vício que é indiviso e quer *apenas* fazer a coisa errada. Ademais, se fazeis essas coisas, não herdareis o reino de Deus. O Espírito, ao contrário, gera as atitudes apropriadas ou "virtudes" num estado de mente totalmente estável e estabelecido. Desse modo, o Espírito garante que fareis sempre e somente atos corretos. Sereis justos e não pecadores. Herdareis o reino de Deus.

PARTE III. OUTROS TEXTOS PAULINOS E PAULINISTAS RELEVANTES

É tempo de mencionar outras passagens em Paulo em que aparecem idéias e conceitos do sistema de virtudes. Não posso entrar em detalhes. Mas quero pelo menos indicar como essas idéias e conceitos não estão lá incidentalmente ou por acaso, mas podem ser vistos dando forma a todo o argumento de Paulo.

O lugar mais óbvio, para sairmos de Gálatas, é Romanos. Pode-se defender muito bem que o antigo sistema de virtudes exerce uma função em Romanos que é tão central quanto – e estreitamente comparável a – a função que tinha na carta anterior (Gálatas).[35]

Uma passagem relevante é Rm 1,24-32. O intento de Paulo é claramente explicar o vício moral como o resultado de uma falsa ou insuficiente apreciação de Deus. Alguns dos termos com que trabalhamos reaparecem aqui: ἐπιθυμία, *epithymia* (desejo, 1,24); ἀκαθαρσία, *akatharsia* (impureza, 1,24: cf. Gl 5,19); πάθη, *pathē* (paixões, 1,26); e a longa lista de vícios de 1,29-31. Notável é também o aparecimento do termo técnico estóico καθήκοντα, *kathēkonta* (tipos apropriados de atos), na forma negativa (τὰ μὴ καθήκοντα, *ta mē kathēkonta*, tipos de atos inapropriados) como uma espécie de título para a lista de vícios que vem a

---

[35] Para um estudo mais profundo e argumentação, ver meu trabalho *Paul and the Stoics*, p. 179-292.

seguir.³⁶ Coisa interessante, porém, é que a própria lista não menciona atos ou tipos de atos, mas antes estados da mente ou as pessoas que os possuem. Talvez aqui Paulo queira identificar não casos de *akrasia* ("fraqueza de vontade"), mas pecadores inveterados, ou seja, pessoas que são κακοί, *kakoi* (viciadas), e cujo estado de mente é de κακία, *kakia* (vício). Outra característica interessante é que Paulo começa sua lista com ἀδικία, *adikia*, injustiça. Dificilmente isso será fortuito à luz de 1,18, em que Paulo já havia destacado *adikia* com especial menção, e à luz do contraste global em 1,17-18 entre a δικαιοσύνη, *dikaiosynē* (justiça) de Deus e a injustiça humana. Pretende Paulo mostrar como o evento Cristo (introduzido com plena força em 3,21) estava destinado pelo Deus justo para eliminar a injustiça humana, como ele o descreveu de tantos modos até 3,20? E será que ele pretende sugerir que Deus realizou esse feito *tornando* justos os seres humanos e, assim, se o quisermos, "virtuosos"? É *este* o sentido da afirmação paulina em 3,26 de que Deus enviou Cristo para mostrar que "ele [Deus] é justo e que ele *torna* justo (δικαιοῦντα, *dikaiounta*) aquele que apela para a fidelidade de Jesus"?³⁷

O cap. 2 de Romanos tem não menor abundância de idéias e conceitos do antigo sistema de virtudes. Antes do mais, em 2,1-11, Paulo esforça-se para apresentar um ponto que determina indiscriminadamente para judeus e gregos que o importante, a saber, para a glória, honra e indestrutibilidade escatológica, é "fazer o bem" aqui na terra (ἔργον ἀγαθόν, *ergon agathon*, 2,7, ἐργάζεσθαι τὸ ἀγαθόν, *ergazesthai to agathon*, 2,10) enquanto oposto a "fazer o mal" (κατεργάζεσθαι τὸ κακόν, *katergazesthai to kakon*, 2,9). Observamos que Paulo também apresenta uma afirmação sintética daquilo que une todos os vários vícios – começando por ἀδικία, *adikia* (injustiça) – que entrou na lista de vícios de 1,29-31. Essa única coisa partilhada é o "egoísmo" (ἐριθεία, *eritheia*, 2,8).

Um ponto anterior em 2,1-11 também reflete o sistema de virtudes e leva ao tema do "fazer o bem". Deus é "bondoso" (χρηστός, *chrēstos*) e mostrou "clemência" (ἀνοχή, *anochē*) e "paciência" (μακροθυμία, *makrothymia*), a fim de operar uma "mudança de mente" (μετάνοια, *metanoia*) nos seres humanos (2,4). Obviamente, Deus é descrito como alguém que tem um caráter e se esforça para operar uma fundamental mudança de *caráter* da parte dos seres humanos. Porém, mais uma vez o objetivo é produzir, ou nesse caso impedir, um certo tipo de *ação* (2,13), que de outra forma recairia sob o juízo de Deus. Assim, aqui também as características básicas do sistema de virtudes estão no seu lugar: o caráter (que é um outro termo para a ἕξις ἠθική, *hexis ēthikē*, "estado moral") e a atividade que nasce dele. Infelizmente, porém, parece que a clemência de

---

³⁶ Note-se que o termo técnico estóico não é μὴ καθῆκον, *mē kathēkon*, mas παρὰ τὸ καθῆκον, *para to kathēkon*. Paulo nunca se esforça por uma precisão técnica. Com efeito, provavelmente procura evitá-la. (A expressão [τὸ] μὴ καθῆκον, [*to*] *mē kathēkon*, encontra-se, porém, em Epicteto 3.22.43. Filo *Mutat.* 241 fala de τὰ μὴ προσήκοντα, *ta mē prosēkonta*.).
³⁷ Interpretação reconhecidamente tendenciosa de Rm 3,26, versículo no qual é discutida a interpretação de quase cada palavra. Para um estudo, ver os comentários, mas também a obra inspiradora sobre "justiça" (δικαιοσύνη, *dikaiosynē*), e seus afins: J. A. Ziesler, *The Meaning of Righteousness in Paul: A Linguistic and Theological Enquiry* (SNTSMS 20; Cambridge: Cambridge University Press, 1972).

Deus encontra um "coração que *não* quer passar por uma mudança de mente" (ἀμετανόητον καρδίαν, *ametanoēton kardian*; 2,5). E é justamente isso que explica os casos de "fazer o mal" que constituem o alvo de Paulo.

Rm 2,12-16 também se encaixa imediatamente à luz do antigo sistema de virtudes. O tema é que os não judeus estão *fazendo* o que é prescrito (também) pela Lei (judaica) e como isto deve ser explicado. A explicação de Paulo aponta diretamente para "dentro" do ser humano: o conteúdo da Lei está escrito nos corações dessas pessoas; sua "autopercepção" (consciência, συνείδησις, *syneidēsis*) dá testemunho em favor deles como também o fato de que são internamente divididos em suas deliberações, pois alguns pensamentos acusam (outros) e (os) outros se defendem (contra os primeiros); finalmente esses "pensamentos ocultos" dos seres humanos estão presentes *dentro* deles, para somente serem revelados (e julgados) por Deus no dia do juízo. A referência à divisão (2,15) é particularmente reveladora. Evidentemente, Paulo fala aqui, com precisão, da figura que Aristóteles chamava de ἐγκρατής, *enkratēs* (quem tem "vontade forte"): aquele que é dividido, mas no qual o lado melhor é também bastante forte para produzir o *agir* apropriado. Será que existe aqui uma indicação de diferença entre a descrição paulina desse não judeu (e não cristão, mas "bom"), que pratica o que a Lei requer, e o ἀκρατής, *akratēs* (quem tem "vontade fraca") de 7,7-25, o qual, embora seja judeu (e não cristão) e portanto *queira* a Lei, não obstante de tempos em tempos precisamente *não faz* o que ele quer? E como um e outro se relacionam com aquele que constitui o ponto final lógico de todo esse modo de pensar: aquele que quer totalmente o que é bom e, por conseguinte, o faz? Com efeito, como o cristão se enquadra nessa descrição?

Essa questão é imediatamente suscitada pelo modo como Paulo termina o cap. 2. Ele está ainda ocupado com o tema de observar ou "realizar" (τελεῖν, *telein*) a Lei e mais uma vez se refere ao requisito "oculto", ou "interno" para isso, que é a "circuncisão do coração em espírito e não na letra". Embora essa metáfora especial tenha uma origem distintivamente judaica que remonta ao antigo pensamento judaico, a própria idéia transfere imediatamente para a noção de uma plena e indivisa virtude dentro do sistema helenístico de virtude. Mas, então, de quem Paulo está falando nesse versículo final? De quem a não ser do cristão?

Assim é bastante possível ver o modo de Paulo colocar em Rm 1-2 o "problema" básico, ao qual o evento Cristo tinha dado supostamente a "solução", como sendo permeado de idéias que pertencem de modos bastante precisos ao antigo sistema de virtudes.[38] Essa compreensão teria, então, conseqüências também para se entender tanto a sua exposição da própria "solução" – o evento Cristo (3,21-31) e sua pretendida resposta (de fé) nos seres humanos enquanto modelada para eles por Abraão (cap. 4) – como também sua direta tentativa (em 6,1-8,13) de explicar o que essa resposta então significaria em termos de ação (ver em particular 8,3-4).[39]

---

[38] Ver ENGBERG-PEDERSEN, *Paul and the Stoics*, p. 179-216, esp. p. 200-216.
[39] Ver id., p. 217-55.

Daqui é possível passar para a seção propriamente parenética da carta. Então, no começo do cap. 12, Paulo mistura, num esforço retórico, idéias especificamente cristãs com idéias judaicas de caráter mais amplo – mas também com idéias tipicamente helenísticas que fazem parte do antigo sistema de virtudes. Sua exortação (12,1) para que seus destinatários assumam um "serviço" a Deus que seja "racional" (λογικη λατρεία, *logikē latreia*) é um exemplo. E sua sugestão de que devem passar por uma completa metamorfose por meio de uma "renovação da mente" (ἀνακαίνωσις νοός, *anakainōsis noos*, 12,2) é um outro. Um exemplo a mais é o cabeçalho que Paulo dá a seu conselho ético (12,3): que seus destinatários não devem ter "pensamentos [sobre si mesmos] acima dos próprios pensamentos [ὑπερ-φρονεῖν, *hyper-phronein*]; ao invés, devem pensar [φρονεῖν, *phronein*] de tal modo que tenham pensamentos moderados [σωφρονειν, *sō-phronein*]". Aqui Paulo está dizendo efetivamente, como Aristóteles poderia ter dito, que seus destinatários devem possuir a virtude básica moral (e intelectual) da φρόνησις, *phronēsis* (percepção moral), que incluirá a virtude propriamente moral da σωφροσύνη, *sōphrosynē* (moderação). O conteúdo dessa idéia é explicado no restante do capítulo.

Poder-se-ia continuar de modo semelhante, vendo o resto do cap. 12, cap. 13 e também 14,1–15,13.[40] Essas sugestões esparsas sobre como se poderia ler a Carta de Paulo aos Romanos à luz do antigo sistema de virtudes pretendem ser apenas exemplos. Para serem convincentes, deveriam ser mais plenamente desenvolvidas. Mas já foi dito o bastante para mostrar que o recurso de Paulo em Gálatas ao antigo sistema de virtudes não foi um caso único.

As outras cartas paulinas e paulinistas podem ser estudadas no mesmo sentido. Filipenses é um primeiro exemplo. Mas aqui, também, logo se verá que é insuficiente dar atenção apenas a termos específicos. Por exemplo, a única referência explícita de Paulo à "virtude" na carta (4,8) deve ser lida no seu contexto imediato (4,2-9) e esta passagem só pode ser entendida adequadamente à luz de 3,1–4,1. Ademais, a exortação moral de 4,2-8 (cf. 4,2, παρακαλῶ, *parakalō*, "Exorto") remete a 2,1-5 (cf. 2,1, παράκλησις, *paraklēsis*, "exortação"), que de novo deve ser entendido no seu contexto. De modo semelhante, a breve referência de Paulo a αὐτάρκεια, *autarkeia* (4,11) – um outro termo que é central no antigo sistema de virtudes – só pode ser entendida dentro do seu contexto mais amplo, que compreende pelo menos 4,10-20.

A partir desse resultado, pode-se caminhar em várias direções. Concluo oferecendo uma série de perguntas que merecem reflexão ulterior:

- Qual era a função, entre os destinatários de Paulo, do seu uso do antigo sistema de virtudes?
- Como funcionava esse uso?
- Como ele se associa à antiga "psicagogia" entendida mais amplamente?

---

[40] Ver id., 257-92.

- Como um grupo de cristãos funcionava socialmente quando a "perfeição" virtuosa projetava-se como "objetivo" (Fl 3,12-16)?
- Se o uso paulino formal do sistema era de fato tão "ortodoxo" como foi sugerido aqui, que diferença – se é que existe – ele fez no conteúdo substantivo de uma vida de fé em Cristo que, no caso cristão, o fator que produziu a mudança para a "virtude" tenha sido a experiência do evento Cristo, focalizando a figura do próprio Cristo?
- Com efeito, onde está a diferença de conteúdo entre a vida "perfeita" do fiel cristão que Paulo tem em mente e a de um φρόνιμος, *phronimos* aristotélico, ou – mais próximo da questão – de um sábio estóico?

A última pergunta é obviamente do maior interesse. Mas também é uma pergunta que deve ser feita com grande cuidado, e não apenas por causa dos muitos interesses capitalizados que as pessoas têm ao fazê-la. Meu palpite é que Paulo não difere em nenhuma das áreas indicadas no início deste ensaio, mas que ele difere num outro ponto singular. A "ética" paulina, eu diria, é uma versão radicalizada, não só da ética aristotélica, mas também da estóica. Paulo não mudou o que encontrou no seu contexto judaico e helenístico. Mas radicalizou o que encontrou, estendendo-o ao que bem se pode chamar de seu fim lógico: agora era o tempo, não apenas quando o que devia ser feito podia ser feito, mas também quando podia ser feito de tal modo que toda relíquia da pessoa individual e corporal seria eliminada completamente por uma orientação exclusiva para Cristo.

Todavia, isso é apenas uma conjetura. Se ficamos com nossas perguntas,

- Devemos pensar que a possível radicalidade da "ética" de Paulo reflete sua cosmovisão "teológica", com seu perfil especificamente apocalíptico que dá uma peculiar urgência a seu pensamento?
- Ou devemos virar a pergunta ao contrário e indagar se o uso paulino do sistema de virtudes na sua "antropologia" lança alguma luz sobre a sua "teologia" e sua "cristologia", ou seja, sobre suas construções do caráter de Deus e de Cristo, e do evento Cristo em particular, no qual esse caráter se mostra mais perspicuamente?
- Ou devemos dizer ambas as coisas? Que a cosmovisão específica de Paulo somou-se à "ética" que ele encontrou no seu contexto, e que sua "teologia" pode ter sido influenciada por essa "ética"?

⚜⚜

Assim, há inúmeras questões importantes. Não foi pretensão deste ensaio que a abordagem particular das cartas paulinas defendida aqui constitua a única perspectiva adequada. A extensão e a densidade enormes do pensamento paulino torna possível, e também necessário, tratar suas cartas de muitos ângulos distintos, sem dar a nenhum deles preferência exclusiva. Afirmamos apenas que a perspectiva do antigo sistema de virtudes é adequada e frutuosa para se tratar uma vasta gama de questões tradicionais na leitura de Paulo. Voltando atrás aos dois primeiros pontos tradicionais, podemos concluir, com segurança, que o uso paulino do antigo sistema de virtudes não se limita a um pequeno grupo de passagens que usa o termo "virtude", ou que fornece listas de virtudes e vícios reais (ponto 1 acima). Tampouco o uso paulino do antigo sistema de virtudes é simplesmente "tradicional", ou seja, basicamente "morto", e apenas relevante para um segmento específico do seu pensamento, o "parenético" (ponto 2). Ao contrário, o uso paulino do antigo sistema de virtudes é distintamente vivo e vai ao coração do que ele desejava dizer.

PARTE IV. BIBLIOGRAFIA

ANNAS, J. *The Morality of Happiness*. Nova Iorque e Oxford: Oxford University Press, 1993.
ENGBERG-PEDERSEN, T. *Aristotle's Theory of Moral Insight*. Oxford: Clarendon Press, 1983.
_____. *Paul and the Stoics*. Edimburgo: T. & T. Clark; Louisville: Westminster John Knox, 2000.
_____. *The Stoic Theory of Oikeiosis: Moral Development and Social Interaction in Early Stoic Philosophy*. Studies in Hellenistic Civilization 2. Århus, Dinamarca: Århus University Press, 1990.
FITZGERALD, J. F. "Virtue/Vice Lists", *ABD* 6: p. 857-59.
FURNISH, V. P. *Theology and Ethics in Paul*. Nashville: Abingdon, 1968.
IRWIN, Terence. *Plato's Ethics*. Nova Iorque e Oxford: Oxford University Press, 1995.
KAMLAH, E. *Die Form der katalogischen Paränese im Neuen Testament*. WUNT 7. Tübingen: Mohr-Siebeck, 1964.
MALHERBE, A. J. "Hellenistic Moralists and the New Testament", em *ANRW* 2.26.1. Berlim e Nova York: de Gruyter, 1992, p. 267-333.
_____. *Moral Exhortation: A Greco-Roman Sourcebook*. LEC 4. Filadélfia: Westminster, 1986.
POPKES, W. *Paränese und Neues Testament*. SBS 168. Stuttgart: Katholisches Bibelwerk, 1996.
VÖGTLE, A. *Die Tugend- und Lasterkataloge im Neuen Testament, exegetisch, religions- und formgeschichtlich untersucht*. NTAbh 16. Münster, Alemanha: Aschendorff, 1936.
WIBBING, S. *Die Tugend- und Lasterkataloge im Neuen Testament und ihre Traditionsgeschichte unter besonderer Berücksichtigung der Qumran-Texte*. BZNW 25. Berlim: Töpelmann, 1959.

COLABORADORES

Efrain Agosto	*Seminário Hartford*
David L. Balch	*Escola Brite Divinity*
Will Deming	*Universidade de Portland*
Troels Engberg-Pedersen	*Universidade de Copenhague*
Benjamin Fiore	*Colégio Canisius*
John T. Fitzgerald	*Universidade de Miami*
Christopher Forbes	*Universidade de Macquarie (Sydney)*
David E. Fredrickson	*Seminário Luther em St. Paul, Minnesota*
Clarence E. Glad	*The Reykjavik Academy and The Icelandic Research Council*
J. Albert Harrill	*Universidade de Indiana*
Ronald F. Hock	*Universidade de Southern California*
Robert Jewett	*Universidade de Heidelberg*
Edgar Krentz	*Escola Luterana de Teologia de Chicago*
Peter Lampe	*Universidade de Heidelberg*
Rollin A. Ramsaran	*Escola de Religião Emmanuel*
J. Paul Sampley	*Universidade de Boston*
Stanley K. Stowers	*Universidade de Boston*
James C. Walters	*Universidade de Boston*
Duane F. Watson	*Colégio Malone*
L. Michael White	*Universidade do Texas*
O. Larry Yarbrough	*Colégio Middlebury*

ÍNDICE DE FONTES ANTIGAS

BÍBLIA HEBRAICA

Gênesis
1–11	470
1,26	526-527
1,27	526
3,21	527
15,2-4	54n. 134
48,5	26n. 7

Êxodo
2,10	26n. 7, 54n. 134
4,22-33	54n. 134
19,14	364n. 37
20,3	399
20,4	233n. 44
20,17	468

Levítico
11	244
11,10	15, 19
18,5	248
18,24-25	479
19,18	394
20,22-25	479

Deuteronômio
5,8	233n. 44
5,21	468
7,2-5	479
14,1	53
20,17-18	479

Juízes
2,17	209n. 49
7,2	58

1 Samuel
2,2-3	58
8,3	209n. 49

2 Samuel
7,14	26, 54n. 134

1 Reis
3,14	209n. 49
9,4	209n. 49
11,33.38	209n. 49
20,11	57

1 Crônicas
16,28-29	58
28,6	54n. 134
29,11	58

Ester
2,7	26, 26n. 7, 54n. 134
2,15	26, 26n. 7

Salmos
2	XXI
2,7	54n. 134
5,11	58
20,6 (LXX)	499
24,20 (LXX)	499
30,2 (LXX)	499
52,1	57
70,1 (LXX)	499
89,15-18	58
89,26-27	54n. 134
94,3-4	57

Provérbios
25,14	57
27,1	57

Isaías
43,6	53

Jeremias
3,19	54n. 134
9,23-24 (9,22-23 LXX)	57, 65, 77
9,23	57
31,9	53

Oséias
1,10	53
11,1	54n. 134

NOVO TESTAMENTO

Mateus
5,21	233n. 44
5,27	233n. 44

12,2	233n. 44	17,5	442
13,27	413n. 39	17,6	417n. 56
13,52	413n. 39	17,7	442
14,21	251	17,9	417n. 56
15,4	233n. 44	17,12	442
15,38	251	17,14-15	445n. 67
19,18-19	233n. 44	17,28	187
20,1	413n. 39	17,33	424n. 83
20,11	413n. 39	17,34	442
22,20	233	18	364
22,21	437	18,1-17	364n. 38
27,9	508	18,1-3	416n. 49
		18,2-3	443
Marcos		18,3	171n. 1
1,29-35	439n. 51	18,7	439n. 52, 442
2,15	439n. 51	18,8	424n. 83, 439n. 52, 533
14,3	439n. 51	19,9	439n. 49
10,2-12	245	19,19	508
10,30	439n. 51	19,21-22	365n. 40
14,14	413n. 39	19,22	445n. 67
16,12	13n. 33	20,4-6	445n. 67
		20,4	445n. 63, 448
Lucas		20,8-9	439
12,39-45	413	20,8	231
12,39	413n. 39	21,27-40	196
12,42	413n. 39	21,39	196
12,43	413	22,3	194
13,25	413n. 39	24,1-8	195
14,21	413n. 39	24,10-21	195
16,1	413n. 40	24,17	449
16,8	413n. 40	24,21	195
22,11	413n. 39	24,22-27	515
		28,31	449n. 81
João			
15,12-17	280	*Romanos*	
15,18-25	280	1–5	452, 452n. 89
		1–3	466
Atos		1–2	555
1,13	231	1	246, 479
4,36-37	444n. 64	1,1	218, 444, 531, 532
5,29	437	1,3-4	55
7,10	429n. 83	1,4	451
9,26	231	1,5-7	501
9,37	231	1,7	423
9,39	231	1,9-15	301
10,12	424n. 83	1,9	XXI, 444
11,14	424n. 83	1,13-15	14
11,25-26	444	1,13-14	471
13–14	444n. 65	1,14	485
13,13	444n. 65	1,16-17	209
15,22	252	1,16	314
15,36-40	444	1,17-18	554
15,40	445n. 67	1,18–3,21	472
16–18	424n. 83	1,18–2,16	471
16,1-3	445n. 67	1,18–2,6	551n. 33
16,3	16n. 37	1,18-32	136, 470, 471, 476
16,14-15	252, 442	1,18-20	465
16,15	424n. 83, 533	1,18	452, 494, 554
16,16-24	514	1,21-28	465
16,31	424n. 83	1,21	452
16,32-34	533	1,23	452, 452n. 89
16,33	424n. 83	1,24-32	533
16,40	226	1,24-28	479
17,4	442	1,24-27	246, 370, 476

1,24	246, 470, 479, 553	4,3	208
1,25	452	4,9-12	501
1,26-27	481	4,18-24	501
1,26	246, 470, 476, 479, 553	5–8	138n. 68
1,27	246, 473, 482, 482n. 50	5	370, 499
1,28	470, 476, 479	5,1-11	163, 165, 497, 499
1,29-31	535, 553, 554	5,1-2	76
1,32	471	5,1	XXVI, 385
2,1-16	471, 189	5,2-3	497
2,1-11	554	5,2	76, 452n. 88, 497
2,1-5	XXV	5,3-5	500
2,1	471, 554	5,3-4	163, 165
2,2	471	5,3	76, 148n. 5, 498-499
2,3	471, 554	5,5	499
2,4	345n. 31, 554	5,6-11	301
2,5	555	5,6-10	301
2,6–3,20	135	5,6-8	169
2,6-11	501	5,6	299, 440n. 58
2,7-11	XXIV	5,7	299
2,7	554	5,8	299, 452
2,8-9	551n. 33	5,10	XXI, 299
2,8	551n. 33, 554,	5,11	76
2,9	169, 554	5,12-21	134, 138
2,10	554	5,12-19	451
2,11–3,20	135	5,12-17	134
2,11	400	5,14	54
2,12–3,20	134	5,15-17	138
2,12-16	501, 555	5,15	138n. 69
2,15	169, 471, 555	5,16	138n. 69
2,17–3,8	472	5,17	54
2,17-29	189	5,18	138n. 69
2,17-27	189	5,19	138n. 69
2,17-24	501	6–8	472
2,17	76, 497	6	549
2,18	353n. 66	6,1–8,13	555
2,20	465	6,2	472
2,21-24	136	6,4	424
2,22	364n. 37	6,6-23	533
2,23	76, 497	6,6	472
2,25	351	6,9	424
2,27-29	136	6,11-12	472
2,29	XXIV	6,11	472
3–5	472	6,12	472
3	494, 497	6,13	319n. 108
3,1-4	137	6,14	424
3,1-2	351	6,22	531
3,5-8	137	6,23	400, 319n. 109
3,9-31	472	6,34	214
3,9-20	137	7	218, 366, 471, 473, 476, 478, 540
3,19-20	137	7,1-6	51n. 120, 364
3,20	494, 554	7,1	424
3,21-31	555	7,2-6	366
3,21	495, 554	7,4-6	366
3,22	351n. 59, 496	7,4	451
3,24	495, 496, 533	7,5	470
3,25-26	249	7,7-25	189, 555
3,25	452	7,7-24	473, 476
3,26	554, 554n. 37	7,7-11	189
3,27-28	75, 78	7,10	248
3,27	496-497	7,14-24a	189
3,29-30	497	7,14	533, 474
3,30	351	7,15	461
4	555	7,19	461
4,1-3	75	7,22	462, 480

7,23	319, 480	12–15	386n. 44
7,24-25	157n. 41, 218	12	301, 556
7,24	169, 474	12,1–15,14	22
7,24b	189	12,1-5	278
7,25	189, 480	12,1-2	XXV, 29
8,1-13	476	12,1	556
8,1-8	501	12,2	XXV, 21n. 49, 399, 556
8,2	531	12,3	XXII, 470, 556
8,3-4	555	12,4-5	23
8,3	XXI, 21n. 49, 452	12,6-8	106
8,4	394	12,8-13	424
8,7	98	12,8	93, 105
8,12-25	40, 42, 54	12,9-21	301
8,12-23	533	12,9-18	386, 387n. 46, 400
8,12-17	44n. 88, 424, 530	12,10	441, 446n. 72
8,14-17	421, 438n. 47	12,11	533
8,15	XXI, 25, 44n. 88, 54, 531	12,12	169
8,17	42n. 76, 54, 169	12,13	416, 441, 439n. 51, 440n. 58
8,18-39	163, 165	12,15-16	501
8,18-34	167	12,15	23, 169, 301
8,18-25	388	12,21	169, 318
8,18	134, 470	13	452n. 89, 556
8,19-22	167	13,1	98
8,19	438n. 47	13,4	533
8,21-23	508	13,7-10	501
8,21	438n. 47, 531	13,7	400
8,23	25, 46, 53, 148, 438n. 47	13,8	XXIII
8,24	164n. 63	13,9	364n. 37
8,26	148, 167	13,11-14	318
8,27	451	13,11	314, 319n. 107
8,29	XXI	14–16	500
8,31-39	501	14,1–15,13	501, 556
8,31-33	167	14,1	500
8,32	XXI, 169, 424	14,4	533
8,34	167, 169, 451	14,5	354
8,35-39	166, 354	14,6-9	451
8,35	148n. 5, 166	14,6-8	354
8,37	167, 318n. 105	14,7-8	400, 451
8,39	166	14,9	18, 424
9	137	14,13-19	XXV
9,1-3	169	14,14-17	354
9,4	25, 53	14,14	451
9,16	316n. 94	14,15	XXV
9,20	208	14,17	386, 400
9,21	161n. 50	14,18-19	XXV
9,25-26	55	14,18	XXV, 533
9,30-33	316n. 92, 501	14,19	XXVI, 386
9,30-32	316n. 92	14,20	354
10,1	314	14,22	400
10,3	98	14,23	400
10,5	248	15,1-7	22, 301
10,9	314, 451	15,1-3	169
10,10-13	501	15,2	216n. 99
10,12-13	350	15,6	424
10,12	351, 351n. 59, 386, 400, 451	15,7	500
11,11-12	316n. 92	15,14-21	471
11,11	318n. 104	15,14-16	278
11,13	471	15,14	301
11,17-32	501	15,17	76
11,17	208	15,22-32	301
11,18	76	15,24	447
11,26-27	316n. 92	15,25	232
11,29	54	15,26-27	449
11,33-36	299	15,26	273

15,27	301, 449	1,22-25	536
15,28	447	1,22	492
15,30-31	449	1,23	16, 18, 195
15,30	169	1,25	380, 400
15,31	449	1,26-31	57, 77
16	365, 366, 500	1,26-29	225
16,1-3	252	1,26-28	492
16,1-2	91-93, 104-105, 107, 109, 301, 416, 416n. 49, 416n. 51, 442, 443	1,26-27	69, 77
		1,26	354, 533
16,1	245, 439n. 52, 442	1,29	243
16,2	93. 105, 106, 417, 424, 443, 435n. 33	1,30	492
16,3-16	107, 301, 500	1,31	57, 65, 243, 366, 400
16,3-15	301	2	399n. 90
16,3-5	97, 226, 245, 252, 364, 501	2,1-13	501
16,3	413, 443, 452	2,1-5	144
16,4	443	2,1-4	171
16,5-16	416, 416n. 50	2,1	268
16,5	415n. 48, 416n. 49, 424	2,2	16, 18, 195
16,6	93, 245	2,6-16	378
16,7	416, 445, 452	2,6	215n. 94
16,9	443n. 62, 452	2,13	134
16,10-11	533	2,16	339
16,10	501	3	216
16,11	365n. 42, 501	3,1-4	268
16,12	93, 245, 416	3,1-2	52, 247
16,13	247, 442, 443n. 63	3,1	49n. 108, 215n. 94
16,14	501	3,2	215n. 94
16,15	366, 501	3,4-15	501
16,16	501	3,5-6	106
16,17-23	301	3,5	533
16,17-20	278	3,9	365n. 39
16,17-18	479	3,10-15	209
16,17	19n. 41	3,10	66
16,18	533	3,13	217
16,20	320	3,14	268
16,21	365n. 39, 443n. 62, 445n. 67, 446n. 75, 452	3,17	218
		3,18-23	501
16,22-23	442n. 59	3,18	21n. 49
16,22	445n. 67	3,21-23	XXI, 77, 354, 400, 398n. 87
16,23-24	273	3,21-22	452
16,23	97, 252, 226, 439n. 52, 440n. 53, 442, 443, 533	3,21	293, 400
		3,22	400
1 Coríntios		3,23	451
		4	144
1–4	218, 301, 444n. 66	4,1-13	134, 139, 139n. 71
1–2	134, 144, 492	4,1-7	77
1,1	445n. 67, 446 n. 75, 452	4,1-2	413n. 40, 444
1,3	423, 451	4,1	140n. 76
1,5	268	4,2	379, 400
1,7	268	4,5	XXIV
1,9	XXI	4,6-13	501
1,10-31	501	4,6-7	139
1,10-13	268	4,6	215, 217, 255n. 2
1,10	218, 268, 300	4,7	243
1,11	226, 268, 416n. 49, 533	4,8-13	69, 268
1,12-17	96	4,8-11	269
1,12	215, 217, 492	4,8	140n. 76
1,13-17	96n. 29	4,9-12	169, 317
1,13-15	96	4,9	218
1,14-17	416n. 53	4,10-13	354
1,14	416n. 49, 443, 439n. 52, 440nn. 53-58, 442nn. 59-60	4,12-13	64
1,16	226, 439n. 52, 440nn. 53-58, 442nn. 59-60, 533	4,12	171n. 1
1,18-31	380	4,13	215
1,18-25	492	4,14-21	52, 420, 421, 424
1,20-25	340		

4,14-16	446n. 73	7,10	16, 251, 397n. 79
4,14	XXIII, 247, 268, 420	7,11	245, 251, 372
4,15	XXI, 195, 215n. 94, 247, 253, 400, 420	7,12-16	16, 247, 371m 372, 400
4,16-17	215, 209n. 49	7,12-13	371
4,16	197, 212n. 68, 215, 420	7,12	397n. 79
4,17	XIX, 215n. 94, 247, 420, 445n. 67, 446n. 73	7,14	243, 374, 400
4,20	380, 400, 420	7,15	245, 251, 385, 397, 397n. 78, 400
4,21	169, 420	7,17-28	526
5–6	369	7,17-24	16, 371, 398m 399
5,1–11,1	15	7,17	17, 251, 371, 397, 397n. 79
5,1-8	19n. 41, 77, 268	7,18-20	16
5,1-5	247, 369	7,18-19	350, 353
5,1	243, 479	7,18	398, 519
5,2	164, 169, 243	7,19	244, 383, 387, 388, 390, 398, 399, 400, 520
5,5	164, 243	7,20-31	21n. 99
5,6-8	164, 215n. 93	7,20-24	518
5,6	186n. 99, 215, 243	7,20-23	341, 347, 349, 350, 397
5,7	XIV, 399	7,20	17, 251, 371, 397, 397n. 81, 520
5,8	18	7,21-24	16
5,9-11	19n. 40, 165, 267	7,21-22	348, 349, 350, 398
5,9-10	19	7,21	250, 347-348, 397n. 81, 518, 519, 526, 532
5,9	243	7,22-23	530, 532, 533
5,10-11	535	7,22	211, 347
5,11	XXIII, 16, 19, 243	7,23	347, 372n. 56, 398, 399, 508, 521, 533
5,12	17, 215, 217	7,24	17, 251, 371, 397, 397n. 81, 398n. 87
6,1-11	16, 268	7,25-40	372, 397, 397n. 81, 400
6,1-8	301	7,25-38	341, 346, 347
6,1	243	7,25-31	345
6,5	445n. 71	7,25-28	372, 373n. 61
6,7-8	354	7,25-27	372
6,7	243, 445n. 71	7,25-26	371, 397n. 79
6,8	243	7,25	371, 373
6,9-10	19n. 40, 55, 244, 535	7,26-40	371
6,9	18, 243, 481	7,26	17, 251, 400
6,12-20	16, 268, 369, 374, 520, 533	7,27-28	345, 348, 350
6,12-13	354	7,27	16, 371, 520
6,12	215, 217, 244, 400	7,28	16, 251, 346, 371, 373
6,13	244, 400	7,29-31	XIX, 371, 481
6,15-18	244	7,29	16, 245, 251, 371
6,16-17	215n. 93	7,30	16
6,18	19	7,31	16, 396
6,19-20	18, 44n. 87	7,32-35	346, 366, 371, 400
6,20	372n. 56, 508, 520	7,32-34	17, 34, 144, 345
7	243, 268, 364, 367, 369, 370, 371, 372n. 56, 374, 383, 397, 399, 422, 445n. 71, 473, 478, 479, 480, 521, 527	7,32	17, 373
		7,34	17, 246
7,1-16	397, 399	7,35-36	345
7,1-5	473	7,35	17, 169, 345, 373, 397n. 79, 399
7,1	17, 243, 244, 267, 397n. 79, 400, 422, 422n. 73, 480	7,36-40	17, 501
7,2-7	371	7,36-38	347, 371, 372, 373n. 61, 480
7,2-6	422	7,36	246, 251, 346, 370, 373, 400
7,2-5	16	7,37	373
7,2	245, 375, 478	7,38	17, 246, 373
7,3-5	422	7,39-40	371, 372
7,3-4	245, 246	7,40	372, 397n. 79, 400
7,5	243, 370n. 52, 371, 470, 478	8–14	400
7,7-8	217	8	15, 441, 449
7,7	246, 375, 422n. 73, 478	8,1	XXVI, 15, 215n. 97, 267, 400
7,8-40	372	8,4-13	20
7,8-16	371	8,4-11	17, 17n. 39
7,8-9	16, 371, 372, 373	8,4	248, 400
7,8	17, 371, 397n. 79	8,6	XXI, 18
7,9	244, 370, 374, 422n. 73, 470, 473, 478	8,8	244, 354, 400
7,10-16	245	8,10	252
7,10-11	16, 367n. 44, 371, 372, 372n. 57, 400	8,13	215, 217

9	18, 269, 449	11,9-11	67
9,1-23	300, 301, 501	11,12	400
9,1–10,13	216n. 100	11,17-34	301, 501
9,1-18	108	11,17-32	441
9,3-7	354	11,17	XXIII
9,4-7	215	11,18	440n. 53
9,5	364, 366	11,20	416
9,6-18	67	11,21-22	XXII
9,6	171n. 1	11,22	XXIV
9,7	101, 216n. 93, 319, 400	11,23-26	248
9,8-10	215n. 93	11,29	251
9,9	400	11,33	251
9,10	400	11,34	397n. 80
9,12-15	215	12–14	366n. 44
9,13	215n. 93	12	XXII, 243, 268, 441
9,15-18	62, 77, 354	12,1	267
9,15	215, 400	12,2-3	399
9,16-18	532	12,2	XIX
9,19-27	18	12,3	18
9,19-23	12, 14, 15, 14n. 35, 19n. 42, 21n. 49, 215, 533	12,7	17
9,19-20	XIV	12,12-27	23
9,19	14, 400	12,12-13	386n. 44
9,20	14	12,13	350, 518, 526, 532
9,21	XIII, 19, 19n. 44		
9,22	14, 215	12,14-33	501
9,22b	12, 14	12,14-21	208
9,24-27	194, 316, 474, 477, 533	12,23-24	208
9,24	195	12,25-26	169
9,25	400, 470	12,28	441, 452
9,27	508	12,31–13,3	215
10	449	13	134, 144, 218, 441
10,1-22	399, 471n. 22	13,1-13	353, 501
10,1-13	18	13,1-7	77
10,1	XIV	13,1-3	354
10,4-6	208	13,3	169
10,6	325n. 134	13,6	400
10,7	19	13,11-12	215
10,8	19	13,11	49n. 108
10,14-22	18, 400	14	243, 441
10,14	19	14,1	XXVI
10,17	251	14,2-25	134, 144
10,18	215n. 93	14,8	319
10,20-22	399	14,11	215
10,23–11,1	15, 215n. 97, 217, 268	14,14	215
10,23-31	382n. 32	14,16	18
10,23-24	354	14,18-19	354
10,23	17, 380, 400	14,18	215
10,26	XXI	14,20	21n. 49, 253
10,27-28	20	14,21	215n. 93
10,27	19	14,22-25	19
10,28–11,1	215	14,23-24	18
10,31–11,1	269	14,23	226, 252, 440n. 53
10,31-33	10n. 23	14,24-25	248
10,31	400	14,26-39	501
10,32-33	18	14,26-28	441
10,33	14, 215	14,26	400
11–14	268	14,29	247
11,1	19, 109, 209, 215, 212n. 68, 215n. 93, 325n. 134	14,30	252, 252n. 117
11,2-16	215n. 93, 364n. 37, 501	14,32	98, 252n. 117
11,3	XXI	14,33	386, 400
11,4-11	134, 144	14,33b-36	245n. 86
11,4-6	XXIII	14,34-35	364n. 37
11,5-16	245	14,34	252
11,5	245	14,35	252n. 117

14,40	319n. 111, 400	1,12	301
15	400	1,15-24	302
15,3	248	1,15	155
15,8-19	218	1,16	448
15,8-9	444	1,17	301
15,10	93	1,19	452, 445n. 67
15,20-22	451	1,23	155
15,23	451	1,24	301, 365n. 39, 424
15,24-28	XXI, 399	2	277
15,24	XXI, 424	2,1-11	155
15,27-28	98	2,1-10	302
15,30-33	169	2,1-4	159, 269
15,30-32	218	2,2-4	269
15,31	77	2,3	270n. 26
15,32-34	20	2,4	148n. 5, 155, 159, 269
15,32	215n. 93, 317, 443, 474, 477, 479	2,5-11	156, 160
15,33	185, 187, 300, 301, 345n. 31	2,5-7	271
15,34	XXIII, 399	2,6-11	269
15,35-37	144	2,8	271
15,50	46, 55	2,12-16	155, 169
15,56	244, 399	2,13	158, 452
15,57-58	319	2,14-17	501
16,1	267	2,14	319
16,6	448	2,17	301, 302
16,9	364	3,1–4,6	270
16,10-11	110, 268, 452, 446n. 73	3,1-3	66, 91
16,10	445n. 67	3,1	91, 452
16,11	448	3,2-3	66, 270n. 26
16,13-14	400	3,4–6,13	109, 91
16,13	319, 399	3,6	106
16,14	319	4,7–5,10	270
16,15-20	501	3,7-18	134, 140
16,15-18	96, 97, 109, 268	3,7	141n. 78
16,15-17	424	3,12	301, 303
16,15-16	91, 98, 100, 452	3,18	21n. 49, 495, 501
16,15	104, 105, 109, 416n. 49, 439nn. 51-52, 442n. 60	4,1	161
16,16-17	226	4,5-12	501
16,16	93, 104, 110, 441	4,5-6	160
16,17-18	91, 99, 100	4,5	452, 533
16,17	102, 268, 533	4,7-15	100
16,18-19	452	4,7-12	155
16,18	103, 104, 110	4,7-9	302
16,19-23	96	4,7	160, 299
16,19	97, 225, 226, 252, 424, 415n. 48, 416n. 49, 439n. 52, 443	4,8-12	317
		4,8-11	158
16,21-34	185n. 94	4,8-9	160
16,22	399	4,9	300
		4,10-15	160
2 Coríntios		4,10-11	161
1–9	269, 270, 270n. 26, 276-277	4,11	318
1–7	155, 158	4,12	161
1,1	452, 445n. 67, 446n. 75	4,14	274
1,3-7	155, 158, 159, 302	4,15	161
1,3	423	4,16–5,5	155, 161, 161n. 54
1,4	148n. 5, 160	4,16-18	XIX
1,5	158	4,16-17	161
1,6	148n. 5, 158, 161n. 51, 314	4,16	462
1,7	158, 270n. 26	5,1-5	161
1,8-11	155	5,1-4	194
1,8-9	159, 443	5,2	148, 274
1,8	157n. 41, 148n. 5	5,4	148
1,9	158	5,5	421n. 71, 470
1,11	452	5,6	470
1,12-14	77, 302, 501	5,7	470

5,8-10	354	8,24	77
5,10	XXV, XXVI	9,1-5	501
5,11-21	270, 501	9,2-3	77
5,11-13	77	9,3	452
5,12	XIX, 77, 161n. 51	9,5	452
5,13	470	9,6	386, 400
5,14-21	169	9,7	186n. 99
5,14-15	249	9,12	449
5,15	451	9,14	449
5,18-20	302	10–13	57, 61, 61n. 8, 63, 63n. 13, 74, 75, 45, 108n.
5,18-19	161, 163		65, 101n. 262. 267, 271, 272, 276, 277, 302
5,18	299	10–12	144
5,19	299	10,1-11	65
5,20-21	21n. 39	10,1	63, 65, 70, 72
5,20	299	10,2	63
6–7	271	10,3-6	65, 272, 320
6,3-10	155, 162, 162n. 55, 501	10,3	101
6,3	162	10,4	71, 72, 73
6,4-10	478	10,5-18	501
6,4-5	105	10,5	67
6,6-7	162n. 55	10,7-8	65
6,6	535	10,8	XXIII, 65, 71, 72, 73, 271
6,7-10	162n. 55	10,9-10	71
6,11-13	156, 302	10,10	63, 65, 70, 73, 134, 194
6,11	270	10,11	65
6,12	156	10,12-18	65-66
6,13	270	10,12	XIV, 63, 65, 66, 71,
6,14–7,1	23, 364n. 37		75, 134, 141
6,14-18	302	10,13-18	65
6,18	55	10,13-16	63, 72
7,2-4	160, 302	10,13-15	65
7,2	270	10,13	272
7,3	159, 160	10,14	72, 272
7,4-7	158	10,15-16	66
7,4	77, 270	10,15	271
7,5-7	270, 277	10,16	66
7,5-6	155	10,17-18	73
7,6-13	269	10,17	57, 65
7,6-7	452	10,18	XXIV, 63, 66, 91
7,7	302, 320	11,1–12,13	66
7,8-12	159, 269	11,1-6	67
7,8-9	270	11,1	66
7,8	156, 158, 159	11,2-6	366
7,9b-11a	159	11,2-4	364
7,9-10	159	11,2	XXI, 67, 271, 272, 367
7,9	160	11,3-4	72
7,12	155, 269	11,3	71, 72
7,13-15	452	11,4	60, 67, 72, 73
7,14-16	270	11,5-11	501
7,14	77	11,5-6	70
7,16	270	11,5	63, 67, 72, 495
8,2	169	11,6	9, 67, 71, 144, 171, 194
8,6	452	11,7-15	67
8,9	14, 21n. 49, 215n. 97, 216n. 98, 452	11,7-11	64, 72, 77, 108
8,13-14	302, 449, 452	11,7-10	418
8,16-24	110, 501	11,7	72, 171n. 1, 272, 452, 533
8,16-19	452	11,8-9	448
8,17	445nn. 67 e 71, 446n. 75	11,8	319n. 109
8,18-19	101, 445nn. 67, 68	11,9-12	448
8,19-23	448	11,9	62, 72, 272, 442, 448
8,21	400	11,10-11	72
8,22-23	452	11,10	71
8,22	445n. 67	11,11	72, 272
8,23	101, 365n. 39, 443n. 62, 445n. 67, 446n. 75	11,12-15	101n. 45

11,12	63, 67, 272, 452	13,8	272
11,13-15	21n. 49, 72	13,9-14	501
11,13	62, 67	13,9	452
11,16–12,13	70	13,10	71, 72, 73, 271, 272
11,16-33	68, 501	13,11	271, 400
11,16-21	71		
11,16-19	66	*Gálatas*	
11,16-18	68	1–2	263, 266, 392
11,18	66, 71	1,1–2,21	543
11,19-20	16n. 38	1,1-9	543
11,20-21	62, 71, 72	1,1-5	192, 262
11,20	72, 272, 452, 508, 533	1,1-2	391
11,21–12,10	73, 189	1,1	264
11,21	66, 68	1,2	445n. 68
11,21b–12,13	134, 141	1,3-4	423
11,22-33	74	1,3	265
11,22	68	1,4	XIX
11,23–12,11	71	1,6-11	192, 269
11,23-33	71, 72	1,6-9	544
11,23-29	68, 478	1,6-7	391
11,23	62, 66	1,6	421n. 71
11,28-29	452	1,7	543
11,29a	69	1,8-9	211n. 62
11,30-31	69	1,9	263
11,30	69	1,10–6,10	193
11,32-33	69, 343	1,10–2,21	190, 191, 193
12,1-13	69	1,10-24	543
12,1-10	501	1,10-14	502
12,1	63, 69	1,10-12	190
12,2-7	69	1,10	209, 211n. 62, 448n. 78, 452, 531, 532
12,6-10	74	1,11–2,21	193, 393
12,6-7	69	1,11-12	391
12,6	66, 272	1,11	394n. 68
12,7-10	73, 169	1,12–2,14	189, 192
12,8	73	1,13–2,21	217
12,9-10	73	1,13-17	190
12,9	XXIV, 66, 71, 72, 73, 272, 498	1,13-14	XIV, 190, 264
12,10	73, 142, 300, 452	1,13	190, 191
12,11-13	101n. 45	1,14	191, 195
12,11	64, 70, 495	1,15-17	190
12,12-13	64	1,15	190-191, 264
12,12	70, 72, 110, 142n. 84	1,16-17	444
12,13-18	72	1,16	XXI
12,13	448	1,18–2,10	190
12,14-18	64, 72	1,18-24	190
12,14	272	1,18-20	190
12,15	67, 72, 272	1,18	232
12,16	62, 72	1,21-24	190
12,17-18	452	1,23	191
12,17	272	2	277, 450
12,19–13,10	73	2,1-10	190, 263, 264, 392, 543
12,19–13,2	71	2,1-3	443n. 62, 445, 446n. 75
12,19-21	501	2,2	194, 444
12,19	63, 72, 73, 272	2,3	351, 449
12,20-21	535	2,4-5	191, 218n. 116
12,20	271	2,4	53, 211, 211n. 62, 217
12,21–13,2	155	2,5-9	449
12,21	169	2,5-8	444
13,1	272	2,5	190
13,3-4	272	2,6-9	354
13,3	63, 64	2,7-9	190
13,4	71, 72, 73, 215n. 97, 452	2,7	452
13,5-7	72	2,9-10	450
13,5	272	2,11-21	190, 264, 502

2,11-14	15, 190-191, 218, 251, 392, 543	4,1	53
2,13	444	4,2	44, 50, 413n. 40
2,14	186, 396	4,3-7	52n. 131
2,15–4,11	544	4,3-5	21n. 49
2,15-21	190, 192, 543	4,3-4	44, 51
2,16	351, 451	4,3	44, 50, 51, 263, 543
2,17-21	393	4,4-5	14, 52, 53n. 131
2,19-21	210	4,4	XXI, 50n. 118
2,19-20	210, 218n. 116	4,5	25, 41, 44
2,20	400, 451n. 85	4,6-7	421
2,21	190	4,6	XXI, 52n. 129, 421n. 71
3–5	392	4,7	41, 42, 49n. 111, 51n. 123, 53, 54
3,1–6,10	193	4,8-10	18, 263, 391
3,1–4,31	192	4,8-11	263
3,1–4,7	41, 42, 53	4,8-9	51, 264, 391
3,1-5	43, 543	4,8	51n. 123, 263
3,1-4	391, 393, 399n. 67	4,9	51n. 123, 265
3,1	195	4,11-20	420
3,2-5	263	4,11	93, 134, 263, 420, 543-544
3,2-3	52	4,12-20	265-266, 300, 302, 393, 543
3,2	353, 421n. 71	4,12	XIII, 197, 210, 265, 392, 394n. 68, 400
3,3	49, 264, 265, 396	4,13-18	452
3,4	265	4,13-15	209
3,5	421n. 71	4,13	XVII
3,6–4,11	543	4,14-15	264, 266
3,6–4,7	41	4,14	208, 210
3,6-29	41, 47	4,15	265-266
3,6-9	47, 502	4,16-17	210
3,6	41, 451n. 85	4,16	266-267
3,7-29	41, 46	4,17	265-266, 396
3,7	41, 42	4,18	400
3,9	451n. 85	4,19	21n. 49, 210, 253, 266, 421, 424
3,10-14	47, 502	4,20	266, 543
3,13-14	52, 53n. 131, 533	4,21–5,1	46, 51, 545
3,13	21n. 49, 46n. 87, 248, 396, 533	4,21-31	142, 393, 502, 543, 544
3,15–4,11	134	4,22-31	217
3,15-18	47	4,22	51n. 123, 53
3,15	394n. 68	4,23	51n. 123, 144
3,16	47, 186	4,25	51n. 123, 543
3,19-22	47	4,26	544
3,20	554	4,28	394n. 68
3,21	543, 543n. 22	4,30	51n. 123
3,22-24	543	4,31	51n. 123, 394n. 68
3,22	392	5–6	383, 392, 396n. 75
3,23–4,9	144	5,1–6,10	192-193
3,23-29	47, 48	5,1-12	393
3,23-25	49-51, 50n. 118	5,1	46, 51, 144, 216-217, 391-394, 397, 530-531, 533, 543-545
3,23	265	5,2-12	397, 544
3,24-25	41n. 75, 44, 195	5,2-10	545
3,24	47	5,2-6	16n. 37, 544
3,25	211	5,2-4	351, 393
3,26-29	502	5,2	351-352, 391, 393, 543-544
3,26	438	5,3-4	351
3,27-29	23, 41	5,3	44n. 88, 351
3,27-28	438, 526	5,5-6	393, 545
3,28	400	5,5	393-394
3,29	49, 53, 392	5,6	XXV-XXVI, 299, 350, 353, 383, 387-391, 393-396, 400, 539, 545, 551
4,1–5,1	533	5,7-12	393, 544
4,1-11	46, 48n. 105	5,7	264, 317, 391
4,1-9	44n. 88, 144, 421	5,8	299, 421n. 71
4,1-7	40-42, 44-45, 44n. 88, 47-49, 51-54, 53n. 132	5,9	186n. 99
4,1-5	48n. 105, 424, 533	5,10	299, 543
4,1-3	302, 413		
4,1-2	41n. 75, 421		

5,11-12	396
5,11	393
5,12	263, 351
5,13–6,10	393-394, 544-545
5,13-26	542, 544-545, 548, 550, 552, 553
5,13-15	502, 545
5,13	5n. 123, 306n. 18, 394, 441, 531, 533, 544-546
5,14	394, 546
5,15	265, 394, 394n. 68, 545, 550
5,16–6,10	46, 394
5,16-26	394-395
5,16-25	546
5,16-24	483
5,16	394, 394n. 68, 395, 546, 550
5,17-24	547-548
5,17	546-547
5,18-23	548
5,18	394-395, 546
5,19-26	502
5,19-23	535
5,19-21	265, 395, 535, 546, 548, 550
5,19	144, 553
5,21	46, 55
5,22-24	546-547
5,22-23	395, 535, 536n. 4, 548
5,23	470
5,24-25	395
5,24	210-211, 393, 470, 472-473, 541, 549-551
5,25–6,10	394n. 68
5,25-26	394n. 68
5,25	319n. 111, 394n. 68, 395, 396n. 75, 545-546, 548, 550
5,26	394n. 68, 395, 481, 545, 550
6,1-10	394, 394n. 68, 395, 544-545
6,1-5	265, 278, 550
6,1-2	302
6,1	394n. 68, 395
6,2-6	400
6,2	19, 169, 395
6,3-4	502
6,3	395
6,4-5	395
6,6	395, 452
6,7-9	46
6,7-8	395
6,7	46, 186n. 99, 386, 400
6,8	395, 400
6,9	395
6,10	395
6,11-18	47, 192-193, 393, 395, 544-545
6,11-17	397
6,11-16	502
6,11-15	51n. 122
6,11	185, 395, 544
6,12-14	396
6,12-13	265, 543
6,13-14	78
6,14-17	210, 393
6,14-16	396
6,14-15	47
6,14	XIX, 249, 251, 388, 393
6,15	54, 330, 353, 387-391, 394, 396, 400
6,16	XIV, 265, 383, 388, 396
6,17	248

Efésios

1,5	25, 55, 531, 533
1,11	55
1,14	55
1,18	55
1,22	425
2,1-22	23
2,3-4	483
2,3	533
2,8-10	78
2,8-9	75
2,9	78
2,14-18	302
2,16	296
2,19	533
3,10	13n. 33
3,13	169
3,14-19	424
4,1-16	23
4,1-6	278
4,4	425
4,14	49n. 108
4,8-10	13n. 33
4,17–6,9	23
4,19-24	483
4,31	535n. 3
5,1	21n. 50
5,3-5	535n. 3
5,5	55
5,21–6,9	238n. 60, 375
5,22–6,9	424, 430n. 3
5,21	252n. 117
6,5-9	508, 533
6,9	452
6,10-17	164n. 62, 169, 332
6,21-22	445n. 67
6,21	452

Filipenses

1,1	214, 218, 445n. 67, 452, 531, 532
1,2	423
1,3-5	108
1,5	273
1,7-26	325
1,7	213, 273
1,8	214, 273
1,9-11	399
1,10	353
1,12-26	100, 214
1,12-19	295
1,12-18	353
1,12	329, 344n. 27
1,13	XVII, 214, 328
1,14	215n. 95
1,15-18	502
1,15-17	217
1,17-18	215n. 95
1,18-26	328
1,18-21	353
1,19-26	273, 324
1,19	295
1,20-26	341-343, 345, 347
1,20-21	214
1,20	XXIII, 213, 215n. 95, 324, 344

1,21-26	157n. 41, 302, 329	2,28	103, 330, 446n. 75
1,21-24	329	2,29-30	91, 100, 103, 208, 446n. 73, 452
1,21-23	343	2,29	103, 105, 325n. 132, 330
1,21	354n. 63, 400	2,30	102, 103, 110, 213, 217, 274, 445n. 68, 446n. 75
1,22	345	3	218
1,23	274, 344	3,1–4,1	556
1,24	344	3,1-3	103
1,25-26	78, 322	3,1	274, 275, 324
1,25	274, 329, 344	3,2-11	78, 189, 275
1,26	329	3,2-6	16n. 37
1,27–4,1	321, 331	3,2-4	324, 325
1,27–2,18	321	3,2-3	103, 351
1,27–2,4	330	3,3-11	502
1,27-30	321-322, 325, 502	3,3-4	75, 215n. 95
1,27	275, 293, 302, 321-322, 325, 329, 330	3,3	494
1,28-30	217	3,4-14	274, 325
1,28	213, 326	3,4-8	354
1,29-30	101	3,4-6	493
1,29	324	3,4	144, 217, 265
1,30	215m. 95, 302	3,5-8	351, 352
2–3	134n. 59	3,5-6	171, 210, 212
2,1–3,21	322	3,5	XIV
2,1-11	100, 502	3,6-11	324
2,1-5	556	3,6	172n. 2
2,1-4	322, 326	3,7-10	214
2,1-2	322	3,7-8	344
2,1	322, 556	3,8-14	353
2,2-4	213, 322	3,8-11	212
2,2	273-275, 300, 302	3,8-10	494
2,4	322	3,8	213n. 75
2,5-11	14, 21n. 49	3,9	451
2,5-8	274	3,10-11	213n. 75
2,5	209, 213n. 75, 214, 300, 441	3,10	324, 470
2,6-11	215 n. 97, 250, 322, 533	3,11	324
2,6-8	213, 216, 451	3,12-16	324, 557
2,7-8	213	3,12-15	324
2,7	244n. 84, 250, 274, 452	3,12-14	XXV, 162, 316
2,8	213	3,12	214
2,9-11	213, 325	3,13	217, 276, 331n. 169, 375, 396, 533
2,11	93, 214, 423	3,14	251, 276, 330n. 162
2,12-13	378, 499	3,15	213, 213n. 75, 253
2,12	273, 322-323	3,17–4,1	325
2,13	XXV, 161n. 51, 323	3,17	101, 197, 208, 209n. 49, 212n. 68, 213,
2,14	323		214, 217, 274, 324, 325, 452
2,16	78, 93, 194	3,18-19	214, 325, 478
2,17–3,10	300	3,18	169, 302, 324, 326
2,17-18	100, 213, 215n. 95	3,19	326-327
2,17	102, 213, 273, 318n. 103, 323-324	3,20–4,1	325
2,19-30	100, 329	3,20	321, 321n. 119, 325-326
2,19-24	100, 110, 213	3,21	21n. 49, 325, 327
2,19-23	452	4,1-3	302, 452
2,19	445n. 67	4,1-2	416
2,20	274	4,1	273, 328n. 152, 330
2,22-23	445n. 67	4,2-9	556
2,21-22	217	4,2-8	556
2,22	208, 274, 424, 446n. 73	4,2-4	330
2,23	214	4,2-3	91-92, 275, 322, 445n. 67
2,25-30	100, 213, 273, 302, 329, 330n. 160, 448	4,2	245, 275, 556
2,25-28	100-101, 103	4,13–5,11	300
2,25	101, 312, 329-330, 365n. 39, 419n. 68, 443n. 62, 445n. 67-68, 446n. 75, 452, 523	4,3	275, 365n. 39, 443n. 62, 445n. 67
		4,4-9	395n. 71, 400
2,26	103, 109, 330	4,7-8	134n. 59
2,27	102, 330	4,7	214, 331
2,28-30	445n. 67	4,8-9	331n. 169, 535

4,8	535, 556	*1 Tessalonicenses*	
4,9-19	452	1,1	423, 445n. 67, 452
4,9	209, 214, 218, 331	1,2	212
4,10-20	108, 273, 294, 302, 417, 556	1,3	93
4,10-13	354	1,5-6	211
4,10	276n. 41, 294, 442	1,6-10	212
4,11-13	108n. 66	1,6-7	452
4,11-12	452, 478	1,6	169, 197, 209, 211, 212
4,11	294, 536n. 5, 556	1,7-8	211n. 63, 212
4,12-20	300	1,7	211, 325n. 134
4,12	295, 340	1,8-9	211n. 62
4,13	295, 400	1,9	18
4,14-18	442	1,10	XXI
4,14-16	448	1,14	148n. 5
4,14	295	2,1-12	93, 104, 109, 212, 502
4,15-16	62, 294	2,2	21, 93, 211, 302, 477
4,15	273, 294, 418	2,5-12	135n. 59
4,17	294	2,5	21, 302
4,18	102, 523	2,6-9	452
4,19	214, 274, 295	2,7	212, 420, 424
4,20	423	2,9	93, 171n. 1, 212, 302, 420
4,21	445n. 68	2,10-11	212
4,22	412, 533	2,11	420, 421
		2,12	218, 555
Colossenses		2,13	161n. 51
1,1	452	2,14-16	135n. 59, 211
1,7-8	445n. 68	2,14	197, 209, 211
1,7	452	2,15-16	212, 212n. 70
1,15-20	250	2,17-18	93
1,18	425	2,17	302
1,20-22	302, 326n. 136	2,19-20	78, 502
1,20	296	3,2	365n. 39, 445n. 67, 452
1,21-23	23	3,3-5	169, 211
1,22	296	3,5-6	452
1,24	169	3,5	93
1,28	23	3,6-8	302
2,6-8	278	3,8	212
2,7	250	3,11	424
2,8-23	44n. 88, 144	3,12	23
2,14-15	319n. 112	4,1-12	23, 278
2,15	533	4,1-8	502
3,5–4,6	23	4,3-8	364n. 37, 375, 375n. 64
3,5-11	483	4,3-4	471
3,5-8	535n. 3	4,4	375, 473, 479
3,10	535n. 3	4,5	470
3,11	23, 386n. 44, 441, 526	4,9-12	302, 387n. 46
3,15	425	4,9	446n. 72
3,18–4,1	250, 238n. 60, 375, 424-425, 430n. 3, 439n. 52	4,10b-12	212, 218
		4,11-12	452
3,18	252n. 117	4,12	212
3,22–4,1	533	4,13-18	169
3,22-25	425n. 85	4,16	319n. 111
4,1	452	5,1	144
4,7-14	452	5,2-4	208
4,7-9	110	5,2-3	243
4,7-8	445n. 67	5,3	302
4,9-11	445n. 68	5,7-8	319
4,10	445n. 67, 365n. 42	5,7	208
4,12	445n. 68	5,8	164n. 62, 169
4,14	445n. 68	5,11	302
4,15	226, 252, 415n. 48, 416, 424	5,12-22	386-387, 400, 502
4,17	452	5,12-15	302
4,18	185n. 94	5,12-14	98, 452

5,12-13	92, 94, 96-97, 97n. 32, 98, 103-105, 109	*2 Timóteo*	
5,12-13a	91, 94	1,3-18	219
5,12	92-94, 98, 104, 109, 417	1,7	483
5,13	98, 104	1,8-2,13	169
5,14	94, 148n. 5, 169, 212, 218	1,16-18	439n. 51, 442n. 61, 452
5,26-28	502	1,16	533
5,27	133n. 55, 439n. 52	2,4-6	400
		2,4-6	400
2 Tessalonicenses		2,20–3,5	23
1,1	452	2,20	161n. 50, 424n. 81
1,4-10	169	2,22	483
3,6	19n. 41	3,1–4,8	219
3,7-12	452	3,6	483
3,13-15	302	3,10-13	169
3,14-15	19n. 41	4,2	23
3,14	XXIII	4,6	332
3,17-18	185n. 94	4,6-8	169, 323n. 127
		4,7	194
1 Timóteo		4,10-11	445n. 68
1,3-20	219	4,10-12	452
1,8	400	4,19-20	452
1,9-10	535n. 3	4,19	439n. 52, 533
1,10	533		
1,18-20	169	*Tito*	
1,18	164n. 62		
2,4-6	400	1,1	425
2,8–3,13	23, 275	1,5-9	452
2,8-15	430n. 3	1,7	413n. 40, 424
2,11-12	252n. 117, 425	1,7-9	425
2,12	252	1,8	439n. 51, 483
2,15	425	1,10-16	219
3,1-13	452	1,12	196, 400
3,2-13	425	2	375
3,2-4	535n. 3	2,1-10	430n. 3
3,2	439n. 51	2,1–3,11	23
3,4-5	425, 533	2,2	483
3,5	424n. 81	2,3	533
3,12	425, 533	2,4-5	425
3,15	424n. 81	2,4-10	424
4,3	425	2,4	194
4,8	400	2,5-7	483
4,10	169, 326n. 140	2,7-8	219
4,11–6,2	23	2,9-10	508, 533
4,12	219	2,12	483
4,13-14	452	3,3	483, 533
4,15	344n. 27	3,12-13	452
5,1–6,2	375		
5,1-2	452	*Filêmon*	
5,4	424n. 81, 452	1	188, 443n. 62, 446n. 75, 446-447,
5,8	452	1-2	366n. 43
5,10	439n. 51	1-3	187, 502
5,14	219, 425	1-25	91, 278, 518
5,16-17	452	2	226, 415n. 48, 418, 419n. 65, 424, 439nn.
5,18	400		51-52, 525
6,1	219	2-3	218n. 118
6,1-2	508, 533	3	218n. 118, 423
6,2	441	3-4	446n. 75
6,4-5	535n. 3	4-7	187
6,6	400	5	439n. 51
6,9-10	483	5-6	419n. 65
6,10	196, 400	7	108, 301-302, 188, 439n. 51
6,12	194	8	188, 218, 442n. 62, 446
6,14	219	8-9	446n. 75
6,17-19	23, 452		

8-10	187	13,11	437n. 46
8-22	187	13,14	437n. 46
9	188, 446-447	13,15	437n. 46
9-14	302	13,16	437n. 46
10	XXI, 188, 247, 253, 421, 424, 447, 522	16,13	437n. 46
10-11	350	20,10	437n. 46
10-20	502		
11	188, 301, 345n. 30, 524	**APÓCRIFOS**	
12	247, 447		
13	419n. 65, 447, 524	*2 Macabeus*	
13-14	187, 419n. 66	4,7-15	303
14	188, 218, 446, 525		
15	187, 524	*4 Macabeus*	
16	188, 250, 350, 419, 502, 525	2,6	468
16-17	447		
17	188, 218, 302, 420n. 68, 446-447, 502	*Eclesiástico*	
18	419, 419n. 65, 447, 525	1,11	58
18-19	188, 420	9,16	58
19	188, 301, 419, 420n. 68, 446	10,19	491
19-20	302	10,22	58
19-25	185n. 94	10,24	491
20	401, 446, 446n. 75	17,9	58
21	446, 525	22,20	298
21-22	188	22,22	298
22	108, 416n. 51, 419, 424, 446	39,8	58
22-25	218n. 118	44,1-13	491
23	335nn. 39 e 42, 445n. 68, 447	44,1-3	491
23-25	187, 502	44,7	491
24	443n. 62, 445n. 67	44,10-13	491
25	218n. 118	44,16	491
		44,19	491
Hebreus		45,1-2	491
1,1-2	13n. 33	45,4	491
12,1-2	317n. 97	45,16	491
12,10-11	159n. 45	50,20	58
Tiago		*Sabedoria de Salomão*	
2,1-5	441	8,7	319n. 110
		9,7	54
1 Pedro			
1,14	21n. 49	**PSEUDO-EPIGRÁFICOS**	
2,18–3,7	425, 430n. 3		
2,18-25	508, 533	*2 Baruc*	
3,1	452n. 117	48,22-24	135n. 64
4,9	439n. 51		
4,10	413n. 40	*4 Esdras*	
		7,98	57
1 João			
3,19-22	149n. 8	*Jubileus*	
		1,24-25	54
2 João		25,1	479
10	441n. 51		
		FILO	
Apocalipse			
3,19	159n. 45	*A interpretação alegórica (Leg.)*	
5,6	437n. 46	2.6	476
7,3	437n. 46	3.104-106	161n. 48
11,11	437n. 46	3.111	148n. 4
13,2	437n. 46	3.129	476
13,3	437n. 46		
13,4	437n. 46	*Embaixada a Caio (Legat.)*	
13,12	437n. 46	77-110	124

Hipotética (Hypoth.)
11,4 — 240

Que Deus é imutável (Deus.)
42.91-93 — 161n. 48

Que o pior ataca o melhor (Det.)
34 — 124n. 39

Que todo justo é livre (Prob.)
17-19 — 347
26-27 — 166n. 65
47 — 347n. 42
79 — 240, 349n. 55
110-112 — 166n. 65

Quem é o herdeiro? (Her.)
19 — 256n. 6

Sobre a agricultura (Agr.)
10 — 476
34 — 259
110-121 — 166n. 65

Sobre a confusão das línguas (Conf.)
69 — 161n. 48
134-41 — 12n. 28
171 — 160
180-182 — 159n. 45

Sobre a criação do mundo (Opif.)
117 — 476
170-172 — 248

Sobre a Decálogo (Decál.)
142 — 468
151-53 — 468
173-74 — 469

Sobre a mudança dos nomes (Mut.)
82.1 — 166n. 65
241 — 554n. 36

Sobre a posteridade de Caim (Post.)
133 — 337n. 3

Sobre a recompensa e o castigo (Praem.)
137-138 — 349n. 52

Sobre a sobriedade (Sobr.)
41.68 — 161n. 48

Sobre a vida contemplativa (Contempl.)
6 — 234n. 49
11-13 — 234n. 49
18-19 — 234n. 49
24-39 — 241
40-63 — 241
64-89 — 241
65 — 234n. 49
70-71 — 349n. 51
90 — 234n. 49

Sobre a vida de Abraão (Abr.)
48-49 — 166n. 66
134-135 — 483

Sobre a vida de José (Ios.)
32-34 — 15
73 — 157
75-79 — 15
144-146 — 159n. 45, 160n. 48

Sobre a vida de Moisés (Mos.)
2.7 — 337n. 4

Sobre as leis especiais (Spec.)
113 — 469
1.69-70 — 300n. 38
1.70 — 282
2.162-63 — 467
2.61-62 — 467
2.69 — 349n. 50
4.55 — 467
4.92-100 — 469
4.92 — 476
4.95 — 468

Sobre as virtudes (Virt.)
35 — 300n. 38
66 — 213n. 74
100 — 468
152 — 286

Sobre os estudos preliminares (Prelim. Stud.)
15, 74, 142, 148 — 236
49, 105, 133 — 236
65 — 236
70 — 213n. 74
79-107 — 236
133 — 236

Sobre os Querubins (Quer.)
48 — 161n. 48
77-78 — 168

Sobre os sacrifícios de Abel e Caim (Sacr.)
15 — 467

Sobre os sonhos (Somn.)
1.232 — 21n. 49
1.147, 232-233 — 12n. 28
1.91 — 159n. 45
2.108 — 298

JOSEFO

Antiguidades Judaicas (A. J.)
6.206 — 281n. 5
6.225 — 281n. 5
6.228 — 281n. 5, 291
6.236 — 281n. 5
6.239 — 281n. 5
6.275 — 291
6.276 — 281n. 5

7.111	281n. 5	*Miscelâneas (Strom.)*	
10.142	13n. 33	2.12.55	149n. 8
13.380	249	4.22.143	149
15.5	335	7.9	13n. 30
15.93	466		
15.259-260	367n. 44	*Didaqué*	
15.267-79	232	9.4	251
18	470		
18.21	349n. 51	Eusébio	
		História eclesiástica	
Contra Apião (C. Ap.)		5.16.5	440n. 56
2.168-71	469		
2.193	469	Gregório de Nisa	
2.234	469	*Homilias*	
2.282	469	*IV sobre Ecl. 2,7*	240
Guerra judaica (B. J.)			
2.120-21	470	Gregório Nazianzeno	
5.449-50	249	*Cartas*	
		7.16	153n. 27
Vida (Vita)		40.1-4	153
64-65	232		
420	249	Inácio	
		Carta aos Filipenses	
LITERATURA RABÍNICA		7-8	440n. 55
Mischná			
Abot 1:17	135n. 64	*Carta aos magnesianos*	
		6-8	440n. 55
LITERATURA CRISTÃ PRIMITIVA NÃO-CANÔNICA		Justino	
Barnabé		*1 Apologia*	
10.5	15n. 36, 19	67	251
19.5-7	430n. 3	Policarpo	
		Fil.	
Basílio		4.2-6.3	430n. 3
Cartas			
44.1	153	**LITERATURA CLÁSSICA**	
45	153n. 27		
156	153n. 27	*Ad Herennium*	
204	153n. 27	4.13.18	202
207	153n. 27	4.13.19	389nn. 51-52
212	153n. 27	4.14.20	389n. 53
223	153n. 27	4.15.21	389n. 48
224	153n. 27	4.17.24-25	381n. 23
270	153n. 27	4.17.24	381n. 27
		4.19.27	389n. 50
1 Clemente		4.20.27	389n. 49
5	449n. 81	4.24.54–4.43.56	382
21.6-9	430n. 3	4.27.38	389n.54
		4.42.54–4.44.58	382
Clemente de Alexandria		4.42.54	382
Cristo, o educador (Paed.)		4.43.56	202
1.9.75.1	157	4.44–4.45	121n. 36
1.9.77.1	157	4.45.59–48.61	202
1.9.87.2	157	4.46	121n. 36
66.1	5n. 8	4.49.62	202
		4.53.66	203
Salvação do rico (Quis div.)		4.57	121n. 36
39	149	4.59	121n. 36

Aftônio
Progymnasmata

1	181n. 62
2	182nn. 67-71
8	190n. 116, 191nn. 121 e 124-125
11	182nn. 74 e 76, 183n. 78
139	207n. 41

Anaxímenes
Retórica para Alexandre

1326b.3-7	115n. 12
1422a.23-27	198
1425b.37-1426a.24	115n. 11
1429a.21	198
1429a.29-31	198
1430a.7-9	198
1430b.3-7	381n. 27
1430b.3-4	381n. 26
1430b.10-11	381n. 23
1431a.26-27	198
1439a.1-5	198
1439a.13-17	198

Antístenes
Fragmentos

14.5-6	150n. 15
15.1-3,9	150
15.5,9	150n. 15

Antologia grega

7.10	142, 241, 268, 292,328, 393, 468, 476, 481, 547, 549, 599, 633
8.3	168

Apião
Guerras civis

1.15.63	321n. 122
2.73	335
4.90	335
4.117	335
4.119	335

Guerras púnicas

8.19	335
116	335

História da gálica

1.2	510

Apuleio
O asno de ouro

9.12	513n. 22

Aquiles Tatius
As aventuras de Leucipo e Cleitofon

7.13	522
8.3.1	196n. 152

Aristides Retor
Discursos

3.668	163

Aristóteles
Ética eudemiana

7.4.1-2	289
7.6.14-15	148
7.9.1	158-159
1239b10-15	7n. 14
1245b20-26	7n. 14

Ética a Nicômaco

1.8.9, 1098b31-33	539n. 10
1.13.15-18, 1102b13-1103a1	540n. 13
1.13.17, 1102b26-28	550n. 32
1.13.19, 1103a3-7	539
1.13-2	539
2.5	538
2.5.3, 1106a1-2	539
2.5.4, 1106a4-6	539
5.1-2	538n. 9
5.1130a9	538
6.13.6, 1145a1-2	539n. 12
7.7.1150b	465
7.3,1146b8-1147b19	540n. 13
8.2.4	287n. 19
8.3.6-7	159n. 42
8.3.6	287
8.5.1	166
8.6.7	165
8.9.1	158
8.11	506
8.12.1	158, 287
9.1.1	290
9.4.1	154
9.10.2	154
9.12.1	158
1152a17-24	7n. 14
1158a10-14	7n. 14
1170b23-1171a16	7n. 14
1172a2-14	7n. 14
1172a8-14	7n. 13

História dos animais

9.1 608a32-608b18	235

Magna Moralia

2.3.3	7n. 12
1213b3-18	7n. 14

Política

1.1-7	506
1.1253b	348
1.1253b6-7	238
1.1260a 31	252n. 117
1.4	527

Problemas

916.26-36	200

Retórica

1.2.1-7	3n. 4
1.2.19	198
1.7.26-28	143
1.9.38	114n. 6, 116n. 13
2.4.26	299
2.13.4	284

2.20	209n. 50	12.44.2	413
2.20.4	198	15.14.3	432n. 12
2.21.2-16	380n. 15		
2.21.2	380n. 16	*Bruto*	
2.21.3-7	381n. 27	32-35, 138-150	119n. 27
2.21.5	381n. 26	124	126n. 42
2.21.11	379n. 13	138	124n. 38
2.21.13-14	286, 382n. 28, 383	145	124n. 38
2.21.14	382n. 29, 383nn. 36-37	229	123
2.21.13	383	294	124n. 38
3.12.6	120	*Cartas a amigos*	
		2.4.1	133n. 55
Tópicos		4.13.1	133n. 55
1.5.102b15	116n. 14	5.5.1	133n. 55
3.4.119a1-11	116n. 15	12.2	85
		12.2.3	100
Arriano		12.3	100
Campanhas de Alexandre		13.6	85
2.83	335	13.22	86
5.25	335	13.29	89
7.9	335	13.29.5	89
		13.49	85, 96
Ateneu			
Deipnosofistas		*Cartas ao Irmão Quinto*	
4.159A	115n. 9	1.2.12-13	154, 159
5.193D	13n. 29	1.2.14	522
6.236C-E	282	*Contra Pison*	
6.267	527	6	412n. 38
10.413-14	307n. 28		
13.610D	179n. 54	*De domo*	
15.694D-E	283n. 8	34-38	38n. 56
15.695F	282n. 7		
265D-266E	522	*De Finibus*	
		3.19.60-61	343
Augusto		3.21.69	338n. 8
Res Gestae		3.27.29	337n. 3
13-21	489n. 15	3.58	340n. 12
28.1	309n. 47, 349	5.7.18-20	342n. 20
28.2	309n. 46	*De officiis*	
49	309n. 47	1.11.35	436n. 40
Bion		1.17.54	404n. 7
Lamento por Adônis		1.38.137	157
35	168	1.121	40n. 71
		2.27	436n. 39
Cariton		3.10.42	307n. 30
Quéreas e Calirroé			
1.2.2	195n. 145	*De optimo genere oratorum*	
1.5.2	281	21	123n. 37
4.4	159	*De oratore*	
Celso		1.20	202
Sobre a medicina		1.177	431n. 9, 432n. 12
1.1.4	233	1.31.138	3n. 3
2.1	233	22.74	238
		2.2.88	244n. 30
Cícero		2.13-46	202
A Ático		2.226	206n. 37
1.12.2	433n. 20	2.341	120
11.2	524	3.27.104-105	203n. 27
11.3	524	3.33	432n. 12

3.52.201-3.54.208	126n. 42	88-100	256n. 6
5.53.205	124n. 38	88-89	162
De Republica		90	152
2.6.6	205n. 32	*Sobre a invenção retórica*	
1.1.4	148	1.15	121n. 34
		1.17	117
Discurso contra Verres		1.30.49	202
2.1.153	39n. 65	1.51-56	209n. 50
		1.82	122
Discussões de Túsculo		1.99	122
1.90	148	1.104	122
2.30-33	168	2.114	117n. 20
2.42-50	168	2.72	121
2.63	166n. 66	2.75	122
3.58-61	168	*Tópicos*	
3.83	148	10.41-45	203
4	475	18.68-71	122
4.14	148	18.84-85	122
4.23-24	162n. 59		
4.66-67	148	Corpus Inscriptionum Latinarum	
Filípicas		3.6126	435n. 31
8.32	512	4.593	434n. 24
		4.822	434n. 24
Partitiones oratoriae		4.933	434n. 24
27.96	202	4.1011	434n. 24
40	203	4.1016	434n. 24
49	123	6.1390	434n. 23
55	203	12.583.10	431n. 8
57	121n. 35	*Demétrio*	
66	123	*Estilo*	
95	123	223	208n. 44
98	123	224	208n. 45
Pro Flacco		233	133n. 56
37	133n. 55	*Demóstenes*	
Pro Lege manilia		*Cartas*	
14.41	466	2.1, 3, 8, 12	153
Pro Sestio		2.13, 21-22	153
9	436n. 41	2.25	153
		3.44	153
Pro Sexto Roscio Amerino		*Discursos*	
19	433n. 20	23.122	286
Sobre a amizade		27	34
4.15	282	27.4	34, 34n. 41
7.23	300	32.20	34
8.26	299	32.23	34
9.3	524	32.28	34
16.59-60	286	43	28n. 14
19.69	291	43.13-14	33n. 36
22	154	44.49	31
23	154	46.14	28, 31
23.59	164n. 63	*Digesto*	
24	155	1.7	38n. 56
25.93-94	300	7.8.2§§1,3	434n. 27
46-48	154	9.3.5§1	434n. 27
48,64	158	21.1.17.4-5	447n. 76
50	159n. 42	21.1.43.1	447n. 76
61	154	21.1.17.12	447n. 76
79, 85	155		

Diodoro da Sicília

5.38	514
13.15	335
13.98	335
16.54.4	185n. 96
18.5	335

Diógenes Laércio

1.87	184
6.89	316n. 93
7.94	338n. 11
7.98-99	337n. 11, 351n. 60
7.100-101	337n. 3
7.101-102	337n. 2
7.102	351n. 60
7.103	339
7.105-107	338n. 9
7.106	342n. 20
7.107	351n. 60
7.111	156
7.111,118	147
7.122	348n. 49
7.125	337n. 4
7.93	337n. 6
7.95-99	337n. 7
8.23	286n. 17
10.118	233
10.120	154

Dion Cássio

História romana

38.36-46	335
41.27	335
48.44.3	243
50.16-24	335
50.24-30	335
55.2.4	243
55.8.2	243
57.12.5	243
62.9-11	335
67.14	225

Dion Crisóstomo

A Diodoro

4	162-163

Ao povo de Alexandria

5,7,11	151
8	150
15	161n. 51
24	150
32.11	150
33	157

Aos nicomédios

11.41.47-48	165

Discurso ístmico

8	160
9.7-9	150

Discursos

4.42	282
15.2	529
15.29	529
18.8	179n. 53
31.110	307n. 29
32.5, 7, 11	257
32.39	144
33.9	256n. 6
34.20	322n. 123
36.30	321n. 120
38.11	293, 296
38.15, 45-47	293
38.22	293, 296n. 32, 300n. 38
38.46	300n. 38
40.16	296
40.28	300n. 38
41.10	300n. 38
55.4-5	209
57	58
66.5	307n. 29
73	10n. 22
74	10n. 22
77/78.38	256n. 6

Homero

4 in 2Cor. 4	157n. 37

Primeiro discurso társico

15	150

Realeza

3.100-103	158

Dion de Prusa

Or. 3.55	437

Dionísio da Trácia

Ars. gram.

1	177n. 40
2-4	179n. 50
6-10	177n. 38
11-22	177n. 39
12	178n. 48

Dionísio de Halicarnasso

Antiguidades romanas

2.9	431n. 8
2.9.2	431n. 9
2.9.3	433n. 18
2.10	432n. 11
2.10.1	432nn. 12-13
2.10.4	431n. 9, 432nn. 11 e 15, 433, 433n. 19
2.11.1	436n. 40
2.45.3	297
2.45.4	297
2.46.1	297
2.59.7.4	322n. 123
3.5.4	297
3.7.3	297
3.7.5	297
3.8.3, 5	297
3.8.4	297
3.9.2, 3	297

3.9.3	298	2.9	10n. 21
4.20.4.2	322n. 123	2.17.29-33	307n. 31
4.23.6	433n. 19	2.27	180n. 57
5.30.1–5.31.4	297n. 34	2.6.16-17	168
5.30.2	286n. 17	2.12.17-25	150
5.34.4	296n. 32	2.9.15	XXIII
5.49.2	297	2.10.15	352n. 63
6.6	335	2.10.19	352n. 63
8.15.1.8	322n. 123	2.19.7	178n. 47
8.34.2	286n. 17	2.22.6-7	465
9.41.5	433n. 16	2.22.35	149n. 8
10.18.2	310n. 54	3.1.1, 34	180n. 57
11.9.1	162	3.1.10-11	151
11.36	433n. 19	3.13	10n. 23
11.43	310n. 54	3.16	9nn. 18-19, 13n. 29
13.5.1	432n. 11	3.19	10n. 21
		3.21	10n. 21
Carta a Pompeu Gêmino		3.22	16n. 38
6	201n. 20	3.22.37	344n. 29
		3.22.43	554n. 36
De compositione verborum		3.22.45-50	209
25	173n. 13	3.22.69	347
		3.22.94, 97-98	160
Fabius		3.22.95	140n. 76
9.9	335	3.23.30, 37	151
		3.24	10n. 21
Sobre os discursos epidícticos		3.24.95	323
258	131	3.24.95-99	315n. 84
259	131	3.25.1-6	166n. 65
260	131	3.25.10	352n. 63
266	131	3.26.25	344n. 29, 352n. 63
275	131	3.26.29	315n. 85
289	131	4.1.33-37	238
		4.1.76-79	238
Doxaptres		4.1.120	352n. 63
Hom. In Aphth.		4.1.133	342n. 19
2.125, 15-22	181n. 64	4.1.167	343n. 23
2.138, 16-17	181n. 66	4.2	9nn. 18 e 20, 13n. 29
2.497, 12-24	183n. 76	4.4.30-32	166n. 65
		4.4.32	352n. 63
Enéas Tático		4.8	10n. 21
Asclepiodotus Onasamder		4.9.10	352n. 63
		4.12-18	352n. 63
9.3	328n. 153	4.13	10n. 22
350	310n. 58	24.24-26	180n. 57
Epicteto		*Enchiridion*	
Discursos		11	346
1.1.12, 22	168	16.1	154
1.2	10n. 21	19.2	166
1.2.25-29, 37	307n. 31	34	149n. 8, 166n. 66
1.4	329n. 155, 344n. 27		
1.4.13	307n. 31	*Fragmentos*	
1.6.29	168	9	146
1.9.16	315n. 84		
1.11.11	352n. 63	Ésquilo	
1.12.27	157n. 41	*Eumênides*	
1.14.13-17	315n. 84	296	327n. 146
1.14.15	310n. 52		
1.18,21-23	166	Estobeu	
1.19	10n. 21	*Ecl.*	
1.20.11	352n. 63		
1.24.1-2	307n. 31	2.7.5a	337n. 2
1.28.13	344n. 29	2.7.5a-5b2	337n. 7

2.7.5b2	337n. 5	XIXb	256, 266
2.7.5b5, 7	337n. 4	XXIa	261
2.7.5d	338n. 11	XXIIb	152
2.7.5o	345n. 32	XXIIIa	257
2.7.7	338n. 8	XXIIIb	257, 261
2.7.7b	338	XXIVa	261
2.7.7d	342n. 20		
2.7.7f-g	338n. 9	*Fragmentos*	
2.7.7f	338	1	257
2.7.7g	339	2	257
2.7.11a	346n. 39	7	258, 271
2.7.11i	347n. 43	12	152, 257
4.22a.21	344n. 26	13	152
4.22a.22	346	14	10n. 22, 272n. 31
		16	264n. 20
Flor.		31	152, 157n. 38
3.13.42	151, 157	32	257
3.13.63	160	36	261
5.48.16-31	167n. 68	37-38	160
		37	257n. 8
Estrabão		38	257
Geogr.		39-42	10n. 22
1.2.3-8	201	47-49	10n. 22
3.4.14	228	53-55	10n. 22
4.1.11	228	58	258-259
7.3.9	201n. 20	60	258
14.5.2	511	61-62	152
		62	257
Eurípides		70	257
Hipólito		71	259, 267
1.87	284	78	257n. 8
252-257	285n. 13	79	257n. 8
		82	157n. 38
Ifigênia em Áulis		83	259
1375	237	84	257
1379-80	249		
1379	237	*Retórica*	
1395-1398	238	2.25	12n. 29
1395-1401	249		
1503, 1553, 1555, 1559-1560	238	Filóstrato	
		Vita Apoll.	
Íon		4.22	309n. 42
8	196n. 151	4.25	208n. 44
Medéia		*Vit. Soph.*	
1077-80	460	531, 532-33	185n. 92
		542-43	184n. 90
Orestes		562-563	159
1155-1158	288	588	174n. 17
		616	185n. 92
Eustácio			
1574.18	283n. 8	Fronton	
		Ad amicos	
Filodemo		1.1	83
Sobre a crítica franca (Lib.)		1.1.1	84n. 10
		1.3	93
Colunas		1.4	89, 95, 103
Ib	160	1.5	84
VIII	260		
VIIIb	256, 259-260, 275	*Ad M. Ceas.*	
Xb	257	5.59	159
XVa	152		
XVIb	152, 257	*Ad Ver. Imp.*	
XVIIb	257	2.7.6	86

Gaio

1.190	40n. 66
1.99-107	38n. 56
1.102	39
1.103	39
1.97	38
2.136	39

Gélio
Noctes atticae

5.13.2	431-432n. 9
5.13.4	431n. 8
5.13.5	39
5.13.6	432n. 12
5.19.1-14	38n. 56
5.19.9	39
5.19.10	39
13.20.8	432n. 15
20.1.40	431n. 8, 431-432n. 9, 432n. 11

Gnomologium Vaticanum

116,487	160
273	158

Hermógenes
Progymnasmata

2	129
7	189n. 114, 190n. 116, 191n.n. 122, 127
9	182nn. 72 e 75, 183n. 77, 189n. 108

Hermogeniano
Digesta

19.1.49 pr.	435n. 35

Herodes Ático
Sobre o governo

6	297

Herodiano

2.10	335
3.6	335
8.3	335

Heródoto

2.91	305n. 17
6.127	305n. 16

Homero
Ilíada

1.1	178
1.260-68	58
1.273-74	58
2.23.89-90	291
2.356	487
2.362	322n.124
2.416	178
4.360-361	281
6.206-10	486
9.648	487
16.21-45	282
22.59	178
22.262-265	281
22.483-499	430n. 2

Odisséia

1.234	430n. 2
6.180-185	281
15.195-198	281

Horácio
Cartas

1.7.37	434n. 23
2.1.104	432n. 12

Sátiras

1.4.103-29	205n. 31
2.2.23	326n. 139
2.8.7	411n. 33
2.8.18-24	411n. 33

Iseu

1	28n. 14
1.41	32
2	28n. 14
2.1	31
2.10	34
2.14	33
2.36	42n. 78
2.41-43	35
2.46	31
3	28n. 14
3.59	30
3.60-61	32
4	28n. 14
5	28n. 14
6	28n. 14
6.5	32
6.28	30
6.63	31-32
7	28n. 14, 30n. 33
7.14-16	33
7.16	31
8.34	30n. 24
9	28n. 14
9.7-8	33n. 38
10	28n. 14
10.10	30
10.17	35, 43

Isócrates
Ad Demonicum

1.38	157

Ad Nicoclem

53	148n. 7

Antidosis

84	201

Cartas

9.12	162
15.221	460

Evágoras

76	201

Panegírico

4.130	160
8.72	160

Sobre a paz
72   5n. 8

Jâmblico
Vit. Pyth.
40   286n. 17
237-239   301

Juliano
Cartas
68   153n. 27

Discursos
5.171B-C   13n. 29
6.201A-C   256n. 6
8.240A-B   159
8.241C   159

Diálogo com Trifão
121.2   321n. 122

Justiniano
Digesto
1.5.4.1   506

Inst.
1.3.2   506

Justino

Juvenal
Sátiras
1.95   434n. 22
1.95-102   409n. 27
13.2-3   149
13.192-198   148n. 7
3.127-130   409n. 27

Libânio
Progymnasmata
3, Elaboração da Chreia 1   288

Lísias
12.40   331n. 168
32.8   34
32.16   34

Lívio, Tito
AUC Proem. 10   206
5.32.8   432n. 11, 433n. 16
5.51.8   201n. 21
26.32.8   436n. 39
34.4.9   432n. 11
37.45.2   436n. 40
38.51.6   434n. 22
38.60.9   432n. 11
40.46.12   298
41.10   201n. 21
45.40.6   201n. 21

Longino
Sobre o sublime
33-36   119n. 28

Luciano
A casa (De domo)
4   237
21   237

A jornada descendente/O tirano (Cat.)
27   183n. 76

Alexandre, o falso profeta (Alex.)
47   151n. 22

Calumnia
12   316n. 95

Demonax
6   153n. 26
7   157
55   157

Fug.
12   157
18   153n. 26

Hermotimus
24   527
51   151, 163

Icaromenippus
30   160

Jupp. trag.
23   157

Merc. cond.
12.23   49n. 112
42   149n. 8

Nigrinus
4,35   152

O pescador (Pisc.)
20   150, 150n. 16

Diálogos dos deuses (Deor. Conc.)
2   160

Peregr.
18   150
32   150n. 16

A crítica enganosa (Pseudol.)
3   157, 160

Saturnalia
13   241

Symposium
5   180n. 55
6, 26   180n. 55
11   180n. 55
13-14   241

Toxaris
6-7   159
7,9   154

20.36-37	154	2.404.2	130
46	154	2.412.16	130
		2.416-17	131
Vit. auct.		2.421.2-10	131n. 48
7	153n. 26	2.425.8	131n. 48
		2.427.1	131n. 48
Macróbio		575	288
Saturnalia		813K	164n. 63
1.7.33	434n. 28	Musônio	
Marco Aurélio		*Dis.*	
7.9	248n. 102	13A	422n. 74
8.53	149n. 8	*Frg.*	
9.32	156		
11.6.2	160	1.32.24-26	345n. 32
12.16	149n. 8	3.42.10	345n. 31
		8.66.11	345n. 31
Marcial		9.74.2	352n. 63
1.55.5-6	434n. 22	10.78.16	345n. 31
1.59	434n. 22	13A	234
1.108	434n. 22	14.92.31	345n. 31
2.6.1-4	412n. 35	15.96.19	352n. 63
2.18	434n. 22	16.104.33	345n. 31
2.74	434n. 22	18B.118.5-7	345n.22
3.36	434n. 22		
3.38.11	434n. 22	Nicolau	
3.60	411n. 34	*Progymnasmata*	
4.8.1	409n. 27	10	187n. 102
4.40.1	434n. 22		
5.24	308n. 35	Onasander	
6.88	434n. 22	*O general (Strategicus)*	
7.32	308n. 39		
7.82	308n. 39	1.1	311
9.100.2	434nn. 22 e 26	4.1	352n. 41
12.68.1-2	434n. 22	4.3-6	311
14.45-48	308n. 39	5	324n. 128, 311
14.163	308n. 39	6	311
		24	323n. 124
Máximo de Tiro		10	311
Diss.		13	311
1.4	307n. 32	14	311
1.5-18.3	15	33.1	312n. 68
		36.2	311n. 62
Or.		36.23	311, 311n. 62
1.3	315n. 88	Paulo	
5.3	315n. 87	*Dig.*	
14	256n. 6		
14.3	154	38.1.37 pr.	430 n.5
14.5	154	49.15.7§1	436n. 39
Menandro		Pausânias	
1.337.31-32	129	*Descrição da Grécia*	
2.372.20	118n. 22	6.13.1-4	487
2.376.31	118n. 23	8.48.2-3	306n. 22
2.377.9	118n. 23		
2.380.9	129	*Peri epideiktikon*	
2.380.25	129	2.9	168
2.381.5	129		
2.381.29-32	130	Platão	
2.383.13	130	*Apologia*	
2.386.10-22	130		
2.386.19	115n. 8	28.d5-29a.1	315
2.402.21	130	40D-E	344n. 29

Banquete
178E	322n. 124
179B-180B	154n. 29
193B	296

Fédon
62C	344n. 25

Górgias
472D-479D	148n. 7
473A	236

Íon
540D	311n. 60

Leis
658A	305n. 17

República
I 351-352D	236
2.371C	98
2.380D	13n. 33, 21n. 49
4.434D-444A	538
4.443C-E	538
9	474
9.588C-591B	462
606E	200
5462B	330n. 160

Plauto
Menaechmi
574	433n. 16

Plínio, o Moço
Cartas
2.13	87
2.13.4	87, 102
2.13.5	87
3.2.5	103
4.1	436n. 41
5.8.4-5	205n. 31
6.8	435n. 30
6.11	202
8.14	205n. 31
8.14.4-6	202
8.23	202
8.32.2	205n. 31
9.21	522
9.24	522
10.2.1	88
10.4	88
10.4.6	85
10.12	88
10.12.2	88
10.87	89
10.87.3	86, 89
10.112-13	27

Panegírico
2.21	437n. 45

Plínio, o Velho
História natural
7.12.56	511
7.61	432n. 15
33.153	235
34.17	434n. 23

Plutarco
Aem.
1.1-3	206n. 35

Amatorius
750D-771C	423n. 79

Amic. Mult.
93E	281
95A	166
95F-96D	158
96A	154
96B	154
96C-D	154
96D	159
96E-F	159n. 42
97A	159n. 42

An. corp.
500D	161n. 48

An. vit.
498D	149

Ant.
60	466

Caes.
15.3	510

Cat. Maj.
3.4	202
24	432n. 15

Cohib. Ira
464C-D	159

Como distinguir um adulador de um amigo
49F	158
51C	256-257
51E	159n. 42
52A	261
52B	5n. 7, 64n. 16, 261
52F-53A	64n. 16
55B-E	261
55B	257
56A	267
58F	258n. 9
59C	259, 267
59D	257, 259
59F	272n. 32
61D	257, 261, 273
61E	261
63B	257
64C	257, 267
66A	257
66B	257

66E-67A	257	*Lib. Aegr.*	
66F-67A	265, 282n. 6	1,7	147
67A	282n. 6		
67B	276n. 41	*[Lib. ed.]*	
67E	260n. 15	13D-E	157
68C-D	257		
68C	260, 267	*Mar.*	
69A-C	257	5	433n. 19
69A	151		
69E-F	260, 271	*Mor.*	
69E	258	1A-48D	235
70D	276n. 42	243	119n. 30
70F-71C	157n. 40	7.539-47	215n. 96
71A	259	8.14	27
71D	257	345C-351B	119
71E	260	446F	464
71F	260	541-543	140n. 75
72A	261	562F	43
72C	258n. 13, 267	750C	119
72D	261, 275	750D	234
73A	261, 263, 267	751B	119, 234
73B	260	751C	234
73D	257	757C-758C	119
74A	263	760D	119
74D	257	769A-D	234
74E	273	834B	43, 43n. 82
		955D-958E	119
Como estudar poesia		959A-985C	119
14E-37B	235	993A-999B	244
16A, D	236	1131B-1147A	235
17-22, 35	236		
36A, 36E	236	*Pel.*	
		3	291
[Cons. Apoll.]			
102A	167n. 68	*Péricles*	
104C-106C, 112D	168	2.3-4	201
113A	168		
		Pyrrh.	
Conselhos conjugais		16.7-8	322n. 123
140B	244		
144B	235, 246	*Rec. rat. aud.*	
		46D	152
Conversa à mesa		47A	152
615D-619	241		
		Rom.	
De laude		13	431n. 7, 432n. 11
539E-F	72		
540A-B	71	*Sera*	
540C	71	549F-550A	159n. 45
541A-C	73	550E-F	159, 159n. 45
541C-F	72	551C-E	159
541F-542A	72	551C	159
542B-C	73	554A-B	149
542E-543A	73	554E-F	149
543A-F	73	556A	148
543F-544B	73	564B-C	156
544C	74	566E	148
544D-F	72		
544F-545C	71	*Sobre a fortuna de Alexandre*	
545A	71	326D-345B	119
545D-546A	71		
		Sobre a virtude moral	
Fac.		3.441B-C	541n. 17
921-22	316n. 93		

Sobre o louvor inofensivo de si mesmo

539D	59
539E-F	60
540A-C	59-60
541A-C	60
541F-542A	60
542B-C	60
542E-543A	61
543A-F	61
544A-B	61
544F-545C	60
545A	60
545D-546A	60

Stoic rep.

1046E	337n.4

Superst.

168C	157

Tranq. an.

476E-477B	149

Virt. mor.

452D	151

Vit. prof.

82C	152

[Vit. X orat.]

842D	160

Políbio

1.27	335
2.13.1	329n. 156
2.37.10	329n. 156
3.44	335
3.63-64	335
3.108	335
3.111	335
4.52.6	296n. 32
6.53-55	201
8.21	237
10.21	201n. 20
11.28, 31	335
15.10-111	335
20.10	335
21.16.19	296n. 32
38.4.2-4	162

Polieno

Strategemata

2.10.2	314n. 76
3.11.1	312n. 66
8.23.15	329n. 158
8.23.22	329n. 158

Proclo

Dig.

49.15.7§1	432n. 11

Propércio

3.11.5-8	206

Pseudo-Aristóteles

Mund.

6 379b 14-15	248n. 102

Pseudo-Crates

Carta

35	168

Pseudo-Demétrio

Tipos epistolares

30, 3-4 e 20	3n. 5

Form. ep.

6	157

Pseudo-Diógenes

Cartas

5	166n. 65
12	166n. 66
29.1, 4	160
29.2-3	160
31	166n. 65
33	166

Pseudo-Dionísio

285.5-10	306n. 26
286.5-9	307n. 27

Pseudo-Heráclito

Cartas

4.3	166n. 66
5.3	153n. 26
7.2-10	153n. 26
7.2	160
7.4	160
9.3	160
9.8	160

Pseudo-Hipócrates

Cartas

17.40	151n. 19, 160
17.45	151
17.19-20, 34	151
17.20-21	151

Pseudo-Libânio

Charact. Ep.

19	153
43	152n. 25
66	154
90	152

Pseudo-Ocelo Lucano

De univ. nat.

48	346n. 39

Pseudo-Sócrates

Cartas

1.7	162
12	160
24	150

Quintiliano

Inst. Or.

1.1.24-29	173n. 13
1.1.35	176n. 32
1.2.4-5	205n. 31
1.8.1-12	179n. 52
2.1-8	204
2.1.35-36	204
2.2.8	204
2.4.1-21	113n. 1
2.4.20	125
2.13.13	238
3.7.10-18	82n. 1
3.8.33-34	117
3.8.49	129n. 45
4.1.66-69	129n. 45
4.2.99	126
4.2.106	129n. 45
5.10.73	209n. 50
5.10.91	126
5.10.120	114n. 5
5.10.125	125
5.11	203
5.11.1-2	203n. 28
5.11.7	125
5.13.12	117n. 21
7.2.10-11	126
7.2.22	127
7.2.25	127
7.4.12	127
7.6.2	127
8.3.71	44n. 84
8.4.3	125
8.4.9	126
8.5.3-34	379
8.5.9-34	380
8.5.19	125
8.5.21	125
8.6.4	125
8.6.19	41
8.6.69	125
9.2.2	125
9.2.29-37	188n. 107
9.2.38-39	189n. 111
9.2.100	126
9.2.102	126n. 42
9.3.1	126n. 42
9.3.32	114n. 7
10.1.105	119n. 29
11.1.15-28	59
11.1.17-18	70
11.1.21	70
11.1.23	70, 73
12.2.1	204
12.2.2	205n. 32
12.10.51, 53-55	120

Retórica para Herênio

1.24-25	121
2.50	121
2.6	121

Rufo

Rhet.

1	183n. 81
2	183n. 82
3-41	183n. 83
17	184n. 84
17-20	184n. 85
21-25	184n. 86
27-34	184n. 87

Salústio

Bell. Jug.

4	201

Sêneca

Ben.

2.22.1	XX
3.18.2	349n. 57
3.28.1-2	349n. 56
4.40.3	294
5.11.1	XX
6.33	434n. 22

Brev. vit.

17.5-6	345n. 36

Cartas

4.4	516
5.7	164
6.2	154
6.3	158
6.5	202, 205n. 32, 206
7	9n. 17
9.10-12	154n. 29
9.18-19	167
13.13	164
14.7	162n. 59
23.2	164
24.1	164
24.17-21	162n. 54
32	344n. 27
37.1-2	317n. 101
42.9	345n. 36
47	238, 347n. 42, 506
47.1	528
47.10	349n. 56, 529
47.17	345n. 36, 348n. 45
48.2-4	154
55.8-11	166
59.2	156
59.7-8	315n. 86
63.3	166
64.9	206n. 37
70.8-9	345n. 36
70.19-26	516
71.11-16	168
71.14	164
71.37	166
75	208n. 45
75.1	206
76.22	206

77.14-15	516	2.6.2	159
78.1-2	343n. 22	2.24.2-4	345n. 36
78.15-21	167	3.26.2	148
80.9	511	2.30.1	345n. 36
82.10-11	340n. 12	2.30.2	148
85.29	166	3.36.3	149
92.11-13	340		
92.30-35	162n. 54	*Polyb.*	
92.31-32	161n. 48	1.1-4	168
94.10.27, 44	381nn. 26 e 27	12.2	167n. 68
94.39	157	15.3	166n. 65
94.42	206	16.3	166n. 65
95.65	206	17.1-2	166
96.1	345n. 36		
96.5	315n. 86	*Prov.*	
98.13	206	5.5	345n. 36
99.2	345n. 36		
99.5, 13	164	*Tranq.*	
99.15	148	10.3	529
101.4	164	11.10, 12	345n. 36
102.21-30	162n. 54	*Vit. beat.*	
102.30	206		
103	9n. 17	4.2	166
104.3	343n. 22	8.3	166
104.21-22	206	26.5	151
107.9-10	323n. 126		
107.9	330n. 160	Sexto Empírico	
120.13-19	162n. 54	*Math.*	
		2.54	162
Controversiae		Sextus Julius Frontinus	
1 pr. 24	382n. 34, 384n. 41, 390	*Strategemata*	
4 prefácio 10	239	4.1.4	310n. 52
1.1.3	380n. 20	Sinésio	
2.4.9	380n. 19	*Cartas*	
7.6.15	380n. 19	138	208n. 44
9.2.23	380n. 19		
10.1.14	380n. 19	Sófocles	
10.2.10	380n. 19	*Ájax*	
		620	285
De Clementia		678-682	285
1.9.1	205n. 31	683	285
1.24.1	509	1053	285
De Const.		1359	285
9.2.27	205n. 32	1376-1377	286
10.2.16	205n. 31	1378-1380	286
13.2, 5	XXIII	1381-1399	286
		1383	286
Dial.		Sorano	
1.2.2	166	*Ginecologia*	
2.5.7	167	1.7.32	233
2.6.6	167		
2.10.2-3	156	Stoicorum Veterum Fragmenta	
2.10.4	166	1.51.26-31	147
Helv.		2.95-96	541n. 17
2.2	166	3.39	541n. 16
5.5	166	3.67.20-22	465
		3.67.45-68.2	465
Ira		3.94.14-15	147
1.15.1	157	3.95.17-18	147
2.6.1	156	3.95.24-25	147

3.95.41-43	147	Terêncio	
3.100.29	156	*O eunuco*	
3.100.33	152	885	431n. 9
3.102.40	162n. 59	1039	431n. 9
3.104	541n. 16	2.12.21	300
3.105.17-18	156		
3.129.9	166n. 66	*Tituli Ulpiani*	
3.149.18-24	152	5.3-5	360
3.149.20-24	148		
3.150.24-27	152	Tucídides	
3.214, 202	541n. 17	*História da Guerra do Peloponeso*	
3.264	550n. 32	2, 41.5	490
3.377-420	541n. 18	2, 43.2-5	490
3.391-94	541n. 20	2, 44.4	490
3.431-42	541n. 19	2.60.4	334
3.495	548n. 28	2.87	334
3.525	541n. 16	2.89	334
		3.17	331n. 167
Suetônio		4.10	334
Aug.		4.93.1	334
46	309n. 46	4.95	334
67	508	4.126.1	334
		4.127.1	334
Nero		5.9.10	334
16.2	249	5.69.1-2	334
Vesp.		6.68	334
2.2	434n. 22	7.28	331n. 168
		7.63.3	334
Tácito		7.66	334
Anais		8.76.3	334
3.55	201n. 21	Ulpiano	
3.55.2	433	*Digesto*	
4.33	201n. 21	50.16.195.1-4	403n. 2
11.5	432n. 12		
14.42-45	505n. 1	Valério Máximo	
15.44	249	2.1.2	242, 252
15.57	201n. 21	2.7	315n. 89
16.22	434n. 27	4.7 praef.	295
Dial.		5.10.2	40n. 71
3	432n. 12	1356a.35-b.6	201
Hist.		Vegécio	
1.4	433	*Epítome da ciência militar*	
2.13, 47	201n. 21	1.26	314n. 75
3.51, 67	201n. 21	2.11	313n. 71
Temístio		Vetrúvio	
Or.		*Sobre a arquitetura*	
22.269, 270, 274	154	6.7.1-5	242, 252
Teofilacto		Xenofonte	
3.13	335	*Anábase*	
22.13-14	335	2.3.2	327n. 145
		3.1.20-24	335
Teon		3.1.37	312n. 70
Progymnasmata		3.1.42-44	335
2.111, 1-3	191n. 128	3.2.8-32	335
2.115, 20-22	187n. 102		
2.115	312n. 65	Ciro	
2.59, 5-11	181n. 61	1.4	335
8.43-50	3n. 6	1.4.16	331n. 168

6.3.21	324n. 129, 327n. 146	**MISCELÂNEA**	
6.4.12	335	Óstraca	
8.2.24-25	327n. 146, 330n. 159	O. ROM inv. 906.8.522	174n. 20
Memorabilia		*O. Vindob. G.*	
1.2.1	460	285	174n. 21
1.5.1-6	465	565	174n. 19
2.1.11	98		
2.4.1	288	Papiros	
3.1	312n. 68	*PBouriant 1*	173, 175, 175nn. 26 e 27,
Symp.			176nn. 31 e 33, 176, 186, 186n. 100
8.32	332n. 124	*Pgen. Inv. 108*	412n. 36
Xenofonte de Éfeso		Pgiss. 17	413
5.1.2-11	171n. 1	*P. Vindob. G.*	
Zaleuco		23624	174n. 22
Prooem.		26011	175n. 24
226.18-21	298n. 36	36016	175n. 24
227.29-31	298n. 35	41103	185n. 93

ÍNDICE DOS AUTORES MODERNOS

Achtemeier, P., 449n. 80
Adams, D., 249n. 106
Adinolfi, M., 212n. 70
Agosto, E, 91n. 16
Ahl, F., 255n. 2
Albl, M. C., 211n. 65; 213n. 14
Aletti, J.-N., 138n. 68
Alföldy, G., 435n. 36; 436n. 37
Allison, P., 363n. 32
Ameling, W., 183n. 80
Anderson, R. D., 82n. 1; 113n. 2; 115n. 10; 120n. 32; 124n. 39; 132n. 52; 133n. 54; 134n. 57-58; 135n. 60; 138n. 69; 183,n. 179; 193n. 140; 194n. 142; 209n. 50
Annas, J., 539n. 11
Applebaum, S., 232n. 41
Artz, P., 524n. 56
Ascough, R. S., 415n. 47
Assion, P., 197n. 2
Atherton, K., 176n. 36
Auguet, R., 308n. 35
Aune, D. E., 341n. 15; 425n. 84; 519n. 38
Avigad, N., 232n. 41
Axelrad, S., 444n. 64

Baasland, E., 206n. 38; 344n. 26
Babut, D., 200n. 12
Bakirtzis, C., 415n. 44
Balch, D. L., 121n. 33;179n. 54; 224nn. 1-2, 4, 6-8; 225n. 13; 226n. 15; 227nn. 19-20; 232n. 37; 233nn. 46, 48;235nn. 51, 55; 241nn. 73, 75; 242n. 78; 244n. 83; 245nn. 86-87; 246n. 89; 247n. 96; 248n. 99; 249nn. 105, 108; 250n. 110; 362n. 30; 370n. 19; 415n. 47; 416nn. 52, 54; 419nn. 65-66; 422nn. 74-75; 423n. 79; 425n. 84; 515n. 28; 532n. 77
Baldwin, C. S., 128n. 43; 129n. 46
Balsdon, J. P. V. D., 361n. 22
Banks, R., 97n. 31
Barbaglio, G., 216n. 100
Barclay, J. M. G., 233n. 44; 395n. 71; 544n. 23
Barker, A. D., 317n. 99
Barré, M., 245n. 85
Barrett, C. K. , 104n. 55; 142n. 85; 155n. 31, 33; 160n. 46; 161n. 48; 492n. 23
Barrow, R. H., 516n. 31
Bartchy, S. S., 250n. 112; 398n. 86; 419n. 65; 420n. 68; 512n. 19; 517n. 32; 522n. 46; 526n. 63
Barton, C. A., 308n. 35; 317n. 101
Basevi, C., 118n. 24
Bash, A., 330n. 160
Bassler, J. M., 108n. 66; 273n. 34
Baumann, R., 445n. 69
Baus, K., 330n. 161
Beare, F. W., 103n. 52;

Bek, L., 411n. 32
Beker, J. C., 46nn. 93, 95; 54n. 137
Bellen, H., 505n. 2
Belleville, L., 44n. 85
Benin, S. D., 13n. 31
Benko, S., 501n. 62
Berbuir, E., 445n. 69
Berger, K., 54n. 133
Berry, J., 410n. 29
Berry, K. L., 331n. 170; 418n. 62
Bertram, G., 499n. 53
Best, E., 92n. 20; 94nn. 24, 27; 95n. 28
Betz, H. D., 42n. 80; 43n. 83; 49n. 110; 50n. 116; 51n. 126; 52nn. 129, 131; 61n. 8; 143n. 87; 185n. 95; 192nn. 129-133; 193n. 136; 248n. 103; 391n. 61; 392n. 62; 394n. 68; 395
Beutler, J., 132nn. 51-52
Bieringer, R., 61n. 8; 397n. 77
Bilde, P. G., 411n. 32
Birch, B. C., 394n. 66
Bishop, M. C., 318n. 106
Black, M., 485n. 1
Blake, M. E., 224n. 6
Blech, M., 330n. 161
Bloomer, W. M., 200nn. 15,17-18; 407n. 17
Blue, B., 223n. 1
Blundell, M. W., 285n. 14
Böcher, O., 155n. 31
Bockmuehl, M., 212n. 73
Bömer ,F., 249n. 108; 549n. 30
Bonnard, A., 312n. 67
Bonner, S. F. 173nn. 3,12; 179nn. 50-51; 180n. 56
Booth, A., 173n. 10
Borgen, P., 149n. 9; 485n. 2
Borkowski, A., 356n. 5
Bornecque, H., 201n. 16
Borse, U., 210n. 53
Botha, P., 133n. 55
Bowersock, G. W., 308n. 36; 309n. 44
Bowman, A., 27n. 12
Bradley, K. R., 240n. 72; 362nn. 25, 28, 29; 505n. 2; 513n. 21; 514n. 23; 515nn. 25, 27; 516n. 31; 522n. 62; 528n. 66
Branson, M. L., 392n. 63
Brant, J. A. A., 211n. 65; 213nn. 77, 79; 214n. 86; 215n. 97
Braund, S. M., 147n. 2
Brennan, T., 541n. 18
Brewer, D. I., 366n. 44
Brewer, R. R., 325nn. 132-133
Breytenbach, C., 296n. 32
Brockmeyer, N., 505n. 2
Brodner, E., 308nn. 38-39
Brooten, B., 366n. 44; 482n. 50

Bruce, F. F., 94n. 24; 196n. 151
Brunschwig, J., 475n. 34
Brunt, P. A., 506n. 4
Buller, J. L., 168n. 73
Bullinger, E. W., 389n. 55
Bultmann, R., 21n. 49; 316n. 94; 492n. 23; 499n. 56; 516n. 30
Burgess, T. C., 307n. 27; 311nn. 63-64; 312n. 65; 355n. 176
Burk, E., 232n. 38
Butts, J. R., 125n. 41; 383n. 35
Byrne, B., 46n. 97; 48n. 103; 498n. 51

Callahan, A. D., 532n. 79
Campbell, B., 310nn. 50, 53; 314n. 81
Cancik, H., 232n. 38
Caplan, H., 382n. 33
Carcopino, J., 515n. 27
Carey, C., 28n. 15
Carrié, J. M., 326n. 138
Carter, H. V., 201n. 16
Cartledge, P., 29n. 21; 238n. 59
Casciaro, J. M., 248n. 99
Casels, O., 315n. 83
Castelli, E. A., 211n. 66
Champlin, E., 356n. 7
Chapa, J., 118n. 24
Chow, J. K., 108nn. 65, 67; 418n. 64
Christ, F., 53n. 132
Christoffersson, O., 168n. 71
Christophersen, A., 499n. 52
Clark, D. L., 208n. 43
Clark, J. R., 410n. 31
Clarke, A. D., 440n. 58
Clarke, J. R., 358n. 10
Clarke, M. L., 378n. 9
Classen, C. J., 133n. 55
Cohen, S. J. D., 364n. 36
Cohick, L. H., 226n. 14
Cole, S. G., 179n. 55
Collart, P., 172n. 3; 173n. 14; 174n. 15; 177nn. 41, 43; 321n. 116; 325n. 132; 328nn. 149,152; 331nn. 163-164
Collins, A. Y., 243n. 82
Collins, J. J., 303nn. 1-2
Collins, R. F., 211n. 63; 348n. 44; 492n. 22
Connolly, P., 303n. 74
Connor, W. R., 284n. 12
Conzelmann, H., 186n. 97; 248n. 102; 492n. 21; 530n. 72
Cooper, J., 475n. 33
Cosgrove, C. H., 41n. 73; 45n. 92
Cotton, H., 27n. 13; 82n. 2; 83n. 7; 86n. 11; 89nn. 13-14
Coulston, J. C. N., 318n. 106
Cousar, C., 52n. 131
Cranfield, C. E. B., 54n. 134; 105n. 55; 225n. 10; 365n. 41; 499n. 56
Cribiore, R., 172nn. 4-5; 174nn. 15-16, 21, 23; 175nn. 24, 30; 177n. 41; 178nn. 44-46; 185n. 93
Crook, J., 37nn. 50, 53; 39n. 60; 40n. 67; 356n. 7; 405nn. 11, 14
Croy, N. C., 150n. 14
Culpepper, R. A., 273n. 33

Dahl, N. A., 275n. 41; 416n. 54
D'Angelo, M. R., 365n. 41
Danker, F. W., 321n. 122; 330n. 160; 417n. 58; 421n. 72
D'Arms, J., 410n. 28; 511n. 16
David, W. H., 524n. 56
Davidson, D., 41n. 74
Davies, M., 164n. 64
Davis, B. S., 195n. 148; 248n. 103
Debut, J., 172n. 4;175n. 28
de Gruyter, W., 206n. 38
Deiss, J. J., 224n. 4
Deissmann, A., 185n. 95; 524n. 56
Deku, H., 149n. 8
de Luce, J., 35n. 43
Deming, W., 243n. 81; 344n. 26; 345nn. 33-36; 346nn. 37-38; 346n. 40; 347nn. 41-42; 348n. 46; 353n. 66; 355n. 1; 368nn. 46-47; 397n. 77; 520n. 40
Derrett, J. D. M., 366n. 44
de Silva, D. A., 63n. 12; 452n. 87; 490nn. 17-19; 492n. 20
Devine, A. M., 313n. 72
DeVoto, J. G., 313n. 72
Dewey, A. J., 63n. 13
de Witt, N. W., 258n. 11
Dibelius, M., 326n. 137; 327n. 143; 506n. 4
Dickmann, J. A., 409n. 26
Diller, H., 206n. 38
Dillon, J., 475n. 35
Dilts, M. R., 183n. 79
Dixon, S., 359n. 13; 360n. 16; 362n. 26
Dodd, B. J., 209nn. 47-49; 210nn. 58-59, 61; 211n. 62; 211n. 66; 212n. 70; 213n. 80; 214nn. 82-84, 87, 91; 215nn. 92-93, 95-96; 217nn. 106, 109-113; 218nn. 114-123; 219nn. 125-128
Dodge, H., 337n. 7
Donfried, K. P., 132nn. 51-52; 134n. 59; 365n. 40
Donner, H., 26n. 7
Doran, R., 303n. 1
Dornseiff, F., 205n. 33
Dover, K., 460n. 1
Downing, G. F., 180n. 58; 485n. 3
Droge, A. J., 343n. 21; 344n. 25; 345n. 30
DuBois, P., 358n. 11
Dunn, J. D. G., 48n. 104; 52nn. 129, 131; 135n. 64; 139n. 70; 142n. 86; 394n. 68; 445n. 69; 494nn. 36-37; 498n. 51; 499nn. 56-57; 516n. 31
Dupont, F., 326n. 139

Eadie, J. W., 206n. 35
Ebner, M., n.180n. 58
Eckert, J., 445n. 69
Eddy, P. R., 211n. 65; 213n. 74
Egger, B., 356n. 4
Ehrhardt, A., 322n. 125
Elliott, J. H., 62n. 9
Elliott, N., 398n. 86
Ellis, E. E., 101n. 42
Emonds, H., 315n. 83
Engberg-Pedersen, T., 12n. 27; 129n. 45; 135n. 62; 180n. 58; 188n. 105; 277n. 45; 296n. 30; 341n. 16; 344n. 24; 354n. 67; 464n. 15; 465n. 16; 470n. 21; 471n. 23; 472n. 24; 473nn. 28, 31; 476n. 37; 481n. 46; 537n. 7; 538n. 9; 540nn. 14-15; 541n.

18; 542n. 21; 546n. 25; 546n. 25; 548n. 28; 551n. 34; 553n. 35; 555nn. 38-39; 556n. 40
Engels, D., 308n. 41
Erskine, A., 147n. 2; 466n. 18

Fagan, G. G., 308nn. 39-40
Falkner, T. M., 35n. 43
Farmer, W. R., 91n. 18
Farron, S., 155n. 30
Fatheuer, T., 488n. 12
Fee, G., 97n. 30; 98nn. 35-36; 99n. 40; 102n. 50; 213n. 74; 214n. 86; 397n. 78; 398n. 88; 492nn. 24-25; 494n. 34
Fentress, E., 415n. 44
Ferguson, E., 179n. 54
Finley, M. I. 35n. 43; 239n. 64; 505n. 1; 507n. 5; 508n. 6; 510nn. 14-15; 515n. 24
Fiore, B., 205n. 34; 210nn. 55-56; 212n. 69; 219n. 124; 255n. 2
Fiorenza, E. S., 227n. 21; 416n. 55; 422n. 76; 425n. 87
Fisher, N. R. E., 487nn. 9-10
Fittschen, K., 232n. 41
Fitzgerald, J. T., 6n. 11; 68n. 21; 102n. 51; 124n. 39; 319n. 71; 140nn. 75-76; 142n. 84; 149n. 9; 150nn. 10-11, 13; 156n. 36; 161nn. 49, 52-53; 162n. 55; 210n. 56; 235n. 2; 256n. 3; 270n. 27; 273n. 34; 285n. 14; 296n. 30; 331nn. 170-171; 332n. 172; 341n. 15; 344nn. 24; 405n. 10; 418n. 62; 421n. 70; 473n. 30; 478n. 39; 507n. 5; 508n. 6
Fitzmyer, J., 26nn. 8-9; 350n. 58; 498n. 50
Flandren, J. L., 413n. 1
Foerster, G., 232n. 41
Foerster, W., 46n. 96
Foley, H., 179n. 55
Forbes, C., 58nn. 2-4; 64nn. 15-16; 68n. 19; 69n. 22; 114n. 4; 119n. 25; 141n. 80; 265n. 22
Fortna, R. T., 421n. 69
Foss, P. W., 227n. 20; 409n. 25
Foucault, M., 358n. 11
Fowler, R. L., 157n. 41
Fraisse, J. C., 200n. 12
Franklin, J. L., 407n. 19
Fredrickson, D., 156n. 36; 159n. 43; 161n. 54; 162nn. 56-57; 235nn. 52-54; 246nn. 89-95; 262n. 18; 344n. 24; 370nn. 49-50
Fretheim, T., 159n. 43
Freyne, S., 232n. 39
Friedländer, L., 434n. 25
Friedrich, G., 447n. 69
Friedrich, J. H., 447n. 69
Frilingos, C., 523n. 49; 525n. 59; 526n. 60
Frontinus, S. J., 303n. 72
Funk, R., 91n. 18
Furnish, V., 44n. 86; 155nn. 33-34; 156n. 35; 160n. 46; 269n. 24; 318n. 102; 395n. 70; 530n. 71; 535n. 4
Fürst, A., 258n. 10
Futrell, A., 308n. 35

Gale, H., 51n. 121
Gallant, T., 30n. 29
Gallivan, P., 363n. 33
Galinsky, K., 314n. 80; 531nn. 75-76
Gardiner, E. N., 305n. 8; 306nn. 19, 21-22; 307n. 33; 308n. 34; 317n. 96

Gardner, J. F., 36n. 48; 37n. 49; 37n. 52; 38nn. 58-59; 39nn. 61-63; 40nn. 68-70; 42n. 78
Garlan, Y., 507n. 5
Garland, D. E., 525n. 57
Garnsey, P., 238nn. 59, 61-63; 239nn. 66-68; 240nn. 69-71; 347n. 42; 348nn. 47-48; 349n. 53; 509n. 11; 532n. 78
Gascó, F., 129n. 47
Gaventa, B., 47n. 102; 210nn. 53, 58, 60; 211n. 66; 212n. 70; 421n. 69
Gebhardt, E. R., 315n. 90
Gempf, C., 224n. 1
Geoffrion, T. C., 315n. 86; 321n. 118
George, M., 363n. 32; 419n. 24; 515n. 25
George, T., 210n. 53
Georgi, D., 62n. 11; 142n. 84
Gerhard, G. A., 150n. 18; 151n. 20; 160n. 47
Gernet, L., 29n. 20
Getty, M. A., 211nn. 63, 65
Giardina, A., 326n. 138
Gill, C., 147n. 2; 460n. 5; 461n. 8; 463n. 13; 464n. 15; 473n. 29
Gill, D. W. J., 223n. 1
Giversen, S., 149n. 9
Glad, C. E., 2n. 2; 6nn. 9, 11; 8nn. 15-15; 11n. 26; 14nn. 34-35; 17n. 39; 19n. 42; 19nn. 43-44; 20n. 47; 21n. 48; 22nn. 51-52; 151n. 22; 162n. 55; 256n. 7; 258n. 11
Glancy, J. A., 244n. 84; 398n. 86; 509n. 9; 520n. 41; 532n. 79
Gleason, M., 482n. 51
Glibert-Thirry, A., 147n. 1; 148n. 6
Glockmann, G., 6n. 10
Godet, F., 495n. 39; 499n. 57
Goodenough, E. R., 248n. 101
Gosling, J., 461n. 7; 663n. 13
Graf, D. F., 232n. 39
Grahame, M., 410n. 29
Grant, F. C., 527n. 65
Grassi, J. A., 445n. 69
Gregg, R. C., 167n. 68
Gregory, T. E., 308n. 41; 521n. 42
Griffin, M., 530n. 70
Grimaldi, W. A., 199n. 10
Grosvenor, M., 102n. 46
Gruen, E., 238n. 59
Guijarro, S., 232n. 39
Gundry-Volf, J. M., 397n. 77

Haacker, K., 155n. 31
Hadot, I., 152n. 23; 157n. 38
Hafemann, S., 48n. 105; 52n. 131; 61n. 8
Haight, E. H., 201nn. 16, 21
Hainz, J., 445n. 69
Hall, D. R., 255n. 2
Hall, E., 479n. 42
Hall, R. G., 46n. 98-99; 193nn. 135, 138; 338n. 47
Hall, S. G., 240n. 71
Halliwell, S., 200n. 12
Halperin, D., 358n. 11
Hammer, P., 25n. 1; 46n. 96; 55n. 139
Hanson, V. D., 312nn. 67, 70; 313n. 74; 324n. 128
Harrill, J. A., 239n. 68; 250nn. 109, 111-113; 251nn. 14-15; 419n. 67; 506n. 3; 511nn. 16-17; 512nn. 24,

26; 516nn. 30-31; 518n. 35; 519nn. 36-37; 520n. 41; 521nn. 43-44; 522n. 45; 523n. 50; 526n. 62
Harris, H. A., 306n. 21; 308nn. 33-34, 39
Harris, M. J., 532n. 79
Harris, W. V., 510nn. 13-14; 511n. 16
Harrison, A. R. W., 29n. 20; 34nn. 41-42
Haase, W., 51n. 124; 206n. 35; 216n. 99
Hauck, F., 499n. 54
Hays, R. B., 47n. 101; 52nn. 130-131; 392n. 63; 492n. 26; 496n. 40
Heath, M., 135n. 60; 285n. 15
Heckel, T., 462n. 9
Henrickson, G. L., 126n. 42
Hengel, M., 171n. 2; 194n. 144; 303n. 2; 378n. 2
Hercher, R., 151n. 19
Herman, G., 283n. 10
Hermann, H.-V., 305n. 8
Herrmann, E., 505n. 2
Herz, P., 249n. 108
Hester, J., 53n. 132
Hilgard, A., 179n. 49
Hills, J. V., 242n. 79
Hock, R. F., 62n. 9; 171n. 1; 188n. 104; 208n. 42; 286n. 17; 288n. 20
Höistad, R., 150nn. 15, 17
Holladay, C., 215n. 97
Holladay Jr., J. S., 232n. 38
Holland, G. S., 270n. 27
Holloway, P. A., 389n. 50; 344nn. 24, 28; 352n. 62; 353n. 65
Holmberg, A., 197n. 2
Holmberg, B., 97n. 32
Hopkins, K., 40n. 70; 210n. 15; 359n. 15; 405n. 13; 406n. 16; 407n. 17
Horsley, R. A., 215n. 98; 247n. 98; 378n. 7; 397n. 77; 398n. 84; 532n. 79
Horstmann, A., 485n. 1
Howard, G., 45n. 90
Hübner, H., 51n. 124
Hughes, F. W., 132n. 52; 133n. 55
Hultgren, A. J., 211n. 65
Humphreys, S. C., 28nn. 16, 18
Hunger, H., 180n. 60
Hurd, J. C., 211n. 66
Hurwitt, J. M., 168n. 73
Huskinson, J., 358n. 10
Hutter, H., 284n. 12

Ibbetson, D., 40n. 46
Ilan, Tal, 365n. 44
Ingenkamp, H. G., 152n. 24
Inwood, B., 475n. 34
Irwin, T., 358n. 8

Jameson, M. H., 324n. 128
Jaques, M. V., 213n. 74
Jaquette, J., 273n. 35; 342n. 18; 343n. 21; 353n. 64
Jennings, L. C., 516n. 31
Jervis, L. A., 210nn. 53-54
Jewett, R., 94n. 26; 134n. 59; 224n. 4; 417nn. 57, 59; 403n. 2; 416n. 52
Johann, H. T., 167n. 68; 168n. 72
Johanson, B. C., 211n. 67; 212nn. 70-71
Johnson, L. T., 385n. 43

Johnston, D., 36n. 47; 37nn. 54-55; 38n. 57; 40n. 66
Jones, C. P., 307n. 29
Jongman, W., 407n. 19
Joshel, S. R., 516n. 29
Jost, K. T., 207n. 40
Joubert, S., 421n. 72
Jouguet, P., 173n. 14
Judge, E. A., 67n. 18; 68n. 20; 69n. 23; 108n. 64; 192n. 129; 195n. 146; 488n. 13
Juel, D. H., 211n. 65

Keck, L., 46n. 98
Kee, H. C., 226n. 14; 485n. 1
Kelly, J. N. D., 248n. 100
Kemp, A., 176n. 37
Kennedy, G. A., 114n. 4; 134n. 59; 140n. 77; 180n. 60; 183n. 79; 193n. 135; 194n. 141; 377n. 3; 378n. 8; 391n. 58; 395n. 74
Kenyon, F. G., 177n. 42; 178n. 48
Keppie, L., 309n. 43; 310nn. 49, 51
Kern, P. H., 192n. 134
Keyes, C., 82n. 2
Kilgallen, J. J., 216n. 100
Kim, C. H., 82nn. 2-5; 83n. 6; 89n. 12; 91nn. 17-18; 99nn. 38-39; 103n. 53; 105n. 54; 107nn. 62-63
Kingsbury, J. D., 211n. 65
Klauck, H. J., 415n. 47
Kloppenborg, J. S., 228n. 24
Knox, B., 285n. 14
Knox, J., 419n. 65
Koerte, A., 185n. 96
Koester, H., 224n. 3; 227n. 17; 230n. 33; 415nn. 43-44
Koller, H., 326n. 135
Kondoleon, C., 232n. 41
Konstan, D., 256nn. 3-5, 7; 258n. 9; 273n. 36; 279n. 1; 281nn. 3-4; 282n. 7; 283nn. 9-10; 284nn. 11-12; 287n. 18; 289n. 22; 290nn. 24, 27; 331n. 171
Kopff, E. C., 511n. 16
Kornhardt, H., 207n. 39
Koukouli-Chrysantaki, C., 415n. 44
Kraemer, R. S., 365n. 41
Kreitzer, L. J., 314n. 80
Kremer, J., 498n. 48
Krentz, E., 132n. 51; 134n. 59; 314n. 79; 321n. 118
Krentz, P., 313n. 72; 314n. 77
Künzl, E., 314n. 81
Kurylowicz, M., 39n. 60
Kuss, O., 497n. 44; 498n. 51
Kyle, D. G., 308n. 35

Lacey, W. K., 29n. 23; 404n. 7; 414n. 41
Lambrecht, J., 61n. 8
Lampe, P., 224n. 5; 250n. 109; 255n. 2; 365nn. 40-41; 419n. 65; 429n. 1; 434n. 26; 437n. 46; 439nn. 50, 52; 440nn. 54, 57; 444n. 66; 446n. 75; 447n. 76
Laqueur, T., 480n. 44
Larmour, D. H. J., 119n. 31
Laurence, R., 408n. 21; 409nn. 24-26; 410n. 29; 515n. 25
Lausberg, H., 3n. 4; 82n. 1; 183n. 79
Lazenby, J., 313n. 74
Le Bohec, Y., 309n. 48; 310n. 55; 314n. 77; 328n. 148
Levick, B., 415nn. 44, 46
Levine, L. I., 232n. 42; 241n. 74

Lewis, A., 36n. 46
Lichtenberger, H., 344n. 26
Liebeschuetz, J. H. W. G., 358n. 12
Lincott, A., 26n. 11
Lintott, A. W., 432n. 11; 433n. 17
Little, J., 51n. 120
Livingston, E. A., 61n. 8
Livingston, N., 176n. 36
Lohse, E., 522n. 48
Long., A. A., 337n. 2; 338n. 10; 340n. 13; 460n. 2; 463n. 14; 475n. 32
Longnecker, R. N., 142n. 85
Lovering Jr., E. H., 216n. 103; 274n. 37; 391n. 59; 452n. 87
Lull, D., 47n. 100; 48n. 106; 49n. 109; 52n. 128; 195n. 149
Lumpe, A., 207n. 40
Lundon, J., 178n. 45
Lührmann, D., 210n. 53
Lyall, F., 26n. 10; 328n. 154
Lyons, G., 209n. 51; 211n. 64; 217nn. 107-108; 263n. 19; 393n. 65

MacDonald, D. R., 6n. 10; 527n. 64
MacDowell, D., 35n. 45
MacMullen, R., 309n. 48
Maiuri, A., 224n. 4
Malherbe, A. J., 3n. 5; 22n. 52; 97n. 31; 133n. 56; 151n. 16; 151n. 21; 152n. 25; 157n. 39; 164n. 62; 167n. 69; 171n. 2; 180n. 58; 242n. 78; 253n. 119; 273n. 34; 317n. 101; 344n. 24; 375n. 64; 425n. 88; 385n. 43; 415n. 47; 417n. 56; 424n. 82; 487n. 38; 535n. 3; 536n. 5
Malina, B. J., 63n. 12; 82n. 1; 189n. 14; 190nn. 113-119; 191nn. 120, 123; 452n. 87; 486nn. 4-6
Mallwitz, A., 305n. 8
Manning, C. E., 166n. 67
Markschies, C., 462n. 10
Marrou, H. I., 172n. 3; 173n. 12; 176n. 36; 178n. 47; 180nn. 56-57
Marshall, I. H., 93n. 21
Marshall, P., 61n. 8; 62n. 10; 82n. 2; 108nn. 65, 67; 141n. 80; 258n. 12; 265n. 22; 266n. 23; 418n. 63
Martin, D. B., 26n. 6; 49n. 110; 50n. 114; 363nn. 33-34; 369n. 48; 370nn. 50, 54; 374n. 62; 422n. 73; 473n. 26; 481nn. 45, 47-49; 482n. 51; 509n. 8; 515n. 24; 530n. 73; 531n. 74
Martin Jr., H. M., 119n. 31
Martin, R., 162n. 58
Martinich, A. P., 41n. 74
Mattingly, D. J., 304n. 7; 308n. 35
Martyn, J. L., 44n. 87; 46n. 94; 51n. 127; 52n. 131; 53n. 132; 143n. 87; 391nn. 58-61; 392n. 62; 393n. 64; 394n. 68; 395nn. 69, 71-72; 421nn. 69, 71
Matera, F. J., 210nn. 53, 57
Mattill Jr., A. J., 498n. 48
Mayer, R. G., 206nn. 36-37
Mazar, A., 232n. 41
McCall Jr., M. H., 113n. 3
McCarthy, K., 517n. 34; 531n. 75
McGinn, T. A. J., 520n. 41
McLean, B. H., 228nn. 24-25; 320n. 118
Meeks, W., 97n. 32; 179n. 54; 245n. 86; 378n. 6; 415n. 47; 416nn. 52, 54; 527nn. 64-65; 530n. 71

Meggitt, J. J., 20n. 46
Melick Jr., R. R., 213n. 77
Merkelbach, R., 435nn. 32, 34-35; 436n. 41
Metzner, R., 448n. 77
Michaelis, W., 197n. 1; 211n. 66; 213n. 75; 215n. 96
Michel, O., 501n. 59
Mielsch, H., 232n. 40
Millar, F., 303n. 1
Miller, J. C., 505n. 2
Miller, S. G., 304n. 4; 305n. 11; 306nn. 21-22, 24
Millett, P., 29n. 21
Milne, J. G., 174n. 15
Mitchell, M. M., 12n. 27; 13n. 32; 14n. 35; 92n. 19; 99n. 41; 129n. 45; 139n. 71; 140n. 74; 199nn. 6-9; 215nn. 93-95; 274n. 38; 385n. 42
Mitchell, S., 26n. 11
Moo, D. J., 139n. 70; 498n. 51
Moore, A. M. T., 274n. 38
Moore-Crispin, D. R., 44n. 88; 50n. 116
Morgan, T., 172n. 4; 173nn. 6-9, 11-12; 174n. 15; 175nn. 25, 29-30; 176nn. 34-36; 177n. 41; 179n. 54; 186n. 98
Morris, L., 210n. 53; 498n. 51
Moule, C. F. D., 91n. 18
Moxnes, H., 63n. 12; 223n. 2; 232n. 39; 473n. 26; 496n. 41; 497nn. 42-43; 536n. 6
Muensterberger, W., 444n. 64
Murkes, R., 211n. 65; 213n. 74
Murnaghan, S., 506n. 29
Murphy-O'Connor, J., 171n. 2; 186n. 101; 194n. 143; 216n. 100; 493n. 31; 521n. 42

Neiman, D., 20n. 45
Neuenschwander, H. R., 168n. 74
Neumann, A., 310n. 57
Neusner, J., 61n. 8; 141n. 81; 417n. 59
Nevett, L., 363n. 32
Newman, B. M., 500n. 8
Neyrey, J. H., 63n. 12; 82n. 1; 189n. 114; 190nn. 113-119; 191nn. 120, 123
Nicols, J., 436n. 43
Nida, E. A., 500n. 58
Niebuhr, R. R., 91n. 18
Nielsen, H. S., 405n. 10
Nielsen, I., 411n. 32
Nielsen, M., 411n. 32
Norden, E., 311n. 61
Norris, F. W., 242n. 78
North, H., 460n. 63
Nussbaum, M., 475n. 34

Obbink, D., 270n. 27
Ober, J., 206n. 35
O'Brien, P. T., 101nn. 43, 45; 102nn. 46, 48, 50; 213nn. 75-76, 78, 80; 214nn. 81, 85, 89-90; 493n. 32; 494nn. 33, 35
Olbricht, T. H., 118n. 24; 121n. 33; 132n. 52; 133n. 55; 135n. 60; 138n. 68; 192n. 134; 405n. 10; 421n. 70; 498n. 45
Oliver, J. H., 313n. 73
O'Neil, E. N., 208n. 42; 286n. 17; 288n. 20
Ortkemper, F. J., 216n. 101
Orton, D. E., 82n. 1; 183n. 79
Osburn, C. D., 93n. 22

Osiek, C., 223n. 2; 224nn. 4, 6; 225nn. 7-8, 13; 226n. 15; 227nn. 19-20; 232n. 37; 233nn. 46, 48; 235n. 51; 241nn. 73, 75-77; 242nn. 78-80; 244n. 83; 245n. 86; 247n. 96; 248n. 99; 249n. 108; 250n. 110; 251n. 116; 252n. 118; 415n. 47; 416n. 52; 419nn. 65-66; 422n. 74; 423n. 79; 425nn. 85-86; 515n. 28; 532n. 77

Pack, R. A., 172n. 4
Padilla, C. R., 392n. 63
Palmer, D. W., 344n. 29
Parker, H. D. M., 313n. 74
Parkins, H. M., 410n. 29
Parsons, P. J., 178n. 46
Patterson, C. B., 363n. 35
Patterson, O.508n. 6, 509n. 12
Pattison, S., 493n. 27
Pawlikowski, J. T., 30n. 31
Perdrizet, P., 173n. 14
Perella, N. J., 418n. 62
Perkins, J., 150n. 12
Perkins, P., 108n. 66
Pesch, R., 445n. 69
Petersen, N. R., 524n. 56
Pfitzner, V. C., 101n. 44
Pickett, R. W., 452nn. 87-89
Pilhofer, P., 321nn. 116-17
Plass, P., 308n. 35
Pleket, H. W., 431n. 6
Pogoloff, S., 96n. 29
Pohlenz, M., 147n. 3
Poliakoff, M. B., 305n. 15; 306n. 20
Pomeroy, S., 28n. 17; 29n. 22; 30nn. 26, 28, 30, 32; 363n. 35; 414nn. 41-42
Porter, S. E., 114n. 4; 118n. 24; 119n. 31; 132n. 52; 133nn. 54-55; 135n. 60; 138n. 68; 192n. 34; 193n. 139; 498n. 45
Potter, D. S., 304n. 7; 308n. 35
Price, A., 461n. 7; 463n. 13; 475n. 33
Price, B. J., 197n. 2; 203nn. 26-27
Pulcini, T., 497n. 44

Rabe, H., 180n. 60
Ramsaran, R. A., 185n. 94; 186n. 99; 371n. 55; 377n. 1, 378nn. 4-5, 9-10; 380nn. 17-18; 381nn. 21-22, 24-25; 382nn. 30, 32, 34; 383n. 38; 384nn. 40-41; 386n. 45; 397nn. 77, 80; 398n. 87; 399n. 91
Rankin, H. D., 150n. 15
Rapske, B., 524n. 53
Rathbone, D., 27n. 12
Rawson, B., 356n. 7; 357n. 9; 358n. 10; 361nn. 20-21; 363nn. 32-33; 404n. 7; 410n. 29; 509n.10
Reader, W., 184n. 91
Reardon, B. P., 356n. 4
Rebell, W., 445, 446nn. 70, 74; 450n. 82
Redlich, B. E., 444n. 64
Reed, J. D., 168n. 73
Reed, N. B., 305n. 15
Reicke, B., 93n. 22; 94n. 24
Reid, J. T., 133n. 55
Reid, M. L., 498nn. 45, 47, 49; 499n. 56
Reinhartz, A., 211n. 65; 213n. 75-76; 215n. 97; 216n. 102
Reinmuth, E., 440n. 75

Renehan, R., 20n. 45; 476n. 36
Renner, T., 178n. 45
Reumann, J., 12n. 29; 273n. 34; 327n. 144; 332n. 172
Reynolds, J., 304n. 3
Rich, J., 309n. 48; 315n. 83
Richard, E. J., 311n. 65
Richardson, N. J., 305nn. 9-11
Richardson, P., 12n. 27; 211n. 66
Ridderbos, H., 445n. 69
Riggsby, A. M., 410n. 30
Rist, J. M., 343n. 21
Robbins, V. K., 64n. 17; 74n. 24
Roberts, W. R., 58n. 3; 119n. 26
Robins, R. H., 176n. 36; 177nn. 38-39; 179n. 49
Robinson, A. W., 202n. 25
Rodriguez, J. P., 505n. 2
Roetzel, C., 171n. 1; 195n. 147; 316n. 92
Rohsbaugh, R., 62n. 9
Roller, M., 410n. 30
Romano, D. G., 308n. 41; 415n. 44
Rousselle, A., 233nn. 45, 48; 363n. 34
Roussin, L. A., 232n. 41
Rubinstein, L., 28n. 18; 31n. 34; 32n. 35; 33nn. 37-38; 35n. 44; 42n. 78
Russell, D. A., 114n. 5; 116n. 16; 117n. 17; 124n. 40; 129n. 47; 131n. 49; 184n. 88; 255n. 1; 306n. 26; 307n. 27; 311n. 64
Russell, K. C., 530n. 72

Saller, R. P., 37n. 51; 39n. 64; 50nn. 115, 117; 84n. 10; 359n. 15; 360n. 16; 403n. 1; 404nn. 8-9; 405nn. 11-13; 406n. 15; 473n. 29; 477n. 38; 504n. 1; 508n. 7; 509n. 11; 510n. 15; 516n. 29
Salmon, E. T., 309nn. 45, 47; 320n. 115
Sampley, J. P., 61n. 8; 98n. 37; 99n. 41; 102n. 49; 141n. 81; 216n. 103; 217n. 105; 265n. 21; 270nn. 25, 27; 274n. 37; 332n. 173; 353n. 64; 413n. 39; 417nn. 57, 59; 424n. 83
Sanders, B., 215n. 97
Sanders, E. P., 45n. 91
Sansone, D., 304n. 4
Schatkin, M., 20n. 45
Schefold, K., 237n. 56; 248n. 104
Scheidel, W., 510n. 14
Schille, G., 445n. 69
Schissel, O., 180n. 60; 183n. 80
Schlier, H., 52n. 129; 499n. 57
Schmeller, T., 345n. 36; 450n. 84
Schnackenburg, R., 445n. 69
Schoedel, W., 481n. 49
Schoeni, M., 498nn. 45-46
Schrage, W., 445n. 69
Schreiber, A., 445n. 69
Schremer, A., 366n. 44
Schütz, J. H., 97n. 32
Schürer, E., 303n. 1
Schwartz, J., 178n. 47
Schwemer, A. M., 377n. 2
Scott, J. C., 517n. 33
Scott, J. M., 25nn. 2, 4; 26nn. 5, 7; 42n. 79; 43n. 81; 44n. 88; 48n. 105; 49nn. 107, 112; 50n. 119; 52n. 131
Scourfield, J. H. D., 167n. 68
Scroggs, R., 422n. 76
Scullard, H. H., 528n. 69

Sealey, R., 29n. 22; 30n. 31; 33n. 40
Sedley, D. N., 337n. 2; 338n. 10; 340n. 13; 463n. 14; 475n. 32
Seeley, D., 343n. 21
Segal, A. F., 135n. 62
Segal, C., 168n. 73
Seifrid, M., 48n. 105
Sellin, G., 216n. 99
Shaw, B. D., 404nn. 5, 7; 405n. 10; 510n. 15; 528n. 68
Shelton, J. A., 505n. 2; 513n. 21; 524nn. 54-55
Sherwin-White, A. N., 228nn. 27-28; 327n. 142
Shipley, G., 309n. 48; 315n. 83
Sidebottom, H., 315n. 83
Sider, D., 164n. 64
Sihvola, J., 380n. 15; 541n. 18
Silva, M., 213nn. 76, 78; 214n. 88
Simpson, J. A., 280n. 2
Skidmore, C., 200n. 13; 201nn. 18-21; 202n. 22; 204n. 29; 315n. 89
Smalley, W. A., 485n. 1
Smit, J., 118n. 24; 193nn. 135, 137;
Smith, A., 395nn. 70, 72; 452n. 87; 532n. 79
Smith, D. E., 241n. 75
Smith, R. R. R., 237n. 56
Sontheimer, W., 310n. 57
Stadter, P. A., 206n. 35
Stählin, G., 493n. 28
Stalder, K., 445n. 69
Stambaugh, J. E., 223n. 1
Stanford, W. B., 6n. 10
Stanley, D., 211n. 66; 212n. 70; 213n. 75
Stauber, J., 435n. 32
Stelten, L. F., 313n. 72; 314n. 75
Sterling, G. E., 303nn. 1-2
Stewart, A., 230n. 33; 237n. 56
Stowers, S. K., 83n. 6, 8-9; 114n. 5; 129n. 45; 135n. 63; 136n. 66; 137n. 67; 188nn. 105-107; 189nn. 108-110, 112-113; 194n. 142; 209n. 46; 225nn. 9-11; 273n. 34; 331n. 170; 345n. 36; 370nn. 51-53; 461n. 6; 466n. 17; 467n. 19; 469n. 20; 473nn. 27, 30; 476n. 36; 479n. 41; 481n. 48; 519n. 38
Strange, J. F., 226n. 14
Straub, W., 315n. 90; 316n. 94
Strauss, B. S., 284n. 12
Strubbe, J. H. M., 167n. 68
Stuhlmacher, P., 496n. 40
Suhl, A., 210n. 52
Sumney, J., 63n. 14; 216n. 103; 274n. 37; 391n. 59
Sussman, L. A., 380nn. 18-19
Swaddling, J., 305n. 15; 306nn. 19, 21
Sweet, W. E., 304n. 4; 306n. 25; 307n. 28; 316n. 95; 317nn. 96, 98

Tabor, J. D., 243n. 21; 344n. 25
Talbert, C. H., 163n. 60
Tannenbaum, R., 304n. 3
Tarachow, S., 444n. 64
Tarazi, P. N., 210nn. 53-54
Tatum, J., 356n. 4
Taylor, D., 176n. 37
Theissen, G., 97n. 32; 249n. 107; 473n. 29
Thiselton, A. C., 341n. 15; 348n. 44
Thompson, C., 159n. 43
Thompson, J. W., 242n. 78

Thompson, M. P., 11n. 24
Thrall, M., 318n. 102
Todd, S., 29n. 21; 30n. 27; 35n. 45
Too, Y. L., 176n. 36
Trapp, M. B., 200n. 15; 307n. 32
Travis, S. H., 61n. 8
Treggiari, S., 355n. 1; 358n. 12; 359n. 14; 360n. 17; 361nn. 22-23; 362n. 24; 372n. 58; 513n. 21
Trümper, M., 227n. 22; 228nn. 26, 29; 229nn. 30-32
Tsekourakis, D., 340n. 14

Valgiglio, E., 206n. 35
van der Horst, P. W., 234n. 50
van Geytenbeek, A. C., 148n. 7
van Hooff, A. J. L., 343n. 21
van Unnik, W. C., 171n. 2
Vermes, G., 303n. 1
Verner, D. C., 424n. 81
Veyne, P., 37n. 55; 239n. 65; 404n. 9
Vittinghoff, F., 431n. 6; 437nn. 44, 46
Vogt, J., 505n. 2
Volkmann, H., 309nn. 46-47
Vollenweider, S., 347n. 42
von Arnim, H., 541n. 16
von Dobschütz, E., 445n. 69
von Premerstein, A., 432n. 10; 433n. 20; 435n. 31
Vox, O., 164n. 64

Wallace-Hadrill, 224n. 4; 225n. 8; 226n. 15; 227n. 19; 241n. 76; 357n. 9; 408n. 21; 409nn. 22-26; 515n. 25
Wallace, R., 223n. 1
Walter, N., 446n. 75
Walters, H. B., 161n. 50
Walters, J. C., 54n. 136; 93n. 22; 94n. 23; 105nn. 56-57; 106nn. 58-60; 107n. 61
Walters, K., 213n. 74
Wanamaker, C. A., 97n. 32; 212nn. 68,70
Wansink, C. S., 523n. 52; 525n. 58
Ward, R. B., 242n. 78
Watling, E. F., 285n. 16
Watson, D. F., 11n. 25; 121n. 33; 134n. 59; 525n. 58
Watson, G. R., 310n. 54; 314n. 75
Weaver, P., 357n. 9; 358n. 10; 363nn. 32-33; 410n. 29; 412n. 37; 414n. 41
Weber, E., 488n. 14; 489n. 15
Webster, G., 310n. 54
Weima, J. A. D., 132n. 52
Weiner, E. S. C., 280n. 2
Wernle, P., 549n. 29
Wettstein, J., 163n. 61
Wheeler, E. L., 312n. 70; 313n. 72
White, L. M., 188n. 104; 224nn. 3, 5; 226n. 14; 227n. 17; 228n. 24; 247n. 97; 255n. 2; 374n. 63; 405n. 10; 407nn. 18, 20; 415n. 43; 416n. 54; 418n. 62; 421nn. 70-72; 424n. 83; 473n. 30
White, P., 289n. 21; 290nn. 25-26, 28; 291n. 29;/301n. 39
Wieacker, F., 36n. 47
Wiedemann, T., 308nn. 35, 37; 309n. 42; 317n. 101; 505n. 2; 513n. 20; 513n. 22; 521n. 44
Wilkins, P., 363n. 33
Willert, N., 149n. 9
Williams, D. J., 26n. 10; 195n. 145; 315n. 90; 317nn. 37, 100; 318nn. 102-103; 319n. 111; 320n. 113; 321n. 121

Williams, S. K., 237n. 57
Williams, W., 233n. 1
Willms, H., 207n. 40
Wilson, N. G., 114n. 5; 124n. 40; 129n. 47; 131n. 49; 306n. 26; 307n. 27; 311n. 64
Wilson, S. G., 228n. 24
Wilson, W. T., 383n. 38; 384n. 39
Windisch, H., 501n. 60-61
Winkler, J. J., 358n. 11
Winter, B. W., 524n. 53; 195n. 150
Winter, J. G., 174n. 18
Winter, S. C., 419n. 65; 523n. 51
Wire, A. C., 245n. 86
Wiseman, J., 521n. 42
Witherington, B., III, 133n. 55; 139n. 72; 140nn. 73-74; 141nn. 78-79; 142nn. 83-85
Wolff, C., 215nn. 96, 99

Wolter, M., 260n. 14
Wouters, A., 176n. 37
Woyke, J., 425n. 84
Wright, F. A., 310n. 57
Wuellner, W., 216n. 100
Wulf-Rheidt, U., 230nn. 33-35

Yarborough, O. L., 188n. 104; 247m. 97; 255n. 2; 374n. 63; 375n. 64; 416n. 54; 424n. 83
Youtie, H. C., 174n. 18

Zalateo, G., 177n. 41
Zanker, P., 225nn. 12-13; 226n. 16; 227nn. 18, 22; 228n. 23; 232n. 40; 242n. 78; 246n. 88
Zeibarth, E., 177nn. 41-43; 178nn. 45, 48
Zerwick, M., 102n. 46
Ziesler, J. A., 478n. 40; 499n. 57; 554n. 37
Zmijewski, J., 61n. 8

ÍNDICE REMISSIVO

Os números das páginas em negrito indicam um artigo especial sobre o tema.

adaptabilidade, **1-23**
adiaphora, 393
adoção, **25-56**, 88
adulação, 256, 259, 261
adulador, 5-7, 20, 63-65, 291
amigos, 5-8, 21, 81, 156, 158
amizade, XXII, 19, 87, 154-156, 158, 164-168, 206, 210, 234, 255-257, 260, 261, 264-266, 270-274, 277, **279-302**, 423
amplificação, 113, 127, 140
aprimoramento, 382
atlética, *ver* jogos 166, 477
autodomínio (autocontrole), 292, 370, **459-483**, 540
auto-elogio (*ver* auto-recomendação, gloriar-se), 58-60, 65, 72
auto-recomendação (*ver* auto-elogio),109, 141
auto-suficiência, 294

bem-estar, 4, 273

caráter, *ver ethos*, 3, 6, 81, 84, 87, 149, 152, 163, 204, 287, 345
casa *ver* família, 97, **223-253**, 429
casamento, 361
censura, 259, 264
chreia, 207
circuncisão, 16, 320, 341-342, 350-354, 371, 387, 396, 398
clientes, *ver* patronos, 67, 81, 90, 231, 310, 403, 406, 409, 411, 418, **429-452**, 508, 511, 513
comparação, 59, 65, 67-73, **113-144**, 190, 197, 202, 210, 265, 493
conciliatório, 159
condescendência divina, 12, 21
consciência, 149, 555

declamações, 184, 378
deliberativo, 114, 117, 131, 193, 199, 206-209, 215, 378, 390
desejo, 369, 465, 468, 471, 473, 477, 480
desgosto, 150-155, 157
divórcio, *ver* matrimônio, 355-375

educação, 114, 133, **171-196**, 204, 235, 247
encomium (encômio), 81, 128, 130, 189, 288
enthymemes, 199
epidíctico (demonstrativo), 114, 117, 121, 180, 205, 311
escravidão, 14, 51, 144, 342, 347-348, 393, **505-533**, 544
escravos, 232, 238-241, 249-251, 409, 431
Espírito, 52, 166-169, 211, 263, 268, 378, 391, 393-395, 421, 441, 472, 476, 546, 548
ethos (caráter), 3, 84, 86, 93-94, 96, 99, 102, 104, 108-109, 186-188, 204, 217, 260, 263, 270, 274, 378-381, 460, 477, 539, 554
exemplificação (exemplo) *ver* imitação, 98-101, **197-219**, 274, 392

família (*familia*) *ver* casa, XXII, 35, 37, 82, 84, 87, **223-253**, 386, 404, 408, 412, 415, 515, 527
filhos, 247, 359-361, 374, 438
forense, 114, 117, 121, 199
forte, 496, 501
fraco/fraqueza, 14, 17, 66, 68-75, 142, 374, 496, 501

ginásio, 195
gloriar-se, **57-78**, 386, 396, 492, 496-499

herança, 25-55, 403-406, 459
honra, *ver* vergonha, XXII, 62-65, 69-70, 72-75, 95, 103, 108, 485-502, 508

imitação *ver* exemplificação, 21, **197-219**, 325
imparcialidade divina, 135, 138, 472
inclusão (*inclusio*), 212, 215, 271, 321, 324, 330
indiferentes, coisas (*adiaphora*), **337-354**, 387, 390, 463

jogos *ver* milícia, 131, 166, **303-332**
judicial, 132, 180
juramentos, 69

linguagem franca, 162, **255-278**, 291, 301
louvor, 60, 73, 259, 264, 268-272, 276-278, 287, 295
lugares comuns/tópicos comuns, 17, 127, 154, 163, 384

manumissão (alforria), 350, 511-513, 521, 526
mater familias, 406, 415-417, 430

matrimônio *ver* divórcio, 15-17, 234, 342, 346, **355-375**, 405, 466, 473, 519
milícia, *ver* jogos, 166, **303-332**

pai, 20, 29, 31, 50, 67, 414
paixão, 147, 466-467, 473, 477, 481, 540-542
pater familias, XX, 37, 40, 359, **403-425**, 429
pathos, 3
patronato, XX, 7, 95, 100, 107-109, 424
patronos, *ver* clientes, 67, 81, 85, 90, 93, 97, 105-106, 310, 409, 416-423, 429-452, 508, 511, 526
paz, 331, 385
progymnasmata, 3, 113, 124, 180-181, 183, 187, 382
prosopopoiia, 188, 203
provérbios, 175, 186, 196, **377-400**

recomendação, **81-100**
reconciliação, 296-298
refeições, 241-243, 251-253, 284

sexo/sexualidade, 233, 243-247, 422, 479-483
sofrimento, *ver* tribulações, 66, 73, **147-169**

tribulações, *ver* sofrimentos, 73, 102, 140, 142, **147-169**

vergonha, *ver* honra, XXII, 265, **485-502**, 508
vício, *ver* virtude, 19, 46, 151, 206, 337, 342, 347, 390, 395, 471, **535-558**
virtude, *ver* vício, 130, 206, 287, 292, 295, 307, 337, 339, 342, 353, 390, 395, 463-464, 481, **535-558**

ÍNDICE

VII	AGRADECIMENTOS
IX	ABREVIATURAS
XIII	INTRODUÇÃO
1	1. PAULO E A ADAPTABILIDADE *Clarence E. Glad*
25	2. PAULO, A ADOÇÃO E A HERANÇA *James C. Walters*
57	3. PAULO E O GLORIAR-SE *Duane F. Watson*
81	4. PAULO E A RECOMENDAÇÃO *Efrain Agosto*
113	5. PAULO E A COMPARAÇÃO RETÓRICA *Christopher Forbes*
147	6. PAULO, AS TRIBULAÇÕES E O SOFRIMENTO *David E. Fredrickson*
171	7. PAULO E A EDUCAÇÃO GRECO-ROMANA *Ronald F. Hock*
197	8. PAULO, A EXEMPLIFICAÇÃO E A IMITAÇÃO *Benjamin Fiore, S. J.*
223	9. PAULO, AS FAMÍLIAS E AS CASAS *David L. Balch*
255	10. PAULO E A LINGUAGEM FRANCA *J. Paul Sampley*
279	11. PAULO E A AMIZADE *John T. Fitzgerald*
303	12. PAULO, OS JOGOS E A MILÍCIA *Edgar Krentz*

337	13. PAULO E AS COISAS INDIFERENTES *Will Deming*
355	14. PAULO, O CASAMENTO E O DIVÓRCIO *O. Larry Yarbrough*
377	15. PAULO E OS PROVÉRBIOS *Rollin A. Ramsaran*
403	16. PAULO E O *PATER FAMILIAS* *L. Michael White*
429	17. PAULO, OS PATRONOS E OS CLIENTES *Peter Lampe*
459	18. PAULO E O AUTODOMÍNIO *Stanley K. Stowers*
485	19. PAULO, A VERGONHA E A HONRA *Robert Jewett*
505	20. PAULO E A ESCRAVIDÃO *J. Albert Harrill*
535	21. PAULO, AS VIRTUDES E OS VÍCIOS *Troels Engberg-Pedersen*
559	COLABORADORES
561	ÍNDICE DE FONTES ANTIGAS
595	ÍNDICE DOS AUTORES MODERNOS
603	ÍNDICE REMISSIVO